International Law Cases in Korean Courts

한국법원에서의
국제법 판례

정인섭

박영사

머리말

법학연구에 있어서 판례의 중요성은 아무리 강조해도 지나치지 않다. 국제법의 특성상 ICJ 등 국제재판소 판결이 1차적 연구대상이 될 수밖에 없으나, 그렇다고 해서 국내 판결에 대한 연구 역시 게을리 할 수 없다. 국내 법원의 판결은 국가의 중요한 국제법 실행을 구성하기 때문이다. 국내 법원의 판결은 각국의 국제법 이행의 생생한 현장이기도 하다. 이에 각국에서 발간되는 국제법 서적들은 국제법 원리를 설명하는데 자국 국내 판례를 활발히 이용한다. 이를 위해서는 무엇보다도 국내 법원 판례가 연구자들이 접근하기 쉽게 정리되어 있어야 한다.

필자가 대학을 다니던 시절 당시 국내에서 널리 사용되던 국제법 교과서에는 우리 국내 판결이 단 1건도 인용되어 있지 않았다. 아무리 국제법이란 특성을 감안해도 공부를 막 시작한 초심자의 입장에서 국제법이란 우리의 국내 현실과 직접 관련성은 없는 법인가라는 회의가 들기도 했다. 그러나 달리 생각해 보면 한국은 대외경제교류의 활성화를 통해 국가발전을 도모해왔고, 그 과정에서 외국과의 접촉이 적지 않았고, 일제 피식민이나 6.25 전쟁과 같은 특수한 경험까지 갖고 있는 현실을 감안한다면 국내 법원에서도 국제법 관련사건이 어느 정도는 제기되었으리라 생각되었다. 이후 필자가 대학에 국제법 교수로 자리를 잡은 다음 언젠가는 우리 법원에서의 국제법 관련 판례정리 작업을 해야 되겠다고 마음먹었다. 미국·영국·일본 등 선진 각국에서는 자국의 국제법 관련 판례를 정기적으로 정리하고, 책자로 발행하는 사실이 부럽기도 했다. 그러나 그 후로도 한참 동안이 일은 필자의 마음 속 희망목록 속에만 자리 잡고 있었다.

이 작업의 시작은 1994년 가을 「서울국제법연구」의 창간에서 비롯되었다. 그 해 서울국제법연구원은 새로운 전문학술지의 발간을 예정해서 필자가 준비를 총괄하게 되었다. 그 때 필자의 가장 큰 고민은 이미 오랜 역사를 가진 대한국제법학회의 논총이 간행되고 있는데, ─ 당시 「국제법학회논총」도 원고 확보가 늘 용이하지는 않았다고 기억된다. ─ 별도의 국제법 학술지를 간행하는 의의를 어디에 두어야 하느냐는 점이었다. 이에 「서울국제법연구」는 국제법에 관한 국내실행과 관련된 논문을 주로 수록하는데 주안점을 두어 차별화하기로 했다. 이를 통해 학회 논총과의 경쟁자가 아닌 협력자요 보완자가 될 수 있다고 생각했다. 같은 취지에서 연구지에 국제법 관련 국내판례, 최근 체결 조약과 국제법 관련 국내법령 등을 소개하는 고정난을 만들어 필자가 그 정리를 담당하기로 했다. 이것이 필자가 국제법 관련 국내판례를 정리하기 시작한 시초였다. 이후 필자는「서울국제법연구」에 반년마다 국내 판례를 정리·소개하는 작업을 25년째 계속하게 되었다.

학계에서 국제법 관련 국내판결을 손쉽게 이용하려면 아무래도 이를 단행본으로 정리한 책자가 필요하다는 생각이 들었다. 당시는 국내 판례의 전산화가 전혀 되어 있지 않던 시절이었다. 작업을 시작하기도 전 여러 가지 걱정부터 앞섰다. 우리 법원에서의 국제법 관련 판결들을 도대체 어디서 어떻게 찾아야 하나? 우리 법원에서의 국제법 관련 판례 모음이 과연 책 1권의 분량이 될 수 있을까? 우리 법원에서의 국제법 관련 판례가 단행본으로 출간될 의의가 있을 정도로 다양한 주제를 다루어 왔을까? 이 작업은 필자의 시간투여를 과연 어느 정도 필요로 할까? 필자 혼자 그 일을 감당할 수 있을까? 정리가 된다 해도 상업성이 전혀 없을 책자의 출간을 맡아줄 출판사가 과연 있을까? 필자는 여러 차례 망설임 끝에 누군가는 해야 할 일이라 생각해 1997년 여름부터 본격적인 판례정리를 시작했다. 다른 논문작성은 가급적 미루고 도서관에서 광복 이후 발간된 각종 공식·비공식 판례집, 요지집, 판례해설서, 판례카드 등을 찾아 닥치는 대로 읽으며 혹시 국제법과 관련된 대목이 있는가 조사했다. 그것만으로는 부족해 혹시라도 관련 판례를 찾을 수 있을까 광복 이후의 각종 법률잡지·법률신문도 일일이 들쳐보았다. 서울법대 도서관에 1950년대부터의 옛날 자료가 다른 곳보다 많다는 점이 필자로서는 그나마 다행이었다. 지금 생각해 보면 당시의 판례찾기는 조사라기보다 수색에 가까웠다. 판결을 찾으면 새로 타자해 파일을 만들어야 했으므로 교정의 수요도 엄청났다. 약 1년 여의 작업을 바탕으로 1998년「韓國判例國際法」(홍문사)이라는 책자를 출간할 수 있었다. 국제법 관련 국내 판례가 본원적으로 풍족하지 못했기 때문에 나름 구색과 분량을 맞추기 위해 좀 무리하게 포함시킨 판례도 있는 등 여러 모로 부족한 점이 많았으나, 국내 최초의 작업이라는 데 의의를 두었다.

그 뒤 2005년 초판 중 국제법 관련성이 낮은 판례를 대폭 정리하고, 새로 찾은 판례를 추가하는 한편 분류와 순서도 상당 부분 재정리한 제2판을 출간할 수 있었다. 그 사이 판례 전산화가 어느 정도 진척되어 추가 작업은 한결 쉬워졌다. 사실「韓國判例國際法」은 간행한 지 6년을 넘겼지만 당시까지도 초판 재고가 꽤 남아있어 출판사는 개정판 발행에 약간의 난색을 표했는데, 제2판의 경우 인세는 받지 않고 주변 선후배 동학들에게 증정할 책자 상당물량을 필자가 개인적으로 구입하는 형식으로 출판사의 어려움을 좀 덜어 주었다. 그래도 상업성이 없는 판례집을 출간해준 당시 홍문사의 임권규 사장께는 아직도 고마운 마음을 간직하고 있다.

이후 다시 10년이 넘는 세월이 흐르자 이제쯤 그간의 변화를 담은 새로운 판례집을 간행해야겠다는 마음의 부담이 늘어갔다. 과거의「韓國判例國際法」은 이미 절판되어 구할 수 없게 된 지 오래이다. 이제 공간된 판례는 모두 전산화되어 정리작업이 한층 용이해졌고, 미공간의 판례라도 법원도서관의 종합법률정보난에서 파일을 구할 수 있는 경우가 늘었다. 그래도 법원 외부자에게 미공간 판례 구하기는 여전히 어려운 일에 속한다. 특히 하급심 판례는 공개 비율이 워낙 낮아 외부자로서는 어떠한 국제법 관련 판결이 나오고 있는지 알기조차 힘들다. 필자는 과거 어느 글에서 국민의 세금으로 운영되는 법원이 자신들의 존재 의의라고 할 수 있는 판결문들을 비밀도 아니면서 판사 외에는 현재처럼 접근을 어렵게 만들고 있는 것은 "사법부가 국민에게 저지르고 있는 무례"라고 지적한 적도 있다. 이런 상황에서 지난 25년간 국제법 관련 국내판례 찾기는 필자에게 늘 지루하고 짜증스러운 작업이었다. 그러면서도 필요한 판례를 얼마나 제대로 찾았는지를 알 수 없는 답답한 작업이었다.

정년퇴임이 차츰 가까워 오는 필자로서는 남은 기간 동안 무슨 일을 할까 또는 할 수 있을까를 생각하던 끝에 국제법 관련 국내 판례집을 한번 더 출간하기로 결심하고 지난 겨울부터 기초 작업을 시작했다. 논문 한두 편 더 쓰기보다는 이 일이 국내 학계에 더 큰 기여가 아닐까 스스로 위안을 삼았다. 그리고 이번 작업은 구판의 개정 보완이 아니라, 목차 구성과 서술 체제를 전면적으로 다시 짜는 새로운 책자의 출간작업으로 진행했다. 이 책의 판례 파일은 전부 새로 다시 만들었다. 사실 그동안 이 책자를 만들지 못한 중요한 이유 중의 하나는 상업성이 없는 책자의 출판을 또 어디에 부탁하느냐에 대한 고민 때문이었다. 이는 20년 전 필자가 첫 번째 판례집을 만들 때도 가장 큰 고민이었는데, 한국 사회가 여러 모로 발전한 2018년에도 실정은 별달리 변하지 않았다. 다행히 이번에는 박영사에서 출간을 맡아 주기로 해 한 시름 덜었다. 금년 상반기 중 작업을 계속해서 대략 6월 말에는 새로운 「한국 법원에서의 국제법 판례」 원고 정리를 마칠 수 있었다. 이 책자의 수록 판례는 한두 건의 예외를 제외하고는 광복 이후 2018년 5월까지의 국내 판례를 대상으로 하였다.

돌이켜 보면 그간 국내 판례를 수집하는 과정에서 일일이 이름을 거명하기 어려울 정도로 여러 동료·후학들의 도움을 받았다. 본 책자에서 출처가 사본입수라고 표기된 판례의 획득에는 이 분들의 도움이 컸다. 필자의 귀찮은 부탁에 응했던 모든 분들께 지면을 통해 감사를 표한다. 또한 이 책자의 출간이 성사되도록 여러 가지로 애를 써준 조성호 이사와 김선민 부장을 비롯한 박영사 여러 분들의 노고에도 감사를 표한다. 내용의 정리는 필자의 몫이지만, 이를 멋지게 꾸며 세상에 내놓은 일은 이 분들의 도움이 없으면 불가능했다. 끝으로 변변치 않은 결과물이라도 이 책자가 국내 국제법학 발전에 조금이라도 도움이 되었으면 하는 마음 간절하다.

2018년 10월 15일

정　인　섭

대목차

세부목차

제1장 국제법의 국내적 적용

제2장   외교문제와 사법 판단

제3장   관할권의 행사

제4장   주권면제

제5장　대한민국의 영역

제6장　국가승계

제7장 한일 청구권협정

제8장 남북한 관계

제9장 조약법

제10장   해양법

제11장　외교사절제도

제14장   국제인권법

제15장   범죄인인도

제16장 국적

제17장 재외국민의 법적 지위

제18장   외국인의 법적 지위

[일러두기]

1. 본서에 수록된 판결문 중 […]으로 된 부분은 필자가 생략한 부분이며, 단순히 … 으로만 표시된 부분
   은 원 판결문상의 표기이다.
2. 판결문 내에서 필자가 설명을 추가한 부분은 [   ]로 표기하고 "필자 주"를 부기했다.
3. 판결문 중 (   ) 또는 {   }로 표기된 설명 부분은 원 판결문 상의 내용이다.

제 1 장 국제법의 국내적 적용

3. 관습국제법

4. 국제기구 결의의 국내적 효력

[국제법은 개별국가가 국제법상의 의무를 이행하는 방법에는 상관하지 않고 개별국가의 선택에 맡긴다. 한국에서 국제법의 국내적용문제란 "헌법에 의하여 체결·공포된 조약과 일반적으로 승인된 국제법규는 국내법과 같은 효력을 가진다"고 규정한 헌법 제6조 1항의 해석문제로 귀착된다. 그 내용의 핵심은 조약 또는 관습국제법이 직접 재판의 근거로 적용될 수 있는가? 가능하다면 그 국내법적 위계는 무엇인가의 문제가 된다. 이는 각국 사법부의 국제법적 실행중 가장 중요한 문제에 해당하나, 국내에서는 아직도 명확히 관행이 정립되지 못한 부분도 있다. 본장에서는 주로 조약과 관습국제법의 국내적 효력에 관한 판례를 정리했다.]

1. 기본 원칙

1-1. 국제법의 준수와 이행
(헌법재판소 1991. 7. 22. 89헌가106 결정. 사립학교법 제55조 등에 관한 위헌심판)

"우리 헌법은 헌법에 의하여 체결·공포된 조약은 물론 일반적으로 승인된 국제법규를 국내법과 마찬가지로 준수하고 성실히 이행함으로써 국제질서를 존중하여 항구적 세계평화와 인류공영에 이바지함을 기본이념의 하나로 하고 있다(헌법 전문 및 제6조 제1항 참조).

국제연합(UN)의 '인권에 관한 세계선언'은 아래에서 보는 바와 같이 선언적인 의미를 가지고 있을 뿐 법적 구속력을 가진 것은 아니고, 우리나라가 아직 국제노동기구의 정식회원국은 아니기 때문에 이 기구의 제87호 조약 및 제98호 조약이 국내법적 효력을 갖는 것은 아니지만(헌법 제6조 제1항, 위 87호 조약 제15조 제1항, 98호 조약 제8조 제1항 참조), 다년간 국제연합 교육과학문학기구의 회원국으로 활동하여 오고 있으며, 국회의 동의를 얻어 국제연합의 인권규약의 대부분을 수락한 체약국으로서 위 각 선언이나 조약 또는 권고에 나타나 있는 국제적 협력의 정신을 존중하여 되도록 그 취지를 살릴 수 있도록 노력하여야 함은 말할 나위도 없다. 그러나 그의 현실적 적용과 관련한 우리 헌법의 해석과 운용에 있어서 우리 사회의 전통과 현실 및 국민의 법감정과 조화를 이루도록 노력을 기울여야 한다는 것 또한 당연한 요청이다." (출처: 헌법재판소 판례집 제3권, 387쪽)

참고 동일 취지의 결정:
① 헌법재판소 2005. 10. 27. 2003헌바50·62, 2004헌바96, 2005헌바49(병합) 결정(헌법재판소 판례집 제17권 2집, 238쪽).
② 헌법재판소 2007. 8. 30. 2003헌바51, 2005헌가5(병합) 결정(헌법재판소 판례집 제19권 2집, 213쪽).

기타 본 결정상 다른 부분에 관해서는 본서 1-35,

9-13, 14-34 수록분 참조.

1-2. 국제법의 준수와 이행
(헌법재판소 2007. 8. 30. 2003헌바51, 2005헌가5(병합) 결정. 국가공무원법 제66조 제1항 등 위헌소원 등)

"우리 헌법은 헌법에 의하여 체결·공포된 조약은 물론 일반적으로 승인된 국제법규를 국내법과 마찬가지로 준수하고 성실히 이행함으로써 국제질서를 존중하여 항구적 세계평화와 인류공영에 이바지함을 기본이념의 하나로 하고 있으므로(헌법 전문 및 제6조 제1항 참조), 국제적 협력의 정신을 존중하여 될 수 있는 한 국제법규의 취지를 살릴 수 있도록 노력할 것이 요청됨은 당연하다. 그러나 그 현실적 적용과 관련한 우리 헌법의 해석과 운용에 있어서 우리 사회의 전통과 현실 및 국민의 법감정과 조화를 이루도록 노력을 기울여야 한다는 것 또한 당연한 요청이다.

재판관 송두환 반대의견:[1]

"헌법 제6조 제1항은 "헌법에 의하여 체결, 공포된 조약은 물론 일반적으로 승인된 국제법규는 국내법과 같은 효력을 가진다."고 규정하여 국제법을 수용하고 존중함을 천명하고 있고, 현재 우리나라는 국회의 동의를 얻어 국제인권규약들의 대부분을 수락한 체약국이자 국제노동기구의 정식회원국이기도 하다. 따라서, 헌법의 개별 조항을 해석함에 있어서는 국제연합의 세계인권선언이나 국제인권규약들, 국제노동기구의 협약과 권고 등 국제법 규범과 조화되도록 해석하여야 할 것이고, 국내법이 이러한 국제적 규범에 위배된다고 하여 막바로 위헌이라고 할 수는 없다 하더라도, 그 국내법의 위헌 여부를 판단함에 있어 중요한 기준으로 삼아야 할 것이다." (출처: 헌법재판소 판례집 제19권 2집, 213쪽)

---

1) 송두환 재판관은 헌법재판소 2008. 4. 24. 2004헌바47 결정(헌법재판소 판례집 제20권 1집(상), 468쪽)에서도 동일한 내용의 위헌 의견 주장.

2. 조약

가. 조약의 국내 적용

(1) 조약의 직접적 효력

1-3. 형사처벌 가중의 근거

(헌법재판소 1998. 11. 26. 97헌바65 결정. 특정범죄가중처벌등에관한법률 부칙 제2항 등 위헌소원)

[사안: 이 사건 청구인은 중국산 참깨를 밀수하다가 적발되어 관세 포탈 등의 혐의로 유죄판결을 받게 되었다. 구 특가법 제6조 2항에 따르면 관세 포탈액이 1억원 이상인 경우는 무기 또는 10년 이상의 징역, 포탈액이 2천만원 이상 1억원 미만일 때에는 5년 이상의 유기징역에 해당했다. 한국이 세계무역기구 설립조약에 가입함에 따라 참깨의 최소시장접근물량분(최초 3%에서 점차 5%로 증대)에 대하여는 기존 관세율 40%가 그대로 적용되나, 이를 제외한 일반 수입관세율은 700%로 대폭 인상되었다(단 매년 7%씩 인하). 이에 청구인의 참깨 밀수에 대하여는 686%의 관세율이 적용되어 관세 포탈액이 1억원을 넘게 되었고, 이는 특가법상의 10년 이상 징역형에 해당했다. 청구인은 관련 관세법 등의 직접적인 개정없이 새로운 조약 체결로 인해 자신에 대한 형량이 증가되는 결과가 초래되었으므로 이는 죄형법정주의에 위반된다고 주장했다.]

"헌법 제12조 후문 후단은 "누구든지 … 법률과 적법한 절차에 의하지 아니하고는 처벌·보안처분 또는 강제노역을 받지 아니한다"고 규정하여 법률과 적법절차에 의한 형사처벌을 규정하고 있고, 헌법 제13조 제1항 전단은 "모든 국민은 행위시의 법률에 의하여 범죄를 구성하지 아니하는 행위로 소추되지 아니하며"라고 규정하여 행위시의 법률에 의하지 아니한 형사처벌의 금지를 규정하고 있으며, 헌법 제6조 제1항은 "헌법에 의하여 체결·공포된 조약과 일반적으로 승인된 국제법규는 국내법과 같은 효력을 가진다"고 규정하여 적법하게 체결되어 공포된 조약은 국내법과 같은 효력을 가진다고 규정하고 있다. 마라케쉬협정도 적법하게 체결되어 공포된 조약이므로 국내법과 같은 효력을 갖는 것이어서 그로 인하여 새로운 범죄를 구성하거나 범죄자에 대한 처벌이 가중된다고 하더라도 이것은 국내법에 의하여 형사처벌을 가중한 것과 같은 효력을 갖게 되는 것이다. 따라서 마라케쉬협정에 의하여 관세법위반자의 처벌이 가중된다고 하더라도 이를 들어 법률에 의하지 아니한 형사처벌이라거나 행위시의 법률에 의하지 아니한 형사처벌이라고 할 수 없으므로, 마라케쉬협정에 의하여 가중된 처벌을 하게 된 구 특가법 제6조 제2항 제1호나 농안법 제10조의3이 죄형법정주의에 어긋나거나 청구인의 기본적 인권과 신체의 자유를 침해하는 것이라고 할 수 없다." (출처: 헌법재판소 판례집 제10권 2집, 685쪽)

1-4. 조약의 직접 적용

(헌법재판소 2001. 9. 27. 2000헌바20 결정. 국제통화기금조약 제9조 제3항 등 위헌소원)

"헌법재판소법 제68조 제2항은 심판대상을 "법률"로 규정하고 있으나, 여기서의 "법률"에는 "조약"이 포함된다고 볼 것이다.

헌법재판소는 국내법과 같은 효력을 가지는 조약이 헌법재판소의 위헌법률심판대상이 된다고 전제하여 그에 관한 본안판단을 한 바 있다(헌재 1999. 4. 29. 97헌가14, 판례집 11−1, 273 참조).

이 사건 조항은 각 국회의 동의를 얻어 체결된 것이므로 헌법 제6조 제1항에 따라 국내법적 효력을 가지며, 그 효력의 정도는 법률에 준하는 효력이라고 이해된다.

한편 이 사건 조항은 재판권 면제에 관한 것이므로 성질상 국내에 바로 적용될 수 있는 법규범으로서 위헌법률심판의 대상이 된다고 할 것이다." (출처: 헌법재판소 판례집 제13권 2집, 322쪽)

참고 본 결정상 다른 부분에 관해서는 본서 1−20

수록분 참조.

(2) 사인(私人)에 대한 직접 효력 부인

1-5. 직접 효력 부인 사례

(대법원 1999. 3. 26. 96다55877 판결)

"위 국제규약['시민적 및 정치적 권리에 관한 국제규약' - 필자 주] 제2조 제3항은 위 국제규약에서 인정되는 권리 또는 자유를 침해당한 개인이 효과적인 구제조치를 받을 수 있는 법적 제도 등을 확보할 것을 당사국 상호간의 국제법상 의무로 규정하고 있는 것이고, 국가를 상대로 한 손해배상 등 구제조치는 국가배상법 등 국내법에 근거하여 청구할 수 있는 것일 뿐, 위 규정에 의하여 별도로 개인이 위 국제규약의 당사국에 대하여 손해배상 등 구제조치를 청구할 수 있는 특별한 권리가 창설된 것은 아니라고 해석된다." (출처: 판례공보 제81호(1999. 5. 1.), 758쪽)

참고 이 사건의 사안과 판결의 다른 부분은 본서 14-1 수록분 참조.

1-6. 직접 효력 부인 사례

(대법원 2009. 1. 30. 2008두17936 판결)

"원고들의 상고이유 중에는, 우리나라가 1994. 12. 16. 국회의 비준동의를 얻어 1995. 1. 1. 발효된 '1994년 국제무역기구 설립을 위한 마라케쉬 협정'(Marrakesh Agreement Establishing the World Trade Organization, WTO 협정)의 일부인 '1994년 관세 및 무역에 관한 일반협정(General Agreement on Tariffs and Trade, GATT 1994) 제6조의 이행에 관한 협정' 중 그 판시 덤핑규제 관련 규정을 근거로 이 사건 규칙의 적법 여부를 다투는 주장도 포함되어 있으나, 위 협정은 국가와 국가 사이의 권리·의무관계를 설정하는 국제협정으로, 그 내용 및 성질에 비추어 이와 관련한 법적 분쟁은 위 WTO 분쟁해결기구에서 해결하는 것이 원칙이고, 사인(私人)에 대하여는 위 협정의 직접 효력이 미치지 아니한다고 보아야 할 것이므로, 위 협정에 따른 회원국 정부의 반덤핑부과처분이 WTO 협정위반이라는 이유만으로 사인이 직접 국내 법원에 회원국 정부를 상대로 그 처분의 취소를 구하는 소를 제기하거나 위 협정위반을 처분의 독립된 취소사유로 주장할 수는 없다 할 것이어서, 이 점에 관한 상고이유의 주장도 부적법하여 이유 없다." (출처: 미간, 법원도서관 종합법률정보)

참고 이 판결의 다른 부분 및 관련 설명 등은 본서 13-2-1 수록분 참조.

1-7. 직접 효력 부인 사례

(대법원 2015. 11. 19. 2015두295 판결)

"이 사건 각 협정2)은 국가와 국가 사이의 권리·의무관계를 설정하는 국제협정으로서, 그 내용 및 성질에 비추어 이와 관련한 법적 분쟁은 협정에서 정한 바에 따라 국가 간 분쟁해결기구에서 해결하는 것이 원칙이고, 특별한 사정이 없는 한 사인에 대하여는 협정의 직접 효력이 미치지 아니한다. 따라서 이 사건 각 협정의 개별 조항 위반을 주장하여 사인이 직접 국내 법원에 해당 국가의 정부를 상대로 그 처분의 취소를 구하는 소를 제기하거나 협정 위반을 처분의 독립된 취소사유로 주장하는 것은 허용되지 아니한다(대법원 2009. 1. 30. 선고 2008두17936 판결 참조)." (출처: 판례공보 2016(상), 40쪽)

[해설] 1-6과 1-7에 나타난 바와 같이 한국 법원은 WTO 협정 체제 위반을 다투는 분쟁은 협정상의 분쟁해결기구에서 국가간의 문제로서 해결해야지, 개인 당사자가 국내법원에 국가를 상대로 직접 제소하여 다툴 수 없다고 판단하고 있다. 기타 본 판결의 사안과 다른 부분, 관련 설명 등은 본서 13-3 수록분 참조.

참고 동일 취지의 판결: 서울고등법원 2016. 3. 23. 2015누2101 판결(미간, 법원도서관 종합법률정보).

---

2) 서비스 무역에 관한 일반협정(General Agreement on Trade in Services, GATS) 및 한-유럽연합 자유무역협정(Free Trade Agreement) - 필자 주.

나. 조약의 국내법상 위계

(1) 조약에 대한 헌법의 우위

[헌법 제6조 1항은 조약이 국내법과 같은 효력을 가진다고 규정하고 있다. 헌법은 "국내법"의 의미를 명확히 하고 있지 않으나, 헌법재판소는 조약도 위헌법률심판의 대상에 포함된다고 판단함으로써 조약에 대한 헌법의 우위를 분명히 하고 있다.]

1-8. 조약: 위헌심판 대상

(헌법재판소 2013. 2. 28. 2009헌바129 결정. 상속에 관한 구 관습법 부분 위헌소원)

"헌법 제111조 제1항 제1호, 제5호 및 헌법재판소법 제41조 제1항, 제68조 제2항에 의하면 위헌심판의 대상을 '법률'이라고 규정하고 있는데, 여기서 '법률'이라고 함은 국회의 의결을 거친 이른바 형식적 의미의 법률뿐만 아니라 법률과 동일한 효력을 갖는 조약 등도 포함된다(헌재 1995. 12. 28. 95헌바3, 판례집 7-2, 841, 846; 헌재 1996. 6. 13. 94헌바20, 판례집 8-1, 475, 482; 헌재 2001. 9. 27. 2000헌바20, 판례집 13-2, 322, 327 참조). 이처럼 법률과 동일한 효력을 갖는 조약 등을 위헌심판의 대상으로 삼음으로써 헌법을 최고규범으로 하는 법질서의 통일성과 법적 안정성을 확보할 수 있을 뿐만 아니라, 합헌적인 법률에 의한 재판을 가능하게 하여 궁극적으로는 국민의 기본권 보장에 기여할 수 있게 된다. 그렇다면 법률과 같은 효력을 가지는 이 사건 관습법도 당연히 헌법소원심판의 대상이 되고, 단지 형식적인 의미의 법률이 아니라는 이유로 그 예외가 될 수는 없다." (출처: 헌법재판소 판례집 제25권 1집, 15쪽)

평석 윤수정, 관습법의 위헌법률심판 대상적격성: 헌법재판소 2013. 3. 28. 2009헌바129 결정에 대한 비판적 검토를 중심으로, 헌법학연구 제21권 제2호(2015).
이준영, 관습법이 위헌법률심판의 대상이 되는지 여부: 헌법재판소 2013. 2. 28. 선고 2009헌바129 결정을 중심으로 판례연구 제26집(부산판례연구회, 2015).

1-9. 조약: 위헌심판 대상

(헌법재판소 2013. 3. 21. 2010헌바70·132·170 (병합) 결정. 구 헌법 제53조 등 위헌소원)

"법원의 제청에 의한 위헌법률심판 또는 헌법재판소법 제68조 제2항에 의한 헌법소원심판의 대상이 되는 '법률'에는 국회의 의결을 거친 이른바 형식적 의미의 법률은 물론이고 그 밖에 조약 등 '형식적 의미의 법률과 동일한 효력'을 갖는 규범들도 모두 포함된다(헌재 1995. 12. 28. 95헌바3, 판례집 7-2, 841, 846; 헌재 1996. 6. 13. 94헌바20, 판례집 8-1, 475, 482; 헌재 2013. 2. 28. 2009헌바129 참조).

이때 '형식적 의미의 법률과 동일한 효력'이 있느냐 여부는 그 규범의 명칭이나 형식에 구애받지 않고 법률적 효력의 유무에 따라 판단하여야 한다." (출처: 헌법재판소 판례집 제25권 1집, 180쪽)

참고 본 결정의 다른 부분에 관해서는 본서 1-32 수록분 참조.

1-10. 조약에 대한 헌법우위

(헌법재판소 2013. 11. 28. 2012헌마166 결정. 대한민국과 미합중국 간의 자유무역협정 위헌확인)

"우리 헌법 제6조 제1항은 "헌법에 의하여 체결·공포된 조약과 일반적으로 승인된 국제법규는 국내법과 같은 효력을 가진다."고 규정하고, 헌법 부칙 제5조는 "이 헌법 시행 당시의 법령과 조약은 이 헌법에 위배되지 않는 한 그 효력을 지속한다."고 규정하는바, 우리 헌법은 조약에 대한 헌법의 우위를 전제하고 있으며, 헌법과 동일한 효력을 가지는 이른바 헌법적 조약을 인정하지 아니한다고 볼 것이다.

한미무역협정의 경우, 헌법 제60조 제1항에 의하여 국회의 동의를 필요로 하는 우호통상항해조약의 하나로서 법률적 효력이 인정되므로, 규범통제의 대상이 됨은 별론으로 하고, 그에 의하여 성문헌법이 개정될 수는 없다." (출처: 헌법재판소 판

례집 제25권 2집(하), 559쪽)

(참고) 동일 취지의 결정:
① 헌법재판소 1995. 12. 28. 95헌바3 결정.
② 헌법재판소 1996. 6. 13. 94헌바20 결정.
③ 헌법재판소 2001. 9. 27. 2000헌바20 결정.

(2) 조약과 법률의 관계

[헌법의 우위를 전제로 사법부는 조약의 국내적 효력을 구체적으로 어떻게 파악하고 있는가? 일단 국회동의를 거친 조약이 "법률"의 효력을 지닌다는 점에는 사법부의 판례상 별다른 이견이 없다. 이 점을 명확히 표현하지 않은 판례들도 없지 않으나, 적어도 국회 동의를 거친 조약을 "시행령" 또는 그 이하의 위계에 해당한다고 해석한 판례는 없다. 반면 조약이 "법률"보다 상위의 효력을 지녔다고 판단한 판례도 없다. 조약이 법률의 효력을 가진다고 전제했을 때 조약과 법률간 충돌이 발생하면 어떻게 처리해야 하나? 이런 경우 법해석의 일반원칙에 따라 특별법 우선, 후법 우선 원칙이 적용된다. 아래 수록된 판례는 조약이 특별법의 자격으로 국내 법률보다 우선 적용된 사례들이다. 관련실무에서는 국제항공 운송사고와 관련된 판례가 특히 많았다. 한편 이제까지 조약과 법률간의 관계를 후법 우선 원칙에 의해 처리한 판례는 발견하지 못했다.]

(가) 특별법으로서 조약의 우선 적용[3]
1-11. 한일어업협정의 우선적용
(헌법재판소 2001. 3. 21. 99헌마139·142·156·160(병합) 결정. 대한민국과일본국간의어업에관한협정비준 위헌확인)

"국제연합해양법협약([…])의 성립·발효로 인하여 국제적으로 배타적경제수역이 종전의 해양법질서에 대신하여 보편적인 새로운 해양법질서로 자리잡게 됨으로써, 우리나라와 일본의 양국에서도 배타적경제수역을 도입하는 입법이 이루어

---
3) 이 항목에서 제시된 조약은 모두 국회 동의를 받은 조약들이다.

졌다. 우리나라에서의 "배타적경제수역법"(1996. 8. 8 제정, 동년 9. 10 시행) 및 "배타적경제수역에서의외국인등에대한주권적권리의행사에관한법률"(1996. 8. 8 제정, 1997. 8. 7 시행)이, 일본에서의 "배타적경제수역및대륙붕에관한법률" 및 "배타적경제수역에있어서의어업등에관한주권적권리의행사등에관한법률"(양자 모두 1996. 6. 14 제정, 동년 7. 20 시행)이 바로 그것이다. 이들 법률의 시행으로 인하여, 우리나라와 일본의 양국에서는 배타적경제수역체제가 실시되게 된 셈이며, 다만 양국간에는 1965년에 체결된 "대한민국과일본국간의어업에관한협정"이 유효함으로 인하여, 국내법에 대한 국제법우위의 원칙에 의해 종전의 영해 및 공해의 수역구분이 유효한 것이었고, 따라서 양국의 어민들은 종전과 마찬가지로 어로활동을 영위할 수 있었다." (출처: 헌법재판소 판례집 제13권 1집, 676쪽)

[해설] 재판부는 한일 양국이 배타적 경제수역에 관한 법률을 제정한 이후에도 "대한민국과일본국간의어업에관한협정이 유효함으로 인하여, 국내법에 대한 국제법우위의 원칙에 의해" 양국 어민들이 종전과 같이 어로활동을 할 수 있었다고 설시하고 있으나, 이는 특별법 우선원칙에 의해 조약이 적용되는 사례라고 평가해야 올바르다. 또한 한국의 (구)배타적 경제수역법 제5조 1항도 외국과의 협정으로 국내법과 달리 정할 수 있음을 명기하고 있었다. 이 점은 현재 배타적 경제수역 및 대륙붕에 관한 법률 제5조 1항도 동일하다. 한편 본 결정의 다른 부분에 관해서는 본서 10-4 수록분 참조.

1-12. 바르샤바협약의 우선적용
(대법원 1986. 7. 22. 82다카1372 판결)

"국제항공운송에 관하여는 정부가 국무회의의 의결과 국회의 비준을 거쳐 1967. 10. 11자로 "1929. 10. 12 바르샤바에서 서명된 국제항공운송에 있어서의 일부 규칙의 통일에 관한 협약을 개정하기 위한 의정서"(이하 헤이그 의정서라 한다)를 조약 제259호로 공포하였는바, 헤이그 의정서 제

23조 제2항에서는 "협약의 당사국이 아닌 국가에 의한 본 의정서에의 가입은 본 의정서에 의한 개정된 협약에의 가입의 효력을 가진다"고 규정하고 있고, 동 제19조가 "본 의정서의 당사국간에 있어서는 협약과 의정서는 합쳐서 하나의 단일문서로 읽어지고 또한 해석되며 1955. 헤이그에서 개정된 바르샤바 협약이라고 알려진다"고 규정하고 있으므로 대한민국은 위와 같이 헤이그 의정서에 가입함으로써 1929. 10. 12. 바르샤바에서 서명된 "국제항공운송에 있어서의 일부 규칙의 통일에 관한 협약"(이하 바르샤바협약이라 한다)에의 가입의 효력이 발생하였고 따라서 바르샤바협약은 헤이그 의정서에 의하여 개정된 내용대로 국내법과 동일한 효력을 가지게 되어서 국제항공운송에 관한 법률관계에 대하여는 일반법인 민법에 대한 특별법으로서 1955년 헤이그에서 개정된 바르샤바 협약(이하 개정된 바르샤바협약이라 한다)이 우선 적용되어야 할 것이다." (출처: 대법원판례집 제34권 2집(민사), 41쪽; 법원공보 제784호(1986. 9. 15.), 1085쪽)

참고 본 판결의 다른 부분에 관해서는 본서 9-9 수록분 참조.

1-13. 바르샤바협약의 우선적용

(서울고등법원 1998. 8. 27. 96나37321 판결(확정))

"항공운송에 관하여 아직까지 국내법이 제정된 바 없으므로, 이에 관한 법률관계는 특별한 사정이 없는 한 일반법인 민법의 적용 대상이 된다. 그러나 국제항공운송에 관하여는 원래 그 체약국 간에 효력을 발생하고 있던, 1929. 10. 12. 바르샤바에서 서명된 '국제항공운송에 있어서의 일부 규칙의 통일에 관한 협약'(바르샤바협약)이 있었고, 그 후 1955. 9. 28. 헤이그에서 작성된 '1929년 10월 12일 바르샤바에서 서명된 국제항공운송에 있어서의 일부 규칙의 통일에 관한 협약을 개정하기 위한 의정서'(헤이그의정서)에 의하여 그 중 일부 규정이 개정되고 이에 부수한 규정이 일부 추

가되어 1963. 8. 1.부터 그 체약국 간에 발효되고 있었는데, 우리나라 정부는 국회의 비준을 거쳐 1967. 7. 13. 네델란드 정부를 통하여 폴란드 정부에 헤이그의정서에의 가입서를 기탁하고, 그 효력이 발생하는 기탁 후 90일째인(헤이그의정서 제23조 제3항) 1967. 10. 11. 이를 조약 제259호로 공포함으로써 위 조약은 그 날부터 효력을 발생하였다.

그런데 헤이그의정서는 제23조 제2항에서 "협약의 당사국이 아닌 국가에 의한 본 의정서에의 가입은 본 의정서에 의하여 개정된 협약에의 가입의 효력을 가진다."고 규정하고 있고, 제19조에서 "본 의정서의 당사국 간에 있어서는 협약과 의정서는 합쳐서 하나의 단일문서로 취급되고 이해되며 '1955년 헤이그에서 개정된 바르샤바협약'이라 한다."고 규정하고 있으므로(뒤에서 자세히 살펴보는 바와 같이), 바르샤바협약은 헤이그의정서에 의하여 개정된 내용대로 우리 국내법과 동일한 효력을 가지게 되었고, 따라서 국제항공운송에 관한 법률관계에 대하여는 일반법인 민법에 대한 특별법으로서 위 '1955년 헤이그에서 개정된 바르샤바협약'(이하 그냥 '협약'이라고만 한다)이 우선 적용된다(대법원 1986. 7. 22. 선고 82다카1372 판결 참조). […]

이 사건에 있어서 원고들과 피고에 대하여 협약이 적용되는지 여부는 바로 국제법의 국내적 적용에 관한 문제에 해당하는데, 이에 관하여 우리나라 헌법은 전문에서 "…우리 대한민국은 … 밖으로는 항구적인 세계평화와 인류공영에 이바지함으로써…"라고 선언하고, 나아가 제6조 제1항에서는 "헌법에 의하여 체결·공포된 조약과 일반적으로 승인된 국제법규는 국내법과 같은 효력을 가진다."고 규정함으로써, 국제법을 우리나라 국내법의 일부로 수용한다는 의사를 명백히 표명하고 있으므로, 우리 국민에 대하여 국내 법률인 민법과 국제법(조약)인 협약은 동등한 효력을 가지면서 함께 적용되는 것이다. 다만, 국내법과 국

제법이 서로 충돌하는 경우에는 '신법우선의 원칙' 또는 '특별법우선의 원칙'에 따라 그 우열 여부를 가려내야 할 것인데, 협약이 민법보다 신법임은 역수상 분명할 뿐만 아니라, 협약은 그 규율대상을 국제항공운송 및 그 관련자에 한정하고 있어 민법에 대한 관계에 있어서 특별법이 되므로 민법에 우선하여 적용된다. 뿐만 아니라, 바르샤바협약이나 헤이그의정서는 국제항공운송의 증대와 인적·물적 자원의 교류 증가로 인하여 발생하는 법률관계를 규율하기 위하여 사법(사법) 원칙을 통일해야 할 필요성에 따라 제정된 것으로서(원고들도 이를 인정한다), 원고들이 내세우는 위 '조약법에 관한 비엔나협약'의 규정에 의하더라도, 유효한 조약은 그 당사국을 구속하며 또한 당사국에 의하여 성실하게 이행되어야 하고(제26조), 어느 당사국도 조약의 불이행에 대한 정당화의 방법으로 그 국내법 규정을 원용해서는 아니될 뿐만 아니라(제27조), 조약은 당사국의 전체 영역에 관하여 당사국을 구속하는 것(제29조)이므로, 비록 위 항공기의 출발지인 미합중국이 바르샤바협약에만 가입하였다고 하더라도, 이 법원이 내국인인 원고들과 피고에 대하여 우리나라가 헌법에 따라 체결·공포한 조약인 협약을 그대로 적용함은 당연하고, 결국 민법과 서로 충돌하는 한도에서는 협약이 적용되어야 한다." (출처: 하급심판례집 1998년 제권2, 310쪽)

참고 본 판결의 다른 부분에 관해서는 본서 9-10 수록분 참조.

다음 열거된 판례 역시 국제민간항공에 관해서는 바르샤바 협약과 헤이그 의정서가 국내 민법 또는 상법의 특별법으로 우선 적용된다고 판단한 사례들이다.

① 대법원 2002. 10. 22. 2002다32523·32530 판결(판례공보 제168호(2002. 12. 15.), 2792쪽).
② 대법원 2004. 7. 22. 2001다67164 판결(판례공보 제209호(2004. 9. 1.), 1422쪽).
③ 대법원 2006. 4. 28. 2005다30184 판결(판례공보 제251호(2006. 6. 1.) 921쪽).
④ 대법원 2016. 3. 24. 2013다81514 판결(판례공보 2016(상), 611쪽).
⑤ 서울고등법원 1998. 8. 27. 96나37321 판결(확정).
⑥ 서울고등법원 2001. 7. 24. 2001나11385 판결(확정) (하급심판결집 2001년 제2집, 264쪽).
⑦ 서울고등법원 2004. 12. 3. 2004나4920 판결(미간, 법원도서관 종합법률정보).
⑧ 서울고등법원 2008. 3. 21. 2007누18729 판결(확정).
⑨ 서울민사지방법원 1993. 1. 15. 91가합55778 판결(하급심판결집 1993년 제1집, 198쪽).
⑩ 서울지방법원 1996. 8. 14. 93가합63988 판결.
⑪ 서울지방법원 1996. 11. 28. 96가합5709 판결(조정).
⑫ 서울지방법원 1996. 9. 12. 92가합19434 판결(하급심판결집 1996년 제2집, 400쪽).
⑬ 서울지방법원 1996. 11. 28. 96가합5709 판결(조정)(하급심판결집 1996년 제2집, 248쪽).
⑭ 서울중앙지방법원 2006. 6. 23. 2003가합58978 판결(각급(1심, 2심)법원 판결공보 제36호(2006. 8. 10.), 1694쪽).
⑮ 서울중앙지방법원 2006. 10. 27. 2003가합13708 판결(미간, 법원도서관 종합법률정보).

1-14. 외국중재판정의 승인 및 집행에 관한 뉴욕협약의 우선적용
(서울민사지방법원 1984. 4. 12. 83가합7051 판결(화해))

"우리나라가 1973. 2. 8. "외국중재판정의 승인 및 집행에 관한 유엔협약(The United Nations Convention on the Recognition and Enforcement of Foreign Arbitral Awards, 1958. 6. 10. 성립, 1959. 6. 7. 발효, 이하 뉴욕협약이라고 약칭한다.)"에 상사한정 및 상호주의 유보선언하에 가입하여 위 협약 제12조 제1항의 규정에 따라 그 90일 뒤인 1973. 5. 9.자로 제42번째 가입국이 된 사실 및 일본역시 뉴욕협약에 가입하고 있는 사실(1961. 9. 18. 발효)은 당원에 현저한 바 있고, 위 뉴욕협약은 조약과 마찬가지의 효력을 지닌 것이라 하겠으므로 이 사건 중재판정의 승인 및 집행에 관하여는 뉴욕협약이 국내법에 우선하여 적용되고 위 협약이 규정하고 있지 아니한 사항에 대해서는 보충적으로 우리나라 중재법이 적용된다고 할 것이다."

(출처: 하급심판례집 1984년 제2집, 105쪽)

1-15. 조세조약의 우선적용

(서울고등법원 2010. 2. 12. 2009누8016 판결)

"헌법 제6조 제1항은 "헌법에 의하여 체결·공포된 조약과 일반적으로 승인된 국제법규는 국내법과 같은 효력을 갖는다."고 규정하고 있으므로, 국회의 동의를 얻어 체결된 조세조약은 법률에 준하는 효력을 가지고, 나아가 조세조약에서 규율하고 있는 법률관계에 있어서는 당해 조약이 국내법의 특별법적인 지위에 있으므로 국내법보다 우선하여 적용된다." (출처: 미간, 법원도서관 종합법률정보)

참고 조세조약에 관한 동일 취지의 판결:
① 대전고등법원 2010년 10월 28일 2010누755 판결.
② 대전고등법원 2011년 2월 17일 2010누762 판결.
③ 서울행정법원 2009년 2월 16일 2007구합37650 판결.
④ 서울행정법원 2009년 5월 29일 2007구합43419, 2007구합16882(병합), 2007구합16899(병합), 2007구합16905(병합) 판결.
⑤ 서울행정법원 2009년 6월 26일 2008구합16889 판결.
⑥ 서울행정법원 2009년 11월 12일 2008구합24972 판결.
⑦ 서울행정법원 2010년 5월 27일 2009구합16442 판결.
⑧ 서울행정법원 2011년 2월 18일 2009구합3538 판결.
⑨ 대전지방법원 2011년 11월 16일 2010구합2649 판결.

(나) 국회동의 조약의 효력

[조약은 체결과정에서 헌법 제60조 1항에 따라 국회 동의대상인 경우와 아닌 경우가 있다. 양자의 국내적 효력은 구별되는가? 우선 국회동의 조약의 국내적 효력을 설명함에 있어서는 헌법의 문언과 같이 "국내법"과 같은 효력을 가진다고 설시한 판례가 많으나, 이 외에도 판결문에서는 보다 다양한 표현이 사용되고 있다. 즉 "법률과 같은 효력," "법률적 효력," "법률에 준하는 효력," "국내 법령과 동일한 효력" 등이 발견된다. 다만 이 같은 표현의 다양성과 상관없이 그 내용을 살펴보면 사법부는 일관되게 국회동의 조약을 국내 "법률"과 같은 효력을 가진다고 해석하고 있다.]

1-16. 국내법과 같은 효력

(헌법재판소 2004. 12. 14. 2004헌마889 결정. 불기소처분취소)

"「국제형사재판소에관한로마규정」에 관하여 보건대, 우리나라가 이를 비준, 공포하였고, 우리 헌법 제6조 제1항이 "헌법에 의하여 체결·공포된 조약과 일반적으로 승인된 국제법규는 국내법과 같은 효력을 가진다."고 규정하고 있어 위 로마규정은 '헌법에 의하여 체결·공포된 조약'으로서 국내법과 같은 효력을 갖는다고 하겠다." (출처: 헌법재판소 홈페이지 판례정보)

참고 본 결정의 부분에 관해서는 본서 1-37 및 14-37 수록분 참조.

1-17. 국내법과 같은 효력

(헌법재판소 2010. 10. 28. 2010헌마111 결정. 집회 및 시위에 관한 법률 제11조 제4호 가목 위헌확인)

"'외교관계에 관한 빈 협약' 제22조 제2항은 가입국가가 외교기관의 건물을 침입 또는 손상으로부터 보호하기 위한 모든 적절한 조치를 취하여 외교기관 업무의 평화가 방해되거나 그 존엄이 침해되는 것을 방지하여야 할 특별한 의무가 있다고 규정하고, 제29조는 가입국가는 상당한 경의를 가지고 외교관을 대우하여야 하며, 그 신체·자유 또는 존엄성에 대한 침해를 방지하기 위하여 적절한 모든 조치를 취하지 않으면 안 된다고 규정하고 있는데, 헌법 제6조 제1항에 의하면 '외교관계에 관한 빈 협약'과 같이 헌법에 의하여 체결·공포된 조약은 국내법과 같은 효력을 가진다. 따라서 외교기관에 대한 보호는 헌법 및 국제조약 등에 의하여 보장되는 것으로서 헌법전문에서도 선언하고 있는 항구적인 세계평화를 유지하기 위한 기초가 되는 것이다."(출처: 헌법재판소 판례집 제22권 2집(하), 303쪽)

참고 본 결정의 다른 부분에 관해서는 본서 11-9 수록분 참조.
한편 다음은 조약을 "국내법"과 같은 효력을 가진다고 표현한 다른 판례들이다.
① 헌법재판소 1998. 11. 26. 97헌바65 결정.
② 헌법재판소 2011. 8. 30. 2006헌마788 결정.
③ 대법원 1986. 7. 22. 82다카1372 판결.
④ 대법원 1990. 7. 24. 89후1479 판결.

1-18. 법률과 같은 효력
(헌법재판소 2001. 3. 21. 99헌마139·142·156·160(병합) 결정. 대한민국과일본국간의어업에관한협정비준 위헌확인)

"헌법 제6조 제1항은 "헌법에 의하여 체결·공포된 조약과 일반적으로 승인된 국제법규는 국내법과 같은 효력을 가진다."라고 규정하고 있는바, 이 사건 협정은 우리나라와 일본간의 어업에 관해 '헌법에 의하여 체결·공포된 조약'으로서 국내적으로 '법률'과 같은 효력을 가진다."(출처: 헌법재판소 판례집 제13권 1집, 676쪽)

참고 본 결정의 다른 부분에 관해서는 본서 1-11, 2-3, 9-1, 10-4 수록분 참조.

1-19. 법률적 효력
(헌법재판소 2013. 11. 28. 2012헌마166 결정. 대한민국과 미합중국 간의 자유무역협정 위헌확인)

"한미무역협정의 경우, 헌법 제60조 제1항에 의하여 국회의 동의를 필요로 하는 우호통상항해조약의 하나로서 법률적 효력이 인정되므로, 규범통제의 대상이 됨은 별론으로 하고, 그에 의하여 성문헌법이 개정될 수는 없다."(출처: 헌법재판소 판례집 제25권 2집, 559쪽)

참고 본 결정의 다른 부분에 관해서는 본서 1-10 수록분 참조.

1-20. 법률에 준하는 효력
(헌법재판소 2001. 9. 27. 2000헌바20 결정. 국제통화기금조약 제9조 제3항 등 위헌소원)

"이 사건 조항[「국제통화기금(IMF) 협정」과 「전문기구의 특권과 면제에 관한 협약」의 해당조항 - 필자주]은 각 국회의 동의를 얻어 체결된 것이므로 헌법 제6조 제1항에 따라 국내법적 효력을 가지며, 그 효력의 정도는 법률에 준하는 효력이라고 이해된다."(출처: 헌법재판소 판례집 제13권 2집, 322쪽)

참고 본 결정의 다른 부분에 관해서는 본서 1-4 수록분 참조.

1-21. 법률에 준하는 효력
(서울고등법원 2010. 2. 12. 2009누8016 판결)

"국회의 동의를 얻어 체결된 조세조약은 법률에 준하는 효력을 가지고, 나아가 조세조약에서 규율하고 있는 법률관계에 있어서는 당해 조약이 국내법의 특별법적인 지위에 있으므로 국내법보다 우선하여 적용된다."(출처: 미간, 법원도서관 종합법률정보)

참고 본 결정의 다른 부분에 관해서는 본서 1-15 수록분 참조.

1-22. 국내 법령과 동일한 효력
(대법원 2005. 9. 9. 2004추10 판결)

"GATT는 1994. 12. 16. 국회의 동의를 얻어 같은 달 23. 대통령의 비준을 거쳐 같은 달 30. 공포되고 1995. 1. 1. 시행된 조약인 WTO협정(조약 1265호)의 부속 협정(다자간 무역협정)이고, '정부조달에 관한 협정'(Agreement on Government Procurement, 이하 'AGP'라 한다)은 1994. 12. 16. 국회의 동의를 얻어 1997. 1. 3. 공포·시행된 조약(조약 1363호, 복수국가간 무역협정)으로서 각 헌법 제6조 제1항에 의하여 국내법령과 동일한 효력을 가지므로 지방자치단체가 제정한 조례가 GATT나 AGP에 위반되는 경우에는 그 효력이 없다고 할 것이다."(출처: 판례공보 제236호(2005. 10. 15.), 1622쪽)

참고 본 판결상 다른 부분에 관해서는 본서 1−26 및 13−1 수록분 참조.

(다) 국회 비동의 조약

[국회 비동의 조약의 국내법적 위계에 대한 사법부의 입장은 명확하지 않다. 서울고등법원은 범죄인 인도와 관한 2건의 결정에서 국회 비동의 조약이 시행령과 같은 효력을 지닌다고 판단했다. 반면 헌법재판소에서는 비동의 조약인 「아시아 · 태평양지역에서의 고등교육의 수학, 졸업증서 및 학위인정에 관한 지역협약」이 "법률적 효력"을 갖는다고 설시한 예가 있다. 역시 비동의 조약인 「기업의근로자대표에게제공되는보호및편의에관한협약」을 국내법과 마찬가지로 준수해야 한다고 전제하고 국내 법률과의 충돌 여부를 검토한 바 있는데, 이 역시 조약의 법률적 효력을 염두에 둔 판단이라고 보인다. 반면 아직까지 대법원이나 헌법재판소에서 비동의 조약이 시행령의 효력을 지닌다고 언명한 판결은 없으며, 반대로 국회 비동의 조약이 "법률"의 효력을 갖는다고 명시한 다른 판례도 없다. 따라서 이제까지의 사례만을 근거로 사법부의 입장을 일반화하기는 조심스럽다. 이 점에 관한 사법부의 입장은 아직 "불분명"하다고 평가함이 적정하다.]

1−23. 법률적 효력

(헌법재판소 2003. 4. 24. 2002헌마611 결정. 의료법 제5조 등 위헌확인)

"청구인들은 예비시험 조항이 "아시아 · 태평양지역에서의고등교육의수학 · 졸업증서및학위인정에관한지역협약"에 위반하여, 다른 당사국에서 취득한 학력을 제대로 인정하지 않고 국내 면허 취득에 추가적 제한을 가하고 있다고 주장한다. 이 조약은 우리나라도 가입하고 있으나(조약 제990호. 발효일 1989. 9. 29.), 그 법적 지위가 헌법적인 것은 아니며 법률적 효력을 갖는 것이라 할 것이므로 예비시험 조항의 유무효에 대한 심사척도

가 될 수는 없고, […]." (출처: 헌법재판소 판례집 제15권 1집, 466쪽)

1−24. 국내법과 마찬가지

(헌법재판소 2014. 5. 29. 2010헌마606 결정. 노동조합 및 노동관계조정법 제24조 제2항 등 위헌확인)

"우리 헌법은 헌법에 의하여 체결 · 공포된 조약과 일반적으로 승인된 국제법규를 국내법과 마찬가지로 준수하고 성실히 이행함으로써 국제질서를 존중하여 항구적 세계평화와 인류공영에 이바지함을 기본이념의 하나로 하고 있으므로(헌법 전문 및 제6조 제1항 참조), 국제적 협력의 정신을 존중하여 될 수 있는 한 국제법규의 취지를 살릴 수 있도록 노력할 것이 요청됨은 당연하다.

먼저 국제노동기구협약 제135호 '기업의근로자대표에게제공되는보호및편의에관한협약'은 1971년 국제노동기구에서 채택된 것으로 2002. 12. 27. 우리나라도 비준하여 발효되었으므로 국내법과 마찬가지로 이를 준수할 의무가 있다.

살피건대, 위 협약 제2조 제1항은 '근로자대표에 대하여 그 지위나 활동을 이유로 불리한 조치를 할 수 없고, 근로자대표가 직무를 신속 · 능률적으로 수행할 수 있도록 기업으로부터 적절할 편의가 제공되어야 한다.'고 규정하고 있다. 그런데 위 협약 제2조 제2항은 '이 경우 국내의 노사관계제도의 특성이나 당해 기업의 필요 · 규모 및 능력이 고려되어야 한다.', 제3항은 '그러한 편의의 제공은 당해 기업의 능률적인 운영을 방해하는 것이어서는 아니된다.'고 규정하고 있어, 노조전임자에 대한 급여 지급 금지에 대한 절충안으로 근로시간 면제 제도가 도입된 이상 이 사건 노조법 조항들이 위 협약에 배치된다고 보기 어렵다. 나아가 위 협약을 해석하는 데 참고가 되는 국제노동권고 제143호 '기업의근로자대표에게제공되는보호및편의에관한권고'제10조를 보더라도 위 제135호 협약에서 말하는 '적절한 편의'에는

'근로시간 면제(the necessary time off from work)'가 포함됨을 알 수 있는데, 위 권고 제10조 제3항은 이에 대해 "합리적인 제한(reasonable limits)을 가할 수 있다."고 규정하고 있으므로, 근로시간 면제의 최대한을 사전에 입법으로 총량으로 설정하여 규율하는 이 사건 노조법 조항들이 위 협약 및 권고와 충돌된다고 보기 어렵다." (출처: 헌법재판소 판례집 제26권 1집(하), 354쪽)

> (참고) 동일 취지의 판결: 대구고등법원 2014. 10. 24. 2012누1816 판결(서울국제법연구 제21권 2호(2014), 237쪽 수록).

1-25. 대통령령의 효력
(서울고등법원 2006. 7. 27. 2006토1 결정(확정))

"우리나라 헌법은 "헌법에 의하여 체결·공포된 조약과 일반적으로 승인된 국제법규는 국내법과 같은 효력을 가진다."고 규정하고 있고(헌법 제6조 제1항), 이러한 헌법 규정 아래에서는 국회의 동의를 요하는 조약은 법률과 동일한 효력을, 국회의 동의를 요하지 않는 조약은 대통령령과 같은 효력을 인정하는 것이라고 해석함이 타당하므로, 이 사건 인도조약은 국회의 비준을 거친 조약으로서 법률과 동일한 효력을 가지는 것." (출처: 각급법원(제1, 2심) 판결공보, 제37호(2006. 9. 10.), 1988쪽)

> (참고) 동일 취지의 결정: 서울고등법원 2013. 1. 3. 2012토1 결정. 위 판결의 다른 부분에 관해서는 본서 12-3 및 15-4 수록분 참조.

(라) 조례에 대한 조약의 우위
1-26. 조약 위반 조례의 무효
(대법원 2005. 9. 9. 2004추10 판결. 전라북도학교급식조례재의결무효확인. 원고: 전라북도 교육감. 피고: 전라북도 의회)

[사안: 전라북도 의회는 도내 초중등 학교 급식의 경우 전라북도 내에서 생산되는 우선 사용하도록 하는 조례를 제정했다. 전라북도 교육감은 이 같은 조례 내용은 한국이 당사국인 GATT의 내국민대우 위반이라고 지적하며 재의를 요구했으나, 도의회는 원안대로 재의결하여 조례가 확정되었다. 이에 전라북도 교육감이 조례의 무효를 확인하는 소송을 제기했다.]

"가. GATT는 1994. 12. 16. 국회의 동의를 얻어 같은 달 23. 대통령의 비준을 거쳐 같은 달 30. 공포되고 1995. 1. 1. 시행된 조약인 WTO협정(조약 1265호)의 부속 협정(다자간 무역협정)이고, '정부조달에 관한 협정'(Agreement on Government Procurement, 이하 'AGP'라 한다)은 1994. 12. 16. 국회의 동의를 얻어 1997. 1. 3. 공포·시행된 조약(조약 1363호, 복수국가간 무역협정)으로서 각 헌법 제6조 제1항에 의하여 국내법령과 동일한 효력을 가지므로 지방자치단체가 제정한 조례가 GATT나 AGP에 위반되는 경우에는 그 효력이 없다고 할 것이다.

나. 그러므로 먼저 이 사건 조례안이 GATT 제3조 제1항, 제4항에 위반되는지 여부를 살펴본다. [...]

이 사건 조례안의 각 조항은 학교급식을 위해 우수농산물, 즉 전라북도에서 생산되는 우수농산물 등을 우선적으로 사용하도록 하고 그러한 우수농산물을 사용하는 자를 선별하여 식재료나 식재료 구입비의 일부를 지원하며 지원을 받은 학교는 지원금을 반드시 우수농산물을 구입하는 데 사용하도록 하는 것을 내용으로 하고 있으므로 결국 국내산품의 생산보호를 위하여 수입산품을 국내산품보다 불리한 대우를 하는 것으로서 내국민대우원칙을 규정한 GATT 제3조 제1항, 제4항에 위반된다고 할 것이다. [...]

이 사건 조례안 제4조 제2항, 제6조 제2항, 제3항은 정부용으로 구매할 때 적용하는 경우에도 AGP 제3조 소정의 내국민대우원칙에 위반된다고 할 것이다. [...]

마. 그렇다면 원고의 다른 주장에 관하여 더 나아가 판단할 것도 없이 이 사건 조례안 중 일부가 위법한 이상 이 사건 조례안에 대한 재의결은 전

부 효력이 부인되어야 할 것이므로, 그 재의결의
효력 배제를 구하는 원고의 이 사건 청구는 이유
있다.” (출처: 판례공보 제236호(2005. 10. 15.), 1622쪽)

참고 본 판결의 다른 부분에 관해서는 본서 1-22
및 13-1 수록분 참조.

평석 주진열, GATT/WTO협정에 위반된 지방자
치단체 조례안의 효력: 대법원 2005. 9. 9. 선고
2004추10 판결, 서울국제법연구 제12권 2호(2005).

1-27. 조약 위반 조례의 무효

(대법원 2008. 12. 24. 2004추72 판결. 경상남도
학교급식조례재의결무효확인. 원고: 경상남도 교육
감. 피고: 경상남도의회)

“가. 1994. 12. 16. 국회의 동의와 같은 달 23일
대통령의 비준을 거쳐 같은 달 30일 공포되고
1995. 1. 1. 시행된 WTO협정(조약 1265호)의 부속
협정(다자간 무역협정)인 GATT 제3조 제1항은,
“체약국은 … 산품(products)의 국내 판매, 판매를
위한 제공, 구매, 수송, 분배 또는 사용에 영향을
주는 법률, 규칙 및 요건…은 국내생산을 보호하
기 위하여 수입산품(imported products) 또는 국내
산품(domestic products)에 대하여 적용하지 않을
것을 인정한다.”고 규정하고, 같은 조 제4항은
“체약국 영역의 산품으로서 다른 체약국의 영역
에 수입된 산품은 그 국내에서의 판매, 판매를 위
한 제공, 구입, 수송, 분배 또는 사용에 관한 모든
법률, 규칙 및 요건에 관하여 국내 원산의 동종
산품에 부여하고 있는 대우보다 불리하지 아니한
대우를 부여하여야 함을 인정한다.”라고 규정하
고 있는바, 위 각 규정에 의하면, 수입산품의 국
내 판매에 불리한 영향을 주는 법률, 규칙 및 요
건 등이 국내생산을 보호하기 위하여 수입산품
또는 국내산품에 적용되어서는 아니 되고, 수입국
이 법률, 규칙 및 요건에 의하여 수입산품에 대하
여 국내의 동종물품보다 경쟁관계에 불리한 영향
을 미칠 수 있는 차별적인 대우를 하여서는 안 된
다고 해석된다(대법원 2005. 9. 9. 선고 2004추10 판
결 참조).

그런데 앞서 거시한 이 사건 조례안의 각 조항
은 학교급식을 위해 우리 농·축·수산물을 우선
적으로 사용하도록 하고 그러한 우리 농·축·수
산물을 사용하는 자를 선별하여 식재료나 식재료
구입비의 일부를 지원하며, 지원받은 지원대상자
는 지원금을 반드시 우리 농·축·수산물을 구입
하는 데 사용하도록 하고 있으므로, 이는 국내산
품의 생산보호를 위하여 수입산품을 국내산품보
다 불리하게 대우하는 것에 해당하는 것으로서,
내국민대우원칙을 규정한 GATT 제3조 제1항, 제
4항에 위반된다고 보아야 한다. […]

그렇다면 이 사건 조례안 중 일부가 위법한 이
상 이 사건 조례안에 대한 재의결은 전부 효력이
부인되어야 할 것이므로, 그 재의결의 효력 배제
를 구하는 원고의 이 사건 청구는 이유 있다.” (출
처: 미간, 법원도서관 종합법률정보)

1-28. 조약 위반 조례의 무효

(서울행정법원 2007. 7. 4. 2006구합37738 판결
조례제정청구각하처분취소. 원고 홍○원. 피고: 서
울특별시 은평구청장)

“‘1994년 관세 및 무역에 관한 일반협정’
(General Agreement on Tariffs and Trade 1994, 이하
‘GATT’라 한다)은 1994. 12. 16. 국회의 동의를 얻
어 같은 달 23. 대통령의 비준을 거쳐 같은 달 30.
공포되고 1995. 1. 1. 시행된 조약인 ‘세계무역기
구(WTO) 설립을 위한 마라케쉬협정’(Agreement
Establishing the WTO)(조약 1265호)의 부속 협정(다
자간 무역협정)이고, ‘정부조달에 관한 협정’(Agree-
ment on Government Procurement, 이하 ‘AGP’라 한
다)은 1994. 12. 16. 국회의 동의를 얻어 1997. 1.
3. 공포시행된 조약(조약 1363호, 복수국가간 무역협
정)으로서 각 헌법 제6조 제1항에 의하여 국내법
령과 동일한 효력을 가지므로 지방자치단체가 제
정한 조례가 GATT나 AGP에 위반되는 경우에는
그 효력이 없다 할 것이고, 지방자치단체의 조례
안이 그 지방자치단체의 보육시설, 유치원 및

초·중·고등학교에서 실시하는 학교급식을 위해 우리나라에서 생산되는 우수 농·수·축산물과 이를 재료로 사용하는 가공식품을 우선적으로 사용하도록 하고 그러한 우수 농·수·축산물과 이를 재료로 사용하는 가공식품을 사용하는 자를 선별하여 식재료나 식재료 구입비의 일부를 지원하며 지원을 받은 학교는 지원금을 반드시 우수농산물을 구입하는 데 사용하도록 하는 것을 내용으로 하고 있다면 내국민대우원칙을 규정한 '1994년 관세 및 무역에 관한 일반협정'(General Agreement on Tariffs and Trade 1994)에 위반되어 그 효력이 없다 할 것이다(대법원 2005. 9. 9. 선고 2004추10 판결 참조).

이 사건에 관하여 보건대, 앞서 본 바와 같이 이 사건 조례안은 피고로 하여금 국·시비 보조금과 구비로 재원을 조달하여 '품질이 우수하고 안전한 우리 농·수산물'을 서울특별시 은평구의 보육시설, 유치원 및 초·중·고등학교에서 실시하는 학교급식에 사용하도록 지원하여야 하고, 나아가 품질이 우수한 우리 농·수산물이 지원되고 있는지 여부를 확인·지도·감독의무를 이행하도록 하는 것을 주요 내용으로 하고 있으므로, 내국민대우원칙을 규정한 '1994년 관세 및 무역에 관한 일반협정'(General Agreement on Tariffs and Trade 1994)에 위반되어 그 효력이 없다 할 것이다.

따라서, 피고가 이 사건 조례안이 상위 법령에 위반되어 주민조례제정청구 대상이 되지 않는다고 판단하여 이 사건 처분을 한 것은 적법하다 할 것이다." (출처: 판결문 사본 입수)

1-28-1. 위 항소심
(서울고등법원 2008. 3. 21. 2007누18729 판결(확정))
"살피건대, 이 사건 조례안의 제8조는 지방자치단체인 서울특별시 은평구가 관내 보육시설, 유치원 및 초·중고등학교에서 직영하는 급식에 관하여 우리 농·수산물을 구매하여 지원하도록 하면서 그 금액에 아무런 제한을 두고 있지 아니한

바, AGP 제1, 2, 3조 및 이에 부속하여 동일한 효력을 가지는 한국양허표 부속서 2에 의하면, 지방자치단체의 경우 내국민대우원칙의 적용이 배제되는 정부조달은 조달금액이 20만 SDR 미만의 물품계약에 한하도록 규정되어 있으므로, 위 제8조는 위와 같은 조약을 직접적으로 위반하고 있으며, 이 사건 조례안 제4조 제1호, 제7조, 제12조는 우리 농·수산물이 지원되고 있는지 여부를 확인·지도 감독할 의무를 피고에게 부과하고 있어, 결국 수입산품의 국내 판매에 불리한 영향을 줌으로써 국내산품의 생산보호를 위하여 수입산품을 국내산품보다 불리하게 대우하는 것을 금지한 GATT 제3조 제1항, 제4항에 위반되어 그 효력이 없다 할 것이다. […]

그렇다면, 제1심 판결은 정당하고, 원고의 항소는 이유 없으므로 이를 기각하기로 하여 주문과 같이 판결한다." (출처: 판결문 사본 입수)

3. 관습국제법

[한국의 사법부는 관습국제법을 국내재판의 근거로 직접 적용할 수 있다고 본다. 다만 헌법재판소에서는 관습국제법을 인정한 판례가 발견되지 않고 오직 소수의견에서만 이를 긍정한 사례가 있을 뿐이다. 반면 대법원을 포함한 일반 법원에서는 관습국제법의 문제를 다룬 판례가 숫자상으로 많고 실제 관습국제법의 존재를 긍정하여 이를 근거로 판결을 내린 사례도 여러 건 존재한다. 국내재판에서 판결의 근거로 실제 적용된 대표적인 관습국제법의 내용은 주권면제, 외교사절의 면제, 국가의 집행관할권 행사에 있어서 속지주의 원칙 등이다.]

가. 관습국제법의 수용원칙

1-29. 관습국제법 존중원칙

(헌법재판소 2005. 10. 27. 2003헌바50 · 62, 2004헌바96, 2005헌바49(병합) 결정. 지방공무원법 제58조 제1항 등 위헌소원)

"우리 헌법은 헌법에 의하여 체결 · 공포된 조약은 물론 일반적으로 승인된 국제법규를 국내법과 마찬가지로 준수하고 성실히 이행함으로써 국제질서를 존중하여 항구적 세계평화와 인류공영에 이바지함을 기본이념의 하나로 하고 있으므로(헌법 전문 및 제6조 제1항 참조), 국제적 협력의 정신을 존중하여 될 수 있는 한 국제법규의 취지를 살릴 수 있도록 노력할 것이 요청됨은 당연하다." (출처: 헌법재판소 판례집 제17권 2집, 238쪽)

▷참고 동일 취지의 결정:
① 헌법재판소 2007. 8. 30 2003헌바51 · 2005헌가5(병합) 결정.
② 헌법재판소 2014. 5. 29. 2010헌마606 결정.
③ 헌법재판소 2015. 6. 25. 2013헌바193 결정.
한편 본 결정의 다른 부분에 관해서는 본서 1-39 및 14-35 수록분 참조.

1-30. 관습국제법의 국내적 효력

(헌법재판소 2011. 8. 30. 2007헌가12, 2009헌바103(병합) 결정. 향토예비군설치법 제15조 제8항 위헌제청)

"국제관습법에 양심적 병역거부권을 인정한다면 우리나라에서도 일반적으로 승인된 국제법규로서 양심적 병역거부의 근거가 될 수 있다." (출처: 헌법재판소 판례집 제23권 2집, 132쪽)

▷참고 동일 취지의 결정: 헌법재판소 2011. 8. 30. 2008헌가22, 2009헌가7 · 24, 2010헌가16 · 37, 2008헌바103, 2009헌바3, 2011헌바16(병합) 결정.
한편 본 결정의 다른 부분에 관해서는 본서 12-6 수록분 참조.

나. 관습국제법의 국내적 위계

[헌법재판소는 "일반적으로 승인된 국제법규"를 인정한 사례가 없었으므로 이의 국내법적 위계를 직접 설시할 기회도 없었다. 다만 아래 제시된 판례를 통해 헌법재판소는 관습국제법을 "법률"과 같은 효력을 보고 있다는 추정이 가능하다.

대법원을 포함한 국내 일반법원의 판례에서는 관습국제법을 인정한 사례는 적지 않으나, 이의 국내적 위계에 대해 직접적인 입장을 표시한 경우는 찾지 못했다. 즉 헌법 제6조 제1항의 표현과 같이 "일반적으로 승인된 국제법규"는 국내법과 같은 효력을 가진다는 사실을 단순히 지적하는 정도의 다소 애매한 설시를 하고 있을 뿐이다(대법원 1999. 12. 10. 98다9083 판결; 서울고등법원 2013. 4. 18. 2012나63832 판결; 서울중앙지방법원 2012. 7. 6. 2011가합69126 판결 등). 특히 관습국제법과 국내 법률이 충돌하는 경우 어느 편을 우선할 것인가에 대한 명시적 입장 표명은 아직 없었다.]

1-31. 법률로서의 효력

(헌법재판소 2004. 5. 14. 2004헌나1 결정. 대통령 노무현 탄핵)

"헌법은 탄핵사유를 "헌법이나 법률에 위배한 때"로 규정하고 있는데, '헌법'에는 명문의 헌법규정뿐만 아니라 헌법재판소의 결정에 의하여 형성되어 확립된 불문헌법도 포함된다. '법률'이란 단지 형식적 의미의 법률 및 그와 등등한 효력을 가지는 국제조약, 일반적으로 승인된 국제법규 등을 의미한다." (출처: 헌법재판소 판례집 제16권 1집, 609쪽)

1-32. 법률로서의 효력

(헌법재판소 2013. 3. 21. 2010헌바70 · 132 · 170(병합) 결정. 구 헌법 제53조 등 위헌소원)

"헌법상 형식적 의미의 법률은 아니지만 국내법과 동일한 효력이 인정되는 '헌법에 의하여 체

결·공포된 조약과 일반적으로 승인된 국제법규'
(제6조)의 위헌 여부의 심사권한도 헌법재판소에
전속된다고 보아야 한다."(출처: 헌법재판소 판례
집 제25권 1집, 180쪽)

(참고) 본 결정의 다른 부분에 관해서는 본서 1-9
수록분 참조.

다. 관습국제법의 인정 사례

[국내에서 관습국제법을 근거로 내려진 대표적
인 판결 유형은 주권면제에 관한 사건들이다. 주
권면제에 관해서는 아직 국내법이 제정된 바 없
고 한국이 당사국인 별다른 조약도 없기 때문에
관습국제법이 적용되고 있다. 주권면제에 관한 판
결은 제4장에 별도로 모아져 있기 때문에 이를 참
고하기 바란다. 기타 집행관할권 행사에 있어서의
속지주의 적용(서울고등법원 2013. 4. 18. 2012나
63832 판결(본서 3-1 수록)), 반인도범죄 등에 대
한 공소시효 배제(서울고등법원 2006. 2. 14. 2005나
27906 판결(본서 14-37 수록)) 등도 해당 부분을 참
고하라. 본서 11-13 판결도 관습국제법을 적용한
판결이다. 기타 아래와 같은 사례들이 있다.]

1-33. 속지주의
(서울행정법원 1998. 10. 29. 98구6561 판결)
"현 국제법 질서상 각국의 법령은 그 영역 내
의 모든 사람에게 적용될 뿐이고 다른 국가의 영
역까지 적용, 집행될 수 없다는 소위 속지주의 법
리가 일반적으로 승인된 국제법규로 공인되고 있
는 점."(출처: 하급심 판결집 1998년 제2집, 496쪽)

1-34. 정치범 불인도
(서울고등법원 2006. 7. 27. 2006토1 결정)
"지금은 세계 대부분의 국가가 국내법과 조약
에 정치범 불인도의 원칙을 규정함으로써 이는
국제법상의 기본원칙으로 확립되었다."(출처: 각
급법원(제1심, 2심) 판결공보 제37호(2006. 9. 10.),

1988쪽)

(참고) 본 판결의 다른 부분은 본서 1-25, 12-3,
15-4 수록분 참조.

라. 관습국제법의 부인 사례

[헌법재판소에서는 관습국제법을 긍정한 사례
는 없으나, 이를 부인한 사례는 많다. 실제 재판
에서는 원고가 관습국제법성을 주장하고, 재판부
가 이를 부인하는 경우가 다수이다.]

1-35. 세계인권선언
**(헌법재판소 1991. 7. 22. 89헌가106 결정. 사립학
교법 제55조 등 에 관한 위헌심판)**
"국제연합의 "인권에 관한 세계선언"에 관하여
보면, 이는 그 전문에 나타나 있듯이 "인권 및 기
본적 자유의 보편적인 존중과 준수의 촉진을 위
하여 […] 사회의 각 개인과 사회 각 기관이 국제
연합 가맹국 자신의 국민 사이에 또 가맹국 관할
하의 지역에 있는 인민들 사이에 기본적인 인권
과 자유의 존중을 지도·교육함으로써 촉진하고
또한 그러한 보편적, 효과적인 승인과 준수를 국
내적·국제적인 점진적 조치에 따라 확보할 것을
노력하도록, 모든 국민과 모든 나라가 달성하여야
할 공통의 기준"으로 선언하는 의미는 있으나 그
선언내용인 각 조항이 바로 보편적인 법적구속력
을 가지거나 국제법적 효력을 갖는 것으로 볼 것
은 아니다."(출처: 헌법재판소 판례집 제3권, 387쪽)

(참고) 동일 취지로 세계인권선언 내용의 관습국제
법성을 부인한 헌법재판소 판례들:
① 헌법재판소 2005. 10. 27. 2003헌바50·62, 2004
헌바96, 2005헌바49(병합) 결정(헌법재판소 판례
집 제17권 2집, 238쪽).
② 헌법재판소 2007. 8. 30. 2003헌바51, 2005헌가
5(병합) 결정(헌법재판소 판례집 제19권 2집,
213쪽).
③ 헌법재판소 2008. 12. 26. 2006헌마462 결정(헌
법재판소 판례집 제20권 2집(하), 748쪽).
④ 헌법재판소 2008. 12. 26. 2006헌마518 결정(헌

법재판소 판례집 제20권 2집(하), 768쪽).

⑤ 헌법재판소 2008. 12. 26. 2005헌마971·1193, 2006헌마198(병합) 결정(헌법재판소 판례집 제 20권 2집(하), 666쪽).

기타 본 결정상 다른 부분에 관해서는 본서 9-13 및 14-34 수록분 참조.

1-36. 양심적 병역거부

(헌법재판소 2011. 8. 30. 2008헌가22, 2009헌가7·24, 2010헌가16·37, 2008헌바103, 2009헌바3, 2011헌바16(병합) 결정. 병역법 제88조 제1항 제1호 위헌제청)

"우리나라가 가입하지 않았지만 일반성을 지닌 국제조약과 국제관습법에서 양심적 병역거부권을 인정한다면 우리나라에서도 일반적으로 승인된 국제법규로서 양심적 병역거부의 근거가 될 수 있다.

그러나 양심적 병역거부권을 명문으로 인정한 국제인권조약은 아직까지 존재하지 않으며, 유럽 등의 일부국가에서 양심적 병역거부권이 보장된다고 하더라도 전 세계적으로 양심적 병역거부권의 보장에 관한 국제관습법이 형성되었다고 할 수 없으므로, 양심적 병역거부가 일반적으로 승인된 국제법규로서 우리나라에 수용될 수는 없다." (출처: 헌법재판소 판례집 제23권 2집(상), 174쪽)

참고 동일 취지 결정: 헌법재판소 2011. 8. 30. 2007헌가12·2009헌바103(병합) 결정(헌법재판소 판례집 제23권 2집(상), 132쪽). 기타 본 결정상 다른 부분에 관해서는 본서 14-9 수록분 참조.

1-37. 고문범죄에 대한 공소시효 배제

(헌법재판소 2004. 12. 14. 2004헌마889 결정. 불기소 처분)

"국제연합의 「전쟁범죄 및 반인도적 범죄에 대한 국제법상의 시효의 부적용에 관한 협약」 등을 통하여 '고문범죄에 대한 공소시효 적용배제'라는 국제관습법의 존재가 확인된다는 주장에 관하여 살펴보면, 위 협약이 모든 고문범죄에 대하여 공소시효 적용을 배제한다는 취지로 되어 있지도

않을 뿐더러, 청구인들 주장의 국제관습법이 '국제사회의 보편적 규범으로서 세계 대다수 국가가 승인하고 있는 법규'라고 볼 근거가 없어, 헌법 제6조 제1항 소정의 '일반적으로 승인된 국제법규'로서 위 고소사실에 대하여 적용된다고 보기도 어렵다." (출처: 헌법재판소 홈페이지)

참고 본 결정상 다른 부분에 관해서는 본서 1-16 및 14-37 수록분 참조.

1-38. ILO 협약 제105호의 내용

(헌법재판소 1998. 7. 16. 97헌바23 결정. 구 형법 제314조 위헌소원)

"강제노동의 폐지에 관한 국제노동기구(ILO)의 제105호 조약은 우리나라가 비준한 바가 없고, 헌법 제6조 제1항에서 말하는 일반적으로 승인된 국제법규로서 헌법적 효력을 갖는 것이라고 볼 만한 근거도 없으므로 이 사건 심판대상 규정의 위헌성 심사의 척도가 될 수 없다." (출처: 헌법재판소 판례집 제10권 2집, 243쪽)

참고 동일 취지의 판결: 서울서부지방법원 2012. 12. 22. 2014고합41 판결(서울국제법연구 제22권 1호(2015), 282쪽). 기타 본 결정의 다른 부분에 관해서는 본서 14-12 수록분 참조.

1-39. ILO 협약 제87호의 내용

(헌법재판소 2005. 10. 27. 2003헌바50·62, 2004헌바96, 2005헌바49(병합) 결정. 지방공무원법 제58조 제1항 등 위헌소원)

"국제노동기구의 제87호 협약(결사의 자유 및 단결권 보장에 관한 협약), 제98호 협약(단결권 및 단체교섭권에 대한 원칙의 적용에 관한 협약), 제151호 협약(공공부문에서의 단결권 보호 및 고용조건의 결정을 위한 절차에 관한 협약)은 우리나라가 비준한 바가 없고, 헌법 제6조 제1항에서 말하는 일반적으로 승인된 국제법규로서 헌법적 효력을 갖는 것이라고 볼 만한 근거도 없으므로, 이 사건 심판대상 규정의 위헌성 심사의 척도가 될 수 없다(헌재 1998. 7. 16. 97헌바23, 판례집 10-2, 243, 265 참

조).”(출처: 헌법재판소 판례집 제17권 2집, 238쪽)

참고 ILO 협약 제87호에 관한 동일 취지의 결정:

① 헌법재판소 2007. 8. 30. 2003헌바51, 2005헌가5(병합) 결정(헌법재판소 판례집 제19권 2집, 213쪽).

② 헌법재판소 2008. 12. 26. 2006헌마462 결정(헌법재판소 판례집 제20권 2집(하), 748쪽).

③ 헌법재판소 2008. 12. 26. 2006헌마518 결정(헌법재판소 판례집 제20권 2집(하), 768쪽).

평석 이광윤, 공무원의 집단행위 금지의 합헌성 여부: 2005-10-27 선고, 2003헌바50, 2003헌바62, 2004헌바96, 2005헌바 (병합), 지방공무원법 제58조 제1항 등 위헌소원, 토지공법연구 제29집(2005).

1-40. 기타 관습국제법성 부인 판례들

(1) 섭외사건에 대한 대한민국 법원의 국제재판 관할 인정 기준에 대해서는 “일반적으로 승인된 국제법상의 원칙이 아직 확립되어 있지 않”다.

① 대법원 1992. 7. 28. 91다41897 판결.

② 대법원 1995. 11. 21. 93다39607 판결.

③ 대법원 2000. 6. 9. 98다35037 판결.

④ 대법원 2003. 9. 26. 2003다29555 판결.

⑤ 대법원 2005. 1. 27. 2002다59788 판결.

⑥ 서울고등법원 2001. 1. 30. 99나68425 판결.

⑦ 서울고등법원 2006. 1. 26. 2002나32662 판결.

⑧ 서울고등법원 2008. 3. 21. 2006나88168 판결.

⑨ 부산고등법원 2009. 2. 3. 2007나4288 판결.

⑩ 서울지방법원 1996. 1. 12. 94가합66533 판결.

⑪ 서울지방법원 1997. 1. 23. 95가합39156 판결.

⑫ 서울지방법원 1997. 5. 8. 95가합11856 판결.

⑬ 서울지방법원 2002. 12. 24. 2002가합32672 중간판결.

⑭ 서울중앙지방법원 2007. 8. 23. 2006가합89560 판결.

⑮ 부산지방법원 2007. 2. 2. 2000가합7960 판결.

⑯ 부산지방법원 2009. 1. 22. 2008가합309 판결 등.

(2) OECD 모델 조세협약 주석서(Commentaries on the Articles of Model Tax Convention)의 내용은 “일반적으로 승인된 국제법규라고 볼 수 없으므로 법적인 구속력이 인정될 수는 없는 것.”

① 서울고등법원 2010. 2. 12. 2009누8016 판결.

② 대전고등법원 2010. 10. 28. 2010누755 판결.

③ 대전고등법원 2011. 2. 17. 2010누762 판결.

④ 서울행정법원 2009. 2. 16. 2007구합37650 판결.

⑤ 서울행정법원 2009. 5. 29. 2007구합43419 판결.

⑥ 서울행정법원 2009. 6. 26. 2008구합16889 판결.

⑦ 서울행정법원 2009. 11. 12. 2008구합24972 판결.

⑧ 대전지방법원 2011. 11. 16. 2010구합2649 판결 등.

(3) “정치적 피난민에 대한 보호는 소수의 국가가 국내법상으로 보장하고 있을 뿐 우리나라도 이를 보장하는 국내법규가 없으며 개개의 조약을 떠나서 일반국제법상의 보장이 확립된 것도 아니다.”(대법원 1984. 5. 22. 84도39 판결)

(4) “강제노동의 폐지에 관한 국제노동기구(ILO)의 제29호, 제105호 조약은 우리나라가 비준한 바가 없고, 헌법 제6조 제1항에서 말하는 일반적으로 승인된 국제법규로서 헌법적 효력을 갖는 것이라고 볼 만한 근거도 없”다.

① 서울중앙지방법원 2010. 12. 23. 2010노2641 판결.

② 서울서부지방법원 2012. 12. 22. 2014고합41 판결.

(5) '1992년 유류오염손해에 대한 민사책임에 관한 국제협약'과 '1992년 유류오염손해보상을 위한 국제기금의 설치에 관한 국제협약' 보상청구 매뉴얼은 "일반적으로 승인된 국제법규라고 보기도 어렵다."

① 대전지방법원 서산지원 2015. 11. 11. 2013가합750 · 2013가합385(병합) · 2013가합1074(병합) · 2013가합1272(병합) 판결.

② 대전지방법원 서산지원 2015. 12. 30. 2013가합590 − 1 · 2013가합1166 − 1(병합) · 2013가합1524 − 1(병합) · 2013가합1715 − 1(병합) · 2013가합2619 − 1(병합) 판결.

③ 대전지방법원 서산지원 2016. 2. 12. 2013가합583 − 2, 2013가합1517 − 2(병합) 판결.

4. 국제기구 결의의 국내적 효력

참고 이와 관련해서 본서 다음 판례 참조.

① 12 − 4(− 1. 및 -2). 국제기구 결정의 국내적 효력(대법원 2007. 12. 27. 2007두11177 판결).

② 12 − 5(− 1). 국제기구 결의(권고)의 국내적 효력(대법원 1987. 9. 22. 85누216 판결).

제 2 장   외교문제와 사법 판단

[어느 나라나 대외문제에 관해서는 행정부의 수반이 책임자이다. 한국 역시 대통령은 외국에 대하여 국가를 대표하며, 조약을 체결하고, 외교관계를 책임지고, 필요하다면 전쟁을 수행한다. 이러한 대통령의 대외적 권한행사에 대해서는 어느 나라에서나 상당한 재량이 인정되며, 대내적 권한행사와 달리 사법부의 개입이 자제되는 경향이다. 국가를 위해 고도의 정치적 판단이나 결단이 작용하는 경우가 많으며, 때로는 일정한 비밀유지 하에 진행될 필요도 있기 때문이다. 본장은 이러한 외교문제와 관련된 사법부의 판결들이다. 한국의 사법부 역시 외교문제에 관한한 행정부의 판단을 1차적으로 존중하는 편이다.

한편 이 주제에 관해서는 본장에 수록된 판결 외에 한일 청구권협정 해석과 관련된 판결 역시 주목을 할 필요가 있다. 헌법재판소 2000. 3. 30. 98헌마206 결정(본서 7−1 수록), 헌법재판소 2011. 8. 30. 2006헌마788 결정(본서 7−2 수록), 서울고등법원 2016. 1. 14. 2015나2036271 판결(본서 7−4 수록), 서울행정법원 2004. 2. 13. 2002구합33943 판결(본서 7−12 수록) 등도 같이 읽기 바란다.]

2−1. 국방 및 외교문제에 대한 사법판단의 자제 (헌법재판소 2004. 4. 29. 2003헌마814 결정. 일반사병 이라크 파병 위헌 확인)

"헌법은 대통령에게 다른 나라와의 외교관계에 대한 권한과 함께 선전포고와 강화를 할 수 있는 권한을 부여하고 있고(제73조) 헌법과 법률이 정하는 바에 따라 국군을 통수하는 권한을 부여하면서도(제74조 제1항) 선전포고 및 국군의 외국에의 파견의 경우 국회의 동의를 받도록 하여(제60조 제2항) 대통령의 국군통수권 행사에 신중을 기하게 함으로써 자의적인 전쟁수행이나 해외파병을 방지하도록 하고 있다.

이 사건과 같은 외국에의 국군의 파견결정은 파견군인의 생명과 신체의 안전뿐만 아니라 국제사회에서의 우리나라의 지위와 역할, 동맹국과의 관계, 국가안보문제 등 궁극적으로 국민 내지 국익에 영향을 미치는 복잡하고도 중요한 문제로서 국내 및 국제정치관계 등 제반상황을 고려하여 향후 우리나라의 바람직한 위치, 앞으로 나아가야 할 방향 등 미래를 예측하고 목표를 설정하는 등 고도의 정치적 결단이 요구되는 사안이다.

따라서 그와 같은 결정은 그 문제에 대해 정치적 책임을 질 수 있는 국민의 대의기관이 관계분야의 전문가들과 광범위하고 심도 있는 논의를 거쳐 신중히 결정하는 것이 바람직하며 우리 헌법도 그 권한을 국민으로부터 직접 선출되고 국민에게 직접 책임을 지는 대통령에게 부여하고 그 권한행사에 신중을 기하도록 하기 위해 국회로 하여금 파병에 대한 동의여부를 결정할 수 있도록 하고 있는바, 현행 헌법이 채택하고 있는 대의민주제 통치구조하에서 대의기관인 대통령과 국회의 그와 같은 고도의 정치적 결단은 가급적 존중되어야 한다.

따라서 이 사건과 같은 파견결정이 헌법에 위반되는지의 여부 즉 세계평화와 인류공영에 이바지하는 것인지 여부, 국가안보에 보탬이 됨으로써 궁극적으로는 국민과 국익에 이로운 것이 될 것인지 여부 및 이른바 이라크전쟁이 국제규범에 어긋나는 침략전쟁인지 여부 등에 대한 판단은 대의기관인 대통령과 국회의 몫이고, 성질상 한정된 자료만을 가지고 있는 우리 재판소가 판단하는 것은 바람직하지 않다고 할 것이며, 우리 재판소의 판단이 대통령과 국회의 그것보다 더 옳다거나 정확하다고 단정짓기 어려움은 물론 재판결과에 대하여 국민들의 신뢰를 확보하기도 어렵다고 하지 않을 수 없다.

기록에 의하면 이 사건 파병은 대통령이 파병의 정당성뿐만 아니라 북한 핵 사태의 원만한 해결을 위한 동맹국과의 관계, 우리나라의 안보문제, 국·내외 정치관계 등 국익과 관련한 여러 가지 사정을 고려하여 파병부대의 성격과 규모, 그리고 파병기간을 국가안전보장회의의 자문을 거쳐 결정한 것으로, 그 후 국무회의 심의·의결을 거쳐 국회의 동의를 얻음으로써 헌법과 법률에 따른 절차적 정당성을 확보했음을 알 수 있다.

살피건대, 이 사건 파견결정은 그 성격상 국방 및 외교에 관련된 고도의 정치적 결단을 요하는 문제로서, 헌법과 법률이 정한 절차를 지켜 이루어진 것임이 명백하므로, 대통령과 국회의 판단은 존중되어야 하고 우리 재판소가 사법적 기준만으로 이를 심판하는 것은 자제되어야 한다. 오랜 민주주의 전통을 가진 외국에서도 외교 및 국방에 관련된 것으로서 고도의 정치적 결단을 요하는 사안에 대하여는 줄곧 사법심사를 자제하고 있는 것도 바로 이러한 취지에서 나온 것이라 할 것이다. 이에 대하여는 설혹 사법적 심사의 회피로 자의적 결정이 방치될 수도 있다는 우려가 있을 수 있으나 그러한 대통령과 국회의 판단은 궁극적으로는 선거를 통해 국민에 의한 평가와 심판을 받게 될 것이다.

그렇다면 이 사건 파견결정에 대한 사법적 판단을 자제함이 타당하므로 [별개의견을 제시한 4인 재판관 – 필자 주] 외에는 나머지 재판관들의 일치된 의견으로 주문과 같이 결정한다." (출처: 헌법재판소 판례집 제16권 1집, 601쪽)

평석   노희범, 일반사병이라크파병 위헌확인, 헌법재판소 결정해설집 3집(헌법재판소, 2004).

2-2. 대외문제와 통치행위
(대법원 2004. 3. 26. 2003도7878 판결. 외국환거래법위반·남북교류협력에관한법률위반·특정경제범죄가중처벌등에관한법률위반(배임))

"입헌적 법치주의국가의 기본원칙은 어떠한 국가행위나 국가작용도 헌법과 법률에 근거하여 그 테두리 안에서 합헌적·합법적으로 행하여질 것을 요구하며, 이러한 합헌성과 합법성의 판단은 본질적으로 사법의 권능에 속하는 것이다.

다만, 국가행위 중에는 고도의 정치성을 띤 것이 있고, 그러한 고도의 정치행위에 대하여 정치

적 책임을 지지 않는 법원이 정치의 합목적성이
나 정당성을 도외시한 채 합법성의 심사를 감행
함으로써 정책결정이 좌우되는 일은 결코 바람직
한 일이 아니며, 법원이 정치문제에 개입되어 그
중립성과 독립성을 침해당할 위험성도 부인할 수
없으므로, 고도의 정치성을 띤 국가행위에 대하여
는 이른바 통치행위라 하여 법원 스스로 사법심
사권의 행사를 억제하여 그 심사대상에서 제외하
는 영역이 있다.

　그러나 이와 같이 통치행위의 개념을 인정한다
고 하더라도 과도한 사법심사의 자제가 기본권을
보장하고 법치주의 이념을 구현하여야 할 법원의
책무를 태만히 하거나 포기하는 것이 되지 않도
록 그 인정을 지극히 신중하게 하여야 하며, 그
판단은 오로지 사법부만에 의하여 이루어져야 하
는 것이다. […]

　[이어서 4억 5천만 달러의 대북송금이 불법적으로
이루어졌음을 지적하고 – 필자 주] 원심은, 위 공소
사실을 유죄로 인정하면서, 위 피고인들의 대북송
금행위 및 이에 수반된 각 행위들은 남북정상회
담에 도움을 주기 위한 시급한 필요에서 비롯된
이른바 통치행위로서 사법부에 의한 사법심사의
대상이 되지 않는다는 피고인들의 주장에 대하여,
남북정상회담의 개최는 고도의 정치적 성격을 지
니고 있는 행위라 할 것이므로 특별한 사정이 없
는 한 그 당부를 심판하는 것은 사법권의 내재
적·본질적 한계를 넘어서는 것이 되어 적절하지
못하지만, 남북정상회담의 개최과정에서 위 피고
인들이 공모하여 재정경제부장관에게 신고하지
아니하거나 통일부장관의 협력사업 승인을 얻지
아니한 채 위와 같이 북한측에 사업권의 대가 명
목으로 4억 5,000만 달러를 송금한 행위 자체는
헌법상 법치국가의 원리와 법 앞에 평등원칙 등
에 비추어 볼 때 사법심사의 대상이 된다고 판단
하였는바, 원심의 위와 같은 판단은 앞서 본 법리
에 비추어 정당한 것으로 수긍되고, 거기에 주장
과 같은 이른바 헌법상 통치행위에 대한 법리오

해의 위법이 있다고 할 수 없으므로, 피고인 김○
규, 임○원의 이 부분 상고는 이유 없다." (출처:
판례공보 제201호(2004. 5. 1.), 753쪽)

2-3. 대통령의 조약체결행위에 대한 위헌심사 가능성
(헌법재판소 2001. 3. 21. 99헌마139·142·156·160(병합) 결정. 대한민국과일본국간의어업에관한협정비준등 위헌확인)

"헌법소원심판의 대상이 되는 것은 헌법에 위
반된 "공권력의 행사 또는 불행사"이다. 여기서
'공권력'이란 입법권·행정권·사법권을 행사하는
모든 국가기관·공공단체등의 고권적 작용이라고
할 수 있는바, 이 사건 협정은 우리나라 정부가
일본 정부와의 사이에서 어업에 관해 체결·공포
한 조약(조약 제1477호)으로서 헌법 제6조 제1항에
의하여 국내법과 같은 효력을 가지므로, 그 체결
행위는 고권적 행위로서 '공권력의 행사'에 해당
한다. […]

　헌법 제6조 제1항은 "헌법에 의하여 체결·공
포된 조약과 일반적으로 승인된 국제법규는 국내
법과 같은 효력을 가진다."라고 규정하고 있는바,
이 사건 협정은 우리나라와 일본간의 어업에 관
해 '헌법에 의하여 체결·공포된 조약'으로서 국
내적으로 '법률'과 같은 효력을 가진다. 따라서
위에서 살핀 바와 같이, 법령을 집행하는 행위가
존재하지 아니하고 바로 법령으로 말미암아 직접
기본권이 침해되는 예외적인 경우에만 법령에 대
한 헌법소원이 가능한바, 이 사건 협정이 직접 기
본권을 침해하는지 여부를 살펴보기로 한다. […]

　그 경위야 어찌되었든 한일 양국간에 이 사건
협정[한일 신어업협정 – 필자 주]이 새로이 발효됨
으로 인하여, 우리나라의 어민들은 종전에 자유로
이 어로활동을 영위할 수 있었던 수역에서 더 이
상 자유로운 어로활동을 영위할 수 없게 된 셈이
다. 이로 인해 이 사건 청구인들이 주장하는 기본
권의 침해 가능성이 인정되고, 따라서 이 사건 협

정은 법령을 집행하는 행위가 존재하지 아니하고 바로 법령으로 말미암아 직접 기본권이 침해되는 예외적인 경우에 해당한다 할 것이고, 이 사건 협정에 대한 헌법소원심판의 청구는 일응 적법하다 할 것이다. […]

이처럼 이 사건 협정은 배타적경제수역체제의 도입이라는 새로운 해양법질서하에서도 어업에 관한 한일 양국의 이해를 타협·절충함에 있어서 현저히 균형을 잃은 것으로는 보이지 않는다고 일응 판단되며, 청구인들이 주장하는 바와 같이 이 사건 협정으로 인해 조업수역이 극히 제한되어 어획량이 감소되고 65년협정에 비하여 우리 어민들에게 엄청난 불이익을 야기하여 헌법상 보장하는 행복추구권, 직업선택의 자유, 재산권, 평등권, 보건권이 침해되었다는 주장은 사실에 반하므로 그 이유 없다 할 것이다." (출처: 헌법재판소 판례집 제13권 1집, 676쪽)

[해설] 한일 신 어업협정에 관한 이 결정에서 헌법재판소의 다수의견은 대통령의 조약 체결행위는 공권력의 행사에 해당하며, 조약체결의 결과 기본권 침해의 가능성이 인정되면 헌법소원심판을 청구할 수 있다고 보았다. 다만 이 사건의 대상 조약은 그 내용이 현저히 균형을 잃었다고 보이지는 않는다고 평가되어 청구인 측이 주장하는 기본권 침해는 없었다고 판단했다. 그렇다면 이 결정은 조약내용이 현저히 균형을 잃어 국민에게 엄청난 불이익이 야기된다면 위헌적인 공권력 행사라는 판단을 할 수 있다는 해석의 가능성을 열어 놓고 있다.
이 결정의 다른 부분에 관해서는 본서 1-11, 1-18, 9-1, 10-4 수록분 참조.

2-4. 외교문제에 대한 사법부의 개입자제
(서울행정법원 2016. 9. 23. 2015구합51705 판결. 한미연합사본부 잔류승인처분 무효확인 등)

"1) 입헌적 법치주의국가의 기본원칙은 어떠한 국가행위나 국가작용도 헌법과 법률에 근거하여 그 테두리 안에서 합헌적·합법적으로 행하여질 것을 요구하며, 이러한 합헌성과 합법성의 판단은 본질적으로 사법의 권능에 속한다고 할 것이다. 그러나 국가행위 중에는 고도의 정치성을 띤 것이 있고, 그러한 고도의 정치행위에 대하여 정치적 책임을 지지 않는 법원이 정치의 합목적성이나 정당성을 도외시한 채 합법성의 심사를 감행함으로써 정책결정이 좌우되는 일은 결코 바람직한 일이 아니며, 법원이 정치문제에 개입되어 그 중립성과 독립성을 침해당할 위험성도 부인할 수 없으므로, 고도의 정치성을 띤 국가행위에 대하여는 이른바 통치행위라 하여 법원 스스로 사법심사권의 행사를 억제하여 그 심사대상에서 제외할 수 있다(대법원 2004. 3. 26. 선고 2003도7878 판결 참조).

2) 헌법은 대통령에게 영토의 보전·국가의 계속성을 수호할 책무 등을 지도록 하는 한편(제66조 제2항) 외국에 대하여 국가를 대표할 권한, 다른 나라와의 외교관계에 대한 권한과 함께 선전포고와 강화를 할 수 있는 권한을 부여하고 있고(제66조 제1항, 제73조), 외국군대의 대한민국 영역 안에서의 주류에 대하여 국회의 동의를 받도록 하고 있다(제60조 제2항).

이 사건 각 결정과 같은 외국군대의 국내 주둔에 관한 결정은 우리나라의 영토주권 등과 직접적인 관련이 있을 뿐만 아니라 동맹국과의 관계, 국가안보문제 등 궁극적으로 국민 내지 국익에 영향을 미치는 복잡하고도 중요한 문제로서 국내 및 국제정치관계 등 제반 상황을 고려하여 미래를 예측하고 목표를 설정하는 등 고도의 정치적 결단이 요구되는 사안이다. 헌법도 외국군대의 국내 주둔에 관한 권한을 국민으로부터 직접 선출되고 국민에게 직접 책임을 지는 대통령에게 부여하고 그 권한행사에 신중을 기하도록 하기 위해 국회로 하여금 외국군대의 국내 주둔에 대한 동의 여부를 결정할 수 있도록 하고 있으므로, 헌법이 채택하고 있는 대의민주제 통치구조하에서 대의기관인 대통령과 국회의 그와 같은 고도의 정치적 결단은 가급적 존중되어야 한다. 만약 법원이 이 사건 각 결정과 같은 외교 문제에 관하여 대통령이나 국회와 다른 판단을 내린다면, 국제관계에서 대한민국의 신뢰를 실추시키고 국익에 도움이 되지 않는 결과를 초래할 수 있다. 또한 성질상 한정된 자료만을 가지고 있는 법원이 이 사건 각 결정과 같은 사안의 위헌·위법 여부를 판단하는 것은 바람직하지 않다.

이처럼 고도의 정치적 결단으로서 외교에 관한 행위에 해당하는 이 사건 각 결정이 헌법에 위반되거나 위법한지 여부, 즉 국가안보에 보탬이 됨으로써 궁극적으로는 국민과 국익에 이로운 것이 될 것인지 여부나 법률유보 원칙, 비례 원칙, 신뢰보호 원칙 등을 위배한 것인지 여부 등에 대한 판단은 대의기관인 대통령과 국회의 몫이라고 보아야 한다.

3) 주한미군의 국내 주둔에 관한 조약인 YRP협정과 LPP개정협정은 앞서 본 바와 같이 대한민국과 미국 사이에 체결되어 국회의 동의를 받았다. 대통령을 수반으로 하는 행정부의 기관으로서 대한민국을 대표한 피고는 미국을 대표한 미국 국방부장관과의 합의를 거쳐 YRP협정 제2조 제5항에 따라 한미연합사의 이전계획에 필요한 조정으로서 한미연합사 잔류 결정을 하고, LPP 개정협정 제1조 제2항에 따라 210화력여단의 실제 이전 시기를 정하는 210화력여단 잔류 결정을 하였다. 이처럼 이 사건 각 결정은 국회의 동의를 받은 YRP협정과 LPP 개정협정에 근거하여 위 조약들이 규정한 범위 내에서 한미연합사와 210화력여단의 주둔지를 정한 것이므로 이 사건 각 결정에 대하여 별도로 국회의 동의를 받을 필요는 없는 것으로 보인다. 따라서 대통령으로부터 권한을 위임받은 것으로 보이는 피고와 미국을 대표한 미국 국방부장관의 합의로 이루어진 이 사건 각 결정은 헌법과 법률에 따른 절차적 정당성을 확보하였다고 할 것이다.

4) 그렇다면 이 사건 각 결정은 그 성격상 국방 및 외교에 관련된 고도의 정치적 결단을 요하는 문제로서 헌법과 법률이 정한 절차를 지켜 이루어졌으므로, 최종적으로 대통령의 판단으로 귀속되는 피고의 이 사건 각 결정은 존중되어야 한다. 법원이 합헌성과 합법성의 기준만으로 이 사건 각 결정의 효력 유무를 심사하는 것은 사법권의 내재적 한계를 넘어서고 권력분립의 원칙에 반하므로 자제되어야 한다(설령 법원이 이 사건 각 결정의 효력이 없음을 확인하는 판결을 하여 그 확정판결이 피고를 기속한다고 하더라도 대한민국과 미국 사이의 합의인 이 사건 각 결정이 국제법 차원에서 무효로 된다고 할 수 없으므로 법원의 사법심사가 실효적인 권리구제수단이라고 할 수도 없다). 이 사건 소는 이러한 측면에서도 부적법하고 피고의 이 부분 본안전 항변도 이유 있다. […]

그러므로 이 사건 소를 각하하고 소송비용은 패소자인 원고들이 부담하도록 하여 주문과 같이 판결한다.” (출처: 각급법원(제1, 2심) 판결공보 제159호(2016. 11. 10.), 661쪽 이하)

[해설] 이 사건의 원고는 항소했으나, 서울고등법원 2018. 2. 9. 2016누72046 판결은 1심과 동일한 이유로 항소를 기각했다. 이후 상고되지 않아 이 판결이 확정되었다.

2-5. 외교문제에 대한 행정부의 재량성 (서울중앙지방법원 2018. 6. 15. 2016가합552135 판결)

[사안: 일본군 위안부 피해자중 일부는 헌법재판소 2011. 8. 30. 2006헌마788 결정(본서 7 − 2 수록)에도 불구하고 한국 정부에 이에 따른 후속 의무를 이행하지 않았고, 특히 2015. 12. 28. 위안부 문제에 대한 한일 외무장관 합의로 인해 정신적 피해를 입었다고 주장하며 국가를 상대로 손해배상을 청구했다.]

“이 사건 위안부 합의는 원고들을 포함한 일본군위안부 피해자들의 일본에 대한 배상청구권 실현이라는 목적을 달성하는데 불충분한 측면이 있기는 하나, 앞서 본 사실관계에다가 […] 각 기재 및 변론 전체의 취지를 종합하여 알 수 있는 다음과 같은 사정들에 비추어 보면, 위에서 본 사정들만으로는 피고가 이 사건 위헌결정에서 정한 의무를 이행하지 아니하거나 이러한 의무를 이행하지 않는 부작위 상태를 지속시키는 등으로 원고들에게 국가배상책임을 부담한다고 보기 어렵다. 따라서 이와 다른 전제에 선 원고들의 주장은 받아들이지 아니한다.

가) 외교행위는 가치와 법률을 서로 달리하는 국제환경에서 국가와 국가 간의 관계를 다루는 것이므로, 정부가 분쟁의 상황과 성질, 국내외 정세, 국제법과 보편적으로 통용되는 관행 등을 감안하여 정책결정을 함에 있어 폭넓은 재량이 허용되는 영역이다.

나) 피고는 이 사건 위헌결정에 따른 후속조치를 위하여, ① 2011. 9.경 '한 · 일 청구권협정 대책 태스크포스(TF)' 등을 설치하였고, ② 2011. 9.경 및 2011. 11.경 일본 측에 '일본군위안부의 배상청구권이 이 사건 청구권 협정에 의해 소멸되었는지 여부에 관해 논의하기 위해 이 사건 청구권 협정 제3조에 따라 한 · 일 외교 당국 간 협의를 개최하기를 희망한다'는 내용의 구상서를 전달하였으며, ③ 피고의 대통령, 피고 산하 외교통상부 등은 2011. 9.경부터 2015. 11.경부터 여러 차례 한 · 일 정상 회담, 한 · 일 장 · 차관급 회담, 유엔총회 등에서 '일본군위안부 문제는 이 사건 청구권 협정에 의해 해결된 것으로 볼 수 없고, 일본은 이에 대한 해결책 마련을 요청'을 표명하는 등 직 · 간접적으로 분쟁해결을 위하여 노력하였다. 나아가 피고는 일본군위안부 문제의 해결을 위하여 2014. 4. 16.부터 2015. 12. 27.까지 12회에 걸친 국장급 협의를 하였고, 2015. 2.경부터 2015. 12. 23.경까지 8회에 걸친 고위급 협의를 하였다. 이와 같은 피고의 외교적 교섭 노력은 이 사건 청구권 협정의 해석상 분쟁이라는 구체적 현안에 관한 것으로서 이 사건 청구권 협정 제3조 제1항에서 정한 '외교상의 경로'를 통한 분쟁해결 절차로 평가할 수 있다.

다) 피고는 이 사건 청구권 협정 제3조 제2항에 따른 중재위원회 회부를 검토하기도 하였으나, 이보다는 일본과의 양자 협의를 추진하는 것이 보다 긴요하다고 판단하여 이를 위한 외교적 활동을 진행한 것으로 보인다. 이는 일본의 동의가 없는 상황에서 중재위원회 구성을 강제할 수 없어 중재재판의 개시가 사실상 불가능한 점, 중재위원회를 구성하더라도 최종 판정에 이르기까지 상당한 기간이 소요되는 반면 일본군위안부 피해자들이 모두 고령인 만큼 문제 해결이 시급했던 점 등을 고려하였을 때 피고가 이 사건 청구권 협정 제3조 제2항에 따른 절차에 나아가지 아니하였다고 하여 그 행위가 위법하다고 보기는 어렵다.

라) 이 사건 위안부 합의에는 기존 일본의 공식적인 입장과는 달리 수식어가 없는 '책임'이라는 표현이 사용된 점과 기존 일본에서 민간 차원 자금 출연에서 나아가 일본 정부의 예산 출연의 내용이 포함되었다는 점 등에서 일본 정부의 책임, 사죄, 배상 등을 위한 피고의 외교적 노력을 부정적으로만 평가하기는 어렵다.

마) 국제법상의 청구권과 함께 개인의 손해배상청구권이 모두 소멸되려면 당사자의 동의가 필요한데(대법원 2012. 5. 24. 선고 2009다68620 판결[1] 등 참조), 이 사건 위안부 합의의 경우 일본군위안부 피해자들의 동의가 있다고 볼 수 없다. 그 합의 내용을 보더라도 일본군위안부 피해자들의 일본에 대한 손해배상청구권 소멸에 대하여는 명확하게 밝히고 있지 않다.

바) 이 사건 위안부 합의를 위한 협상 과정이 일본의 책임, 사죄, 보상 문제를 해결하기 위한 것이라는 점에 비추어, 이 사건 위안부 합의에서 '최종적 및 불가역적'의 효과는 이 사건 위안부 합의에 담긴 일본의 책임 통감, 아베 총리의 사죄 및 반성 표명 등에도 적용된다고 해석될 여지가 있다. 나아가 이 사건 위안부 합의 중 '국제사회에서 비난 · 비판 자제' 표현만으로는 피고가 유엔 등 국제사회에서 보편적 인권 문제 등으로서 위

---

1) 본서 7-9-2 수록 - 필자 주.

안부 문제를 다루는 것을 제약하는 것이라고 단정하기도 어렵다.

나. 외교적 보호권 행사 의무 이행에 관한 주장
[…] 이 사건 위안부 합의 체결 전·후 과정에서 피고의 원고들을 포함한 일본군위안부 피해자들에 대한 불충분한 외교적 보호권을 행사한 측면이 있기는 하나, 앞서 본 사실관계에다가 […] 각 기재 및 변론 전체의 취지를 종합하여 알 수 있는 다음과 같은 사정들에 비추어 보면, 위에서 본 사정들만으로는 피고가 외교적 보호권을 행사할 의무 등을 위반하여 원고들에게 국가배상책임을 부담한다고 보기 어렵다. 따라서 이와 다른 전제에 선 원고들의 주장은 받아들이지 아니한다.

가) 앞서 본 바와 같이 이 사건 위안부 합의는 원고들의 동의가 있었다고 볼 수 없고, 국내법과 같은 효력을 가지는 조약으로도 볼 수 없으므로, 이 사건 위안부 합의의 효력으로 일본군위안부 피해자들의 일본에 대한 배상청구권이 소멸한다고 볼 수는 없다. 이 사건 위안부 합의 중 '최종적 및 불가역적으로 해결'이라는 표현 등으로 인하여 일본군위안부 피해자들이 일본에 대한 배상청구권의 행사에 실제적인 권리실현의 어려움이 가중되었다고 볼 여지도 있으나, 그와 같은 사정만으로 피고의 이 사건 위안부 합의 체결 행위가 위법한 행위라고 볼 수 없다.

나) 이 사건 위안부 합의에 '책임', '아베 총리의 사죄와 반성의 마음 표명', '일본 정부의 예산 출연'이라는 표현이 반영된 점 등에 비추어 피고가 이 사건 위안부 합의를 위한 교섭 과정에서 외교적 보호권을 행사하였을 가능성을 배제할 수 없다.

다) 이 사건 위안부 합의는 법적 구속력이 없는 한·일 양국 간의 정치적 합의에 해당하므로, 이 사건 위안부 합의에 관하여 사전에 국회의 동의를 얻지 않은 피고의 행위가 위법하다고 평가할 수 없다. 나아가 앞서 본 바와 같이 이 사건 위안부 합의로 일본군위안부 피해자들의 일본에 대한

배상청구권이 소멸한다고 볼 수는 없는 점 등에 비추어 이 사건 위안부 합의가 국민의 재산권 등 기본권에 대한 제한을 가하는 행정작용이라고 보기 어렵고, 피고의 이 사건 위안부 합의 체결 과정은 외교행위로서 재량이 허용되는 영역인바, 이 사건 위안부 합의에 법률유보의 원칙이나 의회유보 원칙이 적용된다고 보기 어렵다.

라) 이 사건 위안부 합의와 관련된 구체적인 정보는 공공기관의 정보공개에 관한 법률과 대통령기록물 관리에 관한 법률 등에 따라 '외교관계 등에 관한 사항으로서 공개될 경우 국가의 중대한 이익을 현저히 해할 우려가 있고, 대통령기록물법에 따라 엄격히 보호되어야 하는 정보' 등에 해당할 여지가 있고, 그렇지 않더라도 피고가 이러한 점을 고려하여 이를 일본군위안부 피해자들에게 공개하지 않은 행위를 두고 위법성이 있는 행위라고 단정하기 어렵다.

마) 이 사건 위안부 합의 중 비공개 합의 사항과 관련하여, 피고가 일본과 소녀상을 이전하거나 제3국 기림비를 설치하지 못하게 관여하거나 성노예 용어를 사용하지 않기로 일본과 명시적으로 합의하였다고 보기 어렵다.

4. 결론
원고들의 청구는 각 이유 없으므로 이를 기각한다."(출처: 판결문 사본 입수)

2-6. 외교문서에 관한 정보공개
(서울행정법원 2007. 2. 2. 2006구합23098 판결 (확정). 정보공개거부처분취소)

[사안: 한미 양국은 2006. 2. 3. FTA 체결을 위한 협상개시를 선언했다. 양국은 2006년 4월 미국 워싱턴에서 한·미 FTA 제2차 사전준비협의를 개최하여 ① 협상분과의 구성문제 ② 한·미 FTA 협상과 관련하여 생성된 문서는 협상 발효 후 3년간 비공개(다만, 정부관계자, 국회 국내 이해관계인 등은 의견수렴 및 정부 입장 수립을 위한 협의과정에서 보안준수를 전제로 관련 문서를 열람할 수 있음)

③ 협정문 초안 교환시기 등에 관해 합의했다. 이어 협상 초안이 타결되자 한국 정부는 국회의원 등에게 문서 열람을 허용했으나, 국회의원인 원고들은 문서의 복사 등을 요구했다. 한국 정부는 아직 최종협상이 진행 중인 상태라는 이유로 문서의 복사제공은 거부했다. 이에 원고의 정보공개청구 소송이 제기되었다.]

"(2) 정보공개법 제9조 제1항 제2호에서 규정한 비공개대상정보에 해당하는지 여부

(가) 이 사건 각 협정문 초안이 통상교섭과 관련된 사항이라 하더라도 외교관계에는 통상을 중심으로 하는 경제외교관계도 포함된다 할 것이므로 이 사건 정보는 '외교관계에 관한 사항'에 해당한다 할 것이다.

(나) 정부가 미국과 한·미 FTA 체결을 위한 협상과정에서 작성·교환된 이 사건 각 협정문 초안은 상품의 관세 인하·철폐, 무역구제, 서비스 및 투자 자유화 등 무역장벽의 제거를 위한 한·미 양국의 구체적 주장 및 대응 내용, 교섭방침 등을 담고 있어 그 내용이 공식적으로 공표될 경우 이후의 통상교섭에 있어 다른 국가들의 교섭정보로서 활용될 수 있을 뿐만 아니라 양자합의의 속성상 한·미 양국 사이의 이해관계의 충돌이 발생할 가능성이 높다. 또한, 외국과의 통상에 관한 협상과정에서 생성된 문서를 비공개하기로 한 한·미 양국의 합의를 준수하는 것도 국제적 신뢰관계 유지를 위한 국가의 이익에 부합하고, 외교관계에 관한 사항은 특히 전문적 판단을 요하므로 이에 관하여는 피고의 판단을 최대한 존중하는 것이 바람직하다 할 것이다.

(다) 따라서 이 사건 각 협정문 초안은 외교관계에 관한 사항으로서 공개될 경우 국가의 중대한 이익을 현저히 해할 우려가 있다고 인정되는 정보에 해당한다 할 것이므로 정보공개법 제9조 제1항 제2호에 근거하여 원고들의 이 사건 정보공개청구를 거부한 피고의 이 사건 처분은 적법하다.

(라) 한편 원고들은, 원고들이 국회의원으로서 원활한 의정활동을 위하여 이 사건 각 협정문 초안의 공개를 청구한 것이므로 원고들에 대하여는 이 사건 각 협정문 초안의 정보공개가 일반국민들보다 용이하게 이루어져야 하고 제공되어야 한다고 주장한다.

그러나 정보공개법 제5조 제1항은 "모든 국민은 정보의 공개를 청구할 권리를 가진다."고 규정하고 있는바, 여기에서 말하는 국민에는 자연인은 물론 법인, 권리능력 없는 사단·재단도 포함되고 법에 따른 정보공개청구권은 청구인의 직업이나 사회적 지위 등과 관계없이 모든 국민에게 인정되는 권리로 보아야 한다. 반면 국회법 제122조 제1항, 제3항은 국회의원이 정부에 서면으로 질문하려고 할 때에는 질문서를 의장에게 제출하여야 하고, 정부는 질문서를 받은 날로부터 10일 이내에 서면으로 답변하여야 하며, 제128조 제1항은 본회의·위원회 또는 소위원회는 그 의결로 안건의 심의 또는 국정감사나 국정조사와 직접 관련된 보고 또는 서류의 제출을 정부·행정기관 기타에 대하여 요구할 수 있다고 규정하고 있다.

이 사건에 있어, 원고들이 정보공개법 제10조 제1항, 정보공개법 시행령 제6조 제1항의 규정에 의하여 이 사건 각 협정문의 정보공개를 청구한 것임은 앞서 본 바와 같으므로, 원고들의 이 사건 정보공개청구는 국회의원의 지위에서 국회법 제122조 제1항, 제3항 소정의 서면질문권이나 제128조 제1항 소정의 자료제출요구권을 행사하여 한 것이 아니라, 자연인인 국민의 지위에서 한 것으로 보아야 하고, 따라서 원고들이 국회의원의 지위에서 이 사건 정보공개청구를 한 것임을 전제로 일반국민보다 정보공개의 범위가 더 용이하여야 한다는 원고들의 위 주장은 더 나아가 살필 필요 없이 이유 없다.

(3) 정보공개법 제9조 제1항 제5호에서 규정한 비공개대상정보에 해당하는지 여부

(가) 정보공개법 제9조 제1항 제5호에서 비공개대상정보로 규정한 '의사결정과정 또는 내부검토

과정에 있는 사항'은 그와 같은 단계의 정보의 공개로 인하여 장차의 의사결정이 왜곡되거나 외부의 부당한 영향을 받을 가능성이 있음을 우려하여 이를 차단하기 위한 것이라고 할 것인바, 한·미 양국은 한·미 FTA 협상에 있어서 상품의 관세 인하·철폐, 무역구제, 서비스 및 투자 자유화 등 무역장벽의 제거를 위한 자국의 입장을 담은 이 사건 각 협정문 초안을 상대국에 제시하고 이 사건 각 협정문 초안을 토대로 협상을 개시하여 협상진행과정에서 그때그때의 협상결과에 따라 계속적인 수정과 보완작업을 거쳐 단일한 통합협정문을 만들며, 일부 내용에 대한 합의가 이루어졌다 하더라도 협상과정에서 수정제의로 인해 내용이 변경되기도 하는 것이므로, 이 사건 각 협정문 초안은 한·미 FTA 체결을 위한 의사결정과정에 있는 사항이라고 할 것이다.

(나) 정보공개법 제9조 제1항 제5호에서 규정하고 있는 '공개될 경우 업무의 공정한 수행에 현저한 지장을 초래한다고 인정할 만한 상당한 이유가 있는 경우'라 함은 정보공개법 제1조의 정보공개제도의 목적 및 정보공개법 제9조 제1항 제5호의 규정에 의한 비공개대상정보의 입법 취지 등에 비추어 볼 때, 공개될 경우 업무의 공정한 수행이 객관적으로 현저하게 지장을 받을 것이라는 고도의 개연성이 존재하는 경우를 의미한다고 할 것이고, 여기에 해당하는지 여부는 비공개에 의하여 보호되는 업무수행의 공정성 등의 이익과 공개에 의하여 보호되는 국민의 알권리의 보장과 국정에 대한 국민의 참여 및 국정운영의 투명성 확보 등의 이익을 비교·교량하여 구체적인 사안에 따라 신중하게 판단되어야 할 것이다.

앞서 본 바와 같이, 이 사건 각 협정문 초안은 상품의 관세 인하·철폐, 무역구제, 서비스 및 투자 자유화 등 무역장벽의 제거를 위한 한·미 양국의 구체적 주장 및 대응 내용, 교섭방침 등을 담고 있어 한·미 FTA 체결에 대하여 국민 개개인, 기업 등의 이익과 국가 전체의 이익이 충돌할 수 있고, 국민 개개인, 기업 상호간에도 이해관계가 대립될 가능성이 높으며, 그리하여 이 사건 각 협정문 초안이 공개될 경우 이해관계자들의 협상전략 수정에 대한 요구로 협정문 내용이 당초 전략과 다르게 수정되거나 협상 자체가 무산되는 결과를 낳을 수도 있으므로, 한·미 FTA 체결을 위한 업무의 공정·원활한 운영을 현저히 저해할 우려가 있다고 보인다.

따라서 이 사건 각 협정문 초안은 정보공개법 제9조 제1항 제5호에서 규정한 비공개대상정보에 해당한다고 보아야 할 것이므로, 이에 근거하여 원고들의 이 사건 각 협정문 초안에 관한 정보공개청구를 거부한 피고의 이 사건 처분은 적법하다." (출처: 각급법원(제1, 2심) 판결공보 제43호(2007. 3. 10.), 739쪽))

(참고) 본 판결의 다른 부분은 본서 9-5 수록분 참조.

2-7. 외교문서에 관한 정보공개
(서울행정법원 2008. 4. 16. 2007구합31478 판결 (확정). 정보비공개처분취소)

[사안: 한미 양국은 2006년 3월과 4월부터 서울과 워싱톤에서 자유무역협정 협상을 개시하며 이 협상과 관련하여 생성되는 문서는 협상 발효 후 3년간 비공개문서로 취급하되, 보안조치를 전제로 국회 등 업무유관자에 대한 공개만 상호 허용하기로 합의한 바 있다. 민변은 2007년 5월 25일 한미 양국의 1차 타결 협정문과 이후 추가 타결문의 차이점을 비교하며, 관련 회의록 등에 대한 정보공개를 청구했다. 외교통상부 장관이 정보 비공개를 결정하자 이 소가 제기되었다.]

"(나) 정보공개법 제9조 제1항 제2호의 해당 여부
살피건대, 원고가 공개를 구하는 이 사건 1, 2 기재 정보는 정부가 2007. 5. 25.자 공개협정문이 공개된 이후로 미국으로부터 신통상정책과 관련된 추가 협상을 제의받은 내용과 함께 미국과 사이의 추가 협상의 진행경과 등을 보고하거나 이

에 대한 정부의 입장에 관한 문서로서 경제외교
관계와 관련된 통상교섭과 관련된 사항에 해당된
다 할 것이고, 이에 따라서 정보공개법 제9조 제1
항 제2호 소정의 '외교관계에 관한 사항'에 포섭
된다고 할 것인바, 위 각 정보는 정부가 2007. 4.
2. 미국과 사이에 한·미 FTA의 협상타결을 선언
하고 2007. 5. 25.자 공개협정문을 공개한 이후
2007. 6.경 미국과 사이에 2회에 걸쳐 추가협상을
추진하여 이 사건 협정문에 최종서명을 하기까지
의 과정에서 작성·교환된 것이므로 이와 같은 추
가협상 과정에서의 한·미 양국의 구체적 주장 및
대응 내용, 교섭방침 등을 담겨 있을 수밖에 없어
그 내용이 공식적으로 공표될 경우 이후의 통상
교섭에 있어서 다른 국가들의 교섭정보로 활용될
수 있으므로 공개될 경우 국가의 중대한 이익을
현저히 해할 우려가 있다고 보일 뿐만 아니라 양
자합의의 속성상 한·미 양국 사이의 이해관계의
충돌이 발생할 가능성이 높다 할 것이고, 또한
한·미 FTA 협상과정에서 생성된 문서를 비공개
하기로 한 한·미 양국의 합의를 준수하는 것도
국제적 신뢰관계 유지를 위한 국가의 이익에 부
합한다고 할 것이다.

나아가 외국과의 통상에 관한 합의의 내용이
객관적으로 투명하게 공표됨으로써 이로 인해 영
향을 받는 국내의 이해당사자들 사이의 갈등을

조정함과 아울러 사회적 합의를 위한 건전한 여
론 형성의 여건을 마련할 수 있을 것이나, 다른
한편으로 일정한 통상에 관한 사항이 공개되지
아니함으로써 국가의 정당한 이익이 보다 잘 지
켜질 수 있을 것이므로 통상교섭에 관한 사항 중
일정 부분은 그 내용이 투명하게 공개되어야 하
지만 그 일부는 국가의 이익을 위하여 공개되어
져서는 아니된다고 봄이 상당하므로, 결국 통상교
섭에 관한 합의사항의 전부가 반드시 공개되어져
야 한다고는 볼 수 없다고 할 것인바, 이 사건에
서도 비공개의 결과로 나타나는 투명성 부족의
문제는 국민의 대표기관인 국회의 통제나 이후의
합의 실행과정에서 드러나는 문제점에 대한 비판
에 의해서도 상당 정도 해소될 수 있을 것으로 보
이므로, 이러한 측면에 비추어 보더라도 이 사건
1, 2 기재 정보는 위에서 본 바와 같은 정보의 성
격에 비추어 공개되는 것보다는 비공개로 관리되
어야 할 정보라고 봄이 상당하다.

따라서 이 사건 1, 2 기재 정보는 외교관계에
관한 사항으로서 공개될 경우 국가의 중대한 이
익을 현저히 해할 우려가 있다고 인정되는 정보
에 해당한다 할 것이므로 정보공개법 제9조 제1
항 제2호에 근거하여 원고의 이 부분 정보공개청
구를 거부한 피고의 이 사건 처분은 적법하다."
(출처: 각급법원(제1, 2심) 판결공보 2008(상), 905쪽)

제 3 장   관할권의 행사

[국가가 사람이나 물건 또는 어떤 상황을 지배하거나 영향력을 행사할 수 있는 국제법상의 권한을 관할권이라 한다. 국가의 관할권 행사는 국가주권의 구체적 발현이다. 국가의 관할권 행사는 이를 행사하고자 하는 국가와 이에 영향을 받는 타국간의 이해관계를 조화시키는 가운데 행사되어야 한다. 국가의 관할권 행사는 대상의 성격에 따라 민사관할권과 형사관할권으로 구분할 수 있다. 형사관할권의 행사는 사안의 민감성으로 인해 국가간 마찰이 생기는 경우가 빈번했으며, 이제까지 국제법이 발전시켜온 관할권 행사의 원칙도 주로 형사관할권을 중심으로 발전되었다. 아래 수록된 판결들도 형사관할권의 행사와 관련된 사건이 다수이다.]

1. 기본 원칙

3-1. 집행관할권의 적용 한계

(서울고등법원 2013. 4. 18. 2012나63832 판결)

"일반적으로 승인된 국제법규는 국내법과 같은 효력을 가지고(헌법 제6조 제1항), 특정 국가의 집행관할권은 자국의 영토 등에 한정되어 미치며, 외국에 있는 재산에 관하여 강제집행권을 행사하기 위하여는 조약 또는 상대국의 동의가 있거나 외국판결의 승인 등의 절차를 거쳐야 하고, 그러한 절차를 생략한 채 상대국의 허락 없이 곧바로 외국 소재 재산에 관하여 주권을 전제로 하는 강제집행권을 행사하는 것은 허용되지 않는 것이 일반적으로 승인된 국제관습법이라 할 것이다. 한편 원고 스스로 과세청장 내부에 있어서 세법의 해석기준 및 집행기준을 시달한 국세징수법 기본통칙에 의하더라도 압류의 대상이 되는 재산은 국세징수법의 효력이 미치는 지역 내에 있는 재산이어야 한다고 밝히고 있다. 이러한 점을 종합하면, 원고의 국세체납처분권은 대한민국의 영토 등에 있는 재산에 한하여 미치는 것으로 봄이 타당하다." (출처: 미간, 법원도서관 종합법률정보)

평석 이창, 국내은행 해외지점 계좌 관련 예금채권에 대한 체납처분: 서울고등법원 2013. 4. 18. 선고 2012나63832 판결을 중심으로, 홍익법학 제15권 제1호(2014).

3-2. 속지주의의 의미

(대법원 1983. 3. 22. 82다카1533 판결)

"섭외사법 제13조 제1항에 의하면 불법행위로 인하여 생긴 채권의 성립 및 효력은 그 원인된 사실이 발생한 곳의 법에 의한다고 규정하고 있는바, 여기에서 원인된 사실이 발생한 곳이라 함은 불법행위를 한 행동지 뿐만 아니라 손해의 결과 발생지도 포함하는 개념이라고 풀이함이 타당하다. […] [이어서 문제의 선박이 한국을 목적지로 공해를 항해 중 선원들의 부주의로 화물에 손상이 가해

졌다는 점을 인정하고 - 필자 주]

이와 같이 대한민국의 영역에 도착할 때까지도 손해발생이 계속되었다면 대한민국도 손해의 결과 발생지에 포함된다고 보는 것이 타당한바, 이러한 경우에 대한민국의 영역에 이르기 전까지 발생한 손해와 그 영역에 이른 뒤에 발생한 손해는 일련의 계속된 과실행위에 기인한 것으로서 명확히 구분하기 어려우므로 통틀어 그 손해 전부에 대한 배상청구에 관하여 대한민국법을 그 준거법으로 정할 수 있다고 할 것이다." (출처: 대법원 판례집 제31권 2집(민사), 17쪽)

참고 동일 취지의 판결: 대법원 1994. 1. 28. 93다18167 판결(대법원 판례집 제31권 21집(민사), 17쪽).

3-3. 속인주의의 적용

(대법원 1979. 11. 13. 78다1343 판결)

"섭외사법 제13조 제1항이 섭외적 불법행위의 준거법을 그 원인된 사실이 발생한 곳의 법에 의하도록 규정한 취지는 불법행위가 행하여진 사회적 조건을 고려하여 그 곳에서의 법 의식을 기준으로 하여 판단해서 처리하는 것이 일반적으로 국내법을 적용해서 처리하는 것보다 형평의 견지에서 합리적이고 실제적이라고 할 수 있고 또 그리하는 것이 당사자의 기대에도 상응하는 것이라고 할 수 있기 때문이라고 할 것이므로 양 당사자가 모두 내국인인 경우에 있어서 원인사실의 발생지(불법행위지)가 단순히 우연적이고 형식적인 의미를 갖는데 그치는 경우에는 일반적으로 위 섭외사법을 적용해서 처리하여야 할 합리적인 이유는 없는 것이라고 봄이 상당하다 할 것인바, 이 사건 청구원인 사실인 불법행위는 그 발생장소가 극히 우연히 카탈국일 뿐 가해자인 소외 남○우와 피해자인 원고 임○영은 모두 우리나라 국민이고 우리나라 회사인 피고들에 의하여 고용되어 피고 회사들의 사업장 근무를 위하여 일시 카탈국에 건너가 위 사업장에서 근무중에 이 사건 사고가 발생한 것으로서(사고발생도 위 카탈국에 간지

불과 22일만의 일이었다) 우리나라 국내에서 같은 사고가 발생한 경우와 달리 취급할 바가 못된다 할 것이므로 섭외사법의 적용대상이 되는 섭외적 불법행위는 아니라 함이 상당하다 할 것이다." (출처: 대법원 판례집 제27권 3집(민사), 137쪽)

3-4. 공해상 불법행위에 대한 국내법 적용
(대법원 1985. 5. 28. 84다카966 판결)

"섭외사법 제13조 제1항은 불법행위로 인하여 생긴 채권의 성립 및 효력은 그 원인된 사실이 발생한 곳의 법에 의한다고 규정하여 불법행위의 준거법에 관한 행위지법주의를 채택하였고 여기에서 원인된 사실이 발생한 곳이라 함은 불법행위의 행위지 뿐만 아니라 손해의 결과 발생지도 포함한다고 할 것인바, 공해를 항해중인 선박의 침몰로 인한 불법행위에 있어서는 행위지법이 존재하지 아니하므로, 그 준거법은 같은법 제44조, 제46조의 규정취지에 따라 그 선박의 선적국법이 준거법이 된다고 해석할 것이다.

원심판결에 의하면, 피고회사는 송화인인 판시 호신 트래이딩 캄파니와의 해상물건운송계약에 따라 피고회사의 선박인 씨, 케이, 베가(C.K.VEGA)호에 본건 원목을 적재하고 1980. 2. 5 인도네시아 암본항을 출항하였는바, 위 선박은 발항당시부터 불감항의 상태에 있었음에도 피고 및 선장 노달호 등 선박사용인들은 위 선박의 감항능력유지에 관한 주의의무를 다하지 아니하였고, 항해도중 강풍과 파도가 심한 황천하에서 선체가 기울어지는 것을 발견하고도 안전운항을 위한 적절한 조치를 취하지 아니한 항해상의 과실로 인하여 같은 달 13 대만 북방 공해상에서 위 선박의 선체 우현외판이 파열, 침수됨으로써 본건 원목과 함께 침몰되었다는 것이고, 을 제1호증의 기재에 의하면 피고소유인 본건 선박은 대한민국에 선적을 둔 선박임이 인정된다.

그렇다면 본건 선박의 침몰사고는 인도네시아 암본항을 출항할 때부터 공해상에 이르기까지 피고 및 피고의 선박사용인들의 일련의 계속적인 과실행위에 기인한 것이라 하더라도 본건 선박에 적재된 원목의 멸실된 손해의 발생지는 공해상이라 할 것이고, 공해상의 불법행위에 대하여는 행위지법이 없으므로, 위 선박의 선적국인 대한민국을 그 준거법으로 정할 수 있다 할 것이다.

따라서 이와 같은 취지의 원심판결은 정당하고 아무런 위법이 없으므로 논지는 이유 없다." (출처: 대법원 판례집 제33권 2집(민사), 47쪽)

평석 서헌제, 공해를 항해중인 선박의 침몰로 인한 불법행위의 준거법 및 청구권의 경합, 상사판례연구 제2집(상사판례연구회, 1988).

3-5. 외국인의 국외행위에 대한 국내법 적용 (효과주의)
(대법원 2014. 5. 16. 2012두13665 판결)

"2. 국외에서 이루어진 부당한 공동행위에 대한 공정거래법 적용에 관하여

가. 공정거래법 제19조 제1항, 제21조, 제22조는 사업자가 다른 사업자와 공동으로 부당하게 경쟁을 제한하는 가격 결정 등의 행위를 할 것을 합의하는 행위 등을 금지하고, 이를 위반한 사업자에 대하여 위반행위의 중지 등 시정조치를 하거나 과징금을 부과할 수 있도록 규정하고 있다. 그리고 공정거래법 제2조의2는 국외에서 이루어진 행위라도 국내시장에 영향을 미치는 경우에는 그 법을 적용하도록 규정하고 있다.

이와 같이 공정거래법 제2조의2가 국외행위에 관하여 공정거래법을 적용하기 위한 요건으로 '국내시장에 영향을 미치는 경우'라고만 규정하고 있으나, 국가 간의 교역이 활발하게 이루어지는 현대 사회에서는 국외에서의 행위라도 그 행위가 이루어진 국가와 직·간접적인 교역이 있는 이상 국내시장에 어떠한 형태로든 어느 정도의 영향을 미치게 되고, 국외에서의 행위로 인하여 국내시장에 영향이 미친다고 하여 그러한 모든 국외행위에 대하여 국내의 공정거래법을 적용할 수 있다고 해석할 경우 국외행위에 대한 공정거래법의

적용범위를 지나치게 확장시켜 부당한 결과를 초래할 수 있는 점 등을 고려하면, 공정거래법 제2조의2에서 말하는 '국내시장에 영향을 미치는 경우'는 문제된 국외행위로 인하여 국내시장에 직접적이고 상당하며 합리적으로 예측 가능한 영향을 미치는 경우로 제한 해석해야 하고, 그 해당 여부는 문제 된 행위의 내용·의도, 행위의 대상인 재화 또는 용역의 특성, 거래 구조 및 그로 인하여 국내시장에 미치는 영향의 내용과 정도 등을 종합적으로 고려하여 구체적·개별적으로 판단하여야 할 것이다. 다만 국외에서 사업자들이 공동으로 한 경쟁을 제한하는 합의의 대상에 국내시장이 포함되어 있다면, 특별한 사정이 없는 한 그 합의가 국내시장에 영향을 미친다고 할 것이어서 이러한 국외행위에 대하여는 공정거래법 제19조 제1항 등을 적용할 수 있다(대법원 2006. 3. 24. 선고 2004두11275 판결 등 참조)." (출처: 판례공보 2014(상), 1212쪽)

⟨참고⟩ 동일 취지의 판결:
① 대법원 2014. 5. 16. 2012두13269 판결(미간, 법원도서관 종합법률정보).
② 대법원 2014. 5. 16. 2012두5466 판결(미간, 법원도서관 종합법률정보).
③ 대법원 2014. 12. 24. 2012두6216 판결(판례공보 2015(상), 196쪽).

[해설] 독점규제 및 공정거래에 관한 법률 제2조의2(국외행위에 대한 적용) "이 법은 국외에서 이루어진 행위라도 국내시장에 영향을 미치는 경우에는 적용한다"는 조항(2005. 4. 1. 시행)이 설치되기 이전에도 서울고등법원 2004. 8. 19. 2002누6110 판결(법원도서관 종합법률정보)은 다음과 같이 설시한 바 있다.

"(2) 오늘날 세계경제는 각국의 내부거래 못지 않게 국제거래에 의존하는 정도가 클 뿐 아니라 더욱 커지고 있는 실정이고, 국제거래에서의 경쟁관계는 세계시장을 대상으로 한 거대기업, 다국적 기업이 주도하는 경우가 많을 뿐 아니라 이들의 행위가 특히 수출입 등 무역을 통하여 개별국가의 경제에 직접 영향을 미치는 경우가 적지 아니하다. 우리 경제 또한 수출입 등 국제거래에 의존하는 정도가 날로 심화되고 있어 국제거래를 주도하고 있는 거대기업, 다국적 기업들의 가격결정 등의 행위가 우리 경제에 직접 영향을 미치는 경우가 적지 아니하고, 또 국외에서 이루어진 기업간의 담합 등 경쟁제한행위에 의한 영향이 증대되어 국내시장에서의 경쟁여건이 왜곡되는 현상이 빈번하게 발생할 여지가 있다.

(3) 살피건대, 공정거래법에 외국사업자의 외국에서의 행위에 대해서도 이 법을 적용할 것인지 여부에 관하여 명시적인 규정은 없으나 내국사업자에 한한다거나 국내에서의 행위에 한정되는 것으로 해석할 만한 규정도 없고, 국민경제의 균형 있는 발전이라는 공정거래법의 목적을 달성하기 위해서는 국내에서의 거래관계뿐만 아니라 수출입 등 국제거래에 있어서도 공정하고 자유로운 경쟁을 촉진할 필요가 있으며, 만일 공정거래법에 의한 부당공동행위의 규제가 그 행위(공정거래법 제19조에 의하면 합의를 의미한다)가 이루어진 장소에만 의존하여 국제거래에 있어서 부당한 공동행위가 있었고 이로 인한 부정적인 효과가 국민경제에도 미쳤음에도 불구하고 그 행위가 외국에서 이루어졌다는 점만으로 공정거래법을 적용할 수 없게 된다면 사업자들이 그 행위의 장소를 외국으로 선택함으로써 공정거래법상의 각종 규제를 용이하게 잠탈할 수 있게 되어 공정거래법이 추구하는 목적을 달성하기 어렵게 된다는 점 등을 고려해 보면, 외국 사업자가 다른 사업자와 공동으로 경쟁을 제한하는 합의를 하고, 그 합의의 대상에 대한민국의 시장이 포함되어 있다면 그 행위가 국내에서 행하여졌는지 국외에서 행하여졌는지 여부에 불구하고 위와 같은 합의가 대한민국의 시장에 직접 영향을 미친 한도 내에서 대한민국의 공정거래법을 적용하여 심판할 수 있는 관할권이 있다고 봄이 상당하다."

이 판결은 대법원 2006. 3. 24. 2004두11275 판결(대법원 판례집 제54권 1집(특별), 609쪽)로 확정되었다.

2. 국외범에 대한 형사관할권[1]

3-6. 내국인의 국외범죄(속인주의)

(대법원 2004. 4. 23. 2002도2518 판결)

"형법 제3조는 "본법은 대한민국 영역 외에서 죄를 범한 내국인에게 적용한다."고 하여 형법의 적용 범위에 관한 속인주의를 규정하고 있고, 또한 국가 정책적 견지에서 도박죄의 보호법익보다 좀더 높은 국가이익을 위하여 예외적으로 내국인의 출입을 허용하는 폐광지역개발지원에관한특별법 등에 따라 카지노에 출입하는 것은 법령에 의한 행위로 위법성이 조각된다고 할 것이나, 도박죄를 처벌하지 않는 외국 카지노에서의 도박이라는 사정만으로 그 위법성이 조각된다고 할 수 없으므로, 원심이, 피고인이 상습으로 1996. 9. 19.부터 1997. 8. 25.경까지 사이에 판시와 같이 미국의 네바다주에 있는 미라지 호텔 카지노에서 도박하였다는 공소사실에 대하여 유죄를 인정한 것도 정당하고, 거기에 상고이유로 주장하는 바와 같이 도박죄의 위법성조각에 관한 법리오해 등의 위법이 있다고 할 수 없다." (출처: 판례공보 제203호(2004. 6. 1.), 932쪽)

참고 동일 취지의 판결: 대법원 2001. 9. 25. 99도3337 판결(판례공보 제142호(2001. 11. 15.), 2393쪽).

평석 김성돈, 형법 제3조와 속인주의의 재음미, 형사재판의 제문제 제5권(이용우 대법관 퇴임기념 논문집)(박영사, 2005).
이정원, 외국 카지노에서의 도박행위의 위법성: 대법원 2004. 4. 23, 2002도2518, 비교형사법연구 제8권 제2호(2006).

3-7. 외국인의 국외범죄

(대법원 2008. 4. 17. 2004도4899 판결)

"국가보안법 제6조 제2항의 "반국가단체나 그 구성원의 지령을 받거나 받기 위하여 또는 그 목적수행을 협의하거나 협의하기 위하여 잠입하거

나 탈출한 자" 및 같은 법 제8조 제1항의 "국가의 존립·안전이나 자유민주적 기본질서를 위태롭게 한다는 정을 알면서 반국가단체의 구성원 또는 그 지령을 받은 자와 회합·통신 기타의 방법으로 연락을 한 자"의 적용과 관련하여, 독일인이 독일 내에서 북한의 지령을 받아 베를린 주재 북한이익대표부를 방문하고 그곳에서 북한공작원을 만났다면 위 각 구성요건상 범죄지는 모두 독일이므로 이는 외국인의 국외범에 해당하여, 형법 제5조와 제6조에서 정한 요건에 해당하지 않는 이상 위 각 조항을 적용하여 처벌할 수 없는 것이다." (출처: 대법원 판례집 제56권 1집(형사), 596쪽)

참고 본 판결의 다른 부분에 관해서는 본서 11-2-1 수록분 참조.

3-8. 외국인의 국외범죄

(대법원 2011. 8. 25. 2011도6507 판결)

"형법 제5조, 제6조의 각 규정에 의하면, 외국인이 외국에서 죄를 범한 경우에는 형법 제5조 제1호 내지 제7호에 열거된 죄를 범한 때와 형법 제5조 제1호 내지 제7호에 열거된 죄 이외에 대한민국 또는 대한민국 국민에 대하여 죄를 범한 때에만 대한민국 형법이 적용되어 우리나라에 재판권이 있게 되고, 여기서 '대한민국 또는 대한민국 국민에 대하여 죄를 범한 때'라 함은 대한민국 또는 대한민국 국민의 법익이 직접적으로 침해되는 결과를 야기하는 죄를 범한 경우를 의미한다. 그런데 형법 제234조의 위조사문서행사죄는 형법 제5조 제1호 내지 제7호에 열거된 죄에 해당하지 않고, 위조사문서행사 행위를 형법 제6조의 대한민국 또는 대한민국 국민의 법익을 직접적으로 침해하는 행위라고 볼 수도 없으므로, 이 사건 공소사실 중 캐나다 시민권자인 피고인이 캐나다에서 위조사문서를 행사한 행위에 대하여는 우리나라에 재판권이 없다고 할 것이다." (출처: 판례공보 2011(하), 1987쪽)

평석 전지연, 형법의 적용범위로서 보호주의와 그 개정방안, 동아법학 제58호(2013).

---

1) 공해상 해적에 대한 형사재판권 행사에 관해서는 본서 10-6 수록 판결 참조.

3-9. 외국인의 국외범죄(피해자 국적주의 및 속지주의)

(서울고등법원 2013. 12. 6. 2013노1936 판결)

"피고인이 외국인이므로 본건 범행은 일단 외국인이 대한민국 영역 외에서 범죄를 범한 외국인의 국외범에 해당하는데, 외국인의 국외범에 대하여는 형법 제5조에 의하여 같은 조 제1호 내지 제7호에 열거되어 있는 죄 이외의 경우에는 형법을 적용할 수 없음이 원칙이고, 나아가 형법 제6조 본문은 외국인의 국외범이라 하더라도 대한민국 또는 대한민국 국민에 대하여 죄를 범한 경우에는 형법을 적용하되 동조 단서에서 행위지의 법률에 의하여 범죄를 구성하지 아니하거나 소추 또는 형의 집행을 면제할 경우에는 예외로 한다고 규정하고 있으므로, 피고인에 대한 공소사실별로 대한민국 형법을 적용하여 재판권을 행사할 수 있는지 살핀다. […]

필리핀 국적의 피해자 공소외 4에 대한 살인의 점 및 사체유기미수의 점은 형법 제5조, 제6조 본문에 해당하지 아니하므로 형법을 적용할 수 없어 재판권이 없다. 피해자 공소외 1에 대한 사체유기미수의 점은 비록 피해자가 대한민국 국민이기는 하나, 검사가 제출한 필리핀 개정 형법전에서 사체유기 행위를 처벌하는 규정을 찾을 수 없고, 달리 필리핀 법률에 의하여 범죄를 구성한다는 점에 관한 검사의 입증이 없으므로, 형법 제6조 단서에 따라 형법을 적용할 수 없어 역시 재판권이 없다. […]

우리 형법은 대한민국 영역 내에서 죄를 범한 내국인과 외국인에게 적용되고(형법 제2조), 여기서 '대한민국 영역 내에서 죄를 범한'이라 함은 행위 또는 결과의 어느 것이라도 대한민국의 영역 내에서 발생하면 족하다고 할 것이다.

피해자 공소외 3은 한국에 있는 자신의 동생을 통해 피고인 2의 매제 명의의 국내은행인 국민은행 계좌로 피해금액 1,000만 원을 송금하도록 하였던바, 피고인이 공소외 2, 피고인 2와 공모하여 피해자 공소외 3에 대해 폭행·협박 행위를 한 장소가 필리핀으로서 대한민국 영역 밖이라고 하더라도 위와 같이 강도살인미수 구성요건사실의 일부인 강취금의 수령행위가 국내에서 이루어진 이상 피고인은 대한민국 영역 내에서 죄를 범한 것이므로, 이 부분 공소사실에 대하여는 형법 제2조에 따라 외국인인 피고인에 대하여 형법을 적용하여 재판권을 행사할 수 있다." (출처: 각급법원(제1, 2심) 판결공보 2014(상), 132쪽)

[해설] 이 판결은 대법원 2014. 2. 27. 2013도15988 판결로 상고기각 확정되었다.

3-10. 외국인의 국외범죄(피해자 국적주의)

(서울고등법원 2016. 10. 10. 2013노922, 2013노2285(병합), 2015노12(병합), 2016노630(병합), 2013초기275, 2013초기276 판결)

"공소사실은 중국인인 피고인이 대한민국 법인인 공소외 1 회사 소유의 PF 대출금을 홍콩 내에서 횡령하였다는 것이어서, 외국인이 대한민국 영역 외에서 대한민국 국민에 대하여 범죄를 저지른 경우에 해당한다 할 것이므로, 이 부분 범행은 외국인의 국외범에 해당한다고 봄이 상당하다. 이러한 경우 형법 제6조 본문에 의하여 우리 형법이 적용되지만, 같은 조 단서에 의하여 행위지인 홍콩의 법률에 의하여 범죄를 구성하지 아니하거나 소추 또는 형의 집행을 면제할 경우에는 우리 형법을 적용하여 처벌할 수 없다 할 것이므로 이에 관하여 보건대, 아래와 같은 사정들에 비추어 보면, 이 부분 범행은 행위지인 홍콩의 법률에 의하여 범죄를 구성하는 사실을 인정할 수 있으므로, 피고인의 이 부분 범행에 대하여는 형법 제6조에 의하여 우리나라에 재판권이 있다 할 것이다. 따라서 피고인의 위 주장은 받아들이지 아니한다.

⑷ 외국인이 대한민국 국민에 대하여 저지른 행위를 어떠한 범죄로 처벌할 것인지 여부는 국가마다 다를 수 있으므로, 우리나라 형법전에 규정된 범죄에 직접 대응하는 행위지 국가의 처벌

규정 또는 죄명이 존재하지 않더라도(즉, 이 사건의 경우와 같이 행위지의 법률에 우리나라 형법전에 규정된 '횡령죄'에 직접 대응할 수 있는 횡령죄 등의 처벌규정이 따로 존재하지 않더라도) 그 행위에 대하여 해당 국가의 형법에 의하여 범죄로서 처벌한다는 규정을 두고 있는 이상, 그 범죄의 죄명에 상관없이 행위지의 법률에 규정된 범죄의 구성요건에 해당한다는 점에는 변함이 없다." (출처: 미간, 법원도서관 종합법률정보)

[해설] 이 판결은 대법원 2017. 3. 22. 2016도17465 판결("이 부분 범행은 행위지인 홍콩의 법률에 의하여 범죄를 구성하므로 중화인민공화국 국민인 피고인 2의 국외범인 이 부분 범행에 대하여는 형법 제6조 본문에 의하여 우리나라에 재판권이 있다고 판단한 것도 정당하다")로 상고기각 확정되었다.

3. 조약에 근거한 재판권의 행사와 제한

3-11. 항공기 납치범에 대한 재판권 행사
(서울형사지방법원 1983. 8. 18. 83고합565 판결. 항공기운항안전법위반 · 총포도검화약류단속법위반 · 출입국관리법위반 · 항공법위반)

[사안: 중국인인 이 사건의 피고인 6인은 중국 심양발 상해행 국내선 여객기를 납치해 한국 춘천시 소재 군공항에 강제로 착륙시켰다. 이들은 공산 치하를 탈출하는 방법으로 항공기 납치를 했으며, 한국 도착 후 대만으로의 송환을 요청했다. 피고측의 주장 중 하나는 중국 상공에서 여객기 납치가 이루어졌으므로 이는 외국인의 국외범에 해당하며, 형법 제5조에 따라 한국 법원은 재판권을 행사할 수 없다는 것이었다.]

"1. 재판권에 관한 문제

피고인들의 변호인들은 이 사건 공소사실 중 피고인들이 운항중인 항공기를 납치하면서 승무원들에게 상해를 가한 부분에 대하여, 이는 외국인인 피고인들이 중공 소속 항공기가 중공 대련

시 상공을 통과할 무렵 그 기내에서 범한 것으로서 이른바 외국인의 국외범에 해당한다 할 것인바, 외국인의 국외범에 대하여 우리나라가 재판권을 행사할 수 있는 경우를 제한적으로 열거하고 있는 형법 제5조에는 위 항공기운항안전법 제9조 위반의 죄가 포함되어 있지 아니하고, 또한 우리나라 헌법에 의하여 체결, 공포된 조약인 '항공기 내에서 범한 범죄 및 기타 행위에 관한 협약'(도쿄협약) 및 '항공기 불법 납치 억제를 위한 협약'(헤이그 협약)에 의하여 곧바로 우리나라에 착륙국으로서 재판권이 생기게 되는 것은 아니라 할 것이므로, 결국 이 부분에 대하여는 우리나라가 피고인들에 대하여 재판권을 가지고 있지 아니한 경우에 해당하여 형사소송법 제327조 제1호에 의하여 공소기각의 판결이 선고되어야 할 것이라고 주장한다.

살피건대 국가권력이라는 의미에서의 주권, 즉 통치권의 일부인 재판권은 주권의 영토고권으로서의 성질에 비추어 보아 원칙적으로 영역 안에 거주하는 내외국인 모두에게 미친다고 할 것이므로 우리나라 영역 내에 있는 피고인들에 대하여 우리나라의 재판권이 미치게 되는 것은 당연하다 할 것이나, 다만 실제로 우리나라의 형사재판권이 행사되려면 우리나라의 형사법이 피고인들에게도 그 효력을 미친다는 사실이 전제되어야 한다는 것인바, 이러한 점에서 볼 때 재판권이 없다는 변호인들의 위 주장은 피고인들에 대하여 의율 기소된 항공기운항안전법이 피고인들의 이 사건 납치치상행위에 적용될 수 없다는 주장, 즉 항공기운항안전법의 적용범위에 관한 주장이라 할 것이므로 아래에서는 이러한 관점에서 그 주장 내용을 검토해보기로 한다.

항공기운항안전법 제8조는 폭력 또는 협박 기타의 방법으로 운항중인 항공기를 강탈하거나 그 운항을 강제하여 납치하는 행위를 처벌하고 있고, 이러한 납치행위는 그 성질상 폭력 등을 사용하여 실행에 착수한 때로부터 납치상태가 종료할

때까지 범죄행위가 계속되는 계속범이라 할 것이며, 한편 같은 법 제9조는 납치행위의 기회에 납치를 위한 수단으로 사용되거나 납치상태를 유지하기 위해 행사된 폭력 등으로 인하여 치사상의 결과가 발생한 경우 이를 가중 처벌하도록 규정하고 있는바, 이는 같은 법 제8조에 대한 결과적 가중범의 형태로서 납치행위와 치사상행위가 결합되어 1개의 구성요건을 이루고 있는 것이므로 납치로 인한 치사상의 결과가 발생한 뒤에도 납치행위가 계속된 경우라면 그 납치행위는 기히 발생한 치사상 행위와 함께 포괄하여 같은 법 제9조 납치치사상죄를 구성하는 것이고, 따라서 치사상 이후 계속된 납치행위도 납치치사상죄의 범죄 실행행위의 일부가 된다고 할 것이다.

그런데 일건 기록에 의하면, 피고인들은 이 사건 항공기를 납치하면서 치상의 결과를 발생케 한 후에도 우리나라 영공을 넘어서 춘천시 소재 비행장에 착륙하여 승객, 승무원들을 관계기관에 인도할 때까지는 동 항공기를 강점하고 있었던 사실이 인정되며, 이에 의하면 우리나라 영역 내에서도 항공기운항안전법 제3조의 범죄 실행행위의 일부인 납치행위가 이루어졌음이 명백하고, 범죄 실행행위의 일부가 국내에서 행하여졌으면 그 범죄행위 전체를 합하여 국내범으로 볼 수 있는 것이기 때문에, 피고인들의 이건 납치치상행위는 국내범으로서 형법 제8조, 제2조에 의하여 우리나라의 형사법인 항공기운항안전법이 적용된다 할 것이다.

따라서 이와 달리 이 건 납치치상죄가 국내범이 아니라는 전제하에 우리나라에 재판권이 없다는 피고인들의 변호인들의 주장은 받아들일 수 없다.

2. 위법성의 문제

피고인들 및 그 변호인들은 피고인들이 공산주의 체제하의 중공의 정치적, 사회적 현실에 불만을 품고 자유세계로 탈출하기로 결심하고서, 해외여행이 극히 제한되어 있고 육로나 해상을 통한 탈출이 사실상 불가능한 상황이므로 그 목적을 달성하기 위한 수단으로서 불가피하게 항공기 납치의 방법을 선택하게 된 것이며, 또한 실행과정에서도 조종실로 들어갈 때 일부 승무원들로부터 예기치 아니한 저항을 받고 생명에 지장이 없는 다리 부분에 발사하여 반항을 억압한 외에는, 권총으로 승무원들을 위협하기만 하는 등 필요한 최소한의 폭력만을 행사한 것인바, 이러한 탈출행위는 정치적 망명에 해당하고 세계 각국은 정치적 망명을 위법시하지 아니하고 있을 뿐만 아니라, 위와 같은 목적의 정당성, 수단 방법의 상당성에 비추어 피고인들의 항공기 납치행위가 자유, 정의, 인도주의를 표방하고 있는 우리나라의 전체 법질서에 반한다고 할 수는 없을 것이므로 결국 위법성이 없어 처벌할 수 없다고 주장한다.

그러나 항공기의 교통기관으로서의 특수성, 항공교통의 대형화, 대중화의 추세 등에 비추어 볼 때 항공기의 불법적인 납치, 점거행위는 규율위반행위 등 통상의 기내 범죄와 달리 선박, 육상, 교통기관에 있어서의 유사한 행위와는 비교가 되지 아니할 정도의 높은 위험성을 수반하게 되고, 이러한 행위는 승객, 승무원의 인명과 재산의 안전을 훼손할 뿐만 아니라 항공업무의 정상적인 수행에도 중대한 영향을 미치게 되며, 나아가 세계 인류의 필수적인 교통수단인 항공의 존립 자체마저도 그 근저에서부터 위협하는 결과로 되고, 따라서 이제 항공의 안전, 정확, 능률의 확보는 사회체제, 국가체제를 넘어서 인류 전체의 공동 관심사가 되었다 할 것이며, 이러한 점에서 항공기의 불법납치행위를 억제하기 위한 국제조약의 체결과 이를 처벌하기 위한 특별법이 제정된 연유를 찾아볼 수 있는 것이다.

결국 승객, 승무원들의 생명과 재산의 안전, 항공활동에 대한 인류의 신뢰감 등을 우선적으로 보호하기 위하여 항공기 납치행위는 어떠한 이유에서도 정당화될 수 없고, 그 범위 내에서는 개인의 권리도 제한될 수밖에 없다고 할 것이므로, 피고인들의 이 사건 납치행위도 이러한 견지에서 볼 때 전체 법질서에 반한다고 할 것이고 위법하지 아니하다는 피고인들과 피고인들의 변호인들의 위 주장은 이유 없다고 할 것이다. (출처: 판결문 사본 입수)

3-11-1. 위 항소심
(서울고등법원 1983. 12. 20. 83노2427 판결)

"(1) 국가는 국가의 영토주권에 의해, 영토 내에 있는 외국인이 외국에서 범한 범죄 중 어느 것을 처벌할 것인지의 여부를 법률로써 정할 수 있는 것이고, 그것을 타국의 내정에 간섭하는 것이라고 국제법상 인정되는 것은 아니라고 할 것이므로, 단순히 이 사건이 중국 내정의 문제로서 한국은 재판을 할 수 없다는 위 주장은 이유 없고, (2) 피고인들의 소위가 자유를 찾기 위한 것임은 당원도 인정하는 바이나, 그 추구하는 구체적 목적과 그 수단의 상당성이 인정된다면 그 행위가 정당화되거나 또는 위법성이 조각 내지는 경감될 수 있음은 말할 나위도 없지만 이 사건에 나타난 바의 추구하는 직접적인 목적은 피고인 6인의 자유였음에 반하여 그 수단은 승객 등 불특정 다수인의 생명, 신체의 위협과 항구적인 거주 이전의 자유의 수단이라 할 수 있는, 항공 여행의 수단인 항공기의 안전에 대한 세계인의 신뢰의 침해인 점에 비추어 법익 균형상으로도 피고인들이 추구하는 이익, 가치만이 우선적으로 보호되어야 한다고 단정하기 어렵고, 정치적 동기로 단순히 여행의 수단확보를 위한 비행기의 납치행위가 일반의 납치에 비하여 결과적으로 위험한 사태에 이르지 않는다는 특이성은 인정된다고 하여도, 이러한 점은 양형의 사유로 고려되면 충분하고 납치행위의 질적 전환까지 일으켜 위법성이 조각된다고 볼 수는 없다 할 것이므로, 이 점 위 항소 이유는 이유 없다 할 것이고, (3) 국제협약상 민간항공기는 그 소유 여하에 따른 구분이 아니라 현재 민간항공의 용도에 공하고 있느냐의 구별에 따른 것으로서 그 소유가 공산당의 소유라고 하여 민간항공기가 아니라고 할 수 없으며, 공산당과의 혁명투쟁이 계속중이라 하여도 이 사건 범행의 법익이 공산당의 법익을 보호하는 것이 아니고 앞서 말한 민간항공기의 운항에 대한 법익을 침해하는 것이므로 위 주장만으로 피고인들의 소위가 죄가 되지 않는다고 보기 어렵고, (4) 항공기운항안전법 제3조(적용범위)에 의하면, 동법은 "항공기 내에서 범한 범죄 및 기타 행위에 관한 협약" 제1조의 규정에 의한 모든 범죄행위에 적용된다고 규정되어 있고, 이에 위 법의 입법 목적과 위의 이른바 동경협약 제1조, 제3조의 규정 및 그 후에 발효된 항공기의 불법납치 억제를 위한 이른바 헤이그 협약 제4조의 규정을 종합하여 보면, 우리의 항공기운항안전법은 외국인의 국외범까지도 모두 적용대상이 된다고 할 것인바, 위 법을 적용한 원심판결은 결과에 있어 정당하다고 할 것이므로, 이 점에 관한 위 항소 이유도 받아들일 수 없으며, (5) 정치적 망명자에게는 출입국관리법 위반 등으로 처벌하지 않는 것이 국제관습법 내지는 국제관행이라 하여도, 이 사건과 같이 고도의 위험성이 따르는 비행기를 대동하여 하는 출입국까지 모두 위법성이 없어진다고 볼 수 없고, 소지하던 총포를 자진 관헌에 인도하고 비행기의 착륙도 그 유도에 의하였다는 점만으로 그 이전의 위법성까지를 조각시키는 것은 아니라 할 것이므로, 위 항소 이유도 받아들일 수 없다. […]

특히 피고인들 및 그 변호인들은 이 사건 범죄행위의 정치적 요인을 내세워 피고인들에게 더 관대한 형벌이 과해져야 한다고 주장하고 있다. 그러나 1973. 1. 18. 가입하여 같은 해 2. 17. 발효된 항공기의 불법납치 억제를 위한 이른바 헤이그 협약 제2조는 "각 체약국은 범죄를 엄중한 형벌로 처벌할 수 있도록 할 의무를 진다"고 규정하고 있으며, 우리나라는 위 헤이그 협약의 체약국으로서, 1974. 12. 26. 법률 2742호로서 항공기운항안전법을 제정하고 위 협약의 취지에 충실하기 위하여, 그 제8조는 항공기납치죄를 규정하면서 "폭력 또는 협박 기타의 방법으로 운항중인 항공기를 납치한 자는 무기 또는 7년 이상의 징역에 처한다"고 하고, 그 제9조는 납치치사상죄를 규정하면서, "제8조의 죄를 범하여 사람을 치사상하게 한 자는 사형 또는 무기징역에 처한다"고 하고 있는바, 법정형이 위와 같이 사형, 무기징역형만이 있는 위 납치치상죄가 적용된 피고인들에 대하여, 그중 무기징역형을 선택한 원심이, 피고인들의 자수의 점을 인정하여 형법 제52조, 제55조를 적용, 법률상 감경을 하고, 나아가 피고인들에 대한 여러 가지 범죄의 정상을 참작하여 형법 제53조, 제55조를 적용, 작량감경까지 하여, 위와 같이 거듭 감경된 형기 범위에서 처단한 이 사건의 경우, 범죄의 형사법적 측면에서 보면, 피고인들에 관한 형량이 너무 무겁다고는 할 수 없고, 피고인들 및 그 변호인들과 중화민국 국민들이 한결같이 바라는바 그 이상의 관대한 조치는 앞으로 우리 정부에게 범죄의 정치적 측면을 고려하고 세계인권선언의 관계 규정에 충실한 인도적 배려를 기대할 수밖에 없을 것이다." (출처: 판결문 사본 입수)

3-11-2. 위 상고심

(대법원 1984. 5. 22. 84도39 판결)

"「항공기내에서 범한 범죄 및 기타 행위에 관한 협약」(이른바 토오쿄오협약으로서 1971. 5. 20 대한민국에 대하여 효력발생) 제3조 제3항은 본 협약은 국내법에 따라 행사하는 어떠한 형사재판 관할권도 배제하지 아니한다고 규정하고 있고 우리나라 항공기운항안전법(1974. 12. 26 공포, 법률 제2742호) 제3조에 의하면 이 법은 "항공기" 내에서 범한 범죄 및 기타 행위에 관한 협약 제1조의 규정에 의한 모든 범죄행위에 적용한다고 규정하여 이른바 위 토오쿄오협약 제1조 제1항 소정의 형사법에 위반하는 범죄, 범죄의 구성여부를 불문하고 항공기와 기내의 인명 및 재산의 안전을 위태롭게 할 수 있거나 하는 행위 또는 기내의 질서

및 규율을 위협하는 행위에 적용된다고 규정하고 있으므로 위 항공기운항안전법 제3조의 규정과 위 토오쿄오협약 제1조, 제3조, 제4조의 규정 및 「항공기의 불법납치 억제를 위한 협약」(이른바 헤이그협약으로서 1973. 2. 17 대한민국에 대하여 효력발생) 제1조, 제3조, 제4조, 제7조의 각 규정들을 종합하여 보면 이 사건 민간항공기 납치사건에 대하여는 항공기등록지국에 원칙적인 재판관할권이 있는 외에 이 사건 항공기의 착륙국인 우리나라에도 경합적으로 재판관할권이 생기어 우리나라 항공기운항안전법은 외국인의 국외범까지도 모두 적용대상이 된다고 할 것인바, 위와 같은 취지에서 원심이 피고인들의 이 사건 항공기납치치상죄에 대하여 우리나라의 형사재판권이 미친다고 판단한 조치는 정당하고 달리 거기에 소론과 같은 우리나라 형사재판권이 미치지 아니한 범죄를 재판한 잘못이 있다고 할 수 없고 나아가 소론의 항공기운항안전법이나 민간항공기에 관한 국제협약은 적대관계를 해소하지 못한 이 사건 항공기등록지국과 우리나라 사이의 협정은 아니기 때문에 적용할 수 없다던가, 헤이그협약은 공산세계로부터 자유를 찾아 탈출한 피고인들에게 적용할 수 없다는 등의 주장은 독자적 견해에 지나지 아니하여 채용할 바 못된다. […]

본국에서 정치범죄를 범하고 소추를 면하기 위하여 다른 국가로 피난해오는 경우에는 이른바 정치범 불인도의 원칙에 의하여 보호를 받을 수 있으며 이는 국제법상 확립된 원칙이라 할 것이나 정치적 박해를 받거나 정치적 신조를 달리함으로써 다른 국가에 피난하였을 때 이를 보호하여야 할 것인가에 관해서는 기본적 인권의 국제적 보장과 관련하여 문제가 없지 않다.

이 사건의 경우처럼 중공의 정치, 사회현실에 불만을 품고 자유중국으로 탈출하고자 이 사건 항공기를 납치하여 입국한 피고인들은 후자의 범주에 속하는 정치적 피난민이라 할 것인바, 이와 같은 정치적 피난민에 대한 보호는 소수의 국가

가 국내법상으로 보장하고 있을 뿐 우리나라도 이를 보장하는 국내법규가 없으며 개개의 조약을 떠나서 일반국제법상의 보장이 확립된 것도 아니다. 더구나 우리나라가 가입한 헤이그협약 제8조는 항공기납치범죄를 체약국간의 현행 또는 장래 체결될 범죄인 인도조약상의 인도범죄로 보며 인도조약이 없는 경우에도 범죄인의 인도를 용이하게 할 수 있는 규정을 마련하고 있는 점 등에 비추어 볼 때", 피고인들이 주장하는 이 사건 항공기납치행위는 순수한 정치적 동기에서 일어난 정치적 망명을 위한 상당한 수단으로 행하여진 것으로서 세계 각국이 비호권을 인정하고 있으므로 그 위법성이 조각되어야 한다는 소론 논지는 독자적 견해에 지나지 아니하여 채용할 것이 되지 못한다 할 것이므로 위 부분 상고논지도 그 이유 없다. […]

피고인들이 자유를 찾기 위하여 중공치하를 탈출하는 방법이 용이하지 아니한 사정은 기록상 엿보인다 할지라도 불특정다수의 승객, 승무원들의 생명, 신체와 항공기의 안전에 대한 인류의 신뢰감을 침해하는 민간항공기 납치행위는 어떠한 이유로서도 정당화될 수 없다 할 것이니 이 사건 민간항공기 납치행위를 가지고 기대가능성이 없는 불가피한 행위였다고는 할 수 없다 할 것이다. 따라서 이 부분 상고논지 또한 그 이유 없다." (출처: 대법원 판례집 제32권 3집(형사), 634쪽)

참고 본 판결의 다른 부분에 관해서는 본서 1－34 참조.

평석 장효상, 중공민항기 납치사건, 판례월보 1986년 2월(제185호).
양은용, 항공기 납치사건에 대한 법적 고찰, 판례연구 제16집 하(서울지방변호사회, 2003).

3-12. 계엄 선포중 주한미군에 대한 형사재판권 정지
(대법원 1980. 9. 9. 79도2062 판결)

"「대한민국과아메리카합중국간의상호방위조약 제4조에의한시설과구역및대한민국에서의합중국 군대의지위에관한협정」 제22조 제1항㈎호에 의하면 합중국 군당국은 합중국 군대의 구성원에 대하여 합중국법령이 부여한 모든 형사재판권 및 징계권을 대한민국내에서 행사할 권리를 가지는 한편 같은 항㈏호에 의하면 대한민국 당국도 합중국군대의 구성원에 대하여 대한민국영역안에서 범한 범죄로서 대한민국법령에 의하여 처벌할 수 있는 범죄에 관하여 재판권을 가지게 되어 있고, 같은 조문 제3항에 의하면 재판권을 행사할 권리가 경합하는 경우에는 {1} 오로지 합중국의 재산이나 안전에 대한 범죄 또는 오로지 합중국 군대의 미구성원이나 군속 또는 그의 가족의 신체나 재산에 대한 범죄(동㈎호의 ⑴)와, {2} 공무집행 중의 작위 또는 부작위에 의한 범죄(동㈎호의 ⑵) 등에 관하여는 미합중국 군당국이 재판권을 행사할 제1차적 권리를 가지며, 기타의 범죄에 관하여는 대한민국 당국이 재판권을 행사할 제1차적 권리를 가지게 되어 있으니(동㈏호)) 동 협정 제22조 제3항㈏호에 해당하는 본건 범죄에 관하여는 다른 사정이 없다면 대한민국법원에 제1차적 재판권이 있음이 분명하다.

그러나 위 협정 제22조 제1항㈏호의 시행에 관한 「대한민국과아메리카합중국간의상호방위조약 제4조에의한시설과구역및대한민국에서의 합중국 군대의지위에관한협정의합의의사록」에 의하면 대한민국이 계엄령을 선포한 경우에는 위 협정 제22조 제1항㈏호의 규정은 계엄령하에 있는 대한민국의 지역에 있어서는 그 적용이 즉시 정지되며, 합중국 군당국은 계엄령이 해제될 때까지 이러한 지역에서 합중국 군대의 구성원에 대하여 전속적 재판권을 행사할 권리를 가진다고 규정하고 있으므로 대한민국에 계엄령이 선포된 경우에는 계엄령이 선포된 지역에서는 대한민국에게 재판권을 부여한 위 협정의 규정의 적용이 정지되므로써 대한민국 법원은 계엄령이 해제될 때까지는 미합중국 군대의 구성원을 재판할 권한이 없게 되는 것이므로 계엄령선포 전에 기소되어 대한민국법원에 계속된 미합중국 군대의 구성원에 대한 대한민국 법원의 재판권도 계엄령선포와 동시에 없어지게 되는 것이라고 할 것이다.

그렇다면 대한민국 전역에 계엄령이 선포되어 있는 현시점에서는 대한민국법원에서 본건 피고인을 재판할 권한이 없는 것이 명백하므로 피고인에 대한 본건 공소는 변호인이 주장하는 상고논지를 판단할 필요없이 형사소송법 제327조 제1호의 규정에 의하여 기각되어야 할 것이다." (출처: 대법원 판례집 제28권 3집(형사), 1쪽)

참고 동일 취지의 판결:
① 서울고등법원 1980. 9. 15. 79노816 판결(확정) (고등법원 판례집 1980년(형사·특별), 136쪽).
② 대구고등법원 1980. 9. 25. 79노612 판결(확정) (고등법원 판례집 1980년(형사·특별), 139쪽).

3-13. 계엄 해제 후 주한미군에 대한 형사재판권 회복

(대법원 1973. 8. 31. 73도1440 판결)

"이 사건이 서울형사지방법원에 공소가 제기된 것이1972. 8. 29이며 소송이 동 법원에 계속중인 1972. 10. 17.에 대한민국전역에 비상계엄령이 선포되었고 동년 12. 13.에 동 계엄이 해제되었고, 위 계엄이 선포되어 해제될 때까지 미합중국당국에 의하여 아무런 재판권의 행사가 없었든 이 사건을 대한민국의 법원이 재판한 것이 명백한 이 사건에 대하여 대한민국법원이 재판권을 가졌든가 의 여부를 검토하여 보건대, 합의의사록 제22조 제1항 ㈏를 보면 첫째로 대한민국이 계엄령을 선포한 경우에는 계엄령 하에 있는 대한민국의 전지역에 있어서는 협정 제22조 제1항㈏의 적용이 즉시 정지되며, 둘째로 합중국군당국은 계엄령이 해제될 때까지 계엄령 하에 있는 지역에서 합중국군대의 구성원에 대하여 전속적재판권을 행사할 권리를 가지게 된다.

즉, 계엄이 선포된 지역에서는 대한민국법원의 재판권에 관한 규정의 적용이 정지됨으로써 대한민국법원이 합중국군대의 구성원을 재판할 권한이 없게 되는 것은 논지와 같으나 합의의사록의 이 조문의 정지기간이 어느 때까지냐 하는 문제를 규정한 것은 이 의사록의 이 규정에 「계엄령이 해제될 때까지」로 규정되었음이 명백하다.

즉, 다시 말하면 대한민국법원은 계엄선포와 동시에 즉시 재판권을 행사할 수 없게 되었으나 그러나 그것은 계엄령이 해제될 때까지 행사할 수 없음을 규정한 것이므로 계엄이 해제되는 순간부터 즉시 대한민국법원의 재판권은 계엄령이 선포되기 이전의 정상적인 상태로 되돌아가는 취지로 규정한 것이 합의의사록의 이 규정의 명문상 당연한 해석으로 인정되는 것이며, 또 실질적으로 대한민국에 계엄령이 선포되었을 경우 미합중국군대의 구성원의 범죄를 대한민국의 법원에서 다스리지 않는 것을 바라는 특별한 조치일진대 계엄이 해제되어 대한민국의 모든 질서가 정상적으로 운영되면은 이에 따라야 할 것은 양국간의 이 협정체결의 목적으로 보아 당연한 것으로 이해된다. 따라서 계엄령이 해제되었을 때 이 사건과 같이 일단 대한민국법원이 재판하다가 합의의사록의 이 조문에 의하여 재판을 하지 않게 된 경우에 계엄기간 중에 합의의사록의 이 조문에 의하여 합중국군당국이 전속적재판권을 행사하지 않은 이 사건을 계엄해제 후에 대한민국법원이 재판권을 행사하였음은 협정의 이 조문이나 합의의사록의 이 조문을 잘못 해석한 것이 아니며, 원심이 이와 같은 견해로서 이 사건을 재판한 것은 아무런 위법이 없다. 상고이유는 합의의사록의 이 규정 중에 계엄령해제 후에 재판권이 대한민국법원에 회복된다든가 되돌아온다든가 또는 계엄이 해제될 때까지 재판권이 보류된다든가 하는 규정이 없으므로 계엄해제 후에도 대한민국법원은 재판권을 행사할 수 없다는 논지는 이미 위에서 설시한 바에 의하여 이유 없음이 명백하다." (출처: 대법원 판례집 제21권 2집(형사), 71쪽)

제 4 장   주권면제

1. 의의

4-1. 주권면제: 미군정청의 행위 (부산지방법원 2015. 1. 29. 2014가합45990 판결)

4-1-1. 위 항소심 (부산고등법원 2016. 10. 13 2015나51555 판결)

4-1-2. 위 상고심 (대법원 2017. 11. 14. 2016다264174 판결)

4-2. 주권면제: 미군정청의 행위 (헌법재판소 2017. 5. 25. 2016헌바388 결정)

4-3. 주권면제: 일제의 행위 (부산지방법원 2016. 8. 10. 2015가합47368 판결)

2. 인정 범위

가. 절대적 주권면제

4-4. 절대적 주권면제 (서울고등법원 1974. 5. 22. 73라72 결정)

4-4-1. 위 재항고심 (대법원 1975. 5. 23. 74마281 결정)

4-5. 절대적 주권면제 (서울민사지방법원 1985. 9. 25. 84가합5303 판결)

나. 제한적 주권면제

(1) 상업 활동

4-6. 주권면제 부정: 상업활동 (서울민사지방법원 1994. 6. 22. 90가합4223 판결)

4-6-1. 위 항소심 (서울고등법원 1995. 5. 19. 94나27450 판결)

4-7. 주권면제 부정: 상업활동 (서울서부지방법원 2013. 1. 24. 2011가합8225 판결)

4-8. 국영항공사와 주권면제 (인천지방법원 2016. 1. 26. 2014가합9478 판결)

(2) 고용 사건

4-9. 주한미군 직원 해고: 주권면제 부정 (대법원 1998. 12. 17. 97다39216 판결)

4-10. 대사관 직원의 해고: 주권면제 긍정 (서울지방법원 2003. 11. 6. 2002가합38090 판결)

4-11. 주한미군 자원관리분석가 채용: 주권면제 긍정 (대구지방법원 2012. 11. 23. 2010가합13392 판결)

4-11-1. 위 항소심 (대구고등법원 2013. 6. 5. 2012나6999 판결)

4-11-2. 위 상고심 (대법원 2014. 4. 10. 2013다47934 판결)

4-12. 주한미군 식당 직원 해고: 주권면제 부정 (서울중앙지방법원 2011. 12. 9. 2009가합85279 판결)

4-13. 주한미군 식당직원 해고: 주권면제 부정 (광주고등법원 2012. 11. 15. (전주)2011나1311 판결)

(3) 부동산 관련

4-14. 공관부지와 점유취득 (서울서부지방법원 2014. 5. 28. 2013가단8673 판결)

4-14-1. 위 항소심 (서울서부지방법원 2015. 4. 16. 2014나3737 판결)

3. 강제집행으로부터의 면제

4-15. 강제집행과 주권면제 (서울고등법원 2009. 1. 21. 2004나43604 판결)
4-15-1. 위 상고심 (대법원 2011. 12. 13. 2009다16766 판결)

1. 의의

[일반적으로 주권국가 영역 내의 모든 사람과 물건은 현지 법원의 관할권에 복종해야 한다. 그러나 국가는 외국 법정에 스스로 제소하거나 자발적으로 응소하지 않는 한 외국 법원의 관할권에 복종하도록 강제되지 않는다. 이렇듯 국가(또는 국가재산)가 타국법원의 관할권으로부터 면제를 향유하는 것을 주권면제(sovereign immunity)라고 한다. 이는 국가면제(state immunity)라고도 불리운다. 국가의 주권평등 원칙에서 비롯되는 주권면제의 법리는 국제법 질서의 근본원칙 중 하나이다. 주권면제는 외국을 상대로 관할권의 행사를 자제한 결과라거나 국제예양의 문제가 아니며, 국가는 외국에 대해 이를 인정할 국제법상의 의무를 진다. 다만 주권면제란 국가가 타국의 재판관할권으로부터의 면제를 향유한다는 의미일 뿐, 해당국 법률의 적용 자체를 면제받는다거나 위법행위에 대한 법적 책임의 성립 자체를 부인하는 의미는 아니다.

주권면제론은 19세기 이래 각국 법원의 판례를 바탕으로 관습국제법 형태로 발전했다. 그러나 20세기 후반부터 이의 성문화 작업도 활발하다. 1972년 「국가면제에 관한 유럽협약」이 채택되었고, ILC의 작업을 바탕으로 2004년 UN 총회는 Convention on the Juridictional Immunity of States and Their Property를 채택했다. 1970년대 이후에는 또한 주로 영미법계 국가들의 선도로 주권면제에 관한 국내법의 제정도 활발하다. 한국은 아직 국내법의 제정 없이 관습국제법의 형태로 주권면제론을 수용하고 있다. 국내에서 주권면제문제는 주한 미군관련 사건에서 제기된 경우가 많다.]

4-1. 주권면제: 미군정청의 행위
(부산지방법원 2015. 1. 29. 2014가합45990 판결. 원고: 정○○. 피고: 미합중국, 한국산업은행, 대한민국)

[사안: 주한 미군정청은 1946년 2월 발표한 군정법령 제57호를 통해 당시 북위 38도선 이남에 자연인과 법인이 소유 내지 점유하고 있는 일본은행권 또는 대만은행권을 1946. 3. 2.부터 1946. 3. 7.까지 미군정청이 지정한 7개 금융기관에 예치할 것을 명하고 예입 후 인출과 거래를 금지했다. 이 사건 원고의 부(父)(1967년 사망)는 위 군정법령에 따라 1946. 3. 6. 자신의 일본은행권 3,100엔(円)을 조선식산은행(현 한국산업은행의 전신) 부산지점 부산진출장소에 예치했다. 원고는 위 군정법령이 사유재산을 몰수하면서 보상법률조차 두지 않아 국민의 재산권을 침해한 위헌·무효의 법령이며, 원고의 부가 군정법령에 따라 예치한 이 사건 예입금을 아직까지도 반환받지 못하고 있으므로, 피고중 하나인 미합중국 역시 그로 인한 손해에 대해 민사상 불법행위책임을 부담한다고 주장했다. 또한 미합중국은 이 사건 군정법령을 제정해 망인의 재산권을 침해함으로써 1899년과 1907년 헤이그에서 체결되고 피고 미합중국이 가입한 국제조약인 '육전(陸戰)의 법 및 관습에 관한 협약'(Convention Respecting the Laws and Customs of War on Land) 등 국제인도법을 위반했으므로, 망인이 입은 손해를 배상할 책임이 있다고 주장했다. 소송과정에서 미국측은 주권면제를 주장했다.]

"(1) 본안전 항변

피고 미합중국은 이 사건 군정법령 제정 행위가 외국 국가의 주권적 행위로서 주권면제(sovereign immunity)의 대상에 해당하므로, 우리나라 법원은 원고의 피고 미합중국에 대한 소에 관하여 재판권을 가지지 아니한다고 항변한다.

(2) 판단

국제관습법에 의하면 국가의 주권적 행위는 다른 국가의 재판권으로부터 면제되는 것이 원칙이라 할 것인데(대법원 1998. 12. 17. 선고 97다39216 전원합의체 판결 참조), 앞서 인정한 사실관계에 변론 전체의 취지를 종합하여 인정되는 다음의 사정에 비추어 보면, 피고 미합중국의 이 사건 군정법령 제정 행위는 국가의 주권적 행위로서 이에 대한 우리나라 법원의 재판권이 존재하지 아니한다고 할 것이다. 따라서 이 사건 군정법령 제정 행위로 인하여 손해를 입었다고 하면서 그 배상을 구하는 원고의 피고 미합중국에 대한 소는 부적법하다.

① 일제 패망 이후 피고 미합중국은 북위 38도선 이남 조선 지역의 실효적인 통치 기구가 부재한 상황에서 미군정청을 설치하고 입법권을 행사하면서 이 사건 군정법령을 제정하였다. 당시 우리나라에서 화폐로 통용되던 일본은행권의 통화량이 증가하여 물가상승 등 경제질서의 교란이 있자, 긴급히 미군정청은 이러한 혼란을 바로잡고 당시 미군정청이 발행하던 조선은행권에 의한 화폐제도를 확립하기 위하여 일본은행권의 예입을 명하고 예입 후 인출 및 거래를 금지하는 이 사건 군정법령을 제정하였다. 이는 당시 북위 38도선 이남 조선 지역의 통치기구였던 미군정청이 전후(戰後) 일본은행권에 의한 구(舊) 화폐질서의 폐지 및 우리나라 내 새로운 화폐질서의 형성을 위한 고도의 공권적 행위로서의 성질을 가진다고 할 것이므로, 미군정청을 통한 피고 미합중국의 이 사건 군정법령 제정 행위는 그 목적과 성질에 비추어 볼 때 국가의 주권적 행위(*acta jure imperii*)

라고 할 것이다.

② 주권면제에 관한 국제관습법은 종래 주권국가는 어떠한 경우에도 외국 법원의 재판권으로부터 면제된다는 절대적 주권면제이론에서 국가의 행동을 주권적 행위와 상업적 행위로 구분하고 전자에 대하여만 주권면제를 인정하는 상대적 주권면제이론의 변천이 있었는바, 이 사건 군정법령의 제정 행위와 같은 국가의 고권적 행위는 현재 형성되어 있는 국제관습법인 상대적 주권면제이론에 따른다면 주권면제의 범위 내에 포함된다고 볼 것이다.

③ 원고는 피고 미합중국이 헤이그 조약에 가입한 국가로서 위 조약은 전시(戰時) 교전국의 사유재산 몰수를 금하고 있는데도 이 사건 군정법령을 제정하여 망인의 재산권을 침해한 점, 피고 미합중국은 위 조약 등에서 이와 같은 손해에 관하여 배상하겠다고 선언한 점, 피고 미합중국이 1976년 제정한 외국주권면제법(Foreign Sovereign Immunity Act of 1976)에 의하면 외국 국가의 불법행위에 관하여 재판권을 인정하고 있는 점 등에 비추어 볼 때, 피고 미합중국이 이 사건에서 주권면제를 주장할 수 없다고 주장한다.

살피건대, 설령 이 사건 군정법령 제정 행위가 헤이그 조약 등의 국제인도법을 위반하였다고 하더라도, 이와 같은 내용의 국제법을 위반하였다는 사정만으로 외국 국가가 향유하는 주권면제가 당연히 배제된다는 국제관습법이 형성되었다고 보기 어렵고, 헤이그 조약의 가입 사실만으로 피고 미합중국이 주권면제의 향유를 포기하였다고 단정할 수도 없다.

또한 피고 미합중국이 제정한 외국주권면제법은 일정한 경우에 한하여 외국 국가의 불법행위에 대한 재판권을 인정하고 있으나, 이 사건 군정법령 제정 행위가 위 법률에 의하여 명백히 주권면제가 배제되는 경우에 해당하는지 불분명하다. 그리고 설령 이 사건 군정법령의 제정과 같은 행위가 외국주권면제법에 의하여 주권면제가 배제된다고 하더라도, 외국주권면제법은 피고 미합중국의 법률로서 국제관습법의 내용을 파악하는 참고자료일 뿐 그 자체로 우리나라 헌법에 따라 국내법과 같은 효력을 지니는 일반적으로 승인된 국제법규라고 할 수 없으므로, 외국주권면제법의 규정 내용에 근거하여 우리나라 법원이 원고의 피고 대한민국에 대한 소에 관한 재판권을 가진다고 하기 어렵다.

따라서 원고의 위 주장은 받아들이기 어렵다.

④ 원고는 이 사건 군정법령의 제정 행위가 비록 주권적 행위에 해당한다고 하더라도, 외국 소속 공무원의 행위가 헌법, 조약 등을 명백히 위반하여 국민의 사유재산권을 침해하는 등의 사정이 있는 경우에는 재판권을 인정하는 것이 법치주의 이념에 부합한다고 주장한다.

살피건대, 국가가 국민의 재산을 보장해야 하는 의무는 헌법상 자명한 원리라고 할 것이나, 구체적 사건에서의 권리구제를 담당하는 사법부는 입헌주의원리 및 권력분립원칙에 따라 헌법이 부여한 범위 내에서 사법권을 행사할 수 있다고 할 것인데, 헌법 제6조 제1항은 "헌법에 의하여 체결·공포된 조약과 일반적으로 승인된 국제법규는 국내법과 같은 효력을 가진다"고 정하고 있으므로 사법부는 위 헌법 조항에 따라 국제관습법을 준수하여 사법권을 행사하여야 할 것이다. 그런데 이 사건 군정법령 제정 행위는 앞서 본 바와 같이 국제법상 주권평등원칙에 근거하여 재판권이 면제되는 고권적인 행위로서 사법부는 이에 관한 재판권을 가진다고 할 수 없다. 따라서 원고의 위 주장은 받아들이기 어렵다." (각주 생략) (출처: 판결문 사본 입수)

4-1-1. 위 항소심
(부산고등법원 2016. 10. 13. 2015나51555 판결)
"가령 피고 미합중국의 이 사건 군정법령 제정 및 이에 기한 이 사건 예입금 예치명령이 국가의 주권적 행위에 해당하지 않는다고 보는 경우에도,

다음과 같은 이유로 원고의 청구는 모두 이유 없다고 할 것이다.

먼저, 원고의 주위적 청구원인 주장에 관하여 보건대, 이 사건 군정법령은 일본은행권을 단순히 예입할 것을 명할 뿐이므로 재산권의 몰수에 해당한다고 단정할 수 없는 점, 이 사건 군정법령 제정 당시 북위 38도선이남 지역에서 일시적이나마 실효적인 통치기구가 없었던 점, 당시 일본은행권 통화량 증가에 따른 물가상승 등 경제 질서 혼란을 야기할 우려가 다분한 긴급한 상황에 처해 있었던 점, 이 사건 군정법령에 보상 규정이 포함되어 있지 않았다고 하여 영구적으로 보상을 배제한 것으로 보기는 어려울뿐더러(사후에 보상규정을 마련하는 것도 가능하다), 이후 청구권신고법 제2조 제1항 제1호에서 이 사건 군정법령에 따라 예입한 예입금 등에 해당하는 경우(이는 1945. 8. 15. 이전에 일본국 등에 대하여 가졌던 청구권 등일 것을 요하지 아니한다고 정하고 있다), 당국에 신고하도록 하는 한편, 청구권보상법의 제정을 통해 이를 보상하는 규정을 두어 보상이 이루어진 점 등에 비추어, 피고 미합중국이 이 사건 군정법령을 제정하여 망인 소유의 일본은행권을 예치하도록 한 것이 헤이그 조약을 위배한 것이라고 볼 수는 없다. 따라서 위 조약 위반을 전제로 한 원고의 주위적 청구원인 주장은 더 나아가 살필 필요 없이 이유 없다.

다음으로, 원고의 예비적 청구원인 주장에 관하여 보건대, 이 사건 군정법령은 일본은행권을 단순히 예입할 것을 명할 뿐이므로 재산권의 몰수에 해당한다고 단정할 수 없는 점, 해방 직후의 정치적, 경제적 혼란 상황에 비추어 미합중국의 군정법령을 통한 통치권 행사는 어느 정도 불가피한 측면이 있었다고 보이는 점, 이 사건 군정법령에 보상 규정이 포함되어 있지 않았다고 하여 영구적으로 보상을 배제한 것으로 보기는 어려운 점, 당시의 경제적 혼란을 제거하기 위하여는 위 법령에 따른 예입명령에 따르지 않을 경우 형사

처벌로써 이를 강제할 필요성도 있었다고 보이는 점, 이후 청구권보상법 등을 통해 이 사건 군정법령에 따라 금원을 예치한 자에 대한 보상이 이루어진 점 등 이 사건 군정법령 제정 및 시행의 목적, 이후 경과 등을 고려할 때 국민의 재산권을 과도하게 침해하여 헌법에 위배된다고 할 수 없다. 따라서 이와 다른 전제에 선 원고의 예비적 청구원인 주장도 더 살필 것 없이 이유 없다."(출처: 판결문 사본 입수)

4-1-2. 위 상고심

(대법원 2017. 11. 14. 2016다264174 판결)

"1. 원심은 제1심판결을 일부 인용하여 그 판시와 같은 이유로, 피고 미합중국의 이 사건 군정법령 제정행위는 국가의 주권적 행위로서 이에 대한 우리나라 법원의 재판권이 존재하지 아니한다고 판단하였다.

관련 법리와 적법하게 채택한 증거들에 비추어 살펴보면, 원심의 위와 같은 판단에 상고이유 주장과 같은 법리오해 등의 잘못이 없다.

2. 원심은 제1심판결을 인용하여 그 판시와 같은 이유로, 대일 민간청구권 신고에 관한 법률 등에서 이 사건 군정법령에 따라 금원을 예치한 자들에 대한 피해구제 및 그 보상에 관한 사항을 정하였으므로 피고 대한민국에게 입법부작위 등으로 인한 불법행위책임이 인정된다고 보기 어렵고, 설령 불법행위책임이 인정된다고 하더라도 원고의 손해배상청구권은 시효로 소멸하였다고 판단하였다.

관련 법리와 적법하게 채택한 증거들에 비추어 살펴보면, 원심의 위와 같은 판단에도 상고이유 주장과 같은 법리오해 등의 잘못이 없다."(출처: 판결문 사본 입수)

[해설] 주권면제 부분에 관한한 제2심과 제3심이 모두 별도의 설시를 하지 않고 1심 판결의 이유를 그대로 수용했다. 제2심 부산고등법원은 위에 수록된 내용 이외에 설사 정당한 배(보)상이 이루어지지 않았다 하더라도 청구권자금법 및 청구권신고법, 청구권보상법이 폐지된 1982. 12. 31. 이후에는 원고가 내세우는 손해배상청구권 또는 부당이득반환청구권의 소멸시효가 진행되어 그로부터 10년 이상 경과한 이 사건 소제기일(2013. 1. 30.)에는 청구권이 시효로도 소멸했다고 판단했다.

4-2. 주권면제: 미군정청의 행위

(헌법재판소 2017. 5. 25. 2016헌바388 결정. 재조선 미국육군사령부 군정청 법령 제57호 위헌소원. 당해 사건: 부산고등법원 2015나51555)

[사안: 위 4-1 사건 관련 헌법소원이다. 원고는 과거 미군정법령이 사유재산권을 침해한 위헌법령이고, 미국 정부의 행위는 국제법 위반이라고 주장하며 손해배상을 청구했으나, 법원에서 이 청구가 받아들여지지 않자 헌법소원청구를 제기했다.]

"국제관습법상 국가의 주권적 활동에 속하지 않는 사법적(私法的) 행위는 다른 국가의 재판권으로부터 면제되지 않지만 국가의 주권적 행위는 다른 국가의 재판권으로부터 면제되는 것이 원칙이다(대법원 1998. 12. 17. 선고 97다39216 전원합의체 판결 참조). 미합중국 소속 미군정청이 이 사건 법령을 제정한 행위는, 제2차 세계대전 직후 일본은행권을 기초로 한 구 화폐질서를 폐지하고 북위 38도선 이남의 한반도 일대에서 새로운 화폐질서를 형성한다는 목적으로 행한 고도의 공권적 행위로서 국가의 주권적 행위이다. 미합중국의 화폐질서 형성 정책 결정과정에 경제적 동기가 포함되어 있었고 이에 따라 일본은행권을 소지하고 있던 사람들의 경제적 이해관계에 영향을 미쳤다고 하더라도, 그러한 사정만으로 이 사건 법령 제정행위가 주권면제의 예외가 되는 사법적 행위나 상업적 행위라고 볼 수는 없다. 따라서 이 사건 법령이 위헌이라는 이유로 미합중국을 상대로 손해배상이나 부당이득반환 청구를 하는 것은, 국가의 주권적 행위는 다른 국가의 재판권으로부터 면제된다는 국제관습법에 어긋나 허용되지 않는다. 결국, 이 사건 법령이 위헌임을 근거로 한 미합중국에 대한 손해배상 또는 부당이득반환 청구는 그 자체로 부적법하여 이 사건 법령의 위헌 여부를 따져 볼 필요 없이 각하를 면할 수 없다."
(출처: 헌법재판소 공보 제248호, 537쪽 이하)

4-3. 주권면제: 일제의 행위
(부산지방법원 2016. 8. 10. 2015가합47368 판결. 원고: 일제 징용피해자의 아들. 피고: 일본국)
"1. 원고의 주장

피고는 1938. 4. 1. 국가총동원법을 제정한 후 이에 근거하여 1939. 7. 8. 국민징용령을 공포하였는데, 원고의 부친인 정재식은 위 국민징용령에 의하여 1944. 7. 10. 일본 오키나와로 동원되어 제8884부대 소속 군속으로 강제노역을 하였고, 위 강제노역 기간 동안의 임금 일본화 1,450엔을 지급받지 못하였다.

따라서 피고는 불법행위책임에 따라 위와 같은 강제동원 및 강제노역으로 인하여 정재식이 입은 손해를 배상할 책임이 있다.

2. 판단

직권으로 이 사건 소의 적법여부에 관하여 살펴본다.

국제관습법에 의하면 국가의 주권적 행위는 다른 국가의 재판권으로부터 면제되는 것이 원칙이라 할 것이나, 국가의 사법적(私法的) 행위까지 다른 국가의 재판권으로부터 면제된다는 것이 오늘날의 국제법이나 국제관례라고 할 수 없으므로, 우리나라의 영토 내에서 행하여진 외국의 사법적 행위가 주권적 활동에 속하는 것이거나 이와 밀접한 관련이 있어서 이에 대한 재판권의 행사가 외국의 주권적 활동에 대한 부당한 간섭이 될 우려가 있다는 등의 특별한 사정이 없는 한, 외국의 사법적 행위에 대하여는 당해 국가를 피고로 하여 우리나라의 법원이 재판권을 행사할 수 있다 할 것이다(대법원 1998. 12. 17. 선고 97다39216 전원합의체 판결 참조). 이 사건에 돌아와 보건대, 피고가 국가총동원법을 제정하고 국민징용령을 공포한 후 민간인을 강제노역에 동원한 것은 사법적 행위에 해당한다고 보기 어려운바, 피고의 국가총동원법에 근거한 강제노역으로 손해를 입었다고 주장하며 그 배상을 구하는 원고의 이 사건 소에 대하여 우리나라 법원은 재판권을 행사할 수 없다 할 것이다." (출처: 판결문 사본 입수)

2. 인정 범위

[주권면제가 확립되던 초기 주권국가는 어떠한 경우에도 외국법원의 관할권으로부터 면제된다는 의미에서 절대적 주권면제론(absolute sovereign immunity)이 지지를 받았다. 이는 주권국가라는 이유만으로 외국법원의 관할권으로부터 항상 면제를 향유하게 됨을 의미한다.

19세기 말부터 경제분야에 대한 국가의 관여가 증대했다. 전매사업 운영이나 국영기업 설립을 통해 과거 사경제활동에 속하는 영역으로 국가의 진입이 늘어났다. 이런 경제활동 과정 속에서 국가는 외국 상인과 거래를 맺고, 때로는 분쟁에 휘말릴 소지가 커졌다. 이에 국가가 순전히 영리를 목적으로 거래활동을 하는 경우에도 공적 활동과 마찬가지로 주권면제를 인정해야 하느냐는 의문이 제기되었다. 이에 19세기 말부터 이미 일부 국가에서는 외국의 상업적 활동에 대하여는 주권면제를 부인하는 판례가 나오기 시작했다. 이러한 입장을 절대적 주권면제론과 비교하여 제한적 주권면제론(restrictive sovereign immunity)이라고 한다.

제한적 주권면제론은 국가의 행동을 주권적 행위(jure imperii: by right of sovereignty)와 상업적 행위(jure gestionis: by way of doing business)로 구분하고, 전자에 대하여만 주권면제를 인정하는 입장이다. 제한적 주권면제론은 국가가 다양한 자격으로 행동할 수 있음을 인정하고, 국가가 주권국가의 자격으로 권한을 행사하는 경우에만 면제를 인정한다. 이는 주권국가의 공적 활동이 외국 법원에 의하여 통제받는 것을 방지하는 한편, 국가와 사적 거래를 한 개인도 보호한다는 점에서 일종의 타협책이기도 하다. 오늘날은 다수의 국가는 제한적 주권면제론에 입각한 사법운영을 한다. 과거 한국 대법원은 절대적 주권면제론에 입각해 1975. 5. 23. 74마281 결정(본서 4-4-1) 등을 내렸으나, 1994년부터 하급심에서는 제한적 주권면제론에 입각한 판결이 나왔다(본서 4-6). 대법원의 입장은 1998. 12. 17. 97다39216 판결(본서 4-9)을 통해 제한적 주권면제론으로 변경되었다.]

가. 절대적 주권면제

4-4. 절대적 주권면제
(서울고등법원 1974. 5. 22. 73라72 결정. 원고, 항고인: 유○○. 피고, 상대방: 주한 일본국 대사 (일본국))

[사안: 원고는 재일한국인으로 1948년 이래 일본국 동경도 내 하천 공유수면 토지의 영구 계속 점유허가를 얻어 관광선 운영업을 했었다. 관할행정청은 도로 건설을 위해 하천을 매립하게 되어 1960년 더 이상 토지사용을 허용하지 않았다. 이어 원고의 건물을 강제철거하고 보상금도 지급하지 않았다고 한다. 이후 원고는 한국으로 귀국한 후 이 소송을 제기했다.]

"일반적으로 외국을 당사자로 하는 재판권 관할에 관하여는 명백한 국제법상의 원칙이 없어 각국이 그 재판권의 한계를 스스로 정할 수밖에 없는데, 우리나라에 있어서 그에 관한 특별규정이 없어 일반 국제관례에 따라 판단할 수밖에 없고, 국제관례에 의하면 외국이 스스로 타국의 민사소송 절차에 따른 재판권 행사에 응소하거나 조약 기타로 미리 장래의 특정사건의 재판에 관하여 응소의 합의가 이루어진 경우 등의 예외를 제외하고는 타국이 자기 나라 민사소송절차에 따라 외국을 상대로 재판권을 행사할 수 없다는 것은 의문의 여지가 없는 일반 원칙이고, 이는 우리 나라 민사소송법에 따른 재판권 행사에도 그대로 적용해야 할 것인바, 기록에 의하면 원심은 항고인 제소의 본건 법률적용확인 청구사건에 관하여 주한 일본국 대사가 특단의 사정이 없는 한 한국에서 일본국을 대표하는 자로 보고 소장 기재대로 이를 피고로 하여 본건 소장과 1973. 10. 30.로 변론기일을 지정 소환장을 송달한 후 위 변론기일 전에 이를 직권변경하고 외무부 장관을 통하여 상대방에게 본건 청구에 응소할 의사가 있는지에 관하여 확인을 구한바, 상대방이 그 달 25. 외무부 장관을 통하여 항고인의 본건 청구에 응소할 의사 없음을 명백히 함에 이르러 외무부 장관이 이를 원심에 통지함에 이르른 사실, 이에 원심은 피고 스스로 응소하지 아니하는 한 우리 나라의 재판권이 미치지 아니하는 것이라고 전제하고 본건에 관한 원심의 재판권 행사에 피고가 응소할 의사가 있는 것으로 볼 수도 없어 본건 소장을 적법하게 피고에게 송달할 수 없는 경우에 해당한다고 하여 민사소송법 제232조에 의하여 소장 각하명령을 한 것이 명백하다. 따라서 이와 같이 원고가 제소한 상대방을 일본국 대표자 주한 일본국 대사로 할 것을 주한 일본국 대사로 한 잘못은 별론으로 치고, 앞서 설시한 바에 따라 본건 상대방이 원고의 제소에 의한 원심의 재판권 행사에 응소하지 아니할 뜻을 명백히 한 이상, 본건 소장을 적법하게 상대방에게 송달할 재판권 행사로 할 수 없는 터이니, 이는 보정을 명할 수 없는 경우에 해당한다고 할 수밖에 없다. 그러하다면 원심의 처사는 정당하고 이에 대한 항고인의 나머지 주장에 대한 판단을 할 것도 없이 이유 없으므로 항고를 기각하고 주문과 같이 결정한다."(출처: 판결문 사본 입수)

4-4-1. 위 재항고심
(대법원 1975. 5. 23. 74마281 결정)

"본래 국가는 국제관례상 외국의 재판권에 복종하지 않게 되어 있으므로 특히 조약에 의하여 예외로 된 경우나 스스로 외교상의 특권을 포기하는 경우를 제외하고는 외국국가를 피고로 하여 우리나라가 재판권을 행사할 수는 없는 것이라 할 것이다.

그렇다면 재항고인이 원고로서 이건 제1심 법원에 제기한 법률적용확인 청구사건의 소장에 기재된 피고의 표시를 주한 일본국대사 개인이 아닌 일본국을 피고로 하여 제기한 소로 보고, 일본국과의 사이에는 위 국제관례상의 예외를 인정한 조약이 없을 뿐만 아니라 기록상 일본국이 스스로 외교상의 특권을 포기하고 있는 것으로 볼 만한 근거가 없어 본건은 소장을 송달할 수 없는 경우에 해당한다 하여 이 사건 제1심 재판장이 명령으로 소장을 각하한 조처를 옳은 것이라 하여 재항고인의 항고를 배척한 원결정은 정당하며, 거기에는 논지가 지적하고 있는 섭외사법 제13조, 민법 제103조, 제104조, 민사소송법 제139조, 제188조, 제288조의 법리오해나 그 밖의 소론 법리오해의 위법이 있다 할 수 없다." (출처: 법원공보 제517호(1975. 8. 1.), 8513쪽)

4-5. 절대적 주권면제
(서울민사지방법원 1985. 9. 25. 84가합5303 판결(확정). 원고: 문○○. 피고: 타이왕국)

"원고는 이 사건 청구원인 사실로서, 피고국가의 법률상 대표자인 주한 타이왕국 대사관 대사(성명 생략)를 대리하여 위 대사관 3등 서기관 [성명 생략] 1982. 3. 2. 원고로부터 위 대사관 고용원의 임금지급을 위하여 금 8,000,000원을 차용하였으며, 설사 [성명 생략]이 위 대사를 대리할 권한없이 위와 같은 차용행위를 하였더라도 표현대리의 법리에 의하여 피고국가에게 책임이 있다고 주장하면서, 원고는 피고국가에 대하여 위 금 8,000,000원 및 그에 대한 지연손해금의 지급을 구하고, 피고는 국가는 국제관례상 외국의 재판권에 복종하지 아니하게 되어 있으므로 피고 국가를 상대로 한 이 사건 소는 부적합하다고 항변한다.

그러므로 살피건대, 본래 국가는 국제관례상 외국의 재판권에 복종하지 않게 되어 있으므로 특히 조약에 의하여 예외로 된 경우나 스스로 외교상의 특권을 포기하는 경우를 제외하고는 외국국가를 피고로 하여 우리나라가 재판권을 행사할 수 없는 것이라 할 것인데, 우리나라와 이 사건 피고로 된 타이왕국 사이에 위 국제관례상의 예외를 인정한 조약이 없을 뿐만 아니라, 기록상 위 타이왕국이 스스로 외교상의 특권을 포기하고 있음을 인정할 아무런 자료가 없으며, 비록 최근에 이르러 상당수의 국가에서 국내입법이나 판례를 통하여 위와 같은 국가주권면제의 원칙을 완화하여 일정한 사업상의 행위에 관련된 소송에 관하여 국가의 주권면제를 인정하지 않는 사례를 찾아볼 수 있다고는 하나 그와 같은 경향이 아직 국제관습법의 지위에 이르렀다고는 보여지지 않을 뿐만 아니라, 위와 같은 주권면제완화의 사례들은 모두 국가가 직접 주체가 되어 상거래와 같은 사법상의 행위를 한 경우에 한정된 것으로서, 이 사건에 있어서와 같이 피고대사관의 3등서기관이 위 대사관 대사를 대리할 권한이 없이([…]) 위와 같은 차용행위를 한 경우에 사법상의 원리인 표현대리의 법리를 적용하면서까지 국가책임을 인정하여 위 주권면제완화의 범위를 확장 적용할 수는 없는 것이라 할 것이다.

그렇다면 이 사건 소는 피고에 대한 재판권이 없음이 분명하므로 부적법하여 각하하기로 하고, 소송비용은 패소자인 원고의 부담으로 하여 주문과 같이 판결한다." (출처: 하급심 판결집 1985년 제3집, 288쪽 이하)

나. 제한적 주권면제

(1) 상업활동
4-6. 주권면제 부정: 상업활동
(서울민사지방법원 1994. 6. 22. 90가합4223 판결. 원고: 대림기업. 피고: 미합중국(U.S.A.))

[사안: 원고는 1980년 미 육군측과 당시 미군의 관리·운영 하에 있던 서울 내자호텔 내에서 전자제품 판매점을 운영하기 위한 임대계약을 체결했다. 계약 당시 미 육군측은 이 상점에서 판매하는 물품에 관해서는 SOFA 협정 제16조에 의해 한국 내 부가가치세, 특별소비세, 관세, 기타 세금이 면제된다고 설명했다. 이에 양측은 세금면제의 사실 및 세금이 부과되었을 경우의 환급절차 등에 관한 내용을 포함시킨 계약서를 작성했다. 그러나 원고가 판매하는 물건중 공용구매가 아닌 개인구매인 경우 협정상의 면세대상이 아니었다. 결국 원고는 국내 세무서에 관련세금을 납부해야 했고, 미국을 상대로 그간의 면세판매로 인한 손해배상 청구소송을 제기했다. 소송과정에서 미국측은 주권면제로 근거한 소 각하를 요청했다.]

"변론의 전취지에 의하면 피고는 국제법의 일반적인 주권면제원칙에 의하여 피고 정부기관 및 그 산하기관들은 대한민국 법원의 재판권으로부터 면제된다는 취지의 주장을 하므로([…]) 과연 당원이 피고에 대하여 재판권을 가지는지 여부에 관하여 본다.

살피건대, 외국국가 혹은 외국기관의 행위는 언제나 국내법원의 재판권으로부터 면제되는 것은 아니고, 그 행위의 성질에 비추어 주권적, 공법적 행위가 아닌 사경제적 또는 상업활동적 행위에 관하여는 국내법원의 재판권으로부터 면제되지 아니하고 이에 복종하여야 한다고 할 것인데 {당원의 사실조회결과에 변론의 전취지를 종합하면, 피고 미합중국(이하 미국이라고만 한다)도 1976년에 외국주권면제법(Foreign Sovereign Immunity Act of 1976)을 제정하여 미국법원에서 미국 이외의 외국국가를 상대로 민사소송을 제기할 수 있도록 하고 있는 사실, 위 법 제1602조에서는 '국제법상 상업활동에 관한 한 국가는 외국법원의 재판권으로부터 면제되지 않는다'고 규정하고 있으며 같은 법 제1605조 내지 제1607조에서 미국과 적절한 관련이 있는 상업적 활동, 외국이나 그 공무원 또는 피고용인이 미국에서 신체적 상해, 사망 또는 재산상의 손실 등을 야기하는 비상업적 불법행위를 행한 경우 등 6가지 경우를 재판권이 면제되지 않는 예로서 명시하고 있는 사실, 미국 내에서는 위 법에 의하여 대한민국을 상대로 한 민사소송이 제기되어 그 재판권이 인정된 예가 있는 사실이 엿보인다.} 뒤에서 보는 바와 같이 원고의 이 사건 청구가 원·피고 사이의 부동산임대차계약을 둘러싼 피고의 불법행위 혹은 계약상 과실을 원인으로 한 금원지급청구로서 그 행위가 사경제적 또는 상업활동적 성질을 가지고 있는 이 사건에 있어 피고는 국내법원의 재판권으로부터 면제되지 아니한다고 할 것이고 따라서 당원은 피고에 대하여 재판권을 가진다고 할 것이므로 피고의 위 주장은 이유 없다." (출처: 하급심 판결집 1994년 제1권, 473쪽)

4-6-1. 위 항소심:
(서울고등법원 1995. 5. 19. 94나27450 판결)

"피고는 국제법상 일반적으로 인정되는 주권면제원칙에 따라서 피고는 물론 피고정부기관 및 그 산하기관들은 대한민국 법원의 재판권으로부터 면제된다는 취지의 주장을 하므로 과연 이 법원이 피고에 대하여 재판권을 가지는지 여부에 관하여 본다.

살피건대, 19세기에는 국가의 주권을 절대적으로 생각하여 재판권을 행사하는 나라가 자국 영역내에서 외국 및 그 재산에 주권평등의 원칙에 입각하여 당해 외국을 당사자로 한 소송에서 자국관할권의 행사를 면제하는 국제관례가 일반적이었으나, 20세기에 들어와 국가 자신이 통상활동에 직접 참여하는 경우가 급격히 증대하면서 절대적 주권면제의 관례가 후퇴하고 점차 국가행위 중에서 권력적행위에 대하여는 국가면제를 계속 유지하되 비권력적 행위에 대하여는 더 이상 국가면제를 부여하지 않으려는 제한적 면제의 국제관례가 점차적으로 수용되어, 1926년 국유선박면제규칙통일협약이나 1972년 유럽국가면제협약 등 다자조약과, 나아가 1976년 피고의 외국주권면제법, 1978년 영국의 국가면제법, 1982년 캐나다의 국가면제법, 1985년 오스트레일리아의 외국면제법 등 여러 나라의 국내법의 제정을 통하여 입법화되었다.

또한 제1심법원의 사실조회결과에 변론의 전취지를 종합하면, 피고의 외국주권면제법(The Foreign Sovereign Immunities Act)에 의하면 피고의 법원에서 피고 이외의 외국국가를 상대로 민사소송을 제기할 수 있고, 국제법상 상업활동에 관한 한 국가는 외국법원의 재판권으로부터 면제되지 않으며, 자국과 적절한 관련이 있는 상업적 활동, 외국이나 그 공무원 또는 피고용인이 자국에서 신체적 상해, 사망 또는 재산상의 손실 등을 야기하는 비상업적 불법행위를 행한 경우 등 6가지 경우를 재판권이 면제되지 않는 예로서 명시하고 있는 사실(위 법 제1602조 내지 제1607조), 피고의 법원에서 위 법에 의하여 대한민국을 상대로 한 민사소송이 제기되어 그 재판권이 인정된 예가 있는 사실 등이 인정된다.

그렇다면 비록 우리나라가 아직 국가주권면제를 제한하는 규정을 둔 국내법을 제정하지 않았다고 하더라도 현재의 국제관례와 주권평등 및 상호주의의 원칙상, 그 행위의 본질이나 법적관계에 비추어 볼 때 주권을 직접적으로 행사하는 권력적인 행위가 아닌 사경제적 또는 상업활동적 행위에 관하여는 외국국가도 우리나라 법원의 재판권으로부터 면제되지 않는다고 할 것이다."(출처: 판결문 사본 입수)

[해설] 이 판결 제1심과 제2심은 국내에서 제한적 주권면제론에 입각한 최초의 판결이었다. 이 사건은 대법원 1997. 12. 12. 95다29895 판결(판례공보 제50호(1998. 1. 15.), 237쪽)로 미국측의 상고가 기각되어 확정되었는데, 상고심에서는 주권면제 부분에 관한 설시가 없었다. 대법원은 다음 4-9 판결에서 절대적 면제론에 입각한 종전의 입장을 제한적 주권면제론으로 변경했다.

4-7. 주권면제 부정: 상업활동
(서울서부지방법원 2013. 1. 24. 2011가합8225 판결. 원고: ㈜세○○. 피고: 미합중국)

"2. 본안 전 항변에 관한 판단

가. 원고가 이 사건 계약에 기한 물품대금을 구함에 대하여, 피고는 대한민국의 법원에는 피고에 대한 재판권이 없으므로 이 사건 소는 부적법하다고 항변한다.

나. 살피건대 '대한민국과 아메리카합중국간의 상호방위조약 제4조에 의한 시설과 구역 및 대한민국에서의 합중국군대의 지위에 관한 협정'(이하 '한미행정협정'이라고 한다) 제23조 제5항은 공무집행중인 미합중국 군대의 구성원이나 고용원의 작위나 부작위 또는 미합중국 군대가 법률상 책임을 지는 기타의 작위나 부작위 또는 사고로서 대한민국 안에서 대한민국 정부 이외의 제3자에게 손해를 가한 것으로부터 발생하는 청구권은 대한민국이 이를 처리하도록 규정하고 있으므로 위 청구권의 실현을 위한 소송은 대한민국을 상대로 제기하는 것이 원칙이라고 할 것이나 위 한미행정협정 제23조 제5항은 위와 같은 청구권이라고 하더라도 그것이 '계약에 의한 청구권(contractual claim)'인 경우에는 대한민국이 처리할 대상에서 제외하도록 규정하고 있으므로 위 '계약에 의한 청구권'의 실현을 위한 소송은 계약 당사자인 미합중국을 상대로 제기할 수 있다고 할 것인바, 여기에서 말하는 계약에 의한 청구에는 계약의 당사자인 미합중국에 대한 계약의 이행 청구와 계약 불이행을 원인으로 한 손해배상 청구뿐만 아니라, 계약의 체결 및 이행 사무를 담당하는 미합중국 군대의 구성원이나 고용원 등이 계약의 체결 및 이행과 직접 관련하여 행한 불법행위를 원인으로 한 계약 상대방의 손해배상 청구도 포함된다고 할 것이다(대법원 1997. 12. 12. 선고 95다29895 판결 참조).

다. 이 사건에 관하여 보건대, 앞서 본 바와 같이, 원고는 2010. 7. 16. 주한미군 소속 계약지원

연대와 이 사건 계약[미군 부대 내에 화상장비의 납품 및 설치 공사 – 필자 주]을 체결하였는바, 위 계약의 상대방인 원고가 피고를 상대로 계약의 이행 청구를 하는 것은 한미행정협정 제23조 제5항의 '계약에 의한 청구권'에 해당하고, 위와 같은 계약체결 행위는 미합중국이 공권력의 주체로서 행하는 행정행위가 아니라 일반 국민과 대등한 입장에서 사경제활동의 주체로서 행하는 사법적 행위이고, 또한 미합중국의 주권적 활동 내지 군사적 활동과의 관련성도 그다지 밀접하지 아니하여 우리나라의 재판권 행사가 미합중국의 주권적 활동에 대한 부당한 간섭이 될 우려가 있다고 할 수 없으므로, 이에 대하여는 우리나라 법원이 미합중국을 피고로 하여 재판권을 행사할 수 있다고 할 것이다. 따라서 피고의 위 항변은 이유 없다. […]

[다만 본안에 대한 판단에서 재판부는 – 필자 주] 이 사건 계약은 원고가 채무이행기인 2010. 8. 11. 업무시간까지 이 사건 계약에 기한 채무이행을 완료하지 못함에 따라 피고의 해제의사가 표시된 통지서가 2010. 8. 30.경 원고에게 도달됨으로 인하여 적법하게 해제되었다고 봄이 상당하고, 원고가 제출한 증거만으로는 달리 피고 산하 해병대 소속 병사의 불법적인 작업 중지 및 부대 출입 통제로 설치를 완료할 수 없었다는 점을 인정할 증거가 없다. 따라서 원고의 위 주장은 이유 없다. […]

그렇다면 원고의 이 사건 청구는 이유 없으므로 기각하기로 하여, 주문과 같이 판결한다."(출처: 판결문 사본 입수)

[해설] 이 판결의 항소심인 서울고등법원 2014. 4. 11. 2013나14493 판결은 재판관할권에 관한 제1심 판결을 그대로 인용하며 지지하였고, 본안에서도 원고 패소의 판결을 내렸다. 상고심인 대법원 2014. 10. 30. 2014다32328 판결에서는 주권면제 부분에 대한 특별한 설시 없이 원고 패소가 확정되었다.

4-8. 국영항공사와 주권면제
(인천지방법원 2016. 1. 26. 2014가합9478 판결 (확정). 원고: 피해자 유족. 피고: 라오항공)

[사안: 이 사건 청구인은 라오스를 방문중 2013. 10. 16. 국영 라오항공 소속 비행기를 탔다가 악천후로 추락하여 사망한 자의 유족이다. 국내 법원에 손해배상 청구소송을 제기하자 피고측은 국영기업인 라오항공에 대해 법적 책임을 묻기 위해 한국 법원에 응소를 강제하는 것은 부당하다고 주장하며 한국 법원의 재판관할권을 부인했다.]

"국가의 사법적 행위까지 다른 국가의 재판권으로부터 면제된다는 것이 오늘날의 국제법이나 국제관례라고 할 수 없는데(대법원 1998. 12. 17. 선고 97다39216 전원합의체 판결 참조), 피고의 이 사건과 관련한 법률관계는 사법적 행위인 항공운송계약과 관련이 있을 뿐이고, 라오스의 주권적 활동에 속한다거나 이와 밀접한 관련이 있다고 할 수 없으므로, 우리나라 법원에 이 사건에 관한 국제재판관할권을 인정하는 것이 라오스의 주권적 행위를 부당하게 간섭하는 것으로 보기 어려운 점 등을 고려하면, 앞서 본 사실 및 을 제1호증(가지번호 포함, 이하 같다)의 기재만으로는 피고로 하여금 이 사건 소에 대한 응소를 강제하는 것이 민사소송의 이념에 비추어 보아 심히 부당한 결과에 이르게 될 만한 특별한 사정이 있다는 점을 인정하기에 부족하고, 달리 이를 인정할 만한 증거도 없으므로, 이 사건 소에 대하여는 우리나라 법원의 국제재판관할권을 인정할 수 있다(대법원 2000. 6. 9. 선고 98다35037 판결 참조)."(출처: 판결문 사본 입수)

(2) 고용 사건
4-9. 주한미군 직원 해고: 주권면제 부정
(대법원 1998. 12. 17. 97다39216 판결. 원고, 상고인: 김ㅇ근. 피고, 피상고인: 미합중국)

"1. 원심판결 이유에 의하면, 원심은 원고가 미합중국 산하의 비세출자금기관인 '육군 및 공군

교역처'(The United States Army and Air Force Exchange Service)에 고용되어 미군 2사단 소재 캠프 케이시(Camp Cacey)에서 근무하다가 1992. 11. 8. 정당한 이유 없이 해고되었다고 주장하면서 미합중국을 피고로 하여 위 해고의 무효확인과 위 해고된 날로부터 원고를 복직시킬 때까지의 임금의 지급을 구함에 대하여, 원래 국가는 국제법과 국제관례상 다른 국가의 재판권에 복종하지 않게 되어 있으므로 특히 조약에 의하여 예외로 된 경우나 스스로 외교상 특권을 포기하는 경우를 제외하고는 외국을 피고로 하여 우리나라의 법원이 재판권을 행사할 수는 없다고 할 것인데, 미합중국이 우리나라 법원의 재판권에 복종하기로 하는 내용의 조약이 있다거나 미합중국이 위와 같은 외교상의 특권을 포기하였다고 인정할 만한 아무런 증거가 없으므로, 이 사건 소는 우리나라의 법원에 재판권이 없어 부적법하다고 판단하였다.

2. 국제관습법에 의하면 국가의 주권적 행위는 다른 국가의 재판권으로부터 면제되는 것이 원칙이라 할 것이나, 국가의 사법적(사법적) 행위까지 다른 국가의 재판권으로부터 면제된다는 것이 오늘날의 국제법이나 국제관례라고 할 수 없다. 따라서 우리나라의 영토 내에서 행하여진 외국의 사법적 행위가 주권적 활동에 속하는 것이거나 이와 밀접한 관련이 있어서 이에 대한 재판권의 행사가 외국의 주권적 활동에 대한 부당한 간섭이 될 우려가 있다는 등의 특별한 사정이 없는 한, 외국의 사법적 행위에 대하여는 당해 국가를 피고로 하여 우리나라의 법원이 재판권을 행사할 수 있다고 할 것이다. 이와 견해를 달리한 대법원 1975. 5. 23.자 74마281 결정은 이를 변경하기로 한다.

따라서 원심으로서는 원고가 근무한 미합중국 산하 기관인 '육군 및 공군 교역처'의 임무 및 활동 내용, 원고의 지위 및 담당업무의 내용, 미합중국의 주권적 활동과 원고의 업무의 관련성 정도 등 제반 사정을 종합적으로 고려하여 이 사건 고용계약 및 해고행위의 법적 성질 및 주권적 활동과의 관련성 등을 살펴 본 다음에 이를 바탕으로 이 사건 고용계약 및 해고행위에 대하여 우리나라의 법원이 재판권을 행사할 수 있는지 여부를 판단하였어야 할 것이다. 그럼에도 불구하고 이 사건 고용계약 및 해고행위의 법적 성질 등을 제대로 살펴보지 아니한 채 그 판시와 같은 이유만으로 재판권이 없다고 단정하여 이 사건 소가 부적법하다고 판단한 원심판결에는 외국에 대한 재판권의 행사에 관한 법리를 오해하고 심리를 다하지 아니한 위법이 있다고 할 것이다." (출처: 판례공보 제74호(1999. 1. 15.) 121쪽)

[해설] 이 사건 원고는 미군 기지내 버거킹 근무자였다. 제1심은

> "원래 국가는 국제관례상 외국의 재판권에 복종하지 않게 되어 있으므로 특히 조약에 의하여 예외로 된 경우나 스스로 외교상 특권을 포기하는 경우를 제외하고는 외국국가를 피고로 하여 당원이 재판권을 행사할 수 없다 할 것인바, 한미 행정협정과 같은 날 작성된 행정협정의 합의의사록 제17조 제2항에는 미합중국 정부가 대한민국 노동관계 법령을 따른다는 약속은 미합중국 정부가 국제법상의 같은 정부의 책임면제(immunity)를 포기하는 것을 의미하지 아니한다고 규정되어 있고, 피고 미합중국은 본건에 대한재판권이 당원에 없음을 다투고 있어 피고가 주권면제의 외교상 특권을 포기하고 당원의 재판권에 복종하기로 하였다고 인정할 수 없다." (서울지방법원 1996. 7. 11. 93가합56898 판결)[1]

고 종전과 같이 절대적 주권면제론에 입각한 판결을 내렸다. 항소심인 서울고등법원 1997. 7. 25. 96나29801 판결(대법원 판례집 제46권 2집(1998), 338쪽) 역시 제1심과 동일한 이유에서 미국측의 주권면제 주장을 인정하고 항소를 기각했다. 상고심인 대법원은 이 판결을 통해 국내에서 처음으로 제한적 주권면제론에 입각한 판결을 내렸다. 파기 환송된 이 사건은 위 대법원 판결의 취지에 입각한 서울고등법원 1999년 10월 15일 선고, 99

---

1) 판결문 사본 입수. 정인섭, 한국판례국제법 제2판 (홍문사, 2005), 203쪽 수록.

나20034 판결을 통해 다시 제1심 법원으로 환송되었다. 왜냐하면 위 대법원 판결은 미 합중국을 피고로 할 수 있는가에 대한 본안 전 다툼에 관한 판단이었지, 사건 본안에 대하여는 충분한 심리가 이루어지지 않았기 때문이었다. 그러나 이 사건의 원고는 서울지방법원 2002년 4월 12일 선고, 99가합101097 판결에서 다시 패소하여, 서울고등법원에 항소했다. 결국 서울고등법원 2004년 1월 13일의 화해권고 결정에 의해 이 사건은 종결되었다.

평석 김태천, 외국 국가의 재판권면제: 그 법적 근거와 범위에 관하여, 저스티스 제34권 제3호 (2001).
박제성, 미국을 피고로 한 해고무효확인소송, 노동판례비평(민주사회를 위한 변호사모임, 1999).
석광현, 외국국가에 대한 민사재판권의 행사와 주권면제, 법조 제49권 제12호 (2000. 12).
유남석, 외국의 사법적 행위에 대한 재판권, 국민과 사법: 윤관 대법원장 퇴임기념(박영사, 1999).
최태현, 한국에 있어서의 제한적 주권면제론의 수용, 국제판례연구 제2집(박영사, 2001).

4-10. 대사관 직원 해고: 주권면제 긍정
(서울지방법원 2003. 11. 6. 2002가합38090 판결. 원고: 유○○. 피고: 남아프리카공화국)

"원고가 1996. 4. 11. 피고의 주한 대사관에 입사하여 마케팅 오피서(Marketing Officer)로 근무하던 중 2001. 9. 14. 정당한 이유 없이 해고되었다고 주장하면서 외국 국가인 피고를 상대로 위 해고의 무효 확인과 복직시까지의 임금의 지급을 구함에 대하여, 피고는 대한민국의 법원에는 피고에 대한 재판권이 없으므로 이 사건 소는 부적법하다고 주장한다.

살피건대, 우리나라의 영토 내에서 행하여진 외국의 행위가 주권적 활동에 속하는 것이거나 이와 밀접한 관련이 있어서 이에 대한 재판권의 행사가 외국의 주권적 활동에 대한 부당한 간섭이 될 우려가 있다는 등의 특별한 사정이 없는 한, 외국의 사법적(私法的) 행위에 대하여는 당해 국가를 피고로 하여 우리나라의 법원이 재판권을 행사할 수 있다고 할 것이다(대법원 1998. 12. 17. 선고 97다39216 전원합의체 판결 참조).

이 사건에 관하여 보건대, […] 각 기재에 의하면, 원고는 피고의 주한대사관에 이른바 현지채용직원(Locally Recruited Personnel)으로 고용되어, 본국에서 파견된 경제참사관을 보좌하여 양국간 수출과 투자 등 경제교류 및 무역관계 업무를 지원하는 마케팅 오피서의 직책을 가지고 근무해 온 사실, 마케팅 오피서는 그 구체적 임무를 규정한 대사관 직무기술서상, 피고의 대한민국으로의 수출을 확장하는 데 필요한 정보를 수집하고 조언을 제공함으로써 수출을 촉진하고, 대한민국의 피고에 대한 신규 산업투자 및 기술이전의 모집을 원조하는 역할을 하기 위하여, 피고와 대한민국의 기업들에 대한 수출입 자문, 수출·투자 및 기술이전을 위한 조사와 대한민국 기업체 및 관공서 방문, 무역·투자·기술과 관련된 대한민국의 주요 정부기관에 대한 모니터 및 그 기관들과의 관계 형성, 대한민국 언론매체 등에 나타난 소비성향 분석, 통역 기타 대사 또는 참사관이 지시하는 업무를 수행하도록 규정되어 있는 사실, 그러나 원고가 피고 대사관에서 실제 담당한 업무는 경제참사관의 개별적인 지시를 받아 피고국 수출업체에서 문의하는 사항에 대한 회답 및 이를 위한 자료 수집과 우리나라 기업체 또는 경제단체 방문, 피고국 수출업체가 우리나라를 방문하는 경우 관련 수입업체와의 면담 주선, 피고국 대사 또는 참사관 등의 우리나라 관공서나 경제단체의 방문 주선과 통역 및 상담내용의 보고, 신문 등 보도매체에서 다루어진 피고와의 경제통상과 관련된 정보의 요약 보고 등이었던 사실, 피고 대사관의 중요한 정책결정과 집행에 관한 방침은 피고국에서 파견된 대사 및 참사관, 서기관 등 4명의 외교관이 본국 정부와 협의하여 정하였고, 원고 등 현지채용직원은 주로 위 외교관들의 지시에 따른 보조업무와 지원업무를 담당해 온 사실을 각 인정할 수 있다.

위 인정사실에 의하면 원고의 직책인 마케팅

오피서는 그 직무의 성격상 피고국의 정책입안과 결정, 집행 등 피고의 주권 행사에 직접적으로 관련되는 업무를 담당하는 것이 아니라 국내 사정에 익숙하지 않은 경제참사관을 보좌하여 피고국과 우리나라 사이의 원활한 경제교역, 교류가 가능하도록 하기 위한 지원업무 내지 보조적 역할을 수행하였다고 봄이 상당하므로, 위와 같은 원고의 피고 대사관에서의 지위, 담당업무의 내용, 피고의 주권적 활동과 원고의 업무의 관련성 정도 등 제반 사정을 종합적으로 고려해 보면, 이 사건 고용계약 및 해고행위는 피고의 주권적 활동과 밀접하게 관련된 것이라기보다는 단순히 사법적인 계약관계의 한쪽 당사자로서 한 행위로 봄이 상당하다. 따라서 원고에 대한 이 사건 해고에 대하여 우리나라 법원이 재판권을 행사한다고 하여 피고의 주권적 활동에 대한 부당한 간섭이 될 우려는 없다고 할 것이고, 더구나 갑 제3호증의3의 기재에 의하면 피고 정부의 외무부도 2001. 9. 21. 피고 국내의 노무사가 원고에 대한 이 사건 해고와 관련하여 질의를 한 데 대하여 속지주의 원칙에 따라 외교관이 주재하는 국가의 현지에서 고용된 인원은 현지의 노동법 등 해당국에 판결권이 있다는 내용의 회신을 보내 그 입장을 밝힌 사실이 인정되므로, 이 사건에서 우리나라 법원에 재판권이 없다는 피고의 주장은 이유 없다."(출처: 판결문 사본 입수)

[해설] 본안에 관한 판단에서 제1심 재판부는 해고가 위법하지 않다고 보아 원고 패소 판결을 내렸다. 항소심인 서울고등법원 2004. 7. 14. 2003나80293 판결 역시 이 사건에 대한 한국 법원의 재판관할권은 인정했으나, 해고는 정당했다고 판단했다. 상고심인 대법원 2005. 1. 27. 2004다46595 판결은 재판관할권의 존부에 대한 설시는 없이 해고가 위법하지 않다고 판단하여 원고 패소 판결을 확정했다.

4-11. 주한미군 자원관리분석가 채용: 주권면제 긍정

(대구지방법원 2012. 11. 23. 2010가합13392 판결.

원고: 태○○. 피고: 미합중국)

[사안: 주한 미군측은 2009년 대구공공사업국 소속 엔지니어 자원관리분석가(Engineer Resource Management Analyst)의 공석을 보충하기 위한 채용공고를 했는데, 이 공고는 지원자격을 '민간인 인적자원국 한국지부를 통해 채용된 현직 주한미군 한국인 직원'으로 제한했다. 대구공공사업국에 회계원으로 근무하던 원고와 역시 주한미군에 고용되어 미국 군인과 혼인한 한국적의 손○○ 등이 위 채용공고에 따라 지원했는데, 최종적으로 손○○가 채용되었다. 원고는 이 채용이 위법하다고 주장하며, 이 소를 제기했다.]

"2. 본안전 항변에 관한 판단

가. 당사자의 주장

원고는, 피고와 대한민국 사이에 체결된 한국인 고용원의 우선고용 및 가족구성원의 취업에 관한 양해각서 및 이 사건 인사규정에 따라 피고는 대한민국 국민으로 충원할 것으로 지정되어 있는 주한미군 내 민간인 직위에 대하여는 대한민국 국민의 독점적인 고용을 보장하여야 하고, 적절한 대한민국 국민의 지원이 없는 경우에 한하여 주한미군 소속 군인·군속의 가족을 고용할 수 있는바, 이러한 규정에 위반하여 피고가 대한민국 국민인 원고를 채용하지 않고 주한미군 군속 가족인 손○○를 이 사건 자원관리분석가로 채용한 결정은 효력이 없다는 이유로 이 사건 채용결정의 무효확인을 구한다.

이에 대하여 피고는 이 사건 소는 주권면제의 대상이 될 뿐만 아니라 확인의 이익이 없어 부적법하다고 항변한다.

나. 판단

1) 우리나라의 영토 내에서 행하여진 외국의 사법적(私法的) 행위가 주권적 활동에 속하는 것이거나 이와 밀접한 관련이 있어서 이에 대한 재판권의 행사가 외국의 주권적 활동에 대한 부당한 간섭이 될 우려가 있다는 등의 특별한 사정이 있는 경우에는 외국의 사법적 행위에 대하여는

해당 국가를 피고로 하여 우리나라 법원이 재판 권을 행사할 수 없다(대법원 1998. 12. 17. 선고 97 다39216 전원합의체 판결, 대법원 2011. 12. 13. 선고 2009다16766 판결 등 참조). […]

3) 위 인정사실 및 앞서 든 각 증거에 의하여 알 수 있는 다음과 같은 사정, 즉 ① 이 사건 자원관리분석가는 부서책임자를 보조하여 예산 및 회계 분석업무를 수행하는 선임 분석가로서, 대구 공공사업국의 사업수행을 위한 예산 및 회계 자료 전반을 광범위하게 접근하여 검토할 수 있는 권한을 가진 직책인 점, ② 대구공공사업국의 사업은 피고의 군부대 운영을 위한 것으로서 주권적 활동에 해당하고, 이 사건 자원관리분석가의 예산 및 회계 업무는 이를 지원하는 필수적 역할을 하는 점, ③ 이 사건 자원관리분석가의 구체적인 업무인 군구매요청서 등의 예산 정보 검토, 업무결과의 생산성 및 정확성의 파악, 개별 프로젝트의 비용데이터 표의 작성, 연간 운영예산의 집행단계별 모니터링, 소속 직원들의 업무 분배 및 업무량 조정, 승진·재배치·우수실적 및 개인적 요구사항 등에 관한 정보의 제공 등은 주한미군 대구기지에서 이루어지는 피고의 주권적 활동과 밀접하게 관련되어 있는 점, ④ 이에 따라 이 사건 채용공고의 대상자도 '민간인 인적자원국 한국 지부를 통해 채용된 현직 주한미군 한국인 직원'으로 엄격하게 제한되어 있는바, 이는 공개채용의 형식을 취하고 있으나 실질적으로는 특정 기관을 통해 채용된 현직 직원을 대상으로 하는 주한미군 내 전보 또는 진급의 성격을 띠고 있는 것으로 보이는 점 등에 비추어 보면, 피고가 이 사건 채용공고에 따른 지원자들 중에서 손○○를 채용하고 원고를 불채용하기로 한 결정은 피고의 주권적 활동과 밀접한 관련이 있어서 이에 대하여 우리나라 법원이 재판권을 행사한다면 피고의 주권적 활동에 대한 부당한 간섭이 될 우려가 있으므로 피고의 이 사건 채용결정은 주권면제의 대상이 된다고 봄이 상당하고, 따라서 이 사건 소는

우리나라 법원이 재판권을 행사할 수 없어 부적법하다." (출처: 판결문 사본 입수)

4-11-1. 위 항소심

(대구고등법원 2013. 6. 5. 2012나6999 판결)

[제2심 재판부 역시 위 제1심 판결의 설시를 그대로 반복하며 이 사건은 주권면제의 대상으로 한국 법원은 재판권을 행사할 수 없다고 판단했다. 이어서 — 필자주] "원고는 UN국가면제협약(2004년)을 근거로 들면서, 피고가 위 양해각서 및 이 사건 인사규정에 의하여 주권면제의 이익을 포기하였다고 주장하나, 기록에 의하여 알 수 있는 위 각 규정의 제정 목적, 경위, 구체적 내용 등에 비추어 보면, 원고가 들고 있는 위 각 규정은 피고가 주한미군과 관련된 일정한 직위를 대한민국 국민에게 독점적으로 개방한다는 취지에 불과하고 이로써 그 직위(근로자)에 대한 고용과 선택에 관한 주권면제의 이익마저 포기하였다고 볼 수는 없으므로, 원고의 위 주장은 받아들이지 아니한다." (출처: 판결문 사본 입수)

4-11-2. 위 상고심

(대법원 2014. 4. 10. 2013다47934 판결)

"관련 법리에 비추어 기록을 살펴보면, 원심이 그 판시와 같은 이유를 들어 대한민국 법원에 재판권이 없다고 보는 등으로 이 사건 소를 각하한 것은 정당하다. 거기에 상고이유의 주장과 같이 재판권 또는 확인의 이익에 관한 법리를 오해하는 등으로 판결에 영향을 미친 위법이 있다고 할 수 없다." (출처: 판결문 사본 입수)

4-12. 주한미군 식당 직원 해고: 주권면제 부정
(서울중앙지방법원 2011. 12. 9. 2009가합85279 판결. 원고: 김○○. 피고: 미합중국)

[사안: 원고는 미합중국 육군 및 공군교역처에 고용되어 군산지역 주한 미군 기지내 피자코너의 지배인으로 근무하다가 해고처분을 당하였다. 그

는 이 해고가 위법하다고 주장하며, 이 소를 제기
하였다.]

"가. 재판권 부존재 항변에 관한 판단

1) 원고가 이 사건 해고의 무효확인과 위 해고
된 날로부터 원고를 복직시킬 때까지의 임금 지
급을 구함에 대하여, 피고는 대한민국의 법원에는
피고에 대한 재판권이 없으므로 이 사건 소는 부
적법하다고 항변한다.

2) 국제관습법에 의하면 국가의 주권적 행위는
다른 국가의 재판권으로부터 면제되는 것이 원칙
이라 할 것이나, 국가의 사법적 행위까지 다른 국
가의 재판권으로부터 면제된다는 것이 오늘날의
국제법이나 국제관례라고는 할 수 없으므로, 우리
나라의 영토 내에서 행하여진 외국의 사법적 행
위가 주권적 활동에 속하는 것이거나 이와 밀접
한 관련이 있어서 이에 대한 재판권의 행사가 외
국의 주권적 활동에 대한 부당한 간섭이 될 우려
가 있다는 등의 특별한 사정이 없는 한, 외국의
사법적 행위에 대하여는 당해 국가를 피고로 하
여 우리나라 법원이 재판권을 행사할 수 있다고
할 것이다(대법원 1998. 12. 17. 선고 97다39216 전원
합의체 판결).

이 사건으로 돌아와 보건대, 다툼 없는 사실 및
변론 전체의 취지를 종합하면, 미군 교역처는 피
고의 국방부 산하 기구로서, 육군 및 공군 장교들
이 행정통제를 담당하고 민간인 요원들이 일상적
인 관리업무를 담당하면서, 허가된 구매자에게 필
수적인 상품 및 편리한 용역을 공급하고, 육군 및
공군의 도덕·복지 및 레크레이션 프로그램에 대
한 승인된 기금을 보충하기 위하여 적당한 이익
금을 조성하는 등의 업무를 하고 있는 사실, 원고
는 미군 교역처 군산지역 매장 내 피자코너인 안
토니스 피자(Anthony's Pizza)의 지배인으로서 위
점포의 관리·운영업무를 담당하고 있다가 이 사
건 해고를 당한 사실을 인정할 수 있다.

위에서 본 바와 같은 미군 교역처의 임무 및
활동 내용, 원고의 지위 및 담당업무의 내용, 미

합중국의 주권적 활동과 원고의 업무의 관련성
정도 등 제반 사정을 종합적으로 고려하면 이 사
건 해고행위는 미합중국이 공권력의 주체로서 행
하는 행정행위가 아니라 일반 국민과 대등한 입
장에서 사경제활동의 주체로서 행하는 사법적 행
위이고, 또한 미합중국의 주권적 활동 내지 군사
적 활동과의 관련성도 그다지 밀접하지 아니하다
고 할 것이다.

따라서 이 사건 해고행위에 대한 우리나라의
재판권 행사가 미합중국의 주권적 활동에 대한
부당한 간섭이 될 우려가 있다고 할 수 없으므로,
이 사건 해고와 관련한 분쟁에 대하여는 우리나
라 법원이 미합중국을 피고로 하여 재판권을 행
사할 수 있다고 할 것이다.

그러므로 피고의 위 항변은 이유 없다." (출처;
판결문 사본 입수)

[해설] 다만 본안에 관한 검토에서 재판부는 본건
해고가 정당한 해고사유에 기하여 적법한 절차에
따라 재량권의 범위 내에서 적정하게 행하여졌다
고 보아 해고가 무효라는 원고의 주장을 기각했
다. 항소심인 서울고등법원 2012. 11. 2. 2012나
2196 판결 역시 재판관할권 부분에 관한 제1심 판
결을 그대로 지지하는 한편, 해고의 정당성도 인
정해 원고 패소 판결을 내렸다. 대법원 2013. 7.
11. 2012다106584 판결 역시 상고를 기각하고 원
심을 확정했다. 상고심에서 주권면제 부분에 관한
별도의 설시는 없었다.

4-13. 주한미군 식당 직원 해고: 주권면제 부정
(광주고등법원(전주) 2012. 11. 15. 2011나1311 판결.
원고, 피항소인: 이○○. 피고, 항소인: 미합중국)

[사안: 원고는 주한 미군 공군기지내 클럽에 임
시고용직으로 근무하다가 해고되자, 이 해고가 위
법하다고 주장하며 소송을 제기했다. 제1심 재판
부는 법원행정처를 경유, 주미 한국 영사를 통해
미국 법무부장관에게 소장 부본 등의 소송서류를
송부했으나, 피고측은 제1심 재판에 불출석했다.
이에 제1심 법원은 자백 간주의 원고 승소 판결을
내렸다. 제2심 재판에서는 미합중국을 피고로 하

여 재판관할권이 성립될 수 있느냐가 다투어졌다.]

"가. 재판권 부존재 항변에 관한 판단

1) 이 사건 해임은 피고의 주권 및 군사 활동의 본질적인 부분이므로 주권면제의 원칙에 의하여 이 사건 소는 대한민국의 재판권 행사의 대상이 될 수 없어 부적법하다고 피고는 항변한다.

2) 국제관습법에 의하면 국가의 주권적 행위는 다른 국가의 재판권으로부터 면제되는 것이 원칙이라 할 것이나, 국가의 사법적 행위까지 다른 국가의 재판권으로부터 면제된다는 것이 오늘날의 국제법이나 국제관례라고는 할 수 없으므로, 우리나라의 영토 내에서 행하여진 외국의 사법적 행위가 주권적 활동에 속하는 것이거나 이와 밀접한 관련이 있어서 이에 대한 재판권의 행사가 외국의 주권적 활동에 대한 부당한 간섭이 될 우려가 있다는 등의 특별한 사정이 없는 한, 외국의 사법적 행위에 대하여는 당해 국가를 피고로 하여 우리나라 법원이 재판권을 행사할 수 있다고 할 것이다(대법원 1998. 12. 17. 선고 97다39216 전원합의체 판결).

3) 위 법리에 비추어 위 주장을 살펴건대, 다툼없는 사실, 당심 증인 성○○의 증언 및 변론 전체의 취지를 종합하면, 로링클럽은 미군 군산기지 안에 설치된 뷔페식당인 사실, 로링클럽은 미군만이 출입가능한 것이 아니라 군산기지에 출입하는 모든 사람이 출입이 가능한 사실, 로링클럽의 출입은 사실상 제한이 없어 한국인의 출입도 가능한 사실, 원고는 로링클럽의 총책임자와 부책임자 아래의 부지배인으로 로링클럽의 관리·운영업무를 담당하고 있다가 이 사건 해임을 당한 사실을 인정할 수 있고, 위 인정사실에 따른 로링클럽의 임무 및 활동 내용, 원고의 지위 및 담당업무의 내용, 미합중국의 주권적 활동과 원고의 업무의 관련성 정도 등 제반 사정을 종합적으로 고려하면 이 사건 해임행위는 미합중국이 공권력의 주체로서 행하는 행정행위가 아니라 일반 국민과 대등한 입장에서 사경제활동의 주체로서 행하는

사법적 행위이고, 또한 미합중국의 주권적 활동 내지 군사적 활동과의 관련성도 그다지 밀접하지 아니하다고 할 것이다.

4) 따라서 이 사건 해임행위에 대한 우리나라의 재판권 행사가 미합중국의 주권적 활동에 대한 부당한 간섭이 될 우려가 있다고 할 수 없으므로, 이 사건 해임과 관련한 분쟁에 대하여는 우리나라 법원이 미합중국을 피고로 하여 재판권을 행사할 수 있다고 할 것이므로, 피고의 위 항변은 이유 없다."(출처: 판결문 사본 입수)

[해설] 본안 판단에서 재판부는 해고가 위법하지 않다고 판단하여 원고 패소 판결을 내렸고, 이 같은 결론은 대법원 2013. 6. 13. 2012다111524 판결에 의해 지지, 확정되었다. 대법원 판결에서는 주권면제 부분에 대해서는 별도의 설시는 없이 해고의 정당성만을 확인했다.

(3) 부동산 관련

4–14. 공관부지와 점유취득

(서울서부지방법원 2014. 5. 28. 2013가단8673 판결. 원고: 고○○. 피고: 네덜란드 왕국)

[사안: 원고와 피고는 바로 인접한 토지의 소유권자이다. 피고는 1969년 경 대사관 건물을 신축했는데, 피고 토지가 바로 붙은 원고 토지보다 고지대라 원래의 토지 경계보다 피고 토지 방향으로 약간 경사지게 축대를 쌓은 다음 그 위에 담장을 설치하였다. 그 후 저지대에 위치한 원고 토지 부분이 성토됨으로써 축대 하단선과 원래의 토지 경계 사이의 축대 상방에 약간의 자투리 땅이 새로 형성되었다. 원고는 이에 대해 점유취득 시효 완성을 원인으로 소유권 이전등기절차를 이행하라는 본 소송을 제기했다.]

"우리나라의 영토 내에서 행하여진 외국의 사법적 행위가 주권적 활동에 속하는 것이거나 이와 밀접한 관련이 있어서 이에 대한 재판권의 행사가 외국의 주권적 활동에 대한 부당한 간섭이 될 우려가 있다는 등의 특별한 사정이 없는 한, 외국의 사법적(私法的) 행위에 대하여는 해당 국

가를 피고로 하여 우리나라의 법원이 재판권을 행사할 수 있다(대법원 1998. 12. 17. 선고 97다39216 전원합의체 판결 등 참조).

그런데 이 사건의 경우 원고와 피고 사이에 아무런 사법적 계약관계가 없고 달리 피고가 원고에 대하여 어떤 사법적 행위를 하였다고 볼 수도 없으므로, 원고가 피고를 상대로 제기한 이 사건 소는 우리나라 법원에 재판권이 없다(대법원 2011. 12. 13. 선고 2009다16766 판결 등 참조).

그러므로 이 사건 소를 각하한다." (출처: 판결문 사본 입수)

4-14-1. 위 항소심
(서울서부지방법원 2015. 4. 16. 2014나3737 판결)
"2. 당사자의 주장에 대한 판단
가. 이 사건 부동산이 '공관지역'에 해당하는지 여부

외교관계에 관한 비엔나협약([…]) 제1조 (i)항은 '소유자 여하를 불문하고 공관장의 주거를 포함하여 공관의 목적으로 사용되는 건물과 건물의 부분 및 부속토지'를 '공관지역'으로 정의하고 있는바, 피고 공관건물 담장 축대의 경사진 부분을 성토함으로써 축대 위에 형성된 이 사건 부동산은 피고 공관건물의 부속토지로서 비엔나협약상의 공관지역에 해당한다.

나. '공관지역'에 해당하는 부동산에 대한 우리나라 법원의 재판권 행사 여부
(1) 피고의 본안전 항변

원고가 이 사건 소로써 이 사건 부동산에 관하여 점유취득시효 완성을 원인으로 하는 소유권이전등기절차의 이행을 구하는데 대하여, 피고는 이 사건 토지가 공관지역에 해당하여 우리나라 법원이 재판권을 행사할 수 없으므로 원고의 이 사건 소는 부적법하다고 주장한다.

(2) 판단

우리나라의 영토 내에서 행하여진 외국의 사법적 행위가 주권적 활동에 속하는 것이거나 이와

밀접한 관련이 있어서 이에 대한 재판권의 행사가 외국의 주권적 활동에 대한 부당한 간섭이 될 우려가 있다는 등의 특별한 사정이 없는 한 외국의 사법적(私法的) 행위에 대하여는 해당 국가를 피고로 하여 우리나라의 법원이 재판권을 행사할 수 있지만(대법원 1998. 12. 17. 선고 97다39216 전원합의체 판결 등 참조), 비엔나협약 제31조 제1항에서 '외교관은 공관의 목적을 위하여 파견국을 대신하여 소유하고 있는 부동산에 관한 소송에 대하여 접수국의 민사 및 행정재판관할권으로부터 면제를 향유한다'고 규정하고 있는 점에 비추어, 외교관이 아닌 피고 스스로 소유하고 있는 공관지역에 해당하는 이 사건 부동산에 관한 민사소송에 대하여도 접수국인 우리나라 법원이 재판권을 행사할 수 없다고 봄이 상당하다.

따라서, 우리나라 법원은 이 사건 소에 대하여 재판관할권이 없다.

3. 결론

그렇다면, 원고의 이 사건 소는 부적법하여 각하하여야 할 것인바, 제1심판결은 이와 결론을 같이하여 정당하고 원고의 항소는 이유 없으므로 이를 기각하기로 하여 주문과 같이 판결한다."
(출처: 판결문 사본 입수)

[해설] 이 사건은 대법원 2015. 8. 19. 2015다3108 판결(심리불속행)로 상고기각 확정되었다.

3. 강제집행으로부터의 면제

4-15. 강제집행과 주권면제
(서울고등법원 2009. 1. 21. 2004나43604 판결. 원고, 항소인: 전국버스운송사업조합연합회. 피고, 피항소인: 미합중국)
[사안: 원고는 주한 미군사령부에 근무하는 소외인에 대한 확정채권을 갖고 있었다. 원고는 법원으로부터 채무자를 소외인, 제3채무자를 피고로 하여, 소외인이 피고로부터 지급받게 될 퇴직금과 월급여 중 제세공과금을 공제한 잔액의 1/2

씩 위 청구금액에 달할 때까지의 금원에 대해 채권압류 및 추심명령을 받았고, 위 명령은 2001. 10. 19. 피고측에 송달되었다. 이에 위 채권을 확보하기 위해 미합중국에 대해 위 명령을 집행할 수 있느냐가 쟁점으로 제기되었다.]

"(2) 검토

㈎ 한미행정협정 적용 여부

앞서 본 사실에 따르면, 원고의 소외인에 대한 채권은 보험사업자인 원고가 교통사고의 피해자인 소외인에 대하여 지급하였던 손해배상금의 과다 지급을 이유로 반환을 구하는 것으로서 소외인의 공무집행 행위와는 무관하게 발생한 것임이 분명하다.

그렇다면, 한미행정협정 제23조 제6항에서 비공무집행행위와 관련하여 발생한 불법이 아닌 '대한민국의 국민인 고용원'에 대한 청구권을 그 적용대상에서 제외하고 있으므로 대한민국 국민인 소외인에 대한 청구권에 관해서는 위 조항이 적용되지 아니한다고 볼 것이고, 위 조항에 따른 청구권의 실행 절차 등에 대하여 보다 상세하게 규정하고 있는 양해사항 제23조 및 합의사항의 규정들 역시 이 사건에는 적용될 수 없다고 할 것이므로, 위 한미행정협정 등의 조항을 근거로 하여서는 피고에 대한 우리나라 법원의 재판권을 인정할 수 없다고 할 것이다(따라서 이 사건 추심명령 또한 위 한미행정협정 등의 조항을 근거로 한 것이라면 그 효력을 인정할 수 없다).

㈏ 재판권 및 강제집행권 행사 가능 여부

나아가 국제관습법에 의하면 국가의 주권적 행위는 다른 국가의 재판권으로부터 면제되는 것이 원칙이라 할 것이나, 국가의 사법적(私法的) 행위까지 다른 국가의 재판권으로부터 면제된다는 것이 오늘날의 국제법이나 국제관례라고 할 수 없다. 따라서 우리나라의 영토 내에서 행하여진 외국의 사법적 행위가 주권적 활동에 속하는 것이거나 이와 밀접한 관련이 있어서 이에 대한 재판권의 행사가 외국의 주권적 활동에 대한 부당한

간섭이 될 우려가 있다는 등의 특별한 사정이 없는 한, 외국의 사법적 행위에 대하여는 해당 국가를 피고로 하여 우리나라의 법원이 재판권을 행사할 수 있다고 할 것이다(대법원 1998. 12. 17. 선고 97다39216 전원합의체 판결 참조).

그러나 ① 이 사건에서 원고는 우리나라 법원에서 발령한 추심명령을 근거로 피고에 대하여 추심금의 지급을 구하고 있을 뿐이어서 원고와 피고 사이에서 어떠한 사법적(私法的) 관계가 존재한다고 볼 수 없는 점, ② 국제연합 국제법위원회가 1991년 채택한 국가면제조약 초안(Draft articles on jurisdictional immunities of States and their property) 제19조 제1항에서는 외국의 재산에 대한 강제조치가 예외적으로 허용되는 경우로서, '㉠ 국가가 국제협약 등에 의하여 이에 명시적으로 동의한 경우, ㉡ 국가가 소송의 대상으로 된 청구의 변제를 위하여 특정의 재산을 지정한 경우, ㉢ 재산이 정부의 비상업적 목적 이외의 목적으로 사용되고 있거나 사용이 의도되어 있고 법정지국 내에 존재하며 소송의 대상으로 된 청구와 관계가 있거나 그 소송의 대상이 된 기관, 사무소와 관계가 있는 경우'로 한정적 열거하는 등 외국의 주권적 활동에 사용되는 재산은 법정지국의 강제집행으로부터 면제된다는 원칙이 국제법규로서 일반적으로 승인되어 있는 것으로 보이는 점, ③ 앞서 본 합의사항에서는 한미행정협정에 따라 강제집행이 허용되는 경우에도 '합중국 법률이 허용하는 범위 내에서'만 가능하도록 정하고 있는 점, ④ 피고 또한 국제법이나 우리나라와의 조약상 아무런 근거가 없음을 이유로 이 사건 소에 대하여 응소할 의사가 없음을 명백히 하고 있는 점 등을 종합하여 보면, 한미행정협정 등의 규정이 적용되지 아니하는 이상, 이 사건에 대하여 우리나라 법원의 재판권을 인정할 근거가 없다고 할 것이다." (출처: 미간, 법원도서관 종합법률정보).

4-15-1. 위 상고심.

(대법원 2011. 12. 13. 2009다16766 판결)

"1. 우리나라의 영토 내에서 행하여진 외국의 사법적 행위가 주권적 활동에 속하는 것이거나 이와 밀접한 관련이 있어서 이에 대한 재판권의 행사가 외국의 주권적 활동에 대한 부당한 간섭이 될 우려가 있다는 등의 특별한 사정이 없는 한, 외국의 사법적 행위에 대하여는 해당 국가를 피고로 하여 우리나라의 법원이 재판권을 행사할 수 있다(대법원 1998. 12. 17. 선고 97다39216 전원합의체 판결 등 참조).

그런데 채권압류 및 추심명령은 집행법원이 일방적으로 제3채무자에게 채무자에 대한 채무의 지급금지를 명령하고 피압류채권의 추심권능을 집행채권자에게 부여하는 것으로서 이에 따라 제3채무자는 집행채무자에게 채무를 지급하더라도 집행채권자에게 대항할 수 없어 여전히 추심명령을 받은 집행채권자에게 채무를 지급하여야 할 의무를 부담하게 된다. 이와 같이 채권압류 및 추심명령은 제3채무자 소유의 재산에 대한 집행이 아니고 또한 제3채무자는 집행당사자가 아님에도, 채권압류 및 추심명령이 있으면 제3채무자는 지급금지명령, 추심명령 등 집행법원의 강제력 행사의 직접적인 상대방이 되어 이에 복종하게 된다. 이와 같은 점을 고려하면 제3채무자를 외국으로 하는 채권압류 및 추심명령에 대한 재판권 행사는 외국을 피고로 하는 판결절차에서의 재판권 행사보다 더욱 신중히 행사될 것이 요구된다. 더구나 채권압류 및 추심명령이 제3채무자에 대한 집행권원이 아니라 집행채권자의 채무자에 대한 집행권원만으로 일방적으로 발령되는 것인 점을 고려하면 더욱 그러하다. 따라서 피압류채권이 외국의 사법적 행위를 원인으로 하여 발생한 것이고 그 사법적 행위에 대하여 해당 국가를 피고로 하여 우리나라의 법원이 재판권을 행사할 수 있다고 하더라도, 피압류채권의 당사자가 아닌 집행채권자가 해당 국가를 제3채무자로 한 압류 및 추심명령을 신청하는 경우, 우리나라 법원은, 해당 국가가 국제협약, 중재합의, 서면계약, 법정에서 진술 등의 방법으로 그 사법적 행위로 부담하는 국가의 채무에 대하여 압류 기타 우리나라 법원에 의하여 명하여지는 강제집행의 대상이 될 수 있다는 점에 대하여 명시적으로 동의하였거나 또는 우리나라 내에 그 채무의 지급을 위한 재산을 따로 할당해 두는 등 우리나라 법원의 압류 등 강제조치에 대하여 재판권 면제 주장을 포기한 것으로 볼 수 있는 경우 등에 한하여 그 해당 국가를 제3채무자로 하는 채권압류 및 추심명령을 발령할 재판권을 가진다고 볼 것이다. 그리고 이와 같이 우리나라 법원이 외국을 제3채무자로 하는 추심명령에 대하여 재판권을 행사할 수 있는 경우에는 그 추심명령에 기하여 외국을 피고로 하는 추심금 소송에 대하여도 역시 재판권을 행사할 수 있다고 할 것이고, 반면 추심명령에 대한 재판권이 인정되지 않는 경우에는 추심금 소송에 대한 재판권 역시 인정되지 않는다고 봄이 상당하다.

한편 대한민국과 아메리카합중국 간의 상호방위조약 제4조에 의한 시설과 구역 및 대한민국에서의 합중국군대의 지위에 관한 협정(이하 '한미행정협정'이라 한다) 제23조 제5항은 공무집행 중인 합중국 군대의 구성원이나 고용원의 작위나 부작위 또는 합중국 군대가 법률상 책임을 지는 기타의 작위나 부작위 또는 사고로서 대한민국 안에서 대한민국 정부 이외의 제3자에게 손해를 가한 것으로부터 발생하는 청구권의 처리절차에 대하여 규정하고 있는데 위와 같은 청구권이라고 하더라도 그것이 계약에 의한 청구권(contractual claim)인 경우에는 제23조 제5항의 적용 대상에서 제외한다고 규정하고 있고, 한미행정협정 제23조 제6항은 대한민국 안에서 불법한 작위 또는 부작위로서 공무집행 중에 행하여진 것이 아닌 것으로부터 발생한 합중국 군대의 구성원 또는 고용원에 대한 청구권의 처리절차에 대하여 규정하면서 합중국 군대의 고용원이더라도 대한민국 국민이거나 대한민국에 통상적으로 거주하는 고용원인 경우에는 제23조 제6항의 적용대상에서 제외한다고 규정하고 있다. 그리고 2001. 1. 18. 체결된 대한민국과 아메리카합중국 간의 상호방위조약 제4조에 의한 시설과 구역 및 대한민국에서의 합중국군대의 지위에 관한 협정과 관련 합의의사록에 관한 양해사항(이하 '양해사항'이라 한다)은 한미행정협정 제23조 제5항 및 제6항과 관련하여 '합동위원회는 대한민국 법원에 의한 민사재판권의 행사를 위한 절차를 제정하여야 한다.'고 규정하고 이에 따라 제정된 협정 제23조 비형사재판절차에 관한 합동위원회 합의사항 제1호(이하 '합의사항'이라 한다) 제4조의 ㈜에서는 '합중국 정부가 합중국 군대의 구성원, 군속 또는 고용인에게 지급할 금원은 합중국 법률이 허용하는 범위 내에서 압류 기타 대한민국 관할법원에 의하여 명하여진 강제집행의 대상이 될 수 있다'고 규정하고 있다. 이와 같은 규정의 체계 및 그 문언에 의하면 위 합의사항은 한미행정협정 제23조 제5항 또는 제6항에 따른 청구권의 실행 절차 등에 관한 규정이라고 할 것이다.

2. 원심판결 이유 및 기록에 의하면, 소외인은 대한민국에 거주하는 자로서 주한미군사령부에서 고압전기기사로 근무하는 자인 사실, 원고와 소외인 사이에 서울지방법원 99나85700호 손해배상(자) 사건의 판결에 따라 원고가 소외인에게 가지급물반환채권을 가지는 사실, 원고는 서울지방법원 동부지원에 채무자를 소외인, 제3채무자를 피고로 하여 소외인이 피고에 대하여 가지는 퇴직금 및 임금 등에 대하여 채권압류 및 추심명령을 신청하고, 위 법원은 이를 받아들여 서울지방법원 동부지원 2001타기3495호로 채권압류 및 추심명령(이하 '이 사건 채권압류 및 추심명령'이라 한다)을 발령한 사실을 알 수 있다.

위 사실관계를 앞서 본 법리에 비추어 보면, 먼저 원고와 피고 사이에는 아무런 사법적 계약관계가 없어 원고가 피고를 상대로 제기한 이 사건 소에 대하여 우리나라 법원이 당연히 재판권을 행사할 수 있는 것은 아니다.

나아가 우리나라 법원이 원고가 소외인에 대하여 가지는 가지급물반환채권의 만족을 위하여 소외인이 피고에 대하여 가지는 임금 등 채권에 대하여 피고를 제3채무자로 한 채권압류 및 추심명령을 발령할 재판권을 가지는가에 관하여 본다. 원고가 소외인에 대하여 가지는 가지급물반환채권은 한미행정협정 제23조 제5항 및 제6항에서 규정하는 고용인의 불법한 작위 또는 부작위로 인하여 발생한 청구권이 아닐 뿐만 아니라 소외인은 한미행정협정 제23조 제6항에서 그 적용 배제사유로 규정하고 있는 대한민국에 거주하는 자이어서 원고가 소외인에 대하여 가지는 가지급물반환채권은 한미행정협정 제23조 제5항 또는 제6항에서 규정하는 청구권에 해당하지 않는다. 따라서 한미행정협정 제23조 제5항 또는 제6항에 따른 청구권의 실행 절차에 관한 규정인 위 합의사항은 원고가 소외인에 대하여 가지는 가지급물반환채권의 만족을 위한 강제집행에는 적용되지 않는다고 할 것이다. 그 외 피고가 고용원인 소외인에게 부담하는 임금 등 채무에 대하여 압류 기타 우리나라 법원에 의하여 명하여지는 강제집행의 대상이 될 수 있다는 점에 대하여 명시적으로 동의하였다거나 또는 우리나라 내에 그 채무의 지급을 위하여 재산을 따로 할당해 두는 등 우리나라 법원의 압류 등 강제조치에 대하여 재판권 면제 주장을 포기하였다고 볼 아무런 자료가 없으므로 결국 우리나라 법원은 피고를 제3채무자로 한 이 사건 채권압류 및 추심명령을 발령할 재판권을 가지지 못한다고 할 것이다. 따라서 이 사건 채권압류 및 추심명령은 재판권이 없는 법원이 발령한 것으로 무효라고 할 것이고, 우리나라 법원은 이 사건 추심금 소송에 대하여도 재판권이 인정되지 않는다고 할 것이다.

그렇다면 이 사건 소는 우리나라 법원에 재판

권이 없어 부적법하다고 본 원심판결은 결론에 있어서 정당하고 거기에 상고이유에서 주장하는 바와 같은 법리오해 등의 위법이 없다.

3. 그러므로 상고를 기각하고 상고비용은 패소자의 부담으로 하여, 관여 대법관의 일치된 의견으로 주문과 같이 판결한다." (출처: 법원공보 2012년 상, 125쪽).

평석 문영화, 외국국가를 제3채무자로 하는 채권압류 및 추심명령에 대한 재판권행사, 성균관법학 제27권 제3호(2015).

장준혁, 제3채무자를 외국으로 하는 추심명령 등에 대한 재판권: 주한미군 소속 고용인의 비직무활동 및 고용관계에 관한 실체재판면제와 그의 임금 · 퇴직금채권에 대한 집행면제, 판례실무연구 Ⅺ(박영사, 2015).

제 5 장 대한민국의 영역

[국가의 영역은 국가가 배타적 지배를 할 수 있는 장소적 범위이다. 영역은 국가의 기본적 구성요소로서 영역주권의 존중은 현대 국제법의 기본원칙이다. 국가영역은 크게 영토, 영수, 영공으로 구성된다. 한국은 제헌 이래 "대한민국의 영토는 한반도 및 그 부속도서로 한다"는 헌법 조항을 유지하고 있다(현행 헌법 제3조). 이를 통해 사법부는 당장 대한민국의 통치권이 집행되지 않는 북한지역이라도 한국의 법령이 적용되는 우리 영토의 일부라는 입장을 일관되게 유지하고 있다. 이러한 입장은 헌법이 제정되기 이전인 미군정시절에도 마찬가지였다.]

5-1. 미군정기 북한은 내국의 일부
(군정대법원 1948. 3. 24. 4281형상10 판결)

"한 나라의 영토내에 2 이상의 法域을 달리하는 지역이 존재할 수 있음은 물론이요, 영토의 일부가 일시 外軍에게 점령되었거나 또는 그 전부가 분할적으로 2 이상의 外軍에게 점령된다 할지라도 이로써 그 나라가 둘 이상의 별개의 나라로 분할되는 것은 아니다. 그러므로 우리나라가 비록 미소 양군의 점령한 바 되어, 이로써 남북이 서로 그 법역을 달리하게 되었다 할지라도 이 사실을 들어 북조선이 內國이 아니라 할 수는 없으며, 따라서 북조선에 강제통용력을 가진 소련군표는 이를 형법 제149조에 이른바 지폐에 해당한다 함이 상당하므로 논지는 채용할 수 없다." (출처: 한국판례집(형사 Ⅰ) 166쪽)

[해설] 이 판결의 쟁점은 미군정 시절 소련군정하의 북한에서 유통되는 소련군표를 남한지역에서 위조한 행위가 내국 유통 외국통화 위조죄(현행

형법 제207조 2항에 해당)에 해당하느냐 여부였다. 피고측은 북한이 법률상 내국(內國)이 아니라고 주장했으나 군정대법원은 북한도 한국 영토의 일부로 판단했다.

(참고) 동일 취지의 판결: 군정대법원 1948. 3. 31. 4280형상210 판결(한국판례집(형사 Ⅰ), 167쪽).

5-2. 북한은 대한민국 영역의 일부

5-2-1. (대법원 1954. 7. 3. 4287형상45 판결)

"한반도와 그 부속도서는 전부 대한민국의 영토에 속하여 대한민국의 법령이 그 영토 전부에 적용되는 것임은 다언을 요치 않는 바로서 소론과 여(如)한 경위로서 법령의 시행이 사실상 불능하다고 하여 법령이 한반도 전역에 적용됨을 부인할 수는 없으며, 또 비록 확정된 법률이라도 차(此)가 공포되지 아니한 이상 그 효력을 인정할 수 없음은 자명한 일에 속하고 논지는 이유 없다." (출처: 한국판례집(형사 Ⅱ), 30쪽)

(참고) 본 판결의 다른 부분에 관해서는 본서 8-24 수록분 참조.

5-2-2. (대법원 1957. 9. 20. 4290형상228 판결)

"아(我)헌법 제4조에 의하면 대한민국의 영토는 한반도와 그 부속도서로 한다 하였으므로 북한이 아국영토임은 다언을 요치 아니한다 할 것이니 법률론으로는 국가보안법이 동 지역내에서 행한 행위에도 적용된다 할 것이요, 다만 사실상으로만 적용할 수 없는 형편에 처하여 있다 할 것인바, 만일 이 형편이 제거되고 사실상 적용할 수 있는 가능상태에 이르렀다면 적용함이 당연하다 할 것이며, 설사 그렇지 않다 가정하더라도 국가보안법은 국가존립의 위해를 제거함을 목적으로 하는 것이므로 자위적 견지에서 대한민국 국민인 이상 그 범행지 여하를 막론하고 이를 적용처벌하여야 할 것이라 함이 본원 종래의 판례 취지이므로 논지는 채용할 수 없다." (출처: 한국판례집(형사 Ⅲ), 19쪽)

5-2-3. (대법원 1990. 9. 25. 90도1451 판결)

"헌법 제3조는 "대한민국의 영토는 한반도와 그 부속도서로 한다"고 규정하고 있어 법리상 이 지역에서는 대한민국의 주권과 부딪치는 어떠한 국가단체도 인정할 수가 없는 것이므로(당원 1961. 9. 28. 선고 4292형상48 판결 참조), 비록 북한이 국제사회에서 하나의 주권국가로 존속하고 있고, 우리정부가 북한 당국자의 명칭을 쓰면서 정상회담 등을 제의하였다 하여 북한이 대한민국의 영토고권을 침해하는 반국가단체가 아니라고 단정할 수 없으며" (출처: 법원공보 제884호(1990. 11. 15.), 2225쪽)

(참고) 본 판결의 다른 부분에 관해서는 본서 8-2 수록분 참조.

5-2-4. (대법원 2016. 1. 28. 2011두24675 판결)

"우리 헌법이 대한민국의 영토는 한반도와 그 부속도서로 한다는 영토조항을 두고 있는 이상 대한민국 헌법은 북한 지역을 포함한 한반도 전체에 그 효력이 미치는 것이므로 북한 지역도 당연히 대한민국의 영토가 되고, 북한주민 역시 일반적으로 대한민국 국민에 포함된다고 보아야 하는 점 […] 망인이 북한법의 규정에 따라 북한국적을 취득하였다고 하더라도 북한 지역 역시 대한민국의 영토에 속하는 한반도의 일부를 이루는 것이어서 대한민국의 주권이 미치므로 그러한 사정은 망인이 대한민국 국적을 취득하고 이를 유지하는 데 영향을 미칠 수 없다는 이유로, 망인이 이 사건 특별법상 위로금 지급 제외대상인 '대한민국의 국적을 갖지 아니한 사람'에 해당함을 전제로 한 이 사건 처분이 위법하다고 판단하였다.

앞서 본 법리에 비추어 보면 원심의 이러한 판단은 정당하고, 거기에 강제동원조사법상의 위로금 지원 제외대상 등의 해석에 관한 법리를 오해한 위법이 없다." (출처: 판례공보 2016년 (상), 358쪽)

(참고) 본 판결의 다른 부분에 관해서는 본서 16-21-1 수록분 참조.

5-2-5. (헌법재판소 2014. 12. 19. 2013헌다1 결정. 통합진보당 해산)

"헌법 제3조는 대한민국의 영토가 한반도와 그 부속도서임을 규정함으로써 북한은 단지 미수복지구일뿐 대한민국의 주권이 미치는 영역임을 천명하고 있는 반면, 북한은 여전히 대한민국의 자유민주주의 헌정질서를 궁극적으로 타도 혹은 대체해야 할 대상으로 여기고 있다. 비록 1990년대 들어서서 냉전 체제의 붕괴로 시작된 변화의 분위기로 인하여 대한민국과 북한이 1991. 9. 동시에 국제연합에 가입하고, 대한민국 정부와 북한의 정부 당국자가 1991. 12. 13. 남북기본합의서를 채택하였으며, '남북교류협력에 관한 법률' 등이 공포·시행되는 등 대한민국과 북한과의 관계가 적대적 관계에서 화해와 협력의 관계로 진일보해 온 면이 있기는 하나, 한반도의 이념적 대립 상황과 북한의 대남적화통일노선이 본질적으로 변경된 바는 없다고 보인다." (출처: 헌법재판소판례집 제26권 2집(하), 1쪽)

참고 북한을 대한민국 영토의 일부로 본 취지의 다른 판결들.
① 대법원 1954. 9. 28. 4286형상109 판결.
② 대법원 1955. 9. 27. 4288형상246 판결(한국판례집(형사 Ⅱ), 44쪽).
③ 대법원 1956. 3. 6. 4288형상392 판결(한국판례집(형사 Ⅲ), 18쪽).
④ 대법원 1957. 8. 2. 4290형상179 판결(한국판례집(형사 Ⅲ), 993쪽).
⑤ 대법원 1961. 9. 28. 4292형상48 판결.
⑥ 대법원 1990. 9. 28. 89누6396 판결(대법원판례집 제38권 3집(특별), 165쪽).
⑦ 대법원 1991. 2. 8. 90도2607 판결(법원공보 제893호(1991. 4. 1.), 1007쪽).
⑧ 대법원 1996. 11. 12. 96누1221 판결(판례공보 제24호(1996. 12. 15.), 3602쪽).
⑨ 대법원 1997. 11. 20. 97도2021 판결(판례공보 제47호(1997. 12. 1.), 3720쪽).

5-3. 헌법상 영토조항의 성격
(헌법재판소 2008. 11. 27. 2008헌마517 결정. 대한민국건국60년기념사업위원회의 설치 및 운영에 관한 규정 위헌확인)

"헌법 제3조는 "대한민국의 영토는 한반도와 그 부속도서로 한다."고 규정하여 대한민국의 주권이 미치는 공간적 범위를 명백히 선언하고 있다. 이 같은 영토조항은 우리나라의 공간적인 존립기반을 선언하는 것인바, 영토변경은 우리나라의 공간적인 존립기반에 변동을 가져오고, 또한 국가의 법질서에도 변화를 가져옴으로써, 필연적으로 국민의 주관적 기본권에도 영향을 미치지 않을 수 없다. 이러한 관점에서 살펴본다면, 국민의 개별적 기본권이 아니라 할지라도 기본권 보장의 실질화를 위하여서는, 영토조항만을 근거로 하여 독자적으로는 헌법소원을 청구할 수 없다 할지라도, 모든 국가권능의 정당성의 근원인 국민의 기본권 침해에 대한 권리구제를 위하여 그 전제조건으로서 영토에 관한 권리를, 이를테면 영토권이라 구성하여 이를 헌법소원의 대상인 기본권의 하나로 간주하는 것은 가능하다(헌재 2001. 3. 21. 99헌마139, 판례집 13−1, 676, 677 참조)." (출처: 헌법재판소 판례집 제20권 2집(하), 509쪽)

5-4. 서해 5도 수역의 영해
(헌법재판소 2017. 3. 28. 2017헌마202 결정. 영해 및 접속수역법 제2조 제2항 등 위헌확인)

"'영해 및 접속수역법'은 영해의 폭을 측정하기 위한 통상의 기선은 해안의 저조선으로 하되(제2조 제1항), 다만 지리적 특수사정이 있는 수역으로서 대통령령으로 정하는 기점이 있는 경우 위 기점을 연결하는 직선을 기선으로 채택하고 있다(제2조 제2항). 따라서 '영해 및 접속수역법' 제2조 제2항, 동법 시행령 제2조, 별표 1(이하 위 조항들을 합하여 '영해 및 접속수역법 제2조 제2항 등'이라 한다)에 의하여 기점이 정해지지 아니한 수역에 대해서는 동법 제2조 제1항에 따른 통상의 기선에 따라 영해의 폭을 측정하게 된다.

그런데 '영해 및 접속수역법' 제2조 제2항 등은 서해 5도에 관하여 기점을 정하고 있지 아니하므로, 서해 5도에는 통상의 기선이 적용되는바, 서해 5도 해안의 저조선으로부터 그 바깥쪽 12해리의 선까지에 이르는 수역은 별도로 영해를 선포하는 행위가 없더라도 당연히 영해가 된다(제1조 참조). […]

이 사건 협약[UN 해양법협약 – 필자 주] 제3조, 제5조에 의하면 당사국은 통상기선으로부터 12해리를 넘지 아니하는 범위에서 영해의 폭을 설정할 권리를 가지고, 앞서 살펴본 바와 같이 대한민국은 서해 5도에 관하여 통상기선을 적용하고 있는바, 서해 5도 해안의 저조선으로부터 그 바깥쪽 12해리의 선까지에 이르는 수역은 국제법적으로 보더라도 영해가 된다.

라. 이상을 종합하여 보면, '영해 및 접속수역법' 및 이 사건 협약은 서해 5도에 대하여 통상의 기선을 정하고 있어 별도로 영해로 선포하는 행위가 없더라도, 국내법적으로나 국제법적으로 서해 5도 해안의 저조선으로부터 그 바깥쪽 12해리의 선까지에 이르는 수역은 영해가 되는바, 청구인들이 주장하는 이 사건 입법부작위는 존재하지 아니한다." (출처: 헌법재판소 홈페이지)

ⓒ참고 본 결정은 본서 10-1에도 수록.

5-5. 대한민국 영역으로 입국의 의미
(대법원 2005. 1. 28. 2004도7401 판결)

"1. 출입국관리법상 '입국'이라 함은 대한민국 밖의 지역으로부터 대한민국 안의 지역으로 들어오는 것을 말하고, 여기서 '대한민국 안의 지역'이라 함은 대한민국의 영해, 영공 안의 지역을 의미하는 것이다.

따라서 출입국관리법 제12조 제1항 또는 제2항의 규정에 의하여 입국심사를 받아야 하는 외국인을 집단으로 불법입국시키거나 이를 알선한 자 등을 처벌하는 출입국관리법 제93조의2 위반죄의

기수시기는 불법입국하는 외국인이 대한민국의 영해 또는 영공 안의 지역에 들어올 때를 기준으로 판단하여야 한다.

2. 원심판결 이유에 의하면, 원심은 피고인들의 이 사건 범행은 단지 불법입국을 위한 선박이 영해에 들어옴으로써 곧바로 기수에 이른다고 볼 것이 아니라 출입국항에서 출입국관리공무원의 입국심사 없이 입국하였을 때 비로소 기수에 이르는 것으로 봄이 상당하다는 이유로, 피고인들의 이 사건 범행이 출입국관리법 제93조의2 제1호 위반의 미수에 해당한다고 판단한 제1심판결을 유지하였다.

그러나 기록에 의하면, 피고인들이 출입국관리법 제93조의2 제1호에 위반하여 집단으로 불법입국시킨 외국인들이 대한민국의 영해 안으로 들어와 검거된 사실을 알 수 있는바, 앞서 본 법리에 따르면 피고인들의 이 사건 범행은 출입국관리법 제93조의2 제1호 위반의 기수에 해당한다고 보아야 할 것이다." (출처: 판례공보 제222호(2005. 3. 15.), 451쪽)

5-6. 한일 신 어업협정과 영토주권
(헌법재판소 2009. 2. 26. 2007헌바35 결정. 대한민국과 일본국 간의 어업에 관한 협정 위헌소원)

"이 사건 협정이 영해 및 배타적 경제수역에 대한 국민의 주권과 영토권을 침해하고, 독도를 한일 중간수역에 포함시킨 것이 우리나라 영토의 일부인 독도의 영유권을 포기한 것이기 때문에 헌법상 보장된 영토에 관한 권리를 침해한 것인지의 여부를 살펴보기로 한다. […]

이 사건 협정과 영해와의 관계를 살펴보면, 해양법협약에서는 배타적경제수역을 영해밖에 인접한 수역으로서 영해기선으로부터 200해리를 넘을 수 없도록 규정하고 있고(제55·57조 참조), 이에 따라서 한일 양국의 국내법에서도 동일한 취지의 규정을 두고 있다(우리나라의 배타적경제수역법 제2조 제1항 및 일본의 배타적 경제수역 및 대륙붕에 관

한 법률 제1조 제2항 참조). 따라서 이 사건 협정은 배타적경제수역을 직접 규정한 것이 아닐 뿐만 아니라 배타적경제수역이 설정된다 하더라도 영해를 제외한 수역을 의미하며, 이러한 점들은 이 사건 협정에서의 이른바 중간수역에 대해서도 동일하다고 할 것이므로 독도가 중간수역에 속해있다 할지라도 독도의 영유권문제나 영해문제와는 직접적인 관련을 가지지 아니한 것임은 명백하다 할 것이다."

재판관 조대현 및 김종대 반대의견:

"헌법 제3조 영토조항은 단지 역사적 사실을 기술한 것이거나 국가 영역의 지리적 경계를 사실상 선언한 것에 불과한 규정이 아니다. 한반도와 그 부속도서를 대한민국의 영토로 한다고 함은 그 영역에 대한민국의 주권이 미친다는 것을 규범적으로 확정한 것이며 한반도의 역사적 주인이 바로 대한민국임을 선포함으로서 대한민국이 한반도와 그 부속도서를 지배하는 유일한 합법정부라는 점을 규범적으로 확정한 것이다. 따라서 이와 같은 영토조항은, 대한민국 존립의 기본적 조건을 규정하는 근본법으로서 우리 헌법이 내포하고 있는 최고가치 중 하나이자, 기본권 조항을 위시하여 수많은 헌법조항들의 실현을 가능하게 하는 근본적인 전제가 되는 조항에 해당하므로 이 영역 내에서 대한민국의 주권과 부딪치는 어떠한 행위도 용납될 수 없다는 헌법제정자의 규범적 명령이 이로부터 도출되는 것이다. […]

영토는 한 국가의 존립기반으로서 해당 국가의 국민이 삶을 형성·유지하는 생존의 근거이기도 하다. 영토는 해당 국민이 실효적으로 지배하고 있는 육지(좁은 의미의 영토)에만 국한하는 것이 아니라, 수평으로는 육지의 연안·도서 및 도서의 인접 해역(영해)에 이르는 범위까지, 수직으로는 영토와 영해의 항공(영공) 및 해저와 그 하층토까지를 포함하는 것이며, 영해 내에서 해당 국가가 행사하는 국권의 성질도 주권이므로 우리는 특히 영해에 미치는 주권을 일러 영해주권이라 부른다.

과거 연안국의 주권이 미치는 범위를 영해기선으로부터 3해리까지로 인정하여 이를 영해주권이 미치는 범위로 이해하여 온 것은 사실이다. 그러나 오늘날 해양에 관한 연안국의 권한범위가 확장되어 국제법상 영해의 범위도 12해리까지로 승인되고 있을 뿐만 아니라 24해리까지는 접속수역, 나아가 200해리까지는 배타적경제수역이라 하여 국제법상 연안국의 배타적인 권리를 인정하고 있는 점도 연안국의 영해주권과 무관하다고는 할 수 없다. 따라서 배타적경제수역이 국제법상 영해와는 다른 별도의 수역이라 하더라도, 헌법상의 영토조항 규정의 취지에 비추어 볼 때, 거기에도 영해와 같은 정도는 아니어도 그에 준하는 수준의 영토보전적 책무가 헌법상 있다고 보아야 할 것이며 이는 국제 해양법질서의 변화가 요청하는 바이기도 하다.

(3) 독도와 인근수역의 법적 지위

우리 헌법 제3조는 "대한민국의 영토는 한반도와 그 부속도서로 한다."고 규정하고 있는바, 독도는 울릉도의 속도로서 울릉도와 함께 한반도에 부속된 도서이므로 대한민국의 영토에 속하는 것이 명백하다. 이는 '세종실록지리지(世宗實錄地理志)' 등 오랜 역사적 기록에서부터 확인할 수 있을 뿐 아니라 실제로 독도에는 주민등록이 되어 있는 경북도민이 살고 있고 주거시설이 있는 섬으로서, 일제강점기 동안을 제외하고는 해방과 건국 이후 대한민국이 그 실효적 지배권을 행사해 오고 있음을 보아 알 수 있다.

영토라 함은 육지뿐만 아니고 그 상공과 지하 및 그에 연하여 있는 바다까지 포함하므로 독도가 인간이 거주할 수 없거나 독자적인 경제활동을 유지할 수 없는 암석(UN해양법협약 제121조 참조)이 아닌 이상, 독도에 연하여 있는 일정범위의 해역 역시 대한민국의 영토이어서 거기에도 주권(해양주권)이 미친다. 따라서 독도는 독도와 그 자체의 영해뿐만 아니고 그 자체의 접속수역과 배타적경제수역을 가질 수 있고 대한민국의 영토적

권한범위는 여기에까지 미친다 할 것이다. […]

독도도 대한민국 영토인 이상, 독도에 대해서 영토로서의 지위와 성격을 부정해서는 안 된다. 따라서 배타적경제수역을 설정함에 있어서도 당연히 독도를 기점으로 해야지 울릉도를 기점으로 하고 독도를 공동어업구역에 넣어서는 안 된다.

이 사건 협정은 대한민국의 영토인 독도를 기점으로 하여 배타적경제수역을 설정하지 아니하고, 독도와 그 인근수역을 중간수역에 들어가게 함으로써, 우리의 영토권을 불안정하게 하고 독도와 인근수역을 포함한 대한민국 영토의 일부를 보전하는데 있어서 불리한 상황을 초래했다. 따라서 이 사건 협정은 헌법 제3조의 영토조항에 위반된다." (출처: 헌법재판소 판례집 제21권 제1호(상), 76쪽)

[해설] 한일 신어업협정(1998)이 한국의 독도 영유권을 훼손했다는 문제제기에 대해 이 사건의 다수의견은 헌법재판소 2001. 3. 21. 99헌마139 등 결정(본서 10-4 수록)의 내용을 그대로 반복하며 어업협정을 합헌이라고 판단했다. 그러나 2인 소수의견은 신 협정이 독도 영유권을 침해하는 위헌조약이라고 주장했다.

5-7. 우주공간: 외국
(서울중앙지방법원 2016. 1. 13. 2014고단8622 판결)

"무궁화위성 3호의 매각이 대외무역법 제53조 제1항 제1호에서 정한 '수출'에 해당되는지에 관한 판단

구 대외무역법[2013. 7. 30. 법률 제11958호로 개정되기 전의 것. 이하 '구 대외무역법'이라 한다] 제53조 제1항 제1호는 '전략물자 등의 국제적 확산을 꾀할 목적으로 제19조 제2항에 따른 수출허가를 받지 아니하고 전략물자를 수출한 자'를 처벌한다고 규정하고 있고, 구 대외무역법 시행령[2013. 3. 23. 대통령령 제24442호로 개정되기 전의 것, 이하 '구 대외무역법 시행령'이라 한다] 제2조 제1호는 '국내란 대한민국의 주권이 미치는 지역을 말한다'고 규정하고 있으며, 같은 조 제2호는 '외국이란 국내 이외의 지역을 말한다'고 규정하고 있고, 같은 조 제3호는 '수출이란 다음 각 목의 어느 하당에 해당하는 것을 말한다'고 규정하고 있으며, 나목은 '수출이란 유상으로 외국에서 외국으로 물품을 인도하는 것으로서 지식경제부장관이 정하여 고시하는 기준에 해당하는 것'이라고 규정하고 있으며, 대외무역관리규정(지식경제부고시 제2011-2호, 2011. 7. 1. 시행) 제2조 제3호, 제13호는 구 대외무역법 시행령 제2조 제3호 나목의 수출 중 하나로 외국인도수출, 즉 '수출대금은 국내에서 영수하지만 국내에서 통관되지 아니한 수출 물품 등을 외국으로 인도하거나 제공하는 수출'을 규정하고 있다.

위 규정들을 종합하면, 무궁화위성 3호가 위치한 대한민국의 주권이 미치지 아니하는 지역인 적도상공 36,000km, 동경 116°의 지구정지궤도는 구 대외무역법 시행령 제2조 제2호의 외국에 해당하고, 피고인들이 무궁화위성 3호를 ABS에 매각하는 행위는 구 대외무역법 제53조 제1항 제1호에서 정한 같은 법 제19조 제2항에 따른 지식경제부장관의 허가를 요하는 '수출'에 해당한다." (출처: 판결문 사본 입수)

[해설] 수출의 개념에 대한 이상의 판결 내용은 제2심인 서울중앙지방법원 2016. 8. 12. 2016노268 판결에서도 그대로 인용됨.

제6장 국가승계

1. 구 법령의 승계

1. 구 법령의 승계

[1948년 8월 15일 대한민국 정부 수립 당시 5.10 선거에 의해 구성된 국회가 제정한 법률은 「헌법」, 「국회법」, 「정부조직법」 등 극소수에 불과했다. 그러면 정부수립 초기의 국내법 질서는 무엇에 의해 규율되었는가? 이 같은 법적 공백에 대비하기 위해 제헌헌법은 제100조에 "현행법령은 이 헌법에 위배되지 않는 한 계속 효력을 가진다"라는 조항을 두었다. 국가의 통상적 입법활동은 정식의 국가조직이 성립한 이후에나 가능하므로 35년간 일제의 식민지배와 3년간의 미군정을 거쳐 대한민국을 막 출범시킨 당시로서는 일정한 구 법령의 의용(依用)이 불가피했다. 외세통치로부터 벗어나 새로이 주권국가를 성립시킨 경우 기존법령의 잠정적 존속을 헌법에 규정했던 예는 외국에서도 쉽게 찾을 수 있다. 당시 구 법령을 구성하는 내용으로는 미군정 법령, 군정 종료 당시까지 유효하던 일제 법령, 군정 종료 시까지 유효하던 조선시대의 법률을 들 수 있다.

제헌헌법 제100조에 따라 우리 법질서의 일부로 수용된 구 법령은 정부 수립 이후 대체법령 제정작업이 빠르게 진척되지 않아 그 후 무려 13년 이상 국내법 질서의 중요 부분을 차지하였다. 제1공화국 말기까지도 일반인의 일상생활을 규제하던 법령으로는 우리 국회가 제정한 법률보다 오히려 구 법령의 비중이 더 무거운 형편이었다. 결국 5·16 이후 1961년 7월 15일 공포된 「구법령정리에 관한 특별조치법」에 의해 1962년 1월 20일자로 구 법령은 일괄 실효되었다.]

가. 대한제국 법령의 승계

[일제가 1910년 조선 총독부의 설치와 동시에 발표한 제령 제1호 「조선에 있어서의 법령의 효력에 관한 건」(1910년 8월 29일)에 의해 기존의 법령은 "당분간 조선총독이 발한 명령으로서 여전히 그 효력을 가진다"고 선언되었다. 구 대한제국의 법령은 일본 통치기간중 점차 일제 법령으로 대체되었으나 일정한 법령은 일제 말까지 존속하여 미군정시절로도 이어졌다. 그중 일부는 미군정이 명시적으로 폐지시켰으나,[1] 나머지 부분은 1945년 11월 2일자 미군정법령 제21호에 의해 정부수립 시점까지 계속 유효하게 적용되었다. 구 대한제국 시절 제정되어 광복 후에도 계속 적용된 법령이 과연 무엇이었냐를 판단하기는 사실 매우 어렵다. 아래 판결은 구 대한제국 법령의 계속 적용을 인정한 드문 판례 중의 하나이다.]

6-1. 광무 신문지법의 효력
(군정대법원 1948. 5. 21. 4281비상1 판결)

[사안: 남노당 중앙위원 겸 민주주의민족전선 상무위원인 김광수가 1947년 7월 2일자 "노력인민"이라는 신문에 기고한 기사가 문제가 되어 태평양 미국 육군 총사령부 포고령 제2호와 「신문지법」(광무 11년 7월 법률 제1호) 위반으로 기소되었다. 이에 대해 서울고등심리원은 1948년 4월 7일자 판결을 통해 신문지법은 차별적 법률로서 군정법령 제11호 제2조에 의해 이미 실효되었다고 보고 신문지법 위반혐의에 대해 무죄를 선고했다. 그러자 검찰측은 다음과 같은 논지에서 군정대법원에 비상상고를 했다. 즉 문제의 「신문지법」은 구 대한제국이 제정한 법으로 일제에 의해 강제된 법이라 아니라는 점, 일제는 재한 일본인에게 적용하기 위해 통감부령 제12호 신문지규칙을 별도로 제정했는데(명치 41년) 이의 벌칙조항이 오히려 더 엄했다는 점, 미군정법령 제11호가 차별적 법률로서 폐지를 공표할 때도 신문지법은 포함되지 않았다는 점, 남한의 치안유지를 위해 신문지법의 적용이 필요하다는 점 등을 근거로 제시했다. 이

---

1) 예: 1945년 10월 9일자 군정법령 제11호에 의한 1910년 2월 출판법의 폐지, 1948년 4월 8일자 군정법령 제183호를 통한 광무 11년 7월 보안법의 폐지 등.

판결에서 군정대법원은 문제의 광무 신문지법 조항이 계속 유효하다는 취지의 판단을 내렸다.]

"요는 신문지법이 법령 제11호 제2조에 이른바 그 적용으로 인하여 종족 또는 국적 등을 이유로 차별을 발생하는 것인 동시에 동법의 존폐는 이를 동법이 포섭한 규정 전부에 긍(亘)하여 불가분적으로 결정하여야만 할 이유도 없으므로 동법이 포섭한 각 규정을 부분적으로 검토하여 그 내용이 법령 제11호 제2조에 해당한 것만을 폐지되었다 함에 타당하다. 그리고 법령 제11호 제2조의 입법취지는 일제에 의하여 형성되었던 조선인의 법률상 억압 내지 불이익한 지위를 철폐함으로써 조선인에게 정의의 정치와 법률상 균등을 회복시키려 함에 있다 할 것이므로 동일한 사항에 관하여 조선인을 대상으로 하는 법령과 일본인을 대상으로 하는 법령이 각 별개의 법령으로서 때를 같이 하여 병존하였다는 그 사실 자체가 즉 동조에 이른바 차별이라 할 수 없음은 자명한 바 일 뿐 아니라 동시에 동조의 차별은 이른바 각 법규의 적용 자체가 종족 등을 이유로 하는 불이익 또는 불균등을 초래하는 경우를 말하는 것으로 해석함이 타당하다 할 것이다. 이제 신문지법 제26조, 제37조를 보건대 동조 등은 사회의 질서 또는 풍속을 착란하는 사항을 기재한 경우에 발행인, 편집인 급(及) 기사에 서명한 자 등을 처벌하는 규정으로서 동일 취지의 규정은 신문지규칙에서도 이를 볼 수 있을 뿐 아니라(신문지법 제10조 제2호, 제23조, 제18조) 그 형에 있어서는 도리어 전자가 후자에 비하여 경(經)하매 신문지법 제26조 등은 그 적용으로 인하여 조선인이 종족, 국적, 신조 또는 정치사상을 이유로 차별을 생(生)케 하는 규정이라 논단할 수 없음은 전 설시에 비추어 명백하므로 동 규정은 법령 제11호 제2호에 의하여 폐지된 것이 아님에도 불구하고 전기 판결에서 이를 폐지되었다고 하여 동조를 적용치 않은 것은 위법이라 아니할 수 없으므로 논지는 결국 이유 있다." (출처: 법정 제1948년 7월호, 48쪽)

[해설] 비상상고의 결과는 법령에 대한 해석을 제시할 뿐, 일단 내려진 판결의 형기는 변경되지 않기 때문에 형사상 무죄 판결의 효과는 유지되었다(경향신문 1948. 5. 23. p.3). 광무 신문지법은 일제가 헤이그 특사사건을 빌미로 고종을 폐위하고 순종을 즉위시키면서 제정한 법률 제1호였다. 즉 이 법은 고종 폐위일인 1907년 7월 27일 공포, 시행되어 일제 기간 내내 민족언론에 대한 탄압의 수단으로 활용되었다. 따라서 이 판결은 정부 수립 이후에도 수년간 상당한 파장을 일으켰다. 1948년 10월 13일 공보처는 「조선통신사」의 허가를 취소했다(조선일보 1948. 10. 16. p.1). 이 때의 법적 근거가 광무 신문지법 제3조 및 제6조로서 그 내용은 발행인이 국내에 7일 이상 없을 경우 후계책임자를 선정해야 하는 절차를 태만히 했다는 점이었다. 이어 공보처는 1948년 10월 29일 국민신문의 폐간을 명령했다. 그 근거 역시 광무 신문지법 제11조였다(조선일보 1948. 10. 31. p.1). 이어 이 법을 근거로 대한일보와 민중신문이 폐간되었고(동아일보 1948. 12. 3. p.1), 1949년 5월 3일에는 서울신문이 정간되었다(동아일보 1948. 5. 5. p.2). 6.25 당시 국민방위군 사태 관련기사를 이유로 동아일보 기자와 편집인이 기소된 근거도 이 법이었다(조선일보 1951. 11. 20. p.2). 광무 신문지법은 당시 언론인들에 의해 대표적 악법으로 크게 비판받았고, 결국 1952년 3월 19일 국회는 85:0으로 폐기를 결의했다. 1952년 4월 4일 정부는 이 법의 폐기를 공포했다(조선일보 1952. 3. 22. p.2; 동아일보 1952. 4. 6. p.2). 광무 신문지법은 구 한말의 법령이 광복 후에도 계속적용이 확인된 이례적 사례였다.

나. 미군정법령의 승계

[구 법령의 주요 부분을 구성했던 미군정법령은 그 구성요소의 다양성만큼이나 다양한 형식으로 발령되었다. 이에는 이른바 통상적인 군정법령과 태평양 미육군 총사령관 포고, 남조선과도정부 법률, 군정장관실 행정명령, 군정청 각부의 부령 및 지령, 미군정청 포고 등이 포함된다. 미군정법령은 성립의 형식과 관계없이 일제시기에 통용되던 어떠한 법령보다 우월한 효력을 지니었다. 정

부 수립 이후에도 헌법에 위배되지 않는 한 대체법령에 제정되기 전까지 미군정법령은 계속 유효하게 적용되었다.]

6-2. 국방경비법의 효력

(대법원 1999. 1. 26. 98두16620 판결)

[사안: 6.25 당시 수 많은 군사재판의 근거가 된 법이 구「국방경비법」이었다. 구 국방경비법은 정부 수립 직전이 1948. 8. 4. 미 군정법령의 형식으로 발효되었다고 알려져 있는데, 이를 공포한 미군정청 관보가 발견되지 않아 후일 그 실체와 유효성이 도전받기도 했다. 사실 미군정청 관보는 완벽하게 수집되어 있지 않으며, 미 군정법령은 군정청 관보 이외의 형식으로 발표된 사례도 있어 이 부분에 대한 속단은 어렵다. 다만 분명한 점은 구「국방경비법」이 당시 미군의 관련 법령을 모방한 매우 구체적인 형식과 내용을 담고 있었으며, 정부 수립 직후부터 당연히 현행 법령의 하나로 널리 알려져 실시되었다는 사실이다. 국방경비법은 1962년 6월 1일부터 시행된 「군법회의법」에 의해 대체·폐기되었다.]

"구 국방경비법은 우리 정부가 수립되기 전 미군정 아래의 과도기에 시행된 법률로서 그 제정 및 공포의 경위에 관하여 관련 자료의 미비와 부족으로 불분명한 점이 없지 않으나, 위 법이 그 효력 발생일로 규정된 1948. 8. 4.부터 실제로 시행되어 온 사실 및 관련 미군정법령과 정부수립 후의 군형법, 군법회의법의 규정내용 등 여러 정황에 비추어 볼 때, 위 법은 당시의 법규에 따라 군정장관이 1948. 7. 5. 자신의 직권에 의하여 남조선과도정부 법령(South Korean Interim Government Ordinance)의 하나로 제정하여 군정청관보에의 게재가 아닌 다른 방법에 의하여 공포한 것으로 보여지므로, 원심이 위 법이 적법하게 제정·공포되지 아니하여 무효라는 원고의 주장을 배척한 조치는 정당하고, 거기에 상고이유의 주장과 같은 잘못이 없다." (출처: 판례공보 제77호(1999. 3. 1.),

389쪽)

[해설] 국방경비법이 과연 유효한 법령이었냐에 대한 문제제기는 이 사건 외에도 여러 차례 있었으며, 바로 이어 6-3으로 수록된 헌법재판소 판례는 한층 정교하게 이 문제를 분석하고 있다. 국방경비법의 효력을 지지한 동일 취지의 판결로 다음의 것들이 있다.

① 대법원 1955. 5. 24. 4288형사100 판결: "1948. 7. 5 공포한 국방경비법은 헌법 제100조에 의하여 금일에 있어서도 법률의 효력을 유지한다고 해석함이 타당하다 할 것"(판례카아드 4633호,4634호, 판결요지집 헌법(구)100(3) 10면, 판결요지집 형법 35(2) 1245면, 판결요지집 형법 42(1) 1253면) (한국법사연구원편, 대법원판결례 헌법(법전출판사, 1996), p.1749 수록)

② 대법원 1999. 1. 29. 98두16637 판결(미간).

기타 관련논문으로 최경옥, 미군정하의 국방경비법의 유래와 변천: 「조선(국방)경비법·조선해안경비법」(1946) 자료 발굴에 즈음하여, 공법연구 제35집 2호(한국공법학회, 2006) 참조. 한편 본 판결의 다른 부분은 본서 14-16 수록분 참조.

6-3. 국방경비법의 효력

(헌법재판소 2001. 4. 26. 98헌바79·86, 99헌바 36(병합) 결정. 보안관찰법 부칙 제2조 제2호 등 위헌소원, 구 국방경비법 위헌소원)

"(2) 구 국방경비법의 성립경위

(가) 문제의 제기

1948. 7. 12. 제정되고 1948. 7. 17. 공포된 대한민국헌법 부칙 제100조에서는 "현행법령은 이 헌법에 저촉되지 아니하는 한 효력을 가진다"라고 규정하였다.

일부 법령집등에는 구 국방경비법이 1948. 7. 5. 남조선과도정부 법률(호수 미상)로 공포되고 1948. 8. 4. 효력을 발생한 법률로 기재되어 있다. 그리고 구 국방경비법이 1962. 1. 20. 공포된 군형법과 군법회의법에 의해 폐지되기까지 "현행법령"임을 전제로 재판에서 널리 적용되었음은 청구인들의 경우에서 보는 바와 같다.

그러나, 구 국방경비법이 실제 공포되었다는

관보나 제정경위에 관한 직접적인 자료는 발견되지 않고 있어서 그 성립여부나 경위에 관한 의문이 제기되고 있다.

그러므로 우선 미군정기의 법령체계와 그 제정, 공포등 성립과정을 일반적으로 살펴 본 다음, 이를 기초로 구 국방경비법의 제정, 공포 및 취급경위에 관하여 살펴본다.

⑷ 미군정기의 법령체계

태평양 미국 육군 총사령관은 일본 패망후 북위 38도선 이남의 조선지역에 대한 군정실시기관으로서 재조선 미국 육군사령부 군정청(이하 '미군정청'이라 한다)을 창설하고, 1945. 9. 7. 포고 제1호로 북위 38도선 이남의 조선지역에 대하여 군정을 실시하며, 포고, 법령, 규약, 고시, 지시, 조례 등의 제정권한이 미군정청에 속함을 선언하였다.

그 후 미군정청 군정장관은 1945. 11. 2. 재판소에 대하여 조선의 법령, 미국 태평양육군 총사령부의 포고의 제규정, 군정장관의 명령 및 법령 등을 시행할 것을 명하는 한편(군정청 법령 제21호 제2조), 1946. 8. 24. 조선과도입법의원(이하 '입법의원'이라 한다)을 창설하여 일반복리와 이해에 관계되는 사항 및 군정장관이 의탁한 사항에 관한 법령제정권을 부여하였다(군정청 법령 제118호).

그리하여 미군정 실시이후 정부수립 전까지 미군정청이 입법권을 행사하였고, 입법의원이 창설된 1946. 8. 24.부터 해산한 1948. 5. 20.까지 사이에는 미군정청과 입법의원에게 입법권한이 분산되었으나 입법의원의 권한은 미군정청의 권한에 종속되어 있었다(위 법령 제118호 제11조에서는 입법의원의 권한은 군정청의 권한하에 행사한다고 규정하였다).

입법의원이 제정한 법령은 "군정청 법률", "남조선과도정부 법률"로, 군정장관이 제정한 것 중 법령(ordinance)의 형식을 취한 것은 "군정청 법령", "남조선과도정부 법령"으로 각 호칭되었는데, 입법의원이 제정한 법령은 군정장관이 동의하여 합법적으로 서명, 날인하고 관보에 공포하는 때에

법률로서 효력을 가졌던 반면(위 법령 제118호 제5조), 군정장관이 제정한 법령 기타 법규의 공포방식에 관하여는 이를 규율하는 법규가 없었다.

한편, 군정청 장관의 군정청직원에 대한 지시 형식의 "법령 기타 법규의 공포·형식에 관한 건"(1946. 1. 19.자)에 따르면, 관보에 게재된 법령 기타 법규는 공포일로부터 10일후 그 조항에 의하여 효력을 발생하되 필요한 때에는 군정장관의 사전 인가에 의해 그 예외가 인정되고, 관보에 인쇄된 또는 인쇄될 법령 기타 법규에 관한 여하한 형식 또는 매체를 통하여 하는 공포는 그 시행기일 이전에는 금지된다는 내용이 들어 있다.

이와 같이 법령체계의 정비가 아직 불충분하여 "법령 기타 법규"의 형식을 가졌다 하여 반드시 "법률"보다 하위의 규범인 것은 아니며 그 공포방식도 정형화되어 있지 않아서, 오늘날 법률로 제정되어야 할 사항이 "법령 기타 법규"의 형식으로 제정되어 관보게재 외의 방식으로 공포될 수도 있었음을 알 수 있다.

⑸ 구 국방경비법의 제정, 공포 경위

1) 구 국방경비법은 각종 법령집에 남조선과도정부 법률의 하나로 기재되어 있으나, 입법의원은 구 국방경비법이 공포되었다고 하는 1948. 7. 5. 이전인 같은 해 5. 20. 이미 해산한 상태였고, 이를 입법의원에서 심의, 의결하였다는 자료나 관보에 의하여 공포되었다는 자료가 발견되지 않는 것으로 보아, 입법의원에서 남조선과도정부 법률의 하나로 구 국방경비법을 제정, 공포하였다고는 보기 어렵다.

2) 일부 자료에는 구 국방경비법이 구 해안경비법과 더불어 당시 미군정장관이 직권에 의하여 법령(ordinance)의 형식으로 제정, 공포한 것으로 되어 있다.

미군정장관이 직권으로 제정, 공포한 군정청 법령 내지 남조선과도정부 법령은 그 공포 형식에 관하여 제한이 없었으므로 (그럼에도 불구하고 미군정청은 관보에 의해 법령을 공포하는 관행을 지켰

으나 자료에 의하면 1948. 7. 초부터 미 군정청 공보부는 사실상 기능을 정지하였고 같은 달 하순무렵에는 미군정청이 곧 수립될 대한민국 정부로 통치권을 이양하는 작업을 거의 마무리하였으므로 1948. 7. 5. 무렵에는 위 관행을 따르지 않았을 가능성이 있다) 구 국방경비법은 당시 법규에 따라 군정장관이 직권에 의하여 남조선과도정부 법령(South Korean Interim Government Ordinance)의 하나로 제정하여 군정청 관보에의 게재가 아닌 다른 방법에 의하여 공포한 것이라고 볼 수 있다(대법원 1999. 1. 26. 선고 98두16620, 공 1999상, 389 참조).

3) 한편, 아래와 같이 구 국방경비법은 "조선경비청에 대한 규정"을 개정하는 "기타 법규"로서 관보게재 외의 방식으로 공포되었고, 특히 구 국방경비법 제32조, 제33조는 1946. 6. 15. 당시 이미 존재하고 있었다고 볼 수도 있다.

미군정청은 1945. 11. 13. 미군정청 법령 제28호로 "조선의 종국의 독립을 준비하며, 세계국가에 오(伍)하야 조선의 주권과 대권의 보호, 안전에 필요한 병력을 급속히 준비"하며 "필요한 육해군의 소집, 조직, 훈련, 준비를 시작"하기 위하여 미군정청 내에 국방사령부(1946. 3. 29. 국방부로 개칭됨)를 설치하면서 군무국을 국방사령부하에 두고, 군무국 내에 육군부와 해군부를 설치하도록 하였는데, 1946. 6. 15.에 이르러 법령 제86호로 국방부를 국내경비부로 개칭하고, 군무국을 폐지하는 한편, 1946. 1. 14.자로 소급하여 조선경비대를 설치하였다.

자료에 의하면, 위 법령 28호에 따라 남조선국방경비대가 설치되었는데, 법령 제86호로 설치한 위 조선경비대는 남조선국방경비대의 조직을 인수하면서 그 명칭을 변경한 것이며 법령 제86호에 의한 위와 같은 개칭등에는 군대의 설치에 관련한 소련측의 항의가 작용하였다고 한다.

이와 같은 경위로 설치된 조선경비대는 비록 공식적으로는 본격적인 군사조직으로서가 아니라 치안을 위한 예비경찰대로 설치되었으나 그 설치, 발전 경위와 조직 및 기능을 살펴볼 때 실질적으로는 군사조직이었던 것으로 판단된다.

미군정청 법령 제86호 제4조에서는 "조선경비청에 대한 규정이 자에 제정되며 이는 상시 및 도처에서 조선경비대를 관리함"("朝鮮警備廳에 대한 規程이 玆에 制定되며 及 其生 常時 及 到處에서 朝鮮警備隊를 管理함")이라고 규정하였는데, "조선경비청에 대한 규정(Articles for Government of Korean Constabulary)"은 조선경비대(Korean Constabulary)를 "관리하는(govern)" 규정이고 조선경비대는 실질적으로 군대였으므로, "조선경비청에 대한 규정"은 국방경비대를 사법적으로 관리한다고 할 수 있는 구 국방경비법의 개정전 법규일 개연성이 높다. 특히 각종 자료에서 "조선경비청에 대한 규정"을 "조선경비법"이라고 칭하면서, '군대를 유지할 군법으로 제정된 것으로, 그 내용은 총칙, 죄, 군법회의, 잡칙으로 구성되어 있으며 미육군전시법(Articles of War)을 속성번역한 탓으로 흠결이 많아 그 후 군법회의부분을 일부수정하여 국방경비법으로 제정, 공포하였다'고 기재하고 있는 점, 구 국방경비법 제32조(적에 대한 구원, 통신연락 또는 방조) 및 제33조(간첩)와 거의 동일한 규정이 미육군전시법에서 발견되는 점(제45조, 제46조), "조선경비청에 대한 규정"은 위 법령 제86호 제4조에 의하여 그 제정사실이 확인되고 효력이 부여된 점을 종합하면, 구 국방경비법 제32조 및 제33조는 1946. 6. 15.부터 이미 유효하게 성립되어 있었다고 볼 수가 있다.

㈃ 정부수립후의 취급

대한민국 정부수립 후 구 국방경비법은 1962. 1. 20. 군형법(법률 제1003호)과 군법회의법(법률 제1004호)에 의해 폐지될 때까지 일관되게 국민들과 법제정당국 및 집행당국에 의해 "현행법률"로 취급받았고 폐지후로도 유효한 법률이었음을 전제로 입법이 되는 등 실질적으로 규범력을 갖춘 법률로 승인되었다.

그 예를 보면, 구 국방경비법은 재판에 널리 적

용되었을 뿐 아니라 1951. 7. 3. 법제사법위원장에 의하여 구 국방경비법에 대한 개정법률안이 제안되었다가 1954. 4. 30. 회기 불계속으로 폐기되었던 적이 있다. 그 외에도 1952. 8. 15. 감형령(대통령령 제667호)에서는 구 국방경비법 제32조 및 제33조 등의 위반자를 사면법에 따라 특별히 감형하였으며(제4조 참조), 1958. 12. 26. 국가보안법(법률 제500호)에서는 "국방경비법 제1조 … 에 규정된 군법피적용자를 제외한 … 본법의 각죄는 법원에서 관할한다"라고 규정하였고(제3조), 1962. 1. 20. 군형법(법률 제1003호)과 군법회의법(법률 제1004호)의 각 부칙에서는 구 국방경비법의 일부 규정을 폐지하고 대체하면서 경과규정을 두었으며, 1962. 9. 24. 국가보안법(법률 제1151호)과 반공법(법률 제1152호)의 각 부칙에서는 구 국방경비법 제32조 및 제33조 등의 죄를 범하여 유죄의 판결을 받은 자에 대한 경과조치(제2항)를 두기도 하였다.

(3) 소결론

미군정기의 법령체계나 제정, 공포방식은 지금과는 차이가 많은 과도기적인 것으로서 "법령 기타 법규"의 형식을 가진 법령이 반드시 "법률"보다 하위의 규범이라 할 수 없고 그 공포방식도 정형화되어 있지 않았던바, 구 국방경비법은 군정장관이 직권에 의하여 "법령"으로 제정한 것이거나 "조선경비청에 대한 규정"을 개정하는 "기타 법규"로서 군정청관보에의 게재가 아닌 다른 방법에 의하여 공포한 것이거나 특히 구 국방경비법 제32조, 제33조는 1946. 6. 15. 당시 이미 존재하고 있었다고 볼 수 있는 점, 대한민국 정부수립후 구 국방경비법은 1962. 1. 20. 폐지될 때까지 아무런 의심없이 국민들에 의해 유효한 법률로 취급받았고 유효한 법률이었음을 전제로 입법이 되는 등 실질적으로 규범력을 갖춘 법률로 승인된 점 등을 종합하여 볼 때, 비록 구 국방경비법의 제정, 공포경위가 명백히 밝혀지지 않기는 하나 그 유효한 성립을 인정함이 합리적이다.

그렇다면, 구 국방경비법 제32조와 제33조의 성립절차상 하자로 인하여 이 사건 제1법률조항이 헌법 제12조 제1항 후문의 적법절차원칙에 위배되거나 다른 기본권을 침해한다고 볼 수는 없다." (출처: 헌법재판소 판례집 제13권 1집, 799쪽)

평석 윤영철 외, 보안관찰법 부칙 제2조 제2호 등 위헌소원 등: 헌재 2001. 4. 26. 선고, 98헌바79·86,99헌바36(병합) 결정, 판례월보 2001년 6월호. 차진아, 공포는 법률의 효력발생 요건인가?: 헌재 2001. 4. 26. 98헌바79등 결정에 대한 평석, 저스티스 제99호(2007. 8).

6-4. 구 법령의 범위(성립시기 관련)
(대법원 1996. 11. 12. 96누1221 판결)

"남조선과도정부법률 제11호 국적에관한임시조례 제2조 제1호는 조선인을 부친으로 하여 출생한 자는 조선의 국적을 가지는 것으로 규정하고 있고, 제헌헌법은 제3조에서 대한민국의 국민되는 요건을 법률로써 정한다고 규정하면서 제100조에서 현행 법령은 이 헌법에 저촉되지 아니하는 한 효력을 가진다고 규정하고 있는바, 원고는 조선인인 위 소외 1을 부친으로 하여 출생함으로써 위 임시조례의 규정에 따라 조선국적을 취득하였다가 1948. 7. 17. 제헌헌법의 공포와 동시에 대한민국 국적을 취득하였다 할 것이고, […]

기록과 관계 법령의 규정에 비추어 보면 원심의 위 사실인정 및 판단은 정당하고, 거기에 소론과 같이 국적법에 관한 법리를 오해한 위법이 있다고 할 수 없다." (출처: 대법원 판례집 제44권 2집(특별), 706쪽; 판례공보 제24호(1996. 12. 15.), 3604쪽)

[해설] 구 법령의 범위에 관한 의문은 구 법령의 성립시점과 관련하여도 제기된다. 구 법령이 광복 이후에도 계속 효력을 가질 수 있었던 법적 근거는 제헌헌법 제100조에 있었으므로 본 판결은 미군정 법령의 일종인 「국적에 관한 임시조례」가 제헌헌법 발효일인 1948년 7월 17일을 기하여 "현행 법령"으로 되었음을 전제로 하고 있다. 그러나 미군정 법령중에는 제헌헌법이 이미 발효한 1948년 7월 17일 이후 8월 14일 사이에 공포된 것도 있다. 즉 현행 법령의 판단시점이 1948년 7월 17

일이냐, 8월 15일이냐라는 문제가 제기된다. 예를
들어 1948년 7월 5일 공포되어 1948년 8월 4일
발효한 것으로 알려져 있는 「국방경비법」도 이에
해당한다. 만약 판단시점을 8월 15일로 잡는다면
제헌헌법에 의하여 구 법령이 대한민국의 법령으
로 수용된 시점은 본 판결과 같이 7월 17일 아니
라, 8월 15일로 보아야 하지 않는가라는 의문이
제기된다. 우리 법원에서의 판례중 이 같은 의문
을 정면으로 다룬 판결은 없는 것으로 안다. 다만
이 같은 문제의식을 전제하지 않고 「국방경비법」
을 제헌헌법 제100조에 의해 정부 수립 이후에도
법률의 효력을 유지하였다고 본 판결은 여럿 있
다. 또한 대법원 1965. 6. 22. 65다856 판결(대법
원 판례집 제13권 1집(민사), 211쪽) 역시 1948년 7
월 28일자로 발령된 미군정장관 지령 제7호의 유
효성을 긍정하고 있다. 한편 본 판결의 다른 부분
은 본서 16-20-1 수록분 참조.

6-5. 미군정 행정명령의 법률적 효력
**(헌법위원회 1954. 2. 27. 4286헌위1 결정. 청주지
방법원 제청)**

[사안: 남조선 과도정부 행정명령 제9호에 근거
해 미군정 당시 설치된 비상전력위원회는 비상시
기중 전력의 생산, 분배, 사용에 관계된 일반적
명령, 지시, 우선 순위 및 제한을 발령할 수 있었
고, 이의 위반자는 형사처벌의 대상이 되었다. 이
사건에서 원고와 위헌제청법원은 이는 행정관청
의 명령으로 국민을 처벌하는 결과가 되므로 위
헌이라고 주장했다.]

"동 행정명령[남조선과도정부 행정명령 제9호 –
필자 주]이 그 규정에 명시한 바와 같이 비상시 전
력대책에 관한 것으로 그 내용이 소론 헌법 각조
의 입법사항에 관한 것임은 틀림없으나 당시(단기
4280년 12월 15일)는 우리 헌법 제정 전이므로 행
정기관인 과도정부의 행정명령으로 법률사항을
유효히 규정할 수 있었고, 또 헌법의 입법사항을
규정한 당해 명령은 헌법 제100조에 의하여 동법
시행 후에도 법률로써 개정할 때까지는 법률적
효력을 보유한 것이라 할 것이다. 그러면 헌법으
로써 법률과 동일한 효력을 부여된 것인 이상 이

를 헌법에 위반된 것이라 할 수 없으므로 주문과
같이 결정한 것이다"(출처: 대법원판례집 제1권 3집
(위헌여부결정제청), 2쪽)

[해설] 이 결정은 제1공화국 시절 헌법위원회가
구 법령의 위헌 여부를 심의한 유일한 사례였다.
헌법위원회는 비록 헌법상 입법사항에 해당하는
구법령이라도 성립 당시의 행정기관이 이를 유효
하게 제정할 권한이 있었다면 당초에는 비록 행정
명령의 형식으로 발령되었을지라도 이는 제헌헌
법 제100조에 의하여 법률로서의 효력을 부여받
았다고 보았다. 대법원 역시 군정법령은 성립 당
시의 형식과 관계없이 그 내용이 법률적 효력을
지닌 것이었으면 대한민국 정부 수립 이후 법률로
서의 효력을 지니었다고 해석했다.

6-6. 미군정장관 지령의 효력
(대법원 1962. 4. 12. 4294민상918 · 919 판결)

[사안: 이 사건에서 문제의 지령은 미군정장관
이 1948년 7월 28일자로 당시 관재청 · 사법부장 ·
대법원장에게 서한형식으로 통지한 내용이다. 정
부 수립 이후 귀속재산의 처리와 관련해 이 미군
정장관 지령의 법적 효력은 여러 차례 다툼의 대
상이 되었다. 사법부는 미군정장관 지령이라도 일
반 미군정법령과 대등한 효력을 지니며, 따라서
정부 수립 후 그 내용은 법률적 효력을 지닌다고
입장이었다.]

"상고이유의 요지는 결국 1948. 7. 28.자 미군
정장관 지령은 8.15 해방전에 일본인으로 부터 매
수를 하였다거나 또는 그 외에 이전적 취득을 원
인으로 하여 취득하였던 재산의 귀속재산해제의
신청을 1948. 8. 31.까지 하라는 것이요 본건과
같이 시효취득에 의한 원시취득을 원인으로 하는
경우에는 위의 미군정장관 지령의 적용이 없다라
는 취지인바 1948. 7. 28.자 미군정장관지령(법령
제2호 및 법령 제33호에 포함된 동산 및 부동산에 관
한 사건에 대한 조선재판소의 관할) 제7조에 의하면
1945. 9. 25.자 법령 제2호 및 1945. 12. 6.자 법
령 제33호에 규정한 재산의 귀속 결정을 목적으
로 하는 소청 또는 소송은 1948. 8. 31.까지 재산

소청 위원회 또는 조선재판소에 신청 또는 제출하여야 하고 위의 기일을 경과한 후는 이것을 신청 또는 제출하지 못함이라고 규정하였으며 법령 제2호 또는 법령 제33호의 규정에 의하여도 소론과 같이 이전적 취득과 원시적 취득을 구별한 바 없으므로 1945. 8. 9. 이전에 일본인으로부터 매수 또는 어떠한 원인에 의하여 소유권을 취득하였다 하더라도 1945. 8. 9. 이전에 소유권 이전 등기들을 하지 아니하였던 관계로 귀속재산으로 취급을 당하고 있는 재산은 위의 미군정장관 지령에 의하여 1948. 8. 31.까지 귀속해제의 신청 또는 제출을 하지 아니한 때는 그 이후에 있어서는 귀속재산임을 부인할 수 없다고 해석하여야 할 것인바 본건에 있어서 피고들은 본건 부동산을 1945. 8. 9. 이전에 취득시효에 의하여 소유권을 취득하였다고 주장하고 일건기록에 의하면 피고들은 1945. 8. 9. 이전에 등기 등의 대항요건을 구비하지 못하였고 또 1948. 8. 31. 이전에 재산귀속에 관한 소청 또는 소송을 제기한 바 없음이 명백하므로 본건 부동산에 관하여 귀속재산이었던 사실을 부인할 수 없음에도 불구하고 1945. 8. 9. 이전에 일본인 재산을 시효에 의하여 원시적으로 취득한 재산은 소위 귀속재산이 아니므로 1948. 7. 28.자 미군정장관지령은 적용될 수 없다는 논지는 결국 독자적 견해로서 채용할 수 없다." (출처: 대법원 판례집 제10권 2집(민사), 72쪽)

참고 동일 취지의 판결:
① 대법원 1965. 6. 22. 65다856 판결(대법원 판례집 제13권 1집(민사), 211쪽).
② 대법원 1967. 10. 12. 67다1551 판결(대법원 판례집 제15권 3집(민사), 208쪽).
③ 대법원 1969. 7. 22. 69다755 판결(대법원 판례집 제17권 2집(민사), 364쪽).

다. 일제 법령의 승계

6-7. 일제 법령의 적용 거부
(군정대법원 1947. 9. 2. 4280민상88 판결)

[사안: 일제 민법과 민사소송법에 따르면 혼인한 여자가 소송을 하려면 남편의 허가를 얻어야만 했다. 군정대법원의 본 판결은 남녀차별적인 이 조항의 적용을 거부한 사례이다. 아직 대한민국 헌법이 제정되기 이전이었으므로 무엇을 근거로 이 조항의 적용을 거부할 수 있느냐가 문제되었는데, 군정대법원은 민주주의 이념에 입각해 판단할 때 문제의 조항이 조선의 사회상태에 적합하지 않다는 이유로 효력을 부인했다.]

"처에 대하여는 민법 제14조 제1항에 의하여 그에 해당한 행위에는 부(夫)의 허가를 수(受)함을 요하여 그 능력을 제한한바, 이는 부부간의 화합을 위한 이유도 없지 않으나 주로 부에 대하여 우월적 지배권을 부여한 취지라고 인정치 않을 수 없다. 그런데 서기 1945년 8월 15일로 아방(我邦)은 일본의 기반으로부터 해방되었고 우리는 민주주의를 기초삼아 국가를 건설할 것이고, 법률, 정치, 경제문화 등 모든 제도를 민주주의 이념으로써 건설할 것은 현하의 국시라 할 것이다. 그러므로 만민은 모름지기 평등할 것이고 성의 구별로 인하여 생(生)한 차별적 제도는 이미 민주주의 추세에 적응한 변화를 본 바로서 현하 여성에 대하여 선거권과 피선거권을 인정하고 기타 관공사에 임명되는 자격도 남성과 구별이 무(無)하여 남자와 동등한 공권을 향유함에 이른 바인즉 여성의 사권(私權)에 대하여도 또한 동연(同然)할 것이매 남녀평등을 부인하던 구제도로서 그 차별을 가장 현저히 한 민법 제14조는 우리 사회상태에 적합하지 아니하므로 그 적용에 있어서 적당한 변경을 가할 것은 자연의 사세이다. 자(玆)에 본원은 사회의 진전과 법률의 해석을 조정함에 의하여 비로소 심판의 타당을 기할 수 있음에 감하여 동조에 의한 처의 능력제한을 인정치 아니하는 바이다. 현행 소송능력에 대하여는 […] 처의 소송행위에 대하여 부(夫)의 허가를 수(受)케 되었으나 이는 전단설시에 의하여 적용치 아니할 것" (출처: 法政 1947년 10월, 49쪽)

[해설] 헌법이 제정되기도 이전 군정대법원이 "현행 민법"의 적용을 거부하는 근거를 국시인 민주주의 이념에 비추어 볼 때 우리 사회상태에 적합지 않기 때문이라고 설명한 이 판결은 당시 국내 법조계에서 이례적일 정도로 많은 논란을 불러 일으켰다. 홍진기, 김갑수, 김안진, 황성희, 김증한, 장후영 등이 약 반년에 걸쳐 당시 법정(法政)지를 중심으로 이 판결에 대한 치열한 찬반 양론을 개진했다. 당시 찬반 논의의 전개와 그에 대한 평가에 관해서는 양창수, 우리 나라 최초의 헌법재판논의 – 처의 행위능력 제한에 관한 1947년 대법원 판결에 대하여, (서울대) 법학 제40권 제2호(1999), p.125 이하 참조. 이 판결에 관한 또 다른 설명은 정인섭, 대한민국의 수립과 구법령의 승계, 국제판례연구 제1집(박영사, 1999), pp.304–309 참조. 〈참고〉 동일 취지의 판결: 군정대법원 1948. 3. 18. 4280민사88 판결.

6–8. 일제 법령의 효력(위헌 무효)
(대법원 1956. 4. 20. 4289형상1 판결)

"'헌법 제12조는 모든 국민은 신앙과 양심의 자유를 가진다'라고 규정하였으므로 이와 전시 사찰령시행규칙 제2조 제2항과의 관계를 검토하여 전자의 규정이 우(右) 헌법이 보장한 신앙의 자유권의 규정에 저촉되는 여부를 결정하여야 한다고 할 것이다 우리 헌법상의 신앙의 자유보장에 관한 규정은 법률로서도 이를 제한할 수 없는 것임은 헌법 제12조의 규정 해석상 명백한 것인바 신앙자유의 불가결의 요소로서 신앙단체의 결사자유를 내포하고 있다고 할 것이오 그 단체의 주요 구성원의 선정에 관한 자유도 그 단체자체가 보유할 것이므로 법령으로써 이를 제한할 수 없다고 해석함이 정당하다고 아니할 수 없다 그러므로 주지의 취임에 지방장관(도지사)의 인가를 요건으로 하는 사찰령시행규칙 제2조 제2항의 규정은 헌법 제12조 소정신앙의 자유보장에 관한 규정에 저촉되는 것으로 헌법 제100조의 규정에 비추어 헌법의 공포실시와 동시에 무효로 되었다고 인정한다." (출처: 대법원 판례집 제4권 1집(형사), 15쪽)

[해설] 구 법령의 위헌 결정권이 어느 기관에 있

느냐에 대해 제1공화국 당시 학설상으로는 논란이 있었다. 그러나 당시의 헌법위원회와 대법원은 모두 구 법령의 형식이나 명칭과는 상관없이 그 내용이 입법사항(법률)에 해당하는 경우 이의 위헌결정권은 헌법위원회에 있고, 명령·규칙에 해당하는 경우 대법원이 위헌결정권을 갖는다고 판단했다. 본 판결의 대상인 일제 사찰령 시행규칙은 제1공화국 시절 유일하게 위헌결정이 내려진 구 법령이다.

〈참고〉 사찰령 시행규칙에 관한 동일 취지의 판결:
① 대법원 1956. 3. 30. 4288행상21 판결(한국판례집(공법 Ⅰ)(1970), 11쪽).
② 대법원 1957. 2. 1. 4289재2 판결(한국판례집(공법 Ⅰ) 29쪽).

6–9. 일제 법령의 법률적 효력
(대법원 1955. 3. 4. 4287형상101 판결)

"당시(단기 4272년 5월 26일)은 우리 헌법제정 전(前)임으로 지방행정기관인 도지사가 도령으로 법률사항을 유효히 결정할 수 있었고, 또한 헌법의 입법사항을 규정한 당해 규칙은 헌법 제100조에 의하여 동법 시행 후에도 법률로써 개정할 때까지는 법률적 효력을 보유한다 할 것임으로 피고인에 대하여 동규칙을 적용하지 않은 원심무죄판결은 파훼를 불면할 것으로 사료한다 함에 있다.

심안컨대 원심은 충청북도 목탄검사규칙은 단기 4272년 5월 26일 충청북도령 제14호로 공포 동년 7월 1일부터 시행된 것이고 이는 소위 일제 칙령 제392호 「조선총독부지사의 발하는 명령의 벌칙에 관한 건」(단기 4252년 8월 1일)으로 규정한 「조선총독부지사는 그 발하는 명령에 3월 이하의 징역 또는 금고 구류 100원이하의 벌금 또는 과료에 부할 수 있다」는 조항에 의한 것인바 우 소위 칙령은 헌법상 위임명령의 한계를 초월한 것임으로 이를 근거로 하여 지사가 발한 우(右) 목탄검사규칙은 헌법 제58조, 동 제9조, 동 제31조에 위배됨으로 동 규칙은 헌법시행과 동시에 그 효력을 상실한 것이라 함에 있으나 왜정하 적법히 제정 공포된 명령은 그것이 부령이거나 도령이거나 형식여하를 불구하고 헌법시행 당시 그

효력이 계속되어 있는 것은 헌법 제100조에 소위 현행법령에 해당함으로 그 내용이 실질적으로 헌법정신에 저촉되지 아니한 것이면 법률사항을 규정한 명령이라도 이를 개정할 때까지 동조에 의하여 법률과 동일한 효력을 지속하는 것이다. 그렇다면 전시 목탄규칙은 헌법에 저촉되는 명령으로 무효라 하여 동 위반행위를 무죄로 한 원판결은 우 법규를 오인한 위법이 있어 파기를 면치 못할 것임으로 논지는 이유 있다.”(출처: 대법원 판례집 제1권 8집(형사), 7쪽)

참고 동일 취지의 판결: 서울고등법원 1962. 7. 31. 4294형상37 판결.

6-10. 일제 법령의 효력
(대법원 1960. 9. 15. 4291민상492 판결)

“대한민국이 독립된 후 사찰령의 존폐에 관하여 논의가 있는 듯 하나 비록 사찰령이 일제 당시 제령의 형식으로 제정 실시된 것이라 할지라도 대한민국 독립후 차를 폐지하는 법령이 시행된 바 없고 일방 우령(右令)은 일제의 식민지였던 한반도 소재의 사찰이나 한민족의 종교활동을 탄압하거나 반대로 사찰에 대하여 특권을 부여하는 취지가 아니고 단지 사찰에 의한 종교활동을 보호하려는 행정목적과 사찰재산이 형성된 역사적인 유래에 감하여 사찰행정의 원칙적인 규범과 사찰재산의 관리처분에 관한 준칙을 규정한 것인바 우(右) 기의 입법 취지는 대한민국 헌법의 정신에 저촉된다고는 인정되지 않으므로 사찰령은 우 헌법의 공표실시 후에도 의연 존속한다고 할 것이다.”(출처: 대법원 판례집 제8권(민사), 136쪽)

2. 일제시 법률관계의 승계

6-11. 조선총독부 계약의 승계
(대법원 1966. 9. 6. 65다868 판결)
[사안: 일제시 조선총독부 소유의 토지를 매수

한 원고가 광복 후 대한민국 정부에 대해 이 토지에 관한 소유권 이전등기를 청구할 수 있는가에 대한 판결이다.]

“1945. 8. 9. 이전에 조선총독부 소관으로 있던 국유재산은, 대한민국 정부수립과 동시에 당연히 대한민국의 국유가 되는 것이고, 또 국유재산과 관련하여 일본정부가, 한국인에게 부담하는 계약상 의무도 대한민국 정부수립과 동시에, 대한민국이 이를 승계한다고 할 것이다.

그리고, 대한민국정부와 미국정부간에 체결된 재정 및 재산에 관한 최초협정이 국유재산을 그 제5조에 규정한 귀속재산에 포함시키지 않고, 제1조에 따로히 규정한 점으로 보아도, 미군정법령 제33호에 의하여 미군정청이 1945. 9. 25.자로 소유권을 취득한 재산 중에는 위와 같은 국유재산은 포함되지 않았다고 해석하는 것이 타당하므로, 본건 계쟁재산은 이른바 귀속재산이 아니며, 1948. 7. 28.자 군정장관지령의 적용을 받지 않는 것이라고 할 것이다.

그러므로, 본건 임야에 관하여 원고 주장과 같은 양여사실을 인정할 수 있다고 하면, 피고는 특별한 다른 사정이 없는 한, 그 양여계약에 의하여 원고에게 소유권 이전등기절차를 이행할 의무가 있다고 할 것이다.”(출처: 대법원 판례집 제14권 3집(민사), 1쪽))

6-12. 조선총독부 계약의 승계
(대법원 1981. 9. 8. 81다61·62 판결)

“1945. 8. 9 이전에 조선총독부 소관으로 있던 국유재산은 대한민국 정부수립과 동시에 당연히 대한민국의 국유가 되는 것이고, 또 위 국유재산과 관련하여 일본 정부가 한국인에게 부담하는 계약상 의무도 대한민국 정부수립과 동시에 대한민국이 이를 승계한다 할 것이다. 그리고 대한민국 정부와 미국정부간에 체결된 재정 및 재산에 관한 최초 협정이 국유재산을 그 제5조에 규정한 귀속재산에 포함시키지 않고 제1조에 따로이 규정한 점으로 보아도, 미군정법령 제33호에 의하여 미군정청이 1945. 9. 25자로 소유권을 취득한 재산 중에는 위와 같은 국유재산은 포함되지 않았다고 해석할 것이므로(1966. 9. 20. 선고 66다1355 판결 참조) 이 사건 재산은 이른바 귀속재산이 아니며 1948. 7. 28자 군정장관의 지령의 적용을 받지 않는 것이라 할 것이므로 이와 반대의 견해로 원심판결을 비난하는 주장은 이유 없다." (출처: 법원공보 제667호(1981. 11. 1.), 14330쪽)

(참고) 동일 취지의 판결:
① 대법원 1966. 9. 20. 65다1355 판결(대법원판례집 제14권 3집(민사), 75쪽).
② 대법원 1969. 8. 19. 69다797 판결(대법원판례집 제17권 3집(민사), 19쪽).
③ 대법원 1989. 8. 8. 88다카25496 판결(법원공보 제857호(1989. 10. 1.), 1351쪽).
④ 대법원 1994. 2. 8. 93다54040 판결(법원공보 제965호(1994. 4. 1.), 1010쪽).

6-13. 일제시 전주부(府) 재산의 전주시(市) 승계
(대법원 1993. 9. 24. 93다23558 판결)

"1930. 12. 1. 제령 제11호에 근거하여 시행된 부제(府制)에 따라 설치된 부(府)는 법인으로서의 독립한 법인격을 지니는 것이고(위 제령 제1조), 또 이러한 부는 1949. 7. 4. 법률 제32호로 제정된 지방자치법의 시행과 함께 위 법이 정하는 지방자치단체인 시(市)로 된 것이므로(위 법 부칙 제2조), 이 사건에 있어 원심이 일정 당시의 부제하에서 설치된 전주 부(全州府)가 이 사건 환지 전 토지에 관하여 취득한 권리관계를 원고 시가 그대로 승계하였다고 본 데에 무슨 위법이 있다고 탓할 수 없다." (출처: 법원공보 제956호(1993. 11. 15.), 2927쪽)

6-14. 일제시 공무원 경력의 인정(부정)
(대법원 1988. 4. 27. 87누915 판결)

"왜정시대에 군청에서 2년 이상 근무한 사람이라도 1950. 2. 10 대통령령 제276호 지방공무원령 제76조나 1949. 8. 12 법률 제44호 국가공무원법 제55조가 정하는 고시 또는 전형에 합격한 사람이 아닌 1961. 9. 23 법률 제727호로 제정 공포되고 1963. 3. 5 법률 제1288호로 개정공포된 구 행정서사법 제2조 제1항 제2호가 행정서사사업 허가 자격의 하나로 정하는 "행정기관에서 2년 이상 근무한 자"로 되지 못하는 것이라고 해석하는 것이 옳다." (출처: 법원공보 제825호(1988. 6. 1.), 923쪽)

6-15. 일제시 조선고등법원의 법적 성격
(대법원 1984. 3. 13. 83다358 판결)

"조선고등법원의 판례(조선고등법원 1920. 5. 14. 선고 민상 20 판결)는 조선고등법원이 우리나라가 독립하기 이전에 일본국이 이땅에 설치한 재판기관에 불과하여 어떤 의미에서도 소송촉진등에 관한 특례법 제11조 제1항 제3호 소정의 대법원에 해당하지 아니함이 명백하므로 그 판례에 상반된다는 것은 적법한 상고이유가 될 수 없다." (출처: 법원공보 제727호(1984. 5. 1.), 595쪽)

3. 광복 후 적산처리

[남한의 미군정당국은 1945년 12월 6일 군정법령 제33호를 통해 남한내 일본 정부 및 일본 국민의 재산을 몰수했다. 즉 이 법령의 핵심 제2조의 내용은 다음과 같다.

"1945년 8월 9일 이후 일본정부, 기(其)의 기관 또는 기(其) 국민, 회사, 단체, 조합, 기(其) 정부의 기타 기관 혹은 기(其) 정부가 조직 또는 취체(取締)한 단체가 직접 간접으로 혹은 전부 또는 일부를 소유 또는 관리하는 금, 은, 백금, 통화, 증권, 은행 감정(勘定), 채권, 유가증권 또는 본군정청의 관할 내에 존재하는 기타 전 종류의 재산급(及) 기(其) 수입에 대한 소유권은 1945년 9월 25일부로 조선군정청에 취득하고 조선군정청이기(其) 재산 전부를 소유함."

그 후 1948년 8월 15일 대한민국 정부가 수립되자 한미 양국은 「대한민국 정부와 미합중국 정부가 재정 및 재산에 관한 최초협정」(조약 제1호)을 체결해 미군정청의 잔여 몰수재산을 한국 정부로 이양했다. 이어 1952년 샌프란시스코 대일평화조약 제4조 (b)는 "미합중국 정부에 의해 또는 그 지령에 따라 실시된 일본국 및 그 국민의 재산의 처리의 효력을 승인한다"고 규정해 일본은 점령당국의 처리를 수용했다.

후일 이 재산몰수의 대상에 관해서는 국내에서 수 많은 소송이 제기된 바 있고, 한일회담 초기에 일본은 미군의 사유재산 몰수는 전시 국제법 위반이라며 이른바 대한(對韓) 청구권을 주장하기도 했다.]

6-16. 적산 몰수대상의 판정 기준(1945. 8. 9. 등기부 기준)

(대법원 1981. 6. 23. 80다2870 판결)

"군정법령 제2호, 제33호, 한국정부 및 미군정부와의 재정 및 재산에 관한 최초협정에 의하면 1945. 8. 9 현재 일본인 소유 명의로 있는 재산은 군정법령 제33호에 의하여 1945. 9. 25자로 정부에 귀속된 것이라 할 것이나, 동 재산에 관하여 일본인으로부터 그 이전에 이를 매수하여 소유권을 취득하였음을 주장하는 자는 그 매수사실을 들어 군정법령 제103호와 1948. 4. 17자, 1948. 7. 28자 각 군정장관 지령에 의한 재산소청위원회에서의 귀속해제의 재결 또는 간이소송절차에 의한 귀속해제 결정 및 법률 제120호에 의한 확인을 받거나 혹은 법원으로부터 확정판결에 의한 귀속해제를 받아서 그 소유권을 주장할 수 있으며 따라서 위와 같은 귀속해제 조치를 받지 아니한 자는 그 매수사실을 들어 그 소유권을 주장할 수 없고, 그 소유권은 국가에 귀속한다고 할 것인바(당원 1967. 2. 28. 선고 66다2668 판결, 1967. 10. 12. 선고 67다1551 판결, 1969. 9. 23. 선고 69다902 판결 참조), 원판결이 원고가 이 사건 부동산을 1945. 7. 15 소외 일본인으로부터 매수하였으나, 그 소유권이전등기는 같은 해 9. 11에 경료함으로써 1945. 8. 9 현재 일본인 소유 명의로 있었던 사실을 인정한 다음 이에 대하여 원고가 위와 같은 귀속해제 조치를 받은 바 없음을 자인하는 이 건에 있어 원고는 이 사건 부동산의 소유권을 주장할 수 없고, 그 소유권을 국가에 귀속되었다고 한 판단은 정당하고, 거기에 논지 법령 및 규칙들의 법리나 취지를 오해한 잘못이 있다고 인정할 수 없어 논지는 이유 없다." (출처: 법원공보 제662호 (1981. 8. 15.), 14092쪽)

6-17. 적산 몰수대상의 판정 기준(1945. 8. 9. 등기부 기준)

(대법원 1986. 3. 25. 84다카1848 판결)

"미군정법령 제2호, 같은 제33호, 같은 제103호 간이소청절차에 의한 귀속해제결정의 확인에 관한 법률 및 법령 제2호 및 제33호에 포함된 동산과 부동산에 대한 조선재판소의 관할에 관한 군정장관지령 제7조, 대한민국정부와 미국정부간의 재정 및 재산에 관한 최초협정 등이 정하는 바를 모아 보면, 1945. 8. 9를 기준으로 하여 공부상 일본인명의로 되어있던 부동산은 그 소유권이 일단 미군정청에 귀속하고 이에 대하여 이의가 있는 자는 재산소청위원회에 소청을 제기하여 귀속해제결정을 받고 다시 법무부장관으로부터 위 귀속해제결정에 대한 확인을 받아야 하는데 이 소청은 1948. 8. 31까지 제기하도록 되어 있고 이와 같은 절차를 밟지 아니하면 그 부동산은 귀속재산으로서 확정적으로 미군정청에 귀속되었다가 대한민국의 수립에 따라 대한 민국정부에 이양되었다고 할 것이다.

1945. 8. 9 현재 일본인 위 기노시다 사까에 명의의 소유권이전등기가 되어 있었던 이 사건 토지는 위 미군정법령 제2호 및 제33호에 의하여 귀속재산이 되었고 위 소외회사와 위 일본인과의

대내적 관계에 있어서는 위 소외회사가 그 소유
권을 취득하였으나 다만 그 대항요건을 구비하지
못한 것이라면 귀속해제를 목적으로 하는 소청
또는 소송을 1948. 8. 31까지 재산소청위원회 또
는 조선재판소에 제기하여야 할 것인데 이와 같
은 격식의 절차를 밟지 않은 소외회사로서는 이
사건 토지에 관한 대내적 소유권도 완전히 상실
하였음이 법문상 명백하다.

한편 소유권이전등기청구권보전을 목적으로 하
는 가등기는 그 성질상 장래 본등기를 하는 경우
에 그 순위를 가등기날짜로 소급하여 보전하는
것으로 가등기의 목적과 효력은 오직 이에 그치
고 어떤 새로운 권리를 취득하는 것도 아니고 가
등기가 경료되었다고 하여 가등기의무자에게 본
등기절차를 이행할 의무가 당연히 발생하는 것도
아니므로 원심이 확정한 바와 같이 위 기노시다
사까에 명의로 있던 이 사건 부동산에 위 소외회
사가 1943. 2. 2 소유권이전등기청구권보전의 가
등기를 경료하였다가 1963. 5. 14자로 본등기절차
가 마쳐졌다고 하더라도 위 가등기에 기한 본등기
를 하려면 1948. 8. 31까지 제기된 소청 또는 소송
에 따른 귀속해제의 재결이나 확정판결을 받아야
할 것이므로 이와 같은 절차를 밟지 아니한 위 소
외회사는 그 소유권을 주장할 수 없다고 할 것이
다.”(출처: 대법원 판례집 제34권 1집(민사), 139쪽)

[해설] 귀속재산에 관한 적지 않은 소송은 1945년
8월 9일에는 일본인 명의로 등기가 되어 있었을
지라도 실제로는 그 이전에 조선인이 소유권을 취
득하여 1945년 8월 9일자에 일본인 재산이 아니
었다는 주장에서 비롯되었다. 부동산 물권의 득실
변경은 등기해야 효력이 발생하는 현행 민법과 달
리 당시 일본 구 민법상 등기는 부동산 소유권 변
동의 효력요건이 아니었기 때문에 등기가 실제 게
을리 된 사례가 많음도 사실이었다. 그러나 귀속
재산 여부의 판단에 있어서 사법부는 일관되게 군
정법령 제33호가 언급한 1945년 8월 9일자 등기
부 명의만을 기준으로 삼았고, 그 일자의 실질적
소유권이 누구에게 있었는가는 문제 삼지 않았다.
⚫참고 1945년 8월 9일자 등기부 명의를 기준으로

적산 여부를 판단한 판례들.
① 대법원 1962. 6. 21. 62다217 판결(대법원 판례
집 제10권 3집(민사), 102쪽).
② 대법원 1964. 12. 22. 64다1209 판결(대법원 판
례집 제12권 2집(민사), 207쪽).
③ 대법원 1969. 1. 21. 68다1754 판결(대법원 판례
집 제17권 1집(민사), 40쪽).
④ 대법원 1969. 6. 24. 68다67 판결(대법원 판례집
제17권 2집(민사), 204쪽).
⑤ 대법원 1969. 7. 22. 69다755 판결(대법원 판례
집 제17권 2집(민사), 364쪽).
⑥ 대법원 1969. 9. 23. 69다902 판결(대법원 판례
집 제17권 3집(민사), 101쪽).
⑦ 대법원 1971. 4. 30. 71다502 판결(대법원 판례
집 제19권 1집(민사), 415쪽).
⑧ 대법원 1979. 5. 8. 79다432 판결(대법원 판례집
제27권 2집(민사), 1쪽).
⑨ 대법원 1980. 7. 8. 80다807 판결(대법원 판례집
제28권 2집(민사), 131쪽).
⑩ 대법원 1981. 6. 23. 80다2870 판결(법원공보 제
662호(1981. 8. 15.), 14092쪽).
⑪ 대법원 1982. 2. 9. 80다2830 판결(법원공보 제
678호(1982. 4. 15.), 336쪽).
⑫ 대법원 1989. 7. 11. 88다카24912 판결(법원공보
제855호(1989. 9. 1.), 1225쪽).
⑬ 대법원 1996. 11. 15. 96다32812 판결(판례공보
제25호(1997. 1. 1.), 16쪽).

6-18. 일제가 적산몰수한 연합국민 재산의 반환의무

(대법원 1970. 12. 22. 70다860 · 861 판결)

[사안: 문제의 토지는 원래 영국인 등 연합국인
을 주주 및 이사로 하여 일제시 일본에서 설립된
형식상 일본법인의 소유였다. 제2차대전 중 일본
정부는 이 회사의 재산을 적산으로 몰수한 후 조
선총독부는 입석산업주식회사라는 일본 법인에게
이를 매각했다. 종전 후 입석산업의 재산은 적산
으로 몰수되었다가 한국 정부 수립 후 이○○에
게 불하되어 등기도 이전되었다. 후일 원 소유자
(쉘 석유회사)는 문제의 토지가 연합국인의 재산으
로 귀속재산 몰수대상이 아니라고 주장하며 반환
을 요구하자, 한국 정부는 1957년 8월 이 사건 원

고 쉘 석유회사에게 토지 반환을 결정했다. 이에 쉘은 당시 등기 명의자를 상대로 소유권 이전등기를 청구했다.]

"한미간의 최초협정 제6조의 입법취지는 전시 규정하에 일본정부가 압수 몰수 또는 가차압한 연합국 국민재산 및 일본정부가 적산으로 취급한 기타인의 재한국재산은 대한민국정부가 그 정당한 소유자에게 이를 반환하도록 한 것이고, 또 그 제6조에 이른바 "일본정부가 적산으로 취급한 기타인의 재한국재산"의 "기타인의 재산"에는 귀속재산이 아닌 것도 스스로 포함하고 있는 취지로 볼 수 있을 뿐 아니라, 도대체 귀속재산을 규정한 미군정법령 제33호는 본래 그 제정목적이 미국 기타 연합국과 대전한 전국인 일본국의 정부 그 기관 또는 국민 등의 소유재산을 미군정청이 취득하여 귀속재산으로 한다는 것으로서 원판결이 증거에 의하여 적법하게 인정한 바와 같이 원고회사의 총주식은 80,000주이고 그 주주는 전부가 영국법에 의하여 설립되고 그 본점이 영국의 런던에 있는 쉘 석유회사를 비롯하여 영국인 5명 화란인 1명으로 구성된 라이징산 석유주식회사의 이사 6명과 위 쉘, 석유회사가 지명한영국인 3명으로서 그 모두가 일본국과 대전한 연합국인이므로 비록 원고회사가 그 본점을 일본국내에 둔 일본법인이라 할지라도 그 소유재산은 실질적으로는 전체주주인 그들 연합국인의 소유일 것임에 비추어 일본정부가 전시 규정하에 적산으로 몰수하는 재산으로는 될지언정 반대로 미군정청이 적산이라 하여 귀속재산으로 취득한 다른 일본법인 소유재산의 경우와 같이 군정법령 제33호에 의하여 귀속될 재산의 범주에는 성질상 속하지 아니하는 것으로 보아야 할 것이라는 점과 이 사건 문제의 토지가 일본정부에 소속된 조선총독에 의하여 적산이라는 이유로 몰수처분된 것임이 당사자간에 다툼이 없는 사실을 종합고찰하면 원심이 한미간의 최초협정 제5조에 규정한 재산의 범위를 귀속재산으로 국한할 수는 없고 이 사건 문제

의 토지는 비록 귀속재산의 개념에는 포함되지 않는다 하더라도 일본정부 기관에 의하여 적산으로 취급되어 몰수된 재한국 재산으로서 동 협정의 조문에 의하여 반환의 대상이 되는 것이라 하였음은 정당한 법해석의 결과라 할 것이고, 다음에 위에서 본바와 같이 한미간 최초협정의 규정 자체에 의하면 반환하기로 되어 있고, 거기에는 반환에 관한 어떤 절차법을 예상하고 있지 않으므로 절차법 없어도 그 협정규정에 따라 나라가 원고와의 간 계약에 의하여 이 사건 문제의 토지를 반환한 것이 무효라 할 수 없는 것이고, 또 그 반환당시 이 사건문제 토지의 소유자가 국내법인인 소외 입석산업주식회사라 하여도 한미간 최초협정 제5, 6조에 따라 나라가 재산을 반환하는 행위는 그 재산이 일본정부에 의하여 전시 규정하에 적산이라는 단순한 이유로 몰수된 것을 무효로 돌려(따라서 일본정부기관인 조선총독의 입석산업주식회사에 대한 이 사건 문제재산의 매도도 무효로 돌리고) 이를 원고 소유자에게 회복시키는 행위로서 반환 당시의 소유명의자의 의사여하에 불구하고 이행할 의무를 진 것이고, 그 반환당시 소유자에 대한 보상은 나라와 간의 별도문제로 보아야 할 것이며, 그밖에 이 사건 문제토지는 위 국내법인 입석산업주식회사 소유명의로 있었던 것으로서 나라는 동 회사의 귀속주식만을 취득하여야 되는 것인데도 불구하고 이 사건문제토지를 귀속재산이라고 하여 피고 이상순에게 불하매각한 처분을 당연무효라 할 것이므로 동 피고는 이 토지에 대한 소유권을 취득할 수 없는 것인즉, 나라가 이를 원고에게 반환한 것이 소론이 지적하는 바와 같이 동 피고 개인의 재산권을 침해하는 헌법위반이 된다고 볼 수는 없고 나라가 원고에게 이 사건 문제토지를 반환함에 따른 원고명의로의 회복등기절차가 미군정법령 제210호를 원인으로 한 것은 잘못이라 하더라도 그 회복등기의 결과가 실제 회복된 권리의 내용과 부합하는 것일진댄, 그 절차상의 하자는 치유되어 결국 적법한 것으

로 되었다 할 것이므로 모두 이와 같은 취지의 원판결은 정당하고 논지는 이유 없다.”(출처: 대법원 판례집 제18권 3집(민사), 373쪽)

(참고) 「대한민국 정부와 미합중국 정부간의 재정 및 재산에 관한 최초협정」(1948년 9월 11일 서명, 같은 달 20일 발효) 제6조: “전시 규정하에 일본정부가 압수, 몰수, 우(又)는 가차압한 재한국 연합국 국민재산 급(及) 일본정부가 적산으로 적급한 기타인의 재한국 재산으로서, 제5조 규정하에 대한민국정부에 이양되는 재산은, 정당한 소유자가 적당한 기간내에 반환을 청구하므로 해(亥) 소유자에게 반환할 시까지 대한민국정부가 차를 보호 급(及) 보존함. 대한민국정부는 소유자 급(及) 대한민국정부간의 상호협정에 의하여, 별도 처리를 정치 않은 한, 소유자를 증명할 수 있는 일절의 재산을 반환하기로 공약함.

대한민국정부는 재조선미군정청이 수립한 정책을 계승하여 명기 재산이 해(亥) 소유자의 관리하에 있지 아니한 기간중에, 해(亥)재산에 발생한 손해 우(又)는 상실에 대한 배상을 소유자에게 지불할 것을 공약하되, 그 범위는 일본제국정부, 그 대행기관 우(又)는 그 국민이 전쟁목적으로 압수, 몰수, 우(又)는 가차압한 한인재산에 발생한 손해 우(又)는 상실에 대하여, 대한민국정부가 지불하는 배상과 동정도임을 요함. 대한민국정부는 본협정 유효기일전, 본 조에 언급한 재산의 행정에 의하여 발생한 일절청구권에 대한 책임을 미국정부로부터 자에 인수하며, 미국정부는 그 책임을 면함.”

6-19. 일본과 연합국 이중국적자의 재산(적산)

(대법원 1976. 6. 8. 74다953 판결. 원고, 상고인: 풍경일. 피고, 피상고인: 대한민국)

[사안: 원고는 일제시 중국인 부와 일본인 모 사이에 사생자로 출생하여 일본인 모의 호적에 입적되어 있었다. 그의 재산은 미군정기 적산몰수되었다. 후일 원고는 자신의 부가 중국인으로 연합국 국민이므로 자신의 재산은 적산몰수의 대상이 아니라고 주장했다.]

“원심은 원고는 1921. 8. 21 중화민국인인 소외 풍자주(馮子周)와 일본국인인 소외 우메다(梅田) 치나 사이에 한국에서 출생한자로서 1938. 6. 18 모인 우메다치나에 의하여 일본국 호적에 부(父) 불명의 사생자로 계출 입적된 사실을 인정하고 이 당시 시행하던 일본국의 구 국적법 제5조 제3호 및 제6조의 규정에 의하면 본국법에 의하여 미성년자인 외국인이 일본인 부 또는 모에 의하여 인지되었을 때에는 일본국적을 취득하고 당시의 일본국 호적법의 해석상 모가 사생자출생의 계출을 한 때에는 사생자 인지 계출의 효력이 있는 것이므로 원고는 모의 국적에 입적됨으로써 일본국 국적을 취득하였고 그 당시 원고는 사생자 아닌 중화민국인 풍자주가 그 혈통상의 부였고 원고의 부가 중화민국인이기 때문에 중화민국 국적법에 의하여 원고는 출생과 동시에 중화민국 국적을 취득한 이른바 이중 국적자라 할지라도 원고는 최초협정과 군정법령의 적용을 받는 일본인으로 봄이 상당하다 하여 그 이름을 매전경일(梅田慶一)로 바꾼 후 본건 부동산을 매전경일의 명의로 매수 등기하였으므로 본건 토지의 소유권은 피고에게 권리 귀속되었다고 판단하였는바 원심의 이러한 사실인정의 과정과 내용을 기록에 의하여 보아도 적법하고 거기에는 채증법칙을 위배한 위법은 없으며 원판결은 그 사실관계에서 원고는 외국인인 부 중화민국인 풍자주와 모 일본국인 우메다치나 사이에 대한민국에서 출생한 자이고 원고가 그 부의 국적을 가진 중화민국의 국적을 취득하였다 하여도 우리나라에서 위 부모가 정식 부부라고 볼 수 없다는 취지에서 부 불명의 사생자라고 인정한 것임을 알 수 있고 당시 시행중이던 대한민국의 의용민법, 국적법, 호적법 및 법례 등 관계법령에 비추어 보더라도 원고가 일본국적을 취득하였다고 본 원판결은 정당하며 원판결에는 대한민국이나 일본의 구 국적법 또는 국적 취득 및 인지의 효력과 호적상 기재에 관한 법리를 오해하거나 혼동한 위법이 없고 또한 원고가 중화민국 민법에 의한 인지의 요건을 구비하고 그에 따라 동국 국적법에 의하여 중화민국 국적을 취득하였다 하더라도 그것만으로서는 우리나라 법에 의하여 볼 때 당연히 인지의 효력의 발생하였다고 할 수 없고 또 우리나라 법상 정식 부부간에 출생한 자라고도 할 수 없으므로 중화민국 국적취득 또는 중화민국 민법에 의한 인지의 요건을 구비한 것과는 관계없이 모의 위와 같은 호적신고에 의하여 일본국 국적을 취득케 되는 것이므로 원심이 원고의 중화민국 국적취득 여부에 관하여 심리를 하지 아니 하였다하여 심리미진이나 법률위배의 위법이 있다고 할 수 없고, 본건 부동산에 관하여는 원고가 중화민국과 일본국의 각 국적을 취득한 이중국적자라 하더라도 1945. 8. 9 현재 부동산 등기부상 일본인 매전경일 소유명의로 등기되어 있는 본건 부동산은 군정법령 제33호에 의하여 군정청이 그 소유권을 취득한 후 한미간 체결된 재정 및 재산에 관한 최초협정에 의하여 정부에 이양된 귀속재산이라 할 것이므로(대법원 1956. 9. 27. 선고 4289민상302 판결 참조) 이와 같은 취지에서 판단한 원판결은 정당하고 원판결에는 군정법령 제33호 및 대한민국 정부와 미정부간의 재정 및 재산에 관한 최초협정의 해석을 그릇한 위법이 있다 할 수 없으므로 논지는 원심의 정당한 판결판단을 비의하는 것으로서 채용할 수 없다."(출처: 대법원 판례집 제24권 2집(민사), 100쪽)

6-20. 광복 후 한국 복적자의 재산(적산)
(대법원 1962. 1. 18. 4294행상86 판결)

"원판결은 본건 부동산이 소외 소림 옥녀의 소유였다는 사실과 소림 옥녀가 8.15 해방전 일본인 소림 심장과 혼인한 사실을 설시한 다음 그 인용의 증거에 의하여 소림 옥녀는 1946. 3. 12. 태덕관과 혼인하여 입적한 사실을 인정하고 1948. 5. 11.에 공포된 남조선 과도정부 법률 제11호 국적에 관한 임시 조례 제5조에 의하여 본건 부동산은 귀속 재산이 아니고 한국인의 재산임을 판시하였음은 원판결의 판시상 명백하다.

그러나 남조선 과도정부 법률 제11호 제5조는

외국의 국적 또는 일본의 호적을 취득한 자가 그 국적을 포기하거나 일본의 국적을 이탈한 때는 1945. 8. 9 이전에 조선의 국적을 회복한 것으로 간주한다고 규정하고 있으나 군정법령 제118호 제11조는 남조선 과도정부 법률을 제정한 조선과도입법의원의 권한에 관하여 조선 군정청의 권한하에 있음을 규정하였고 1948. 5. 12에 공포된 군정법령 제191호는 법령 제33호의 해명이라는 제목하에 제2조는「법령 제33호에 의하여 군정청에 이미 복귀된 재산은 전 소유자가 본령 시행 기일 이후에 일본국적을 포기하고 소급적으로 조선국적을 취득한 경우에도 계속하여 귀속재산임」을 규정하고 있으므로 군정 법령 제191호는 그 공포일자에 1일의 차는 있으나 그 제목과 그 내용으로 보아 남조선 과도정부 법률 제11호는 귀속재산에는 아무 관계없음을 석명한 것이므로 이 법률 제5조는 일본의 국적을 취득한 자가 일본의 국적을 이탈 또는 포기하여도 기왕 귀속된 재산에는 아무 영향이 없다고 해석함이 타당하다. 그렇다면 이 법률 제5조에 의하여 귀속된 재산이 귀속이 해제된 것으로 해석하여 위 소림옥녀로 부터 매수한 원고의 소유권을 인정하고 원고의 청구를 인용한 원판결은 남조선 과도정부 법률 제11호와 군정 법령 제191호의 해석을 잘못한 위법이 있으므로 이 점에 관한 논지는 이유 있고 따라서 그 밖의 논지에 대하여는 판단을 생략하고 민사소송법 제406조에 의하여 관여 법관 전원의 일치한 의견으로 주문과 같이 판결한다."(출처: 대법원 판례집 제10권 제1집(행정), 22쪽)

6-21. 일제시 일본인에 입양된 조선인의 재산 (적산)
(대법원 1971. 6. 30. 71다1057 판결)

"소외인 문용화가 1943. 10. 13. 일본인 하시모도 요시에게 양자연조를 하여 일본국적을 취득하고 있던 중 1945. 3. 30. 이 사건 토지(경북 영일군 구룡포읍 구룡포리 842번지, 답265평과 같은리 818번지, 답344평)를 취득하고 있다가 해방을 맞이하였으면 이 토지는 일본인 소유의 부동산이 되어 이른바 귀속재산이 된다 할 것이다. 위의 문용화가 그 뒤(46. 2. 25.) 그 양자연조 관계를 이연에 의하여 해소시켰다 할지라도 위에서 본 법률관계에는 아무러한 영향을 줄 수도 없다. 또 군정법령 제11호에 의하여 한국인이 일본인에게 입양할 수 있는 관계법령이 폐지되었다 할지라도 위의 결론에는 아무런 영향이 없다. 원심판결에는 군정법령 제11호, 제122호에 저촉되는 위법사유가 없다."

(출처: 대법원판례집 제19권 제2집(민사), 188쪽)

[해설] 미군정법령 제33호에 의해 재한 일본인 재산이 몰수되게 되자 누가 이에 해당하는 일본인이냐가 1차적으로 문제되었다. 미군정 당국은 1945년 8월 9일자 호적 등재를 기준으로 일본인 여부를 판단했다. 일제는 호적을 통해 일본인과 조선인을 구분했다. 내지(일본) 호적과 조선 호적 간에는 혼인·입양·인지 등 일정한 신분행위가 있어야만 이동이 가능했으며, 개인의 자유 의사에 의한 임의적 이동은 금지되었다. 예를 들어 일본 여자가 조선 남자와 혼인하면 남편 호적인 조선 호적으로 입적할 수 있었다. 당시 내지(일본) 호적에 입적되어 있다면 혈통상 조선인이라도 법적으로 일본인으로 분류되었고, 조선 호적에 입적되어 있다면 혈통상 일본인이라도 조선인으로 분류되었다.

4. 기타

6-22. 미군정기 법률관계의 승계
(대구지방법원 2013. 10. 17. 2012가합6923 판결)
[사안: 이 사건의 원고는 1946년 '대구 10월 사건'시 사망한 피해자의 유족으로서 당시 진압 경찰에 대한 관리책임을 물어 국가를 상대로 손해배상을 청구했다. 피고인 국가측은 이 사건이 미군정 시절 발생한 것이므로 책임을 질 수 없다고 주장했으나, 재판부는 미군정의 책임을 대한민국이 승계했다고 판단했다.]

"대구 10월 사건은 대한민국 정부 수립 이전 미 군정기에 발생한 사건으로서 당시 경찰 등의 행위를 관리·감독할 책임이 있던 미군정 소속 공무원 등이 저지른 불법행위에 대하여 피고가 책임을 질 수 없다는 취지로 주장하나, 대한민국 정부수립 직전인 1948. 8. 11. 체결된 '대한민국 정부와 아메리카합중국 정부간의 대한민국 정부에의 통치권 이양 및 미국점령군대의 철수에 관한 협정' 및 그에 따라 1948. 8. 24. 체결된 '대한민국 대통령과 주한미군사령관간에 체결된 과도기에 시행될 잠정적 군사안전에 관한 행정협정' 제2조에 의하면 '주한미군사령관은 공동안전에 부합된다고 간주할 때에 점진적으로 가급적 속히 전 경찰, 해안경비대, 현존하는 국방경비대로서 대한민국 국방군의 지휘책임을 대한민국정부에 이양하는 것에 대하여 동의하며, 대한민국 대통령은 동 국방군의 지휘책임을 인수하는 것에 대해 동의한다'고 되어 있는바, 대구 10월 사건으로 희생된 이 사건 희생자들이 미 군정의 지휘·관리 하에 있던 경찰 등의 불법행위로 희생되었다고 하더라도, 위 협정들에 따라 피고가 위 불법행위에 따른 책임을 승계하였다고 봄이 타당하므로, 피고의 위 주장은 이유 없다."

참고 이 판결은 대구고등법원 2014. 11. 12. 2013나21872 판결 및 대법원 2015. 3. 12. 2014다234360 판결로 확정되었으며, 위 제시된 법리에 관한 판단 부분에는 변함이 없었다. 다만 재판부가 "지휘책임" 이양을 근거로 미군정 시절의 법적 책임이 승계되었다고 해석한 점의 타당성은 의심스럽다. 그보다는 「대한민국 정부 및 미국 정부간의 재정 및 재산에 관한 최초협정」 제1조에 따라 한국 정부는 주한 미군정청이 부담하던 일체의 채무와 미군정청에 대한 모든 청구권을 포함한 일체의 의무를 인수했고, 미국 정부는 그 책임을 면제받기로 합의함으로써 책임이 이양되었다고 해석함이 타당할 듯하다. 같은 협정 제8조 2항은 미군 주둔 결과 발생한 모든 청구원에 대한 책임을 한국 정부가 인수하기로 합의했음도 규정하고 있다.

제 7 장   한일 청구권협정

1. 국가의 분쟁해결의무

2. 청구권 협정의 적용범위

3. 기업의 과거사 책임

4. 기타

[1965년 한일 국교정상화와 동시에 체결된 청구권 협정(정식명 「재산 및 청구권에 관한 문제의 해결과 경제협역에 관한 협정」) 제2조 1항은 "양 체약국은, 양 체약국 및 그 국민(법인을 포함함)의 재

산, 권리 및 이익과 양 체약국 및 그 국민간의 청구권에 관한 문제가, 1951년 9월 8일에 샌프런시스코우시에서 서명된 일본국과의 평화조약 제4조(a)에 규정된 것을 포함하여, 완전히 그리고 최종적으로 해결된 것이 된다는 것을 확인한다"고 규정하고 있다. 후일 이 조항의 정확한 의미가 무엇인가에 대해서 많은 논란이 벌어졌다. 본장에 수록된 판례들은 한일 양국 정부(또는 민간인)가 이 협정의 해석에 관해 이견을 보임으로 발생한 사건에 관한 것이 대부분이다.]

1. 국가의 분쟁해결의무

7-1. 청구권협정 해석 상위에 관한 중재회부 의무
(헌법재판소 2000. 3. 30. 98헌마206 결정. 중재요청불이행 위헌확인)

[사안: 이 사건 청구인들은 과거 일제에 의해 징용되었다가 부상 피해를 입은 자 또는 그 후손이다. 이들은 전후 일본에 계속 거주해 왔으나 일본정부로부터는 아무런 원호보상을 받지 못했다. 한일 양국 정부는 청구권협정 제2조에 의해 양국간에 해결된 청구권의 내용이 무엇인가에 관해 이견을 보이고 있었다. 일본 정부는 외국인은 원호보상의 대상이 되지 않으며, 또한 이들 징용피해자들에 대한 원호보상은 청구권 협정에 의해 법적으로는 이미 해결되었다는 입장이다. 반면 한국 정부는 재일한국인들의 피해보상에 대한 권리는 협정을 통한 해결대상에 포함되지 않았다는 입장이다. 청구인들은 이 같은 양국 정부의 입장차이를 해소하기 위해 한국 정부에게 이 문제를 청구권협정 제3조에 규정된 분쟁해결절차의 하나인 중재재판에 회부하도록 요청했으나 이행되지 않았다. 청구인들은 정부의 이 같은 공권력의 불행사는 국가의 재외국민 보호의무 위반이라며 헌법소원을 청구했다.]

"3. 판단
가. 이 사건 협정 관계조항의 내용
1965. 6. 22. 우리나라와 일본국사이에 양국 및 양국 국민의 재산과 양국 및 양국 국민간의 청구권에 관한 문제를 해결할 것을 희망하고, 양국간의 경제협력을 증진할 것을 희망하여 체결된 이 사건 협정 제2조 제1항은 "양 체약국은 양 체약국 및 그 국민(법인을 포함함)의 재산, 권리 및 이익과 양 체약국 및 그 국민간의 청구권에 관한 문제가 … 완전히 그리고 최종적으로 해결된 것이 된다는 것을 확인한다"라고 규정하고, 같은 조 제3항은 "2(제2항)의 규정에 따르는 것을 조건으로 하여 일방체약국 및 그 국민의 재산, 권리 및 이익으로서 본 협정의 서명일에 타방체약국의 관할하에 있는 것에 대한 조치와 일방체약국 및 그 국민의 타방체약국 및 그 국민에 대한 모든 청구권으로서 동일자 이전에 발생한 사유에 기인하는 것에 관하여는 어떠한 주장도 할 수 없는 것으로 한다"라고 규정하는 한편, 같은 조 제2항은 "본조의 규정은 다음의 것에[영향을 미치는 것이 아니다"라고 하여 (a)호와 (b)호를 두어 타결대상에서 제외된 것을 규정하고 있는데, 그중 (a)호는 일괄타결대상에서 제외된 것으로 "일방체약국의 국민으로서 1947년 8월 15일부터 본 협정의 서명일까지 사이에 타방체약국에 거주한 일이 있는 사람의 재산, 권리 및 이익"을 들고 있다. 또한 1965. 6. 22. 체결되고 1965. 12. 18. 발효된 이 사건 협정에 대한 합의의사록(Ⅰ) 제2조는 이 사건 협정 제2조에 관하여, "재산, 권리 및 이익"이라 함은 법률상의 근거에 의거하여 재산적 가치가 인정되는 모든 종류의 실체적 권리를 말하는 것으로 양해되었다고 규정하고 있으며(a항), "거주한"이라 함은 동조 2(a)에 기재한 기간내의 어떠한 시점까지던 그 국가에 계속하여 1년 이상 거주한 것을 말하는 것으로 양해되었다고 각 규정하고 있다(c항).
나. 한·일 양국의 입장
재일 한국인 피징용부상자의 일본국에 대한 보

상청구권이 이 사건 협정 제2조 제2항 (a)호가 규정한 제외대상에 해당되는지 여부에 관하여 우리나라 정부는, 재일 한국인 피징용부상자의 보상청구권은 1947. 8. 15.부터 1965. 6. 22.까지 사이에 일본국에 1년 이상 계속하여 거주한 한국인의 재산, 권리, 또는 이익으로서 위 제외대상에 해당된다는 입장을 취하여 왔다. 우리나라 입법부도 이 사건 협정 체결후 대일민간청구권자에 대한 보상을 위해 제정된 구 대일민간청구권신고에관한법률에서 신고대상자의 범위를 정하면서 1947년 8월 15일부터 1965년 6월 22일까지 일본국에 거주한 일이 있는 자를 제외하였고, 구 대일민간청구권보상에관한법률에서는 구 대일민간청구권신고에관한법률이 정한 신고대상 청구권중 대일민간청구권신고관리위원회에서 신고를 수리하도록 결정한 것만을 보상해 주도록 함으로써, 재일 피징용부상자들의 청구권은 보상대상에서 제외하였다.

이에 반하여, 일본국 정부는 재일 한국인 피징용부상자들의 일본국에 대한 보상청구권은 이 사건 협정 제2조 제2항 (a)호가 말하는 "재산, 권리 및 이익"에 해당되지 않는다고 보아, 이 사건 협정에 의한 일괄타결대상에 포함되었다고 해석하여 왔다.

우리나라 정부는 그 동안 일본국 정부와의 위와 같은 의견차이를 해소하기 위하여 외교적 교섭을 통한 노력을 하기는 하였으나, 청구인 등의 청원에도 불구하고 위 분쟁을 중재의 방법으로 해결하려고 한 바는 없다.

다. 행정권력의 부작위에 대한 헌법소원 요건의 구비여부

이 사건은 재일 한국인 피징용부상자들의 보상문제가 이 사건 협정에 의해 타결된 것인지에 관한 한·일 양국정부의 분쟁을 해결하기 위한 방법으로서 우리나라 정부가 중재에 회부하지 아니한 행정권력의 부작위에 대한 헌법소원인바, 행정권력의 부작위에 대한 헌법소원은 공권력의 주체에게 헌법에서 유래하는 작위의무가 특별히 구체적

으로 규정되어 이에 의거하여 기본권의 주체가 행정행위 내지 공권력의 행사를 청구할 수 있음에도 공권력의 주체가 그 의무를 해태하는 경우에 허용된다고 하는 것이 우리 재판소의 확립된 판례이다(헌재 1991. 9. 16. 89헌마163, 판례집 3, 505; 1994. 4. 28. 92헌마153, 판례집 6-1, 415; 1994. 6. 30. 93헌마161, 판례집 6-1, 700등 참조).

우리나라 정부가 우리나라와 일본국 모두로부터 사실상 보호받지 못하고 있는 재일 한국인 피징용부상자들로 하여금 합당한 보상을 받을 수 있도록 가능한 모든 노력을 다함으로써 그들을 보호하여야 함은 두말할 나위도 없다. 그러나 우리나라 정부에게 청구인들이 원하는 바와 같이 중재회부라는 특정한 방법에 따라 우리나라와 일본국간의 분쟁을 해결하여야 할 헌법에서 유래하는 구체적 작위의무가 있고, 나아가 청구인들이 이러한 공권력행사를 청구할 수 있는 것인지 여부에 관해서 보면, 이는 아래에서 보는 바와 같이 긍정하기 어렵다.

이 사건 협정 제3조는 이 사건 협정의 해석 및 실시에 관한 양국간의 분쟁은 우선 외교상의 경로를 통하여 해결하고, 외교상의 경로를 통하여 해결할 수 없었던 분쟁은 일방체약국의 정부가 상대국 정부에 중재를 요청하여 중재위원회의 결정에 따라 해결하도록 규정하고 있는데, 위 규정의 형식과 내용으로 보나, 외교적 문제의 특성으로 보나, 이 사건 협정의 해석 및 실시에 관한 분쟁을 해결하기 위하여 외교상의 경로를 통할 것인가 아니면 중재에 회부할 것인가에 관한 우리나라 정부의 재량범위는 상당히 넓은 것으로 볼 수밖에 없고, 따라서 이 사건 협정당사자인 양국간의 외교적 교섭이 장기간 효과를 보지 못하고 있다고 하여 재일 한국인 피징용부상자 및 그 유족들인 청구인들과의 관계에서 정부가 반드시 중재에 회부하여야 할 의무를 부담하게 된다고 보기는 어렵고, 마찬가지 이유로, 청구인들에게 중재회부를 해달라고 우리나라 정부에 청구할 수

있는 권리가 생긴다고 보기도 어렵다. 그리고 국가의 재외국민보호의무(헌법 제2조 제2항)나 개인의 기본적 인권에 대한 보호의무(헌법 제10조)에 의하더라도 여전히 이 사건 협정의 해석 및 실시에 관한 한·일 양국간의 분쟁을 중재라는 특정 수단에 회부하여 해결하여야 할 정부의 구체적 작위의무와 청구인들의 이를 청구할 수 있는 권리가 인정되지도 아니한다.

결국, 우리나라 정부가 일본국 정부에 대하여 중재를 요청하지 아니하였다고 하더라도 이는 공권력의 주체에게 헌법에서 유래하는 작위의무가 특별히 구체적으로 규정되어 이에 의거하여 기본권의 주체가 행정행위 내지 공권력의 행사를 청구할 수 있음에도 공권력의 주체가 그 의무를 해태하는 경우에 해당되지 않으므로, 헌법소원의 대상이 될 수 없는 것이다." (출처: 헌법재판소 판례집 제12권 1집, 393쪽)

평석 사봉관, 행정청의 부작위로 인한 기본권 침해의 구제: '한일 청구권협정'에 따른 중재요청불이행 위헌확인 사건에 대한 헌법재판소 결정(98헌마206)의 검토를 포함하여, 헌법학연구 제13권 제4호 (2007).

7-2. 일본군위안부 문제에 관한 정부의 분쟁해결의무

(헌법재판소 2011. 8. 30. 2006헌마788 결정. 대한민국과 일본국 간의 재산 및 청구권에 관한 문제의 해결과 경제협력에 관한 협정 제3조 부작위 위헌확인)

[사안: 위 7-1 결정과 비교할 때 이 사건은 원고가 국내 거주 군대위안부 피해자라는 점과 한국 정부의 중재 회부의무가 아닌 단순히 분쟁해결의무를 강조한 점 외에는 기본적 성격은 유사하다. 헌법재판소는 6:3의 결정으로 정부의 부작위로 청구인의 기본권이 침해되었다는 결론을 내렸다. 다수의견과 반대의견을 수록한다.]

"청구인들은 일제에 의하여 강제로 동원되어 성적 학대를 받으며 위안부로서의 생활을 강요당한 '일본군위안부 피해자'들이다. […]

(2) 대한민국은 1965. 6. 22. 일본국과의 사이에 '대한민국과 일본국 간의 재산 및 청구권에 관한 문제의 해결과 경제협력에 관한 협정'(조약 제172호, 이하 '이 사건 협정'이라 한다)을 체결하였다.

(3) 청구인들은, 청구인들이 일본국에 대하여 가지는 일본군위안부로서의 배상청구권이 이 사건 협정 제2조 제1항에 의하여 소멸되었는지 여부에 관하여, 일본국은 위 청구권이 위 규정에 의하여 모두 소멸되었다고 주장하며 청구인들에 대한 배상을 거부하고 있고, 대한민국 정부는 청구인들의 위 청구권은 이 사건 협정에 의하여 해결된 것이 아니라는 입장이어서, 한·일 양국 간에 이에 관한 해석상 분쟁이 존재하므로, 피청구인으로서는 이 사건 협정 제3조가 정한 절차에 따라 위와 같은 해석상 분쟁을 해결하기 위한 조치를 취할 의무가 있는데도 이를 전혀 이행하지 않고 있다고 주장하면서, 2006. 7. 5. 이러한 피청구인의 부작위가 청구인들의 기본권을 침해하여 위헌이라는 확인을 구하는 이 사건 헌법소원심판을 청구하였다. […]

이 사건 심판대상은, 청구인들이 일본국에 대하여 가지는 일본군위안부로서의 배상청구권이 '대한민국과 일본국 간의 재산 및 청구권에 관한 문제의 해결과 경제협력에 관한 협정' 제2조 제1항에 의하여 소멸되었는지 여부에 관한 한·일 양국 간 해석상 분쟁을 위 협정 제3조가 정한 절차에 따라 해결하지 아니하고 있는 피청구인의 부작위가 청구인들의 기본권을 침해하는지 여부이다. […]

2. 당사자들의 주장

가. 청구인들의 주장요지

(1) 일본국이 청구인들을 성노예로 만들어 가한 인권유린행위는 '추업을 행하기 위한 부녀자 매매 금지에 관한 조약', '강제노동금지협약(국제노동기구(ILO) 제29호 조약)' 등의 국제조약에 위배되는 것으로서, 이 사건 협정의 대상에는 포함된 바 없

다. 이 사건 협정에 의하여 타결된 것은 우리 정부의 국민에 대한 외교적 보호권만이고, 우리 국민의 일본국에 대한 개인적 손해배상청구권은 포기되지 않은 것이다.

그런데, 일본국은 이 사건 협정 제2조 제1항에 의하여 일본국에 대한 손해배상청구권이 소멸하였다고 주장하며 청구인들에 대한 법적인 손해배상책임을 부인하고 있고, 이에 반하여, 우리 정부는 2005. 8. 26. 일본군위안부 문제와 관련하여 일본국의 법적 책임이 이 사건 협정 제2조 제1항에 의하여 소멸하지 않고 그대로 남아있다는 사실을 인정하여, 한·일 양국간에 이에 관한 해석상의 분쟁이 존재한다.

(2) 이 사건 협정 제3조는 협정의 해석 및 실시에 관한 한·일 양국간의 분쟁이 있을 경우 외교상 경로나 중재절차에 의한 해결방법을 규정함으로써, 체약국에게 위 협정의 해석과 관련한 분쟁해결의무를 부담시키고 있으므로, 우리 정부에게는 위와 같은 이 사건 협정의 해석과 관련한 분쟁의 해결을 위한 작위의무가 있다. [⋯]

(4) 그런데도 우리 정부는 청구인들의 기본권을 실효적으로 보장할 수 있는 외교적 보호조치나 분쟁해결수단의 선택 등 구체적인 조치를 취하지 아니하고 있는바, 이러한 행정권력의 부작위는 위의 헌법규정들에 위배되는 것이다.

나. 피청구인의 의견요지

(1) 행정권력의 부작위에 대한 헌법소원은 공권력의 주체에게 헌법에서 유래하는 작위의무가 특별히 구체적으로 규정되어 이에 의거하여 기본권의 주체가 행정행위를 청구할 수 있음에도 불구하고 공권력의 주체가 그 의무를 해태하는 경우에 허용되는 것인바, 청구인들은 피청구인의 부작위로 인하여 침해된 자신들의 기본권이 무엇인지를 적시하지 않고 있다. 청구인들에 대한 불법행위와 그 책임의 주체는 일본 정부이고 우리 정부가 아니며, 정부의 외교행위는 넓은 재량이 허용되므로 이 사건 협정에 따른 분쟁해결을 위한 국가의 구체적 작위의무는 인정될 수 없다.

또한, 우리 정부는 청구인들의 복지를 위하여 힘닿는 대로 노력하고 있고, 국제사회에서 이 문제를 지속적으로 제기하여 온 바 있으므로, 이 사건 협정 제3조 제1항에 따른 작위의무의 불이행이 있었다고 볼 수 없다.

(2) 청구인들이 주장하는 외교적 보호권은 국제법상 다른 나라의 불법행위로 인하여 자국민이 입은 피해와 관련하여 그 국민을 위하여 국가가 자신의 고유한 권한으로 취하는 외교적 행위 또는 그 밖의 평화적 해결방식을 말하는 것으로서, 그 귀속주체는 '국가'일 뿐 '개인'이 자국 정부에 대해 주장할 수 있는 권리가 아니므로, 헌법상 기본권이라 할 수 없다.

나아가, 이러한 외교적 보호권의 행사 여부 및 행사방법에 관해서는 국가의 광범위한 재량권이 인정되고, 이 사건 협정 제3조의 해석상으로도 일방 체약국이 협정의 해석과 실시에 관한 분쟁을 반드시 중재위원회에 회부하여야 할 의무를 부담하는 것은 아니므로, 이 사건 협정에 따른 분쟁해결수단의 선택은 국가가 국익을 고려하여 외교적으로 판단할 문제이고, 구체적인 외교적 조치를 취하여야 할 법적 의무가 있다고는 할 수 없다. [이후 재판부는 청구권협정이 타결된 경위를 설명하며, 일본군위안부 문제는 이 사건 협정체결을 위한 한·일 국교정상화 회담이 진행되는 동안 전혀 논의되지 않았고, 8개 항목 청구권에도 포함되지 않았으며, 이 사건 협정 체결 후 입법조치에 의한 보상대상에도 포함되지 않았다고 판단했다. 이에 일본군 위안부문제가 제기된 경위와 그간 이에 대한 국내 및 국제적 반응을 설명했다. – 필자 주]

4. 적법요건에 대한 판단

가. 행정부작위에 대한 헌법소원

행정권력의 부작위에 대한 헌법소원은 공권력의 주체에게 헌법에서 유래하는 작위의무가 특별히 구체적으로 규정되어 이에 의거하여 기본권의 주체가 행정행위 내지 공권력의 행사를 청구할 수 있음에도 공권력의 주체가 그 의무를 해태하는 경우에만 허용된다(헌재 2000. 3. 30. 98헌마206, 판례집 12-1, 393).

위에서 말하는 "공권력의 주체에게 헌법에서 유래하는 작위의무가 특별히 구체적으로 규정되어"가 의미하는 바는, 첫째, 헌법상 명문으로 공권력 주체의 작위의무가 규정되어 있는 경우, 둘째, 헌법의 해석상 공권력 주체의 작위의무가 도출되는 경우, 셋째, 공권력 주체의 작위의무가 법령에 구체적으로 규정되어 있는 경우 등을 포괄하고 있는 것으로 볼 수 있다(헌재 2004. 10. 28. 2003헌마898, 판례집 16-2하, 212, 219).

　나. 피청구인의 작위의무

만약 공권력의 주체에게 위와 같은 작위의무가 없다면 헌법소원은 부적법하게 되므로, 이 사건에서 피청구인에게 위와 같은 작위의무가 존재하는지를 살핀다.

이 사건 협정은 헌법에 의하여 체결·공포된 조약으로서 헌법 제6조 제1항에 따라 국내법과 같은 효력을 가진다. 그런데 위 협정 제3조 제1항은, "본 협정의 해석 및 실시에 관한 양 체약국 간의 분쟁은 우선 외교상의 경로를 통하여 해결한다.", 같은 조 제2항은, "1.의 규정에 의하여 해결할 수 없었던 분쟁은 어느 일방 체약국의 정부가 타방 체약국의 정부로부터 분쟁의 중재를 요청하는 공한을 접수한 날로부터 30일의 기간 내에 각 체약국 정부가 임명하는 1인의 중재위원과 이와 같이 선정된 2인의 중재위원이 당해 기간 후의 30일의 기간 내에 합의하는 제3의 중재위원 또는 당해 기간 내에 이들 2인의 중재위원이 합의하는 제3국의 정부가 지명하는 제3의 중재위원과의 3인의 중재위원으로 구성되는 중재위원회에 결정을 위하여 회부한다."라고 각 규정하고 있다.

위 분쟁해결조항에 의하면, 이 사건 협정의 해석에 관하여 우리나라와 일본 간에 분쟁이 발생한 경우, 정부는 이에 따라 1차적으로는 외교상 경로를 통하여, 2차적으로는 중재에 의하여 해결

하도록 하고 있는데, 이것이 앞에서 본 '공권력 주체의 작위의무가 법령에 구체적으로 규정되어 있는 경우'에 해당하는지를 본다.

청구인들은 일제에 의하여 강제로 동원되어 성적 학대를 받으며 위안부로서의 생활을 강요당한 '일본군위안부 피해자'들로서, 일본국에 대하여 그로 인한 손해배상을 청구하였으나, 일본국은 이 사건 협정에 의하여 배상청구권이 모두 소멸되었다며 청구인들에 대한 배상을 거부하고 있는 반면, 우리 정부는 앞에서 본 바와 같이 청구인들의 위 배상청구권은 이 사건 협정에 의하여 해결된 것이 아니어서 아직까지 존속한다는 입장이므로, 결국 이 사건 협정의 해석에 관하여 한·일간에 분쟁이 발생한 상태이다.

우리 헌법은 제10조에서 "모든 국민은 인간으로서의 존엄과 가치를 가지며, 행복을 추구할 권리를 가진다. 국가는 개인이 가지는 불가침의 기본적 인권을 확인하고 이를 보장할 의무를 진다."고 규정하고 있는데, 이 때 인간의 존엄성은 최고의 헌법적 가치이자 국가목표규범으로서 모든 국가기관을 구속하며, 그리하여 국가는 인간존엄성을 실현해야 할 의무와 과제를 안게 됨을 의미한다. 따라서 인간의 존엄성은 '국가권력의 한계'로서 국가에 의한 침해로부터 보호받을 개인의 방어권일 뿐 아니라, '국가권력의 과제'로서 국민이 제3자에 의하여 인간존엄성을 위협받을 때 국가는 이를 보호할 의무를 부담한다.

또한 헌법 제2조 제2항은 "국가는 법률이 정하는 바에 의하여 재외국민을 보호할 의무를 진다."라고 규정하고 있는바, 이러한 재외국민 보호의무에 관하여 헌법재판소는 "헌법 제2조 제2항에서 규정한 재외국민을 보호할 국가의 의무에 의하여 재외국민이 거류국에 있는 동안 받는 보호는 조약 기타 일반적으로 승인된 국제법규와 당해 거류국의 법령에 의하여 누릴 수 있는 모든 분야에서의 정당한 대우를 받도록 거류국과의 관계에서 국가가 하는 외교적 보호와 국외거주 국민에 대

하여 정치적인 고려에서 특별히 법률로써 정하여
베푸는 법률·문화·교육 기타 제반영역에서의 지
원을 뜻하는 것이다."라고 판시함으로써(헌재 1993.
12. 23. 89헌마189, 판례집 5-2, 646), 국가의 재외
국민에 대한 보호의무가 헌법에서 도출되는 것임
을 인정한 바 있다.

한편, 우리 헌법은 전문에서 "3·1운동으로 건
립된 대한민국임시정부의 법통"의 계승을 천명하
고 있는바, 비록 우리 헌법이 제정되기 전의 일이
라 할지라도 국가가 국민의 안전과 생명을 보호
하여야 할 가장 기본적인 의무를 수행하지 못한
일제강점기에 일본군위안부로 강제 동원되어 인
간의 존엄과 가치가 말살된 상태에서 장기간 비
극적인 삶을 영위하였던 피해자들의 훼손된 인간
의 존엄과 가치를 회복시켜야 할 의무는 대한민
국임시정부의 법통을 계승한 지금의 정부가 국민
에 대하여 부담하는 가장 근본적인 보호의무에
속한다고 할 것이다.

위와 같은 헌법 규정들 및 이 사건 협정 제3조
의 문언에 비추어 볼 때, 피청구인이 위 제3조에
따라 분쟁해결의 절차로 나아갈 의무는 일본국에
의해 자행된 조직적이고 지속적인 불법행위에 의
하여 인간의 존엄과 가치를 심각하게 훼손당한
자국민들이 배상청구권을 실현할 수 있도록 협력
하고 보호하여야 할 헌법적 요청에 의한 것으로
서, 그 의무의 이행이 없으면 청구인들의 기본권
이 중대하게 침해될 가능성이 있으므로, 피청구인
의 작위의무는 헌법에서 유래하는 작위의무로서
그것이 법령에 구체적으로 규정되어 있는 경우라
고 할 것이다.

나아가 특히, 우리 정부가 직접 일본군위안부
피해자들의 기본권을 침해하는 행위를 한 것은
아니지만, 위 피해자들의 일본에 대한 배상청구권
의 실현 및 인간으로서의 존엄과 가치의 회복을
하는 데 있어서 현재의 장애상태가 초래된 것은
우리 정부가 청구권의 내용을 명확히 하지 않고
'모든 청구권'이라는 포괄적 개념을 사용하여 이

사건 협정을 체결한 것에도 책임이 있다는 점에
주목한다면, 피청구인에게 그 장애상태를 제거하
는 행위로 나아가야 할 구체적 작위의무가 있음
을 부인하기 어렵다.

다. 공권력의 불행사

피청구인은, 우리 정부가 우선 '외교상의 경로'
를 통하여 분쟁을 해결하기로 하면서 여러 가지
외교상의 방식 중 일본 정부에 대한 금전적 배상
책임은 묻지 않는 대신, 우리 정부가 위안부 피해
자들에 대하여 경제적 지원 및 보상을 해주는 한
편, 일본 정부에 대해서는 보다 중요하고 근본적
문제인 철저한 진상규명, 공식적인 사죄와 반성,
올바른 역사교육의 실시 등을 지속적으로 요구하
며 국제사회에서 지속적으로 위안부에 관한 문제
를 제기하는 방식을 택하였는바, 이는 우리 정부
에 폭넓게 인정되는 외교적 재량권을 정당하게 행
사한 것이고 이 사건 협정 제3조 제1항의 '외교상
의 경로'를 통한 분쟁해결조치에 당연히 포함되는
것이므로 공권력의 불행사가 아니라고 주장한다.

그러나 이 사건에서 문제되는 공권력의 불행사
는 이 사건 협정에 의하여 일본군위안부 피해자
들의 일본에 대한 배상청구권이 소멸되었는지 여
부에 관한 해석상의 분쟁을 해결하기 위하여 이
사건 협정 제3조의 분쟁해결절차로 나아갈 의무
의 불이행을 가리키는 것이므로, 일본에 대한 위
피해자들의 배상청구권 문제를 도외시한 외교적
조치는 이 사건 작위의무의 이행에 포함되지 않
는다. 또한, 청구인들의 인간으로서의 존엄과 가
치를 회복한다는 관점에서 볼 때, 가해자인 일본
국이 잘못을 인정하고 법적 책임을 지는 것과 우
리 정부가 위안부 피해자들에게 사회보장적 차원
의 금전을 제공하는 것은 전혀 다른 차원의 문제
이므로, 우리 정부가 피해자들에게 일부 생활지원
등을 하고 있다고 하여 위 작위의무의 이행으로
볼 수는 없다.

피청구인의 주장에 의하더라도, 우리 정부는
1990년대부터 일본 정부에 대해서 금전적인 배상

책임은 묻지 않는다는 방침을 정하였고, 한·일협정 관련문서의 전면공개가 이루어진 후에도 2006. 4. 10. "일본 측과 소모적인 법적 논쟁으로 발전될 가능성이 크므로 이와 관련되어 일본 정부를 상대로 문제해결을 위한 조치를 하지 않겠다."고 관련단체에 회신한 바 있으며, 이 사건 청구가 제기된 이후 제출한 서면에서도 이 사건 협정의 해석과 관련한 분쟁에 대해서는 아무런 조치를 취하지 않겠다는 의사를 거듭 밝힌 바 있다.

한편, 우리 정부는 앞서 본 바와 같이 2005. 8. 26. '민관공동위원회'의 결정을 통해 일본군위안부 문제는 이 사건 협정에 의하여 해결된 것으로 볼 수 없다고 선언한 바 있는데, 이것이 이 사건 협정 제3조의 외교상 경로를 통한 분쟁해결조치에 해당된다고는 보기 어렵고, 가사 해당된다고 보더라도 이러한 분쟁해결노력은 지속적으로 추진되어야 하고 더 이상 외교상의 경로를 통하여 분쟁을 해결할 수 있는 방법이 없다면 이 사건 협정 제3조에 따라 중재회부절차로 나아가야 할 것인데, 피청구인은 2008년 이후 일본군위안부 문제를 직접적으로 언급하지도 않을 뿐만 아니라 이를 해결하기 위한 별다른 계획도 없다는 것이므로, 어느 모로 보더라도 작위의무를 이행한 것이라고는 할 수 없다.

라. 소결

그렇다면 피청구인은 헌법에서 유래하는 작위의무가 있음에도 이를 이행하지 아니하여 청구인들의 기본권을 침해하였을 가능성이 있다.

따라서, 이하에서는 본안에 나아가 피청구인이 위와 같은 작위의무의 이행을 거부 또는 해태하고 있는 것이 청구인들의 기본권을 침해하여 위헌인지 여부에 관하여 살펴보기로 한다.

5. 본안에 대한 판단

가. 이 사건 협정 관련 해석상 분쟁의 존재

(1) 이 사건 협정 제2조 제1항은 "양 체약국은 양 체약국 및 그 국민(법인을 포함함)의 재산, 권리 및 이익과 양 체약국 및 그 국민간의 청구권에 관

한 문제가 1951년 9월 8일에 샌프란시스코시에서 서명된 일본국과의 평화조약 제4조 (a)에 규정된 것을 포함하여 완전히 그리고 최종적으로 해결된 것이 된다는 것을 확인한다."고 규정하고 있다. 이와 관련하여 합의의사록 제2조 (g)항은 위 제2조 제1항에서 말하는 "완전히 그리고 최종적으로 해결된 것으로 되는 양국 및 그 국민의 재산, 권리 및 이익과 양국 및 그 국민 간의 청구권에 관한 문제에는 한·일회담에서 한국측으로부터 제출된 '한국의 대일 청구 요강'(소위 8개 항목)의 범위에 속하는 모든 청구가 포함되어 있고, 따라서 동 대일청구요강에 관하여는 어떠한 주장도 할 수 없게 됨을 확인하였다."고 기재되어 있다.

(2) 이 사건 협정 제2조 제1항의 해석과 관련하여, 앞서 본 바와 같이, 일본국 정부 및 사법부의 입장은 일본군위안부 피해자를 포함한 우리 국민의 일본국에 대한 배상청구권은 모두 포괄적으로 이 사건 협정에 포함되었고 이 사건 협정의 체결 및 그 이행으로 포기되었거나 그 배상이 종료되었다는 것이며, 반면, 우리 정부는 2005. 8. 26. '민관공동위원회'의 결정을 통해, 일본군 위안부 문제 등과 같이 일본 정부 등 국가권력이 관여한 '반인도적 불법행위'에 대해서는 이 사건 협정에 의하여 해결된 것으로 볼 수 없으므로 일본 정부의 법적 책임이 인정된다는 입장을 밝힌 바 있다.

(3) 피청구인은 이 사건 헌법소원심판과정에서도, 일본은 이 사건 협정에 의해 일본군위안부 피해자의 일본에 대한 배상청구권이 소멸되었다는 입장인 반면 우리 정부의 입장은 일본군위안부 피해자의 배상청구권은 이 사건 협정에 포함되지 않았다는 것이어서 이에 대하여는 양국의 입장 차이가 있고, 이는 이 사건 협정 제3조의 '분쟁'에 해당하는 것이라고 반복하여 확인하였다.

또한 이 사건 변론 후 제출한 2009. 6. 19.자 참고서면에서도 "우리 정부가 우선 '외교상의 경로'를 통하여 분쟁을 해결하기로 하면서, 여러 가지 외교상의 방식 중 … 방식을 택한 것은 우리

정부에 폭넓게 인정되는 재량권을 정당하게 행사한 것으로, 이 역시 이 사건 협정 제3조 제1항의 '외교상의 경로'를 통한 분쟁해결조치에 당연히 포함되는 것"이라고 하여 이 사건 협정의 해석상 분쟁이 존재함을 전제로 주장을 전개하였다.

(4) 따라서 이 사건 협정 제2조 제1항의 대일청구권에 일본군위안부 피해자의 배상청구권이 포함되는지 여부에 관한 한·일 양국 간에 해석 차이가 존재하고, 그것이 위 협정 제3조의 '분쟁'에 해당한다는 것은 명백하다.

나. 분쟁의 해결절차

이 사건 협정 제3조 제1항은 '본 협정의 해석 및 실시에 관한 양 체약국의 분쟁은 우선 외교적인 경로를 통하여 해결한다'고 규정하고, 제2항은 제1항의 규정에 의하여 해결할 수 없는 분쟁은 중재에 의하여 해결하도록 규정하고 있다. 즉, 위 규정들은 협정체결 당시 그 해석에 관한 분쟁의 발생을 예상하여 그 해결의 주체를 협정체결 당사자인 각 국가로 정하면서, 분쟁해결의 원칙 및 절차를 정한 것이다.

그러므로 피청구인은 위 분쟁이 발생한 이상, 협정 제3조에 의한 분쟁해결절차에 따라 외교적 경로를 통하여 해결하여야 하고, 그러한 해결의 노력이 소진된 경우 이를 중재에 회부하여야 하는 것이 원칙이다.

따라서, 이러한 분쟁해결절차로 나아가지 않은 피청구인의 부작위가 청구인들의 기본권을 침해하여 위헌인지 여부를 검토하기로 한다.

다. 피청구인의 부작위의 기본권 침해 여부

(1) 선례와의 구별

헌법재판소는 이 사건 협정 제3조 제2항에 따라 중재요청을 하지 않은 부작위가 위헌이라고 주장한 사건(헌재 2000. 3. 30. 98헌마206 중재요청불이행 위헌확인사건)에서 "이 사건 협정 제3조의 형식과 내용으로 보나 외교적 문제의 특성으로 보나, 협정의 해석 및 실시에 관한 분쟁을 해결하기 위하여 외교상의 경로를 통할 것인가 아니면 중

재에 회부할 것인가에 관한 우리나라 정부의 재량범위는 상당히 넓은 것으로 볼 수밖에 없고, 따라서 이 사건 협정당사자인 양국 간의 외교적 교섭이 장기간 효과를 보지 못하고 있다고 하여 재일 한국인 피징용 부상자 및 그 유족들인 청구인들과의 관계에서 정부가 반드시 중재에 회부하여야 할 의무를 부담하게 된다고 보기는 어렵고, 마찬가지로 청구인들에게 중재회부를 해달라고 우리나라 정부에 청구할 수 있는 권리가 생긴다고 보기도 어려우며, 국가의 재외국민보호의무(헌법 제2조 제2항)나 개인의 기본적 인권에 대한 보호의무(헌법 제10조)에 의하더라도 여전히 이 사건 협정의 해석 및 실시에 관한 한·일 양국 간의 분쟁을 중재라는 특정 수단에 회부하여 해결하여야 할 정부의 구체적 작위의무와 청구인들의 이를 청구할 수 있는 권리가 인정되지 아니한다."고 판시한 바 있다.

위 결정은 피청구인이 이 사건 협정 제3조 제2항의 '중재회부에 의한 분쟁해결' 방식을 취할 의무가 있는지에 관한 것으로서, 제3조 제1항에서 우선적으로 외교상의 통로를 통한 문제해결을 모색하도록 하고 있음에도 이를 제쳐 두고 제3조 제2항의 '중재회부방식에 의한 분쟁해결'을 도모할 피청구인의 의무를 곧바로 도출할 수 있는지가 문제되었다.

그러나 이 사건에서의 쟁점은, 피청구인이 이 사건 협정 제3조 제1항, 제2항에 의한 분쟁해결로 나아가야 할 의무를 지는가 하는 점이고, 특히 제3조 제1항에서는 특정방식이 아닌 광범위한 외교상의 경로를 통한 해결을 규정하고 있으므로, 이 사건 협정의 해석에 관한 한·일 양국 간의 분쟁이 발생한 현 시점에서 피청구인이 이 사건 협정의 해석에 관한 분쟁을 해결하기 위하여 우선적으로 외교상의 경로를 통하여 해결을 모색하고 외교상의 경로를 통하여 해결을 하지 못하는 경우 중재회부로 나아가야 할 헌법적 작위의무가 있는지 여부이다.

즉 이 사건의 쟁점은, 피청구인이 이 사건 협정의 해석에 관한 분쟁을 해결하기 위한 다양한 방법 중 '특정 방법을 취할 작위의무'가 있는지 여부가 아니고, '이 사건 협정의 해석에 관한 분쟁을 해결하기 위하여 위 협정의 규정에 따른 외교행위 등을 할 작위의무'가 있는지 여부이므로, 위 선례의 사안과는 구별된다고 할 것이다.

(2) 피청구인의 재량

외교행위는 가치와 법률을 공유하는 하나의 국가 내에 존재하는 국가와 국민과의 관계를 넘어 가치와 법률을 서로 달리하는 국제환경에서 국가와 국가 간의 관계를 다루는 것이므로, 정부가 분쟁의 상황과 성질, 국내외 정세, 국제법과 보편적으로 통용되는 관행 등을 감안하여 정책결정을 함에 있어 폭넓은 재량이 허용되는 영역임을 부인할 수 없다.

그러나, 헌법상의 기본권은 모든 국가권력을 기속하므로 행정권력 역시 이러한 기본권 보호의무에 따라 기본권이 실효적으로 보장될 수 있도록 행사되어야 하고, 외교행위라는 영역도 사법심사의 대상에서 완전히 배제되는 것으로는 볼 수 없다. 특정 국민의 기본권이 관련되는 외교행위에 있어서, 앞서 본 바와 같이 법령에 규정된 구체적 작위의무의 불이행이 헌법상 기본권 보호의무에 대한 명백한 위반이라고 판단되는 경우에는 기본권 침해행위로서 위헌이라고 선언되어야 한다. 결국 피청구인의 재량은 침해되는 기본권의 중대성, 기본권침해 위험의 절박성, 기본권의 구제가능성, 진정한 국익에 반하는지 여부 등을 종합적으로 고려하여 국가기관의 기본권 기속성에 합당한 범위 내로 제한될 수밖에 없다.

(3) 부작위로 인한 기본권 침해 여부

(가) 침해되는 기본권의 중대성

일본군위안부 피해는, 일본국과 일본군에 의해 강제로 동원되고 그 감시 아래 일본군의 성노예를 강요당한 것에 기인하는 것으로, 달리 그 예를 발견할 수 없는 특수한 피해이다.

일본군위안부 피해의 특수성은 국제사회는 물론이고 일본의 재판소에 의해서도 확인되었다. 1994. 9. 2. 발표된 유엔의 NGO 국제법률가위원회의 보고서와 1996. 2. 6. 공표된 유엔 인권위원회 '여성에 대한 폭력 특별보고자' 쿠마라스와미의 보고서는 이를 "군사적 성노예"라고 정의했다. 1998. 8. 12. 공표된 유엔 인권소위 '전시 성노예제 특별보고자' 게이 맥두걸의 보고서는, 일본군위안부를 강요한 행위는 '인도에 대한 죄'에 해당하는 범죄행위라고 단언했다. 2007. 7. 미국 하원이 채택한 일본군위안부 결의안도 일본군위안부를 "일본 정부에 의한 강제 군대 매춘제도이자 잔학성과 규모면에서 20세기 최대의 인신매매 범죄"로 규정하였다. 그리고 1998. 4. 27. 일본군위안부 문제에 관한 입법부작위책임을 인정하여 손해배상을 명한 일본의 야마구찌 지방재판소 시모노세키 지부 판결은, 그 피해를 "철저한 여성차별·민족차별사상의 표현이며, 여성의 인격의 존엄을 근저에서부터 침해하고, 민족의 긍지를 유린하는 것"이라고 판단하였다.

일본국에 의하여 광범위하게 자행된 반인도적 범죄행위에 대하여 일본군위안부 피해자들이 일본에 대하여 가지는 배상청구권은 헌법상 보장되는 재산권일 뿐 아니라, 그 배상청구권의 실현은 무자비하게 지속적으로 침해된 인간으로서의 존엄과 가치 및 신체의 자유를 사후적으로 회복한다는 의미를 가지는 것이므로, 그 배상청구권의 실현을 가로막는 것은 헌법상 재산권 문제에 국한되지 않고 근원적인 인간으로서의 존엄과 가치의 침해와 직접 관련이 있다(헌재 2008. 7. 31. 2004헌바81, 판례집 20-2상, 91, 100-101 참조).

(나) 기본권 침해 구제의 절박성

1991년경부터 최근까지 일본군위안부 피해자들이 일본의 법정에서 진행해 온 3차례의 소송은 일본군위안부 피해자들의 배상청구권이 이 사건 협정에 의하여 소멸하였다는 등의 이유로 패소 확정되었다.

이제 일본의 법정을 통한 일본군위안부 피해자의 사법적 구제, 또는 일본 정부의 자발적 사죄 및 구제조치를 기대하는 것은 사실상 불가능하게 되었다. 일본에 의하여 군대성노예로 내몰렸던 2차 세계대전이 끝난 지도 60여년이 훨씬 넘었고, 피해자들이 일본을 상대로 소송을 시작한지도 20년 남짓 흘렀다.

한편, 2006. 3. 13. 기준으로 '일제하 일본군위안부에 대한 생활안정지원법'의 적용대상자 225명 중 생존자는 125명이었으나, 이 사건 심판청구의 심리 중에도 잇따라 사망하여, 2011. 3. 현재 정부에 등록된 일본군 위안부 피해 생존자는 75명에 불과하고, 이 사건 청구인들은 본래 109명이었으나, 그 사이에 45명이 사망하고 64명만이 생존해 있다. 나아가 현재 생존해 있는 일본군위안부 피해자들도 모두 고령이어서, 더 이상 시간을 지체할 경우 일본군위안부 피해자의 배상청구권을 실현함으로써 역사적 정의를 바로세우고 침해된 인간의 존엄과 가치를 회복하는 것은 영원히 불가능해질 수 있다.

㈐ 기본권의 구제가능성

피청구인은 중재회부절차로 나아갈 경우의 결과의 불확실성 등을 고려하여 우리 정부가 일본군위안부 피해자들에 대하여 경제적 지원 및 보상을 해주는 대신 일본에게 금전적인 배상책임을 묻지 않기로 한 것이라고 주장한다.

침해되는 기본권이 중대하고 그 침해의 위험이 급박하다고 하더라도 구제가능성이 전혀 없는 경우라면 피청구인의 작위의무를 인정하기가 어려울 것이다. 그러나 구제가 완벽하게 보장된 경우에만 작위의무가 인정되는 것은 아니고, 구제가능성이 존재하는 것으로 족하다 할 것이며, 이때 피해자들이 일본 정부에 대한 배상청구가 최종적으로 부인되는 결론이 나올 위험성도 기꺼이 감수하겠다고 한다면 피청구인으로서는 피해자들의 의사를 충분히 고려하여야 한다.

2006년 유엔 국제법위원회에 의해 채택되고 총회에 제출된 '외교적 보호에 관한 조문 초안'의 제19조에서도, 외교적 보호를 행사할 권리를 가진 국가는 중대한 피해가 발생했을 경우에 특히 외교적 보호의 행사가능성을 적절히 고려하여야 하고, 가능한 모든 경우에 있어서, 외교적 보호에의 호소 및 청구될 배상에 관한 피해자들의 견해를 고려해야 함을 권고적 관행으로 명시하고 있다.

그런데 청구인들은 이 사건 심판청구를 통하여 피청구인의 작위의무의 이행을 구하고 있으므로 피해자들인 청구인들의 의사는 명확하다 할 것이고, 앞서 살펴 본 이 사건 협정의 체결 경위 및 그 전후의 상황, 여성들에 대한 유례 없는 인권침해에 경악하면서 일본에 대하여 공식적 사실인정과 사죄, 배상을 촉구하고 있는 일련의 국내외적인 움직임을 종합해 볼 때, 피청구인이 이 사건 협정 제3조에 따라 분쟁해결절차로 나아갈 경우 일본국에 의한 배상이 이루어질 가능성을 미리 배제하여서는 아니된다.

㈑ 진정으로 중요한 국익에 반하는지 여부

피청구인은 이 사건 협정 제3조에 의한 분쟁해결조치를 취하면서 일본 정부의 금전배상책임을 주장할 경우 일본 측과의 소모적인 법적 논쟁이나 외교관계의 불편을 초래할 수 있다는 이유를 들어 청구인들이 주장하는 구체적 작위의무의 이행을 하기 어렵다고 주장한다. 그러나, 국제정세에 대한 이해를 바탕으로 한 전략적 선택이 요구되는 외교행위의 특성을 고려한다고 하더라도, '소모적인 법적 논쟁으로의 발전가능성' 또는 '외교관계의 불편'이라는 매우 불분명하고 추상적인 사유를 들어, 그것이 기본권 침해의 중대한 위험에 직면한 청구인들에 대한 구제를 외면하는 타당한 사유가 된다거나 또는 진지하게 고려되어야 할 국익이라고 보기는 힘들다.

오히려, 과거의 역사적 사실 인식의 공유를 향한 노력을 통해 일본 정부로 하여금 피해자에 대한 법적 책임을 다하도록 함으로써 한·일 양국 및 양 국민의 상호이해와 상호신뢰가 깊어지게 하고, 이를 역사적 교훈으로 삼아 다시는 그와 같은 비극적 상황이 연출되지 않도록 하는 것이 진정한 한·일관계의 미래를 다지는 방향인 동시에, 진정으로 중요한 국익에 부합하는 것이라고 할 것이다.

㈐ 소결

피청구인의 이 사건 부작위는 청구인들의 중대한 헌법상 기본권을 침해하고 있다고 할 것이다.

라. 소결론

헌법 제10조, 제2조 제2항 및 전문과 이 사건 협정 제3조의 문언 등에 비추어 볼 때, 피청구인이 이 사건 협정 제3조에 따라 분쟁해결의 절차로 나아갈 의무는 헌법에서 유래하는 작위의무로서 그것이 법령에 구체적으로 규정되어 있는 경우라할 것이고, 청구인들의 인간으로서의 존엄과 가치 및 재산권 등 기본권의 중대한 침해가능성, 구제의 절박성과 가능성 등을 널리 고려할 때, 피청구인에게 이러한 작위의무를 이행하지 않을 재량이 있다고 할 수 없으며, 피청구인이 현재까지 이 사건 협정 제3조에 따라 분쟁해결절차를 이행할 작위의무를 이행하였다고 볼 수 없다.

결국, 피청구인의 이러한 부작위는 헌법에 위반하여 청구인들의 기본권을 침해하는 것이다."

재판관 이강국, 민형기, 이동흡 반대의견:

"우리는 다수의견과 달리, 우리 헌법상의 명문 규정이나 어떠한 헌법적 법리에 의하더라도 '청구인들에 대하여 피신청인이 이 사건 협정 제3조에서 정한 분쟁해결절차로 나아가야 할 작위의무'가 있다고 할 수 없어, 청구인들의 이 사건 헌법소원은 부적법하다고 보므로, 아래와 같이 반대의견을 개진한다. […]

다수의견은 헌법 제10조, 제2조 제2항, 헌법 전문(前文) 중 "3·1운동으로 건립된 대한민국임시정부의 법통을 계승"한다는 부분, 이 사건 협정 제3조의 문언을 종합하여, 이 사건 피청구인의 작위의무가 "헌법에서 유래하는 작위의무로서 그것이 법령에 구체적으로 규정되어 있는 경우"에 해당한다고 판단하고, 나아가 피청구인이 부담하는 구체적 작위의무의 내용을 "이 사건 협정 제3조에 따라 분쟁해결의 절차로 나아갈 의무"라고 보았는바, 과연 이러한 해석이 타당한 것인지 이하에서 구체적으로 살펴본다.

나. 우선, 헌법 제10조, 제2조 제2항, 전문의 규정 자체 또는 그 해석에 의하여 '헌법에서 유래하는 구체적 작위의무'가 도출될 수는 없다.

국가와 국민의 권리와 의무관계를 규정한 헌법의 조항들 중에는 구체적이고 명확한 의미로 국민의 기본권 기타 권리를 부여하는 조항들도 있지만, 개방적·추상적·선언적인 문구로 규정되어 있어서 헌법해석이나 구체적 법령 등이 매개되어야만 국가와 국민간에 구속적인 권리의무를 발생시키는 조항들도 있다. 그런데 '국민의 불가침의 인권을 확인하고 이를 보장할 의무'를 규정한 헌법 제10조, '법률이 정하는 바에 의하여 재외국민을 보호할 의무'를 규정한 헌법 제2조 제2항은 후자의 경우에 해당하는 것으로서, 국가가 국민에 대하여 기본권 보장 및 보호의무를 부담한다는 국가의 일반적·추상적 의무를 규정한 것일 뿐 그 조항 자체로부터 국민을 위한 어떠한 구체적인 행위를 해야 할 국가의 작위의무가 도출되는 것은 아니다. "3·1운동으로 건립된 대한민국임시정부의 법통을 계승"한다는 헌법 전문(前文)의 문구 또한 마찬가지다. 비록 헌법 전문(前文)이 국가적 과제와 국가적 질서형성에 관한 지도이념·지도원리를 규정하고 국가의 기본적 가치질서에 관한 국민적 합의를 규범화한 것으로서 최고규범성을 가지고 법령해석과 입법의 지침이 되는 규범적 효력을 가지고 있긴 하지만, 그 자체로부터 국가의 국민에 대한 구체적인 작위의무가 나올 수는 없다.

이처럼 헌법 제10조, 제2조 제2항, 헌법 전문으로부터 국가의 구체적 작위의무와 그러한 작위의무를 청구할 수 있는 국민의 권리가 도출되지 않

는다는 점은 우리 재판소의 확립된 판례이기도
하다(헌법 제10조, 제2조 제2항에 관하여는 헌재
2000. 3. 30. 98헌마206, 판례집 12−1, 393, 402−403;
1998. 5. 28. 97헌마282, 판례집 10−1, 705, 710, 헌법
전문에 관하여는 헌재 2005. 6. 30. 2004헌마859, 판례
집 17−1, 1016, 1020−1021 참조).

따라서, 아무리 이 사건 청구인들의 기본권 침
해상태가 중대하고 절박하다 하더라도, 헌법 제10
조, 제2조 제2항, 헌법 전문만에 기하여서는 청구
인들에 대하여 국가가 어떤 행위를 하여야 할 구
체적인 작위의무를 도출해 낼 수는 없고, 결국
'구체적인 작위의무가 규정되어 있는 법령'이 존
재하여야 이를 매개로 국가의 청구인들에 대한
구체적 작위의무를 인정할 수 있을 것이다.

다. 그렇다면 다음으로, 이 사건 협정 제3조에
규정된 분쟁해결절차에 관한 조항이 위에서 말하
는 '법령에 구체적으로 작위의무가 규정되어 있
는' 경우에 해당하여 '헌법에서 유래하는 작위의
무'가 도출될 수 있는지에 관하여 본다.

⑴ 먼저, 법령에 구체적으로 작위의무가 규정
되어 있는 경우에서의 '법령에 규정된 구체적 작
위의무'란 "국가가 국민에 대하여 특정의 작위의
무를 부담한다"는 내용이 법령에 기재된 경우를
의미한다고 보아야 한다. 왜냐하면, 행정권력의
부작위에 대한 헌법소원을 청구하기 위해서는, 규
정된 작위의무에 의거하여 '기본권의 주체가 행정
행위 내지 공권력의 행사를 청구할 수 있음에도
공권력의 주체가 그 의무를 해태하는 경우'에 한
하여 허용되는 것이므로(헌재 2000. 3. 30. 98헌마
206, 판례집 12−1, 393), 법령에 규정되는 구체적
작위의무는 '기본권의 주체인 국민에게 국가에 대
하여 특정 작위의무의 이행을 요구할 수 있는 권
리를 부여하는 내용'이어야 하기 때문이다. 이는
국가가 위와 같은 구체적 작위의무를 이행하지
않음으로 인하여 기본권을 침해당하였다고 주장
하는 헌법소원에 있어서 기본권 침해 가능성 내
지 인과관계를 인정하기 위해서도 당연히 요구되

는 전제라 할 것이다.

기본적으로 국회가 제정하는 법률이나, 국민에
대하여 구속력을 가지는 행정법규에 구체적인 권
리를 국민에게 부여하는 내용이 있다면 이는 '법
령에 구체적으로 작위의무가 규정된 경우'에 해당
한다고 볼 수 있다. 현재까지 우리 재판소에 제기
된 행정권력의 부작위에 대한 헌법소원심판은 거
의 모두가 국내 법령에 국가의 청구인에 대한 구
체적인 작위의무가 규정되어 있는지, 그 의무에
대한 부작위가 있는지가 쟁점인 사건들이었으며,
해당 법령에 문제된 구체적 작위의무가 행정권력
의 국민에 대한 기속행위로 규정되어 있거나, 재
량행위로 규정되어 있지만 공권력 불행사의 결과
청구인에 대한 기본권 침해의 정도가 현저하다는
등의 사유로 기속행위로 해석해야 할 경우에는
구체적 작위의무가 인정되었고(전자에 관하여는,
헌재 1998. 7. 16. 96헌마246, 판례집 10−2, 283;
2004. 5. 27. 2003헌마851, 판례집 16−1, 699, 후자에
관하여는, 헌재 1995. 7. 21. 94헌마136, 판례집 7−2,
169 참조), 반대로 순수한 행정청의 재량행위로 규
정되어 있는 경우에는 청구인에 대한 구체적 작
위의무가 인정되지 않는다고 판시하기도 하였다
(헌재 2005. 6. 30. 2004헌마859, 판례집 17−1).

하지만, 이 사건 협정과 같은 조약 기타 외교문
서에서, 체약국이 서로 어떠어떠한 방식으로 분쟁
을 해결하자는 내용과 절차가 규정되어 있다면
이는 기본적으로 체약국 당사자 사이에서 체약상
대방에 대하여 부담할 것을 전제로 마련된 것이
므로, 일정한 의무사항이 기재되어 있다 하더라도
체약국 당사자가 상대방 국가에 대하여 요구할
수 있을 뿐이다. 따라서 '조약에 근거하여 자국이
상대방 국가에 대하여 취할 수 있는 조약상 권리
의무를 이행하라'고 자국 정부에 요구할 수 있기
위해서는, '그러한 요구를 할 수 있는 권리를 자
국 국민에게 부여하는 내용'의 구체적 문구가 해
당 조약에 기재되어 있어야 할 것이다. 조약에 그
러한 내용의 명시적 문구가 없는 이상, 해당 조약

이 국민의 권리관계를 대상으로 한다는 이유만으로 조약상 정해진 절차상 조치를 취할 것을 자국 정부에 요구할 권리는 발생하지 않는다고 보아야 한다.

이 사건 협정은 양국 간 또는 일국 정부와 타국 국민 간, 양국 국민 상호간의 '재산, 권리, 이익, 청구권'에 관한 문제를 대상으로 하였는바(이 사건 협정 제2조 제1항), 이 사건 청구인들과 같은 위안부피해자들에 대한 일본국의 배상책임문제는 위 협정의 대상에 포함되었는지 여부가 분명치 아니할 정도로 일반적이고 추상적인 문구로 기재하고 있어, 그 결과 실제로 양국 간의 입장 차이로 인하여 청구인들의 권리문제에 관하여 이 사건 협정의 해석 및 실시에 관하여 '분쟁'이 발생한 상태라고는 볼 수 있다. 하지만, 나아가 이 사건 협정에서 관련국 국민에게 이 사건 협정 제3조상의 분쟁해결 절차에 나아갈 것을 요구할 수 있는 권리를 부여하고 있지 않은 이상, 청구인들의 기본권이 관련되어 있다는 이유만으로는 위 조약상 분쟁해결절차를 이행하라고 자국 정부에 대하여 요구할 구체적 권리가 인정될 수는 없다 할 것이다.

따라서 이 사건 협정 내용에 기하여 다수의견이 인정한 바와 같은 국가의 구체적 작위의무를 도출해 낼 수는 없다. 이 사건 협정 제3조의 분쟁해결 절차에 나아가라고 자국 정부에 대하여 요구할 수 있는 권리를 해당국 국민에게 부여하는 내용의 문구가 이 사건 협정 어디에도 규정되어 있지 않기 때문이다. 그렇다고 헌법 제10조, 제2조 제2항, 헌법 전문에 의하여 위와 같은 구체적 작위의무가 직접 인정될 수도 없으므로, 결국 이 사건 협정과 위 헌법 규정을 종합하더라도 이 사건 청구인들에 대한 국가의 구체적 작위의무는 도출될 수 없다.

(2) 다음으로, 이 사건 협정 제3조가 규정하고 있는 내용 자체에 비추어 볼 때 다수의견이 말하는 "이 사건 협정의 해석에 관한 분쟁을 해결하기 위하여 제3조의 규정에 따른 외교행위를 할 작위의무"라는 것이 '구체적인' 행위를 해야 하는 '의무'라고 볼 수도 없다.

(가) 이 사건 협정 제3조는, "본 협정의 해석 및 실시에 관한 양 체약국간의 분쟁은 우선 외교상의 경로를 통하여 해결한다."(제1항), "1.의 규정에 의하여 해결할 수 없었던 분쟁은 어느 일방 체약국의 정부가 타방 체약국의 정부로부터 분쟁의 중재를 요청하는 공한을 접수한 날로부터 … 로 구성되는 중재위원회에 결정을 위하여 회부한다"(제2항)고 규정하고 있다. 어느 조항에도, 분쟁이 있으면 '반드시' 외교적 해결절차로 나아가야 한다거나 외교적 해결이 교착상태에 빠질 경우 '반드시' 중재절차를 신청해야 한다는 '의무적' 내용은 기재되어 있지 않다. "외교상의 경로를 통하여 해결한다"는 문구는 외교적으로 해결하자는 양 체약국 사이의 외교적 약속 이상을 의미하는 것으로 해석될 수 없다. "중재위원회에 결정을 위하여 회부한다"는 것 역시 "중재를 요청하는 공한이 접수되면" 회부되는 것인데, 어느 문구에도 중재를 요청하여야 한다는 '의무적' 요소가 들어 있다고 해석할 만한 근거는 발견할 수 없다. 결국 제3조 제1항, 제2항 어디에서도 외교상 해결절차로 나아가야 할 '의무', 외교상 해결이 안되면 중재절차로 나아가야 할 '의무'가 있다고 해석해 낼 수는 없다.

그런데 다수의견은, 이러한 해석상 의문점에 대하여는 아무런 언급도 없이, 침해되는 청구인들의 기본권의 중대성, 기본권 침해 구제의 절박성에만 근거하여 "피청구인에게 이러한 작위의무를 이행하지 않을 재량이 있다고 할 수 없으며"라고 판시하고 있는데, 국가간 조약에 기재된 의무성조차 없는 문구를, 그로 인하여 사실상 영향을 받는 국민이 절박한 사정에 처해 있다는 이유만으로 일방 체약국의 정부인 피청구인에 대하여 조약상 행위를 강제할 수 있는 '의무'조항이라고 해석해 버린 것은 지나친 논리의 비약이 아닐 수 없다.

오히려 이 사건 협정 제3조에 기재된 분쟁해결 절차에 나아가는 행위는 규정의 형식과 내용으로 볼 때 양 체약국의 '재량행위'라고 보는 것이 타당하다 할 것이다. 이 사건 협정 제3조를 근거로 재일 한국인 피징용 부상자들의 일본국에 대한 보상청구권에 관한 다툼을 중재에 회부해야 할 구체적인 작위의무가 국가에 있다고 주장하면서 청구한 헌법소원사건에서, 우리 재판소 역시 이를 재량행위라고 해석한 바 있고, 그 내용은 아래와 같다.

『이 사건 협정 제3조는 이 사건 협정의 해석 및 실시에 관한 양국간의 분쟁은 우선 외교상의 경로를 통하여 해결하고, 외교상의 경로를 통하여 해결할 수 없었던 분쟁은 일방체약국의 정부가 상대국 정부에 중재를 요청하여 중재위원회의 결정에 따라 해결하도록 규정하고 있는데, "위 규정의 형식과 내용으로 보나, 외교적 문제의 특성으로 보나, 이 사건 협정의 해석 및 실시에 관한 분쟁을 해결하기 위하여 외교상의 경로를 통할 것인가 아니면 중재에 회부할 것인가에 관한 우리나라 정부의 재량범위는 상당히 넓은 것으로 볼 수밖에 없고", 따라서 이 사건 협정당사자인 양국간의 외교적 교섭이 장기간 효과를 보지 못하고 있다고 하여 재일 한국인 피징용 부상자 및 그 유족들인 청구인들과의 관계에서 정부가 반드시 중재에 회부하여야 할 의무를 부담하게 된다고 보기는 어렵고, 마찬가지 이유로, 청구인들에게 중재회부를 해 달라고 우리나라 정부에 청구할 수 있는 권리가 생긴다고 보기도 어렵다』(헌재 2000. 3. 30. 98헌마206, 판례집 12-1, 393, 402)

다수의견은, 위 선례는 제3조 제1항의 '외교적 해결의무'를 제쳐 두고 제2항의 '중재절차회부의무'를 이행하지 않음을 근거로 헌법소원을 제기한 것이기에 '제3조 전체에 기한 분쟁해결절차 이행의무'를 문제삼고 있는 이 사건에서는 결론을 달리할 수 있다는 전제에서, 위 선례와 이 사건은 차별된다고 하였다. 그러나 이는 위 선례의 취지를 오해한 것이다. 위 선례에서 구체적인 작위의무를 인정하지 않은 주된 근거는 위에서 본 바와 같이 이 사건 협정 제3조에 기한 '외교적 해결'이나 '중재절차회부' 모두 '의무사항'이 아니고 우리나라의 외교적 '재량사항'이라는 데에 있었다고 보는 것이 타당할 것이다.

㈏ 나아가 이 사건 협정 제3조가 규정하고 있는 '외교적 해결', '중재절차회부'에 어떤 의무성이 있다고 본다 하더라도, 그것이 '구체적인' 작위를 내용으로 하는 것이라고 보기도 어렵다.

'외교상의 경로를 통하여 해결할 의무'란 국가의 기본권 보장의무, 재외국민 보호의무, 전통문화의 계승·발전과 민족문화의 창달에 노력할 국가의 의무, 신체장애자 등의 복지향상을 위하여 노력해야 할 국가의 의무, 보건에 관한 국가의 보호의무나 마찬가지로, 국가의 일반적·추상적 의무 수준에 불과할 뿐이다. 이러한 국가의 일반적·추상적 의무란 그 자체가 '구체적인' 작위의무가 아니므로 비록 헌법에 명시적인 문구로 기재되어 있다 하더라도 국민이 국가에 대하여 그 의무의 이행을 직접 구할 수 있는 '구체적인' 작위의무로 탈바꿈되지 않는다. 국민과 국가의 규범적 관계를 규율하는 근본규범인 '헌법'에 명시하고 있더라도 이를 근거로 국가에 대하여 그 의무의 이행을 구할 수 없는데, 하물며 헌법보다 하위규범인 '조약'에 명시되어 있을 뿐인데도 이를 근거로는 조약의 당사자도 아닌 국민이 국가에 대하여 의무의 이행을 구할 수 있는 '구체적인' 작위의무로 탈바꿈된다고 해석할 수는 없는 것이다.

또한 '외교적 해결을 할 의무'란 그 이행의 주체나 방식, 이행정도, 이행의 완결 여부를 판단할 수 있는 객관적 판단기준을 마련하기도 힘들고, 그 의무를 불이행하였는지 여부의 사실확정이 곤란한 고도의 정치행위 영역에 해당하므로, 헌법재판소의 사법심사의 대상이 되기는 하지만 권력분립원칙상 사법자제가 요구되는 분야이다. 이 사건 협정만 보더라도, 국내 위안부피해자 문제의 심각성과 이에 반하여 한일간 교류와 협력을 지속해야 하는 한일 간의 미묘한 외교관계에 비추어 볼 때, 어느 정도 외교적 노력을 다해야 이행했다고 할 수 있을 것인지, 이 사건 협정이 체결된 지 현재까지 40여년이 지났는데 초기에 외교적 해결노력을 하다가 현재 노력을 하지 않고 있다거나 청구인들이 만족할 만한 노력을 하지 않고 있다고 하여 외교적 해결의무를 불이행한 것으로 되는 것인지, 제2항의 중재절차회부의무는 그러면 언제쯤 발생한다고 보아야 할 것인지 등 그 이행여부를 판단할 아무런 명확한 기준을 발견할 수 없다. 과연 이러한 실질을 가지는 '외교상 의무'를 국민이 국가에 대하여 그 이행을 요구할 수 있는 '구체적인' 작위의무라고 말할 수 있겠는가 하는 것이다. 그리고 이행내용이 구체적인지 여부는 불문하고 조약에 기재되어 있다는 이유만으로 헌법재판소가 정부에 막연히 '외교적 노력을 하라'는 의무를 강제적으로 부과시키는 것은, 헌법이 정치적, 외교적 행위들에 관한 정책판단, 정책수립 및 집행에 관한 권한을 담당하고 있는 행정부에 부여하고 있는 권력분립원칙에 반할 소지도 있다는 점에서 더욱 문제가 아닐 수 없다.

라. 소결

따라서 헌법 제10조, 제2조 제2항, 헌법 전문의 규정, 이 사건 협정 제3조에 기하여서는 이 사건 청구인들에 대하여 국가가 이 사건 협정 제3조에 정한 분쟁해결절차에 나아가야 할 구체적인 작위의무가 발생한다고 볼 수 없으므로, 피청구인이 위 분쟁해결절차에 나아가지 않고 있는 부작위로 인하여 청구인들의 기본권이 침해당하였다고 주장하는 이 사건 헌법소원심판청구는 부적법하여 각하하여야 할 것이다.

일본에 의하여 강제로 위안부로 동원된 후 인간으로서의 삶을 송두리째 박탈당하고 그 가해자인 일본국으로부터 인간적 사과마저 얻어내지 못하고 있는 이 사건 청구인들의 절박한 심정을 생각한다면, 대한민국 국민으로서 누구든 공감하지

않을 수 없고, 어떻게든 우리 정부가 국가적 노력을 다해 주었으면 하는 바람은 우리 모두 간절하다. 하지만 헌법재판소는 기본적으로 헌법과 법률에 의하여 재판을 하여야 하는 것이므로, 재판당사자가 처해 있는 상황이 아무리 국가적으로 중대하고 개인적으로 절박하다 하더라도 헌법과 법률의 규정 및 그에 관한 헌법적 법리를 뛰어넘어설 수는 없는 것이다. 이 사건 청구인들이 처해 있는 기본권구제의 중요성, 절박성을 해결할 수 있는 법적 수단을 헌법이나 법령, 기타 헌법적 법리에 의하여도 발견해 낼 수 없다면, 결국 이들의 법적 지위를 해결하는 문제는 정치권력에 맡겨져 있다고 말할 수밖에 없고, 헌법과 법률, 헌법해석의 한계를 넘어서까지 헌법재판소가 피청구인에게 그 문제 해결을 강제할 수는 없는 일이다. 그것이 권력분립의 원칙상 헌법재판소가 지켜야 하는 헌법적 한계인 것이다." (출처: 헌법재판소 판례집 제23권 2집(상), 366쪽)

평석 홍일선, 행정부작위에 대한 헌법소원심판: 2006헌마788 사건과 관련하여, 헌법학연구 제18권 제3호(2012).
성중탁, 행정부작위 헌법소원에서의 작위의무와 국가의 기본권보호의무: 헌법재판소 2011. 8. 30.자 2006헌마788 결정(대한민국과 일본국 간의 재산 및 청구권에 관한 문제의 해결과 경제협력에 관한 협정 제3조 부작위 위헌확인)에 대한 판례평석을 겸하여, 저스티스 제140호(2014. 2).

7-3. 피폭자 구제를 위한 정부의 분쟁해결의무 (헌법재판소 2011. 8. 30. 2008헌마648 결정. 대한민국과 일본국 간의 재산 및 청구권에 관한 문제의 해결과 경제협력에 관한 협정 제3조 부작위 위헌확인)

[사안: 본 결정은 위 7 - 2 헌법재판소 2006헌마788 결정과 같은 날짜에 내려진 결정이다. 청구인이 일본군 위안부와 원폭피해자라는 차이는 있으나, 일본국에 대한 자신들의 손해배상청구권이 한일 청구권협정에 의해 해결되지 않았으며, 이에 관한 협정 해석에 있어서 한일 양국간 이견이 있

으므로 한국 정부가 협정상의 분쟁해결조항에 따라 적극적인 권리구제를 취할 것을 요구하는 점에서는 동일하다. 앞서 수록된 결정과 동일한 재판관들이 각기 다수의견과 소수의견을 형성했다. 각기 결론에 이르는 법적 논리는 사실상 동일하므로 좀더 간략히 발췌한다.]

"1. 사건의 개요 및 심판의 대상

가. 사건의 개요

⑴ 청구인들은 일제강점기인 1945. 8. 6. 일본의 히로시마에서, 그리고 같은 달 9. 나가사키에서 투하된 원자폭탄에 의하여 피폭 피해를 입은 한국인 원폭피해자들이다. […]

⑵ 대한민국은 1965. 6. 22. 일본국과의 사이에 '대한민국과 일본국 간의 재산 및 청구권에 관한 문제의 해결과 경제협력에 관한 협정'(조약 제172호, 이하 '이 사건 협정'이라 한다)을 체결하였다.

⑶ 청구인들은, 청구인들이 일본국 및 일본기업에 대하여 가지는 원폭피해자로서의 배상청구권이 이 사건 협정 제2조 제1항에 의하여 소멸되었는지 여부에 관하여, 일본국은 위 청구권이 위 규정에 의하여 모두 소멸되었다고 주장하며 청구인들에 대한 배상을 거부하고 있고, 대한민국 정부는 청구인들의 위 청구권은 이 사건 협정에 의하여 해결된 것이 아니라는 입장이어서, 한·일 양국 간에 이에 관한 해석상 분쟁이 존재하므로, 피청구인으로서는 이 사건 협정 제3조가 정한 절차에 따라 위와 같은 해석상 분쟁을 해결하기 위한 조치를 취할 의무가 있는데도 이를 전혀 이행하지 않고 있다고 주장하면서, 2008. 10. 29. 이러한 피청구인의 부작위가 청구인들의 기본권을 침해하여 위헌이라는 확인을 구하는 이 사건 헌법소원심판을 청구하였다.

나. 심판의 대상

이 사건 심판대상은 청구인들이 일본국에 대하여 가지는 원폭피해자로서의 배상청구권이 '대한민국과 일본국 간의 재산 및 청구권에 관한 문제의 해결과 경제협력에 관한 협정' 제2조 제1항에

의하여 소멸되었는지 여부에 관한 한·일 양국 간 해석상 분쟁을 위 협정 제3조가 정한 절차에 따라 해결하지 아니하고 있는 피청구인의 부작위가 청구인들의 기본권을 침해하는지 여부이고, 이와 관련된 위 협정의 내용은 다음과 같다. […]

2. 당사자들의 주장

가. 청구인들의 주장 요지

⑴ 청구인들은 일본의 침략 전쟁에 강제 동원되어 일본에 머무르던 중 원폭피해를 입게 되었음에도 불구하고 일본인 피폭자들과는 달리 방치되어 차별을 받아 왔다는 점에서 이중, 삼중의 피해자이다. 청구인들은 그 동안 일본 법정은 물론 한국 법정에서 자신들의 피해에 대해 가해자인 일본 정부와 기업을 상대로 사죄와 배상을 요구하여 왔으나, 일본정부는 이 사건 협정에 의해 위 청구인들이 가진 권리가 소멸되었다고 주장하며 그 법적 책임을 부정하였다.

이에 반하여, 우리 정부는 2005. 8. 26. 원폭피해자 문제와 관련하여 일본국의 법적 책임이 이 사건 협정 제2조 제1항에 의하여 소멸하지 않고 그대로 남아있다는 사실을 인정하여, 한·일 양국 간에 이에 관한 해석상의 분쟁이 존재한다.

⑵ 한편, 이 사건 협정 제3조는 협정의 해석 및 실시에 관한 한·일 양국간의 분쟁이 있을 경우 외교상 경로나 중재절차에 의한 해결방법을 규정함으로써, 체약국에게 위 협정의 해석과 관련한 분쟁해결의무를 부담시키고 있으므로, 우리 정부에게는 위와 같은 이 사건 협정의 해석과 관련한 분쟁의 해결을 위한 작위의무가 있다고 보아야 한다. […]

⑷ 그런데 우리 정부는 청구인들의 기본권을 실효적으로 보장할 수 있는 외교적 보호조치나 중재회부 등의 구체적인 조치를 취하지 아니하고 있는바, 이러한 행정권력의 부작위는 위의 헌법규정들에 위배되는 것이다.

나. 피청구인의 의견 요지

⑴ 행정권력의 부작위에 대한 헌법소원은 공권

력의 주체에게 헌법에서 유래하는 작위의무가 특
별히 구체적으로 규정되어 이에 의거하여 기본권
의 주체가 행정행위를 청구할 수 있음에도 불구
하고 공권력의 주체가 그 의무를 해태하는 경우
에 허용되는 것인바, 우리 정부가 외교적 보호권
을 행사하여야 한다거나 이 사건 협정 제3조에 따
른 분쟁해결조치를 취하여야 할 의무가 있음을
명시적으로 규정한 헌법이나 법령 규정이 없고,
헌법의 해석상 위와 같은 작위의무가 특별히 구체
적으로 규정되어 있는 경우에 해당되지 않는바, 이
러한 부작위는 헌법소원의 대상이 되지 아니한다.

(2) 우리 정부는 청구인들의 피해구제를 위하여
일본 정부에 대해 지속적으로 원폭피해자들에 대
한 문제제기를 함으로써 일본 정부로부터 원폭피
해자들에 대한 지원금을 받았고, 이를 기초로 기
금을 마련하여 원폭피해자들에 대한 지원서비스
를 제공하여 왔으며, 일본 내의 차별적인 법령 개
정 및 합리적인 법 적용을 촉구하는 등 청구인들
의 지위향상 및 실질적인 경제적 지원을 위해 노
력해 오고 있다. 이와 같은 정부의 노력은 다양한
방법을 통하여 외교적 보호권을 행사한 것이며,
이 사건 협정 제3조에 규정된 외교상의 경로를 통
한 분쟁해결조치에 해당한다.

또한 우리 정부는 외교적 보호권의 행사 여부
및 행사방식에 대하여 고도의 재량권을 가지고
있고, 이 사건 협정 제3조의 규정과 외교적 문제
라는 특성에 따라 이 사건 협정의 해석상 분쟁 해
결방식에 있어서도 포괄적인 재량권을 부여받았
다. 이와 같은 재량권 행사가 일본과의 마찰에 의
한 국내외적 문제를 우려하여 청구인들의 기본권
행사를 최소한도로 제한하는 범위 내에서 이루어
졌으므로 재량권의 한계를 일탈한 것으로 볼 수
없다.

3. 이 사건의 배경

[…] 1965. 6. 22. 명목을 구분표시하지 않고
일본이 대한민국에게 일정 금액을 무상 및 차관
으로 지불하되, 양 체약국 및 그 국민(법인을 포함

함)의 재산, 권리 및 이익과 양 체약국 및 그 국민
간의 청구권에 관한 문제를 완전히 그리고 최종
적으로 해결하는 것을 내용으로 하는 이 사건 협
정이 체결되었다.

⑽ 징병·징용에 이은 원폭피해자 문제는 이 사
건 협정체결을 위한 한·일 국교정상화 회담이 진
행되는 동안 전혀 논의되지 않았고, 8개 항목 청
구권에도 포함되지 않았다.

나. 한국인 원폭피해자 문제에 대한 한·일 양
국의 처리경과

⑴ 히로시마와 나가사키 원폭 투하로 피해를
입은 한국인(당시 조선인)은 히로시마에서 약 5만
명, 나가사키에서 약 2만명 가량으로, 이는 전체
피폭자의 10분의 1에 해당하는 숫자이다. 그 중 4
만명이 사망하고, 생존자 3만명 중 2만 3천명이
귀국하였으며, 2만 3천명 중 2천명은 북한으로 돌
아간 것으로 알려지고 있다.

한국인 원폭피해자들은 일제 강점기 침략전쟁
수행을 위한 징용·징병 등의 강제동원에 의해 일
본에 끌려간 사람들로, 피폭 후 일본인들과는 달
리 구호조치 및 보호조치를 전혀 받지 못하고 방
치된 상태에서 한국으로 돌아왔다. 한국인 원폭피
해자의 사망률은 전체 피폭자 691,500명 대비 사
망자 233,167명의 비율을 훨씬 뛰어넘는 것으로,
이는 피폭 후의 차별적 방치에 기인하는 것으로
파악되고 있다.

⑵ 일본은 샌프란시스코 조약 이후 원폭피해자
에 대한 지원에 나서, 1957년 '원자폭탄피폭자의
의료 등에 관한 법률'을 제정하고, 이 법에 따라
인정을 받은 피폭자에게 피폭자 건강수첩(이하 '건
강수첩'이라 한다)을 교부하여 치료비와 검진료를
국가가 부담하게 하였으며, 1968년 '원자폭탄피폭
자에 대한 특별조치에 관한 법률'을 제정하여, 피
폭자의 생활보호를 위한 각종 수당을 지급하였다.

위 두 법률에는 국적에 관한 아무런 제한이 없
었음에도 불구하고, 일본정부는 한국인 원폭피해
자의 건강수첩 신청을 각하하고, 이후 "일본국 내

에 거주관계를 가지는 피폭자에 대하여 적용되는 것"이라는 요건을 새롭게 만들어 명시적으로 일본 밖의 피폭자를 차별하는 조치를 취했으며, 원폭피해자들의 사죄와 배상 요구에 대하여도 이 사건 협정에 의해 원폭피해자들의 권리가 모두 소멸되었다고 주장하면서 그 법적 책임을 부정하여 왔다.

(3) 이에 원폭치료를 요구하며 1970년 도일(渡日)한 손〇두는 밀입국자로 체포되어 복역 중 피폭자 무료진료를 받기 위해 후쿠오카현(福岡縣)지사를 상대로 건강수첩 교부를 신청하였으나 받아들여지지 않자, 1972년 각하처분 취소소송(일명 '원폭수첩재판')을 제기하였고, 일본 최고재판소는 1978. 3. "일본의 '원자폭탄피폭자의 의료 등에 관한 법률'은 피폭된 모든 인간이 국적과 거주 장소와는 차별 없이 향수할 권리를 가진다."며 최종적으로 원고의 청구를 인용하였다.

(4) 한편, 우리 정부는 이 사건 협정체결 후 1966. 2. 19. '청구권자금의운용및관리에관한법률'(1982. 12. 31. 법률 제3613호로 폐지)을 제정하여 무상자금 중 민간보상의 법률적 근거를 마련하였고, 이후 1971. 1. 19. '대일민간청구권신고에관한법률'(1982. 12. 31. 법률 제3614호로 폐지)을 제정하여 보상신청을 받고, 그 뒤 1974. 12. 21. '대일민간청구권 보상에 관한 법률'(1982. 12. 31. 법률 제3614호로 폐지)을 제정하여 1975. 7. 1.부터 1977. 6. 30.까지 합계 91억 8,769만 3천원을 지급하였으나, 그 대상은 일제에 의해 강제로 징용·징병된 사람 중 사망자와 위 회담 과정에서 대일 민간청구권자로 논의되어 알려졌던 민사채권 또는 은행예금채권 등을 가지고 있는 민사청구권 보유자에 한정되었고, 청구인들과 같은 원폭피해자, 피징용부상자, 일본위안부 피해자 등은 그 보상대상에 포함되지 아니하였다.

(5) 원폭수첩재판 이후 한국인 원폭피해자들이 한·일 양국 정부에 대하여 대책마련을 호소한 결과, 양국 정부는 1981. 12. 유효기간을 5년으로

한 '재한(在韓) 피폭자 도일 치료 실시에 관한 합의서'를 체결하였다. 위 합의에 따라 일본 정부는 도일한 피폭자에 대하여 건강수첩을 교부하여 무료치료를 실시하였고, 치료 대상자의 왕복여비는 한국측에서 부담하고 도일 치료자의 입원 기간(입원 치료기간은 2개월, 최장 6개월까지 가능) 중 의료급부 및 건강관리수당과 특별수당 등 각종 수당은 일본 정부가 지급하기로 하여 1981년부터 5년간 349명이 도일 치료를 받았으나, 도일의 부담, 치료기간의 한정 등으로 효과는 크지 않았다.

(6) 일본 정부는 1990. 5. 노태우 전 대통령의 방일에 즈음하여 '인도적인' 차원에서 한국인 원폭피해자의 치료비 및 건강진단비용 지원, 피폭자 복지센터건립 지원을 목적으로 한 40억 엔의 지원금을 제공하기로 하였고, 이에 따라 한국 정부는 1991년과 1993년 두 차례에 걸쳐 일본 정부로부터 40억 엔을 수령하여 국내에 '원폭피해자 복지기금'을 마련하고, 원폭피해자에게 병원진료비, 병원진료시 필요한 교통비와 비급여대상 진료비 등 진료보조비, 사망시 150만원의 장례비를 지급하였으며, 1996. 10. 경남 합천군에 '원폭피해자 복지회관'을 건립하여 피폭자에 대한 일상생활 지원 및 건강관리 서비스 등을 제공하였다.

(7) 일본 정부는 위와 같은 사정으로 도일한 한국인 원폭피해자에게 건강수첩을 발부하기 시작하였지만, 일본 내에 있는 경우에는 원호대상이 되나 일본 국외로 나가게 되면 원호조치를 일체 받을 수 없게 된다는 내용의 1974. 7.자 제402호 통달(通達: 국가로부터 지방자치단체에 대해 발해지는 명령)에 의거하여, 건강수첩을 발부받은 원폭피해자가 일본 국외로 나가는 경우 건강수첩에 의한 지원을 중단하도록 함으로써, 한국에 거주하는 원폭피해자들이 건강수첩을 신청할 실익이 없도록 만들었다. 1994년에 이르러 위 '원자폭탄피폭자의 의료 등에 관한 법률'과 '원자폭탄피폭자에 대한 특별조치에 관한 법률'을 통합한 '원자 폭탄 피폭자에 대한 원호에 관한 법률'에서도 피폭자라면

국적을 불문하고 의료지원 혜택 및 생계보조수당을 지급받을 수 있도록 하고 있었는데도, 일본 정부는 여전히 위 통달을 적용하여 일본 내에 거주하는 피폭자에 대해서만 위 법에 의한 지원을 받는 것으로 해석하였다.

(8) 이에 한국인 원폭피해자로서 일본에 와서 건강수첩을 취득하고 건강관리수당을 받다가 일본 국외로 출국함으로써 그 지원을 받지 못하게 된 곽○훈이 소송을 제기하였고, 오사카 고등재판소는 2002. 12. 5. "일본에서 출국했다는 이유로 제402호 통달로 피폭자의 권리를 박탈하는 것은 위법하다."며 원고에게 위자료를 지급하라고 판결하였다. 위 판결이 확정되자, 일본 정부는 2003년 위 통달을 폐지하였다.

(9) 위와 같은 경위로 2003. 9.경부터 대한적십자사가 일본 정부와 원호수당 지급업무 위탁계약을 체결함으로써, 일본에서 건강수첩을 교부받고 수당지급 인정을 받은 한국인 원폭피해자들은 귀국 후에도 수당을 지급받을 수 있게 되었다. 그러나 대리인을 통한 수당신청과 건강수첩 신청은 인정되지 않다가, 최고재판소가 2007. 11. 1. 한국 거주 원폭피해자들이 위법한 제402호 통달에 의해 건강수첩을 교부받고 각종 수당을 지급받을 권리를 29년간이나 박탈당한 데 대하여 일본국은 그 피해를 배상할 책임이 있다는 내용의 판결을 선고하자, 2008. 6. '원폭피폭자에 대한 원호에 관한 법률'이 개정됨으로써, 비로소 국외 거주 원폭피해자도 일본 재외공관을 통하여 원호수당을 신청하고 건강수첩을 교부받을 수 있게 되었다. 한국인 원폭피해자(1세대) 중 2010. 10. 현재 대한적십자사에 등록된 사람은 총 2,631명이며, 이 중 2,468명이 '건강수첩'을 소지하고 있다.

(10) 한편, 한국인 원폭피해자들은 1995. 12. 11. 일본 히로시마지방재판소에 일본국 및 미쓰비시중공업 주식회사 등 일본기업을 상대로 강제징용 등 불법행위에 이은 피폭, 피폭 후 방치 등을 이유로 한 손해배상소송 등을 제기하였고(1995

(ワ)2158, 1996(ワ)1162, 1998(ワ)649}, 당시 피고 측은 제척기간경과, 소멸시효완성 또는 이 사건 협정에 따라 청구권이 소멸하였다는 취지의 주장을 하였는데, 위 재판소는 1999. 3. 25. 원고 등의 청구를 모두 기각하는 판결을 하였다.

위 원고 등이 항소하자, 항소심{1999(ネ)206}인 히로시마고등재판소는 2005. 1. 19. 강제연행 및 강제노동 과정에서의 불법행위에 의한 손해배상책임이 인정될 가능성이 있고, 원자폭탄이 투하된 후 원고 등에 대한 구호나 보호조치 등 안전배려의무 불이행에 의한 손해배상책임이 인정된다고 하면서도, 불법행위를 원인으로 한 손해배상청구권은 20년의 제척기간 경과로, 안전배려의무위반을 원인으로 한 손해배상청구권은 소멸시효의 완성으로 각 소멸하였으며, 부가적으로 이 사건 협정에 따라 원고 등의 청구권이 소멸하였다는 이유로 청구를 기각하였고, 상고심인 최고재판소{2005(オ)1691}에서도 2007. 11. 1. 상고가 모두 기각됨으로써 위 판결은 확정되었다.

(11) 위 원고 등은 히로시마지방재판부의 1심 판결을 받은 후 2000. 5. 1. 대한민국 부산지방법원에 미쓰비시중공업 주식회사를 상대로 동일한 청구원인에 의한 소송을 제기하였고, 피고가 이 사건 협정으로 청구권 문제는 완전히 해결되었으므로 배상할 의무가 없다는 항변을 하자, 대한민국 정부에 이 사건 협정 관련 서류의 공개를 청구하였다.

한국 정부는 위 서류의 공개를 거부하다가 2004. 2. 13. 이 사건 협정 체결을 위한 한·일회담관련 문서의 공개를 명하는 판결이 선고되자 이를 공개한 후, 국무총리를 공동위원장으로 하고 피청구인을 정부위원으로 하는 '민관공동위원회'의 2005. 8. 26. 결정을 통해, 이 사건 협정은 샌프란시스코 조약 제4조에 근거하여 한·일 양국 간의 재정적·민사적 채권·채무관계를 해결하기 위한 것이었고, 일본군 위안부 문제 등과 같이 일본 정부 등 국가권력이 관여한 '반인도적 불법행위' 및 원폭피해자 문제 등에 대해서는 이 사건 협정에 의하여 해결된 것으로 볼 수 없으므로 일본 정부의 법적 책임이 인정된다는 입장을 밝힌 바 있다.

위 소송의 1심(부산지방법원 2000가합7960)에서는 2007. 2. 2. 손해배상청구권이 발생하였다 하더라도 이미 시효로 소멸되었다고 하여 원고청구를 기각하는 판결을 하였고, 항소심(부산고등법원 2007나4288)은 일본국 재판소의 위 확정판결의 효력이 대한민국에서 승인되므로 기판력이 미친다는 이유로 원고청구를 기각하였으며, 현재 상고심(대법원 2009다22549) 계속중이다. [이하 4. 적법요건에 대한 설시 부분은 위 일본군위안부 피해자 문제에 관한 헌법재판소 2011. 8. 30 선고, 2006헌마788 결정과 사실상 동일한 내용이 반복되고 있으므로 생략함 – 필자 주]

5. 본안에 대한 판단

가. 이 사건 협정 관련 해석상 분쟁의 존재

(1) 이 사건 협정 제2조 제1항은 "양 체약국은 양 체약국 및 그 국민(법인을 포함함)의 재산, 권리 및 이익과 양 체약국 및 그 국민간의 청구권에 관한 문제가 1951년 9월 8일에 샌프란시스코시에서 서명된 일본국과의 평화조약 제4조 (a)에 규정된 것을 포함하여 완전히 그리고 최종적으로 해결된 것이 된다는 것을 확인한다."고 규정하고 있다. 이와 관련하여 합의의사록 제2조 (g)항은 위 제2조 제1항에서 말하는 "완전히 그리고 최종적으로 해결된 것으로 되는 양국 및 그 국민의 재산, 권리 및 이익과 양국 및 그 국민 간의 청구권에 관한 문제에는 한·일회담에서 한국측으로부터 제출된 '한국의 대일 청구 요강'(소위 8개 항목)의 범위에 속하는 모든 청구가 포함되어 있고, 따라서 동 대일청구요강에 관하여는 어떠한 주장도 할 수 없게 됨을 확인하였다."고 기재되어 있다.

(2) 이 사건 협정 제2조 제1항의 해석과 관련하여, 앞서 본 바와 같이 일본 정부 및 사법부의 입장은 원폭피해자를 포함한 우리 국민의 일본국에 대한 배상청구권은 모두 포괄적으로 이 사건 협정에 포함되었고 이 사건 협정의 체결 및 그 이행으로 포기되었거나 그 배상이 종료되었다는 것이며, 반면, 우리 정부는 2005. 8. 26. '민관공동위원회'의 결정을 통해, 원폭피해자 문제 등은 이 사건 협정에 의하여 해결된 것으로 볼 수 없으므로 일본 정부의 법적 책임이 인정된다는 입장을 밝힌 바 있다.

(3) 피청구인은 이 사건 헌법소원심판과정에서도, 일본은 이 사건 협정에 의해 원폭피해자의 일본에 대한 배상청구권이 소멸되었다는 입장인 반면 우리 정부의 입장은 원폭피해자의 배상청구권은 이 사건 협정에 포함되지 않았다는 것이어서 이에 대하여는 양국의 입장 차이가 있고, 이는 이 사건 협정 제3조의 '분쟁'에 해당하는 것이라고 확인하였다.

(4) 따라서 이 사건 협정 제2조 제1항의 대일청구권에 원폭피해자의 배상청구권이 포함되는지 여부에 관한 한·일 양국 간의 해석 차이가 존재하고, 이는 위 협정 제3조의 '분쟁'에 해당한다는 것은 명백하다. […] [이하 피청구인의 부작위의 기본권 침해 여부에 대한 설시 부분 역시 위 일본군위안부 피해자 문제에 관한 헌법재판소 2011. 8. 30 선고, 2006헌마788 결정과 사실상 동일한 내용이 반복되고 있음 – 필자 주]

라. 소결론

헌법 제10조, 제2조 제2항 및 전문과 이 사건 협정 제3조의 문언 등에 비추어 볼 때, 피청구인이 이 사건 협정 제3조에 따라 분쟁해결의 절차로 나아갈 의무는 헌법에서 유래하는 작위의무로서 그것이 법령에 구체적으로 규정되어 있는 경우라 할 것이고, 청구인들의 인간으로서의 존엄과 가치 및 재산권 등 기본권의 중대한 침해가능성, 구제의 절박성과 가능성 등을 널리 고려할 때, 피청구인에게 이러한 작위의무를 이행하지 않을 재량이 있다고 할 수 없으며, 피청구인이 현재까지 이 사건 협정 제3조에 따라 분쟁해결절차를 이행할 작위의무를 이행하였다고 볼 수 없다.

결국, 피청구인의 이러한 부작위는 헌법에 위반하여 청구인들의 기본권을 침해하는 것이다." (출처: 헌법재판소 판례집 제23권 2집(상), 417쪽)

7-4. 피폭자 구제를 위한 정부의 중재회부의무 (서울고등법원 2016. 1. 14. 2015나2036271 판결. 원고, 항소인: 원폭피해 관련자들. 피고, 피항소인: 대한민국)

[사안: 헌법재판소는 위 2011. 8. 30.자 2008헌마648 결정(7-3)에서 "청구인들이 일본국에 대하여 가지는 원폭피해자로서의 배상청구권이 청구권협정 제2조 제1항에 의하여 소멸되었는지 여부에 관한 한·일 양국 간 해석상 분쟁을 위 협정 제3조가 정한 절차에 따라 해결하지 아니하고 있는 피청구인의 부작위는 위헌임을 확인한다"고 판단한 바 있다. 이후 수년이 지나도 한일간 협상에 별다른 진척이 없었다. 이에 본 사건 원고들은 위헌결정 이후에도 피고가 그 결정 취지에 따라 청구권협정 제3조에 따른 분쟁해결절차로 나아갈 작위의무를 이행하지 않는 것은 불법행위에 해당하며, 이로 말미암아 원고들이 정신적 고통을 받고 있으므로, 피고는 원고들에게 각 1,000만 원의 위자료와 이에 대한 지연손해금을 지급할 의무가 있다고 주장하며 본 소송을 제기했다.]

"피고가 이 사건 위헌결정 이후 T/F와 자문단을 구성하여 대응책을 강구하면서 각급 외교담당자간 협의 등을 통하여 '원폭피해자들의 일본에 대한 배상청구권이 청구권협정에 의하여 소멸되었는지 여부'라는 구체적 현안에 관하여 양자 간 협의를 지속적으로 요구하고 구상서를 전달하는 등 외교당국과의 직접적인 외교적 교섭 노력을 한 사실은 앞서 본 바와 같다. 그 외에도 피고는 일본국 국회의원, 지방자치단체, 지역변호사회, 원폭피해자 단체 등과의 면담 및 강연 등을 통하여 간접적인 외교적 교섭 노력도 벌이고 있는 것으로 보인다. 이와 같은 외교적 교섭 노력은 청구권협정의 해석상 분쟁이라는 구체적 현안에 관한 것으로서 청구권협정 제3조 제1항에서 정한 '외교상의 경로'를 통한 분쟁해결절차로 평가할 수 있고, 이는 이 사건 위헌결정 이전에 행하여진 일련의 외교상 조치와는 구분된다.

다. 청구권협정 제3조 제2항의 중재회부절차 이행의무 인정 여부

그런데 앞서 인정한 사실에 갑 제1호증의 기재 및 변론 전체의 취지를 보태어 인정되는 다음과 같은 사정을 종합하여 보면, 피고가 원폭피해자들의 배상청구권과 관련한 청구권협정의 해석상 분쟁이라는 구체적 현안에 관하여 외교적 교섭 노력을 계속하고 있는 이상, 일본국 정부가 이에 대하여 명시적이고 적극적인 대응을 보이지 않는다고 하여 곧바로 피고에게 중재회부를 통한 분쟁해결절차로 나아가야 할 작위의무가 발생한다고 보기 어렵다.

① 청구권협정 제3조는 본 협정의 해석 및 실시에 관한 양 체약국 간의 분쟁은 '우선' 외교상의 경로를 통하여 해결하고, 이에 의하여 해결할 수 없는 분쟁은 일방 체약국 정부의 요청에 따라 중재위원회에 회부한다고 하여 외교상의 경로를 통한 분쟁해결절차를 우선하도록 규정하고 있다.

② 이 사건 위헌결정은 원폭피해자들이 일본국에 대하여 가지는 배상청구권이 청구권협정에 의하여 소멸되었는지에 관한 해석상 분쟁을 청구권협정 제3조 소정의 절차, 즉 '외교상의 경로를 통한 해결' 또는 '중재회부를 통한 해결'에 따라 해결하지 아니하고 있는 부작위가 위헌이라는 것이지, 피고에게 곧바로 중재회부절차를 통한 분쟁해결의무가 있다거나 일정 기간 외교상의 경로를 통한 분쟁해결을 모색하였음에도 해결되지 않았을 경우에는 반드시 중재회부를 통한 분쟁해결절차에 돌입하여야 한다고 선언하고 있는 것은 아니다.

③ 청구권협정 제3조 제1항 소정의 외교상의 경로를 통한 해결 노력이 소진되어 제2항 소정의

중재회부를 통한 분쟁해결절차로 나아갈 의무가 언제 발생하는지에 관하여는 외교적 해결의무의 이행 주체나 방식, 이행 정도, 이행의 완결 여부 등에 관한 객관적인 판단기준이 존재하지 않으므로, 원폭피해자 문제의 절박성, 시급성과 교류와 협력을 지속해야 하는 한·일 양국 간의 미묘한 외교관계 등을 다각적으로 고려하여 판단하여야 한다.

④ 외교행위는 가치와 법률을 공유하는 하나의 국가 내에 존재하는 국가와 국민과의 관계를 넘어 가치와 법률을 서로 달리하는 국제환경에서 국가와 국가 간의 관계를 다루는 것이므로, 정부가 분쟁의 상황과 성질, 국내외 정세, 국제법과 보편적으로 통용되는 관행 등을 감안하여 정책결정을 함에 있어 폭넓은 재량이 허용되는 영역이다. 따라서 청구권협정의 해석에 관한 분쟁을 해결하기 위하여 외교상의 경로를 통할 것인지 아니면 중재에 회부할 것인지에 관한 피고의 재량 범위는 상당히 넓다고 할 것이다(헌법재판소 2000. 3. 30. 선고 98헌마206 결정 참조).

⑤ 특히 중재절차의 경우 중재기관의 전문성과 독립성, 중재판정의 기속력(청구권협정 제3조 제4항) 등으로 인하여 그 판정의 파급력이 중대하므로, 국제정세에 대한 이해를 바탕으로 중재회부가 최대한의 효과를 낼 수 있는 시점, 일본국 정부의 응소 가능성, 우리나라의 승소 가능성 등 여러 요소를 종합적으로 고려하여 그 회부 여부를 전략적으로 선택할 필요가 있다.

⑥ 한국과 일본 사이에는 원폭피해자 문제 이외에도 강제징용 피해자 문제, 사할린동포 문제 등 한·일 과거사 문제와 관련된 외교적 현안이 산적해 있는 점 등에 비추어 보면, 원폭피해자 문제와 관련한 한·일간의 외교적 교섭이 장기간 효과를 보지 못하고 있다고 하여 곧바로 피고가 청구권협정 제3조 제2항 소정의 중재회부의무를 부담하게 된다고 단정하기 어렵다." (출처: 판결문 사본 입수)

[해설] 이 소송은 대법원 2016. 5. 26. 2016다205847 판결(심불기각)로 확정되었다.
유사사안에 대한 동일 취지의 판결: ① 서울남부지방법원 2016. 7. 21. 2015가합109219 판결.
② 서울북부지방법원 2016. 8. 31. 2015가합25697 판결.

2. 청구권협정의 적용범위

7-5. 피징용부상자에 대한 보상제외
(헌법재판소 1996. 11. 28. 95헌마161 결정. 입법부작위 위헌확인)
"가. 사건의 개요
청구인은 1943. 3. 20. 일본군으로 강제 징집되어 육군보병 제144연대 소속 상등병으로 복무하던 중 1944. 12. 12. 미얀마 남부지역의 전투에서 부상을 당하여 미얀마 라이가 소재 제121병참병원에 입원 중 다시 연합군 비행기에 폭격당하여 1945. 3. 4. 오른쪽 팔을 절단하고 한푼의 보상도 받지 못한 채 8·15 해방과 동시에 귀국하였다.
그런데 1965. 6. 22. 체결되고 같은 해 12. 18. 발효된 "대한민국과 일본국간의 재산 및 청구권에 관한 문제의 해결과 경제협력에 관한 협정"(조약 제172호, 이하 이 사건 협정이라고 한다)은 대한민국이 일본국으로부터 무상자금과 차관금을 제공받고 이로써 이 사건 협정 제2조 제2항에 규정된 사항을 제외하고는 청구인과 같이 1945년 8월 15일 이전에 부상을 당한 피징용부상자의 보상청구권을 포함하여 모든 대일민간청구권을 행사할 수 없도록 제한하여 일괄타결하고 위 협정에 근거하여 국회는 청구권자금의운용및관리에관한법률, 대일민간청구권신고에관한법률, 대일민간청구권보상에관한법률 등 보상관계법률을 제정하면서 피징용사망자의 청구권의 보상에 대하여서만 규정을 하고 피징용부상자의 청구권의 보상에 대하여는 아무런 규정을 하지 아니하였다.
청구인은 대한민국으로서는 위 협정에 의하여

일괄타결된 피징용부상자의 청구권의 보상에 관한 법률을 제정할 의무가 있음에도 불구하고 이를 제정하지 아니한 입법부작위로 인하여 헌법상 보장된 청구인의 평등권 등 기본권을 침해받고 있다고 주장하면서 그 입법부작위의 위헌확인을 구하는 이 사건 헌법소원심판을 청구하였다. […]

3. 판단

가. 넓은 의미의 "입법부작위(立法不作爲)"에는, ① 입법자가 헌법상 입법의무가 있는 어떤 사항에 관하여 전혀 입법을 하지 아니함으로써 "입법행위의 흠결(Lucke)이 있는 경우"(즉, 입법권의 불행사)와 ② 입법자가 어떤 사항에 관하여 입법은 하였으나 그 입법의 내용·범위·절차등이 당해 사항을 불완전, 불충분 또는 불공정하게 규율함으로써 "입법행위에 결함(Fehler)이 있는 경우"(즉, 결함이 있는 입법권의 행사)가 있는데, 일반적으로 전자를 진정(眞正)입법부작위, 후자를 부진정(不眞正)입법부작위라고 부르고 있다. […]

나. 그러므로 청구인이 주장하는 이 사건 입법부작위가 위 두 가지의 유형 중 그 어느 것에 해당하는지를 살펴보기로 한다.

(1) 1951. 9. 8. 미국 샌프란시스코에서 체결되고 1952. 4. 28. 그 효력을 발생한 연합국과 일본국과의 평화조약 제21조, 제4조, 이에 의거하여 1965. 6. 22. 한일 양국간에 체결된 이 사건 협정 제1조, 제2조, 이 사건 협정에 대한 합의의사록(1965. 12. 18. 조약 제173호) 제2조의 규정들을 종합하여 보면, 피징용 부상자의 청구권은 이 사건 협정 제2조 제2항의 예외사항에 해당하지 아니하고 따라서 이 사건 협정의 적용을 받아 일괄타결된 대일민간청구권에 포함된 것이라고 보여진다. [이어서 재판부는 과거 대일 민간 청구권 보상에 관한 국내 입법내용을 설명했다 – 필자 주]

그런데 피징용부상자의 청구권은 피징용사망자의 청구권과 마찬가지로 1945. 8. 15. 이전까지의 청구권으로서 이 사건 협정에 의해 일괄타결된 대일민간청구권의 하나임이 분명함에도 불구하고, 청구권신고법 제2조 제1항은 피징용사망자의 청구권에 대하여는 그 제9호에서 신고대상으로 명백히 규정하면서도 피징용부상자의 청구권에 대하여는 신고대상의 범위에 포함시키지 않고 있다.

이와 같이 입법자가 신고대상을 열거하면서 피징용부상자의 청구권을 들고 있지 아니한 것은 청구권신고법의 입법목적(제1조)에 비추어 재정경제원장관의 의견과 같이 피징용부상자의 경우는 피징용사망자의 경우와는 달리 대일민간청구권 신고당시에 이미 부상당한 때로부터 25년 이상이 경과하였기 때문에 징용으로 인한 부상인지 여부 및 부상의 정도에 관한 정확한 증거와 자료를 수집하기가 곤란하여 보상의 정확성을 결하거나 형평을 잃을 우려가 있고 행정의 자의성이 개입될 소지가 있는 점 등을 고려하여 피징용부상자의 청구권에 대한 보상을 거부한다는 입법자의 소극적 응답이 포함되어 있다고 보아야 할 것이지 피징용부상자의 청구권에 대한 보상을 할 것인가에 관한 입법자의 응답이 전혀 없다고 할 것은 아니다.

(4) 따라서 청구인과 같은 피징용부상자의 청구권이 신고 및 보상의 대상에 포함되어 있지 않고 그 결과로 청구인이 보상을 받지 못하게 된 것은 입법자가 이 사건 협정에 의하여 일괄타결된 청구권에 대한 보상관계입법을 하면서 피징용부상자의 청구권을 신고대상에서 제외하여 보상을 하지 않기로 보상입법을 불완전·불충분하게 함으로써 입법의 결함이 생겼기 때문이지, 입법자가 그 청구권에 관련하여 전혀 아무런 입법을 하지 않았기 때문이라고 볼 수는 없다.

다. 그렇다면 이 사건 심판대상인 입법부작위는 헌법소원의 대상이 될 수 있는 진정한 의미에서의 입법부작위가 아니고 이른바 "부진정입법부작위"임이 분명하다. 따라서 청구인으로서는 "헌법재판소법 제69조 제1항이 정한 청구기간내에" 청구권신고법 등 보상관계법률의 관계규정과 각 그 폐지법률을 대상으로 하여 그것이 헌법위반이라는 적극적인 헌법소원을 제기하여야 할 것이고,

한편 청구인이 주장하는 위 보상관계법률들에 의한 기본권침해는 헌법재판소가 발족하기 이전의 일이므로 이러한 경우 그 청구기간은 헌법재판소가 구성된 1988. 9. 19.부터 180일 이내에 헌법소원심판을 청구하여야 할 것인바 청구인의 이 사건 헌법소원심판은 1988. 9. 19.부터 180일을 훨씬 경과한 1995. 5. 30.에 청구되었음이 기록상 분명하다.

4. 결론

그렇다면 이 사건 심판청구는 부적법하므로 이를 각하하기로 하여 주문과 같이 결정한다." (출처: 헌법재판소 공보 제19호, 93쪽)

7-6. 한일 청구권협정의 적용대상범위(일본 거주자)

(헌법재판소 2015. 12. 23. 2011헌바55 결정. 대한민국과 일본국 간의 재산 및 청구권에 관한 문제해결과 경제협력에 관한 협정 제2조 제2항 (a)호 등 위헌소원)

[사안: 이 사건 청구인은 「대일항쟁기 강제동원 피해조사 및 국외강제동원 희생자 등 지원에 관한 특별법」에 따른 위로금 지급을 신청했으나, 담당부서는 청구인의 부(父)가 1942년 일제에 의해 국외로 강제동원되어 부상으로 장해를 입은 사실은 인정되나, 그 후 국내로 귀환하지 아니하고 일본에 거주하여 위 특별법 제7조 제3호에서 규정하는 '1947. 8. 15.부터 1965. 6. 22.까지 계속하여 일본에 거주한 사람'에 해당한다는 이유로 이 신청을 기각했다. 이는 1965년 청구권협정 제2조 2항의 해석과 관련된 문제이다.]

"국외강제동원자지원법이 일본 거주 피징용부상자를 그 지원 대상에서 제외한 이유는, 일본 거주자의 대일청구권이 1965년 한일청구권협정의 일괄타결대상에서 배제되었으므로 이들의 대일청구권은 위 한일청구권협정의 영향을 전혀 받지 않으며 이들에 대한 보상 내지 지원은 1차적으로 일본 정부가 책임을 져야 하는 상황이기 때문이

다. 따라서 동일한 피징용부상자라고 하더라도 1965년 한일청구권협정의 일괄타결대상에서 배제되었던 일본 거주자를 국내 거주자와 달리 규율하는 것에는 합리적인 이유가 있다.

한일청구권협정의 해석과 관련하여 한·일 양국의 견해차이가 있고 그로 말미암아 일본 거주자들이 일본 정부로부터 제대로 된 보상이나 지원을 받지 못한 점은 인정되나, 그들은 2000년 제정된 일본국의 '평화조약 국적이탈자 등인 전몰자 유족 등에 대한 조위금 등의 지급에 관한 법률'에 따라 위로금 내지 조위금을 지급받을 수 있었던 점, 국외강제동원자지원법이 단지 일본에 거주한 사람뿐만 아니라 일제 강점하에서 입은 피해에 대해 이미 다른 법률로 일정한 지원을 받았거나 현재 받고 있는 사람과 그 유족 및 대한민국 국적을 갖고 있지 아니한 자도 이 사건 위로금의 지원 대상에서 배제하고 있는 점 등을 종합하여 보면, 국외강제동원자지원법이 피징용부상자 가운데 일본 거주자를 배제한 것을 두고 자의적인 것이라고 결론짓기 어렵다." (출처: 헌법재판소 판례집 제27권 2집(하), 447쪽)

7-7. 청구권협정 체결은 위법한 행위인가

(서울중앙지방법원 2010. 6. 17. 2009가합102419 판결)

[사안: 이 사건의 원고들은 일제에 의해 강제동원되었다가 사망하거나 행방불명되거나 생환한 강제동원 피해자의 유족들이다. 이들은 피고(국가)가 일본국과 한일협정을 체결하면서 대한민국 국민의 대일청구권을 모두 포기함으로써, 원고들은 일본국을 상대로 직접 손해배상 청구 및 미불임금 지급 청구를 할 수 없게 되었다고 주장했다. 즉 피고는 대한민국 국민의 신체와 재산을 보호할 의무가 있다고 할 것인데, 위와 같이 한일협정 체결로 국민의 재산권 행사의 기회를 봉쇄했으므로, 국가배상법 제2조 제1항에 의해 원고들이 입은 손해를 배상할 책임이 있다며 본소를 제기했다.]

"㈐ 위 인정사실 및 […] 변론 전체의 취지를 종합하여 인정되는 다음과 같은 사정들, 즉 ① 주권국가가 외국과 교섭을 하여 자국민의 재산이나 이익에 관한 사항을 일괄적으로 해결하는 이른바 일괄처리협정(lump sum agreements)은 국제분쟁의 해결·예방을 위하여 국제적으로 흔히 채택되는 방식이고, 한일협정은 이러한 일괄처리협정의 대표적인 예라고 볼 수 있는 점, ② 연합국과 일본국 사이의 전후 처리 조약인 '1951년 9월 8일 샌프란시스코 평화조약'에서도 위 일괄처리협정 방식을 채택하고 있고, 일본국이 스웨덴, 영국, 캐나다, 그리스 등 국가와 체결한 배상청구권 문제의 해결에 관한 조약에서도 '완전하고 종국적인 해결,' '더 이상의 배상청구권의 포기' 등의 내용을 포함하는 조항을 두고 있는 점, ③ 피고는 한일협정으로 '명목 여하를 불문하고' 합계 미화 5억 불 이상의 금원을 일본국으로부터 지급받기로 하여 대한민국 국민의 대일청구권에 관련된 외교력의 행사를 전혀 하지 않은 것으로 볼 수 없는 점, ④ 대한민국 국민 개개인이 일본국에 대한 재산적 청구권을 가지고 있더라도 한일협정 체결 당시 일본국을 상대로 청구권을 행사하여 보장받기는 실질적으로 어려운 상황이었던 점, ⑤ 한일협정은 한·일 양국의 과거사에서 비롯된 미해결 문제를 일괄타결의 방법으로 청산하고, 양국의 미래지향적 관계를 수립하기 위한 고도의 정치적 결단을 통한 외교행위이었던 점 등에 비추어 보면, 한일협정 체결행위가 직무에 충실한 보통 일반의 공무원을 표준으로 할 때 객관적 정당성을 상실하였다거나 사회통념상 현저하게 타당성을 결하고 재량권을 남용한 위법한 행위라고 보기 어렵다.

따라서 한일협정 체결행위가 위법함을 전제로 한 원고들의 청구는 이유 없다.

㈑ 설사 한일협정 체결행위가 위법한 것이라고 하더라도, 피고는 원고들의 손해배상청구권이 시효로 소멸하였다고 항변한다. 살피건대 […] 한일 협정 체결시로부터 국가에 대한 손해배상청구권의 소멸시효기간인 5년이 경과하였음이 역수상 명백한 2009. 9. 8. 이 사건 소가 제기되었으므로, 원고들의 위 손해배상청구권은 시효로 소멸하였다. 피고의 위 항변은 이유 있다.

이에 대하여 원고들은 피고가 한일협정 체결 이후 관련 자료를 공개하지 아니하여 원고들로 하여금 불법행위가 있었던 사정조차 모르게 하였던 점을 고려해 본다면, 피고가 소멸시효를 주장하는 것은 신의성실의 원칙에 반하여 허용될 수 없다고 주장한다. […]

이 사건에 관하여 보건대, ① 피고가 위 소멸시효 완성 전에 원고들의 권리행사나 시효의 중단을 불가능 또는 현저히 곤란하게 하거나 그런 조치가 불필요하다고 믿게 할 만한 행동을 하였다고 인정할 증거가 없는 점, ② 앞서 본 바와 같이 피고가 1971. 1. 19.경 청구권신고법을 제정하여 대일민간청구권 신고를 받고, 1974. 12. 21. 청구권보상법을 제정하여 청구권신고법에 따른 신고자들에게 일정한 절차를 거쳐 보상금을 지급한 점에 비추어 객관적으로 원고들이 손해배상청구권 행사를 할 수 없는 장애사유가 있었다거나 권리행사를 기대할 수 없는 상당한 사정이 있었다고 보기 어려운 점, ③ 피고가 강제동원희생자지원법을 제정한 것은 강제동원희생자와 그 유족 등에게 인도적 차원에서 위로금 등을 지원함으로써 이들의 고통을 치유하고 국민화합에 기여함을 목적으로 하는 것이어서 이를 근거로 피고가 불법행위에 기한 손해배상청구권에 관하여 시효의 이익을 포기하였거나 시효 주장을 하지 아니하겠다는 태도를 취하였다고 보기 어려운 점 등의 사정을 종합하여 보면, 피고의 시효소멸 주장이 현저히 부당하거나 불공평하게 되는 경우로서 신의성실의 원칙에 반하여 권리남용에 해당한다고 할 수 없다. 원고들의 위 주장은 이유 없다.

또한, 원고들은 피고가 한일협정을 체결하여 일본국에 대한 원고들의 개별보상청구권을 상실하게 한 이후에 원고들에 대하여 정당한 보상을 하지 않았으므로, 위 부작위가 계속되는 동안 소멸시효는 진행하지 않는다고 주장하나, 한일협정 체결 이후에 피고가 청구권보상법, 강제동원희생자지원법을 제정하여 위 각 법률에서 정한 절차에 따라 일본국에 대한 민간청구권을 보상하였음은 앞서 본 바와 같은바, 정당한 보상을 하지 않았다는 이유로 피고가 원고들에 대하여 손해배상책임을 부담함을 전제로 한 원고들의 위 주장은 이유 없다." (출처: 판결문 사본 입수)

7-7-1. 위 항소심
(서울고등법원 2012. 1. 13. 2010나65742 판결)

[사안: 원고들은 2심에서 한일협정에 의해 '일제의 불법연행으로 인한 손해배상채권' 또는 '일본에서 공탁된 미수금에 대한 공탁금회수청구권'을 행사하지 못하게 되어 자신들의 권리가 침해되었다고 주장하면서 다음과 같은 사유로 피고(국가)에 대해 손해배상을 구하고 있다.

즉 피고가 한일협정으로 원고들의 재산권을 침해했다면 재산권의 소멸과 관련된 법률 및 그에 따른 보상법을 만들어야 할 것이나 부작위로 일관했고, 이러한 부작위 및 행위의 지체는 국가배상법상 불법행위를 구성한다. 또한 예비적으로, 한일협정과 관련해 반인도적 불법행위에 대해서는 일본측에 법적 책임이 남아 있다면, ① 한일협정 해석과 관련하여 분쟁이 발생하였음에도 국가는 한일협정 제3조에 따른 작위의무를 이행하지 않은 불법행위를 하고 있다. ② 원고들의 선친 등에 대한 강제동원은 반인도적 불법행위이고 따라서 강제동원이라는 불법행위를 근거로 발생된 원고들의 공탁금출급청구권은 한일협정에 의하여 실체법적으로 소멸되지 않았는데도 일본에서 소송을 통해 권리행사가 불가능하게 되었으므로, 국가는 위 공탁금을 찾아와 원고들에게 반환하여야 함에도 이를 포기하는 불법행위를 하고 있다고 주장했다.]

"이 법원의 판결이유는 […] 원고들이 당심에서 새롭게 주장하는 사항에 대하여 추가 판단하는 것 이외에는 제1심 판결문 중 원고들 해당 부분의 기재와 같으므로 민사소송법 제420조 본문에 의하여 이를 그대로 인용한다. […]

다) 원고들 주장의 '일제의 불법연행으로 인한 손해배상채권' 또는 '일본에서 공탁된 미수금에 대한 공탁금회수청구권'의 한일협정에 의한 제한 및 보상대상 여부

(1) 비록 한일협정으로 제한되는 청구권의 범위에 관하여는 다양한 해석의 여지가 있으나, 한일협정은 1965. 8. 14. 국회에서 비준동의되어 같은 해 12. 18. 조약 172호로 공포되었으므로 우리나라의 법률과 같은 효력을 갖게 되었으므로, 앞서 본 한일협정 제2조 제1항, 제3항 중 '우리나라 국민이 일본국 또는 일본국민에 대하여 갖는 재산, 권리, 이익을 주장할 수 없다'는 부분은 국내법의 문제로서 국민의 재산권 행사를 금지하거나 제한하는 효력을 가진다.

(2) 원고들 주장의 미수금에 대한 공탁금회수청구권은 청구권신고법 제2조 제1항 제9호의 피징용사망자의 청구권과 마찬가지로 1945. 8. 15. 이전까지의 미수금 청구권이므로 한일협정에 의해 일괄타결된 대일민간청구권의 하나임이 분명하다. 그런데도 청구권신고법 제2조 제1항에서는 위 공탁금회수청구권에 대하여는 신고대상의 범위에 포함하지 않아 보상 대상에서 제외되었다가, 그 후 앞서 본 강제동원희생자지원법 제5조 제1항에서 처음으로 국가가 미수금피해자 또는 그 유족에게 미수금 1엔당 2,000원으로 환산한 미수금 지원금을 지급하도록 규정하였다.

(3) 한편, 원고들 주장의 강제동원 등 불법행위로 인한 손해배상채권의 경우에는 한일협정에 의하여 일본국에 대하여 행사하지 못하는 대일민간청구권의 범위에 포함되는지에 관하여 논란이 있으나, 한일협정 제1조, 제2조, 합의의사록(Ⅰ) 제2조의 각 규정들과 청구권신고법 및 청구권보상법

에서 피징용사망자의 청구권이 보상의 대상으로 규정되어 있는 점 등을 종합하여 보면, 피징용사망자와 피징용부상자 등 생환자의 청구권은 한일협정의 적용을 받아 일괄타결된 대일민간청구권에 포함되는 것으로 보이고(헌법재판소 1996. 11. 28. 선고 95헌마161 결정 참조), 또한 위 피징용사망자와 피징용부상자 등 생환자의 청구권에는 원고들 주장의 강제동원 등 불법행위로 인한 손해배상채권도 포함되는 것으로 봄이 타당하다.

그런데 청구권신고법 제2조 제1항에서는 피징용사망자의 청구권은 제9호에서 신고대상으로 명백히 규정하면서도 그 밖에 피징용부상자 등 생환자의 청구권은 신고대상의 범위에 포함시키고 있지 않아 보상의 대상이 되는 대일민간청구권에 제외되었다.

라) 소결론(입법부작위에 의한 불법행위책임 부존재)

(1) 넓은 의미의 입법부작위에는 첫째, 입법자가 헌법상 입법의무가 있는 어떤 사항에 관하여 전혀 입법을 하지 아니함으로써 "입법행위의 흠결이 있는 경우"(즉, 입법권의 불행사)와 둘째, 입법자가 어떤 사항에 관하여 입법은 하였으나 그 입법의 내용·범위·절차 등이 당해 사항을 불완전, 불충분 또는 불공정하게 규율함으로써 "입법행위에 결함이 있는 경우"(즉, 결함이 있는 입법권의 행사)가 있는데, 일반적으로 전자를 "진정 입법부작위," 후자를 "부진정 입법부작위"라고 부르고 있는바, 앞서 본 청구권보상 관련 입법에서 원고들 주장의 공탁금회수청구권이나 피징용부상자 등 생환자의 청구권과 같은 대일민간청구권이 신고 및 보상의 대상에 포함되어 있지 않고 그 결과로 원고들이 보상을 받지 못하게 된 것은 입법자가 한일협정에 의하여 일괄타결된 청구권에 대한 보상 관련 입법을 하면서 위 청구권을 신고대상에서 제외하여 보상을 하지 않기로 보상입법을 불완전 불충분하게 함으로써 입법의 결함이 생겼기 때문이지, 입법자가 그 청구권에 관련하여 전혀 아무런 입법을 하지 않았기 때문이라고 볼 수

는 없다. 따라서 이와 같은 입법부작위는 진정한 의미에서의 입법부작위가 아니고 이른바 '부진정 입법부작위'임이 분명하다(헌법재판소 1996. 11. 28. 선고 95헌마161 결정 참조).

(2) 앞서 본 바와 같이 피고가 한일협정에 의하여 원고들 주장의 공탁금회수청구권이나 피징용부상자 등 생환자의 손해배상채권의 재산권을 제한하고 있어 헌법 제23조 제3항[구 헌법(1969. 10. 21. 헌법 제7호로 개정되기 전의 것, 이하 같다) 제20조 제3항과 같다]에 따라 정당한 보상을 할 헌법상 의무를 지는데도 앞서 본 청구권보상 관련 입법에서 피고가 원고들 주장의 공탁금회수청구권이나 피징용부상자 등 생환자의 청구권을 신고대상에서 제외하여 보상을 하지 않기로 보상입법을 불완전 불충분하게 하였고, 그 후 강제동원희생자지원법 제정에 이르기까지 상당한 기간이 경과하도록 그 입법의무를 제대로 이행하지 아니한 잘못이 있다.

그러나 피징용부상자 등 생환자의 위 손해배상채권의 경우에는 한일협정에 의하여 일괄타결되는 대일민간청구권에 해당하는지 여부에 관하여 해석상 논란이 있었고, 피징용부상자 등 생환자의 경우는 피징용사망자의 경우와는 달리 대일민간청구권 신고 당시에 이미 25년 이상이 경과하였기 때문에 강제징용으로 인한 손해의 정도에 관한 증거와 자료를 수집하기가 곤란하여 보상의 정확성이나 필요성이 상대적으로 저하되었던 점, 위 공탁금회수청구권에 대하여는 강제동원희생자지원법에 의하여 미수금 지원금으로 그 보상을 입법적으로 해결하기에 이르렀던 점 등을 종합하여 보면, 피고가 구체적인 입법의무를 부담한다고 보기 어려워 입법부작위로 인한 불법행위가 성립할 여지가 없다고 볼 수도 있고, 설령, 피고에게 입법부작위로 인한 불법행위책임이 인정된다고 하더라도 앞서 본 바와 같이 청구권보상 관련 입법이 부진정입법부작위인 이상, 이미 '한일협정 체결행위로 인한 손해배상 주장에 관한 판단'에서

본 바와 같이 이 사건 소는 위 청구권보상 관련 입법 시로부터 국가에 대한 손해배상청구권의 소멸시효기간인 5년이 경과한 뒤에 제기되었음이 역수상 명백하므로, 피고의 입법부작위로 인한 손해배상청구권 역시 시효로 소멸되었고, 아울러 이러한 피고의 시효소멸 주장이 현저히 부당하거나 불공평하게 되는 경우로서 신의성실의 원칙에 반하여 권리남용에 해당한다고 할 수도 없다. 결국 원고들의 이 부분 주장은 이유 없다. […]

원고들은 예비적으로, 피고가 한일협정과 관련하여 반인도적 불법행위에 대해서는 일본 측에 법적 책임이 남아 있다고 인정한다면, 한일협정 해석과 관련하여 분쟁이 발생하였음에도 한일협정 제3조에 따른 작위의무를 이행하지 아니하였고, 한일협정에 의하여 강제동원 등 불법행위를 근거로 발생된 공탁금출급청구권을 포기하는 불법행위를 하였다는 취지로 주장하나, 앞서 본 바와 같이 원고들 주장의 강제동원 등 불법행위로 인한 손해배상청구권이나 미수금에 대한 공탁금회수청구권의 경우에는, 한일협정으로 제한되는 청구권에 해당하는지 여부에 관하여 한·일 양국 간에 다툼이 있는 '일본군 위안부 문제 등 일본 정부·군 등 국가권력이 관여한 반인도적 불법행위'로 인한 청구권과는 달리 한일협정에 의하여 일괄타결된 대일민간청구권에 포함된다고 봄이 타당하므로, 이와 다른 전제에 선 원고들의 이 부분 주장은 더 나아가 살필 필요 없이 이유 없다.

3. 결론

그렇다면, 원고들의 이 사건 청구는 이유 없어 이를 기각할 것인바, 제1심 판결은 이와 결론을 같이하여 정당하므로 원고들의 항소는 이유 없어 이를 모두 기각한다." (출처: 판결문 사본 입수)

[해설] 이 사건은 상고되었으나 대법원 2012. 5. 10. 2012다12863 판결 심리불속행 결정으로 종료되었다.

7-8. 청구권협정과 개인의 청구권
(서울행정법원 2016. 6. 16. 2012구합14156 판결.

원고: 일제 징병피해자의 가족. 피고: 대한민국)

[사안: 원고의 오빠는 일제시 징병되었다가 남양군도에서 사망했다. 원고는 「태평양전쟁 전후 국외 강제동원희생자 등 지원에 관한 법률」(2010. 3. 22. 법률 제10143호로 폐지되었다. 이하 '구 강제동원지원법'이라 한다)에 따라 오빠가 일본으로부터 지급받을 수 있었던 미수금의 지급을 신청해, 2009. 11. 24. 원금 891엔에 해당하는 1,782,000원을 지급받았다. 이후 원고는 국가가 한일청구권협정을 체결함으로써 원고가 일본국으로부터 지급받아야 하는 이규현의 미수금을 포함한 돈을 국가가 법률상 원인 없이 지급받아 가로챘으므로, 이를 부당이득으로 반환할 의무가 있다고 주장하며 이 소송을 제기했다.]

"나. 한일청구권협정은 일본의 식민지배 배상을 청구하기 위한 협상이 아니라 샌프란시스코조약 제4조에 근거하여 한일 양국 간의 재정적·민사적 채권·채무관계를 정치적 합의에 의하여 해결하기 위한 것으로서, 한일청구권협정 제1조에 의해 일본 정부가 대한민국 정부에 지급한 경제협력자금은 제2조에 의한 권리 문제의 해결과 법적 대가 관계가 있다고 보이지 않고, 국민 개인이 일본국 등으로부터 지급받을 수 있었던 미수금 등 청구권이 한일청구권협정의 적용 대상에 포함된다고 하더라도 그 청구권 자체는 한일청구권협정만으로 당연히 소멸된다고 볼 수 없다(대법원 2012. 5. 24. 선고 2009다68620 판결 등 참조). 또한 피고는 한일청구권협정 체결 후 각종 보상 입법을 통해 일본국 등에 대하여 개인청구권을 가지고 있는 국민에 대한 보상을 실시하였고, 특히 미수금피해자 또는 그 유족에게는 구 강제동원지원법, 강제동원조사법에 따라 미수금 지원금을 지급해 왔다(원고 또한 이 사건 지급 결정을 통해 미수금 지원금 1,782,000원을 모두 수령하였음은 앞서 본 바와 같다).

이러한 사정들에 비추어 볼 때, 피고가 법률상 원인 없이 이익을 얻거나 원고에게 손해를 가한 것으로 볼 수 없을 뿐만 아니라, 원고의 미수금 청구권을 침해하는 등의 불법행위를 하였다고 보기는 어렵고, 달리 이를 인정할 만한 증거도 없다. 따라서 원고의 주장은 나이가 살필 필요 없이 이유 없다." (출처: 판결문 사본 입수)

3. 기업의 과거사 책임

7-9. 청구권협정과 일본기업의 징용책임
**(부산지방법원 2007. 2. 2. 2000가합7960 판결.
원고: 구 징용관련자 6인. 피고: 미쓰비시 중공업)**

[사안: 원고들은 일제시 남한지역에서 태어나 1944년 가을경 강제징용되어 일본 히로시마 (구) 미쓰비시사에 배정받아 노무자로 근무했다. 히로시마 피폭시 부상을 당한 후 귀국했으나 종래의 생활에 적응하기 어려웠고, 피폭의 후유증으로 어려운 생활을 하였다. 이들은 1995년 12월 11일 일본 히로시마 지방재판소에 현재의 미쓰비시 중공업을 상대로 과거의 불법행위로 인한 손해배상금과 미지급 임금을 청구하는 소송을 제기했으나, 일본 최고재판소에서 원고 패소로 확정된 바 있다. 원고들은 일본에서의 1심 판결 패소 후 국내에서도 동일한 소송을 제기했다. 즉 과거 미쓰비시는 일제의 침략전쟁에 편승해 원고를 열악한 환경 속에서 강제노동을 시키었으며, 피폭후 적절한 구호활동 없이 이들을 방치했고, 징용이 종료된 이후에도 원고를 고향으로 안전 귀국시킬 의무를 이행하지 않은 불법행위를 저질렀다고 주장했다. 또한 강제징용 당시의 임금의 절반을 국내의 가족에게 송금하겠다고 약속하고도 이행하지 않았고, 원고로부터 저축 등의 명목으로 직접 공제했던 금액도 반환하지 않았고, 말기에는 월급도 지급하지 않았다고 주장하며, 이의 반환을 청구했다.

이 사건의 국내 판결에서는 다양한 법적 논점이 검토되었다. 현재의 미쓰비시사는 (구) 미쓰비시와 동일한 회사로서 과거 사건에 대한 책임을 져야 하는가? 이미 동일 사안에 관해 일본에서 확정판결이 내려졌으므로 외국판결의 국내 승인문제. 이 사건 판단의 준거법 문제. 제2차 대전 종전 무렵 발생한 사건을 원인으로 하는 손해배상청구권의 소멸시효의 완성 여부 문제. 1965년 한일 청구권협정에 의한 해결대상의 포함 여부 문제 등. 아래에서는 그중 상대적으로 국제관계와 관련이 높은 부분을 발췌했다.]

"가. 원고들의 주장

(1) 구 미쓰비시의 불법행위로 인한 손해배상청구에 관한 주장

원고들은, 구 미쓰비시는, 일본국의 침략전쟁에 편승하여 원고 등을 강제연행한 다음 열악한 환경에서 강제노동에 종사하게 하였고, 히로시마에 원자폭탄이 투하된 직후 일본인 노무자들에 대하여 적극적인 구호활동을 한 것과는 달리 원고 등에 대하여는 피난장소나 식량 등을 전혀 제공하지 않은 채 피폭 현장에 방치하였으며, 일본 정부의 국민징용령에 의한 징용 사유가 종료한 후에는 원고 등을 대한민국에 안전하게 귀환시킬 의무가 있음에도 불구하고 귀환에 필요한 어떠한 조치도 취하지 아니하였는데, 구 미쓰비시의 이러한 행위는 국제법적으로는 노예제를 금지하는 국제관습법과 1930년 체결된 강제노동 폐지를 규정한 국제노동기구(ILO) 제29호 조약에 위반될 뿐만 아니라 뉘른베르그(Nurnberg) 국제군사재판소 조례 및 당해 재판소의 판결에 의해 승인된 국제법의 제 원칙(이하 '뉘른베르그 제 원칙'이라고 한다)에서 정한 전쟁 범죄 및 인도에 대한 죄에 해당하고, 국내법적으로도 우리 민법 제750조 소정의 불법행위에 해당하므로, 피고로서는 구 미쓰비시가 원고 등에게 가한 위 불법행위로 인한 정신적 고통에 대한 위자료로 각 1억 원을 배상할 의무가 있다고 주장한다.

(2) 미지급 임금 청구에 관한 주장

또한 원고들은, 구 미쓰비시가, 원고 등을 강제

노동에 종사하게 하면서 약정된 월급의 절반을 대한민국에 남아 있는 가족들에게 직접 송금하겠다고 약속하였음에도 불구하고 위 약속을 전혀 이행하지 않았고, 원고 등에게 직접 지급하던 월급에서 국민저금 명목으로 공제했던 돈을 강제징용 사유가 종료한 뒤 원고 등에게 반환하지 않았으며, 원고 등에게 직접 지급하던 월급도 1945. 6. 21.경 이후부터는 지급하지 않았으므로, 이에 따라 아래 기재 각 돈의 합계액을 원고들에게 지급할 의무가 있는데, 위 합계액을 현재의 화폐가치로 환산하면 원고들 1인당 적어도 100만 원을 초과한다고 주장하면서 피고를 상대로 미지급 임금으로 각 100만 원의 지급을 구한다. […]

4. 본안에 관한 판단

가. 구 미쓰비시의 국제법적 손해배상책임 여부에 대한 판단

원고들은 구 미쓰비시가 노예제를 금지하는 국제관습법, 강제노동에 관한 국제노동기구 제29호 조약, 뉘른베르그 제 원칙 등 국제법의 규정을 위반하였으므로 이에 따른 구 미쓰비시의 손해배상책임을 주장하고 있다.

국제법상 사인(私人)의 주체성 인정 여부에 관하여 국가만이 그 주체가 될 수 있다는 견해도 있으나 국제법상 사인의 주체성을 부정할 근거가 부족하고, 다만 사인이 실제로 국제법의 주체가 될 수 있는지 여부는 개개의 조약, 국제관습법에서 정한 규범의 내용에 따라 달라질 것이고, 특히 사인이 국제법에 근거하여 다른 국가 또는 그 국민을 상대로 직접 어떤 청구를 할 수 있는지 여부는 각 조약 등 국제법 자체에서 해당 규범의 위반행위로 인하여 권리를 침해당한 사인에게 그 피해회복을 청구할 수 있다는 취지 및 그에 관한 구체적인 요건, 절차, 효과에 관한 내용을 규정한 경우나 그 국제법에 따른 사인의 권리를 구체적으로 규정한 국내법적 입법조치가 행하여진 경우에 가능하다고 할 것이다.

이 사건에 돌아와 살피건대, 강제노동에 관한 국제노동기구 제29호 조약과 뉘른베르그 제 원칙의 각 규정에, 강제노동 및 인도에 반하는 범죄로 피해를 입은 사인에게 강제노동을 실시한 주체나 인도에 반하는 범죄를 저지른 범죄자에 대한 직접 손해배상을 구할 수 있도록 하는 규정이 존재하지 않고, 원고들의 주장처럼 노예제 금지가 국제법적 강행규정으로 간주된다고 하더라도 나아가 노예제로 피해를 입은 사인이 노예제 금지를 위반한 주체를 상대로 직접 그 손해배상을 청구할 수 있는 국제관습법의 성립을 인정할 아무런 증거가 없다.

그렇다면 원고들은 그 주장과 같은 구 미쓰비시의 과거 행위에 대하여 국제법적 손해배상책임을 물어 피고에게 그 배상금의 지급을 구할 수는 없다 할 것이므로, 이 부분 원고들의 주장은 더 나아가 살펴볼 필요 없이 이유가 없다.

나. 구 미쓰비시의 국내법적 불법행위책임에 따른 피고에 대한 손해배상청구에 대한 판단

(1) 피고와 구 미쓰비시의 동일성 인정 여부

구 미쓰비시가 1950. 1. 11. 일본국 국내법에 따라 해산하고 그 현물 출자에 의하여 3개의 제2회사가 설립되었다가 다시 합쳐져 현재의 피고가 설립된 사정은 앞서 본 바와 같은데, 피고의 주장에 따라 그 구체적 경위를 살펴보면, 일본국이 태평양전쟁에서 항복을 선언한 직후 일본 내 연합국 최고사령부(GHQ)에 의한 재벌 해체 정책의 추진과 더불어 패전으로 인하여 일본 기업들이 부담하게 될 엄청난 액수의 배상 및 노무자들에 대한 미지급 임금 채무 등의 해결을 위하여 일본국은 1946년 법률 제7호와 제40호로 회사경리응급조치법과 기업재건정비법을 제정·시행하였고, 위 각 법률에 따라 구 미쓰비시는 1946. 8. 11. 오전 0시를 기준으로 하여 신 회계계정과 구 회계계정을 분리한 후, '회사의 목적인 현재 행하고 있는 사업의 계속 및 전후 산업의 회복 진흥에 필요한 동산, 부동산, 채권 기타 기존 재산 등'을 신 회계계정에 속하도록 한 후 위 재산을 현물 출자하여

3개의 제2회사를 설립하였고, 그 외 그 때까지 발생한 채무를 위주로 한 구 회계계정상의 재산과 채무는 능중 주식회사에게 승계시켰는데, 이 과정에서 능중 주식회사에게 승계된 구 회계계정상의 채무의 처리에 관하여는 아무런 언급이나 대책을 세우지 않은 사실은 당사자 사이에 별다른 다툼이 없다.

위와 같은 사정을 고려할 때, 앞서 본 회사경리응급조치법과 기업재건정비법 등 일본 국내법은 전후 처리를 위한 특별한 목적으로 제정된 기술적인 입법에 불과하고, 오히려 갑 제6호증의 1, 2, 갑 제10호증의 각 기재에 변론 전체의 취지를 보태어 보면, 구 미쓰비시가 피고로 변경되는 과정에서 실질적으로 회사의 인적, 물적 구성에는 기본적인 변화가 없었던 사실이 인정되므로, 비록 위와 같이 일본국의 법률이 정한 바에 따라 구 미쓰비시가 해산과 제2회사 3사의 설립 및 흡수합병의 과정을 거쳐 피고로 변경된 사정이 있다고 하더라도 구 미쓰비시와 피고 사이에는 그 법인격의 동일성이 유지되어 왔다고 보아야 할 것이다(이는 앞서 든 증거에서 나타나듯이 피고 스스로도 구 미쓰비시를 피고의 기업 역사의 한 부분으로 인정하고 있는 점에서도 확인된다). [⋯]

(3) 구 미쓰비시의 불법행위에 의한 피고의 손해배상책임 여부

(가) 판단의 순서

이 부분 당사자들의 주장에 대한 논리적 판단 순서는 구 미쓰비시가 원고 등 각자에게 행한 행위의 태양을 확정한 후 그 행위가 우리 민법 제750조 소정의 불법행위로 평가될 수 있는 것이 있는지를 판단한 다음 그것이 인정되는 경우 피고의 주장에 관하여 나아가 판단하는 것이 원칙이라 할 것이나, 원고들이 이 부분 청구원인으로 주장하는 사실은 모두 태평양전쟁 말기인 1944년부터 1945년 일본국의 패전 전후에 이르는 극도의 혼란기에 발생한 사실들이고, 그 발생으로부터도 60년 이상의 세월이 경과한 관계로 그에 대한

충분한 입증이 어려워 원고 등의 당사자 진술에 주로 의존할 수밖에 없는 특별한 사정이 있으므로, 원고들이 이 사건 청구원인으로 주장하는 사실관계의 존부를 판단하기에 앞서 원고들의 이 부분 청구원인이 사실로 인정되더라도 그에 따른 원고들의 손해배상채권이 이미 시효 소멸되었다는 피고의 항변에 관하여 먼저 살펴보기로 한다.

(나) 시효 소멸에 대한 당사자들의 주장

피고는, 이 사건 소가 원고들이 주장하는 불법행위시로부터 50여 년이 경과하여 제기되었고, 설령 원고들의 주장과 같이 대한민국과 일본국의 국교가 단절된 상태였던 1965. 6. 22. 이전까지는 원고들의 권리행사에 법률상 장애가 존재하였다고 보아 소멸시효 기산점을 1965. 6. 22.로 보더라도 소 제기 당시 이미 30여 년이 경과되었으므로 원고들의 이 사건 손해배상채권은 민법 제766조에 따라 소멸시효가 완성되었다고 주장하고, 이에 대하여 원고들은, 구 미쓰비시의 불법행위는 인도에 반하는 전쟁 범죄의 일환으로 이루어진 것이므로 시효제도가 적용되지 않고, 만일 시효제도가 적용된다고 할지라도 대한민국과 일본국 사이의 국교 단절, 그 후 국교 수립과 동시에 체결된 청구권협정의 존재, 대한민국 국민의 대일 민간청구권을 소멸시킨 일본 국내법 제144호의 시행 등 법률상 장애사유로 인하여 원고들의 이 사건 손해배상채권의 소멸시효는 진행하지 않던 중, 청구권협정 관련 문서가 전면 공개된 후 대한민국 정부의 법적 의견이 표명됨에 따라 책임주체에 대한 권리행사가 실질적으로 가능해진 2005. 8. 26.부터 비로소 진행하게 되었으므로 아직 소멸시효가 완성되지 않았으며, 그 동안 원고들의 끊임 없는 배상청구에 대하여 피고가 지금까지 보여온 태도에 비추어 피고가 이제 와서 시효 소멸의 항변을 주장하는 것은 신의칙이나 권리남용 금지의 원칙에도 위반된다고 주장한다.

(다) 판단

원고들의 주장과 같이 이 사건 손해배상채권이

구 미쓰비시의 인도에 반하는 전쟁 범죄에 관련된 손해배상채권이라는 사정만으로는 그와 같은 채권에 대하여 예외적으로 소멸시효의 적용을 배제할 근거를 찾을 수 없다.

따라서 원고들의 이 사건 손해배상채권에도 소멸시효 제도는 적용된다 할 것이므로, 특별한 사정이 없는 한 위 채권은 불법행위를 한 날로부터 10년간 이를 행사하지 아니하면 시효로 소멸한다고 할 것인데(민법 제766조 제2항), 원고들이 주장하는 이 사건 불법행위가 있은 날로부터는 물론 피고의 주장과 같이 그 이후 대한민국과 일본국의 국교가 정상화된 1965. 6. 22.로부터 기산하더라도 원고들의 이 사건 소가 그로부터 10년이 이미 경과된 후인 2000. 5. 1. 제기되었음이 기록상 명백하므로, 원고들의 이 사건 손해배상채권은 위 소 제기 이전에 이미 시효로 소멸하였다고 할 것이다(한편, 원고들의 주장 자체에 의하더라도 원고 등을 비롯한 재한 피폭자들은 일본과의 국교가 수립된 직후인 1967년경부터 사단법인 한국원폭피해자원호협회를 설립하고 1974년 그 하부조직으로 한국원폭피해미쓰비시징용자동지회를 설립하여 같은 해 8월경 그 회원들이 피고를 방문하여 강제징용으로 인한 배상금 및 미수금의 지급을 촉구하였다는 것인바, 원고 등은 늦어도 그 무렵에는 이 사건 손해배상채권을 행사할 수 있었다고 보여지므로, 그 때로부터 기산하더라도 이미 10년의 소멸시효가 완성되었다).

또한, 소멸시효는 객관적으로 권리가 발생하여 그 권리를 행사할 수 있는 때로부터 진행하고 그 권리를 행사할 수 없는 동안은 진행하지 않지만 여기서 '권리를 행사할 수 없는' 경우라 함은 그 권리행사에 법률상의 장애사유, 예컨대 기간의 미도래나 조건 불성취 등이 있는 경우를 말하는 것이고, 사실상 권리의 존재나 권리행사 가능성을 알지 못하였고 알지 못함에 과실이 없다고 하여도 이러한 사유는 법률상 장애사유에 해당하지 않는다고 할 것인바(대법원 2006. 4. 27. 선고 2006다1381 판결 등 참조), 그 동안 청구권협정 제2조

및 그 합의의사록의 규정과 관련하여 우리 정부의 국민에 대한 외교적 보호권만을 포기한 것인지, 혹은 우리 국민의 일본국 또는 일본 국민에 대한 개인적 손해배상청구권도 포기된 것인지에 관하여 논란이 있어 왔고, 원고들이 위 청구권협정의 명확한 의미를 알지 못하여 자신들의 권리를 행사할 수 없는 것으로 믿었다고 하더라도 위와 같은 청구권협정의 존재 또는 대일 민간청구권의 소멸을 규정한 일본 국내법의 제정·시행이 있었다는 사정만으로 원고들의 권리 행사를 저지하는 법률상의 장애사유가 있었다고 할 수 없으므로, 원고들의 이 사건 손해배상채권에 대한 소멸시효의 기산점을 원고들의 주장과 같이 2005. 8. 26.이라고 보기는 어렵다.

나아가, 채무자가 소멸시효 완성을 주장하는 것이 신의칙에 반하여 권리남용으로서 허용될 수 없는 경우는 채무자가 시효완성 전에 채권자의 권리행사나 시효중단을 불가능 또는 현저히 곤란하게 하거나 그러한 조치가 불필요하다고 믿게 하는 행동을 하였거나, 객관적으로 채권자가 권리를 행사할 수 없는 장애사유가 있었거나, 또는 일단 시효완성 후에 채무자가 시효를 원용하지 아니할 것 같은 태도를 보여 권리자로 하여금 그와 같이 신뢰하게 하였거나, 채권자 보호의 필요성이 크고 같은 조건의 다른 채권자가 채무의 변제를 수령하는 등의 사정이 있어 채무 이행의 거절을 인정함이 현저히 부당하거나 불공평하게 되는 등의 특별한 사정이 있는 경우에 한하다고 할 것인데(대법원 2005. 5. 13. 선고 2004다71881 판결 등 참조), 원고들의 주장과 같이 피고가 대한민국과 일본 간 국교가 수립되기 전까지는 국교 수립시까지 기다리자고 하였고, 국교 수립 후에는 피고의 직접적인 배상의무는 부정하면서 다른 기업들이 피징용피해자들에 대하여 보상을 할 움직임을 보이면 원고 등에게도 성의를 보이겠다는 태도를 보인 사정만으로 피고가 소멸시효가 완성된 후에도 시효를 원용하지 아니할 것 같은 태도를 보여

원고들로 하여금 이를 신뢰하게 하였다고 보기는 어렵고, 원고들의 이 사건 손해배상채권이 인도에 반하는 전쟁 범죄에 관련된 손해배상채권이라는 이유만으로 피고의 시효 소멸의 항변 자체가 권리남용에 해당한다고 볼 수도 없다.

따라서 원고들의 이 사건 손해배상채권이 이 사건 소 제기 이전에 이미 시효 소멸하였다는 피고의 항변은 이유가 있다.

다. 미지급 임금 청구에 대한 판단

원고 등이 구 미쓰비시의 노무자로서 강제노동을 하고 대한민국으로 귀환할 당시 구 미쓰비시로부터 지급받지 못하고 남은 임금의 합계액이 적어도 각 100만 원이 넘는다는 원고들의 주장에 관하여, 원고 4 본인신문결과만으로는 이를 인정하기에 부족하고 달리 이를 인정할 증거가 없으며, 설령 위와 같은 원고들의 임금 채권이 있었다고 하더라도 앞서 살펴본 원고들의 이 사건 손해배상채권과 마찬가지로 원고들의 위 임금 채권 역시 최장 10년의 소멸시효 기간이 경과하여 이미 소멸시효가 완성되었으므로, 어느 모로 보나 원고들의 이 부분 주장은 받아들일 수 없다." (출처: 각급법원(제1, 2심) 판결공보 제43호(2007. 3. 10.), 655쪽)

7-9-1. 위 항소심

(부산고등법원 2009. 2. 3. 2007나4288 판결)

"㈐ 원고들의 주장에 대한 판단

1) 주장

가) 일본국 재판소는 종전 소송에서 일본의 한반도 강제점령이 법률적으로 유효하여 원고 등을 강제연행한 국민징용령 등이 합법적인 공권력의 행사라는 전제 아래 판단을 하였는바, 이러한 판결을 승인하는 것은 3·1운동으로 건립된 대한민국임시정부의 법통을 계승한 대한민국 헌법정신에 반하므로, 일본법은 준거법이 될 수 없다.

나) 종전 회사의 불법행위는 반인도적인 전쟁범죄의 일환으로 이루어진 것이므로 시효제도가 적용되지 않고, 설령 시효제도가 적용된다고 할지라도 대한민국과 일본국 사이의 국교 단절, 그 후 국교 수립과 동시에 체결된 청구권협정의 존재, 대한민국 국민의 대일 민간청구권을 소멸시킨 일본 국내법 제144호의 시행 등 법률상 장애사유로 인하여 원고 등의 이 사건 손해배상채권의 소멸시효가 진행되지 않고 있던 중, 청구권협정 관련 문서가 전면 공개된 후 대한민국 정부의 법적 의견이 표명됨에 따라 책임주체에 대한 권리행사가 실질적으로 가능해진 2005. 8. 26.(또는 이 사건 소 제기일인 2000. 5. 1.)에야 비로소 진행하게 되었으므로 아직 소멸시효가 완성되지 않았으며, 그동안 원고 등의 끊임없는 배상청구에 대하여 피고가 지금까지 보여 온 태도에 비추어 피고가 소멸시효 완성의 항변을 하는 것은 신의칙이나 권리남용금지의 원칙에도 위반되는바, 일본국 재판소가 이러한 피고의 항변을 받아들여 원고 등의 청구를 기각한 종전 소송 확정판결이 우리나라에서 승인되어서는 아니된다.

다) 따라서 종전 소송 확정판결의 기판력을 인정할 수 없는 이상, 피고의 이 부분 주장은 이유 없다.

2) 판단

가) 종전 소송 확정판결의 승인이 헌법정신에 반하는지 여부

앞서 본 바와 같이 구 섭외사법에 의하더라도 일본법이 준거법으로 될 수 있는데다가, 일본국 재판소 역시 준거법으로 삼은 일본법에서 규정한 제척기간 또는 소멸시효 기간이 대한민국법의 그것보다 불리하다고 볼 만한 이유가 없으므로, 원고들이 주장하는 사유만으로는 일본국 재판소가 일본법을 준거법으로 적용하여 판단한 종전 소송 확정판결을 승인하는 것이 대한민국 헌법정신에 어긋난다고 볼 수 없다(설령 그렇지 않고 대한민국 법을 준거법으로 적용한다고 하더라도 뒤에서 보는 바와 같이 어차피 원고들의 이 사건 청구는 모두 소멸시효가 완성되었음은 마찬가지이다).

나) 소멸시효 제도의 적용 여부에 대하여

대한민국법을 준거법으로 적용한다는 전제 아래 원고들의 주장에 대하여 살피건대, 먼저 이 사건 손해배상채권이 종전 회사의 반인도적인 전쟁범죄와 관련된 손해배상채권이라는 사정만으로는 그와 같은 채권에 대하여 예외적으로 소멸시효의 적용을 배제할 아무런 근거가 없다.

따라서 원고 등의 이 사건 손해배상채권에도 소멸시효 제도는 적용된다 할 것이므로, 특별한 사정이 없는 한 위 채권은 대한민국법에 의하더라도 불법행위를 한 날로부터 10년간 이를 행사하지 아니하면 시효로 소멸한다고 할 것인데(민법 제766조 제2항), 원고들이 주장하는 이 사건 불법행위가 있은 날로부터는 물론, 피고의 주장과 같이 그 이후 대한민국과 일본국의 국교가 정상화된 1965. 6. 22.로부터 기산하더라도 이 사건 소가 그로부터 10년이 이미 경과된 후인 2000. 5. 1. 제기되었음이 기록상 명백하므로, 원고 등의 이 사건 손해배상채권은 소 제기 이전에 이미 소멸시효가 완성되었다고 볼 수밖에 없다(한편, 원고들의 주장 자체에 의하더라도 원고 등을 비롯한 재한 피폭자들은 일본과의 국교가 수립된 직후인 1967년경부터 사단법인 한국원폭피해자원호협회를 설립하고, 1974년 그 하부조직으로 한국원폭피해미쓰비시징용자동지회를 설립하여, 같은 해 8월경 그 회원들이 피고를 방문하여 강제징용으로 인한 배상금 및 미수금의 지급을 촉구하였다는 것인바, 원고 등은 늦어도 그 무렵에는 이 사건 손해배상채권을 행사할 수 있었던 것으로 보이므로, 그 때로부터 기산하더라도 이미 10년의 소멸시효가 완성되었음은 마찬가지이다. 뿐만 아니라, 미지급임금 등과 관련한 청구권도 3년 또는 최장 10년의 소멸시효가 완성되어 소멸하였다).

또한, 소멸시효는 객관적으로 권리가 발생하여 그 권리를 행사할 수 있는 때로부터 진행하고 그 권리를 행사할 수 없는 동안은 진행하지 않지만 여기서 '권리를 행사할 수 없는' 경우라 함은 그 권리행사에 법률상의 장애사유, 예컨대 기간의 미도래나 조건 불성취 등이 있는 경우를 말하는 것이고, 사실상 권리의 존재나 권리행사 가능성을 알지 못하였고 알지 못함에 과실이 없다고 하여도 이러한 사유는 법률상 장애사유에 해당하지 않는다고 할 것인바(대법원 2006. 4. 27. 선고 2006다1381 판결 등 참조), 그동안 청구권협정 제2조 및 그 합의의사록의 규정과 관련하여 우리 정부의 국민에 대한 외교적 보호권만을 포기한 것인지, 혹은 우리 국민의 일본국 또는 일본 국민에 대한 개인적 손해배상청구권도 포기된 것인지에 관하여 논란이 있어 왔고, 원고 등이 위 청구권협정의 명확한 의미를 알지 못하여 자신들의 권리를 행사할 수 없는 것으로 믿었다고 하더라도, 위와 같은 청구권협정의 존재 또는 대일 민간청구권의 소멸을 규정한 일본 국내법의 제정·시행이 있었다는 사정만으로 원고 등의 권리 행사를 저지하는 법률상의 장애사유가 있었다고 할 수 없으므로, 원고 등의 이 사건 손해배상채권에 대한 소멸시효의 기산점을 2005. 8. 26.이라고 보기는 어렵다.

나아가 채무자가 소멸시효 완성을 주장하는 것이 신의칙에 반하여 권리남용으로서 허용될 수 없는 경우는, 채무자가 시효완성 전에 채권자의 권리행사나 시효중단을 불가능 또는 현저히 곤란하게 하거나 그러한 조치가 불필요하다고 믿게 하는 행동을 하였거나, 객관적으로 채권자가 권리를 행사할 수 없는 장애사유가 있었거나, 또는 일단 시효완성 후에 채무자가 시효를 원용하지 아니할 것 같은 태도를 보여 권리자로 하여금 그와 같이 신뢰하게 하였거나, 채권자 보호의 필요성이 크고 같은 조건의 다른 채권자가 채무의 변제를 수령하는 등의 사정이 있어 채무 이행의 거절을 인정함이 현저히 부당하거나 불공평하게 되는 등의 특별한 사정이 있는 경우에 한한다고 할 것인데(대법원 2005. 5. 13. 선고 2004다71881 판결 등 참조), 원고들의 주장과 같이 피고가 대한민국과 일본국 간 국교가 수립되기 전까지는 "국교 수립시까지 기다리자"고 하였다거나, 국교 수립 후에는 직접적인 배상의무는 부정하면서도 "다른 기업들이 피징용피해자들에 대하여 보상을 할 움직임을 보이면 원고 등에게도 성의를 보이겠다"는 태도를 보였다는 사정만으로 피고가 소멸시효가 완성된 후에도 시효를 원용하지 아니할 것 같은 태도를 보여 원고 등으로 하여금 이를 신뢰하게 하였다고 보기는 어렵고, 원고 등의 이 사건 손해배상채권이 반인도적인 전쟁범죄에 관련된 손해배상채권이라는 이유만으로 피고의 소멸시효 완성의 항변 자체가 권리남용에 해당한다고 볼 수도 없다.

다) 결국, 원고들의 이 부분 주장은 받아들일 수 없다.

㈃ 소결론

따라서 일본국 재판소의 종전 소송 확정판결은 대한민국에서 그 효력이 승인된다고 하겠고, 이 사건 청구가 종전 소송의 청구와 동일한 이상 이 법원으로서는 기판력에 따라 그와 모순된 판단을 할 수 없으므로, 원고들의 청구는 더 나아가 살필 것 없이 이유 없다.

5. 결론

그렇다면 원고들의 이 사건 청구는 이유 없어 이를 모두 기각할 것인바, 제1심판결은 이와 결론을 같이 하여 정당하므로, 원고들의 항소는 이유 없어 이를 모두 기각하기로 하여 주문과 같이 판결한다." (출처: 각급법원(제1,2심) 판결공보 제59호 (2009. 5. 10.), 641쪽 이하)

7-9-2. 위 상고심

(대법원 2012. 5. 24. 2009다22549 판결)

"다. 원고 등은 국민징용령에 의하여 1944. 8.부터 1944. 10.까지 사이에 당시 거주지이던 경성부(京城府)와 경기도에서 징용영서를 받은 다음, 각자의 주거지 부근에서 다른 피징용자들과 집결하여 그들과 함께 열차를 타고 부산으로 가 관부(關釜)연락선을 타고 일본 시모노세키(下關)항에 도착하였고, 그곳에서 열차를 타고 구 미쓰비시가 있는 히로시마(廣島)로 가서, 구 미쓰비시의 기계제작소와 조선소 등에 노무자로 배치되어 노동에 종사하였다. 이러한 이송 및 배치 등의 과정은 일본 군인 및 경찰, 구 미쓰비시 담당자의 통제 아래 이루어졌다. […]

바. 태평양전쟁이 종전된 후 1951. 9. 8. 미국 샌프란시스코시에서 미국, 영국 등을 포함한 연합국과 일본국은 전후 배상문제를 해결하기 위하여 대일평화조약을 체결하였는데, 위 조약 제4조 (a)는 "대한민국을 포함한 위 조약 제2조에 규정된 지역에 존재하는 일본국 및 그 국민의 재산, 그리고 위 지역의 통치 당국 및 그 국민을 상대로 한 청구권과 일본국에 존재하는 위 지역의 통치 당국 및 그 국민 소유의 재산, 그리고 위 지역의 통치 당국 및 그 국민의 일본국 및 일본국 국민들에 대한 청구권의 처리는 일본국과 위 지역의 통치 당국 간의 특별 협정이 규정하는 바에 따른다."고 정하였다.

대일평화조약 제4조 (a)의 규정 취지에 따라 1951년 말경부터 대한민국 정부와 일본국 정부 사이에 국교정상화 및 전후 보상문제가 논의되기 시작하여 마침내 1965. 6. 22. '국교정상화를 위한 대한민국과 일본국 간의 기본관계에 관한 조약'과 그 부속협정의 하나로 '대한민국과 일본국 간의 재산 및 청구권에 관한 문제의 해결과 경제협력에 관한 협정'(이하 '청구권협정'이라 한다)이 체결되었는데, […] [이어 한일 청구권협정 제1조 및 제2조 그리고 합의의사록(Ⅰ) 제2조에 관한 내용을 수록하고 있다. - 필자 주]

그리고 위 합의의사록에 적시된 대일청구 8개 요강은 "① 1909년부터 1945년까지 사이에 일본이 조선은행을 통하여 한국으로부터 반출하여 간 지금(地金) 및 지은(地銀)의 반환청구, ② 1945. 8. 9. 현재 및 그 이후의 일본의 대(對)조선총독부 채무의 변제청구, ③ 1945. 8. 9. 이후 한국으로부터 이체 또는 송금된 금원의 반환청구, ④ 1945. 8. 9. 현재 한국에 본점, 본사 또는 주사무소가 있는 법인의 재일(在日)재산의 반환청구, ⑤ 한국법인 또는 한국자연인의 일본은행권, 피징용한국인의 미수금, 보상금 및 기타 청구권의 변제청구, ⑥ 한국인의 일본국 또는 일본인에 대한 청구로서 ① 내지 ⑤에 포함되지 않은 것은 한일회담 성립 후 개별적으로 행사할 수 있음을 인정할 것, ⑦ 전기(前記) 제 재산 또는 청구권에서 생긴 제 과실(果實)의 반환청구, ⑧ 전기(前記) 반환 및 결제는 협정성립 후 즉시 개시하여 늦어도 6개월 이내에 완료할 것" 등이다.

청구권협정이 체결됨에 따라 일본은 1965. 12. 17. '재산 및 청구권에 관한 문제의 해결과 경제협력에 관한 일본국과 대한민국 간의 협정 제2조의 실시에 따른 대한민국 등의 재산권에 대한 조치에 관한 법률'(법률 제144호. 이하 '재산권조치법'이라 한다)을 제정·시행하였는데, 그 내용은 "대한민국 또는 그 국민의 일본국 또는 그 국민에 대한 채권 또는 담보권으로 협정 제2조의 재산, 이익에 해당하는 것을 1965. 6. 22.에 소멸한 것으로 한다."는 것이다.

사. 원고 등은 일본국 히로시마지방재판소에 피고를 상대로 구 미쓰비시의 강제징용 등 국제법 위반 및 불법행위 등을 이유로 한 손해배상금(1인당 1,100만 엔)과 강제노동기간 동안 지급받지 못한 임금 등을 현재의 가치로 환산한 금액(그 금액은 망인이 99,014엔, 원고 2가 96,056엔, 원고 3이 68,424엔, 원고 4, 5가 각 59,512엔이다)의 지급을 구하는 소송을 제기하였다가 1999. 3. 25. 청구기각판결을 선고받았고, 히로시마고등재판소에 항소하였으나 2005. 1. 19. 항소기각판결을 선고받았으며, 상고심인 최고재판소에서도 2007. 11. 1. 상고기각되어 위 판결은 확정되었다(이하 이와 같은 일본에서의 소송을 '일본소송'이라 하고, 그 판결들을 '일본판결'이라 한다).

원고 등은 히로시마지방재판소에서 일본소송의 제1심판결을 선고받은 이후인 2000. 5. 1. 대한민국 법원에 피고를 상대로 일본에서 주장한 청구원인과 동일한 내용을 청구원인으로 하여 국제법 위반 및 불법행위를 이유로 한 손해배상금과 미지급 임금의 지급을 구하는 이 사건 소송을 제기하였다. […]

3. 일본판결의 승인 여부

민사소송법 제217조 제3호는 외국법원의 확정판결의 효력을 인정하는 것이 대한민국의 선량한 풍속이나 그 밖의 사회질서에 어긋나지 아니하여야 한다는 점을 외국판결 승인요건의 하나로 규정하고 있는데, 여기서 외국판결의 효력을 인정하는 것, 즉 외국판결을 승인한 결과가 대한민국의 선량한 풍속이나 그 밖의 사회질서에 어긋나는지 여부는 그 승인 여부를 판단하는 시점에서 외국판결의 승인이 대한민국의 국내법 질서가 보호하려는 기본적인 도덕적 신념과 사회질서에 미치는 영향을 외국판결이 다룬 사안과 대한민국과의 관련성의 정도에 비추어 판단하여야 하고, 이때 그 외국판결의 주문뿐 아니라 이유 및 외국판결을 승인할 경우 발생할 결과까지 종합하여 검토하여야 한다.

원심이 적법하게 채택한 증거에 의하면, 일본판결은 일본의 한국병합경위에 관하여 "일본은 1910. 8. 22. 한국병합에 관한 조약을 체결하여 대한제국을 병합하고 조선반도를 일본의 영토로 하여 그 통치하에 두었다.", 원고 등에 대한 징용경위에 대하여 "당시 법제하에서 국민징용령에 기초한 원고 등의 징용은 그 자체로는 불법행위라 할 수 없고, 또한 징용의 절차가 국민징용령에 따라 행하여지는 한 구체적인 징용행위가 당연히 위법이라고 할 수는 없다."고 판단하면서, 일본국과 피고에 의한 징용은 강제연행이자 강제노동이었다는 원고 등의 주장을 받아들이지 아니하였고, 당시의 원고 등을 일본인으로, 한반도를 일본 영토의 구성부분으로 봄으로써, 원고 등의 청구에 적용될 준거법을 외국적 요소를 고려한 국제사법적 관점에서 결정하는 과정을 거치지 않고 처음부터 일본법을 적용한 사실, 또한 일본판결은 구 미쓰비시가 징용의 실행에 있어서 일본국과 함께 국민징용령의 정함을 벗어난 위법한 행위를 한 점, 안전배려의무를 위반하여 원폭 투하 후 원고 등을 방치하고 원고 등의 귀향에 협조하지 아니한 점, 원고 등에게 지급할 임금과 예·적금 적립액을 지급하지 아니한 점 등 원고 등의 청구원인에 관한 일부 주장을 받아들이면서도, 이와 같이 구 미쓰비시와의 관계에서 인정될 여지가 있는 원고 등의 청구권은 제척기간의 경과나 시효의 완성으로 소멸하였고, 그렇지 않더라도 1965년 한일 청구권협정과 일본의 재산권조치법에 의해 소멸하였다는 이유로 결국 원고 등의 피고에 대한 청구를 기각한 사실 등을 알 수 있다.

이와 같이 일본판결의 이유에는 일본의 한반도와 한국인에 대한 식민지배가 합법적이라는 규범적 인식을 전제로 하여, 일제의 국가총동원법과 국민징용령을 한반도와 원고 등에게 적용하는 것이 유효하다고 평가한 부분이 포함되어 있다.

그러나 대한민국 제헌헌법은 그 전문(前文)에서 "유구한 역사와 전통에 빛나는 우리들 대한국민은 기미삼일운동으로 대한민국을 건립하여 세상에 선포한 위대한 독립정신을 계승하여 이제 민주독립국가를 재건함에 있어서"라고 하고, 부칙 제100조에서는 "현행법령은 이 헌법에 저촉되지 아니하는 한 효력을 가진다."고 하며, 부칙 제101조는 "이 헌법을 제정한 국회는 단기 4278년 8월 15일 이전의 악질적인 반민족행위를 처벌하는 특별법을 제정할 수 있다."고 규정하였다. 또한 현행헌법도 그 전문에 "유구한 역사와 전통에 빛나는 우리 대한국민은 3·1운동으로 건립된 대한민국임시정부의 법통과 불의에 항거한 4·19 민주이념을 계승하고"라고 규정하고 있다. 이러한 대한민국 헌법의 규정에 비추어 볼 때, 일제강점기 일본의 한반도 지배는 규범적인 관점에서 불법적인 강점(强占)에 지나지 않고, 일본의 불법적인 지배로 인한 법률관계 중 대한민국의 헌법정신과 양립할 수 없는 것은 그 효력이 배제된다고 보아야 한다. 그렇다면 일본판결 이유는 일제강점기의

강제동원 자체를 불법이라고 보고 있는 대한민국 헌법의 핵심적 가치와 정면으로 충돌하는 것이므로, 이러한 판결 이유가 담긴 일본판결을 그대로 승인하는 결과는 그 자체로 대한민국의 선량한 풍속이나 그 밖의 사회질서에 위반되는 것임이 분명하다. 따라서 우리나라에서 일본판결을 승인하여 그 효력을 인정할 수는 없다.

그럼에도 원심은 그 판시와 같은 사정들을 들어 대한민국 법원이 일본판결을 승인하는 것이 대한민국의 선량한 풍속이나 그 밖의 사회질서에 어긋난다고 할 수 없다고 판단하고, 나아가 일본판결을 승인하는 것이 대한민국 헌법정신에 반한다는 원고들의 주장을 그 판시와 같은 이유로 배척한 다음, 일본판결은 대한민국에서 그 효력이 승인되므로 일본판결의 기판력에 의하여 그와 모순된 판단을 할 수 없다고 하여 원고들의 이 사건 청구를 기각하였다. 이러한 원심판결에는 외국판결의 승인에 관한 법리를 오해하여 판결 결과에 영향을 미친 위법이 있다. 이 점을 지적하는 원고들의 이 부분 상고이유 주장은 이유가 있다.

4. 원고들의 피고에 대한 청구권의 존부

가. 판단의 순서

원심은 일본판결의 기판력과 관련된 판단에 부가하여, 설령 대한민국법을 준거법으로 적용한다고 하더라도 원고들이 주장하는 불법행위로 인한 손해배상청구권 등은 소멸시효의 완성으로 모두 소멸하였다는 취지로 판시하였고, 이에 대하여 원고들은 원심이 소멸시효에 관한 법리를 오해하였다는 취지의 상고이유를 내세우고 있다. 이러한 상고이유를 판단함에 있어서는 그 선결문제로서 구 M와 피고의 법적 동일성 인정 여부 및 청구권협정에 의한 원고 등의 청구권의 소멸 여부에 대한 판단이 먼저 이루어져야 한다.

나. 구 미쓰비시와 피고의 법적 동일성 여부

[이어서 재판부는 구 미쓰비시와 현재의 미쓰비시중공업주식회사가 실질적으로 동일하므로 원고들은 구 미쓰비시에 대한 청구권을 피고에 대하여도 행사할 수

있다고 해석하였다. – 필자 주]

다. 청구권협정에 의한 원고등의 청구권의 소
멸 여부

청구권협정은 일본의 식민지배 배상을 청구하
기 위한 협상이 아니라 샌프란시스코 조약 제4조
에 근거하여 한일 양국 간의 재정적·민사적 채
권·채무관계를 정치적 합의에 의하여 해결하기
위한 것으로서, 청구권협정 제1조에 의해 일본 정
부가 대한민국 정부에 지급한 경제협력자금은 제
2조에 의한 권리문제의 해결과 법적 대가관계가
있다고 보이지 않는 점, 청구권협정의 협상과정에
서 일본 정부는 식민지배의 불법성을 인정하지
않은 채, 강제동원피해의 법적 배상을 원천적으로
부인하였고, 이에 따라 한일 양국의 정부는 일제
의 한반도 지배의 성격에 관하여 합의에 이르지
못하였는데, 이러한 상황에서 일본의 국가권력이
관여한 반인도적 불법행위나 식민지배와 직결된
불법행위로 인한 손해배상청구권이 청구권협정의
적용대상에 포함되었다고 보기는 어려운 점 등에
비추어 보면, 원고 등의 손해배상청구권에 대하여
는 청구권협정으로 개인청구권이 소멸하지 아니
하였음은 물론이고, 대한민국의 외교적 보호권도
포기되지 아니하였다고 봄이 상당하다.

나아가 국가가 조약을 체결하여 외교적 보호권
을 포기함에 그치지 않고 국가와는 별개의 법인
격을 가진 국민 개인의 동의 없이 국민의 개인청
구권을 직접적으로 소멸시킬 수 있다고 보는 것
은 근대법의 원리와 상충되는 점, 국가가 조약을
통하여 국민의 개인청구권을 소멸시키는 것이 국
제법상 허용될 수 있다고 하더라도 국가와 국민
개인이 별개의 법적 주체임을 고려하면 조약에
명확한 근거가 없는 한 조약 체결로 국가의 외교
적 보호권 이외에 국민의 개인청구권까지 소멸하
였다고 볼 수는 없을 것인데, 청구권협정에는 개
인청구권의 소멸에 관하여 한일 양국 정부의 의
사의 합치가 있었다고 볼 만큼 충분한 근거가 없
는 점, 일본이 청구권협정 직후 일본국 내에서 대

한민국 국민의 일본국 및 그 국민에 대한 권리를
소멸시키는 내용의 재산권조치법을 제정·시행한
조치는 청구권협정만으로 대한민국 국민 개인의
청구권이 소멸하지 않음을 전제로 할 때 비로소
이해될 수 있는 점 등을 고려해 보면, 원고 등의
청구권이 청구권협정의 적용대상에 포함된다고
하더라도 그 개인청구권 자체는 청구권협정만으
로 당연히 소멸한다고 볼 수는 없고, 다만 청구권
협정으로 그 청구권에 관한 대한민국의 외교적
보호권이 포기됨으로써 일본의 국내 조치로 해당
청구권이 일본국 내에서 소멸하더라도 대한민국
이 이를 외교적으로 보호할 수단을 상실하게 될
뿐이다.

따라서 원고 등의 피고에 대한 청구권은 청구
권협정으로 소멸하지 아니하였으므로, 원고들은
피고에 대하여 이러한 청구권을 행사할 수 있다.

라. 피고가 소멸시효 완성의 항변을 할 수 있는
지 여부

[…] 원심판결의 이유와 원심이 적법하게 채택
한 증거들에 의하면, 구 미쓰비시의 불법행위가
있은 후 1965. 6. 22. 한일 간의 국교가 수립될 때
까지는 일본국과 대한민국 사이의 국교가 단절되
어 있었고, 따라서 원고 등이 피고를 상대로 대한
민국에서 판결을 받더라도 이를 집행할 수 없었
던 사실, 1965년 한일 간에 국교가 정상화되었으
나, 한일 청구권협정 관련 문서가 모두 공개되지
않은 상황에서 청구권협정 제2조 및 그 합의의사
록의 규정과 관련하여 청구권협정으로 대한민국
국민의 일본국 또는 일본 국민에 대한 개인청구
권이 포괄적으로 해결된 것이라는 견해가 대한민
국 내에서 일반적으로 받아들여져 온 사실, 일본
에서는 청구권협정의 후속조치로 재산권조치법을
제정하여 원고 등의 청구권을 일본 국내적으로
소멸시키는 조치를 취하였고 원고 등이 제기한
일본소송에서 청구권협정과 재산권조치법이 원고
등의 청구를 기각하는 부가적인 근거로 명시되기
도 한 사실, 그런데 원고 등의 개인청구권, 그 중

에서도 특히 일본의 국가권력이 관여한 반인도적 불법행위나 식민지배와 직결된 불법행위로 인한 손해배상청구권은 청구권협정으로 소멸하지 않았다는 견해가 원고 등이 1995. 12. 11. 일본소송을 제기하고 2000. 5. 1. 한국에서 이 사건 소를 제기하면서 서서히 부각되었고, 마침내 2005. 1. 한국에서 한일 청구권협정 관련 문서가 공개된 뒤, 2005. 8. 26. 일본의 국가권력이 관여한 반인도적 불법행위나 식민지배와 직결된 불법행위로 인한 손해배상청구권은 청구권협정에 의하여 해결된 것으로 볼 수 없다는 민관공동위원회의 공식적 견해가 표명된 사실 등을 알 수 있다.

여기에 앞서 본 바와 같이 구 미쓰비시와 피고의 동일성 여부에 대하여도 의문을 가질 수밖에 없도록 하는 일본에서의 법적 조치가 있었던 점을 더하여 보면, 적어도 원고 등이 이 사건 소를 제기할 시점인 2000. 5. 1.까지는 원고 등이 대한민국에서 객관적으로 권리를 사실상 행사할 수 없는 장애사유가 있었다고 봄이 상당하다.

이러한 점들을 앞서 본 법리에 비추어 살펴보면, 구 미쓰비시와 실질적으로 동일한 법적 지위에 있는 피고가 소멸시효의 완성을 주장하여 원고들에 대한 불법행위로 인한 손해배상채무 또는 임금지급채무의 이행을 거절하는 것은 현저히 부당하여 신의성실의 원칙에 반하는 권리남용으로서 허용될 수 없다. […]

5. 결론

그러므로 원심판결을 파기하고, 사건을 다시 심리·판단하도록 원심법원에 환송하기로 하여 관여 대법관의 일치된 의견으로 주문과 같이 판결한다.″ (출처: 판례공보 2012(하), 1084쪽)

참고 동일 취지의 판결: 대법원 2012. 5. 24. 2009다68620 판결(미간, 법원도서관 종합법률정보 등재). 이 사건은 원고가 원폭 피해자라는 점을 제외하고 법률적으로 동일한 쟁점을 다루고 있고, 따라서 본 판결문의 내용과 거의 동일하다.

평석 박선아, 일본 전범기업을 상대로 한 민사소송의 의의와 과제, 법조 203년 9월호(통권 제684호).

이홍렬, 강제징용피해와 손해배상책임: 대판 2012. 5. 24, 2009다22549를 중심으로, 집합건물법학 제10집(2012).

남효순 외, 일제강점기 강제징용사건 판결의 종합적 연구(박영사, 2014).

7-9-3. 위 파기환송심

(부산고등법원 2013. 7. 30. 2012나4497 판결)

"1) 일본판결의 기판력에 반한다는 주장에 대하여

가) 피고의 주장

원고 등은 일본에서 이 사건 소송과 동일한 청구원인으로 소송을 제기하여 패소판결을 선고받고 그 판결이 확정되었는바, 위 일본판결은 대한민국 민사소송법 제217조에서 정한 외국판결의 승인요건을 모두 갖추어 대한민국에서도 효력이 있으므로, 원고 등이 다시 대한민국 법원에 제기한 이 사건 소송은 이 사건 일본판결의 기판력에 저촉된다.

나) 판단

법정지의 절차법인 우리 민사소송법 제217조 제3호는 외국법원의 확정판결의 효력을 인정하는 것이 대한민국의 선량한 풍속이나 그 밖의 사회질서에 어긋나지 아니하여야 한다는 점을 외국판결 승인요건의 하나로 규정하고 있는데, 여기서 외국판결의 효력을 인정하는 것, 즉 외국판결을 승인한 결과가 대한민국의 선량한 풍속이나 그 밖의 사회질서에 어긋나는지 여부는 그 승인 여부를 판단하는 시점에서 외국판결의 승인이 대한민국의 국내법 질서가 보호하려는 기본적인 도덕적 신념과 사회질서에 미치는 영향을 외국판결이 다룬 사안과 대한민국과의 관련성의 정도에 비추어 판단하여야 하고, 이때 그 외국판결의 주문뿐 아니라 이유 및 외국판결을 승인할 경우 발생할 결과까지 종합하여 검토하여야 한다.

살피건대, 원고 등이 이 사건 소송과 동일한 청구원인으로 피고를 상대로 한 소송을 일본법원에 제기하여 패소판결을 선고받고 그 판결이 확정된 사실은 앞서 본바와 같으나, […] 앞서 본 이 사건 일본판결은 일본의 한국병합경위에 관하여 "일본은 1910. 8. 22. 한국병합에 관한 조약을 체결하여 대한제국을 병합하고 조선반도를 일본의 영토로 하여 그 통치 하에 두었다 원고 등에 대한 징용경위에 대하여", 당시 법제 하에서 국민징용령에 기초한 원고 등의 징용은 그 자체로는 불법행위라 할 수 없고, 또한 징용의 절차가 국민징용령에 따라 행하여지는 한 구체적인 징용행위가 당연히 위법이라고 할 수는 없다"고 판단하면서, 일본국과 피고에 의한 징용은 강제연행이자 강제노동이었다는 원고 등의 주장을 받아들이지 아니하였고, 당시의 원고 등을 일본인으로, 한반도를 일본 영토의 구성부분으로 봄으로써, 원고 등의 청구에 적용될 준거법을 외국적 요소를 고려한 국제사법적 관점에서 결정하는 과정을 거치지 않고 처음부터 일본법을 적용한 사실, 또한 일본판결은 구 미쓰비시가 징용의 실행에 있어서 일본국과 함께 국민징용령의 정함을 벗어난 위법한 행위를 한 점, 안전배려의무를 위반하여 원폭 투하 후 원고 등을 방치하고 원고 등의 귀향에 협조하지 아니한 점, 원고 등에게 지급할 임금과 예·적금 적립액을 지급하지 아니한 점 등 원고 등의 청구원인에 관한 일부 주장을 받아들이면서도, 이와 같이 구 미쓰비시와의 관계에서 인정될 여지가 있는 원고 등의 청구권은 제척기간의 경과나 시효의 완성으로 소멸하였고, 그렇지 않더라도 1965년 한일 청구권협정과 일본의 재산권조치법에 의해 소멸하였다는 이유로 결국 원고 등의 피고에 대한 청구를 기각한 사실 등을 알 수 있다.

이와 같이 이 사건 일본판결의 이유에는 일본의 한반도와 한국인에 대한 식민지배가 합법적이라는 규범적 인식을 전제로 하여, 일제의 국가총동원법과 국민징용령을 한반도와 원고 등에게 적용하는 것이 유효하다고 평가한 부분이 포함되어 있다고 할 것이다.

그러나 대한민국 제헌헌법은 그 전문(前文)에서 "유구한 역사와 전통에 빛나는 우리들 대한국민은 기미삼일운동으로 대한민국을 건립하여 세상에 선포한 위대한 독립정신을 계승하여 이제 민주독립국가를 재건함에 있어서"라고 하고, 부칙 제100조에서는 "현행법령은 이 헌법에 저촉되지 아니하는 한 효력을 가진다"고 하며, 부칙 제101조는 "이 헌법을 제정한 국회는 단기 4278년 8월 15일 이전의 악질적인 반민족행위를 처벌하는 특별법을 제정할 수 있다"고 규정하였다. 또한, 현행헌법도 그 전문에 "유구한 역사와 전통에 빛나는 우리 대한국민은 3·1운동으로 건립된 대한민국임시정부의 법통과 불의에 항거한 4·19 민주이념을 계승하고"라고 규정하고 있다. 이러한 대한민국 헌법의 규정에 비추어 볼 때, 일제강점기 일본의 한반도 지배는 규범적인 관점에서 불법적인 강점(强占)에 지나지 않고, 일본의 불법적인 지배로 인한 법률관계 중 대한민국의 헌법정신과 양립할 수 없는 것은 그 효력이 배제된다고 보아야 한다. 그렇다면 이 사건 일본판결의 이유는 일제강점기의 강제동원 자체를 불법이라고 보고 있는 대한민국 헌법의 핵심적 가치와 정면으로 충돌하는 것이므로, 이러한 판결 이유가 담긴 이 사건 일본판결을 그대로 승인하는 결과는 그 자체로 대한민국의 선량한 풍속이나 그 밖의 사회질서에 위반되는 것임이 분명하다.

따라서 우리나라에서 이 사건 일본판결을 승인하여 그 효력을 인정할 수는 없다고 할 것이므로, 이 사건 일본판결의 승인을 전제로 한 피고의 위 주장은 이유 없다.

2) 청구권협정에 의하여 원고 등의 청구권이 소멸하였다는 주장에 대하여

가) 피고의 주장

피징용 한국인의 미수금, 보상금 및 기타 청구권은 1965. 6. 22. 대한민국과 일본국간에 체결된 청구권협정의 대상에 포함되어 있고, 국가 사이의 일괄처리협정인 청구권협정으로 원고 등의 피고에 대한 청구권은 이미 소멸하였다.

나) 판단

살피건대 앞서 인정사실에서 본 청구권협정의 체결 경위와 그 내용 및 후속 상황 등에 의하여 알 수 있는 다음과 같은 사정, 즉 ① 청구권협정은 일본의 식민지배배상을 청구하기 위한 협상이 아니라 샌프란시스코 조약 제4조에 근거하여 한일 양국간의 재정적·민사적 채권·채무관계를 정치적 합의에 의하여 해결하기 위한 것으로서, 청구권협정 제1조에 의해 일본 정부가 대한민국 정부에 지급한 경제협력자금은 제2조에 의한 권리문제의 해결과 법적 대가관계가 있다고 보이지 않는 점, ② 청구권협정의 협상과정에서 일본 정부는 식민지배의 불법성을 인정하지 않은 채, 강제동원피해의 법적 배상을 원천적으로 부인하였고, 이에 따라 한일 양국의 정부는 일제의 한반도 지배의 성격에 관하여 합의에 이르지 못하였는데, 이러한 상황에서 일본의 국가권력이 관여한 반인도적 불법행위나 식민지배와 직결된 불법행위로 인한 손해배상청구권이 청구권협정의 적용대상에 포함되었다고 보기는 어려운 점 등에 비추어 보면, 원고 등의 손해배상청구권에 대하여는 청구권협정으로 개인청구권이 소멸하지 아니하였음은 물론이고, 대한민국의 외교적 보호권도 포기되지 아니하였다고 봄이 상당하다.

가사 원고 등의 청구권이 청구권협정의 적용대상에 포함된다고 하더라도, ① 국가가 조약을 체결하여 외교적 보호권을 포기함에 그치지 않고 국가와는 별개의 법인격을 가진 국민 개인의 동의 없이 국민의 개인청구권을 직접적으로 소멸시킬 수 있다고 보는 것은 근대법의 원리와 상충되는 점, ② 국가가 조약을 통하여 국민의 개인청구권을 소멸시키는 것이 국제법상 허용될 수 있다고 하더라도 국가와 국민 개인이 별개의 법적 주체임을 고려하면 조약에 명확한 근거가 없는 한 조약 체결로 국가의 외교적 보호권 이외에 국민의 개인청구권까지 소멸하였다고 볼 수는 없을 것인데, 청구권협정에는 개인청구권의 소멸에 관

하여 한일 양국 정부의 의사의 합치가 있었다고 볼만큼 충분한 근거가 없는 점 일본이, ③ 청구권협정 직후 일본국 내에서 대한민국 국민의 일본국 및 그 국민에 대한 권리를 소멸시키는 내용의 재산권조치법을 제정·시행한 조치는 청구권협정만으로 대한민국 국민 개인의 청구권이 소멸하지 않음을 전제로 할 때 비로소 이해될 수 있는 점 등을 고려해 보면, 원고 등의 개인청구권 자체는 청구권협정만으로 당연히 소멸한다고 볼 수는 없고, 다만 청구권협정으로 그 청구권에 관한 대한민국의 외교적 보호권이 포기됨으로써 일본의 국내 조치로 해당 청구권이 일본국 내에서 소멸하더라도 대한민국이 이를 외교적으로 보호할 수단을 상실하게 될 뿐이라고 봄이 상당하다.

따라서 원고 등의 피고에 대한 불법행위로 인한 손해배상청구권은 청구권협정으로 소멸하지 아니하였다 할 것이므로, 원고들은 청구권 협정에도 불구하고 피고에 대하여 위 청구권을 행사할 수 있다 할 것이므로, 피고의 위 주장도 이유 없다." (출처: 판결문 사본 입수)

[해설] 이 사건은 대법원으로 다시 상고되었으나, 2018년 10월 현재까지 최종적인 판결이 내려지지 않고 있다. 이 판결이 일본 기업의 배상책임을 인정하는 방향으로 확정될 경우 한일 관계에는 상당한 파장이 발생할 것이다.

7-10. 근로정신대 피해자에 대한 일본기업의 배상책임

(서울중앙지방법원 2014. 10. 30. 2013가합11596 판결. 원고: 김○순 등 17명. 피고: 일본 후지코시 (不二越)주식회사)

[사안: 원고 김○순 등 16명은 일제시 일을 하여 돈을 벌며 공부도 계속할 수 있다는 말에 속아 여자근로정신대에 지원했다. 기타 원고 1명은 일제시 징용영서를 받아 동원되었다. 원고들은 모두 일본 도야마시 소재 후지코시 강재공업주식회사로 동원되어 열악한 환경 속에 각종 근로에 종사했다. 이들은 임금을 제대로 지급받지 못하는 것

은 물론 가혹한 생활조건 속에 살아야만 했다. 원고 등은 2003년 4월 일본에서 피고 회사와 일본국을 상대로 손해배상금의 지급과 사죄광고를 요구하는 소송을 제기했으나, 2007. 9. 19. 도야마지방재판소, 2010. 3. 8. 나고야고등재판소 가나자와 지부, 2011. 10. 24. 최고재판소에서 모두 패소하여 판결이 확정되었다. 이들은 다시 한국 법원에 피고의 불법행위로 인한 손해의 배상으로 위자료 지급을 청구하는 이 소송을 제기했다. 대법원 2012. 5. 24. 선고 2009다22549 판결 이후 국내에서는 유사한 소송이 여러 건 제기되었으며, 본건 역시 위 대법원 판결에서의 논리를 그대로 채용하며 원고 승소를 결정했다.]

"다. 피고의 주장들에 대한 판단

1) 이 사건 일본판결의 기판력에 반한다는 주장에 대하여

가) 피고의 주장

원고 등은 일본에서 이 사건 소송과 동일한 청구원인으로 소송을 제기하여 패소판결을 선고받고 그 판결이 확정되었는바, 위 일본판결은 대한민국 민사소송법 제217조에서 정한 외국판결의 승인요건을 모두 갖추어 대한민국에서도 효력이 있으므로, 원고 등이 다시 이 법원에 제기한 이 사건 소송은 이 사건 일본판결의 기판력에 저촉된다.

나) 판단

우리 민사소송법 제217조 제1항 제3호는 외국법원의 확정판결의 효력을 인정하는 것이 대한민국의 선량한 풍속이나 그 밖의 사회질서에 어긋나지 아니하여야 한다는 점을 외국판결 승인요건의 하나로 규정하고 있는데, 여기서 외국판결의 효력을 인정하는 것, 즉 외국판결을 승인한 결과가 대한민국의 선량한 풍속이나 그 밖의 사회질서에 어긋나는지 여부는 그 승인 여부를 판단하는 시점에서 외국판결의 승인이 대한민국의 국내법 질서가 보호하려는 기본적인 도덕적 신념과 사회질서에 미치는 영향을 외국판결이 다룬 사안

과 대한민국과의 관련성의 정도에 비추어 판단하여야 하고, 이때 그 외국판결의 주문뿐 아니라 이유 및 외국판결을 승인할 경우 발생할 결과까지 종합하여 검토하여야 한다(대법원 2012. 5. 24. 선고 2009다22549 판결 참조).

살피건대, 원고 등이 이 사건 소송과 동일한 청구원인으로 피고와 일본국을 상대로 일본 법원에 소송을 제기하여 패소판결을 선고받고 그 판결이 확정된 사실은 앞서 본 바와 같으며, [···] 앞서 본 이 사건 일본판결 중 제1심 판결에서는 원고 등에 대한 피고의 불법행위 책임 등의 인정에 대하여는 명시적인 언급 없이 청구권협정에 의하여 원고 등의 피고에 대한 청구권이 소멸되었다고 판단하였으나, 그 항소심 판결에서는 근로정신대원으로 지원하였던 원고 등의 청구에 관하여, "피항소인들이 어린 본건의 근로정신대원들에게 면학 기회를 보장하기가 극히 곤란하고 절망적인 상황이었음에도 불구하고 이것이 충분히 보장되는 것처럼 속여서 근로정신대에 권유하고 참가시킨 점에 관하여는 피항소국의 국가무책임 법리에 관계된 주장을 채용할 수 없고 동시에 피항소인들의 공동불법행위에 해당하는 것이라고 할 수 있다"고 판단하면서 피고 등의 공동불법행위책임을 인정하고, "피항소인 회사는 고용자의 입장에 있는 자로서, 종업원이 될, 그리고 실제로 종업원이 되었던 본건의 근로정신대원에게 면학 기회가 충분히 보장되어 있는 것처럼 설명을 하여, 이로써 적절한 설명을 해야 할 의무를 위반한 예가 있다고 이해하는 것이 합당하고, 이런 행위는 채무불이행에 해당한다고 할 수 있다"고 판단하여 피고의 안전배려의무위반을 인정한 다음, 다만 제1심 법원과 마찬가지로, 청구권협정에 의해 위 원고 등의 청구권이 소멸하였다고 판단한 사실을 인정할 수 있다.

그러나 대한민국 제헌헌법은 그 전문(前文)에서 "유구한 역사와 전통에 빛나는 우리들 대한국민은 기미삼일운동으로 대한민국을 건립하여 세상

에 선포한 위대한 독립정신을 계승하여 이제 민주독립국가를 재건함에 있어서"라고 하고, 부칙 제100조에서는 "현행법령은 이 헌법에 저촉되지 아니하는 한 효력을 가진다"고 하며, 부칙 제101조는 "이 헌법을 제정한 국회는 단기 4278년 8월 15일 이전의 악질적인 반민족행위를 처벌하는 특별법을 제정할 수 있다"고 규정하였다. 또한, 현행헌법도 그 전문에 "유구한 역사와 전통에 빛나는 우리 대한국민은 3·1운동으로 건립된 대한민국임시정부의 법통과 불의에 항거한 4·19 민주이념을 계승하고", "항구적인 세계평화와 인류공영에 이바지함으로써"라고 규정하고 있다. 이러한 대한민국 헌법의 각 규정에 비추어 볼 때, 일제강점기 일본의 한반도 지배는 규범적인 관점에서 불법적인 강점(强占)에 지나지 않고, 일본의 불법적인 지배로 인한 법률관계 중 대한민국의 헌법정신과 양립할 수 없는 것은 그 효력이 배제된다고 보아야 한다.

그런데 앞서 든 증거들에 의하면, 이 사건 일본판결은 "조선은 1910년 체결된 한일병합조약에 의해 일본의 통치하에 있었으나 1945. 8. 15. 제2차 세계대전의 종결과 동시에 독립하였다"고 전제하고, 원고 등이 거주하던 한반도를 일본 영토의 구성부분으로 보고 위 사건에 적용될 준거법을 외국적 요소를 고려한 국제사법적 관점에서 결정하지 않고 처음부터 일본법을 적용한 사실이 인정되고, 피고의 불법행위와 안전배려의무 위반 사실 자체는 인정하였던 항소심 법원의 판결에 의하더라도, 위 법원은 일본의 한반도 및 한국인에 대한 식민지배가 합법적이라는 규범적 인식 하에 일제강점기의 국가총동원법, 국민징용령, 여자정신근로령이 한반도와 원고 등에게 그대로 적용되는 것을 전제로 당시 시행되던 메이지헌법 및 관련 법령에 근거하여 피고의 불법행위책임 등을 판단하고 있는 사실이 인정되는바, 결국 이 사건 일본판결은 일제강점기의 강제동원 자체를 불법이라고 보고 있는 대한민국 헌법의 핵심적

가치와 정면으로 충돌하는 것이라 하지 않을 수 없다. 또한 당시 일본국 정부가 '국가총동원법' 등의 수단을 동원하여 수행하였던 중일전쟁과 태평양전쟁이 국제법적으로 용인될 수 없는 침략전쟁이었다는 점에 대하여는 국제사회가 인식을 함께 하고 있고, 이런 침략전쟁 및 이를 수행하는 행위의 정당성을 부인하는 것은 세계 문명국가들의 공통적인 가치인바, 이러한 사정을 더하여 보더라도 이러한 판결이유가 담긴 이 사건 일본판결을 그대로 승인하는 결과는 그 자체로 대한민국의 선량한 풍속이나 그 밖의 사회질서에 위반되는 것임이 분명하다.

따라서 우리나라에서 이 사건 일본판결을 승인하여 그 효력을 인정할 수는 없으므로, 이 사건 일본판결이 대한민국에서 승인될 수 있음을 전제로 원고들의 청구가 이 사건 일본판결의 기판력에 반하여 인정될 수 없다는 피고의 주장은 이유 없다.

2) 청구권협정에 의하여 원고 등의 청구권이 소멸하였다는 주장에 대하여

가) 피고의 주장

피징용한국인의 미수금, 보상금 및 기타 청구권은 1965. 6. 22. 대한민국과 일본국간에 체결된 청구권협정의 대상에 포함되어 있는바, 국가 사이의 일괄처리협정에 해당하는 청구권협정의 체결로 원고 등의 피고에 대한 청구권은 이미 소멸하였다.

나) 판단

살피건대, […] 국교정상화 등을 위하여 대한민국 정부와 일본국 정부 사이에 이루어진 이른바 '한일회담' 중 제5차 한일회담 이후부터 일본의 식민지 지배로 인한 피해에 대한 보상의 문제가 양국 사이에서 본격적으로 대두되기 시작하였고, 대한민국 정부는 일본국 정부 측에 사죄의 의미가 포함된 청구권이라는 형태의 보상을 요구하면서, 그 항목 중 하나로 생존한 피징용자가 입은 육체적, 정신적 피해와 고통에 대한 보상 역시 보

상의 대상에 포함시킬 것을 주장하였으나, 이에 대하여 일본국 정부는 피해자들의 명단 등 정확한 사실의 확인 없이는 보상을 해줄 수 없을 뿐만 아니라 생존자에 대하여는 그 당시의 법적지위가 일본인이었다는 점에서 일본인에게도 지불된 바 없는 보상금을 지불할 수 없다는 입장을 고수하였던 사실, 대한민국 정부가 일본에 대하여 요구하는 개개의 청구권 항목들에 대해서는 양국 간의 현격한 입장의 차이가 있었고, 최종적으로는 일본이 대한민국에 10년간에 걸쳐 3억 달러를 무상으로 제공하고 2억 달러의 차관을 행하는 것으로 합의가 이루어졌으나, 그 액수의 명목이 무엇인지에 대해서는 명백한 합의에 이르지 못하였으며, 이에 대하여 일본국 정부는 '대한민국에 대한 일본 측의 제공은 어디까지나 배상과 같이 의무적으로 주는 것이 아니라 그것보다는 경제협력이라는 기본적인 사고를 가지고 있다'는 입장을 확고히 했던 사실을 인정할 수 있는바, 이러한 청구권협정의 체결 경위와 앞서 인정사실에서 본 청구권협정의 내용 및 후속 조치상황 등을 종합하여 인정되는 다음과 같은 사정들, 즉 ① 청구권협정은 일본의 식민지배 배상을 청구하기 위한 협상이 아니라 샌프란시스코 조약 제4조에 근거하여 한일 양국 간의 재정적·민사적 채권·채무관계를 정치적 합의에 의하여 해결하기 위한 것으로서, 청구권협정 제1조에 의해 일본국 정부가 대한민국 정부에 지급한 경제협력자금은 제2조에 의한 권리문제의 해결과 법적 대가관계가 있다고 보이지 않는 점, ② 청구권협정의 협상과정에서 일본국 정부는 식민지배의 불법성을 인정하지 않은 채, 강제동원피해의 법적 배상을 원천적으로 부인하였고, 이에 따라 한일 양국의 정부는 일제의 한반도 지배의 성격에 관하여 합의에 이르지 못하였는데, 이러한 상황에서 일본의 국가권력이 관여한 반인도적 불법행위나 식민지배와 직결된 불법행위로 인한 손해배상청구권이 청구권협정의 적용대상에 포함되었다고 보기는 어려운 점 등에

비추어 보면, 원고 등의 손해배상청구권에 대하여는 청구권협정으로 개인청구권이 소멸하지 아니하였음은 물론이고, 대한민국의 외교적 보호권도 포기되지 아니하였다고 봄이 상당하다(대법원 2012. 5. 24. 선고 2009다22549 판결 참조).

나아가 국가가 조약을 체결하여 외교적 보호권을 포기함에 그치지 않고 국가와는 별개의 법인격을 가진 국민 개인의 동의 없이 국민의 개인청구권을 직접적으로 소멸시킬 수 있다고 보는 것은 근대법의 원리와 상충되는 점, 국가가 조약을 통하여 국민의 개인청구권을 소멸시키는 것이 국제법상 허용될 수 있다고 하더라도 국가와 국민 개인이 별개의 법적 주체임을 고려하면 조약에 명확한 근거가 없는 한 조약 체결로 국가의 외교적 보호권 이외에 국민의 개인청구권까지 소멸하였다고 볼 수는 없을 것인데, 청구권협정에는 개인청구권의 소멸에 관하여 한일 양국 정부의 의사의 합치가 있었다고 볼 만큼 충분한 근거가 없는 점, 일본이 청구권협정 직후 일본국 내에서 대한민국 국민의 일본국 및 그 국민에 대한 권리를 소멸시키는 내용의 재산권조치법을 제정·시행한 조치는 청구권협정만으로 대한민국 국민 개인의 청구권이 소멸하지 않음을 전제로 할 때 비로소 이해될 수 있는 점 등을 고려해 보면, 원고 등의 청구권이 청구권협정에 포함된다고 하더라도 개인청구권 자체는 청구권협정만으로 당연히 소멸한다고 볼 수는 없고, 다만 청구권협정으로 그 청구권에 관한 대한민국의 외교적 보호권이 포기됨으로써 일본의 국내 조치로 해당 청구권이 일본국 내에서 소멸하더라도 대한민국이 이를 외교적으로 보호할 수단을 상실하게 될 뿐이다(대법원 2012. 5. 24. 선고 2009다22549 판결 참조).

따라서 원고 등의 피고에 대한 불법행위로 인한 손해배상청구권은 청구권협정으로 소멸하지 아니하였다 할 것이므로, 원고들은 청구권 협정에도 불구하고 피고에 대하여 위 청구권을 행사할 수 있다 할 것이므로, 피고의 위 주장도 이유 없다.

피고는 위와 같이 청구권협정을 해석하는 것이 대법원 2012. 5. 10.자 2012다12863 심리불속행 판결에 반하는 것이라고 주장하나, 위 판결의 사안은 청구권협정 체결과 관련한 대한민국 공무원의 행위가 불법행위에 해당되는지 여부에 관한 것으로 이 사건과 사안을 달리하는 것이고, 심리불속행 판결은 상고이유의 주장이 상고심절차에 관한 특례법 제4조 제1항이 정한 사유를 포함하지 않는 경우이거나 또는 그러한 주장이 있더라도 원심판결과 관계가 없거나 원심판결에 영향을 미치지 아니할 때에 할 수 있는 것이어서 위 판결이 청구권협정에 관하여 피고의 주장과 같은 해석을 하고 있는 판결에 해당한다고 볼 수도 없으므로 피고의 위 주장 또한 이유 없다.

3) 소멸시효 완성 주장에 대하여

가) 피고의 주장

원고들의 손해배상청구권은 원고들이 주장하는 불법행위일로부터 10년 이상의 기간이 경과하여 이미 시효가 완성되어 소멸하였고, 원고들에게 객관적으로 권리를 행사할 수 없는 장애사유가 존재하지도 않았으므로, 피고의 소멸시효 완성 주장이 권리남용에 해당하지 않는다. 설령 피고의 소멸시효 완성 주장이 권리남용에 해당한다고 하더라도, 원고들이 권리행사의 객관적 장애사유가 해소된 날로부터 신의칙상 상당한 기간 내에 권리를 행사하지 아니하였으므로, 원고들의 청구는 배척되어야 한다.

나) 판단 […]

(2) 이 사건에 관하여 보건대, 앞서 든 증거들에 변론 전체의 취지를 종합하면, ① 피고의 불법행위가 있은 후 1965. 6. 22. 한일 간의 국교가 수립될 때까지는 대한민국과 일본국 사이의 국교가 단절되어 있었고, 따라서 원고 등이 피고를 상대로 대한민국에서 판결을 받더라도 이를 집행할 수 없었던 사실, ② 1965년 한일 간에 국교가 정상화되었으나, 한일 청구권협정 관련 문서가 모두 공개되지 않은 상황에서 청구권협정 제2조 및 그

합의의사록의 규정과 관련하여 청구권협정으로 대한민국 국민의 일본국 또는 일본 국민에 대한 개인청구권이 포괄적으로 해결된 것이라는 견해가 대한민국 내에서 일반적으로 받아들여져 온 사실, ③ 일본에서는 청구권협정의 후속조치로 재산권조치법을 제정하여 원고 등의 청구권을 일본 국내적으로 소멸시키는 조치를 취한 사실(원고 등이 제기한 이 사건 일본소송에서도 청구권협정과 재산권조치법이 원고 등의 청구를 기각하는 근거로 명시되었다), ④ 그런데 원고 등과 같이 강제동원된 피해자들이 일본에서 소송을 제기하기 시작함에 따라 그 개인청구권, 그 중에서도 특히 일본의 국가권력이 관여한 반인도적 불법행위나 식민지배와 직결된 불법행위로 인한 손해배상청구권은 청구권협정으로 소멸하지 않았다는 견해가 서서히 부각되었고, 2005. 1. 한국에서 한일 청구권협정 관련 문서가 공개된 뒤, 2005. 8. 26. 일본의 국가권력이 관여한 반인도적 불법행위나 식민지배와 직결된 불법행위로 인한 손해배상청구권은 청구권협정에 의하여 해결된 것으로 볼 수 없다는 민관공동위원회의 견해가 표명된 사실, ⑤ 대법원은 2012. 5. 24. 선고 2009다22549, 2009다6820 판결을 통해 원고 등과 같은 강제노동 피해자에 대한 손해배상 청구를 기각한 일본 판결은 대한민국의 공서에 반하여 승인될 수 없으며, 일본의 국가권력이 관여한 반인도적 불법행위나 식민지배와 직결된 불법행위로 인한 손해배상청구권이 청구권협정의 적용대상에 포함되었다고 보기 어려워 청구권협정으로 원고 등과 같은 강제노동 피해자의 손해배상청구권이 소멸하지 않았다고 보아야 하고, 설령 그와 같은 손해배상청구권이 청구권협정의 적용대상에 포함된다고 하더라도 그 개인청구권 자체는 청구권협정만으로 당연히 소멸한다고 볼 수는 없고, 다만 청구권협정으로 그 청구권에 관한 대한민국의 외교적 보호권만이 포기된 것이라고 판시한 사실을 인정할 수 있다.

위 인정사실에 위 대법원 판결에도 불구하고

청구권협정의 적용대상에 원고 등과 같은 강제노동 피해자의 손해배상청구권이 포함되는지에 관하여 여전히 국내외적으로 논란이 되고 있고, 청구권협정의 당사자인 일본국 정부는 청구권협정에 의하여 과거 일본국 정부 등이 관여한 반인도적 불법행위나 식민지배와 직결된 불법행위로 인한 손해배상청구권이 소멸되었다는 입장을 고수하며 현재까지도 청구권협정 관련 정보 공개조차 거부하고 있는 사정을 더하여 보면, 원고들이 이 사건 소를 제기할 무렵까지도 원고들에게는 객관적으로 권리를 사실상 행사할 수 없는 장애사유가 있었다고 봄이 상당하다(원고 등이 2003. 4.경 이 사건 소송과 동일한 청구원인으로 일본국 법원에 일본국과 피고를 상대로 소송을 제기하였던 사실은 앞서 본 바와 같으나, 이 사건 일본소송에서 일본국 법원이 청구권협정으로 대한민국 국민의 일본국 또는 일본국민에 대한 개인청구권이 포괄적으로 해결된 것이라고 받아들여졌던 종전의 견해를 그대로 유지하고 있는 이상, 원고 등이 이 사건 일본소송을 제기한 사정만으로는 원고 등에게 그 권리를 사실상 행사할 수 없는 장애사유가 소멸하였다고는 볼 수 없고, 오히려 이 사건 일본소송은 그러한 사실상의 장애사유가 유지되고 있음을 확인해 주었다고 볼 것이다). 다만, 법령의 해석·적용에 관한 최종적인 권한을 갖고 있는 최고법원인 대법원이 위와 같은 청구권협정에 관한 해석을 천명한 이상, 적어도 대한민국 내에서 원고 등과 같은 강제동원 피해자들이 청구권협정의 해석 등과 관련하여 객관적으로 권리를 사실상 행사할 수 없었던 장애사유는 소멸하였다고 볼 여지는 있다고 할 것이나, 그렇다고 하더라도 원고들이 위 대법원 판결의 당사자도 아니었고, 이 사건과 위 대법원 판결의 구체적인 사안이 동일하다고 보기 어려운 점에 비추어 볼 때, 원고들이 위 대법원 판결 선고일로부터 민법 제766조 제1항이 규정한 단기소멸시효인 3년 내에 이 사건 소를 제기한 이상, 원고들로서는 그 장애사유가 해소된 때로부터 상당한 기간 내에 권리를 행사한

것이라고 할 것이다.

또한 피고의 이 사건 불법행위는 피고가 원고 등의 개인의 존엄성을 부정한 채, 일본국 정부의 한반도에 대한 불법적인 식민지배와 침략전쟁의 수행 과정에 적극적으로 편승한 반인도적인 행위로서, 피고로서는 그러한 역사적 사실을 반성하고 자신의 불법행위로 인한 원고 등의 피해에 대해 진심어린 사과와 적절한 배상을 해야 함이 마땅함에도 무려 70년 가까이 지난 지금까지도 자신의 책임을 부정하고 회피하고 있는바, 이러한 피고가 소멸시효의 완성을 주장하여 원고들에 대한 불법행위로 인한 손해배상채무의 이행을 거절하는 것은 일정기간 계속된 사회질서를 유지하고 시간의 경과로 인하여 커져가는 법률관계의 불명확성에 대처하려는 목적에서 인정되는 소멸시효제도의 취지에도 부합하지 않는다고 할 것이다.

따라서 피고가 소멸시효의 완성을 주장하며 원고 등에 대한 불법행위로 인한 손해배상채무의 이행을 거절하는 것은 현저히 부당하여 신의성실의 원칙에 반하는 권리남용으로서 허용될 수 없으므로, 피고의 위 주장도 이유 없다." (출처: 판결문 사본 입수)

7-11. 청구권 자금으로 건설된 국내기업의 책임 (서울중앙지방법원 2007. 8. 17. 2006가합42288, 2007가합40135(병합) 판결. 원고: 지용피해자 151인. 피고: ㈜포스코))

[사안: 이 사건의 원고는 일제시 일본제철로 징용되었던 자들인데, 한일 국교정상화 후 청구권자금으로부터 별다른 보상금을 받지 못했다. 원고는 청구권자금으로 건설된 포스코를 상대로 위자료 청구소송을 제기했다.]

"1. 인정사실

다음의 사실들은 당사자들 사이에 다툼이 없거나, […] 변론 전체의 취지를 종합하여 인정할 수 있고, 반증이 없다.

가. 일본의 강제동원

1) 대한민국에 대한 일본의 강점기에 일본제철 주식회사(이하 '일본제철'이라고 한다), 미쓰비시중공업 주식회사 등의 일본 기업들은 대한민국 국민들을 상대로 근로자 모집 공고를 하였고, 면접, 일본어 회화 능력, 가족구성, 사상내용 등에 관한 심사를 거쳐 모집심사에 합격한 대한민국 국민들은 단체행동 훈련을 받은 후 일본제철의 오사카 제철소 등으로 가서 훈련공으로서 노역에 종사하게 되었다.

2) 훈련공들은 오사카 제철소에서 1근무 8시간의 3교대제로 일하였는데, 한 달에 1, 2회 정도의 휴일이 허용되었고, 한 달에 2, 3엔 정도의 돈만 지급받았을 뿐, 일본제철은 훈련공들이 독신자이기 때문에 임금전액을 지급하여 주면 낭비할 우려가 있다는 이유를 들어 무단으로 개설한 공원 명의의 우편저금 구좌에 훈련공들의 동의를 얻지 않은 채 임금의 대부분을 일방적으로 입금하고, 그 저금통장과 신고 도장을 기숙사의 사감에게 보관하게 하였다. 훈련공들은 매우 위험하고 힘든 노역에 종사하였으나, 훈련공들에게 제공되는 식사는 그 양이 매우 적었다.

3) 그러던 중 일본은 1945. 초경 위 훈련공들을 강제로 징용하였고 훈련공들은 징용 이후에는 한 달에 2, 3엔 정도 지급받던 돈도 지급받지 못하였다. 오사카 제철소의 공장은 1945. 3. 19. 미합중국 군대의 대공습에 의해 파괴되었고, 훈련공들 중 일부는 위 공습으로 인하여 사망하였으며, 나머지 훈련공들은 1945. 6.경 청진에 건설 예정인 제철소로 배치되어 청진으로 이동하였다. 훈련공들은 기숙사의 사감에게 자신들의 임금이 입금되어 있던 저금통장과 신고 도장을 달라고 요구하였지만, 사감은 청진에 도착한 이후에도 위 통장 및 도장을 돌려주지 아니하였고, 일본제철로부터 임금을 지급받지도 못하였다. […]

나. 대한민국과 일본의 협정

1) 1951. 10. 21. 예비회담을 거쳐 1952. 2. 15. 제1차 한일회담 본회의 개최로 우리나라와 일본의 국교정상화를 위한 회담이 본격적으로 시작된 후, 7차례의 본회의와 이에 따른 수십 차례의 예비회담, 정치회담 및 각 분과위원회별 회의 등을 거쳐, 1965. 6. 22. '대한민국과 일본국간의 기본관계에 관한 조약'과 '대한민국과 일본국간의 재산 및 청구권에 관한 문제의 해결과 경제협력에 관한 협정'(이하 '청구권협정'이라 한다), 어업에 관한 협정, 재일교포의 법적 지위 및 대우에 관한 협정, 문화재 및 문화협력에 관한 협정 등 4개의 부속협정이 체결되었다.

2) 청구권협정은 제1조에서 일본이 우리나라에 10년간에 걸쳐 3억 달러를 무상으로 제공하고 2억 달러의 차관을 행하기로 한다는 내용과 아울러 제2조에서 아래와 같이 정하고 있다. […]

다. 청구권자금의 사용 및 피고의 설립

1) 대한민국 정부는 1966. 2. 19. 「청구권자금의 운용 및 관리에 관한 법률」을 제정하여, 제4조에서 "무상자금은 농업·임업 및 수산업의 진흥·원자재 및 용역의 도입 기타 이에 준하는 것으로서 경제발전에 이바지하는 사업을 위하여 사용한다(제1항). 차관자금은 중소기업·광업과 기간산업 및 사회간접자본을 확충하는 사업을 위하여 사용한다(제2항)."고 규정하고, 제5조에서 "대한민국 국민이 가지고 있는 1945년 8월 15일 이전까지의 일본국에 대한 민간청구권은 이 법에서 정하는 청구권자금 중에서 보상하여야 한다(제1항)."라고 규정한 다음, 1971. 1. 19. 「대일 민간청구권 신고에 관한 법률」을 제정하여 보상대상이 되는 청구권의 범위와 신고기간, 증거조사방법 등을 규정하였으며, 1974. 12. 21. 「대일 민간청구권 보상에 관한 법률」을 제정하여 보상 금액 및 방법 등을 규정하였는데, 위 각 법률의 규정상 피징용 사망자와 재산권을 보상대상으로 할 뿐 피징용 부상자, 군위안부, 원자폭탄 피해자 등은 그 보상대상에 포함되지 않았고, 신고기간도 「대일 민간청구권 신고에 관한 법률」 시행 60일 경과 후부터 10

월 이내로 한정되었으며, 보상금은 피징용 사망자에 대하여 1인당 30만원, 예금·채권 등 재산에 대하여는 일본국 통화 1엔당 30원으로 하여 보상하도록 하였다. 이에 따라 정부는 피징용 사망자 8,552명에 대하여 약 25억 7천만원, 예금·채권 등 재산 74,967건에 대하여 약 66억 2천만원, 합계 약 91억 9천만원의 보상금을 지급하였고, 위 각 법률은 1982. 12. 31 모두 폐지되었다. 그리고 정부는 그 후 1990. 원폭피해자복지기금을 조성하여 원자폭탄 피해자들에 대한 진료비, 장제비 등을 지원하고 있고, 1993. 6. 11.「일제하 일본군 위안부에 대한 생활안정지원법」을 제정하여 생존한 일본군 위안부에 대하여 생활안정지원금 등을 제공하고 있다.

2) 피고(변경전상호: 포항종합제철 주식회사)는 1968. 4. 1. 설립되었는데, 대한민국은 「청구권자금의 운용 및 관리에 관한 법률」 제4조 등의 규정 및 동 시행령에서 정한 절차에 따라 피고를 설립하는 데에 청구권자금 중 1억 1,950만 달러를 사용하였다. 피고의 설립에 사용된 무상 청구권자금 중 3,080만 달러는 대한민국 정부의 출자금으로 대체되었고, 유상 청구권자금 중 8,870만 달러는 차관으로 도입된 것으로서 피고가 이를 직접 상환하였다.

2. 원고들의 청구에 관한 판단

가. 원고들 주장의 요지

원고들은 일본 기업에 의해 강제 동원된 훈련공 또는 그들의 유족으로서, 대한민국은 일본으로부터 청구권자금을 받았으면 원고들과 같이 일본 기업들로부터 강제징용, 임금미지급 등의 피해를 입은 사람들에게 보상금으로 이를 지급하여야 함에도 위 피해를 입은 때로부터 60년이 지난 현재까지 보상금을 지급하지 않고 있는데, ① 피고는 대한민국과 공모하여 피고를 설립하는 데에 청구권자금을 사용하는 한편, 청구권자금이 정당하게 원고들에게 귀속되는 것을 방해하였을 뿐만 아니라, ② 일본제철을 승계한 신일본제철 주식회사

(이하 '신일본제철'이라고 한다)와 기술제휴를 하고 주식을 교차 보유하는 등 원고들의 인격권을 침해하는 행위를 하고 있다. 따라서 피고는 이러한 불법행위로 말미암아 원고들이 입은 정신적 고통을 위자하기 위해 청구취지 기재 금액을 지급할 의무가 있다.

나. 판단

1) 먼저 위 ① 주장 부분에 관하여 보건대, 앞에서 인정한 사실관계에 의하면, 피고는 「청구권자금의 운용 및 관리에 관한 법률」의 규정 및 동 시행령에서 정한 절차에 따라 대한민국으로부터 청구권자금 중 일부를 투자받아 설립되었고, 그 후 피고의 설립에 사용된 무상 청구권자금 중 3,080만 달러는 대한민국 정부의 출자금으로 대체되었으며, 피고는 차관으로 도입된 유상 청구권자금 중 8,870만 달러를 직접 상환하였음을 알 수 있다. 또한 피고의 설립 목적과 운영 내용에 비추어 보면, 청구권자금으로 피고를 설립하여 운영한 것은 위 법률 제4조 제1항 및 제2항이 규정하는 '자금사용기준'에 부합하는 것이라고 판단된다. 그리고 위 법률 규정 및 청구권협정의 내용을 종합하여 보면, 원고가 내세우는 청구권자금은 그 전액이 강제징용, 임금미지급 등의 피해를 입은 사람들에게 보상금으로 지급되어야 하는 것도 아니다. 사정이 이러하다면, 이 사건에 있어서 피고가 대한민국과 공모하여 피고를 설립하는 데에 청구권자금을 사용하는 한편, 청구권자금이 정당하게 원고들에게 귀속되는 것을 방해함으로써 원고들에 대하여 불법행위를 저질렀다는 원고들의 주장은 이를 받아들이기 어렵고, 달리 이 점을 인정할 만한 근거나 자료가 없다. […]

3. 결론

그렇다면 원고들의 청구는 결국 이유 없으므로 이를 모두 기각하기로 하여 주문과 같이 판결한다." (출처: 판결문 사본 입수)

7-11-1. 위 항소심

(서울고등법원 2011. 2. 24. 2007나87872 · 87889 판결(확정)).

"(1) 청구권자금이 원고들에게 귀속되는 것을 방해함으로 인한 불법행위책임에 관한 판단

(가) 위 인정 사실과 제1심법원의 한일수교회담 문서공개등대책기획단에 대한 사실조회 결과에 변론 전체의 취지를 더하여 보면, 1965. 6. 22. 대한민국과 일본 사이에 체결된 '청구권협정'에 따른 청구권자금은 한국인의 개인재산권(저금, 채권 등) · 한국법인의 재일재산 · 한국정부의 국가로서의 청구권 등과 함께 강제동원된 한국인의 미수금과 강제동원 피해자에 대한 보상금 성격의 자금을 포괄적으로 감안하여 각 항목별 금액을 특정한 것이 아니라 정치적 협상을 통하여 총액으로 일괄 타결한 것이어서 청구권자금 중 강제동원 및 미수금 피해자들에 대한 보상금 성격의 자금 액수를 특정하기 곤란한 점, 대한민국과 일본 사이의 청구권협정 당시 양국 및 그 국민 간의 청구권 문제를 해결하기 위하여 장차 각국에서 국내조치를 취하기로 하였고, 대한민국 정부는 이에 따라 청구권신고법, 청구권보상법 등의 국내 입법을 통한 보상절차 및 보상기준을 마련한 점, 피고는 청구권자금법 제4조 제1항, 제2항이 정한 '청구권자금 사용기준' 및 같은 법 시행령이 정한 절차에 따라 정부로부터 청구권자금 중 1억 1,950만 달러를 투자받아 적법하게 설립되었고, 피고의 설립 목적과 운영 내용 또한 위 '청구권자금 사용기준'에 부합하는 점, 그 후 피고의 설립에 사용된 무상 청구권자금 중 3,080만 달러는 대한민국 정부의 출자금으로 대체되었으며, 차관으로 도입된 유상 청구권자금 중 8,870만 달러를 직접 상환한 점 등의 사정을 종합하면, 청구권자금 중 일부가 피고의 설립에 사용되었다 하더라도 이를 들어 피고가 대한민국과 공모하여 피고를 설립하는 데 청구권자금을 부당하게 사용하는 한편, 청구권자금이 원고들에게 정당하게 귀속되는 것을 방해함으로써 원고들에 대하여 불법행위를 저질렀다고 인정하기 어렵고, 갑 14호증의 기재만으로는 이를 인정하기에 부족하며, 달리 이를 인정할 충분한 증거가 없으므로, 원고들의 이 부분 주장은 이유 없다.

(나) 한편 원고들은 청구권자금 중 무상자금이 강제동원 피해자들에게 귀속되는 것을 원천적으로 불가능하게 한 청구권자금법 제4조 제1항은 위헌이고, 위헌인 법률에 의하여 청구권자금을 정부로부터 받아 사용한 피고의 행위도 위법하다는 취지로 주장하나, 앞서 본 바와 같이 청구권자금법 제5조는 "우리나라 국민이 가지고 있는 1945. 8. 15. 이전까지의 일본국에 대한 민간청구권은 청구권자금 중에서 보상하여야 하고, 민간청구권의 보상에 관한 기준 · 종류 · 한도 등의 결정에 필요한 사항은 따로 법률로 정한다."고 규정하였고, 청구권신고법 제2조는 신고대상인 청구권의 범위를 '1947. 8. 15.부터 1965. 6. 22.까지 일본에 거주한 일이 있는 자를 제외한 대한민국 국민(법인 포함)이 1945. 8. 15. 이전에 일본국 및 일본국민(법인 포함)에 대하여 가졌던 청구권 등'으로 정하고, 위 청구권 등에는 '일본국에서 예입 또는 납입한 일본국 정부에 대한 우편저금 채권'이 포함되므로 청구권자금법이 강제동원 피해자로서 임금을 지급받지 못한 피해자들로 하여금 보상받을 방법을 원천적으로 봉쇄하였다고 볼 수 없고, 다만 청구권신고법 제2조가 강제징용되어 1945. 8. 15. 이전에 사망한 자의 청구권만 신고대상에 포함시키고 그 후 생환한 피해자를 보상의 대상에서 제외한 것은, 입법의 불비 또는 헌법 제37조 제2항에 의하면 국민의 모든 권리는 공공복리를 위하여 필요한 경우에 한하여 법률로써 제한할 수 있도록 규정하고 있으므로 경제발전이 시급하였던 당시 상황에서 정책적으로 우선 보상대상에서 제외한 것으로 볼 수 있을 뿐 위 청구권자금법 제4조 제1항이 강제동원 피해자들에게 청구권자금이 귀속되는 것 자체를 원천적으로 불가능하게

하는 위헌적인 것이라고까지 할 수는 없으므로, 원고들의 이 부분 주장도 이유 없다. […]

㈐ […] 피고가 일제 강점하에 강제동원 피해자들을 강제노역시킨 일본제철의 후신인 신일본제철과 전략적 제휴 및 상호 주식지분을 보유한 사실은 앞서 본 바와 같으나, 피고가 위와 같이 민영화를 앞두고 세계철강업체의 치열한 경쟁 속에서 신일본제철과 우호관계를 맺고 주식을 상호 보유하는 한편 이후에는 외국인의 지분이 60%가 넘는 글로벌 기업으로서 적대적 M&A의 위험에 대비하여 신일본제철과의 상호보유 주식비율을 확대하고 제휴를 강화한 것은 실정법을 위반한 것이라고 할 수 없을 뿐만 아니라, 자유로운 기업활동을 할 권리의 행사로서 기업의 생존과 이윤 극대화를 위한 경영상의 판단에 근거한 것으로 보아야 할 것이다. 따라서 피고의 위와 같은 활동이 곧 헌법전문의 3·1 정신이나 헌법 제5조, 제10조에 위반하여 원고들의 인간의 존엄과 가치·행복추구권 내지 인격권을 침해하는 행위인 동시에 반사회질서행위라고 볼 수 없고, 피고로 하여금 경영상의 판단에 근거하여 기업간 협력관계를 맺을 권리까지 제한하는 것은 기본권 제한의 정도가 필요 최소한에 그친다고 볼 수도 없으므로, 피고의 위와 같은 행위가 위법하다 할 수 없다. […]

[다만 위와 같이 피고에 대하여 현행법상 불법행위 책임을 묻기는 어렵다 하더라도, 대한민국 정부가 일본 정부로부터 수령한 청구권자금 중에는 일제 강점하에 강제동원된 피해자들의 미수금과 강제동원 피해자들에 대한 보상금 성격의 자금이 포함되어 있었던 점, 피고는 대한민국의 경제발전을 위하여 청구권자금으로 설립되어 성장한 대표적 기업인 점, 그에 반하여 일본기업에 의하여 강제동원되어 열악한 환경에서 중노동에 시달렸음에도 임금조차 지급받지 못한 미수금채권자 등 강제동원 피해자들은 정당한 보상조차 제대로 받지 못한 점 및 피고의 설립자금, 설립경위

및 영업이익(2008년 3분기 영업이익 1조 9,840억 원, 순이익 1조 2,190억 원 상당)에 비춰보면, 현재 민영화가 완료되었다 하더라도 피고의 강제동원 피해자들에 대한 사회적·도의적 책임을 부인하기는 어렵다고 할 것이고(다만 피고가 강제동원 피해자를 특정하여 개별적으로 보상하는 등의 조치를 취하기는 현실적으로 어려울 것으로 보인다), 대한민국 정부가 원폭피해자복지기금을 조성하여 원자폭탄 피해자들에 대한 진료비, 장제비 등을 지원하고 있고, 생존한 일본군 위안부에 대하여 생활안정지원금 등을 지원하고 있으며, '태평양전쟁 전후 국외 강제동원희생자 등 지원에 관한 법률'이나 위 법률 폐지 후 제정된 '대일항쟁기 강제동원 피해조사 및 국외 강제동원희생자 등 지원에 관한 특별법'에 따라 국외로 강제동원되어 사망하거나 행방불명된 경우에는 희생자 1인당 2,000만 원의 위로금을 유족들에게 지급하고, 국외로 강제동원되었다가 국내로 돌아온 생환자에게는 1인당 연간 의료지원금 80만 원을 지급하도록 하고 있으나, '국외로 강제동원되어 해방 후 생환하였으나 위 법 시행 전에 사망한 피해자와 그 유족' 및 '국내 강제동원 피해자 또는 그 유족' 그 밖에 '강제동원 생환자 중 현재까지 생존하고 있는 피해자'는 위로금 지급대상에서 제외되어 있는 등 위 법의 지원대상과 지원금액이 극히 제한되어 있는바, 이는 위 법의 운용에 필요한 공적 자금이 부족한 현실에 기인하는 것으로 보인다. 따라서 피고는 정부와 협력하여 공적 자금을 확대함으로써 강제동원 피해자들에 대한 위로금 등의 보상금 또는 지원금의 지급대상 및 지급범위의 확대, 강제동원 피해자의 지원을 위한 공익재단 설립 등을 위한 노력을 기울여 입법적으로 강제동원 피해자들의 문제가 해결되도록 노력하는 것이야말로 우리 민족의 아픈 과거사로 인한 상처와 고통을 극복하고 치유하는 데 반드시 필요한 과제라 할 것이다.]

3. 결론

그렇다면 원고들의 이 사건 청구는 이유 없어

이를 기각할 것인바, 제1심 판결은 이와 결론을 같이 하여 정당하므로 원고들의 항소를 모두 기각하기로 하여 주문과 같이 판결한다." (출처: 각급법원(제1, 2심) 판결공보 2011(상), 417쪽)

4. 기타

7-12. 한일 청구권협정 관련 문서공개
(서울행정법원 2004. 2. 13. 2002구합33943 판결 (확정). 정보공개거부처분취소)

"(5) 이 사건 문서의 공개 여부에 관한 피고의 내부결정

1993. 7. 28. 제정된 '외교문서보존및공개에관한규칙'에는 생산 또는 접수된 후 30년이 경과한 외교문서는 피고가 외교문서공개심의위원회의 심의를 거쳐 30년이 경과한 해의 다음해 1월에 일반에게 공개하되, 다만 국가안보를 위태롭게 하는 경우, 국가이익의 중대한 침해가 우려되는 경우, 개인의 이익이나 사생활의 명백하고 부당한 침해가 우려되는 경우에는 그 기간이 경과한 후에도 공개하지 아니한다고 규정하였고(제4조 제1항, 그 후 정보공개법이 시행됨에 따라 1998. 7. 6. 위 규칙이 개정되어 비공개 대상을 위 심의회가 정보공개법 제7조 제1항 각 호의 1에 해당되는 것으로 결정하는 경우로 규정하고 있다), 이에 따라 피고는 1993. 10.경 이 사건 문서의 공개 여부를 검토하면서 외교관례에 따라 당사국인 일본 정부의 의견을 물었는데, 일본 정부가 장기간에 걸친 교섭기록이므로 일반 국민의 올바른 이해를 도모하기 위하여 하나의 안건으로 일괄 취급하여 공개 여부를 결정하되 일본의 외교기밀에 관한 중요 사항이 담겨 있어 일본 정부도 공개하지 않기로 하였으므로 상호 신뢰관계가 손상되지 않도록 공개 여부를 신중히 심사하고 공개하는 경우에도 가급적 양국이 동시에 공개함이 바람직하다는 취지의 의견을 보내 오자, 피고는 공개로 인하여 일본과 외교분

쟁이 발생할 가능성이 있다는 판단 아래 1994. 1.경 이 사건 문서를 공개대상에서 제외하도록 결정하였고, 그 후 1997. 1.경 일본정부는 북한과 일본의 수교교섭에 장애가 된다는 점을 들어 이 사건 문서를 당분간 공개하지 말 것을 다시 요청하였으며, 그러한 입장은 현재까지도 유지되고 있다. […]

나. 판단

(1) 정보공개법은 공공기관이 보유·관리하는 정보를 모든 국민에게 원칙적으로 공개하도록 하고 있으므로(제3조, 제6조), 이 사건 문서가 한일회담의 최종결론에 이른 의사결정과정과 내부검토 단계의 정보라 하여 비공개대상으로 할 법률상의 근거나 합리적 이유는 없다(정보공개법 제7조 제1항 5호에서 비공개대상정보로 규정한 '의사결정과정 또는 내부검토과정에 있는 사항'은 그와 같은 단계의 정보의 공개로 인하여 장차의 의사결정이 왜곡되거나 외부의 부당한 영향을 받을 가능성이 있음을 우려하여 이를 차단하기 위한 것이므로, 이미 최종결론이 난지 30여 년이 경과한 이 사건 문서는 이에 해당하지 아니한다).

그리고 청구권협정 및 합의의사록의 내용만으로는 원고들의 개인적 손해배상청구권의 소멸 여부에 관한 합치된 해석이 어려워 많은 논란이 있음은 앞서 본 바와 같고, 조약의 해석에 관하여는 조약의 목적과 의도에 따라 그 문언의 의미를 밝힘으로써 당사국의 의사를 확인하여야 하고 여기에 조약 체결시의 역사적 상황이 고려되어야 하며 조약 문언의 해석이 의심스러운 경우에는 조약의 준비문서도 해석을 위하여 이용되어야 하는 점에 비추어 보면 청구권협정 해석의 보충적 수단으로서 이 사건 문서를 이용할 필요성이 크다고 할 것이므로, 이 사건 문서의 공개가 불필요하다고 할 수 없다.

또 정부가 앞서 본 보상 관련 법률에 의하여 이미 마쳤거나 현재 실시하고 있는 일본 강점기의 피해에 대한 보상은 피해 국민 일부에 대한 그

리고 피해의 일부에 대한 보상에 그친 것이므로, 그러한 보상이 행하여졌다고 하여 그 보상대상으로 정하지 않은 피해를 입은 국민이나 신고기간 내에 신고를 하지 못한 국민이 더 이상 일본이나 일본기업에 대하여 손해배상청구권을 가지지 못하게 된다고 볼 합리적 근거가 되지는 아니한다고 할 것이니, 그러한 보상 등을 이유로 원고들이 이 사건 문서의 공개를 통하여 보호받을 실제의 이익이 없다는 주장은 이유 없다(다만, 이 사건 문서를 보충적 수단으로 삼아 청구권협정의 의미를 해석하는 경우에도 원고들의 개인적 손해배상청구권이 소멸된 것으로 볼 것인지 여부는 장차의 판단 사항일 뿐이다).

(2) 한편, 이 사건 문서에는 한일회담 교섭과정에서 제기된 양국의 여러 현안에 관한 구체적 주장 및 대응 내용, 교섭방침에 관한 지시 및 훈령, 교섭전략 등 우리 나라와 일본의 외교적 비밀에 관한 사항이 포함되어 있는데, 우리 나라와 일본은 국제적으로 긴밀한 관계를 유지하고 있고 또 장래에도 그와 같은 관계를 유지하여야 하며 공개를 보류하여 달라는 일본정부의 요청 자체가 외교관계상 부당한 것으로 보이지는 아니하므로 외교관례에 따르거나 국제적 신뢰관계 유지를 위하여 당사국인 일본의 요청을 존중하는 것도 국가의 이익에 부합하고, 외교관계에 관한 사항은 특히 전문적 판단을 요하므로 이에 관하여는 피고의 판단을 최대한 존중하는 것이 바람직하다는 점을 함께 감안하여 보면, 이 사건 문서는 정보공개법 제7조 제1항 제2호 소정의 비공개대상정보에 해당할 여지가 있다고 할 것이다.

그러나 국민의 알권리는 헌법상의 표현의 자유의 내용을 이루면서도 자유민주주의 국가에서 국민주권을 실현하는 핵심이 되는 기본권이고 인간의 존엄과 가치 및 인간다운 생활을 할 권리(헌법 제1조, 제10조, 제21조, 제34조 제1항 참조)와 관련되는 것이므로, 헌법 제37조 제2항에 근거하여 정보공개법이 이를 제한하는 경우에도 그 제한은 위와 같은 알권리의 성격에 비추어 필요 최소한도에 그쳐야 할 것이고 그러한 한도를 결정하기 위하여는 그 제한으로 인하여 국민이 입게 되는 구체적 불이익과 보호하려는 국익의 정도를 비교형량하여야 하는 것인바, 이 사건에 있어서 피고가 정보공개법 제7조 제1항 제2호 소정의 '공개될 경우 국가안전보장·국방·통일·외교관계 등 국가의 중대한 이익을 해할 우려가 있다고 인정되는 정보'에 해당한다는 이유를 들어 이 사건 문서의 공개를 거부할 수 있으려면 그 비공개로 인하여 보호되는 이익이 국민으로서의 알권리에 포함되는 일반적인 공개청구권을 넘어 원고들이 이 사건 문서 공개에 관하여 특별히 가지는 구체적인 이익도 희생시켜야 할 정도로 커야 할 것이고, 과연 그러한지 여부는 이 사건 문서의 내용, 공개를 필요로 하는 사유 및 그에 관한 원고들의 구체적 이익 등과 피고가 공개를 거부할 사유로서 드는 외교관계 등에의 영향, 국가이익의 실질적 손상 정도 등을 두루 고려하여 판단하여야 할 것이다.

이러한 관점에서 살피건대, 이 법원의 비공개 문서검증결과에 의하면, 이 사건 문서 중 순번 36번 '제6차 한일회담 청구권 관계자료'에 1963. 3. 5.자 외무부의 '한일회담 일반청구권문제'라는 문서가 포함되어 있고 여기에는 제1차부터 그때까지의 한일회담 경과, 우리 정부가 제시한 청구항목, 이에 대한 일본측의 반응, 청구권협정의 세목에 관한 토의 등이 정리되어 있는 사실, 그 이후에 작성된 순번 48번 '속개 제6차 한일회담: 청구권위원회 회의록 및 경제협력 문제', 순번 55, 56번 '제7차 한일회담청구권관계회의 보고 및 훈령'(전2권), 순번 57번 '제7차 한일회담 청구권 및 경제협력에 관한 협정내용 설명 및 자료'에도 우리 국민의 개인적 청구권의 해결에 관한 양국의 인식을 표시한 자료가 포함되어 있는 사실(순번 48, 55, 56, 57번 문서에는 개인적 청구권의 해결과 무관한 사항도 많이 포함되어 있으나, 순번 36번 문서와 달리 관련 부분을 따로 특정하기 어렵다), 그 외의 문서들에도 우리 국민의 개인적 청구권에 관한 사항이 일부 포함되어 있으나 그 내용은 대부분 순번 36번 문서 중 한일회담 일반청구권문제에 정리되어 있는 사실이 인정되는바, 위 순번 36번 문서 중 한일회담 일반청구권문제와 순번 48, 55, 56, 57번 문서들은 청구권협정 제2조 제1항에 의하여 원고들의 일본이나 일본기업에 대한 개인적 손해배상청구권이 소멸된 것인지 여부를 판단할 유력한 자료가 될 것으로 보이고(그 외의 문서들은 따로 공개하지 않더라도 위 문제의 판단에 별 영향이 없을 것으로 보인다), 원고들의 나이가 매우 많아 그들에게 개인적 청구권이 인정되는지 여부를 판단받을 수 있는 기간이 그리 오래 남지 않았으며, 위 문서들은 생산된지 30년이 훨씬 지나 당시의 외교 기밀이 일부 포함되어 있다고 하더라도 이를 비공개 대상으로 하여 그 비밀성을 유지하여야 할 객관적 필요성이 크게 감소하였다고 볼 것인데다가(외교기밀이 포함되어 있다고 하여 비공개 문서로 유지하여야 한다면 생산 또는 접수된 후 30년이 경과한 외교문서를 원칙적으로 공개하도록 정한 외교문서보존및공개에관한규칙을 무의미하게 만드는 결과가 된다), 위 문서들의 공개로 인하여 일본과의 외교관계에 있어 다소의 불편이 따를 수 있다고 하더라도 한일관계의 역사적 특수성에 비추어 이는 국가적으로 수인할 수 있는 것으로 보인다.

(3) 그렇다면 원고들 중 소송의 방법을 통하여 구체적으로 일본 강점기에 입은 피해에 대한 개인적 손해배상청구권 또는 이에 준하는 권익의 보호를 구한 사람들은 그 소송에서의 청구인용 여부와 관계없이 위 순번 36번 문서 중 한일회담 일반청구권문제와 순번 48, 55, 56, 57번 문서들의 공개에 관하여 특별하고 구체적인 이익을 가지는 한편 이를 비공개함으로 인하여 보호되는 국익은 그들의 위와 같은 이익을 희생시켜야 할 정도로 크지는 않다고 볼 것인바, 결국 피고는 위 원고들에 대하여 정보의 부분공개를 정한 정보공개법 제12조에 따라 위 문서들을 공개하여야 할 의무가 있다고 할 것이므로 위 원고들에 대한 이 사건 거부처분은 위 문서들 부분에 한하여 위법하고, 다만 그 밖의 원고들은 일본 강점기의 피해자라고 주장할 뿐 위와 같은 특별하고 구체적인 이익을 가진다는 점을 인정할 아무런 증거자료도 제출하지 않고 있으므로 그들에 대한 이 사건 거부처분이 위법하다는 주장은 이유 없다.

5. 결론

따라서 이 사건 거부처분의 취소를 구하는 원고들의 청구는 별지 공개허용원고목록 기재 원고들의 별지 공개대상목록 기재 문서들에 관한 부분에 한하여 이유 있으므로 이를 인용하고, 위 원고들의 나머지 청구와 그 밖의 원고들의 청구는 이유 없으므로 이를 각 기각하며, 소송비용의 부담에 관하여는 행정소송법 제8조, 민사소송법 제98조, 제99조 후단(전부 패소한 원고들에 대하여), 제101조를 적용하여, 주문과 같이 판결한다." (출처: 각급법원(제1, 2심) 판결공보 제8호(2004. 4. 10.), 516쪽)

[해설] 외교문서 공개에 관한 다른 판결은 본서 제2장 2-6 및 2-7에도 수록되어 있다.

제 8 장 남북한 관계

1. 북한의 법적 지위

가. 기본 성격

8-1. 북괴: 반국가단체 (대법원 1967. 12. 26. 67도1460 판결)

8-2. 북한: 반국가단체 (대법원 1990. 9. 25. 90도1451 판결)

8-3. 북한: 반국가 단체 (대법원 1992. 8. 14. 92도1211 판결)

8-4. 북한: 대화와 협력의 동반자 겸 반국가단체 (헌법재판소 1993. 7. 29. 92헌바48 결정)

8-5. 북한: 대화와 협력의 동반자 겸 반국가단체 (헌법재판소 1997. 1. 16. 89헌마240 결정)

8-6. 북한: 대화와 협력의 동반자 겸 반국가단체 (대법원 1999. 7. 23. 99두3690 판결)

8-7. 북한: 대화와 협력의 동반자 겸 반국가단체 (대법원 2000. 9. 29. 2000도2536 판결)

8-8. 북한: 대화와 협력의 동반자 겸 반국가단체 (대법원 2008. 4. 17. 2003도758 판결)

나. 개별법상의 지위

8-9. 간첩죄 적용상 적국 (대법원 1958. 9. 26. 4291형상352 판결)

8-10. 간첩죄 적용상 적국 (대법원 1983. 3. 22. 82도3036 판결)

8-11. 남북교류협력법상의 특례 (헌법재판소 2005. 6. 30. 2003헌바114 결정)

8-12. 물품교역에 관한한 북한은 외국 (대구지방법원 2008. 4. 1. 2007노3631 판결)

8-13. 섭외적 민사법률관계: 외국에 준함 (서울가정법원 2010. 10. 29. 2009드단14527 판결)

2. 6.25의 법적 성격

8-14. 6.25 - 국내 일 지방적 폭동 (대법원 1955. 9. 27. 4288형상246 판결)

8-15. 북한군의 법적 지위: 포로지위의 부정 (대법원 1954. 4. 17. 4286형상84 판결)

8-16. 북한 공비의 법적 지위 (대법원 1956. 11. 29. 재정 결정, 4289형재4 결정)

3. 정전협정의 법적 성격

8-17. 정전협정 이후는 전시상태 (대법원 1957. 1. 11. 4290재신1 결정)

8-18. 정전협정: 전쟁의 종료방식 (서울지방법원 2004. 1. 9. 2001고단3598 판결)

8-19. 정전협정 상태의 법적 성격 (대법원 2006. 5. 11. 2005도798 판결)

4. 남북한 합의서의 법적 성격

8-20. 남북 기본합의서의 법적 성격 (헌법재판소 1997. 1. 16. 92헌바6 등 결정)

8-21. 남북 기본합의서의 법적 성격 (대법원 1999. 7. 23. 98두14525 판결)

8-22. 남북 기본합의서의 법적 성격 (헌법재판소 2000. 7. 20. 98헌바63 결정)

1. 북한의 법적 지위

가. 기본 성격

[1948년 제헌헌법 제4조는 "대한민국 영토는 한반도와 그 부속도서로 한다"고 규정했고, 이 내용은 조문 번호만 제3조 바뀌었을 뿐 현행 헌법에서도 그대로 유지되고 있다. 이 조항을 근거로 대한민국의 통치권이 행사되지 못하는 북한 지역도 규범적으로는 한국의 영토로서 한국의 주권과 부딪치는 어떠한 국가단체도 인정할 수 없다는 것이 정부 수립 이래 한국의 일관된 정책이었다. 대법원은 역시 6.25 이후 "북한괴뢰집단이 점령한 지역도 헌법상 우리 영토"로서 북한은 "헌법상 반국가적 불법단체"라는 입장을 오랫동안 고수해 오며, 북한 정권을 "북한괴뢰집단," "북괴" 등의 표현으로 불러 왔다.

1987년 개정 헌법은 영토 조항 다음 제4조에서 "대한민국은 통일을 지향하며, 자유민주적 기본질서에 입각한 평화적 통일정책을 수립하고 이를 추진한다"고 규정하고, 1980년대 말부터 남북교류가 차츰 가시화되기 시작했다. 이는 법제에도 반영되어 "군사분계선 이남지역(이하 "남한"이라 한다)과 그 이북지역(이하 "북한"이라 한다)간의 상호교류와 협력을 촉진하기"(제1조) 위해 1990년 8월 「남북교류협력에 관한 법률」이 제정되었다. 이어 1991년 9월 남북한은 UN에 동시 가입을 했고, 1991년 12월 남북한은 「남북 사이의 화해와 불가침 및 교류협정에 관한 합의서」(남북 기본합의서)를 채택하여 1992년 2월 19일 발효시켰다. 남북기본합의서를 통해 양측은 "남과 북은 서로 상대방의 체제를 인정하고 존중"하고(제1조), "남과 북은 상대방의 내부문제에 간섭하지 아니한다"(제2조)고 약속했다. 비록 전문에서 "쌍방 사이의 관계가 나라와 나라 사이의 관계가 아닌 통일을 지향하는 과정에서 잠정적으로 형성되는 특수관계"라고 설명하고 있으나, 기본합의서의 내용은 남북한이 서로 상대를 국가적 실체로 인정한 셈이었다. 그렇다면 북한을 계속 "반국가단체"로 간주해야 하는가에 관해 이의가 제기되었다.

헌법재판소에서는 주로 국가보안법의 합헌성 판단과정에서 북한의 법적 지위에 관한 문제가 취급되었다. 1988년 출범한 헌법재판소는 처음부터 북한＝반국가단체라는 표현은 조심스럽게 회피했다. 즉 국가보안법 상의 "소정행위가 국가의 존립·안전을 위태롭게 하거나 자유민주적 기본질서에 위해를 줄 명백한 위험성이 있는 경우에 적용된다고 할 것이므로 이와 같은 해석하에서는 헌법에 위반되지 아니한다"(헌법재판소 1990. 4. 2. 89헌가113 결정)고 판단하며, 그런 경우에 한해 북한의 반국가성이 인정될 수 있다는 입장을 취했다. 이어 변화된 시대상황에 맞추어 헌법재판소 1993. 7. 29. 선고, 92헌바48 결정부터는 북한이 "조국의 평화적 통일을 위한 대화와 협력의 동반자임과 동시에 대남적화노선을 고수하면서 우리 자유민주체제의 전복을 획책하고 있는 반국가단체라는 성격도 함께 갖고" 있다며 북한의 법적 성격을 이중적으로 판단하기 시작한 이래, 현재까지 이를 유지하고 있다.

대법원은 헌법재판소보다는 다소 늦은 1999. 7. 23. 99두3690 판결에서 처음으로 북한이 "조국의 평화적 통일을 위한 대화와 협력의 동반자임과 동시에 대남적화노선을 고수하면서 우리 자유민주체제의 전복을 획책하고 있는 반국가단체의 성격도 아울러 가지고 있음은 부인할 수 없는 현실"이라는 인식을 표시한 이래, 현재까지 유지되고 있다.

현재 헌법재판소와 대법원 공히 북한의 기본적 법적 지위를 동반자 겸 반국가단체라는 2중적 성격으로 파악하고 있지만, 아직도 반국가단체에 방점이 찍혀 있다고 볼 수 있다. 북한이 남북통일을 위한 협력의 대상이요 동반자임에도 불구하고 여전히 국가안보에 위협이 되는 반국가단체로 규정하고 있기 때문이다.]

8-1. 북괴: 반국가단체
(대법원 1967. 12. 26. 67도1460 판결)

"반공법 제4조 제1항에는 「반국가단체…의 활동을 찬양, 고무 또는 동조하(여)… 반국가단체를 이롭게 하는 행위를 한 자」라고 그 범죄구성요건이 규정되어 있는바, 피고인이 본건 공소사실과 같이 반국가 단체인 북괴의 활동을 찬양, 동조하는 언행을 한 것이라면, 그 찬양, 동조하는 언행의 내용으로 보아 정상적인 정신을 가진 피고인에게는 북괴를 이롭게하는 행위를 한다는 적어도 미필적인 인식이 있었다 할 것이므로." (출처: 대법원 판례집 제15권 3집(형사), 67쪽)

8-2. 북한: 반국가단체
(대법원 1990. 9. 25. 90도1451 판결)

"우리 헌법이 전문과 제4조, 제5조에서 천명한 평화통일의 원칙과 국제평화주의는 자유민주적 기본질서라는 대전제하에서 추구되어야 하는 것이므로 아직도 북한이 막강한 군사력으로 우리와 대치하면서 우리사회의 자유민주적 기본체제를 전복할 것을 포기하였다는 명백한 징후를 보이지 않고 있어 자유민주적 기본질서에 대한 위협이 되고 있음이 분명한 상황에서 국가보안법이 북한을 반국가단체로 본다고 하여 우리 헌법이 천명한 국제평화주의 등의 원칙과 모순되는 법률이라고 볼 수 없고(당원 1990. 6. 8. 선고 90도646 판결 참조), 더욱이 헌법 제3조는 "대한민국의 영토는 한반도와 그 부속도서로 한다"고 규정하고 있어 법리상 이 지역에서는 대한민국의 주권과 부딪치는 어떠한 국가단체도 인정할 수가 없는 것이므로(당원 1961. 9. 28. 선고 4292형상48 판결 참조), 비록 북한이 국제사회에서 하나의 주권국가로 존속하고 있고, 우리정부가 북한 당국자의 명칭을 쓰면서 정상회담 등을 제의하였다 하여 북한이 대한민국의 영토고권을 침해하는 반국가단체가 아니라고 단정할 수 없으며, 끝으로 국가보안법은 국가의 안전을 위태롭게 하는 반국가활동을 규제함으로써 국가의 안전과 국민의 생존 및 자유를 확보함을 목적으로 하는 법률인 만큼(국가보안법 제1조) 국가보안법의 규정을 그 법률의 목적에 비추어 합리적으로 해석하는 한 국가보안법 소정의 각 범죄구성요건의 개념이 애매모호하고 광범위하여 죄형법정주의의 본질적 내용을 침해하는 것이라고 볼 수도 없으므로(위 1990. 6. 8. 선고 90도646 판결), 논지는 모두 이유 없다." (출처: 법원공보 제884호(1990. 11. 15.), 2225쪽)

참고 본 판결의 다른 부분은 본서 5-2-3 수록분 참조.

8-3. 북한: 반국가단체
(대법원 1992. 8. 14. 92도1211 판결)

"북한이 우리의 자유민주적 기본질서에 대한 위협이 되고 있음이 분명한 상황에서 소론과 같이 우리 정부가 북한 당국자의 명칭을 사용하고 남북 동포간의 자유로운 왕래와 상호교류를 제의하였으며, 남북국회회담 등과 같은 회담을 병행하고, 나아가서 남북한이 유엔에 동시가입을 하였다거나 "남북사이의 화해불가침 및 교류협력에 관한 합의서"에 서명하였다는 등의 사유가 있다 하여 북한이 국가보안법상의 반국가단체가 아니라고 할 수 없고, 또한 국가보안법은 동법 소정의 행위가 국가의 존립, 안전을 위태롭게 하거나 자유민주적 기본질서에 위해를 줄 경우에 적용되는 한에서는 헌법상 보장된 국민의 권리를 침해하는 법률이라고 볼 수 없고, 국가보안법이 북한을 반국가단체로 본다고 하여 헌법상 평화통일의 원칙에 배치된다거나 또는 국가보안법이 죄형법정주의에 배치되는 무효의 법률이라고 할 수 없다." (출처: 대법원 판례집 제40권 2집(형사), 721쪽)

8-4. 북한: 대화와 협력의 동반자 겸 반국가단체
(헌법재판소 1993. 7. 29. 92헌바48 결정. 남북교류협력에관한법률 제3조 위헌소원)

"현 단계에 있어서의 북한은 조국의 평화적 통일을 위한 대화와 협력의 동반자임과 동시에 대남적화노선을 고수하면서 우리자유민주체제의 전복을 획책하고 있는 반국가단체라는 성격도 함께 갖고 있음이 엄연한 현실인 점에 비추어, 헌법 제4조가 천명하는 자유민주적 기본질서에 입각한 평화적 통일정책을 수립하고 이를 추진하는 한편 국가의 안전을 위태롭게 하는 반국가활동을 규제하기 위한 법적 장치로서, 전자를 위하여는 남북교류협력에관한법률 등의 시행으로써 이에 대처하고 후자를 위하여는 국가보안법의 시행으로써 이에 대처하고 있는 것이다." (출처: 헌법재판소 판례집 제5권 2집, 65쪽)

8-5. 북한: 대화와 협력의 동반자 겸 반국가단체
(헌법재판소 1997. 1. 16. 89헌마240 결정. 국가보위입법회의법, 국가보안법의 위헌여부에 관한 헌법소원)

"1991. 9. 남·북한이 유엔(U.N)에 동시가입하였다. […]

또 1991. 12. 13. 남·북한의 정부당국자가 소위 남북합의서("남북사이의 화해와 불가침 및 교류·협력에 관한 합의서")에 서명하였고 1992. 2. 19. 이 합의서가 발효되었다. 그러나 이 합의서는 남북관계를 "나라와 나라사이의 관계가 아닌 통일을 지향하는 과정에서 잠정적으로 형성되는 특수관계"(전문 참조)임을 전제로 하여 이루어진 합의문서인바, 이는 한민족공동체 내부의 특수관계를 바탕으로 한 당국간의 합의로서 남북당국의 성의 있는 이행을 상호 약속하는 일종의 공동성명 또는 신사협정에 준하는 성격을 가짐에 불과하다. 따라서 남북합의서의 채택·발효 후에도 북한이 여전히 적화통일의 목표를 버리지 않고 각종 도발을 자행하고 있으며 남·북한의 정치·군사적 대결이나 긴장관계가 조금도 해소되지 않고 있음이 엄연한 현실인 이상, 북한의 반국가단체성이나 국가보안법의 필요성에 관하여는 아무런 상황변화가 있었다고 할 수 없다.

또 1990. 8. 1. 법률 제4239호로 "남북교류협력에관한법률"이 공포·시행된 바 있다. 이 법률은 남·북한간의 상호교류와 협력을 촉진하기 위하여 필요한 사항을 규정할 목적으로 제정된 것인데(제1조) 남·북한간의 왕래·교역·협력사업 및 통신역무의 제공 등 남북교류와 협력을 목적으로 하는 행위에 관하여는 정당하다고 인정되는 범위 안에서 다른 법률에 우선하여 이 법을 적용하도록 되어 있어(제3조) 이 요건을 충족하지 아니하는 경우에는 이 법률의 적용은 배제된다고 할 것이므로 국가보안법이 이 법률과 상충되는 것이라고는 볼 수 없다. 요컨대, 위 두 법률은 상호 그 입법목적과 규제대상을 달리하고 있는 것이므로 남북교류협력에관한법률 등이 공포·시행되었다 하여 국가보안법의 필요성이 소멸되었다거나 북한의 반국가단체성이 소멸되었다고는 할 수 없다(헌법재판소 1993. 7. 29. 선고 92헌바48 결정 참조).

그러므로 북한이 남·북한의 유엔동시가입, 소위 남북합의서의 채택·발효 및 남북교류협력에관한법률 등의 시행 후에도 대남적화노선을 고수하면서 우리 자유민주주의체제의 전복을 획책하고 지금도 각종 도발을 계속하고 있음이 엄연한 현실인 점에 비추어, 국가의 존립·안전과 국민의 생존 및 자유를 수호하기 위하여 국가보안법의 해석·적용상 북한을 반국가단체로 보고 이에 동조하는 반국가활동을 규제하는 것 자체가 헌법이 규정하는 국제평화주의나 평화통일의 원칙에 위반된다고 할 수 없다." (출처: 헌법재판소 판례집 제9권 1집, 45쪽)

참고 동일 취지의 결정:
① 헌법재판소 1997. 1. 16. 92헌바6 등 결정(헌법재판소 판례집 제9권 1집, 1쪽)(본서 8-20 수록).
② 헌법재판소 2018. 3. 29. 2016헌바361 결정(헌법재판소 공보 제258호(2018. 4. 20.), 552쪽) 등 다수.

8-6. 북한: 대화와 협력의 동반자 겸 반국가단체

(대법원 1999. 7. 23. 99두3690 판결)

"북한이 조국의 평화적 통일을 위한 대화와 협력의 동반자인 동시에 대남적화노선을 고수하면서 우리 자유민주주의체제의 전복을 획책하고 있는 반국가단체의 성격도 아울러 가지고 있음은 부인할 수 없는 현실이나, 그러한 사정은 기아와 질병으로 고통받는 북한 주민에 대한 구호와 지원 자체를 금기시할 명분은 되지 못한다." (출처: 판례공보 제89호(1999. 9. 1.) 1809쪽)

8-7. 북한: 대화와 협력의 동반자 겸 반국가단체

(대법원 2000. 9. 29. 2000도2536 판결)

"북한이 조국의 평화적 통일을 위한 대화와 협력의 동반자임과 동시에 대남적화노선을 고수하면서 우리 자유민주주의 체제의 전복을 획책하고 있는 반국가단체라는 성격을 아울러 갖고 있음이 현실인 점에 비추어, 비록 우리 정부가 그 동안 남북 동포 간의 화해와 협력, 통일문제 등을 논의하기 위한 정상회담을 제의하고, 7·4 남북공동성명과 7·7 선언 등 대북 관련 개방정책 선언이 있었고, 남·북한이 유엔에 동시에 가입하였으며, 남·북한 총리들이 남북 사이의 화해, 불가침 및 교류협력에 관한 합의서에 서명하는 등의 사유가 있었다고는 하더라도, 이로써 북한의 반국가단체성이 소멸되었다고 볼 수는 없다고 함이 종전에 이 법원이 거듭 판시해 온 바이다(대법원 1999. 12. 28. 선고 99도4027 판결, 1997. 2. 28. 선고 96도1817 판결, 1995. 9. 26. 선고 95도1624 판결, 1993. 9. 28. 선고 93도1730 판결 등 참조).

이러한 북한의 반국가단체성에 대한 판단은,

비록 이 사건 범행 이후에 남북 사이에 정상회담이 개최되고 그 결과로서 공동선언이 발표되는 등 평화와 화해를 위한 획기적인 전기가 마련되었다 하더라도, 그에 따라 남북관계가 더욱 진전되어 남북 사이에 화해와 평화적 공존의 구도가 정착함으로써 앞으로 그 반국가단체성이 소멸되는 것은 별론으로 하고, 현실적으로는 북한이 여전히 우리나라와 대치하면서 우리나라의 자유민주주의 체제를 전복하고자 하는 적화통일정책을 완전히 포기하였다는 명백한 징후를 보이지 않고, 그들 내부에 뚜렷한 민주적 변화도 보이지 않고 있는 이상, 여전히 유지되어야 할 것이고, 달리 남북정상회담의 성사로 말미암아 바로 북한이 반국가단체가 아니라거나, 북한을 반국가단체로 규정한 국가보안법이 그 규범력을 상실하였다고는 볼 수 없다(대법원 2000. 8. 22. 선고 2000도2629 판결 참조).

같은 취지에서 북한을 반국가단체로 본 원심의 판단에 국가보안법상의 반국가단체에 관한 법리오해 등의 위법이 있다고 할 수 없다." (출처: 판결문 사본 입수)

8-8. 북한: 대화와 협력의 동반자 겸 반국가단체

(대법원 2008. 4. 17. 2003도758 판결)

"1991. 9. 17. 대한민국과 북한이 유엔에 동시 가입하였고, 같은 해 12. 13. 이른바 남북 고위급회담에서 남북기본합의서가 채택되었으며, 2000. 6. 15. 남북정상회담이 개최되고 남북공동선언문이 발표된 이후 남북이산가족 상봉행사를 비롯하여 남·북한 사이에 정치·경제·사회·문화·학술·스포츠 등 각계 각층에서 활발한 교류와 협력이 이루어져 왔음은 상고이유에서 지적하는 바와 같고, 이러한 일련의 남북관계의 발전은 우리 헌법 전문과 헌법 제4조, 제66조 제3항, 제92조 등에 나타난 평화통일 정책의 국가목표 수립과 그 수행이라는 범위 안에서 헌법적 근거를 가진다.

그러나 북한이 조선민주주의인민공화국이라는 이름으로 유엔에 가입하였다는 사실만으로는 유엔이라는 국제기구에 가입한 다른 가맹국에 대해서 당연히 상호간에 국가승인이 있었다고 볼 수는 없다는 것이 국제정치상 관례이자 국제법상 통설적인 입장이다. 그리고 기존의 남북합의서, 남북정상회담, 남북공동선언문 등과 현재 진행되고 있는 남북회담과 경제협력 등의 현상들만으로 북한을 국제법과 국내법적으로 독립한 국가로 취급할 수 없다. 남·북한 사이의 법률관계는 우리의 헌법과 법률에 따라 판단해야 하며, 북한을 정치·경제·법률·군사·문화등 모든 영역에서 우리와 대등한 별개의 독립된 국가로 볼 수 없다. 남·북한의 관계는 일정한 범위 안에서 "국가간의 관계가 아닌 통일을 지향하는 과정에서 잠정적으로 형성되는 특수 관계"(남북관계 발전에 관한 법률 제3조 제1항 참조)로서, 남·북한은 자주·평화·민주의 원칙에 입각하여 남북공동번영과 한반도의 평화통일을 추구하는 방향으로(같은 법 제2조 제1항 참조) 발전하여 나아가도록 상호 노력하여야 하고, 우리 나라의 법률도 그러한 정신과 취지에 맞게 해석·적용하지 않으면 안 된다.

무릇 우리 헌법이 전문과 제4조, 제5조에서 천명한 국제평화주의와 평화통일의 원칙은 자유민주주의적 기본질서라는 우리 헌법의 대전제를 해치지 않는 것을 전제로 하는 것이다. 그런데 북한은 현시점에서도 우리 헌법의 기본원리와 서로 조화될 수 없으며 적대적이기도 한 그들의 사회주의 헌법과 그 헌법까지도 영도하는 조선노동당규약을 통하여 북한의 최종 목적이 주체사상화와 공산주의 사회를 건설하는 데에 있다는 것과 이러한 적화통일의 목표를 위하여 이른바 남한의 사회 민주화와 반외세 투쟁을 적극 지원하는 정책을 명문으로 선언하고 그에 따른 정책들을 수행하면서 이에 대하여 변경을 가할 징후를 보이고 있지 않다. 그러므로 북한이 남북관계의 발전에 따라 더 이상 우리의 자유민주주의 체제에 위

협이 되지 않는다는 명백한 변화를 보이고 그에 따라 법률이 정비되지 않는 한, 국가의 안전을 위태롭게 하는 반국가활동을 규제함으로써 국가의 안전과 국민의 생존 및 자유를 확보함을 목적으로 하는 국가보안법이 헌법에 위반되는 법률이라거나 그 규범력을 상실하였다고 볼 수는 없고, 나아가 국가보안법의 규정을 그 법률의 목적에 비추어 합리적으로 해석하는 한 국가보안법이 정하는 각 범죄의 구성요건의 개념이 애매모호하고 광범위하여 죄형법정주의의 본질적 내용을 침해하는 것이라고 볼 수도 없다. 양심의 자유, 언론·출판의 자유 등은 우리 헌법이 보장하는 기본적인 권리이기는 하지만 아무런 제한이 없는 것은 아니며, 헌법 제37조 제2항에 의하여 국가의 안전보장, 질서유지 또는 공공복리를 위하여 필요한 경우에는 그 자유와 권리의 본질적인 내용을 침해하지 아니하는 범위 내에서 제한할 수 있는 것이므로, 국가보안법의 입법목적과 적용한계를 위와 같이 자유와 권리의 본질적인 내용을 침해하지 아니하는 한도 내에서 이를 제한하는 데에 있는 것으로 해석하는 한 헌법에 위반된다고 볼 수 없다.

따라서 종래 대법원이 국가보안법과 북한에 대하여 표명하여 온 견해 즉, 북한은 조국의 평화적 통일을 위한 대화와 협력의 동반자이나 동시에 남·북한 관계의 변화에도 불구하고, 적화통일노선을 고수하면서 우리의 자유민주주의 체제를 전복하고자 획책하는 반국가단체라는 성격도 아울러 가지고 있고, 반국가단체 등을 규율하는 국가보안법의 규범력이 상실되었다고 볼 수는 없다고 하여 온 판시(대법원 1992. 8. 14. 선고 92도1211 판결, 대법원 1999. 12. 28. 선고 99도4027 판결, 대법원 2003. 5. 13. 선고 2003도604 판결, 대법원 2003. 9. 23. 2001도4328 판결 등)는 현시점에서도 그대로 유지되어야 할 것이다.

그러므로 원심이 같은 취지에서 북한이 반국가단체가 아니라거나 국가보안법이 그 규범력을 상실하였다고 볼 수 없다고 판단한 것은 정당한 것으로 수긍이 가고, 거기에 상고이유 주장과 같이 국가보안법 제2조에서 정한 반국가단체에 관한 법리 등을 오해한 위법이 있다고 할 수 없다." (출처: 대법원판례집 제56권 1집(형사), 538쪽)

나. 개별법상의 지위

[북한을 기본적으로 국가가 아닌 반국가단체로 파악하면서도 개별법에 따라서는 북한의 법적 지위에 대한 다양한 평가가 적용된다. 즉 북한이 이북 지역을 지배하는 사실상의 국가로 존재하는 현실을 바탕으로 국가 또는 국가에 준하는 지위로 인정해야 할 경우가 적지 않다. 특히 남북교류협력법은 북한지역을 교류와 협력의 대상으로 규정하고 있으므로 이에 맞춘 법적용이 불가피하다.]

8-9. 간첩죄 적용상 적국
(대법원 1958. 9. 26. 4291형상352 판결)

"38 이북의 지역은 엄연한 대한민국의 판도 안에 있는 대한민국의 영토이나 집권을 하고 있는 도배(徒輩)는 대한민국의 영토를 도둑질 하고 있는 공산도당의 불법한 집단에 지나지 않는바, 우리 대한민국은 그것을 국가로 취급하고 있지 않음으로 형법 소정의 적국이나 준적국으로 인정할 수 있는 대한민국에 대적하는 외국 또는 외국인의 단체라고 할 수 없는바, 이것을 적국이라고 전제 하에서 피고인의 행위를 간첩으로 단정하고 있음은 법률의 해석을 잘못한 사실의 오인이라 아니할 수 없습니다. 적국의 해석에 소위 교전단체를 포함하느냐 하는 점은 다만 학설상 논란이 있는 바 입니다마는 우리는 사실상 그것을 교전단체로 인정한 사실이 없는바, 피고인이 한 행위가 어떠한 불법집단을 위하여 한 행위에는 해당이 될 지언정 국가의 자격을 취득한 어떠한 국가체를 위하여서 한 것은 아니므로 피고인의 행위를 간첩으로 논할 수 없는 것입니다. […] [이상

피고측 주장에 대해 재판부는 다음과 같이 판단했다 – 필자 주]

우리가 국제공산도배와 민족과 국가의 흥망을 걸어 혈투하여 왔고 또 일시적 휴전상태하에 있으나 이를 계속하고 있음은 전국민이 주지하는 사실이므로 북적(北敵)을 위하여 간첩한 자를 형법 제99조 이사 소정 간첩죄로 처단하여야 한다는 것이 본원의 누차의 판례의 입장이므로 이 점에 관한 논지 역시 일고에도 당치 않은 유론(謬論)이라고 인정하여 이상은 모두 이유 없으나." (출처: 한국판례집 형사 Ⅲ, 272쪽)

[해설] 육군고등군법회의 1967. 7. 28. 67고군형항 223 판결은 간첩죄와 관련해 "원심판결은 본건 공소사실을 전부 인정하고 이에 형법 제98조 제2항 및 제99조를 적용하였는바, 북괴는 반국가단체이며 적국이 아니므로 형법을 적용함은 잘못이므로 의율착오가 명백하며 이 의율착오는 판결에 영향을 미쳤다 할 것이므로 원심판결은 파기를 면치 못할 것이다"라는 판결을 내린 바도 있으나(국방부, 군사법원 판례집(1996), 156쪽), 이후에도 대법원은 일관되게 간첩죄 적용에 있어서는 북한을 적국으로 보고 있다.

8-10. 간첩죄 적용상 적국
(대법원 1983. 3. 22. 82도3036 판결)

"북한괴뢰집단은 우리 헌법상 반국가적인 불법단체로서 국가로 볼 수 없음은 소론과 같으나, 간첩죄의 적용에 있어서는 이를 국가에 준하여 취급하여야 한다는 것이 당원의 판례이며(1959. 7. 18 선고4292형상180 판결 및 1971. 9. 28 선고 71도1498 판결 각 참조), 현재 이 견해를 변경할 필요는 느끼지 않는다. 위와 같은 견해가 헌법에 저촉되는 법률해석이라는 논지는 독단적 견해에 불과하여 받아들일 수 없다." (출처: 대법원 판례집 제31권 2집(형사), 28쪽)

참고 동일 취지의 판결: 대법원 1982. 11. 23. 82도2201 판결(법원공보 제697호(1982. 2. 1.), 241쪽)

8-11. 남북교류협력법상의 특례
(헌법재판소 2005. 6. 30. 2003헌바114 결정. 구 외국환거래법 제27 조 제1항 제8호 등 위헌소원)

"우리 헌법이 "대한민국의 영토는 한반도와 그 부속도서로 한다"는 영토조항(제3조)을 두고 있는 이상 대한민국의 헌법은 북한지역을 포함한 한반도 전체에 그 효력이 미치고 따라서 북한지역은 당연히 대한민국의 영토가 되므로, 북한을 법 소정의 "외국"으로, 북한의 주민 또는 법인 등을 "비거주자"로 바로 인정하기는 어렵지만, 개별 법률의 적용 내지 준용에 있어서는 남북한의 특수관계적 성격을 고려하여 북한지역을 외국에 준하는 지역으로, 북한주민 등을 외국인에 준하는 지위에 있는 자로 규정할 수 있다고 할 것이다(대법원 2004. 11. 12. 선고 2004도4044 판결 참조).

1988. 7. 7. 남북한간의 화해를 위한 6개항의 대북한 제의인 이른바 "7.7. 선언"이 발표된 후 그 동안 원칙적으로 금지되었던 북한주민과의 접촉, 왕래 및 교류 등을 허용·지원하고, 우리 국민들의 북한 방문 및 남북한 왕래·교류에 대한 요구를 적절히 수용하기 위한 법률적 후속조치로서 남북교류협력에관한법률(이하 '남북교류법'이라 한다)이 1990. 8. 1. 법률 제4239호로 제정되었다. 남북교류법은 군사분계선 이남지역(남한)과 그 이북지역(북한)간의 상호교류와 협력을 촉진하기 위하여 필요한 사항을 규정함을 목적으로 하고 있으며(제1조), 남북교류와 협력을 목적으로 하는 행위에 관하여는 다른 법률에 우선하여 동법을 적용하도록 규정하고 있는(제3조) 점에 비추어 보면 동법은 평화적 통일과 남북교류를 위한 기본법으로서의 성격을 갖고 있다(헌재 2000. 7. 20. 98헌바63, 판례집 12-2, 52, 61 참조).

남북교류법 제26조 제3항은 남한과 북한간의 투자, 물품의 반출·반입 기타 경제에 관한 협력사업 및 이에 수반되는 거래에 대하여는 대통령령이 정하는 바에 의하여 외국환거래법 등을 준용하고, 같은 조 제4항은 제3항의 규정에 의하여 다른 법률을 준용함에 있어서는 대통령령으로 그에 대한 특례를 정할 수 있다고 규정하고 있다. 그리고 동법시행령 제50조 제6항에서는 동법 제26조 제4항의 규정에 의한 특례는 관계 행정기관의 장이 협의회의 의결을 거쳐 고시한다고 규정하고 있으며, 그에 따라 외국환거래법 소정의 거주자 등이 북한에 투자를 목적으로 수행하는 행위 또는 거래에 관하여 외국환거래법을 준용함에 있어 그 특례를 정할 목적으로 1995. 6. 28. 재정경제원고시 1995–23호로 '대북투자 등에 관한 외국환관리지침'이 제정되었다.

위 규정들을 종합하여 보면, 남한과 북한의 주민(법인, 단체 포함) 사이의 투자 기타 경제에 관한 협력사업 및 이에 수반되는 거래에 대하여는 우선적으로 남북교류법과 동법시행령 및 위 외국환관리지침이 적용되며, 관련 범위 내에서 외국환거래법이 준용된다. 즉, '남한과 북한의 주민'이라는 행위 주체 사이에 '투자 기타 경제에 관한 협력사업'이라는 행위를 할 경우에는 남북교류법이 다른 법률보다 우선적으로 적용되고, 필요한 범위 내에서 외국환거래법 등이 준용되는 것이다.

그 결과 당해 사건과 같이 남한과 북한 주민 사이의 외국환 거래에 대하여는 법 제15조 제3항에 규정되어 있는 "거주자 또는 비거주자" 부분 즉 대한민국 안에 주소를 둔 개인 또는 법인인지 여부가 문제되는 것이 아니라, 남북교류법 제26조 제3항의 "남한과 북한" 즉 군사분계선 이남지역과 그 이북지역의 주민인지 여부가 문제되는 것이다. 즉, 외국환거래의 일방 당사자가 북한의 주민일 경우 그는 이 사건 법률조항의 '거주자' 또는 '비거주자'가 아니라 남북교류법의 '북한의 주민'에 해당하는 것이다. 그러므로, 당해 사건에서 아태위원회가 법 제15조 제3항에서 말하는 '거주자'나 '비거주자'에 해당하는지 또는 남북교류법상 '북한의 주민'에 해당하는지 여부는 위에서 본 바와 같은 법률해석의 문제에 불과한 것이고, 헌법 제3조의 영토조항과는 관련이 없는 것이다."

(출처: 헌법재판소 판례집 제17권 1집, 879쪽)

8-12. 물품교역상 북한은 외국
(대구지방법원 2008. 4. 1. 2007노3631 판결(확정))

"농산물품질관리법 시행령 제24조에 의하면, ① 국산농산물 등의 경우에는 "국산" 또는 그 농산물 등을 생산한 시·군명을 표시, 수입농산물 등의 경우에는 대외무역법 시행령에서 정하는 방법에 따라 원산지를 표시, 국내가공품(수입가공품을 국내에서 가공한 것을 포함한다)의 경우에는 그 가공품에 사용된 원료의 함량순위에 따라 원료의 원산지를 표시하도록 하면서, 국산농산물 등과 국내가공품의 원산지 표시에 관한 세부적인 사항은 농림부령으로 정하고 수입농산물 등의 원산지 표시의 방법 등에 관한 구체적인 사항은 대외무역법 시행령이 정하는 바에 따른다고 규정되어 있고, ② 남북교류협력에 관한 법률 제26조 제1항에 의하면, 교역에 관하여 위 법에 특별히 규정되지 아니한 사항에 대하여는 대통령령이 정하는 바에 의하여 대외무역법 등 무역에 관한 법률을 준용한다고 규정되어 있으며, ③ 대외무역법 제23조에서는 수출·입 물품 등의 원산지 표시를 규정하고 있는바, 그 외 대외무역법 및 그 시행령, 남북교류협력에 관한 법률 및 그 시행령의 관련 규정을 종합하여 해석하면, 남북 교역과 관련하여서만큼은 북한을 대한민국의 주권이 미치지 않는 외국에 준하여 생각하고 있으며, 남북 교역품을 수입, 수출품에 준하여 취급하고 있음을 충분히 인정할 수 있다.

따라서 북한에서 생산된 물품 등은 대외무역법 및 그 시행령에 따라 수입품과 동일한 방법으로 원산지 표시를 하여야 하므로, 이 사건 북한에서 생산된 상황버섯추출액의 경우, "국내산"이나 "국산"이라는 표기를 하여서는 안됨에도, 피고인이 "국내산"이라고 표기를 한 것은 원산지의 표시를 허위로 하거나 이를 혼동하게 할 우려가 있는 표시 행위라 할 것이고, '국내산: 북한'이라고 표기

하여 북한산임을 명시하였다 하더라도 농산물품
질관리법 위반의 죄책을 면할 수는 없다.

그럼에도, 남북교류협력에 관한 법률 제26조
제1항의 대외무역법 준용규정을 간과한 채, 같은
법 제3조만을 법률 해석의 근거 규정으로 삼아 북
한에서 남한으로 반입된 농산물에 관하여는 대외
무역법이 아니라 남북교류협력에 관한 법률이 적
용된다고 잘못 해석하여 이 부분 공소사실을 무
죄로 인정한 원심은 법리를 오해하여 판결에 영
향을 미친 위법이 있고, 이를 지적하는 검사의 이
부분 주장은 이유가 있다."(출처: 각급법원(제1, 2
심) 판결공보 2008(상), 823쪽)

8-13. 섭외적 민사법률관계: 외국에 준함
(서울가정법원 2010. 10. 29. 2009드단14527 판결)

"⑦ 제1혼의 유효 여부(재판관할권과 준거법의
문제[1])

① 대한민국 헌법 제3조는 "대한민국의 영토는
한반도와 그 부속도서로 한다"라고 규정하고 있
고, 남북관계 발전에 관한 법률 제3조는 "남한과
북한의 관계는 국가간의 관계가 아닌 통일을 지
향하는 과정에서 잠정적으로 형성되는 특수관계
이다"라고 규정하고 있는 점, 남북한은 UN에 동
시에 가입하였으나 서로 상대측을 국가로 승인하
지 않았고 남북한의 교역은 국가간의 무역이 아
닌 민족 내부적 교역으로서 특별한 취급을 받는
점 등의 사정을 종합하면, 북한을 독립한 외국으
로 볼 수는 없고, 다만 외국에 준하는 지역으로
볼 수 있으므로(대법원 2004. 11. 12. 선고 2004도
4044 판결 참조), 이 사건과 같은 남북한 간의 섭
외적 민사법률관계는 국제사법을 유추적용하여
재판관할권과 준거법을 결정해야 할 것이다. […]

국제사법 제37조 제1호에 따르면, 혼인의 일반
적 효력은 우선적으로 부부의 동일한 본국법에

---

1) 제2혼인의 중혼 여부는 다음에서 보는 바와 같이
   먼저 북한법에 따라 제1혼인의 효력을 정해야 되
   므로 이 사건은 남북한 간의 섭외적 민사법률관계
   에 해당한다고 할 것이다. – 원 판결상의 주.

따르는바, 이 사건에서 제1혼인은 북한에서 북한
사람들 사이에 체결된 혼인이기 때문에 북한법에
준거법이 된다고 할 것이다.

② 그런데 1945년 해방과 더불어 북한에서는
1945. 11. 16. 북조선 사법국 포고 제2호 '북조선
에 시행할 법령에 관한 건'을 발표하여 일제하에
서 실시되던 모든 법령들의 효력이 상실됨을 원
칙으로 하면서 "성질상 조선신국가건설 및 조선
고유의 민정과 조리에 부합하지 않는 법령과 조
항을 제한 나머지 법령은 신법령을 발표할 때까
지 효력을 존속한다"고 하였고, 한편 1922. 12. 7.
제정(制定) 제13호(朝鮮民事令中 改正의 件)에 의하
면 1923. 7. 1.부터 형식혼주의로 전환되었으므로,
이 사건에서 제1혼인은 유효한 혼인이라고 할 것
이다."(출처: 판결문 사본 입수)

[해설] 이 판결은 섭외적 민사법률관계에서는 북
한을 외국에 준하는 지역으로 보고, 북한법을 준
거법을 인정했다. 북한 이탈주민의 남한 정착이
늘어나자, 북한에 거주하는 배우자를 상대로 이혼
을 청구하는 사례도 늘어났다. 이혼절차에 있어서
2007년 「북한이탈주민의 보호 및 정착지원에 관
한 법률」은 북한 거주 배우자를 상대로 한 이혼소
송에 있어서 상대방에 대한 통지를 공시송달로 진
행할 수 있는 특례조항을 설치했다(제19조의2). 이
어 2012년에는 「남북주민 사이의 가족관계와 상
속 등에 관한 특례법」이 제정되었다. 이 법은 남
북으로 헤어진 부부의 일방이 남한에서 다시 혼인
을 해 중혼이 되어도 이를 취소할 수 없도록 규정
했다(제6조).

참고 북한의 지위에 대한 동일취지의 판결: 서울
가정법원 2010. 12. 1. 2009드단14534 판결.

2. 6.25의 법적 성격

8-14. 6.25 – 국내 일 지방적 폭동
(대법원 1955. 9. 27. 4288형상246 판결)

"피고인은 괴뢰정권의 경찰기구의 일원으로 임
명되어 […] 괴뢰를 의연 신봉하여 그의 명령에
복종할 것을 택하여 소론 행동을 감행한 이상, 이

는 모두 피고인의 의사에 의한 것으로서 그 죄책
을 면할 수 없다 할 것이며, 또 국제공법인 해아
(海牙)육전법규의 적용을 운위하나 대한민국 헌법
제4조에 의하면 북한공산괴뢰의 남침은 국내 일
지방적 폭동에 불과하다고 관념할 것이요, 전위
해아(海牙)육전법규 적용을 논할 여지가 없다 할
것이므로 논지는 모두 이유없다." (출처: 한국판례
집(형사 Ⅱ), 44쪽)

8-15. 북한군의 법적 지위: 포로지위의 부정
(대법원 1954. 4. 17. 4286형상84 판결)
"피고인 변론인 동 취의(趣意) 제3점은 기록에
의하면 피고인은 북한 공산군에 속하는 군인의
신분을 소지한 자인즉, 차(此)는 포로로 취급할
것임으로 보통법원의 관할권이 무(無)하고 사료함
이라고 운(云)함에 있다.

그러나 우리 대한민국의 국민으로서 반역 괴뢰
집단에 참가하여 우리 군경과 교전 끝에 생포된
자를 국제법상 포로로 처우하여야 할 법률상의
하등 근거가 없으므로 논지 역(亦) 이유 없다."
(출처: 한국판례집(형사 Ⅱ), 303쪽)

8-16. 북한 공비의 법적 지위
(대법원 1956. 11. 29. 재정 결정, 4289형재4 결정)
[사안: 이 사건의 피고 1은 본적지에서 노동당
에 가입하고 6.25 전쟁시 남하 활동하다가 9.28
이후 북한으로 후퇴하지 못하고 강원도에서 입산
해 1952년 3월 경부터 1956년 7월 8일 체포될 시
점까지 강원도 함백산, 청옥산, 백덕산 등지에서
공비로 활동하며 부근 농가에서 여러 차례 식량
등을 탈취했다. 피고 2는 1951년 7월경 노동당에
가입한 후 활동중 입산해 1952년 3월부터 1956년
7월 8일 체포될 시점까지 역시 강원도 같은 산지
에서 활동하며 부근 농가에서 여러 차례 식량을
강탈해 괴뢰군 유격대에 식량으로 제공하여 이적
한 혐의로 기소되었다. 이 같이 6.25 휴전협정 이
후까지 국내 산지에서 활동하던 공비의 법적 지

위가 적국 군인이냐가 문제되었다.]

"국방경비법 제32조의 적이라 함은 아국에 대
하여 적대행동을 감행하는 상태에 있는 상대국
및 그 구성원을 지칭하는 것인바 피고인은 적국
의 구성원이라 볼 수 없고, 우리 대한민국 헌법은
한반도 기타 부속영역 전반에 걸쳐 효력이 미치
는 것이므로 남한의 재산(在山)공비가 북괴뢰의
계열에 속하는 분자라 할지라도 이는 일개 비적
(匪賊)이라 할 것이오, 동법 제32조의 적이라 할
수 없다. 이러한 자의 범행은 국가보안법 위반행
위로 처단함이 타당할 것이오, 국방경비법 제32
조에 해당한 사안이 아님이 명백하다. 그렇다면
본건에 대한 재판권을 일반법원에 있을 것이오,
중앙고등군법회의는 그에 대한 재판권이 없다 할
것이므로 본원은 군법회의의 재판권에 관한 법률
제2조 제1항에 의하여 주문과 같이 재정한다."
(출처: 대법원 판례집 제2권 2집(재정신청), 1쪽)

3. 정전협정의 법적 성격

8-17. 정전협정 이후는 전시상태
(대법원 1957. 1. 11. 4290재신1 결정)
"본건 재정신청의 이유는
(1) 국방경비법 제3조 제1항 본문에 의하면 군
법 피적용자 즉 군인이라 할지라도 평시에 살인
죄 또는 강간죄를 범한 경우에는 이를 군법회의
에서 심판할 수 없고 일반법원에 그 재판권이 있
음이 명백하며
(2) 국방경비법 제2조 제1항 제5호에 의하면 전
시라는 용어는 정부수석이 전시를 선언하는 기간
을 의미함이라고 규정되어 있으나 우리나라에 있
어서는 정부수석이 전시를 선언하는 절차법규 내
지 관례가 없을 뿐 외(外)라 정부 수립 후 금일에
이르기까지 정부수석 즉 대통령이 전시라고 선언
한 사례가 전무하며 다만 계엄법에 의하여 비상
계엄을 선포함으로써 간접적으로 전시 또는 이에

준하는 비상사태의 발생을 선포한 전례가 있었던
바 전시 비상계엄이 해제된 지 이미 수년을 경과
한 금일에 있어서는 전시라고 지칭할 만한 객관
적 비상사태는 존재치 아니하며

(3) 법이론상 평시라 함은 사실상 전면적으로
전투행위가 종료되어 정부기관에 의하여 치안이
완전히 회복되고 사회질서가 평시상태로 복구된
상태를 말하는 것인바 소위 6·25 사변 발발 후
북한괴뢰집단에 대하여 국제법상 교전단체로서
명시적 승인은 없었다 할지라도 그 소속전투원에
대한 포로처우 등 사실상 교전단체로 취급된 북
한괴뢰집단과의 사이에 국제전쟁과 동일한 규모
와 방식으로 무력투쟁을 행한 교전상태가 휴전협
정의 체결로 말미암아 완전히 종식되어 사회질서
가 평상상태로 회복된 현 상태는 이를 평시라 해
석함이 타당하며…

그러므로 이상 논거에 의하여 본건 재판권은
일반법원에 있음이 명백하므로 군법회의의 재판
권에 관한 법률 제2조, 제3조에 의하여 본건재정
을 신청한 바임이라 운함에 있다.

자(玆)에 서상 재정신청 이유를 요약 대별하면
(1) 내지 (3)은 현하 전시가 아니고 평시임으로
본건은 국방경비법 제3조 제1항 본문에 의하여
일반법원에 재판권이 있고 군법회의에 재판권이
없다는 것이요[…]

먼저 우 (1) 내지 (3)의 점에 관하여 고찰하건대
아대한민국은 해방 후 국토가 남북으로 양단되어
아직까지 통일을 이루지 못하였고 6·25 동란으
로 인하여 공산괴뢰의 불의의 침공을 받아 유사
상 미증유의 인적 물적의 피해를 입은 이래 비록
휴전협정이 되었다 할지라도 전연 교통이 두절되
어 있고 수도 서울 지척의 거리에서 괴뢰집단은
소련 중공 등을 배경으로 그의 사주하에 우 협정
을 위반하여 일익(日益) 전비를 증가하고 호시탐
탐 재침의 기회를 노리고 있는 일편, 아국으로서
는 우 동란에 체험하여 자위적 방비를 굳게 하고
국토통일을 기원하여 고침안면을 불허하는 위험

상태가 증가일로에 있음은 국민공지의 사실이라
할 것임으로 법률상 이를 평시라 할 수 없고 의연
전시상태가 계속한다고 봄이 타당하다 할 것이다.
신청사유에 의하면 비상계엄이 해제된 지 이미
수년을 경과한 금일에 있어서 전시라고 지칭할만
한 객관적 비상사태는 존재치 아니하며 또 휴전
협정 후 교전상태가 종식되고 사회질서가 회복되
었으므로 평시라고 운위하나 동란 이후 아(我)정
부가 전쟁의 종료를 선명한 사실이 없음은 물론
교통관계가 전연 두절되었을 뿐 아니라 휴전협정
은 전투의 일시적 정지에 불과하며 계엄해제가
있고 국내치안의 일시적 평온을 벌었다 할지라도
이것만으로는 전시상태가 종료되었다 할 수 없고
현하 국가적 위험상태가 의연 계속 중임은 전술
한 바와 같다 할 것이니 현하의 여사상태를 고려
치 않고 평시라 함은 대공정세를 정시치 못한 피
상적 관찰에 기인한 것이라 할 것이므로 이 점에
관한 신청이유는 채용할 수 없다.[…]

이상에 의거하여 본건의 재판권은 중앙군법회
의에 있다 할 것인바 이와 반대견해에 입각한 본
건 재정신청은 이유 없다 할 것이므로 자에 주문
과 같이 재정한다." (출처: 법정 제12권 2호(1957년),
92쪽 이하: 법조 1957년 1월호(제6권 1호), 78쪽 이하)

[해설] 이는 김창룡 육군 특무부대장 암살사건
(1956)이라는 정치적으로 매우 민감한 사건 관련
판결이다. 암살사건의 저격수 역할을 맡은 민간인
을 국방경비법에 따라 군법회의에서 재판할 수 있
느냐가 문제되어 휴전상태인 사건 당시가 전시에
해당하느냐는 쟁점이 제기되었다. 이 결정에서 대
법원은 당시를 전시로 판단하고, 민간인에 대한
군법회의의 재판권을 인정했다. 962년 제정된 군
형법 제2조 6호는 휴전협정이 성립될 때까지만
전시로 규정해 위와 같은 해석을 봉쇄했다. 이후
한국의 휴전상태가 전시라는 판결은 더 이상 나오
지 않았다.

8-18. 정전협정: 전쟁의 종료방식
(서울지방법원 2004. 1. 9. 2001고단3598 판결)
[사안: 미군 영안실에서 근무하는 미군속이 다

량의 시체방부처리용 포르말린 용액을 씽크대 하수구를 통해 방류하게 한 행위에 대해 대한민국 법원이 제1차적인 형사재판권을 행사할 수 있느냐가 문제된 사건이다. 정전협정 상태 하의 한국이 평화시에 해당하느냐가 논의되었다.]

"미군속 및 가족에 대하여 대한민국 당국에 형사재판권이 있는지 여부를 결정하기 위하여는 현재 대한민국이 평화시냐 하는 점에 대하여 검토를 해 보아야 한다.

대한민국은 북한과 한국전쟁을 치루었다는 사실 때문에 특히 문제가 되는데, 1953. 7. 27. 발효된 정전협정이 현재까지 폐지되거나 다른 어떤 평화협정으로 대체되지 않고 있다는 사실에서 지금의 상태가 '전시상태'인지 아니면 '평화상태'인지가 문제된다. 정전협정은 보통 휴전협정으로 인식되고 있는데, 휴전은 그것이 지닌 본래 의미에 이어서 전쟁의 중지가 아니라 전투의 일시적 중지라 할 것이고, 지금의 남·북한의 법적 상태는 평화협정이 체결되어 있는 상태는 아니지만, 대한민국 헌법은 평화통일원칙을 견지하고 있고, 남·북한이 유엔에 동시가입하였으며, 소위 남북기본합의서가 채택·발효되었고, 남북교류협력에관한 법률 등이 시행되었으며, 이 사건 범행 당시는 물론 현재까지도 대한민국에는 계엄령이 선포되어 있지 아니하고, 그 밖의 국가긴급권이 발동되어 있지도 않는 상태인데, 인류 역사상 영원한 평화도 영원한 전쟁도 없었던 점에 비추어 보면 교전상태가 종료되고 정전협정을 체결한 지 무려 50여 년이 지난 지금과 같은 상황을 전시상태라고 보기는 어렵다. 이러한 측면에서 보면 위와 같은 정전협정은 전쟁종료방식의 하나로도 볼 수 있을 것이다.

한편, 주한미군도 공식 홈페이지인 http://www.usfk.or.kr의 하위 디렉토리인 자료정보실에 올라 있는 SOFA(주한미군지위협정)에 대한 해설화면에서 소파신분의 미국인 민간인 전체에 대해 한국이 재판권을 가진다고 해설하고 있는바, 주한미군

의 공식입장도 위와 같은 당원의 해석과 상이하지 않음을 스스로 보여주고 있다.

따라서 이 사건 범행 당시는 물론 현재까지도 미군속 및 가족에 대한 형사재판권은 대한민국에 있다고 봄이 타당하다." (출처: 각급법원(제1,2심) 판결공보 제7호(2004. 3. 10.), 358쪽)

[해설] 이 판결에 대해서는 피고가 항소했으나, 재판 당시의 한국이 전시냐 평시냐에 관한 논의는 더 이상 없었다.

평석 좌세준, '맥팔랜드 한강 독극물 방류사건'의 1심 판결에 나타난 한미SOFA 규정상의 형사재판권 및 공무증명서 발급의 효력, 민주사회를 위한 변론 제57호(민주사회를 위한 변호사모임, 2004).

8-19. 정전협정 상태의 법적 성격
(대법원 2006. 5. 11. 2005도798 판결)

[사안: 이 사건의 피고는 주한 미군속으로 교통사고를 일으켰다. 주한미군지위협정 합의의사록상 "평화시(in peacetime)"에는 이 같은 사건에 대해 한국 법원의 재판권을 인정하고 있다. 재판부는 정전협정 하의 현 상태를 평화시로 해석했다.]

"협정 제22조 제1항 ㈎는 "합중국 군 당국은 합중국 군대의 구성원, 군속 및 그들의 가족에 대하여 합중국 법령이 부여한 모든 형사재판권 및 징계권을 대한민국 안에서 행사할 권리를 가진다."고 하고, 위 조항에 관한 합의의사록에서는 "합중국 법률의 현 상태에서 합중국 군 당국은 평화시에는 군속 및 가족에 대하여 유효한 형사재판권을 가지지 아니한다. 추후의 입법, 헌법 개정 또는 합중국 관계당국에 의한 결정의 결과로서 합중국 군사재판권의 범위가 변경된다면, 합중국 정부는 외교경로를 통하여 대한민국 정부에 통보하여야 한다."고 정하고 있다. 위 조항들은 1967. 2. 9. 협정 발효 당시의 한반도의 평시(平時)상태 즉, 1953. 7. 27. 발효된 한국 군사정전에 관한 협정에 따른 정전(停戰)상태에서의 한반도의 평상시(平常時)에는 미합중국 군 당국의 군사재판권이 군속 및 그 가족에 미치지 못한다는 것을 의미하

는 것이다. 이에 대하여 한반도의 비상상태 발생시 즉, 대한민국이 계엄령을 선포하는 경우(협정 제22조 제1항에 관한 합의의사록 및 양해사항)나 대한민국과 미합중국 간의 상호방위조약 제2조가 적용되는 적대행위가 발생하는 경우(협정 제22조 제11항)에 대하여는, 협정에서 별도의 조항을 마련하여 대한민국의 형사재판권 행사가 즉시 정지되고 합중국 군 당국이 합중국 군대의 군속 및 가족에 대하여 전속적 형사재판권을 행사할 권리를 가진다고 정하고 있다.

위 조항들을 종합하면, 한반도의 평시상태에서 미합중국 군 당국은 미합중국 군대의 군속에 대하여 형사재판권을 가지지 않으므로 미합중국 군대의 군속이 범한 범죄에 대하여 대한민국의 형사재판권과 미합중국 군 당국의 형사재판권이 경합하는 문제는 발생할 여지가 없고, 대한민국은 협정 제22조 제1항 ㈏에 따라 미합중국 군대의 군속이 대한민국 영역 안에서 저지른 범죄로서 대한민국 법령에 의하여 처벌할 수 있는 범죄에 대한 형사재판권을 바로 행사할 수 있는 것이다."

(출처: 판례공보 2006. 6. 15.(제252호), 1089쪽)

평석 박이규, 한반도 평시 상태의 미군 군속에 대한 형사재판권, 대법원판례해설 제62호(법원도서관, 2006).

4. 남북한간 합의의 법적 성격

8-20. 남북 기본합의서의 법적 성격
(헌법재판소 1997. 1. 16. 92헌바6·26, 93헌바34·35·36(병합) 결정. 국가보안법 위헌소원)

"소위 남북합의서는 남북관계를 "나라와 나라 사이의 관계가 아닌 통일을 지향하는 과정에서 잠정적으로 형성되는 특수관계"(전문 참조)임을 전제로 하여 이루어진 합의문서인바, 이는 한민족 공동체 내부의 특수관계를 바탕으로 한 당국간의 합의로서 남북당국의 성의 있는 이행을 상호 약속하는 일종의 공동성명 또는 신사협정에 준하는

성격을 가짐에 불과하다. 따라서 남북합의서의 채택·발효 후에도 북한이 여전히 적화통일의 목표를 버리지 않고 각종 도발을 자행하고 있으며 남·북한의 정치, 군사적 대결이나 긴장관계가 조금도 해소되지 않고 있음이 엄연한 현실인 이상, 북한의 반국가단체성이나 국가보안법의 필요성에 관하여는 아무런 상황변화가 있었다고 할 수 없다."

참고 동일 취지의 결정: 헌법재판소 1997. 1. 16. 89헌마240 결정(본장 8-5 수록)

8-21. 남북 기본합의서의 법적 성격
(대법원 1999. 7. 23. 98두14525 판결)

"남북 사이의 화해와 불가침 및 교류협력에 관한 합의서([…])는 남북관계가 '나라와 나라 사이의 관계가 아닌 통일을 지향하는 과정에서 잠정적으로 형성되는 특수관계'(합의서 전문)임을 전제로, 조국의 평화적 통일을 이룩해야 할 공동의 정치적 책무를 지는 남북한 당국이 특수관계인 남북관계에 관하여 채택한 합의문서로서, 남북한 당국이 각기 정치적인 책임을 지고 상호간에 그 성의 있는 이행을 약속한 것이기는 하나 법적 구속력이 있는 것은 아니어서 이를 국가 간의 조약 또는 이에 준하는 것으로 볼 수 없고, 따라서 국내법과 동일한 효력이 인정되는 것도 아니다.

같은 취지에서 원심이 남북기본합의서에 법적인 구속력이 없다고 판단하여, 남북교류협력에관한법률 제9조 제3항이 남북기본합의서 제17조에 저촉되어 효력이 없다는 취지의 원고의 주장을 배척한 조치는 수긍이 가고, 거기에 상고이유에서 지적하는 바와 같이 남북기본합의서의 법적 성격을 오해한 위법이 있다고 할 수 없다"(출처: 판례공보 제89호(1999. 9. 1.), 1803쪽)

평석 제성호, 남북기본합의서의 법적 성격: 민변의 북한주민 접촉신청 관련 대법원판결 분석, 국제판례연구 제1집(박영사, 1999).

8-22. 남북 기본합의서의 법적 성격

(헌법재판소 2000. 7. 20. 98헌바63 결정. 남북교류협력에관한법률 제9조 제3항 위헌소원)

"청구인은 또 이 사건 법률조항이 남북합의서의 자유로운 남북교류협력조항에 반하여 헌법에 위반된다고 주장하고 있으나, 일찍이 헌법재판소는 "남북합의서는 남북관계를 '나라와 나라 사이의 관계가 아닌 통일을 지향하는 과정에서 잠정적으로 형성되는 특수관계'임을 전제로 하여 이루어진 합의문서인바, 이는 한민족공동체 내부의 특수관계를 바탕으로 한 당국간의 합의로서 남북당국의 성의있는 이행을 상호 약속하는 일종의 공동성명 또는 신사협정에 준하는 성격을 가짐에 불과"하다고 판시하였고(헌재 1997. 1. 16. 92헌바6 등, 판례집 9–1, 1, 23), 대법원도 "남북합의서는 …남북한 당국이 각기 정치적인 책임을 지고 상호간에 그 성의 있는 이행을 약속한 것이기는 하나 법적 구속력이 있는 것은 아니어서 이를 국가 간의 조약 또는 이에 준하는 것으로 볼 수 없고, 따라서 국내법과 동일한 효력이 인정되는 것도 아니다"고 판시하여(대법원 1999. 7. 23. 선고 98두14525 판결), 남북합의서가 법률이 아님은 물론 국내법과 동일한 효력이 있는 조약이나 이에 준하는 것으로 볼 수 없다는 것을 명백히 하였다.

따라서 설사 이 사건 법률조항이 남북합의서의 내용과 배치되는 점을 포함하고 있다고 하더라도, 그것은 이 사건 법률조항이 헌법에 위반되는지의 여부를 판단하는 데에 아무런 관련이 없다고 할 것이다." (출처: 헌법재판소 판례집 제12권 2집, 52쪽)

8-23. 남북 경협합의서의 법적 성격

(청주지방법원 2011. 6. 9. 2010구합2024 판결)

[사안: 금강산 관광사업 등을 계기로 남한과 북한은 2000년 12월 16일 남북 사이의 경제교류와 협력을 촉진하고, 어느 일방에서 발생한 소득에 대해 과세권의 경합을 조정함으로써 조세의 이중부담을 방지하기 위해, 한국의 통일부장관과 북한

의 내각책임참사가 평양에서 '남북사이의 소득에 대한 이중과세방지 합의서' 등 4개 경협 합의서에 서명했다. 정부는 헌법 제60조 1항에 근거해 이들 합의서에 대한 국회동의를 요청했다. 합의서는 2003년 6월 30일 국회의 동의를 받고, 2003년 8월 20일 문본교환을 통해 발효했다. 다음은 이 합의서의 법적 성격에 대한 판단이다.]

"(1) 이 사건 합의서는, 남북관계가 나라와 나라 사이의 관계가 아닌 통일을 지향하는 과정에서 잠정적으로 형성되는 특수관계임을 전제로, 조국의 평화적 통일을 이룩해야 할 공동의 정치적 책무를 지는 남북한 당국이 특수관계인 남북관계에 관하여 채택한 합의문서로서, 남북한 당국이 각기 정치적인 책임을 지고 상호간에 그 성의 있는 이행을 약속한 것이라고 할 것이나, 이를 국가 간의 조약 또는 이에 준하는 것으로 볼 수는 없다고 할 것이다. 다만 이 사건 합의서는 일방의 기업이 상대방 안의 고정사업장을 통하여 얻은 기업이윤 중 고정사업장에 귀속시킬 수 있는 이윤에 대하여 그 상대방이 과세할 수 있도록 하되, 이중과세를 방지하기 위한 방법으로 자기 지역의 거주자가 상대방에서 얻은 소득에 대하여 상대방에게 세금을 납부하였거나 납부하여야 할 경우에 일방은 그 소득에 대한 세금을 면제하도록 하여 남북 사이의 경제적 측면에서의 교류와 협력을 촉진하기 위하여 작성된 것이고, 국회가 이를 의결함으로써, 원칙적으로 과세권한을 행사할 수 있는 내국법인의 북한에서 얻는 소득에 대하여 과세당국의 과세권을 제한할 수 있는 근거를 마련한 것이라고 할 것이다.

(2) 남북 사이의 상호 교류와 협력을 촉진하기 위하여 제정된 구 남북협력법(2010. 4. 5. 법률 제10282호로 개정되기 전의 것) 제26조 제3항 제6호, 동법 시행령 제44조 제1항, 제3항에 의하면, 남한과 북한 간의 투자, 물품 등의 반출이나 반입, 그 밖에 경제에 관한 협력사업과 이에 따르는 거래로 발생하는 소득에 대한 조세의 부과·징수·감

면 및 환급 등에 관하여는 법인세법, 소득세법 등을 준용하되, 남북교류·협력으로 발생하는 소득에 대한 과세에 대하여 정부와 북한의 당국 간의 합의가 있는 때에는 제1항에 따른 소득세법의 전부 또는 일부를 준용하지 아니할 수 있도록 규정하고 있다. 그런데 앞에서 살펴 본 바와 같이, 이 사건 합의서에는 상대방의 지역에서 결손금이 발생한 경우에 일방에서 이를 처리하기 위한 규정은 두고 있지 않으므로, 결국 내국법인인 원고가 북한의 금강산 지구에서 남북경제협력사업의 하나로 승인받은 사업을 영위하는 과정에서 발생한 이 사건 결손금의 처리에 대해서는 남한의 법인세법이 적용되어야 할 것이다." (출처: 각급법원(제1, 2심) 판결공보 2011(하), 987쪽)

8-23-1. 위 항소심
(대전고등법원(청주) 2012. 5. 10. 2011누342 판결)

"이에 대해 피고[청주세무서장 – 필자 주]는 이 사건 합의서 제22조의 규정이 통상적인 조세조약에서 이중과세방지 방법인 소득면제방식 중 완전소득면제방식을 채택한 것이고, 완전소득면제방식의 경우 이익이 발생하는 경우뿐만 아니라 손실이 발생하는 경우에도 거주지국의 과세권을 포기하여 이를 고려하지 않는 것이 원칙이라고 주장하나, 앞서 든 증거들 및 변론 전체의 취지에 의해 인정되는 다음과 같은 사정들 즉, ① 앞서 본 바와 같이 이 사건 합의서가 조세조약과 동일한 효력이 있다고 보기 어려우므로, 이 사건 합의서 제22조의 규정을 통상적인 조세조약에서의 이중과세방지 조항과 동일하게 보기는 어려운 점, […] ③ 이 사건 합의서 제22조가 소득면제방식을 채택하였음을 이유로 국내원천소득에서 북한의 고정사업장에서 발생한 손실을 공제하는 것을 허용하지 않는다면 납세자에게는 오히려 세금부담이 늘어나거나 새로 생기는 것과 같은 결과가 초래되는바, 이는 이중과세를 방지하여 조세부담을 경감시키기 위해 체결된 이 사건 합의서의 기본

목적에 명백히 반하는 점, […] ⑥ 나아가 북한에서의 결손금 이월공제로 인한 이중의 혜택 문제는 법인세법에 이와 관련한 명시적 규정을 둠으로써 해결하여야 하는 것이지, 이와 같은 이중의 혜택 우려만을 들어 내국법인에 대한 법인세를 부과함에 있어 북한의 고정사업장에서 발생한 결손금을 고려하지 않는 것은 지나치게 과세권만을 강조하는 것인 점 등을 종합하면, 이 사건 합의서 제22조의 규정을 피고 주장과 같이 소득이 발생한 경우뿐만 아니라 손실이 발생한 경우에도 이를 고려하지 않는 것으로 해석하기는 어렵고 결국 법인세법상 결손금처리의 원칙으로 돌아가 금강산지점의 결손금을 원고의 소득에서 공제할 수 있다고 봄이 상당하다." (출처: 판결문 사본 입수)

8-23-2. 위 상고심
(대법원 2012. 10. 11. 2012두12532 판결)

"1. '남북 사이의 소득에 대한 이중과세방지 합의서'(이하 '이 사건 합의서'라고 한다) 제22조 제1항은 이중과세방지방법에 관하여 "일방은 자기 지역의 거주자가 상대방에서 얻은 소득에 대하여 세금을 납부하였거나 납부하여야 할 경우 일방에서는 그 소득에 대한 세금을 면제한다. 그러나 이자, 배당금, 사용료에 대하여는 상대방에서 납부하였거나 납부하여야 할 세액만큼 일방의 세액에서 공제할 수 있다"고 정하고 있다.

2. 원심은 그 판시와 같은 사실을 인정한 다음, 이 사건 합의서는 내국법인이 북한에서 얻는 소득에 관하여 과세당국의 과세권을 제한할 수 있는 근거가 된다고 전제하고, 이 사건 합의서에는 상대방의 지역에서 결손금이 발생한 경우에 일방에서 이를 처리하기 위한 별도의 규정을 두고 있지 아니하므로 내국법인인 원고가 북한의 금강산 지구에서 남북경제협력사업의 하나로 승인받은 사업을 영위하는 과정에서 2008사업연도에 발생한 이 사건 결손금의 처리에 대하여는 우리나라의 법인세법이 적용되어야 한다고 보아 원고의

2008사업연도 법인세 과세표준을 산정함에 있어서 이 사건 결손금을 공제할 수 있다고 판단하였다. […]

3. 관련 규정과 법리 및 기록에 비추어 살펴보면, 원심의 이러한 판단은 수긍할 수 있고, 거기에 상고이유의 주장과 같이 이 사건 합의서와 이중과세방지에 관한 법리를 오해하는 등의 잘못이 있다고 할 수 없다." (출처: 미간, 법원도서관 종합법률정보)

[해설] 이 판결은 국회동의를 받은 이중과세방지합의서의 법적 성격을 1991년 서명된 남북 기본합의서에 대한 대법원(위 8–21 수록분)의 해석과 동일하게 파악하면서도 법률상 "과세권한을 행사할 수 있는 내국법인의 북한에서 얻는 소득에 대하여 과세당국의 과세권을 제한할 수 있는 근거를 마련한 것"이라고 해석했다. 그렇다면 재판부가 과연 이들 문서의 법적 효력을 무엇으로 파악하고 있는지는 명확하지 않다.

5. 대한민국 법률의 북한 지역 적용

[한국 사법부는 제헌 이래 헌법상 전 한반도가 대한민국 영토라는 전제 하에 북한 지역에 대한민국의 주권과 부딪치는 어떠한 국가단체도 인정하지 않고, 대한민국의 법령이 전 한반도에 적용된다는 입장을 유지해 왔다. 실제로는 북한에 한국 법이 적용되지 않는 상황임에도 적용된다고 의제함으로써 불합리한 경우가 발생함도 사실이었다.]

가. 기본 원칙

8–24. 6.25 중 일시 북한군 점령지에 대한 대한민국 법률의 적용

(대법원 1954. 7. 3. 4287형상45 판결)

"상고 이유 제2점은 원판결 적시사실중 제3의 사실은 6.25 사변중 대한민국 정부가 남하하여 대한민국의 국가권력이 미치지 못하는 남침한 북한 괴뢰군의 점령지역에 있어서의 사실이므로 차(此)

는 국가보안법이 적용될 것이 아니고, 특별조치령이 적용됨이 타당할 것인데 원심 판결이 차를 국가보안법 위반으로 인정하였음은 역시 위법임을 면할 수 없음이라 함에 있다.

그러나 한반도와 그 부속도서는 전부 대한민국의 영토에 속하여 대한민국의 법령이 그 영토 전부에 적용되는 것임은 다언을 요치 않는 바로서 소론과 여(如)한 경위로서 법령의 시행이 사실상 불능하다 하여 법령이 한반도 전역에 적용됨을 부인할 수 없으며, 또 비록 확정된 법률이라도 차가 공포되지 아니한 이상 그 효력을 인정할 수 없음은 자명한 일에 속하고 논지는 이유 없다." (출처: 한국판례집(형사 II), 29쪽)

참고 동일 취지의 판결:
① 대법원 1957. 8. 2. 4290형상179 판결(한국판례집(형사 III), 993쪽).
② 대법원 1957. 9. 20. 4290형상228 판결(한국판례집(형사 III), 19쪽) (본서 5–2–2에 수록).

나. 수복지구에 대한 대한민국 법령 적용 시기

[한국은 1949. 6. 21. 농지개혁법을 제정 시행해, 일정 규모 이상의 비자경 농지는 정부가 매수하여 소유권을 취득하고 이는 원칙적으로 자경농가에 유상 분배하도록 했다. 당시 현실상 농지개혁은 38 이남에만 실시 될 수밖에 없었다. 6.25를 통해 강원도와 경기도 북부에서는 과거 북한의 지배 하에 있던 수복지구가 생겼다. 한국 정부는 1958년 수복지구에 대한 농지개혁법 시행에 관한 특례에 관한 건을 대통령령으로 제정했으나, 근본적인 문제는 수복지구의 경우도 남한 지역과 같이 1949년부터 농지개혁법이 적용되었다고 간주되어야 하는가라는 점이었다. 즉 자경 여부의 1차적 판단시점을 1949년으로 잡아야 하느냐 또는 수복 이후로 잡아야 하느냐의 문제였다. 이 점에 관해 사법부의 판결은 일관되게 1949년부터 38 이북 지역에도 한국의 농지개혁법이 적용된다고

전제했다. 다만 일부 판결의 별개의견에서만 수복지구의 경우 한국 정부의 행정력이 미치게 되었을 때 비로소 농지개혁법 실시의 효력이 발생한 것으로 보아야 한다는 의견이 제시됐다.]

8-25. 농지개혁법의 북한 적용시기
(대법원 1959. 1. 15. 4291민상207 판결)

"원판결 이유에 의하면 원심은 본건 농지가 신청인의 소유임을 인정한 끝에 본건 가처분을 인하하였다 그러나 농지개혁법의 공시와 동시에 3.8선 이북의 수복지구에 있어서도 농지의 소유자는 그 소유권이 국가에 매상됨으로써 소유권을 상실하는 것이므로 가사 본건 농지가 원래 신청인의 소유였다 하더라도 농지개혁법이 공포된 1949년 6월 21일에 신청인은 본건 농지의 소유권을 상실하였고 일건 기록상 농지개혁법 시행 후에 신청인이 본건 농지에 대하여 점유권 또는 경작권을 취득하였다는 증거가 없으므로 신청인은 본건 가처분으로써 보전할 청구권이 없는 것이다." (출처: 대법원 판례집 제7권(민사), 12쪽)

8-26. 농지개혁법의 북한 적용시기
(대법원 1965. 11. 11. 65다1527 · 1528 · 1529 판결)

"원판결은, 수복지구에 소재하는 농지에 관하여는 수복지구에 대한 농지개혁법시행에 관한 특례에 관한 건(1958. 4. 10 대통령령 제1360호)의 공포시행일인 1958. 4. 10 현재 지주가 자경하였는가 여부에 따라 농지개혁법 제5조 제1항 제2호가 적용된다는 전제에서 판단하고 있다 그러나 위 대통령령은 수복지구소재의 농지에 관하여 분배절차등을 38이남 소재의 농지와 1부 달리하게 하는 규정임이 동령법문상 분명하고, 동 대통령령에 의하여 비로서 수복지구소재의 농지에 대하여 농지개혁법의 시행을 보게 된 것은 아니라고 할 것이다.

그러므로 원심으로서는 마땅히 수복지구에 소재하는 본건 농지에 관하여 농지개혁법 시행당시 지주인 원고가 자경하였는가 만일 자경하지 아니하였다면 자의에 의한 것인가 또는 외부적 사정으로 부득히 자경하지 못하였던가 등 사실에 대하여 심리판단함으로써 비로서 본건 농지가 정부에 매상되었는가 여부를 결정지을 수 있음에도 불구하고 이 점에 대한 심리판단을 함이 없이 위에서 본 견해로 본건 농지의 정부매상여부를 판단하였음은 농지개혁법 및 수복지구에 대한 농지개혁법 시행에 관한 특례에 관한 건의 법리를 오해하고 나아가서 심리미진의 위법이 있다 할 것이고, 이는 판결에 영향을 미쳤다고 할 것이므로 원판결은 전부 파기를 면치 못할 것이다. […]

대법원판사 홍순엽의 별개의견은 다음과 같다. 헌법 제3조에 정한 바와 같이 대한민국의 영토는 한반도와 부속도서의 전체로 되어있으므로 헌법의 효력이 한반도 부속도서의 전체에 미친다 할 것이나 법률 명령 규칙과 같은 법규중에는 그것이 명시 또는 묵시로 대한민국의 행정력이 실지로 미치는 지역의 일부에 국한하여 그 효력이 미치는 것으로 규정된 것이라 해석되는 경우도 있을 것이다. 국회의원선거법이 대한민국의 행정력이 실지로 미치는 지역에만 실시되고 수복지구와 동접지구의 행정구역에 관한 임시조치법이 대한민국의 행정력이 미치는 지역의 일부만을 대상으로 실시되는 법률임은 각 법문상의 표현 또는 그 입법목적에 비추어 명백하다 할 것이다. 헌법 제3조의 규정으로 말미암아 모든 법률 명령 규칙이 예외 없이 한반도와 부속도서의 지역전부에 실시된다고는 볼 수 없을 것이며 제주도에만 실시할 것을 전제로 한 법률이나 명령 규칙의 제정도 가능할 것이다.

본건에서 문제가 되는 농지개혁법도 대한민국의 행정력이 미치는 지역 즉 동법이 정한바 매수분배의 절차가 가능한 지역에만 실시함을 전제로 한 법률이라고 보아야 할 것이다. 만일 그러하지 아니하고 다수의견과 같이 이 법이 이북 공산집단의 치하에 있는 지역에도 1949. 6. 21부터 실시되어 그 지역 내에 있는 농지가 그날부터 이미 정부에 매수된다고 본다면 그 지역내에 거주하던 농지소유자는 재산권의 보장을 규정한 헌법 제20조의 규정에 따라 정부에 대하여 보상을 청구함을 거부할 수 없다는 상식에 맞지 않는 비현실적인 결과를 초래할 것이다. 그러므로 이법은 기왕부터 대한민국의 행정력이 미치는 지역에서는 1949. 6. 21부터 공포 실시되었고, 수복지구에서는 농지의 매수분배의 절차를 실시할 수 있는 행정력이 미치게 되는 때에 비로서 공포실시의 효력을 가져오게 된 것이라고 보는 것이 합리적인 견해라 할 것이며 현실적인 해석이라 할 것이다 (4293민상915, 1961. 12. 7 선고 판결 및 1956. 8. 28자 법무부의 수복지구농지경작에 관한 질의응답 참조).

그러면 농지개혁법 소정 매수분배의 절차를 실시할 수 있는 행정력이 언제 수복지구에 미치었는가 하는 문제는 수복지구의 치안 및 행정기구의 정비와 관계가 있고 특히 군작전과 밀접한 관계가 있는 것이므로 그것을 모두 종합하여 판단되어야 할 것인바 수복지구에 대한 농지개혁법 시행에 관한 특례에 관한 건 소정 수복지구에는 동 특례에 관한 건 제6조 소정 1959. 12. 1 농지개혁법 소정 매수분배의 절차가 시행될 수 있는 행정력이 미치어 농지개혁법의 공포실시의 효력을 보게 되었다할 것이며,

이때에 경작이 가능한 농지를 자경하지 않은 자의 농지는 농지개혁법 제5조 2호 (나)항 소정의 농지라 할 것이므로 다른 특별한 사정이 있다면 몰라도 그렇지 아니하고 이 때에 수복지구의 농지소유자가 자경하지 아니한 원인이 6.25사변으로 인한 농지이탈이어서 자의에 의한 것이 아니라는 이유로 농지개혁법 제5조 제2호 (나)항 소정 자경하지 않는 자에 해당되지 않는 것이라고 보기는 곤란할 것이다. 그럼에도 불구하고 원판결은 위와 상이한 견해를 취하고 있으므로 원판결이 파기되어야 할 것이라는 다수의견의 결론과 동일한 결론에 도달하나 그 결론을 가져오게 되는 이유 설명에 있어 다수의견과 정반대이므로 위와 같이 별개의견을 표시하는 바이다." (출처: 대법원 판례집 제13권 2집(민사), 219쪽)

8-27. 농지개혁법의 북한 적용시기
(대법원 1970. 8. 31. 70다1438 판결)

"수복지구에 대한 농지개혁법 시행에 관한 특례에 관한 건(대통령령 제1360호)은 수복지구 소재의 농지에 관하여 그 분배절차 등을 북위 38도선 이남 소재의 농지와 일부 달리하기 위한 규정이었을 뿐 그 규정에 의하여 비로소 수복지구 소재의 농지에 대하여 농지개혁법의 시행을 보게 된다는 것은 아니라 함이 당원의 판례(1967. 1. 31 선고 66다1997 판결 참조)이니 만큼 수복지구 소재의 농지에 대하여 농지개혁법을 적용함에 있어서 당해 농지의 자경여부는 동법시행일(1949. 6. 21)을 기준으로 하여 결정할 것이고 따라서 동법 시행 당시 지주가 자의에 의하여 자경하지 아니 하였던 수복지구 소재 농지는 정부에 매수될 것이나 (1965. 11. 11. 선고 65다1527, 1528, 1529 판결 참조) 지주가 자경하다가 외부적인 강압 등에 의하여 부득히 자경할 수 없게 되었을 경우에는 이를 동법에 의한 적법한 자경지로 다루어야 할 것이다. 그러므로 본건 계쟁농지에 관하여 원판결이 그 농지는 수복지구내에 소재하는 원고소유농지로서 8.15 해방당시 농가의 한 사람이었던 원고가 자경하다가 해방 후 위 농지가 북괴가 지배하는 지역에 들어가게 되자 원고는 부득히 남하하게 됨으로서 이를 자경하지 못하게 되었던 것이라는 사실을 확정(그 확정에도 위법이 있었다고는 인정되지 않는다)함으로서 이를 농지개혁법 시행당시 지주인 원고가 자경하던 농지였다고 인정한 조치(따라서 그 농지를 상금도 원고의 소유였다고 인정하였다)에 소론 제1점에서 주장하는 바와 같은 위법(본 논점에 거시한 당원판례들은 그 주장을 뒷받침하는 내용의 것이 아니었다)이 있었다 할 수 없고." (출처:

대법원 판례집 제18권 2집(민사), 305쪽)

<참고> 기타 동일 취지의 판결: 대법원 1961. 12. 7. 4293민상915 판결(대법원 판례집 제9권(민사), 104쪽)

다. 저작권법의 적용

[북한 주민의 저작물도 한국 내에서 보호받을 수 있는가? 북한의 정치적 실체를 부인하는 우리 법원은 북한지역에도 한국의 저작권법이 적용되며, 북한 주민의 저작물은 한국 저작권상의 보호를 받을 수 있다고 일관되게 판시하고 있다. 따라서 북한 저작물에 관한 다툼은 한국의 저작권법에 따라 판단한다. 북한 저작물에 관한 분쟁은 대부분 이의 남한내 이용에 관해 남한 주민 사이에서 발생한 사건이었다. 예외적으로 북한 소설가 홍석중(홍명희 손자)의 소설 "황진이"를 남한의 출판사가 무단 출간하자 홍석중이 통일부 산하 남북경제문화협력재단에 소송권한을 위임해 소를 제기한 사례가 있었다. 이는 북한의 저작권자 개인이 한국 법원에 권리주장을 한 사례로 주목받았으나, 판결에는 이르지 않고 2006년 피고가 원고에게 1만불을 지불하고 위 소설에 대한 출판권을 갖기로 하는 조정이 성립된 사례가 있다.[2])]

8-28. 북한 주민의 저작권
(대법원 1990. 9. 28. 89누6396 판결)

"원고는 청구취지로서 피고가 1954년 일자불상경 소장 제1, 2, 3목록으로 구분되는 납·월북 작가들의 6.25 이후, 해방 이후, 해방 전후의 작품일반에 대하여, 출판 및 판매금지처분을 하였다는 전제하에 그 처분의 무효 내지 부존재확인을 구하고 있는 것으로 볼 수 있으므로 […]

저작권법의 규정들(제36조 제1, 제41조, 제42조, 제47조 제1항)에 의하면 저작자의 저작물을 복제, 배포, 발행하고자 하는 자는 저작자로부터 저작재산권의 일부 또는 전부를 양수하거나 그의 저작

---

2) 사법정책연구원편, 통일사법정책연구(4), pp.257 – 258(사법정책연구원, 2018).

물 이용허락을 받아야 하고, 상당한 노력을 기울였어도 공표된 저작물의 저작재산권자나 그의 거소를 알 수 없어 그 저작물의 이용허락을 받을 수 없는 경우에는 대통령령이 정하는 바에 의하여 문화부장관(정부조직법 1989. 12. 30. 법률 제4183호 부칙 제6조)의 승인을 얻고 문화부장관이 소정의 보상금기준에 의하여 정한 보상금을 공탁하고 이를 이용할 수 있다고 되어 있으며, 이러한 저작재산권은 특별한 경우를 제외하고는 저작자가 생존하는 동안과 사망 후 50년간 존속한다고 규정하고 있다. 그리고 이 법규정의 효력은 대한민국 헌법 제3조에 의하여 여전히 대한민국의 주권범위 내에 있는 북한지역에도 미치는 것이다. 원심판결 목록기재 저작자들은 모두 6.25 사변 전후에 납북되거나 월북한 문인들로서, 그들이 저작한 위 목록기재 작품들을 발행하려면 아직 그 저작재산권의 존속기간이 만료되지 아니하였음이 역수상 명백한 만큼, 동인들이나 그 상속인들로부터 저작재산권의 양수 또는 저작물이용허락을 받거나 문화부장관의 승인을 얻었음을 인정할 자료가 없는 이 사건에 있어서 원고는 이 사건 처분의 부존재확인을 구할 법률상 지위에 있는 자라고 할 수 없다 할 것이고." (출처: 대법원 판례집 제38권 3집(특별), 161쪽)

8-29. 북한판 동의보감의 저작권자
(서울고등법원 2006. 3. 29. 2004나14033 판결)

"헌법 제3조는 북한지역도 대한민국의 영토임을 선언하고 있으므로, 우리나라 저작권법의 효력은 대한민국의 주권범위 내에 있는 북한지역에도 미친다고 할 것이다(대법원 1990. 9. 28. 선고 89누6396 판결 참조). 허준의 동의보감 원전 25권을 번역하여 북한판 동의보감을 완성한 자는 북한의 '보건부동의원(현재 고려의학과학원)'이라는 단체이고, 과학백과사전종합출판사는 단지 북한판 동의보감을 출판한 출판사에 불과함은 앞서 본 바와 같으므로, 북한판 동의보감의 저작권자는 우리나

라 저작권법 제9조에 따라 보건부동의원이라고 봄이 타당하다(이 법원의 남북경제문화협력재단에 대한 사실조회 결과에 첨부된 갑 제79호증의 2, 3의 각 기재에 따르면, 북한의 저작권 사무국도 북한판 동의보감의 저작권자는 보건부동의원이고, 과학백과사전종합출판사는 출판권자에 불과한 것으로 판단하고 있음을 알 수 있다)." (출처: 각급법원(제1,2심) 판결공보 제33호(2006. 5. 10.), 1223쪽)

[해설] 북한판 동의보감의 저작권자가 누구인지를 확인하기 위해 재판부는 남북경제문화협력재단을 통해 북한의 저작권 사무국에 문의했고, 이 같은 북한기관의 통보를 바탕으로 판단했다는 특징이 있다. 이 판결은 대법원 2006. 7. 28. 2006다22753 판결로 심리불속행 기각되었다.

평석 김형진, 북한 저작물의 출판권 문제: 서울고등법원 2004나14033 손해배상, 저작권문화 제142호(2006).

8-30. 북한 주민의 저작권
(서울민사지방법원 1989. 7. 26. 89카13692 결정 (확정))

[사안: 이 사건은 이미 사망한 월북작가 이기영의 저작물에 대해 그의 남한내 상속인이 저작권을 갖느냐에 관한 다툼이다. 재판부는 이 문제를 한국의 저작권법에 따라 판단했다.]

"피신청인들은 먼저, 오늘날 남북한 관계는 상호 교차승인, 유엔동시가입, 다각적인 경제교류 등이 추진되는 등 이제 북한을 교전단체 또는 반국가단체로만 볼 수는 없으며 사실상 하나의 정부 내지 국가로 인정하지 않을 수 없게 되었으니, 북한주민의 법률관계는 국제사법적 법률관계이거나 혹은 1국가내에서 각 지방의 법률이 서로 다른 경우 그 적용법률을 결정하기 위한 준국제사법적 법률관계에 해당한다고 할 것인데, 우리 섭외사법 제2조 제3항에 의하면 지방에 따라 법이 상이한 국가의 국민에 대하여는 그 자가 속하는 지방의 법에 의한다고 하며, 동법 제26조에 의하면 상속은 피상속인의 본국법에 의한다고 하므로, 위 이기영의 저작권취득 여부와 그의 사망으로 인한

저작권의 상속여부에 관하여는 그가 속하는 지방인 북한지역의 법의 적용을 받는다고 할 것인바, 북한은 사회주의 체제로서 저작권 등의 권리를 개인이 소유하거나 개인의 사망으로 인하여 그가 가진 권리가 유족들에게 상속되는 것을 원칙적으로 인정하지 아니하므로, 이 사건 저작물을 이기영이 저작하였다고 하더라도 그 저작권은 국가 또는 당의 소유로 귀속되었다고 볼 수 있고, 또한 예외적으로 이기영이 저작권을 가지고 있었다 하더라도 그가 사망함으로써 그 유족들에게 저작권이 상속되지는 아니한다고 주장하므로 살피건대, 우리 헌법 제3조에 의하면 대한민국의 영토는 한반도와 부속도서로 한다고 규정하고 있는데 북한지역은 한반도의 일부이므로 이 지역은 대한민국의 영토에 해당되고, 따라서 이 지역은 여전히 대한민국의 주권범위내에 있으며 대한민국의 주권과 부딪치는 어떠한 주권의 정치도 법리상 인정될 수 없는 것이고(대법원 1961. 9. 28. 선고 4292행상48 판결 참조), 따라서 우리 헌법에 의거하여 제정 시행된 저작권법이나 민법 등 모든 법령의 효력은 당연히 북한지역에 미친다고 보아야 하며, 설사 주권국가인 대한민국과 북한의 정치집단이 상호 대등한 자격으로 만나 자주적, 평화적 통일 원칙, 무력충돌의 방지, 다방면적인 교류 등을 추진하기로 하는 7.4남북공동성명을 합의하였다거나 오늘날 남북한간에 상호교역, 이산가족찾기, 남북당국자회담등 남북통일을 위한 다각적인 교류가 추진됨에 있어 북한지역을 지배하는 정치집단의 실체를 인정하고 사실상의 지배세력과 상호 대등한 관계에서 대화를 추진한다고 하더라도, 이는 대한민국의 통치권이 사실상 북한지역에 미치지 아니하며 이 지역을 지배하는 별개의 정치집단이 존재함으로 인한, 남북대화를 추진함에 있어서의 현실적인 필요에 의한 것일 뿐이며, 먼저 우리 헌법 제3조의 규정이 개정되거나 남북한이 서로 주권을 인정하고 국가로 승인하거나 또는 1개의 국가 내에서 서로 다른 법률체제를 상호 인정

하기로 하는 헌법적 효력을 가지는 조약이 체결된 바가 없는 이상, 북한지역이 우리 주권의 범위 밖에 있다거나 우리 법령의 적용밖에 있다고 볼 수 없으며, 더구나 북한주민의 상속인이 남한에 있어 그에 대한 우리 법령상의 보호를 부여하고자 하는 경우에는 더욱 그러하다고 할 것이다.

그렇다면, 이 사건의 경우에 있어서도 비록 위 이기영이 북한지역에 거주하였으며 이 사건 저작물을 북한에서 저작하였다고 하더라도 그는 우리 저자권법에 의해 보호되는 저작권을 취득하였으며 그가 사망함으로써 남한에 있는 장남 이종원이 그 상속지분에 따라 저작권을 상속하였다고 할 것이므로 이와 다른 견해에 선 피신청인들의 위 주장은 받아들일 수 없다." (출처: 하급심 판례집 1989년 제2집, 195쪽)

제 9 장 조약법

[조약법에 관해서는 한국도 당사국인 「조약법에 관한 비엔나 협약」이 범세계적으로 표준적 법리를 제공해 주는 역할을 하고 있다. 주로 국내문제만 다루는 법률가들이 국제법적 문제에 부딪칠

가능성이 가장 높은 영역은 한국이 당사국인 조약의 국내적 효력에 관한 다툼일 것이다. 한국사회가 국제화될수록 더 많은 조약관계를 맺게 되므로, 국내 법조인들도 조약문제를 다루게 될 가능성은 점차 커질 것이다. 그러나 아직까지 국내 법원에서 해석과 적용이 문제된 조약들은 비교적 제한된 유형에 해당한다.]

1. 조약의 개념

[국가간에는 물론 국가내에서도 종종 외국과의 일정한 합의문서가 조약에 해당하느냐는 문제가 제기된다. 통상적인 조약은 특별한 외관을 갖추고 일정한 절차를 거쳐 체결되므로 조약 여부는 쉽게 구별할 수 있으나, 항상 그렇지만은 않다. 때로는 합의의 주체인 국가들의 견해가 다르게 나타나기도 한다. 아래 제시된 국내 판례의 경우 모두 국내에서 문서의 법적 성격이 문제된 사례들이다.]

9-1. 합의의사록의 조약성
(헌법재판소 2001. 3. 21. 99헌마139 · 142 · 156 · 160(병합) 결정. 대한민국과일본국간의어업에관한협정비준등 위헌확인)
[사안: 1998년 합의된 한일 신어업협정은 비준을 위해 국회동의에 회부되었는데, 당시 정부는 본 협정과 부속서 Ⅰ과 Ⅱ만을 송부하고 또 다른 부속문서인 합의의사록은 동의대상에 포함시키지 않았다. 이 사건 청구인은 합의의사록에 대한 국회동의 생략은 국회의 조약 동의권을 침해한 위헌적 행위라고 주장했다. 이에 대해 외교통상부장관은 이 문서가 회의나 협상에서 논의된 사항을 정리하여 기록한 의사록으로 그 성격상 법적 권리 · 의무관계를 설정하는 조약이 아니므로 국회동의의 대상이 아니라고 주장했다.]
"합의의사록이 구체적으로 어떠한 법적 효력을

가지는지에 대해서 국제법상 확립된 원칙은 없는 것으로 보인다. 다만 합의의사록이 '조약'에 해당된다고 하기 위해서는 조약의 법적 성질을 판단하는 기준에 부합하는지가 중요한 단서를 제공한다고 하겠다. 그런데 조약이란 명시적으로 '조약'이라는 명칭을 붙인 것에 한하지 않고, 명칭 여하에 관계없이 국제법주체간에 국제법률관계를 설정하기 위하여 체결한 명시적인 합의라고 할 수 있다(조약법에관한비엔나협약 제2조 제1항(a) 참조).

그런데, 이 사건 협정의 합의의사록을 살펴보면, 전문에서 "대한민국 정부 대표 및 일본국 정부 대표는 금일 서명된 대한민국과 일본국간의 어업에 관한 협정의 관계조항과 관련하여 다음 사항을 기록하는 것에 합의하였다."고 선언하고 있는바, 이에 따르면, 대한민국과 일본국이라는 양 '국제법주체'가 일정한 사항에 대해 '합의'하였음을 명시하고 있는바, 이러한 합의내용이 '국제법률관계'에 해당하는지 여부가 합의의사록의 조약 해당성 여부를 판단하는데 결정적 기준이 된다고 할 것이다.

따라서 합의의사록의 내용을 살펴보건대, 그 내용으로서는, 양국 정부는 동중국해에서 어업질서를 유지하기 위하여 긴밀히 협력한다든지(제1항 참조), 우리나라 정부는 동중국해의 일부 수역에 있어서 일본이 제3국과 구축한 어업관계가 손상되지 않도록 일본 정부에 대하여 협력할 의향을 가진다든지(제2항 참조), 일본 정부는 우리나라 국민 및 어선이 동중국해의 다른 일부 수역에 있어서 일본이 제3국과 구축한 어업관계하에서 일정 어업활동이 가능하도록 당해 제3국 정부에 대하여 협력을 구할 의향을 가진다든지(제3항 참조), 또는 양국 정부는 동중국해에 있어서 원활한 어업질서를 유지하기 위한 구체적인 방안을 한 · 일 어업공동위원회 등을 통하여 협의할 의향을 가진다(제4항 참조)고 규정하고 있다. 이들 규정내용을 살펴보면, 한일 양국 정부의 어업질서에 관한 양국의 협력과 협의 의향을 선언한 것으로서 이러한 것들이 곧바로 구체적인 법률관계의 발생을 목적으로 한 것으로는 보기 어렵다 할 것이다. 또한 이 사건 협정 제14조에서도 "이 협정의 부속서 Ⅰ 및 부속서Ⅱ는 이 협정의 불가분의 일부를 이룬다."고 하여, 부속서Ⅰ 및 부속서Ⅱ에 대해서는 이 사건 협정의 불가분적 요소임을 명시하고 있으나 합의의사록에 대해서는 규정을 하고 있지 아니한 점으로부터 추론하여 볼 때에도 합의의사록이 이 사건 협정의 불가분적 요소로서 조약에 해당한다고 해석하기는 어렵다할 것이고, 따라서 청구인들의 주장은 이유 없다 할 것이다." (출처: 헌법재판소 판례집 제13권 1집, 676쪽)

[해설] 한국 정부가 이 결정 대상 조약을 공포할 때는 합의의사록도 조약의 일부로 같이 공포했다 (관보 1999년 1월 27일자). 일본 정부가 이 조약을 UN에 등록할 때도 합의의사록을 같이 포함시켰다. 그렇다면 양국 정부는 문제의 합의의사록을 한일 신어업협정이라는 조약의 일부로 인식했다고 보아야 하지 않을까? 한편 이 결정은 본서 1–11, 1–18, 2–3, 10–4에도 수록되어 있다.

9–2. 한·중 마늘 합의서의 법적 성격
(헌법재판소 2004. 12. 16. 2002헌마579 결정. 대한민국정부와 중화인민공화국정부간의 마늘교역에 관한 합의서 등 위헌확인)

[사안: 2000. 7. 31. 한국과 중국은 양국간 마늘교역에 관한 합의서에 서명했다. 이에 따르면 한국은 2000년부터 3년간 매년 일정량의 중국산 마늘을 수입하고 중국은 한국산 휴대전화단말기 등에 대한 수입중단조치를 철회하기로 했으며, 다만 한국이 이미 결정한 중국산 마늘에 대한 3년간의 긴급수입제한 조치는 계속 유지하기로 했다. 그런데 중국과의 합의에는 '2003. 1. 1.부터 한국의 민간기업이 (추가관세를 물지 않고 마늘을) 자유롭게 수입할 수 있다'는 내용이 부가되어 있었으며, 이는 한국측 통상대표가 위 합의서의 '부속서한'의 형태로 작성해 중국측에 전달되었다. 공식적으로는 이 같은 부속서의 내용이 공개되지 않다가 약

2년 후 다른 경로로 알려졌다. 이 사건의 청구인들은 합의서와 부속서 중 '2003. 1. 1.부터 한국의 민간기업이 자유롭게 수입할 수 있다'는 부분은 2003년부터는 우리 정부가 중국으로부터의 마늘 수입에 대해 긴급수입제한 조치를 취하지 않겠다고 중국과 합의한 것이므로, 이는 주권적 사항을 포기한 행위로서 이를 정식 합의서에 포함시키지 않고 별도의 이면서신을 교부하는 방법으로 합의한 점은 마늘 재배자인 청구인들의 알권리를 침해하는 것으로 이러한 방식 자체가 적법절차에 위배된다고 주장했다. 또한 이는 주권의 제약에 관한 조약, 국가나 국민에게 중대한 재정적 부담을 지우는 조약 또는 입법사항에 관한 조약에 해당하므로 국회의 동의를 받아야 함에도 불구하고 이를 받지 아니하였으므로 헌법에 위반된다고 주장했다.

이에 대해 외교통상부 장관은 부속서한이 노력하겠다는 약속인 이른바 '신사협정'에 불과하며 곧바로 국가 간의 법률관계가 발생하는 것이 아니며, 설사 이 사건 조항을 조약으로 본다고 하더라도 헌법 제60조 제1항에서 정하는 재정적 부담을 지우는 것이거나 주권의 제약에 관한 것을 내용으로 하고 있지 않으므로 국회동의의 대상은 아니라고 주장했다.]

"공포의무가 인정되는 일정범위의 조약의 경우에는 공개청구가 없더라도 알 권리에 상응하는 공개의무가 예외적으로 인정되는 것으로 생각해 볼 수도 있다.

그러나 이 사건 부속서의 경우 그 내용이 이 사건 합의서에 표기된 연도의 의미를 명확히 하고 한국이 이미 행한 3년간의 중국산 마늘에 대한 긴급수입제한 조치를 그 이후에는 다시 연장하지 않겠다는 방침을 선언한 것으로 집행적인 성격이 강하고, 특히 긴급수입제한조치의 연장은 국내법상 이해관계인의 산업피해조사 신청이 있는 경우 무역위원회의 조사와 건의를 거쳐 중앙행정기관의 장이 결정하도록 되어 있어(불공정무역행위조사

및산업피해구제에관한법률 제20조) 중국과의 합의로 그 연장여부가 최종적으로 결정된 것으로 볼 수 없는 점에 비추어 헌법적으로 정부가 반드시 공포하여 국내법과 같은 효력을 부여해야 한다고 단정할 수 없다.

따라서 공포에 대한 헌법규정의 위반여부와는 별도로 청구인들의 정보공개청구가 없었던 이 사건의 경우 이 사건 조항을 사전에 마늘재배농가들에게 공개할 정부의 의무가 존재한다고 볼 특별한 사정이 있다고 보기는 어렵다." (출처: 헌법재판소 판례집 제16권 2집(하), 568쪽)

[해설] 재판과정에서 외교부는 이 합의가 신사협정에 불과하다고 주장했고, 헌법재판소도 이 합의의 조약성을 부인했다. 그러나 한중간의 통상분쟁의 해결이란 맥락 하에서 체결된 이 합의서의 구속력을 한국이 "상대국의 관계에서 쉽게 부정하기는 힘들다고 보며, 제3자의 시각에서 볼 때 이러한 유의 합의서는 국제적으로 유효한 합의로 인식될 개연성이 높다"는 비판도 가능하다.[1] 한편 별개의견에서 권성 재판관은 문제의 합의서를 "고시류 조약"이라고 해석했는데, 이는 고시류 조약에 대한 오해에서 비롯된 잘못된 주장이다.

평석 전종익, 대한민국정부와 중화인민공화국정부간의 마늘교역에 관한 합의서 등 위헌확인, 헌법재판, 결정해설집 제3집(헌법재판소, 2004).

9-3. 쌀 관세화 유예에 관한 합의의 법적 성격
(헌법재판소 2007. 7. 26. 2005헌라8 결정. 국회의원과 정부간의 권한쟁의)

[사안: 한국 정부는 1995년부터 2004년까지 10년간 쌀에 대한 관세화를 유예받았던 특별대우를 2014년까지 10년간 추가로 연장하기 위해 세계무역기구(WTO) 회원국들과 사이에 소위 쌀협상을 진행했고, 그 결과 다시 10년간 쌀에 대한 관세화를 유예하기로 하는 내용의 "대한민국 양허표 일부개정안"을 체결했다. 다만 이 쌀협상 과정에서 이해관계국인 미국, 인도, 이집트와 사이에 쌀의 관세화 유예기간을 연장하는 대가로 이들 국가의 요구사항을 일부 수용하는 내용의 각 합의문을 작성했다. 정부가 위 양허표 일부개정안에 대한 동의안을 국회로 제출하면서 미국 등과의 개별 합의문은 포함시키지 않았다. 국회의원인 이 사건 청구인들은 이를 포함하는 동의안을 제출하라고 요구했으나, 정부는 이를 거부했다. 정부측은 이 합의문이 국가 간에 법적 구속력을 가지는 '조약'이 아니라 정치적·도덕적 구속력만을 가지는 '신사협정'에 불과하므로 국회 동의의 대상이 아니라고 주장했다. 이에 청구인들은 국회의 동의 없이 이 사건 합의문을 체결·비준한 행위로 인해 국회의 조약 체결·비준 동의권 및 청구인들의 조약안 심의·표결권이 침해되었다고 주장했다.

재판부는 이 합의문이 일응 조약이라 할지라도 현행법 체계 하에서 개별 국회의원은 국회의 조약에 대한 체결·비준 동의권의 침해를 주장하는 권한쟁의심판을 청구할 수 없다고 보아 각하를 결정했다.[2] 다수의견은 이 합의문의 법적 성격에 관한 판단을 내리지 않았지만, 재판관 1인은 이를 신사협정으로 해석하는 별개의견을 제시하여 이 부분만을 참고로 수록한다.]

재판관 이동흡 별개의견:

"'조약법에 관한 비인(Wien) 협약' 제2조 제1항 a호가 '조약은 단일의 문서 또는 둘 이상의 관련 문서에 구현되고 있는가에 관계없이, 또한 그 특정의 명칭에 관계없이, 서면형식으로 국가 간에 체결되고 또한 국제법에 의하여 규율되는 국제적 합의'라고 규정하고 있는 점에 비추어 조약은 '국제법 주체 간에 권리·의무관계를 창출하기 위하여 서면형식으로 체결되고 국제법에 의하여 규율되는 합의'라고 정의할 수 있고, 한편 신사협정은 당사국 간에 법적인 권리·의무관계를 창출하지 않는 모든 형태의 합의로서, 합의에 법적 구속력이 있는지 여부에 의해 조약과 구별된다.

그런데 먼저 이 사건 합의문은 법적 효력을 발

---

1) 배종인, 헌법과 조약체결(삼우사, 2009), p.56.

2) 이 점에 관한 헌법재판소의 판단으로는 본서 9-16 수록 결정을 참조.

생하게 하는 조약체결을 위한 국내절차인 국무회의 심의, 대통령 재가, 공포 등을 전혀 거치지 아니하였는바, 이는 이 사건 합의문에 발효를 위한 국내절차규정이 포함되어 있지 아니함을 의미하므로 체결 당사자 사이에 법적 구속력을 부여할 의도가 없었다고 보이고, 다음으로 피청구인의 주장에 의하면 이 사건 합의문은 재외공관장들 간의 외교서한의 형태로서 특별한 명칭이 없거나 양해록(record of understanding)으로 되어 있는바, 조약의 일반적인 명칭에 비추어 이는 위 합의문을 조약의 형태로 체결할 의사가 없었음을 의미하며, 또한 다자간 조약인 이 사건 양허안 개정안의 원만한 체결을 위하여 이해관계국과 사이의 신의에 기초하여 이 사건 합의문을 작성하였다고 볼 수 있는 점 등을 고려하면, 이 사건 합의문은 법적 구속력이 있는 헌법상의 조약이라고 보기보다는 당사국 간의 신의에 기초하여 이루어진 신사협정이라고 봄이 상당하다.

그렇다면 이 사건 합의문이 조약임을 전제로 조약에 대한 국회의 체결·비준 동의권과 국회의원의 심의·표결권이 침해되었음을 주장하는 이 사건 심판청구는 심판의 대상이 부존재하여 부적법하므로 각하되어야 한다."(출처: 헌법재판소 판례집 제19권 2집, 26쪽)

9-4. 한·미 외무장관 공동성명의 법적 성격
(헌법재판소 2008. 3. 27. 2006헌라4 결정. 국회의원과 대통령 등 간의 권한쟁의)

[사안: 2006년 1월 19일 한미 외무장관은 다음과 같은 내용의 "동맹 동반자 관계를 위한 전략대화 출범에 관한 공동성명"을 발표했다.

"동맹 동반자 관계를 위한 전략대화 출범에 관한 공동성명"

한국은 동맹국으로서 미국의 세계 군사전략 변혁의 논리를 충분히 이해하고, 주한미군의 전략적 유연성의 필요성을 존중한다. 전략적 유연성의 이행에 있어서, 미합중국은 한국이 한국민의 의지와 관계없이 동북아 지역분쟁에 개입되는 일은 없을 것이라는 한국의 입장을 존중한다. (The ROK, as an ally, fully understands the rationale for the transformation of the U. S. military strategy, and respects the necessity for strategic flexibility of the U. S. forces in the ROK. In the implementation of strategic flexibility, the U. S. respects the ROK position that it shall not be involved in a regional conflict in Northeast Asia against the will of the Korean people.)

이 사건 청구인(국회의원)은 한미상호방위조약에 의하면 주한미군은 한반도 방어의 목적으로 한국 주둔을 인정받고 있는데, 전략적 유연성의 합의는 이 조약에 위배된다고 주장했다. 또한 이 합의는 궁극적으로 한미상호방위조약의 효력을 변경시키는 조약인바, 이는 헌법 제60조 1항에 따라 국회동의를 필요로 하는데 이를 하지 않음으로써 청구인의 권한을 침해했다고 주장했다. 이에 대해 피청구인인 외교통상부장관은 이 문서가 정치적 선언에 불과하며 법적인 권리의무를 설정하는 조약이 아니라고 주장했다.]

"조약은 '국가·국제기구 등 국제법 주체 사이에 권리의무관계를 창출하기 위하여 서면형식으로 체결되고 국제법에 의하여 규율되는 합의'라고 할 수 있다. 이러한 조약의 체결·비준에 관하여 헌법은 대통령에게 전속적인 권한을 부여하면서(헌법 제73조), 조약을 체결·비준함에 앞서 국무회의의 심의를 거쳐야 하고(헌법 제89조 제3호), 특히 중요한 사항에 관한 조약의 체결·비준은 사전에 국회의 동의를 얻도록 하는 한편(헌법 제60조 제1항), 국회는 헌법 제60조 제1항에 규정된 일정한 조약에 대해서만 체결·비준에 대한 동의권을 가진다.

이 사건 공동성명은 한국과 미합중국이 서로 상대방의 입장을 존중한다는 내용만 담고 있을 뿐, 구체적인 법적 권리·의무를 창설하는 내용을 전혀 포함하고 있지 아니하므로, 이 사건 공동성명은 조약에 해당된다고 볼 수 없다. 그 내용이 헌법 제60조 제1항의 조약에 해당되는지 여부를 따질 필요도 없이 이 사건 공동성명에 대하여 국회가 동의권을 가진다거나 국회의원인 청구인이 심의표결권을 가진다고 볼 수 없다.

이 사건 공동선언이 조약임을 전제로·청구인의 조약체결비준에 대한 동의권 및 심의표결권이 침해되었음을 주장하는 이 사건 심판청구는 심판의 대상이 부존재하여 부적법하다고 할 것이다."(출처: 헌법재판소 공보 제138호, 424쪽)

9-5. 조약 협상중 정부대표간 합의의 법적 성격 (서울행정법원 2007. 2. 2. 2006구합23098 판결 (확정)).

[사안: 2006. 4. 17. - 18. 한·미 FTA 제2차 사전준비협의에서 양국 대표는 협상과 관련하여 생성된 문서는 협상 발효 후 3년간 공개하지 않기로 합의했다(다만, 정부관계자, 국회 국내 이해관계인 등은 의견수렴 및 정부 입장 수립을 위한 협의과정에서 보안준수를 전제로 관련문서를 열람은 가능). 2006. 5. 19. 한·미 양국은 FTA 협정문 초안을 서로 교환했다. 이에 국회의원 일부는 협정문 초안 전문의 사본을 요청하는 정보공개를 청구했으나, 외교통상부 장관은 협정문안의 열람만 허용하고 사본제출은 거부했다. 이 때 외교통상부 장관은 한미간의 관련서류 비공개 합의가 광의의 조약에 해당한다고 주장했다. 다음은 이 점에 대한 판단부분이다.]

"피고[외교통상부장관 - 필자 주]는 한·미 양국이 한·미 FTA 제2차 사전준비협의에서 한·미 FTA 협상과 관련하여 생산된 문서에 대하여 비공개하기로 합의하였고, 위와 같은 합의는 넓은 의미에서의 조약이며 조약준수의 원칙은 헌법 제6조 제1항에서 일반적으로 승인된 국제법규에 해당하므로, 이 사건 각 협정문 초안은 정보공개법 제9조 제1항 제1호에서 규정한 다른 법률의 규정에 의하여 비밀 또는 비공개사항으로 규정된 비

공개대상정보에 해당한다고 주장한다.

우리나라 헌법은 제6조 제1항에서 헌법에 의하여 체결·공포된 조약과 일반적으로 승인된 국제법규는 국내법과 같은 효력을 갖는다고 규정하고 있고, 국제법상 조약이란 그 명칭에 관계없이 단일의 문서 또는 둘이나 그 이상의 관련 문서에 구현되고, 국가 간에 문서로 체결되며, 국제법에 의하여 규율되는 국제적 합의를 의미하는바, 한·미 양국이 한·미 FTA 협상과 관련하여 생성한 문서에 대하여 비공개하기로 한 합의는 단지 양국 간의 협상의 편의를 위하여 협상자료 등을 공개하지 않기로 합의한 것에 불과하므로 헌법에 의하여 체결·공포된 국내법과 같은 효력을 갖는 조약에 해당한다고 볼 수 없다."(출처: 각급법원(제1,2심) 판결공보 제43호(2007. 3. 10.), 739쪽)

[해설] 재판부는 이 합의가 조약은 아니나, 공공기관의 정보공개에 관한 법률 제9조 1항 2호 "외교관계 등에 관한 사항으로서 공개될 경우 국가의 중대한 이익을 현저히 해칠 우려가 있다고 인정되는 정보" 및 5호 "공개될 경우 업무의 공정한 수행이나 연구·개발에 현저한 지장을 초래한다고 인정할 만한 상당한 이유가 있는 정보"에 해당한다고 보아 공개를 거부한 외교통상부의 처분이 적법하다고 판단했다. 이 부분에 해당하는 판결문은 본서 2-6 수록분 참조.

9-6. 남북한간 합의서의 법적 성격

[이 부분에 관해서는 제8장 4. 남북한 합의서의 법적 성격(8-20 이하 수록분)을 참조하시오.]

2. 조약의 해석과 적용

9-7. 조약의 해석권한 (서울고등법원 2008. 3. 21. 2007누18729 판결(확정))

"GATT 협정이 국내법령과 동일한 효력을 가지는 이상 구체적 분쟁에 관하여 조문의 해석권한은 헌법 제101조에 의하여 사법권이 귀속되는 법원에 있는 것이고, GATT 부속서 2 '분쟁해결규칙

및 절차에 관한 양해각서'(Understanding on Rules and Procedures Governing the Settlement of Dispute) 제23조 제1항, 제2항 (a)는 조약 체결 당사국들 사이에 GATT에 관련된 위반 또는 조약의 무효화 또는 조약이 정한 이익의 침해, 조약이 정한 목적 달성을 하지 못함으로 인하여 입는 손해의 구제 조치를 추구할 때 WTO 분쟁해결기구(Dispute Settlement Body)만이 분쟁을 해결할 수 있도록 제한하고 있을 뿐 GATT를 체결한 국가의 법원이 자국 내 분쟁에 관하여 GATT를 해석하는 권한을 위 WTO 분쟁해결기구에 일임하였다고 볼 수 없다고 할 것이므로 이 사건 조례가 위 GATT에 위반하였는지는 이 법원의 심판범위에 속한다." (출처: 판결문 사본 입수)

참고 이 판결의 다른 부분은 본서 1-28-1 수록분 참조.

9-8. 조약의 해석원칙
(서울행정법원 2004. 2. 13. 2002구합33943 판결 (확정). 정보공개거부처분취소)

"청구권협정 및 합의의사록의 내용만으로는 원고들의 개인적 손해배상청구권의 소멸 여부에 관한 합치된 해석이 어려워 많은 논란이 있음은 앞서 본 바와 같고, 조약의 해석에 관하여는 조약의 목적과 의도에 따라 그 문언의 의미를 밝힘으로써 당사국의 의사를 확인하여야 하고 여기에 조약 체결시의 역사적 상황이 고려되어야 하며 조약 문언의 해석이 의심스러운 경우에는 조약의 준비문서도 해석을 위하여 이용되어야 하는 점에 비추어 보면 청구권협정 해석의 보충적 수단으로서 이 사건 문서를 이용할 필요성이 크다고 할 것이므로, 이 사건 문서의 공개가 불필요하다고 할 수 없다.

또 정부가 앞서 본 보상 관련 법률에 의하여 이미 마쳤거나 현재 실시하고 있는 일본 강점기의 피해에 대한 보상은 피해 국민 일부에 대한 그리고 피해의 일부에 대한 보상에 그친 것이므로,

그러한 보상이 행하여졌다고 하여 그 보상대상으로 정하지 않은 피해를 입은 국민이나 신고기간 내에 신고를 하지 못한 국민이 더 이상 일본이나 일본기업에 대하여 손해배상청구권을 가지지 못하게 된다고 볼 합리적 근거가 되지는 아니한다고 할 것이니, 그러한 보상 등을 이유로 원고들이 이 사건 문서의 공개를 통하여 보호받을 실제의 이익이 없다는 주장은 이유 없다(다만, 이 사건 문서를 보충적 수단으로 삼아 청구권협정의 의미를 해석하는 경우에도 원고들의 개인적 손해배상청구권이 소멸된 것으로 볼 것인지 여부는 장차의 판단 사항일 뿐이다)." (출처: 각급법원(제1, 2심) 판결공보 제8호(2004. 4. 10.), 516쪽)

[해설] 이 판결의 재판부는 조약의 해석이란 "조약의 목적과 의도에 따라 그 문언의 의미를 밝힘으로써 당사국의 의사를 확인"하는 것으로 설명하고 있다. 이러한 입장은 한국도 당사국인 비엔나 조약법협약의 내용과 미묘한 차이를 보인다. 이 판결의 다른 부분은 본서 7-12 수록분 참조.

9-9. 조약 개정 전후 당사국간 조약적용, 조약 한글 번역상의 오류
(대법원 1986. 7. 22. 82다카1372 판결)
"1. 제1점에 대하여

항공운송에 관하여 아직까지 국내법이 제정된 바 없으므로 이에 관한 법률관계는 일응 일반법인 민법의 적용 대상이 된다고 하겠다.

그러나 국제항공운송에 관하여는 정부가 국무회의의 의결과 국회의 비준을 거쳐 1967. 10. 11자로 "1929. 10. 12 바르샤바에서 서명된 국제항공운송에 있어서의 일부 규칙의 통일에 관한 협약을 개정하기 위한 의정서"(이하 헤이그 의정서라 한다)를 조약 제259호로 공포하였는바, 헤이그 의정서 제23조 제2항에서는 "협약의 당사국이 아닌 국가에 의한 본 의정서에의 가입은 본 의정서에 의한 개정된 협약에의 가입의 효력을 가진다"고 규정하고 있고, 동 제19조가"본 의정서의 당사국 간에 있어서는 협약과 의정서는 합쳐서 하나의

단일문서로 읽어지고 또한 해석되며 1955. 헤이그에서 개정된 바르샤바 협약이라고 알려 진다"고 규정하고 있으므로 대한민국은 위와 같이 헤이그 의정서에 가입함으로써 1929. 10. 12 바르샤바에서 서명된 "국제항공운송에 있어서의 일부 규칙의 통일에 관한 협약"(이하 바르샤바협약이라 한다)에의 가입의 효력이 발생하였고 따라서 바르샤바협약은 헤이그 의정서에 의하여 개정된 내용대로 국내법과 동일한 효력을 가지게 되어서 국제항공운송에 관한 법률관계에 대하여는 일반법인 민법에 대한 특별법으로서 1955년 헤이그에서 개정된 바르샤바 협약(이하 개정된 바르샤바협약이라 한다)이 우선 적용되어야 할 것이다.

그리고 개정된 바르샤바협약이 적용될 국제항공운송이라 함은 당사자간의 협정에 의하여 출발지 및 도착지가 2개의 체약국의 영역내에 있거나 또는 출발지 및 도착지가 단일 체약국의 영역내에 있는 운송으로서 타국의 영역내에 예정기항지가 있는 것을 지칭하는 것임은 개정된 바르샤바협약 제1조 제2항에 규정되어 있는 바이고, 위 규정에서 사용하고 있는 용어인 "체약국"이란 개념은 바르샤바협약과 헤이그 의정서에 모두 가입한 국가는 물론 대한민국과 같이 바르샤바협약에는 가입하지 않고 있다가 헤이그 의정서에 가입함으로써 바르샤바협약에 가입한 효력이 발생한 국가와 바르샤바협약에는 가입하였으나 헤이그 의정서에는 아직 가입하지 아니한 국가를 모두 포함하는 것으로 보아야 함은 헤이그 의정서가 바르샤바협약 자체를 폐기하고 국제항공운송에 관한 새로운 협약을 한 것이 아니라 바르샤바협약의 존재를 전제로 하여 이를 개정한 것에 불과한 것임이 앞서본 헤이그 의정서 제19조와 제23조 제2항의 규정내용에 비추어 명백하고 따라서 개정된 바르샤바협약 제1조 제2항의 "본협약"은 헤이그 의정서를 지칭하는 것이 아니라 바르샤바 협약을 지칭하는 것으로 해석되지 않을 수 없는 점에 비추어 분명하다.

원심판결 이유에 의하면, 원심은 피고회사의 대리인인 미국의 인터콘티넨탈 에어프레이트 인코퍼레이티드(INTERCONTINENTAL AIR FRT INC)와 이 사건 화물의 하송인인 소외 디지털 이퀴프먼트 코오포레이션(DIGITAL EQUIPMENT CORPORATION) 사이에서 체결된 이 사건 항공운송계약은 그 출발지를 미국의 보스톤, 도착지를 대한민국 서울로 한 것임을 적법하게 확정한 후, 미국은 헤이그 의정서에는 가입하지 아니하였으나 바르샤바협약에는 가입한 국가로서 개정된 바르샤바협약 제1조 제2항에서 들고있는 "체약국"에 해당한다고 보아 이 사건 화물의 운송은 민법에 우선하여 위 개정된 바르샤바협약의 적용대상이 되는 국제항공운송이라는 취지로 판단하였음을 알 수 있는바, 원심의 위와 같은 판단은 앞서 설시한 바와 같은 견해에 따른 것으로서 정당하다 할 것이고 바르샤바협약에는 가입하였으나 헤이그 의정서에는 가입하지 아니한 국가는 헤이그 의정서에 의하여 개정된 바르샤바협약 제1조 제2항 소정의 체약국으로 볼 수 없으므로 미국을 출발지로 하는 이 사건 화물의 운송은 국제항공운송으로 볼 수 없어 개정된 바르샤바협약은 물론 개정전의 바르샤바협약도 적용될 수 없다는 논지는 독자적인 견해로서 받아들일 수 없다.

2. 제2점에 대하여

"바르샤바협약은 제3장(제17조 내지 제30조)에서 국제항공 운송인의 책임에 관하여 규정하면서 제24조 제1항에서 "제18조 및 제19조에 정하여진 경우에는 책임에 관한 소는 명의의 여하를 불문하고 본 협약에 정하여진 조건 및 제한 하에서만 제기할 수 있다"고 규정하고 있는바, 위 조항에서 "명의의 여하를 불문하고"라는 문언은 영어의 "however founded"에 대한 공식 번역이기는 하나 이를 다른 말로 풀이하면 "그 근거가 무엇이든지 간에" 내지는 "그 청구원인이 무엇이든지 간에"로 해석되는 것임이 분명하므로 국제항공 운송인에 대하여 그 항공운송중에 생긴 화물훼손으로 인한 손해배상을 소구함에 있어서는 그 계약 불이행을 청구원인으로 하는 것이든 불법행위를 청구원인으로 하는 것이든 모두 바르샤바협약에 정하여진 조건 및 제한 내에서만 가능한 것이라 할 것이고 그렇게 해석하는 것이 국제항공운송인의 책임에 관하여 위 협약의 규정과 다른 국내법 원리를 적용하여 협약의 규정을 배제하는 결과를 초래하는 것을 방지함으로써 국제항공운송에 관한 법률관계를 규율하는 통일된 규범을 창조하려는 위 협약의 제정목적에도 부합하는 것이라 하겠다.

위와 같은 취지에서 원심이 국제항공운송인 이 사건 화물운송 중에 생긴 화물의 훼손으로 인한 손해배상을 구하는 원고들의 이 사건 청구는 그 청구원인이 계약불이행이든 불법행위든 간에 모두 위 바르샤바협약에서 정한 조건과 제한의 적용을 받는 것이라고 판단한 것은 정당하고, 논지가 지적하는 바와 같이 바르샤바협약의 관계규정을 부당하게 확대 해석하거나 종전의 판례에 배치되는 판단을 한 잘못이 있다고 할 수 없다.

논지는 바르샤바협약 제20조 제1항, 제2항의 규정에 비추어 보면 동 협약 제3장에서 규정한 국제항공운송인의 책임의 법적성질은 계약불이행으로 인한 손해배상책임에 불과하여 불법행위로 인한 손해배상책임에 관하여는 바르샤바협약의 규정들이 적용될 여지가 없고 따라서 위 협약 제24조 제1항의"명의의 여하를 불문하고"라는 문언도 "사고의 종류가 무엇이든지 간에"라는 취지로 해석하여야 하며 그렇게 해석하는 것이 육상운송인과 해상운송인의 책임에 관하여 청구권경합설을 취하고 있는 당원의 판례의 취지에도 부합한다는 것으로 요약되나, 협약 제3장의 관련 조문들과 대비하여 보면 협약 제20조의 규정내용은 국제항공운송인의 책임이 무과실책임으로서의 결과책임이 아니라 과실책임임을 밝힌 것일 뿐 동 협약상 국제항공운송인의 책임의 법적성질이 채무불이행으로 인한 손해배상책임 임을 전제로 한 것이라고

는 볼 수 없고, 또 협약 제18조와 제19조의 규정들이 이미 운송인에게 책임이 있는 각종 손해의 내용과 그 손해의 원인이 된 사고의 종류에 관한 규정들인 점에 비추어 보면 협약 제24조 제1항의 "명의의 여하를 불문하고"라는 문언을 논지와 같이 "사고의 종류가 무엇이든지간에"라고 풀이하는 것은 동 문언을 "제18조 및 제19조에 정하여진 경우에는"이라는 문언과 중복되어 불필요한 것으로 만드는 것이되어 부당하다 할 것이며, 또한 바르샤바협약 제24조 제1항의 규정은 국제항공운송인에 대한 손해배상청구가 내국법상으로는 채무불이행 혹은 불법행위의 어느 법리에 의하여서도 가능함은 당연한 전제로 하여 그 책임에 관한 소는 청구원인이 무엇이든간에 동 협약에 정하여진 조건 및 제한에 따른 것을 규정한 것이라고 보아야 할 것이므로 동 협약의 규정을 논지와 같이 해석하지 아니한다 하여 해상운송인과 육상운송인의 책임에 관하여 당원이 청구권경합설을 취하고 있는것과 반드시 모순되는 것도 아니라 할 것이므로 논지는 모두 이유없다." (출처: 대법원 판례집 제34권 2집(민사), 41쪽)

[해설] 조약의 한글 번역본이 잘못된 경우 법원은 원본인 외국어본을 기준으로 재판하여야 하는가? 또는 오류 여부와 관계없이 관보에 공포되었던 한글본을 우선해야 하는가? 한국이 당사국이 된지 오래된 조약의 경우 간혹 한글 번역상의 오류가 발견된다. 본 판결과 아래 9-10 판결의 경우 모두 국제법적으로 외국어본이 정본이고, 한글본은 그렇지 않은 경우로서 재판부는 모두 원래의 영어본을 기준으로 판단했다. 그렇다면 국민은 조약의 경우 한글본에만 의지하지 말고, 항상 외국어 정본을 직접 살필 의무가 있는가? 영어를 모르는 국민은 어떻게 해야 하는가? 만약 그로인해 국민에게 피해가 발생할 경우 국가가 배상책임을 져야 할 것이다.

평석   심재두, 항공운송인의 배상책임, 판례연구 제4집(서울지방변호사회, 1991).

최준선, 국제항공운송중에 생긴 화물손괴로 인한 손해배상, 항공법학회지 제2호(1990).

9-10. 조약 한글 번역상의 오류
(서울고등법원 1998. 8. 27. 96나37321 판결(확정))

"나. 승객의 유족인 원고들의 이 사건 소가 제 척기간을 준수하였는지 여부

(1) 협약은 제17조에서 "운송인은 승객의 사망 또는 부상 기타의 신체상해의 경우에 있어서의 손해에 대하여서는 그 손해의 원인이 된 사고가 항공기 상에서 발생하거나 또는 승강을 위한 작업중에 발생하였을 때에는 책임을 진다."고 규정하고 있고, 제24조는 제1항에서 "제18조 및 제19조에 정하여진 경우에는, 책임에 관한 소는 명의의 여하를 불문하고 본 협약에 정하여진 조건과 제한하에서만 제기할 수 있다."고 규정하면서 같은 제2항에서 "전항의 규정은 제17조에 정하여진 경우에도 적용된다."고 규정하고 있는바, 위 '명의의 여하를 불문하고'라는 문언은 영어의 'how-ever founded'의 공식 번역으로서 그 취지는 '그 근거가 무엇이든지 간에' 또는 '그 청구원인이 무엇이든지 간에'로 해석됨이 분명하므로, 이 사건과 같이 항공기상에서 발생한 사고에 관하여 국제항공 운송인에 대하여 그 승객의 사망으로 인한 손해배상을 구함에 있어서는 그 운송계약상 채무불이행을 청구원인으로 하는 것이든 원고들의 이 사건 소와 같이 불법행위를 청구원인으로 하는 것이든 모두 개정 협약에 정하여진 조건 및 제한 내에서만 가능한 것이라 할 것이고, 그렇게 해석하는 것이 국제항공운송인의 책임에 관하여 협약의 규정과 다른 국내법 원리를 적용하여 협약의 규정을 배제하는 결과를 초래하는 것을 방지함으로써 국제항공운송에 관한 법률관계를 규율하는 통일된 규범을 창조하려는 협약의 제정 목적에도 부합하는 것이다.

(2) 또한, 협약은 유족이 승객인 사망자들의 손해배상청구권을 상속하여 청구를 하는 경우는 물론이고, 유족이 그 고유한 위자료를 청구하는 경우에도 마찬가지로 적용된다. 그 근거는 다음과 같다.

첫째, 국제항공운송인의 손해배상책임에 관한 협약 제17조는 승객 자신의 손해만을 배상한다고 한정하고 있지는 않다.

둘째, 협약의 주요 내용은, 항공운송인의 책임을 제한하되(제22조 등 참조), 다른 한편으로 승객 등 피해자를 위하여는 손해배상에 관한 입증책임 부담을 덜어주고 책임의 한도를 유지시켜 주는(제17조, 제23조 등 참조) 것으로서, 이는 체약국들의 항공사로 하여금 손해배상에 따른 손실을 예상할 수 있게 함으로써 필요한 자본금과 적절한 보험에 가입하도록 유도하기 위한 것이다.

셋째, 사망으로 인한 손해배상청구소송의 경우, 나라에 따라서는 ① 상속 이론을 취하지 아니하고 유족이 상실된 부양료를 자신의 고유한 손해로 이론 구성하여 직접 배상을 구하는 방식(이를 'wrongful death action'이라 한다), ② 유족이 망인의 손해배상청구권을 상속하거나 상속재산을 위하여 손해가 배상되는 방법으로 소송이 이루어지는 방식(이를 'survival action'이라 한다), 또는 ③ 위 두 가지를 혼용하는 방식 등이 취해지고 있는데, 협약은 이러한 각국의 다양한 손해배상청구 방식에도 불구하고 이를 통일하는 사법적 원칙을 마련한 것이다.

넷째, 그러하기 때문에 승객운송에 관한 협약 제24조 제2항(그 중 'without prejudice to the questions as to who are the persons who have the right to bring suit and what are their respective rights' 부분에 관한 조약집상의 공식 번역 역시 부정확하다)은 "각 체약국에서 누가 손해배상청구권자로 정해지고 그 권리 내용이 어떻게 정해지느냐의 문제는 협약에 가입하였다고 해서 영향을 받는 것은 아니지만, 책임에 관한 소는 어디까지나 협약에 정하여진 조건 및 제한에 따라야 한다."는 취지로 해석함이 상당하고, 따라서 이 규정 역시 협약의 통일적 적용을 방해하는 것으로 볼 수는 없다."
(출처: 하급심 판례집 1998년 제2집, 310쪽)

참고 본 판결의 다른 부분은 본서 1-13 수록분

참조.

9-11. 조약 개정 전후 당사국간 조약적용
(서울민사지방법원 1987. 2. 3. 85가합4258 판결)

"피고가 교통부장관의 면허를 얻어 미국뉴욕의 케네디국제공항과 대한민국 서울의 김포국제공항을 잇는 항로에 정기적으로 그 보유의 항공기를 취항시켜 오던 중, 1983. 8. 31. 13:05(한국시간, 이하 같다) 그 고용의 조종사인 소외 1, 2등이 피고 보유의 보잉 747-230 비이 (B)형 에이치 엘(HL)7442항공기를 조종하고 위 케네디공항을 출발하여 앨러스카의 앵커리지국제공항을 거쳐 위 김포공항을 향하여 운항하여 오다가 같은 해 9. 1. 03:27경 소련령 사할린섬 부근상공에서 소련공군 전투기의 요격을 받아 격추되어 실종된 사실 […]

항공운송계약의 도착지국인 대한민국은 국무회의의 의결과 국회의 비준을 거쳐 1967. 10. 11.자로 "1929. 10. 12. 바르샤바에서 서명된 국제항공운송에 있어서의 일부규칙의 통일에 관한 협약을 개정하기 위한 의정서"(이하 헤이그의정서라 한다)를 조약 제259호로 공포한 사실을 각 인정할 수 있고 달리 반증이 없으며, 한편, 위 항공운송계약의 출발지국인 미국이 "1929. 10. 12. 바르샤바에서 서명된 국제항공운송에 있어서의 일부규칙의 통일에 관한 협약"(이하 바르샤바협약이라 한다)에는 가입하였으나 헤이그의정서에는 아직 비준하지 아니하여 가입하지 아니한 사실은 당사자 사이에 다툼이 없다.

살피건대, 바르샤바협약 및 헤이그의정서 제1조 제2항에 의하면, 그 협약 또는 의정서가 적용되는 국제운송이라 함은 당사자간의 협정에 의하여 운송의 중단 또는 환적의 유무를 불문하고 출발지 및 도착지가 2개의 체약국의 영역 내에 있거나 또는 본협약 체약국의 여부를 불문하고 타국의 영역내에 예정기항지가 있는 경우의 출발지 및 도착지가 단일 체약국의 영역내에 있는 운송을 말한다고 되어 있으므로 바르샤바협약과 헤이그의정서가 각각 독자적 효력을 갖는 별개의 조약인 이상 가입국에 있어서 일치하지 아니함으로 인하여 미국과 대한민국간의 위 항공운송관계에는 원칙적으로 바르샤바협약이나 헤이그의정서 그 어느 것도 적용될 수 없다고 하겠으나, 한편, 헤이그의정서 제23조 제2항에 의하면, 바르샤바협약의 당사국이 아닌 국가에 의한 본 의정서에서 가입은 본 의정서에 의하여 개정된 협약에의 가입의 효력을 가진다고 규정되어 있고 같은 제19조에 의하면 본 의정서의 당사국간에 있어서는 협약과 의정서는 합쳐서 하나의 단일문서로 읽혀지고 또한 해석되며, 1955년 헤이그에서 개정된 바르샤바협약이라고 알려진다고 규정되어 있으므로, 헤이그의정서가 바르샤바협약을 폐기한 것이 아니라 그것을 개정한 조약이라는 점 및 바르샤바협약이나 헤이그의정서의 국제적 통일법으로서의 정신에 비추어 보면, 미국과 대한민국간의 항공운송관계에는 적어도 바르샤바협약중 헤이그의정서에 의하여 개정되지 아니한 부분은 적용된다고 볼 것인 바(헤이그의정서에 의하여 개정된 부분은 미국이 아직 체약국이 아니므로 대한민국과 미국간의 항공운송에 관한 사건인 이 사건에 있어서 적용이 없다고 할 것이다), 바르샤바협약중 헤이그의정서에 의하여 개정되지 아니한 제24조에 의하면, 책임에 관한 소는 명의의 여하를 불문하고 본 협약에 정하여진 조건과 제한하여서만 제기할 수 있다고 규정되어 있고 같은법 제20조 제1항과 제22조에 의하면, 운송인은 운송인 및 그 사용인이 손해를 방지하기에 필요한 모든 조치를 취하였다는 사실 또는 그 조치를 취할 수 없었다는 사실을 증명하지 않는 한 책임을 면치 못하도록 되어 있으나 그 책임은 일정한 한도로 제한되도록 규정되어 있으므로, 위 인정사실에 의하면, 피고는 위 항공운송계약에 의한 운송인이자 소외 1등의 사용자로서, 위 항공기사고의 발생을 방지하기에 필요한 모든 조치를 취하였다거나 그 조치를 취할 수 없었다는 점에 관하여 아무런 주장입증이 없는 이 사건에 있어서 망 소외 3 및 그와 위에서 본 가족관계에 있는 원고들이 위 항공기사고로 말미암아 입은 손해를 원고들이 주장하는 민법상의 불법행위 규정에 따라 바르샤바협약 또는 헤이그의정서의 조건 및 제한하에서 배상할 책임이 있다할 것이다."(출처: 하급심 판례집1987년 제1집, 226쪽)

9-11-1. 위 항소심
(서울고등법원 1987. 12. 21. 87나1017 판결(확정))

"항공운송계약의 도착지국인 대한민국은 국무회의의 의결과 국회의 비준을 거쳐 1967. 10. 11.자로 "1929. 10. 12. 바르샤바에서 서명된 국제항공운송에 있어서의 일부규칙의 통일에 관한 협약을 개정하기 위한 의정서"(이하 헤이그의정서라 한다)를 조약 제259호로 공포함으로써 위 의정서가 국내법과 동일한 효력을 가지게 되었음은 당원에 현저한 바이고, 한편 위 항공운송계약의 출발지국인 미국이 "1929. 10. 12. 바르샤바에서 서명된 국제항공운송에 있어서의 일부규칙의 통일에 관한 협약"(이하 바르샤바협약이라 한다)에는 가입하였으나 헤이그의정서에는 아직 비준하지 아니하여 가입하지 아니한 사실은 당사자 사이에 다툼이 없는바, 바르샤바협약 및 헤이그의정서 제1조 제2항에 의하면, 그 협약 또는 의정서가 적용되는 국제운송이라 함은 당사자간의 협정에 의하여, 운송의 중단 또는 환적의 유무를 불문하고 출발지 및 도착지가 2개의 체약국의 영역내에 있거나 또는 본협약 체약국의 여부를 불문하고 타국의 영역내에 예정기항지가 있는 경우의 출발지 및 도착지가 단일 체약국의 영역내에 있는 운송을 말한다고 되어 있고, 여기서 말하는 "체약국"이라는 용어는 바르샤바 협약과 헤이그 의정서에 모두 가입한 국가는 물론 우리나라와 같이 바르샤바 협약에는 가입하지 않고 있다가 헤이그 의정서에 가입함으로써 위 협약에 가입한 효력이 발생한 국가와 미국과 같이 바르샤바 협약에는 가입하였으나 헤이그 의정서에는 아직 가입하지 아니한

국가를 모두 포함하는 것으로 보아야 할 것이므로(이러한 해석은, 헤이그 의정서가 바르샤바 협약 자체를 폐기하고 국제항공운송에 관한 새로운 협약을 체결한 것이 아니라 바르샤바 협약을 전제로 하여 이를 일부 개정한 것에 불과함이 그 의정서 제19조와 제23조 제2항의 규정상 명백하고 따라서 개정된 바르샤바 협약 제1조 제2항의 "본협약"은 헤이그 의정서를 지칭하는 것이 아니라 바르샤바 협약을 지칭하는 것으로 보아야 하는 점에 비춰 분명한 바이다. — 대법원 1986. 7. 22. 선고 82다카1372 판결 참조), 바르샤바 협약에만 가입한 미국을 위 항공기의 출발지국으로, 헤이그 의정서에 가입한 우리나라를 그 도착지국으로 하는 이 사건 국제항공운송에 관하여도 헤이그 의정서에 의한 개정협약이 그 개정되지 아니한 부분과 함께 일반법인 민법에 대한 특별법으로 적용된다 할 것이다."(출처: 판결문 사본 입수)

[해설] 바르샤바 협약과 헤이그 의정서의 관계는 조약의 개정이라기보다는 동일 주제에 대한 신구 조약, 즉 비엔나 협약 제30조에 규정된 계승적 조약에 해당한다는 해석으로는 김대순·김민서·박지현, 바르샤바협약과 헤이그의정서의 관계: 계승적 조약과 개정조약의 구분, 국제법학회논총 제56권 제4호(2011) 참조.

9-12. 조약의 국내 유추적용(부정)
(서울고등법원 1995. 11. 15. 94나42220 판결(확정))

[사안: 이 사건의 소외 피해자는 서울—목포간 국내선 비행기에 탑승했다 추락·사망했다. 피고 비행사는 헤이그 의정서에 따른 배상책임의 제한이 국내 여객에 대해서도 유추 적용된다고 주장했다.]

"가. 피고의 주장

(1) 망인은 이 사건 사고 당시 피고의 이 사건 항공기에 탑승하면서 항공권을 구입하여 서울에서 목포까지 이 사건 항공기에 의한 여객운송계약을 체결하였고, 그 계약조건은 항공권 이면약관과 피고의 국내여객운송약관(아래에서는 피고의 약관이라 한다)에 의하기로 약정하였으며, 위 항공권

이면약관과 피고의 약관에 의하면 항공기의 사고로 인한 여객 사망시 피고가 배상할 한도액은 1인당 금 100,000 국제통화기금특별인출권(SDR) 상당의 원화금액으로 되어 있고 위 배상책임 제한조항은 불법행위를 청구원인으로 하는 경우에도 적용되므로 원고들의 이 사건 청구는 위 범위 내로 제한되어야 한다.

(2) 1929. 10. 12. 폴란드의 바르샤바에서 열린 제2회 국제항공사법회의에서 채택된 '국제항공운송에 있어서의 일부 규칙의 통일에 관한 협약' 및 1955. 9. 28. 헤이그에서 열린 국제항공사법회의에서 이를 개정한 '1929. 10. 12. 바르샤바에서 서명된 국제항공운송에 있어서의 일부 규칙의 통일에 관한 협약을 개정하기 위한 의정서'(아래에서는 헤이그 의정서라 한다)는 운송인의 책임에 관한 소는 명의의 여하를 불문하고 본 협약에 정하여진 조건 및 제한 하에서만 제기할 수 있다고 규정하고 있고, 헤이그 의정서상의 책임제한 규정은 "운송인, 그의 고용인 또는 대리인이 손해를 발생시킬 의사로써 또는 무모하게 그리고 손해가 아마 발생할 것이라는 인식으로써 행한(done with in-tent to cause damage or recklessly and with knowl-edge that damage would probably result) 작위나 부작위로부터 손해가 발생하였다고 증명된 경우에는 적용되지 아니한다."고 규정하고 있고, 헤이그 의정서는 1967. 1. 28. 우리나라 국회의 동의를 얻어 같은 해 10. 11. 조약 제259호로 공포되어 국내법과 동일한 효력을 가지게 되었으므로 국내여객 항공운송인의 책임에 관하여 규율하는 법률이 없는 우리나라에 있어서는 국내여객 항공운송인의 책임에 관하여도 헤이그 의정서상의 책임제한 규정을 유추 적용하여야 할 것인바, 이 사건 항공기의 조종사들인 위 황인기, 박태환의 위 항공기 운항 행위가 헤이그 의정서상의 책임제한 규정의 적용을 배제하는, 손해를 발생시킬 의사로써 또는 무모하게 그리고 손해가 아마 발생할 것이라는 인식으로써 행한 작위나 부작위라고 보기

어려우므로 피고 회사의 위 배상책임 제한조항은 이 사건 사고에도 적용되어야 한다[고 주장한데 대해 재판부는 다음과 같이 판단했다 – 필자 주]. […]

다. 판단

여객운송계약상의 채무불이행책임에 관하여 여객운송약관에 면책 또는 책임제한의 특약을 하였다고 하여도 일반적으로 이러한 특약은 운송계약상의 채무불이행 책임을 묻는 경우에만 적용되는 것이고 이를 불법행위 책임에도 적용키로 하는 명시적 또는 묵시적 합의가 없는 한 당연히 불법행위 책임에 적용되지는 않는 것인바, 이 사건에 있어 여객인 망인과 피고 회사 사이에 피고의 약관상의 위 배상책임 제한조항을 불법행위 책임에도 적용하기로 하는 합의가 있었음을 인정할 아무런 증거가 없어 위 배상책임 제한조항은 불법행위를 청구원인으로 하는 이 사건에 적용되지 않는다고 할 것이므로 위 배상책임 제한조항이 적용되어야 한다는 피고의 주장은 이유 없다."

(출처: 하급심판결집 1995년 제2집, 172쪽)

9-13. 조약 유보의 효과

(헌법재판소 1991. 7. 22. 89헌가106 결정. 사립학교법 제55조 등에 관한 위헌심판)

"체약국의 가입과 동시에 시행에 필요한 조치를 취하도록 의무화하고 있는 "시민적및정치적권리에관한국제규약"의 제22조 제1항에도 "모든 사람은 자기의 이익을 보호하기 위하여 노동조합을 결성하고 이에 가입하는 권리를 포함하여 다른 사람과의 결사의 자유에 대한 권리를 갖는다."고 규정하고 있으나 같은 조 제2항은 그와 같은 권리의 행사에 대하여는 법률에 의하여 규정되고, 국가안보 또는 공공의 안전, 공공질서, 공중보건 또는 도덕의 보호 또는 타인의 권리 및 자유의 보호를 위하여 민주사회에서 필요한 범위 내에서는 합법적인 제한을 가하는 것을 용인하는 유보조항을 두고 있을 뿐 아니라, 특히 위 제22조는 우리의 국내법적인 수정의 필요에 따라 가입당시 유

보되었기 때문에 직접적으로 국내법적 효력을 가지는 것도 아니다."(출처: 헌법재판소 판례집 제3권 (1992), 387쪽)

(참고) 동일 취지의 결정:
① 헌법재판소 2005. 10. 27. 2003헌바50−62 등 결정.
② 헌법재판소 2007. 8. 30. 2003헌바51, 2005헌가 5(병합) 결정.
③ 헌법재판소 2008. 12. 26. 2006헌마462 결정.
④ 헌법재판소 2008. 12. 26. 2006헌마518 결정.
기타 본 결정의 다른 부분에 관해서는 본서 1−1, 1−35, 14−34 수록분 참조.

3. 조약의 종료

9−14. 대만 단교의 기존 항공협정에 대한 효력 (서울행정법원 2005. 9. 8. 2004구합35615 판결 (확정). 원고: 대한항공. 피고: 건설교통부장관)

[사안: 1992년 8월 24일 한국과 중국이 수교함에 따라 기존 대만과의 외교관계는 단절되었다. 당시 한국과 대만간에는 항공운수협정이 발효 중이었는데, 이후 상당 기간 양국간 민간 항공기 취항은 중지되었다. 이후 한국과 대만은 1993년 7월 27일 비공식 외교관계를 수립하고 각각 민간대표부를 설치하기로 합의했다. 2004년 9월 1일 주타이베이 한국대표부와 주한 타이베이 대표부 사이에는 민간항공운수협정이 체결되어 양국간 국적기 항공운항이 재개되게 되었다. 과거 한국−대만 간을 운항하던 대한항공은 구 항공운수협정 시에 상응하는 비중의 운항권을 보장하라고 요구했으나, 정부는 대한항공의 서울−대만간 구 노선면허는 구 항공운수협정이 대만과의 국교단절과 대만의 단항통보로 이미 소멸했다고 주장했다. 판결과정에서 재판부는 대만과의 국교단절이 기존 조약에 미친 영향을 판단했다.]

"(나) 대만간의 국교단절 또는 단항통보에 의하여 항공운수협정의 효력이 소멸되었는지 여부
① 중국과의 국교수교와 대만과의 국교단절

㉮ 인정사실

그런데 우리나라 정부는 1992. 8. 24.자로 중국과의 사이에 국교를 수립하면서 대만과 단교를 한 사실은 앞서 본 바와 같고, […] 단교 후 우리나라 정부는 대만과의 단교 이전에 양국 사이에 체결된 각종 조약의 효력 여부에 관하여 일부 적용상의 혼란이 발생하자 1993. 2. 12. '1964년에 체결된 우호조약을 제외한 항공운수협정, 해운협정 등 11개 조약에 대해서는 대만과의 비공식관계가 정립되어 새로운 협정에 의하여 대체될 때까지 잠정적으로 그 효력을 계속 인정한다.'는 내용이 기재된 <한·대만간 체결조약의 효력에 관한 방침>을 각 해당 부처에 통보한 사실, 또한 우리나라와 대만은 1993. 7. 27. 비공식관계를 수립하고 민간대표부를 상호 설립하면서 항공운수협정과 해운협정 등 11개 조약을 새로운 협정으로 대체하되 대체협정이 완료될 때까지는 기존협정이 잠정적으로 유효하다는데 견해를 같이 한 사실, 한편 국가간의 조약에 적용되는 비엔나 협약은 제63조(외교 또는 영사 관계의 단절)에서 '조약 당사국간의 외교 또는 영사관계의 단절은 외교 또는 영사관계의 존재가 그 조약의 적용에 불가결한 경우를 제외하고, 그 조약에 의하여 그 당사국간에 확립된 법적 관계에 영향을 주지 아니한다.'고 규정되어 있는 사실을 인정할 수 있고, 을 가 제10호증의 1, 2의 각 기재는 이에 방해가 되지 아니한다.

㉯ 판단

위 비엔나협약의 규정에 의하면, 외교 또는 영사 관계의 존재가 그 조약의 적용에 불가결한 경우에 해당한다고 보기 어려운 항공운수협정은 우리나라가 대만과 국교를 단절하였다고 하더라도 그 효력은 계속 유효하다고 볼 여지가 있을 뿐만 아니라, 위에서 인정한 바와 같이 우리나라는 대만간의 국교단절 이후에도 항공운수협정 등은 유효하다고 의견을 밝힘과 아울러 대만과 비공식관계를 수립하면서 항공운수협정 등이 새로운 협정

으로 대체되기 전까지 잠정적으로 유효하다고 상호 합의를 한 점에 비추어 볼 때, 우리나라가 대만과 국교를 단절하였다는 사유만으로 항공운수협정의 효력이 확정적으로 소멸되었다고 단정할 수는 없다 할 것이다.

② 단항통보

㉮ 인정사실

항공운수협정 제17조는, "각 체약당사국은 언제든지 타방 체약당사국에 이 협정의 종료의사를 서면으로 통보할 수 있다. 이 경우 종료통고가 기간만료 전에 합의에 의하여 철회되지 아니하는 한 타방 체약당사국에 의한 협정통고의 접수일자로부터 1년 후에 종료한다."고 규정한 사실과 우리나라 정부가 1992. 8. 24. 자로 중국과의 국교수립 및 대만과의 국교단절을 하자, 대만의 교통부 민용항공국장이 1992. 9. 1. 원고와 참가인에게 항공운수협정의 효력을 1992. 9. 15. 자로 중단한다는 단항통보를 한 사실은 앞서 본 바와 같다.

㉯ 판단

그런데 위 인정사실에 의하면, 항공운수협정이 종료되기 위해서는 각 체약당사국이 타방 체약당사국에 대하여 종료의사를 통보하여야 하는데, 당시 국교가 단절되어 공식적인 외교채널이 가동되지 아니한 상태인 점을 감안하더라도 대만 측에서 우리나라 정부가 아닌 민간 항공사인 원고와 참가인에게 단항통보를 한 사실만으로 항공운수협정의 효력이 확정적으로 소멸되었다고 단정할 수는 없다 할 것이다.

㉰ 민간항공운수협정으로 인하여 항공운수협정의 효력이 회복되었는지 여부

한편 앞서 본 바와 같이, 항공운수협정은 우리나라 정부와 대만과의 사이에 체결된 조약인 반면, 민간항공운수협정은 주타이베이 대한민국대표부와 주한타이베이대표부 사이에 체결된 민간협정으로서 그 체결의 주체가 서로 다르고, 내용에 관하여 보더라도 항공운수협정은 공급단위를 기종계수로, 공급횟수는 여객·화물 구분 없이 우

리나라/대만 노선 주 210단위로 설정되었고, 이원권도 교환하여 운항하도록 한 반면, 민간항공운수협정은 공급단위가 운항횟수이고 공급횟수는 여객과 화물을 구분하여 서울/타이베이 여객노선 주 18회, 화물노선은 최소한 주 2회 이상으로 정하였으며, 이원권은 서로 교환하지 않기로 정하였고, 노선도 단순화된 점 및 구 항공운수협정은 잠정항공운수협정을 대체한다는 내용이 있음에 반하여 민간항공운수협정에는 항공운수협정과의 관계에 관한 내용이 기재되어 있지 아니한 점을 종합하여 볼 때, 민간항공운수협정의 성격이 반드시 항공운수협정의 효력을 회복시키는 복항협정이라고 단정할 수도 없다 할 것이다."(출처: 서울국제법연구 제12권 2호(2005), 189쪽)

평석 이근관, 대만정부와의 외교관계단절(1992) 이후 한국-대만 간 조약관계에 관한 고찰: 서울행정법원 2005. 9. 8. 선고 2004구합35615 및 동 법원 2005. 9. 8. 선고 2004구합35622 판결에 대한 평석을 겸하여, (서울대학교) 법학 제47권 제2호(2006).

9-15. 대만 단교의 기존 항공협정에 대한 효력 (서울행정법원 2005. 9. 8. 2004구합35622 판결 (확정))

"이 사건에서 우리나라 정부는 1992. 8. 24.자로 중국과 국교를 수립하면서 대만과의 외교관계를 단절하였고 이에 대하여 대만 정부는 항공운수협정의 효력을 종지하고 항공운항을 정지시키는 등 단항조치를 취한 점, 이에 따라 원고의 이 사건 정기항공운송사업은 단항조치 이후 이 사건 처분 당시까지 약 12년간 중단되었던 점 및 우리나라와 대만 사이에 2004. 9. 민간항공운수협정이 체결되었으나 위 협정은 위 항공운수협정과의 관계에 관하여 아무런 규정을 두고 있지 않은 점 등을 종합하여 보면, 이 사건 노선면허는 이 사건 처분 당시에는 그 목적사업의 장기간 실현 불능 및 항공시장의 여건 변화 등의 사유로 인하여 실효되었다고 봄이 상당하다." (출처: 서울국제법연구 제12권 2호(2005), 192쪽)

[해설] 9–14 판결과 9–15 판결은 같은 날짜에 서울행정법원의 각기 다른 재판부에서 내려진 판결이다. 9–14 판결은 대만과의 단교가 기존 조약의 즉각적인 종료를 결과하지 않았다고 보고 있으나, 9–15 판결은 바로 종료된 듯 설명하고 있다. 비엔나 협약 제63조는 외교관계의 단절은 외교관계의 존재가 그 조약의 적용에 불가결한 경우를 제외하고 조약에 의해 확립된 당사국간 법적 관계에 영향을 주지 아니한다고 규정하고 있으나, 대만과의 단교는 중국과의 수교 및 하나의 중국 원칙 수락을 전제로 한다는 점에서 일반적인 외교관계 단절과는 차이가 있다. 한국 정부는 대만과의 단교가 기존조약에 미친 영향에 관해 상황에 따라 "(잠정) 유효," "정지," "종료" 3가지 입장을 취하는 등 입장이 일관되지 않았다. 기존 조약이 종료되었다면 어느 시점에 어떤 방식으로 종료되었는지를 명확히 발표한 바 없다. 민간약정에 의해 대체되었다고 할지라도 헌법 제6조 1항에 의해 "국내법과 같은 효력"을 지니는 조약이 국제법적 구속력이 없는 민간약정에 의해 대체·종료될 수는 없기 때문에 종료에 대해서는 별도의 법적 근거가 필요하다.

4. 조약체결의 국내 절차

[조약 체결은 헌법상 대통령의 권한에 속하나, 체결과정에는 국내적으로 일정한 통제가 가해진다. 가장 중요한 점은 헌법 제60조 1항에 규정된 조약의 경우 국회의 동의를 필요로 한다는 점일 것이다. 국회동의의 필요 여부는 현재는 사실상 행정부가 결정하고 있다고 해도 과언이 아니므로, 야당 국회의원들은 종종 이 과정에서 국회의 동의권이 무시되고 있다고 주장한다. 한편 본 항목에서는 대통령의 조약체결 행위에 대한 위헌심사 가능성을 설시하고 있는 본서 2–3 수록 결정(헌법재판소 2001. 3. 21. 99헌마139 등 결정)을 함께 참조할 것.]

9–16. 국회 조약동의권의 법적 성격
(헌법재판소 2007. 10. 25. 2006헌라5 결정. 국회의원과 대통령 등 간의 권한쟁의)

[사안: 헌법 제60조 1항에 국회는 일정한 "조약의 체결·비준에 대한 동의권을 가진다"고 규정하고 있으므로, 일부 국회의원들은 국회가 조약의 "체결"에 대한 동의권과 "비준"에 대한 동의권을 각각 행사할 수 있다고 주장했다. 이에 정부가 국회로부터 한미 FTA 체결에 대한 동의를 받지 않고 협상을 개시하여 국회의 조약 동의권과 국회의원의 심의·표결권을 침해했다고 주장하며 권한쟁의심판을 청구했다. 재판부는 결정과정에서 국회의 조약동의권의 법적 성격 분석했다. 아울러 별개의견도 첨부한다.]

"헌법 제60조 제1항은 "국회는 … 국가나 국민에게 중대한 재정적 부담을 지우는 조약 또는 입법사항에 관한 조약의 체결·비준에 대한 동의권을 가진다."라고 규정하고 있으므로, 조약의 체결·비준에 대한 동의권은 국회에 속한다. 따라서 조약의 체결·비준의 주체인 피청구인이 국회의 동의를 필요로 하는 조약에 대하여 국회의 동의 절차를 거치지 아니한 채 체결·비준하는 경우 국회의 조약에 대한 체결·비준 동의권이 침해되는 것이므로, 이를 다투는 권한쟁의심판의 당사자는 국회가 되어야 할 것이다. […]

국회가 헌법 제60조 제1항에 따라서 조약의 체결·비준에 대한 동의권한을 행사하는 경우에, 국회의원은 헌법 제40조 및 제41조 제1항과 국회법 제93조 및 제109조 내지 제112조에 따라서 조약의 체결·비준 동의안에 대하여 심의·표결할 권한을 가진다. 그런데 국회의 동의권과 국회의원의 심의·표결권은 비록 국회의 동의권이 개별 국회의원의 심의·표결절차를 거쳐 행사되기는 하지만 그 권한의 귀속주체가 다르고, 또 심의·표결권의 행사는 국회의 의사를 형성하기 위한 국회 내부의 행위로서 구체적인 의안 처리와 관련하여 각 국회의원에게 부여되는데 비하여, 동의권의 행사는 국회가 그 의결을 통하여 다른 국가기관에 대한 의사표시로서 행해지며 대외적인 법적 효과가 발생한다는 점에서 구분된다.

따라서 국회의 동의권이 침해되었다고 하여 동시에 국회의원의 심의·표결권이 침해된다고 할 수 없고, 또 국회의원의 심의·표결권은 국회의 대내적인 관계에서 행사되고 침해될 수 있을 뿐 다른 국가기관과의 대외적인 관계에서는 침해될 수 없는 것이므로, 국회의원들 상호간 또는 국회의원과 국회의장 사이와 같이 국회 내부적으로만 직접적인 법적 연관성을 발생시킬 수 있을 뿐이고 대통령 등 국회 이외의 국가기관과 사이에서는 권한침해의 직접적인 법적 효과를 발생시키지 아니한다.

따라서 피청구인 대통령이 국회의 동의 없이 조약을 체결·비준하였다 하더라도 국회의 체결·비준 동의권이 침해될 수는 있어도 국회의원인 청구인들의 심의·표결권이 침해될 가능성은 없다고 할 것이므로, 청구인들의 이 부분 심판청구 역시 부적법하다."

재판관 이공현의 별개의견:

"조약의 체결·비준에 관한 국회의 동의권은 대통령·정부의 조약의 체결·비준에 대한 관여로서 일종의 국정통제권한으로 이해할 수 있다. 그런데 국회의 이와 같은 권한은 '소극적 통제'로서의 성질에 그칠 뿐이며, 정부의 권한행사를 일정한 방향으로 형성해가는 적극적 참여권한으로서의 성격을 인정할 수 없다. 따라서 조약 체결과정의 개개 협상행위에 관여한다는 의미에서의 국회의 조약 체결·비준에 관한 동의권한은 존재하지 아니한다고 할 것이고, 결국 조약문이 확정되어 기속적 동의표시가 요청되기 이전에 국회의 동의권한 내지 국회의원의 심의·표결권한이 침해될 위험성은 없다고 볼 것이다.

그렇다면 이 사건 협상행위가 국회의 동의권을 배제하는 것을 전제로 하여 이루어지고 있음이 명백하지 아니한 이상 청구인들의 권한이 침해되거나 침해될 현저한 위험성이 있다고 보기 어렵고, 피청구인들이 동의안 제출 이후에도 정보를 공개하지 아니하거나 국회의 출석 및 답변요구 등에 불응할 것이라는 점이 이 사건 정보 비공개를 통하여 명백하게 드러나지 아니한 이상 청구인들의 권한을 침해할 현저한 위험성이 있다고 보기 어렵다." (출처: 헌법재판소 판례집 제19권 2집, 436쪽)

참고 동일 취지의 결정:
① 헌법재판소 2007. 7. 26. 2005헌라8 결정(헌법재판소 판례집 제19권 2집, 26쪽).
② 헌법재판소 2008. 1. 17. 2005헌라10 결정(헌법재판소 판례집 제20권 1집(상), 70쪽).
③ 헌법재판소 2011. 8. 30. 2011헌라2 결정(헌법재판소 판례집 제23권 2집(상), 276쪽).

평석 이은희, 국회의원과 정부간의 권한쟁의, 헌법재판소 결정해설집 제6집(헌법재판소, 2008).
이덕연, 조약비준에 대한 국회동의 관련 개별 국회의원의 권한쟁의심판 청구인적격, 공법연구 제36집 제1호(2007).
정태호, 국가기간상호간의 권한쟁의심판절차에서의 국회의원의 당사자능력과 제3자소송담당, 경희법학 제42권 제2호(2007).

9-17. 국회 조약동의권의 법적 성격
(헌법재판소 2015. 11. 26. 2013헌라3 결정. 국회의원과 대통령간의 권한쟁의)

[사안: 이 사건의 쟁점은 기본적으로 위 수록된 9-16 결정의 경우와 동일하며, 다수의견은 같은 입장을 유지하고 있다. 다만 본 결정시에는 동일한 쟁점이 제기되었던 과거 사건보다는 한층 정교한 반대의견이 개진되었고, 흥미로운 쟁점도 제기하고 있기 때문에 이를 수록한다.]

"1. 사건개요

가. 국가기관이나 공기업이 물품이나 서비스를 구매할 때 회원국 응찰자간의 비차별 원칙을 적용하는 것을 주된 골자로 하는 '세계무역기구(이하 'WTO'라 한다) 정부조달협정'은 WTO 회원국 중 별도로 가입한 국가들에게 적용되는 다자간

무역협정으로 1996. 1. 1.부터 발효되었다. 대한민국에서 위 협정은 1994. 12. 16. 국회의 비준동의를 거쳐 1997. 1. 1.부터 발효되었다.

'WTO 정부조달협정' 제24조 제7항에서 정한 협상의무에 따라 회원국들은 위 협정의 범위를 확대하기 위한 협상을 진행하였으며, 2011. 12. 15. 개정 협상이 타결되어 2012. 3. 30. 'WTO 정부조달협정 개정의정서'(이하 '이 사건 의정서'라 한다)가 공식적으로 채택되었다.

나. 산업통상자원부는 2013. 5. 22. 외교부에 이 사건 의정서 발효를 위한 국내절차의 진행을 요청하였고, 외교부는 2013. 7. 26. 법제처에 이 사건 의정서에 대한 심사를 요청하였으며, 법제처는 2013. 10. 10. 심사결과를 외교부로 회신하였다. 외교부는 2013. 11. 5. 위 심사결과를 토대로 이 사건 의정서 비준안을 국무회의에 상정하였고, 같은 날 국무회의에서 심의 · 의결되자, 피청구인은 2013. 11. 15. 이를 재가하였다.

다. 국회 교섭단체인 민주당은 이 사건 의정서가 입법사항에 관한 조약이므로 헌법 제60조 제1항에 의하여 체결 · 비준에 대한 국회의 동의가 필요하다고 주장하였고, 청와대는 2013. 11. 26. 브리핑을 통해 이 사건 의정서의 비준에는 국회의 동의가 필요하지 않다고 반박하였다. 이에 민주당 소속 국회의원인 청구인들은 피청구인이 이 사건 의정서의 체결 · 비준에 대한 국회의 동의를 요구하지 않고 있는 부작위가 국회의 조약 체결 · 비준 동의권 및 청구인들의 조약 체결 · 비준 동의안 심의 · 표결권을 침해하였다고 주장하면서, 2013. 12. 26. 이 사건 권한쟁의심판을 청구하였다. […]

이러한 사정을 종합하여 볼 때 권한쟁의심판에 있어 '제3자 소송담당'을 허용하는 명문의 규정이 없는 현행법 체계하에서 국회의 구성원인 국회의원이 국회의 권한침해를 이유로 권한쟁의심판을 청구할 수 있다고 보기는 어려우므로, 청구인들의 이 부분 심판청구는 청구인적격이 없어 부적법하다. […]

[이어 국회의원 심의 · 표결권이 외부의 국가기관에 의해 침해될 수 있는지에 대해서는 앞의 9-16 결정 이래 헌법재판소가 일관되게 부인하고 입장을 반복하고 "대통령이 국회의 동의 없이 조약을 체결 · 비준하였다 하더라도 국회의 조약 체결 · 비준에 대한 동의권이 침해될 수는 있어도 국회의원인 청구인들의 심의 · 표결권이 침해될 가능성은 없다"고 판단했다. 이에 결론적으로 — 필자 주] 청구인들의 이 사건 심판청구는 모두 부적법하므로 각하하기로 하여 주문과 같이 결정한다."

재판관 김이수, 이진성, 강일원의 반대의견:

"권한쟁의심판은 분쟁 당사자 사이의 대립적인 쟁송절차로 형성되어 있으나, 헌법상의 객관적 권한배분질서의 유지 · 수호에 초점이 있다는 점에서 당사자의 임의적 처분이 가능한 주관적 권리 · 의무의 법률관계의 확정이 문제되는 민사소송과는 구분된다. 따라서 권리 · 의무에 관한 실체법상의 주체가 아닌 제3자에게 소송수행권을 인정하기 위하여는 법률에 명문의 규정이 필요한 민사소송과 달리 권한쟁의심판에 있어서는 제3자의 소송담당을 인정하기 위하여 반드시 명문의 규정이 필요하다고 볼 것은 아니다. 오히려 국가기관 등을 구성하는 다수파의 권한 남용 · 일탈로 인하여 헌법상 권한배분질서가 왜곡될 우려가 있어 이에 대한 사법적 통제가 요청되고, 제3자의 소송수행이 기능적 권력통제에 기여하며 권력의 남용에도 해당하지 아니하는 때에는 이를 허용함이 헌법질서의 수호 및 권력 상호간의 견제와 균형을 보장하는 권한쟁의심판제도의 목적에 부합하는 것이라고 할 것이다.

특히 정부와 국회의 권력이 다수당을 중심으로 형성되는 현대의 정당국가적 권력분립구조 하에서는 의회와 행정부가 정당을 통하여 융합되는 현상을 보이고 있고, 대통령이 속한 여당과 의회의 다수당이 대체로 일치하는 대통령제 정부형태에서, 고전적 권력분립론에서와 같이 의회가 정부의 권력행사를 통제하는 것은 사실상 기대하기 어렵다. 의회의 헌법상 권한이 정부에 의해 침해되었거나 침해될 위험에 처하였음에도 불구하고 의회의 다수파 또는 특정 안건에 관한 다수세력이 그에 대한 방어를 제대로 하지 않거나 이에 동조하는 상황에서는, 다수파나 다수세력이 의회의 권한을 수호하기 위한 권한쟁의심판 등 견제수단을 취하지 않을 것이므로 헌법이 명령하는 권력의 견제기능을 제대로 수행하지 않는 현상이 나타날 수 있다.

이와 같이 의회의 헌법적 권한이 제대로 수호되지 못하고 헌법의 권력분립 질서가 왜곡되는 때에는, 의회 내 소수파 의원들이 다수당 내지 다수파 의원들의 활동의 문제점을 적절하게 지적하고 통제할 수 있는 기회를 보장함으로써 궁극적으로 의회의 헌법적 권한을 수호하고, 의회와 정부 사이의 견제와 균형을 실현할 수 있을 것이다.

그러므로 의회의 대정부 견제기능의 정상적 작동을 전제로 한 헌법상의 권력분립이 명목적 원리로 전락하는 예외적 상황에서, 헌법재판소가 헌법상 권한배분질서를 유지하고 권력분립의 원리를 보장하기 위하여 소수파 의원들이 일정한 요건 하에 의회를 대신하여 의회의 권한침해를 다툴 수 있도록 하는 법적 지위를 인정하는 것은, 헌법재판소법에 내재된 입법적 흠결을 보완하는 것으로서 권한쟁의심판제도의 목적과 취지 및 우리 헌법의 정신에 따른 것이라고 할 것이다(헌재 2007. 7. 26. 2005헌라8 참조). [⋯]

위와 같은 관점에서 이 사건 심판청구의 적법 여부를 살펴보면, 청구인들은 새정치민주연합 소속의 국회의원 전원으로서 교섭단체를 이루고 있고, 국가나 국민에게 중대한 재정적 부담을 지우는 조약 또는 입법사항에 관한 조약에 대한 의회의 견제를 실현하기 위한 차원에서 정부가 이 사건 의정서에 대한 비준·동의를 국회에 요구하지 않고 있는 부작위를 다투고 있다.

즉 이 사건 의정서 본문은 국회의 비준·동의

를 거쳐 체결된 1994년 정부조달협정의 전문, 제1조부터 제24조, 부록을 모두 삭제하고 이 사건 의정서의 부속서에 제시된 규정으로 대체한다는 합의사항을 담고 있는데, 국회의 동의를 얻은 조약을 개정할 때 국회의 동의가 필요한지 여부에 관한 의문의 제기는 조약체결에 관한 국회의 비준·동의권 행사에 있어 중요한 문제이다.

또한 이 사건 의정서는 정부조달시장의 개방기관과 개방범위를 확대하여, 일정 금액 이상의 조달계약을 체결하고자 할 때 반드시 정부조달협정에 따른 국제입찰에 의하도록 하고 있는데, 이러한 이 사건 의정서의 시행을 위해서 국내 법률의 제·개정이 필요한 것이 아닌지, 즉 이 사건 의정서가 입법사항에 관한 것이 아닌지에 관한 의문의 제기가 이 사건 의정서의 내용에 비추어 부당한 것이라고 보기 어렵다. 예컨대, 이 사건 의정서의 부속서 3에 의하여 양허기관에 포함된 지방공사(서울메트로, 서울특별시 도시철도공사, 인천메트로, 부산교통공사, 대구도시철도공사, 대전광역시도시철도공사, 광주도시철도공사)들에 대해서 국제입찰의 실시에 관한 근거규정이 존재하는지 문제될 수 있다. 피청구인이 근거로 드는 '공공기관의 운영에 관한 법률'은 공기업·준정부기관의 입찰참가자격 제한기준 등에 관하여 필요한 사항을 기획재정부령으로 정하도록 위임하고 있으나(제39조 제3항), 지방공사(지방공기업법 제49조 제1항)와 같이 지방자치단체가 설립하고, 그 운영에 관여하는 기관은 공공기관(공기업·준정부기관, 기타 공공기관)으로 지정할 수 없으므로(공공기관의 운영에 관한 법률 제4조 제2항 제2호), 위와 같은 위임규정이 지방공사의 국제입찰 실시에 관한 근거규정이 된다고 할 수 없기 때문이다.

이러한 사정을 종합하면, 청구인들은 국회법상 교섭단체를 이루고 있는 정당의 국회의원 전원에 해당한다는 점에서 제3자 소송담당의 방식으로 국회의 권한 침해를 다툴 수 있는 심판청구인 적격을 인정할 수 있고, 나아가 이 사건 의정서가 국회의 비준·동의를 요하는지 여부는 헌법적으로 해명이 필요한 중요한 사항에 해당하는데, 대통령이 속한 여당이 국회의 다수당인 상황에서 이 사건 의정서는 국회의 비준·동의를 거쳐야 한다는 청구인들이 속한 야당의 주장과 그에 대한 정부의 반박이 있은 다음에 이 사건 권한쟁의심판청구가 제기된 이상 청구인들의 심판청구가 권한의 남용에 해당한다고 보기도 어렵다.

따라서 이 사건 심판청구는 다른 적법요건 상의 문제가 있지 아니한 한 각하할 것이 아니고, 본안에 들어가 그 권한침해 여부를 판단하여야 할 것이다."(출처: 헌법재판소 판례집 제27권 2집(하), 126쪽)

> **평석** 이명웅, 권한쟁의심판에서 제3자 소송담당 인정 문제: 헌재 2015. 11. 26. 2013헌라3 결정, 헌법재판연구 제3권 제1호(2016).
> 정태호, 국가기관 상호간의 권한쟁의심판절차의 무력화: 헌재 2015. 11. 26. 2013헌라3, 공보 230, 1742에 대한 평석, 헌법재판연구 제3권 제1호(2016).

9-18. 조약의 국회 사후동의
(헌법재판소 2018. 2. 22. 2016헌마780 결정. 국가항공보안계획 중 8. 1. 19. 위헌확인)

"제2차 세계대전이 끝난 후 국제민간항공 수송체계 및 질서를 확립하기 위하여 52개국의 참여로 '국제민간항공협약', 일명 '시카고 협약(Chicago Convention)'이 1944. 12. 7. 미국 시카고에서 작성·채택되어 1947. 4. 4. 최초 발효되었다. 이 협약은 다자간 국제조약으로 우리나라는 1952. 12. 11. 가입하여 조약 제38호로 발효되었고, 1957. 2. 4. 국회에서 비준동의를 받았다.

헌법 제6조 제1항은 "헌법에 의하여 체결·공포된 조약과 일반적으로 승인된 국제법규는 국내법과 같은 효력을 가진다."라고 규정하고 있고, 헌법 제60조 제1항은 국회의 조약 체결·비준에 대한 동의권을 규정하고 있는바, 국제민간항공협약은 우리나라가 가입과 동시에 발효되었고 사후에 국회의 비준동의도 받았으므로 국내법과 같은 효력을 가지고, 위 협약의 국내 이행을 위해서 '항공보안법'이 마련되어 있다." (출처: 헌법재판소 공보 제257호, 459쪽)

제10장 해양법

[해양법에 관해서는 한국도 당사국인 1982년 UN 해양법 협약이 기본적 법전 역할을 하고 있다. 3면이 바다로 둘러쌓인 한국으로서 바다는 대외교류의 생명선으로 해양법에 관한 분쟁이 적지 않을 것으로 예상되나, 직접 재판에 이른 사건은 비교적 많지 않다. 특이한 점으로는 한국이 1952년 평화선을 선언한 이후 이를 침범한 일본 선박과 선원을 상당수 나포했었고, 당시 한국은 이를 처리하기 위해 포획심판령을 제정하고 포획심판소를 설치했었다. 이는 한국이 포획심판소를 별도로 운영한 유일한 경험이다. 그러나 현재 이에 관한 기록을 찾지 못해 정확한 운영내용을 파악하기 어렵다.]

1. 영해

10-1. 서해 5도 수역의 영해
(헌법재판소 2017. 3. 28. 2017헌마202 결정. 영해 및 접속수역법 제2조 제2항 등 위헌확인)

[사안: 청구인들은 서해 5도 거주 어민들이다. 이들은 정부가 「영해 및 접속수역법」과 동 시행령에 서해 5도 부근에 영해 기선을 설정하지 않음으로써 중국 어선들의 불법어로로부터 자신들을 충분히 보호하지 못하고 있다고 주장하며, 입법부작위 위헌확인을 구하는 헌법소원을 청구했다.]

"'영해 및 접속수역법'은 영해의 폭을 측정하기 위한 통상의 기선은 해안의 저조선으로 하되(제2조 제1항), 다만 지리적 특수사정이 있는 수역으로서 대통령령으로 정하는 기점이 있는 경우 위 기점을 연결하는 직선을 기선으로 채택하고 있다(제2조 제2항). 따라서 '영해 및 접속수역법' 제2조 제2항, 동법 시행령 제2조, 별표 1(이하 위 조항들을 합하여 '영해 및 접속수역법 제2조 제2항 등'이라 한다)에 의하여 기점이 정해지지 아니한 수역에 대해서는 동법 제2조 제1항에 따른 통상의 기선에 따라 영해의 폭을 측정하게 된다.

그런데 '영해 및 접속수역법' 제2조 제2항 등은 서해 5도에 관하여 기점을 정하고 있지 아니하므로, 서해 5도에는 통상의 기선이 적용되는바, 서해 5도 해안의 저조선으로부터 그 바깥쪽 12해리의 선까지에 이르는 수역은 별도로 영해를 선포하는 행위가 없더라도 당연히 영해가 된다(제1조 참조).

다. 서해 5도에 관한 국제법상 규정은 다음과 같다. '해양법에 관한 국제연합 협약'[…]에 따르면, 모든 국가는 위 협약에 따라 결정된 기선으로부터 12해리를 넘지 아니하는 범위에서 영해의 폭을 설정할 권리를 가지고(제3조), 영해의 폭을 측정하기 위한 통상기선은 위 협약에 달리 규정된 경우를 제외하고는 연안국이 공인한 대축척해도에 표시된 해안의 저조선으로 하며(제5조), 다만 해안선이 깊게 굴곡이 지거나 잘려들어간 지역, 또는 해안을 따라 아주 가까이 섬이 흩어져 있는 지역에서는 영해기선을 설정함에 있어서 적절한 지점을 연결하는 직선기선의 방법이 사용될 수 있다(제7조 제1항). 당사국은 제7조에 따라 결정되는 영해기선 및 그로부터 도출된 한계는 그 위치를 확인하기에 적합한 축척의 해도에 표시하거나 또는 측지자료를 명기한 각 지점의 지리적 좌표목록으로 이를 대체할 수 있고(제16조 제1항), 이러한 해도나 지리적 좌표목록을 적절히 공표하며, 그 사본을 국제연합 사무총장에게 기탁한다(제16조 제2항). 이 사건 협약 제16조는 직선기선에 따라 영해기선을 결정하는 경우에 적용되므로, 통상기선에 따라 영해기선을 결정하는 경우에 위 조항은 적용되지 아니한다.

이 사건 협약 제3조, 제5조에 의하면 당사국은 통상기선으로부터 12해리를 넘지 아니하는 범위에서 영해의 폭을 설정할 권리를 가지고, 앞서 살펴본 바와 같이 대한민국은 서해 5도에 관하여 통상기선을 적용하고 있는바, 서해 5도 해안의 저조선으로부터 그 바깥쪽 12해리의 선까지에 이르는 수역은 국제법적으로 보더라도 영해가 된다.

라. 이상을 종합하여 보면, '영해 및 접속수역법' 및 이 사건 협약은 서해 5도에 대하여 통상의 기선을 정하고 있어 별도로 영해로 선포하는 행위가 없더라도, 국내법적으로나 국제법적으로 서해 5도 해안의 저조선으로부터 그 바깥쪽 12해리의 선까지에 이르는 수역은 영해가 되는바, 청구인들이 주장하는 이 사건 입법부작위는 존재하지 아니한다. 따라서 헌법소원의 대상이 되는 공권력의 불행사 자체가 존재하지 아니하므로, 이를 대상으로 하는 심판청구는 부적법하다." (출처: 헌법재판소 홈페이지)

10-2. 영해에서 외국인의 불법어로

(인천지방법원 2016. 8. 25. 2016고단3814 판결)

"피고인은 중국인으로서 중국 요녕성 대련시 선적의 통발 어선인 선명미상 중국어선(30톤급 목선, 이하 '위 선박'이라 한다)의 운항 및 어업활동을 총괄하는 선장이다.

외국선박은 대한민국의 평화·공공질서 또는 안전보장을 해치지 아니하는 범위에서 대한민국의 영해를 무해통항(無害通航)할 수 있고, 외국선박이 통항할 때 어로행위를 하는 경우에는 대한민국의 평화·공공질서 또는 안전보장을 해치는 것으로 보며, 외국선박의 승무원이나 그 밖의 승선자는 이를 위반하여서는 아니된다.

그럼에도 피고인은 2016. 5. 18. 16:00경 중국 산동성 영성시 용수도항에서 위 선박에 다른 선원 7명을 승선시키고, 통발 어구 1,000개를 적재하여 조업하기 위하여 출항한 후, 2016. 6. 12. 12:00경 대한민국 영해를 약 1해리 침범한 인천 옹진군 백령도 북서방 약 11해리 해상(북위 38도 01분, 동경 124도 23분)에서 통발 어구 200개를 투망하기 시작하여, 같은 날 12:10경 대한민국 영해 약 1.5해리를 침범한 위 백령도 북서방 약 10.5해리 해상(북위 38도 01분, 동경 124도 24분)에서 투망을 완료한 후, 2016. 6. 13. 10:00경 위 투망 완료 위치에서 양망을 시작하여 같은 날 10:30경 양망을 완료하는 등 대한민국의 영해에서 어로행위를 하였다. […]

피고인은 2011년 인천지방법원에서 영해및접속수역법위반죄로 벌금 1,000만원의 약식명령을 받고도 이 사건 범행을 다시 저질렀다. 피고인은 면허 없이 선장으로서 선박의 운항에 대한 전반적 권한을 행사하고, 조업지 결정, 항해 및 선원들에 대한 작업지시를 하였다. 이 사건 선박은 미등록 선박으로 크기가 작아 별도로 항해사와 기관사를 두지 아니하였다. 피고인은 통발어구를 투망하고 양망하지 못한 상태에서 검거되어 포획한 어획물이 없었고, 나포 당시 해경의 지시에도 순응하였다. 여기에 피고인의 연령, 성행, 환경, 범행의 동기와 경위, 범행 후의 정황 등 이 사건 변론에 나타난 양형의 조건이 되는 여러 사정을 종합하여 주문과 같이 형[징역 2년 – 필자 주]을 정한다." (출처: 판결문 사본 입수)

2. 배타적 경제수역

10-3. 배타적 경제수역내 선박충돌사고에 관한 형사관할권

(부산지방법원 2015. 6. 12. 2015고합52 판결)

[사안: 이 사건의 피고는 라이베리아 국적의 컨테이너선인 헤밍웨이호의 선원(필리핀 국적)이다. 헤밍웨이호는 2015. 1. 16. 새벽 부산 앞 바다 한국의 배타적 경제수역 내를 항해중 이들 선원의 부주의로 한국 소형선박 건양호와 충돌했는데, 이들은 구조에 나서지 않고 그대로 항행하였다. 이 사고로 건양호가 침몰하고 그 선원 2명은 실종됐으며, 건양호 연료유 유출로 오염사고가 발생했다. 한국 검찰은 헤밍웨이호 선박의 항해사와 조타수를 선박교통사고도주와 해양환경관리법 위반 등으로 기소했다. 피고인들은 해양법협약 제97조 1항에 따라 공해상 발생한 선박충돌이나 기타 항행사고에 관한 형사절차는 선박의 기국이나 선원의 국적국만이 제기할 수 있음을 근거로 한국 법원은 재판관할권이 없다고 주장했다. 이에 대해 검찰측은 충돌사고 후 도주행위에 대해서는 국내 법원이 재판권을 행사할 수 있다고 주장했다.]

"4. 판단

가. 공해상의 선박충돌에 관한 국제형사재판관할권

1) 이 법원의 남해해양경비안전본부장에 대한 사실조회 결과에 의하면, 이 사건 사고의 발생지점은 우리나라 영해 밖으로 공해에 해당하고, 가해선박인 어니스트 헤밍웨이호의 기국은 라이베리아, 피고인들의 국적은 필리핀이어서 피고인들

의 변호인이 주장하는 바와 같이 우리나라가 이 사건 사고에 관하여 피고인들에 대한 형사재판을 할 수 있는 재판권을 가지고 있는지 여부, 즉 국제형사재판관할권의 존부가 문제된다. […] [이어 PCIJ의 Lotus 판결에 대해 설명했다. - 필자 주]

3) 해양법협약의 체결 및 우리나라의 비준

가) 위와 같은 비판에 따라 완전한 기국주의를 취한 1952년의 '선박의 충돌 또는 그 밖의 항행사고에 관한 형사재판관할에 관한 국제협약(Inter-national Convention for the Unification of certain Rules relating to Penal Jurisdiction in matters of Collision or Other Incidents of Navigation)', 선박의 기국주의와 선장 또는 승무원의 국적주의를 병용한 1956년의 '공해에 관한 제네바협약(Geneva Convention on the High Seas)'을 거쳐 위 1956년 협약과 같은 내용이 포함된 해양법협약이 1982. 12. 10. 채택되기에 이르렀다.

나) 해양법협약은 1994. 11. 16. 발효하였고, 우리나라는 1996. 1. 29. 이를 비준하여 1996. 2. 28.부터 우리나라에 대하여도 그 효력이 미치게 되었다. 또한 이 사건 사고에 관하여 가해선박인 어니스트 헤밍웨이호의 선적국인 라이베리아는 2008. 9. 25., 피고인들의 국적국인 필리핀은 1984. 5. 8. 각 해양법협약에 비준하여 이 사건 사고에 관계된 국가들이 모두 해양법협약의 적용을 받는다.

4) 소결

따라서 위 각 공소사실이 선박의 충돌 또는 선박에 관련된 그 밖의 항행사고에 대한 형사책임에 해당하는 경우 해양법협약 제97조 제1항에 따라 위 각 공소사실에 대하여, 라이베리아, 필리핀과의 사법공조를 통한 해결은 별론으로 하더라도, 우리나라에서는 이에 대한 재판권이 없게 된다. […]

다. [선박충돌사고 후 구호의무를 해태하고 도주한 행위에 관한 - 필자 주] 위 각 공소사실이 '선박의 충돌 또는 선박에 관련된 그 밖의 항행사고'에 대

한 형사책임에 해당하는지 여부

1) 위 각 공소사실 중 피고인들의 각 업무상과실선박매몰의 점의 경우 선박의 충돌에 대한 형사책임에 해당함은 명백하다.

2) 위 각 공소사실 중 피고인들의 각 업무상과실치사 후 도주의 점도 다음과 같은 점에 비추어 보면, 선박의 충돌 또는 선박에 관련된 그 밖의 항행사고에 해당한다고 봄이 상당하다.

① 특정범죄 가중처벌 등에 관한 법률 제5조의12는 '선박의 교통으로 인하여 형법 제268조의 죄를 범한' 해당 선박의 선장 또는 승무원일 것을 구성요건 중의 하나로 정하고 있어 그 문언 자체로 선박의 충돌 또는 항행사고에 관한 형사처벌임이 드러난다.

② 앞서 본 형사재판관할권에 관한 국제법상 흐름에 비추어 보더라도, 공해상의 항행사고에 관하여 Lotus호 사건에서의 객관적 속지주의에 대한 비판 및 반성적 고려에 따라, 해양법협약 제97조 제1항이 사고에 대한 형사책임은 가해선박의 기국 및 선장 등 승무원의 국적국민이 물을 수 있게 한 것에 비추어 보면, 선박의 충돌과 불가분의 관계에 있는 구호의무위반에 대한 형사책임을 위 협약의 적용대상에 포함시킬 수 없다고 보기는 어렵다.

③ 국제적인 선박충돌에 관한 형사재판관할권에 대한 대표적인 사례인 Lotus호 사건은 피해자의 국적국인 터키가 가해선박의 승무원들을 살인죄로 기소한 것에 대한 분쟁인바, 이와 같이 선박충돌로 인한 형사책임에 대한 형사재판관할권의 문제에서 고의범을 전면적으로 배제하고 있다고 보기도 어렵다.

④ 앞서 본 바와 같이, 기존에도 선원법 등 이미 구호의무 위반에 대한 처벌규정이 있었음에도 불구하고 과거에 우리나라에서 공해상의 선박충돌 후 구호의무 위반으로 인하여 해양법협약 제97조 제1항의 적용을 배제하고 재판권을 행사한 사례는 보이지 않는다.

⑤ 특정범죄 가중처벌 등에 관한 법률 제5조의12는 그 규정의 구조나 입법취지상 도로상의 교통사고에 관한 동법 제5조의3과 상당부분 유사한데, 위 죄는 일반적으로 도로교통에 관한 죄로 분류되고 있어, 선박충돌 후 구호의무위반에 관한 동법상의 처벌도 해상교통에 관한 형사책임으로 보는 것이 상당하다.

라. 소결

결국 피고인들에 대한 각 업무상과실치사 후 도주의 점 및 각 업무상과실선박매몰의 점에 관한 공소사실은 '선박의 충돌 또는 선박에 관련된 그 밖의 항행사고'에 대한 형사책임에 해당한다고 봄이 상당하다.

5. 결론

그렇다면 위 각 공소사실은 해양법협약 제97조 제1호에 의하여 우리나라에 재판권이 없는 경우에 해당하므로 형사소송법 제327조 제1호에 의하여 피고인들에 대한 이 부분 공소를 각 기각한다." (출처: 판결문 사본 입수)

10-3-1. 위 항소심

(부산고등법원 2015. 12. 16. 2015노384 판결(확정))

[사안: 1심 판결에 대해 검찰 측은 사고 후 도주한 고의범에 대해서는 해양법협약 제97조 1항의 적용이 없으며, 기국인 라이베리아와 선원의 국적국인 필리핀은 형사재판관할권 행사의 의사를 보이지 않으므로 피해자 국적국인 한국이 관할권을 행사할 수 있다고 주장하며 항소했다.]

"1) 해양법협약 제97조 제1항의 적용 여부

원심 및 당심이 적법하게 채택하여 조사한 증거에 의하여 인정되는 다음과 같은 사정들에 의하면, 피고인들에 대한 각 업무상과실치사 후 도주의 점 및 각 업무상과실선박매몰의 점에 관한 공소사실은 해양법협약 제97조 제1항에서 규정한 "선박의 충돌 또는 선박에 관련된 그 밖의 항행사고"에 해당하여 해양법협약 제97조 제1항이 적용되므로 우리나라의 재판권이 배제된다.

① 해양법협약 제97조 제1항은 "선박의 충돌 또는 선박에 관련된 그 밖의 항행사고"라고만 규정하고 있을 뿐이어서 문리적으로 해석할 때 고의범을 제외한 과실범만 위 규정에 해당한다고 보기는 어렵다.[1] 오히려, 국제적으로 공해 상에서 '해양의 자유' 원칙이 확립된 이래로 공해상 선박에 관하여는 기국주의가 적용되고 예외적으로 해적, 노예수송, 해상테러, 대량적인 해양오염의 우려가 있는 경우 등에 한하여 연안국의 추적권이 제한적으로 인정되고 있는데, 도주선박죄가 이와 같은 기국주의를 변형할 만큼 반인륜적인 범죄라고 보기 어렵다. 나아가 도주선박죄를 위 협약 규정에서 제외할 경우, 도주선박죄에 관하여 국제적으로 공통된 기준이 마련되지 않은 현 상황에서 피해자들의 국적에 따라 도주선박죄의 성립 여부, 처벌 정도 등이 달라지는 결과가 발생하는데, 이는 피해국의 보복성 재판으로부터 자국민을 보호하고 항해의 안전을 확보하려는 해양법협약의 입법 취지를 몰각시킬 우려가 크다.

② 특정범죄 가중처벌 등에 관한 법률 제5조의12에서 규정한 도주선박죄는 그 규정의 구조나 입법 취지상 도로상의 교통사고에 관한 동법 제5조의3에서 규정한 도주차량죄와 유사한데, 도주

---

1) 검사는 해양법협약 제97조 제1항이 고의범에는 적용되지 않는다는 근거로 ① 해양법협약 제97조 제1항에 "a collision on the highs caused by negligent rather than intentional behavior"라고 규정되어 있다고 주장하나, 해양법협약 제97조 제1항에 위와 같은 문언이 기재되어 있다고 볼만한 증거가 없으며, ② 해양법협약의 초안이 된 ILC 주석에는 해양법협약 제97조 제1항의 "any other incident"에 관하여 구체적으로 "해저전선, 유선, 고압력 케이블, 관선의 손상을 야기시킨 사건"으로 열거하고 있으므로 도주선박죄는 이에 해당하지 않는다고 주장하고 있으나, 한편 ILC 주석 해설에는 "Damage to a submarine telegraph … may be regarded as an 'incident of navigation'"이라고 기재되어 있어, 위 해저전선의 손상 등이 항행사고로 해석될 여지가 있다는 것이지, 열거된 사유 이외의 도주선박죄 등이 모두 "항행사고"에서 제외된다고 볼 수 없다. - 원 판결문상의 각주임.

차량죄는 교통사고처리 특례법을 기본규정으로 하여 도주의 점을 가중처벌하는 규정으로서 기본적으로 육상교통의 형사책임이며, 비교법적으로도 미국과 일본 역시 도주차량죄를 교통법규에서 규율하고 있다. 이러한 점에 비추어 볼 때 도주선박죄는 해상교통의 하위범죄로서 해양법협약의 "선박의 충돌 또는 선박에 관련된 그 밖의 항행사고"에 포함된다고 봄이 상당하다.

③ Lotus호 사건 이래로 공해상 선박충돌 사고의 경우 해양법협약에 따라 기국 또는 가해국이 재판권을 행사하는 것이 국제사회의 추세이며, 이와 상반되는 선례를 찾기 어렵다.[2] 특히, Virgo호 사건은 2001년 공해상에서 발생한 선박충돌 후 도주 사건으로, 구체적인 사실관계는 다음과 같다. 즉 가해자인 Virgo호에 승선했던 러시아 선원들이 도주하던 중 캐나다 인근 해상에서 캐나다 정부에 의해 체포되자, 당시 미국 연방수사국은 캐나다에 미국과 캐나다 간의 사법공조 조약(MLTA)에 따라 직접 수사할 수 있도록 해달라고 요청하였고, 러시아는 해양법협약에 따라 러시아에 재판관할권이 있다면서 러시아 선원들의 신병인도를 요구하였는데, 캐나다는 러시아와 범죄인인도 조약, 사법공조 조약 등을 체결하지 않았음에도 불구하고 러시아 선원들의 신병을 미국이 아닌 러시아에 인계하였다.[3] 이는 비록 선박충돌

후 선원들이 도주하였다고 하더라도 공해상 선박충돌의 관할은 원칙적으로 기국 또는 가해자 국적국에 있다는 해양법협약을 고려한 결과로 보인다.

④ 세계적으로 편의치적선의 무분별한 운항이 문제점으로 지적되고 있기는 하나, 이는 편의치적국과의 양자협정을 통하여 형사재판관할권을 이양받는 조항을 신설하거나, 사법공조 조약 또는 범죄인인도 조약을 체결하는 등 외교적 수단으로 충분히 극복할 수 있으므로, 편의치적선으로 인해 재판의 공백이 발생할지도 모른다는 우려만으로 곧바로 해양법협약을 무리하게 축소 해석하여 우리나라의 재판관할권을 인정하는 것은 세계적인 흐름에 반할 뿐만 아니라 외교분쟁을 야기할 소지가 있으며, 특히 아래에서 보는 것처럼 가해자 국적국이 재판관할권을 행사할 의사를 표시한 경우에는 더욱 그러하다.

2) 기국 및 가해국의 재판권 포기 여부

기록에 의하면, 필리핀 해양산업청 및 주한 필리핀 대사관은 2015. 11.경 대한민국 외교통상부, 법무부에 서면을 통하여, 해양법협약에 근거해 피고인들에 대한 재판관할권이 필리핀에 있으며 그 관할권을 행사하겠다는 의사를 표시한 사실이 인정되므로, 가해자 국적국인 필리핀이 재판관할권을 포기한 것이라고 볼 수 없다. 나아가 대한민국이 해양법협약 제97조 제1항에 의해 재판관할권이 있는 라이베리아 또는 필리핀으로부터 재판관할권을 이양받았다고 볼 자료도 없다. [⋯]

그렇다면 검사의 항소는 이유 없으므로, 형사소송법 제364조 제4항에 의하여 이를 기각하기로 하여, 주문과 같이 판결한다." (일부 각주 생략) (출처: 판결문 사본 입수)

평석 김태운, 공해상의 선박충돌 혹은 그 밖의 항해사건에 대한 형사관할권의 경합, 해사법연구 제27권 제2호(2015).
최석윤·변용남·주종광, 공해상 선박충돌사고와 관련된 형사재판권, 해사법연구 제27권 제3호(2015).
박영길, 공해상 선박충돌사고에 대한 형사관할권, 서울국제법연구 제23권 2호(2016).

---

2) 검사는 피해국이 재판관할권을 행사한 사례로서 「사이카호 사건」, 「테키사다호 사건」을 들고 있으나 ① 「사이카호 사건」은 편의치적국이 국제해양재판소에 제소할 원고적격이 있는지가 쟁점이었던 사건으로서 피해국의 재판관할권을 인정한 사안으로 볼 수 없고, ② 「테키사다호 사건」의 경우 외국선박에 승선한 일본인 승무원에 의해 일본 선박에 피해가 발생한 사건으로서 피해자뿐만 아니라 가해자의 국적 역시 일본인 경우이므로 역시 피해국의 재판관할권을 인정한 사례로 보기 어렵다. – 원 판결문상의 각주임.

3) Ivanov v. United States, 2003 CarswellNfld 40, Newfoundland and Labrador Supreme Court (Trial Division), 2003, Subject: Criminal. – 원 판결문상의 각주임.

박재억, 공해상의 선박 충돌과 형사재판관할권 행사 가부: 부산고등법원 2015. 12. 16. 선고 2015노384 판결, 판례연구 제28집(부산판례연구회, 2017).

10-4. UN 해양법협약 체제와 한일 신어업협정 (헌법재판소 2001. 3. 21. 99헌마139·142·156·160(병합) 결정. 대한민국과일본국간의어업에관한 협정비준등 위헌확인)

"(가) 이 사건 협정은 우리나라와 일본과의 배타적경제수역을 그 대상으로 하여, 배타적경제수역의 경계획정에 앞서, 어업에 관한 사항만을 잠정적으로 규정한 조약이라는 점은 전술한 바와 같다. 또한 배타적경제수역이, 제3차 UN해양법회의에서 채택된 1982년의 해양법협약 제5부에 규정된 제도로서 이미 국제법상으로 공인된 것을, 1996년 한일 양국이 비준하고 그에 관한 국내법을 제정·시행함으로써, 한일 양국간에 있어서도 배타적경제수역체제에 들어가게 되었음은 이미 살펴본 바와 같다.

그런데, 한일 양국간의 해역의 폭이 양국의 영해기선으로부터 400해리에 미치지 못함으로써 배타적경제수역의 경계획정을 위한 협상이 불가피한 상황이었으며(해양법협약 제74조 참조), 이러한 협상에 임하는 양국의 입장에는 적지 않은 차이가 존재하였던 것으로 보여진다. 즉, 종래에는 일본의 어로기술의 발달이 우리의 그것에 비하여 현저히 앞서 있었던바, 일본의 어선들이 우리의 연안근처에 까지 와서 조업하는 일이 빈번하였으나, 근래 들어서는 우리나라의 어로기술의 눈부신 발달로 인하여 우리 어선들이 일본근해에 가서 조업을 하여 얻는 어획량이 일본의 그것에 비하여 크게 앞섰으며(상대국연안에서의 1994~1996의 연평균어획량이 우리나라는 약 21만톤인데 대하여, 일본은 약 11만톤이었다), 그로 인해 일본은 배타적경제수역체제의 시행과 더불어 65년 협정을 종료하고 새로운 어업협정의 체결을 강력히 희망하였는데 반하여, 우리나라는 배타적경제수역체제의 도입으로 인해 65년 협정이 새로운 협정으로 대체

되어야 한다는 당위성과 필요성은 인정하면서도 65년 협정의 종료를 서두를 필요는 없다는 입장이었다. 이리하여, 양국의 협상이 지지부진하여 진전을 보이지 못하는 가운데에서도 양국은 해양법협약의 비준과 그에 관한 국내법의 성립으로 이미 배타적경제수역체제를 실시하고 있었던 것이나, 다만 65년협정이 계속 유효함으로써 국내법에 대한 국제법 우월의 원칙에 의해, 65년 협정이 한일 양국의 배타적경제수역에 관한 법령의 적용에 장애가 되어 한일 양국의 국내실정법상으로는 12해리 이원의 해역이 배타적경제수역임에도 불구하고 외관상으로는 종래와 다름없는 상황이 계속된 것이었다.

그러나, 65년협정 제10조 제2항은 "본 협정은 5년간 효력을 가지며, 그 후에는 어느 일방 체약국이 타방 체약국에 본 협정을 종료시킬 의사를 통고하는 날로부터 1년간 효력을 가진다."고 규정하였기 때문에, 어느 일방이라도 협정을 종료시킬 의사를 가지고 있는 한 그 효력은 유지될 수 없었다. 65년 협정체제의 종료를 강력히 희망하는 일본은 1997년 말 어업협상이 결렬된 후, 65년협정 제10조 제2항에 기해 1998. 1. 23.에 65년 협정의 종료를 일방적으로 통고하였고, 이로 인해 동 협정은 1999. 1. 22.에 최종적으로 종료되게 되었다. 따라서, 한일 양국은 65년 협정의 종료일인 1999. 1. 22. 이전에 새로운 협정을 체결·성립시키느냐, 그렇지 않으면 1999. 1. 23.부터 무협정 상태로 가느냐의 선택의 기로에 놓여 있었다고 할 수 있다.

(나) 이러한 상황하에서 성립·발효한 이 사건 협정에 대하여, 청구인들은 65년 협정에 비하여 조업해역이 극히 제한되어 어획량이 감소되었으며 우리 어민들에게 엄청난 불이익을 야기함으로써 행복추구권, 직업선택의 자유, 재산권, 평등권, 보건권을 침해하였을 뿐만 아니라 후손들의 행복추구권, 평등권을 침해하였다고 주장한다. 청구인들의 이러한 주장의 당부를 판단하기 위하여는, 65년 협정의 상황과 비교할 것이 아니라, 무협정

의 상황과 이 사건 협정의 그것과의 비교가 정확하다고 할 것이다. 왜냐하면, 한일 양국은 해양법협약을 비준하여 그에 관한 국내실정법을 제정하여 시행함으로써 배타적경제수역체제에 들어갔으며, 또한 일본의 65년 협정의 일방적 종료선언에 의해 1999. 1. 22.에 동 협정은 종료될 상황에 있었기 때문이다.

㈐ 먼저, 무협정의 상황을 가정하여 살펴보도록 한다. 무협정 상태에서는 해양법협약과 그에 기한 양국의 국내법령이 전면적으로 적용되게 된다. 즉, 우리나라는 배타적경제수역법에 기해, "영해및접속수역법 제2조에 규정된 기선으로부터 그 외측 200해리의 선까지에 이르는 수역중 대한민국의 영해를 제외한 수역"(제2조 제1항)을 배타적경제수역으로 하여, "대한민국의 배타적경제수역에 있어서의 권리는 대한민국과 관계국간에 별도의 합의가 없는 경우 대한민국과 관계국의 중간선 외측의 수역에서는 이를 행사하지 아니한다."(제5조 제2항)고 규정하고 있으며, 일본은 배타적경제수역및대륙붕에관한법률에 기해, "기선으로부터 어느 점을 취하더라도 우리나라의 기선상의 가장 가까운 점으로부터의 거리가 200해리인 선"까지의 범위에서 영해를 제외한 해역을 배타적경제수역으로 하여, 다만 그 선이 기선으로부터 측정해서 중간선을 초과할 때에는 그 초과부분에 대해서는 중간선까지의 해역만으로 한다고 규정하고 있다(제1조 제2항 참조). 이와 같이 양국이 무협정 상태에 돌입하게 되면, 양국의 실정법에 의해서 중간선이 양국의 배타적경제수역의 경계로 기능할 가능성이 높으며, 그러한 범위 내에서는 자국의 실정법이 적용된다는 점에서 일응 문제가 없는 것으로 보일 수도 있다. 그러나, 이에 대해서는 실제로 양국이 중간선 측정의 기준이 되는 기선을 구체적으로 어떻게 설정하느냐에 따라서 상호의 중간선이 일치하지 않고 중첩되는 경우가 존재하며, 그로 인해 양국의 실정법이 경합적으로 적용되어 충돌이 불가피한 상황이었다. 이러한 최악의 상황은 회피하여야 한다는 것이 양국 모두의 인식하는 바이었고, 그러한 인식을 기초로 하여 양국의 양보와 타협에 의해 체결된 것이 이 사건 협정이라 할 수 있다. 그런데 이 사건 협정은, 이미 한일 양국의 국내실정법에 의하여 배타적경제수역으로 설정되어 있는 해역으로서 일정 범위에 있어서는 연안국이 어업에 관해 주권적 권리를 행사하는 이른바 배타적경제수역으로 간주하는 수역과 그 외측의 잔여수역으로서 배타적경제수역의 실시를 유보하는 이른바 중간수역의 2종류로 한일 양국간의 해역을 구별하였다.

㈑ 배타적경제수역으로 간주하는 수역에 대해서는, 이 사건 협정에서 "어업에 관한 주권적 권리를 행사"(제7조 제1항) 하도록 규정하고 있지만, 이는 동 협정에 의하여 비로소 창설되는 것이 아니라, 해양법협약(제56조 제1항 참조)과 한일 양국의 국내실정법(우리나라의 배타적경제수역법 제3조, 일본의 배타적경제수역및대륙붕에관한법률 제1조 제1항 참조)에 이미 규정되어 있는 권리를 확인한 데 불과하다. 그러나, 이 사건 협정은 이러한 배타적경제수역으로 간주되는 수역에서도 일정한 절차에 따라 상호입어가 가능하도록 규정하고 있다. 즉, 각 체약국은 호혜의 원칙에 입각하여 이 사건 협정 및 자국의 관계법령에 따라 타방 체약국의 국민 및 어선이 어획하는 것을 허가하고(제2조 참조), 한일어업공동위원회의 협의 결과를 존중하고 해양생물자원의 상태, 자국의 어획능력, 상호입어의 상황 및 기타 관련요소를 고려하여(제3조 제2항 참조), 타방 체약국의 국민 및 어선의 어획이 인정되는 어종·어획할당량·조업구역 및 기타 조업에 관한 구체적인 조건을 매년 결정하여 타방 체약국에 서면으로 통보하도록 되어 있다(제3조 제1항 참조). 이에 의해서 결정된 1999년도 일본어선의 우리나라 배타적경제수역내 입어조건은 오징어채낚기 등 15개 업종, 어선 1,601척, 어획할당량 93,772톤이었으며, 2000년도에는 15개 업종, 1,601척, 93,772톤이었으며, 1999년도 우리어선의 일본

배타적경제수역내 입어조건은 명태트롤 등 14개 업종, 어선 1,704척, 어획할당량 149,218톤이었으며, 2000년도에는 17개업종, 1,639척, 130,197톤이었다. 그런데, 이 사건 협정을 체결한 후 한일 양국은 각국의 배타적경제수역에서 자국어민이 취득했던 과거의 조업실적(한국연평균 21만톤, 일본 연평균 11만톤)을 인정하여 한일간 어획량 격차를 단계적으로 축소해서 3년 후에는 등량(한국·일본 각 10만톤)으로 조정하기로 합의하였다. 이에 따라서 북해도와 서일본수역 등 일본의 배타적경제수역에 출어·조업하고 있던 우리 어선들의 조업어장이 축소되고 3년내에 일본어획량인 10만톤 수준으로 우리 어획량을 감축해야 하므로 우리 어선의 감척이 불가피하게 되어서 이에 따른 어업손실이 발생하게 되었다. 그리하여 우리나라 정부는 1999. 9. 7. "어업협정체결에따른어업인등의지원및수산업발전특별법"을 제정하여 이 사건 협정으로 인하여 어업활동에 제한을 받는 어업인 등에게 지원금을 지급하고 수산업의 발전을 위한 제반 정책을 실시하고 있다. 그러나, 이와 같은 어획량의 감축에 따른 어민들의 손실은 이 사건 협정에 의하여 초래되었다기보다는 해양법협약의 성립·발효에 의한 세계해양법질서의 변화에 기인한 것으로서 그와 같은 변화에 따라서 한일 양국이 배타적경제수역체제를 각각 국내실정법으로 규정함으로써 이 사건 협정의 성립여부와는 관계없이 한일 양국의 연안해역에서는 배타적경제수역어업체제가 시행되게 되었으며, 또한 65년 협정은 일본의 일방적인 종료선언으로 인해 1999. 1. 22 종료되게 되었다. 더구나 한일 양국의 마주보는 수역이 400해리에 미치지 못하여 서로 중첩되는 부분이 생겨나게 되었고, 이로 인해 양국간의 어로활동에 있어서의 충돌은 명약관화한 것이었으므로 이러한 사태는 피하여야 한다는 양국의 공통된 인식에 입각하여 양국의 협상이 이루어진 결과 성립된 것이 이 사건 협정이라 할 것이며, 이상에서 살핀 바와 같이 이 사건 협정은 한일 양

국의 이해관계를 고려함에 있어서 현저히 균형을 잃은 것으로는 보이지 않는다고 일응 평가할 수 있을 것이다.

㈐ 중간수역에 대해서는, "각 체약국은 이 수역에서 타방 체약국 국민 및 어선에 대하여 어업에 관한 자국의 관계법령을 적용하지 않는다"(부속서 I 제2, 3항)고 규정하고 있는바, 이는 양국의 배타적경제수역의 경계획정이 용이하지 않을 뿐만 아니라 그 협상이 결실을 보는 것도 단기간내에는 예상하기 쉽지 않아 우선 잠정적으로 어업에 관한 사항에 대해서는 일종의 완충지역을 설정하여 한일 양국이 서로 상대방의 국민과 어선에 대하여는 어업에 관한 자국의 법령을 적용하지 않도록 함으로써 이른바 중간수역에서는 연안국의 어업에 관한 주권적 권리의 행사가 제한되고 양국의 어선은 연안국의 허가없이도 자유롭게 조업을 할 수 있도록 하였던 것이다. 이로 인하여, 무협정상태에서라면 한일 양국이 각각 채택하였을 양국 각자의 중간선에서보다 한일 양국이 서로 보다 광범위한 조업수역을 확보할 수 있게 되었다고 할 수 있다.

㈑ 이처럼 이 사건 협정은 배타적경제수역체제의 도입이라는 새로운 해양법질서하에서도 어업에 관한 한일 양국의 이해를 타협·절충함에 있어서 현저히 균형을 잃은 것으로는 보이지 않는다고 일응 판단되며, 청구인들이 주장하는 바와 같이 이 사건 협정으로 인해 조업수역이 극히 제한되어 어획량이 감소되고 65년협정에 비하여 우리 어민들에게 엄청난 불이익을 야기하여 헌법상 보장하는 행복추구권, 직업선택의 자유, 재산권, 평등권, 보건권이 침해되었다는 주장은 사실에 반하므로 그 이유 없다 할 것이다." (출처: 헌법재판소 판례집 제13권 1집, 676쪽)

참고 동일 취지의 결정: 헌법재판소 2009. 2. 26. 2007헌바35 결정(헌법재판소 공보 제149호(2009. 3. 20.), 411쪽). 기타 이 결정은 본서 1-11, 1-18, 2-3, 9-1에도 수록됨.

평석 강정우, 한일어업협정에 관한 헌법재판소 결

정에 대한 비판적 고찰: 2001. 3. 21. 99헌마139, 대한민국과일본간의어업에관한협정비준등위헌확인, 해양법연구 제14집(해군본부, 2005).

김명기, 헌법재판소의 한일어업협정 위헌, 확인청구 기각이유: 독도의 영유권을 중심으로, Jurist 2002년 3월호.

3. 공해

10-5. 공해의 개념

(대법원 1996. 10. 25. 96도1210 판결)

"관계 증거와 기록에 의하여 살펴보면, 원심이 인용한 제1심 판시의 수산물은 멕시코의 내수 및 영해에 해당하는 지역에서 채포한 것이거나 현지에서 구입한 것임에도 불구하고, 마치 이를 공해상에서 채포한 것인 양 가장하고 내국물품으로 신고하여 국내에 반입함으로써 그 판시의 관세를 포탈하였다는 범죄사실을 넉넉히 인정할 수 있고, 또한 기록에 나타난 피고인들의 행위의 내용에 비추어 볼 때 피고인들에게 관세 포탈의 범의가 있었다고 보여지며, 소론이 주장하는 사실에 의하더라도 관세비과세의 관행이 성립되었다거나 피고인들이 비과세의 관행이 있음을 믿은 데에 상당한 이유가 있었다고 볼 수 없으므로, 피고인들을 관세법위반의 유죄로 인정한 원심판결은 정당하고, 거기에 소론과 같은 채증법칙 위반으로 인한 사실오인이나 심리미진 또는 법리오해의 위법이 있다고 할 수 없다.

관세법 제2조 제4항에서 우리나라의 선박 등에 의하여 공해에서 채포된 수산물 등은 내국물품에 해당하도록 규정되어 있는바, 여기서 공해란 적어도 외국의 내수와 영해를 제외한 수면을 의미하는 것임이 분명하고, 소론과 같이 조업을 함에 있어서 당해 외국에 경제적 대가를 지불하지 아니하였다고 하여 외국의 내수 또는 영해까지도 위 조항의 공해로 보아야 한다는 논지는 받아들일 수 없다." (출처: 판례공보 제23호(1996. 12. 1.), 3496쪽)

10-6. 소말리아 해적 사건

(부산지방법원 2011. 5. 27. 2011고합93 판결)

"토지관할에 관한 판단

1. 피고인 A3의 변호인 주장의 요지

가. 대한민국 헌법 제12조는 국민의 신체의 자유를 규정하면서 법률에 의한 적법절차원리, 고문금지, 영장주의, 변호인의 조력을 받을 권리 등을 규정하고 있는데, 피고인들은 체포된 후 아무런 절차법에 근거함이 없이 대한민국으로 이송되었는바, 피고인들은 영장에 근거하여 체포되지도 않았고, 대한민국으로 이송되는 상당한 기간 동안 사후 영장이 발부되지도 않았으며, 변호인의 조력을 전혀 받지 못하였고, 대한민국 해군에 의하여 며칠 동안 화장실에 감금된 상태로 있는 등 적법절차가 지켜지지 않았으며, 체포 과정에서 ○○호 선원들이 피고인들을 폭행하였음에도 대한민국 군인들이 이를 용인하기도 하였다.

나. 따라서 피고인들의 현재지인 부산은 적법절차를 위반한 위법한 강제에 의한 것이므로, 부산지방법원에 토지관할이 없다.

2. 판단

가. 토지관할권의 근거 규정

형사소송법 제4조 제1항은 "토지관할은 범죄지, 피고인의 주소, 거소 또는 현재지로 한다."고 규정하고 있고, 현재지라 함은 공소제기 당시 피고인이 현재한 장소를 말하며, 임의에 의한 현재지에 한하지 않고 강제에 의한 현재지를 포함하나, 위법한 강제에 의한 현재지는 포함되지 않는다고 봄이 타당하다. 피고인들이 위법한 강제에 의하여 현재지인 부산에 있게 된 것인지에 관하여 살펴본다.

나. 피고인들 체포의 적법 여부

형법 제6조는 "본법은 대한민국영역 외에서 대한민국 또는 대한민국국민에 대하여 전조에 기재한 이외의 죄를 범한 외국인에게 적용한다. 단 행위지의 법률에 의하여 범죄를 구성하지 아니하거나 소추 또는 형의 집행을 면제할 경우에는 예외로 한다."고 규정하고 있고, 해양법에 관한 국제연합 협약(United Nations Convention on the Law of the Sea)」(1994. 11. 16. 조약 제1328호로 발효)은 제105조에서 "모든 국가는 공해 또는 국가 관할권 밖의 어떠한 곳에서라도, … 해적행위에 의하여 탈취되어 해적의 지배하에 있는 선박·항공기를 나포하고, 그 선박과 항공기내에 있는 사람을 체포 … 할 수 있다. 나포를 행한 국가의 법원은 부과될 형벌을 결정하며, […]"라고 규정하고 있는바, 형법 및 해양법에 관한 국제연합 협약 등에 의하여, 대한민국은 대한민국영역 외에서 대한민국 국민에 대하여 해적행위를 한 사람들을 체포하여 재판권을 행사할 수 있다 할 것이고, 그 체포의 절차나 의미, 수사기관에의 인도 방법 등에 관하여는 별도의 규정이 없으므로 대한민국 형사소송법을 적용함이 타당하다고 할 것이다. 이 사건에서 피고인들을 체포한 사람들은 대한민국 해군 **부대 소속 군인들인바, 위 군인들은 형사소송법상 "검사나 사법경찰관리"에 해당하지 아니함이 명백하므로, 위 군인들이 피고인들을 체포한 것은 형사소송법 제213조의 "검사 또는 사법경찰관리 아닌 자가 현행범인을 체포한 때"(이른바 '사인에 의한 현행범 체포')에 해당한다.

한편 형사소송법 제213조 제1항은 "검사 또는 사법경찰관리 아닌 자가 현행범인을 체포한 때에는 즉시 검사 또는 사법경찰관리에게 인도하여야 한다"고 규정하고 있는데, 여기서 '즉시'라 함은 정당한 이유 없이 인도를 지연하거나 체포를 계속한 경우가 아님을 의미한다고 할 것인데, **부대가 체포한 피고인들을 ○○호에 격리 수용하던 중 오만 등 인접국에 인도하려 하였으나 인접국들이 피고인들의 신병인수를 거절함에 따라 국내로 이송하기로 결정하였는데, 피고인들을 국내로 이송하기 위한 항공편 마련이 여의치 않던 중 아랍에미레이트연합의 협조를 받아 부산 김해공항으로 이송하였으며, 그곳에서 x경찰청 소속 경찰관에게 피고인들의 신병을 인도하였음은 공지의 사실인바, 위 사실에 의하면 **부대가 피고인들을 체포한 후 국내로 압송하는 데 약 9일이 소요된 것은 공간적·물리적 제약상 불가피한 것으로 정당한 이유 없이 인도를 지연하거나 체포를 계속한 경우로 볼 수 없다.

또한, 대한민국 해군에 의하여 며칠 동안 화장실에 감금된 상태로 있는 등 적법절차가 지켜지지 않았으며, 체포 과정에서 ○○호 선원들이 피고인들을 폭행하였음에도 대한민국 군인들이 이를 용인하기도 하였다는 점은 인정할 만한 객관적 자료가 없다. 따라서 **부대 소속 군인들이 피고인들을 체포한 것은 적법하다고 할 것이다.

다. 피고인들 구속의 적법 여부

형사소송법 제213조의2, 제200조의2 제5항에 의하면, 사인에 의하여 체포된 현행범인을 구속하고자 할 때에도 48시간 이내에 구속영장을 청구하여야 하는바, 사인의 인도시기에 따라 수사기관의 영장청구 여부를 결정하기 위한 시간이 좌우되어서는 안되는 점, 특히 이 사건에서와 같이 수사기관에 인도하기까지 체포한 때로부터 48시간 이상이 소요되는 경우도 있을 수 있는 점에 비추어 위 48시간의 기산점은 수사기관이 현행범인을 인도받은 때로 봄이 타당하고, 변호인의 조력을 받을 권리 역시 이 때부터 보장되어야 할 것이다.

부산지방법원은 피고인들이 국내에 도착하기 전인 2011. 1. 29. 23:30경 피고인들에 대한 심문용 구인영장을 발부하였고, 2011. 1. 30. 04:30경 국내에 도착하여 x경찰청 소속 경찰관에게 인도된 피고인들은 위 영장에 기하여 부산지방법원에 인치되어 2011. 1. 30. 08:00경 변호인의 조력을 받아 피의자심문을 받은 후 2011. 1. 30. 10:40경 발부된 구속영장에 의하여 구속된 사실은 기록상 분명한바, 피고인들은 수사기관에 인도된 때로부터 48시간 이내에 청구하여 발부된 구속영장에 의하여 구속되었고 그 과정에서 변호인의 조력을 받았으므로, 피고인들에 대한 구속 역시 적법하다고 할 것이다.

라. 토지관할 유무

그렇다면 피고인들은 위에서 본 바와 같이 불법 체포 또는 구금에 의한 것이 아니라 적법한 체포, 즉시 인도, 적법한 구속에 의하여 현재 ◎구치소에 구금되어 있으므로, 형사소송법 제4조 제1항에 따라 이 사건에 관하여 이 법원에 토지관할이 있다고 할 것이다. […]

법령의 적용

대한민국 형법 및 「선박 및 해상구조물에 대한 위해행위의 처벌 등에 관한 법률」(이하 '선박위해행위처벌법'이라고 한다)이 적용되는지에 관하여 본다. 형법 제6조는 "본법은 대한민국영역 외에서 대한민국 또는 대한민국 국민에 대하여 … 죄를 범한 외국인에게 적용한다. 단, 행위지의 법률에 의하여 범죄를 구성하지 아니하거나 소추 또는 형의 집행을 면제할 경우에는 예외로 한다"고 규정하고 있는바, 이 사건 공소사실은 피고인들이 대한민국 국민에 대하여 죄를 범하였다는 것이고, 수사보고([…]) 및 이에 대한 경찰 진술조서([…]) 등에 의하여 인정되는 바와 같이 이 사건 행위지는 공해상으로 "행위지의 법률" 자체가 존재하지 아니하여 "행위지의 법률에 의하여 범죄를 구성하지 아니하거나 소추 또는 형의 집행을 면제할 경우"에 해당할 수도 없는 것이므로, 형법 제6조에 의하여 피고인들에게 대한민국 형법이 적용된다. 선박위해행위처벌법 제3조 제3호는 "대한민국 영역 외에서 제5조 내지 제13조의 죄를 범하고 대한민국 영역 안에 있는 외국인"에 대하여도 선박위해행위처벌법을 적용한다고 규정하고 있는바, 앞서 본 바와 같이 적법한 강제에 의한 피고인들의 현재지가 "대한민국 영역 안"인 부산인 이상 선박위해행위처벌법 제3조 제3호에 의하여 피고인들에 대하여 선박위해행위처벌법 역시 적용된다. […]

양형의 이유

다량의 총기, 중화기를 휴대하여 판시 범죄를 저지름으로써 피해 선원들 및 군인들 등에게 씻을 수 없는 정신적·육체적 고통을 가하였음은 물론 그 가족들에게도 극심한 고통을 가한 점, 국제 해상 안전을 위한 국제적 노력에 동참하고 우리 선박의 안전한 활동을 지원하기 위하여 적법하게 파견된 대한민국 군대에 대하여 집단적·조직적 공격을 가하였는바, 이는 주권국가로서는 용납할 수 없는 행위인 점, 이 사건 해적행위는 무엇보다 소중한 인간의 생명을 담보로 일확천금을 노린 것으로 그 동기가 지극히 이기적이고 탐욕적인 점, 이 사건 해적행위는 공해상까지 진출하여 선박을 납치하고 그 선박을 모선으로 재차 다른 선박의 납치를 시도하는 등 그 수법이 대담하고 무차별적인 점, 우리 선박의 왕래가 빈번한 @해역까지 진출하는 소말리아 해적들에게 경종을 울릴 필요가 있는 점 등에 비추어, 피고인들을 엄히 처벌하여야 할 것이다." (출처: 각급법원(제1, 2심) 판결공보 2001(하), 848쪽)

평석 김동욱, 소말리아 해적사건 판결문 평석(評釋): 부산지법2011고합93을 중심으로, 해군전략 제151호(2011).

10-6-1. 위 항소심

(부산고등법원 2011. 9. 8. 2011노349 판결)

"가. 토지관할위반 주장에 대하여

원심이 적절하고 상세하게 설시한 바와 같이 이 사건은 대한민국 영외에서 대한민국 국민에 대한 외국인의 범죄이므로 형법 제6조에 의하여 우리 형법이 적용되고, 피고인들에 대한 체포·구금·인도 등도 적법한 절차에 따라 이루어져 피고인들이 현재 부산구치소에 구금되어 있으므로, 형사소송법 제4조 제1항에 따라 이 사건에 관하여 부산지방법원에 토지관할이 있다고 할 것이므로 위 주장은 이유 없다." (출처: 미간, 법원도서관 종합법률정보)

10-6-2. 위 상고심

(대법원 2011. 12. 22. 2011도12927 판결)

"1. 토지관할 위반의 점에 관하여

가. 형사소송법 제4조 제1항은 "토지관할은 범죄지, 피고인의 주소, 거소 또는 현재지로 한다"라고 정하고, 여기서 '현재지'라고 함은 공소제기 당시 피고인이 현재한 장소로서 임의에 의한 현재지뿐만 아니라 적법한 강제에 의한 현재지도 이에 해당한다.

한편 현행범인은 누구든지 영장 없이 체포할 수 있고(형사소송법 제212조), 검사 또는 사법경찰관리(이하 '검사 등'이라고 한다) 아닌 이가 현행범인을 체포한 때에는 즉시 검사 등에게 인도하여야 한다(형사소송법 제213조 제1항). 여기서 '즉시'라고 함은 반드시 체포시점과 시간적으로 밀착된 시점이어야 하는 것은 아니고, '정당한 이유 없이 인도를 지연하거나 체포를 계속하는 등으로 불필요한 지체를 함이 없이'라는 뜻으로 볼 것이다. 또한 검사 등이 현행범인을 체포하거나 현행범인을 인도받은 후 현행범인을 구속하고자 하는 경우 48시간 이내에 구속영장을 청구하여야 하고 그 기간 내에 구속영장을 청구하지 아니하는 때에는 즉시 석방하여야 한다(형사소송법 제213조의2, 제200조의2 제5항). 위와 같이 체포된 현행범인에 대하여 일정 시간 내에 구속영장 청구 여부를 결정하도록 하고 그 기간 내에 구속영장을 청구하지 아니하는 때에는 즉시 석방하도록 한 것은 영장에 의하지 아니한 체포 상태가 부당하게 장기화되어서는 안 된다는 인권보호의 요청과 함께 수사기관에서 구속영장 청구 여부를 결정하기 위한 합리적이고 충분한 시간을 보장해 주려는 데에도 그 입법취지가 있다고 할 것이다. 따라서 검사 등이 아닌 이에 의하여 현행범인이 체포된 후 불필요한 지체 없이 검사 등에게 인도된 경우 위 48시간의 기산점은 체포시가 아니라 검사 등이 현행범인을 인도받은 때라고 할 것이다.

나. 원심이 유지한 제1심판결 이유 및 기록에 의하면 다음과 같은 사실이 인정된다.

피고인들은 2011. 1. 21. 06:00경 소말리아 가라카드에서 북동방으로 약 670마일 떨어진 공해상에서 국군 청해부대 소속 군인에 의하여 해상강도 등 범행의 현행범인으로 체포되어 삼호주얼리호(이하 '이 사건 선박'이라고 한다)에 격리 수용되었다. 청해부대는 장거리 호송에 따른 여러 문제점, 피고인들 입장에서도 자국에 가까운 곳에서 재판을 받는 것이 방어권 행사에 유리하다는 소송절차적 측면 등을 고려하고, 소말리아 인근 해역에서의 해적문제에 관하여 국제적인 공동 대응과 협력을 촉구하는 국제연합 안전보장이사회의 결의 내용 등에 따라 인접국들의 우호적인 태도를 기대하여, 오만 등 인접국들을 대상으로 피고인들 신병인도를 위한 협의를 진행하였다. 그러나 위 인접국들이 다른 국가들로부터도 동일한 요구를 받을 가능성, 수용시설 여건 등을 이유로 신병인수를 거절함에 따라 청해부대는 피고인들을 국내로 이송하기로 하였고, 이후 항공편 마련이 여의치 아니하던 중 아랍에미리트연합의 협조를 받아 그 전용기 편으로 2011. 1. 30. 04:00경 부산 김해공항으로 피고인들을 이송하여 남해지방해양경찰청 소속 경찰관들이 그 무렵 피고인들을 인도받았다. 검사는 피고인들이 국내에 도착하기 직전인 2011. 1. 29. 20:30경 부산지방법원에 피고인들에 대한 구속영장을 청구하였고, 부산지방법원은 같은 날 23:30경 피고인들에 대한 심문용 구인영장을 발부하였으며, 2011. 1. 30. 08:00경 피의자심문을 거친 후 같은 날 10:40경 구속영장을 발부한 것이다.

다. 제1심법원은 위 인정사실에 기하여 청해부대 소속 군인들이 피고인들을 현행범인으로 체포한 것은 검사 등이 아닌 이에 의한 현행범인 체포에 해당하고, 피고인들 체포 이후 국내로 이송하는 데에 약 9일이 소요된 것은 공간적·물리적 제약상 불가피한 것으로 정당한 이유 없이 인도를 지연하거나 체포를 계속한 경우로 볼 수 없다고 판단하였다. 나아가 제1심법원은, 구속영장 청구 기간인 48시간의 기산점은 경찰관들이 피고인들의 신병을 인수한 2011. 1. 30. 04:30경부터 진행된다고 전제한 다음, 그로부터 48시간 이내에 청구되어 발부된 구속영장에 의하여 피고인들이 구속되었으므로, 피고인들은 적법한 체포, 즉시 인도 및 적법한 구속에 의하여 공소제기 당시 부산구치소에 구금되어 있다 할 것이어서 제1심법원에 토지관할이 있다고 판단하였다.

앞서 본 법리와 기록에 비추어 살펴보면, 원심이 유지한 제1심법원의 위와 같은 판단은 정당하고, 거기에 피고인 […] 변호인의 상고이유 주장과 같이 형사소송법상 토지관할이나 현행범인 체포 및 구속에 관한 법리를 오해하는 등의 위법이 있다고 할 수 없다." (출처: 판례공보 2012(상), 221쪽)

평석 최민영·최석윤, 소말리아 해적에 대한 형사재판의 쟁점과 개선방안(한국형사정책연구원, 2011).
김태운, 한국 법정의 소말리아해적 재판의 분석과 국제법적 검토, 해사법연구 제23권 제3호(2011).
박영길, 유엔해양법협약 상 해적의 개념과 보편적 관할권, 서울국제법연구 제18권 1호(2011).
최민영·최석윤, 소말리아 해적사건에 대한 형사재판의 쟁점, 비교형사법연구 제14권 제1호(2012).
이영진, 해적행위에 대한 국제법적 규제: 소말리아 해적의 관할권 문제를 중심으로, (충북대학교) 법학연구 제23권 제1호(2012).

4. 기타

10-7. 편의치적의 허용 한계
(부산고등법원 1991. 12. 30. 91노1359 판결. 관세법위반, 방위세법위반)
"가. 선박의 특수성과 그 수입에 있어서 관세포탈의 범의
이 사건의 피고인이 외국선박을 실제로 매수 소유하면서 한국국적으로 취득치 아니하고 편의치적국에 등록한 경우, 특히 그 선박이 외항선인 경우에 수입이 이루어졌다고 볼 것인가, 그리고

피고인이 위 일본 선주사와의 매매계약에 의해 이 사건 선박의 소유권을 취득하였고 나아가 피고인에게 관세법상의 관세포탈죄가 구성요건으로 규정하는 사실에 관한 인식이 있었다고 볼 것인가 하는 점에 관하여는 각별한 검토를 필요로 한다. […]

살피건대 관세란 물품이 일정한 관세영역(즉, 국가영역으로부터 보세구역을 제외한 영역)을 드나드는 경우에 부과되는 세금이고, 관세법 제2조 제1항에 의하면 수입이라 함은 외국인으로부터 우리 나라에 도착된 물품을 우리 나라에 인취하는 것(보세구역을 경유하는 것은 보세구역으로부터 인취하는 것)을 말한다고 규정되어 있는데, 여기서 말하는 인취란 외국물품을 관세법상의 구속으로부터 벗어나게 하여 내국물품으로서 자유유통 상태에 두는 것을 의미한다고 할 것이다.

그러나 선박의 수입에 있어서는 선박이 동산인 보통의 다른 수입 물품(대외무역법 제6조 제2호 참조)과 다른 특성을 갖는다는 점에 유의할 필요가 있다. 선박은 국적과 선적을 갖고 그 자체가 권리주체로서의 특징을 갖게 되며, 특히 외항선인 경우에는 국제적인 성격을 갖게 되어 국내의 해운시장과는 무관하게 국제간의 항로와 국제해운시장에서 활동하게 되는 점에서 특수성을 갖기 때문이다.

앞서 판시한 사실에 의하면 피고인이 이 사건 선박을 파나마국에 편의치적한 것을 보면 위에서 본 의미에서 국내 해운시장에서의 자유유통이나 사용을 위해 이를 수입하려 했다고 볼 수는 없다(선박법 제6조에 의하면 한국선박이 아니면 불개항장에 기항하거나 국내 각 항간에서 여객 또는 화물의 운송을 할 수 없으며, 편의치적선은 국내시장에서 거래될 수도 없고, 담보제공도 불가능하다). 오히려 피고인은 뒤에서 보는 바와 같이 이 사건 선박을 위 공소외 일본 선주사로부터 나용선하거나 또는 할부조건으로 매수하여 수리비가 저렴한 국내의 조선소에서 이를 수리하고 한국 선원을 승선시켜

중국과 일본 간의 항로에 투입할 의사였다고 봄이 보다 합당한 것이라고 할 수 있다. 그렇다면 피고인은 위 선박의 대금이 완불되기 이전에 그 소유권을 취득하는 것으로 알았다고 보이지 않을 뿐 아니라 피고인이 수리를 목적으로 한 이 사건 선박의 입항신고에 있어 관세가 부과되는 물품임을 알면서 관세를 납부함이 없이 이를 수입인취하였다고 할 수는 없다고 할 것이다(대외무역법시행령 제5조 제4호는 수입이라 함은 매매, 교환, 임대차, 사용대차, 증여 등을 원인으로 외국으로부터 국내로의 물품의 이동과 유상으로 외국에서 외국으로 물품을 인수하는 것이라고 규정하고 있는데, 관세의 부과에 있어 물건을 인취하게 된 법적인 원인 여하는 문제될 수 없고 따라서 이 사건 피고인이 위 선박의 소유권을 취득한 여부는 따질 필요가 없다고 할 수 있으나, 외국에서 외국으로 물품을 인수하는 것은 위와 같은 관세법상의 수입개념에는 포섭될 수 없고, 특히 이 사건에서와 같이 관세형법으로서 관세법의 처벌조항을 해석하는 경우에는 위 대외무역법상의 확장된 수입개념을 유추적용할 수 없다고 봄이 상당할 것이다).

나. 사위 기타 부정한 방법

(1) 편의치적에 관한 종전의 판례

원심은 피고인이 이 사건 선박을 매수하면서 파나마국에 가공의 회사를 설립하여 편의치적한 사실을 관세법 제180조가 규정하는 '사위 기타 부정한 방법으로' 위 선박을 수입한 것으로 판단하였는데, 그렇다면 과연 위와 같이 편의치적의 방법으로 선박을 소유하는 것이 사위 기타 부정한 방법에 해당하는가의 여부에 관하여 보기로 한다.

종전의 대법원 판례에 의하면 실제로 중고 선박을 매수하면서 그로 인한 처벌을 피하기 위하여 혼듀라스에 유령회사를 만들어 그 회사가 위 선박을 매수한 것처럼 위장하고 마치 위 선박의 수리를 위하여 입항시킨 양 부산항에 반입하였다면 이는 사위 기타 부정한 방법으로 관세를 포탈한 것이어서 관세포탈죄를 구성한다는 입장을 취한다(대법원 1990. 3. 27. 선고 89도2587 판결). 그러나 위 판례에 대하여는 선박국적제도의 의미변화와 이른바 편의치적제도의 실제상 의의에 비추어 새로운 검토를 요한다.

(2) 선박국적제도의 의미변화

근대의 강력한 해운국가는 선박에 대한 국가적 보호를 베푸는 조건으로서 선박의 국적부여에 관해 엄격한 요건을 요구하였는데, 일반적으로 자국인 소유(property), 자국승인선(seamen) 및 자국내 건조(origin)를 국적 부여의 요건으로 하여 왔다. 등록의 결과 국적이 부여되면, 등록국의 국기를 게양하고 공해를 항행할 자유를 갖게 되었으며, 기국(기국)은 그 국적선박에 대해 보호와 동시에 통제의 권한이 인정되었다. 그러나 19세기 후반부터 주권평등의 국제법 정신에 따라 해운자유의 원칙이 일반화되면서 선박의 국적 여하는 중요성을 상실하게 되었다. 특히 세계2차대전 후부터는 이른바 편의치적을 허용하는 나라가 많아지면서 위 3가지 등록요건 중 어느 요건도 충족하지 않는 등록선이 대거 등장하게 되었다. 그 결과 선주들은 선박경영에 있어서 경쟁력에 유리한 쪽으로 국적선택권을 행사하게 되었고, 선박을 소유 운항함에 있어서 ① 납세 ② 안전 및 오염 규제 ③ 자국선원의 승선의무 ④ 비상시의 징발의무 등 여러면에서 부담이 적은 국가의 국적을 선호하게 되었다.

(3) 편의치적에 대한 법적인 평가

이와 같이 이른바 편의치적(flag of convenience, 개방등록제 open registry라고도 한다)의 제도는 제2차 세계대전 이후부터 선박국적제도에 대한 종전의 개념이 변화하여 선주가 소유선박에 대한 국적선택권을 갖게 되고, 이러한 선주들의 수요에 응하여 종전에 요구되던 선박국적 부여의 요건을 갖추지 아니한 외국선박의 자국 등록을 유치하는 나라들(리베리아, 혼듀라스, 파나마 등 이른바 편의치적국)이 생겨남으로써 탄생하게 되었다. 그 원인은 주로 선진해운국가의 선주들이 선원의 인건비 상승, 선원노조의 압력 등으로 국제경쟁력을 잃게 되고, 특히 1980년대에 이르러 국제 해운업계에 몰아 닥친 구조적 불황으로 인한 경영난을 타개하기 위해 선주들이 그 소유 선박을 대거 편의치적국으로 이적(flagging-out)하게 되었기 때문이었다.

편의치적선의 법적인 운영형태를 보면 선주가 리베리아, 혼듀라스, 파나마 등 선박의 국적취득이 용이할 뿐 아니라 선박의 운영에 대해 거의 규제하지 않는 국가에 서류상의 법인(이른바 paper co-mpany라고 한다)을 설립하고, 그 명의로 선박을 등록한 뒤 그 나라의 선박국적증서를 교부받아 그 나라의 기를 게양하여 운항하는 형태를 취하게 된다.

이와 같이 편의치적선은 기국으로부터 충분한 감독과 통제를 받지 않게 되어 선박 운항의 안전도, 선원의 근로조건, 해양오염규제등에 있어서 문제를 야기하게 되었고, 1958년의 국제연합 해양법회의가 채택한 공해에 관한 조약은 그 제5조에서 선박과 그 등록국 간에 진정한 연계관계(genuine link between the state and the ship)가 있어야 한다고 규정하였고, 1982년의 제3차 해양법회의에서 채택된 해양법조약에서도 그 내용이 그대로 수용되었으나, 그 실효성은 의문시되었고, 그 요건의 존부는 국제해운계에서 계속 논란되어 왔다.

그럼에도 편의치적선은 국제해운업계에서 살아남기 위한 선주들의 해운업 경쟁력 강화노력의 필연적 결과로서 점차 증가하게 되었으며, 각 해운국 역시 이와 같은 경제적인 흐름을 어쩔 수 없는 현실로서 인정하지 않을 수 없게 되었다. 당원의 해운항만청과 해운산업연구원 및 한국해기사협회에 대한 사실조회 회신에 의하면 현재 세계의 상선대 중 편의치적선의 선복량(선복량)은 3분의 1에 이르고 있다.

(4) 우리 나라에서 편의치적선의 실태

앞서 든 사실조회 의하면 우리 나라의 경우에도 1991년 편의치적선이 1,000톤급 이상은 111척으로 집계되고 있으며(여기에는 국적취득조건부 나용선(Bare Boat Charter with Hire Purchase)이 포함된 것으로 보인다), 그 미만의 것도 100여 척으로 추정되고 있다.

이와 같이 국적취득조건부 나용선이나 대규모 선박을 제외하고 대부분이 편의치적선은 중소형 선박으로서 선원의 경력을 가진 영세해운업자나 외국 선사의 국내 해운대리점업, 선박관리업 또는 운송주선업을 영위하는 중소 해운업자에 의해 운영되고 있는 것이 실정인데, 그것은 영세 해운업자가 손쉽게 중고선박이나마 얻어 경쟁력있는 운항을 할 수 있기 때문이다. 즉 우리의 해운선사가 선박을 확보하려면 중고선의 도입, 국적취득 조건부 나용선계약에 의해 국내조선소에서 신조하는 방법 등이 있으나 영세, 중소업자가 위와 같은 방도를 찾기란 용이한 일이 아니다.

대부분의 우리 나라 영세업자가 취득하게 되는 중고선박은 일본으로부터 나용선되거나 매각되는 것이다. 이와 관련하여 일본의 해운정책에 의해 행해지고 있는 선박거래의 특수한 형태(이른바 (charter back선 제도)를 살펴볼 필요가 있다. 일본 해운회사는 그가 보유한 중고선박 중 인건비의 비중이 높아 적자를 면할 수 없는 중소형선박을 인접 타국, 특히 한국 등의 해운회사에 장기 나용선하거나 매각하고, 상대방 외국선주는 자국선원을 승선시켜 정기용선으로(보통 3년 내지 5년 동안) 원선주에게 재용선하여 원선주의 화물을 계속 운송하여 주고, 그 선박의 대금채무는 용선기간 동안의 용선채권으로 순차 상계하며, 선박대금의 원리금상환이 완료하면 상대방이 선박의 완전한 소유권을 취득하게 된다(이 사건에 있어서 피고인도 이러한 형태로 이 사건 선박을 매수한 것으로 보인다). 이렇게 원선주로서는 필요한 선복량을 확보하면서 선원비 차액 만큼의 원가를 절감하게 된다(기록에 편철된 참고자료, 최재수, '선박국적제도의 변질 과정에서 본 세계해운의 구조적 변화', 한국해운학회지 제9호 48면 이하 참조).

(5) 편의치적선에 대한 법적 취급의 방향

앞서 본 바와 같이 편의치적선은 자본주의의 경제원리로서 경쟁력향상을 지향하는 국제해운업의 자연스런 경제현상이다. 국제해운 시장에서 살아 남기 위한 이러한 선주의 노력은 저지될 수 없는 것이며, 그럼에도 불구하고 그 규제를 감행한다면 나라의 해운력을 위축시키는 결과만 가져올 것이다. 이러한 사정을 고려하여 노르웨이나 영국 등 일부 선진국에서는 이러한 국적선대의 이적을 막기 위해 세금을 감면하거나 선원채용 등 부담면에서 편의치적선과 비슷한 대우를 해주는 제2선적제도를 창설하여 재이적(reflagging)을 도모하고 있다.

우리 나라의 실정을 보면 해운당국에서도 편의치적선의 소유 및 운영실태에 대하여는 충분한 조사가 이루어지고 있지 못하며, 그에 대한 법적인 처우는 단지 위장외국선박으로서 항만국통제의 대상이 되거나 또는 이 사건에서 보는 바와 같이 관세포탈범으로서 규제, 단속되고 있을 뿐 그에 대한 배려나 지원은 전무한 실정이다. 사회적으로 보더라도 편의치적선을 보유 또는 운행하는 중소 해운업자들의 이익은 이미 항로를 확보하고 있는 대기업 선사의 기득권보호 노력이나 조선업 육성정책 때문에 항상 무시되어 왔음을 부인할 수 없다.

해운국가이면서도 선복량의 확보가 충분치 아니하고 1980년대 이래 해운업의 경쟁력도 떨어지고 있어 새로운 대책이 필요하다고 할 우리나라의 경우, 편의치적선을 규제의 대상으로만 생각하는 정책은 지양되어야 하고, 해운정책당국이 결정한 정책적 문제에 속한다고 할 것이지만 제2선적제도를 도입하는 것은 시급한 일이라고 생각된다. 그렇다면 적어도 법적인 차원에서 선박의 국제경쟁력 확보를 위해 국제적 관례로서 인정될 뿐 아니라 다수의 중소 해운기업이 선박확보를 위해 편법으로 이용하고 있는 편의치적제도는 그 자체가 탈법적인 방법이라거나 사회적 상당성이 없는

부정한 방법이라고 보아 이를 처벌하여서는 안될 것이다(형법 제20조 참조, 우리의 해운당국과 세관당국도 그것을 불법한 것으로 보고 있지는 않다).

특히 이 사건과 같은 사례에서 피고인을 처벌한다면 우선 헌법상 재산권보장과 관련하여 처분의 자유 내지 영업의 자유를 과도하게 제한하고 선주의 선박에 대한 국적선택권을 부당하게 제한한다는 비난을 면키 어렵다. 선박에 대한 수입관세는 2.5%에 불과함에도 관세탈죄를 적용하면 필요적으로 그 선박은 몰수되고 몰수가 불가능한 경우에는 그 선박의 국내도매가격에 상당하는 액수를 추징하게 되어 있어(관세법 제198조) 그 처벌규정은 엄격하기 때문이다.

편의치적을 적법한 것으로 허용하는 경우에 야기될 폐해에 대하여 우려하는 입장이 있을 수 있다. 그러나 첫째로 국적선대의 대량 이적이 우려되고 우리 해운업이 위축될 수 있다는 점에 대하여는 해운정책상 금융, 항로배정, 화물의 우선적 취 등 국가적 지원을 받는 대기업선사가 그 보유 선박을 편의치적하리라고 생각되지 않으며(해운산업육성법 제4조, 제6조, 제16조 등 참조), 설사 이적한 경우에도 실질상 내국인이 소유하는 편의치적선은 바로 잠재적인 상선대(이른바 지배선단)를 구성하여 우리 나라의 해운력의 일부를 이룬다고 할 것이고, 편의치적선을 규제하는 경우에는 오히려 중소업자의 선박확보를 어렵게 한다는 점에 비추어 보면 위와 같은 우려는 큰 문제가 아니다. 둘째로 편의치적선은 국적선과의 경쟁에서 운임을 덤핑하여 항로질서를 교란한다거나, 항행상의 안전기준을 지키지 아니하거나 또는 해양오염 등의 위험을 증가시킨다고 하는 점에 대하여는 항만국으로서의 통제(Port State Control)를 강화하는 방향으로 대책이 마련되어야 할 것이라고 생각된다. 외국인 소유의 편의치적선이 점증하는 현상을 직시한다면 내국인의 편의치적선 소유를 규제하는 것은 우리 해운업을 위해서도 결코 유리할 수 없음이 명백하다. 셋째로 편의치적을 허용함으로

써 해운업으로 인한 소득에 대한 과세가 어려워진다는 과세관청의 입장에 대하여는 외환관리를 엄격히 하거나 해외투자로 인한 세원포착에 주의를 기울이면 해결될 수 있을 것이고, 그렇지 못하다 하더라도 이 사건과 같은 사안에서 피고인에 대한 처벌이 가져오는 과중한 기본권침해의 정도에 비추어 보면 국고수입이 줄어든다는 단순한 사유만으로 피고인에 대한 처벌을 정당화할 수는 없다고 할 것이다.

결론적으로 보아 피고인이 이 사건 선박을 매수함에 있어 파나마국에 편의치적하는 방법을 취하였다 하더라도 우리 법체제상 사회적 상당성을 결하는 이른바 사위 기타 부정한 방법을 사용하였다고 볼 수는 없다.

다. 결론

결국 피고인에 대한 공소사실은 피고인이 이 사건 선박을 수입한다는 점에 대한 인식을 가졌다거나 따라서 관세포탈의 범의가 있었다는 점에 대한 증거가 없으며, 피고인이 편의치적의 법적 형식에 의해 선박을 소유하게 되었다 하더라도 그 소위가 사위 기타 부정한 방법에 해당한다고 볼 수도 없다. […]

5. 당원의 판단

그러므로 당원은 원심판결을 파기하고 다시 변론을 거쳐 다음과 같이 판결한다.

피고인에 대한 검사의 이 사건 공소사실의 요지는, 상술한 제2항 기재와 같으나, 이것은 앞서 살펴본 바와 같이 피고사건이 범죄로 되지 아니하거나 범죄의 증명이 없는 때에 해당하므로 무죄를 선고한다.” (출처: 하급심판결집 1992년 제3집, 431쪽)

10-7-1. 위 상고심

(대법원 1994. 4. 26. 93도212 판결)

“피고인은 이 사건 선박을 일본인 회사로부터 매수하고 대금은 선박을 운행하여 얻은 이익으로 지급하기로 하였고, 이 사건 선박은 파나마회사의 소유로서 파나마 국적을 가진 것으로 등록되었으나 실제에 있어서는 위 파나마회사는 피고인이 대표자일 뿐 아니라 위 회사는 실제상 사무실이나 주재원도 없는 서류상의 회사에 지나지 않고 위 선박에 관한 관련서류도 모두 피고인이 소지하고 있으며 해상통상허가증 상에는 피고인이 위 선박의 소유자로 되어 있고, 다만 피고인이 이른바 편의치적의 방법에 의하여 위 선박을 위 파나마회사의 소유인 것으로 함으로써 그 형식적인 국적은 파나마국으로 되었다는 것이므로, 사실이 그러하다면 이 사건 선박은 피고인이 사실상 소유하는 것이라고 보아야 할 것이고, 선박대금의 완불여부나 선박의 도입이 용선의 형태를 취한 것인지 여부로 위의 결론을 좌우할 수 없다 할 것이고(당원 1983. 10. 11. 선고 82누328 판결 참조).

다. 원심판결과 기록에 의하면 실제로는 피고인이 정상적인 방법으로 수입허가를 받을 수 없는 이 사건 선박을 편의치적의 방법으로 수입하면서 실질적으로는 피고인의 소유인 이 사건 선박을 형식상으로만 소유자로 되어 있는 파나마회사가 단순한 수리목적으로 입항시키는 것처럼 허위신고하였던 사실을 인정하기에 어렵지 아니한바, 그러하다면 원래 편의치적 자체는 위법이 아니라고 하여도 수입이 허용되지 않는 이 사건 선박을 편의치적의 방법을 이용하여 수입하고 허위로 신고한 행위는 관세법 제180조 제1항 소정의 사위 기타의 부정한 방법으로 관세를 포탈한 것에 해당된다고 할 것이고(당원 1990. 3. 27. 선고 89도2587 판결 참조), 관세부과대상이 되는 물품을 수입면허를 받음이 없이 무단으로 수입한다는 인식이 있는 이상 조세포탈의 범의 또한 있는 것이라 할 것이며(당원 1984. 6. 26. 선고 84도782 판결 참조), 피고인이 이 사건 선박을 수리한 후 중국과 일본간의 항로에 투입할 의사였다고 하여 달리 볼 것은 아니다.

그리고 이와 같은 피고인의 편의치적의 방법을 이용한 선박수입이 관세포탈죄에 해당되어 선박이 몰수대상이 된다면, 그 선박을 몰수하는 것이 피고인의 영업의 자유를 과도하게 제한하고 재산권 보장에 관한 헌법 규정에 위반되는 것이라고 말할 수 없다.

3. 결론

그러므로 원심판결에는 관세법상 수입의 법리 내지 관세포탈죄의 법리를 오인하고 이유를 갖추지 아니한 위법이 있다고 할 것이고 이 점을 지적하는 논지는 이유 있으므로 원심판결을 파기환송하기로 하여 관여 법관의 일치된 의견으로 주문과 같이 판결한다." (출처: 법원공보 제969호(1994. 6. 1.), 1561쪽)

[해설] UN 해양법협약 제91조 1항은 선박과 국적국간에 진정한 유대(genuine link)가 있어야 한다고 규정하고 있으나, 편의치적은 국제 해운업계의 일반적 관행이다. 대법원은 편의치적 자체가 위법하지는 않아도, 이를 통해 국내법상 금지된 목적을 달성하고자 하는 경우 위법하다는 입장이다. 즉 정상적인 방법으로는 수입허가를 받을 수 없는 선박을 편의치적을 통해 구매하고 사실상 국내로 반입하여 사용에 제공하는 행위는 관세법상 수입에 해당하며 이로 인해 관세법 위반이 발생한다고 본다. 아래는 그 같은 취지의 대법원 판결들이다.
① 대법원 1994. 4. 12. 93도2324 판결.
② 대법원 1998. 4. 10. 97도58 판결.

"우리나라에 거주하는 자가 외국에 있던 선박의 사실상 소유권 내지 처분권을 취득하고 나아가 그 선박이 우리나라에 들어와 사용에 제공된 때에는, 형식적으로는 그 선박이 우리나라의 국적을 아직 취득하지 않았더라도 실질적으로는 관세부과의 대상이 되는 수입에 해당한다고 보는 것이 실질과세의 원칙에 비추어 타당하고(대법원 1983. 10. 11. 선고 89도2587 판결 참조), 외국의 선박을 국내거주자가 취득하면서 편의치적의 방법에 의하여 외국에 서류상으로만 회사(이른바 paper company)를 만들어 놓고 그 회사의 소유로 선박을 등록하여 그 외국의 국적을 취득하게 한 다음 이를 국내에 반입하여 사용에 제공한 때에도 위에서 말하는 관세법상의 수입에 해당하며, 일반적으로 수입면허를 받지 아니하고 물품을 수입하는 것은 그 자체로 관세포탈죄의 구성요건인 사위의 방법에 해당하는 것이므로([…]), 정상적인 방법으로는 수입

허가를 받을 수 없는 선박을 수입하기 위하여 위와 같이 편의치적의 방법에 의하여 선박을 수입하고도 단순히 수리목적 또는 운항목적으로 입항한 것처럼 입항신고를 하였다면, 이는 관세포탈죄의 구성요건인 사위 기타 부정한 방법으로 관세를 포탈한 것에 해당한다고 보아야 할 것이다."
③ 대법원 2000. 5. 12. 2000도354 판결.

"관세법 제2조 제1항 제1호는 외국으로부터 우리나라에 도착된 물품을 우리나라에 인취하는 것을 관세의 부과대상이 되는 수입의 한가지 형태로 규정하고 있고, 여기서 우리나라에 인취한다고 함은 물품이 사실상 관세법에 의한 구속에서 해제되어 내국물품이 되거나 자유유통 상태에 들어가는 것을 의미한다고 할 것인바, 선박의 경우에는 그것이 우리나라와 다른 나라를 왕래하는 등의 특수성이 있으므로 선박이 우리나라의 영역에 들어온 것만으로는 그 선박이 수입되었다고 볼 것은 아니며, 다만 우리나라에 거주하는 자가 외국에 있던 선박의 사실상 소유권 내지 처분권을 취득하고 나아가 그 선박이 우리나라에 들어와 사용에 제공된 때에는 형식적으로는 그 선박이 우리나라의 국적을 아직 취득하지 아니하였더라도 실질적으로는 관세부과의 대상이 되는 수입에 해당한다고 보는 것이 실질과세의 원칙에 비추어 타당하고, 외국의 선박을 국내 거주자가 취득하면서 편의치적의 방법에 의하여 외국에 서류상으로만 회사를 만들어 놓고 그 회사의 소유로 선박을 등록하여 그 외국의 국적을 취득하게 한 다음 이를 국내에 반입하여 사용에 제공하게 한 때에도 위에서 말하는 관세법상의 수입에 해당하게 되는 것이다([…])."
④ 대법원 2004. 3. 26. 2003도8014 판결.

"외국의 선박을 국내 거주자가 취득하면서 편의치적의 방법으로 외국에 서류상으로만 회사를 만들어 놓고 그 회사의 소유로 선박을 등록하여 그 외국의 국적을 취득하게 한 다음 이를 국내에 반입하여 사용에 제공하게 한 때에도 관세법상의 수입에 해당하고(대법원 2000. 5. 12. 선고 2000도354 판결 참조), 관세법 등 관계 법령에서 정하는 소정의 적법한 절차를 밟아 수입하는 경우에 관세가 부과되지 않는 물품에 해당한다고 하더라도 적법한 수입신고 절차 없이 통관하는 경우에는 무신고 수입으로 인한 관세법위반죄에 해당한다 할 것이다([…])."
⑤ 대법원 2011. 7. 14. 2011도2136 판결.

"외국의 선박을 국내 거주자가 취득하면서 편의치

적의 방법으로 외국에 자신의 명의로 선박을 등록하여 그 외국의 가국적을 취득한 다음 이를 국내에 반입하여 사용에 제공하게 한 때에도 구 관세법(2010. 12. 30. 법률 제10424호로 개정되기 전의 것, […]) 제241조 제1항의 수입에 해당하고, 구 관세법 등 관계 법령에서 정하는 소정의 적법한 절차를 밟아 수입하는 경우에 관세가 부과되지 않는 물품에 해당한다고 하더라도 적법한 수입신고 절차 없이 통관하는 경우에는 무신고수입으로 인한 구 관세법 위반죄에 해당한다 할 것이다([…])."

평석 윤윤수, 편의치적선, 재판자료 제73집(법원도서관, 1996).

김진권, 해사국제사법상 편의치적에 관한 고찰, 한국해법학회지 제25권 제1호(2003).

10-8. 지방자치체간 해상경계획정

(헌법재판소 2015. 7. 30. 2010헌라2 결정. 홍성군과 태안군 등 간의 권한쟁의)

[사안: 바다의 경제적 활용도가 높아짐에 따라 국내 지방자치체 사이에 해상경계 분쟁이 자주 제기된다. 이 사건은 지자체 간 해양경계획정에 관한 건으로 국제법상의 문제로 제기되지는 않았다. 국가간의 해양경계획정에 관해서는 국제판례가 적지 않다. 그렇다면 국제법상 해양경계획정시 적용되는 기준과 고려사항이 국내 지자체간 경계획정 분쟁에서도 활용될 수 있는지 검토의 필요가 있어 본 판례를 수록한다. "해상경계선"이란 주제어로 판례 DB를 검색하면 다른 지자체간 유사 분쟁에 관한 국내 판례를 다수 확인할 수 있다.]

"(2) 해상경계선의 획정

(가) 위와 같이 이 사건 쟁송해역에서는 해상경계에 관한 불문법이 존재한다고 할 수 없으므로, 헌법재판소로서는 그 지리상의 자연적 조건, 관련 법령의 현황, 연혁적인 상황, 행정권한 행사 내용, 사무 처리의 실상, 주민의 사회·경제적 편익 등을 종합하여 형평의 원칙에 따라 합리적이고 공평하게 이 사건 쟁송해역에서의 해상경계선을 획정할 수밖에 없다 할 것이다.

(나) 그러므로 형평의 원칙에 따라 이 사건 쟁송해역에서의 해상경계선을 획정함에 있어 고려해야 할 구체적인 요소들에 대해서 살펴본다.

첫째, 등거리 중간선 원칙이 고려되어야 한다.

각 지방자치단체가 상호간 대등한 지위에 있다는 점 및 해상경계선이 어느 지방자치단체 일방에게만 유리하게 그어져서는 안 된다는 점을 기본적인 전제로 인정한다면, 공유수면의 해상경계선은 원론적인 차원에서 볼 때 각 지방자치단체로부터 비슷한 거리만큼 떨어진 중간 지점에 위치한다고 봄이 상당하다. 이는 결국 각 지방자치단체의 해안선의 가장 가까운 점으로부터 같은 거리에 있는 점들의 연결선, 즉 등거리 중간선의 모습으로 드러나게 될 것이다. 이러한 등거리 중간선의 원칙은 양 지방자치단체의 이익을 동등하게 다루고자 하는 규범적 관념에 기초하며, 현재 국제적 해상경계분쟁에서도 유력한 기준으로 고려되고 있는 점에서 보편적으로 수용될 수 있는 합당성을 가진다고 보이므로, 공유수면의 해상경계를 획정함에 있어 마땅히 고려되어야 할 기본적인 요소임이 분명하다.

여기서 등거리 중간선 원칙의 적용기준이 되는 해안선은 법률상의 해안선을 말한다. 현행법상 해안선은 해수면이 약최고고조면(일정 기간 조석을 관측하여 분석한 결과 가장 높은 해수면)에 이르렀을 때의 육지와 해수면과의 경계로 표시하는데{공간정보의 구축 및 관리 등에 관한 법률(구 측량·수로조사 및 지적에 관한 법률) 제6조}, 이 사건 심판에서 예외적으로 이와 다른 해안선 개념을 채택할 필요성은 인정되지 않는다.

둘째, 이 사건 공유수면의 지리적 특성상 일정한 도서들의 존재를 고려해야 한다.

이 사건에서 당사자들은 안면도와 황도, 죽도리 소속 섬들을 전부 또는 일부만 고려해야 한다고 각각 주장한다. 그러므로 살피건대, 안면도는 태안반도 남쪽에 있는 섬으로서 면적은 113.5㎢이고, 안면읍과 고남면이 이 섬에 속해 있으며, 현재 약 11,900명의 주민(약 6,000가구)이 거주하고 있고, 안면도의 북동쪽 끝에서 약 300m 떨어져 위치한 황도는 면적이 0.63㎢인 섬이며, 현재 309명의 주민(167가구)이 거주하고 있다. 그리고 죽도리에는 지번이 부여된 10개의 섬이 속해 있는데, 이 중 가장 큰 섬인 죽도는 면적은 0.175㎢이고, 이곳에는 현재 69명의 주민(28가구)이 거주하고 있다. 이들 세 섬은 이 사건 공유수면에 접해 있거나 공유수면 가운데 위치한 섬으로서, 그 면적, 주민들의 거주 역사와 현재의 현황, 거주 주민(또는 가구)의 수, 주민들의 생활에서 그 섬이 이용되어온 양상 및 지방자치단체의 고유한 역사에서 그 섬이 가지는 생활권역적 비중 등에 비추어 볼 때, 각 지방자치단체 주민들의 주요한 생활조건을 이루고 있다고 보이므로, 이 사건 쟁송해역의 해상경계를 획정함에 있어 이를 고려할 필요가 있다.

그러나 죽도를 제외한 나머지 죽도리의 섬들은 비록 지번이 부여되어 있기는 하나, 그 규모가 앞서 본 안면도, 황도나 죽도에 비해 상당히 작은 점(그 면적이 수백㎡에서 수천㎡ 정도에 불과하다), 이 나머지 섬들에는 지금까지 주민들이 거주한 적이 없을 뿐만 아니라, 주민들의 삶과 생활에서 불가결한 기반이 되고 있다고 보기 어려운 점 등에 비추어 볼 때, 이 나머지 섬들은 이 사건 쟁송해역의 해상경계를 획정함에 있어 이를 고려하지 않는다.

셋째, 관련 행정구역의 관할 변경도 고려되어야 한다(헌재 2006. 8. 31. 2003헌라1 참조).

이 사건에서 천수만 내 청구인과 피청구인 사이의 해역 가운데 위치한 죽도 및 그 인근의 섬들은 원래 '충청남도 서산군 안면읍 죽도리'로 편제되어 있다가, 1989. 1. 1. 이 사건 대통령령 제7조 제5항, 제6항에 의하여 '충청남도 홍성군 서부면 죽도리'로 변경되었다. 따라서 이 사건 심판에서 청구인과 피청구인 사이의 해상경계선을 획정하기 위해서는 위와 같은 내용으로 대통령령이 제정된 점이 고려될 필요가 있다.

피청구인은 죽도리가 청구인의 관할구역에 편입되었다 하더라도, 이는 오직 육상지역에 한정된 것이므로 이로 인해 해상경계선이 변경되는 것은 아니라고 주장한다. 그러나 청구인 주민들(특히 죽도 주민들)의 생활에서 죽도가 가지는 중요성, 죽도가 바다로 둘러싸여 있는 섬이라는 본래적인 지리적 여건과 이러한 환경으로부터 불가피한 영향을 받을 수밖에 없는 주민들의 생활상, 앞서 본 죽도의 규모, 주민들의 수 등을 고려하면, 이 사건에서 죽도는 그 인근 해역과의 통합적인 행정적 관리를 필요로 하므로, 죽도리의 관할 변경에 따라 죽도의 인근 해역에 대한 관할도 함께 변경되었다고 보아야 한다.

넷째, 이 사건 쟁송해역에 대한 행정권한의 행사 연혁이나 사무 처리의 실상, 주민들의 편익도 함께 살펴보아야 한다.

피청구인은 1993년 이후 이 사건 쟁송해역에 있는 상펄어장에 대해 행정권한을 행사해 왔고, 이에 대한 그 어느 지방자치단체로부터의 이의제기도 받지 않았는바, 이러한 점을 고려하여 상펄어장은 피청구인의 관할구역에 속하는 것으로 해상경계선이 획정되어야 한다고 주장한다. 그러나 앞서 본 바와 같이 피청구인이 1995년 이전에 상펄어장에 관한 어업면허사무를 처리해 온 것은 충청남도의 권한을 대신하여 이를 처리한 것에 불과하다. 다만 피청구인이 1995년 이후에는 상펄어장의 어업면허사무를 담당해 온 것이 사실이나, 이는 그간의 관행이 관성으로 인해 새롭게 변경된 규범질서를 미처 따라가지 못한 것일 뿐이다. 따라서 이러한 사정들만으로 상펄어장에 대한 행정권한이 오래전부터 피청구인에게 있었다고 보기는 어렵다. 오히려 이 사건 기록에 의하면, 죽도는 상펄어장까지 가까운 거리에 위치하여 있으며, 과거 서산군에 소속되어 있을 때부터 죽도 주민들이 상펄어장을 이용해 온 사실 등이 인정되는바, 이러한 사실에 비추어 죽도와 상펄어장의 남동쪽 지역이 지리적 측면에서나 생활적 측면에서 상당부분 긴밀히 연계되어 있고, 이 어장이 죽도 주민들의 생활권역을 구성하게 된 것으로 보인다. 따라서 단지 죽도가 피청구인의 관할구역에서 청구인 관할구역으로 변경되었다는 행정편제적 이유만으로 그간 상펄어장에 그들 삶의 조건을 일정 부분 의지하고 있었던 죽도 주민들로 하여금 이 어장의 이용을 전적으로 금지하는 것은 부당하다.

청구인은 간조 시에 죽도리 최북단의 간출암에서 상펄어장의 남쪽 지역까지 걸어서 이동할 수 있는 점이, 피청구인은 간조 시에 황도에서 상펄어장의 북쪽지역까지 걸어서 이동할 수 있는 점이 또한 주요한 고려 요소에 해당한다고 주장하나, 앞서 본 바와 같이 죽도리 최북단의 간출암은 이 사건 해상경계선 획정에서 고려될 자연 조건에 해당하지 않고, 이 사건 기록에 의하면, 죽도에서나 황도에서는 간조 시에도 상펄어장까지 도보로 이동하기는 현실적으로 힘들어 보이므로, 당사자들이 내세운 위의 측면들을 그대로 반영하기는 어렵다.

피청구인은 해양경찰서의 관할구역에 있어서 태안해양경찰서가 상펄어장 지역을 관할해 온 점이 고려되어야 한다고 주장하나, 이 사건 쟁송해역의 해상경계를 둘러싼 행정관습법의 성립이 부인된 이상, 각 해양경찰서 사이의 관할업무 분배 현황이 형평의 원칙에 기초해 지방자치단체의 관할권한을 확인하는 이 사건 심판에서 직접적인 관련성을 가질 수는 없다.

㈐ 한편, 이 사건 쟁송해역은 천수만 가운데 위치하고 있는데, 만(灣)이라는 특성상 그 주위가 대부분 육상지역과 섬으로 둘러싸인 일종의 내해이고, 청구인과 피청구인의 육상지역이나 안면도, 황도, 죽도에서 선편으로 모두 10분 내외에 도착할 수 있는 거리에 있어서, 해류, 해저지형 등 특별히 고려해야 할 지리상의 자연적 조건이 있다고 보기는 어려운 점 등에 비추어 볼 때, 형평의 원칙에 따라 해상경계선을 획정함에 있어 위에서 살펴본 요소들 이외에 달리 고려해야 할 사정들은 보이지 않는다.

㈑ 이상의 사정들을 종합하면, 이 사건 쟁송해역의 해상경계선은 청구인과 피청구인의 육상지역, 죽도, 안면도, 황도의 각 현행법상 해안선(약 최고고조면 기준)만을 고려하여 등거리 중간선 원칙에 따라 획정함이 타당하고, 그 선은 [별지 1]과 같다(국립해양조사원의 회신).

마. 이 사건 공유수면에 대한 관할권한의 확정
따라서 [별지 1] 도면 표시 가, 나 사이의 각 좌표표시 점을 연결한 해상경계선의 우측(남동쪽)은 청구인의 관할구역에, 위 선의 좌측(북서쪽)은 피청구인의 관할구역에 각 속한다. [⋯]

재판관 강일원, 재판관 조용호의 반대의견: "해상경계를 확정할 때 가장 중요하게 고려하여야 할 것은 형평의 원칙이다. 관할을 다투는 지방자치단체 사이의 이해관계를 형평에 맞게 조절하기 위해서는, 해당 지방자치단체 주민들의 생활 영역, 자연조건, 분쟁지역 행정 관할을 둘러싼 연혁적 상황과 행정사무 처리 실상 등을 종합적으로 고려하여 판단하여야 한다.

법정의견은 위와 같은 원칙에 대체로 동의하면서도 등거리 중간선 원칙을 가장 중요한 원칙으로 내세워 경계 확정을 위한 다른 요소들에 대해서는 구체적 검토 없이 등거리 중간선을 기준으로 경계를 확정하고 있다. 그러나 등거리 중간선 원칙이라는 획일적 척도로 공유수면의 해상경계선을 획정하는 논리는 헌법이나 법률 어디에도 근거가 없고 형평의 원칙에도 맞지 않는다. 국제법상으로도 나라와 나라 사이의 해상경계를 정할 때 단순 등거리 중간선 원칙을 적용하지 않는다.

법정의견의 해법은 기존에 존재하는 경계선을 증거를 통해 확인하는 것이 아니라 해상경계선을 새로 창설하려는 것에 더 가깝다. 이는 헌법과 법률에 따라 지방자치단체 간의 권한에 관한 분쟁을 해결하고자 하는 권한쟁의심판의 제도 취지에도 부합하지 않는다.

나. 지방자치단체의 경계를 획정하기 위해서는 무엇보다 그 지방자치단체 주민들의 생활권역에 대한 종합적 고려가 있어야 한다. 이를 위해서는 해당 지역 혹은 해역이 어느 지방자치단체 주민들의 생활과 더 밀접한 연관성을 가지고 있는지를 중심으로 규명할 필요가 있다.

일반적으로 해양에 인접한 주민들의 생활 영역은 해당 지역 지형의 영향을 크게 받는다. 따라서 해양 경계를 정할 때 지형학적 고려가 우선시되는데, 이때 고려되는 요소 중 하나가 등거리원칙이다. 하지만 등거리원칙은 여러 고려 요소 중 하나일 뿐이고, 이 사건과 같은 근해 구역은 육지와의 지형학적 연결 상황, 섬이나 암초와 같은 육안으로 인식되는 육지 현상 등이 등거리원칙과 동등하거나 더 중요한 요소로 고려되어야 한다. 즉, 해상 경계를 확정할 때에는 분쟁 대상 해역의 해저 지형, 그 해역을 관통하는 해류의 속도와 방향, 간조 시 형성되는 지형 등 자연조건을 면밀히 살펴 이러한 요소들이 인근 지방자치단체 주민들의 생활에 어떤 영향을 미치는지 확인하여야 한다.

고정된 땅으로 이루어진 육지와 달리, 바다에서의 생활은 눈에 보이지 않는 해저 지형과 유동적 해류 등 자연조건으로부터 큰 영향을 받을 수밖에 없다. 지리적으로 아무리 가깝게 위치하고 있다 하더라도 유속이 빨라 접근하기 힘든 경우가 있는 반면, 상대적으로 멀리 위치해 있어도 해저 지형이 육지와 낮은 수심으로 이어져 있고 해류가 약해 접근이 매우 쉬운 경우도 있다. 이 경우 물리적 거리에도 불구하고 후자의 경우가 더 밀접한 생활권역을 형성하는 것이 대부분이고 또 이렇게 평가하는 것이 합리적이다. 따라서 분쟁 지역의 자연조건을 우선 확인한 다음, 실제 주민들의 생활 여건과 방식, 분쟁 지역을 둘러싼 법적 관할의 연혁적 상황이나 행정사무처리 실상 등을 함께 살펴봄으로써 다각도의 종합적 검토를 통해 공유수면의 관할귀속 여부를 판단해야 한다.

다. 이 사건에서 청구인이 피청구인과 그 지역 주민들이 관리하고 있는 해역을 자신의 관할구역으로 주장하기 위해서는, 위와 같은 전반적 상황에 기초하여 이 사건 분쟁 해역이 청구인 주민들의 생활권역과 밀접한 관련이 있다는 점을 구체적으로 증명하여야 한다. 그런데 이 사건에서 청구인의 주장과 이를 증명하기 위하여 제출한 증거를 모두 살펴보아도 이 사건 쟁송해역이 청구인의 관할에 속한다는 점을 인정하기에는 부족하다.

오히려 이 사건 기록에 의하면, 피청구인은 죽도리가 청구인의 관할구역에 포함된 1989년 이후에도 상펄어장에 대한 관할권을 행사해 온 것으로 보인다. 특히 어업면허업무가 충청남도로부터 피청구인에게 위임된 1993년 이후 피청구인은 상펄어장에 관한 어업면허업무 등을 계속 담당해 왔고, 청구인은 오랜 기간 동안 이에 대하여 이의 제기 등을 하지 않았다. 또 피청구인은 이 사건 쟁송해역을 포함한 인근 해역의 어장이용개발계획을 수립하여 충청남도지사의 승인을 받아 왔다. 이러한 사정을 종합해 보면, 피청구인이 오랫동안 상펄어장에 대한 관할권을 행사해 왔고 이에 대해 충청남도를 포함하여 인근 지방자치단체들의 암묵적 승인이 존재해 왔다고 볼 여지가 있다.

라. 법정의견과 같이 등거리원칙에 따라 경계를 확정하게 되면 현재 피청구인과 그 주민이 관리하고 있는 상펄어장의 매우 적은 부분이 청구인의 관할로 귀속된다. 이렇게 되면 그 동안 상펄어장을 생활 터전으로 삼아 살아오던 피청구인 주민들에게는 적지 않은 손해가 발생하게 된다. 반면 어장의 매우 적은 부분만 이용할 수 있게 되는 청구인 주민들에게 피청구인 주민들이 입는 손해에 맞먹는 이익이 발생한다고 보기는 어렵다. 오히려 하나의 지형으로 연결된 어장의 귀퉁이를 억지로 분할함으로써 청구인 주민들에게는 별 이익을 주지 못하면서 피청구인 주민들에게는 큰 손실을 주고, 애매한 해상경계를 둘러싼 새로운 분쟁을 초래할 우려가 더 크다.

마. 한편, 법정의견이 등거리 중간선을 획정하는 방식에도 문제점이 있음을 지적하지 않을 수 없다. 법정의견은 경계선 획정의 기준선이 되는 해안선의 의미를 파악함에 있어 사람이 거주하는 유인도만 고려한다고 하고 있다. 그런데 현재 어떤 섬이 유인도 혹은 무인도라는 상황이 장래에도 계속 변하지 않고 유지될 것이라고 기대하기는 어렵다. 법정의견의 법리에 따르면 현재의 유인도가 장래 무인도로 변하거나 반대로 무인도가 유인도로 변할 때마다 해상경계가 변경될 수밖에 없다. 이렇게 되면 지방자치단체의 해상경계가 확정적이지 않고 주민들의 거주 상황이라는 우연한 사정에 따라 수시로 변경될 수 있는데, 이런 결론은 받아들이기 어렵다.

또한, 무인도라 하더라도 주민들의 삶과 밀접하게 관련이 있고 지방자치단체 운영에 중요한 영향을 주는 경우가 충분히 있을 수 있는데, 이런

가능성을 해상경계 확정에서 전적으로 배제하는 것은 부당하다. 앞서 본 것처럼 해상경계 확정에서는 지형학적 고려가 매우 중요하고, 섬이나 암초와 같은 육안으로 보이는 육지 현상은 지형학적 고려에서 빼놓을 수 없는 요소이다. 따라서 등거리 중간선 원칙을 따르더라도 중간선 확정의 기준선으로 유인도의 해안선만 고려하는 방식은 공유수면의 해상경계 확정 방식으로 타당하다고 볼 수 없다."(출처: 헌법재판소 판례집 제27권 2집(상), 54쪽)

[해설] 국내 지자체간 해상경계분쟁은 의외로 많은 편이다. 이 다툼은 국제법적 분쟁은 아니나, 국제법상의 해양경계획정 방식이 국내적으로도 시사점을 가질 수 있을 것이다.

평석 남복현, 권한쟁의심판에 있어 결정의견 변경이 지닌 법적 효과와 적용사례 분석: 헌재 2015. 7. 30. 2010헌라2 결정을 중심으로, 법과 정책연구 제16집 제2호(2016).

제11장 외교사절제도

1. 공관의 법적 지위

2. 공관의 보호

3. 외교사절의 지위와 직무

[외교사절(영사 포함)에 관한 국제법은 오랫동안 관습국제법의 형태로 적용되어 오다가 현재는 「외교관계에 관한 비엔나 협약」(1961)과 「영사관계에 관한 비엔나 협약」(1963)이 채택되어 범세계적으로 기본법의 역할을 하고 있다. 과거 한국에서는 외교공관 100m 이내에서는 일체의 집회와

시위행진이 금지되어 도심에서의 집회·시위의 자유와 적지 않은 갈등을 야기했었다. 헌법재판소 2003. 10. 30. 2000헌바67 등 결정과 이후의 법개정으로 유연한 대응이 가능해졌지만, 이 부분은 아직도 종종 분쟁의 원인이 되고 있다. 영사의 직무와 관련해서는 근래 국제적으로 체포된 외국인의 영사접견권 보장이 자주 문제되었다. 최근 국내에서도 이와 관련된 판결이 1건 내려졌다.]

1. 공관의 법적 지위

11-1. 해외공관은 대한민국 영역인가?
(대법원 2006. 9. 22. 2006도5010 판결)

"형법의 적용에 관하여 같은 법 제2조는 대한민국 영역 내에서 죄를 범한 내국인과 외국인에게 적용한다고 규정하고 있으며, 같은 법 제6조 본문은 대한민국 영역 외에서 대한민국 또는 대한민국 국민에 대하여 같은 법 제5조에 기재한 이외의 죄를 범한 외국인에게 적용한다고 규정하고 있는바, 중국 북경시에 소재한 대한민국 영사관 내부는 여전히 중국의 영토에 속할 뿐 이를 대한민국의 영토로서 그 영역에 해당한다고 볼 수 없을 뿐 아니라, 사문서위조죄가 형법 제6조의 대한민국 또는 대한민국 국민에 대하여 범한 죄에 해당하지 아니함은 명백하다.

따라서 원심이 내국인이 아닌 피고인이 위 영사관 내에서 공소외인 명의의 여권발급신청서 1장을 위조하였다는 취지의 공소사실에 대하여 외국인의 국외범에 해당한다는 이유로 피고인에 대한 재판권이 없다고 판단한 것은 옳고, 거기에 상고이유의 주장과 같이 재판권에 관한 법리오해 등의 잘못은 없다." (출처: 미간, 법원도서관 종합법률정보)

11-2. 이익대표부의 지위
(서울고등법원 2004. 7. 21. 2004노827 판결. 국가보안법 위반 등. 피고: 송○율. 항고인: 피고인 및 검사)

[사안: 이 사건에서 검찰측은 "베를린시 주재 북한 이익대표부는 국제관행이나 협약에 의하여 치외법권 지역으로서 북한 영토의 연장이라고 볼 수 있으므로 그곳에서의 범행은 당연히 '국내범'으로 다루어야 한다"고 주장했다.]

"헌법 제3조는 대한민국의 영토는 한반도와 그 부속도서로 한다고 규정하고 있어 북한도 대한민국의 영토에 속하는 것이 분명하나, 나아가 북한이 외국과의 조약이나 협정에 의하여 주재하게 된 북한 이익대표부까지 대한민국의 영토에 해당한다고 볼 수는 없는바, 따라서 피고인이 독일 베를린시에 있는 피고인의 집에서 김일성 추모식에 참석하기 위하여 베를린 주재 북한이익대표부에 들어간 행위는 대한민국 영역 내에서 행한 범죄라고 볼 수 없고, 피고인이 위 북한이익대표부 안에서 반국가단체의 구성원인 공소외 4와 회합한 행위도 역시 마찬가지라고 볼 것이다. 위 김일성 추모식에 참석하라는 지령이 대한민국 영역 내인 북한에서 최초로 시달되고, 또한 그 지령을 수행하겠다는 피고인의 의사가 북한에 최종 도달되었다고 하여 이를 달리 볼 것도 아니다. 실제로 피고인이 그러한 지령을 수수한 행위가 독일 내에서 이루어진 이 사건에서 이 부분 공소사실에 해당하는 범죄는 외국인의 국외범으로 다루어야 옳다 할 것이다. […]

북한이익대표부는 구 동독의 베를린에 설치되어 있던 북한대사관이 독일 통합과 함께 1990. 10. 3.자로 동독·북한간 외교관계가 소멸됨에 따라 폐쇄되고 그 대신 통합된 독일과의 새로운 외교관계 수립을 위한 잠정조치로서 설치된 것으로서, 2001. 3. 독일·북한간 수교 성립시까지 그곳에서 비자발급, 무역 및 투자촉진업무 등을 처리하는 외교공관으로서의 기능을 수행해 온 사실을 알 수 있는바, 이에 따르면 북한이익대표부를 치외법권 지역에 해당한다고 볼 수도 없으므로, 이를 북한 영토의 연장이라고 전제하는 이 부분 검사의 주장도 이유 없다." (출처: 미간, 법원도서관 종합법률정보)

11-2-1. 위 상고심
(대법원 2008. 4. 17. 2004도4899 판결)

"독일 국적을 취득함에 따라 대한민국 국적을 상실한 피고인이 독일 내에서 북한의 지령을 받아 1997. 7. 7. 베를린 주재 북한이익대표부를 방문하고 그곳에서 북한공작원을 만난 행위는 외국인의 국외범에 해당한다는 이유로 무죄를 선고한 원심은 정당하고, 거기에 상고이유에서 지적하는 바와 같은 위법은 없다. 독일 베를린 주재 북한이익대표부는 대한민국의 영토로 볼 수 있다는 주장 등은 모두 독자적인 견해에 불과하여 받아들일 수 없다." (출처: 대법원 판례집 제56권 1집(형사), 596쪽; 판례공보 2008년 (상), 740쪽)

참고 이 판결의 다른 부분은 본서 3-7 수록분 참조.

11-3. 외국대사관 지역의 법적 지위
(대법원 1991. 12. 27. 91후684 판결. 원심결: 특허청 항고심판소 1991. 4. 30. 89항당437 심결)

"구 상표법 제45조 제1항 제3호는 정당한 이유 없이 국내에서 등록상표를 그 지정상품에 계속하여 1년 이상 사용하지 아니하였을 때를 상표등록의 취소사유로 규정하고 있는바, 이 때의 사용이란 국내의 거래자와 일반 수요자가 상표의 존재를 인식할 수 있는 상태에 이르러야 하는 것이므로 결국 상표의 사용은 국내시장에서 사용하여야 하는 것을 말하는 것이며, 소론과 같이 본건등록상표를 부착한 상품을 국내시장이 아닌 치외법권 지역인 주한 일본대사관, 영사관에 공급하였다 하여 이를 들어 상표를 국내에서 사용하였다고 볼 수 없는 것이다." (출처: 법원공보 제915호(1992. 3. 1.), 787쪽)

11-4. 공관건물에 대한 강제집행 거부
(서울고등법원 1996. 2. 29. 95나14208 판결. 원고, 항소인: 차○○, 이○○. 피고, 피항소인: 대한민국)

"1. 기초사실

[…]

가. 소외 주한 자이레공화국 대사관은 1990. 6. 4. 원고들로부터 그들 소유의 별지 목록 기재 주택(이하 이 사건 주택이라 한다)을 월 차임을 미화 5,000불, 임대차기간을 같은 달 7.부터 1992. 6. 6.까지로 약정임차하여, 그시경부터 현재까지 이 사건 주택을 그 대사관저로 사용하고 있다.

나. 그런데 소외 주한 자이레공화국 대사관이 1991. 10. 7.부터의 차임지급을 연체하자, 원고들은 1992. 2. 17. 위 임대차계약을 해지한 다음, 위 소외 대사관을 상대로 서울지방법원 92가합33089호로서 이 사건 주택의 명도 및 연체차임 등의 지급을 구하였고, 이에 위 법원은 같은 해 9. 15. 위 소외 대사관은 원고들에게 위 주택을 명도하고, 1991. 10. 7.부터 위 명도완료시까지 매월 미화 5,000불로 계산한 금원을 지급하라는 내용의 판결을 선고하였으며, 위 판결은 그 무렵 위 소외 대사관의 항소제기가 없어 그대로 확정되었다.

다. 원고들은 위 판결이 확정되자 먼저 소외 주한 자이레공화국 대사관에게 임의로 위 주택을 명도하여 줄 것을 요구하였으나, 위 소외 대사관은 위 요구에 불응하였고, 이에 원고들은 1993. 3. 30.경 강제집행을 하기 위하여 위 법원으로부터 위 판결에 대한 집행문을 부여받은 다음, 위 법원 소속 집달관에게 강제집행을 의뢰하였으나, 위 집달관은 대사관저에 대한 명도집행뿐만 아니라 공관내의 재산에 대한 강제집행을 직접적으로 금하고 있는 "외교관계에관한비엔나협약"(이하 이 사건 협약이라 한다)의 규정을 내세워 원고들의 위 강제집행 신청의 접수를 거부하였다.

2. 원고들의 주장 및 그에 관한 판단

가. 원고들은 이 사건 청구원인으로 다음과 같이 주장한다.

즉, 자신들이 위 1항 기재와 같이 소외 주한 자이레공화국 대사관에 대한 소송에서 승소판결을 선고받아 위 판결이 확정되었음에도 불구하고 위 판결에 기한 강제집행을 할 수 없게 된 것은 대사관저에 대한 명도집행뿐만 아니라 공관내의 재산에 대한 강제집행을 직접적으로 금하고 있는 이 사건 협약의 규정 때문이고, 이로 인하여 원고들은 소외 주한 자이레공화국 대사관이 원고들에게 임의로 이 사건 주택을 명도하고 위 판결의 승소금원을 지급하지 아니하는 한 위 판결의 승소금원에 상당하는 손해를 입게 되었으며, 한편 피고는 국익을 위하여 이 사건 협약에 가입하였고, 또한 외교적 분쟁으로 인한 국가적 손실을 막기 위하여 위 협약을 내세워 위 소외 대사관에 대한 강제집행을 거부하고 있다. 따라서 원고들의 위 손해는 특수한 행정목적 또는 국익을 위하여 입게 된 것이고 이는 국민이 일반적으로 수인하여야 할 범위를 벗어나는 행정상의 수용 또는 사용으로 인한 것과 유사한 피해라 할 것이므로 피고는 그로 인한 손실을 보상할 의무가 있다 하겠다. 가사 그렇지 않더라도 이 사건 협약 제22조 제3항은 공공필요에 의한 재산권의 수용, 사용 또는 제한을 가하는 법률이라 할 것인데, 위 협약은 그에 대한 보상을 규정하고 있지 아니하기 때문에 손실보상에 관하여 정당한 보상을 하도록 규정하고 있는 헌법 제23조 제3항과 기타 헌법상 기본권조항에 위반하는 법률이고, 또한 헌법 제23조 제3항은 국가에 대하여 손실보상에 관한 입법의무를 부과하고 있음에도 불구하고 국가인 피고는 이 사건과 같은 경우에 관한 보상을 할 수 있는 법률을 제정하지 아니하고 있으므로 이는 입법부작위에 의한 불법행위를 구성할 뿐만 아니라, 피고 소속 공무원인 집달관이 위 소외 대사관의 의사를 확인해 보지도 않고 강제집행신청서의 접수조차 거부한 행위 역시 불법행위에 해당하므로 피고는 원고들에게 그로 인한 손해를 배상할 책임이 있다는 것이다.

나. 이 사건 협약 제22조 제1항은 "공관지역은 불가침이다. 접수국의 관헌은 공관장의 동의없이는 공관지역에 들어가지 못한다"라고 규정하고 있고, 같은 조 제3항은 "공관지역과 동 지역내에 있는 비품류 및 기타 재산과 공관의 수송수단은 수색, 징발, 압류 또는 강제집행으로부터 면제된다"고 규정하고 있으며, 제32조 제1항은 "파견국은, 외교관 및 제37조에 따라 면제를 향유하는 자에 대한 재판관할권의 면제를 포기할 수 있다"라고 규정하고 있고, 같은 조 제4항은 "민사 또는 행정소송에 관한 재판관할권으로부터의 면제의 포기는 동판결의 집행에 대한 면제의 포기를 의미하는 것으로 간주되지 않는다. 판결의 집행으로부터의 면제를 포기하기 위하여서는 별도의 포기를 필요로 한다"고 규정하고 있으며, 피고는 1970. 9. 26. 국회의 동의를 거쳐 이 사건 협약에 가입하고 1971. 1. 27. 이를 공포함으로써 위 협약은 국내법과 동일한 효력을 가지게 되었으므로, 위 협약의 제반 규정이 이 사건에 적용된다 할 것이고, 이 사건과 같은 경우 피고가 원고들 주장의 손실 또는 손해를 보상하거나 배상할 수 있는 근거법령을 마련하고 있지 않음은 원고 주장과 같다.

다. 그러나 과연 이 사건이 손실보상의 대상인지에 관하여 보건대, 헌법상의 손실보상은 공공필요에 따른 적법한 공권력의 행사에 의하여 개인의 재산권에 가하여진 특별한 손해에 대하여 조절적으로 행하여지는 것이므로 위 협약규정에 의한 손해에 대하여 손실보상을 청구하기 위해서는 적어도 그 재산권에 대한 침해가 국가인 피고의 공권력의 행사로 인해 직접적으로 야기된 것이어야 할 것인바, 위 협약규정 자체가 직접적으로 외국대사관과 어떠한 법률행위를 강제하는 등으로 국민의 재산권을 침해하는 것(입법수용)은 아니고, 위 협약규정의 적용을 받는 외국대사관과 어떠한 법률행위를 할 것인지의 여부는 전적으로 국민의 자유의사에 맡겨져 있다고 할 것이므로 위 협약규정의 적용을 받아 어떠한 손해가 발생하였다고 해서 그것이 피고의 공권력 행사로 말미암은 것이라고 볼 수는 없다고 할 것이어서 위 협약규정에 의한 손해가 공공필요에 의한 재산권의 수용, 사용 또는 제한에 준하는 행위에 의한 것이라고 할 수는 없고, 또한 위 제1항에서 본 바와 같이 소외 주한 자이레공화국 대사관이 사전에 위 원고들 승소판결에 기한 강제집행을 거부할 의사를 명시적으로 표시한 이 사건에 있어서 원고들의 위 손해가 피고 소속 집달관의 강제집행 거부를 직접적 원인으로 하여 발생한 것이라고 볼 수도 없다 하겠다.

따라서 이 사건의 경우는 손실보상의 대상이 되지 아니하므로 피고에게 손실보상의무가 없고, 또한 위와 같이 손실보상의 대상이 되지 아니하기 때문에 피고가 원고들 주장의 보상입법을 하지 아니하였다거나 피고 소속 집달관이 이 사건 협약의 관계규정을 내세워 강제집행을 거부하였다고 해서 이로써 불법행위가 되는 것도 아니므로, 결국 원고들의 주장은 더 나아가 살펴 볼 필요없이 이유없다." (출처: 판결문 사본입수)

[해설] 이 사건의 제1심인 서울민사지방법원 1995. 2. 15. 94가합55854 판결문은 정인섭, 한국판례국제법(홍문사, 1998), 191-193쪽에 수록되어 있다. 위의 2심 판결문 이상의 별다른 내용은 없다.

11-4-1. 위 상고심

(대법원 1997. 4. 25. 96다16940 판결)

"원심판결 이유에 의하면 원심은, 그 거시 증거에 의하여 그 판시 사실을 인정한 다음, 헌법상의 손실보상은 공공의 필요에 따른 적법한 공권력의 행사에 의하여 개인의 재산권에 가하여진 특별한 손해에 대하여 조절적으로 행하여지는 것이라고 전제하고, 외교관계에관한비엔나협약(이하 이 사건 협약이라 한다)이 대사관저에 대한 명도집행뿐만 아니라 공관 내의 재산에 대한 강제집행을 직접

적으로 금하고 있다고 하더라도, 위 협약규정 자체가 직접적으로 외국대사관과 어떠한 법률행위를 강제하는 등으로 국민의 재산권을 침해하는 것은 아니고, 위 협약규정의 적용을 받는 외국대사관과 어떠한 법률행위를 할 것인지의 여부는 전적으로 국민의 자유의사에 맡겨져 있다고 할 것이므로 위 협약규정의 적용에 의하여 어떠한 손해가 발생하였다고 하여 그것이 피고의 공권력 행사로 말미암은 것이라고 볼 수 없고, 나아가 소외 주한 자이레공화국대사관이 사전에 원고들 승소판결에 기한 강제집행을 거부할 의사를 명시적으로 표시하였으므로 원고들의 위 손해가 피고 소속 집달관의 강제집행 거부를 직접적인 원인으로 하여 발생한 것이라고 볼 수 없으므로 손실보상의 대상이 되지 아니하고, 또한 피고가 원고들 주장의 보상입법을 하지 아니하였다거나 피고 소속 집달관이 이 사건 협약의 관계 규정을 내세워 강제집행을 거부하였다고 하여 이로써 불법행위가 되는 것은 아니라는 취지로 판단하였는바, 기록에 의하여 살펴보면 원심의 판단은 정당한 것으로 수긍이 가고, 거기에 소론과 같은 손실보상에 관한 법리오해의 위법이 없다. 논지는 이유 없다." (출처: 판례공보 제35호(1997. 6. 1.), 1565쪽)

11-4-2. 위 사건에 대한 헌법소원

(헌법재판소 1998. 5. 28. 96헌마44 결정. 입법부작위 위헌확인)

"입법부작위에 관한 헌법재판소의 재판관할권은, 헌법에서 기본권보장을 위해 법령에 명시적인 입법위임을 하였음에도 불구하고 입법자가 이를 이행하지 않고 있는 경우 또는 헌법해석상 특정인에게 구체적인 기본권이 생겨 이를 보장하기 위한 국가의 행위의무 내지 보호의무가 발생하였음이 명백함에도 불구하고 입법자가 전혀 아무런 입법조치를 취하지 않고 있는 경우에 한하여 제한적으로 인정된다 함이 우리 재판소의 확립된 판례이다. [⋯]

또한 협약 제32조 제1항은 "파견국은, 외교관 및 제37조에 따라 면제를 향유하는 자에 대한 재판관할권의 면제를 포기할 수 있다"고 규정하고, 같은 조 제4항은 "민사 또는 행정소송에 관한 재판관할권으로부터의 면제의 포기는 동 판결의 집행에 관한 면제의 포기를 의미하는 것으로 간주되지 아니한다. 판결의 집행으로부터의 면제를 포기하기 위하여서는 별도의 포기를 필요로 한다"고 규정함으로써 외교관 등은 판결의 집행으로부터의 면제를 포기할 수도 있는 것이므로, 협약에 가입하는 것이 바로 헌법 제23조 제3항 소정 '공공필요에 의한 재산권의 제한'에 해당하는 것도 아니다. 청구인들로서는 위 임대차계약을 체결할 때 혹은 그 후에라도 판결의 집행으로부터의 면제를 포기받을 수 있었을 터인데도(위 임대차계약이 청구인들의 의사에 반하여 이루어졌다는 자료는 없다) 이에 이르지 아니하여 강제집행이 불가능하게 된 것이니 이를 수인할 수밖에 없다.

결국 이 사건에서와 같이 외국의 대사관저에 대하여 강제집행을 할 수 없다는 이유로 집달관이 청구인들의 강제집행신청의 접수를 거부하여 강제집행이 불가능하게 된 경우 국가가 청구인들에게 손실을 보상하는 법률을 제정하여야 할 헌법상의 명시적인 입법위임은 인정되지 아니하고, 헌법의 해석으로도 그러한 법률을 제정함으로써 청구인들의 기본권을 보호하여야 할 입법자의 행위의무 내지 보호의무가 발생하였다고 볼 수도 없다.

4. 결론

그렇다면 입법자의 입법의무의 존재를 전제로 한 이 사건 심판청구는 부적법하므로 다른 점에 관하여 판단할 필요도 없이 이를 각하하기로 하여 관여재판관 전원의 일치된 의견으로 주문과 같이 결정한다." (출처: 헌법재판소 판례집 제10권 제1집(1998), 687쪽 이하)

평석 강병근, 외교 사절단 공관을 둘러 싼 국제법적 문제: 1961년 외교관계에 관한 비엔나 협약 제31조 제1항 (a)의 해석을 중심으로, 안암법학 제14호(2002).

11-5. 미국문화원 점거사건
(서울고등법원 1986. 2. 4. 85노3184 판결)

"피고인들은 우리나라 자유민주주의 기본질서의 수호 및 자주적인 대외관계의 수립을 위하여 지극히 평화적이고 비폭력적인 방법으로 이 사건 점거·농성행위를 하였다고 주장한다.

그러나 외교관계에 관한 비엔나협약에 의하여, 우리나라가 어떠한 침입이나 손해로부터도 보호하여야 하고, 또한 안녕을 교란시키거나 품위의 손상을 방지하기 위하여 모든 적절한 조치를 취할 특별한 의무를 가지고 있는 공관지역에 해당되는 이 사건 미국문화원에 사전에 동의도 없이 강제적인 방법으로 침입하여 점거·농성을 하였다는 사실 그 자체가 이미 폭력에 해당되는 것으로서 그 수단의 상당성을 인정하기 어려우며, 또한 피고인들이 이 사건 점거·농성행위를 하게 됨으로 말미암아 필연적으로 침해받게 되는 외교관계에 있어서의 국제적 신의라는 법익은 자유민주주의 기본질서의 수호라는 법익에 못지않게 중요한 것으로 생각되므로 후자의 법익을 수호하기 위하여 전자의 법익을 포기할 수는 없을 것이고, 따라서 이 점에서 보호되어야 할 법익과 침해되는 법익사이에 균형이 이루어졌다고 볼 수도 없을 것이다. [⋯]

살피건대, 이 사건 미국문화원 도서실은 일반의 자유로운 출입이 허용되는 곳이기는 하지만, 미국문화원은 우리나라도 동시에 가입하고 있는 "외교관계에 관한 비엔나협약" 제1조에서 규정한 "공관지역"에 해당되는 것으로서, 위 협약 제22조 제2항에 의하여 우리나라는 위 지역을 어떠한 침입이나 손해로부터도 보호해야 할 특별한 의무를 가지고 있는바, 원심공판조서 중 증인 공소외 9에 대한 증인신문조서의 기재에 의하면 상경 공소외 9는 상사로부터 미국문화원의 경비임무명령을 받아 미국문화원의 경비업무에 종사하고 있었던 사실을 인정할 수 있으므로 상경 공소외 9가 미국문화원 경비임무에 종사한 것이 적법한 공무집행이 아니라는 주장은 이유없다 하겠다. […]

피고인들의 사선변호인들, 피고인들의 국선변호인이었던 변호사 공소외 1 및 피고인 10, 17은, 이 사건 미국문화원은 누구에게나 개방된 장소로서 그 설치의 취지는 도서의 열람뿐만 아니라 미국의 이념, 정책 및 현황을 널리 홍보하여 주재국민의 이해를 증진하고 우호를 도모함에 있는 것인바, 피고인들이 위 장소에 들어간 것은 우리나라와의 진정한 우호관계를 수립하고자 함에 있었던 것이므로 미국문화원측의 추정적 승낙이 있는 것으로 건조물침입죄에 해당되지 아니하고, 다음으로 피고인들이 3일 동안 위 건물을 점거하고 있는 동안 우리나라의 경찰이 피고인들을 검거하기 위하여 미국문화원에 들어갈 수 있도록 미국측에 동의를 구하였으나 미국측이 이를 거절하였으므로 미국측은 피고인들의 미국문화원 점거·농성을 사후에 승인한 것으로 보아야 할 것이므로 위법성이 조각되는 것이라고 주장한다.

살피건대, 이 사건 미국문화원 도서실에 일반인의 자유로운 출입이 허용된다는 것은 그 설립목적에 반하지 않는 범위내에서 통상의 방법에 따라 도서실을 이용하는 것을 허용한다는 취지이고, 이 사건에 있어서와 같이 73명의 학생들이 돌을 던지면서 경비중인 전투경찰 대원의 제지를 뿌리치고 침입한 후, 수일 동안 점거하면서 그들의 정치적인 주장을 펴는 경우까지를 일반적으로 허용하고 있는 것이라고는 인정할 수 없어, 미국문화원측의 추정적 승낙이 있었다고 볼 수 없고, 또한 미국측이 우리나라 경찰의 진입요청을 거절하였다고 하더라도 이는 점거·농성중인 학생들을 경찰의 강제력에 의하지 않고 평화적인 방법에 의하여 해산시키려는 노력으로 보아야 할 것이고 이로써 피고인들의 미국문화원 침입행위를 사후에 승낙하였다고 볼 수 없을 뿐만 아니라, 설사 사후에 승낙이 있었다 하더라도 이미 행하여

진 행위의 위법성에는 아무런 영향을 미치지 않는 것이므로 위 주장은 이유없다." (출처: 하급심판결집 1986년 제1집, 307쪽)

11-5-1. 위 상고심

(대법원 1986. 6. 24. 86도403 판결)

"재판권의 장소적 효력에 관하여 형법 제2조는 "본법은 대한민국의 영역내에서 죄를 범한 내국인과 외국인에게 적용한다"고 규정하여 속지주의를 채택하는 한편 같은법 제3조에 "본법은 대한민국의 영역외에서 죄를 범한 내국인에게 적용한다"고 규정하므로써 속인주의도 아울러 채택하고 있다.

따라서 설사 논지가 주장하는 바와 같이 국제협정이나 관행에 의하여 서울에 있는 미국문화원이 치외법권지역이고 그곳을 미국영토의 연장으로 본다 하더라도 그곳에서 죄를 범한 피고인들에 대하여 우리 법원에 먼저 공소가 제기되고 미국이 자국의 재판권을 지금까지도 주장하지 않고 있는 바에야 속인주의를 함께 채택하고 있는 우리나라의 재판권은 피고인들에게도 당연히 미친다 할 것이다. 또 미국문화원측이 피고인들에 대한 처벌을 바라지 않았다고 하여 그 재판권이 배제되는 것도 아니다. 논지는 이유없다." (출처: 대법원판례집 제34권 2집, 385쪽; 법원공보 제781호 (1986. 8. 1.), 967쪽)

[해설] 대법원은 미국문화원 점거자에 대한 형사관할권 행사의 근거를 1차적으로 속인주의에서 구하였다. 그러나 공관지역인 서울의 미국문화원에도 대한민국 법률이 적용되므로 이 사건 피고인에 대하여는 속지주의 관할권 행사도 성립됨은 물론이다. 오늘날 공관지역을 치외법권지역 또는 외국영토의 연장으로 보지는 않는다.

2. 공관의 보호

11-6. 외교공관 부근 집회금지의 합헌성
(서울행정법원 2000. 7. 27. 2000구7642 판결)

[사안: 이 사건 원고는 주한 미국대사관 및 주한 일본대사관으로부터 각기 97m와 35m 떨어진 장소에서 집회신고를 하니, 담당 종로경찰서장은 외교공관으로부터 100m 이내라는 이유로 옥외집회금지 통고를 했다. 원고는 이 같은 조치가 집회의 자유에 대한 과잉제한이라고 주장했다.]

"가. 이 사건 법률조항이 위헌인지

(1) 우리 헌법은 제21조 제1항에서 모든 국민은 집회의 자유를 가진다고 규정하고 같은 조 제2항에서 집회에 대한 허가제는 인정되지 아니한다고 규정함으로써 표현의 자유의 일종인 집회의 자유를 국민의 기본권으로서 보장하고 있으나, 이와 함께 제37조 제2항에서 이러한 집회의 자유도 국가안전보장·질서유지 또는 공공복리를 위하여 필요한 경우에는 그 본질적인 내용을 침해하지 않는 범위 안에서 법률로써 이를 제한할 수 있음을 규정하고 있고, 이에 따라 제정된 법은 제1조(목적)에서 "이 법은 적법한 집회 및 시위를 최대한 보장하고 위법한 시위로부터 국민을 보호함으로써 집회 및 시위의 권리의 보장과 공공의 안녕질서가 적절히 조화되게 함을 목적으로 한다"고 규정한 후, 제2조 이하에서 집회 및 시위의 태양, 목적, 방법, 시간, 장소 등에 따라 그 보호와 규제의 폭을 달리하면서 집회 및 시위의 권리보장과 공공의 안녕질서가 적절히 조화될 수 있도록 하고 있다.

이처럼 법이 집회 및 시위의 자유에 관하여 그 보장과 함께 일정한 제한을 가하는 것은 집회 및 시위의 자유가 표현의 자유의 집단적인 형태로서 집단적인 의사표현을 통하여 공동의 이익을 추구하고 자유민주국가에 있어서 국민의 정치적·사회적 의사형성과정에 효과적인 역할을 하는 것이

므로 민주정치의 실현에 매우 중요한 기본권인 것은 사실이지만, 다른 한편 언론의 자유와는 달리 다수인의 집단행동에 관한 것이기 때문에 집단행동의 속성상 의사표현의 수단으로서 개인적인 행동의 경우보다 공공의 안녕질서나 법적 평화와 마찰을 빚을 가능성이 커서 국가안전보장, 질서유지, 공공복리 등 기본권 제한입법의 목적원리에 의한 제한의 필요성이 그만큼 더 요구되기 때문이다.

(2) 법 제11조는 위와 같은 집회 및 시위의 자유에 대한 제한의 하나로서 일정한 장소적 제한을 규정하면서, 제1호에서 이 사건에서 문제된 국내 주재 외국의 외교기관도 국회의사당, 각급법원, 헌법재판소와 함께 그 청사의 경계지점으로부터 100m 이내의 장소에서는 옥외집회 및 시위를 금지되는 장소에 포함시키고 있는데, 이는 국회의사당, 각급법원, 헌법재판소 등의 기관이 여러 공공기관 중에서도 특별히 중요한 기능을 수행할 뿐만 아니라, 질서와 평온의 유지, 외부의 집단적 위협으로부터의 안전이 그 기능수행에 필수적인 요소라는 점을 고려한 것으로서, 국내 주재 외국의 외교기관도 그 정상적인 기능수행과 안전이 선린외교의 유지, 발전이라는 측면에서 국익에 중대한 영향을 미치기 때문에 위 기관들과 마찬가지로 옥외집회 및 시위의 금지장소에 포함시킬 만한 합리적인 이유가 있다고 할 것이다.

(3) 원고는 이 사건 법률이 옥외집회 및 시위의 내용, 대상, 방법 등을 고려하지 아니한 채 획일적으로 국내 주재 외국의 외교기관을 모두 옥외집회 및 시위의 금지장소에 포함시켜 해당 외교기관이나 당사국과 외교적 분쟁이나 마찰을 일으킬 가능성이 없는 집회까지도 전면적으로 금지하고 있을 뿐 아니라, 특히 서울 도심 내 곳곳에 산재한 국내 주재 외국의 외교기관을 모두 이에 포함시킴으로써 서울 도심 내에서 옥외집회나 시위를 개최하는 것을 사실상 불가능하게 만들었는바, 이는 헌법상의 과잉금지의 원칙에 위반된다고 주

장한다.

그러나 앞서 본 바와 같이 외교기관은 옥외집회 및 시위와 같은 불특정 다수인의 회합, 집단적인 의사표시에 의하여 그 기능수행 및 안전에 위협을 받지 않도록 할 실질적인 필요성이 존재하고, 이는 그 옥외집회 및 시위의 내용이 해당 외교기관이나 당사국과 직접 관련이 되는지 여부에 의하여 크게 달라지는 것이 아니므로, 이 사건 법률조항이 옥외집회 및 시위의 내용, 대상, 방법 등에 따라 그 제한의 적용여부 및 적용범위를 달리하지 않았다고 하여 헌법상의 과잉금지의 원칙에 위반된다고 할 수 없다.

그리고 법 제11조가 해당 기관의 청사 또는 저택의 경계로부터 100m의 거리제한을 설정한 것은 위와 같은 보호의 이유 및 필요성과 함께 이로 인해 제한받는 기본권의 범위를 적정히 형량한 것으로 보이고, 이 사건 법률조항이 국내 주재 외국의 외교기관 전부를 포함함으로써 서울 도심 내 도로, 광장, 공원의 상당 부분이 옥외집회 및 시위가 금지되는 장소에 해당하게 되었다고 하더라도, 그 정도가 원고의 주장과 같이 서울 도심 내에서는 사실상 옥외집회나 시위를 개최하는 것이 전면적으로 금지되는 정도에 이르렀다거나 이로써 집회 및 시위의 자유의 본질적 부분이 침해되었다고 보기 어렵다(이 사건에서도 원고는 이 사건 집회의 개최일인 2000. 2. 23. 피고의 경고에 따라 집회장소를 인근 '재보험빌딩' 앞으로 변경하여 집회를 개최한 후 그 결의를 담은 서한을 대표자 2명이 미국대사관에 전달함으로써 집회의 목적을 어느 정도 달성할 수 있었던바(을14-1 내지 8), 이에 비추어 보더라도 이 사건 법률조항이 집회 및 시위의 자유의 본질적 부분을 침해한다고 보기는 어렵다).

나. 이 사건 집회장소가 집회금지 범위 밖인지

원고는 이 사건 집회를 위 법률 조항에 따른 제한 범위 밖에 위치한 부분에서 개최할 뜻을 명시하였으므로 이를 불허한 피고의 처분은 위법하다고 주장하나, 을제11호증의 1, 을제12호증, 을

제13호증의 각 기재와 영상에 의하면, 이 사건 집회장소 중 위 미국대사관 청사와 일본대사관 영사부가 위치한 아미빌딩의 경계로부터 모두 100m 이상 떨어진 부분은 도로변 수목이 식재된 잔디밭 뿐으로서 나머지 광장으로 조성되어 집회가 가능한 부분은 모두 위 미국대사관 청사나 일본대사관 영사부가 위치한 아미빌딩의 경계로부터 100m 이내의 범위에 포함되므로, 위 법률 조항에 따라 이 사건 집회장소에서의 집회개최를 금지한 피고의 처분은 정당하다." (출처: 판결문 사본 입수)

[해설] 서울행정법원 2000. 10. 12. 2000구15360 판결(출처: 서울국제법연구 제8권 2호(2002), 284쪽 이하)에서도 동일 취지의 판결이 내려진 바 있다. 이 두 판결에 대한 헌법재판소의 판단이 아래 11-8. 2000헌바67 및 2000헌바83(병합) 결정이다.

11-7. 공관의 보호를 위한 100m 거리의 의미 (서울행정법원 2002. 12. 13. 2002구합19954 판결)

"1. 처분의 경위(갑1, 2)

가. 원고[불평등한 소파개정 국민행동 - 필자 주]는 1999. 10. 6. 한미행정협정(SOFA)의 전면개정을 도모할 목적으로 100여개 사회단체들이 모여 결성한 단체이다.

나. 원고는 2002. 5. 9. 피고에 대하여 "2002. 6. 11. 12:00부터 17:00까지 서울 종로구 세종로 76 소재 '광화문 시민열린마당'에서 'F-15K 강매 규탄 결의대회'라는 명칭의 옥외집회를 개최하겠다"는 내용의 옥외집회 신고서를 제출하였는데, 구체적인 집회 장소는 부근의 미국대사관, 일본대사관, 일본대사관 영사부로부터 각 100m 이상 떨어진 곳으로 하겠다는 취지를 명시하였다.

다. 피고는 2002. 5. 10. 시민열린마당은 미국대사관으로부터 100m 이내, 일본대사관으로부터 90m 이내, 일본대사관 영사부로부터 35m 이내에 있어 집회및시위에관한법률(이하 '집시법'이라 함) 제11조에서 정한 옥외집회 및 시위의 금지장소에 해당한다는 이유로 원고가 신고한 옥외집회의 개최를 금지한다는 내용의 통고를 하였다.

2. 처분의 적법 여부

[…]

나. 판단

(1) 피고는 집시법 제11조의 '경계지점으로부터 100m 이내의 장소'라는 규정 중 '장소'라는 문구는 '사회통념상 하나의 지역으로 인식되고 있느냐'의 여부에 따라 결정되어야 할 것이고, 시민열린마당은 이러한 의미에서 하나의 장소로 보아야 하는 것이며, 집회금지장소의 일부를 집회 장소로 사용할 수 있다는 근거규정이 없는 이상, 어떠한 장소의 일부가 집회금지장소에 포함되면 그 전체가 집회가 금지되는 장소가 되는 것으로 볼 수밖에 없다고 주장한다.

이에 반하여 원고는, 피고의 해석에 따른다면 헌법상 보장되는 국민의 기본권인 집회 및 시위의 자유를 지나치게 제약하는 부당한 결론을 가져오게 되므로, 비록 사회통념상 하나의 지역으로 인식되는 어떠한 장소의 일부가 집회금지장소에 해당된다 하더라도, 나머지 부분만으로 집회의 목적을 달성할 수 있다면 이러한 집회는 허용되어야 한다는 취지로 주장한다.

(2) 이 사건의 쟁점은 집시법 제11조의 '경계지점으로부터 100m 이내의 장소'라는 규정의 의미를 어떻게 해석할 것인지의 여부에 달려 있다 할 것인바, 이를 판단함에 있어서는 먼저 집회 및 시위의 자유가 갖는 헌법적 의의에 대하여 살펴볼 필요가 있다.

헌법 제21조 제1, 2항은 모든 국민은 집회의 자유를 가지며 집회에 대한 허가는 인정되지 아니한다고 규정하고 있는바, 민주사회에 있어서의 집회 및 시위의 자유는 표현의 자유의 일종으로서, 사회의 다양한 구성원들이 그들의 의사와 주장을 집단적으로 표명함으로써 국민전체의 여론을 형성한다는 점에서 언론·출판의 자유와 더불어 헌법의 민주적 기본질서의 본질적 요소를 이루고 있는 매우 중요한 기본권이라 할 수 있다. 즉 국민들은 같은 의사를 가진 사람들과의 집회 및 시위를 통하여 자신들의 의사를 결집하여 집단적으로 표현함으로써 국정을 공개적으로 비판하여 민주정치의 바탕이 되는 여론을 형성할 수 있게 되고, 특히 오늘날과 같은 대중매체의 독과점 현상 아래서는 다수로부터 소외된 소수의 의사가 국정에 반영될 소지를 넓혀줌으로써 소수자의 정책결정 참여를 가능케 하며 다수자의 독주를 예방하고 정치적 안정에 기여하는 등 그 민주적 기능이 지대하다 하지 아니할 수 없다.

이렇게 중요한 기본권으로서 헌법이 보장한 집회 및 시위의 자유는 그것이 현대민주국가에서 갖는 기능에 비추어 헌법 제37조 제2항에 의하여 부득이 제한하는 경우에도 필요 최소한도에 그쳐야 할 것이므로, 그 규제 법조문의 표현은 지나치게 광범위하지 않아야 하고 명확하고 구체적이어야 하며, 그 해석도 입법목적에 따라 택한 규제수단이 필요최소한의 것인지를 엄격히 심사·해석하여야 하고, 더욱이 집회 및 시위와 관련하여 형벌이 부과되는 법률의 경우에는 헌법 제12조 제1항, 제13조 제1항의 죄형법정주의에 따른 구성요건의 명확성의 원칙이 보다 엄격하게 적용되어야 한다.

(3) 집회 및 시위의 자유의 헌법적 의의를 위와 같이 파악할 경우, 국내주재 외국의 외교기관 등의 청사 또는 저택의 경계지점으로부터 100m 이내의 장소에서의 옥외집회 또는 시위를 절대적으로 금지하면서 이를 위반할 경우 일정한 형벌을 부과할 것을 규정하고 있는 집시법의 규정은, 가능한 한 엄격하게, 다시 말하여 집회 및 시위가 금지되는 범위를 최소한으로 하여 국민들의 집회 및 시위의 자유가 보다 폭넓게 보장될 수 있는 방향으로 해석함이 마땅하다.

이러한 전제에서 집시법 제11조의 '경계지점으로부터 100m 이내의 장소'라는 규정의 의미에 대하여 살펴건대, '장소'라는 문구는 예컨대 지적법상의 동일 필지의 토지를 가리키는 것으로 볼 수는 없을 것임은 물론이고 달리 그 개념을 정의하고 있는 규정도 없으므로, 법률해석의 일반적인 원칙에 따라 '사회통념상 하나의 지역으로 인식되고 있는 곳'이라는 의미로 해석함이 원칙일 것이고, 피고의 주장은 이 점에서 일리가 없는 것은 아니다.

그러나 집회 및 시위는 다수인의 동일 장소에서의 모임을 전제로 하는 것이므로 그 개념의 본질적인 속성상 당연히 상당한 면적의 장소를 필요로 하는 것인데(집시법 제2조 제2호가 '시위'의 개념을 정의하면서 '도로·광장·공원 등 공중이 자유로이 통행할 수 있는 장소'라는 표현을 쓰고 있는 것도 이 점에서 비롯된 것이라 할 것이다), 만약 면적이 매우 넓은 어떠한 장소의 일부가 집시법 제11조에 따른 집회 및 시위의 금지장소에 포함된다는 이유로, 그 장소의 전체가 모두 집회 및 시위가 금지되는 장소에 해당된다는 결론은 어느 모로 보나 부당하다(원고가 적절히 예를 들고 있는 것처럼, 예컨대 여의도광장의 바로 인근에 외국의 외교기관이 있다 하여 광장 전체에서 집회 및 시위가 금지된다는 것은 도저히 납득할 수 없는 결론이라 하지 아니할 수 없다).

(4) 이상에서 본 바를 종합하면, 사회통념상 하나의 지역으로 인식되는 장소의 일부가 집시법 제11조의 집회 및 시위의 금지장소에 해당될 경우, 이를 제외하고 남은 부분이 그 면적, 지형지물 등에 비추어 사회통념상 집회 및 시위가 불가능한 것으로 보일 경우에는 그 전체의 장소에서 집회 및 시위가 금지된다 할 것이나, 그렇지 아니하고 직접적으로 저촉되는 부분을 제외하고 남은 부분에서도 집회 및 시위가 가능한 것으로 볼 수 있는 경우에는 그 부분에 한정하여 집회 및 시위를 할 수 있는 것으로 봄이 상당하다.

이러한 결론은 '질서유지선'의 설정에 관한 집시법 및 그 시행령의 규정에 비추어 보아도 타당하다 할 것이다. 즉 집시법 제12조의2 제1항, 집시법시행령 제8조의2 제1항 제4호는 옥외집회 및 시위의 신고를 받은 관할 경찰관서장은 집시법

제11조의 규정에 의한 집회 또는 시위가 금지되는 장소 등에의 접근 또는 행진을 금지하거나 제한할 필요가 있을 때 질서유지선을 설정하여 고지할 수 있다고 규정하고 있는바, 이러한 질서유지선은 사회통념상 하나의 지역으로 인식되는 장소와 그 인근의 역시 사회통념상 하나의 지역으로 인식되는 장소 사이에서만 설정할 수 있는 것이 아니라, 사회 통념상 하나의 지역으로 인식되는 장소 내에서도 역시 설정 가능한 것으로 보아야 한다(예컨대, 사회통념상 하나의 지역으로 인식되는 '도로'의 경우, 그 한쪽 끝에 외교기관 등이 위치하고 있는 경우 집회 및 시위의 신고는 수리하면서 다만 외교기관 등으로부터 100m 부근에 질서유지선을 설정하여 이를 넘지 못하도록 제한할 수는 있는 것이다). 다시 말하여 집시법 및 그 시행령 자체가 이미 사회통념상 하나의 지역으로 인식되는 장소의 일부에서도 질서유지선을 설정하는 방식으로 집회 및 시위가 허용됨을 인정하고 있는 이상, 하나의 지역 중 일부라도 집시법 제11조에 저촉된다면 그 전체에서 집회 및 시위가 금지된다는 피고의 주장은 받아들일 수 없는 것이다. […]

(6) 이 사건으로 돌아와 살피건대, […] 시민열린마당은 부채꼴 모양의 공원으로서 북동－남서 방향이 약 135m, 남동－북서 방향이 약 85m 정도이고, 그 경계선으로부터 남쪽 97m에 미국대사관이, 동쪽 90m에 일본대사관이, 그 남동쪽 35m에 일본대사관 영사부가 위치하고 있는 사실, 미국대사관, 일본대사관, 일본대사관 영사부로부터 모두 100m 이상 떨어진 부분은 길이 135m, 폭 약 10 내지 50m로서(대체로 전체 공원 면적의 약 40% 정도인 것으로 보인다), 녹지대 부분을 제외하고도 상당한 규모의 집회 및 시위가 가능한 정도의 면적인 사실이 인정된다.

이러한 사실관계에서라면, 피고는 시민열린마당에 대하여 집회신고서를 접수하였을 경우 미국대사관, 일본대사관, 일본대사관 영사로부터 모두 100m 이상 떨어진 부분에 질서유지선을 설정하

고 위 신고를 수리함이 마땅하다 할 것이고(위 증거들에 의하면, 대체로 시민열린마당 중 휴게마당의 기둥들, 열린마당의 외곽 경계선, 육조마당의 구조물 경계선 등을 차례로 연결하는 방법 등으로 용이하게 질서유지선을 설정할 수 있을 것으로 보인다), 더구나 이 사건처럼 원고가 처음부터 집회신고서에 집시법 제11조에 저촉되지 않는 장소에서 집회를 갖겠다는 뜻을 명시하였음에도 이를 금지함은 아무런 근거가 없다 하지 아니할 수 없다."(출처: 서울국제법연구 제9권 2호(2002), 221쪽 이하)

[해설] 동일한 사안이 문제되었던 국가인권위원회 2003. 7. 7. 02진인983 결정(집회의 자유침해) 역시 위 판결과 동일한 취지에서 관할 경찰서장에게 집회를 금지하지 말라는 권고조치를 했다(국가인권위원회 공보 제1권 4호(2003. 8. 18.), 70쪽 이하).

평석 정인섭, 집회시위의 자유와 외국공관의 보호, 안경환·정인섭 편, 집회와 시위의 자유(사람생각, 2013)

11-8. 공관의 보호의무와 집회의 제한

(헌법재판소 2003. 10. 30. 2000헌바67·83(병합) 결정. 집회및시위에관한법률 제11조 제1호 중 국내주재 외국의 외교기관 부분 위헌소원, 집회및시위에관한법률 제11조 위헌소원. 당해사건: 서울행정법원 2000구7642 집회금지처분통고취소(2000헌바67) 및 서울행정법원 2000구15360 집회금지처분통고취소(2000헌바83))

[사안: (구)집회 및 시위에 관한 법률 제11조는 국내에 있는 외국의 외교기관이나 외교사절의 숙소의 안녕을 보호하기 위해 그로부터 100미터 이내의 장소에서는 일체의 옥외집회와 시위를 금지하고 있었다. 이 조항은 서울 도심에서의 집회의 자유를 과도하게 제한하는 내용으로 위헌이라는 주장이 제기되었다.]

"(2) 이 사건 법률조항의 입법목적

외교기관 인근에서의 집회는 일반적으로 다른 장소와 비교할 때 중요한 보호법익과의 충돌상황을 야기할 수 있고, 이로써 법익에 대한 침해로

이어질 개연성이 높으므로, 이 사건 법률조항은 이와 같은 고도의 법익충돌상황을 사전에 효과적으로 방지하기 위하여 외교기관 인근에서의 집회를 전면적으로 금지한 것이다. 이 사건 법률조항의 보호법익으로는 국내주재 외교기관에의 자유로운 출입 및 원활한 업무의 보장, 외교관의 신체적 안전이 고려된다.

한편, 외교기관 인근에서 당해국가에 대한 부정적인 의견을 표명하는 집회를 한다면 외국의 외교기관이 이러한 집회와 직접 대치하는 상황이 발생하여 '외국과의 선린관계'가 저해될 우려가 있기 때문에, 이를 방지하고자 하는 것도 이 사건 법률조항의 입법목적이 아닌가 하는 의문이 제기된다. 그러나 집회와 표현의 자유가 국민의 기본권으로 보장된 자유민주주의국가에서, 국민이 자신의 견해를 집단적으로 표현하기 위하여 집회에 참가하는 행위는 민주시민생활의 일상에 속하는 것이자 보편적으로 인정되는 가치이므로, 국민의 일부가 외교기관 인근에서 평화적인 방법으로 자신의 기본권을 행사하였다고 하여 '외국과의 선린관계'가 저해된다고 볼 수 없다. 즉 '외국과의 선린관계'란 법익은 외교기관 인근에서 국민의 기본권행사를 금지할 수 있는 합리적인 이유가 될 수 없는 것이다.

따라서 이 사건 법률조항의 입법목적은 외교기관 인근에서의 당해국가에 대한 부정적인 견해를 표명하는 집회를 금지함으로써 외국과의 선린관계를 유지하고자 하는 것이 아니라, 그 본질적인 내용은 궁극적으로 '외교기관의 기능보장'과 '외교공관의 안녕보호'에 있는 것으로 판단된다.

(3) 비례의 원칙의 위반여부

이 사건 법률조항이 중대한 법익의 보호라는 정당한 목적을 가지고 집회의 자유를 제한한다 하더라도, 집회의 자유에 대한 제한은 비례의 원칙을 엄격하게 준수하여야 한다. 따라서 위 규정의 입법목적이 정당하다고 하더라도 기본권의 제한은 입법목적의 달성을 위하여 필요한 정도만

허용된다.

(개) 최소침해성의 위반여부

이 사건 법률조항이 택하고 있는 수단인 '특정장소에서의 전면적인 집회금지'가 입법목적을 달성하기 위하여 고려되는 유효한 수단 중에서 가장 국민의 기본권을 적게 침해하는 수단인가 하는 문제를 살펴보기로 한다. [⋯][1]

입법자는 집회의 자유를 규율함에 있어서 특정장소를 보호하는 별도의 규정을 둘 수는 있으나, 특정장소에서의 집회를 금지하는 경우, 비례의 원칙을 준수하여야 한다.

가) 입법자는 보호대상기관의 기능수행을 보장하기 위하여 반드시 필요한 만큼만 최소한의 정도로 집회금지구역의 범위를 확정해야 한다. 이 사건 법률조항의 경우, 입법자는 집회금지구역의 범위를 청사의 경계지점으로부터 반경 1백미터로 정하였는데, 이는 법익의 효과적인 보호를 보장하기 위하여 필요한 최소한의 것으로서 허용되는 것으로 보이며, 외국의 입법례를 고려하더라도 과도하게 확장된 것이라고 볼 수 없다.

외교기관의 업무에 대한 방해나 외교관의 신체적 안전에 대한 위협이 우려되는 전형적인 경우인 대규모 항의시위의 관점에서 본다면, 1백미터 거리를 외교기관의 청사로부터 확보하는 것은 일반적인 경우 법익충돌의 위험성에 비추어 적절한 것으로 판단되며, 1백미터란 장소적 분리에도 불구하고, 시위장소와 시위목적 간의 연관관계가 상실되는 것도 아니다. 따라서 이 사건 법률조항이 정한 집회금지장소의 공간적 범위는 그 자체로서 집회의 자유를 과도하게 제한한다고 볼 수 없다.

나) 그러나 특정장소에서의 집회가 이 사건 법률조항에 의하여 보호되는 법익에 대한 직접적인 위협을 초래한다는 일반적 추정이 구체적인 상황에 의하여 부인될 수 있다면, 입법자는 '최소침해의 원칙'의 관점에서 금지에 대한 예외적인 허가를 할 수 있도록 규정해야 한다. 이 사건 법률조항에 의하여 전제된 추상적 위험성에 대한 입법자의 예측판단은 구체적으로 다음과 같은 경우에 부인될 수 있다고 할 것이다.

첫째, 외교기관에 대한 집회가 아니라 우연히 금지장소 내에 위치한 다른 항의대상에 대한 집회의 경우, 이 사건 법률조항에 의하여 전제된 법익충돌의 위험성이 작다고 판단된다. 이 사건 법률조항의 문제점은, 집회금지구역 내에서 외교기관이나 당해 국가를 항의의 대상으로 삼지 않는, 다른 목적의 집회가 함께 금지된다는데 있다. 특히, 서울과 같은 대도시에서 주요건물이 밀집해 있는 경우, 그 곳에 우연히 위치한 하나의 보호대상건물이 1백미터의 반경 내에 위치한 다수의 잠재적 시위대상에 대한 집회를 사실상 함께 금지하는 효과가 있다.

둘째, 소규모 집회의 경우, 일반적으로 이 사건 법률조항의 보호법익이 침해될 위험성이 작다. 예컨대 외국의 대사관 앞에서 소수의 참가자가 소음의 발생을 유발하지 않는 평화적인 피켓시위를 하고자 하는 경우, 일반 대중의 합세로 인하여 대규모시위로 확대될 우려나 폭력시위로 변질될 위험이 없는 이상, 이러한 소규모의 평화적 집회의 금지를 정당화할 수 있는 근거를 발견하기 어렵다.

셋째, 예정된 집회가 외교기관의 업무가 없는 휴일에 행해지는 경우, 외교기관에의 자유로운 출입 및 원활한 업무의 보장 등 보호법익에 대한 침해의 위험이 일반적으로 작다고 할 수 있다.

다) 따라서 입법자가 '외교기관 인근에서의 집회의 경우에는 일반적으로 고도의 법익충돌위험이 있다'는 예측판단을 전제로 하여 이 장소에서의 집회를 원칙적으로 금지할 수는 있으나, 일반·추상적인 법규정으로부터 발생하는 과도한 기본권제한의 가능성이 완화될 수 있도록 일반적 금지에 대한 예외조항을 두어야 할 것이다. 즉 이

---

[1] 이어서 재판부는 문제의 특별보호조항을 두기로 한 입법자의 결정 자체가 국민의 기본권을 과도하게 침해하는 것은 아니라고 판단했다. 다만 예외를 허용하지 않는 전면적인 집회금지가 반드시 필요한지 여부를 이어서 검토했다. – 필자 주

사건 법률조항의 보호법익에 대한 위험이 구체적으로 존재하지 않는 경우에 대하여 예외적으로 집회를 허용하는 규정을 두어야만, 이 사건 법률조항은 비례의 원칙에 부합하는 것이다. 그럼에도 불구하고 이 사건 법률조항은 전제된 위험상황이 구체적으로 존재하지 않는 경우에도 이를 함께 예외 없이 금지하고 있는데, 이는 입법목적을 달성하기에 필요한 조치의 범위를 넘는 과도한 제한인 것이다. 그러므로 이 사건 법률조항은 최소침해의 원칙에 위반되어 집회의 자유를 과도하게 침해하는 위헌적인 규정이다.

입법자가 비례의 원칙의 관점에서 예외허용규정을 두는 경우에는 '어떠한 경우에 외교기관 인근에서의 집회를 허용할 것인지'에 관한 허용요건의 대강을 스스로 규정함으로써 행정청이 허용여부를 결정함에 있어서 자의적으로 재량을 행사할 여지를 배제하여야 할 것이다.

라) 오늘날 각종 사회·이익단체에 의하여 주최되는 대규모의 시위가 불행하게도 폭력적이고 불법적인 시위로 흐르는 경향이 있고, 우리의 이러한 시위문화에 비추어 '외교기관 인근에서의 집회가 앞으로도 전면적으로 금지되어야 하지 않는가' 하는 우려의 목소리가 있을 수 있다. 그러나 우리 사회의 잘못된 시위문화가 평화적으로 집회의 자유를 행사하고자 하는 국민의 기본권행사 여부를 결정할 수는 없는 것이다. 우리 사회에서 금지되고 축출되어야 하는 것은 바로 폭력적·불법적 시위이지, 개인의 정당한 기본권행사가 아닌 것이다. 그러므로 우리 사회의 폭력적 시위문화로 인하여 자신의 기본권을 평화적인 방법으로 공공의 안녕질서와 조화를 이루는 범위 내에서 행사하려고 하는 국민의 기본권이 부당하게 침해되어서는 안 된다. 헌법과 집시법이 예정하고 있는 것은 평화적이고 합법적인 집회이며, 집회의 자유를 평화적·합법적으로 행사하려는 개인의 기본권을 보호해야 하는 것이 바로 헌법재판소의 임무이다.

(나) 법익균형성의 위반여부

또한 이 사건 법률조항은 집회의 자유와 보호법익간의 적정한 균형관계를 상실하고 있다. 이 사건 법률조항은 개별적인 경우 보호법익이 위협을 받는가와 관계없이 특정 장소에서의 모든 집회를 전면적으로 금지함으로써, 개별적 집회의 경우마다 구체적인 상황을 고려하여 상충하는 법익간의 조화를 이루려는 아무런 노력 없이, 이 사건 법률조항에 의하여 보호되는 법익에 대하여 일방적인 우위를 부여하였다. 이로써 이 사건 법률조항은 민주국가에서 집회의 자유가 가지는 중요한 의미, 특히 대의민주제에서 표현의 자유를 보완하는 집회의 자유의 중요성을 간과하고 있다. 따라서 이러한 관점에서도 이 사건 법률조항은 비례의 원칙에 위반되어 집회의 자유를 과도하게 제한하는 규정이다."(출처: 헌법재판소 판례집 제15권 2집 (하), 41쪽)

[해설] 외교공관의 부근에서 거리만을 기준으로 일체의 집회와 시위를 금지하는 외국의 입법례는 흔하지 않다. 이 결정의 결론은 올바르나, 그 과정에서 국제법적 분석이 결여된 점은 아쉬운 대목이다. 집시법상에 외교공관 100m 이내 지역에서의 옥외집회 및 시위금지 조항은 국제법상 외교공관에 대한 보호의무에서 비롯되었다. 한국도 당사국인 외교관계에 관한 비엔나 협약 제22조 2항은 "접수국은 어떠한 침입이나 손해에 대하여도 공관지역을 보호하며, 공관의 안녕을 교란시키거나 품위의 손상을 방지하기 위하여 모든 적절한 조치를 취할 특별한 의무를 가진다"고 규정하고, 제30조 1항은 "외교관의 개인주거는 공관지역과 동일한 불가침과 보호를 향유한다"고 규정하고 있다. 그렇다면 재판부는 집시법 해당조항을 분석함에 있어서 위 비엔나 협상의 의무 분석이 선행되었어야 하는데 이러한 과정이 결여되었다.

헌법재판소의 이 위헌 결정 이후 집회및시위에 관한 법률 제11조는 다음과 같이 개정되었다.

"누구든지 다음 각호에 규정된 청사 또는 저택의 경계지점으로부터 1백미터 이내의 장소에서는 옥외집회 또는 시위를 하여서는 아니된다.

(1-3. 생략)

4. 국내주재 외국의 외교기관이나 외교사절의 숙

소. 다만, 다음 각목의 1에 해당하는 경우로서 외교기관이나 외교사절의 숙소의 기능이나 안녕을 침해할 우려가 없다고 인정되는 때에는 그러하지 아니하다.

가. 당해 외교기관이나 외교사절의 숙소를 대상으로 하지 아니하는 경우

나. 대규모 집회 또는 시위로 확산될 우려가 없는 경우

다. 외교기관의 업무가 없는 휴일에 개최되는 경우."

평석 한수웅, 집회및시위에관한법률 제11조 제1호 중 국내주재 외국의 외교기관 부분 위헌소원 등, 헌법재판소, 결정해설집 제2집(2003).

11-9. 공관의 보호의무와 집회의 제한

(헌법재판소 2010. 10. 28. 2010헌마111 결정. 집회 및 시위에 관한 법률 제11조 제4호 가목 위헌확인)

[사안: 이 사건 청구인은 독도문제와 관련하여 일본 대사관 앞에서 항의집회를 하려고 하였으나, 집회 및 시위에 관한 법률에 따라 외교기관으로부터 100m 이내의 장소에서는 옥외집회가 금지되어 불가능했다. 이에 청구인은 이 법률조항이 집회의 자유를 침해하는 위헌조항이라고 주장했다.]

" 나. 집회의 자유를 침해하는지 여부

(1) 목적의 정당성 및 수단의 적합성

헌법 제6조 제2항은 외국인에게 국제법과 조약이 정하는 바에 따른 지위가 보장됨을 규정하고 있다. 나아가 '외교관계에 관한 빈 협약' 제22조 제2항은 가입국가가 외교기관의 건물을 침입 또는 손상으로부터 보호하기 위한 모든 적절한 조치를 취하여 외교기관 업무의 평화가 방해되거나 그 존엄이 침해되는 것을 방지하여야 할 특별한 의무가 있다고 규정하고, 제29조는 가입국가는 상당한 경의를 가지고 외교관을 대우하여야 하며, 그 신체·자유 또는 존엄성에 대한 침해를 방지하기 위하여 적절한 모든 조치를 취하지 않으면 안 된다고 규정하고 있는데, 헌법 제6조 제1항에 의하면 '외교관계에 관한 빈 협약'과 같이 헌법에 의하여 체결·공포된 조약은 국내법과 같은 효력을 가진다. 따라서 외교기관에 대한 보호는 헌법

및 국제조약 등에 의하여 보장되는 것으로서 헌법전문에서도 선언하고 있는 항구적인 세계평화를 유지하기 위한 기초가 되는 것이다.

이 사건 법률조항은 외교기관을 대상으로 하는 외교기관 인근에서의 집회금지를 통하여 외교기관에서 근무하는 외교관과 일반직원 그리고 외교기관에 출입하고자 하는 내·외국인 등이 생명·신체에 대한 어떠한 위협 없이 자유롭게 외교기관에 출입하고, 외교기관 시설 내에서의 안전이 보장될 수 있도록 하며, 나아가 외교관의 신체적 안전을 보호하고 원활한 업무를 보장함으로써 외교기관의 기능보장과 안전보호를 달성하고자 하는 데 그 주요한 입법목적이 있다고 할 것인바, 이와 같은 입법목적은 정당성이 인정된다.

한편, 이 사건 법률조항은 외교기관에 자유롭게 출입하지 못하거나 외교기관의 원활한 업무를 저해하는 등 외교기관의 기능을 저해할 추상적 위험이 있는 집회·시위를 사전에 차단함으로써 입법목적을 달성할 수 있게 하므로, 수단의 적합성도 갖추었다. […]

(다) 우선, 이 사건 법률조항에서 규정하고 있는 집회금지구역이 외교기관의 기능수행을 보장하기 위하여 반드시 필요한 정도의 범위인지에 관해서 살펴보면, 이 사건 법률조항은 집회금지구역의 범위를 외교기관의 경계지점으로부터 반경 100미터 이내로 정하고 있는바, 집회금지구역을 이보다 좁은 범위로 설정한다고 하는 것은 이 사건 법률조항의 입법목적에 비추어 합당치 아니하고, 연혁적으로 보더라도 집시법 제정 당시 반경 200미터 이내로 규정되어 있던 것을 최대한 합당한 범위로 완화하기 위해 그 절반으로 축소한 것이므로, 개정된 집시법이 집회금지구역을 반경 100미터 이내로 규정한 것이 지나치게 과도한 것이라고 보기는 어렵다([…]).

(라) 다음으로 이 사건 법률조항이 금지하는 집회 및 시위가 외교기관의 기능이나 안녕을 침해할 우려가 없는 것까지도 포함하여 지나치게 국

민의 기본권을 제한하는 것인지에 관하여 본다.

이 사건 법률조항은 외교기관의 경계 지점으로부터 반경 100미터 이내 지점에서의 집회 및 시위를 원칙적으로 금지하되, 그 가운데에서도 외교기관의 기능이나 안녕을 침해할 우려가 없다고 인정되는 세 가지의 예외적인 경우에는 이러한 집회 및 시위를 허용하고 있다. 즉, 이 사건 법률조항은 ① 외교기관을 대상으로 하지 아니하는 경우, ② 대규모 집회 또는 시위로 확산될 우려가 없는 경우 및 ③ 외교기관의 업무가 없는 휴일에 개최되는 경우 중 하나에 해당하는 집회나 시위로서 외교기관의 기능이나 안녕을 침해할 우려가 없다고 인정되는 때에는 예외적으로 이를 허용하고 있는 것이다. 이 세 가지 예외사유는 이미 헌법재판소가 이 사건 법률조항의 종전 규정에 관하여 위헌 결정을 할 때 '외교기관의 기능이나 안녕을 침해할 우려가 없다고 인정'될 수 있는 경우라고 판시한 3가지의 경우를 모두 망라하여 입법한 것이다([…]).

그러므로 이 사건 법률조항은 목적을 달성하기 위하여 필요한 범위 내의 집회와 시위만을 규제하기 위하여 위와 같은 입법기술상 가능한 최대한의 예외적 허용 규정을 두었고, 그 예외적 허용범위는 적절하다고 보이므로 이보다 더 넓은 범위의 예외를 인정하지 않는 것을 두고 침해의 최소성원칙에 반한다고 할 수 없다.

㈐ 따라서 이 사건 법률조항과 같은 규제는 불가피한 것이라 할 것이므로 이 사건 법률조항이 침해의 최소성원칙에 반한다고 보기 어렵다.

(3) 법익의 균형성

이 사건 법률조항으로 인한 기본권의 제한은 외교기관 인근에서 집회나 시위를 할 수 없는 것으로서 단지 좁은 범위의 장소적 제한에 불과한 것이지, 그로 인하여 외교기관에 대한 집회가 불가능해지거나 현저히 곤란해졌다고 할 수 없다. 그에 반하여 이 사건 법률조항으로 달성하고자 하는 공익은 외교기관의 기능과 안전의 보호라는

국가적 이익이다. 또한, 이 사건 법률조항은 법익 충돌의 위험성이 없는 경우에는 외교기관 인근에서의 집회나 시위도 허용함으로써 구체적인 상황에 따라 상충하는 법익간의 조화를 이루고 있다. 따라서 이 사건 법률조항은 법익균형성의 원칙을 위반하였다고 할 수 없다.

(4) 소결

그렇다면, 이 사건 법률조항이 청구인의 집회의 자유를 침해한다고 할 수 없다."(출처: 헌법재판소 판례집 제22권 2집 하(2011), 303쪽)

평석 이희훈, 일반 교통방해죄와 외교기관 인근 집회·시위 금지에 대한 헌법적 평가: 헌법재판소 2010. 3. 25. 선고, 2009헌가2 결정과 헌법재판소 2010. 10. 28. 선고, 2010헌마111 결정에 대한 비판을 중심으로, 공법연구 제39집 제3호(2011)

11-10. 외국 영사관 인근에서의 집회
(부산지방법원 2017. 3. 10. 2017구합20362 판결 (확정). 옥외집회금지 통고처분 취소)

"가. 원고[사단법인 부산민예총 - 필자 주]는 2017. 1. 25. 피고[부산동부경찰서장 - 필자 주]에게 "2017. 2. 4., 같은 달 11일, 같은 달 18일 17:00부터 18:00까지 '부산 동구 초량3동 소녀상 앞 인도(후문 입구 제외)'에서 '소녀상 지킴이 예술인 시위(춤)' 집회를 개최한다(행진 없음)"는 내용의 옥외집회 신고를 하였다(이하 '이 사건 집회'라 한다).

나. 피고는 2017. 1. 26. 원고에게 ① 이 사건 집회 장소가 국내 주재 외국의 외교기관의 경계로부터 100m 이내의 장소에 해당하고, ② 일본 영사관 측은 이 사건 집회가 영사관계에 관한 빈조약 제31조의3에서 규정하는 영사기관의 안녕을 방해, 위엄을 침해하고, 총영사관 주변 다수의 시민들이 모일 것으로 예상되어 외교기관의 기능이나 안녕을 침해할 우려가 된다는 이유로 시설경비요청을 한 바 있으며, ③ 같은 날 18:00경 부전동 소재 쥬디스 태화 앞에서 3,000여 명이 참석하는 부산정권퇴진운동본부 주최 '부산시민대회' 개최 관련 사전집회 성격의 집회로서 위 집회에 대한

언론보도로 불특정 다수인이 합류하여 일본총영사관을 향해 오물 투척 등 돌출행위가 예상되어 외교기관의 기능이나 안녕의 침해가 우려된다는 이유로 집회 및 시위에 관한 법률 제11조를 근거로 이 사건 집회를 금지하는 통고 처분(이하 '이 사건 처분'이라 한다)을 하였다. […]

다. 판단

1) 집회 및 시위에 관한 법률 제11조 제4호에 의하면, 외교기관 청사의 경계 지점으로부터 100m 이내의 장소에서는 옥외집회를 하여서는 아니 되지만, ① 외교기관을 대상으로 하지 아니하는 경우, ② 대규모 집회 또는 시위로 확산될 우려가 없는 경우, ③ 외교기관의 업무가 없는 휴일에 개최되는 경우 중 어느 하나에 해당하고, 외교기관의 기능이나 안녕을 침해할 우려가 없다고 인정되는 때에는 예외적으로 옥외집회가 허용된다.

2) 살피건대, 을 제3호증의 기재에 의하면 이 사건 집회가 예정된 소녀상 앞 인도는 일본국총영사관의 경계지점으로부터 100m 이내의 장소이기는 하나, […] 다음과 같은 사정, 즉 ① 이 사건 집회는 2017. 2. 4.부터 같은 달 18일까지 사이의 매주 토요일 17:00부터 18:00까지 사이에 3회에 걸쳐 개최되었는데, 토요일은 일본국총영사관의 업무가 없는 휴무일인 점, ② 원고가 예정한 집회의 내용은 예술인들이 소녀상의 보전을 주장하는 취지에서 춤 공연 등을 실시하는 것이고, 그 예정 시간도 1시간에 불과한바, 위와 같은 시위 방법과 시간 등을 고려하면 평화로운 집회의 개최가 예상되고, 실제로 이 사건 집회가 평화롭게 개최되어 마무리된 점, ③ 원고가 옥외집회를 개최하면서 대규모 항의시위 등을 유발하여 외교기관의 업무를 방해하거나 외교관의 신체적 안전을 위협한 사례가 있었다고 볼 자료가 없는 점, ④ 부전동에서 예정된 부산정권퇴진운동본부 주최의 '부산시민대회'와 이 사건 집회는 그 개최목적 등에 비추어 관련이 없는 것으로 보이고, 설령 피고가 제시한 처분사유처럼 사전집회의 성격을 갖는다

고 하더라도 이는 집회를 금지할 사유에 해당하지 않는 점 등을 종합하면, 이 사건 집회 및 행진이 이루어진다 하더라도 대규모 집회 또는 시위로 확산될 우려나 외교기관의 기능이나 안녕을 침해할 우려가 있다고 보기 어렵다.

3) 따라서 이 사건 집회는 집회 및 시위에 관한 법률 제11조 제4호 단서에 따라 외교기관 인근에서 개최할 수 있는 예외적 허용사유에 해당하는바, 이와 다른 전제에 선 이 사건 처분은 위법하므로 취소되어야 한다." (출처: 각급법원(제1, 2심) 판결공보 2017. 5. 10., 264쪽)

11-11. 외국 대사관 주변에서의 집회
(서울행정법원 2017. 6. 23. 2017아11659 결정)

[사안: 신청인 사드저지전국행동은 사드반대를 목적으로 서울 도심에서의 집회와 행진을 계획하고, 행진중 미국 대사관을 사실상 둘러쌓는 형식의 행사를 예정했다. 경찰측은 행사중 미국대사관을 둘러쌓는 행위는 하지 못하도록 행진 경로를 제한하는 처분을 했다. 이에 행사 주최측이 처분 집행정지 가처분을 신청했으나, 법원은 20분간 미국 대사관을 포위하는 형식의 행사를 허가했다.]

"집시법은 원칙적으로 집회·시위를 허용하되 제5조, 제8조, 제11조, 제12조 등 예외적인 경우에 한하여 집회·시위를 금지하거나 제한하도록 규정하고 있는데, 집시법 제11조 제4호는 국내 주재 외국의 외교기관의 경계 지점으로부터 100미터 이내의 장소에서는 옥외집회 또는 시위를 하여서는 아니 된다고 규정하면서도, 예외적으로 ① 해당 외교기관을 대상으로 하지 아니하는 경우, ② 대규모 집회 또는 시위로 확산될 우려가 없는 경우, ③ 외교기관의 업무가 없는 휴일에 개최하는 경우 중 어느 하나에 해당하는 경우로서 외교기관의 기능이나 안녕을 침해할 우려가 없다고 인정되는 때에는 허용된다고 규정하고 있다.

나. 기록 및 심문 전체의 취지에 의하여 인정되는 다음과 같은 사정, 즉 ① 이 사건 집회가 한미

관계에서 민감한 현안인 사드(THAAD, 고고도 미사일방어 체계) 배치문제에 반대의사표시를 할 목적으로 개최되는 것이지만, 미국대사관은 사드 배치에 관한 의사결정기관이 아니고, 이 사건 집회가 개최될 예정인 2017. 6. 24.은 토요일로서 미국대사관의 업무가 없는 휴일에 해당하는 점, ② 신청인은 잠시나마 미국대사관을 에워싸는 모습으로 제1, 2경로를 통하여 행진함으로써 사드 배치에 반대하는 의사표시를 보다 효과적으로 표현하고자 하는 것일 뿐 미국대사관에 어떠한 위해를 가하고자 하는 의도는 없어 보이고, 신청인이 질서유지인 300명을 두어 평화적으로 이 사건 집회를 개최할 것을 다짐하고 있으며, 종전의 사드 배치 반대집회 역시 별 문제 없이 평화적으로 진행되었던 점 등을 종합하면, 제1경로의 행진을 허용하더라도 미국대사관의 기능이나 안녕을 침해할 우려가 있다고 보기 어려우므로, 피신청인이 제1경로의 행진을 전면적으로 금지한 것은 집회의 자유를 지나치게 제한한 것으로 볼 여지가 많다.

다. 다만, 제1경로의 행진을 제한 없이 허용하면, 그 초입에 위치한 종로소방서(세종로119안전센터)의 기동로가 장시간 방해받아 화재·응급 등 긴급출동에 지장을 줄 우려가 있고, 제1경로 쪽에 위치한 미국대사관의 출입문까지 이 사건 집회 구간에 포함됨으로써 미국대사관 직원들의 출입이 곤란해질 수 있는 점, 신청인이 목적하는 표현의 자유는 신속하고 1회적인 방법으로 제1경로를 통과하는 것으로도 달성될 수 있는 것으로 보이는 점 등을 아울러 고려하여, 별지 '집회·시위가 추가로 허용되는 범위' 기재와 같이 집회의 시간과 방법을 일부 제한하여 이 사건 처분의 효력을 정지하기로 한다." (출처: 결정문 사본 입수)

[해설] 재판부는 결정문 별지를 통해 미국 대사관을 둘러쌓는 방식의 행진을 "16:00부터 20:00까지 사이에 1회에 한하여 20분 이내에 신속히 통과하여야 한다"는 조건을 붙여 제한적으로 허용했다. 이에 당일 약 19분간 미국 대사관을 포위하는 형식의 인간띠 잇기 시위가 벌어졌다. 사건 직후 미국대사관측은 이러한 집회의 진행은 외교공관 보호의무 위반의 소지가 있다는 항의서한을 한국 외교부에 보냈다(조선일보 2017. 6. 29. A4). 이후 유사한 집회와 행진이 예정되자 아래 11-12 결정이 내려졌다.

11-12. 외국 대사관 주변에서의 집회 금지
(서울행정법원 2017. 8. 14. 2017아12095 결정)

[사안: 신청인 8.15 범국민행동추진위원회는 8.15에 즈음해 서울 도심에서 "주권회복과 한반도 평화실현 8.15 범국민행동"을 주최하기로 하고, 집회 및 행진 신고를 했으나, 경찰측은 미국과 일본 대사관 뒷길 등 일부 지역에 대한 집회와 행진을 제한하는 통고를 했다. 주최측은 이 처분에 대한 집행정지를 요구하는 가처분 신청을 제출했다.]

"나. 본안청구의 타당성 및 공공복리의 중대한 영향에 미칠 우려 유무를 함께 살핀다.

1) 먼저 이 사건 금지통고 중 미·일 대사관 뒷길에서의 집회 및 시위의 금지 부분에 관하여 본다.

가) 집시법 제11조 제4호의 문언, 규정 형식 등을 고려하면, 외교기관 경계지점 100m 이내에서의 옥외집회 또는 시위는 원칙적으로 금지되고, 다만 그 조항 제4호 각 목의 어느 하나에 해당하는 경우로서 '외교기관 등의 기능이나 안녕을 침해할 우려가 없다고 인정되는 때' 예외적으로 허용된다.

나) 신청인의 이 사건 집회 및 행진의 신고 내용, 이 사건 금지통고의 내용, 피신청인의 소명자료와 심문 전체의 취지 등에 비추어 보면 아래 사정을 알 수 있다.

① 이 사건 집회 및 행진의 명칭이 '주권회복과 한반도 평화실현'인 점, 이 사건 집회 및 행진의 신고 내용이 미·일 대사관을 에워싸는 행진인 점, 신청인이 이 사건 집회 및 행진에 관하여 "미·일 대사관 인간띠잇기"임을 표방한 점 등에 더하여 최근 북한의 연이은 미사일 발사 시험으로 비롯된 국제적 긴장 상황과 이에 대한 미국 및 일본의 대응 등을 함께 고려하면, 이 사건 집회

및 행진은 미국과 일본을 대상에 포함하고 있다고 보이므로 미국과 일본을 대표하는 외교기관인 미·일 대사관을 대상으로 한 것으로 보인다.

② 3,000명 정도의 참가인이 미·일 대사관 주위를 연이어 행진하면 일정 시간 해당 외교기관을 에워싸는 형태로 집회를 개최하는 것과 같다.

③ 미·일 대사관 관계자는 '광복절은 미·일 대사관의 휴일이기는 하나, 최근 북핵 관련 세계정세, 광복절의 시기적 특성 등으로 직원 일부가 출근하여 근무한다'고 밝히고 있다.

④ 미·일 대사관의 출입문은 아래 그림[생략 — 필자 주]과 같은데, 이 사건 집회 및 행진이 신고 내용에 따라 이루어져 일정 시간 미·일대사관 주위가 참가인들로 에워싸여질 경우 미·일 대사관 직원들의 출입이 제한될 수 있고, 대사관에 있는 직원들은 심리적으로 갇힌 상태로 느낄 수 있다. 이러한 상황은 '어떠한 침입이나 손해에 대하여도 공관지역을 보호하고 공관 안녕의 교란이나 품위 손상을 방지하여야 할 접수국의 특별한 의무'를 규정한 비엔나협약 제22조에 어긋난다. […]

⑤ 한편, 미·일 대사관 뒷길은 좁고 시야가 폐쇄적인 공간으로 '미·일 대사관을 에워싸는 시위의 방법'이 아니라면, 집회 또는 시위의 장소로 적합하지 아니할 뿐만 아니라, 이 사건 집회 및 행진은 미·일 대사관 앞길에서 개최되는 것으로도 그 목적을 상당 부분 이룰 수 있을 것으로 보인다.

다) 이러한 제반 사정을 고려하면, 이 사건 집회 및 행진이 '외교기관의 기능이나 안녕을 침해할 우려가 없다'고 단정할 수 없고, 외교기관을 에워싸는 방법의 집회나 시위를 허용하는 것은 '접수국의 외교기관 보호의무'에 관한 비엔나협약에 어긋난다. 반면 신청인은 미·일대사관의 앞길에서 이 사건 집회 및 행진을 개최할 수 있으므로 그 목적을 상당 부분 이룰 수 있다. 따라서 피신청인이 이 사건 집회 및 행진 중 미·일 대사관 뒷길에서의 개최를 금지한 부분은 '집회 및 시위

의 권리 보장과 공공의 안녕질서가 적절히 조화를 이루도록 제정된 집시법의 입법목적(제1조)'에 부합한다.

2) 다음으로 이 사건 금지 통고 중 행진 장소의 일부 제한에 관하여 본다.

앞서 살핀 이 사건 집회 및 행진 신고와 이 사건 금지통고의 내용 등에 비추어 보면, ① 이 사건 집회 및 행진에 참여하는 인원수는 약 3,000명인 점, ② 시청 삼거리부터 율곡로는 집시법상 주요 도로로서 평소 교통량이 많은 곳인 점, ③ 이 사건 집회 및 행진에 참여하는 인원수를 고려하여 피신청인은 '시청 삼거리부터 율곡로까지' 전 차로에서 행진이 허용됨으로써 발생할 수 있는 교통 소통의 제한을 우려하여 이 사건 금지통고를 한 것인 점 등을 알 수 있다.

이러한 제반 사정을 고려하면, 이 사건 금지통고로 시청 삼거리부터 율곡로까지 전 차로가 아닌 3개 차로에서의 행진만이 가능하더라도 신청인은 집회 및 시위에 관한 권리가 보장될 것으로 보이는 반면, 이 사건 금지통고의 효력을 부인함으로써 시청 삼거리부터 율곡로까지 교통 제한으로 발생하는 공익 침해는 커 보인다.

다. 소결론

이 사건 금지통고는 적법하고, 그 효력 정지로 공공복리에 중대한 영향을 미칠 우려도 있다고 보인다." (출처: 결정문 사본 입수)

3. 외교사절의 지위와 직무

11-13. 외교관의 재판관할권의 면제
(서울고등법원 1968. 7. 19. 68나178 판결(확정))

"당원의 사실조회에 대한 외무부장관의 통보를 종합하면 피고는 현재 주한 불란서 대사관의 문화담당 참사관으로 재임 중인 자로서 국제법상 치외법권을 향유하는 외교사절의 수원인 사실을 인정할 수 있고, 이를 뒤집을 만한 아무런 증거가

없으므로 피고는 우리 나라 재판권에 복종할 의무가 없는 자임이 명백하니, 이 인정과 같은 취지의 피고의 본안전 항변은 이유있다 할 것이다.

그런데 원고 소송대리인은 피고는 원심에서 적법한 변론기일의 소환장을 받았음에도 불구하고 변론기일에 출석하지 아니하고, 또 응소 거부의 의사표시를 한 사실이 없으므로 결국 피고는 본건에 대하여 응소의 승낙을 한 것이라는 취지의 주장을 하나, 위에서 본 바와 같이 국제법상 치외법권을 향유하는 외교사절에 대하여는 본건과 같이 소송제기를 할 수 없음은 물론 가사 소송제기가 되었다 하더라도 외교사절은 소장 기타 소송서류의 송달을 수령할 의무조차 없고, 다만 명시 또는 묵시적인 응소의 승낙이 있는 경우에 한하여 주재국의 재판권에 복종한다 할 것인바, 원고 주장과 같이 피고가 원심 변론기일에 출석하지 아니하고, 또 응소 거부의 의사표시를 한 바가 없다는 그 사실만으로서는 당심에서 피고가 이를 다투고 있는 이상 응소의 승낙을 하였다고는 도저히 볼 수 없으니, 원고 소송대리인의 위 주장은 이유없으므로 받아들이지 않기로 할 것이다.

그렇다면 원고의 피고에 대한 본건 소는 피고에 대한 재판권이 없으므로 부적법하여 이를 각하할 것."(출처: 고등법원 판례집 1968년(민사), 310쪽)

11-14. 영사의 직무 범위

(대법원 1992. 7. 14. 92다2585 판결. 원고, 상소인: 삼성○○○○○○. 피고, 피상고인: ○○선박)

"2. 영사관계에 관한 비엔나협약 제5조 제이(j)항에는 파견국 영사는 파견국 법원을 위하여 소송서류 또는 소송 이외의 서류를 송달할 수 있도록 되어 있으나, 이는 자국민에 대하여서만 가능한 것이고, 우리나라와 영사관계가 있더라도 송달을 받을 자가 자국민이 아닌 경우에는 영사에 의한 직접실시방식을 취하지 않는 것이 국제예양이며, 위 협약에 가입하고 있는 국가라 할지라도 명시적으로 위 방식에 대한 이의를 표시하고 있는

경우에는 이에 의할 수 없는 것이라고 할 것이다.

그런데 우리나라는 사법공조업무처리 등에 관한 예규(송민예규 85-1)에 따라 국제간의 사법공조업무를 처리하여 오다가, 위 예규의 내용을 받아 국제민사사법공조법(1991. 3. 8. 법률 제4342호)을 제정하여, 외국으로 부터의 송달촉탁은 외교상의 경로를 거칠 것을 요건으로 하여 송달장소를 관할하는 제1심법원이 관할하도록 규정함으로써, 적어도 영사파견국의 국민이 아닌 경우에는 위 비엔나협약에 규정된 영사에 의한 직접실시방식에 대하여 이의를 표시하고 있는 것이라고 볼 것이므로, 영사파견국의 법원이 위와 같은 공조요건인 외교상의 경로를 거치지 아니하고 우리나라 국민이나 법인을 상대로 하여 자국영사에 의한 직접실시방식으로 송달을 한 것이라면, 이는 위 영사파견국이 우리나라와 영사관계가 있다 하더라도 우리나라의 재판사무권을 침해한 것으로서 적법한 송달로서의 효력이 없다고 볼 것이며, 이와 같은 경우에는 민사소송법 제203조 제2호의 송달요건을 갖추지 못한 것이라고 할 것이다.

3. 원심판결 이유에 의하면 원심은 위와 같은 견해에 터잡아, 자유중국 대북지방법원은 주한 자유중국 대사를 통하여 우편으로 우리나라 법인인 피고에게 이 사건 외국판결의 기초가 된 사건의 소장(영문)과 기일소환장(중국어)을 송달하였고 피고는 1990. 2. 1. 이를 수령하고도 응소하지 아니하였는데, 위 대북지방법원의 기일소환장의 송달은 우리 사법당국을 거치지 아니하고 대북지방법원이 자유중국의 주한대사에게 촉탁하고 촉탁을 받은 위 대사가 직접 우편에 의해 피고에게 송달한 이른바 "영사송달"을 한 것이라고 인정하고, 직권송달주의를 원칙으로 하는 우리나라에 있어서 송달은 사법권에 기한 재판권의 행사이므로 우리나라의 영역 내에서는 우리나라의 동의 없이 행사할 수 없는 것이고, 우리나라의 그와 같은 동의가 있었음을 인정할 아무런 자료도 없는 이 사건에 있어서는 위와 같은 자유중국의 영사송달은

우리나라의 주권의 침해가 되므로 비록 공시송달에 의한 방법이 아니라고 하더라도 그 효력을 인정할 수 없는 부적법한 송달이라고 하여야 할 것이고, 우리 법원이 외국에서 하는 송달방법에 관하여 국제협력을 전제로 규정된 민사소송법 제176조를 적용하여 왔다고 하여 이것이 이 사건 자유중국의 영사송달이 적법한 것이라고 인정하여야 할 근거규정이 될 수 없다고 판시하고 있는 바, 원심의 위와 같은 조치는 수긍이 가고 거기에 소론과 같은 민사소송법 제203조 제2호 소정의 "송달"에 관한 법리를 오해한 위법이 있다고 할 수 없고, 이와 같은 이치는 피고가 위의 사건에 관하여 자유중국의 재판관할에 합의를 한 바가 있었다고 하여 다르게 볼 것이 아니다. 따라서 논지는 이유가 없다." (출처: 법원공보 제927호(1992. 9. 1.), 2395쪽)

평석 유영일, 외국판결 승인의 요건으로서의 송달의 적법성, 국제판례연구 제2집(박영사, 2001).
석광현, 외국판결 승인요건으로서의 송달, 국제사법연구 제2호(법영사, 1997).
정병석, 외국법원의 우리나라 국민에 대한 영사송달의 적법 여부, 판례연구 제6집(서울지방변호사회, 1993).

11-15. 체포된 외국인에 대한 영사접견권 고지의무

(서울중앙지방법원 2017. 12. 12. 2017가단25114 판결. 원고: I.M.J.(나이지리아인). 피고: 대한민국)

[사안: 이 사건 원고 I.M.J.는 지인인 나이지리아인에게 자신의 외국인등록증을 빌려주었다. 그 친구가 절도혐의로 체포되었을 때 소지하던 I.M.J.의 외국인등록증을 제시하며 신분을 위장했다. 이를 알아채지 못한 수사당국은 후일 재판 진행에 불출석한 I.M.J.를 범인으로 오인해 구속했다. 검거 당시 수사 당국은 I.M.J.에게 진술거부권과 변호인 선임권은 고지했으나, 체포 사실을 나이지리아 대사관에 통지하거나 I.M.J.에게 영사접견권 등을 고지하지는 않았다. 후일 다른 절도범

이 I.M.J.의 이름을 모용한 사실이 확인되어 I.M.J.에 대해서는 공소기각 판결이 내려졌으며, I.M.J.는 위법한 구속으로 인해 180만원의 형사보상금을 지급받았다. I.M.J.는 수사 당국이 영사접견권을 고지하지 않은 위법행위로 인한 정신적 손해배상금 지급을 요구하는 본 소송을 추가로 제기했다.]

"피고가 원고에게 영사통지권 및 영사접견권을 고지할 의무를 부담하는지 살피건대, 위 관련 규정에 비추어 알 수 있는 다음과 같은 사정을 고려할 때, 원고를 구속한 광주광산경찰서 비아파출소 소속 경찰관들 및 원고의 신병을 인계받은 수원지방검찰청 성남지청 소속 검사는 원고에게 원고에 대한 영사기능을 수행하는 나이지리아 대사관에게 구속사실을 통보할 것을 요청하고 위 소속 영사관원과 통신, 접촉할 권리가 있음을 고지할 의무가 있다. 그럼에도 불구하고 피고 소속 위 공무원들이 원고에게 위 의무를 이행하지 아니하였음은 앞서 본 바와 같으므로, 위와 같은 행위는 직무상 불법행위에 해당한다.

① 헌법 제6조 제1항에 따라 국내법과 같은 효력을 갖는 이 사건 협약 제36조 제1항 (a), (b)의 각 문언상 파견국 국민은 파견국 영사관원과 자유로이 통신, 접촉할 수 있고, 자신이 체포, 구속되는 경우 영사기관에 이를 통보할 것을 요청할 수 있는데, 접수국은 위 국민에게 위와 같은 권리를 지체 없이 통보하여야 한다고 규정되어 있다.

② 이 사건 협약 제36조 제1항 (c)에 의하면, 파견국의 영사관원은 구속되어 있는 파견국의 국민의 의사에 따라 그를 위하여 일정한 조치를 취할지 여부를 결정하도록 규정되어 있으므로, 위 규정과의 관계상 영사통지권 및 영사접견권은 당해 국민의 개인적 권리라고 봄이 상당하다.

③ 이 사건 협약을 구체화하는 규정으로 경찰공무원을 대상으로 하는 범죄수사규칙 제241조, 인권보호를 위한 경찰관 직무규칙 제74조, 검사 등 수사업무 종사자를 대상으로 하는 인권보호수

사준칙 제57조는 모두 외국인을 체포·구속하는 경우 영사통지권 및 영사접견권을 고지하도록 정하고 있다. […]

위와 같은 피고 소속 공무원들의 일련의 직무상 불법행위로 원고가 정신적인 고통을 받았을 것임은 경험칙상 명백하므로, 피고는 이에 대한 손해배상금으로 위자료를 지급할 의무가 있다고 할 것인바, 그 액수에 관하여 살피건대, 원고가 구속된 원인 및 그 경위, 위 구금으로 인한 피해의 정도, 영사기관원과의 접견·교통권을 고지받지 못함으로 인한 법익 침해의 정도 등 제반사정을 고려할 때, 이를 7,000,000원으로 정함이 상당하다. […] [이어 전에 받은 형사보상금을 공제하여 실제 배상금은 540만 1369원 및 이자로 액수를 조정했다. - 필자 주]

피고는 원고의 성명을 모용한 자에게 자신의 외국인등록증을 교부한 원고의 과실이 손해배상 책임의 범위를 산정함에 참작되어야 한다고 주장하나, 피고가 주장하는 원고의 과실이 피고 소속 공무원들의 직무상 불법행위나 원고의 손해 확대에 기여하였다고 보기는 어려우므로, 피고의 위 주장은 이유 없다." (출처: 판결문 사본 입수)

[해설] 이 사건은 서울중앙지방법원 2018. 5. 6. 2018나3969 판결로 국가측의 항소가 기각되고, 이후 상고되지 않아 확정되었다. 항소심 판결문은 1심 판결문의 판단을 그대로 인정하여 별다른 특이 사항이 없다.

참고 영사관계에 관한 비엔나 협약의 조항은 구하기 용이하므로 생략하고, 관련 국내 훈령을 참고로 부기한다.

「범죄수사규칙(경찰청훈령 제719호)」 제241조(외국인 피의자의 체포·구속시 영사기관 통보) ① 사법경찰관은 영사관계에 관한 비엔나협약 제36조의 규정에 따라 외국인을 체포·구속 하였을 때에는 체포·구속시 고지사항 외에 해당 영사기관에 체포·구속사실의 통보와 국내 법령에 위반되지 않는 한도 내에서 해당 영사기관원과 접견·교통을 요청할 수 있음을 고지하여야 한다. ② 사법경찰관은 전항의 내용을 고지하고 피의자로부터 별지 제194호 서식의 영사기관통보 요청확인서를 작성하여야 한다.

「인권보호를 위한 경찰관 직무규칙(경찰청훈령 제674호)」 제74조(외국인 수사) ① 외국인 피의자를 체포·구속할 때에는 해당국 영사기관에 체포·구속사실의 통보와 해당 영사기관원과 접견·교통을 요청할 수 있음을 고지하고 영사기관 통보확인서를 작성하여야 한다.

「인권보호수사준칙(법무부훈령 제556호)」 제57조(외국 영사관원과의 접견·통신) ① 외국인을 체포·구속하는 경우에는 우리나라 주재 본국 영사관원과 자유롭게 접견·통신할 수 있고, 체포·구속된 사실을 영사기관에 통지하여 줄 것을 요청할 수 있다는 사실을 알려야 한다.

제12장 국제기구

[한국은 많은 국제기구의 당사국이며, 국내에 국제기구의 본부 또는 사무소가 설치된 경우도 적지 않다. 그러나 아직 국내 법원에서 정부간 국제기구가 직접 소송의 당사자로 등장했던 사건은 없다. 국제기구 관련 사건은 주로 국제기구 결정의 국내법적 효력이 무엇인가가 문제된 건이었다.]

12−1. UN 남북한동반가입과 국가승인

(헌법재판소 1997. 1. 16. 89헌마240 결정. 국가보위입법회의법, 국가보안법의 위헌 여부에 관한 헌법소원)

"1991. 9. 남·북한이 유엔(U.N)에 동시가입하였다. 그러나 이는 "유엔헌장"이라는 다변조약(多邊條約)에의 가입을 의미하는 것으로서 유엔헌장 제4조 제1항의 해석상 신규가맹국이 "유엔(U.N)"이라는 국제기구에 의하여 국가로 승인받는 효과

가 발생하는 것은 별론으로 하고, 그것만으로 곧 다른 가맹국과의 관계에 있어서도 당연히 상호간에 국가승인이 있었다고는 볼 수 없다는 것이 현실 국제정치상의 관례이고 국제법상의 통설적인 입장이다." (출처: 헌법재판소 판례집 제9권 1집, 45쪽)

(참고) 동일 취지의 결정: 헌법재판소 1997. 1. 16. 92헌바92헌바6·26, 93헌바34·35·36(병합) 결정 (헌법재판소 판례집 제9권 1집, 1쪽)
본 결정의 다른 부분은 본서 8−5 수록분 참조.

12−2. UN 남북한동반가입과 국가승인

(대법원 2008. 4. 17. 2003도758 판결)

"1991. 9. 17. 대한민국과 북한이 유엔에 동시가입하였고, 같은 해 12. 13. 이른바 남북 고위급회담에서 남북기본합의서가 채택되었으며, 2000. 6. 15. 남북정상회담이 개최되고 […]

그러나 북한이 조선민주주의인민공화국이라는

이름으로 유엔에 가입하였다는 사실만으로는 유엔이라는 국제기구에 가입한 다른 가맹국에 대해서 당연히 상호간에 국가승인이 있었다고 볼 수는 없다는 것이 국제정치상 관례이자 국제법상 통설적인 입장이다. 그리고 기존의 남북합의서, 남북정상회담, 남북공동선언문 등과 현재 진행되고 있는 남북회담과 경제협력 등의 현상들만으로 북한을 국제법과 국내법적으로 독립한 국가로 취급할 수 없다. 남·북한 사이의 법률관계는 우리의 헌법과 법률에 따라 판단해야 하며, 북한을 정치·경제·법률·군사·문화등 모든 영역에서 우리와 대등한 별개의 독립된 국가로 볼 수 없다.”
(출처: 대법원 판례집 제56권 1집(형사), 596쪽)

참고 본 판결의 다른 부분은 본서 8-8 수록분 참조.

12-3. 안보리 결의의 법적 성격
(서울고등법원 2006. 7. 27. 2006토1 결정(확정))

“국제연합 안전보장이사회는 2001. 9. 28. 1373호 결의(UN Security Council Resolution 1373)를 채택하였는데, 이 결의는 2001. 9. 11. 미국 뉴욕, 워싱턴 D.C., 펜실베니아 등지에서 일어난 이른바 ‘9·11 테러’를 강력히 비난함과 아울러 회원국들에게 테러 관련 국제협약의 완전한 이행과 테러행위의 예방 및 근절을 위한 국제적인 공조를 촉구하고자 채택된 것으로서 대한민국과 청구국[베트남 - 필자 주]은 모두 위 결의에 서명함으로써 위 결의의 당사자가 되었다.

일반적으로 국제연합 등 국제조직의 결의는 어느 국가의 정부 행위가 아니라 국제조직 그 자체의 행위에 불과한 것으로서 그 국제조직을 구성하는 국가 사이의 합의의 형식을 갖춘 것은 아니고, 따라서 국제법의 법원으로도 인정되지 않는다. 그러나 국제연합 헌장은 회원국이 안전보장이사회의 결정을 수락하고 이행할 것을 동의하는 것으로 규정하고 있고(국제연합 헌장 제25조), 국제연합 헌장 제7장 중 제41조(외교관계의 단절 등 비군사적 방법에 의한 대응조치에 관한 규정임) 및 제42조(군사적 방법에 의한 대응조치에 관한 규정임)에 의한 안전보장이사회의 결정은 모든 회원국에 대한 구속력이 있는 것(binding decision)으로 인정되고 있다.

따라서 위 1373호 결의가 이 사건 인도조약 제3조 제2항 (나)목 소정의 “다자간 국제협정”에 해당하는 것인지 여부에 관하여 본다. 기록에 의하면, 위 결의는 국제연합 회원국들에게 국제연합 헌장 제7장에 의한 조치를 요구하는 것으로서 회원국들에 대하여 구속력이 있는 것으로 보이나, 다자간 국제협정에 있어서는 이를 체결함에 있어서 협정 체결의 제안, 초안의 작성, 본문의 채택 등에 있어 일정한 절차 및 요건을 준수하여야 하고, 각 가입국의 국내 비준절차를 거쳐야 할 필요도 있으며, 특정 조약의 당사자가 되려고 하는 국가에게는 특수 사정을 고려하여 조약 당사자가 되는 조건으로 당해 조약의 적용을 제한하거나 또는 일부 배제한다는 일방적인 의사표시, 즉 조약의 유보(reservation)를 할 수 있는 권한이 부여되어 있고, 조약의 효력이 발생한 이후에는 이를 국제연합사무국에 등록하여 일정한 효력을 발생시키는 등의 절차 및 효력발생에 있어서 여러 가지 요건과 제한이 요구되는 것임에 반하여, 국제연합 안전보장이사회의 결의는 일정한 경우에 회원국들에 대하여 구속력이 있다고는 하나, 다자간 국제협정에서 요구되는, 앞서 본 바와 같은 절차 및 효력 발생에 관한 요건이나 제한이 그대로 적용되는 것이 아니어서 이를 다자간 국제협정과 동일한 것으로 볼 수 없다. 따라서 아무래도 국제연합 안전보장이사회의 위 1373호 결의는 이 사건 인도조약 제3조 제2호 (나)목 소정의 “다자간 국제협정”에 해당한다고 할 수는 없다.

더 나아가 국제연합 안전보장이사회 1373호 결의의 내용 중 테러행위자의 처벌에 관한 부분을 살펴보면, 모든 회원국들은 ① 테러행위에 대한 자금제공이나 지원과 관련된 수사나 형사 절차와 관련하여 서로 최대한 협조하여야 할 것을 결정 (decides)하고[위 결의 제2항 (f)], ② 국제법과 국내 법에 의거하여 정보를 교환하고 테러행위의 발생을 예방하기 위하여 행정 분야 및 사법 분야에서 공조할 것[위 결의 제3항 (b)], ③ 테러공격을 예방 및 억제하고 테러행위를 저지르는 자에 대한 조치를 취하기 위하여 특별히 양자협약이나 다자협약을 통해 협조할 것[위 결의 제3항 (c)], ④ 1999. 12. 9.자 테러자금조달 억제에 관한 국제협약을 포함한 테러리즘에 관련된 국제협약이나 의정서에 가능한 빠른 시일 내에 가입할 것[위 결의 제3항 (d)], ⑤ 국제법에 의거하여, 테러행위를 자행, 조직, 조장한 자에 대하여 난민의 지위가 악용되지 않도록 보장하고, 정치적 동기가 있다는 주장이 테러혐의자의 인도요청의 거부 근거로 인정되지 않도록 보장할 것[위 결의 제3항 (g)]을 요구(calls upon)한다는 것 등을 결의하고 있을 뿐이다.

결국, 위 1373호 결의의 내용에 따르면, 안전보장이사회는 위 결의를 통하여 국제연합의 모든 회원국들에게 테러행위의 방지 및 처벌에 관한 국제적인 공조를 요구하는 것일 뿐 회원국들에게 테러행위자에 대한 구체적인 재판권의 행사나 범죄인 인도의 의무를 부과하는 것은 아니라 할 것이고, 오히려 각 회원국들에게 테러행위의 방지 및 처벌에 관한 각종 국제협약과 의정서에 가입함으로써 이를 통하여 구체적으로 테러행위자에 대한 처벌과 범죄인 인도에 관한 국제적인 규약에 동참하거나, "국제법에 의거하여" 테러혐의자가 정치적 동기가 있다는 주장에 근거하여 범죄인 인도 요청을 거부하지 않을 것 등을 촉구하고 있을 뿐이다.

이상에서 살펴본 바와 같이 국제연합 안전보장이사회 1373호 결의는 다자간 국제협정으로서의 절차적, 실체적 요건을 갖추지 못하였을 뿐 아니라, 그 결의의 내용도 각 회원국들에 대하여 범죄인 인도에 관한 구체적인 의무를 부과하는 것이 아니므로, 결국 위 결의는 이 사건 인도조약 제3조 제2항 ㈏목 소정의 다자간 국제협정에 해당하지는 않는다 할 것이다." (출처: 각급법원(제1, 2심) 판결공보 제37호(2006. 9. 10.), 1988쪽)

〔참고〕 범죄인인도에 관한 본 결정의 다른 부분은 본서 1-25 및 15-4 수록분 참조.

12-4. 국제기구 결정의 국내적 효력
(서울행정법원 2006. 7. 26. 2006구합17208 판결)
[사안: 한국도 당사국인 「남극해양생물자원 보존에 관한 협약」상 남극해양생물자원보존위원회는 남극수역에서의 이빨고기 어획을 엄격히 제한하며 어획증명제도를 실시하고 있다. 원고는 이 협약의 비체약국인 토고 선박에 의해 어획된 이빨고기를 구입해 부산항 보세장치장에 입고시켰다. 한국 정부는 원고에게 문제의 이빨고기가 남극해양생물자원보존위원회가 결정한 "보조조치"에 합당하게 어획했음을 증명할 자료를 요구함과 동시에 별도의 통보가 있을 때까지 반출을 제한하는 조치를 취했다. 원고의 주장 중 하나는 이빨고기가 협약의 비체약국인 토고 선박에 의해 어획되었으므로 협약의 효력이 미치지 않는다는 것이었다. 판결에서는 남극해양생물자원보존위원회의 결정인 "보존조치"를 바로 재판의 근거로 활용했다.]

"⑴ 이 사건 협약의 목적 및 체약국의 의무와 책임

남극대륙 주변 해양의 환경보존과 남극해양생물자원의 보존을 위하여 남극조약(The Antarctic Treaty)의 제규정에 대한 적절한 고려와 남극수역에서 조사 및 어획활동에 종사하고 있는 모든 국가들이 적극적으로 참여하는 국제협력이 필요하다는 인식하에 1980. 5. 20. 채택되어 1981. 4. 7. 발효된 이 사건 협약은 합리적 이용을 포함한 해양생물자원의 보존을 그 목적으로 하고 있고, 모든 체약당사국에 대하여 남극조약의 당사국 여부를 불문하고 남극조약지역의 환경보호 및 보존을 위한 남극조약협의당사국의 특별한 의무와 책임을 부과하고 있다.

이 사건 협약에 따라 남극해양생물자원보존위
원회는 협약수역에서의 연간 이빨고기 어획가능
량을 엄격하게 제한하고 어획증명제도를 실시하
고 있지만, 이빨고기는 높은 가격 때문에 협약수
역에서 불법어업이 성행하고 있는 반면 번식과정
에 오랜 시간이 소요되기 때문에 현재와 같이 남
획될 경우 멸종위기에 처할 것으로 예상되어 위
위원회 및 각국에서 그 보존문제를 놓고 가장 심
각하게 다루는 어종이다.

따라서 우리나라를 포함한 이 사건 협약의 체
약국은 남극해양생물자원, 특히 이빨고기의 보존
과 남획 방지를 위하여 이 사건 협약 및 그에 기
한 이 사건 보존조치의 제반 규정을 존중하고 체
약국에 부과된 의무를 성실하게 이행할 국제법상
책무가 있다고 할 것이다.

(2) 원고의 주장에 대한 판단

(가) 이 사건 협약의 효력이 미치지 않는다는 주
장에 관하여

살피건대, 우리나라 항구에 입항한 선박에 대
하여는 속지주의 원칙상 국내법이 적용되고, 헌법
에 의하여 체결, 공포된 조약은 국내법과 같은 효
력을 가지는바, 이 사건 협약 체약국인 우리나라
의 항구에 입항한 이 사건 이빨고기 운반선은 위
협약에 기한 이 사건 보존조치 10-3 및 10-7에
의하여 이 사건 조업선의 기국이 위 협약의 체약
국인지 여부와 관계없이 검색과 양륙 및 전재 제
한조치의 적용대상이 된다고 할 것이므로 원고의
위 주장은 이유 없다.

(나) 이 사건 조업선의 조업활동의 적법 및 이
사건 운반선에 대한 이 사건 처분의 위법 여부
에 관하여

(i) 이 사건 보존조치 10-7 제3항은 '협약수역
에서 조업하는 것이 목격되거나 보존조치 10-3
에 따라 항구접근, 양륙 또는 전재가 금지된 비체
약국 선박은 보존조치의 효과를 저해하는 것으로
간주된다. 협약수역에서 조업하는 것이 목격된 선

박이 협약수역 내외에서 전재할 경우, 해당 선박
과 함께 전재에 참여하는 모든 비체약국 선박은
CCAMLR 보존조치 효과를 저해하는 것으로 간주
한다'고 규정하고 있다.

또한 위 보존조치 제11항은 '(a) 체약국은 IUU
선박목록에 포함된 선박에 대한 조업허가장을 발
급할 수 없고, (b) 체약국 선박은 IUU선박목록에
포함된 선박과의 전재 또는 공동조업을 할 수 없
으며, IUU선박목록에 포함된 선박은 용선(d), 자
국기 게양(e), 이빨고기 수입(f)이 각 금지되고, (g)
선적물(이빨고기)이 IUU선박목록에 포함된 선박에
서 어획되었음이 공표된 경우 수출 또는 재수출
정부 당국 비준은 인증되지 않으며, (h) 수입업자,
운송업자 등은 IUU선박목록에 포함된 선박에서
어획된 어획물의 전재와 거래를 삼갈 것이 권고
된다'고 규정하고 있다.

(ii) 위 규정들을 종합해 보면, ① IUU선박목록
에 등록된 선박은 협약수역 내외를 불문하고 일
체의 조업이 금지되는 것으로 해석되고(보존조치
10-7 제11항), ② 비체약국 선박은 협약수역에서
조업하는 것이 금지되어 있어 위 선박이 금지된
조업행위를 할 경우 이 사건 보존조치를 위반한
것으로 간주되며(보존조치 10-7 제3항 전문), ③
위와 같이 금지된 조업행위를 한 선박으로부터
어획물을 전재한 비체약국 선박은 비록 협약수역
에서 조업하는 것이 목격되거나 IUU선박목록에
등록된 선박이 아니라 하더라도 이 사건 보존조
치를 위반한 것으로 간주된다(보존조치 10-7 제3
항 후문).

(iii) 위 인정사실에 의하면, 이 사건 조업선은
IUU선박목록에 등록된 비체약국 선박으로서 호
주정부의 세관 순찰선에 의하여 2005. 2. 22. 협
약수역에서의 조업행위 및 같은 해 12. 16. 협약
수역에서 이 사건 이빨고기 조업행위가 각 목격
되었으므로 이 사건 보존조치 10-7 제11항의
'협약수역 내외를 불문하고 일체의 조업이 금지되
었음에도 조업행위를 한 IUU선박목록에 등록된

선박'에 해당할 뿐만 아니라 이 사건 보존조치 10-7 제3항의 '협약수역에서 조업하는 것이 목적된 비체약국 선박'에도 해당되고, 이 사건 운반선은 비록 협약수역에서의 조업이 목적되거나 IUU선박목록에 등록된 선박은 아니지만 비체약국 선박으로서 이 사건 조업선으로부터 이 사건 이빨고기를 전재하였으므로 이 사건 보존조치 10-7 제3항의 '전재에 참여한 비체약국 선박'에 해당되어 결국 이 사건 조업선 및 운반선 모두 이 사건 보존조치를 위반한 것으로 간주된다.

(iv) 따라서 이 사건 보존조치 10-7 제4항에 의하여 체약국인 우리나라 항구로 입항한 이 사건 운반선에 선적된 어획물인 이 사건 이빨고기의 전재를 제한한 이 사건 처분은 이 사건 협약 및 보존조치의 규정에 의한 적법한 처분이라 할 것이므로 이와 다른 전제에 선 원고의 위 주장 역시 이유 없다."(출처: 미간, 법원도서관 종합법률정보)

12-4-1. 위 항소심
(서울고등법원 2007. 5. 3. 2006누19121 판결)

"(ii) 위 규정들을 종합해 보면, 협약수역에서 조업하는 것이 목적된 비체약국 IUU 선박목록에 등록된 선박은 보존조치의 효과를 저해하는 것으로 추정되고, 위 선박이 협약수역 내외에서 전재할 경우 그 선박과 함께 전재에 참여하는 모든 비체약국 선박은 보존조치의 효과를 저해하는 것으로 추정되며(체약국 선박은 전재에 참여하는 것이 금지된다), 만약 위 비체약국 선박이 체약국 항구로 입항하면서 모든 관련 CCAMLR 보존조치 및 협약상 요청에 순응하여 어획하였음을 증명하지 않는다면 CCAMLR 보존조치에 의하여, 선적된 어떠한 어획물도 양륙 또는 전재하는 것을 허가받을 수 없다.

(iii) 이러한 법리에 따라 위 인정사실을 살펴보면, 이 사건 조업선은 IUU 선박목록에 등록된 비체약국 선박으로서 호주정부의 세관 순찰선에 의하여 2005. 2. 22. 협약수역에서의 조업행위 및

2005. 12. 16. 협약수역에서의 이 사건 이빨고기 조업행위가 각 목격됨으로써 이 사건 조업선은 '협약수역에서 조업하는 것이 목적된 비체약국 IUU 선박목록에 등록된 선박'에 해당하고, 또한 이 사건 운반선은 비체약국 선박으로서 이 사건 조업선으로부터 이 사건 이빨고기를 전재함으로써 '전재에 참여한 비체약국 선박'에 해당하므로, 결국 이 사건 조업선 및 이 사건 운반선 모두 이 사건 보존조치를 위반한 것으로 추정된다.

(iv) 따라서, 환적을 위하여 체약국인 우리나라 부산항으로 입항한 이 사건 운반선에 대하여 그 선적된 어획물인 이 사건 이빨고기의 전재를 제한한 이 사건 처분은 이 사건 협약 및 보존조치의 규정에 따라 체약국으로서 행할 수밖에 없는 처분이므로, 원고의 위 주장도 이유 없다. […]

이 사건 운반선의 입항과 이 사건 이빨고기의 입고 및 전재행위는 수산업법 제52조 제1항 제8호와 제2, 3항의 위임에 의한 수산자원보호령 제27조 제3호 위반으로서 제재의 대상이 되고, 그에 따라 이 사건 어획물은 수산업법 제52조 제4항에 의하여 몰수·추징의 대상이 될 수 있다."(출처: 미간, 법원도서관 종합법률정보)

12-4-2. 위 상고심
(대법원 2007. 12. 27. 2007두11177 판결)

"1980. 5. 20. 체결된 '남극해양생물자원 보존에 관한 협약'(Convention on the Conservation of Antarctic Marine Living Resources, 이하 '이 사건 협약'이라 한다)과 관련하여, 우리나라가 1985. 3. 29. 가입서를 기탁한 후, 1985. 4. 28. 조약 제860호로 이 사건 협약이 발효되어 우리나라 영토 전체에 그 효력이 미치는 이상, 우리나라 항구에 입항한 이 사건 이빨고기 운반선(이하 '이 사건 운반선'이라 한다)은 그 기국(기국) 및 이 사건 이빨고기 조업선(이하 '이 사건 조업선'이라 한다)의 기국이 이 사건 협약의 체약국인지 여부와 관계없이, 이 사건 협약 및 그에 따른 남극해양생물자원 보

존위원회(Commission for the Conservation of Antarctic Marine Living Resources)의 보존조치(Conservation Measures, 이하 '이 사건 보존조치'라고 한다)에 의한 검색과 양륙 및 전재 제한조치의 적용대상이 된다고 할 것이다. […]

원심은 그 채택 증거를 종합하여 그 판시와 같은 사실을 인정한 다음, 이 사건 보존조치 10-03(2002), 10-07(2003)에 의하면, 이 사건 협약이 적용되는 수역(이하 '협약수역'이라 한다)에서 조업하는 것이 목격된 불법·비보고 및 비규제 선박목록(Illegal, Unreported and Unregulated Vessel List, 이하 'IUU 선박목록'이라 한다)에 등록된 비체약국 선박은 이 사건 보존조치의 효과를 저해하는 것으로 추정되고, 위 선박이 협약수역 내외에서 전재할 경우 위 선박과 함께 전재에 참여하는 모든 비체약국 선박도 이 사건 보존조치의 효과를 저해하는 것으로 추정되며, 만약 전재에 참여한 위 비체약국 선박이 체약국 항구에 입항하면서 선적된 어획물이 모든 관련 이 사건 보존조치 및 이 사건 협약상 요청에 따라 어획된 것임을 증명하지 않는다면, 선적된 어떠한 어획물도 이 사건 보존조치에 의하여 양륙 또는 전재 허가를 받을 수 없다고 전제한 후, 이 사건 조업선은 IUU 선박목록에 등록된 비체약국 선박으로서 호주의 세관 순찰선에 의하여 이 사건 조업선의 2005. 2. 22. 협약수역에서의 조업행위 및 2005. 12. 16. 협약수역에서의 이 사건 이빨고기 조업행위가 각 목격됨으로써 이 사건 조업선은 '협약수역에서 조업하는 것이 목격된 IUU 선박목록에 등록된 비체약국 선박'에 해당하고, 또한 이 사건 운반선은 비체약국 선박으로서 이 사건 조업선으로부터 이 사건 이빨고기를 전재함으로써 '전재에 참여한 비체약국 선박'에 해당하므로, 이 사건 조업선 및 이 사건 운반선은 모두 이 사건 보존조치를 위반한 것으로 추정되고, 따라서 환적을 위하여 체약국인 우리나라 부산항에 입항한 이 사건 운반선에 대하여 그 선적된 어획물인 이 사건 이빨고기

의 전재를 제한한 이 사건 처분은 이 사건 협약 및 이 사건 보존조치의 규정에 따른 적법한 처분이라고 판단하였다.

관계 법령과 기록에 비추어 보면, 원심의 이러한 판단은 정당하다. 원심판결에는 상고이유의 주장과 같이 이 사건 협약 및 이 사건 보존조치 규정의 해석에 관한 법리를 오해한 위법이 없다."

(출처: 판례공보 2008(상), 160쪽)

평석 윤인성, '남극해양생물자원 보존에 관한 협약'의 체약국인 우리나라에 입항한 어획물 운반선이 위 협약과 그에 따른 남극해양생물자원 보존위원회의 보존조치에 의한 전재 제한조치의 적용대상인지 여부, 대법원판례해설 제72호(법원도서관, 2008). 정경수, 국제기구 2차 규범의 국내이행과 적용, 홍익법학 제14권 제1호(2013).

12-5. 국제기구 결의의 국내적 효력

(서울고등법원 1985. 2. 27. 83구935 판결. 관세등부과처분취소청구사건)

"관세협력이사회의 설립에 관한 협약 및 동부속서(Convention Establishing A Customs Cooperation Council & Its Annex)에 의하여 1950. 12. 15. 국제기구로서 설립된 관세협력이사회는 각국의 관세제도의 조화와 통일을 이룩하고 관세기술과 관세법규의 발전개선을 위하여 관세율표상의 품목분류를 위하여 품목분류위원회를 두고 있으며, 관세율표상 품목분류를 위한 품목분류에 관한 협약 및 동 협약수정의정서(Convention on Nomenclature for the classification of Goods in Customs Tariff & Protocol of Amendment)에 의하여 품목분류위원회는 품목분류의 해석과 적용상의 통일성을 확보하기 위하여 관세협력이사회 또는 체약국에 품목분류의 해석과 적용에 관한 지침으로서 설명서를 준비하는 등 관세목적상의 물품의 품목분류에 관한 권한과 기능을 수행하고 있는데 위 협약 및 수정의정서 제2조는 ㈎ 각 체약국은 품목분류를 국내법으로 시행하는데 필요로 하는 문면상의 조정에 맞추어 품목분류에 따라 자국의 관세율표를

작성하며, 본 협약이 자국에 대하여 효력을 발생하게 되는 날로부터 그와 같이 작성된 세율을 품목분류에 따라 적용한다. (내) 각 체약국은 자국의 관세율표에 관하여 다음과 같이 약속한다.

1) 동 관세율표는 품목분류의 제목번호를 삭제하지 아니하고 새로운 제목번호를 첨가시키지 아니하며, 제목번호로부터 이탈하지 아니한다. (2) 동 관세율표는 품목분류에 규정된 장, 항 및 제목번호의 범위를 수정하므로 장 또는 항의 주석을 변경시키지 아니한다. (3) 동 관세율표는 품목분류의 해설을 위한 일반규칙을 포함한다고 규정하고 있는 사실, 우리나라는 1968. 10. 2. 위 협약에 가입하므로서 위 협정의 체약국이 되었고, 이에 따라 관세협력이사회 품목분류위원회의 회원국으로서 품목분류위원회의 통일적인 품목분류에 따라 관세율표를 작성 시행하고 있으며, 품목분류해설서에 따라 품목을 분류하고 해당관세 등을 적용해 온 사실 […]

피고[서울세관장 - 필자 주]는 1979. 5. 2.자 품목분류 해설에 관한 관세협력 이사회 품목분류위원회의 결의가 그것만으로 관세등 납세의무자를 구속하는 것을 이 사건 조세부과처분의 전제로 하고 있으나, 국가간의 협약이 각 체약국을 기속하는 것은 별론으로 하고 그것이 아무런 조치 없이 곧바로 체약국의 국민을 기속한다고 단정할 수 없다 할 것이다. 관세법 제43조의 12(품목분류의 수정 1978. 12. 5. 신설)가 "별표관세율의 품목분류에 관하여 「관세율표상 물품의 분류를 위한 품목분류에 관한 협약」에 의한 관세협력이사회의 권고 또는 결정이 있거나 새로운 상품이 개발되어 그 품목분류 중 변경하거나 다시 분류할 필요가 있을 때에는 그 세율을 변경함이 없이 대통령령이 정하는 바에 의하여 새로 품목분류를 하거나 다시 품목분류를 할 수 있다"고 규정하고 있는 취지로 보아 관세협력이사회 품목분류위원회의 결의 그 자체가 바로 이 사건 원고와 같은 납세자를 구속하는 힘은 없다고 할 것이고, 가사 위 위

원회가 결의한 바와 같은 품목분류 해설기준에 따라 세율을 적용할 것을 관세청장이 통첩의 형식으로 각 세관장등에게 통보하였다 하더라도 그 통보가 법규와 같은 효력을 갖는 것은 아니므로 그 결과를 달리할 것은 아니라 하겠는바 위 품목분류위원회의 1979. 5. 2.자 결의에 관하여 그것이 국내법령에 수용된 것으로 볼 자료도 없다." (출처: 하급심 판례집 1985년 제1집, 547쪽)

12-5-1. 위 상고심
(대법원 1987. 9. 22. 85누216 판결)

"우리나라가 1968. 10. 2 가입한 다국간의 조약인 관세율표상 물품의 분류를 위한 품목분류에 관한 협약 제2조 (a)는 각 체약국은 품목분류를 국내법으로 시행하는데 필요로 하는 문면상의 조정에 맞추어 품목분류에 따라 자신의 관세율표를 작성하며, 그리고 본 협약이 자국에 관하여 효력을 발생하는 날짜로부터 여사하게 작성된 세율을 품목분류에 따라 적용한다 하고, 제4조는 위 협약에 의하여 설치된 품목분류위원회는 이사회의 권한하에 그리고 이사회가 제시하는 방향에 의거하여 행사되는 다음의 기능을 가진다 하고, 그 (b)에서 관세목적을 위한 물품의 분류에 관한 체약국의 절차와 관행에 대한 연구 및 이에 따라 품목분류의 해석과 적용상의 통일성을 확보하기 위하여 이사회 또는 체약국에 권고하는 기능을 가진다고 규정하고 있어, 관세법 제7조 제1항은 별표에서 이에 맞추어 품목분류를 하고 있는데, 같은 법 제43조의 12에서 별표 관세율표의 품목분류에 관하여 관세율표상 물품의 분류를 위한 품목분류에 관한 협약에 의한 관세협력이사회의 권고 또는 결정이 있거나 새로운 상품이 개발되어 그 품목분류 중 변경하거나 다시 분류할 필요가 있을 때에는 그 세율을 변경함이 없이 대통령령이 정하는 바에 의하여 새로 품목분류를 하거나 다시 품목분류를 할 수 있다라고 되어 있는 점에 비추어 보면 관세협력이사회에서 품목분류에 관하여

종전의 내용을 변경하는 결의가 있었다 하더라도 그 결의내용에 따라 관세법 제7조 제1항의 품목분류를 변경하는 등으로 국내법으로 수용하는 절차를 거치지 아니하는 이상 그 결의자체가 바로 국내법적인 효력이 있어 관세납세의무자를 구속한다고 할 수 없고, 또한 그 결의한 바와 같은 품목분류 해설기준에 따라 세율을 적용할 것을 관세청장이 통첩의 형식으로 각 세관장 등에게 통보하였다 하여 그 통보가 법규와 같은 효력을 갖는 것은 아니라 할 것이다. 같은 견해에서 원심이 위 품목분류위원회의 1979. 5. 2.자 결의에 관하여 그것이 국내법령으로 수용된 것으로 볼 자료가 없다고 한 부가적 설시도 정당하고 거기에 소론과 같은 법리오해 등이 위법사유가 없다." (출처: 판결문 사본 입수)

12-6. 국제인권기구의 조약 해석의 효력
(헌법재판소 2011. 8. 30. 2007헌가12, 2009헌바103(병합) 결정. 향토예비군설치법 제15조 제8항 위헌제청 등)

"우리나라는 1990. 4. 10.(효력발생시기는 1990. 7. 10) 시민적·정치적 권리에 관한 국제규약(International Covenant on Civil and Political Rights, 이하에선 '규약'이라만 한다)에 가입하였고, 규약 제18조에는 양심 및 종교의 자유에 관하여 규정하고 있는바, 규약에서 양심적 병역거부권이 도출되는지 여부와 규약이 우리 국내법으로 수용될 수 있는지에 관하여 본다.

규약 제18조에는, "① 모든 사람은 사상, 양심 및 종교의 자유를 향유할 권리를 가진다. 이러한 권리는 스스로 선택하는 종교나 신념을 가지거나 받아들일 자유와 단독으로 또는 다른 사람과 공동으로, 공적 또는 사적으로 예배, 의식, 행사 및 선교에 의하여 그의 종교나 신념을 표현할 자유를 포함한다. ② 어느 누구도 스스로 선택하는 종교나 신념을 가지거나 받아들일 자유를 침해하게 될 강제를 받지 아니한다. ③ 자신의 종교나 신념

을 표명하는 자유는, 법률에 규정되고 공공의 안전, 질서, 공중보건, 도덕 또는 타인의 기본적 권리 및 자유를 보호하기 위하여 필요한 경우에만 제한할 수 있다."라고 규정하고 있고, 위 조항의 해석과 관련하여 UN 인권이사회(Human Rights Committee)와 UN 인권위원회(United Nations Commission on Human Rights)는 이미 여러 차례 양심적 병역거부권이 위 규약 제18조에 기초한 정당한 권리행사라는 점을 분명히 하고, 이 권리를 인정하지 않는 국가는 양심적 병역거부자의 신념의 본성을 차별하지 말고, 특정 사안에서 양심적 병역거부가 진지하게 이루어졌는지를 결정하기 위한 독립적이고 불편부당한 의사결정기구를 만들 것을 호소하고 있으며 또한 징병제를 채택하고 있는 국가의 경우 비전투적 또는 민간적 임무를 수행하며 징벌적 성격을 띠지 않는 대체복무제를 실시하라는 권고를 하였다.

그러나 규약 제18조는 물론, 규약의 다른 어느 조문에서도 양심적 병역거부권(right of conscientious objection)을 기본적 인권의 하나로 명시하고 있지 않고, 규약의 제정 과정에서 규약 제18조에 양심적 병역거부권을 포함시키자는 논의가 있었던 것은 사실이나, 제정에 관여한 국가들의 의사는 부정적이었으며, 위 국제인권기구의 해석은 각국에 권고적 효력만 있을 뿐 법적인 구속력을 갖는 것은 아니고, 양심적 병역거부권의 인정 문제와 대체복무제의 도입문제는 어디까지나 위 규약 가입국의 역사와 안보환경, 사회적 계층 구조, 정치적, 문화적, 종교적 또는 철학적 가치 등 국가별로 상이하고도 다양한 여러 요소에 기반한 정책적 선택이 존중되어야 할 분야로 가입국의 입법자에게 형성권이 인정되는 분야인 점 등을 고려하면, 규약에 따라 바로 양심적 병역거부권이 인정되거나, 양심적 병역거부에 관한 법적인 구속력이 발생한다고 보기 곤란하다." (출처: 헌법재판소 판례집 제23권 2집(상), 132쪽)

참고 동일 취지의 결정: 헌법재판소 2011. 8. 30.

2008헌가22 등 결정(본서 14-9 수록).

12-7. 국제인권기구의 조약 해석의 효력
(헌법재판소 2018. 7. 26. 2011헌마306, 2013헌마431(병합) 결정. 입법부작위 위헌 확인)

[사안: 청구인들은 모두 여호와의 증인 신도들로 병역을 거부해 유죄판결을 받았다. 「시민적 및 정치적 권리에 관한 규약」 제18조 위반을 이유로 청구인들은 자신들의 사건을 규약 이사회(Human Rights Committee: HRC)에 통보해 대한민국이 규약 제18조를 위반했으며 대한민국은 전과기록을 말소하고 충분한 보상을 하는 등의 효과적인 구제조치를 제공할 의무가 있다는 견해(views)를 받았다. 그러나 아무런 구제조치가 이루어지지 않자, HRC 견해에 따른 구제조치를 위한 이행법률을 제정하지 않은 입법부작위의 위헌 확인을 구하는 헌법소원을 제기했다.]

"나. 입법부작위에 대한 헌법소원

헌법재판소법 제68조 제1항에 의거하여 헌법소원은 공권력의 불행사에 대해서도 제기할 수 있으며, 공권력 중에는 입법권도 포함되므로 입법부작위에 대한 헌법소원도 허용된다.

청구인들은 피청구인에게 이 사건 견해에 따른 구제조치를 이행하기 위한 법률을 제정할 입법의무가 있음에도 불구하고 아무런 입법조치를 취하지 아니하였다고 주장하므로, 이는 입법자가 헌법상 입법의무가 있는 어떤 사항에 관하여 전혀 입법을 하지 아니하였다는 진정입법부작위를 다투는 것이라고 봄이 상당하다. […]

다. 헌법 해석상 입법의무가 발생하였는지 여부

헌법 제6조 제1항은 "헌법에 의하여 체결·공포된 조약과 일반적으로 승인된 국제법규는 국내법과 같은 효력을 가진다"라고 규정하고 있다. 자유권규약 및 선택의정서는 헌법에 의하여 체결·공포된 조약이므로, 국내법과 같은 효력을 가진다고 할 수 있다. 그런데 이 사건 견해는 자유권규약이나 선택의정서에 담겨 있는 내용은 아니고 조약상 기구인 자유권규약위원회의 자유권규약에 대한 해석이므로, 이 사건 견해에 따라 피청구인에게 청구인들이 주장하는 입법의무가 발생하였는지 검토할 필요가 있다.

자유권규약위원회는 이 사건 견해에서, 대한민국이 청구인들에게 유죄를 선고한 것은 자유권규약 제18조 제1항을 위반하여 청구인들의 양심의 자유를 침해한 것이라고 하면서, 대한민국은 청구인들에게 전과기록 말소와 적절한 보상을 포함한 효과적인 구제조치를 취할 의무가 있다고 하였다.

자유권규약위원회는 자유권규약의 이행을 위해 만들어진 조약상의 기구이므로, 자유권규약위원회의 견해는 규약을 해석함에 있어 중요한 참고 기준이 된다고 할 수 있고, 규약의 당사국은 그 견해를 존중하여야 한다. 특히 우리나라는 자유권규약을 비준함과 동시에, 개인통보를 접수·심리하는 자유권규약위원회의 권한을 인정하는 것을 내용으로 하는 선택의정서에 가입하였으므로, 대한민국 국민이 제기한 개인통보에 대한 자유권규약위원회의 견해(Views)를 존중하고, 그 이행을 위하여 가능한 범위에서 충분한 노력을 기울여야 한다.

다만, 자유권규약이나 선택의정서가 개인통보에 대한 자유권규약위원회의 견해(Views)의 법적 효력에 관하여 명시적으로 밝히고 있지 않고, 개인통보에 대한 자유권규약위원회의 심리는 서면 심리로 이루어져 증인신문 등을 하지 않으며 심리가 비공개로 진행되는 점 등을 고려하면(선택의정서 제5조 제1항, 제3항), 개인통보에 대한 자유권규약위원회의 견해(Views)에 사법적인 판결이나 결정과 같은 법적 구속력이 인정된다고 단정하기는 어렵다.

또한, 자유권규약위원회의 견해가 그 내용에 따라서는 규약 당사국의 국내법 질서와 충돌할 수 있고, 그 이행을 위해서는 각 당사국의 역사적, 사회적, 정치적 상황 등이 충분히 고려될 필요가 있다는 점을 감안할 때, 우리 입법자가 반드시 자유권규약위원회의 견해(Views)의 구체적인 내용에 구속되어 그 모든 내용을 그대로 따라야만 하는 의무를 부담한다고 볼 수는 없다.

우리 헌법재판소는 지난 2018. 6. 28. 선고한 2011헌바379등 사건에서 양심적 병역거부자에 대한 대체복무제를 도입하라는 취지로 병역법 제5조 제1항에 대하여 헌법불합치 결정을 하면서 그 입법시한을 2019. 12. 31.로 하였고, 이에 따라 입법자는 위 시한까지 대체복무제를 도입하는 내용의 입법을 할 의무를 부담하게 되었다. 이에 더하여 입법자가 기존에 유죄판결을 받은 양심적 병역거부자에 대해 전과기록 말소 등의 구제조치를 할 것인지에 대하여는 입법자에게 광범위한 입법재량이 부여되어 있다고 보아야 한다.

따라서 우리나라가 자유권규약의 당사국으로서 자유권규약위원회의 견해를 존중하고 고려하여야 한다는 점을 감안하더라도, 피청구인에게 이 사건 견해에 언급된 구제조치를 그대로 이행하는 법률을 제정할 구체적인 입법의무가 발생하였다고 보기는 어렵다." (출처: 헌법재판소 공보 제262호, 1263쪽)

12-8. 비정부간 국제기관의 소송능력
(대법원 1987. 4. 28. 85후11 판결)

"원심결은 그 이유에서 심판청구인[월드라이프펀드 - 필자 주]은 1961. 9. 11 설립된 비정부간 국제기구로서 세계 26개국이 회원으로 가입되어 있으며, 우리나라는 비록 동 기구에 가입하고 있지 않으나 심판청구인의 상위 국제기구로서 세계 119개 국가가 회원으로 되어 있는 I.U.C.N.(International Union for Conservation of Nature and Natural Resources)에는 우리나라의 내무부, 자연보호중앙회, 자연보존협회, 청소년지도자협회, 국립공원협회, 야생동물보호협회 등이 가입하고 있는 우리나라의 관계기관 및 동 관련종사자에게도 잘 알려져 있는 저명한 국제기관이라고 판시하고 있다.

살피건대, 상표법 제9조 제1항에 의하면 등록을 받을 수 없는 상표를 규정하면서 그 제1호에서 국가, 국장…적십자, 올림픽 또는 저명한 국제기관의 칭호나 표장과 동일 또는 유사한 상표를 들고 있는바, 그 입법취지는 공익적 견지에서 국제기관의 존엄을 유지하기 위하여 그 칭호나 표장과 동일 또는 유사한 상표에 대하여 등록을 인정하여 사인의 독점적 사용을 하게 하는 것은 국제신의의 입장에서 적당하지 않기 때문이라 할 것이고, 따라서 이와 같은 입법취지를 고려한다면, 위 법조에서 규정한 국제기관에는 제국이 공통적인 목적을 위하여 국가간의 조약으로 설치하는 이른바 국가(정부)간의 국제기관뿐만 아니라 정부간의 합의에 의하지 않고 창설된 이른바 비정부단체(Non-governmental Organization)나 국제적인 민간단체(International Non-governmental Organization)도 이에 포함될 수 있다고 해석함이 상당할 것이다.

한편 이 사건 기록에 의하면, 이 사건 심판청구인은 동물식물 등 자연환경을 보호하고 범세계적인 자연보존 운동을 위하여 조직된 기구로서 국제적으로 저명한 인사들이 그 회원(구성원)으로 되어 있고, 그 목적을 같이하는 국제적인 여러 기관과 협조관계를 유지하면서 그 활동영역이 국제적으로 광범위한 사정을 엿보기에 족하다.

따라서 원심결이 위와 같은 성격을 가진 심판청구인을 저명한 국제기관으로 본 것은 정당하고, 거기에 저명한 국제기관에 관한 법리를 오해하거나 채증법칙위배 또는 심리미진의 위법이 있다고 볼 수 없다. […]

상표법 제9조 제1항 제1호에서 적십자, 올림픽 또는 저명한 국제기관의 칭호나 표장과 동일 또는 유사한 상표의 등록을 금지하고 있는 입법취지는 앞서 본 바와 같이 공익적 견지에서 국제기관의 존엄을 유지하기 위하여 그 칭호나 표장과 동일 또는 유사한 상표에 대하여 등록을 인정하여 사인의 독점적 사용을 하게 하는 것은 국제신의 입장에서 적당하지 않기 때문이다.

따라서 심판청구인이 저명한 국제기관이라면 그 표장과 유사한 상표를 등록한 피심판청구인을 상대로 이 사건 상표무효심판을 구할 이해관계인에 해당할 것임은 법리상 당연하다." (출처: 대법원 판례집 제35권 1집(특별), 562쪽)

제13장 국제경제

[한국은 대외교역을 통한 경제발전을 시도했고, 한국이 유래 없는 경제성장을 이룰 수 있었던 바탕은 무역이었다. 자연 한국은 GATT · WTO 등 국제무역체제에 적극 참여해 왔다. WTO 분쟁해결제도도 적극적으로 활용하고 있다. 국내 법원에는 이러한 국제무역협정의 국내적 효력에 관한 분쟁이 종종 제소되었다. 현재 사법부는 WTO 체제에 관한 분쟁에 관해서는 외국인 사인에게 국내법원 직접 제소권이 보장되지 않으며, 이 같은 분쟁은 WTO 분쟁해결기구 등을 통한 국가간 분쟁으로 처리해야 한다는 입장이다.]

13-1. GATT 내국민대우 원칙

(대법원 2005. 9. 9. 2004추10 판결. 전라북도학교급식조례재의결무효확인. 원고: 전라북도 교육감. 피고: 전라북도 의회)

"GATT 제3조 제1항은 "체약국은 … 산품(products)의 국내판매, 판매를 위한 제공, 구매, 수송, 분배 또는 사용에 영향을 주는 법률, 규칙 및 요건…은 국내생산을 보호하기 위하여 수입산품(imported products) 또는 국내산품(domestic products)에 대하여 적용하여서는 아니 된다는 것을 인정한다."고 규정하고, 제3조 제4항은 "체약국 영역의 산품으로서 다른 체약국의 영역에 수입된 산품은 그 국내에서의 판매, 판매를 위한 제공, 구입, 수송, 분배 또는 사용에 관한 모든 법률, 규칙 및 요건에 관하여 국내 원산의 동종 산품에 부여하고 있는 대우보다 불리하지 아니한 대우를 부여하여야 한다는 것을 인정한다."라고 규정하고 있는바, 위 각 규정에 의하면, 수입산품의 국내판매에 불리한 영향을 주는 법률, 규칙 및 요건 등이 국내생산을 보호하기 위하여 수입산품 또는 국내산품에 적용되어서는 아니 되고, 수입국이 법률, 규칙 및 요건에 의하여 수입산품에 대하여 국내의 동종물품에 비해 경쟁관계에 불리한 영향을 미칠 수 있는 차별적인 대우를 하여서는 안 된다고 해석된다.

그런데 앞서 거시한 이 사건 조례안의 각 조항은 학교급식을 위해 우수농산물, 즉 전라북도에서 생산되는 우수농산물 등을 우선적으로 사용하도록 하고 그러한 우수농산물을 사용하는 자를 선별하여 식재료나 식재료 구입비의 일부를 지원하며 지원을 받은 학교는 지원금을 반드시 우수농산물을 구입하는 데 사용하도록 하는 것을 내용으로 하고 있으므로 결국 국내산품의 생산보호를 위하여 수입산품을 국내산품보다 불리한 대우를 하는 것으로서 내국민대우원칙을 규정한 GATT 제3조 제1항, 제4항에 위반된다고 할 것이다.

다. 이에 대하여, 피고는 이 사건 조례안은 학교급식의 질적 개선을 통한 성장기 학생의 건전한 심신의 발달의 도모와 전통 식문화에 대한 이해의 증진 및 식생활 개선이라는 목적과 그를 달성하기 위한 수단의 하나로 안전성이 검증된 우수농산물을 사용하도록 하겠다는 것이지 수입농산물을 국내농산물보다 불리한 대우를 하겠다는 것이 아니므로 내국민대우원칙을 규정한 GATT 제3조 제1항, 제4항에 위반되지 않는다고 주장한다.

그러나 이 사건 조례안이 원고 주장과 같은 정책목적을 가지고 있다 하더라도 그러한 정책목적을 달성하기 위한 수단이 내국민대우원칙을 위반하여 외국농산물을 국내농산물보다 불리하게 대우한 이상 내국민대우원칙을 규정한 GATT 제3조 제1항, 제4항의 적용이 배제된다고 할 수 없다.

이 점에 관한 피고의 위 주장은 이유 없다.

라. 또한, 피고는 전라북도가 식재료를 현물로 조달하거나 식재료 구입비를 지원하는 것을 내용으로 한 이 사건 조례안의 위 규정들은 GATT 제3조 제8항 (a)에서 예외사항으로 규정하고 있는 정부기관이 정부용으로 구매하는 물품에 해당하여 내국민대우원칙을 규정한 GATT 제3조 제1항, 제4항에 위반되지 않는다고 항변한다.

살피건대, GATT 제3조 제8항 (a)는 '본 조의 규정은 상업적 재판매를 위하여서나 상업적 판매를 위한 재화의 생산에 사용하지 아니하고 정부기관이 정부용으로 구매하는 산품의 조달을 규제하는 법률, 규칙 또는 요건에는 적용되지 아니한다.'는 취지로 규정하고 있는바, 위 규정은 정부기관이 정부용으로 산품을 구매하는 경우에 그 구매에 관하여는 내국민대우원칙을 적용하지 않겠다는 취지에 불과하므로, 이 사건과 같이 정부가 국내산품을 구매하는 자를 선별하여 지원하는 경우에 적용될 수 있는 것이 아니라고 할 것이다.

더구나 AGP 제1, 2, 3조 및 한국양허표 부속서 2에 의하면, 광역지방자치단체의 경우 내국민대우원칙의 적용이 배제되는 정부조달은 조달금액이 20만 SDR 미만의 물품계약에 한하도록 규정되어 있으므로, 광역자치단체인 전라북도가 구매하거나 지원하는 식재료의 금액에 대하여 아무런 제한을 두지 않고 있는 이 사건 조례안 제4조 제2항, 제6조 제2항, 제3항은 정부용으로 구매할 때 적용하는 경우에도 AGP 제3조 소정의 내국민대우원칙에 위반된다고 할 것이다." (출처: 판례공보 제236호(2005. 10. 15.), 1622쪽)

참고 이 판결의 사안은 본서 1-26 참조. 기타 1-22에도 다른 부분 수록.

평석 장승화, WTO 협정에 위반된 지방의회조례의 효력, 민사판례연구 제28권(박영사, 2006).
장경원, 국제법규의 국내법상 효력, 행정판례평선(박영사, 2011).
김태호, 경제행정의 세계화: 행정의 통제규범으로서의 WTO협정?, 법학(서울대) 제46권 제4호(2005).

13-2. 반덤핑관세, WTO 협정체제 위반에 대한 사인의 제소권
(서울행정법원 2007. 12. 24. 2006구합29782 판결. 반덤핑관세부과처분 취소)

[사안: 원고 상하이 아사 세라믹 코 엘티디 (Shanghai ASA Ceramic Co., Ltd., 이하 '아사')는 중국 회사로서 우리나라에 도자기질 타일을 수출하고 있었다. 원고 옥타인터내셔날(이하 '옥타')은 우리나라 내에서 원고 아사의 도자기질 타일을 독점적으로 수입·판매하고 있었다. 국내 타일생산업체들은 중국산 타일이 정상가격 이하로 수입되어 국내산업에 실질적 피해가 있다고 주장하며 이에 대해 덤핑방지 관세부과 조사를 신청했다. 무역위원회는 조사결과 2006. 4. 17. 조사대상물품의 덤핑수입으로 인해 동종 물품을 생산하는 국내산업에 실질적인 피해가 있다고 판정했다. 이에 무역위원회는 국내산업의 피해를 구제하기 위해 '아사'가 공급하는 물품에 대해 29.41%, 기타 중국 11개 업체가 공급하는 물품에 대해 2.76% 내지 29.41%의 덤핑방지관세를 향후 5년간 부과할 것을 재정경제부장관에게 건의하기로 결정했다. 재정경제부장관은 위 건의에 따라 2006. 5. 30. 원고 아사가 공급하는 물품에 대해 5년간 29.41%의 덤핑방지관세율을 부과하기로 결정했다. 그러자 중국 회사 등은 한국정부의 처분이 위법하다고 주장하는 소를 국내 법원에 제기했다.

이 사건의 하급심은 원고의 제소적격을 인정하고 다만 한국정부의 반덤핑관세 부과처분이 WTO 협정 등에 위배되지 않는 적법한 처분이라고 판단해 원고 패소 판결을 내렸다. 그러나 대법원은 한국정부의 처분이 WTO 협정 위반이라는 분쟁은 WTO 분쟁해결기구에서 해결함이 원칙이고, 해당 외국기업이 국내 법원에 직접 한국정부를 상대로 이의 취소를 구하는 소를 제기할 수 없다고 판단했다. 이 판결은 WTO 협정 위반을 주장하며 한국 정부를 제소하려는 외국 사인(私人)의 원고적격을 부인한 첫 사례이며, 이후 대법원은 동일한 입장을 견지하고 있다. 그렇다면 국내법원에서 사인이 WTO 협정 위반을 다툴 의의는 없어졌지만, 이 사건의 1심 판결은 반덤핑관세 부과에 관한 판단기준을 보여주고 있기 때문에 다소 길지만 그 내용도 같이 수록한다. 항소심인 서울고등법원 2008. 9. 5. 2008누3618 판결에는 내국민대우에 관한 설시에 있어서 1심 판결 이상 특별한 내용이 없어 생략한다.]

"5. 판단

가. 동종물품 판단에 대하여

(1) 인정사실

위에서 든 각 증거에 […] 각 기재를 종합하면 다음 각 사실을 인정할 수 있다.

(가) 무역위원회는 이 사건 덤핑방지관세 부과를 위한 조사를 함에 있어 먼저 신청서 등에 근거하여 당해 조사의 객체가 될 조사대상물품에 대하여 '점토, 고령토 및 장석 등의 비금속광물을 주원료로 하여 성형 및 소성공정 등을 거쳐 제조한 가로 및 세로의 길이가 70mm~1300mm 이내의 사각판 형태의 제품'으로 정의하였다.

(나) 무역위원회는 위와 같은 정의에 해당하는 시료제품을 선정함에 있어 조사대상업체가 12개 이상이고 각 업체별 제품이 다양함을 감안하여 대표성 있는 제품을 선정하여 이해관계자들에게 시험분석을 위한 견본물품을 제출할 것을 요청하였다.

(다) 무역위원회는 물리적 특성을 살펴보기 위하여 국산 6개, 중국산 12개의 시료를 선정하여 치수(길이, 나비, 두께), 흡수율, 꺾임강도, 내마모성, 겉모양, 뒤틀림, 치수의 불규칙도, 압축강도, 내균열성 등을 시험항목으로 하여 2005. 11. 초순경 요업기술원에 그 시험을 의뢰하였다.

(라) 이에 따라 요업기술원이 2005. 11. 4.부터 같은 달 14.까지 위 타일 시료들에 대하여 시험분석한 결과, 국내업체의 생산품과 중국업체의 수출품의 주요 물리적 특성이 각 시험·분석 항목별로 미소한 차이가 있으나 모두 KS규격에 적합하고

기본적으로 동일하다는 결론을 도출하였다.

(바) 무역위원회는 위와 같은 요업기술원의 시험분석 결과에 따라 이 사건 예비판정 및 최종판정에서 물리적 특성, 품질 및 소비자 평가, 기능·특성 및 구성요소를 종합적으로 고려하여 국내제품이 중국산 수입물품과 동종물품인 것으로 판정하였다.

(2) 판단

법 시행령 제58조 제1항은 "… '정상가격'이라 함은 당해 물품의 공급국에서 소비되는 동종 물품의 통상거래가격을 말한다."고 규정하고 있고, 법 시행규칙 제11조 제1항은 "… '동종 물품'이라고 함은 당해 수입물품과 물리적 특성, 품질 및 소비자의 평가 등 모든 면에서 동일한 물품(겉모양에 경미한 차이가 있는 물품을 포함한다)을 말하며, 그러한 물품이 없는 때에는 당해 수입물품과 매우 유사한 기능·특성 및 구성요소를 가지고 있는 물품을 말한다."고 규정하고 있고, 한편 WTO 반덤핑협정 제2.6조는 "… '동종 상품'이라는 용어는 동일한 상품 즉, 고려중에 있는 상품(product under consideration)과 모든 면에서 같은 상품을 의미하며, 그러한 상품이 없는 경우 비록 모든 면에서 같지는 않으나 고려중에 있는 상품과 매우 유사한 특성을 갖고 있는 다른 상품을 의미하는 것으로 해석된다."고 규정하고 있다.

이러한 법 시행령 및 WTO 반덤핑협정의 관련 규정들에 의하면, '동종 물품' 또는 '동종 상품'이라는 용어는 조사대상물품(당해 물품)의 공급국에서의 정상가격을 산정하기 위하여 또는 조사대상물품이 정상가격 이하로 수입되는 경우 국내산업에 실질적인 피해가 있는지 여부를 조사하기 위하여 사용되는 개념으로서 실질적인 피해를 입은 국내산업의 범위를 결정지우는 요소라고 할 것이다.

앞서 본 사실관계에 의하면, 무역위원회는 국산 6개, 중국산 12개의 시료를 선정하여 치수(길이, 나비, 두께), 흡수율, 꺾임강도, 내마모성, 겉모양, 뒤틀림, 치수의 불규칙도, 압축강도, 내균열성

등을 시험항목으로 하여 요업기술원에 그 시험을 의뢰하였고, 이에 따라 요업기술원이 위 타일 시료들에 대하여 시험분석한 결과, 국내업체의 생산품과 중국업체의 수출품의 주요 물리적 특성이 각 시험·분석 항목별로 미소한 차이가 있으나 모두 KS규격에 적합하고 기본적으로 동일한 것으로 판단하였고, 수입제품과 국내제품 모두 건축물 내외장재와 바닥재로 사용되고 있는 등 용도에 있어 상호 대체사용될 수 있다는 것인바, 사실관계가 이와 같다면 이 사건 타일이 포함된 중국산 수입제품과 국내제품은 위 관계법령상의 국내산 타일과 동종 물품 또는 유사 물품으로 봄이 상당하다 할 것이다.

원고 아사는 이 사건 타일의 가격이 국내 생산품과 비교하여 2배 내지 3배 정도 높은 가격으로 판매되고 있어 소비자의 평가에 있어서 차이가 난다는 것이나, 타일은 그 크기, 문양, 시유여부, 도기질인지 자기질인지 여부, 폴리싱(연마)여부 등에 따라 그 가격범위가 매우 다양하게 나타나고 있어서 가격의 단순비교가 곤란하므로, 위 원고 주장과 같이 가격이 국내 생산품에 비해 2배 내지 3배가 높다고 인정할 수도 없을 뿐더러(이를 인정할 증거도 없다), 위 원고 주장과 같이 이 사건 타일의 국내판매가격이 국내 생산품에 비하여 현저히 높은 가격이라면 뒤에서 보는 바와 같이 덤핑으로 인한 국내 산업에 대한 피해가 없을 것이므로 이 점에 관한 위 원고의 주장은 이유 없다.

나. 덤핑률 산정에 관하여

(1) 인정사실

위에서 든 각 증거에 […] 다음 각 사실을 인정할 수 있다.

(가) 무역위원회는 2005. 6. 30. 원고 아사를 비롯한 12개 조사대상업체에 대하여 질의서를 발송하고 같은 해 8. 20.까지 이에 대한 답변자료를 제출할 것을 요청하였으며, 이에 대해 상원 등 8개사는 위 답변기한 내에 내수판매자료, 수출판매자료, 공정한 가격비교를 위해 필요한 조정사항자

료를 답변자료로 제출하였으나 원고 아사를 비롯한 4개 업체는 위 기한 내에 아무런 답변자료도 제출하지 아니하였다.

(ㄴ) 이에 무역위원회는 답변자료를 제출한 상원 등 8개사에 대하여는 조사신청인들이 제출한 자료와 상원 등 피신청인들이 제출한 자료 및 이에 대한 현지실사 검증 등을 통하여 덤핑률을 2.76%에서 7.49%까지 산정하였으나 답변자료를 제출하지 아니한 원고 아사 등에 대하여는 조사신청인들이 제출한 자료를 '이용가능한 자료'로 사용하여 ① 정상가격은 원고 아사의 제품과 동일 규격의 슌타오가 생산한 동종 제품의 중국내 내수가격에서 환율과 포장비 등 조정사항을 반영하여 산정하고, ② 조정후 수출가격은 조사대상제품의 수입대리점이 발행한 가격 견적서상의 가격에서 보험료, 대리점 마진, 해상운임, 포장비 등 조정사항을 반영하여 산정한 다음, 아래와 같이 조정후 정상가격에서 조정후 수출가격(덤핑가격)을 공제하고 이를 과세가격으로 나누어 각 모델별 덤핑률을 산정하고, 각 모델별 수입물량을 알 수 없어 이를 단순평균하여 평균 덤핑률 37.4%를 산정하였다. […]

(ㄷ) 이 사건 조사대상업체 상당수와 무역위원회의 질의서에 답변서를 보내온 대부분의 중국업체는 중국 광동성에 소재하고 있다.

(2) 판단

(가) 통상 덤핑률은 정상가격과 덤핑가격의 비교에 의하여 산출하는데, 여기서 정상가격이란 당해 물품의 공급국에서 소비되는 동종물품의 통상거래가격 즉 동종물품의 수출국에서의 국내가격을 말하고 일정한 경우에는 구성가격이나 제3국에 대한 수출가격 등을 정상가격으로 사용하며(법 시행령 제58조), 덤핑가격은 조사대상물품에 대하여 실제로 지급하였거나 지급하여야 하는 가격, 즉 수출가격을 의미하고 일정한 경우에는 덤핑가격으로 구성수출가격을 사용하기도 한다. 덤핑률은 원칙적으로 조사대상물품의 공급자별로 공급국을

정하여 개별적으로 산정되지만(법 시행령 제65조) 조사대상공급자가 많은 경우에는 일부만을 조사대상업체로 선정하게 되며(시행령 제60조 제1항), 이 경우 조사대상업체로 선정되지 아니한 공급자에 대하여는 조사대상으로 선정된 공급자의 덤핑률을 가중 평균하여 구하게 된다(시행령 제65조 제2항).

한편 법 시행령 제64조 제5항은 "… 조사 및 덤핑방지관세의 부과 여부 등을 결정함에 있어서 이해관계인이 관계 자료를 제출하지 아니하거나 무역위원회의 조사를 거부·방해하는 경우 등의 사유로 조사 또는 자료의 검증이 곤란한 경우에는 이용가능한 자료 등을 사용하여 덤핑방지를 위한 조치를 할 것인지 여부를 결정할 수 있다."고 규정하고 있고, WTO 반덤핑협정 제6.8조는 "이해당사자가 합리적인 기간 내에 필요한 정보에의 접근을 거부하거나 달리 동 정보를 제공하지 아니하는 경우 또는 조사를 중대하게 방해하는 경우, 입수가능한 사실에 기초하여 긍정적 또는 부정적인 예비 및 최종판정이 내려질 수 있다."고 규정하고 있으며, 동 부속서2 제3항은 '검증가능하고 부당한 어려움 없이 조사에 이용될 수 있도록 적절하게 제출되고 적시에 제공되는 자료만이 판정에 고려될 수 있다고 규정하고 있다.

(나) 위 사실관계에 의하면, 무역위원회가 원고 아사 등 12개의 조사대상업체에 질의서를 발송하였으나 원고 아사 등이 이에 대한 아무런 답변자료를 제출하지 아니함에 따라 부득이 조사신청인들이 제출한 자료를 '이용가능한 자료'로 사용하여 이 사건 타일에 대한 덤핑률을 산정하게 되었고, 그 덤핑률을 산정함에 있어 수출가격은 조사대상물품을 실제로 수입한 한국내 수입상이 발행한 견적서상 가격을 기초로 조정사항을 반영하여 산정하였으며, 정상가격은 중국 현지 전시장에서 입수한 위 견적서에 나타난 제품과 동일한 규격을 가지는 슌타오가 생산한 동종제품의 중국내 내수가격에 일정한 조정사항을 반영하여 산정한

후 이를 기초로 이 사건 타일에 대한 덤핑률을 산정하였다는 것인바, 이와 같이 원고 아사 등이 무역위원회의 질의서에 대한 답변서를 제출하지 아니함에 따라 무역위원회가 조사신청인들이 제출한 자료를 '이용가능한 자료'로 사용하여 덤핑률을 산정한 것에 어떠한 위법이 있다고 보여지지 않는다.

원고 아사의 이 부분 주장은 이유 없다.

㈐ 원고 아사는 무역위원회가 덤핑률을 산정함에 있어 정상가격은 일반벽타일에 비하여 가격이 비싼 자기질 무유 연마타일에 의하여 산정하고 덤핑가격은 자기질 연마타일에 비하여 가격이 훨씬 저렴한 일반 벽타일의 가격에 의하여 산정하여 덤핑률이 과대하게 산정되었다고 주장하나, 이를 인정할 증거가 없으므로 위 원고의 이 부분 주장은 이유 없다.

원고 아사는 또 무역위원회가 덤핑가격의 조정대상이 되는 운송비 적용에 있어서 인천항에서 가장 먼 위치에 있는 광동성 항구를 출발지로 간주하여 운송비가 높게 산출되도록 함으로써 결과적으로 덤핑률이 과대하게 산출되었다고 주장하나, 이 사건 조사대상업체 상당수와 무역위원회의 질의서에 답변서를 보내온 대부분의 업체가 중국 광동성에 소재하고 있어 대표성이 큰 운송비를 적용하여 조정후 수출가격을 산정한 것에 어떠한 위법이 있다고 할 수 없으므로 위 원고의 이 부분 주장도 이유 없다.

다. 산업피해율에 관하여

⑴ 인정사실

위에서 든 각 증거에 변론의 전취지를 종합하면 다음 각 사실을 인정할 수 있다.

㈎ 무역위원회는 알려진 국내생산자인 대동산업 등 13개 업체에 대하여 질의서를 송부하여 산업피해율 산정 등을 위한 관계자료 제출을 요구하였고 이에 조사신청인인 대동산업 등 4개 업체는 답변서를 제출하였으나 극동요업 등 9개 업체는 아무런 자료를 제출하지 아니하였으며, 무역위원회는 이에 따라 위 4개 업체가 제출한 답변자료를 토대로 국내 현지실사검증을 하고, 대한 도자기질 타일 공업협동조합의 통계상의 국내 13개 도자기질 타일업체 자료를 '이용가능한 자료'로 사용하여 국내 산업피해율을 산정하였다.

㈏ 무역위원회의 2006. 4. 17.자 중국산 도자기질 타일 덤핑수입사실 및 국내산업피해유무 최종조사보고서에 의하면, 무역위원회는 덤핑수입물품 이외의 기타국 수입물량 및 가격, 국내소비변화, 외국생산자와 국내생산자의 무역 제한적 관행 및 경쟁, 기술개발, 수출동향, 원자재 가격추이, 이자율 변동추이 등을 검토하여, 덤핑수입물품 이외의 기타국의 수입물량 및 가격 등의 요인등이 국내산업의 실질적인 피해의 원인으로 볼 수 없다고 판단하였다. […]

㈐ 무역위원회의 위 2006. 4. 17.자 최종조사보고서에 의하면, 무역위원회는 덤핑수입품이 관련 국내산업에 미치는 실질적인 피해에 대하여 2001년이후 2005년까지 사이에 국내산업의 생산량의 증감, 판매량의 증감, 재고량, 가동률, 시장점유율, 가격, 이윤, 투자수익, 고용인원, 임금, 자본조달, 설비투자의 증감 등을 검토하여 덤핑수입품이 관련 국내산업에 실질적인 피해를 입히고 있다고 판단하였다.

㈑ 무역위원회는 국내생산품의 적정판매가격과 덤핑수입물품의 국내 재판매가격을 비교하는 방식을 적용하여 산업피해율을 산정하였는바[{(국내생산품의 적정판매가격 − 덤핑수입물품의 국내재판매가격)/덤핑수입물품의 CIF 수입가격(과세가격)} × 100], 이에 따라 산정된 국내산업피해율은 29.41%이다.

⑵ 판단

㈎ 위 사실관계에서 본 바와 같이 무역위원회가 조사가능한 모든 자료를 이용하여 나타난 여러 지표들에 대하여 추이를 분석한 다음 덤핑수입물품 외의 기타국 수입물량 및 가격이 국내관련산업의 피해에 영향을 주지 아니하였고 이 사건 덤핑수입물품이 국내 관련산업에 실질적인 피

해를 입히고 있다고 판단한 것은 적정해 보이고, 산업피해율의 산정 역시 합리적인 방법에 의하였다고 보여진다.

(내) 원고 아사는 무역위원회가 덤핑으로 인한 산업피해 이외의 산업피해를 산업피해율에 포함시켰다는 것이나, 무역위원회는 덤핑수입물품 이외의 기타국 수입물량 및 가격, 국내소비변화, 외국생산자와 국내생산자의 무역 제한적 관행 및 경쟁, 기술개발, 수출동향, 원자재 가격추이, 이자율 변동추이 등에 대하여 자세하게 검토한 다음, 이러한 기타국의 수입과 관련된 요인들이 국내산업의 실질적인 피해의 원인으로 볼 수 없다고 판단하였음은 앞서 본 바와 같은바, 이러한 무역위원회의 판단에 어떠한 위법이 있다고 볼 수 없다. 위 원고의 이 부분 주장은 이유 없다.

(대) 원고 아사는 한국산 제품의 적정판매가격과 실제판매가격을 비교하여 산업피해율을 산정하여야 한다는 것이나, 산업피해율은 덤핑수입물품의 판매가격을 국내 생산품의 적정 판매가격 수준으로 인상을 유도함으로써 국내 산업피해를 회복시키기 위한 적정률을 산정함을 그 목적으로 하는 것이어서 국내 생산품의 적정 판매가격과 덤핑수입물품의 국내 재판매가격의 비교에 의하여 산업피해율을 산정하는 방식이 어떠한 잘못이 있다고 볼 수 없다. 다만 이러한 방식에 의한 산업피해율을 산정하는 경우에 위 원고의 주장과 같이 덤핑수입물품의 수출국내 정상가격이 수입국내 한국산 제품의 적정판매가격(혹은 실제판매가격)에 미치지 못하는 경우 그 차이(한국산 제품의 국내 적정판매가격 – 덤핑수입물품의 정상가격)에 해당하는 만큼은 덤핑수출과 관계없이 발생한 것이어서 산업피해율이 과도하게 산정될 수 있기는 하나 앞서본 산업피해율의 산정 목적에 비추어 이를 반드시 부당하다 볼 수 없는 것이고, 덤핑관세율을 정함에 있어서는 어차피 산업피해율의 한도 내에서 덤핑률을 기준으로 정하게 되므로 산업피해율을 위와 같이 산정함으로 인하여 반덤핑관세가

과도하게 부과되는 불이익이 있다고 볼 수도 없는 것이다. 이 부분 위 원고의 주장도 이유없다.

(라) 원고 아사는 무역위원회가 산정한 산업피해율에 대보세라믹스의 설비투자 실패가 과다하게 포함되었다는 것이나, 국내산업이란 정상가격 이하로 수입되는 물품과 동종물품의 국내생산자의 전부 또는 국내총생산량의 상당부분을 점하는 국내생산사업을 말하고(법 시행령 제59조 제2항), 앞서 본 바와 같이 무역위원회가 알려진 국내생산자인 대동산업 등 13개 업체를 국내산업으로 하여 법 시행령 제64조 제1항을 근거로 국내생산자에게 질의서를 송부하여 관계자료 제출을 요구하였으나 신청인들 4개 업체만이 답변자료를 제출하였을 뿐 나머지 9개 업체는 아무런 답변자료를 제출하지 아니하여 무역위원회가 4개 업체가 제출한 답변자료를 근거로 국내 현지실사검증을 한 후 국내 도자기질 타일 수급현황 등에 대해서는 대한 도자기질 타일 공업협동조합통계상의 국내 13개 도자기질 타일업체 자료를 '이용가능한 자료'로 사용하여 산업피해율을 산정한 것은 적정한 것으로 보이고, 위 원고 주장과 같이 대보세라믹스의 설비투자 실패가 과도하게 포함되었다고 볼 아무런 자료도 없다. 위 원고의 이 부분 주장도 이유 없다.

(마) 원고 아사는 무역위원회가 산업피해율을 산정함에 있어 '이용가능한 자료'를 사용하면서 객관적인 검증을 거치지 아니하여 위법하다는 것이나, WTO 반덤핑협정 제6.8 부속서 2 제7항 본문은 "당국이 조사개시 신청서에 제공된 정보를 포함하여 2차적인 출처로부터의 정보를 기초로 정상가격에 관한 조사결과를 포함한 판정을 내려야 하는 경우, 당국은 특별한 신중을 기하여야 한다. 이러한 경우, 당국은 가능하다면 공표된 가격표, 공식 수입통계 및 세관보고서등과 같이 다른 독립된 출처로부터 취득한 정보 및 조사과정에서 다른 이해당사자로부터 얻은 정보를 점검하여야 한다"고 규정하고 있는바, 이는 조사당국이 스스

로 다른 자료를 적극적으로 수집하여 검증하여야 할 의무가 있음을 규정한 것으로 보기보다는 조사당국은 가능하다면 다른 출처의 정보를 점검하도록 규정하고 있는 것으로 해석함이 상당하고 또 동조 단서는 나아가 '이해당사자가 협조를 하지 않고 이로 인해 관련정보가 당국에 입수되지 아니하는 경우 이 상황이 그 당사자가 협조하였을 때보다 그 당사자에게 더 불리한 결과를 초래할 수 있는 것은 명백하다'고 규정하여 이해당사자가 답변 거부 등 조사에 협조하지 않을 경우 조사당국이 2차 자료에 의한 적극적인 검토 없이도 이해당사자에게 불리하게 인정될 수 있음을 규정하고 있고, 한편 무역위원회의 최종판정 의결서에 따르면 무역위원회는 덤핑수입품이 관련 국내산업에 미치는 실질적인 피해에 대하여 국내산업의 생산량, 가동률, 재고, 판매량, 시장점유율, 가격, 이윤, 투자수익, 고용, 임금, 자본조달, 투자축소 등을 피해지표로 하여 자세하게 검토한 후 이러한 검토결과 등을 전제로 하여 산업피해여부 등을 판단하였고, 위와 같은 검토결과를 최종판정 의결서에도 기재하였음은 앞서 본 바와 같은바, 무역위원회가 이러한 지표들에 대한 평가결과를 전제로 산업피해율을 산정한 것에 위 원고 주장과 같은 위법이 있다고 볼 수 없다. 위 원고의 이 부분 주장도 이유 없다.

㈐ 무역위원회는 중국산 도자기질 타일에 대한 덤핌방지관세 부과에 필요한 조사를 요청받고 그 조사를 시작함에 있어 조사대상물품을 '중국산 도자기질 타일로서 가로 및 세로의 길이가 70㎜~1300㎜ 이내의 사각형 형태의 제품'으로 특정하였는바, 원고 아사가 주장하는 시유타일이나 무유타일이 위 조사대상물품에 들어가는 경우에는 모두 그 조사대상이 되는 것이고 이에 포함되는 제품군에 대하여는 동일한 덤핑률 및 산업피해율을 산정하여야 하는 것이지, 그 제품의 성상이나 가격에 의하여 각각의 제품별로 산업피해율을 산정하여야 하는 것은 아니라 할 것이다. 이 점에 관

한 원고 아사의 주장은 이유 없다." (각주 생략)

(출처: 판결문 사본 입수)

13-2-1. 위 상고심
(대법원 2009. 1. 30. 2008두17936 판결)

"제1심판결을 일부 인용한 원심판결은, 우리나라 타일 생산·판매업체들의 신청에 따라 무역위원회에서 원고들을 비롯한 중국산 도자기질 타일의 한국 내 수입·판매업체들의 덤핑행위 여부에 대한 조사를 실시한 결과 원고 상하이 아사 세라믹 코 엘티디(Shanghai ASA Ceramic Co., Ltd., 이하 '원고 아사'라고 한다)가 공급한 이 사건 타일에 대해 37.40%의 덤핑률 및 29.41%의 국내 산업피해율을 최종 판정한 다음 그 판정에 기초하여 피고가 이 사건 타일에 대해 향후 5년간 29.41%의 덤핑방지관세를 부과하는 내용으로 제정·공포한 이 사건 규칙의 적법 여부를 다투는 원고들의 주장에 대하여, 그 채택 증거들을 종합하여 그 판시 각 사실을 인정한 다음, 그 인정된 사실관계와 관세법상 관련 법령들에 비추어 무역위원회가 이 사건 타일이 포함된 중국산 수입제품과 국내제품의 관세법상 동종 내지 유사성 여부의 판정 및 위 덤핑률과 산업피해율의 산정, 그리고 원고 아사의 그 판시 가격약속제의를 피고가 받아들이지 아니한 것에 아무런 잘못이 없다고 판단한 것은 모두 정당한 것으로 수긍이 간다.

상고이유 중 위 각 사항에 관한 원심의 사실인정 및 판단에 채증법칙 위반 및 관련 법령의 해석에 관한 법리오해의 위법이 있다는 취지의 주장은, 사실심인 원심의 전권에 속하는 사실인정의 당부를 다투거나 원심의 인정과 다른 사실관계를 전제로 하는 주장에 불과하여 적법한 상고이유가 되지 못한다.

한편, 원고들의 상고이유 중에는, 우리나라가 1994. 12. 16. 국회의 비준동의를 얻어 1995. 1. 1. 발효된 '1994년 국제무역기구 설립을 위한 마라케쉬협정'(Marrakesh Agreement Establishing the

World Trade Organization, WTO 협정)의 일부인 '1994년 관세 및 무역에 관한 일반협정(General Agreement on Tariffs and Trade, GATT 1994) 제6조의 이행에 관한 협정' 중 그 판시 덤핑규제 관련 규정을 근거로 이 사건 규칙의 적법 여부를 다투는 주장도 포함되어 있으나, 위 협정은 국가와 국가 사이의 권리·의무관계를 설정하는 국제협정으로, 그 내용 및 성질에 비추어 이와 관련한 법적 분쟁은 위 WTO 분쟁해결기구에서 해결하는 것이 원칙이고, 사인(私人)에 대하여는 위 협정의 직접 효력이 미치지 아니한다고 보아야 할 것이므로, 위 협정에 따른 회원국 정부의 반덤핑부과처분이 WTO 협정위반이라는 이유만으로 사인이 직접 국내 법원에 회원국 정부를 상대로 그 처분의 취소를 구하는 소를 제기하거나 위 협정위반을 처분의 독립된 취소사유로 주장할 수는 없다 할 것이어서, 이 점에 관한 상고이유의 주장도 부적법하여 이유 없다." (출처: 미간, 법원도서관 종합법률정보)

[해설] 하급심과 달리 대법원은 한국정부의 WTO 협정 체제 위반을 주장하는 외국인이 국내 법원에 한국정부를 상대로 직접 제소할 수 없다고 판단했다. 한편 이 사건 1심 판결 이전에도 한국으로 종이를 수출하는 인도네시아 제지회사에 대해 재정경제부장관이 덤핑방지관세를 부과한 결정에 대해 인도네시아 제지회사가 한국의 재정경제부 장관을 상대로 덤핑방지처분 무효(예비적으로 취소)를 주장한 제소에 대해 서울행정법원 2005. 9. 1. 2004구합5911 판결(확정)(각급법원(제1, 2심) 판결공보 제26호(2005. 10. 10.), 1647쪽)은 외국 사인(私人)의 제소권 자체는 인정했었다. 다만 처분의 적법성을 인정해 원고 패소 판결을 내렸고, 인도네시아 제지회사가 항소하지 않아 그대로 확정되었다. 후일 인도네시아는 이 사건을 WTO에 제소하여, WTO 패널은 한국의 협정 위반을 결정한 바 있다(WTO Panel Report, Korea Anti-Dumping Duties on Imports of Certain Paper from Indonesia, WT/DS312/R(2005); WTO Panel Report, Korea Anti-Dumping Duties on Imports of Certain Paper from Indonesia - Recourse to Article 21.5 of the DSU by Indonesia, WT/DS312/

RW(2007).

평석 주진열, 한국 대법원의 WTO협정 직접효력 부인, 서울국제법연구 제16권 1호(2009).

13-3. 대형마트 영업시간 제한과 통상협정
(서울행정법원 2014. 8. 21. 2012구합43345 판결)

[사안: 2012. 1. 개정된 구「유통산업발전법」제12조의2는 지방자치단체장이 대규모 점포 등에 대하여 오전 0시부터 08시까지의 범위에서 영업시간을 제한하거나 매월 1일 이상 2일 이내의 범위에서 의무휴업을 명할 수 있고, 영업시간 제한 등에 필요한 사항은 해당 지방자치단체의 조례로 정하도록 했다. 이 후 전국의 여러 지방의회가 관련 조례를 개정했는데, 여기에는 영업시간 제한 등에 관하여 공통적으로 '지방자치단체장은 대규모점포 등에 대하여 오전 0시부터 08시까지 영업시간을 제한하고, 매월 두 번째 일요일과 네 번째 일요일을 의무휴업일로 지정하여 이를 명하여야 한다'고 규정하고 있었다. 이 조례조항이 세계무역기구(WTO)의 서비스 무역에 관한 일반협정(General Agreement on Trade in Service: GATS) 및 한국과 유럽연합간의 자유무역협정(한-EU FTA)에 위배되는가의 문제가 제기되었다. 이 소송은 영업을 제한받게 된 대형 쇼핑몰측이 해당 지자제장을 상대로 영업시간제한등처분의 취소를 요구하며 제기되었다.]

[다음은 원고인 대형마트측 주장이다 - 필자 주]

"2) 국제협정 위반 등

가) '서비스 무역에 관한 일반협정'(GATS, General Agreement on Trade in Service) 위반

세계무역기구(WTO, World Trade Organization)의 '서비스 무역에 관한 일반협정'(GATS, General Agreement on Trade in Service, 이하 '서비스 협정'이라 한다)은 국내법과 같은 효력을 가지는 국제조약이다. 서비스 협정 제16조(Market Access, 시장접근) 제2항 제(c)호는 "회원국은 자국의 양허표상에 달리 명시되어 있지 아니하는 한(unless otherwise specified in its Schedule), 시장접근 약속이 이루어

진 분야에서(in sectors where market—access com—mitments are undertaken) 자국의 일부 지역이나 혹은 전 영토에 걸쳐서 특정한 숫자로 표시된 서비스 총 영업량(total number of service operations) 또는 서비스 산출량(quantity of service output)에 대한 쿼터(quota)나 경제적 수요심사(economic needs tests) 요건 형태의 제한을 유지하거나 채택해서는 안 된다"는 내용의 시장접근 양허규정을 두고 있다(이하 '이 사건 서비스 협정 조항'이라고 한다). 그런데 이 사건 처분으로 대형마트 등의 영업시간이 매월 최대 720시간에서 448시간으로 37.7% 감소되고, 이는 특정한 숫자로 표시되는 쿼터로 서비스 영업량을 제한하는 경우에 해당하므로, 이 사건 조례조항은 이 사건 서비스 협정 조항에 어긋나 위법·무효이다.

나) 한국과 유럽연합간의 자유무역협정(이하 '이 사건 자유무역협정'이라 한다) 위반

이 사건 자유무역협정은 서비스 및 투자분야에서 서비스 협정의 규율을 기본으로 하여 추가적인 시장개방을 규정하고 있다. 이 사건 자유무역협정 서비스 분야에 관한 제7장에서는 양허표의 구체적 약속보다 불리한 대우를 부여하지 않을 것을 규정하고, 양허표상 기재되지 않은 시장접근 제한조치를 금지하고 있으며, 이 사건 서비스 협정 조항과 동일하게 쿼터 또는 경제적 수요 심사 요건의 형태로 지정된 숫자단위로 표시된 서비스 영업량의 총수 또는 서비스 총 산출량에 대한 제한조치를 그 예로 열거하고 있다. 뿐만 아니라 이 사건 자유무역협정 제7.7조 제2호, 제7.13조 제2호는 양허표상의 구체적 약속에 따라 부여된 대우와 비교하여 새로운 또는 더 차별적인 규제를 도입할 수 없다는 규정을 두고 있다. 따라서 이 사건 조례조항과 같은 시장접근 제한조치를 도입하여 양허를 통해 부여하기로 한 대우보다 불리한 대우를 제공하고 보호수준을 강화하는 것은 서비스 분야에 관한 이 사건 자유무역협정의 위 각 조항에 위배된다. […]

[다음은 이에 대한 재판부의 판단이다 — 필자 주]

2) 국제협정 등 위반 여부

서비스 협정 제2조[최혜국대우(Most—Favoured—Nation Treatment)]는 제1항에서 협정의 대상이 되는 모든 조치에 관하여 각 회원국은 그 밖의 회원국의 서비스와 서비스 공급자에게 그 밖의 국가의 동종 서비스와 서비스공급자에 대하여 부여하는 대우보다 불리하지 아니한 대우를 즉시, 그리고 무조건적으로 부여하고 있다(With respect to any measure covered by this Agreement, each Member shall accord immediately and uncondition—ally to services and service suppliers of any other Member treatment no less favourable than that it accords to like services and service suppliers of any other country). 서비스 협정 제16조[시장접근(Market Access)]는 제1항에서 시장접근과 관련하여 각 회원국은 그 밖의 회원국의 서비스 및 서비스 공급자에 대해 자국의 양허표상에 합의되고 명기된 제한 및 조건 하에서 제공된 대우보다 불리하지 아니한 대우를 부여하고(With respect to market access through the modes of supply identified in Article I, each Member shall accord services and service suppliers of any other Member treatment no less favourable than that provided for under the terms, limitations and conditions agreed and speci—fied in its Schedule), 제17조[내국민대우(National Treatment)]는 제1항에서 자국의 양허표에 기재된 분야에 있어서 양허표에 명시된 조건과 자격에 따라 각 회원국은 서비스 공급에 영향을 미치는 모든 조치와 관련하여 그 밖의 회원국의 서비스 및 서비스 공급자에게 자국의 동종서비스와 서비스 공급자들에게 부여하는 대우보다 불리하지 아니한 대우를 부여하고(In the sectors inscribed in its Schedule, and subject to any conditions and qual—ifications set out therein, each Member shall accord to services and service suppliers of any other Member, in respect of all measures affecting the supply of services, treatment no less favourable than that it accords to its own like services and service suppliers) 있다.

위와 같은 서비스 협정 체결 목적과 그 규정 체계 및 내용에 비추어 보면, 서비스 협정에 따라 제한되는 회원국가의 행정적 조치는 협정회원 국가가 다른 나라의 동종서비스와 서비스 공급자들에게 자국의 동종서비스와 서비스 공급자들에게 비해 불리한 대우를 부여하는 경우로 한정하여 해석하여야 하고, 자국과 다른 나라의 서비스와 서비스 공급자들 모두에게 적용되는 일반적인 행정조치가 모두 제한대상이 된다고 해석하여서는 아니된다.

서비스 협정 서문은 "국가정책목표를 충족시키기 위하여 자기나라 영토 내의 서비스공급을 규제하고 신규규제를 도입할 수 있는 회원국의 권리를 인정하고, 서비스규제의 발전 정도에 있어서 다양한 국가 간에 불균형이 존재하고 있음을 감안할 때 개발도상국이 이러한 권리를 행사할 특별한 필요가 있음을 인정하고 ··· (Recognizing the right of Members to regulate, and to introduce new regulations, on the supply of services within their territories in order to meet national policy objectives and, given asymmetries existing with respect to the degree of development of services regulations in different countries, the particular need of developing countries to exercise this right ···)"라고 규정하고, 제6조 제1항은 "구체적 약속이 행하여진 분야에 있어 각 회원국은 서비스무역에 영향을 미치는 일반적으로 적용되는 모든 조치가 합리적이고 객관적이며 공평한 방식으로 시행되도록 보장한다 (In sectors where specific commitments are under- taken, each Member shall ensure that all measures of general application affecting trade in services are administered in a reasonable, objective and impartial manner)"라고 규정하여 합리성, 객관성, 공평성을 조건으로 하여 각 회원국이 국가정책을 위하여

자국 내 서비스를 규제할 수 있는 권리를 인정하고 있다. 서비스 협정 제14조는 일반적인 예외 (General Exception)로서 자의적이거나 정당화될 수 없는 차별의 수단이나 서비스 무역에 대한 위장된 제한으로 적용되지 않는다면 일정한 경우 규제를 할 수 있도록 허용하고 있고(Subject to the requirement that such measures are not applied in a manner which would constitute a means of arbitrary or unjustifiable discrimination between countries where like conditions prevail, or a disguised re- striction on trade in services, nothing in this Agreement shall be construed to prevent the adop- tion or enforcement by any Member of measures), 구체적으로 (a)호에서 '공중도덕을 보호하거나 공공질서를 유지하기 위하여 필요한 조치'(necessary to protect public morals or to maintain public order), (b)호에서 '인간, 동물 또는 식물의 생명 또는 건강을 보호하기 위하여 필요한 조치'(necessary to protect human, animal or plant life or health)를 허용하고 있으며, 여기에 해당하는 경우 시장접근 제한의 효과가 있는 규제라도 허용되는 것으로 해석된다.

위와 같은 서비스 협정의 규정 체계와 내용에 비추어 보면, 자국과 다른 나라의 서비스와 서비스 공급자들 모두에게 적용되는 일반적인 규제로서 합리성, 객관성, 공평성이 인정되는 규제라면 서비스 협정 제6조에 따른 국내규제로서 허용된다. 이와 같은 관점에서 이 사건 조례조항을 살펴본다.

이 사건 조례조항은 대규모점포 중 대통령령으로 정하는 것과 준대규모점포에 대하여 적용되는데, 유통산업발전법 제2조 제3호는 대규모점포를 정하면서 면적과 상시 운영되는 매장인지 등을 기준으로 하고 있을 뿐, 운영주체에 대해서는 아무런 정함이 없다. 또한 유통산업발전법 제2조 제3호의2는 준대규모점포를 규정하면서 대규모점포를 경영하는 회사 또는 그 계열회사(가목), 독점규

제 및 공정거래에 관한 법률에 따른 상호출자제한기업집단의 계열회사가 직영하는 점포(나목), 가목 및 나목의 회사 또는 계열회사가 제5호 가목에 따른 직영점형 체인사업 및 같은 호 나목에 따른 프랜차이즈형 체인사업의 형태로 운영하는 점포(다목)로 정하고 있을 뿐, 운영주체가 내국인인지 외국인인지에 따라 달리 정하고 있지 않다. 이와 같은 규정 내용에 비추어 보면 이 사건 조례조항은 대형마트 등의 운영주체가 내국인인지 외국인인지를 구별하지 않고 일정한 요건이 갖추어진 경우에 제재적 조치를 할 수 있도록 규정하고 있어 서비스 협정에서 금지하는 최혜국대우 조항 등의 위반 문제는 발생하지 않는다.

또한 이 사건 조례조항은 대기업의 시장지배력에 의한 독과점적 지위의 남용을 막고, 우월한 자본력을 바탕으로 한 경쟁의 왜곡 또는 불공정 경쟁을 규제함으로써 국내 유통질서를 확립하고, 중소 영세상인의 생존권, 대형마트 등 근로자의 건강권 등 기본적 인권을 보호하고 경제적·사회적 약자를 배려하며, 사회양극화를 완화하고 전통 재래시장 상권과 문화와 같은 문화적 다양성을 보호하고자 하는 것이다. 이와 같은 관점에서 보면 이 사건 조례조항은 서비스 협정 제6조 제1항의 합리성, 객관성, 공평성을 갖춘 것으로 볼 수 있다.

나아가 이 사건 조례조항은 서비스 협정 제14조 (a)호의 공중도덕 또는 공중질서와 관련되고, 특히 근로자의 건강권을 보호하고자 하는 점에서 (b)호의 '인간의 건강'과 관련된다고 볼 수 있다.

위와 같은 점들을 종합하여 보면 이 사건 조례조항이 서비스 협정에 위배되어 위법하다고 볼 수 없고, 원고들이 서비스 협정 위반 주장과 같은 관점에서 주장하는 이 사건 자유무역협정 위반 주장도 같은 이유로 받아들일 수 없다." (출처: 판결문 사본 입수)

13-3-1. 위 항소심
(서울고등법원 2014. 12. 12. 2013누29294 판결)

"(3) 이 사건 조례조항의 위법성에 대한 판단

GATS 제16조 제2항 제(c)호는 '경제적 수요심사 요건 형태 또는 쿼터 형태로 숫자단위로 표시된 서비스 영업의 총 수에 대한 제한, 서비스 총 산출량에 대한 제한을 유지하거나 채택할 수 없다.'고 규정하고 있고, 한-EU FTA 제7.5조 제2항 제(c)호도 동일한 내용을 규정하고 있다. 또한 GATS 제14조는 일반적인 예외(General Exceptions)로서 자의적이거나 정당화될 수 없는 차별의 수단 또는 서비스 무역에 대한 위장된 제한이 아니라면 일정한 경우에 규제를 시행할 수 있도록 허용하고 있는데, 제(b)호에서 '인간, 동물 또는 식물의 생명 또는 건강을 보호하기 위하여 필요한 조치'를 그 허용요건으로 규정하고 있다. 한-EU FTA 서문은 '양 당사자가 이 협정에 반영된 대로, 적절하다고 판단하는 보호수준에 근거하여 정당한 공공정책 목적을 달성하기 위하여 필요한 조치가 부당한 차별 또는 국제무역에 대한 위장된 제한의 수단을 구성하지 아니하는 한 그러한 조치를 할 양 당사자의 권리를 인정'하고 있고, 한-EU FTA 제7.1조 제4항에서 '각 당사자는 정당한 정책 목적을 달성하기 위해 규제하고 새로운 규제를 도입할 권리를 보유한다'고 규정하고 있다.

살피건대, 이 사건 조례조항이 영업시간 또는 영업일수를 제한함으로써 서비스 영업(이 사건의 경우 판매행위)의 총 수나 서비스 총 산출량(이 사건의 경우 매출총액)에 부정적인 영향을 미쳐 시장접근에 있어서 장애요인으로 작용할 가능성이 있는 것은 사실이다. 그러나 이 사건 조례 조항은 근로자의 건강권 보호를 목적으로 하는 구 유통산업발전법 제12조의2의 위임을 받아 제정된 것으로서, GATS 제14조 제(b)호 따른 시장접근 제한조치 금지의 예외사유에 해당된다고 볼 수 있다. 또한 이 사건 조례조항은 영업시간을 제한할 수 있는 가능성을 열어두고 있을 뿐 실제로 제한할지 여부에 대해서는 행정청이 구체적 현실에 맞게 관련 이익들을 형량한 뒤에 결정하도록 재량을 부여하고 있다. 따라서 원고들이 주장하는 이 사건 조례의 위법 사유는 행정청의 재량권 행사 여하에 달려 있을 뿐 이 사건 조례조항 자체가 GATS 및 한－EU FTA에 위배되어 위법하다고 단정할 수 없다. […]

(5) 재량권의 행사가 GATS 및 한－EU FTA에 위배되는지 여부에 대한 판단

이 사건 처분의 상대방 중 원고 홈플러스 주식회사 및 원고 홈플러스테스코 주식회사가 운영하는 대규모점포 등은 GATS 및 한－EU FTA의 적용을 받는다는 점에 대해서 당사자 사이에 다툼이 없다. 그리고 GATS는 국내법적 효력을 가진 국제조약이고, 수범자의 범위를 체약 상대국의 법인 및 그 법인이 우리나라에 설립한 지사 등으로 한정하고 있다. 반면에 구 유통산업발전법은 제4조에서 적용 배제 대상으로 열거하고 있는 농수산물도매시장·농수산물공판장·민영농수산물도매시장·농수산물종합유통센터·가축시장 등을 제외한 나머지 대규모점포 등에 대해 적용될 수 있으므로, 수범자 또는 적용대상자의 관점에서 GATS가 더 특별법적 지위에 있다고 보인다. 또한 구 유통산업발전법의 적용대상이 보다 한정되었다는 이유로 이를 특별법이라고 보아 GATS의 적용을 배제한다면, 이 사건뿐만 아니라 모든 경우에서 사실상 GATS의 조항을 사문화하는 결과를 가져올 수 있어 이를 받아들이기 어렵다. 따라서 피고가 원고 홈플러스 주식회사 및 원고 홈플러스테스코 주식회사가 운영하는 대규모점포 등에 대해 처분을 할 때에는 GATS에 위배되지 않도록 재량권을 행사하여야 한다.

그런데, 대규모점포 등의 근로자보다 전통시장의 중소상인들 및 그의 근로자들의 근무환경이 더욱 열악하여 오히려 건강권 보호의 필요성이 더 클 것으로 예상되므로, 이 사건 처분이 근로자의 건강권을 보호하기 위한 것이라고 단정하기 어렵다. 오히려 이 사건 처분은 경쟁제한을 위한 위장된 제한의 수단으로 볼 여지가 크다. 따라서 이 사건 처분이 근로자의 건강권 보호를 위한 조치이기 때문에 시장접근 제한조치 금지의 예외사유에 해당한다고 보기는 어렵고, 이 사건 처분 중 원고 홈플러스 주식회사, 원고 홈플러스테스코 주식회사가 운영하는 대규모점포 등에 대한 부분은 GATS를 위반한 것으로 위법하다. 나아가 이는 곧 GATS와 유사한 내용을 규정하고 있는 한－EU FTA에도 위배된다. […]

헌법상 기본권인 영업의 자유를 제한함에 있어서 외형적인 양적 제한은 극히 신중한 심사를 요한다 할 수 있고, 앞서 본 GATS 및 한－EU FTA의 조항은 단순히 기술적인 조항이 아니라 영업의 자유 제한에 관한 헌법적 한계를 고려한 보편적인 기준을 수용한 것으로 보인다. 그리고 이를 존중하여 국가 간 합의가 이루어져 국내법적 효력을 갖게 된 이상 피고는 국내 기업의 영업의 자유를 제한함에 있어서도 이를 고려하여 신중히 재량권을 행사할 필요가 있었다고 보인다. 그럼에도 앞서 본 바와 같이 피고는 이를 게을리 하였고, 따라서 나머지 국내기업이 운영하는 준대규모점포에 대한 처분은 위 GATS 및 한－EU FTA의 조항에 내재된 헌법정신을 간과하여 국내 기업을 역차별하는 결과를 가져올 수 있으므로, 평등원칙의 관점에서 볼 때 위 처분을 함에 있어 재량권 행사의 하자가 없었다고 보기는 어렵다." (출처: 판결문 사본 입수)

평석 문병효, 대형마트 영업시간제한 등 처분에 관한 판례 평석: 서울고법 2014. 12. 12. 선고 2013누29294 판결을 중심으로, 입법 & 정책 제11호 (2015).

양창영, 대형마트 영업시간제한 등 처분 취소판결: 대상판결 서울고등법원 2014. 12. 12. 선고 2013누29294, 민주사회를 위한 변론 제105호(2015).

정누리, 유통산업발전법 제12조의2 관련 국내 판결에 대한 국제통상법적 고찰: 서울고등법원 2014. 12. 12. 선고 2013누29294 판결을 중심으로, 국제법학회

논총 제60권 제3호(2015).

13-3-2. 위 상고심

(대법원 2015. 11. 19. 2015두295 판결)

"이 사건 각 협정은 국가와 국가 사이의 권리·의무관계를 설정하는 국제협정으로서, 그 내용 및 성질에 비추어 이와 관련한 법적 분쟁은 협정에서 정한 바에 따라 국가 간 분쟁해결기구에서 해결하는 것이 원칙이고, 특별한 사정이 없는 한 사인에 대하여는 협정의 직접 효력이 미치지 아니한다. 따라서 이 사건 각 협정의 개별 조항 위반을 주장하여 사인이 직접 국내 법원에 해당 국가의 정부를 상대로 그 처분의 취소를 구하는 소를 제기하거나 협정 위반을 처분의 독립된 취소사유로 주장하는 것은 허용되지 아니한다(대법원 2009. 1. 30. 선고 2008두17936 판결 참조).

나아가 위 원고들이 주장하는 이 사건 각 협정의 개별 조항의 내용을 보더라도, 이 사건 각 협정에 정한 '서비스 영업의 총수나 서비스 총 산출량의 제한금지'는 국가 간 서비스 등 공급에 관한 시장접근의 관점에서 영업 및 서비스의 총량제가 실시됨을 이유로 하여 시장접근 자체를 제한하는 것을 금지하는 취지이므로, 이 사건 각 처분과 같이 이미 시장진입이 허용된 대규모점포의 일부 영업행위에 대하여 내국인과 동일한 규제를 하는 것은 위와 같은 금지의 취지에 어긋난다고 보기도 어렵다.

(4) 그럼에도 이와 달리 이 사건 각 처분이 재량권을 일탈·남용한 것이어서 위법하다고 본 원심판결에는 재량권 일탈·남용에 관한 법리를 오해하여 판결에 영향을 미친 위법이 있다." (출처: 판례공보 제481호(2016. 1. 1.), 40쪽 이하)

[해설] 위 대법원 판결에 의해 파기환송된 이후 서울고등법원 2016. 3. 23. 2015누2101 판결(미간, 법원도서관 종합법률정보)에 의해 원고 패소로 확정되었다. 파기환송심에서는 위 대법원 판결의 인용부분을 그대로 반복 설시했다.

평석 이상훈, 대형마트에 대한 영업시간 제한 및

의무휴업일 지정 처분의 위법 여부, 대법원판례해설 제105호(법원도서관, 2016).

심현욱, 서울특별시 동대문구청장, 성동구청장이 관내 대형마트들에 대하여 한 영업시간 제한처분 및 의무휴업일 지정처분의 위법 여부, 판례연구 제28집(부산판례연구회, 2017).

문흥만, 대형마트 영업시간제한등처분취소 처분의 재량권 일탈·남용을 중심으로, 재판과 판례 제26집(대구판례연구회, 2017).

이혁, 대형마트 규제입법의 타당성 검토, 경제법연구 제16권 제1호(한국경제법학회, 2017).

이상훈, 대형마트에 대한 영업시간 제한 및 의무휴업일 지정 처분의 위법 여부, 대법원판례해설 제105호(법원도서관, 2016).

손태호, 대형마트의 영업일시 규제의 적법성, 행정판례평석 1(2017).

이현철, 영업시간 제한 및 의무휴업일 지정 규제의 대상이 되는 '대형마트로 등록된 대규모점포'의 요건에 관한 검토, 가천법학 제9권 제1호(2016).

이국현, 영업시간 제한 등 규제의 대상이 되는 대형마트: 대법원 2015. 11. 19. 선고 2015두295 전원합의체 판결의 평석, 법제 2016년 12월호(제675호).

13-4. GATS의 사인에 대한 직접 적용(부정)

(수원지방법원 2014. 8. 21. 2013구합10671·11100 판결)

[사안: 지방자치체의 대형마트 영업시간 제한 처분은 GATS 위반이라는 원고측 주장에 대해 재판부는 이 협정이 사인에 대해 직접적인 효력이 미치지 않는다고 판단하였다.]

"(나) GATS 위반 여부

1) 살피건대, 우리나라가 1994. 12. 16. 국회의 비준동의를 얻어 1995. 1. 1. 발효된 '1994년 국제무역기구 설립을 위한 마라케쉬협정'(Marrakesh Agreement Establishing the World Trade Organization, WTO 협정)의 일부인 '1994년 관세 및 무역에 관한 일반협정(General Agreement on Tariffs and Trade, GATT 1994) 제6조의 이행에 관한 협정'은 국가와 국가 사이의 권리·의무관계를 설정하는 국제협정으로, 그 내용 및 성질에 비추어 이와 관련한 법적 분쟁은 위 WTO 분쟁해결기구에서 해

결하는 것이 원칙이고, 사인에 대하여는 위 협정의 직접 효력이 미치지 아니한다고 보아야 할 것이므로, 위 협정에 따른 회원국 정부의 반덤핑부과처분이 WTO 협정위반이라는 이유만으로 사인이 직접 국내 법원에 회원국 정부를 상대로 그 처분의 취소를 구하는 소를 제기하거나 위 협정위반을 처분의 독립된 취소사유로 주장할 수는 없다(대법원 2009. 1. 30. 선고 2008두17936 판결 참조).

2) 이 사건에 관하여 보건대, GATS도 '1994년 국제무역기구 설립을 위한 마라케쉬협정'(Marrakesh Agreement Establishing the World Trade Organization, WTO 협정)의 일부로서 그 법적 성격이 '1994년 관세 및 무역에 관한 일반협정(General Agreement on Tariffs and Trade, GATT 1994)'과 동일하여 이와 관련한 법적 분쟁은 위 WTO 분쟁해결기구에서 해결하는 것이 원칙이고, 사인에 대하여는 위 협정의 직접 효력이 미치지 아니한다고 보아야 할 것이므로 원고들의 GATS와 관련한 주장은 더 나아가 살펴볼 필요 없이 이유 없다.'' (출처: 판결문 사본 입수)

13-5. 관세평가시 WTO 협정체제의 활용

[다음 판결들은 관세평가에 있어서 국내법인 관세법뿐만 아니라, WTO 협정 체제의 규정내용을 함께 고려하여 결정함을 보여 주고 있다.]

13-5-1. (대법원 2009. 5. 28. 2007두9303 판결)

"관세법 제30조는 과세가격 결정의 원칙에 관하여, 제1항에서 수입물품의 과세가격은 우리나라에 수출하기 위하여 판매되는 물품에 대하여 구매자가 실제로 지급하였거나 지급하여야 할 가격에 구매자가 부담하는 수수료 및 중개료 등 그 각 호에 정한 금액을 가산하여 조정한 거래가격으로 한다고 정하고, 제3항 제4호에서 "구매자와 판매자 간에 대통령령이 정하는 특수관계가 있어 그 관계가 당해 물품의 가격에 영향을 미친 경우"

에 해당할 때에는 제1항의 규정에 의한 거래가격을 당해 물품의 과세가격으로 하지 아니하고 관세법 제31조 내지 제35조의 규정에 의한 방법으로 과세가격을 결정한다고 정하고 있다(2000. 12. 29. 법률 제6305호로 전문 개정되기 전의 구 관세법 제9조의3 제1항, 제3항 제4호도 같은 취지로 규정하고 있다).

이러한 각 규정의 취지 및 내용, 과세요건 사실에 관한 증명책임은 원칙적으로 과세관청에게 있는 점, 관세 및 무역에 관한 일반협정 제7조의 시행에 관한 협약 제1조 제2항 (a)는 "구매자와 판매자 간에 특수관계가 있다는 사실 자체만으로 그 실제 거래가격을 과세가격으로 수락할 수 없는 것으로 간주하는 근거가 되지 아니한다"고 정하고 있는 점 등을 종합하여 보면, 관세법 제30조 제3항 제4호를 적용하기 위하여는 구매자와 판매자 간에 특수관계가 있다는 사실 외에도 그 특수관계에 의하여 거래가격이 영향을 받았다는 점까지 과세관청이 증명하여야 한다." (출처: 판례공보 2009(하), 1033쪽)

13-5-2. (대법원 2012. 11. 29. 2010두14565 판결)

"가. 구 관세법(2006. 12. 30. 법률 제8136호로 개정되기 전의 것, 이하 같다) 제30조 제1항 본문은 "수입물품의 과세가격은 우리나라에 수출하기 위하여 판매되는 물품에 대하여 구매자가 실제로 지급하였거나 지급하여야 할 가격에 다음 각 호의 금액을 가산하여 조정한 거래가격으로 한다."고 규정하면서 제5호에서 "당해 물품의 수입 후의 전매·처분 또는 사용에 따른 수익금액 중 판매자에게 직접 또는 간접으로 귀속되는 금액(이하 '사후귀속이익'이라 한다)"을 들고 있다. 그리고 1994. 12. 16. 국회의 비준동의를 얻어 1995. 1. 1. 발효된 「세계무역기구 설립을 위한 마라케쉬협정」의 부속서 1가 중 「1994년도 관세 및 무역에 관한 일반협정 제7조의 이행에 관한 협정」(이하 'WTO 이행협정'이라 한다)도 마찬가지로 제1조 제1항에서 "수입물품의 과세가격은 거래가격, 즉 수입국에 수출·판매되는 물품에 대하여 실제로 지불했거나 지불할 가격을 제8조의 규정에 따라 조정한 가격이며 다음 조건을 충족하여야 한다."고 규정하고, 제8조 제1항에서 "제1조의 규정에 따라 과세가격을 결정함에 있어서 수입물품에 대하여 실제 지불했거나 지불할 가격에 아래의 금액이 부가된다."고 규정하면서 ㈐목에서 사후귀속이익을 들고 있다.

이들 규정의 문언 내용과 아울러 사후귀속이익은 확정시기나 지급방법 등의 특수성에도 불구하고 그 실질은 어디까지나 수입물품의 대가이기 때문에 이를 가산하여 수입물품의 과세가격을 산정하려는 것이 이들 규정의 취지인 점 등을 고려하면, 수입물품 그 자체의 판매에 따른 수익금액 중 판매자에게 귀속되는 금액뿐만 아니라 수입물품을 가공하거나 이를 원료로 사용하여 만든 제품의 판매에 따른 수익금액 중 판매자에게 귀속되는 금액도 그것이 수입물품에 대한 대가로서의 성질을 갖는 경우에는 사후귀속이익에 포함된다고 봄이 타당하다. [...]

가. 구 관세법 제30조 제1항, 제3항 제3호, WTO 이행협정 제1조 제1항 ㈐목, 제8조 제3항 등의 규정에 의하면, 사후귀속이익은 객관적이고 수량화할 수 있는 자료에 근거하여서만 수입물품의 과세가격에 가산될 수 있으므로, 그 금액에 대한 객관적이고 수량화할 수 있는 자료가 없는 경우에는 수입물품의 과세가격에 가산될 수 없다. 그런데 WTO 이행협정 제14조에 따라 WTO 이행협정의 구성 부분이 되어 그 해석·적용의 기준이 되는 부속서 1 주해 중 제8조 제3항 부분은 "제8조의 규정에 따라 추가하는 것이 요구되는 금액에 대하여 객관적이고 수량화할 수 있는 자료가 없을 경우 거래가격은 제1조의 규정에 따라 결정될 수 없다. 이것의 일 예로서 킬로그램 단위로 수입하여 수입 후 용액으로 제조되는 특정상품의

1리터를 수입국에서 판매하는 가격을 기초로 사용료가 지불된다. 만일 사용료가 일부는 수입품을 기초로 하고 나머지는 수입품과 관계가 없는 기타요인(예: 수입품이 국산원료와 혼합되어 별도로 구분 인식할 수 없을 경우, 또는 사용료를 구매자와 판매자 간의 특별한 재정적 계약과 구별할 수 없을 경우)을 기초로 하고 있을 경우에는 사용료에 해당하는 금액을 추가하고자 하는 시도는 부적절한 것이다. 그러나 이 사용료의 금액이 수입품만을 기초로 하고 쉽게 수량화될 수 있는 경우에는 실제로 지불했거나 지불할 가격에 당해 금액을 추가하는 것이 가능할 것이다."고 규정하고 있다.

나. 원심판결 이유 및 적법하게 채택된 증거에 의하면, 이 사건 추가 지급 금액은 원고가 갱신계약의 추가 지급 약정에 의하여 이 사건 각 수입물품을 원료로 사용하여 제조한 에어탈의 판매금액에 따라 그 순매출액에 일정 비율을 곱하여 산정한 다음 프로디스파마에 지급한 것으로서 그 전부가 에어탈의 제조에 사용된 이 사건 각 수입물품에 대한 대가로서 산정되었고, 그 밖의 다른 명목의 금원은 이 사건 추가 지급 금액에 포함되지 않은 사실, 한편 이 사건 각 수입물품은 그 수량이 확인되고, 에어탈 1정씩에는 아세클로페낙 100.00mg이 원료로 사용된 사실 등을 알 수 있다.

이러한 사실관계를 앞서 본 법리와 규정에 비추어 살펴보면, 이 사건 추가 지급 금액은 이 사건 각 수입물품만을 기초로 하여 산정된 것으로서 이 사건 각 수입물품의 과세가격에 가산되어야 할 금액도 객관적이고 수량화할 수 있는 자료에 근거하여 계산할 수 있으므로, 피고가 이 사건 추가 지급 금액을 이 사건 각 신고가격에 가산하여 조정한 거래가격을 이 사건 각 수입물품의 과세가격으로 결정하여 한 이 사건 각 처분이 위법하다고 할 수 없다.

다. 원심판결은 그 이유 설시에 다소 부적절하거나 미흡한 점이 있으나, 이 사건 각 처분이 위법하지 않다고 본 결론은 정당하고, 거기에 사후

귀속이익의 과세가격 가산요건 등에 관한 법리를 오해하여 판결에 영향을 미친 잘못이 없다."(출처: 판례공보 2013(상), 85쪽)

13-5-3. (대법원 2013. 2. 28. 2010두16998 판결)

"① 관세법 제5조 제1항은 이 법을 해석하고 적용할 때에는 과세의 형평과 해당 조항의 합목적성에 비추어 납세자의 재산권을 부당하게 침해하지 아니하도록 하여야 한다고 규정하고 있는 점, ② 관세법 시행령 제27조 제4항이 관세법 제33조에 의한 국내판매가격을 기초로 한 과세가격 산정의 한 요소인 '통상적으로 부가되는 이윤 및 일반경비'를 일반적으로 인정된 회계원칙에 따라 작성된 회계보고서를 근거로 하여 산정하도록 하고 있는 이상, 과세가격 산정의 다른 요소들 또한 특별히 다른 규정이 있거나 다른 기준이 없는 한 일반적으로 인정된 회계원칙에 따른 금액을 근거로 산정하여야 과세가격 산정 근거가 되는 여러 가지 요소들의 금액 사이에 모순이나 충돌이 발생하지 않는 점, ③ 우리나라가 가입한 세계무역기구(WTO) 관세평가협정의 부속서 I 주해 총설은 "일반적으로 인정되는 회계원칙(generally accepted accounting principles: GAAP)은 자세한 관행 및 절차가 될 수 있을 뿐만 아니라 일반적으로 적용되는 광범위한 지침(broad guidelines of general application)이 될 수 있고, 이 협약의 목적상 세계무역기구(WTO) 회원국의 세관 당국은 당해 조항에 적절한 것으로서 국내에서 일반적으로 인정되는 회계원칙과 일치되게 작성된 정보를 활용하여야 한다"고 규정하여, 관세법상 과세가격 산정에 있어서 별다른 기준이 없는 한 일반적으로 인정되는 회계원칙을 기준으로 삼아야 한다는 취지로 규정하고 있는 점, ④ 국내에서 일반적으로 인정되는 회계원칙으로 볼 수 있는 기업회계기준 제38조(매출액)는 "상품 또는 제품의 매출액은 총매출액에서 매출에누리와 환입 및 매출할인을 차감

한 금액으로 한다. 이 경우에 일정 기간의 거래수량이나 거래금액에 따라 매출액을 감액하는 것은 매출에누리에 포함된다"고 규정하고 있는데다, 금융감독원(소관: 회계감리국)은 2006. 11. 24. '재무보고에 관한 실무의견서(제목: 판매인센티브에 관한 회계처리)'에서 이 사건 판매장려금과 같이 대량 구매에 따라 지급되는 현금보조와 현금할인은 기업회계기준상 매출에누리와 경제적 실질이 동일하므로 매출에서 차감하는 것이 타당하다고 발표한 점 등에 비추어 보면, 관세법 제33조 제1항 제1호가 정하고 있는 '특수관계가 없는 자에게 가장 많은 수량으로 국내에서 판매되는 단위가격을 기초로 하여 산출한 금액'은 일반적으로 인정된 회계원칙인 기업회계기준이 정한 바에 따라 '특수관계가 없는 자에게 가장 많은 수량으로 국내에서 판매한 매출액에서 판매장려금을 공제한 금액'이라고 봄이 상당하다.

다. 원심이 위와 같은 취지로 판단한 것은 정당하고, 거기에 관세법 제33조에 의한 과세가격결정 방법에 관한 법리를 오해한 잘못이 없다."(출처: 판례공보 2013(상), 574쪽)

13-5-4. (대법원 2015. 2. 26. 2013두14764 판결)

"「1994년도 관세 및 무역에 관한 일반협정 제7조의 이행에 관한 협정」 부속서 1의 제1조에 관한 주해는 "제8조에 조정하도록 규정된 사항 이외에 구매자가 자신의 계산(on his own account)으로 행한 활동은, 비록 판매자에게 이익이 되는 것으로 보인다 할지라도 판매자에 대한 간접적인 지급으로 간주될 수 없다. 따라서 이러한 활동의 비용은 과세가격을 결정할 때 실제지급가격에 부가될 수 없다."라고 규정하고, 나아가 "구매자가 자신의 계산(on his own account)으로 수입물품의 시장판매에 관련되는 활동을 수행할 경우 그 활동의 가치는 관세 과세가격의 일부가 되지 아니하며, 또한 이러한 활동이 거래가격을 거부하는

원인이 되지 못한다."라고 규정하고 있다.

2. 원심은 그 채택 증거에 의하여 판시와 같은 사실을 인정한 다음, 수입물품의 판매 촉진을 위하여 행하는 광고선전 활동은 시장판매에 관련되는 활동인 점, 배급수수료의 증가를 위하여 광고선전 활동을 할 필요가 있는 원고가 수입물품인 영화용 필름 등에 관한 광고선전 계약의 체결과 비용 지급 등 광고선전 활동을 직접 하고 있으므로, 이 사건 광고선전비의 지급은 구매자인 원고의 광고대행사 및 광고회사에 대한 의무일 뿐 판매자의 의무가 아닌 점 등을 종합하면, 원고가 이 사건 광고선전비를 지급함으로써 결과적으로 판매자에게도 이익이 된다 하더라도 이는 이 사건 수입물품의 과세가격에 포함되는 간접적인 지급액에 해당하지 아니한다는 이유로, 피고가 이 사건 광고선전비 상당액을 과세표준에 포함하여 이 사건 수입물품에 대한 부가가치세를 부과한 이 사건 각 처분이 위법하다고 판단하였다.

앞서 본 관련 규정과 법리에 비추어 기록을 살펴보면, 원심의 이러한 판단은 정당하고, 거기에 논리와 경험의 법칙에 반하여 사실을 인정하거나 관세의 과세가격에 포함되는 간접적인 지급액 등에 관한 법리를 오해한 잘못이 없다."(출처: 미간, 법원도서관 종합법률정보)

제14장   국제인권법

1. 국제인권규약

가. 표현의 자유

나. 국가보안법의 효력

다. 양심적 병역 거부

라. 개별 조항의 적용

2. 난민지위협약

1. 국제인권규약

[국내법 문제를 주로 취급하는 통상적인 법조인이 국제법과 조우할 가장 큰 가능성이 있는 분야는 국제인권법이다. 국제인권법은 국내 인권상황의 개선을 위하거나 의뢰인의 인권을 보호하기 위한 설득력 있는 수단의 하나이기 때문이다. 1990년 한국이 국제인권규약의 당사국이 된 이후 국내 법정에서는 종종 일정한 국내법률이 규약 내용에 위배된다는 주장이 제기되곤 한다. 그러나 아직까지 국내 재판에서 특정한 국내 법률이 규약과 충돌된다는 대법원이나 헌법재판소의 판단은 내려진 바 없다. 규약은 국내 법률을 해석할 때 참고하는 수준으로만 이용되고 있다. 그간 국내 재판에서 국제인권규약 위반이 주장되는 가장 많은 유형의 사건은 양심적 병역거부에 관한 건이었다. 매년 수백명의 양심적 병역거부자가 유죄판결을 받아 왔으며, 그 재판과정에서 거의 예외 없이 양심적 병역거부의 불인정은 「시민적 및 정치적 권리에 관한 국제규약」 제18조(사상·양심·종교의 자유) 위반이라고 주장되었기 때문이다. 한편 Human Rights Committee에 개인통보가 제기되어 한국 정부의 규약 위반 결정이 내려졌던 초기 사건에서는 국가보안법 위반에 대한 국내 법원의 유죄판결이 인권규약 위반이라는 판정을 받은 경우가 많았다. 그러나 국내 법원에서 국제인권규약과 국가보안법 간의 관계가 직접적으로 다루어진 사례는 그다지 많이 보고되지 않는다.]

가. 표현의 자유

14-1. 표현의 자유와 제3자 개입금지
(대법원 1999. 3. 26. 96다55877 판결. 원고, 상고인: 손○규. 피고, 피상고인: 대한민국)

[사안: 1991년 2월 경남 거제에 위치한 대우조선에서 노동쟁의가 발생하자, 대기업연대회의 회원들은 서울 근교에서 모임을 갖고 대우조선의 쟁의를 지지하는 성명을 채택했다. 이 성명서는 팩시밀리로 대우조선 노조에 전송되어 그 곳에서 대량으로 복사·배포되었다. 연대회의에 참석했던 ㈜금호 노조위원장 손○규는 다른 회원들과 함께 체포되어 (구)노동쟁의조정법상 제3자 개입금지조항 위반으로 구속·기소되었다. 그는 최종적으로 대법원에서 유죄 판결을 받았다. 손○규는 자신의 사건을 Human Rights Committee로 통보했다. 이는 한국 정부를 상대로 HRC에 제기된 최초의 개인통보사건이었다. HRC는 손○규가 자신의 행위로 유죄판결을 받음으로써 「시민적 및 정치적 권리에 관한 국제규약」 제19조 표현의 자유를 침해당했다고 판정내렸다. 그러나 한국정부는 표현의 자유 침해에 관한 HRC의 견해를 수용할 수 없다며 거부했다. 손○규는 HRC의 견해를 바탕으로 자신은 정당한 활동을 했음에도 불구하고 부당한 형사처벌을 받았다고 주장하며, 국가를 상대로 손해배상 청구소송을 제기했다. 본 판결은 이에 대한 대법원의 판단이다.]

"우리 나라가 가입한 '시민적 및 정치적 권리에 관한 국제규약'은 제19조 제2항에서 모든 사람은 표현의 자유에 대한 권리를 가진다고 규정한 다음, 같은 조 제3항에서는 위 권리의 행사는 법률의 규정에 의하여 타인의 권리·신용의 존중 또는 국가안보 또는 공공질서·공중보건·도덕의 보호 등을 위하여 필요한 경우에 한하여 제한할 수 있다고 규정함으로써 국가안보 또는 공공질서 등을 위하여 필요한 범위 내에서는 표현의 자유에 대한 권리 행사를 법률의 규정에 의하여 제한하는

것을 인정하고 있는바, 구 노동쟁의조정법 제13조의2는 노사분쟁 해결의 자주성 및 산업평화의 유지 등 공공질서를 위하여 필요한 범위 내에서 법령에 의하여 정당한 권한을 가진 자를 제외한 제3자가 쟁의행위에 관하여 관계 당사자를 조종·선동·방해하거나 기타 이에 영향을 미칠 목적으로 개입하는 행위를 금지한 것이다.

원심이 적법하게 인정한 사실과 기록에 비추어 보면 법령상 정당한 권한을 갖지 않는 제3자인 원고가 원심 판시와 같은 성명서 및 지지광고를 파업중인 대우조선 근로자들에게 배포하게 한 행위는 위 성명서 및 지지광고의 내용과 이를 배포한 의도, 경위, 수량 등을 감안하여 볼 때, 단순한 표현행위의 범위를 넘어 쟁의행위에 영향을 미칠 목적으로 개입한 행위로서 위 법률조항의 목적인 노사분쟁 해결의 자주성 및 산업평화의 유지를 위하여 금지할 필요가 있는 행위라고 인정되므로, 원고를 위 법률조항 위반의 죄로 처벌한 것이 위 국제규약 제19조의 취지에 반하여 표현의 자유를 침해한 것이라고 볼 수는 없다 할 것이다." (출처: 판례공보 제81호(1999. 5. 1.), 758쪽)

[해설] 위 사건에서 문제가 되었던 구 「노동쟁의조정법」상의 제3자 개입금지조항(제13조의2)은 1980년 신설되었는데 1997년 시행된 「노동조합 및 노동관계조정법」에 의해 그 규제가 완화되었다가, 2007년 7월 1일자로 폐지되었다. 이 판결문의 다른 부분은 본서 1-5 수록분 참조.

평석 유남석, 국제인권규약의 국내적 효력: '시민적 및 정치적 권리에 관한 국제규약'의 직접적용가능성, 판례실무연구 Ⅲ(박영사, 1999).
하정훈, 손종규 국가배상 사건 ― 국제법과 국내법의 관계: 대법원 1999. 3. 26. 선고 96다55877 사건, 인권판례평석(박영사, 2017).

14-2. 표현의 자유와 제3자 개입금지
(대법원 2008. 11. 13. 2006도755 판결)

"우리나라가 가입한 '경제적·사회적·문화적 권리에 관한 국제규약' 제8조 제1항은 위 규약의 당사국으로 하여금 모든 사람이 자신의 경제적,

사회적 이익을 증진시키거나 보호하기 위하여 노동조합을 결성하고 자신이 선택한 노동조합에 가입할 수 있는 권리를 확보하도록 하면서, 위 권리의 행사는 국가안보·공공질서·타인의 권리와 자유의 보호를 위해 법률로 정한 바에 따라 필요한 경우에 한하여 제한할 수 있다고 규정하고 있고, '시민적·정치적 권리에 관한 국제규약'은 제19조 제2항에서 모든 사람은 표현의 자유에 대한 권리를 가진다고 규정한 다음, 같은 조 제3항에서는 위 권리의 행사는 법률의 규정에 의하여 타인의 권리·신용의 존중 또는 국가안보·공공질서·공중보건·공중도덕의 보호 등을 위하여 필요한 경우에 한하여 제한할 수 있다고 규정하고 있으며, 한편 우리나라가 가입한 국제노동기구 헌장 전문 및 그 부속서는 표현 및 결사의 자유에 관하여 선언하고 있다.

그런데 구 노동쟁의조정법 제13조의2는 법령에 의하여 정당한 권한을 가진 자를 제외한 제3자가 쟁의행위에 관하여 관계 당사자를 조종·선동·방해하거나 기타 이에 영향을 미칠 목적으로 개입하는 행위만을 금지하고 있을 뿐 노동조합 결성 및 가입이나 결사의 자유를 제한하고 있지 않으므로, 위 규정이 노동조합 결성 및 가입의 자유를 보장하고 있는 '경제적·사회적·문화적 권리에 관한 국제규약' 제8조 제1항이나 결사의 자유에 관하여 선언하고 있는 국제노동기구 헌장 전문 및 그 부속서에 위반된다고 볼 수 없다.

나아가 구 노동쟁의조정법 제13조의2가 '시민적·정치적 권리에 관한 국제규약' 제19조 제2항이나 국제노동기구 헌장 부속서에서 보장하고 있는 표현의 자유를 제한하고 있기는 하나, 이는 쟁의행위를 함으로써 입게 되는 손해의 위험은 노동관계의 당사자가 스스로 부담하는 것이기 때문에 쟁의행위를 할 것인지의 여부와 그 방법, 정도의 선택 또한 노동관계 당사자의 책임 아래 자주적으로 이루어지지 않으면 안 되는데, 노동관계 당사자 사이의 쟁의행위에 제3자가 의사결정을

조종·선동·방해할 정도로 끼어들어 쟁의를 유발하거나 진행중인 쟁의를 확대, 과격화시키거나 또는 제압, 중단시키는 등 당사자 사이의 자주적인 쟁의해결을 저해하게 되면, 쟁의행위는 노동관계 당사자의 위험부담 아래 진행되면서도 근로자의 임금 및 근로조건의 향상과는 관계없는 목적에 의하여 왜곡될 수 있고, 그와 같이 왜곡된 쟁의행위는 사용자나 근로자의 이익은 물론, 산업평화의 유지에도 도움이 되지 않을 뿐만 아니라 나아가서는 국민경제 발전의 걸림돌이 되게 된다는 점을 고려하여, 노사분쟁 해결의 자주성 및 산업평화의 유지 등 공공질서를 위하여 필요한 범위 내에서 법령에 의하여 정당한 권한을 가진 자를 제외한 제3자가 쟁의행위에 관하여 관계 당사자를 조종·선동·방해하거나 기타 이에 영향을 미칠 목적으로 개입하는 행위를 금지하고자 하는 데 그 입법 취지가 있는 점(헌법재판소 1990. 1. 15. 선고 89헌가103 결정 참조), '시민적·정치적 권리에 관한 국제규약' 제19조 제3항 역시 공공질서 등을 위하여 필요한 경우 법률에 의하여 표현의 자유를 제한할 수 있도록 규정하고 있는 점 등에 비추어 볼 때, 구 노동쟁의조정법 제13조의2가 표현의 자유를 보장하고 있는 '시민적·정치적 권리에 관한 국제규약' 제19조나 국제노동기구 헌장 부속서 등에 위반된다고 볼 수 없다." (출처: 판례공보 2008(하), 1695쪽)

평석 김성수, 구 노동쟁의조정법상 제3자 개입금지 조항: 대법원 2008. 11. 13. 선고 2006도755 판결, 인권판례평석(박영사, 2017).

14-3. 표현의 자유와 모욕죄
(헌법재판소 2013. 6. 27. 2012헌바37 결정. 형법 제311조 위헌소원)

[사안: "공연히 사람을 모욕한 자는 1년 이하의 징역이나 금고 또는 200만 원 이하의 벌금에 처한다"는 형법 제311조 모욕죄의 규정 내용이 표현의 자유를 침해한다고 주장하며, 헌법소원심판이 청구되었다. 합헌의견이 다수였으나, 3인 소수

의견은 위헌이라고 판단했고 그 과정에서 국제인권규약 내용도 검토되었다. 소수의견의 해당부분만 발췌한다.]

재판관 박한철, 김이수, 강일원의 위헌의견:

"모욕행위를 형사처벌하는 것은 국제인권기준에도 부합하지 않는 측면이 있다. 우리나라가 당사국으로 가입함으로써 헌법 제6조 제1항에 의하여 국내법과 같은 효력이 있는 국제인권조약인 '시민적 및 정치적 권리에 관한 국제규약' 제19조는 표현의 자유를 규정하고 있다. 위 규약상 기관인 인권이사회(Human Rights Committee)의 제19조 의견과 표현의 자유에 관한 일반논평 제34호는 사실적 주장이 아닌 단순한 견해표명에 대해 법적 책임을 지울 수 없다고 선언하였다. 또한 당사국들이 명예에 관한 죄를 비범죄화하는 것을 고려하여야 하고, 형사처벌은 매우 심각한 경우에 한하여 적용되어야 하며, 특히 징역형은 어떠한 경우에도 적절한 형벌이 될 수 없다고 한 바 있다. 의견과 표현의 자유에 대한 유엔 특별보고관은 한국의 명예에 관한 죄가 표현의 자유에 대하여 지나친 위축효과를 가져온다고 하면서, 민법상 명예훼손에 대하여 손해배상청구소송이 가능하기 때문에 형사처벌은 정당화될 수 없다고 지적하며 형법에서 명예에 관한 죄를 삭제할 것을 권고하였다." (출처: 헌법재판소 판례집 제25권 1집, 506쪽)

14-4. 알 권리와 구치소내 기사삭제 처분
(헌법재판소 1998. 10. 29. 98헌마4 결정. 일간지 구독금지처분 등 위헌확인)

[사안: 이 사건의 피청구인(영등포 구치소장)은 1997. 11. 12.부터 1998. 2. 5.까지 청구인이 자비로 구독하던 한겨레신문과 문화일보 기사 중 일부를 삭제해 전달했다. 청구인은 이 같은 행위가 헌법상 인간으로서의 존엄과 가치 및 행복추구권(제10조), 평등권(제11조 제1항), 알 권리(제21조 제1항), 무죄로 추정될 권리(제27조 제4항) 및 기본권의 본질적 내용 침해 금지(제37조) 등과 또한 1990년 우리나라가 비준한 바 있는 「시민적 및 정치적 자유에 관한 국제인권규약」 제19조에 위배된다고 주장했다.]

"신문기사 삭제행위가 청구인의 알 권리를 과잉 제한한 것이라 할 수 없고, 알 권리의 본질적 내용을 침해하였다 할 수 없다. […] 또한 위 삭제행위가 청구인의 인간의 존엄성을 침해한 것이라 볼 만한 자료도 없으며, 앞에서 알 권리의 침해여부에 관하여 판단한 바와 같은 이유로 청구인의 행복추구권 내지 일반적 행동자유권 침해나 국제인권규약 위배주장은 이유가 없다." (출처: 헌법재판소 판례집 제10권 2집, 637쪽)

평석 노기호, 미결수용자의 열람의 자유: 헌법재판소 98헌마4 결정과 관련하여, 인권과 정의 1999년 1월호.

나. 국가보안법의 효력

14-5. 국제인권규약과 국가보안법
(대법원 1993. 12. 24. 93도1711 판결. 국가보안법위반. 원심 판결: 육군고등군사법원 1993. 5. 11. 91노292 판결)

"「시민적및정치적권리에관한국제규약」에 의하여 설치된 인권이사회에서 소론과 같이 국가보안법의 문제점을 지적한 바 있다고 하더라도 그것만으로 국가보안법의 효력이 당연히 상실되는 것은 아니라 할 것이며, 또 현재까지 국가보안법이 그대로 시행되고 있는 이상 한청련 설립자라는 공소외인의 입국이 허가되었다고 해서 한청련에 대해 국가보안법의 적용을 면제 내지 유보하겠다는 법집행의 관행이 생겨난 것은 아니라 할 것이므로 피고인을 국가보안법위반죄로 처벌하는 것이 소론 주장과 같이 국제인권규약에 위반된다거나 형평을 잃고 모순되는 법적용이라고 할 수는 없다 할 것이다." (출처: 법원공보 제962호(1994. 2. 15.), 578쪽)

14-6. 국제인권규약과 국가보안법
(대전지방법원 1999. 4. 1. 98고합532 판결. 국가
보안법 위반, 폭력행위등처벌에 관한 법률위반, 업
무방해)

"다. 국가보안법 제7조 소정의 규정들을 이와
같이 해석하는 것이, 헌법재판소가 1992. 1. 28.
89헌가8 결정에서 개정전 국가보안법 제7조 제5
항, 제1항에 대하여 이를 합헌으로 결정하면서도
그 규정의 해석에 있어서는 그 소정행위에 의하
여 국가의 존립·안전이나 자유민주적 기본질서
에 실질적 해악을 줄 명백한 위험성이 있는 경우
에만 처벌되는 것으로 축소제한 해석하여야 한다
는 취지로 판시한 것에도 부합하는 것이라고 보
여진다.

라. 또한 대한민국은 1990. 7. 10. 국제연합의
시민적 및 정치적 권리에 관한 국제규약(B규약)
및 위 규약의 선택의정서(B규약 선택의정서)에 가
입하여 국제인권규약의 당사국이 됨으로써 위 국
제인권규약에 따른 인권이사회의 권한을 인정하
고 위 규약에서 인정되는 권리를 국내에서 실현
하기 위한 필요한 조치를 취하여야만 인권보장에
대한 실질적인 국제법상의 의무를 부담하게 되었
다. 그런데 우리법원이 위 국제인권규약의 당사국
이 된 이후에 공소외 박태훈 및 김근태에 대한 국
가보안법위반사건[1]에서 위 박태훈이 가입한 재미
한국청년연합(이하 한청련이라고만 한다)이나 위 김
근태가 가입한 전국민족민주운동연합(이하 전민련
이하고만 한다)이 그 강령 및 기본이념 등에 있어
북한의 주장 및 활동과 그 궤를 같이 한다고 인정
하여 구 국가보안법(1991. 5. 31. 법률 제4373호로
개정되기 전의 것) 제7조 제3항, 제1항 소정의 이적
단체로 판단한 뒤, 이에 가입하여 활동한 이들에

게 국가보안법(이적단체가입)위반죄를 적용하여 유
죄를 선고하였고, 위 각 판결들이 그대로 확정되
었으나, 위 인권이사회는 국제인권규약에 따라 위
사건을 접수하여 심리한 결과, 위 박태훈, 김근태
의 위와 같은 행위들을 처벌한 위 유죄판결들은
모두 국제인권규약 제19조 소정의 표현의 자유
및 그 제한에 관한 규정[2]을 위반한 것이라는 취
지의 견해를 채택하여 통보번호 628-1995호 및
574-1994호로써 대한민국에 통보하면서, 특히,
위와 같이 판결한 사법부에 직접 위 인권이사회
의 견해를 통보할 것을 요구하고 있다. 이에 관하
여 보건대, 대한민국은 헌법 제6조 제1항에서 '헌
법에 의하여 체결·공포된 조약과 일반적으로 승
인된 국제법규는 국내법과 동일한 효력을 가진다'
라고 규정함으로써 국제법을 국내법에 수용하고
이를 존중하는 국제법존중주의 입장을 취하고 있
음에 비추어 볼 때, 대한민국은 구체적인 위 사건
들에 대하여 위 인권이사회의 결정에 따른 조치
를 취할 국제법상의 의무를 부담하는 것은 물론
이고 나아가 사법부를 포함한 국가기관은 국가보
안법에 관한 위 인권이사회의 견해를 가능한 한
최대한 수용하는 것이 바람직하다고 할 것이다.
이러한 국제법존중의 입장에서 국내법을 해석, 적
용하는 것은 단지 국제기준에 따른 인권보장을
이루는 것일 뿐만 아니라, 오히려 이러한 국제적
기준에 따라 우리 국민의 기본권 인권을 보장함
으로써 국내사회에 있어서의 정치, 경제, 사회, 문

---

[1] 위 박태훈에 대한 판결은, 하급심이 육군고등군사
법원 1993. 5. 11. 91노292호 판결, 그에 대한 대법
원판결이 1993. 12. 24. 93도1711 판결임, 위 김근
태에 대한 판결은 하급심이 서울지방법원 1990. 8.
24. 90노6450호 판결, 그에 대한 대법원판결이
1991. 4. 26. 91도353 판결임. - 원 판결상의 주.

[2] 1. 모든 사람은 간섭을 받지 아니하고 의견을 가질
권리를 가진다. 2. 모든 사람은 표현의 자유에 관
한 권리를 가진다. 이 권리는 구두, 서면, 또는 인
쇄, 예술의 형태 또는 스스로 선택하는 기타의 권
리를 통하여 국경에 관계없이 모든 종류의 정보와
사상을 추구하고 접수하며 전달하는 자유를 포함
한다. 3. 위 제2항에 규정된 권리의 행사에는 특별
한 의무와 책임이 따른다. 따라서, 그러한 권리의
행사는 일정한 제한을 받을 수 있다. 다만 그 제한
은 법률에 의하여 규정되고 또한 다음사항을 위하
여 필요한 경우에만 한정된다. (가) 타인의 권리
또는 신용의 존중 (나) 국가안보 또는 공공질서,
공중보건 또는 도덕의 보호. - 원 판결상의 주.

화의 각 분야의 발전에 이바지함과 아울러 인류사회문화발전에 기여하는 기틀을 마련하는 것이라고 할 것이며, 궁극적으로는 이러한 국제법존중은 국내판결에 의한 국내법의 실현이 곧바로 국제법의 실현이며 이를 통하여 인류공통의 문화발전을 이루는 것이라고 하지 않을 수 없다. 따라서, 위 인권이사회의 결정이 있는 이상, 향후 국가보안법을 해석, 적용함에 있어서는 앞서의 한청련이나 전민련에 관한 위 인권이사회의 결정 및 해석기준을 깊이 고려하여, 반국가활동성 및 이적목적성을 판단하여야만 할 것이다.

마. 나아가, 이러한 취지와 최근의 남북관계 및 국제정세의 변화에 따라 일고 있는 국가보안법 제7조 등과 관련된 국가보안법 개정 움직임 등을 참작하여 볼 때, 위 제7조 소정의 규정들을 위와 같이 엄격하게 해석함이 타당하다고 보여진다(이와는 다른 대법원 1993. 12. 24. 선고 93도1711 판결, 1998. 7. 28. 선고 98도1395 판결들은 위 판결 이후 생긴 앞서 본 바와 같은 사정변경에 비추어 그 법리해석의 변경이 필요하다고 보여진다). [⋯]

그렇다면 검사가 제출한 이 사건 증거들을 종합하여 살펴보아도 합리적인 의심의 여지없이 피고인이 반국가단체의 활동을 찬양·고무하고 이에 동조하는 한편 이러한 행위를 목적으로 이적단체인 제6기 한총련에 가입하였고, 반국가단체의 활동을 찬양·고무·선전 또는 이에 동조하는 행위를 목적으로 이적표현물을 취득·소지하였다고 단정하기는 어렵고 달리 위 공소사실을 인정할 만한 증거를 발견할 수 없으므로, 결국 이 사건 공소사실 중 각 국가보안법위반의 점은 범죄의 증명이 없는 경우에 해당되므로 형사소송법 제325조 후단에 의하여 피고인에 대하여 무죄를 선고한다." (출처: 서울국제법연구 제7권 1호(2000), 135쪽)

14-6-1. 위 항소심

(대전고등법원 1999. 11. 19. 99노229 판결(확정))

"[1심과 달리 재판부는 국가보안법 제7조 3항 이적단체 구성 및 가입과 제7조 5항 이적 표현물 취득에 관하여 피고의 유죄를 인정했다. 이어서 국가보안법과 국제인권규약간의 관계를 다음과 같이 설명하였다. - 필자 주]

"㈐ 국가보안법과 국제인권규약 및 인권이사회 통보와의 관계

1) 인정사실

이 사건 기록에 의하면 다음의 사실을 인정할 수 있다.

① 대한민국은 1990. 7. 10. 국제연합의 국제인권규약에 가입함으로써 국제인권규약에 의하여 설치된 국제인권이사회의 권한을 인정하고 국제인권규약에서 인정되는 권리를 국내에서 실현하기 위하여 필요한 조치를 취하여야만 하는 국제법상의 의무를 부담하게 되었다.

② 대한민국 법원은 대한민국이 국제인권규약의 당사국이 된 이후에 공소외 박태훈, 김근태에 대한 각 국가보안법위반사건에서, 박태훈이 가입한 재미한국청년연합(이하 '한청련'이라 한다)이나 김근태가 가입한 전국민족민주운동연합(이하 '전민련'이라 한다)이 그 강령 및 기본이념 등에 있어 북한의 주장 및 활동과 그 궤를 같이 한다고 인정하여 구 국가보안법(1991. 5. 31. 법률 제4373호로 개정되기 전의 것) 제7조 제3항, 제1항 소정의 이적단체로 판단한 뒤 이에 가입하여 활동한 이들에게 국가보안법위반(이적단체가입)죄를 적용하여 유죄를 선고하였으며 그 판결들은 그대로 확정되었다.

③ 그런데 국제인권이사회는 국제인권규약에 따라 위 사건을 접수하여 심리한 결과, 1998. 10.경 및 같은 해 11.경 박태훈, 김근태의 위와 같은 행위들을 처벌한 유죄판결들은 모두 국제인권규약 제19조 소정의 표현의 자유 및 그 제한에 관한 규정을 위반한 것이라는 취지의 견해를 채택하여 통보번호 628-1995호 및 574-1994호로써 대한민국에 통보하면서, 위와 같이 판결한 사법부에 직접 국제인권이사회의 견해를 통보할 것을 요구하였다.

2) 판단

살피건대, 국제인권규약의 규정(제19조 제3항 b 호)에 의하더라도 국제인권규약 제19조 소정의 표현의 자유는 국가안보 또는 공공질서를 위하여 필요한 경우 법률에 의하여 제한할 수 있는 것으로서 대한민국이 국제인권규약에 가입한 뒤 1991. 5. 31. 법률 제4373호로 개정된 국가보안법은 제7조 제3항, 제5항에서 국가의 존립·안전이나 자유민주적 기본질서를 위하여 이적단체에 가입하거나 이적표현물을 취득하는 행위 등을 처벌한다고 규정하고 있으므로 위 법조항 소정의 행위에 대하여 위 법조항을 적용하여 처단하는 것은 정당하고 이를 국제인권규약의 규정에 위배된다고 볼 수 없다 할 것이다.

또한 국제인권이사회에서 대한민국이 박태훈의 한청련 가입·활동행위와 김근태의 전민련 가입·활동행위에 대하여 구 국가보안법위반죄로 유죄판결을 선고한 것을 들어 국제인권규약 제19조 소정의 표현의 자유 및 그 제한에 관한 규정을 위반한 것이라는 취지의 견해를 채택하고 이를 대한민국에 통보한 바 있다 하더라도 그것만으로 국가보안법의 효력이 상실되는 것은 아니며, 피고인을 국가보안법위반죄로 처벌하는 것이 국제인권규약에 위배된다고 할 수는 없다 할 것이다.

㈐ 소결론

따라서 위 제2. 가. ⑵항에서 본 바와 같은 이유를 들어 피고인이 제6기 한총련에 가입하고 이 사건 표현물을 취득한 행위에 대하여 무죄로 판단한 원심은 사실을 오인하거나 국가보안법상의 이적단체, 이적표현물 및 이적목적에 관한 법리를 오해하여 판결에 영향을 미친 위법을 범하였다고 할 것이므로 검사의 위 주장은 이유 있다.

나아가, 원심은 피고인이 반국가단체를 고무·찬양함으로써 국가보안법 제7조 제1항의 규정을 위반하였다는 점으로는 공소가 제기되지 아니하였음에도 불구하고 이 점에 관하여 실체판단을 하고 무죄를 선고함으로써 불고불리의 원칙을 위

반한 잘못을 범하였다.

나. 직권판단

한편, 직권으로 보건대, 원심판결 중 각 국가보안법위반의 점은 사실을 오인하거나 법리를 오해하여 판결에 영향을 미친 위법이 있으므로 파기되어야 하며, 이 부분은 원심이 유죄로 인정한 폭력행위등처벌에관한법률위반 및 업무방해의 범죄사실과 형법 제37조 전단의 경합범관계에 있어 하나의 형을 선고하여야 하는 경우이므로 결국 원심판결은 전부 파기를 면할 수 없다 할 것이다.”(출처: 서울국제법연구 제7권 1호(2000), 144쪽)

다. 양심적 병역거부

[한국에서 연평균 600명 내외의 양심적 병역거부자가 유죄판결을 받았다고 하며, 당연히 이에 관한 판례도 무수히 많다. 양심적 병역거부 사건은「시민적 및 정치적 권리에 관한 국제규약」의 Human Rights Committee(HRC)에 단골 통보사항이기도 했다. 여호와의 증인 신도로 병역을 거부해 유죄판결을 받은 윤여범·최명진 사건에 대해 2007년 HRC가 규약 제18조 위반이라는 판정을 내린 이래, 약 500명 이상의 한국인이 HRC로부터 동일한 판정을 받았다. 2018년 상반기까지 국내 사법부는 병역거부자의 대체복무를 인정하고 있지 않은 현행 병역법이 헌법 제19조의 양심의 자유나 제20조 종교의 자유를 침해하지 않으며 규약 내용에도 어긋나지 않는다는 입장에 일관해왔다. 2018년 6월 헌법재판소는 7:2로 양심적 병역거부자를 위한 대체복무제가 규정되지 않은 병역법 조항에 대해 헌법불합치 판정을 내리고, 2019년 말까지 개정하라는 결정을 내렸다(아래 14-10 결정). 다만 양심적 병역거부자를 처벌하는 조항에 대해서는 합헌 판정을 내렸다. 한편 법원 하급심부터 양심적 병역거부자에 대한 무죄 판결이 늘어나 왔고, 이 때 주요 근거중의 하나가 국제사회의 동향이었다. 아직 고등법원에서까지만

무죄 판결이 내려지고 있다.

HRC가 2017년 말까지 한국의 양심적 병역거부자에 대한 유죄판결이 「시민적 및 정치적 권리에 관한 국제규약」 제18조 사상·양심·종교의 자유 위반이라고 판정한 사건 목록은 다음과 같다. 뒤는 결정문서 번호.

① 윤여범·최명진: CCPR/C/88/D/1321 – 1322/ 2004(2007).

② 오태양 등 12명: CCPR/C/98/D/1593 – 1603/ 2007(2010).

③ 정민규 등 100명: CCPR/C/101/D/1642 – 1741/2007(2011).

④ 김종남 등 388명: CCPR/C/106/D/1786/2008 (2012)].

14-7. 양심적 병역거부
(대법원 2007. 12. 27. 2007도7941 판결)

"1. 상고이유의 요지는 양심적 병역거부권이 시민적 및 정치적 권리에 관한 국제규약(International Covenant on Civil and Political Rights, 1990. 7. 10. 대한민국에 대하여 발효된 조약 제1007호. 이하 '규약'이라고만 한다) 제18조 제1항에 의하여 보장되고 있으므로, 종교적 양심에 기한 병역의무의 거부는 병역법 제88조 제1항의 '정당한 사유'에 해당한다는 것이다.

2. 규약 제18조는, "사람은 사상, 양심 및 종교의 자유를 향유할 권리를 가진다. 이러한 권리는 스스로 선택한 종교나 신념을 가지거나 받아들일 자유와 또는 다른 사람과 공동으로 공적 또는 사적으로 예배의식, 행사 및 선교에 의하여 그의 종교나 신념을 표명하는 자유를 포함한다(제1항). 어느 누구도 스스로 선택한 종교나 신념을 가지거나 받아들일 자유를 침해하게 될 강제를 받지 아니한다(제2항). 자신의 종교나 신념을 표명하는 자유는, 법률에 규정되고 공공의 안전, 질서, 공중보건, 도덕 또는 타인의 기본적 권리 및 자유를 보호하기 위하여 필요한 경우에만 제한받을

수 있다(제3항)."고 규정하고 있다.

살피건대, 규약 제18조는 물론, 규약의 다른 어느 조문에서도 양심적 병역거부권(right of conscientious objection)을 기본적 인권의 하나로 명시하고 있지 않으며, 규약의 제정 과정에서 규약 제18조에 양심적 병역거부권을 포함시키자는 논의가 있었던 것은 사실이나, 제정에 관여한 국가들의 의사는 부정적이었던 것으로 보인다.

한편, 규약이 양심적 병역거부권이나 대체복무제도 자체를 전혀 인식치 못하고 있는 것도 아니다. 강제노역금지에 관한 규약 제8조 제3항 (C) 제(ⅱ)호에서 "군사적 성격의 역무 및 양심적 병역거부가 인정되고 있는 국가에 있어서는 양심적 병역거부자에게 법률에 의하여 요구되는 국민적 역무(any service of a military character and, in countries where conscientious objection is recognized, any national service required by law of conscientious objectors)"를 규약상 금지되는 강제노역의 범주에서 제외되는 것 중 하나로 규정하고 있다. 여기서 "양심적 병역거부가 인정되고 있는 국가에 있어서는(where conscientious objection is recognized)"이라는 표현은, 개개의 가입국이 양심적 병역거부권 및 대체복무제도를 인정할 것인지 여부를 결정할 수 있다는 것을 전제로 한 것이라 할 수 있다. 즉, 제8조의 문언에 비추어 볼 때, 규약은 가입국으로 하여금 양심적 병역거부를 반드시 인정할 것을 요구하고 있지 않다.

3. 그러나 규약 제18조 제1항에는 이른바 양심형성의 자유와 양심상 결정의 자유를 포함하는 내심적 자유뿐만 아니라 종교나 신념에 기한 결정을 외부로 표현하고 실현할 수 있는 자유도 함께 포함되어 있음이 문면상 명백하다. 따라서 앞서 본 바와 같이, 규약 제18조로부터 개인의 국가에 대한 독자적인 권리로서 국가적 의무의 이행을 거부할 권리, 즉 양심적 병역거부권이 당연히 도출될 수는 없다 하더라도, 자신이 믿는 종교적 교리에 좇아 형성된 인격적 정체성을 지키기 위

한 양심의 명령에 따라 현역병 입영을 거부하는 것은, 적어도 소극적 부작위에 의한 양심의 표명 행위에는 해당된다고 보아야 할 것이다(대법원 2004. 7. 15. 선고 2004도2965 전원합의체 판결 등 참조). 그리고 병역법 제88조 제1항 제1호에 의하면 현역입영 통지서를 받은 사람이 정당한 사유 없이 입영기일부터 3일의 기간이 경과하여도 입영하지 아니한 때에는 3년 이하의 징역에 처하도록 규정하고 있으며, 양심에 반한다는 이유로 현역입영을 거부하는 자에 대하여 병역의무를 면제하거나 혹은 순수한 민간 성격의 복무로 병역의무의 이행에 갈음할 수 있도록 하는 그 어떠한 예외조항도 두고 있지 아니하므로, 병역법 제88조 제1항은 규약 제18조 제3항에서 말하는 양심표명의 자유에 대한 제한 법률에 해당한다.

그리고 앞서 본 규약 제8조와의 관계 등을 고려할 때, 규약 제18조 제1항의 양심 표명의 자유의 일환으로 양심적 병역거부를 인정한다 하더라도, 첫째 대체복무제도를 두지 아니한 것 그 자체가 규약 위반으로 평가될 수는 없고, 둘째 단지 상당수의 가입국들이 징병제도를 폐지하거나 순수 민간적 성격의 대체복무제도를 두고 있다는 현실에 기반하여 그러한 가입국들과 문제가 되는 가입국이 처한 현실과 병력 유지의 필요성만을 비교하여 규약 위반 여부를 가리는 것은 적절치 못하며, 어디까지나 해당 가입국의 역사와 안보환경, 사회적 계층 구조, 정치적, 문화적, 종교적 또는 철학적 가치 등 국가별로 상이하고도 다양한 여러 요소에 기반한 정책적 선택이 존중되어야 한다. 결국, 양심적 병역거부자들에게 병역의무의 면제를 부여할 것인지 여부 혹은 순수한 민간 성격의 대체복무제도를 도입할 것인지 여부에 관하여는 가입국의 입법자에게 광범위한 재량이 부여되어야 한다.

국가안보는 국가의 존립과 개개인이 누리는 모든 자유의 전제조건을 이루는 것으로서 무리한 입법적 실험을 할 것을 요구할 수는 없다. 남북한

사이에 평화공존관계가 정착되고, 우리 사회에 양심적 병역거부자에 대한 이해와 관용이 자리잡음으로써 그들에게 대체복무를 허용하더라도 병역의무의 이행에 있어서 부담의 평등이 실현되며 사회통합이 저해되지 않는다는 사회공동체 구성원의 공감대가 형성되지 아니한 현재로서는, 대체복무제를 도입하기는 어렵다고 본 입법자의 판단이 현저히 불합리하다거나 명백히 잘못되었다고 볼 수 없다.

따라서 장차 여건의 변화로 말미암아 양심의 자유 침해 정도와 형벌 사이의 비례관계를 인정할 수 없음이 명백한 경우에 조약 합치적 해석 혹은 양심우호적 법적용을 통하여 병역법 제88조 제1항 소정의 '정당한 사유'에 해당한다고 보아 적용을 배제할 여지가 전혀 없다고는 단정할 수 없겠으나, 현재로서는 대체복무제도를 두지 아니하였다 하여 규약 위반으로 평가할 수는 없고, 또한 양심적 병역거부자에게 병역의무 면제나 대체복무의 기회를 부여하지 아니한 채 병역법 제88조 제1항 위반죄로 처벌한다 하여 규약에 반한다고 해석되지는 아니한다." (출처: 판례공보 2008년(상), 183쪽)

> **평석** 최동렬, 양심적 병역거부자를 병역법 제88조 제1항 위반죄로 처벌하는 것이 '시민적 및 정치적 권리에 관한 국제규약'에 위반되는지 여부, 대법원판례해설 제74호(법원도서관, 2008).
> 김영식, 양심적 병역거부권: 대법원 2007. 12. 27. 선고 2007도7941 판결, 인권판례평석(박영사, 2017).

14-8. 양심적 병역거부
(헌법재판소 2004. 8. 26. 2002헌가1 결정. 병역법 제88조 제1항 제1호 위헌제청)

[사안: 이 결정은 헌법재판소가 다룬 최초의 양심적 병역거부 사건이다. 다수의견은 국제법적 논점에 대한 언급은 없이 합헌의 결론을 내렸으나 다음과 같은 입법자에 대한 권고를 포함하고 있었으며, 위헌이라고 판단한 소수의견에서만 국제법적 논점이 언급되었다.]

"사. 입법자에 대한 권고

(1) 양심적 병역거부의 문제는 이제 우리나라에서도 국가공동체의 주요한 현안이 되었다. 이미 오래 전부터 여호와의 증인을 중심으로 종교적 양심을 이유로 병역을 거부하는 현상이 존재하였고, 최근에는 이러한 현상이 불교신자, 평화주의자들에게까지 확산되는 것을 엿볼 수 있다. 병역기피자는 이 사건 법률조항에 의하여 형사처벌을 받는 것은 물론이고, 공무원, 임·직원으로의 취업을 제한받고 각종 관허업의 허가·인가·면허 등을 받을 수 없으며(병역법 제76조), 형사처벌을 받은 후에도 공무원임용자격이 상당한 기간 동안 박탈되는 등(국가공무원법 제33조 등) 사회적으로 막대한 불이익을 받게 된다.

양심적 병역거부자의 수는 비록 아직 소수에 불과하나, 입법자는 이 사건 법률조항의 시행으로 인하여 양심갈등의 상황이 집단적으로 발생한다는 것을 그 동안 충분히 인식하고 확인할 수 있었으므로, 이제는 양심적 병역거부자의 고뇌와 갈등 상황을 외면하고 그대로 방치할 것이 아니라, 이들을 어떻게 배려할 것인가에 관하여 진지한 사회적 논의를 거쳐 나름대로의 국가적 해결책을 찾아야 할 때가 되었다고 판단된다.

국제적으로도 이미 1967년부터 유럽공동체, 국제연합의 차원에서 양심적 병역거부를 인정하여야 한다는 결의를 반복하기에 이르렀고, 1997년 국제연합의 조사에 의할 때, 징병제를 실시하는 93개국 중 양심적 병역거부를 전혀 인정하고 있지 않는 국가는 약 절반에 불과할 정도로 이미 많은 국가에서 입법을 통하여 이 문제를 해결하고 있다.

(2) 입법자는 헌법 제19조의 양심의 자유에 의하여 공익이나 법질서를 저해하지 않는 범위 내에서 법적 의무를 대체하는 다른 가능성이나 법적 의무의 개별적인 면제와 같은 대안을 제시함으로써 양심상의 갈등을 완화해야 할 의무가 있으며, 이러한 가능성을 제공할 수 없다면, 적어도 의무 위반시 가해지는 처벌이나 징계에 있어서 그의 경감이나 면제를 허용함으로써 양심의 자유를 보호할 수 있는 여지가 있는가를 살펴보아야 한다.

그러므로 입법자는 양심의 자유와 국가안보라는 법익의 갈등관계를 해소하고 양 법익을 공존시킬 수 있는 방안이 있는지, 국가안보란 공익의 실현을 확보하면서도 병역거부자의 양심을 보호할 수 있는 대안이 있는지, 우리 사회가 이제는 양심적 병역거부자에 대하여 이해와 관용을 보일 정도로 성숙한 사회가 되었는지에 관하여 진지하게 검토하여야 할 것이며, 설사 대체복무제를 도입하지 않기로 하더라도, 법적용기관이 양심우호적 법적용을 통하여 양심을 보호하는 조치를 취할 수 있도록 하는 방향으로 입법을 보완할 것인지에 관하여 숙고하여야 한다."

재판관 김경일 및 전효숙의 반대의견:

"(3) 양심적 병역거부는 국제법규 측면에서도 인정할 필요성이 높다.

1966년 국제연합(UN)에서 채택한 '시민적, 정치적 권리에 관한 국제규약(International Covenant on Civil and Political Rights)' 제18조는 사상, 양심 그리고 종교의 자유를 보장하고 있고, 1993년 국제연합인권이사회(Human Rights Committee)는 사상, 양심 그리고 종교의 자유에 관한 일반의견 제22호(General Comment No. 22)에서 "치명적인 무력을 사용할 의무는 양심의 자유와 자신의 종교 혹은 믿음을 표현하는 권리와 심각하게 충돌할 수 있으므로 양심적 병역거부권이 위 제18조 규정에서 도출될 수 있는 것으로 본다."고 하였다.

국제연합인권위원회(Commission of Human Rights)도 반복된 결의를 통하여 같은 입장을 밝혔다. 예를 들면 위 위원회는 1987년 결의 제46호에서 "일반적인 양심적 병역거부권을 인정한다."고 명시하였고, 1993년 결의 제84호에서 양심적 병역거부자들에 대한 처벌금지와 함께 "대체복무는 비전투 또는 민간복무의 형태로서 공공의 이익을 위한 것이어야 하고 형벌적인 성격을 가져서는 안된다."고 하였다. 또한 1998년 결의 제77호에서 양심적 병역거부권을 재차 확인하면서 군복무 중인 자에게도 인정됨을 선언하고, 대체복무제도의 도입과 함께 양심적 병역거부자의 주장에 대하여 판단할 독립적이고 공정한 결정기관의 설립, 이들에 대한 구금 및 반복적 형벌부과 금지, 경제·사회·문화·시민 또는 정치적 권리 등에서의 차별금지, 양심적 병역거부로 인하여 박해를 피해 자국을 떠난 사람들을 난민으로서 보호할 것 등을 각 국에 요청하였다.

우리나라는 1990년에 위 규약에 제18조에 대한 아무런 유보 없이 가입하였고, 1991년에 국제연합회원국이 되었으며, 2004년의 결의를 포함하여 양심적 병역거부권을 인정하여야 한다는 인권위원회의 최근 결의들에 직접 동참하기도 하였다. 양심적 병역거부권을 이미 많은 나라에서 인정하고 있고 우리나라와 같이 양심적 병역거부로 많은 사람이 처벌된 국가는 드물다는 사실뿐 아니라, 우리의 법률과 관행이 위와 같은 국제법규와도 도저히 조화될 수 없음에 비추어 보더라도 더 이상 이 문제를 외면하거나 미룰 수 없으며 대안을 적극적으로 모색할 필요성이 있다. […]

이상에서 살펴본 바와 같이 입법자가 이 사건 법률조항에 의해 구체화된 병역의무의 이행을 강제하면서 사회적 소수자인 양심적 병역거부자들의 양심의 자유와의 심각하고도 오랜 갈등관계를 해소하여 조화를 도모할 최소한의 노력도 하지 않고 있다고 판단하므로 이들에게도 일률적으로 입영을 강제하고 형사처벌을 하는 범위에서는 이 사건 법률조항이 위헌임을 면치 못한다고 생각한다."
(출처: 헌법재판소 판례집 제16권 제2집(상), 141쪽)

평석 한수웅, 병역법 제88조 제1항 제1호 위헌제청, 헌법재판소 결정해설집 3집(헌법재판소, 2004). 나달숙, 양심의 자유와 병역의무: 2004. 8. 26. 2002헌가1 결정에 대한 평석, 인권과 정의 2006년 7월호. 김명재, 양심의 자유와 병역의무: 2004. 8. 26. 2002헌가1 결정에 대한 평석, 공법학연구 제8권 제3호

(2007).
김태우, 양심적 병역거부와 양심의 자유: 헌재 2004. 8. 26. 선고 2002헌가1 결정을 중심으로, 법제 2013년 10월호.

14-9. 양심적 병역거부
(헌법재판소 2011. 8. 30. 2008헌가22, 2009헌가7·24, 2010헌가16·37, 2008헌바103, 2009헌바3, 2011헌바16(병합) 결정. 병역법 제88조 제1항 제1호 위헌제청)

"(2) 국제규약과 헌법 제6조 제1항의 위반 여부
우리 헌법 제6조 제1항은 "헌법에 의하여 체결 공포된 조약과 일반적으로 승인된 국제법규는 국내법과 같은 효력을 가진다."고 규정함으로써 국제법질서 존중의 원칙을 선언하고 있으므로, 우리가 가입한 국제조약이나 일반적으로 승인된 국제법규에서 양심적 병역거부권을 인정하고 있다면 우리나라에도 그대로 법적인 구속력이 발생하게 된다.

㈎ 국제조약과 양심적 병역거부의 문제
우리나라는 1990. 4. 10.(효력발생 시기는 1990. 7. 10.) 시민적·정치적 권리에 관한 국제규약(International Covenant on Civil and Political Rights, 이하에선 '규약'이라 한다)에 가입하였고, 규약 제18조에는 양심 및 종교의 자유에 관하여 규정하고 있는바, 규약에서 양심적 병역거부권이 도출되는지 여부와 규약이 우리 국내법으로 수용될 수 있는지에 관하여 본다.

규약 제18조에는, "① 모든 사람은 사상, 양심 및 종교의 자유를 향유할 권리를 가진다. 이러한 권리는 스스로 선택하는 종교나 신념을 가지거나 받아들일 자유와 단독으로 또는 다른 사람과 공동으로, 공적 또는 사적으로 예배, 의식, 행사 및 선교에 의하여 그의 종교나 신념을 표현할 자유를 포함한다. ② 어느 누구도 스스로 선택하는 종교나 신념을 가지거나 받아들일 자유를 침해하게 될 강제를 받지 아니한다. ③ 자신의 종교나 신념을 표명하는 자유는, 법률에 규정되고 공공의 안

전, 질서, 공중보건, 도덕 또는 타인의 기본적 권리 및 자유를 보호하기 위하여 필요한 경우에만 제한할 수 있다."라고 규정하고 있고, 위 조항의 해석과 관련하여 국제연합 인권이사회(Human Rights Committee)와 국제연합 인권위원회(United Nations Commission on Human Rights)는 이미 여러 차례 양심적 병역거부권이 규약 제18조에 기초한 정당한 권리행사라는 점을 분명히 하고, 이 권리를 인정하지 않는 국가는 양심적 병역거부자의 신념의 본성을 차별하지 말고, 특정 사안에서 양심적 병역거부가 진지하게 이루어졌는지를 결정하기 위한 독립적이고 불편부당한 의사결정기구를 만들 것을 호소하고 있으며, 또한 징병제를 채택하고 있는 국가의 경우 비전투적 또는 민간적 임무를 수행하며 징벌적 성격을 띠지 않는 대체복무제를 실시하라는 권고를 하였다.

그러나 규약 제18조는 물론, 규약의 다른 어느 조문에서도 양심적 병역거부권(right of conscientious objection)을 기본적인 인권의 하나로 명시하고 있지 않고, 규약의 제정 과정에서 규약 제18조에 양심적 병역거부권을 포함시키자는 논의가 있었던 것은 사실이나, 제정에 관여한 국가들의 의사는 부정적이었으며, 위 국제인권기구의 해석은 각국에 권고적 효력만 있을 뿐 법적인 구속력을 갖는 것은 아니고, 양심적 병역거부권의 인정 문제와 대체복무제의 도입문제는 어디까지나 규약 가입국의 역사와 안보환경, 사회적 계층 구조, 정치적, 문화적, 종교적 또는 철학적 가치 등 국가별로 상이하고도 다양한 여러 요소에 기반한 정책적인 선택이 존중되어야 할 분야로 가입국의 입법자에게 형성권이 인정되는 분야인 점 등을 고려하면, 규약에 따라 바로 양심적 병역거부권이 인정되거나, 양심적 병역거부에 관한 법적인 구속력이 발생한다고 보기 곤란하다.

(나) 일반적으로 승인된 국제법규와 양심적 병역거부

우리나라가 가입하지 않았지만 일반성을 지닌 국제조약과 국제관습법에서 양심적 병역거부권을 인정한다면 우리나라에서도 일반적으로 승인된 국제법규로서 양심적 병역거부의 근거가 될 수 있다.

그러나 양심적 병역거부권을 명문으로 인정한 국제인권조약은 아직까지 존재하지 않으며, 유럽 등의 일부국가에서 양심적 병역거부권이 보장된다고 하더라도 전 세계적으로 양심적 병역거부권의 보장에 관한 국제관습법이 형성되었다고 할 수 없으므로, 양심적 병역거부가 일반적으로 승인된 국제법규로서 우리나라에 수용될 수는 없다.

(다) 소결론

따라서 이 사건 법률조항에 의하여 양심적 병역거부자를 형사 처벌한다고 하더라도 국제법 존중의 원칙을 선언하고 있는 헌법 제6조 제1항에 위반된다고 할 수 없다." (출처: 헌법재판소 판례집 제23권 제2호(상), 174쪽)

참고 동일 취지의 결정: 헌법재판소 2011. 8. 30. 2007헌가12, 2009헌바103(병합) 결정(본서 12-6 수록).

14-10. 양심적 병역거부

(헌법재판소 2018. 6. 28. 2011헌바379·383, 2012헌바15·32·86·129·181·182·193·227·228·250·271·281·282·283·287·324, 2013헌바273, 2015헌바73, 2016헌바360, 2017헌바225(병합), 2012헌가17, 2013헌가5·23·27, 2014헌가8, 2015헌가5(병합) 결정. 병역법 제88조 제1항 등 위헌소원 등)

"6. 본안 판단

[…]

나. 양심적 병역거부의 의미와 대체복무제

일반적으로 양심적 병역거부는 병역의무가 인정되는 징병제 국가에서 종교적·윤리적·철학적 또는 이와 유사한 동기로부터 형성된 양심상의 결정을 이유로 병역의무의 이행을 거부하는 행위를 가리킨다. […]

양심적 병역거부는 인류의 평화적 공존에 대한

간절한 희망과 결단을 기반으로 하고 있다. 사유를 불문하고 일체의 살상과 전쟁을 거부하는 사상은 역사상 꾸준히 나타났으며, 비폭력·불살생·평화주의 등으로 표현된 평화에 대한 이상은 그 실현가능성과 관계없이 인류가 오랫동안 추구하고 존중해온 것이다. 우리 헌법 역시 전문에서 '항구적인 세계평화와 인류공영에 이바지함'을 선언하여 이러한 이념의 일단을 표명하고 있다. 뒤에서 보듯이 세계의 많은 나라들이 양심적 병역거부를 인정해왔고 국제기구들에서도 끊임없이 각종 결의 등을 통해 그 보호 필요성을 확인해온 것은, 이 문제가 위와 같은 인류 보편의 이상과 연계되어 있음을 시사한다.

한편, 양심적 병역거부를 인정하는 것이 여호와의 증인 등을 비롯한 특정 종교나 교리에 대한 특별취급을 하는 것이 아니냐는 의문이 제기되기도 한다. 그러나 이는 앞서 본 것처럼 인류 공통의 염원인 평화를 수호하기 위하여 무기를 들 수 없다는 양심을 보호하고자 하는 것일 뿐, 특정 종교나 교리를 보호하고자 하는 것은 아니다.

또한, 양심적 병역거부를 인정한다고 해서 양심적 병역거부자의 병역의무를 전적으로 면제하는 것은 아니다. 양심적 병역거부를 인정하는 징병제 국가들은 대부분 양심적 병역거부자로 하여금 비군사적 성격의 공익적 업무에 종사하게 함으로써 병역의무의 이행에 갈음하는 제도를 두고 있는데, 이를 대체복무제라고 한다.

양심적 병역거부자들은 병역의무를 단순히 거부하는 것이 아니라 자신의 양심을 지키면서도 국민으로서의 국방의 의무를 다할 수 있도록 집총 등 군사훈련을 수반하는 병역의무를 대신하는 제도를 마련해달라고 국가에 호소하고 있다. 따라서 이들의 병역거부를 군복무의 고역을 피하기 위한 핑계라거나 국가공동체에 대한 기본의무는 이행하지 않으면서 국가의 보호만을 바라는 무임승차라고 볼 수는 없다. 즉, 양심적 병역거부자들은 단순히 군복무의 위험과 어려움 때문에 병역

의무 이행을 회피하고자 하는 다른 병역기피자들과는 구별된다고 보아야 한다.

양심적 병역거부자들은 현재의 대법원 판례에 따를 때 이 사건 법률조항에 의해 형사처벌을 받게 되고 이후에도 공무원이 될 기회를 가질 수 없게 되는 등 여러 부가적 불이익마저 받게 된다. 그럼에도 불구하고 국가는 양심적 병역거부자들의 절박한 상황과 대안의 가능성을 외면하고 양심을 지키려는 국민에 대해 그 양심의 포기 아니면 교도소에의 수용이라는 양자택일을 강요하여 왔을 뿐이다. 국가에게 병역의무의 면제라는 특혜와 형사처벌이라는 두 개의 선택지밖에 없다면 모르되, 국방의 의무와 양심의 자유를 조화시킬 수 있는 제3의 길이 있다면 국가는 그 길을 진지하게 모색하여야 할 것이다.

다. 국제인권규범에 비추어 본 양심적 병역거부

(1) 1966년 국제연합(UN)에서 채택한 '시민적·정치적 권리에 관한 국제규약(International Covenant on Civil and Political Rights, 이하 '자유권규약'이라 한다)' 제18조는 사상, 양심 그리고 종교의 자유를 보장하고 있고, 1993년 자유권규약위원회(Human Rights Committee)는 사상, 양심, 종교의 자유에 관한 일반의견 제22호에서, 자유권규약 제18조에서 양심적 병역거부권이 도출될 수 있다고 하였다. 우리나라는 1990년 위 규약에 제18조에 대한 아무런 유보 없이 가입하였다.

국제연합 인권위원회(United Nations Commission on Human Rights)도 반복된 결의를 통하여 같은 입장을 밝혔다. 예를 들면, 위 위원회는 1989년 제59호 결의에서 양심적 병역거부권을 자유권규약 제18조에 규정된 사상, 양심, 종교의 자유의 정당한 권리행사로 인정하였고, 1998년 제77호 결의에서는 양심적 병역거부 행위의 진정성을 판단할 독립적이고 공정한 결정기관의 설립, 비전투적 또는 민간적 성격을 띤 대체복무제의 도입, 양심적 병역거부자에 대한 구금 및 반복적 형벌부과 금지 등을 각국에 요청하였으며, 그 외에도 수

차례의 결의를 통하여 위와 같은 내용을 재확인하였다.

또한 2006년부터 국제연합 인권위원회를 대신하게 된 국제연합 인권이사회(United Nations Human Rights Council)는 2013. 9. 27. 양심적 병역거부에 관한 결의를 통하여 앞서 살펴본 인권위원회의 결의 내용들을 다시 언급하면서, 양심적 병역거부자에 대한 처벌을 중단하고 현재 수감 중인 양심적 병역거부자들을 석방할 것, 대체복무제를 도입할 것 등을 각국에 촉구하였다.

한편, 유럽연합의회는 2000. 12. 7. 채택한 '유럽연합 기본권헌장(Charter of Fundamental Rights of the European Union)'에서 "양심적 병역거부권은 인정되며, 그 권리의 행사는 각국의 국내법에 따른다."(제10조 제2항)라고 규정하여 양심적 병역거부권을 인정하고 있다. 위 기본권헌장은 2009. 12. 1. 발효된 새로운 유럽연합조약(Treaty on European Union) 제6조 제1항에 따라 유럽연합 회원국에 대해 법적 구속력을 가지게 되었다.

유럽인권재판소는 2011. 7. 7. 양심적 병역거부가 유럽인권협약 제9조에 의하여 보장된다고 판단하면서, 진지한 종교적 신념을 이유로 병역의무를 거부하는 사람에게 대체복무를 부과하지 않고 형사처벌을 하는 것은 민주사회에서 필요한 제한이라고 볼 수 없어 유럽인권협약 제9조를 위반한 것이라고 판단하였다[Bayatyan v. Armenia (Application no. 23459/03)].

(2) 자유권규약위원회는 2006년 자유권규약 관련 대한민국의 제3차 국가보고서에 대한 최종견해에서, 양심적 병역거부자가 형사처벌을 받고 국가기관 및 공공기관의 채용에서 배제되며 전과자의 낙인을 안고 살아가는 것에 대해 우려를 표한다고 하면서, 대한민국에게 양심적 병역거부자를 군복무에서 면제하고 자유권규약 제18조에 부합하는 입법조치를 취할 것을 권고하였고, 2015년에도 대한민국의 제4차 국가보고서에 대한 최종견해를 통하여 양심적 병역거부자를 석방하고, 그

들의 전과기록을 말소하고 적절한 보상을 하며, 민간적 성격의 대체복무제를 도입할 것을 권고하였다.

한편, 자유권규약위원회는 처벌조항에 따라 유죄확정판결을 받은 여호와의 증인인 우리 국민 2인이 제기한 개인통보에 대해 2006. 11. 3. 채택한 견해에서, 대한민국이 자유권규약 제18조 제1항을 위반하였다고 하면서, 대한민국은 위 국민들에게 효과적인 구제조치를 하고 유사한 위반이 장래에 또 발생하지 않도록 할 의무가 있다고 하였다. 그 후 자유권규약위원회는 양심적 병역거부와 관련하여 우리 국민이 제기한 모든 개인통보 사건들에서 같은 취지의 견해를 채택하였다.

라. 제한되는 기본권 및 심사기준

[…]

이 사건 청구인 등이 자신의 종교관·가치관·세계관 등에 따라 일체의 전쟁과 그에 따른 인간의 살상에 반대하는 진지한 내적 확신을 형성하였다면, 그들이 집총 등 군사훈련을 수반하는 병역의무의 이행을 거부하는 결정은 양심에 반하여 행동할 수 없다는 강력하고 진지한 윤리적 결정이며, 병역의무를 이행해야 하는 상황은 개인의 윤리적 정체성에 대한 중대한 위기상황에 해당한다. 이와 같이 병역종류조항에 대체복무제가 마련되지 아니한 상황에서, 양심상의 결정에 따라 입영을 거부하거나 소집에 불응하는 이 사건 청구인 등이 현재의 대법원 판례에 따라 처벌조항에 의하여 형벌을 부과받음으로써 양심에 반하는 행동을 강요받고 있으므로, 이 사건 법률조항은 '양심에 반하는 행동을 강요당하지 아니할 자유,' 즉, '부작위에 의한 양심실현의 자유'를 제한하고 있다(헌재 2011. 8. 30. 2008헌가22등 참조).

한편, 헌법 제20조 제1항은 양심의 자유와 별개로 종교의 자유를 따로 보장하고 있고, 이 사건 청구인 등의 대부분은 여호와의 증인 또는 카톨릭 신도로서 자신들의 종교적 신앙에 따라 병역의무를 거부하고 있으므로, 이 사건 법률조항에

의하여 이들의 종교의 자유도 함께 제한된다. 그러나 종교적 신앙에 의한 행위라도 개인의 주관적·윤리적 판단을 동반하는 것인 한 양심의 자유에 포함시켜 고찰할 수 있고, 앞서 보았듯이 양심적 병역거부의 바탕이 되는 양심상의 결정은 종교적 동기뿐만 아니라 윤리적·철학적 또는 이와 유사한 동기로부터도 형성될 수 있는 것이므로, 이 사건에서는 양심의 자유를 중심으로 기본권 침해 여부를 판단하기로 한다(헌재 2011. 8. 30. 2008헌가22등 참조).

[일단 재판부는 병역법상의 병역종류조항은 입법목적 달성을 위한 적합한 수단으로 판단했다. 그러나 침해의 최소성에 관한 분석 항목에서 대체복무제의 도입이 우리 나라 국방력에 미치는 영향, 대체복무제 도입으로 발생할 수 있는 병역의무의 형평성 문제, 한반도의 특수한 안보상황을 고려할 때 대체복무제를 도입하기 어렵다는 주장 등에 대해 검토한 후 - 필자 주] 요컨대, 대체복무제를 도입하더라도 우리의 국방력에 유의미한 영향이 있을 것이라고 보기는 어려운 반면, 대체복무 편입여부를 판정하는 객관적이고 공정한 심사절차를 마련하고 현역복무와 대체복무 사이의 형평성이 확보되도록 제도를 설계한다면, 대체복무제의 도입은 병역자원을 확보하고 병역부담의 형평을 기하고자 하는 입법목적을 병역종류조항과 같은 정도로 충분히 달성할 수 있다고 판단된다. 이와 같이 대체복무제라는 대안이 있음에도 불구하고 군사훈련을 수반하는 병역의무만을 규정한 병역종류조항은, 침해의 최소성 원칙에 어긋난다.

[이어 재판부는 법익의 균형성대체복무제를 규정하지 아니함에 따른 양심적 병역거부자들이 감수해야 하는 불이익이 심대하다고 판단했다. - 필자 주]

결국 양심적 병역거부자들은 대체복무제를 통해 이 사회의 일원으로서 떳떳하게 공익에 기여할 수 있게 되어 국가와 사회에 대한 소속감을 키우고 스스로에 대한 자긍심을 가질 수 있게 될 것이다. 동시에 우리 사회는 이들을 공동체 구성원으로 포용하고 관용함으로써 국가와 사회의 통합과 다양성의 수준도 높아지게 될 것이다.

양심적 병역거부자에 대한 관용은 결코 병역의무의 면제와 특혜의 부여에 대한 관용이 아니다. 대체복무제는 병역의무의 일환으로 도입되는 것이고 현역복무와의 형평을 고려하여 최대한 등가성을 가지도록 설계되어야 하는 것이기 때문이다.

(라) 이상에서 본 바와 같이, 병역종류조항이 추구하는 공익은 대단히 중요한 것이기는 하나, 병역종류조항에 대체복무제를 도입한다고 하더라도 위와 같은 공익은 충분히 달성할 수 있다고 판단되는 반면, 병역종류조항에 대체복무제가 규정되지 않음으로 인하여 양심적 병역거부자가 감수하여야 하는 불이익은 심대하고, 이들에게 대체복무를 부과하는 것이 오히려 넓은 의미의 국가안보와 공익 실현에 더 도움이 된다는 점을 고려할 때, 병역종류조항은 기본권 제한의 한계를 초과하여 법익의 균형성 요건을 충족하지 못한 것으로 판단된다.

(4) 소결

(가) 따라서 양심적 병역거부자에 대한 대체복무제를 규정하지 아니한 병역종류조항은 과잉금지원칙에 위배하여 양심적 병역거부자의 양심의 자유를 침해한다. […]

비록 우리 재판소가 지난 2011년에는 처벌조항에 대하여 합헌 결정을 하였지만(2008헌가22), 이미 2004년에는 대체복무제 도입에 관한 검토를 권고한 바 있고(2002헌가1), 이제 그로부터 약 14년이라는 결코 짧지 않은 시간이 지나고 있다.

이러한 모든 사정을 감안해 볼 때 국가는 이 문제의 해결을 더 이상 미룰 수 없으며 대체복무제를 도입함으로써 병역종류조항으로 인한 기본권 침해 상황을 제거할 의무가 있음이 분명해진다. 양심의 자유와 국가안보라는 공익을 조화시킬 수 있는 대안이 존재하며 그에 관한 우리 사회의 논의가 성숙하였음에도 불구하고, 오로지 개인에게만 책임을 전가하는 것은 국가의 중대한 임무

해태라고 하지 않을 수 없다.

다수결을 기본으로 하는 민주주의 의사결정구조에서 다수와 달리 생각하는 이른바 '소수자'들의 소리에 귀를 기울이고 이를 반영하는 것은 관용과 다원성을 핵심으로 하는 민주주의의 참된 정신을 실현하는 길이 될 것이다. [···]

7. 결론

그렇다면 병역종류조항은 헌법에 합치되지 아니하나 2019. 12. 31.을 시한으로 입법자의 개선입법이 이루어질 때까지 잠정적으로 적용되도록 하고, 처벌조항은 헌법에 위반되지 아니하므로 주문과 같이 결정한다.

[재판관 안창호 및 조용호의 병역종류조항에 대한 반대의견 및 처벌조항에 대한 합헌의견]

"우리는 다수의견과 달리 병역종류조항은 적법요건을 갖추지 못하여 부적법하고, 처벌조항은 합헌이라고 생각하므로 다음과 같이 그 의견을 밝힌다. [···]

㈔ 헌법 제6조 제1항 위반 여부

헌법 제6조 제1항은 "헌법에 의하여 체결 공포된 조약과 일반적으로 승인된 국제법규는 국내법과 같은 효력을 가진다."고 규정함으로써 국제법질서 존중의 원칙을 선언하고 있으므로, 우리나라가 가입한 국제조약이나 일반적으로 승인된 국제법규에서 양심적 병역거부권을 인정하고 있다면 우리나라에도 법적인 구속력이 발생하게 된다.

1) 국제조약과 양심적 병역거부

우리나라는 1990. 4. 10.(효력발생은 1990. 7. 10.) 시민적·정치적 권리에 관한 국제규약(International Covenant on Civil and Political Rights, 이하 '규약'이라 한다)에 가입하였고, 규약 제18조에는 양심 및 종교의 자유에 관하여 규정하고 있는바, 규약에서 양심적 병역거부권이 도출되는지 여부와 규약이 국내법으로 수용될 수 있는지에 관하여 본다.

규약 제18조에는, "① 모든 사람은 사상, 양심 및 종교의 자유를 향유할 권리를 가진다. 이러한 권리는 스스로 선택하는 종교나 신념을 가지거나 받아들일 자유와 단독으로 또는 다른 사람과 공동으로, 공적 또는 사적으로 예배, 의식, 행사 및 선교에 의하여 그의 종교나 신념을 표현할 자유를 포함한다. ② 어느 누구도 스스로 선택하는 종교나 신념을 가지거나 받아들일 자유를 침해하게 될 강제를 받지 아니한다. ③ 자신의 종교나 신념을 표현하는 자유는, 법률에 규정되고 공공의 안전, 질서, 공중보건, 도덕 또는 타인의 기본적 권리 및 자유를 보호하기 위하여 필요한 경우에만 제한할 수 있다."라고 규정하고 있다. 위 조항의 해석과 관련하여 국제연합 인권이사회(Human Rights Committee)와 국제연합 인권위원회(United Nations Commission on Human Rights)는 이미 여러 차례 양심적 병역거부권이 규약 제18조에 기초한 정당한 권리행사라는 점을 분명히 하고, 이 권리를 인정하지 않는 국가는 양심적 병역거부자의 신념의 본성을 차별하지 말고, 특정 사안에서 양심적 병역거부가 진지하게 이루어졌는지를 결정하기 위한 독립적이고 공정한 의사결정기구를 만들 것을 호소하고 있으며, 또한 징병제를 채택하고 있는 국가의 경우 비전투적 또는 민간적 임무를 수행하고 '징벌적 성격'을 띠지 않는 대체복무제를 실시할 것을 권고하였다.

그러나 규약 제18조는 물론, 규약의 다른 어느 조문에서도 양심적 병역거부권(right of conscientious objection)을 기본적인 인권의 하나로 명시하고 있지 않은 점, 위와 같은 국제인권기구의 해석은 각국에 권고적 효력만 있을 뿐 법적 구속력을 갖는 것은 아닌 점, 양심적 병역거부권의 인정 문제와 대체복무제의 도입문제는 어디까지나 규약 가입국의 역사와 안보환경, 사회적 계층 구조, 정치적·문화적·종교적 또는 철학적 가치 등 국가별로 상이하고도 다양한 여러 요소에 기반한 정책적인 선택이 존중되어야 할 분야로 가입국의 입법자에게 형성권이 인정되는 분야인 점 등을 고려하면, 규약에 따라 바로 양심적 병역거부권이 인정되거나, 양심적 병역거부에 관한 법적인 구속력이 발생한다고 볼 수 없다(헌재 2011. 8. 30. 2008헌가22 등 참조).

2) 일반적으로 승인된 국제법규와 양심적 병역거부

우리나라가 가입하지 않았지만 일반성을 지닌 국제조약과 국제관습법에서 양심적 병역거부권을 인정한다면 우리나라에서도 일반적으로 승인된 국제법규로서 양심적 병역거부의 근거가 될 수 있다.

그러나 유럽연합 기본권헌장(Charter of Fun-damental Rights of the European Union)과 유럽국가 등 일부국가의 법률 등에서 양심적 병역거부권이 보장된다고 하더라도, 전 세계적으로 양심적 병역거부권의 보장에 관한 일반적으로 승인된 국제법규가 존재한다거나 국제관습법이 형성되었다고 할 수 없다. 따라서 양심적 병역거부가 일반적으로 승인된 국제법규로서 우리나라에 수용될 수는 없다(헌재 2011. 8. 30. 2008헌가22 등 참조).

3) 소결

처벌조항이 양심적 병역거부자를 형사처벌한다고 하더라도 국제법 존중의 원칙을 선언하고 있는 헌법 제6조 제1항에 위반된다고 할 수 없다. […]

다. 결론

병역종류조항은 부적법하고, 처벌조항은 과잉금지원칙을 위반하여 양심의 자유를 침해하지 아니하고 헌법 제6조 제1항의 국제법 존중의 원칙에도 위배되지 아니한다." (출처: 헌법재판소 공보 제261호(2018. 7. 20), 1017쪽 이하)

14-11. 양심적 병역거부
(광주지방법원 2016. 10. 18. 2015노1181 판결(상고). 병역법위반)

"아래와 같은 사정들을 종합하면, 이 사건 법률의 정당한 사유에는 양심적 병역거부를 포함하는

것이 옳다.

가. 국제인권규범상 양심적 병역거부의 인정
1) 자유권규약의 국내법적 효력

우리나라가 가입한 시민적 및 정치적 권리에 관한 국제규약(International Covenant on Civil and Political Rights, ICCPR, 흔히 B규약 또는 자유권규약이라 한다. 이하 '자유권규약'이라 주1) 한다) 제18조는 "사람은 사상, 양심 및 종교의 자유를 향유할 권리를 가진다. 이러한 권리는 스스로 선택하는 종교나 신념을 가지거나 받아들일 자유와 또는 다른 사람과 공동으로 공적 또는 사적으로 예배의식, 행사 및 선교에 의하여 그의 종교나 신념을 표명하는 자유를 포함한다(제1항). 어느 누구도 스스로 선택하는 종교나 신념을 가지거나 받아들일 자유를 침해하게 될 강제를 받지 아니한다(제2항). 자신의 종교나 신념을 표명하는 자유는, 법률에 규정되고 공공의 안전, 질서, 공중보건, 도덕 또는 타인의 기본적 권리 및 자유를 보호하기 위하여 필요한 경우에만 제한받을 수 있다(제3항)."라고 규정하고 있다. 그리고 우리나라는 자유권규약 선택의정서(Optional Protocol to the International Covenant on Civil and Political Rights)에 가입함으로써 자유권규약위원회(Human Rights Committee)가 개인통보제도(Individual Communication)를 통하여 우리나라의 자유권규약 위반 여부를 심사할 권한을 부여하고 그 위반사실이 인정될 경우 구제조치를 취하겠다는 약속을 하였다.

한편 우리 헌법 제6조 제1항은 "헌법에 의하여 체결·공포된 조약과 일반적으로 승인된 국제법규는 국내법과 같은 효력을 가진다."라고 규정하고 있고, 자유권규약은 헌법에 의하여 체결·공포된 조약이므로 국내법과 같은 효력을 가진다. 그리고 대한민국 정부는 자유권규약위원회에 제출한 1993년, 1998년, 2003년 각 정기보고서에서 "대한민국에서 제정되는 법률에 의하여 규약에서 보장하는 권리를 침해하는 일은 없을 것이며 그러한 법률은 헌법위반이 될 것"을 확약하였다.

또한 자유권규약 제18조는 특별한 입법조치 없이 우리 국민에 대하여 직접 적용되는 법률에 해당한다는 것이 대법원과 헌법재판소의 의견이다[대법원 1999. 3. 26. 선고 96다55877 판결, 헌법재판소 2011. 8. 30. 선고 2008헌가22 등 전원재판부 결정(이하 '2011년 헌법재판소 결정'이라 한다)].

그렇다면 이 사건 법률의 정당한 사유를 해석함에 있어서 자유권규약 제18조가 일종의 특별법으로서 그 법원, 즉 재판규범이 된다고 할 것이므로, 일선 법관으로서는 이 사건 법률을 적용함에 있어서 우리 헌법뿐만 아니라 자유권규약 제18조를 아울러 검토한 후 그 결론에 이르러야만 한다.

2) 자유권규약에 대한 해석과 대법원의 태도

자유권규약위원회는 2006. 11. 3. 채택한 공소외 1, 공소외 2(2004년 대법원 전원합의체 판결의 피고인들이다)에 대한 개인통보 사건에서 최초로 양심적 병역거부가 규약 제18조에 의하여 보호된다는 입장을 밝힌 이래 그 후로 양심적 병역거부와 관련된 대한민국 국적자에 대한 4건의 사건에서 연속적으로 개인통보결정을 인용함으로써 규약 제18조가 양심적 병역거부를 그 보호범위에 포함하고 있다는 의견을 밝혀 왔다.

하지만 대법원은 2007. 12. 27. 선고된 2007도7941 판결(이하 '2007년 대법원 판결'이라 한다)에서 규약 제18조는 "물론 규약의 다른 어느 조문에서도 양심적 병역거부권(right of conscientious objection)을 인정하는 명문의 규정이 없고, 규약의 제정 과정에서 규약 제18조에 양심적 병역거부권을 포함시키자는 논의가 있었으나 관여 국가들의 의사는 부정적이었으며, 규약 제8조 제3항 (C) 제(ii)호에서 강제노역금지의 예외로 '양심적 병역거부가 인정되고 있는 국가에 있어서(where conscientious objection is recognized)' '병역거부자에게 요구되는 국민적 역무'를 인정하고 있는바, 위 표현은 개개 가입국이 양심적 병역거부권 및 대체복무제도를 인정할 것인지 여부를 결정할 수 있다는 것을 전제로 한 것이라는 취지에서 규약 제

18조로부터 양심적 병역거부권이 도출될 수 없다."라고 판시하였다(2011년 헌법재판소 결정도 동일한 취지이다).

3) 대법원의 태도에 대한 평가

그러나 국제인권규약에 대한 '살아 있는 문서 이론'[The Living Instrument Doctrine, 현시대 민주주의 국가들의 시대정신에 맞게 인권조약을 해석하여야 한다는 이론으로서, 그렇지 않고 제정 당시의 문헌에만 근거하여 해석한다면 인권의 진전을 위해 수십 년 전에 제정된 국제인권규약(국내법과 달리 그 개정이 쉽지도 않다)이 오히려 현시대 인권 증진의 발목을 부여잡게 되는 역설적 상황을 고려하여 유럽인권재판소 등이 자주 사용하는 방법론이다]을 고려하면, 제정 연혁이 그렇다고 하여 그 조약의 보호범위가 영구불변하는 것도 아니고, 미국의 헌법해석이나 대한민국 헌법 제37조 제1항에서 보는 것처럼 명문의 규정이 없다고 하여 기본권을 도출할 수 없는 것은 더욱 아니다. 나아가 자유권규약위원회는 규약 제8조 제3항 (C) 제(ii)호와 규약 제18조의 관계에서 왜 규약 제18조를 해석함에 있어서 규약 제8조 제3항과 연관지어 해석할 필요가 없는지를 상세하게 서술하였고, 그 후 유럽인권재판소도 2011년 바야탄 사건에서 유럽인권협약(European Convention for the Protection of Human Rights and Fundamental Freedoms) 제4조와 제9조(자유권규약 제8조, 제18조와 동일한 내용이다)의 관계에 대한 해석에서 이러한 자유권규약위원회의 해석을 전부 받아들여 인권협약 제9조에서 양심적 병역거부권을 도출할 수 있다고 판단하였다.

그리고 이러한 자유권규약의 이행 여부를 감시하는 국제인권기관인 자유권규약위원회의 규약에 대한 해석은 법적 구속력(legally binding)까지는 없지만 '규약의 효력을 위한 중요한 자료(a major source for interpretation of the ICCPR)'로서 인정하거나 당연히 '상당한 설득적 권위(considerable persuasive authority)'를 보유하는 것으로 보는 것이 국제사회에서 널리 받아들여지고 있다.

나아가 조약법에 관한 비엔나협약(Vienna Con-vention on the Law of Treaties) 제26조, 주2) 제27조는 "조약은 신의성실에 좇아 지켜야 하고, 조약의 불이행에 대한 정당화 사유로 국내법의 존재를 들 수 없다."라고 적시하고 있는바, 국내법의 존재가 의무 이행의 거절을 정당화하는 사유가 될 수 없는데, 사법기관의 조약에 대한 소극적, 부정적 해석이 곧바로 국제조약에 있어서 대한민국의 의무이행 거절을 정당화하는 사유가 될 수는 없다 할 것이다. 헌법 제6조 제1항이 국제법 존중주의를 표방하고 있고, 국제조약에 대한 이행의무의 주체는 행정부뿐만 아니라 사법부도 포함되기 때문이다.

4) 소결

결국 이러한 모든 점들을 고려하면, 자유권규약 제18조에서 양심적 병역거부권을 도출할 수 없다는 대한민국 대법원과 헌법재판소의 판단은 국제사회의 흐름에 비추어 시대에 뒤떨어지고 국제인권규약에 대한 정당한 방법론적 해석으로 보기 어려울 뿐만 아니라, 우리나라가 선택의정서에 가입한 취지에도 맞지 않다. 따라서 자유권규약과 그 위원회의 해석이 헌법 제6조 제1항에 따라 이 사건 법률의 정당한 사유를 해석함에 있어서도 영향을 미치는 만큼 정당한 사유에는 양심적 병역거부가 포함된다고 보는 것이 타당하다.

나. 양심적 병역거부를 둘러싼 국제적 인식의 변화

1) 정당화 사유의 해석에 관한 대법원 판단의 잠정성

2004년 대법원 전원합의체 판결은 정당한 사유에 양심적 병역거부가 포함되지 않는다고 판단하였다. 그러면서도 대법원은 "구체적 병역의무의 이행을 거부한 사람이 그 거부 사유로서 내세운 권리가 우리 헌법에 의하여 보장되고, 나아가 그 권리가 이 사건 법률조항의 입법목적을 능가하는 우월한 헌법적 가치를 가지고 있다고 인정될 경우에 대해서까지도 이 사건 법률조항을 적용하여

처벌하게 되면 그의 헌법상 권리를 부당하게 침해하는 결과에 이르게 되므로 이때에는 이러한 위헌적인 상황을 배제하기 위하여 예외적으로 그에게 병역의무의 이행을 거부할 정당한 사유가 존재하는 것으로 봄이 상당하다 할 것이다."라고 판시하였다(대법관 4인은 다수의견에 대한 보충의견에서 대체복무 도입이 입법정책상 바람직한 것임을 인정하기도 하였다). 또한 2007년 대법원 판결은 "장차 여건의 변화로 말미암아 양심의 자유 침해 정도와 형벌 사이의 비례관계를 인정할 수 없음이 명백한 경우에 조약 합치적 해석 혹은 양심우호적 법적용을 통하여 병역법 제88조 제1항 소정의 '정당한 사유'에 해당한다고 보아 적용을 배제할 여지가 전혀 없다고는 단정할 수 없겠으나, 현재로서는 대체복무제도를 두지 아니하였다 하여 규약 위반으로 평가할 수는 없지만 입법적 해결이 시급하다."라는 취지로 판시하였다.

2) 국제적 환경의 변화

이러한 2004년 대법원 전원합의체 판결 이래 국제사회의 양심적 병역거부에 대한 다음과 같은 태도 변화가 있었다.

우선 자유권규약위원회는 앞서 본 바와 같이 2006년 공소외 1, 공소외 2 사건에서 자유권규약 제18조가 양심적 병역거부권을 보장하고 있다고 해석하면서 대한민국 정부에 대하여 양심적 병역거부자들에 대한 석방과 구제조치를 취할 것을 요구하였고, 그 후로도 2010. 3. 23. 공소외 3 등 10명 사건(개인통보 1953~1603/2007), 2011. 3. 24. 공소외 4 등 100명 사건(개인통보 1642~1741/ 2007), 2012. 10. 25. 공소외 5 등 388명 사건(개인통보 1786/2008), 2014. 12. 8. 공소외 6 등 50명 사건(개인통보 2179/2012)에 이르기까지 조금씩 진전된 견해를 밝히면서 "개인의 종교적 신념에 따라 병역의무를 이행할 수 없는 경우에는 징병에 대해 면제를 받을 자격이 있고 이러한 권리는 강요에 의해 침해될 수 없다."라는 결론에까지 이르렀다.

다음으로 2009년 발효된 유럽연합 기본권헌장

(The Charter of Fundamental Rights of the European
주3) Union)은 명문으로 양심적 병역거부권을 인
정하였다(따라서 2011년 헌법재판소 결정에서 양심적
병역거부권을 명문으로 인정한 국제조약이 아직까지
존재하지 아니한다고 설시한 부분은 잘못 인정한 것
이다).

그리고 유엔인권위원회는 1987년, 1989년, 1993
년, 1995년, 1998년과 2004년 등 여러 차례 결의
를 통하여 양심적 병역거부의 인정과 대체복무
제의 실시를 권고하였고, 유엔인권이사회(United
Nations Human Rights Council)는 2013년 결의
(A/HRC/24/17)에서 양심적 병역거부자들에 대한
구금이 국제인권규약상 '자의적 구금(Arbitrary
Detention)'이라는 전제 아래 투옥자의 석방까지
요구하고 나섰다. 나아가 호주, 캐나다, 프랑스 등
이 최근 유엔인권이사회의 권고에 따라 양심적
병역거부와 관련된 대한민국 국적자의 난민신청
을 꾸준히 받아들이고 있다.

무엇보다도 유럽인권재판소는 2011년 바야탄
사건(Bayatyan v. Armenia, Application no. 23459/03,
2011. 7. 7. 선고되었다)에서 유럽과 그 밖의 지역에
서 양심적 병역거부의 인정과 관련된 '보편적 합
의(General Consensus)'가 있고, "민주주의는 다수
가 그들의 지배적 지위를 남용하지 않고 소수에
게 공정하고 합리적 대우를 보장하여야 하므로,
종교적 소수자에게 사회에 봉사할 기회를 부여하
는 것은 국가가 말하는 것처럼 부당한 차별과 불
평등을 조장하는 것이 아니라 종교 간 조화와 관
용을 증진하고 안정적인 다원주의를 보장한다."
라는 취지에서 양심적 병역거부권을 인정하였
다. 위 판결은 양심적 병역거부권의 인정이 문
명국가가 합의할 수 있는 기본적 권리(Minimum
Standard)라는 점과 관련된 규범적 근거를 제공한
것으로 볼 수 있다.

3) 소결
이처럼 2004년 대법원 전원합의체 판결 이후로
국제사회가 규범적인 차원에서도 급격하게 양심

적 병역거부를 인정하는 방향으로 나아가고 있음
을 알 수 있고, 그간 대법원도 정당한 사유의 범
위에 양심의 자유가 포함될 여지가 있음을 부정
하지 아니한 채 일종의 시기상조론에 기대었던
만큼 지금에 이르러서는 정당한 사유에 양심적
병역거부를 포함시키는 것이 국제사회와 발맞춰
나가는 것이다."(출처: 각급법원(제1, 2심) 판결공보
2017(상), 47쪽)

라. 개별 조항의 적용

14-12. 파업에 대한 업무방해죄 적용과 강제노동금지
(헌법재판소 1998. 7. 16. 97헌바23 결정. 구 형법 제314조 위헌소원)

"[이 사건 청구인들은 다음과 같이 주장했다. — 필
자 주] 기업의 근로관계는 근로자와 사용자 사이
의 근로계약에 의하여 형성되는 사법상의 권리의
무관계로서, 근로자의 노무제공 거부행위를 형사
처벌하는 것은 결국 강제노동에 해당하여 이는
헌법 제12조 제1항 후문의 "누구든지…법률과 적
법한 절차에 의하지 아니하고는…강제노역을 받
지 아니한다"는 규정에 위반되며, 집단적 노무제
공의 거부 즉 파업의 경우도 그 본질은 근로자 개
개인의 노무제공 거부행위와 같은 것이므로 그
과정에서 폭력이나 협박 또는 다른 근로자들에
대한 위력의 행사 등 별도의 위법행위가 없는 한
집단적 노무제공 거부행위 그 자체는 형사처벌의
대상이 될 수 없다.

국제관습법으로서 일반적으로 승인된 국제법규
의 지위를 갖는 국제노동기구의 제105호 조약인
강제노동폐지조약 제1조 d항이 동맹파업에 참가
한 것에 대한 제재를 강제노동으로 보아 금지하
고 있는 이유 역시 파업은 사용자와 근로자들 사
이의 근로계약상의 의무이행과 관련되는 사법상
의 문제에 지나지 아니하여 평화적이고 자발적인
파업을 형사처벌하는 것은 근로제공을 강제하는

결과를 가져와 결국 강제노동에 해당한다는 데에 있다. 그리고 시민적및정치적권리에관한국제규약(조약 1007호) 제8조 제3항이 "어느 누구도 강제노동 또는 강요된 노동을 당하지 아니한다"라고 규정하고 있는 것 또한 같은 취지라고 할 수 있다.

그럼에도 불구하고 대법원은 "쟁의행위는 근로자들이 단결하여 사용자에게 압박을 가하는 것이므로 본질적으로 위력에 의한 업무방해의 요소를 포함하고 있다"는 그릇된 전제하에 폭력이나 협박 등의 별도의 위법행위를 수반하지 않는 단순한 집단적 노무제공 거부행위까지 업무방해죄로 형사처벌하여 왔는바, 이는 결국 근로계약에 따른 노무제공을 강요하는 결과 즉, 강제노역에 해당한다[고 주장했다. 이에 대해 재판부는 다음과 같이 판단했다. — 필자 주]. […]

(6) 국제법규와의 관계

청구인들의 주장은 이 사건 심판대상 규정의 법정형으로 규정된 징역형의 집행 자체가 강제노역에 해당한다는 것은 아니고, 노무제공의 거부에 대하여 이 사건 심판 대상 조항을 적용함으로써 결과적으로 형사처벌의 위협하에 노무제공을 강요하는 것이 되므로 강제노역을 금지하고 있는 국제법규에 위배된다는 취지이다.

그러나 강제노동의 폐지에 관한 국제노동기구(ILO)의 제105호 조약은 우리나라가 비준한 바가 없고, 헌법 제6조 제1항에서 말하는 일반적으로 승인된 국제법규로서 헌법적 효력을 갖는 것이라고 볼 만한 근거도 없으므로 이 사건 심판대상 규정의 위헌성 심사의 척도가 될 수 없다.

그리고 1966년 제21회 국제연합(UN) 총회에서 채택된 "시민적및정치적권리에관한국제규약"(1990. 6. 13. 조약 1007호, 이른바 B규약) 제8조 제3항은 법원의 재판에 의한 형의 선고 등의 경우를 제외하고 어느 누구도 강제노동을 하도록 요구되지 아니한다는 취지로 규정하고 있고, 여기서 강제노동이라 함은 본인의 의사에 반하여 과해지는 노동을 의미한다고 할 수 있는데, 이는 범죄에 대한 처벌로서 노역을 정당하게 부과하는 경우와 같이 법률과 적법한 절차에 의한 경우를 제외하고는 본인의 의사에 반하는 노역은 과할 수 없다는 의미라고 할 수 있는 우리 헌법 제12조 제1항 후문과 같은 취지라고 할 수 있다. 그렇다면 강제노역 금지에 관한 위 규약과 우리 헌법은 실질적으로 동일한 내용을 규정하고 있다 할 것이므로, 이 사건 심판대상 규정 또는 그에 관한 대법원의 해석이 우리 헌법에 위반되지 않는다고 판단하는 이상 위 규약 위반의 소지는 없다 할 것이다." (출처: 헌법재판소 판례집 제10권 2집, 243쪽)

참고 동일 취지의 결정: 헌법재판소 2005. 3. 31. 2003헌바91 결정.

평석 정인섭, 파업과 업무방해: 헌법재판소 1998. 7. 16. 선고, 97헌바23 결정, 노동법연구 제8호 (1999).
김희성, 단순한 집단적 노무제공거부행위와 위력에 의한 업무방해죄: 헌재 2010. 4. 29. 2009헌바168 결정; 헌재 1998. 7. 16, 97헌바23 결정을 중심으로, 노동법논총 제20집(2010).

14-13. 파업에 대한 업무방해죄 적용과 강제노동금지

(대법원 2011. 3. 17. 2007도482 판결)

"업무방해죄는 위계 또는 위력으로써 사람의 업무를 방해한 경우에 성립한다(형법 제314조 제1항). 위력이라 함은 사람의 자유의사를 제압·혼란케 할 만한 일체의 세력을 말한다.

근로자가 그 주장을 관철할 목적으로 근로의 제공을 거부하여 업무의 정상적인 운영을 저해하는 쟁의행위로서의 파업(노동조합 및 노동관계조정법 제2조 제6호)도, 단순히 근로계약에 따른 노무의 제공을 거부하는 부작위에 그치지 아니하고 이를 넘어서 사용자에게 압력을 가하여 근로자의 주장을 관철하고자 집단적으로 노무제공을 중단하는 실력행사이므로, 업무방해죄에서 말하는 위력에 해당하는 요소를 포함하고 있다.

그런데 근로자는, 헌법 제37조 제2항에 의하여 국가안전보장·질서유지 또는 공공복리 등의 공익상의 이유로 제한될 수 있고 그 권리의 행사가 정당한 것이어야 한다는 내재적 한계가 있어 절대적인 권리는 아니지만, 원칙적으로는 헌법상 보장된 기본권으로서 근로조건 향상을 위한 자주적인 단결권·단체교섭권 및 단체행동권을 가진다(헌법 제33조 제1항).

그러므로 쟁의행위로서의 파업이 언제나 업무방해죄에 해당하는 것으로 볼 것은 아니고, 전후 사정과 경위 등에 비추어 사용자가 예측할 수 없는 시기에 전격적으로 이루어져 사용자의 사업운영에 심대한 혼란 내지 막대한 손해를 초래하는 등으로 사용자의 사업계속에 관한 자유의사가 제압·혼란될 수 있다고 평가할 수 있는 경우에 비로소 그 집단적 노무제공의 거부가 위력에 해당하여 업무방해죄가 성립한다고 봄이 상당하다.

이와 달리, 근로자들이 집단적으로 근로의 제공을 거부하여 사용자의 정상적인 업무운영을 저해하고 손해를 발생하게 한 행위가 당연히 위력에 해당함을 전제로 하여 노동관계 법령에 따른 정당한 쟁의행위로서 위법성이 조각되는 경우가 아닌 한 업무방해죄를 구성한다는 취지로 판시한 대법원 1991. 4. 23. 선고 90도2771 판결, 대법원 1991. 11. 8. 선고 91도326 판결, 대법원 2004. 5. 27. 선고 2004도689 판결, 대법원 2006. 5. 12. 선고 2002도3450 판결, 대법원 2006. 5. 25. 선고 2002도5577 판결 등은 이 판결의 견해에 배치되는 범위 내에서 이를 변경한다."

대법관 박시환, 김지형, 이홍훈, 전수안, 이인복 반대의견:

"형법 제314조 제1항의 업무방해죄는 위계 또는 위력으로써 사람의 업무를 방해한 경우에 성립하는 범죄이다. 연혁적으로 우리 형법의 업무방해죄는 일본 구형법의 업무방해죄를 계수한 것이고, 일본 형법의 업무방해죄의 원형은 프랑스 구형법이라고 한다. 1864년 프랑스 구형법 제414조는 '임금인상이나 임금인하를 강요할 목적으로 또는 산업이나 노동의 자유로운 수행을 방해할 목적으로 폭력·폭행·협박 또는 위계로써 노동의 조직적 정지의 결과를 발생케 하거나 그 정지를 유지·존속케 하거나 그 실행에 착수한 자'를 처벌하는 조항을 두었다가, 1884년 개정된 프랑스 형법에서는 쟁의행위가 폭력의 행사를 수반하는 경우에만 처벌할 수 있도록 개정되었다. 한편 일본 구형법 제270조는 '농공의 고용인이 임금을 증액시키기 위하여 또는 농공업의 경향을 변화시키기 위하여 고용주 및 다른 고용인에 대하여 위계·위력으로써 방해하는 자'를 처벌하는 규정을 두었다가, 현행 형법에서는 제234조에서 '위력으로써 사람의 업무를 방해하는 자'를 처벌하는 규정으로 개정되었다. 이처럼 위력에 의한 업무방해죄는 애당초 프랑스나 일본에서 노동운동을 금압하기 위한 것이었다. 이러한 업무방해죄가 우리 형법에도 규정되어 오늘에 이르고 있으나, 이 사건과 같이 파업 등 쟁의행위에 대하여 형법 제314조 제1항을 적용하여 업무방해죄의 성립을 인정하는 것은 파업 등 쟁의행위를 법률에 의하여 일반적으로 금지하고 이를 위반하면 처벌하던 때와 달리 실질적인 노사대등 관계를 실현하기 위하여 헌법상 기본권으로 단체행동권을 보장하고 있는 지금의 법체계 아래에서는 그 자체로 법리적 정합성이 없는 해석이라는 비판에 직면하고 있다. […]

위에서 본 바와 같이 위력에 의한 업무방해죄에 관하여 형법에 우리와 거의 동일한 규정을 두고 있는 일본에서는, 폭행이나 협박 등 폭력적 수단으로 사용자의 업무를 방해하는 경우만을 처벌대상으로 삼고 있을 뿐이고 이러한 폭력적 수단을 수반하지 아니하는 단순 파업은 업무방해죄에 의한 형사처벌이 문제되지 않는다는 것이 학설 및 판례의 입장이라고 한다. 아울러 일본 이외에 현재의 유럽 각국이나 미국에서도, 위법한 쟁의행위는 주로 손해배상 등 민사상 책임이나 징계책임의 문제로 삼을 뿐이고 쟁의행위에 수반하는 폭행·협박·강요·재물손괴 등의 문제는 각각의

폭행·협박·강요·재물손괴죄 등의 처벌대상이
되며 이러한 폭력적 수단이 수반되지 않는 단순
파업을 업무방해죄 등 형사처벌의 대상으로 삼는
경우를 찾아볼 수 없다고 한다. 이러한 측면에서
도 단순 파업을 위력으로 포함시키는 다수의견의
견해는 보편적 입장을 벗어나 있다.

더불어 단순 파업에 관한 다수의견의 견해와
같은 기조에 선다면, 어떠한 쟁의행위가 쟁의행위
로서의 정당성 요건을 갖추지 못하고 있으면서
그것이 사용자가 예측할 수 없는 시기에 전격적
으로 이루어져 사용자의 사업운영에 심대한 혼란
내지 막대한 손해를 초래한 때에는 어느 경우라
도 위력에 의한 업무방해죄의 처벌대상이 된다는
해석이 가능하다. 실제로 우리 판례는 월차유급휴
가가 근로기준법상 휴가로서는 정당한 것이나 노
조법상 쟁의행위로서는 정당성 요건을 갖추지 못
한 경우에 관하여, '근로기준법상 월차유급휴가의
사용은 근로자의 자유의사에 맡겨진 것으로서 연
차유급휴가와는 달리 사용자에게 그 시기를 변경
할 수 있는 권한조차 없는 것이지만, 정당한 쟁의
행위의 목적이 없이 오직 업무방해의 수단으로
이용하기 위하여 다수의 근로자가 집단적으로 일
시에 월차유급휴가를 신청하여 일제히 결근함으
로써 회사 업무의 정상적인 운영을 저해한 경우
에는 업무방해행위를 구성한다고 볼 수밖에 없다'
고 하였고(대법원 1991. 1. 29. 선고 90도2852 판결
참조), 그 밖에도 시간외근로의 거부, 정시출퇴근
등 법규정을 준수하는 적법한 권리행사를 쟁의행
위의 수단으로 삼는 이른바 준법투쟁에 대해서도
그것이 쟁의행위로서의 정당성이 인정되지 않는
다는 이유로 위력에 의한 업무방해죄의 성립을
인정하는 태도를 취하였다(대법원 1991. 11. 8. 선고
91도326 판결, 대법원 1996. 2. 27. 선고 95도2970 판
결, 대법원 1996. 5. 10. 선고 96도419 판결, 대법원
2004. 8. 30. 선고 2003도2146 판결 등 참조). 그러나
이러한 태도는 일면 정당한 권리행사로서의 성격
을 갖는 행위임에도 형벌을 부과할 수 있다는 것

으로서 지나치게 형사처벌의 범위를 확대하여 근
로자들로 하여금 형사처벌의 위협 아래 근로에
임하게 하는 위헌적 요소가 있다는 지적을 받고
있다(헌법재판소 1998. 7. 16. 선고 97헌바23 전원재
판부 결정 참조). 이 점에서도 "위력"의 개념에 관
한 다수의견의 해석논리를 일반화하기에는 근본
적인 한계가 있다.

일정한 예외적인 상황에 한정된 것이기는 하지
만 단순 파업도 업무방해죄의 "위력"에 해당한다
는 다수의견은, 다수의견이 설정하고 있는 예외적
인 상황에서라면 앞서 살펴본 바와 같이 근로자
들에게 사용자에 대한 '일할 의무'를 형벌로써 강
제하는 것과 다를 바 없다. 그런데 이와 관련하여
국제노동기구(ILO) 제105호 "강제노동의 폐지에
관한 조약" 제1조 d항은 동맹파업에 참가한 것에
대한 제재를 강제노동으로 보아 금지하고 있고,
국제노동기구 결사의 자유위원회에서는 2000년
이래 매년 계속하여, 그리고 국제연합 경제적·사
회적·문화적 권리위원회에서는 2001년과 2009년
에 걸쳐 거듭하여, 폭력이 수반되지 아니한 근로
자의 단체행동과 관련된 다양한 행위를 형법 제
314조에 기하여 처벌하는 상황에 대한 우려와 함
께 '비폭력적 쟁의행위'가 동 조항에 의해 처벌되
지 않도록 하는 조치를 권고하고 있는 등 국제사
회의 비판에 직면해 있는 점도 함께 지적해 둔
다."(출처: 판례공보 2011(상), 865쪽)

[해설] 판결문에서도 지적되어 있는 바와 같이 과
거 대법원은 정당하지 않는 쟁의행위는 폭행·협
박 또는 다른 근로자들에 대한 실력행사 등을 수
반하지 아니하여도 그 자체만으로 위력에 해당하
여 형사처벌할 수 있다고 해석했었다. 본 판결은
업무방해죄에 해당하는 파업행위의 범위를 축소
시켰으나, 반대의견은 다수의견이 여전히 ILO 등
의 입장과는 차이가 있음을 설시하고 있다. 한국
은 반대의견이 지적하고 있는 강제노동 폐지에 관
한 조약의 당사국은 아니다. 이후 대법원이 쟁의
행위로서의 파업이 업무방해죄를 구성하는지에
대한 심사를 점차 엄격히 하는 것은 사실이다(대
법원 2014. 8. 20. 2011도468 판결; 대법원 2014.

8. 20. 2011도468 판결 등 참조).

평석 도재형, 업무방해죄 관련 대법원 전원합의체 판결에 대한 검토, 노동법률 제240호(중앙경제사, 2011).

윤종행, 파업과 부작위에 의한 위력업무방해죄: 대법원 2011. 3. 17.선고 2007도482 전원합의체 판결을 중심으로, 비교형사법연구 제13권 제2호(2011).

정영화, 헌법상 단체행동권과 업무방해죄 법리에 대한 대법원 판례의 비판: 대법원 2011. 3. 17. 선고 2007도 482 전원합의체 판결, 세계헌법연구 제17권 제2호(2011).

하재홍, 집단적 노무제공의 거부로서의 파업과 부작위범의 성립요건: 대법원 2011. 3. 17. 선고 2007도 482 전원합의체 판결을 중심으로, 형사법의 신동향 제35호(2012).

우희숙, 위력업무방해죄의 '위력' 개념에 대한 해석론: 대법원 2011. 3. 17. 선고 2007도482 전원합의체 판결을 중심으로, 성균관법학 제24권 제3호(2012).

김봉수, 쟁의행위와 형사책임: 형법상 업무방해죄의 적용 필요성 및 가능성에 대한 비판적 검토, (전남대학교) 법학논총 제34집 제1호(2014).

김영문, 쟁의행위와 업무방해죄에 관한 몇 가지 비판적 관점: 대법원 2011. 3. 17. 선고 2007도482 전원합의체 판결과 최근 판결례를 중심으로, 법조 2014년 4월호.

김남일, 파업으로 인한 업무방해 사건에 관한 판례의 동향: 대법원 2011. 3. 17. 선고 2007도482 전원합의체 판결, 재판실무연구 2015년(광주지방법원, 2016).

조현철, 집단적인 노무부제공의 업무방해죄 성립여부: 대법원 2011. 3. 17. 선고 2007도482 전원합의체 판결, 판례연구 제27집(부산판례연구회, 2016).

14-14. 양심의 자유와 준법서약제

(헌법재판소 2002. 4. 25. 98헌마425, 99헌마170·498(병합) 결정. 준법서약제 등 위헌확인, 가석방심사등에관한규칙 제14조 제2항 위헌확인)

[사안: 한국에서는 과거 좌익계열 수감자에게는 공산주의 지지를 포기한다는 사상전향서를 요구해, 이에 불응하는 수감자에게는 일정한 불이익을 주었다. 사상전향제에 대해서는 국내적으로 비판이 제기되었고, 강용주 사건에서 HRC는 사상전향제가 「시민적 및 정치적 권리에 관한 국제규약」 제18조 1항 및 제19조 1항 위반이라고 판정했다 (CCPR/C/78/D/878/1999(2003)). 이후 사상전향제는 준법서약제로 변경되었다. 본 결정은 준법서약제에 관한 판단이다. 이에 대해 합헌 판단을 한 다수의견과 함께 소수의견을 수록한다. 현재는 준법서약제도 폐지되었다.]

"국가의 존립과 기능은 국민의 국법질서에 대한 순종의무를 그 당연한 이념적 기초로 하고 있다. […] 따라서 헌법과 법률을 준수할 의무는 국민의 기본의무로서 헌법상 명문의 규정은 없으나 우리 헌법에서도 자명한 것이다.

이 사건 규칙조항상 요구되는 준법서약의 내용은 "대한민국의 국법질서를 준수하겠다"는 것이고, 이에 기해 만들어진 준법서약서는 성명, 주민등록번호, 죄명 외에 처벌받게 된 경위와 내용, 대한민국 법질서 준수서약, 장래의 생활계획, 기타 하고 싶은 말 등을 기재하도록 되어 있는바, "대한민국 법질서 준수서약"은 이에 관한 어떤 정형화된 문구가 있는 것이 아니어서 실제 운영상 대체적으로 "대한민국의 법질서를 준수하겠다"는 내용정도로 단순하게 기재케 하는 것으로 보인다. […]

이 사건 청구인들 중에 이른바 비전향 장기수들이 있고, 그들이 내심으로 가령 국가보안법 등이 자신들의 정치적 신조에 반한다거나, 자유민주주의 체제가 자신들의 이데올로기에 어긋난다고 확신하며 나아가 그들의 이러한 신조가 외부적으로 알려져 있다하더라도, 그들에 대한 가석방심사 시 심사자료에 쓰일 준법서약의 내용이 단지 위와 같은 정도에 그치는 이상, 마찬가지로 양심의 영역을 건드리는 것으로 볼 수 없다. 왜냐하면 기본적으로 어느 누구도 헌법과 법률을 무시하고 국법질서 혹은 자유민주적 기본질서를 무력, 폭력 등 비헌법적 수단으로 전복할 권리를 헌법적으로 보장받을 수는 없는 것이고, 따라서 단순히 국법질서나 헌법체제를 준수하겠다는 서약을 하는 것에 의하여는 그 질서나 체제 속에 담겨있는 양심

의 자유를 포함하여 어떠한 헌법적 자유나 권리도 침해될 수 없기 때문이다. [⋯]

이 사건의 경우, 이 사건 규칙조항에 의하여 준법서약서의 제출이 반드시 법적으로 강제되어 있는 것이 아니다. 당해 수형자는 가석방심사위원회의 판단에 따라 준법서약서의 제출을 요구받았다고 하더라도 자신의 의사에 의하여 준법서약서의 제출을 거부할 수 있다. 또 이를 거부하더라도 가석방심사위원회는 당해 수형자에게 준법서약서의 제출을 강제할 아무런 법적 권한이 없다. 또한 가석방이 그 법적 성격상 수형자의 개별적 요청이나 희망에 따라 행하여지는 것이 아니라 행형기관의 교정정책 혹은 형사정책적 판단에 따라 수형자에게 주는 은혜적 조치일 뿐이고 수형자에게 주어지는 권리가 아니어서(헌재 1995. 3. 23. 93헌마12, 판례집 7─1, 416, 422), 다시 말해 가석방은 행형당국의 판단에 따라 수형자가 받는 사실상의 이익이며 은전일 뿐이어서, 준법서약서의 제출을 거부하는 당해 수형자는 결국 이 사건 규칙조항에 의하여 가석방의 혜택을 받을 수 없게 될 것이지만, 단지 그것뿐이며 더 이상 법적 지위가 불안해지거나 법적 상태가 악화되지 아니한다. 즉, 원래의 형기대로 복역하는 수형생활에 아무런 변화가 없는 것이다. 이와 같이 이 사건 규칙조항은 내용상 당해 수형자에게 하등의 법적 의무를 부과하는 것이 아니며 이행강제나 처벌 또는 법적 불이익의 부과 등 방법에 의하여 준법서약을 강제하고 있는 것이 아니므로 당해 수형자의 양심의 자유를 침해하는 것이 아니다. [⋯]

이와 같이 법적 강제가 아니라 단순한 혜택부여의 문제에 그칠 경우에는 비록 그 혜택이 절실한 것이어서 이를 외면하기가 사실상 고통스럽다고 하더라도 이는 스스로의 선택의 문제일 뿐, 이미 양심의 자유의 침해와는 아무런 관련이 없다. 단지 그 혜택부여의 공평성 여부라는 평등원칙 위배의 차원에서 헌법적으로 검토될 여지가 있을 뿐이다.

결국 이 사건 규칙조항에 따른 준법서약서의 제출은 단지 국가로부터 가석방이라는 은전을 부여받기 위한 요소일 뿐으로서 이러한 수혜요건을 충족시켜줄 것인가 여부는 당해 수형자가 자신의 내심의 소리에 따라서 여전히 자유롭게 선택할 수 있는 것이다."

재판관 김효종 및 주선회 반대의견:

"(3) 비전향장기수에게 있어서 준법서약서 제출의 의미를 살펴본다.

준법서약서제도는 과거의 사상전향서제도와는 형식적으로 다른 형태로서 국법질서를 준수하겠다는 서약서지만, 그 실질에 있어서는 오랜 기간 공산주의에 대한 신조를 지닌 국가보안법 위반자 등으로 하여금 그러한 신조를 변경하겠다는 것을 표명하게 하고, 그럼으로써 같은 신조를 지닌 자들과 격리하게 되는 효과를 도모하는 점에서 유사하다. [⋯]

이 사건에서 최대의 관건은 바로 일반인이 아닌, 공산주의 사상 신봉자인 수형자들에게 준법서약서가 어떤 의미를 지니느냐의 문제인 것인데, 다수의견은 너무 쉽게, 형식적으로 이를 판단하고 있다. 헌법재판소는 개별사안에서 과연 이것이 양심의 자유로서 보호할 만한 상황인지의 여부를 개별적·구체적·실질적으로 판단하는 방법을 취하는 것이 필요한 것이다.

준법서약서는 사상전향서와 마찬가지로 내심의 사상 포기를 외부에 표현하도록 하는 기능을 지니며, 이는 우리 헌법상의 양심의 자유에서 '양심'이 세계관·주의·신조에까지 미친다는 점에서, 양심의 자유의 보호범위에 포함시켜 보아야 할 문제인 것이다. [⋯]

다. 준법서약서제도의 양심의 자유 침해 여부

(1) "헌법 제19조가 보호하고 있는 양심의 자유는 양심형성의 자유와 양심적 결정의 자유를 포함하는 내심적 자유(forum internum)뿐만 아니라, 양심적 결정을 외부로 표현하고 실현할 수 있는 양심실현의 자유(forum externum)를 포함한다고

할 수 있다. 내심적 자유, 즉 양심형성의 자유와 양심적 결정의 자유는 내심에 머무르는 한 절대적 자유라고 할 수 있지만, 양심실현의 자유는 타인의 기본권이나 다른 헌법적 질서와 저촉되는 경우 헌법 제37조 제2항에 따라 국가안전보장, 질서유지 또는 공공복리를 위하여 법률에 의하여 제한될 수 있는 상대적 자유라고 할 수 있다"(헌재 1998. 7. 18. 96헌바35, 판례집 10-2, 159-166).

(2) 준법서약서제도는 개인의 세계관·인생관·주의·신조 등이나 내심에 있어서의 윤리적 판단을 그 대상으로 하고 있다는 점에서 내심의 자유를 직접 제한하는 것이라고 볼 수 있다.

비록 준법서약서라는 '표현된 행위'가 매개가 되지만 이는, 국가가 개인의 내심의 신조를 사실상 강요하여 고백시키게 한다는 점에서, 양심실현 행위의 측면이라기보다는, 내심의 신조를 사실상 강요하는 것에 다름 아니다.

달리 말하면 국가가 가석방의 조건으로서 특정 개인에게, 외형적인 복종을 요구하는 데 그치는 것이 아니라 복종의 당위성에 대한 내적인 확신을 강요하는 것이 된다. 스페인 헌법 제16조 제2항은 "누구도 자신의 이데올로기, 종교 혹은 신념의 고백을 강요당하지 않는다"고 규정하며, 유엔인권규약 B규약 제18조 제2항이 "누구도 스스로 선택하는 종교나 신념을 가지거나 받아들일 자유를 침해하게 될 강제를 받지 않는다"고 규정한 것, 또한 독일기본법 제4조 제1항이 "…세계관적 고백의 자유는 불가침이다"고 규정한 것은, 그러한 신념의 고백의 강요가 가져오는 내심의 자유의 침해성을 방지하기 위한 것이다. 이는 '십자가 밟기'와 같은 신앙고백 등을 방지하려는 헌법의 역사적 귀결에 해당한다.

준법서약서제도는 내심의 의사를 고백하게 하거나 혹은 침묵하지 못하게 하는 것이므로, 신념의 고백 여부에 관한 자유를 침해하는 것이며, 따라서 내심의 의사의 표현행위와 관련된 것이라기보다는 내심의 의사자체와 직접 관련되는 것이라

고 보아야 할 것이다. [⋯]

그러므로 이 사건 규칙은 양심의 자유의 내심의 자유를 침해하며, 법률에 의하지 아니하고 국민의 기본권을 제한하고 있을 뿐 아니라, 이를 양심실현의 자유를 제한한다고 볼 때에도 비례의 원칙에 위반되어 위헌임을 면할 수 없으므로 이상과 같이 반대의견을 개진하는 바이다." (출처: 헌법재판소 판례집 제14권 1집, 351쪽)

평석 김승대, 준법서약제 등 위헌확인, 가석방심사등에관한규칙 제14조 제2항 위헌확인, 헌법재판소 결정해설집 1집(헌법재판소, 2002).

14-15. 이중처벌금지의 의미

(헌법재판소 2015. 5. 28. 2013헌바129 결정. 형법 제7조 위헌소원)

"헌법 제13조 제1항은 "모든 국민은 … 동일한 범죄에 대하여 거듭 처벌받지 아니한다."고 하여 '이중처벌금지원칙'을 규정하고 있다. 이는 한 번 판결이 확정되면 동일한 사건에 대해서는 다시 심판할 수 없다는 '일사부재리원칙'이 국가형벌권의 기속원리로 헌법상 선언된 것으로서, 동일한 범죄행위에 대하여 국가가 형벌권을 거듭 행사할 수 없도록 함으로써 국민의 기본권, 특히 신체의 자유를 보장하기 위한 것이다. 이러한 점에서 헌법 제13조 제1항에서 말하는 '처벌'은 원칙적으로 범죄에 대한 국가의 형벌권 실행으로서의 과벌을 의미하는 것이고, 국가가 행하는 일체의 제재나 불이익처분을 모두 그 '처벌'에 포함시킬 수는 없다(헌재 2014. 5. 29. 2013헌바171).

형사판결은 국가주권의 일부분인 형벌권 행사에 기초한 것으로서, 외국의 형사판결은 원칙적으로 우리 법원을 기속하지 않으므로 동일한 범죄행위에 관하여 다수의 국가에서 재판 또는 처벌을 받는 것이 배제되지 않는다. 따라서 이중처벌금지원칙은 동일한 범죄에 대하여 대한민국 내에서 거듭 형벌권이 행사되어서는 안 된다는 뜻으로 새겨야 할 것이다. 대법원도 이와 같은 전제에서 "피고인이 동일한 행위에 관하여 외국에서 형

사처벌을 과하는 확정판결을 받았다 하더라도 이런 외국판결은 우리나라에서는 기판력이 없으므로 여기에 일사부재리원칙이 적용될 수 없다"고 판시한 바 있다(대법원 1983. 10. 25. 선고 83도2366 판결).

또한, '시민적 및 정치적 권리에 관한 국제규약' 제14조 제7항은 "어느 누구도 각국의 법률 및 형사절차에 따라 이미 확정적으로 유죄 또는 무죄선고를 받은 행위에 관하여서는 다시 재판 또는 처벌을 받지 아니한다."고 규정하고 있다. 유엔 인권이사회(Human Rights Committee)도 위 조항의 일사부재리원칙이 다수 국가의 관할에 대하여 적용되는 것이 아니며, 단지 판결이 내려진 국가에 대한 관계에서 이른바 이중위험(double jeopardy)을 금지하는 것으로 보고 있다(유엔 인권이사회 결정 No. 204/1986 참조).

따라서 헌법상 일사부재리원칙은 외국의 형사판결에 대하여는 적용되지 아니한다고 할 것이므로, 이 사건 법률조항은 헌법 제13조 제1항의 이중처벌금지원칙에 위반되지 아니한다." (출처: 헌법재판소 판례집 제27권 1집(하), 251쪽)

[해설] 이 사건은 "형법 제7조(외국에서 받은 형의 집행) 범죄에 의하여 외국에서 형의 전부 또는 일부의 집행을 받은 자에 대하여는 형을 감경 또는 면제할 수 있다"는 조항에 대한 위헌소원이었다. 헌법재판소는 이 조항이 이중처벌금지 원칙에는 위배되지 않는다고 보았으나, 외국에서 받은 형의 집행을 국내 판결에서는 임의적 감면사유로만 규정한 점은 과잉금지 원칙에 위배되어 신체의 자유를 침해한다고 판단했다.

평석 이건석, "형법 제7조 위헌소원", 헌법재판소 결정해설집 제14집(2016).
전지연, 외국에서 집행받은 형의 선고와 형법 제7조의 개정방향: 대법원 2013. 4. 11. 선고 2013도2208 판결, 헌법재판소 2015. 5. 28. 선고 2013헌바129 전원재판부, 형사판례연구 제24권(2016).

14-16. 사상·양심 등의 자유와 보안관찰처분
(대법원 1999. 1. 26. 98두16620 판결. 보안관찰처분취소)

"보안관찰법 제4조 제1항을 비롯한 관련 규정과 그에 기한 보안관찰처분은 헌법 제10조(인간으로서의 존엄과 가치·행복추구권), 제12조 제1항(신체의 자유), 제13조 제1항(소급입법에 의한 처벌 및 이중처벌의 금지), 제37조 제2항(기본권의 본질적 내용의 침해 금지)에 위반되거나, 시민적및정치적권리에관한국제규약(1990. 7. 10. 대한민국에 대하여 발효된 것) 제18조 제1항(사상·양심 및 종교의 자유에 대한 권리), 제19조 제1항(의견을 가질 권리)에 반하지 아니한다(대법원 1997. 6. 13. 선고 96다56115 판결, 헌법재판소 1997. 11. 27. 선고 92헌바28 결정 참조)." (출처: 판례공보 1999. 3. 1.(제77호), 389쪽)

참고 본 판결의 다른 부분은 본서 6-2 수록분 참조.

14-17. 부정수표에 대한 형사처벌
(대법원 2005. 5. 13. 2005초기189(2005도1936) 결정. 위헌법률심판제청신청)

[사안: 「시민적 및 정치적 권리에 관한 국제규약」 제11조는 "어느 누구도 계약상의 의무의 이행불능만을 이유로 구금되지 아니한다"고 규정하고 있다. 그렇다면 발행된 개인수표가 지급거절이 된 경우 형사처벌을 하는 「부정수표단속법」이 규약 위반이 아니냐는 문제가 제기되었다.]

"헌법 제6조 제1항의 국제법 존중주의는 우리나라가 가입한 조약과 일반적으로 승인된 국제법규가 국내법과 같은 효력을 가진다는 것으로서 조약이나 국제법규가 국내법에 우선한다는 것이 아닐뿐더러, 부정수표단속법 제2조 제2항은 수표의 지급증권성에 대한 일반공중의 신뢰를 배반하는 행위를 처벌하는 것으로 그 보호법익은 수표거래의 공정성인 것이고 나아가 소지인 내지 일반 공중의 신뢰를 이용하여 수표를 발행한다는 점에서 그 죄질에 있어 사기의 요소도 있다 하여 처벌하는 것이지 결코 계약상 의무의 이행불능만을 이유로 구금되는 것이 아니어서 국제법 존중주의에 입각한다 하더라도 시민적및정치적권리에관한국제규약 제11조의 규정에 배치되는 것이 아니므로, 부정수표단속법 제2조 제2항의 규정이 헌법 제6조 제1항의 국제법 존중주의에 위반된다고 할 수 없다."(출처: 미간, 법원도서관 종합법률정보)

> 참고 동일 취지의 판결: 대법원 2014. 7. 10. 2014도5774 판결.

> 평석 권기우, 부정수표단속법 제2조 제2항의 문제점: 대법원 1996. 3. 8. 선고 95도2114 판결과 관련하여, 부산법조 제21호(2004).
> 김대웅, 부정수표단속법 제2조 제2항 및 제4조 범죄에 관하여, 청연논총(사법연수원 교수논문집) 제7집 (2010).
> 김대근·안성조, 부도수표의 형사처벌 현황과 개선방향(한국형사정책연구원, 2011).

14-18. 부정수표에 대한 형사처벌
(헌법재판소 2001. 4. 26. 99헌가13 결정. 부정수표단속법 제2조 제2항 위헌제청)

"국제법 존중주의 위반여부

헌법 제6조 제1항의 국제법 존중주의는 우리나라가 가입한 조약과 일반적으로 승인된 국제법규가 국내법과 같은 효력을 가진다는 것으로서 조약이나 국제법규가 국내법에 우선한다는 것은 아니다.

아울러 이 사건 법률조항에서 규정하고 있는 부정수표 발행행위는 지급제시될 때에 지급거절될 것을 예견하면서도 수표를 발행하여 지급거절에 이르게 하는 것이다. 따라서 이 사건 법률조항은 수표의 지급증권성에 대한 일반공중의 신뢰를 배반하는 행위를 처벌하는 것으로 그 보호법익은 수표거래의 공정성인 것이고 나아가 소지인 내지 일반 공중의 신뢰를 이용하여 수표를 발행한다는 점에서 그 죄질에 있어 사기의 요소도 있다 하여 처벌하는 것이다. 결코 '계약상 의무의 이행불능만을 이유로 구금' 되는 것이 아니므로 국제법 존중주의에 입각한다 하더라도 위 규약 제11조의 명문에 정면으로 배치되는 것이 아니다.

또한 기본적으로 사법적인 채무이행의 강제를 형사적인 수단으로 보장한다는 한 측면만을 강조하여 이 사건 법률규정을 단순한 민사상의 채무불이행에 대한 처벌조항으로 가볍게 단정할 것은 아니다. 왜냐하면 재산범죄라는 것은 형법상의 것이든, 특별법상의 것이든 궁극적으로 채무불이행 또는 그와 유사한 성질의 한 측면은 어느 것이나 다 가지고 있기 때문이다."(출처: 헌법재판소 판례집 제13권 1집, 761쪽)

14-19. 부정수표에 대한 형사처벌
(헌법재판소 2011. 7. 28. 2009헌바267 결정. 부정수표단속법 제2조 제2항 위헌소원)

"청구인은 이 사건 법률조항이 사인간의 단순한 채무불이행을 처벌함으로써 인신을 담보로 제공하도록 하는 것으로서 인간의 존엄성을 침해하고, 적법절차 원칙에 반하며, '시민적 및 정치적 권리에 관한 국제규약' 제11조에 위배되는 것으로서 국제법 존중주의에 위반된다고 주장한다.

그러나 앞서 살핀 바와 같이 이 사건 법률조항은 수표의 지급증권성에 대한 일반 공중의 신뢰를 배반하는 행위를 처벌함으로써 수표의 본질적 기능을 보장하여 국민의 경제생활의 안전을 보호하기 위한 것이며, 수표의 소지인 등의 구체적인 재산상 손해를 방지·전보하기 위한 것이 아니다. 또한 이 사건 법률조항 위반으로 인하여 구속이 되는지 여부는 형사소송법의 절차에 의한 것이지, 이 사건 법률조항의 문제라고 할 수 없다. 나아가 이 사건 법률조항이 규정하는 범죄는 반의사불벌죄이나, 입법연혁에 비추어 보면 이는 발행인의 구제를 위한 규정으로 볼 것이지, 채무의 이행을 강제하기 위한 것으로 보기 어려우며, 수표 발행자가 이 사건 법률조항에 의한 형사처벌을 받게 될 것을 두려워하여 수표소지인이 어음소지인이나 다른 채권자들보다 우선하여 변제받는 일이 발생한다고 하더라도, 이는 사실상의 반사적인 이익에 불과하다.

결국 이 사건 법률조항은 고의로 수표거래의 안전성을 훼손하는 행위를 처벌하는 것일 뿐 인신을 담보로 채무이행을 강제하려는 것이 아니므로, 이를 전제로 인간의 존엄성이 침해된다거나 적법절차 원칙, 국제법 존중주의에 위반된다고 하는 청구인의 주장은 이유없다." (출처: 헌법재판소 판례집 제23권 2집(상), 65쪽)

14-20. 피고인의 증인심문권
(대전지방법원 2003. 11. 5. 2003고단2155 판결. 폭력행위등처벌에관한법률위반)

"가. 살피건대, 각 사진은 피고인들이 증거로 함에 동의하지 아니하고, 그 촬영자가 공판준비 기일 또는 공판 기일에서 그 진정성립을 인정한 바가 없으므로 이를 증거로 쓸 수 없다.

나. 헌법 제6조에 따라 국내법과 동일한 효력이 있는 시민적및정치적권리에관한국제규약 제14조 제3항 (e)목은 "모든 사람은 그에 대한 형사상의 죄를 결정함에 있어 적어도 자기에게 불리한 증인을 신문하거나 신문받도록 할 것과 자기에게 불리한 증인과 동일한 조건으로 자기를 위한 증인을 출석시키도록 하고 또한 신문받도록 하는 보장을 완전 평등하게 받을 권리를 가진다."고 규정하고 있는 점, 형사소송법도 헌법에 규정된 적법절차의 원칙 중의 하나인 피고인의 반대신문권 보장 및 직접주의 원칙을 실현하기 위하여 예외적으로만 수사기관의 진술조서를 증거로 사용할 수 있게 규정하고 있는 점, 수사기관에서의 참고인의 진술은 법정에서의 진술과는 달리 거짓말을 하더라도 이를 제재할 수 있는 처벌조항 등이 없고 피고인이나 변호인의 반대신문 등을 통하여 그 진술의 진실성 여부를 탄핵할 수도 없으며, 진술 당시 진술자의 진술태도 및 정확한 진술의 취지, 기타 조서에 기재되지 않은 진술자의 진술 내용 등을 법관이 알 수 없어 진술조서 자체만으로는 그들의 진술의 신빙성을 판단하기가 어려운 점, 피해자와 피고인은 그 이해관계가 대립되어 피고인은 물론 피해자들도 허위의 진술을 할 가능성이 있다는 점(형사재판보다 상대적으로 약한 증명의 정도를 요하는 민사재판의 경우 당사자의 진술만

으로 주장사실이 입증되는 경우는 거의 없다) 등에 비추어 보면, 다른 증거 없이 피해자들의 수사기관에서의 진술만으로 유죄를 인정하는 데에는 신중을 기하여야 할 것이다.

이와 같은 점들 및 증인 오○주의 증언과 피해자 이미○은 피고인 송○빈의 채무자이고 피해자 이미○은 피해자 이정○과 자매지간이라는 점 등에 비추어 보면, 피해자들의 각 경찰 진술조서만으로는 위 공소사실을 인정하기 부족하고 달리 이를 인정할 증거가 없다." (출처: 판결문 사본 입수)

2. 난민지위협약

[2017년 말까지 한국에서는 총 32,733명이 난민신청을 했다. 그중 792명이 난민지위인정 판정을 받았으며, 1,474명이 인도적 체류자격을 인정받았다. 17,172명은 불인정 판정을 받았다. 법무부로부터 난민지위 인정을 거부당한 신청자의 일부는 법원에 '난민인정불허처분취소송'을 제기하여 현재 국내에서는 매년 수 백건의 난민소송이 진행되고 있다. 다음은 국내 난민소송에서 대표적인 특징을 보여 주는 판결들이다.]

14-21. 박해의 개념과 증명
(대법원 2008. 7. 24. 2007두3930 판결)

"출입국관리법 제2조 제2의2호, 제76조의2 제1항, 난민의 지위에 관한 협약(이하 '난민 협약'이라 한다) 제1조, 난민의 지위에 관한 의정서 제1조의 규정을 종합하여 보면, 법무부장관은 인종, 종교, 국적, 특정 사회집단의 구성원 신분 또는 정치적 의견을 이유로 박해를 받을 충분한 근거 있는 공포로 인해 국적국의 보호를 받을 수 없거나 국적국의 보호를 원하지 않는 대한민국 안에 있는 외국인에 대하여 그 신청이 있는 경우 난민협약이 정하는 난민으로 인정하여야 한다.

이때 그 외국인이 받을 '박해'라 함은 '생명, 신

체 또는 자유에 대한 위협을 비롯하여 인간의 본질적 존엄성에 대한 중대한 침해나 차별을 야기하는 행위'라고 할 수 있고, 단순히 강제징집을 거부한 사정만으로는 박해의 원인이 있었다고 할 수 없으나, 그 징집거부가 정치적 동기에 의하여 이루어지는 등 정치적 의견을 표명한 것으로 평가될 수 있을 때에는 박해의 원인이 있었다고 할 수 있다.

한편, 박해를 받을 '충분한 근거 있는 공포'가 있음은 난민 인정의 신청을 하는 외국인이 증명하여야 할 것이나, 난민의 특수한 사정을 고려하여 그 외국인에게 객관적인 증거에 의하여 주장사실 전체를 증명하도록 요구할 수는 없고 그 진술에 일관성과 설득력이 있고, 입국 경로, 입국 후 난민 신청까지의 기간, 난민 신청 경위, 국적국의 상황, 주관적으로 느끼는 공포의 정도, 신청인이 거주하던 지역의 정치·사회·문화적 환경, 그 지역의 통상인이 같은 상황에서 느끼는 공포의 정도 등에 비추어 전체적인 진술의 신빙성에 의하여 그 주장사실을 인정하는 것이 합리적인 경우에는 그 증명이 있다고 할 것이다.

원심은, 그 채용 증거들을 종합하여 원고가 단순히 징집을 거부한 것이 아니라 콩고에서 민주화 운동을 주도하는 목사가 이끄는 교회의 청년회장으로서 종족 간의 학살로 이어지는 정부군과 반정부군 간의 내전에 반대하여 강제징집거부와 반전운동을 주도한 사실을 인정한 다음, 강제징집거부와 반전운동이라는 정치적 의견을 표명한 행위로 인하여 정부군에 체포되어 감금되었다가 국외로 탈출하게 된 사정 등에 비추어 정치적 의견을 이유로 박해를 받을 충분한 근거 있는 공포가 있다고 판단하였는바, 위 법리에 비추어 보면 원심의 이러한 조치는 정당한 것으로 수긍이 가고, 거기에 상고이유와 같은 난민 인정에 관한 심리미진, 채증법칙 위배나 난민 개념에 대한 법리 오해 등의 위법이 없다." (출처: 대법원 판례집 제56권 2집(특별), 219쪽)

[해설] 난민지위를 인정받기 위한 핵심 요건의 하나는 "박해"이다. 이 대법원 판결이 있기 전까지 국내 하급심은 대체로 "박해가 무엇을 말하는지에 관하여는 확립된 견해는 없지만 일응 생명 또는 신체의 자유와 같은 중대한 인권에 대한 침해행위가 이에 해당한다고 말할 수 있고(편람 제51항 참조), 그 밖에도 일반적으로 문명사회에서 허용될 수 없을 것으로 생각되는 부당한 차별, 고통, 불이익의 강요 등이 이에 해당한다고 할 수 있을 것"이라고 해석했다(서울행정법원 2006. 2. 3. 2005구합20993 판결; 서울행정법원 2007. 1. 9. 2006구합28345 판결 등). 대법원의 본 판결 이후 국내 법원에서는 박해를 일관되게 위와 같이 해석하고 있다.

평석 주진열, 출입국관리법 제2조 제2의2호 소정의 난민의 의미, 사법 제6호(사법발전재단, 2008). 임재홍, 출입국관리법상 난민인정행위의 법적 성격과 난민인정요건, 행정판례연구 15-1집(박영사, 2010).

14-22. 난민지위의 증명

(대법원 2016. 3. 10. 2013두14269 판결)

"난민 인정의 요건이 되는 '박해'는 '생명, 신체 또는 자유에 대한 위협을 비롯하여 인간의 본질적 존엄성에 대한 중대한 침해나 차별을 야기하는 행위'를 의미하는 것으로서, 그러한 박해를 받을 '충분한 근거 있는 공포'가 있음은 난민 인정의 신청을 하는 외국인이 증명하여야 한다(대법원 2013. 4. 25. 선고 2012두14378 판결 참조).

그러나 증거를 쉽게 입수할 수 없는 난민의 특수한 사정을 고려하면 그 외국인에게 객관적인 증거에 의하여 주장사실 전체를 증명하도록 요구할 수는 없고, 전체적인 진술의 신빙성에 의하여 그 주장사실을 인정하는 것이 합리적인 경우에는 그 증명이 된 것으로 보아야 하고(대법원 2008. 7. 24. 선고 2007두3930 판결 참조), 난민신청인의 진술을 평가할 때 진술의 세부내용에서 다소간의 불일치가 발견되거나 일부 과장된 점이 엿보인다고 하여 곧바로 신청인 진술의 전체적 신빙성을 부정해서는 안 되며, 그러한 불일치·과장이 진정한 박해의 경험에 따른 정신적 충격이나 난민신청인의 궁박한 처지에 따른 불안정한 심리상태, 시간 경과에 따른 기억력의 한계, 우리나라와 서로 다른 문화적·역사적 배경에서 유래한 언어감각의 차이 등에서 비롯되었을 가능성도 충분히 염두에 두고 진술의 핵심내용을 중심으로 전체적인 신빙성을 평가하여야 한다(대법원 2012. 4. 26. 선고 2010두27448 판결 참조). 다만 그 진술은 그 진술만으로도 난민신청인의 주장을 충분히 인정할 수 있을 정도로 구체적인 사실을 포함하고 있어야 하고, 중요한 사실에 관한 누락이나 생략이 있어서는 아니 되며, 그 자체로 일관성과 설득력이 있어야 하고 다른 증거의 내용과도 부합하지 않으면 안 된다."(출처: 판례공보 2016(상), 579쪽)

평석 류기인, 난민신청인 진술의 신빙성 평가방법과 인정요건 및 외국공문서의 진정성립 추정요건과 증명방법: 대법원 2016. 3. 10. 선고 2013두14269 판결, 재판과 판례 제26집(대구판례연구회, 2017).

14-23. 난민지위의 증명(여성의 특수성)
(대법원 2012. 4. 26. 2010두27448 판결)

"박해의 경험에 관한 난민신청인의 진술을 평가할 때 그 진술의 세부내용에서 다소간의 불일치가 발견되거나 일부 과장된 점이 엿보인다고 하여 곧바로 신청인 진술의 전체적 신빙성을 부정하여서는 아니 되고, 그러한 불일치·과장이 진정한 박해의 경험에 따른 정신적 충격이나 난민신청인의 궁박한 처지에 따른 불안정한 심리상태, 시간의 경과에 따른 기억력의 한계, 우리나라와 서로 다른 문화적·역사적 배경에서 유래한 언어감각의 차이 등에서 비롯되었을 가능성도 충분히 염두에 두고 진술의 핵심내용을 중심으로 전체적인 일관성 및 신빙성을 평가하여야 하며, 특히 난민신청인이 여성으로서 심각한 박해의 피해자라고 주장하는 경우에는 그 가능성과 이에 따른 특수성도 진술의 신빙성을 평가하는 과정에서 염두에 두어야 한다."(출처: 판례공보 2012(상), 876쪽)

평석 김성수, 난민인정 요건인 '박해에 관한 충분한 근거가 있는 공포'의 증명과 관련하여, 박해 경험

에 관한 난민신청인 진술의 신빙성을 판단하는 방법, 대법원판례해설 제91호(2012, 법원도서관).
최병률, 난민인정 요건 증명과 관련한 난민신청인 진술의 신빙성 판단, 올바른 재판 따뜻한 재판: 이인복 대법관 퇴임기념 논문집(사법발전재단, 2016).

14-24. 난민의 요건: 본국 출국 이후 활동
(대법원 2017. 3. 9. 2013두16852 판결)

"난민은 국적국을 떠난 후 거주국에서 정치적 의견을 표명하는 것과 같은 행동의 결과로서 '박해를 받을 충분한 근거 있는 공포'가 발생한 경우에도 인정될 수 있고, 난민으로 보호받기 위해 박해의 원인을 제공하였다고 하여 달리 볼 것은 아니다(대법원 2008. 7. 24. 선고 2007두19539 판결 등 참조).

원심은 그 판시와 같은 사실을 인정한 다음, 원고는 미얀마 및 대한민국에서의 카렌족 지원 및 인권향상을 위한 여러 활동을 적극적으로 하여 왔는바, 원고가 이 사건 처분 당시 미얀마로 돌아갈 경우 특히 대한민국 내에서의 활동으로 인하여 미얀마 정부로부터 박해를 받을 충분한 근거 있는 공포가 있다고 인정되고 단순히 경제적 목적으로 난민신청을 한 것으로 보이지도 아니하므로, 원고에 대하여 난민인정을 거부한 이 사건 처분이 위법하다고 판단하였다.

이 부분 상고이유 주장 부분은 실질적으로 사실심 법원의 자유심증에 속하는 사실인정 및 증거의 취사선택과 가치 판단을 탓하는 것에 불과하다. 그리고 원심판결 이유를 기록에 비추어 살펴보아도, 원심의 위와 같은 판단에 난민인정에 관한 법리를 오해하거나 논리와 경험의 법칙을 위반하여 자유심증주의의 한계를 벗어난 잘못이 없다."(출처: 판례공보 2017(상), 637쪽)

14-25. 난민의 요건: 종교
(대법원 2012. 3. 29. 2010두26476 판결)

"구 출입국관리법(2010. 5. 14. 법률 10282호로 개정되기 전의 것) 제2조 제2의2호, 제76조의2 제1

항, 난민의 지위에 관한 협약(이하 '난민협약'이라 한다) 제1조, 난민의 지위에 관한 의정서 제1조의 규정을 종합하여 보면, 법무부장관은 인종, 종교, 국적, 특정 사회집단의 구성원 신분 또는 정치적 의견을 이유로 박해를 받을 충분한 근거 있는 공포로 인해 국적국의 보호를 받을 수 없거나 국적국의 보호를 원하지 않는 대한민국 안에 있는 외국인에 대하여 그 신청이 있는 경우 난민협약이 정하는 난민으로 인정하여야 한다. […]

원심은 그 채용 증거들을 종합하여, ① 원고가 쿠르드족으로서 이슬람신도였으나 1999. 11. 14. 한국에 입국하였다가 2001년 말경 일본에 밀입국하여 2003. 2.경 이란으로 강제송환되었고, 일본에서 밀입국 혐의로 구금되어 있을 무렵 기독교 성경책을 보고 기독교에 관심을 가지게 된 사실, ② 그 후 원고가 2003. 10. 4. 한국에 다시 입국하여 ○○선교회의 예배모임에 참석하다가 @@교회를 다니게 되어 그 교회에서 2005. 3. 13. 세례를 받은 사실, […] [이어서 원고가 한국에서 기독교 신앙생활을 한 사실을 소개하고 – 필자 주] ⑤ 원고가 기독교로 개종한 사실이 이란에 있는 원고의 가족들과 지인들에게 알려진 사실 등을 인정한 다음, 지난 몇 년간 이란의 기독교 신자들에 대한 박해가 심화되고 있어 기독교 개종자는 다른 사람들에게 기독교를 전도하지 않더라도 예배활동을 하였다는 이유만으로 박해를 받고 있고, 특히 이슬람교에서 기독교로 개종한 경우 사형에 처해질 수도 있는 사정 등에 비추어 원고에게는 이란으로 귀국하면 이란 당국에 의하여 기독교 개종자라는 이유로 박해를 받을 충분한 근거 있는 공포가 있다고 판단하였는바, 위 법리에 비추어 보면 원심의 이러한 조치는 정당한 것으로 수긍이 가고, 거기에 상고이유와 같은 난민 인정에 관한 심리미진, 경험칙 위배나 법리오해 등의 잘못이 없다." (출처: 판결문 사본 입수)

14-26. 특정사회집단: 동성애자

(대법원 2017. 7. 11. 2016두56080 판결)

"난민법 제1조, 제2조 제1호, 「난민의 지위에 관한 1951년 협약」(이하 '난민협약'이라 한다) 제1조, 「난민의 지위에 관한 1967년 의정서」 제1조의 규정을 종합하여 보면, 법무부장관은 인종, 종교, 국적, 특정 사회집단의 구성원 신분 또는 정치적 의견을 이유로 박해를 받을 충분한 근거 있는 공포로 인해 국적국의 보호를 받을 수 없거나 국적국의 보호를 원하지 않는 외국인 또는 그러한 공포로 인하여 대한민국에 입국하기 전에 거주한 국가로 돌아갈 수 없거나 돌아가기를 원하지 아니하는 무국적자인 외국인에 대하여 그 신청이 있는 경우 난민협약이 정하는 난민으로 인정하여야 한다.

이때 '특정 사회집단'이란 한 집단의 구성원들이 선천적 특성, 바뀔 수 없는 공통적인 역사, 개인의 정체성 및 양심의 핵심을 구성하는 특성 또는 신앙으로서 이를 포기하도록 요구해서는 아니 될 부분을 공유하고 있고, 이들이 사회환경 속에서 다른 집단과 다르다고 인식되고 있는 것을 말하며, 동성애라는 성적 지향이 난민신청자의 출신국 사회의 도덕규범이나 법규범에 어긋나 그것이 외부로 드러날 경우 그로 인해 박해에 노출되기 쉬우며, 이에 대해 출신국 정부에서 보호를 거부하거나 보호가 불가능한 경우에는 특정 사회집단에 해당한다고 볼 수 있다.

그리고 그 외국인이 받을 '박해'라 함은 '생명, 신체 또는 자유에 대한 위협을 비롯하여 인간의 본질적 존엄성에 대한 중대한 침해나 차별을 야기하는 행위'를 말한다(대법원 2008. 7. 24. 선고 2007두3930 판결 등 참조). 동성애라는 성적 지향 내지 성정체성이 외부로 공개될 경우 출신국 사회의 도덕규범에 어긋나 가족이나 이웃, 대중으로부터의 반감과 비난에 직면할 수 있어, 이러한 사회적 비난, 불명예, 수치를 피하기 위해서 스스로 자신의 성적 지향을 숨기기로 결심하는 것은 부당한 사회적 제약일 수 있으나, 그것이 난민협약에서 말하는 박해, 즉 난민신청인에 대한 국제적인 보호를 필요로 하는 박해에 해당하지는 아니한다. 그러나 난민신청인의 성적 지향을 이유로 통상적인 사회적 비난의 정도를 넘어 생명, 신체 또는 자유에 대한 위협을 비롯하여 인간의 본질적 존엄성에 대한 중대한 침해나 차별이 발생하는 경우에는 난민협약에서 말하는 박해에 해당한다. 따라서 동성애자들이 난민으로 인정받기 위해서는, 출신국에서 이미 자신의 성적 지향이 공개되고 그로 인하여 출신국에서 구체적인 박해를 받아 대한민국에 입국한 사람으로서 출신국으로 돌아갈 경우 그 사회의 특정 세력이나 정부 등으로부터 박해를 받을 우려가 있다는 충분한 근거 있는 공포를 가진 사람에 해당하여야 하고, 박해를 받을 '충분한 근거 있는 공포'가 있음은 난민인정 신청을 하는 외국인이 증명하여야 한다."

(출처: 판례공보 2017(하), 1646쪽)

[해설] 이 판결의 결론에서 재판부는 동성애자로 본국(이집트)에서 박해받을 것이라는 원고의 주장이 일관성과 설득력이 부족하고 전반적 신빙성이 떨어진다는 이유에서 난민에 해당하는지 여부를 다시 심리하라며 원고 승소를 선언한 원심을 파기·환송했다.
기타 동성애자라는 이유로 본국에서 박해받을 위험이 있다고 판단한 판결:
① 서울고등법원 2010. 7. 14. 2010누3093 판결.
② 서울행정법원 2013. 4. 25. 2012구합32581 판결(각급법원(제1, 2심) 판결공보 2013(상), 486쪽)[3]

14-27. 특정사회집단: 여성 할례
(대법원 2017. 12. 5. 2016두42913 판결)

"난민 인정 요건인 '특정 사회집단의 구성원인 신분을 이유로 한 박해'에서 '특정 사회집단'이란

---

3) 단 이 판결에는 피고 서울출입국관리사무소장이 항소했는데, 서울고등법원 2014. 1. 16. 2013누14872 판결은 원고의 동성애자라는 주장이 신빙성이 없다는 이유로 원고 패소결정을 내렸다. 대법원 2014. 5. 29. 2014두3662 판결도 원고를 난민으로 보기 어렵다며 원고 패소를 결정했다.

한 집단의 구성원들이 선천적 특성, 바뀔 수 없는 공통적인 역사, 개인의 정체성 및 양심의 핵심을 구성하는 특성 또는 신앙으로서 이를 포기하도록 요구해서는 아니 될 부분을 공유하고 있고, 이들이 사회환경 속에서 다른 집단과 다르다고 인식되고 있는 것을 말한다. 그리고 그 외국인이 받을 '박해'란 생명, 신체 또는 자유에 대한 위협을 비롯하여 인간의 본질적 존엄성에 대한 중대한 침해나 차별을 야기하는 행위를 의미한다(대법원 2017. 7. 11. 선고 2016두56080 판결 참조).

'여성 할례'(Female genital mutilation)는 의료 목적이 아닌 전통적·문화적·종교적 이유에서 여성 생식기의 전부 또는 일부를 제거하거나 여성 생식기에 상해를 입히는 행위를 의미한다. 이는 여성의 신체에 대하여 극심한 고통을 수반하는 직접적인 위해를 가하고 인간의 존엄성을 침해하는 행위로서, 특정 사회집단의 구성원이라는 이유로 가해지는 '박해'에 해당한다. 따라서 난민신청인이 국적국으로 송환될 경우 본인의 의사에 반하여 여성 할례를 당하게 될 위험이 있음에도 국적국으로부터 충분한 보호를 기대하기 어렵다는 사정이 인정된다면, 국적국을 벗어났으면서도 박해를 받을 수 있다고 인정할 충분한 근거가 있는 공포로 인하여 국적국의 보호를 받을 수 없는 경우에 해당한다고 할 수 있다. 그리고 여기에서 '여성 할례를 당하게 될 위험'은 일반적·추상적인 위험의 정도를 넘어 난민신청인이 개별적·구체적으로 그러한 위험에 노출되어 있는 경우를 의미하고, 여성 할례를 당하게 될 개별적·구체적인 위험이 있다는 점은 원고가 속한 가족적·지역적·사회적 상황에 관한 객관적인 증거에 의하여 합리적으로 인정되어야 한다." (출처: 판례공보 2018(상), 81쪽)

14-28. 난민의 장애인등록
(부산고등법원 2017. 10. 27. 2017누22336 판결 (상고). 장애인등록거부처분취소. 원고, 항소인: 원

고. 피고, 피항소인: 부산광역시 사상구청장)

"위 인정 사실과 […] 각 기재 및 변론 전체의 취지를 종합하여 인정할 수 있는 아래와 같은 사정에 비추어 보면, 난민인정자인 원고는 장애인복지법 제32조 제1항, 난민법 제31조, 제30조 제1항, 난민의 지위에 관한 1951년 협약(이하 '난민협약'이라 한다) 제24조, 난민의 지위에 관한 1967년 의정서에 근거하여 장애인 등록을 하고 그에 따른 복지서비스의 제공을 받을 수 있는 권리가 인정된다. 그럼에도 불구하고 난민인정자인 원고에 대하여 장애인복지법 제32조의2 규정에 따른 외국인에 해당하지 아니한다는 이유로 장애인 등록 신청을 거부한 이 사건 제1, 2처분은 위법하므로 취소되어야 한다.

① 난민협약 및 난민의 지위에 관한 1967년 의정서 등에 따라 난민의 지위와 처우 등에 관한 사항을 정함을 목적으로 제정된 난민법 제30조에 의하면, 우리나라에 체류하는 난민인정자는 다른 법률에도 불구하고 난민협약에 따른 처우를 받고(제1항), 국가와 지방자치단체는 난민의 처우에 관한 정책의 수립·시행, 관계 법령의 정비, 관계 부처 등에 대한 지원, 그 밖의 조치를 하여야 한다(제2항). 한편 우리나라는 현재 어떠한 유보도 없이 난민협약에 가입한 상태이므로 난민협약상 난민의 권리에 관한 각종 규정들은 국내법의 효력을 가진다. 그런데 난민협약 제24조 제1항에 의하면 체약국은 합법적으로 그 영역 내에 체재하는 난민에게 사회보장(산업재해, 직업병, 모성보호, 질병, 불구, 노령, 사망, 실업, 가족부양 기타 국내법령에 따라 사회보장제도의 대상이 되는 급부사유에 관한 법규)에 관하여 자국민에게 부여하는 대우와 동일한 대우를 부여한다고 규정하고 있다.

② 난민법 제31조에 의하면 난민으로 인정되어 국내에 체류하는 외국인은 사회보장기본법 제8조 등에도 불구하고 대한민국 국민과 같은 수준의 사회보장을 받는다고 규정하고 있는데, 사회보장기본법 제8조는 국내에 거주하는 외국인에게 사회보장제도를 적용할 때에는 상호주의의 원칙에 따르되, 관계 법령에서 정하는 바에 따른다고 규정하고 있다. 이는 사회보장제도와 관련된 관계 법령이 다양다기하므로 그 개별적 문구, 내용에 따라 난민에 대한 적용 여부가 달라지거나 난민에 대한 적용 배제의 근거로 원용될 것을 대비하여 위와 같은 입법 형식을 취한 것으로 보인다. 따라서 사회보장 관계 법령에서 외국인에 대한 사회보장 제한 또는 사회보장 특례를 규정하고 있다고 하더라도 난민의 경우에는 그러한 규정에도 불구하고 대한민국 국민과 같은 수준의 사회보장을 받는다는 의미로 보아야 한다. 한편 위 규정의 취지상 난민에 대한 사회보장 제한 또는 사회보장 특례가 필요하다면 관계 법령에서 이에 대한 명시적인 규정을 두어 난민에 대해서도 대한민국 국민과 같은 수준의 사회보장을 제한하거나 배제하여야 할 것이다.

③ 난민법상 난민인정자에 대한 처우를 정한 조항들은 그 문언상 기속규정(제30조 제1항, 제31조, 제32조, 제33조 제1항, 제37조)과 재량규정(제30조 제2항, 제34조, 제35조, 제36조)으로 나뉘는데, 난민법 제30조, 제31조는 기속규정에 해당한다.

④ 난민법 제32조는 난민인정자에게 국민기초생활 보장법에 규정된 제7조부터 제15조까지 권리를 인정하고 있기는 하나 이는 공공부조에 있어 그 기본법 역할을 하는 국민기초생활 보장법이 공공부조에 관한 권리에 대해 구체적으로 규율하고 있으므로 난민인정자에게 외국인 제한 규정을 배제하면서 위 조항들 역시 난민인정자에 당연히 적용됨을 확인하는 규정으로 보인다. 한편 난민법 제32조가 위와 같이 규정되어 있다고 하여 난민법 제31조를 일반규정 또는 선언적 규정으로 보아 난민법 제31조에 의하여서는 사회보장 기본법상 사회보장에 관한 권리가 부여되지 않는다고 볼 것은 아니다. 난민법 제33조에 의하면 난민인정자나 그 자녀가 민법에 따라 미성년자인 경우에는 국민과 동일하게 초등교육과 중등교육

을 받는다고 규정하고 있고, 교육기본법 제8조 제2항은 모든 국민은 제1항에 따른 의무교육을 받을 권리를 가진다고 규정하고 있는데, 난민인정자는 교육기본법상 난민인정자 적용에 대한 별도의 규정 없이도 난민법 제33조에 의하여 대한민국 국민과 동일하게 초등교육과 중등교육을 받고 있으므로 난민법 제30조, 제31조를 일반규정 또는 선언적 규정으로 볼 수는 없다.

⑤ 장애인의 인권과 복지에 대한 기본법으로 제정된 장애인복지법은 장애인 등록 요건과 등록된 장애인에 대한 보호 내용을 규정하고 있는데, 외국인의 경우에는 장애인복지법 제32조의2 제1항 각호에 규정된 사유를 충족할 경우에 한하여 장애인 등록을 할 수 있다고 규정하고 있다. 난민의 경우 출입국관리법 시행령 제12조 [별표 1] 제27호 ㈐목에 따라 거주(F−2) 체류자격이 부여되는데, 장애인복지법 제32조의2 제1항 제3호에 의하면 거주(F−2) 체류자격의 경우에는 장애인 등록을 할 수 있는 외국인에는 해당하지 아니한다. 그러나 장애인복지법 제32조의2는 외국인 장애인에 대한 복지를 확대하기 위하여 일정 요건을 충족하는 외국인에 대하여 장애인 등록을 허용하는 취지의 규정으로, 난민법 제30조, 제31조의 규정에도 불구하고 장애인복지법 제32조의2에 해당하지 아니하는 외국인은 장애인 등록을 할 수 없음을 의미한다고 볼 수 없다. 또한 장애인복지법 제32조의2는 사회보장기본법 제8조에 규정된 '관계법령'에 해당하므로 위 규정에도 불구하고 난민인정자는 난민법 제30조, 제31조에 따라 대한민국 국민과 동일하게 장애인 등록을 할 수 있다고 해석함이 타당하다. 한편 재한외국인 처우 기본법 제12조는 장애인복지법 제32조의2 제1항 제4호에 규정된 결혼이민자의 처우와 같은 처우를 할 수 있다고 규정하고 있다.

⑥ 한편 난민법 제정 이유에 의하면 "대한민국은 1992. 12. 난민의 지위에 관한 협약 및 동 협약 의정서에 가입한 이래 출입국관리법에서 난민

에 관한 인정절차를 규율하고 있으나, 다른 선진국에 비해 난민을 충분히 받아들이고 있지 아니하여 국제사회에서 그 책임을 다하고 있지 못하고, 난민인정 절차의 신속성, 투명성, 공정성에 대하여 국내외적으로 지속적인 문제제기가 있어 왔으며, 난민신청자가 최소한의 생계를 유지할 수 있는 수단이 봉쇄되어 있고, 난민인정을 받은 자의 경우에도 난민의 지위에 관한 협약이 보장하는 권리조차도 누리지 못하는 등 난민 등의 처우에 있어서도 많은 문제점이 노정되고 있는바, 난민인정절차 및 난민 등의 처우에 관하여 구체적으로 규정함으로써 난민의 지위에 관한 협약 등 국제법과 국내법의 조화를 꾀하고, 인권선진국으로 나아가는 초석을 다지려는 것이고, 난민인정자는 난민협약에 따른 처우를 받으며, 대한민국 국민과 같은 수준의 사회보장을 받고, 국민기초생활보장법에 따른 보호를 받을 수 있으며, 난민인정자나 그 자녀가 미성년자인 경우에는 국민과 동일하게 초·중등교육을 받고, 외국에서 이수한 학력 및 외국에서 취득한 자격을 인정받을 수 있다(안 제30조부터 제36조까지)"라는 것이다.

⑦ 난민을 정치적·종교적 억압으로 정치적·종교적 자유를 빼앗긴 피해자 또는 전쟁이나 자연재해로 피난처를 필요로 하는 이재민으로 고향과 조국을 등진 외국인으로만 치부할 수는 없다. 그들은 보편적 가치를 침해당한 피해자이거나 불가항력적인 재앙으로 인해 보편적 가치를 상실한 피해자이므로 헌법상 기본권 규정, 위와 같은 난민법 제정 취지에 부응하여 돌아갈 고향과 조국이 없는 자들에 대한 따뜻한 시선으로 이들을 보호할 필요성이 크다.

⑧ 국가인권위원회에서 보건복지부장관에게 난민도 장애인 등록을 할 수 있도록 장애인복지법을 개정하고 장애인 복지사업의 지원을 받을 수 있도록 관련 지침을 정비하라고 권고하고, 국회에서도 장애인 등록 범위에 난민인정자와 가족을 포함하는 장애인복지법 개정안을 발의하여 개정

절차가 진행 중이라고 하여 난민인정자에게 난민법 제30조, 제31조에 기한 구체적 권리가 없다고 볼 것은 아니다.

4. 결론

그렇다면 원고의 이 사건 청구는 이유 있으므로 이를 인용하여야 한다." (출처: 각급법원(제1,2심) 판결공보 2018(상), 51쪽)

3. 개별인권조약

[본 항목에 수록된 판례들은 국내법의 해석·적용에 있어서 국제인권조약의 내용이 활용된 사례들이다.]

14-29. 여성차별 철폐조약

(대법원 2005. 7. 21. 2002다1178 판결. 종회회원 확인. 원고, 상고인: 이○숙 외 4인. 피고, 피상고인: 용인 이씨 사맹공파 종회)

[사안: 관습법상 한국의 종중은 성인 남자만을 종원으로 인정하였다. 이 사건은 딸들도 아들과 동등하게 종중원의 자격을 인정받으려는 소송이다. 판단과정에서 여성차별철폐협약상의 남녀 차별 철폐의무가 지적되었다.]

"사회 환경과 인식의 변화로 인하여 종원의 자격을 성년 남자로만 제한하고 여성에게는 종원의 자격을 부여하지 않는 종래의 관습에 대하여 우리 사회 구성원들이 가지고 있던 법적 확신은 그것이 현재 소멸되었다고 단정할 수는 없으나 상당 부분 흔들리거나 약화되어 있고, 이러한 현상은 시일의 경과에 따라 더욱 심화될 것으로 보인다. [···]

우리 헌법은 1948. 7. 17. 제정 시에 모든 국민은 법률 앞에 평등이며 성별에 의하여 정치적, 경제적, 사회적 생활의 모든 영역에 있어서 차별을 받지 아니한다고 선언하였으나, 가족생활관계를 규율하는 가족법 분야에서는 헌법에서 선언한 남

녀평등의 원칙이 바로 반영되지는 못하였다.

그 후 1980. 10. 27. 전문 개정된 헌법에서는 혼인과 가족생활은 개인의 존엄과 양성의 평등을 기초로 성립되고 유지되어야 한다는 규정이 신설되었는바, 이는 유교사상에 의하여 지배되던 우리의 전통적 가족제도가 인간의 존엄과 남녀평등에 기초한 것이라고 보기 어렵기 때문에 헌법이 추구하는 이념에 맞는 가족관계로 성립되고 유지되어야 한다는 헌법적 의지의 표현이라고 할 것이다.

한편, 1985. 1. 26.부터 국내법과 같은 효력을 가지게 된 유엔의 여성차별철폐협약(CONVENTION ON THE ELIMINATION OF ALL FORMS OF DISCRIMINATION AGAINST WOMEN)은 '여성에 대한 차별'이라 함은 정치적, 경제적, 사회적, 문화적, 시민적 또는 기타 분야에 있어서 결혼 여부와 관계없이 여성이 남녀동등의 기초 위에서 인권과 기본적 자유를 인식, 향유 또는 행사하는 것을 저해하거나 무효화하는 것을 목적으로 하는 성별에 근거한 모든 구별, 제외 또는 제한을 의미한다고 규정하면서, 위 협약의 체약국에 대하여 여성에 대한 차별을 초래하는 법률, 규칙, 관습 및 관행을 수정 또는 폐지하도록 입법을 포함한 모든 적절한 조치를 취할 것과 남성과 여성의 역할에 관한 고정관념에 근거한 편견과 관습 기타 모든 관행의 철폐를 실현하기 위하여 적절한 조치를 취할 의무를 부과하였다. 그리고 1990. 1. 13. 법률 제4199호로 개정되어 1991. 1. 1.부터 시행된 민법은 가족생활에서의 남녀평등의 원칙을 특히 강조하고 있는 헌법정신을 반영하여 친족의 범위에 있어서 부계혈족과 모계혈족 및 부족인척과 처족인척 사이의 차별을 두지 아니하고, 호주상속제를 폐지하는 대신 호주승계제도를 신설하면서 실질적으로 가족인 직계비속 여자가 호주승계인이 되어 조상에 대한 제사를 주재할 수 있도록 하였으며, 재산상속분에 있어서도 남녀의 차별을 철폐하였다.

또한, 1995. 12. 30. 법률 제5136호로 제정되어

1996. 7. 1.부터 시행된 여성발전기본법은 정치·경제·사회·문화의 모든 영역에 있어서 남녀평등을 촉진하고 여성의 발전을 도모함을 목적으로 하여, 모든 국민은 남녀평등의 촉진과 여성의 발전의 중요성을 인식하고 그 실현을 위하여 노력하여야 하고, 국가 및 지방자치단체는 남녀평등의 촉진, 여성의 사회참여확대 및 복지증진을 위하여 필요한 법적·제도적 장치를 마련하고 이에 필요한 재원을 조달할 책무를 지며, 여성의 참여가 현저히 부진한 분야에 대하여 합리적인 범위 안에서 여성의 참여를 촉진함으로써 실질적인 남녀평등의 실현을 위한 적극적인 조치를 취할 수 있도록 규정하였다.

나아가 2005. 3. 31. 법률 제7428호로 개정된 민법은, 호주를 중심으로 가를 구성하고 직계비속의 남자를 통하여 이를 승계시키는 호주제도가 남녀평등의 헌법이념과 시대적 변화에 따른 다양한 가족형태에 부합하지 않는다는 이유에서 호주에 관한 규정과 호주제도를 전제로 한 입적·복적·일가창립·분가 등에 관한 규정을 삭제하고, 자녀의 성과 본은 부의 성과 본을 따르는 것을 원칙으로 하되 혼인신고 시 부모의 협의에 의하여 모의 성과 본을 따를 수도 있도록 규정하기에 이르렀다.

(3) 종중 구성원에 관한 종래 관습법의 효력

앞에서 본 바와 같이 종원의 자격을 성년 남자로만 제한하고 여성에게는 종원의 자격을 부여하지 않는 종래 관습에 대하여 우리 사회 구성원들이 가지고 있던 법적 확신은 상당 부분 흔들리거나 약화되어 있고, 무엇보다도 헌법을 최상위 규범으로 하는 우리의 전체 법질서는 개인의 존엄과 양성의 평등을 기초로 한 가족생활을 보장하고, 가족 내의 실질적인 권리와 의무에 있어서 남녀의 차별을 두지 아니하며, 정치·경제·사회·문화 등 모든 영역에서 여성에 대한 차별을 철폐하고 남녀평등을 실현하는 방향으로 변화되어 왔으며, 앞으로도 이러한 남녀평등의 원칙은 더욱

강화될 것인바, 종중은 공동선조의 분묘수호와 봉제사 및 종원 상호간의 친목을 목적으로 형성되는 종족단체로서 공동선조의 사망과 동시에 그 후손에 의하여 자연발생적으로 성립하는 것임에도, 공동선조의 후손 중 성년 남자만을 종중의 구성원으로 하고 여성은 종중의 구성원이 될 수 없다는 종래의 관습은, 공동선조의 분묘수호와 봉제사 등 종중의 활동에 참여할 기회를 출생에서 비롯되는 성별만에 의하여 생래적으로 부여하거나 원천적으로 박탈하는 것으로서, 위와 같이 변화된 우리의 전체 법질서에 부합하지 아니하여 정당성과 합리성이 있다고 할 수 없다. 따라서 종중 구성원의 자격을 성년 남자만으로 제한하는 종래의 관습법은 이제 더 이상 법적 효력을 가질 수 없게 되었다고 할 것이다." (출처: 대법원 판례집 제53권(민사), 87쪽)

평석 이은애, 여성의 종중원 자격, 헌법판례해설 (사법발전재단, 2010).

문영화, 종원의 자격을 성년남자로 제한하는 종래 관습법의 효력, 21세기사법의 전개: 송민최종영대법원장재임기념(박영사, 2005).

김제완, 단체 법리의 재조명: 종중재산의 법적 성격: 대법원 2005. 7. 21. 선고 2002다1178 전원합의체 판결 이후의 과제, 민사법학 제31호(2006).

송민경, 종중 법리의 딜레마: 대법원 2005. 7. 21. 선고 2002다1178 전원합의체 판결이후의 문제들: 종중의 재산관계 소송을 중심으로, 저스티스 제137호(2013. 8).

이주일, 여성의 종회 회원 확인: 대법원 2005. 7. 21. 선고 2002다1178 전원합의체 판결, 인권판례평석(박영사, 2017).

14-30. 여성차별 철폐조약

(서울고등법원 2009. 2. 10. 2007나72665 판결. 원고, 항소인: 원고 1 외 38인. 피고, 피항소인: 서울기독교청년회 외 24인)

[사안: 서울기독청년회(서울YMCA)는 여성회원에게는 총회의 구성원 자격을 인정하지 않았다. 여성회원들이 이러한 처우를 이유로 불법행위에 따른 손해배상 청구소송을 제기했다. 판단과정에

서 서울 YMCA 규약이 여성차별철폐협약에 위반됨이 지적되었다.]

"평등권의 실현은 헌법에 명시된 모든 기본권 보장의 토대로서 헌법 제10조에서 선언된 인간의 존엄성 보장과 기본적 인권 보장의 필수적 전제이고(차별받는 사람에게 인간의 존엄성이 보장되고 있다고 말할 수 없다), 그 가운데서도 성별에 따른 차별은 인종 등에 따른 차별과 함께 국제적으로도 특별한 관심과 노력이 요구되고 있는 인권 보호의 핵심 영역이다.

이러한 맥락에서 1985. 1. 26.부터 국내법과 같은 효력을 가지게 된 유엔의 여성차별철폐협약(CONVENTION ON THE ELIMINATION OF ALL FORMS OF DISCRIMINATION AGAINST WOMEN)은 이 사건에서도 중요한 의미를 갖는다. 위 협약은 제1조에서 '여성에 대한 차별'이라 함은 정치적, 경제적, 사회적, 문화적, 시민적 또는 기타 분야에 있어서 결혼 여부와 관계없이 여성이 남녀동의 기초 위에서 인권과 기본적 자유를 인식, 향유 또는 행사하는 것을 저해하거나 무효화하는 것을 목적으로 하는 성별에 근거한 모든 구별, 제외(배제) 또는 제한을 의미한다고 규정하고 있는데, 피고 서울회의 여성회원에 대한 총회원 자격 제한이 이에 해당함은 명백하다.

그리고 어느 사적 단체든지 스스로 구성원의 자격과 범위를 결정할 수 있고, 특정 성별, 종교, 인종 등으로만 구성된 단체의 결성이나 활동도 전적으로 금지되는 것은 아니지만(이 경우에도 해당 단체가 실제적으로 수행하는 공공적 기능, 국가 및 지방자치단체와의 관계 등에 따라 위와 같은 성별, 종교, 인종에 따른 구별이 용인되지 않을 수도 있다), 위와 같은 구별 없이 구성원으로 받아들인 후 특정 성별, 종교, 인종에 대해서만 차별적으로 단체 내 지위나 권한을 제한하는 것은 용인될 수 없다. 이 점에서 피고들이 피고 서울회의 초기 연혁이나 정체성 등을 내세워 그 구성이 변경된 현재까지도 계속하여 여성회원을 총회원에서 배제하면서

이를 차별적 처우가 아니라고 다투는 것은 이유가 없다.

결국, 이 사건에서 피고 서울회가 여성회원들에 대하여 그 성별을 이유로 총회원 자격을 부인·배제한 것은 성차별적 처우에 해당한다." (출처: 미간, 법원도서관 종합법률정보)

[해설] 이 판결은 대법원 2011. 1. 27. 2009다19864 판결(판례공보 2011(상), 396쪽)로 피고측의 상고가 기각되어 원심이 확정되었다. 대법원 판결에서는 여성차별철폐협약에 대한 언급이 없었다.

평석 김태선, 사적 단체의 차별행위의 위법성: 대판 2011. 1. 27. 2009다19864(공2011상, 396)을 계기로, (전남대학교) 법학논총 제31집 제2호(2011). 김태선, 위법한 차별의 구제와 금지청구: 인격권 관련 실무에 대한 몇 가지 측면의 평가를 겸하여, 민사법학 제58호(2012).

14-31. 고문방지협약

(서울고등법원 2013. 11. 8. 2011재노155 판결. 반공법위반. 피고인: 양○우. 항소인: 검사. 재심대상판결: 서울고등법원 1977. 10. 6. 77노1115 판결)

"1) 우리 헌법은 ① 모든 국민은 인간으로서의 존엄과 가치를 가지고(제10조), ② 누구든지 법률에 의하지 아니하고는 체포·구속·압수·수색 또는 심문을 받지 아니하며, 모든 국민은 고문을 받지 아니하며 형사상 자기에게 불리한 진술을 강요당하지 아니하며(제12조 제1, 2항), ③ 피고인의 자백이 고문·폭행·협박 기타의 방법에 의하여 자의로 진술된 것이 아니라고 인정될 때에는 이를 유죄의 증거로 삼거나 이를 이유로 처벌할 수 없다(제12조 제7항)고 규정하고 있다.

2) 이에 따라 형사소송법은 ① 피고인의 자백이 고문, 폭행, 협박, 신체구속의 부당한 장기화 또는 기망 기타의 방법으로 임의로 진술한 것이 아니라고 의심할 만한 이유가 있는 때에는 이를 유죄의 증거로 하지 못하고(제309조 제1항), ② 피고인 또는 피고인 아닌 자의 진술이 임의로 된 것이 아닌 것은 증거로 할 수 없다(제317조 제1항)고 규정하고 있다.

3) 우리나라가 1995. 1. 9. 가입하여 1995. 2. 8.부터 효력이 발생한 고문 및 그 밖의 잔혹한·비인도적인 또는 굴욕적인 대우나 처벌의 방지에 관한 협약(CAT, Convention against Torture and Other Cruel, Inhuman or Degrading Treatment or Punishment, 이하 '고문방지협약'이라 한다) 제1조는 "이 협약의 목적상 고문이라 함은 공무원이나 그 밖의 공무 수행자가 직접 또는 이러한 자의 교사·동의·묵인 아래, 어떤 개인이나 제3자로부터 정보나 자백을 얻어내기 위한 목적으로, 개인이나 제3자가 실행하였거나 실행한 혐의가 있는 행위에 대하여 처벌을 하기 위한 목적으로, 개인이나 제3자를 협박·강요할 목적으로 또는 모든 종류의 차별에 기초한 이유로 개인에게 고의로 극심한 신체적·정신적 고통을 가하는 행위를 말한다."고 규정하고 있고, 제15조는 "당사국은 고문의 결과 행해진 것으로 입증된 진술이 모든 소송에서 증거로 원용되지 아니하도록 보장한다."고 규정하고 있다.

4) 피고인이 비록 검사 앞에서 조사받을 때에는 자백을 강요당한 적이 없더라도 검사 이외의 수사기관에서 조사받을 당시에 고문에 의하여 임의성이 없는 허위자백을 하고 그 임의성 없는 심리상태가 검사의 조사단계에까지 계속된 경우에는 검사 앞의 자백도 임의성이 없다(대법원 1992. 11. 24. 선고 92도2409 판결 등 참조).

한편 임의성 없는 자백의 증거능력을 부정하는 취지가 허위진술을 유발 또는 강요할 위험성이 있는 상태 하에서 행하여진 자백은 그 자체가 실체적 진실에 부합하지 아니하여 오판의 소지가 있을 뿐만 아니라, 그 진위 여부를 떠나서 자백을 얻기 위하여 피의자의 기본적 인권을 침해하는 위법·부당한 압박이 가하여지는 것을 사전에 막기 위한 것이므로, 그 임의성에 다툼이 있을 때에는 그 임의성을 의심할 만한 합리적이고 구체적인 사실을 피고인이 입증할 것이 아니고 검사가 그 임의성의 의문점을 해소하는 입증을 하여야

하는데(대법원 2005. 11. 10. 선고 2004도42 판결 등 참조), 검사가 그와 같은 증명을 하지 못한 경우에는 그 진술증거는 증거능력이 부정되고, 또 기록상 진술증거의 임의성에 관하여 의심할 만한 사정이 나타나 있는 경우에는 법원은 직권으로 임의성 여부에 관하여 조사를 하여야 하며, 임의성이 인정되지 아니하여 증거능력이 없는 진술증거는 피고인이 증거로 하는 데 동의하더라도 증거로 삼을 수 없다(대법원 2006. 11. 23. 선고 2004도7900 판결 등 참조).

나아가 피고인이 수사기관에서 가혹행위 등으로 인하여 임의성 없는 자백을 하고 그 후 법정에서도 임의성 없는 심리상태가 계속되어 동일한 내용의 자백을 하였다면 법정에서의 자백도 임의성 없는 자백이라고 보아야 한다(대법원 2011. 10. 27. 선고 2009도1603 판결 등 참조).

다. 피고인 진술의 증거능력에 관한 판단

앞서 든 법리에 따라 살피건대, 위 인정사실과 이 사건 기록에 의하여 인정되는 아래와 같은 사정을 종합하면, 중앙정보부 수사과정에서 이루어진 피고인에 대한 불법체포, 불법감금과 폭행, 협박 및 신체구속의 부당한 장기화 등 고문으로 인하여 피고인의 중앙정보부 수사과정에서의 진술뿐만 아니라 검찰 및 원심 법정에서의 진술까지도 임의성이 없는 상태에서 이루어졌다고 인정된다. 따라서 피고인의 수사기관과 원심 법정에서의 진술은 모두 임의성 없는 진술의 증거능력 배제를 규정한 헌법 제12조 제7항, 형사소송법 제309, 317조에 의하여 증거능력이 없고, 또한 고문의 결과 행해진 진술의 증거 사용을 금지한 고문방지협약 제15조에 따라 증거로 사용할 수 없다. […]

피고인에 대한 이 사건 공소사실은 위 제3항 기재와 같은바, 위 제4항 판단에서 본 바와 같이 범죄의 증명이 없는 경우에 해당하므로 형사소송법 제325조 후단에 의하여 피고인에게 무죄를 선고하기로 하여 주문과 같이 판결한다." (출처: 판결문 사본 입수)

[해설] 과거 반공법 위반 혐의 등으로 수사기관의 고문 끝에 허위자백을 하고 유죄가 확정되었으나, 근래 재심이 청구된 사건이 여러 건 있다. 본 판결에서는 국내법은 물론 한국이 당사국인 고문방지협약 등에 근거해 고문의 결과 행해진 진술의 증거능력이 부인되었다. 고문 당시 한국이 고문방지협약 당사국이 아니었던 사실은 특별히 지적되지 않았다. 위 제시된 판결문의 내용은 다음 재심 사건에서도 거의 동일하게 인용되며 재확인되었다. ① 서울고등법원 2013. 12. 24. 2012재노68 판결. ② 서울고등법원 2014. 9. 5. 2014재노7 판결. ③ 서울고등법원 2015. 1. 30. 2014재노37 판결.

14-32. 아동권리협약

(서울고등법원 2015. 9. 18. 2015노1430 판결)

"피고인은 이 법원에서 재판을 받던 중인 2015. 7. 16. 구속집행정지 상태에서 딸을 출산하였고, 이후 2015. 8. 27. 구속집행정지 기간이 도과함으로써 다시 수용되어 현재 생후 약 2개월 남짓인 딸과 함께 구치소에서 생활하고 있다. 피고인은 미혼이며 자신의 성을 따른 딸을 혼자 보호·양육하여야 하는 상황이다.

우리 헌법은 국가가 청소년의 복지향상을 위한 정책을 실시할 의무를 지고(제34조 제4항), 모성의 보호를 위하여 노력하여야 함을 규정하고 있다(제36조 제2항).

아동이 건강하게 출생하여 행복하고 안전하게 자랄 수 있도록 아동의 복지를 보장하는 것을 목적으로 제정된 아동복지법은, 아동이 완전하고 조화로운 인격발달을 위하여 안정된 가정환경에서 행복하게 자라나야 함을 기본 이념으로 제시하고 있고(제2조 제2항), 국가는 아동의 권리에 관한 협약에서 규정한 아동의 권리 및 복지 증진 등을 위하여 필요한 시책을 시행하여야 한다고 규정하고 있다(제4조 제5항).

또한, 우리나라에서 1991. 12. 20. 발효된 아동의 권리에 관한 협약(Convention on the Rights of the Child) 제3조 제1항은 법원 등에 의하여 실시되는 아동에 관한 모든 활동에 있어서 아동의 최선의 이익이 최우선적으로 고려되어야 함을 규정하고 있고, 제9조 제1항은 사법적 심사의 구속을 받는 관계당국이 적용 가능한 법률 및 절차에 따라서 분리가 아동의 최상의 이익을 위하여 필요하다고 결정하는 경우 외에는, 아동이 그의 의사에 반하여 부모로부터 분리되지 아니하도록 보장하여야 함을 규정하고 있으며, 제4조는 당사국이 위 협약에서 인정된 권리를 실현하기 위하여 모든 적절한 입법적·행정적 및 여타의 조치를 취하여야 하고, 경제적·사회적 및 문화적 권리에 관하여 당사국은 가용자원의 최대한도까지 이러한 조치를 취하여야 한다는 점을 규정하고 있다.

이러한 헌법과 법률 규정, 관련 국제인권규범의 취지에 비추어 볼 때, 이 사건에서 갓 출산한 피고인의 딸이 안정된 가정환경에서 건강하고 행복하게 자랄 권리 및 피고인의 딸이 그와 같은 권리를 누릴 수 있도록 특별히 보호하고 원조하여야 하는 국가의 역할과 의무는 피고인에 대한 형을 정함에 있어 중요한 요소로 고려하여야 한다.

그 밖에 피고인의 나이, 성행, 환경, 가족관계, 범행의 동기, 방법과 결과, 범행 후의 정황 등 양형의 조건이 되는 여러 사정과 피고인의 구금이 부양가족에게 과도한 곤경을 수반하는 경우를 집행유예에 관한 긍정적 일반참작사유로 삼고 있는 대법원 양형위원회의 마약범죄 양형기준 등을 모두 종합하면, 피고인에게 실형을 선고하기보다 보호관찰을 받을 것을 조건으로 형의 집행을 유예하면서 특별 준수사항으로 마약, 향정신성의약품, 대마 등 중독성 있는 물질을 사용하지 아니할 것 등을 부과하고 이와 함께 약물치료강의 수강을 명하여 재범을 방지하면서도 갓 출산한 피고인의 딸과 함께 생활하면서 보호·양육하도록 하는 것이 우리 헌법과 국제인권규범의 취지에 부합한다고 할 것이다. 결국, 원심이 선고한 형이 너무 무거워서 부당하다고 인정된다." (출처: 판결문 사본 입수)

14-33. 아동권리협약

(전주지방법원 김제시법원 2013. 11. 13. 2013가
소2582 판결)

"1) 우리 민법 제913조는 "친권자는 자를 보호
하고 교양(敎養)할 권리의무가 있다."고 규정하여
친권자인 부모의 자에 대한 부양의무를 규정하고
있고, 나아가 민법 제974조 제1호에서는 직계혈
족에 대한 친족의 부양의무를 규정하고 있는바,
위 민법 제913조에 의한 부모의 미성년 자녀에
대한 부양의무는 친권관계의 본질적 의무로서 피
부양자의 생활을 부양자 자신의 생활과 같은 정
도로 보장하는 것을 의미하는 이른바 '생활유지의
무' 또는 '제1차 부양의무'에 해당하고, 위 민법
제974조 제1호에 의한 친족의 직계혈족에 대한
부양의무는 민법 제975조와의 관계에 비추어 볼
때 부양자 자신의 사회적 지위에 상응하는 생활
을 하면서 여유가 있음을 전제로 하여 피부양자
가 그 자력 또는 근로에 의하여 생활을 유지할 수
없는 궁핍상태에 있는 것을 지원하는 이른바 '생
활부조의무' 또는 '제2차 부양의무'에 해당한다.

부양의무자 상호간의 순위에 관하여 명확한 규
정을 두고 있는 독일, 오스트리아, 스위스와는 달
리, 우리 민법은 프랑스, 일본의 경우와 마찬가지
로 부양의무의 순위에 관한 규정을 두고 있지는
아니하나[다만, 민법 제974조 소정의 친족 사이의 부
양관계에 관한 사건은 가사소송법 제2조 제1항 제2호
나목(마류 사건 중 8호)에 의하여, 민법 제976조에 따
른 부양순위의 결정을 청구할 수 있다], 앞서 본 각
부양의무의 법률적 성격에다가 우리나라가 비준
하여 1991. 12. 20.부터 발효된 "아동의 권리에
관한 협약(Convention on the Rights of the Child)"
제18조 제1항 제2문이 "부모 또는 경우에 따라서
후견인은 아동의 양육과 발달에 일차적 책임을
진다(Parents or, as the case may be, legal guardians,
have the primary responsibility for the upbringing
and development of the child)."고 규정하고 있는
점까지 더하여 보면, 이러한 제1차 부양의무와 제

2차 부양의무는 의무이행의 정도뿐만 아니라 의
무이행의 순위도 의미하는 것으로서, 제2차 부양
의무자는 제1차 부양의무자보다 후순위로 부양의
무를 부담한다고 할 것이고, 따라서 제1차 부양의
무자와 제2차 부양의무자가 동시에 존재하는 경
우에 제1차 부양의무자는 특별한 사정이 없는 한
제2차 부양의무자에 우선하여 부양의무를 부담하
므로, 제2차 부양의무자가 부양받을 자를 부양한
경우에는 소요된 비용을 제1차 부양의무자에 대
하여 상환청구할 수 있다(제1차 부양의무로서 부부
간의 상호 부양의무와 제2차 부양의무로서 부모의 성
년 자녀에 대한 부양의무 사이의 우선순위에 관한 판
시로는 대법원 2012. 12. 27. 선고 2011다96932 판결
참조).

2) 위 법리에 비추어 이 사건을 살피건대, 원고
는 함○웅의 조모로서 민법 제974조 제1호, 제
975조에 따른 이른바 '제2차 부양의무자'에 해당
하고, 피고는 함○웅의 친모로서 민법 제913조에
따른 이른바 '제1차 부양의무자'에 해당한다고 할
것인데, 앞서 본 기초사실에 의하면 피고가 연락
이 두절된 이후 원고가 함○웅이 성년에 이를 때
까지 함○웅을 부양하였음을 인정할 수 있으므로,
원고는 함○웅의 부양을 위하여 지출한 비용을
제1차 부양의무자인 피고에 대하여 상환청구할
수 있다고 봄이 상당하다(피고는 남편인 함○식에게
도 부양의무가 존재하기 때문에 전적으로 피고에 대하
여만 부양의무를 부담지우는 것은 부당하다는 취지로
주장하나, 원고가 이 사건 청구원인에서 특정한 부양
기간은 '함○식이 사망한 이후 피고와 연락이 두절된
시기인 2004. 1. 말경'을 그 시점으로 삼고 있어 이미
사망한 함○식에게 부양의무가 존재한다고 보기 어려
우므로, 피고의 위 주장은 그 자체로 이유 없다)." (각
주 생략) (출처: 판결문 사본 입수)

4. 근로자의 권리

[국가공무원법·지방공무원법·사립학교법 등에 의해 교원과 공무원의 노조가 원칙적으로 금지되던 시절 이 같은 금지 조항이 세계인권선언·국제인권규약·ILO 관련 조약 및 권고 등 국제법에 위반된다는 주장이 여러 차례 제기되었다. 1999년 「교원의 노동조합 설립 및 운영에 관한 법률」과 2005년 「공무원의 노동조합 설립 및 운영 등에 관한 법률」이 제정되었으나, 근로 3권 행사에는 여전히 여러 제약이 가해졌다. 이에 대해서도 위국제조약 등에 위반되는 위헌 법률이라는 주장이 제기되었다. 아래 결정에서와 같이 헌법재판소 등은 이러한 주장을 일절 수용하지 않았다. 판단과정에 위 관련 조약 및 국제기구 권고 등의 국내적 효력이 검토되었다.]

14-34. 교원노조금지와 국제규범
(헌법재판소 1991. 7. 22. 89헌가106 결정. 사립학교법 제55조·제58조 제1항 제4호에 관한 위헌심판)
[사안: 이 사건 청구인은 사립학교 교원으로 전교조에 가입하여 노동운동을 했다는 이유로 면직처분을 당했다. 이들은 처분의 근거법률인 사립학교법의 노조금지조항이 헌법과 국제법규에 위배되어 무효라고 주장했다.]

"(2) 개별적 검토

먼저 국제연합의 "인권에 관한 세계선언"에 관하여 보면, 이는 그 전문에 나타나 있듯이 "인권 및 기본적 자유의 보편적인 존중과 준수의 촉진을 위하여 … 사회의 각 개인과 사회 각 기관이 국제연합 가맹국 자신의 국민 사이에 또 가맹국 관할하의 지역에 있는 인민들 사이에 기본적인 인권과 자유의 존중을 지도교육함으로써 촉진하고 또한 그러한 보편적, 효과적인 승인과 준수를 국내적·국제적인 점진적 조치에 따라 확보할 것을 노력하도록, 모든 국민과 모든 나라가 달성하여야할 공통의 기준"으로 선언하는 의미는 있으나 그 선언내용인 각 조항이 바로 보편적인 법적 구속력을 가지거나 국제법적 효력을 갖는 것으로 볼 것은 아니다.

다만 실천적 의미를 갖는 것은 위 선언의 실효성을 뒷받침하기 위하여 마련된 "경제적·사회적 및문화적권리에관한국제규약"(1990. 6. 13. 조약 1006호, 이른바 에이(A)규약) "시민적및정치적권리에관한국제규약"(1990. 6. 13. 조약 1007호, 이른바 비(B)규약)이다. 체약국이 입법조치 기타 모든 적당한 방법에 의하여 권리의 완전한 실현을 점진적으로 달성하려는 "경제적·사회적및문화적권리에관한국제규약"은 제4조에서 "… 국가가 이 규약에 따라 부여하는 권리를 향유함에 있어서, 그러한 권리의 본질과 양립할 수 있는 한도내에서, 또한 오직 민주사회에서의 공공복리증진의 목적으로 반드시 법률에 의하여 정하여지는 제한에 의해서만, 그러한 권리를 제한할 수 있음을 인정한다"하여 일반적 법률유보조항을 두고 있고, 제8조 제1항 에이호에서 국가안보 또는 공공질서를 위하여 또는 타인의 권리와 자유를 보호하기 위하여 민주사회에서 필요한 범위내에서는 법률에 의하여 노동조합을 결성하고 그가 선택한 노동조합에 가입하는 권리의 행사를 제한할 수 있다는 것을 예정하고 있다.

다음으로 체약국의 가입과 동시에 시행에 필요한 조치를 취하도록 의무화하고 있는 "시민적및정치적권리에관한국제규약"의 제22조 제1항에도 "모든 사람은 자기의 이익을 보호하기 위하여 노동조합을 결성하고 이에 가입하는 권리를 포함하여 다른 사람과의 결사의 자유에 대한 권리를 갖는다."고 규정하고 있으나 같은 조 제2항은 그와 같은 권리의 행사에 대하여는 법률에 의하여 규정되고, 국가안보 또는 공공의 안전, 공공질서, 공중보건 또는 도덕의 보호 또는 타인의 권리 및 자유의 보호를 위하여 민주사회에서 필요한 범위내에서는 합법적인 제한을 가하는 것을 용인하는 유보조항을 두고 있을 뿐 아니라, 특히 위 제22조는 우리의 국내법적인 수정의 필요에 따라 가입 당시 유보되었기 때문에 직접적으로 국내법적 효력을 가지는 것도 아니다. 따라서 위 규약 역시 권리의 본질을 침해하지 아니하는 한 국내의 민주적인 대의절차에 따라 필요한 범위안에서 근로기본권의 법률에 의한 제한은 용인하고 있는 것으로서 위에서 본 교원의 지위에 관한 법정주의와 정면으로 배치되는 것은 아니라고 할 것이다.

1960. 10. 5. 국제연합교육과학문화기구와 국제노동기구가 채택한 "교원의지위에관한권고"는 우리의 국민적 합의에 의하여 이를 받아들일 수 있는 범위안에서 가능한 한 그 취지를 폭넓게 참작하여 우리 교육제도의 개선과 발전에 관한 지침으로 삼을 가치를 충분히 담고 있다. 즉, 교육법 제80조가 규정한 교육회처럼 일반노동조합의 형태에 의하지 아니한 교원단체를 두더라도 이에 대하여 교원의 근로조건에 관한 단체적 교섭권을 부여하고 분쟁의 해결을 위한 적절한 합동기구를 설치한다든지 교육정책의 입안에 있어서 교원의 참여와 협력의 폭을 넓히는 것 등은 입법적으로 고려할 만한 과제를 제시하여 주고 있다고 할 것이다.

그러나 위 "교원의지위에관한권고"는 그 전문에서 교육의 형태와 조직을 결정하는 법규와 관습이 나라에 따라 심히 다양성을 띠고 있어 나라마다 교원에게 적용되는 인사제도가 한결같지 아니함을 시인하고 있듯이 우리사회의 교육적 전통과 현실, 그리고 국민의 법감정과의 조화를 이룩하면서 국민적 합의에 의하여 우리 현실에 적합한 교육제도를 단계적으로 실시·발전시켜 나갈 것을 그 취지로 하는 교육제도의 법정주의와 반드시 배치되는 것이 아니고, 또한 직접적으로 국내법적인 효력을 가지는 것이라고도 할 수 없다.

(3) 합헌의 판단

결국 위 각 선언이나 규약 및 권고문이 우리의 현실에 적합한 교육제도의 실시를 제약하면서까지 교원에게 근로3권이 제한없이 보장되어야 한

다든가 교원단체를 전문직으로서의 특수성을 살리는 교직단체로서 구성하는 것을 재제하고 반드시 일반노동조합으로서만 구성하여야 한다는 주장의 근거로 삼을 수는 없고, 따라서 사립학교법 제55조, 제58조 제1항 제4호는 헌법전문이나 헌법 제6조 제1항에 나타나 있는 국제법 존중의 정시에 어긋나는 것이라고 할 수 없다." (출처: 헌법재판소 판례집 제3권, 387쪽)

[참고] 본 결정문은 본서 1-1, 1-35, 9-13에도 수록.

평석 이헌환, 사립학교 교원노조 금지규정 합헌결정(1991. 7. 22. 89헌가106), 법과사회 제5호(1992). 이명웅, 사립학교법 제55조에 대한 헌법재판소결정 비평: 헌재 1991. 7. 22. 89헌가106에 대하여, 헌법재판연구 제2권 제1호(2015).

14-35. 공무원노조금지와 국제규범
(헌법재판소 2005. 10. 27. 2003헌바50·62, 2004헌바96, 2005헌바49(병합) 결정. 지방공무원법 제58조 제1항 등 위헌소원)

[사안: 사실상 노무에 종사하는 공무원을 제외한 나머지 공무원의 노동운동과 공무 이외의 일을 위한 집단행위를 금지하는 지방공무원법 제58조 제1항이 국제법에 위반되는가?]

"마. 국제법규의 위반 여부

(1) 청구인들의 주장요지

청구인들은 이 사건 법률 제58조 제1항은 우리나라가 가입한 국제노동기구(ILO)의 협약과 세계인권선언을 비롯한 국제인권규약, 국제기구들의 권고, 지침 등에 위반한 것이라고 주장하므로 살펴본다.

(2) 판단

(가) 우리 헌법은 헌법에 의하여 체결·공포된 조약을 물론 일반적으로 승인된 국제법규를 국내법과 마찬가지로 준수하고 성실히 이행함으로써 국제질서를 존중하여 항구적 세계평화와 인류공영에 이바지함을 기본이념의 하나로 하고 있으므로(헌법 전문 및 제6조 제1항 참조), 국제적 협력의

정신을 존중하여 될 수 있는 한 국제법규의 취지를 살릴 수 있도록 노력할 것이 요청됨은 당연하다. 그러나 그 현실적 적용과 관련한 우리 헌법의 해석과 운용에 있어서 우리 사회의 전통과 현실 및 국민의 법감정과 조화를 이루도록 노력을 기울여야 한다는 것 또한 당연한 요청이다.

(나) 세계인권선언 및 국제인권규약과의 관계

먼저, "세계인권선언"에 관하여 보면, 이는 그 전문에 나타나 있듯이 "인권 및 기본적 자유의 보편적인 존중과 준수의 촉진을 위하여 … 사회의 각 개인과 사회 각 기관이 국제연합 가맹국 자신의 국민 사이에 또 가맹국 관할하의 지역에 있는 인민들 사이에 기본적인 인권과 자유의 존중을 지도교육함으로써 촉진하고 또한 그러한 보편적, 효과적인 승인과 준수를 국내적·국제적인 점진적 조치에 따라 확보할 것을 노력하도록, 모든 국민과 모든 나라가 달성하여야 할 공통의 기준"으로 선언하는 의미는 있으나 그 선언내용인 각 조항이 바로 보편적인 법적구속력을 가지거나 국제법적 효력을 갖는 것으로 볼 것은 아니다.

다만 실천적 의미를 갖는 것은 위 선언의 실효성을 뒷받침하기 위하여 마련된 "경제적·사회적 및문화적권리에관한국제규약", "시민적및정치적권리에관한국제규약"이다.

"경제적·사회적및문화적권리에관한국제규약"은 제4조에서 " … 국가가 이 규약에 따라 부여하는 권리를 향유함에 있어서, 그러한 권리의 본질과 양립할 수 있는 한도 내에서, 또한 오직 민주사회에서의 공공복리증진의 목적으로 반드시 법률에 의하여 정하여지는 제한에 의해서만, 그러한 권리를 제한할 수 있음을 인정한다."하여 일반적 법률유보조항을 두고 있고, 제8조 제1항 (a)호에서 국가안보 또는 공공질서를 위하여 또는 타인의 권리와 자유를 보호하기 위하여 민주사회에서 필요한 범위 내에서는 법률에 의하여 노동조합을 결성하고 그가 선택한 노동조합에 가입하는 권리의 행사를 제한할 수 있다는 것을 예정하고 있다.

다음으로 "시민적및정치적권리에관한국제규약"의 제22조 제1항에도 "모든 사람은 자기의 이익을 보호하기 위하여 노동조합을 결성하고 이에 가입하는 권리를 포함하여 다른 사람과의 결사의 자유에 대한 권리를 갖는다."고 규정하고 있으나 같은 조 제2항은 그와 같은 권리의 행사에 대하여는 법률에 의하여 규정되고, 국가안보 또는 공공의 안전, 공공질서, 공중보건 또는 도덕의 보호 또는 타인의 권리 및 자유의 보호를 위하여 민주사회에서 필요한 범위 내에서는 합법적인 제한을 가하는 것을 용인하는 유보조항을 두고 있을 뿐 아니라, 특히 위 제22조는 우리의 국내법적인 수정의 필요에 따라 가입당시 유보되었기 때문에 직접적으로 국내법적 효력을 가지는 것도 아니다.

따라서 위 규약들도 권리의 본질을 침해하지 아니하는 한 국내의 민주적인 대의절차에 따라 필요한 범위 안에서 근로기본권에 대한 법률에 의한 제한은 용인하고 있는 것으로서 위에서 본 공무원의 근로기본권을 제한하는 위 법률조항과 정면으로 배치되는 것은 아니라고 할 것이다(헌재 1991. 7. 22. 89헌가106, 판례집 3, 387, 425–429 참조).

(다) 국제노동기구의 협약들과의 관계

청구인들이 드는 국제노동기구의 제87호 협약(결사의 자유 및 단결권 보장에 관한 협약), 제98호 협약(단결권 및 단체교섭권에 대한 원칙의 적용에 관한 협약), 제151호 협약(공공부문에서의 단결권 보호 및 고용조건의 결정을 위한 절차에 관한 협약)은 우리나라가 비준한 바가 없고, 헌법 제6조 제1항에서 말하는 일반적으로 승인된 국제법규로서 헌법적 효력을 갖는 것이라고 볼 만한 근거도 없으므로, 이 사건 심판대상 규정의 위헌성 심사의 척도가 될 수 없다(헌재 1998. 7. 16. 97헌바23, 판례집 10-2, 243, 265 참조).

(라) 국제기구들의 권고들과의 관계

한편, 국제노동기구의 '결사의 자유위원회'나 국제연합의 '경제적·사회적 및 문화적 권리위원회' 및 경제협력개발기구(OECD)의 '노동조합자문위원회' 등의 국제기구들이 우리 나라에 대하여 가능한 한 빨리 모든 영역의 공무원들에게 근로3권을 보장할 것을 권고하고 있다고 하더라도 그것만으로 위 법률조항이 위헌으로서 당연히 효력을 상실하는 것은 아니라 할 것이다(대법원 1993. 12. 24. 선고 93도1711 판결 참조)."(출처: 헌법재판소 판례집 제17권 2집, 238쪽)

[해설] 동일 취지의 결정:
① 헌법재판소 2005. 10. 27. 2003헌바50 등 결정(헌법재판소 판례집 제17권 2집, 238쪽).
② 헌법재판소 2007. 8. 30. 2003헌바51, 2005헌가5(병합) 결정(헌법재판소 판례집 제19권 2집, 213쪽).
③ 헌법재판소 2008. 12. 26. 2006헌마518 결정(헌법재판소 판례집 제20권 2집(하), 768쪽).
④ 헌법재판소 2008. 12. 26. 2005헌마971·1193, 2006헌마198(병합) 결정(헌법재판소 판례집 제20권 2집(하), 666쪽).
⑤ 헌법재판소 2008. 12. 26. 2006헌마462 결정(헌법재판소 판례집 제20권 2집(하), 748쪽).
한편 본 결정은 본서 1-29 및 1-39에도 일부 수록.
평석 하명호, 지방공무원법 제58조 제1항 등 소원, 헌법재판소 결정해설집 4집(헌법재판소, 2005). 이광윤, 공무원의 집단행위 금지의 합헌성 여부: 2005-10-27 선고, 2003헌바50, 2003헌바62, 2004헌바96, 2005헌바(병합), 지방공무원법 제58조 제1항 등 위헌소원, 토지공법연구 제29집(2005).

14-36. 해고 교원의 노조원 자격
(헌법재판소 2015. 5. 28. 2013헌마671, 2014헌가21(병합) 결정. 교원의 노동조합 설립 및 운영 등에 관한 법률 제2조 위헌확인 등)

"근로3권 중 단결권에는 개별 근로자가 노동조합 등 근로자단체를 조직하거나 그에 가입하여 활동할 수 있는 개별적 단결권뿐만 아니라 근로자단체가 존립하고 활동할 수 있는 집단적 단결권도 포함된다(헌재 1999. 11. 25. 95헌마154 참조). 이 사건 법률조항은 교원의 근로조건에 관하여 정부 등을 상대로 단체교섭 및 단체협약을 체결할 권한을 가진 교원노조를 설립하거나 그에 가입하여 활동할 수 있는 자격을 초·중등학교에 재직 중인 교원으로 한정하고 있으므로, 해직 교원이나 실업·구직 중에 있는 교원 및 이들을 조합원으로 하여 교원노조를 조직·구성하려고 하는 교원노조의 단결권을 제한한다.

한편 청구인들은 이 사건 법률조항에 따라 초·중등학교에서 정식 교원으로 채용되어 근무하는 사람들과 비교하여 평등권이 침해된다고 주장한다. 그런데 이 문제는 이 사건 법률조항에서 구직 중인 교원이나 해직 교원의 교원노조 가입 자격을 제한하고 있는 데 기인하는 것이므로, 단결권 침해 여부에 대해 판단하는 이상 평등권 침해 여부를 별도로 판단하지 않는다. 국제노동기구(ILO)의 '결사의 자유 위원회,' 경제협력개발기구(OECD)의 '노동조합자문위원회' 등이 우리나라에 대하여 재직 중인 교사들만이 노동조합에 참여할 수 있도록 허용하는 것은 결사의 자유를 침해하는 것이므로 이를 국제기준에 맞추어 개선하도록 권고한 바 있다. 하지만 이러한 국제기구의 권고를 위헌심사의 척도로 삼을 수는 없고, 국제기구의 권고를 따르지 않았다는 이유만으로 이 사건 법률조항이 헌법에 위반된다고 볼 수 없다. […]

이와 같은 사정을 종합하여 보면, 이 사건 법률조항은 아직 임용되지 않은 교사자격취득자 또는 해고된 교원의 단결권 및 이들을 조합원으로 가입·유지하려는 교원노조의 단결권을 지나치게 제한한다고 볼 수 없다. 또 이미 설립신고를 마친 교원노조의 법상 지위를 박탈할 것인지 여부는 이 사건 법외노조통보 조항의 해석 내지 법 집행의 운용에 달린 문제라 할 것이다. 따라서 이 사건 법률조항은 교원노조 및 구직 중인 교원 등의 단결권을 제한함에 있어 침해의 최소성에 위반되지 않는다. […]

이 사건 법률조항으로 인하여 교원노조 및 구직 중인 교사자격취득자나 해고된 교원이 입게 되는 불이익은 이들을 조합원으로 하여 교원노조법에 의한 교원노조를 설립하거나 가입할 수 없는 것일 뿐, 이들의 단결권 자체가 박탈된다고 할 수 없으므로 그 제한의 정도가 크지 않다. 반면에 현실적으로 초·중등 교육기관에서 교원으로 근무하지 않는 사람들이 교원노조를 설립하거나 교원노조에 가입하여 교원노조법상 단체교섭권 등 각종 권한을 행사할 경우 발생할 교원노조의 자주성에 대한 침해는 중대하다. 양자의 법익을 비교해 볼 때 이 사건 법률조항은 법익의 균형성도 갖추었다. […]

법외노조통보 조항 및 이 사건 시정요구에 대한 심판청구는 부적법하므로 각하하고, 이 사건 법률조항은 청구인들의 기본권을 침해한다거나 헌법에 위반된다고 볼 수 없으므로 주문과 같이 결정한다.″ (출처: 헌법재판소 판례집 제27권 1집(하), 336쪽)

평석 오세웅, 교원노조법상 '교원'의 범위와 조합원 자격: 헌재 2015. 5. 28. 2013헌마671·2014헌가 21, 노동법포럼 제16호(2015).
이선신, 교원노조법 제2조의 합헌 판단에 대한 비판적 검토: 대상결정: 2015. 5. 28. 2013헌마671, 2014헌가21(병합), 노동법학 제55호(2015).
정인경, 교원의 노동조합 설립 및 운영 등에 관한 법률 제2조 위헌확인 등, 헌법재판소 결정해설집 14집(2016).

5. 기타

14-37. 중대한 인권침해와 공소시효
(헌법재판소 2004. 12. 14. 2004헌마889 결정. 불기소처분 취소)

″이 사건 불기소처분의 대상인 직권남용체포죄 및 직권남용감금죄는 각 7년 이하의 징역에, 독직폭행죄는 5년 이하의 징역에 해당하는 죄로서, 형사소송법 제249조에 규정된 그 각 공소시효 5년이 1993. 4. 18. 이미 완성되었음은 명백하다.

그러나 청구인들은 고문범죄에 대하여 공소시효 적용을 배제한 국제법규에 따라 위 고소사실에 대하여는 공소시효 적용이 배제되어야 한다고 주장하므로 그 당부에 관하여 살펴본다.

우선 「국제형사재판소에관한로마규정」에 관하여 보건대, 우리나라가 이를 비준, 공포하였고, 우리 헌법 제6조 제1항이 ″헌법에 의하여 체결·공포된 조약과 일반적으로 승인된 국제법규는 국내법과 같은 효력을 가진다.″고 규정하고 있어 위 로마규정은 '헌법에 의하여 체결·공포된 조약'으로서 국내법과 같은 효력을 갖는다고 하겠다. 그러나 위 로마규정 제29조에 의하여 시효적용이 배제되는 국제형사재판소 관할범죄인 고문범죄는 '민간인 주민에 대한 광범위하거나 체계적인 공격의 일부로서 그 공격에 대한 인식을 가지고 범하여진 행위로서의 고문'(제7조 제1항 제6호)을 말하는 것이므로, 위 고소사실에 대하여도 위 로마규정이 적용되어 공소시효 적용이 배제된다고 보기 어렵다.

다음으로 국제연합의 「전쟁범죄 및 반인도적 범죄에 대한 국제법상의 시효의 부적용에 관한 협약」 등을 통하여 '고문범죄에 대한 공소시효 적용배제'라는 국제관습법의 존재가 확인된다는 주장에 관하여 살펴보면, 위 협약이 모든 고문범죄에 대하여 공소시효 적용을 배제한다는 취지로 되어 있지도 않을 뿐더러, 청구인들 주장의 국제관습법이 '국제사회의 보편적 규범으로서 세계 대다수 국가가 승인하고 있는 법규'라고 볼 근거가 없어, 헌법 제6조 제1항 소정의 '일반적으로 승인된 국제법규'로서 위 고소사실에 대하여 적용된다고 보기도 어렵다.

결국 위 고소사실에 대하여 공소시효 적용이 배제되어야 한다는 청구인들의 주장은 이유 없는바, 그렇다면 위 고소사실에 대하여 공소시효가 완성되었음은 앞서 본 바와 같고, 범죄에 대한 공소시효가 완성되었을 때에는 그 범죄에 대한 불기소처분의 취소를 구하는 헌법소원심판청구는 권리보호의 이익이 없어 부적법한 것이므로(헌재 1989. 4. 17. 88헌마3, 판례집 1, 31 참조) 이 사건 심판청구는 부적법하다.″ (출처: 미간, 헌법재판소 헌

법재판정보 등재)

참고 본 결정은 1-16 및 1-37에도 일부 수록.

14-38. 국가의 반인도적 범죄에 관한 민사시효
(서울고등법원 2006. 2. 14. 2005나27906 판결(확정))

"4) 중대한 인권침해에 대한 시효 적용을 배제하는 국제법상의 원칙과 관련한 검토

1990. 7. 10.부터 우리나라에서 발효되기 시작한 '시민적 및 정치적 권리에 관한 국제규약(B규약)' 제7조는 "어느 누구도 고문 또는 잔혹한, 비인도적인 또는 굴욕적인 취급 또는 형벌을 받지 아니한다. 특히, 누구든지 자신의 자유로운 동의 없이 의학적 또는 과학적 실험을 받지 아니한다."고 규정하고 있는데, 이러한 인권보장 원칙을 구현하기 위하여 인권범죄를 다루는 국제형사재판소는 고문 등 범죄에 대하여는 그 공소시효 적용을 배제하고 있으며(구 유고슬라비아와 르완다 지역의 인권침해 사건을 재판하고 있는 국제형사재판소(ICTY와 ICTR)가 인권침해 범죄자들에 대한 형사재판을 하면서 견지한 원칙이다), 유엔 인권이사회는 각국의 군사정권 아래에서 저질러진 시민적·정치적 권리의 중대한 침해에 대하여는 필요한 최장기간 동안 기소가 이루어져야 한다고 권고하는 등 반인도적 범죄, 전쟁범죄나 고문과 같은 중대한 인권침해에 관하여는 공소시효의 적용을 배제하는 것이 국제법의 일반원칙이다.

이와 같은 국제법적 원칙은 공소시효에 관한 논의이기는 하지만, 국가의 반인권적 범죄에 대한 민사상 소멸시효를 적용할 때에도 동일하게 고려되어야 할 것이다." (출처: 각급법원(제1, 2심) 판례공보 2006. 4. 10.(제32호), 1008쪽)

[해설] 이 판결은 1973년 발생한 서울법대 최종길 교수 고문치사사건과 관련해 유족측이 국가를 상대로 배상청구를 한 사건에 관한 건이다. 민사시효에 관해 판단을 하면서 형사시효에 관한 논리를 접목시킨 점에서 이례적이다. 이 판결에 대해 국가측이 상고를 포기함으로써 그대로 확정되었다.
평석 윤준석, 국가의 소멸시효 항변: 서울고등법원 2006. 2. 14. 선고 2005나27906 판결, 인권판례평석(박영사, 2017).
김평우, 소멸시효 항변과 신의칙: 고 최종길 교수 사건(서울고등법원 2005나 27906호 손해배상(기)) 판결을 중심으로, 서강법학 제8권(2006).

14-39. 민간학살행위와 소멸시효
(부산고등법원 2004. 5. 7. 2001나15255 판결. 원고 (선정당사자), 피항소인 겸 부대항소인: 원고 6인. 피고, 항소인 겸 부대피항소인: 대한민국)

"피고가 헌법상 정해진 절차에 따라 가입하여 국내법과 같은 효력을 가지는 '시민적 및 정치적 권리에 관한 국제규약' 제7조 전문(어느 누구도 고문 또는 잔혹한, 비인도적인 또는 굴욕적인 취급 또는 형벌을 받지 아니한다)에 따라, 피고는 민간인학살 사건의 희생자 및 그 유족에게 배상할 의무가 있고, 그러한 배상의무에는 소멸시효제도의 적용이 배제되어야 한다고 주장하므로 살피건대, 위 규약에서 인정되는 권리 또는 자유를 침해당한 개인이라도 국가를 상대로 손해배상 등의 청구를 할 경우에는 국가배상법이나 민법 등 국내법에 근거하여 청구할 수 있을 뿐, 위 규약에 의하여 별도로 개인이 국가에 대하여 손해배상 등을 청구할 수 있는 특별한 권리가 창설된 것은 아니므로(대법원 1999. 3. 26. 선고 96다55877 판결 참조), 그 소멸시효제도도 국내법에 따라야 할 뿐만 아니라, 위 규약상 민간인학살행위에 대하여 소멸시효제도의 적용을 배제한다는 명시적인 규정도 없으므로, 위 주장은 이유 없다." (출처: 미간, 법원도서관 종합법률정보)

평석 배병호, 입법부작위와 국가배상, 판례연구 제23집(서울지방변호사회, 2009).
김제완, 국가권력에 의한 특수유형 불법행위에 있어서 손해배상청구권의 소멸시효: 거창사건 항소심판결(부산고법 2004. 5. 7. 선고 2001나15255)에 대한 비판적 검토, 인권과 정의 2007년 4월호.

14-40. 피구금자 처우에 관한 국제기준
(헌법재판소 2016. 5. 26. 2014헌마45 결정. 형의 집행 및 수용자의 처우에 관한 법률 제108조 위헌확인)

[사안: 본건은 「형의 집행 및 수용자의 처우에 관한 법률」 제108조 제6호 수감자 징벌의 일종으로 "30일 이내의 텔레비전 시청 제한" 조항의 합헌성에 관한 판단이다. 합헌의견이 다수였으나, 3인 수소의견은 다음과 같이 위헌의견을 피력했다. 다수의견에서는 국제규범에 대한 검토가 없었기 때문에서 소수의견만 수록한다.]

재판관 김이수, 이진성, 강일원의 반대의견:

"세계인권선언(Universal Declaration of Human Rights) 제19조는 "모든 사람은 의견과 표현의 자유에 관한 권리를 가진다. 이 권리는 간섭받지 않고 의견을 가질 자유와 모든 형태의 매체를 통하여 국경에 관계없이 정보와 사상을 추구하고 접수하고 전달하는 자유를 포함한다."고 선언하고 있다. 또 국제연합의 피구금자 처우에 관한 최저기준규칙(the United Nations Standard Minimum Rules for the Treatment of Prisoners) 제39조는 "피구금자는 신문, 정기간행물 또는 시설의 특별간행물을 열독하고 방송을 청취하며 강연을 듣거나 당국이 허가하거나 감독하는 유사한 수단에 의하여 보다 중요한 뉴스를 정기적으로 알 수 있어야 한다."고 선언하고 있다. 금치처분을 받은 교도소 수용자에게 신문 열람 등 새로운 소식을 알 수 있는 다른 기회를 전혀 제공하고 있지 않은 상황에서 텔레비전 시청까지 제한하고 있는 이 사건 금치조항 중 제108조 제6호에 관한 부분은 국제연합이 선언하고 있는 피구금자 처우에 관한 최저기준에도 위배된다. 규율을 위반하여 징벌을 받는 교도소 수용자라 할지라도 최소한의 정보에 대한 알 권리는 보장하는 것이 국제연합의 기준에도 부합하고 국제적 인권 수준에 맞는 헌법 해석이다."
(출처: 헌법재판소 판례집 제28권 1집(하), 335쪽)

평석 이인선, 금치처분을 받은 수용자에 대한 필요적 실외운동 제한의 위헌성: 헌법재판소 2016. 5. 26. 2014헌마45 결정 판례평석, 교정 제60권 제8호 (2016).

제15장 범죄인인도

[국제교류가 활성화 될수록 범죄인이 국외도주 또는 해외 범죄인의 국내유입의 가능성이 높아진다. 각국이 관할권 행사의 영토적 한계를 넘어 범죄를 진압하는 방법의 하나로 발전시킨 제도가 범죄인인도이다. 한국은 1988년 국내법으로 「범죄인인도법」을 제정하고, 현재 30 여개국과 양자 간 범죄인인도 조약을 실행중이다. 「범죄인인도에 관한 유럽 협약」의 역외 당사국으로도 가입하고 있다. 국내에 있는 범죄혐의자를 외국으로 강제적 인도 여부는 서울고등법원이 단심으로 결정한다(범죄인인도법 제12조). 이 단심 결정의 합헌성이 종종 문제되었으나, 사법부는 인도 결정 자체가 형사처벌은 아니라는 취지에서 별 문제가 없다는 입장이다. 한편 국내 법원은 대상자가 정치범이라는 이유로 정부의 인도결정을 2차례 저지한 바 있다.]

15-1. 범죄인인도 결정의 법적 성격
(대법원 2001. 10. 31. 2001초532 결정. 위헌법률심판제청)

"이 사건 신청이유의 요지는, 범죄인인도법 제3조는 "이 법에 규정된 범죄인의 인도심사 및 그 청구와 관련된 사건은 서울고등법원과 서울고등검찰청의 전속관할로 한다."고 규정함으로써 지방법원의 재판관할권을 부정함과 동시에 같은 법 제15조 제1항 제3호에 의한 범죄인인도허가결정에 대하여 불복할 수 있는 규정을 두고 있지 아니하고 있는바, 이는 헌법 제10조 소정의 인간으로서의 존엄과 가치, 헌법 제12조 제1항 소정의 신체의 자유 및 적법절차의 원칙, 헌법 제27조 제1항 소정의 재판을 받을 권리, 헌법 제37조 제2항 소정의 과잉금지의 원칙에 위반된다는 것이다.

심급제도는 본래 사법에 의한 권리보호를 위하여 한정되어 있는 법발견 자원을 합리적으로 분배하는 문제인 동시에 재판의 적정과 신속이라는 서로 상반되는 두 가지의 요청을 어떻게 조화시키느냐 하는 문제에 관한 것이므로 원칙적으로 입법자의 형성의 자유에 속하는 사항이라 할 것이고, 또한 국민의 기본적 권리 중의 하나인 '헌법과 법률이 정한 법관에 의하여 법률에 의한 재판을 받을 권리'가 모든 사건에 대하여 대법원을 구성하는 법관에 의한 재판을 받을 권리를 의미하는 것은 아니라고 할 것이다(헌법재판소 1997. 10. 30. 선고 97헌바37, 95헌마142·215, 96헌마95 전원재판부 결정 등 참조). 한편, 범죄인인도법 제15조 제1항 제3호에 의한 범죄인인도허가결정은 국가형벌권의 확정을 목적으로 하는 형사소송법상의 결정이 아니라 범죄인인도법에 의하여 특별히 인정된 것이다. 따라서 이와 같은 심급제도의 본질, 재판을 받을 권리의 의미 및 범죄인인도허가결정의 성질 등을 종합하여 보면, 범죄인인도법이 범죄인의 인도심사청구에 관한 심판을 서울고등법원의 전속관할로 하고 인도허가결정에 대하여 불복을 허용하는 규정을 두고 있지 않다고 하더라도 그것이 헌법의 위 각 규정에 위반된다고 할 수는 없는 것이다.

그러므로 이 사건 신청을 기각하기로 관여 법관의 의견이 일치되어 주문과 같이 결정한다."

(출처: 판례공보 제144호(2001. 12. 15.), 2649쪽)

15-2. 범죄인인도 결정의 법적 성격

(헌법재판소 2003. 1. 30. 2001헌바95 결정. 범죄인인도법 제3조 위헌소원. 당해사건: 대법원 2001모272 범죄인인도허가결정에 대한 재항고)

"(1) 범죄인인도(extradition)는 통상 외국에서 범죄혐의로 수사 또는 재판을 받고 있거나 유죄의 재판을 받은 자가 자국에 도망하여 온 경우 그 외국의 청구에 응하여 이를 인도하는 것을 말한다. 오늘날 범죄진압을 위한 국제적인 협력이 긴요한 문제가 되었으나, 한편 범죄인의 인도는 개인의 신체의 자유에 대한 부당한 제한이 될 수 있으므로 많은 나라들은 그 인도절차에 법원이 관여하도록 하고 있다. 우리의 경우도 마찬가지이다.

범죄인인도법은 외국으로부터 범죄인의 인도청구가 있을 때에는 외무부장관이 법무부장관에게 청구서와 관련 자료를 송부하고, 법무부장관은 서울고등검찰청 검사에게 인도심사청구를 명하고, 동 검사는 서울고등법원에 인도심사를 청구하며, 동 법원은 이를 심사한 뒤 각하결정이나 인도거절결정 혹은 인도허가결정을 하도록 하였다(제11조–제15조). 한편 법원의 인도허가결정이 있을 경우 법무부장관은 서울고등검찰청검사장에게 인도명령을 내리게 되지만, "대한민국의 이익보호를 위하여 범죄인의 인도가 특히 부적당하다고 인정되는 경우"는 인도하지 않을 수 있도록 하였다(동법 제34조 제1항).

이 사건에서 청구인은 이 사건 조항이 서울고등법원에서 한 차례의 인도심사만을 받게 하며 동 법원의 범죄인인도결정에 대하여 아무런 불복방법도 마련하지 않고 있는 것은 적법절차 등에 위반된 것이라고 다툰다.

(2) […] 이 사건에서 법원에 의한 범죄인인도결정은 신체의 자유에 밀접하게 관련된 문제이므로 인도심사에 있어서 적법절차가 준수되어야 할 것이다.

그런데 청구인이 이 사건에서 다투는 것은 단심제를 규정하고 불복을 허용하지 않는다는 점이므로, 이 사건 조항이 범죄인인도심사를 단심제로 하는 것이 적법절차에 어긋나는지가 쟁점이라고 할 것이다.

일반적으로 심급제도는 사법에 의한 권리보호에 관하여 한정된 법발견, 자원의 합리적인 분배의 문제인 동시에 재판의 적정과 신속이라는 서로 상반되는 두 가지의 요청을 어떻게 조화시키느냐의 문제이므로 기본적으로 입법자의 형성의 자유에 속하는 사항이다(헌재 1995. 1. 20. 90헌바1, 판례집 7–1, 1, 10–12).

한편 법원에 의한 범죄인인도심사는 전형적인 사법절차의 대상에 해당되는 것은 아니라고 보여진다. 그 심사절차는 성질상 국가형벌권의 확정을 목적으로 하는 형사절차와는 구별되며 민사절차도 아니고, 다만 법률(범죄인인도법)에 의하여 인정된 특별한 절차라고 봄이 상당하다.

다만 범죄인인도법은 법원의 인도심사결정시 그 성질에 반하지 않는 한도에서 관련 형사소송법 규정을 준용하고 있으며, 인도대상이 된 자에게 변호인의 조력을 받을 수 있게 하고, 의견진술 기회를 부여하고 있으며(제14조), 해당자가 대한민국 국민일 경우 인도하지 않을 수 있고(제9조 제1호), 정치범이나 기타 인종, 종교 등을 이유로 처벌되거나 기타 불이익한 처분을 받을 염려가 있다고 인정되는 경우에 대해서는 인도를 거절하는 등 특별한 보호를 하고 있으며(제7, 8조), 해당 범죄는 인도청구국뿐만 아니라 우리나라의 법률에도 해당되어야 한다(장기 1년 이상의 징역 또는 금고에 해당하는 범죄. 동법 제6조).

그렇다면 심급제도에 대한 입법재량의 범위와 범죄인인도심사의 법적 성격, 범죄인인도법상의 범죄인인도심사절차 등을 종합할 때, 이 사건 조항이 범죄인인도심사를 서울고등법원의 단심제로 하고 있다고 하더라도, 적법절차원칙에서 요구되는 합리성과 정당성을 결여한 것이라 보기 어렵다. […]

그런데 범죄인인도법에 의한 범죄인인도심사가 헌법상의 재판청구권이 반드시 보장되어야 할 대상에 해당되는지는 명백하지 않다. 입법례에 따라서는 법원의 관여 없이도 범죄인인도절차를 진행하는 국가도 있는바, 이는 범죄인인도가 바로 형사처벌을 확정하는 것이 아니며, 과거에는 일종의 국가적 행위 혹은 행정적 행위에 속하는 것으로 보아 온 연혁과 관련되어 있는 것이다.

또한 범죄인인도 여부에 관한 법원의 결정은 법원이 범죄인을 해당 국가에 인도하여야 할 것인지 아닌지를 판단하는 것일 뿐 그 자체가 형사처벌이라거나 그에 준하는 처벌로 보기 어렵다. 그렇다면 애초에 재판청구권의 보호대상이 되지 않는 사항에 대하여 법원의 심사를 인정한 경우, 이에 대하여 상소할 수 없다고 해서 재판청구권이 새로이 제한될 수 있다고는 통상 보기 어려울 것이다.

설사 범죄인인도를 형사처벌과 유사한 것이라 본다고 하더라도, 이 사건 조항이 적어도 법관과 법률에 의한 한 번의 재판을 보장하고 있고, 그에

대한 상소를 불허한 것이 적법절차원칙이 요구하는 합리성과 정당성을 벗어난 것이 아닌 이상, 그러한 상소 불허 입법이 입법재량의 범위를 벗어난 것으로서 재판청구권을 과잉 제한하는 것이라고 보기는 어렵다.

(3) 그렇다면 결국 이 사건 조항은 재판청구권을 제한하지 않거나, 달리 보더라도 재판청구권을 과잉 제한하는 것이라 할 수 없다. […]

(4) […] 또한 범죄인인도심사의 성격이 형벌권을 확정하는 것과 같은 정도로 청구인의 자유에 심대한 영향을 주는 것은 아니며, 국제적 사법공조의 일환으로 우리와 범죄인인도에 관한 조약을 체결한 외국 혹은 상호주의가 적용될 수 있는 외국(범죄인인도법 제4조 참조)의 청구에 대하여 그 외국으로의 인도여부를 결정하는 것일 뿐이며, 한편 범죄인인도법은 부당한 인도나 인권침해적인 처벌을 가져올 수 있는 인도를 방지하기 위해 위에서 본 여러 법적 장치를 마련하고 있는 것이다.

이러한 사정을 종합할 때, 이 사건 조항이 법원의 인도허가결정에 대하여 더 이상의 불복절차를 규정하지 않았다고 하더라고, 이 점이 인간으로서의 존엄과 가치나 신체의 자유 등과 같은 기본권을 과잉 제한하는 것이라고 볼 수는 없다고 할 것이다.

달리 이 사건 조항이 위에서 언급한 것 외에 다른 헌법 규정에 위반된다고 볼 만한 사정이 없다."(출처: 헌법재판소 판례집 제15권 1집, 69쪽)

15-3. 특정성의 원칙
(대법원 2005. 10. 28. 2005도5822 판결)

"2. 대한민국정부와 미합중국정부간의 범죄인인도조약(이하 '인도조약'이라 한다) 제15조는, 위 조약에 따라 인도되는 자는, 인도가 허용된 범죄 또는 다른 죄명으로 규정되어 있으나 인도의 근거가 된 범죄사실과 같은 사실에 기초한 범죄로서 인도범죄이거나 인도가 허용된 범죄의 일부를 이루는 범죄, 당해인의 인도 이후에 발생한 범죄, 피청구국의 행정당국이 당해인의 구금, 재판 또는

처벌에 동의하는 범죄 이외의 범죄로 청구국에서 구금되거나 재판받거나 처벌될 수 없다고 규정하고 있는바, 기록에 의하면 이 사건 공소사실 중 당초 인도가 허용된 범죄가 아닌 부분에 대해서도 피청구국인 미합중국의 행정당국이 이를 구금, 재판, 처벌하는 데 동의한 사실을 알 수 있고(공판기록 326면 이하 참조), 이러한 경우 당초 인도가 허용된 범죄 전부에 관하여 그 후 무죄가 선고되었더라도 그것만으로 범죄인 인도 자체의 효력에 무슨 영향이 있는 것이 아님은 물론, 그 밖의 범죄에 대해 피청구국의 사후 동의를 얻어 제기된 공소 및 그에 터잡은 공판절차가 위법하게 되는 것도 아니므로, 원심이 이 사건 공소사실 중 미합중국 행정당국의 처벌 등에 관한 사후 동의를 얻어 기소된 범죄들을 모두 유죄로 처단한 조치에 피고인이 상고이유로 주장한 것처럼 인도조약 제15조 등에 관한 법리를 오해하여 판결 결과에 영향을 미친 위법이 없다. (대법원 2003. 2. 11. 선고 2002도6606 판결 참조)." (출처: 판례공보 제239호 (2005. 12. 1.), 1912쪽 이하)

> 참고 「대한민국 정부와 미합중국 정부간의 범죄인 인도조약」 제15조:
> "1. 이 조약에 따라 인도되는 자는 다음 범죄 이외의 범죄로 청구국에서 구금되거나 재판받거나 처벌될 수 없다.
> 가. 인도가 허용된 범죄, 또는 다른 죄명으로 규정되어 있으나 인도의 근거가 된 범죄사실과 같은 사실에 기초한 범죄로서 인도범죄이거나 인도가 허용된 범죄의 일부를 이루는 범죄 […]
> 다. 피청구국의 행정당국이 당해인의 구금, 재판 또는 처벌에 동의하는 범죄."
>
> 평석 심준보, 몰수·추징과 불이익변경금지의 원칙, 대법원판례해설 제59호(법원도서관, 2006).

15-4. 정치범 불인도

(서울고등법원 2006. 7. 27. 2006토1 결정. 범죄인: 우엔○○. 청구인: 서울고등검찰청 검사. 인도청구국: 베트남사회주의공화국)

[사안: 우엔○○은 베트남 출신의 미국 거주자로서 스스로 자유베트남혁명정부를 조직하여 내각총리로 자칭하며, 반 베트남 활동을 벌이는 자이다. 베트남 정부는 그가 1999년부터 2001년 사이 여러 차례 조직원으로 하여금 베트남에서 폭탄 테러공격을 하도록 사주했으나, 모두 실패로 돌아간 바 있다고 한다. 그가 한국에 입국하자 베트남 정부로부터 범죄인인도가 청구되어 한국 검찰은 그를 체포하고 범죄인인도를 시도하자, 우엔○○은 인도금지를 요구하는 본 소송을 제기했다.]

"나. 이 사건 인도심사청구의 적용법규

(1) 이 사건 인도심사청구에서의 주요 쟁점은 대한민국이 범죄인을 청구국에 인도하여야 할 국제법상의 의무가 있는지, 아니면 이 사건 대상 범죄가 정치범죄로서 정치범 불인도의 원칙에 따라 범죄인을 청구국에 인도하여서는 아니 되는 것인지 여부이다.

이 점에 관하여는 국내법으로서 1988. 8. 5. 공포되어 시행되고 있는 범죄인인도법과 조약으로서 대한민국과 청구국 사이에 2003. 9. 15. 체결하여 2005. 4. 19. 발효된 "대한민국과 베트남사회주의공화국 간의 범죄인인도조약(이하 '이 사건 인도조약'이라 한다)"에 관련 규정이 있는데, […]

(2) 이 사건 인도조약에 의하면, 양 당사국은 인도대상범죄에 대한 기소, 재판 또는 형의 집행을 위하여 자국의 영역에서 발견되고 타방 당사국에 의하여 청구되는 자를 이 사건 인도조약의 규정에 따라 타방 당사국에 인도하여야 할 의무가 있고(이 사건 인도조약 제1조), 인도대상범죄는 인도청구 시 양 당사국의 법에 의하여 최소 1년 이상의 자유형이나 그 이상의 중형으로 처벌할 수 있는 범죄로 정하고 있는데(이 사건 인도조약 제2조 제1항), 기록에 의하면, 이 사건 인도심사청구의 대상 범죄사실은 청구국의 형법 제84조(테러리즘)에 의하여 징역 2년 이상 20년 이하의 징역, 무기징역 또는 사형에 처할 수 있는 범죄인 사실을 인정할 수 있고, 한편 대상 범죄사실은 대한민국 형법 제120조 제1항, 제119조 제3항, 제1항의 규정

에 의한 폭발물 사용 예비·음모죄 또는 총포·도검·화약류 등 단속법 제70조 제2항, 제1항 제2호, 제71조 제1호, 제12조 제1항에 규정된 범죄에 해당하므로, 결국 대상 범죄사실은 이 사건 인도조약상 양 당사국의 법에 의하여 최소 1년 이상의 자유형이나 그 이상의 중형으로 처벌할 수 있는 범죄로서 인도대상범죄에 해당한다.

3. 인도허가 여부에 관한 판단

가. 절대적 인도거절사유에 해당하는지 여부

(1) 범죄인 및 변호인의 주장

범죄인 및 변호인은 이 사건 인도심사청구 범죄사실이 인도대상범죄에 해당한다 하더라도 그 범죄는 이 사건 인도조약상 절대적 거절사유인 정치적 성격을 갖는 범죄이므로 범죄인에 대한 인도를 허가하여서는 아니 된다고 주장하므로, 과연 이 사건 인도대상범죄가 정치적 성격을 갖는 범죄로서 이 사건 인도조약에 의하여 범죄인에 대한 인도를 거절하여야 할 것인지 여부에 관하여 살펴본다.

(2) 정치범 불인도의 원칙

(가) 본래 중세에 이르기까지 국제사회에서의 범죄인 인도 제도는 선린국가 간의 정치범죄인의 인도를 주된 내용으로 하고 있었으나, 18세기 프랑스 혁명 이후 다양한 정치체제가 등장하고 근대 인권사상이 발달함에 따라 정치범 불인도의 원칙이 발전되기 시작하였고, 벨기에가 1834년 범죄인인도법에 처음으로 정치범 불인도의 원칙을 도입한 이래 지금은 세계 대부분의 국가가 국내법과 조약에 정치범 불인도의 원칙을 규정함으로써 이는 국제법상의 기본원칙으로 확립되었다.

(나) 이 사건 인도조약은 물론 범죄인인도법에서도 정치범에 대하여 "정치적 성격을 갖는 범죄"라거나 "정치적 성격을 지닌 범죄이거나 그와 관련된 범죄"라고만 규정할 뿐 정치범죄의 정의와 범위에 관하여는 아무런 규정을 두지 않아 정치범죄의 의미와 범위는 위 각 규정의 내용에 근거하여 합리적으로 해석할 수밖에 없다.

일반적으로 국제법 학자들이 범죄인 인도절차에 있어 정치범죄의 개념을 "자연범죄의 경우와 마찬가지로 반사회적(反社會的) 또는 반공서양속적(反公序良俗的)인 것으로서 국가가 제정해 놓은 구성요건에 해당하는 위법, 유책한 것이지만, 국가권력 담당자에게 반대하더라도 국민 다수의 잠재적인 정의감정 또는 국민 일부의 도덕적 감정에는 합치하는 범죄"라고 정의하거나, "특정 국가의 기본적 정치질서를 교란, 파괴할 목적을 가지고 보통법상의 중대범죄 이외의 방법으로 형벌법령에 위반하여 그 법익을 침해하거나 침해할 위험을 가지고 있는 모든 행위"라고 정의하고 있는 바와 같이, 정치범죄는 해당 국가의 정치질서에 반대하는 행위와 그와 같은 목적을 위하여 저지른 일반범죄, 즉 강학상 절대적 정치범죄와 상대적 정치범죄를 의미한다고 볼 것이고, 그 해당 여부를 판단함에 있어서는 범죄자의 동기, 목적 등의 주관적 심리요소와 피해법익이 국가적 내지 정치적 조직질서의 파괴에 해당하는지 여부 등 객관적 요소를 고려하여야 할 것이다.

다만, 이와 같은 정치범 불인도의 원칙은 본래부터 절대적인 것이 아니고 범죄인 인도조약 체결 당사국 간의 합의에 의하여 제한될 수 있는 것이며, 특히 최근에 이르러서는 특정한 범죄 유형에 관하여는 다자간 국제조약을 통하여 위 원칙이 완화 또는 제한되는 경향이 뚜렷한데, 이러한 예외가 인정되는 국제범죄의 유형으로는 인륜에 반하는 범죄, 집단살해, 전쟁범죄, 해적행위, 항공기 납치행위, 노예·인신매매 기타 부녀 및 아동 거래행위, 국제마약거래, 고문, 폭탄 테러행위 등이 주로 열거되고 있다.

(3) 이 사건 인도조약상 "정치적 성격을 갖는 범죄"의 의미

이 사건 인도조약 제3조 제1항 가.목은 "인도청구되는 범죄가 정치적 성격을 갖는 범죄라고 피청구국이 결정하는 경우에는 범죄인 인도가 허용되지 아니한다."고 규정하고 있을 뿐, 따로 "정

치적 성격을 갖는 범죄"의 의미에 관하여 정의하고 있지 않은 채 전적으로 피청구국이 결정하여야 할 사항으로 유보하고 있다.

그런데 절대적 인도거절사유에 관한 이 사건 인도조약의 규정 형식에 관하여 보면, 우선 제3조 제1항 가.목에 위와 같이 정치적 성격을 갖는 범죄에 관하여는 범죄인 인도가 허용되지 않는다는 원칙을 선언한 다음, 제2항에서 "국가원수 또는 그 가족구성원의 생명에 대한 침해행위나 그 미수행위 또는 그들의 신체에 대한 공격행위(가.목)," "양 당사국이 모두 당사자인 다자간 국제협정에 의하여 당사국이 관할권을 행사하거나 범죄인을 인도할 의무가 있는 범죄(나.목)"의 경우에는 정치범 불인도의 원칙을 규정한 제1항 가.목의 규정을 적용하지 않는다는 예외를 규정하고 있다.

한편, 범죄인인도법도 이 사건 인도조약과 마찬가지로 제8조 제1항에서 "인도범죄가 정치적 성격을 지닌 범죄이거나 그와 관련된 범죄인 경우에는 범죄인을 인도하여서는 아니 된다."고 규정한 후, "국가원수·정부수반 또는 그 가족의 생명·신체를 침해하거나 위협하는 범죄", "다자간 조약에 의하여 대한민국이 범죄인에 대하여 재판권을 행사하거나 범죄인을 인도할 의무를 부담하고 있는 범죄," "다수인의 생명·신체를 침해·위협하거나 이에 대한 위험을 야기하는 범죄"를 정치범 인도거절의 예외사유로 열거하고 있다.

위와 같은 이 사건 인도조약 및 범죄인인도법의 규정 형식에다가 앞에서 본 정치범 불인도 원칙의 발전 과정 및 최근의 제한 경향, 정치범죄의 개념 및 유형 등에 비추어 보면, 이 사건 인도조약 제3조 제1항에서 말하는 "정치적 성격을 갖는 범죄"라 함은 범죄인인도법 제8조 제1항 소정의 "정치적 성격을 지닌 범죄이거나 그와 관련된 범죄"와 같은 의미로서 순수 정치범죄뿐 아니라 상대적 정치범죄까지 아우르는 개념으로 해석함이 상당하고, 이렇게 해석하는 것이 같은 조 제2항에서 예외사유를 열거하는 취지와도 부합한다.

⑷ 이 사건 인도대상범죄가 정치적 성격을 갖는 범죄인지 여부

㈎ 범죄인 인도의 대상 범죄가 정치적 성격을 갖는 범죄, 즉 정치범죄에 해당하는지 여부는 범죄행위에 있어서 범죄인의 동기, 목적, 기타 주관적 심리요소와 피해법익이 국가적 내지 정치적 조직질서의 파괴인지 여부와 같은 객관적 요소는 물론, 범죄인이 속한 조직의 정치적 성격과 견해, 위 조직의 활동 내용과 범죄인의 역할, 범행의 구체적인 경위 등의 제반 사정을 종합하여 판단하여야 함은 앞서 본 바와 같다.

㈏ 우선 이 사건 인도심사청구 범죄사실에 관하여 보면, 대상 범죄사실은 범죄인이 1995. 4. 30. 자유베트남 혁명정부를 조직하여 자신을 내각총리로 자칭한 후 청구국의 전복을 꾀하고 있다고 전제하고, 범죄인이 이러한 목적을 달성하기 위하여 베트남 지역 내에서 테러행위를 감행하기 위하여 폭약 또는 뇌관을 구입, 제조, 운반하도록 지시함과 아울러 청구국에 반대하는 내용의 깃발, 유인물, 풍선 등을 게양, 살포하기 위하여 운반하도록 지시하였다는 것이다.

나아가 기록에 의하면, 대상 범죄사실에서 언급되고 있는 자유베트남 혁명정부는 자유민주주의 베트남정부(Government of Free Vietnam: GFVN)를 지칭하는 것으로 보이는데, 이는 1995. 4. 30. 미국 캘리포니아주 가든 그로브(Garden Grove)시에서 청구국의 정치질서를 반대하는 조직들이 연합하여 결성한 자칭 망명정부기구로 현재의 베트남 지역에 있는 공산정권을 타도하고 시장경제제도와 자유선거를 근간으로 하는 자유민주주의 정부의 수립을 목적으로 하는 정치기구인 사실, 범죄인은 1949. 10. 1. 베트남 빈딘(Binh Dinh)에서 태어난 자로 1975. 4. 베트남이 공산화되자 특공대를 조직하여 공산정권에 대항하여 투쟁하다가 1982년경 베트남을 탈출하여 미국으로 건너간 이후 지금까지 미국에 거주하고 있는 미국 영주권자로서, 자유민주주의 베트남정부의 수립에 참

여한 이래 2003년에 이르기까지 위 정부의 국무장관(Secretary of State), 수상(Prime Minister)을 역임하였으며, 그 후 위 정부와 관련된 베트남 국민당(Vietnam National Party)의 당수(Secretary General)로 선출되어 지금까지 재직하고 있는 사실을 인정할 수 있다.

㈐ 또한, 이 사건 인도심사청구의 대상 범죄는 그 자체에 의하더라도 대부분 폭발물 사용의 대상이 사람인지 시설인지조차 특정되지 않은 것으로 범죄인인도법이 규정하고 있는 "다수인의 생명·신체를 침해·위협하거나 이에 대한 위험을 야기하는 범죄"로 평가하기에 어려움이 있을뿐더러, 대부분의 범죄사실은 실제로 폭발물이 사용되지 않은 채 예비·음모 단계에서 적발되어 시설이나 사람에 대한 어떠한 피해도 발생하지 않았다는 것으로서 오늘날 정치범 불인도 원칙에 대한 완화 내지 예외로 되는 범죄에 해당되는지 여부에 대하여도 강한 의심이 든다.

㈑ 이상과 같은 이 사건 인도심사청구의 대상 범죄사실의 내용과 성격 및 위 인정사실에서 볼 수 있는 사정들, 기타 이 사건 기록 및 심문 결과를 통하여 드러난 이 사건 범죄의 동기, 목적, 범행의 경위 및 내용, 피해법익의 내용 및 피해의 정도, 범죄인 및 범죄인이 속한 정치조직의 성격과 정치적 견해, 범죄인의 활동 내용 및 범행 가담 정도 등을 종합하여 보면, 이 사건 인도대상범죄는 폭발물을 이용한 범죄의 예비·음모라는 일반범죄와 청구국의 정치질서에 반대하는 정치범죄가 결합된 상대적 정치범죄라 할 것이고, 이는 앞서 본 바와 같이 이 사건 인도조약 제3조 제1항 소정의 "정치적 성격을 갖는 범죄"에 해당하는 것이므로, 특별히 이 사건 인도조약상 예외사유에 해당한다는 사정이 없는 한 범죄인을 청구국에 인도하는 것은 이 사건 인도조약에 위배된다.

나. 절대적 인도거절의 예외사유에 해당하는지 여부

⑴ 청구인의 주장

이에 대하여 청구인은 이 사건 인도심사청구 대상 범죄는 아래와 같이 "폭탄테러행위의 억제를 위한 국제협약" 또는 "국제연합 안전보장이사회의 2001. 9. 28.자 1373호 결의" 등의 국제협정에 의하여 대한민국이 이 사건 인도조약에 의하여 범죄인을 인도할 의무가 있는 경우에 해당할 뿐 아니라, 범죄인인도법 제8조 제1항 제3호의 예외사유에 해당하여 범죄인을 인도하여야 할 경우에도 해당하므로, 어느 모로 보더라도 이 사건 범죄인에 대한 인도를 허가하여야 한다고 주장하므로 이에 관하여 살펴본다.

⑵ 이 사건 인도조약 제3조 제2항 나.목에 해당하는지 여부

㈎ 이 사건 인도조약 제3조 제2항 나.목의 규정 내용

앞서 본 바와 같이 이 사건 인도조약은 "양 당사국이 모두 당사자인 다자간 국제협정에 의하여 당사국이 관할권을 행사하거나 범죄인을 인도할 의무가 있는 범죄"를 정치범 불인도의 원칙을 규정한 이 사건 인도조약 제3조 제1항의 예외사유로 규정하고 있다.

이는 범죄인인도법 제8조 제1항 제2호가 "다자간 조약에 의하여 대한민국이 범죄인에 대한 재판권을 행사하거나 범죄인을 인도할 의무를 부담하고 있는 범죄"를 정치범 불인도 원칙의 예외로 규정하고 있는 것과 같은 취지로서 인류에 반하는 국제범죄 및 국제테러범죄에 관하여 정치범 불인도의 원칙을 제한하고자 하는 국제사회의 요청에 부합하는 내용이라 할 것이다. 다만, 이 사건 인도조약은 "양 당사국이 모두 당사자인 다자간 국제협정"이라고 명시함으로써 적용되는 조약의 범위를 범죄인인도법보다 좁게 규정하고 있다.

㈏ 폭탄테러행위의 억제를 위한 국제협약

폭탄테러행위의 억제를 위한 국제협약은 1998. 1. 12. 국제연합에서 체결된 다자간 조약으로서 조약 성립 후 가입을 희망하는 국가의 일방적 행위에 의하여 조약가입이 허용되는 이른바 개방조

약이다.

위 조약은 그 동안 확산되어 온 폭발물을 이용한 테러행위를 방지하고 테러범죄행위자를 기소, 처벌하기 위한 효과적이고 실행 가능한 조치를 고안, 채택하기 위한 국가 간의 국제협력을 제고하기 위하여 제안된 것으로서, 폭발성 장치 또는 기타 치명적 장치를 위법하고 고의적으로 전달·배치·방출·폭발시키거나 그러한 범죄에 공범으로 참가하는 행위를 대상 범죄에 포함시키고 있으며(위 국제협약 제2조), 이러한 범죄들은 범죄인인도 또는 사법공조를 위하여 정치적 범죄, 정치적 범죄와 관련되는 범죄 또는 정치적 동기에 의하여 발생한 범죄로 간주하지 않는다고 규정하고 있다(위 국제협약 제11조).

나아가 이 사건 범죄인 인도심사청구의 양 당사국인 대한민국과 청구국이 위 조약에 가입한 당사자인지 여부에 관하여 보건대, 기록에 의하면, 대한민국은 2004. 2. 9. 국회의 비준 동의를 거쳐 같은 해 2. 17. 비준서를 국제연합 사무총장에게 기탁함으로써 위 조약에 가입하였지만, 청구국은 아직 위 조약에 가입하지 않아 당사자가 아닌 사실을 인정할 수 있는바, 이에 따르면 위 조약은 이 사건 인도조약 제3조 제2항 나.목 소정의 "양 당사국이 모두 당사자인 다자간 국제협정"에는 해당하지 않는다 할 것이고, 결국 위 조약을 근거로 범죄인에 대한 인도를 허가할 수는 없다.

㈐ 국제연합 안전보장이사회의 2001. 9. 28.자 1373호 결의

[이어서 재판부는 안보리 결의 제1373호가 인도의 법적 근거가 될 수 있는가를 살펴보았으나 - 필자 주] 국제연합 안전보장이사회 1373호 결의는 다자간 국제협정으로서의 절차적, 실체적 요건을 갖추지 못하였을 뿐 아니라, 그 결의의 내용도 각 회원국들에 대하여 범죄인 인도에 관한 구체적인 의무를 부과하는 것이 아니므로, 결국 위 결의는 이 사건 인도조약 제3조 제2항 나.목 소정의 다자간 국제협정에 해당하지는 않는다 할 것이다.

㈑ 소결론

따라서 이 사건 범죄는 다자간 국제협정에 의하여 대한민국이 범죄인을 인도할 의무가 있는 경우에 해당한다는 청구인의 주장은 이유 없다.

⑶ 범죄인인도법 제8조 제1항 제3호가 적용되는지 여부

앞서 본 바와 같이 범죄인인도법 제8조 제1항 제3호는 정치범 불인도의 원칙의 예외로서 "다수인의 생명·신체를 침해·위협하거나 이에 대한 위험을 야기하는 범죄"를 정치범 인도거절의 예외사유 중의 하나로 열거하고 있는데 반하여 이 사건 인도조약은 이를 예외사유 중의 하나로 열거하지 않고 있으므로, 과연 이 사건에 있어서 위 범죄인인도법의 규정이 적용될 수 있는지 여부에 관하여 살펴본다.

앞서 본 대로 범죄인인도법에 우선하여 이 사건 인도조약의 규정이 이 사건 범죄인 인도심사청구에 적용되어야 할뿐더러, 범죄인인도법 제3조의2는 "범죄인 인도에 관하여 인도조약에 이 법과 다른 규정이 있는 경우에는 그 규정에 따른다."고 명시적으로 규정하고 있는바, 이에 따르면 이 사건에 있어서는 범죄인인도법 제8조 제1항 제3호가 적용되지 않는다고 봄이 상당하다.

따라서 범죄인인도법 제8조 제1항 제3호의 규정에 의하여 이 사건 범죄인 인도를 허가하여야 한다는 청구인의 주장은 더 이상 나아가 살펴볼 필요 없이 이유 없다.

4. 결론

그렇다면, 이 사건 인도대상범죄는 정치적 성격을 갖는 범죄이고, 달리 범죄인을 인도하여야 할 예외사유도 존재하지 아니하므로, 범죄인인도법 제15조 제1항 제2호, 인도조약 제3조 제1항 가.목에 의하여 범죄인을 청구국에 인도하는 것을 허가하지 아니하기로 하여 주문과 같이 결정한다." (출처: 각급법원(제1,2심) 판결공보 제37호(2006. 9. 10), 1988쪽 이하)

참고 본서 1-25 및 12-3(안보리 결의 관련 설

시) 수록 판결 참조.

평석 김진기, 국제형사법상 *"Aut Dedere Aut Punire"*: 서울고등법원 2006. 7. 27. 선고 2006토1 결정의 평석을 중심으로, 입법정책 제3권 제1호 (2009).

15-5. 정치범 불인도
(서울고등법원 2013. 1. 3. 2012토1 결정. 범죄인: 리우○○. 청구인: 서울고등검찰청 검사. 인도청구국: 일본)

[사안: 이 사건 범죄인은 중국국적자로서 2011. 12. 26. 일본 야스쿠니 신사에 방화를 시도해 신사 신문의 일부를 소훼했으나, 커다란 피해는 발생하지 않았다. 그는 바로 한국으로 입국해 일본군 위안부 문제에 사과하지 않는 일본국의 태도에 격분한 나머지 주한 일본국 대사관에 화염병을 투척했다. 이로 인해 징역 10월형을 받았다. 그의 외할머니는 한국출신 일본군 위안부 피해자였으며, 중국인 할아버지는 항일투쟁 중 전사했다고 한다. 형집행이 종료되자 일본국은 한일간 범죄인인도 조약에 근거해 그의 인도를 청구했다. 리우○○는 인도금지를 요청하는 본 소송을 제기했다.]

"이 사건의 쟁점은 1) 이 사건 인도 대상 범죄가 이 사건 조약 제3조 다.목에서 정한 절대적 인도거절사유인 '정치적 범죄인지 여부'와 2) 이 사건 조약 제3조 바.목에서 정한 절대적 인도거절사유인 '범죄인의 정치적 견해 등을 이유로 기소·처벌하기 위하여 범죄인 인도청구가 이루어졌거나 범죄인의 지위가 그러한 이유로 침해될 것인지 여부', 3) 이 사건 조약 제4조 다.목에서 정한 상대적 인도거절사유인 '범죄인의 연령·건강 또는 그 밖의 개인적 정황 때문에 이 사건 범죄인 인도가 인도적 고려와 양립될 수 없는지 여부'라 할 것이다.

먼저, 첫 번째의 쟁점을 중심으로 정치적 범죄의 개념 및 유형, 정치범 불인도 원칙의 발전과정 및 최근의 경향, 정치적 범죄의 판단 기준, 이 사건 조약상 정치적 범죄의 의미, 그리고 이 사건 인도 대상 범죄가 정치적 범죄에 해당하는지를 차례대로 살펴본다.

바. 정치적 범죄의 개념 및 유형
국제법 학자들은 범죄인 인도절차에 있어 정치적 범죄의 개념을 '자연범죄의 경우와 마찬가지로 반사회적 또는 반공서양속적인 것으로서 국가가 제정해 놓은 구성요건에 해당하는 위법, 유책한 것이지만, 국가권력 담당자에게 반대하더라도 국민 다수의 잠재적인 정의감정 또는 국민 일부의 도덕적 감정에는 합치하는 범죄'라고 하거나, '특정 국가의 기본적 정치질서를 교란, 파괴할 목적을 가지고 보통법상의 중대범죄 이외의 방법으로 형벌 법령을 위반하여 그 법익을 침해하거나 침해할 위험이 존재하는 모든 행위'라고 하는 등 그 개념에 대한 정의(定義)를 시도해 왔다.

그러나 정치적 범죄라는 개념은 법 영역 중에서 가장 논란이 있는 개념에 속하고, 국제적으로 정치적 범죄의 개념이 일정하게 인정된다기보다는 다른 범죄군보다 훨씬 더 강하게 각각의 국가형태와 헌법, 통치구조에 의해 좌우되고, 국가적 이익 또는 수호되는 법익에 좌우되는 등 현재까지의 무수한 노력에도 불구하고 전반에 걸쳐 인정받을 수 있는 정의(定義)에는 아직 이르지 못했다고 평가할 수 있다.

오늘날 국제적으로 논의되고 있는 경향에 따르면, 정치적 범죄는 사인, 사적인 재산 또는 이익을 침해함이 없이 오로지 해당 국가의 정치질서를 반대하거나 해당 국가의 권력관계나 기구를 침해하는 행위인 '절대적 정치범죄' 내지 '순수한 정치범죄'와 그와 같은 목적을 위하여 저지른 일반범죄, 즉 '상대적 정치범죄'로 나눌 수 있고, 학설에 따라서는 후자의 경우를 다시 하나의 행위가 정치질서와 개인의 권리에 대한 침해를 구성하는 '복합적 정치범죄'와 절대적 정치범죄 또는 복합적 정치범죄를 수행하거나 용이하게 하기 위하여 또는 그 행위자의 보호를 위하여 범하는 행위인 '관련적 정치범죄', 정치적 성격이 우월한 상황에서 범하여진 일반범죄나 정치활동에 밀접히 결부되어 있는 일반범죄인 협의의 '상대적 정치범죄'로 나누고 있다.

여기에서 절대적 정치범죄가 정치적 범죄에 해당한다는 점에는 의견이 대부분 일치하고 있으나, 상대적 정치범죄가 정치적 범죄로서 간주되기 위한 기준에 관해서는 국제적으로 아직 확립되지 못하여 국가마다 서로 다른 관행을 발전시켜 왔고, 각국의 실정법이나 각국 사이에 체결한 범죄인 인도조약에서도 정치적 범죄에 대한 개념을 정의하거나 통일하여 그에 구속되려 하지 않고 이에 대한 해석을 범죄인 인도 피청구국의 국내법과 학설에 맡겨 시대와 상황에 따라 유연하게 대처하도록 하고 있다. 그러므로 구체적 사건에서 나타나는 정치적 범죄에 관한 피청구국의 법적 판단은 그 국가의 법적 관점과 정치체제를 반영하는 것이 될 수밖에 없다. 다만 과거에는 상대적 정치범죄가 정치적 범죄에 포함되지 않는다는 견해가 적지 않았으나 최근 국제적 형사조류는 이를 수정하는 방향으로 움직이고 있는바, 실제로 뒤에서 보는 정치범 불인도 원칙의 적용이 문제되는 것은 대부분 상대적 정치범죄를 둘러싼 다툼이다.

정치적 범죄의 판단 기준으로서, 영미법계에서는 일반적으로 범죄가 정치적 소란에 부수하고, 그 일부를 구성할 것을 요건으로 하는 부수성 이론을 채택하였다. 대륙법계에서는 주관적 요소로만 판단하는 주관설, 객관적 요소로만 판단하는 객관설, 양자를 모두 고려하는 절충설로 나뉘어 전개됐는데, 대표적인 것이 정치적 범죄의 성격을 범죄인의 동기로 판단하는 동기 이론, 침해된 권리의 성격에 따라 판단하는 침해된 권리 이론, 당해 보통범죄가 정치적 운동에 부수되어야 함을 전제로 범죄인의 동기, 목적 및 범죄가 저질러진 상황을 고려하여 범죄의 성격이 우월적으로 정치적인 경우 정치적 범죄로 판단하는 우월성 이론

으로 알려져 있다.

그러나 오늘날에 와서는 영미법계에서도 객관설에 편향된 부수성 이론의 엄격한 고수를 포기하고 무차별성, 필요성 및 비례성 등의 개념과 다양한 제반 사정을 고려하여 정치적 범죄 여부를 판단하는 다수 판례가 나오고 있고, 대륙법계 중 침해된 권리 이론을 취하던 국가도 범죄인의 동기를 중시하거나 범죄의 심각성을 고려하여 우월성 이론에 가까운 기준을 채택한 판례도 적지 않으며, 우월성 이론을 따르는 국가도 당해 보통범죄가 정치적 운동에 부수되어야 한다는 요건을 사실상 폐기하는 등 지금은 순수한 의미의 주관설이나 객관설보다는 범행의 주관적, 객관적 요소 및 제반 상황을 종합적으로 고려하는 형태로 제도를 운용하는 국가가 다수라고 할 수 있다.

사. 정치범 불인도 원칙의 발전 과정 및 최근의 경향

오늘날과 달리 중세에 이르기까지 국제사회에서의 범죄인 인도 제도는 선린 국가 간 정치범의 인도를 주된 내용으로 삼고 있었으나, 18세기 프랑스 혁명 이후 다양한 정치체제가 등장하고 근대 인권사상이 발달함에 따라 정치범 불인도 원칙이 발전되기 시작하였다. 벨기에가 1834년 범죄인 인도법에 처음으로 정치범 불인도 원칙을 도입한 이래 지금은 세계 대부분 국가가 국내법과 조약에 정치적 범죄를 범하고 소추를 면하기 위하여 다른 국가로 피난해오는 경우에는 정치범 불인도 원칙에 의하여 보호를 받을 수 있도록 규정하고 있으며, 이는 국제법상 확립된 원칙이라고 할 수 있다(대법원 1984. 5. 22. 선고 84도39 판결 참조).

이러한 정치범 불인도 원칙은 20세기 들어 이른바 동서냉전을 거치면서 더욱 발전하였고, 그 외에도 탈식민지 투쟁이나 남북문제의 심화, 이슬람원리국가의 출현 등과 같은 시대적 상황의 전개와 함께 그 적용이 확대되었다.

정치범 불인도 원칙은 개인에게는 정치적 변화를 도모하기 위하여 정치적 활동에 호소할 수 있

는 천부적인 권리가 있다는 신념에 기초한 것으로서, 통상 범죄인이 자신이 주장하는 정치적 목적과 일치하는 정치체제를 가진 국가로 피난하는 경우가 많으므로 이 경우 그 범죄인을 인도하는 것은 곧 범죄인 인도 피청구국의 정치질서나 체제의 가치를 부인하는 결과가 되어 불합리한 점 및 설사 피청구국이 범죄인이 주장하는 정치적 목적과 일치하지 않는 질서나 체제를 가진 국가라 할지라도 국제관계상 타국의 국내 문제에 대한 관여를 지양하는 점을 고려한 것이며, 아울러 정치범에게 형벌을 가하더라도 확신범의 성격을 가지는 이상 그 처벌대상이 되는 행위를 억제할 수 없다는 점도 염두에 둔 것이다.

다만 정치범 불인도 원칙은 본래부터 절대적인 것이 아니고 범죄인 인도조약 체결 당사국 간의 합의에 따라 제한될 수 있는 것이며, 특히 최근에 이르러서는 특정한 범죄 유형에 관하여는 다자간 국제조약을 통하여 위 원칙이 제한되는 경향이 뚜렷한데, 이러한 예외가 인정되는 국제범죄의 유형으로는 인륜에 반하는 범죄, 집단살해, 전쟁범죄, 해적행위, 항공기 납치행위, 노예·인신매매 기타 부녀 및 아동 거래행위, 국제마약거래, 고문, 폭탄 테러행위 등 중대한 범죄가 열거되고 있다.

한편, 정치범 불인도 원칙이 적용되는 정치적 범죄의 범위를 넓히는 경향도 존재한다. 즉, 정치범 불인도의 대상이 되는 정치범을 적극적인 정치범뿐만 아니라 정치적 박해의 대상이 되는 사람들에게도 적용하여 정치범의 인정 범위를 넓히고, 인권보호를 위하여 인도대상자가 차별적으로 취급될 우려가 있는 경우 인도를 거부하는 이른바 '차별조항'을 규정하는 조약이나 입법례가 증가하고 있다.

아. 정치적 범죄의 판단 기준

이러한 정치적 범죄의 개념 및 유형, 정치범 불인도 원칙의 발전과정 및 최근의 경향 등을 고려해 볼 때, 어떠한 범죄, 특히 상대적 정치범죄가 정치적 범죄인지 여부에 관한 판단에 있어서는,

① 범행 동기가 개인적인 이익 취득이 아니라 정치적 조직이나 기구가 추구하는 목적에 찬성하거나 반대하는 것인지, ② 범행 목적이 한 국가의 정치체제를 전복 또는 파괴하려는 것이거나, 그 국가의 대내외 주요 정책을 변화시키도록 압력이나 영향을 가하려는 것인지, ③ 범행 대상의 성격은 어떠하며, 나아가 이는 무엇을 상징하는 것인지, ④ 범죄인이 추구하는 정치적 목적을 실현하는데 범행이 상당히 기여할 수 있는 수단으로서 유기적 관련성이 있는지, ⑤ 범행의 법적·사실적 성격은 어떠한지, ⑥ 범행의 잔학성, 즉 사람의 생명·신체·자유에 반하는 중대한 폭력행위를 수반하는지 및 결과의 중대성에 비추어 범행으로 말미암은 법익침해와 정치적 목적 사이의 균형이 유지되고 있는지 등 범죄인에게 유리하거나 불리한 주관적·객관적 사정을 정치범 불인도 원칙의 취지에 비추어 합목적적, 합리적으로 고찰하여 종합적으로 형량하고, 여기에다가 범행 목적과 배경에 따라서는 범죄인 인도 청구국과 피청구국 간의 역사적 배경, 역사적 사실에 대한 인식의 차이 및 입장의 대립과 같은 정치적 상황 등도 고려하여, 상대적 정치범죄 내에 존재하는 일반범죄로서의 성격과 정치적 성격 중 어느 것이 더 주된 것인지를 판단하여 결정하여야 할 것이다.

자. 이 사건 조약상 '정치적 범죄'의 의미

이 사건으로 돌아와 보건대, 이 사건 조약 제3조 다.목은 '인도청구되는 범죄가 정치적 범죄라고 피청구국이 판단하는 경우(when the requested party determines that the offense for which extra-dition is requested is a political offense ⋯)'에는 이 조약에 따른 범죄인의 인도가 허용되지 아니한다는 취지로 절대적 인도거절사유에 관하여 규정하고 있을 뿐, 별도로 '정치적 범죄(political offense)'의 의미에 관하여 정의하고 있지 않은 채 전적으로 피청구국의 판단하에 결정할 사항으로 유보하고 있다.

범죄인인도법도 마찬가지로 '정치적 성격을 지

닌 범죄이거나 그와 관련된 범죄'는 범죄인의 인도가 허용되지 아니한다고만 규정할 뿐 정치적 범죄의 정의와 범위에 관하여는 아무런 규정을 두지 않고 있다. 결국, 정치적 범죄의 의미와 범위는 위 각 규정의 내용에 근거하여 피청구국이 합리적으로 해석할 수밖에 없다.

그런데 절대적 인도거절사유에 관한 이 사건 조약의 규정 형식에 관하여 보면, 우선 제3조 다.목 본문에 위와 같이 정치적 범죄에 관하여는 범죄인 인도가 허용되지 않는다는 원칙을 선언한 다음, 그 단서에서 '일방당사국의 국가원수·정부수반이나 그 가족구성원임을 알고 행한 그들에 대한 살인, 그 밖의 고의적 폭력범죄 또는 처벌할 수 있는 그러한 범죄의 미수행위,' '양 당사국이 모두 당사자인 다자간 국제협정에 의하여 당사국이 인도 대상 범죄에 포함하여야 할 의무를 부담하는 범죄'의 경우에는 그 자체만으로는 정치적 범죄로 해석되지 아니한다는 예외를 규정하고 있다.

한편 범죄인인도법도 이 사건 조약과 마찬가지로 제8조 제1항에서 '인도범죄가 정치적 성격을 지닌 범죄이거나 그와 관련된 범죄인 경우에는 범죄인을 인도하여서는 아니 된다.'고 규정한 후, 그 단서에서 '국가원수·정부수반 또는 그 가족의 생명·신체를 침해하거나 위협하는 범죄', '다자간 조약에 의하여 대한민국이 범죄인에 대하여 재판권을 행사하거나 범죄인을 인도할 의무를 부담하고 있는 범죄', '다수인의 생명·신체를 침해·위협하거나 이에 대한 위험을 야기하는 범죄'를 정치범 인도거절의 예외사유로 열거하고 있다.

위와 같은 이 사건 조약 및 범죄인 인도법의 규정 형식의 유사성에다가 앞에서 본 정치적 범죄의 개념 및 유형, 정치범 불인도 원칙의 발전 과정 및 최근의 경향, 정치적 범죄의 판단기준에 비추어 보면, 이 사건 조약 제3조 다.목 본문에서 말하는 '정치적 범죄'는 범죄인인도법 제8조 제1항 소정의 '정치적 성격을 지닌 범죄이거나 그와 관련된 범죄'와 같은 의미로서, 절대적 정치범죄뿐 아니라 상대적 정치범죄까지 포함하는 개념으로 해석함이 상당하다.

차. 이 사건 인도 대상 범죄가 정치적 범죄인지 여부

1) 유의할 판단요소

먼저 이 사건 인도대상 범죄는 오로지 해당 국가의 정치질서를 반대하거나 해당 국가의 권력관계나 기구를 침해하는 행위가 아니라 일반범죄의 성격도 가지고 있음이 분명하므로 이를 절대적 정치범죄라고는 할 수 없다.

그렇다면 이 사건 인도대상 범죄가 상대적 정치범죄라고 할 수 있는지가 쟁점이라고 할 것인데, 이하에서는 앞서 본 정치적 범죄의 판단기준에서 제시한 판단요소별로 살피기로 한다.

다만 유의할 점은, 지금까지의 정치적 범죄에 관한 논의가 한 국가의 질서를 침해하거나 정치형태의 변경을 목적으로 하는 행위에 상대적으로 중점이 두어져 있었다면, 20세기 후반에 들어와 동서냉전의 종식과 함께 이데올로기 대립이 상대적으로 약화된 반면, 개별 국가 간 역사적·민족적 조건하에서 빚어지는 갈등과 대립 및 각국의 경제적 이해관계에 얽힌 분화가 심화된 시대적 상황을 고려할 때, 한 국가가 취하고 있는 대내외 주요 정책을 반대하여 이를 변화시키도록 영향을 가하는 것을 목적으로 하는 행위도 오늘날 정치적 범죄에 관한 논의의 중요한 쟁점으로 부상하였다는 것이다.

이 사건과 연결지어 보면, 종래 상대적 정치범죄에 관하여 국제적인 판례와 학설에서 일반적으로 제시되거나 논의된 개념은 최근 동북아시아에서 논란이 되고 있는 일본군위안부 등 과거의 역사적 사실을 둘러싼 현저한 역사 인식의 차이 및 그와 관련된 대내외 정책을 둘러싼 견해의 대립과 같은 정치적 상황을 고려한 것이 아님을 주목할 필요가 있다.

이러한 관점에서 볼 때, 이 사건 범행이 위와 같은 동북아시아 특유의 정치적 상황과 그에 관련된 청구국의 대내외 정책에 대하여 영향을 미치려는 시도인지 여부가 정치적 범죄인지 여부를 논함에 있어서 중요한 판단요소 중의 하나로 고려할 필요가 있다.

2) 판단요소 간의 유기적 고찰의 필요성

이 사건 인도심사청구 범행 대상은 야스쿠니 신사라는 종교법인 소유의 물건으로서, 그에 대한 방화로 말미암아 국가적 법익에 대한 직접적 침해가 있었다고 볼 수는 없다.

그러나 이 사건에서는 단순히 피상적으로만 접근할 것이 아니라 범죄인이 왜 야스쿠니 신사를 범행 대상으로 선택했는지 그 범행 동기나 목적을 범행 대상의 성격과 함께 유기적으로 파악하는 것이 중요하다고 할 것이다. 왜냐하면, 앞서 살핀 바와 같이 범행 대상의 상징적 의미, 범행 목적과 범행 사이의 유기적 관련성 역시 정치적 범죄를 판단함에 있어 고려할 요소 중의 하나이기 때문이다.

기록에 의하면, 범죄인은 자신의 외할머니가 한국인으로서 일본군위안부로 중국에 끌려와 고초를 당했다고 하면서 이 사건 범행 8일 전에 한일정상회담에서 청구국 정부가 일본군위안부 문제에 대하여 사과하지 않겠다고 하여 이 사건 범행에 이르게 되었으며, 범행 대상을 야스쿠니 신사로 정한 이유는 위 신사가 14명의 A급 전범들을 비롯하여 침략전쟁에 참여하여 양민을 학살한 일본군을 신으로 모신 곳으로서 군국주의의 상징이며 고난의 근원지라 생각하고 수년간 국제적인 항의에도 야스쿠니 신사에 청구국 정부 각료가 계속하여 참배하고 있으며, 주한 일본대사관 앞에서 일본군위안부 문제에 대한 대책과 사과를 요구하는 집회가 수십 년간 1,000회를 초과하여 개최되었지만, 청구국 정부의 태도가 변함이 없었기에 야스쿠니 신사에 표지를 남김으로써 정치적 신념을 알리고 군국주의에 경고하며 청구국 정부가 입장을 변경하길 원하였다고 진술하였고, 이와 같은 진술은 관련 사건인 범죄인의 주한 일본대

사관 현존건조물방화미수 사건 기록에서도 일관되게 나타나고 있다. 또한, 범죄인은 이 사건 범행 후 인터넷에 올린 글에 '일본군국공포주의에 대한 죽음의 제재를 개시했다', '할아버지, 할머니 그리고 천몇백만 명의 일본군 칼에 찔려 숨진 동포들이여, 당신들을 위한 복수를 해냈단다'라고 기재하였다. [⋯]

나) 범행 동기와 목적의 성격

앞에서 살펴본 일본군위안부의 역사적 의미와 배경, 야스쿠니 신사의 성격 및 내력과 범죄인의 가족력, 이 사건 범행을 전후한 정치상황, 범죄인이 이 사건 범행 직후 대한민국으로 와서 외할머니, 외증조할아버지의 연고지를 찾아다닌 정황, 범죄인이 주한 일본대사관 현존건조물방화미수 사건에서 한 진술과 이 법정에서 한 진술의 내용 및 일관성에다가, 범죄인의 이 사건 범행은 개인적인 이익을 목적으로 한 것이 아니라 청구국 정부의 일본군위안부 등 과거의 역사적 사실에 관한 인식 및 그와 관련된 정책 변화를 촉구하고 그에 관한 메시지를 전달하며 국내외 여론을 환기하기 위한 수단으로 보이는 점, 범죄인은 이 사건 범행 일시를 정함에 있어서 자신의 정치적인 목적에 부합하도록 상징적인 의미를 부여하였고, 그 후에 있었던 주한 일본대사관 현존건조물방화미수 범행의 경우도 마찬가지로 자신의 정치적 목적에 부합하는 의미 있는 일자를 선택한 점, 범죄인은 이 사건 범행의 준비도구 및 '사죄'라고 적힌 셔츠를 입은 자신의 모습과 범행의 실행 과정을 촬영하였고, 청구국의 수사기관에 의하여 실체가 밝혀지기 전에 스스로 자신의 범행 사실과 그 목적을 언론이나 인터넷 등을 통해 외부에 널리 알리려고 하였던 점, 범죄인은 청구국에서의 이 사건 범행뿐만 아니라 대한민국에서도 주한 일본대사관에 화염병을 던지는 등 청구국의 과거의 역사적 사실에 대한 인식 및 그와 관련된 정책에 항의하는 일련의 행동을 하였는데, 이는 곧 동일한 범행 동기의 발현이라고 볼 수 있고, 범죄인의

인식으로는 일본대사관이라는 공적인 기관과 야스쿠니 신사를 동일한 범주에서 파악하고 있었다고 볼 수 있는 점, 청구국 내에서도 일본군위안부 등의 문제와 정부각료의 야스쿠니 신사 참배를 둘러싸고 정치적 의견 대립이 있는 점, 유엔 등 국제기구와 미국을 비롯한 제3국에서도 청구국 정부에 대하여 일본군위안부에 대하여 사과하고 역사적인 책임을 져야 한다는 등의 취지를 담은 결의를 한 점 등을 고려하면, 이 사건 범행은 범죄인이 개인적 이익을 취하기 위해서가 아니라 청구국이 과거 군국주의 체제 하에서 침략전쟁을 일으켜 그 과정에서 주변 각국에 일본군위안부나 대량 학살 등 여러 가지 피해를 주고도 이러한 과거의 역사적 사실을 부정하거나 이에 대하여 진정으로 사과하지 않고 오히려 야스쿠니 신사 참배 등을 통하여 전범이나 과거 군국주의 체제를 미화하려는 태도에 분노하여 저지른 것으로서, 그 범행 목적은 범죄인 자신의 정치적 신념 및 과거의 역사적 사실 인식과 반대의 입장에 있는 청구국 정부의 정책을 변화시키거나 이에 영향을 미치기 위하여 압력을 가하고자 하는 것이다.

따라서 이는 정치적 범죄에서 말하는 정치적인 목적에 해당한다고 할 것이다.

다) 범행 대상의 성격 및 범행과 목적 사이의 관계

다만 정치적인 목적으로 범한 범죄라고 하여 모두 정치적 범죄가 된다고 할 수는 없다. 이는 앞서 살핀 바와 같이 주관적·객관적 평가요소들을 종합적으로 형량하여 일반범죄로서의 성격과 정치적 성격 중 어느 것이 더 주된 것인지를 판단하여 결정하여야 하는 문제이기 때문이다.

그러한 관점에서 이 사건 범행 대상의 성격을 살펴보면, 야스쿠니 신사의 제2차 세계대전 종전 전의 지위와 역할, 현재도 A급 전범이 합사되어 있는 점, 제2차 세계대전 종전 후에도 청구국 내에서 야스쿠니 신사를 국가의 관리하에 두려는 시도가 계속되었던 점, 이러한 야스쿠니 신사에

주변국들의 반발에도 청구국 정부각료 등 정치인들이 계속하여 참배해 왔던 점 및 지금까지의 정치 상황에 비추어 볼 때, 야스쿠니 신사가 법률상으로는 사적인 종교시설이라고 할 것이나 사실상 국가시설에 상응하는 정치적 상징성이 있다고 평가할 수 있다.

범죄인 역시 야스쿠니 신사를 단순한 사적 종교시설이 아니라 과거 침략전쟁을 정당화하는 정치질서의 상징으로 간주하고 이 사건 범행을 실행하였던 것이 분명하며, 대한민국과 중국 등 청구국의 주변국들도 청구국 정부각료들의 야스쿠니 신사 참배 때마다 강하게 항의하며 반발하였음에 비추어 볼 때, 야스쿠니 신사가 국가시설에 상응하는 정치적 상징성이 있다고 보는 견해는 범죄인 개인의 독단적인 견해가 아니라 대한민국을 비롯한 주변국에서 폭넓은 공감대를 형성하고 있다고 인정된다.

다음으로 범행과 목적 사이의 관계에 관하여 본다. 지금까지 주한 일본대사관 앞에서 1,000회 넘게 청구국 정부의 일본군위안부에 대한 정책 변화를 촉구하는 시위가 있었으나 청구국에서 별다른 반응이 없었기에 이 사건 범행에 이르게 되었다는 취지의 범죄인의 진술과, 실제로 이 사건 범행 후 범죄인의 동기와 목적이 언론 등을 통하여 널리 퍼지게 되고 청구국을 비롯한 주변 각국의 관심의 초점이 됨에 따라 과거에 청구국의 침략을 받았던 주변국이 청구국 정부의 일본군위안부 등 과거의 역사적 사실에 대한 인식과 그와 관련된 정책 및 우경화 추세에 대하여 공분을 느끼고 있음을 청구국 정부와 국민이 인식하게 된 점 및 앞서 본 야스쿠니 신사의 성격과 유래에 비추어 볼 때, 범죄인이 이 사건 방화 대상으로 야스쿠니 신사를 택함으로써 자신이 추구하였던 정치적 목적을 상당히 달성한 것으로 보인다. 따라서 이 사건 범행은 그 정치적 목적과 유기적인 관련성이 있다고 인정할 수 있다.

라) 범행의 성격과 의도된 목적과의 균형

이 사건 범행은 우리 형법 제167조 제1항의 일반물건에의 방화죄에 해당하는 것으로서 공공의 위험이 발생되어야 처벌할 수 있는 구체적 위험범에 해당한다.

앞서 살펴본 바와 같이 이 사건 범행 대상인 신문이 건조물이 아닌 일반 물건으로서 방화 당시는 인적이 드문 새벽녘이었고 야스쿠니 신사는 보안 경비가 삼엄하여 화재가 발생하더라도 즉시 진화될 수 있는 인적, 물적 설비가 갖추어져 있는 것으로 보이고 실제로도 이 사건 방화 직후 바로 야스쿠니 신사 경비원에 의하여 즉시 발견되어 바로 소화되기에 이른 점, 이 사건 방화로 인한 피해는 물적인 피해뿐이고 그 피해 또한 크지 않은 것으로 보이는 점, 비록 이 사건 신문이 전소하여 주위 건조물에 연소된다고 하더라도 이 사건 신문의 규모에 비추어 실제로 이 사건 신문이 전소하기에 걸릴 시간은 적지 않으리라 보이고 그 후 주위 건조물에 연소되기까지도 상당한 시간이 걸릴 것으로 예상되는데 앞서 본 보안 경계의 정도에 비추어 그 전에 화재가 진압될 가능성이 큰 점, 청구국 수사기관도 수사 초기에는 이 사건 범행을 기물손괴 피의사건으로 의율하기도 했던 점, 이 사건 신문과 중앙문 원기둥 지주의 크기 및 규모와 실제 불에 탄 면적, 범행 당시 이번에는 흔적만 남기기로 하겠다는 범죄인의 의도, 이 사건 신문과 주위 건조물 사이의 거리 등에 비추어 볼 때, 비록 이 사건 방화로 일부 재산 피해가 생겼고 주위 건조물에의 연소 가능성 및 그로 말미암은 공공의 위험이 발생되었다고 하더라도, 그 재산 피해, 연소 가능성 및 공공의 위험의 정도는 그리 크지 않은 것으로 보인다.

따라서 이 사건 범행을 불특정 다수인의 생명·신체를 침해·위협하거나 이에 대한 위험을 야기한 범죄로서 범죄인이 추구하는 정치적 목적과의 균형을 상실한 잔학한 행위로 평가할 수는 없다.

마) 정치범 불인도 원칙의 취지와의 관계

앞서 본 정치범 불인도 원칙의 취지와 관련하여 이 사건을 살펴본다. 대한민국(범죄인의 국적국인 중국도 마찬가지 입장이다)과 청구국 사이에 그동안 일본군위안부 등 과거의 역사적 사실에 대한 인식 및 그와 관련된 정책과 정부각료의 야스쿠니 신사 참배에 대한 인식 및 그에 관한 대응 등에서 정치적으로 서로 다른 견해의 대립이 있었고, 청구국 내에서도 정치적 견해의 대립이 존재하였다.

범죄인의 이 사건 범행 동기와 목적에 비추어 보면 일본군위안부 문제 등 과거의 역사적 사실과 야스쿠니 신사 참배에 대한 인식 및 그와 관련된 청구국의 정책에 대한 범죄인의 견해는 대한민국의 헌법이념과 유엔 등의 국제기구나 대다수 문명국가들이 지향하는 보편적 가치와 궤를 같이하는 것으로 인정된다.

이러한 면에서 볼 때 범죄인을 청구국에 인도하는 것은 대한민국의 정치적 질서와 헌법이념 나아가 대다수 문명국가의 보편적 가치를 부인하는 것이 되어 앞에서 본 정치범 불인도 원칙의 취지에도 맞지 않는다. 더욱이 청구국 내에서도 앞에서와 같은 견해 차이와 견해의 대립이 있는 이상 정치범을 인도하는 것은 청구국 내 정치문제에 간섭하는 것으로 비칠 수도 있어 국제관계상 바람직하지 않다.

바) 소결론

이상과 같이 ① 범죄인의 범행 동기가 청구국 정부의 일본군위안부 등 과거의 역사적 사실에 관한 인식 및 그와 관련된 정책에 대한 분노에 기인한 것으로서, 범죄인에게 이 사건 범행으로 개인적인 이익을 취득하려는 동기를 찾아볼 수 없으며, ② 범행 목적이 범죄인 자신의 정치적 신념 및 일본군위안부 등 과거의 역사적 사실에 대한 견해와 반대의 입장에 있는 청구국 정부의 정책을 변화시키거나 이에 영향을 미치기 위하여 압력을 가하고자 하는 것이고, 범죄인의 정치적 신념 및 일본군위안부 등 과거의 역사적 사실에 대한 견해가 범죄인 개인의 독단적인 견해라고 할 수 없으며, 대한민국과 범죄자의 국적국인 중국뿐만 아니라 국제사회에서도 폭넓은 공감대를 형성하고 동의를 얻고 있는 견해와 일치하고, ③ 이 사건 범행의 대상인 야스쿠니 신사가 법률상 종교단체의 재산이기는 하나, 위 신사에 과거 청구국의 대외 침략전쟁을 주도하여 유죄판결을 받은 전범들이 합사되어 있고, 주변국들의 반발에도 청구국 정부각료들이나 정치인들이 참배를 계속하고 있는 등 국가시설에 상응하는 정치적 상징성이 있는 것으로 평가되며, ④ 이 사건 범행은 정치적인 대의를 위하여 행해진 것으로서, 범행 대상인 야스쿠니 신사와 직접적인 범행 동기가 된 일본군위안부 문제의 역사적 의미 및 배경에다가 이 사건 범행 후 청구국을 비롯한 각 국가에서 범죄인의 주장에 관심을 두게 되고 논의가 촉발된 정황에 비추어, 범죄인이 추구하고자 하는 정치적 목적을 달성하는데 이 사건 범행이 상당히 기여한 것으로 보이므로 범행과 정치적 목적 사이에 유기적 관련성이 인정되고, ⑤ 이 사건 범행의 법적 성격은 일반물건에의 방화이나, 범행 동기와 시간대, 범행 대상의 규모와 비교한 소손 면적의 정도, 연소 가능성 등을 고려할 때 실제적으로는 오히려 손괴에 가까운 것으로서 방화로 말미암은 공공의 위험성의 정도가 그리 크다고 볼 수 없으며, ⑥ 이 사건 범행으로 인한 인명 피해가 전혀 없고 물적 피해도 크다고 할 수 없어 이를 중대하고 심각하며 잔학한 반인륜적 범죄로 단정하기

어려우므로 이 사건 범행으로 야기된 위험이 목적과의 균형을 상실했다고 보기도 어렵다.

이러한 사정들과 범죄인 불인도원칙의 취지, 범죄인 인도 청구국인 일본국과 피청구국인 대한민국, 나아가 범죄인의 국적국인 중국 간의 역사적 배경, 과거의 역사적 사실에 대한 인식의 차이 및 입장의 대립과 같은 정치적 상황, 유엔을 비롯한 국제기구와 대다수 문명국가들이 추구하는 보편적 가치 등을 종합하여 보면, 이 사건 인도 대상 범죄는 청구국의 일본군위안부 등 과거의 역사적 사실에 대한 인식에 항의하고 그와 관련된 대내외 정책에 영향을 줄 목적으로 행해진 일반물건에의 방화 범죄로서 일반범죄로서의 성격보다 그 정치적 성격이 더 주된 상태에 있는 상대적 정치범죄라 할 수 있고, 이는 이 사건 조약 제3조 다.목 본문 소정의 '정치적 범죄'에 해당한다.

4. 결론

그렇다면 이 사건 인도 대상 범죄는 정치적 범죄이고, 달리 범죄인을 인도하여야 할 예외사유도 존재하지 아니하므로, 나머지 쟁점들에 관하여는 더 나아가 살펴볼 필요 없이 이 사건 조약 제3조 다.목에 의하여 범죄인을 청구국에 인도하는 것을 허가하지 아니하기로 하여 주문과 같이 결정한다." (출처: 각급법원(제1, 2심) 판결공보 제114호(2013. 2. 10.), 173쪽)

평석 최태현, 한국법원에서의 정치범불인도원칙의 적용: 리우치앙사건을 중심으로, 서울국제법연구 제20권 1호(2003).

제16장 국적

[국적이란 개인이 한 국가의 구성원임과 그에 따른 법적 지위를 총칭하는 법적 개념이다. 개인은 국적을 매개로 국가에 소속되며, 국적은 국가의 인적 관할권 행사의 기초가 되며, 국민이란 국가의 기본적 구성요건이기도 하다. 과거에는 소속국가를 통해서만 개인이 국제법과 연결될 수 있었다. 이에 국적이란 국제법과 국내법의 교차점이요, 국적은 국제법상의 문제이자 국내법상의 문제이기도 하다. 누구를 자국민으로 인정하느냐는 국제법상 대표적인 국내관할사항으로 인정된다. 한국은 1948년 국적법 이래 부계혈통주의를 국적취득의 기본원칙으로 삼았으나, 1997년부터 부모양계혈통주의로 변경했다.]

1. 국적의 취득과 상실

16-1. 구 국적법상 부계혈통주의의 위헌성
(헌법재판소 2000. 8. 31. 97헌가12 결정. 국적법 제2조 제1항 제1호 위헌제청)

"1. 사건개요 및 심판대상

가. 사건개요

(1) 제청신청인은 1955. 9. 3. 출생할 당시의 국적취득을 구 국적법(1948. 12. 20. 법률 제16호로 제정되고, 1997. 12. 13. 법률 제5431호로 전문개정되기 전의 것. 이하 "구법"이라 한다) 제2조 제1항 제1호

(이하 "구법조항"이라 한다)에서 부계혈통주의(父系血統主義)로 규정한 것이 헌법에 위반되는지 여부가 재판의 전제가 된다는 이유로 위헌제청신청을 하였고, 제청법원은 1997. 8. 20. 이를 받아들여 헌법재판소에 위헌심판을 제청하였다. […]

(2) 이 심판사건 계속 중 제청대상 구법조항은 1997. 12. 13. 법률 제5431호로 국적법을 전문개정(이하 "신법"이라 한다)하면서 부모양계혈통주의(父母兩系血統主義)로 개정되었고, 부칙 제7조 제1항(이하 "부칙조항"이라 한다)에서 신법 시행 이전 10년 동안에 대한민국 국민을 모로 하여 출생한 자에 대하여 대한민국 국적을 취득할 수 있도록 하는 경과규정을 두었다.

나. 심판대상

(1) 1955. 9. 3.생인 제청신청인은 개정된 신법에 의해서도 10년 동안이라는 기간 제한이 있는 부칙조항으로 인하여 대한민국 국적을 취득할 수 없으나, 만일 헌법재판소의 부칙조항에 대한 위헌 내지 헌법불합치결정과 개선입법을 한다면 국적취득을 할 수 있기 때문에, 부칙조항도 같이 위헌여부 심판을 해 주는 것이 법질서의 정합성과 소송경제 측면에서도 바람직하므로 이를 심판대상에 포함시키기로 한다(헌재 1999. 1. 28. 98헌가17, 판례집 11-1, 11, 14). […]

3. 판단

가. 국적의 개념과 성격

(1) 국민은 영토, 주권과 더불어 국가의 3대 구성요소 중의 하나다. 국적은 국민이 되는 자격·신분을 의미하므로 국민이 아닌 자는 외국인(외국국적자, 이중국적자, 무국적자 포함. 이하 같다)이라고 한다. 국민은 항구적 소속원이므로 어느 곳에 있던지 그가 속하는 국가의 통치권에 복종할 의무를 부담하고, 국외에 있을 때에는 예외적으로 거주국의 통치권에 복종하여야 한다.

역사적으로 보면, 근대국가 성립 이전의 영민(領民)은 토지에 종속되어 영주(領主)의 소유물과 같은 처우를 받았다. 근대국가에서도 개인은 출생지 또는 혈통에 기속되고 충성의무를 강요당하는 지위에 있었으므로 국적선택권이 인정될 여지가 없었다. 그러나 천부인권(天賦人權) 사상은 국민주권을 기반으로 하는 자유민주주의 헌법을 낳았고 이 헌법은 인간의 존엄과 가치를 존중하므로, 개인은 자신의 운명에 지대한 영향을 미치는 정치적 공동체인 국가를 선택할 수 있는 권리, 즉 국적선택권을 기본권으로 인식하기에 이르렀다. 세계인권선언(1948. 12. 10.)이 제15조에서 "① 사람은 누구를 막론하고 국적을 가질 권리를 가진다. ② 누구를 막론하고 불법하게 그 국적을 박탈당하지 아니하여야 하며 그 국적변경의 권리가 거부되어서는 아니된다."는 규정을 둔 것은 이를 뒷받침하는 좋은 예다. 그러나 개인의 국적선택에 대하여는 나라마다 그들의 국내법에서 많은 제약을 두고 있는 것이 현실이므로 국적은 아직도 자유롭게 선택할 수 있는 권리에는 이르지 못하였다고 할 것이다.

(2) 국적의 취득은 대체로 출생에 의한 경우와 귀화에 의한 경우로 나눌 수 있고, 출생에 의한 것은 다시 혈통주의(속인주의)와 출생지주의(속지주의)로 나누어진다(법무부 조사로는, 118개국 중 72개국은 혈통주의를, 나머지 46개국은 출생지주의를 채택하고 있다).

혈통주의를 취하는 국가 중 유럽지역은 모두 부모양계혈통주의를, 아시아지역은 우리나라의 구법과 중동의 회교권국가 및 대만, 인도네시아, 태국은 부계혈통주의를 취하나, 일본과 중국을 포함한 대부분의 국가는 부모양계혈통주의를 채택하고 있다. 한편, 북미와 남미지역 국가는 대부분 출생지주의에 의하나, 국외에서 출생한 자녀에게는 부모양계혈통주의의 원칙에 따라 국적을 부여하고 있다.

(3) 국적은 국가와 그의 구성원 간의 법적유대(法的紐帶)이고 보호와 복종관계를 뜻하므로 이를 분리하여 생각할 수 없다. 즉 국적은 국가의 생성과 더불어 발생하고 국가의 소멸은 바로 국적의 상실 사유인 것이다. 국적은 성문의 법령을 통해서가 아니라 국가의 생성과 더불어 존재하는 것이므로, 헌법의 위임에 따라 국적법이 제정되나 그 내용은 국가의 구성요소인 국민의 범위를 구체화, 현실화하는 헌법사항을 규율하고 있는 것이다.

나. 국민의 범위

(1) 1948. 7. 17. 제정된 제헌헌법이 "대한민국의 국민이 되는 요건은 법률로써 정한다(제3조)"는 규정에 따라 같은 해 12. 20. 법률 제16호로 국적법을 제정하였다. 국적법은 3차에 걸쳐서 개정되었는데 이중국적의 발생 여지를 줄임으로써 국적단일주의를 강화하였을 뿐 골격은 그대로 유지하고 있었다. 구법의 기본원칙은 국적법정주의, 부계우선혈통주의, 부중심주의, 국적단일주의, 가족국적동일주의 등으로 요약할 수 있다.

1997. 12. 13. 법률 제5431호로 전문개정된 신법은 1984년 유엔의 「여성에 대한 모든 형태의 차별 철폐에 관한 협약」에 가입할 당시 국적취득에서의 남녀평등조항을 유보했던 것을 철회하여, 구법의 부계혈통주의 조항을 평등원칙에 부합되게 개정함과 아울러 현실에 맞지 않거나 미비한 조항을 합리적으로 개선·보완한 것이다.

(2) 우리 헌법은 제헌헌법 이래로 "대한민국의 영토는 한반도와 그 부속도서로 한다"(제헌헌법 제4조, 현행헌법 제3조)는 규정을 두고 있다.

대법원은 이를 근거로 하여 북한지역도 대한민

국의 영토에 속하는 한반도의 일부를 이루는 것
이어서 대한민국의 주권이 미치고 북한주민도 대
한민국 국적을 취득·유지하는 데 아무런 영향이
없는 것으로 해석하고 있다. 그리하여, 국적에관
한임시조례(1948. 5. 11. 남조선과도정부법률 제11호)
제2조 제1호는 조선인을 부친으로 하여 출생한
자는 조선의 국적을 가지는 것으로 규정하고 있
고, 제헌헌법은 제3조에서 대한민국의 국민되는
요건을 법률로써 정한다고 규정하면서 제100조에
서 현행법령은 이 헌법에 저촉되지 아니하는 한
효력을 가진다고 규정하고 있으므로, 조선인을 부
친으로 하여 출생한 자는 설사 그가 북한법의 규
정에 따라 북한국적을 취득하였다고 하더라도, 위
임시조례의 규정에 따라 조선국적을 취득하였다
가 1948. 7. 17. 제헌헌법의 공포와 동시에 대한
민국 국적을 취득하였다고 한다(대법원 1996. 11.
12. 96누1221, 공1996하, 3602).

외교통상부장관은, 우리의 실효적 지배권이 현
실적으로 미치지 못하는 북한지역 거주자 또는
제3국에 체류하는 북한주민들에 대해서 우리 국
적을 인정하는 것은 북한당국과의 마찰 또는 제3
국과의 관계에서 외교적인 문제가 생길 가능성이
있지만, 최소한 북한주민이 이미 국내에 들어와
있는 경우에 그가 원하는 한 우리 국적을 인정하
는 것은 문제가 없다는 의견을 개진하고 있다.

(3) 제청법원은 제청신청인의 모가 대한민국 국
민이라고 인정하였으므로, 이 사건에서는 오로지
제청신청인이 출생에 의하여 우리 헌법 및 국적
법에 따라 대한민국 국적을 취득하는지 여부에
한정하여 판단하기로 한다.

다. 구법조항의 재판전제성

법원이 이 사건 위헌여부심판을 제청할 당시,
구법조항이 위헌이라면 대한민국 국민을 모로 하
여 출생한 제청신청인은 대한민국 국적을 취득할
수 있기 때문에 제청신청인이 외국인임을 전제로
한 강제퇴거명령은 이를 집행할 수 없게 되므로
(제청신청인은 서울고등법원의 1996. 4. 13.자 강제퇴

거명령처분 효력정지 결정에 의하여 같은 달 15. 보호
해제 되었다), 구법조항의 위헌 여부는 당해사건의
재판에 전제성이 있었다. 그러나 1997. 12. 13. 개
정된 신법에서는 부모양계혈통주의로 개정하였고
(제2조 제1항 제1호), 당해사건에서도 1998. 6. 14.
부터는 신법을 적용하여야 한다(부칙 제1조).

따라서 구법조항은 이 심판 계속 중 재판의 전
제성을 상실하여 부적법하므로 주문 1항과 같이
각하결정을 하기로 한다.

라. 부칙조항에 대한 판단

(1) 부칙조항의 성격

부칙조항은 신법이 구법상의 부계혈통주의를
부모양계혈통주의로 개정하면서 구법상 부가 외
국인이기 때문에 대한민국 국적을 취득할 수 없었
던 한국인 모의 자녀 중에서 신법 시행 전 10년 동
안에 태어난 자에게 신고 등 일정한 절차를 거쳐
대한민국 국적을 취득하도록 하는 경과규정이다.

그러므로 부칙조항의 위헌여부, 즉 '10년'의 경
과규정을 둔 것이 헌법에 위반되는지 여부를 판
단하기 위하여는 출생에 의한 국적취득에 있어
부계혈통주의를 규정한 구법조항의 위헌여부에
대한 판단이 전제가 된다.

(2) 구법조항의 위헌성

(가) 헌법전문은 헌법을 제정한 주체는 국민임을
밝히고 있고, 제1조 제2항은 "대한민국의 주권은
국민에게 있다"고 하여 '국민'이 주권자임을 선언
하고 있다. 제2장은 「국민의 권리와 의무」라고 제
목을 붙이고 각 조항에서 '국민'이 기본권의 주체
임을 명시하고 있을 뿐만 아니라, 제2조 제1항은
"대한민국의 국민이 되는 요건은 법률로 정한다"
고 하여 기본권의 주체인 국민에 관한 내용을 입
법자가 형성하도록 하였다.

법무부장관은, 헌법 제2조에 의하여 입법자는
국민의 요건을 결정함에 있어서 광범한 재량권이
있으므로 출생지주의를 택할 것인지 혈통주의에
의할 것인지는 입법재량 영역이고, 혈통주의를 택
하는 경우에도 출생의 장소나 부모쌍방이 대한민

국 국민인지, 출생에 의하여 이중국적자가 될 것인지의 여부 또한 입법재량 문제라고 주장한다. 그러나 헌법의 위임에 따라 국민되는 요건을 법률로 정할 때에는 인간의 존엄과 가치, 평등원칙 등 헌법의 요청인 기본권 보장원칙을 준수하여야 하는 입법상의 제한을 받기 때문에, 국적에 관한 모든 규정은 정책의 당부 즉 입법자가 합리적인 재량의 범위를 벗어난 것인지 여부가 심사기준이 된다는 법무부장관의 주장은 받아들이지 아니한다.

(나) 헌법 제11조 제1항은 "모든 국민은 법 앞에 평등하다. 누구든지 성별·종교 또는 사회적 신분에 의하여 정치적·경제적·사회적·문화적 생활의 모든 영역에 있어서 차별을 받지 아니한다"고 하여 평등원칙을 선언하고 있다.

헌법 제11조 제1항이 규정하고 있는 평등원칙은 법치국가질서의 근본요청으로서 모든 국가기관에게 법을 적용함에 있어서 정당한 근거 없이 개인이나 일정한 인적 집단을 불평등하게 대우하는 것을 금지한다. 따라서 모든 사람은 평등하게 법규범을 통해서 의무를 부담하고 권리를 부여받으며, 반대로 모든 공권력주체에 대해서는 일정한 사람들에게 유리하거나 불리하게 법을 적용하거나 적용하지 않는 것이 금지된다. 그러나 헌법 제11조 제1항의 규범적 의미는 이와 같은 '법 적용의 평등'에서 끝나지 않고, 더 나아가 입법자에 대해서도 그가 입법을 통해서 권리와 의무를 분배함에 있어서 적용할 가치평가의 기준을 정당화할 것을 요구하는 '법 제정의 평등'을 포함한다. 따라서 평등원칙은 입법자가 법률을 제정함에 있어서 법적 효과를 달리 부여하기 위하여 선택한 차별의 기준이 객관적으로 정당화될 수 없을 때에는 그 기준을 법적 차별의 근거로 삼는 것을 금지한다. 이때 입법자가 헌법 제11조 제1항의 평등원칙에 어느 정도로 구속되는가는 그 규율대상과 차별기준의 특성을 고려하여 구체적으로 결정된다.

헌법재판소는 제대군인지원에관한법률 제8조 제1항 등 위헌확인 사건에서 판시하기를, "평등원칙 위반 여부에 대한 심사척도는 입법자에게 인정되는 입법형성권의 정도에 따라 달라지게 될 것이나 헌법에서 특별히 평등을 요구하고 있는 경우와 차별적 취급으로 인하여 관련 기본권에 대한 중대한 제한을 초래하게 된다면 입법형성권은 축소되어 보다 엄격한 심사척도가 적용되어야 한다. 제대군인에 대한 가산점제도는 헌법 제32조 제4항이 특별히 남녀평등을 요구하고 있는 '근로' 내지 '고용'의 영역에서 남성과 여성을 달리 취급하는 제도이고, 헌법 제25조에 의하여 보장된 공무담임권이라는 기본권의 행사에 중대한 제약을 초래하는 것이기 때문에 엄격한 심사척도에 의하여야 한다. 가산점제도는 결과적으로 여성과 장애인 등 이른바 사회적 약자들이 희생당하고 있으며, 각종 국제협약, 실질적 평등 및 사회적 법치국가를 표방하고 있는 우리 헌법과 이를 구체화하고 있는 전체 법체계 등에 비추어 우리 법체계 내에 확고히 정립된 기본질서라고 할 '여성과 장애인에 대한 차별금지와 보호'에도 저촉되므로 정책수단으로서의 적합성과 합리성을 상실한 것"이라고 하였다(헌재 1999. 12. 23. 98헌마363, 판례집 11 – 2, 770, 787 – 791).

이 결정에서 설시한 평등원칙 위반에 대한 위헌심사기준과 남녀차별이 위헌이라는 취지의 논증은 이 사건에 그대로 이끌어 쓸 수 있다. 그 결과, 부계혈통주의 원칙을 채택한 구법조항은 출생한 당시의 자녀의 국적을 부의 국적에만 맞추고 모의 국적은 단지 보충적인 의미만을 부여하는 차별을 하고 있으므로 위헌이라는 결론에 이르게 된다. 다시 말하면, 한국인 부와 외국인 모 사이의 자녀와 한국인 모와 외국인 부 사이의 자녀를 차별취급하는 것은, 모가 한국인인 자녀와 그 모에게 불리한 영향을 끼치므로 헌법 제11조 제1항의 남녀평등원칙에 어긋남이 분명하고 이러한 차별취급은 헌법상 허용되지 않는 것이다.

(다) 헌법은 제36조 제1항에서 "혼인과 가족생활은 개인의 존엄과 양성의 평등을 기초로 성립되

고 유지되어야 하며 국가는 이를 보장한다"고 규정하고 있다.

헌법 제36조 제1항은 혼인제도와 가족제도에 관한 헌법원리를 규정한 것으로서 혼인제도와 가족제도는 인간의 존엄성 존중과 민주주의의 원리에 따라 규정되어야 함을 천명한 것이다(헌재 1997. 7. 16. 95헌가6등, 판례집 9-2, 1, 17). 이 규정은 가족생활이 '양성의 평등'을 기초로 성립, 유지될 것을 명문화한 것으로 이해되므로 입법자가 가족제도를 형성함에 있어서는 이를 반드시 고려할 것을 요구하고 있다.

구법조항이 규율하는 사실관계를 다시 살펴보면, 한국인과 외국인 간의 혼인에서 배우자의 한쪽이 한국인 부인 경우와 한국인 모인 경우 사이에 성별에 따른 특별한 차이가 있는 것도 아니고, 양쪽 모두 그 자녀는 한국의 법질서와 문화에 적응하고 공동체에서 흠없이 생활해 나갈 수 있는 동등한 능력과 자질을 갖추었는데도 불구하고 전체 가족의 국적을 가부(家父)에만 연결시키고 있다. 그러나 이와 같이 가족의 장(長) 또는 중심을 부로 정하는 것은 가족생활에서 양성평등의 원칙을 선언하고 있는 헌법의 명문에 비추어 타당성이 있는지 의심스럽다.

국적취득에서 혈통주의는 사회적 단위인 가족에로의 귀속을 보장하는 한편 특정한 국가공동체로의 귀속을 담보하며 부모와 자녀간의 밀접한 연관관계를 잇는 기본이 된다. 만약 이러한 연관관계를 부와 자녀 관계에서만 인정하고 모와 자녀 관계에서는 인정하지 않는다면, 이는 가족 내에서의 여성의 지위를 폄하(貶下)하고 모의 지위를 침해하는 것이다.

그러므로 구법조항은 헌법 제36조 제1항이 규정한 "가족생활에 있어서의 양성의 평등원칙"에 위배된다.

㈘ 국적이 다른 부모로부터 출생한 자녀의 국적을 규율하고 있는 구법조항은 한국인 부모 일방의 성별에 따른 차별을 하고 있다. 그 결과, 한국인 모와 그 자녀의 법적 지위는 한국인 부와 그 자녀의 법적 지위에 비교하여 보면 현저한 차별취급을 받고 있다.

모가 한국인인 자녀들은 외국인이므로 병역의무의 면제와 같은 혜택을 누릴 수 있으나, 국적에 따른 차별은 대체로 불리한 쪽으로 연관된다. 즉, 그들은 외국인이므로 원칙적으로 대한민국의 공무원이 될 수 없고(국가공무원법 제35조, 지방공무원법 제33조, 외무공무원법 제8조), 거주·이전의 자유(헌법 제14조, 출입국관리법 제7조, 제17조), 직업선택의 자유(헌법 제15조, 수산업법 제5조, 도선법 제6조), 재산권(헌법 제23조, 외국인토지법 제3조, 특허법 제25조, 항공법 제6조), 선거권 및 피선거권(헌법 제24조, 제25조, 공직선거및선거부정방지법 제15조, 제16조), 국가배상청구권(헌법 제29조 제2항, 국가배상법 제7조), 범죄피해자구조청구권(헌법 제30조, 범죄피해자구조법 제10조), 국민투표권(헌법 제72조, 제130조 제2항, 국민투표법 제7조) 및 사회적 기본권 등을 누릴 수 없거나 제한적으로밖에 향유하지 못하게 된다. 그러나 외국인과 혼인을 한 한국인인 부 또는 모의 국적에 따라 그들 자녀의 국적을 다르게 함으로써 생기는 이러한 차별을 정당화하는 실질적인 공익이 있는 것도 아니다.

법무부장관은, 구법은 출생시의 적출자는 부의 국적을, 비적출자는 모의 국적을 기준으로 각 국적을 취득할 수 있게 한 것이므로 남녀를 차별하는 것이 아니고, 외국인 부의 적출자는 통상 그 부의 국적을 취득하게 되므로 부계혈통주의는 이중국적 방지를 위한 합리성이 있다고 주장한다. 그러나 구법조항이 자녀와 국가의 관계에서 이중국적을 방지하는 데 기여한다는 사유로도 위와 같은 차별이 정당한 것으로 되는 것은 아니다. 자녀의 입장에서 볼 때, 이중국적으로 인한 불이익은 추가로 모의 국적을 취득함으로써 얻는 이익보다 더 크지 않고 그 자녀가 국가공동체에 들어오는 것을 막아야 할 절대적인 공익이 있는 것도 아니므로 법무부장관의 위 주장은 받아들이지 아니한다.

그러므로 구법조항은 자녀의 입장에서 볼 때에도 한국인 모의 자녀를 한국인 부의 자녀에 비교하여 현저하게 차별취급을 하고 있으므로 헌법상의 평등원칙에 위배되는 것이다.

㈐ 이상 살펴본 이유에 의하면, 구법조항은 부계혈통주의를 채택함으로써 헌법 제11조 제1항의 평등원칙과 헌법 제36조 제1항의 가족생활에 있어서의 양성의 평등원칙에 위배되는 조항이고, 그와 같은 차별로 인하여 그 자녀의 기본권에 중대한 제한을 초래한 것이므로 헌법에 위반되는 규정이었다.

(3) 부칙조항의 헌법불합치

㈎ 입법자는 1997. 12. 13. 법률 제5431호로 구법을 전문개정하면서 출생에 의한 국적취득에 있어 부계혈통주의를 부모양계혈통주의로 바꾸었다(신법 제2조 제1항 제1호). 이로써 구법조항의 위헌성은 제거되었으나 신법 시행 이전에 출생한, 모가 한국인인 자녀가 구법조항으로 인하여 침해받은 기본권을 회복시켜 줌에 있어 부칙조항은 신법 시행 전 10년 동안에 출생한 자녀에게는 대한민국 국적을 부여한 반면, 청구인과 같이 신법 시행 10년 이전에 출생한 자에게는 국적을 부여하지 아니하였다. 그러므로 이와 같은 '10년'의 기간제한이 헌법적으로 정당화될 수 있는지 여부가 문제된다.

법무부장관은, 신법 시행 전에 대한민국 국민인 모와 외국인 부 사이에 출생한 소위 모계출생의 10세 이상인 자들은 구법이나 신법에 의하여 대부분 귀화나 인지 등의 방법으로 우리 국적을 취득하였기 때문에 이미 국적문제가 해결되었다고 주장한다. 그러나 10세 이상의 자들의 국적문제가 해결되었다는 점에 대하여 합리적인 논증을 하지 아니하였고, 10세 이상의 자로서 무국적상태로 남아 있는 자에 대한 믿을 수 있는 통계도 제시한 바가 없다.

또한 부칙조항이 신법 시행 전 10년 동안에 출생한 자들에 대해서만 국적취득의 기회를 부여한 것은 성별에 관한 가치관이 근래에 변천한 데 따른 것이라는 주장도 있을 수 있으나, 성별에 의한 차별금지의 법의식이 신법 시행 전 10년 동안에 생긴 것으로 단정할 합리적인 자료가 있는 것도 아니다. 제헌헌법 제8조는 "모든 국민은 법률 앞에 평등이며 성별, 신앙 또는 사회적 신분에 의하여 정치적, 경제적, 사회적 생활의 모든 영역에 있어서 차별을 받지 아니한다"고 규정하고 있었기 때문에, 성별에 의한 차별금지라는 법의식의 변화는 늦어도 이 때부터 시작된 것으로 볼 수 있다.

따라서 그 적용범위를 구법조항의 모든 피해자에게 확대하는 것은 소급입법으로 인한 법적 안정성을 해칠 우려가 있다는 법무부장관의 주장에 더 무게를 둘 필요는 없다. 구법조항의 위헌적인 차별로 인하여 불이익을 받은 자를 구제하는 데 신법 시행 당시의 연령이 10세가 되는지 여부는 헌법상 적정한 기준이 아닌 또 다른 차별취급이므로 부칙조항은 헌법 제11조 제1항의 평등원칙에 위배된다.

㈏ […] 이 사건의 경우, 구법조항으로 인하여 국적을 취득할 수 없었던 자를 구제하기 위하여는 신법 시행 전에 출생한, 모가 한국인인 자녀에게 대한민국 국적을 취득할 수 있도록 하는 경과규정이 반드시 필요한데, 헌법재판소가 위헌결정 또는 단순한 헌법불합치결정만을 선고할 경우 부칙조항은 헌법재판소가 결정을 선고한 때부터 더 이상 적용할 수 없게 된다. 이 경우 그나마 신법 시행 전 10년 동안에 태어난 자녀에게 국적취득의 길을 열어 놓고 있는 근거규정이 효력을 잃게 됨으로써 법치국가적으로 용인하기 어려운 법적 공백이 생기게 된다. 이와 같이 이 규정으로 혜택을 입을 국적에 관련된 자에 대하여 법을 다시 개정할 때까지 일시적이나마 법적 공백상태를 야기하거나 관련 행정기관 및 해당 가족에 대하여 법적 불안정이라는 새 불씨를 만들고 이를 방치하는 것은 또 다른 위헌 사태에 다름 아니므로, 이

규정은 법률이 개정될 때까지 그 요건에 맞아 한 국국적을 취득할 수 있는 자에게는 그대로 적용할 수 있게 하여야 한다.

따라서 부칙조항은 헌법에 합치하지 아니하나 입법자가 새로운 입법을 할 때까지 이를 잠정적으로 적용하도록 명하는 것이다.

4. 결론

이상과 같은 이유로, 구법 제2조 제1항 제1호에 대한 위헌여부심판제청을 각하하고, 신법 부칙 제7조 제1항 중 "…10년 동안에" 부분은 헌법에 합치하지 아니하나 경과규정에 관한 새로운 입법이 이루어질 때까지 잠정적으로 적용하도록 명하기로 하여 관여한 재판관 전원의 일치된 의견으로 주문과 같이 결정한다." (출처: 헌법재판소 판례집 제12권 2집, 167쪽)

별첨: 당해 사건에 대한 위헌법률제청 신청

(서울고등법원 1997. 8. 20. 97부776 결정)

"이 사건에 관하여 국적법 제2조 제1항 제1호 규정의 위헌 여부에 관한 심판을 제청한다. […]

2. 본안 사건의 개요

가. 기록에 의하면 다음과 같은 사실이 인정된다.

(1) 신청인은 1955. 9. 3.에 김○익(1928. 10. 13.생)을 아버지로 하고 염○수(1933. 3. 27.생)를 어머니로 하여 평안북도 만포시에서 출생하여 1957년경 부모를 따라 중국 흑룡강성 목단강시에 이주하여 그곳에서 성장하였다.

(2) 신청인은 1995. 11. 4. 03:00경 전남 무안군 해안을 통하여 대한민국에 밀입국하여 서울로 상경하였는데 그 다음날 경찰공무원에게 검문을 받고 귀순의사를 밝혔으나 같은 달 8. 서울외국인보호소에 수감되었고 서울외국인보호소장은 같은 달 24. 신청인에 대하여 강제퇴거명령을 하였다.

(3) 이에 신청인은 자신이 대한민국의 헌법 및 국적법에 의한 대한민국의 국민이므로 강제퇴거명령의 대상인 '외국인'에 해당하지 아니한다는 이유로 위 강제퇴거명령의 무효확인 등을 구하는

이 사건 본안소송을 제기하였다.

(4) 신청인이 대한민국의 국민이라고 주장하는 근거는, 자신의 아버지인 위 김○익의 아버지가 조선인이었으므로 국적에관한임시조례(1948. 5. 11. 공포. 남조선과도정부 법률 제11호) 제2조 제1항 및 제헌헌법 제3조, 제100조에 따라 위 김○익은 제헌헌법의 공포와 동시에 대한민국의 국적을 취득하였는데, 그후 1955. 9. 3.에 신청인이 대한민국의 국민인 위 김○익을 아버지로 하여 출생하였으므로 신청인은 1948. 12. 20. 법률 제16호로 제정된 국적법 제2조 제1항 제1호에 따라 대한민국의 국적을 취득하였다는 것인바, 기록에 나타난 각 증거들을 종합하여 볼 때 위 김○익은 조선인을 아버지로 하여 출생한 것으로 보이지만 위 국적에관한임시조례가 시행되기 이전에 이미 중국 흑룡강성에 거주하면서 중국국적을 취득한 것으로 인정되고 그가 그 이후 신청인 출생 이전에 중국국적을 포기하였다는 점에 대하여는 이를 인정할 자료가 부족한 상태이므로 신청인 출생 당시 위 김○익이 대한민국의 국민이었다고 보기는 어렵다.

(5) 이에 신청인은 나아가 그가 대한민국의 국민이라고 주장하는 새로운 근거로, 자신의 어머니인 위 염○수의 아버지가 조선인이었으므로 국적에관한임시조례 제2조 제1항 및 제헌헌법 제3조, 제100조에 따라 위 염○수가 제헌헌법의 공포와 동시에 대한민국의 국적을 취득하였는데, 그후 1955. 9. 3.에 신청인이 대한민국의 국민인 위 염○수를 어머니로 하여 출생하였으므로 신청인은 대한민국의 국적을 취득함이 당연할 것임에도 불구하고, 1948. 12. 20. 법률 제16호로 제정된 국적법 제2조 제1항 제1호는 부계(父系)혈통주의에 입각하여 아버지가 대한민국의 국민인 경우만 그 자(子)가 대한민국의 국적을 취득하도록 하고 있으므로 신청인이 대한민국의 국적을 취득하지 못한 것이라고 주장하면서, 위 국적법 제2조 제1항 제1호가 헌법상의 평등원칙에 위배하여 남녀를

부당하게 차별하고 있다는 이유로 위헌심판제청을 신청하였다." (출처: 하급심 판례집 1997년 제2집, 459쪽)

[해설] 당초 이 사건은 구 국적법상의 부계혈통주의의 위헌성을 주장하기 위해 제기되었는데, 헌법소원 제기중인 1997. 12. 13. 국적 취득상의 부계혈통의주의 원칙이 부모 양계혈통주의로 개정되고 신법이 1998. 6. 14.부터 시행되게 되어 근본원칙은 해결이 되었다. 그러나 법 개정 이전에 모(母)만을 한국인으로 하여 출생한 자(子)의 한국국적 인정에 관해서는 법시행 10년 전까지 출생한 자에게만 한국국적 취득을 인정했는데, 본 결정이 이 조항에 대한 헌법 불합치 판정을 내림에 따라 법 개정 20년 전까지 한국인을 모(母)로 태어난 자가지로 확대하게 되었다(2001. 12. 19. 국적법 부칙 제7조 1항 개정). 즉 개정법 시행시 미성년자에게는 신고만으로 한국국적 취득을 인정한 것이다.

평석 남복현, 개정된 국적법상 국적취득제한 경과규정의 헌법불합치결정에 관한 헌법소송법적 검토: 대상판례: 헌재 2000. 8. 31. 97헌가12 결정, 공법연구 제30집 제3호(2002).

16-2. 구 모계 출생자 국적신청 기간제한의 합헌성

(헌법재판소 2015. 11. 26. 2014헌바211 결정. 구 국적법 부칙 제7조 제1항 위헌소원)

[사안: 한국 국적법은 1997. 12. 13. 법률 제5431호로 전부 개정되면서 국적취득에 관해 부계혈통주의 원칙을 폐기하고, 부모양계혈통주의 원칙을 도입했다. 그리고 이에 대한 경과조치로 부칙 제7조 제1항에서 개정법 시행일 이전 10년 동안에 태어난 모계출생자에 대해서는 개정법 시행일로부터 3년 내에 법무부장관에게 신고함으로써 대한민국 국적을 취득할 수 있도록 하는 특례규정을 두었다. 그러나 위 10년 조항은 위 헌법재판소 2000. 8. 31. 97헌가12 결정을 통해 헌법불합치 판단이 내려졌다. 이에 국적법이 다시 개정되어 국적취득의 특례를 받게 되는 모계출생자의 범위가 '1978년 6월 14일부터 1998년 6월 13일 사이에 태어난 모계출생자'(20년)로 확대되었고,

특례기간도 '2004년 12월 31일까지'로 연장되었다.

이 사건 청구인은 1980. 4. 24. 당시 미국 시민권자였던 부와 대한민국 국민인 모 사이에서 미국 시민권자로 출생한 남성이다. 청구인은 2012. 4.경 법무부장관에게 국적판정신청을 하고, 2012. 4. 16. 국적법 시행령 부칙 제4조에 따른 국적 재취득신고를 하였다. 법무부장관은 청구인이 미국 시민권자일 뿐 대한민국 국적을 함께 보유한 이중국적자가 아니라는 이유로 2012. 8. 30. 청구인에 대해 국적 비보유 판정을 하고, 국적재취득신고를 반려했다. 이에 청구인은 모계 출생자의 국적취득 특례를 규정한 국적법 부칙 제7조 제1항에 따라 대한민국 국적을 취득하기 위해 국적취득신고서를 우편으로 제출했는데, 서울 출입국관리사무소장은 2013. 11. 12. 위 부칙조항에서 정한 신고기간이 지났다는 이유로 신고서를 반송했다. 본 사건은 모계 혈통자의 국적신고 특례기간을 2004년 12월 31일까지로 한정한 점에 대한 다툼이다. 합헌으로 본 다수의견과 함께 반대의견도 수록한다.]

"(나) 심판대상조항을 포함한 개정된 부칙조항은 개정 국적법이 부계혈통주의 원칙에서 부모양계혈통주의 원칙으로 전환함에 따라 개정 국적법 시행 이전에 태어난 모계출생자에게 대한민국 국적을 취득할 기회를 부여함으로써 모계출생자가 받았던 차별을 해소하기 위한 것이다. 그리고 심판대상조항은 특례의 적용을 받는 모계출생자에 대하여 대한민국 국적을 취득하기 위해서 법무부장관에게 국적취득신고를 할 것을 요구하고 있다. 이는 그동안 대한민국 국적자가 아니었던 모계출생자의 국적관계를 조기에 확정하여 법적 불확실성을 빠른 시일 내에 제거하고, 불필요한 행정 낭비를 줄이면서도, 아직 대한민국 국적자가 아니라 외국인인 모계출생자에 대하여 대한민국 국적을 취득할 의사가 있는지를 확인하기 위한 것으로서, 합리적인 이유가 있다.

(다) 특례의 적용을 받는 모계출생자에게 언제든

지 신고만으로 대한민국 국적을 취득할 수 있는 권리를 부여한다면, 위 모계출생자가 이러한 권리를 남용할 가능성이 있고, 다른 한편으로는 당사자의 신고가 없는 이상, 모계출생자인지 여부 및 모계출생자가 대한민국 국적을 취득할 의사가 있는지 여부를 정확히 파악할 수 없으므로, 국적을 관할하는 국가기관으로서는 국적취득 특례제도 절차를 계속 유지해야 하는 부담을 지게 된다. 또한, 특례기간에 아무런 제한을 두지 않을 경우, 남성인 모계출생자가 신체검사의무를 면하는 36세를 넘어서 국적취득신고를 하는 때에는 병역의무를 면한 채 대한민국 국민의 권리만을 향유할 수 있고, 외국에서 살아온 모계출생자가 만년에 대한민국 국적을 취득함으로써 대한민국 국민의 의무를 이행하지 않는 등 대한민국 사회에 대하여 아무런 기여도 하지 않은 채 국민의 권리만을 누릴 수도 있으며, 모계출생자가 생활근거가 되는 외국에서 생활하던 중 본인의 범죄, 부채 등의 문제에 직면하는 경우에 이로부터 도피하여 위하여 대한민국 국적을 취득하는 등의 폐해가 발생할 수 있다.

위와 같은 점들을 고려하여 개정 전 부칙조항은 1998. 6. 14.부터 3년간으로 특례기간을 제한하였고, 헌법재판소의 헌법불합치 결정에 따라 개정된 부칙조항의 일부인 심판대상조항도 특례기간을 그 시행일인 2001. 12. 19.부터 2004. 12. 31.까지로 제한하였는바, 이는 모계출생자가 그 권리를 신속히 행사하도록 함으로써 모계출생자의 국적·법률관계를 조속히 확정하고 국가기관의 행정상 부담을 줄일 수 있도록 한 것이므로, 합리적인 이유가 있다. 나아가 위와 같은 관점에서 특례기간을 2004. 12. 31.까지로 한정한 것 또한 불합리하다고 볼 수 없다. 이는 우리나라보다 앞서 부모양계혈통주의 원칙으로 전환한 독일과 일본도 동일한 특례제도를 두면서 그 기간을 개정 국적법의 시행일로부터 3년으로 한 점에 비추어 보아도 그러하다.

㈐ 한편, 모계출생자가 천재지변 기타 불가항력적 사유로 인하여 특례기간 내에 신고하지 못한 것이라면 그 사유가 소멸한 때부터 3개월 내에 신고함으로써 대한민국 국적을 취득할 수도 있고[국적법 부칙(1997. 12. 13. 법률 제5431호) 제7조 3항], 모계출생자가 그 외에 다른 사정으로 특례기간 내에 국적취득신고를 하지 못하였더라도 간이귀화(국적법 제6조 제1항) 또는 특별귀화(제7조 제1항)를 통하여 어렵지 않게 대한민국 국적을 취득할 수 있다. 이처럼 국적법은 특례기간 내에 신고하지 못한 모계출생자에 대하여 충분한 구제책을 마련하고 있다.

㈑ 이상과 같은 점들을 종합하면, 특례의 적용을 받는 모계출생자가 대한민국 국적을 취득하기 위해서 2004. 12. 31.까지 법무부장관에게 국적취득신고를 하도록 한 심판대상조항은 특례의 적용을 받는 모계출생자와 개정 국적법 시행 이후에 태어난 모계출생자를 합리적 이유 없이 차별하고 있다고 볼 수 없다."

재판관 이정미, 김이수, 서기석, 조용호의 반대의견:

"우리는 다수의견과 달리 심판대상조항은 평등원칙에 위반된다고 생각하므로 아래와 같이 견해를 밝힌다.

가. 부계혈통주의 원칙에 따라 대한민국 국적을 취득하지 못했던 모계출생자를 구제하는 조처를 함에 있어, 심판대상조항과 같이 모계출생자의 신고로 대한민국 국적을 취득할 수 있도록 한 것, 그리고 모계출생자의 국적관계를 조기에 확정하여 법적 불확실성을 제거하기 위하여 특례기간을 한정하는 것 그 자체를 불합리하다고 볼 수 없다는 점은 다수의견과 같다.

나. 그러나 심판대상조항이 특례기간을 2004. 12. 31.까지로 한정하고, 이에 대하여 사실상 아무런 예외를 인정하지 않고 있는 것은 합리적인 이유 없이 특례의 적용을 받는 모계출생자와 출

생으로 대한민국 국적을 취득한 모계출생자를 차별하는 것이어서 평등원칙에 위반된다.

(1) 개정된 부칙조항은 단순히 개정 국적법 시행 이전에 태어난 모계출생자에게 시혜를 베푸는 것이 아니라, 헌법 제11조 제1항, 제36조 제1항의 평등원칙에 위반되는 부계혈통주의 원칙을 폐기하면서 그 이전에 태어남으로써 대한민국 국적을 취득하지 못한 모계출생자를 위헌적인 차별로 인한 불이익으로부터 구제하도록 한 것이다. 그렇다면 개정된 부칙조항은 위와 같은 차별로 불이익을 받아온 모계출생자들을 적절하게 구제할 수 있어야 한다.

심판대상조항은 특례의 적용을 받는 모계출생자에게 특례기간을 2001. 12. 19.부터 2004. 12. 31.까지 약 3년으로 부여하고 있다. 그런데 특례기간의 종기인 2004. 12. 31. 당시를 기준으로 특례의 적용을 받는 모계출생자의 연령은 6세부터 26세까지로 그 연령대가 매우 다양한데, 이들에 대하여 일률적으로 2004. 12. 31.까지만 국적취득 신고를 하도록 한 것은 실효적인 권리구제 수단이라고 보기 어렵다. 특히 특례의 적용을 받는 모계출생자가 유아인 경우에는 그 법정대리인인 부모에 의하여 국적취득 신고를 할 수밖에 없는바, 위 법정대리인이 과실로 신고기한을 놓치는 경우에는 달리 구제받을 방법이 없다. 또한 자신이 대한민국 국민이 아니라는 사실을 알 수 없었던 사유가 있는 경우 또는 모계출생자의 탓으로 돌리기 곤란한 사정에 의하여 특례기간 내에 국적취득신고를 하지 못한 경우에조차 일률적으로 2004. 12. 31.까지라는 기한을 강제하고 달리 예외규정을 두지 아니하여 구제하지 않는 것은, 국적관계의 불안정을 해소하려는 것이 아니라 이에 관한 업무를 한정된 기간만 수행하겠다는 행정편의주의적인 발상에 지나지 않는 것으로서, 모계출생자에 대한 적절한 구제조치라고 볼 수 없다.

법무부의 통계에 의하면, 1998년부터 2005년까지 사이에 개정 전 부칙조항 및 개정된 부칙조항에 따라 국적취득 신고를 통하여 대한민국 국적을 취득한 모계출생자의 수는 1,213명으로 파악된다. 1978. 6. 14.부터 1998. 6. 13. 사이에 태어난 모계출생자들이 특례의 적용을 받는다는 점을 고려해보았을 때 위 1,213명이 대한민국 국적을 취득하였다는 것만으로 특례의 적용을 받는 모계출생자가 충분히 구제받았다고 단정하기도 어렵다.

(2) 다수의견은 특례기간을 적용함에 있어 예외규정을 둘 경우 여러 가지 폐해가 발생할 수 있음을 우려하고 있으나, 그러한 폐해는 이미 부계혈통주의 원칙을 취할 때부터 있어온 문제인 것이지 특례의 적용을 받는 모계출생자에게 신고기간의 제한에 예외규정을 둔다고 하여 비로소 발생하는 문제는 아니다.

다수의견은 특례의 적용을 받는 모계출생자가 국적법 부칙 제7조(1997. 12. 13. 법률 제5431호) 제3항 또는 간이·특별귀화 제도를 통하여 충분히 구제받을 수 있다고 한다. 그러나 위 국적법 부칙 제7조 제3항이 규정하는 '천재지변 기타 불가항력적 사유'는 '책임 없는 사유' 또는 '정당한 사유'보다도 그 요건이 협소하여 사실상 위 규정을 통하여 구제를 받는 것은 거의 기대하기 어렵고, 간이·특별귀화는 국적법에서 정한 일정한 요건을 갖추어야 하며, 귀화는 종국적으로 법무부장관의 허가사항이어서 법무부장관이 귀화신청을 거부하는 경우 모계출생자는 대한민국 국적을 취득할 수 없을 뿐만 아니라, 헌법상 평등원칙에 위반되는 부계혈통주의 원칙 때문에 대한민국 국적을 취득하지 못했던 모계출생자가 신고에 의하여 대한민국 국적을 취득하는 것과 외국인이 대한민국 국적을 취득하는 제도인 귀화를 통해서 대한민국 국적을 취득하도록 하는 것이 본질적으로 같은 범주의 것이라고 보기도 어렵다.

한편, 다수의견은 독일과 일본의 입법례를 들면서 심판대상조항이 특례기간을 3년으로 한정한 것에 합리적인 이유가 있다고 한다. 그러나 심판대상조항이 위 입법례를 받아들이면서 그 사회·

경제·문화적 의미 또는 특례의 적용을 받는 모계출생자의 범위 및 위와 같은 특례기간을 둠으로써 발생하게 될 문제 등에 관하여 어떠한 고민을 한 흔적이 있는지 찾아볼 수 없다.

(3) 이 사건에서, 청구인은 1980. 4. 24. 당시 미국 국적이었던 부 허○택과 대한민국 국적의 모 전○혜 사이에서 태어나 1980. 5. 23. 허○택에 의하여 출생신고되었고, 허○택의 제적부에도 허○택의 자로 입적되었으며, 서울에서 초·중·고·대학교를 졸업한 후 ○○대학교 의과대학원을 수료하여 현재 ○○대학교 병원에서 수련의로 재직 중인데, 대한민국 여권을 발급받아 사용하기도 하였고, 2004. 1. 29. 육군에 입대하여 2006. 1. 28. 만기 전역하였다. 청구인과 같이 자신이 대한민국 국적자라고 오인하기에 충분한 상황에 있고, 이러한 오인을 바탕으로 병역의무까지 이행한 모계출생자조차도 특례기간이 경과하기만 하면 신고에 의한 국적취득을 할 수 없도록 하는 것은, 특례기간 내에 신고로써 대한민국 국적을 취득할 수 있었던 모계출생자와 특별한 사정으로 인하여 그럴 수 없었던 모계출생자를 합리적 이유 없이 차별하는 것이다.

다. 이상과 같은 점들을 종합하면, 아무런 예외규정 없이 특례기간을 2004. 12. 31.까지로만 한정하고 있는 심판대상조항은 특례의 적용을 받는 모계출생자를 효과적으로 구제하는 방법으로 불충분하다고 할 것이고, 따라서 심판대상조항은 특례의 적용을 받는 모계출생자와 개정 국적법 시행 이후 출생한 모계출생자를 합리적 이유 없이 차별하고 있어 평등원칙에 위반된다."(출처: 헌법재판소 판례집 제27권 2집(하), 206쪽)

16-3. 귀화 허가의 재량성
(서울고등법원 2009. 10. 6. 2009누11135 판결)
"1. 처분의 경위

가. 원고는 중화인민공화국(이하 '중국'이라 한다) 국적의 조선족 동포로서 방문동거(F-1) 체류자격으로 2003. 4. 28. 대한민국에 입국하였고, 2003. 7. 17.자로 그 체류기간 60일이 만료된 이후에도 본국으로 귀국하거나 체류기간 연장조치를 취하지 아니하고 체류하였다.

나. 원고는 양평휴게소에 취업하여 근무하다가 2004. 3. 12.경 뇌출혈 등으로 쓰러졌고, 이로 인하여 산업재해로 인한 연금 수급권자가 되었으며, 2005. 2. 5.부터 소송수행, 질병 등의 사유가 있을 때 부여되는 기타(G-1) 체류자격으로 국내에 체류하고 있었다.

다. 원고는 2008. 10. 7. 원고의 부모가 모두 대한민국의 국민이었고, 대한민국에 3년 이상 주소를 두고 있음을 이유로 국적법 제6조 제1항 제1호 소정의 간이귀화신청을 하였으나, 피고는 2008. 12. 24. 원고에게 '기타(G-1) 체류자격은 대한민국에 입국한 외국인이 입국 후 발생한 불가피한 사유(소송, 질병발생 등)로 국내에 임시적으로 체류할 필요성이 인정될 때 부여되는 잠정적인 체류자격인바, 대한민국 정부가 원고에게 인도적 차원에서 부여한 기타(G-1) 체류자격을 이용하여 귀화신청을 하는 것은 기타(G-1) 체류자격 존재 이유 및 국적제도의 일반적 취지에도 부합하지 않는다'는 이유로 이를 불허하는 처분(이하 '이 사건 처분'이라 한다)을 하였다.

라. 원고는 2008. 10. 8.부터 현재까지는 귀화허가신청자(F-1-2) 체류자격으로 국내에 체류하고 있다. […]

2. 주장 및 판단

가. 원고의 주장

국적법 제6조 제1항에 정한 '대한민국에 3년 이상 계속하여 주소가 있는 자'의 의미를 특정한 체류자격을 부여받아 대한민국에 거주할 것으로 해석할 아무런 근거가 없고, 기타(G-1) 체류자격이라도 이를 적법하게 부여받아 대한민국에 거주한 경우라면 '대한민국에 계속하여 주소가 있는' 것으로 보아야 할 것이므로, 산재사고를 당한 후 대한민국 정부로부터 적법하게 발급받은 기타

(G-1) 체류자격에 근거하여 2005. 2. 5.부터 간이귀화신청시까지 대한민국에 계속 거주하여 온 원고는 위 규정에서 정한 '대한민국에 3년 이상 계속하여 주소가 있는 자'에 해당한다.

따라서 원고가 국적법 제6조 제1항이 정한 거주요건을 갖추지 못하였음을 이유로 한 이 사건 처분은 위법하다. […]

다. 판단

(1) 국적법 제4조는 대한민국의 국적을 취득한 사실이 없는 외국인은 법무부장관의 귀화허가를 받아 대한민국 국적을 취득할 수 있고, 법무부장관은 귀화허가를 신청한 자에 대하여 동법 제5조 내지 제7조의 규정에 의한 귀화요건을 갖추었는지 여부를 심사한 후 그 요건을 갖춘 자라고 인정되면 귀화를 허가하도록 규정하고 있는바, 귀화제도는 선천적 국적취득과 관계없이 국내법에서 정한 요건을 충족하는 외국인에 대하여 대한민국 국민으로서의 자격을 부여하는 제도로서, 귀화의 요건을 정하는 것은 국가의 배타적인 관할권에 속하는 영역으로 국가 정책을 충분히 반영할 수 있도록 입법자의 재량에 맡겨져 있다고 할 수 있으나, 일단 그 요건이 법으로 규정된 이상 대한민국 국민으로서의 자격이 부여되는지 여부에 따라 그 사람의 권리·의무에 미치는 영향이 매우 크기 때문에 법이 정한 귀화의 요건은 반드시 명확하고 엄격하게 해석·적용되어야 할 것이고, 만약 법이 정한 요건을 모두 충족하는 외국인에 대하여는 국적법 제4조의 규정 취지상 법무부장관은 귀화를 허가하여야 하고, 달리 불허가할 수 있는 재량의 여지가 없다고 보인다.

이와 같은 법리와 함께 국적법 시행령 제4조 제1항, 출입국관리법 제10조 제1항, 제24조 제1항, 제25조, 제31조, 제46조, 제67조, 제68조, 제94조, 제95조의 각 규정들을 종합하여 보면, 국적법 제6조 제1항에서 정한 간이귀화요건으로서의 '대한민국에 3년 이상 계속하여 주소가 있는 자'의 범위에는 출입국관리법 등 관계 국내법령을 위반하면서 대한민국에 계속하여 3년 이상 체류하고 있는 외국인까지 포함하는 것은 아니라 할 것이나, 국내법에 의하여 적법하게 체류자격을 부여받아 대한민국에 3년 이상 생활의 근거되는 곳을 두고 있는 자의 경우라면 이에 해당하고, 또한 위 규정상 그 주소를 가진 기간을 계산함에 있어서는 특정한 종류의 체류자격을 부여받을 것을 요구하고 있지 아니하므로, 국내법에 의하여 적법하게 체류할 자격을 부여받기만 하였다면 어떠한 종류의 체류자격이든 상관없이 그 기간도 포함되는 것으로 해석함이 상당하다(다만 기타(G-1) 체류자격의 임시적, 보충적 성격으로 고려할 때 귀화허가신청에 필요한 거주기간요건을 충족할 목적으로 허위의 소송을 제기하거나 허위 산업재해 사실 등을 주장하여 기타(G-1) 체류자격을 받은 사실이 사후에 확인된 경우 그 기간까지 국내거주기간에 산입하여 주기는 어렵다고 하겠으나, 이 사건의 경우는 그러한 특별한 사정이 발견되지는 아니한다).

(2) 이 사건에서, 원고가 2003. 4. 28. 대한민국 정부로부터 방문동거(F-1) 체류자격을 적법하게 받았고, 2005. 5. 2.부터는 기타(G-1) 체류자격으로 간이귀화허가신청시까지 계속하여 대한민국에 거주하고 있는 사실은 앞서 본 바와 같고, 원고의 위 거주기간이 3년 이상이 됨은 역수상 명백하므로, 원고는 국적법 제6조 제1항에서 정한 대한민국에 3년 이상 계속하여 주소가 있는 자에 해당한다.

(3) 따라서 피고가 원고의 간이귀화허가 신청에 대하여 원고가 국적법 제5조 제3 내지 제5호에서 정한 각 요건을 갖추지 못하였음을 이유로 하여 원고에게 귀화허가신청 불허가처분을 할 수 있음은 별론으로 하고, 위 3년 이상 국내거주요건을 충족하지 못하였음을 이유로 한 이 사건 처분은 위법하다." (출처: 미간, 법원도서관 종합법률정보)

16-3-1. 위 상고심

(대법원 2010. 7. 15. 2009두19069 판결)

"국적법 제4조 제1항은 "외국인은 법무부장관

의 귀화허가를 받아 대한민국의 국적을 취득할 수 있다"라고 규정하고, 그 제2항은 "법무부장관은 귀화요건을 갖추었는지를 심사한 후 그 요건을 갖춘 자에게만 귀화를 허가한다"라고 정하고 있는데, 위 각 규정의 문언만으로는 법무부장관이 법률이 정하는 귀화요건을 갖춘 외국인에게 반드시 귀화를 허가하여야 한다는 취지인지 반드시 명확하다고 할 수 없다.

그런데 국적은 국민의 자격을 결정짓는 것이고, 이를 취득한 사람은 국가의 주권자가 되는 동시에 국가의 속인적 통치권의 대상이 되므로, 귀화허가는 외국인에게 대한민국 국적을 부여함으로써 국민으로서의 법적 지위를 포괄적으로 설정하는 행위에 해당한다. 한편 국적법 등 관계 법령 어디에도 외국인에게 대한민국의 국적을 취득할 권리를 부여하였다고 볼 만한 규정이 없다. 이와 같은 귀화허가의 근거 규정의 형식과 문언, 귀화허가의 내용과 특성 등을 고려하여 보면, 법무부장관은 귀화신청인이 법률이 정하는 귀화요건을 갖추었다고 하더라도 귀화를 허가할 것인지 여부에 관하여 재량권을 가진다고 봄이 상당하다.

원심은 이와 다른 전제에서 피고가 귀화허가 여부에 관한 재량권 행사로써 원고의 체류자격의 내용, 체류자격의 부여 경위 등을 참작하여 이 사건 귀화불허가처분에 이른 것 자체로 그 처분이 위법하다고 판단하였다. 이러한 원심 판단에는 귀화허가의 법적 성질에 관한 법리를 오해하여 판결 결과에 영향을 미친 위법이 있다." (출처: 판례공보 2010(하), 1592쪽)

16-3-2. 위 파기 환송심

(서울고등법원 2010. 12. 23. 2010누22803 판결)

"가. 국적법 제6조 제1항은 간이귀화의 요건으로서 "외국인이 대한민국에 3년 이상 계속하여 주소가 있는 자"에 해당할 것(이하 '국내거주요건'이라고 한다)을 정하고 있고, 국적법 시행규칙 제5조는 국적법 제6조의 규정에 의한 기간은 "외국

인이 적법하게 입국하여 외국인등록을 마치고 국내에서 계속 체류한 기간"으로 한다고 정하고 있다.

이러한 법 규정의 문언이나 체계, 국내거주요건이 간이귀화절차, 나아가 귀화절차 일반에서 가지는 의미와 특성·역할 등에 비추어 볼 때, 국적법 제6조 제1항에서 정한 간이귀화요건으로서 "대한민국에 3년 이상 계속하여 주소가 있는 자"의 범위에는 출입국관리법 등 관계 국내법령을 위반하면서 대한민국에 계속하여 3년 이상 체류하고 있는 외국인까지 포함하는 것은 아니라 할 것이나, 국내법에 의하여 적법하게 체류자격을 부여받아 대한민국에 3년 이상 생활의 근거되는 곳을 두고 있는 자의 경우라면 이에 해당하고, 또한 위 규정상 그 주소를 가진 기간을 계산함에 있어서는 특정한 종류의 체류자격을 부여받을 것을 요구하고 있지 않다. 따라서 국내법에 의하여 적법하게 체류할 자격을 부여받기만 하였다면 어떠한 종류의 체류자격이든 상관없이 그 기간도 포함되는 것으로 해석함이 상당하고, 출입국관리법 시행령 제12조에 정한 외국인의 체류자격의 종류에 따라 그 기간의 산정을 달리할 것은 아니다[다만 기타(G-1) 체류자격의 임시적, 보충적 성격으로 고려할 때 귀화허가신청에 필요한 거주기간요건을 충족할 목적으로 허위의 소송을 제기하거나 허위 산업재해 사실 등을 주장하여 그 체류자격을 받은 사실이 사후에 확인된 경우 그 기간까지 국내거주기간에 산입하여 주기는 어렵다고 하겠으나, 이 사건의 경우는 그러한 특별한 사정이 발견되지는 않는다].

나. […] 국적법 제4조 제1항은 "외국인은 법무부장관의 귀화허가를 받아 대한민국의 국적을 취득할 수 있다"라고 규정하고, 그 제2항은 "법무부장관은 귀화요건을 갖추었는지를 심사한 후 그 요건을 갖춘 자에게만 귀화를 허가한다"라고 정하고 있는데, 위 각 규정의 문언만으로는 법무부장관이 법률이 정하는 귀화요건을 갖춘 외국인에게 반드시 귀화를 허가하여야 한다는 취지인지 반드시 명확하다고 할 수 없다.

그러나 국적은 국민의 자격을 결정짓는 것이고, 이를 취득한 사람은 국가의 주권자가 되는 동시에 국가의 속인적 통치권의 대상이 되므로, 귀화허가는 외국인에게 대한민국 국적을 부여함으로써 국민으로서의 법적 지위를 포괄적으로 설정하는 행위에 해당한다. 한편 국적법 등 관계 법령 어디에도 외국인에게 대한민국의 국적을 취득할 권리를 부여하였다고 볼 만한 규정이 없다. 이와 같은 귀화허가의 근거규정의 형식과 문언, 귀화허가의 내용과 특성 등을 고려하여 보면, 법무부장관은 귀화신청인이 법률이 정하는 귀화요건을 갖추었다고 하더라도 귀화를 허가할 것인지 여부에 관하여 재량권을 가진다고 봄이 상당하다.

(2) 이 사건의 경우, 비록 원고가 3년 이상 국내에 주소를 두고 있었다 할지라도, [⋯] 제반 사정을 종합하면, 원고가 내세우는 사정들을 모두 고려하더라도 피고가 이 사건 처분을 함에 있어 재량권의 범위를 일탈·남용하였다고 볼 수 없다.

① 원고는 2003. 4. 28. 방문동거(F−1) 체류자격으로 입국하여 2003. 6. 27.까지 출국하였어야 함에도 불구하고 그 이후 국내법을 위반하면서 대한민국에 계속 체류하였다.

② 피고는 원고가 대한민국에 불법 체류하던 중에 산업재해를 당하게 됨에 따라 인도적인 견지에서 원고의 치료를 위하여 임시적으로 기타(G−1) 체류자격을 부여하였다.

③ 기타(G−1) 체류자격은 대한민국에 입국한 외국인이 입국 후 소송, 질병 발생 등과 같은 불가피한 사유로 보충적·임시적으로 체류할 필요성이 인정될 때 부여되는바, 기타 체류자격으로는 취업이 허용되지 않는다 할 것이어서 그 체류자격으로 국내에 주소를 두고 있다 할지라도 그 기간 동안 국내에 확고한 생활기반을 형성하였다고 볼 수 없어 국적법이 간이귀화에 있어 일정 기간 거주를 요건으로 하는 취지에도 부합하지 않는다.

④ 또한 원고는 산업재해보상보험법에 의한 장해연금 수급권자로서 외국에서 거주하기 위하여 출국하는 경우에는 그 연금수급권을 상실하게 되지만(산업재해보상보험법 제58조 제3호), 이 사건 처분으로 대한민국 국민의 지위가 부여되는 귀화허가는 받지 못한다고 하더라도, 체류허가 등을 통하여 국내에서 계속 치료를 받으면서 연금을 수급할 수 있는 지위는 유지할 방법이 있을 것으로 보인다.

(3) 따라서 이 사건 처분이 기속행위라거나 또는 재량권을 일탈·남용하여 위법함을 전제로 한 원고의 위 주장은 이유 없다." (출처: 판결문 사본 입수)

> **참고** 국적 부여의 재량성에 관한 동일 취지의 판결:
> ① 헌법재판소 2015. 9. 24. 2015헌바26 결정(헌법재판소 판례집 제27권 2집(상), 604쪽).
> ② 대법원 2010. 10. 28. 2010두6496 판결(판례공보 2010(하), 2178쪽).
> **평석** 김정중, 귀화의 국내거주요건의 판단과 귀화허가행위의 재량성, 대법원 판례해석 제85호(법원도서관, 2011).

16-4. 외국국적 취득자의 한국 국적 상실
(헌법재판소 2014. 6. 26. 2011헌마502 결정. 국적법 제10조 제1항 등 위헌확인)

[사안: 이 사건의 원고는 대한민국 국민이 자진하여 외국 국적을 취득한 경우 대한민국 국적을 상실하도록 한 국적법 제15조 제1항은 과잉금지원칙에 위배되어 개인의 거주·이전의 자유 및 행복추구권을 침해한다고 주장했다.]

"국적은 국가와 그의 구성원 간의 법적 유대(法的 紐帶)이고 보호와 복종관계를 뜻하는바(헌재 2000. 8. 31. 97헌가12), 국적법 제15조 제1항은 이러한 보호와 복종관계를 복수의 국가가 함께 가질 경우 발생할 수 있는 여러 가지 문제점, 곧, 출입국·체류관리의 문제, 국민으로서의 의무 면탈, 외교적 보호권의 중첩 등이 발생하는 것을 방지하기 위하여, 자진하여 외국 국적을 취득한 자로 하여금 대한민국 국적을 상실하도록 하는 것으로, 그 입법목적의 정당성과 수단의 적합성이 인정된다.

국적에 관한 사항은 국가의 주권자의 범위를 확정하는 고도의 정치적 속성을 가지고 있어서 당해 국가가 역사적 전통과 정치·경제·사회·문화 등 제반사정을 고려하여 결정할 문제이다. 헌법 제2조 제1항은 "대한민국의 국민이 되는 요건은 법률로 정한다"고 하여 기본권의 주체인 국민에 관한 내용을 입법자가 형성하도록 하고 있다. 이는 대한민국 국적의 '취득'뿐만 아니라 국적의 유지, 상실을 둘러싼 전반적인 법률관계를 법률에 규정하도록 위임하고 있는 것으로 풀이할 수 있다.

그런데 국가의 구성요소인 국민, 주권, 영토는 일반적으로 복수의 국가가 공유하지 않는다. 자발적으로 외국 국적을 추가로 취득하는 자는 그 외국법의 지배에 복종하고 보호를 받겠다는 의사를 표시하여 그 외국 구성원의 지위를 취득하는 것인데, 이러한 보호와 복종관계를 복수의 국가에게 인정하는 경우 많은 문제점이 발생할 수 있다. 즉, 자발적으로 외국 국적을 취득한 자에게 대한민국 국적도 함께 보유할 수 있게 허용한다면, 출입국·체류관리가 어려워질 수 있고, 각 나라에서 권리만 행사하고 병역·납세와 같은 의무는 기피하는 등 복수국적을 악용할 우려가 있다. 또한, 복수국적자로 인한 섭외적 법률분쟁 또는 국제공간에서 문제가 발생할 경우에 어느 나라 국민으로 취급할 것인지, 어느 나라의 외교적 보호권이 우선하는지 등이 불명확해지고, 이로 인해 국제적 분쟁이 발생할 여지도 있다.

물론 인권으로서의 국적에 대한 권리를 인정하여 국적의 문제가 배타적인 국내관할의 문제가 아니라는 인식이 국제사회에서 점차 폭넓게 이루어지고 있으나, 그 주된 목적은 무국적자의 발생을 방지하기 위한 것으로서, 주로 국적을 취득할 권리를 인정하고 국적을 박탈당하면 무국적자가 되는 경우에는 국적박탈을 금지하고자 하는 것이므로, 이 사건과 같이 하나의 외국 국적을 취득하면서 본래의 국적을 상실하는 경우와는 구별된다.

한편, 우리 국적법은 복수국적을 예외적으로 허용하고 있는바, 출생, 인지 등 국적법에 따라 대한민국 국적과 외국 국적을 함께 가지게 된 복수국적자에 대하여, 만 20세가 되기 전에 복수국적자가 된 자는 만 22세가 되기 전까지, 만 20세가 된 후에 복수국적자가 된 자는 그 때부터 2년 내에 하나의 국적을 선택하도록 함으로써(제12조 제1항) 일정한 기간 동안 복수국적을 허용하고 있고, 위 조항에 따라 국적을 선택하는 경우에도 대한민국에서 외국 국적을 행사하지 아니하겠다는 뜻을 서약하고 법무부장관에게 대한민국 국적을 선택한다는 뜻을 신고할 수 있도록 함으로써(제13조 제1항) 일정한 경우에 복수국적을 허용하고 있다.

또한, 국적법 제15조 제1항에 의해 국적을 상실하더라도 대한민국 국민이었던 외국인은 국적법 제9조에 따라 국적회복허가의 방식을 통해 대한민국 국적을 회복할 수 있고, 이때 청구인 김○남과 같은 만 65세 이상의 사람이 영주의 목적으로 국적회복허가신청을 하여 받아들여질 경우에는 국적법 제10조 제2항 제4호에 따라 복수국적이 허용된다.

따라서 비록 국적법 제15조 제1항이 자발적으로 외국 국적을 취득하는 대한민국 국민에게 원칙적으로 복수국적을 허용하지 아니함으로써, 청구인의 거주·이전의 자유 및 행복추구권을 제한하는 면이 있겠으나, 입법자가 위와 같이 예외적으로 복수국적을 허용함과 동시에, 대한민국 국민이었던 외국인에 대해서는 국적회복허가라는 별도의 용이한 절차를 통해 국적을 회복시켜주는 길을 열어둔 점 등을 종합해 볼 때, 국적법 제15조 제1항이 청구인의 거주·이전의 자유 및 행복추구권을 지나치게 제한하여 침해의 최소성원칙을 위반하였다고 볼 수 없다.

또한, 후천적 복수국적을 제한 없이 허용할 경우 발생할 수 있는 의무 면탈 등의 여러 가지 문제점을 방지하기 위한 공익이 침해되는 사익보다 훨씬 크므로, 국적법 제15조 제1항이 법익의 균형성을 위반하였다고도 볼 수 없다.

따라서 국적법 제15조 제1항은 과잉금지원칙에 반하여 청구인 김○남의 거주·이전의 자유 및 행복추구권을 침해하지 아니한다." (출처: 헌법재판소 판례집 제26권 1집(하), 578쪽)

16-5. 외국국적 취득자의 한국 국적 상실시점
(대법원 1999. 12. 24. 99도3354 판결)

"원심판결 이유에 의하면 원심은, 미국은 호주나 캐나다 등과 같이 그 나라의 국민이 되는 자격으로서 국적제도를 두지 아니하고 시민권제도를 두고 있는바, 이러한 국가에서의 시민권은 국적과 그 법적 성격이나 기능이 거의 동일하다고 할 것이어서, 대한민국의 국민이 미국의 시민권을 취득하면 구 국적법(1997. 12. 13. 법률 제5431호로 전문 개정되기 전의 것) 제12조 제4호 소정의 '자진하여 외국의 국적을 취득한 자'에 해당하여 우리나라의 국적을 상실하게 되는 것이지 대한민국과 미국의 '이중국적자'가 되어 구 국적법 제12조 제5호의 규정에 따라 법무부장관의 허가를 얻어 대한민국의 국적을 이탈하여야 비로소 대한민국의 국적을 상실하게 되는 것은 아니라고 할 것이므로, 대한민국의 국적을 가진 상태에서 미국으로 이민하여 생활하다가 미국의 시민권을 취득한 공소외 최○애는 이 사건 토지 취득 당시 대한민국의 국적을 가지지 아니한 외국인에 해당한다고 판단하고 있는바, 관계 법령과 기록에 비추어 살펴보면 원심의 위와 같은 판단은 수긍이 가고, 거기에 상고이유에서 지적하는 바와 같은 구 국적법에 관한 법리오해 등의 위법이 없다." (출처: 판례공보 제99호 (2000. 2. 1.), 356쪽)

참고 동일 취지의 판결: 대법원 2008. 7. 24. 2008 도4085 판결.

16-6. 국적 상실에 의한 권리 상실
(대법원 1969. 6. 10. 69다384 판결)

"원심은 소외 이건이가 일본국의 국적을 취득할 당시 시행되던 구국적법(1948. 12. 20. 법률 제16호) 제12조 제4호의 규정에 비추어 보면 소외 이건은 일본국의 국적을 자진하여 취득한 1955. 3. 9자로 대한민국의 국적을 상실하였음이 분명한바, 위 국적법 제16조 의하면 이와 같이 국적을 상실한 자는 대한민국의 국민이 아니면 향유 할 수 없는 권리를 국적을 상실한 날로 부터 1년 이내에 대한민국 국민에게 양도하여야 하고 이에 위반한 때에는 그 권리를 상실한다는 취지로 규정되어 있으나 이 법보다 우선 적용할 특별법이라고 할 수 있는 구 외국인토지법(1936. 12. 28. 자 일본칙령 제1470호 외국인토지법을 조선에 시행하는 것에 의하여 당시 우리나라에 시행하던 1925. 4. 1자 법률 제42호) 제6조 및 같은 법 시행령 제7조, 8조에 의하면 소외 이건과 같이 국적을 상실한 자는 1년 이내에 그 소유토지에 대한 권리를 대한민국 국민에게 양도하여야 할 의무가 있음은 위 국적법의 규정과 같지만 이 의무에 위반한 경우에 그 권리를 상실한다는 국적법과 같은 규정이 없고 오히려 이해관계인의 신청 또는 직권으로 그 권리를 경매법에 의하여 경매하도록 하는 한편, 이 경매신청권자중에 국적을 상실한 토지 소유자도 포함시키고 있어 국적을 상실한 자가 1년 이내에 그 권리를 양도하지 아니하였다고 하여도 당연히 이를 상실하는 것이 아니라 그대로 보유하는 것이라고 해석된다. […]

원심이 소외 이건이가 일본국의 국적을 취득할 당시 시행되던 구 국적법(1948. 12. 20. 법률 제16호) 제16조에 대한민국의 국적을 상실한 자는 대한민국의 국민이 아니면 함유할 수 없는 권리를 국적을 상실한 날로부터 1년이내에 대한민국의 국민에 양도하지 아니한 때에는 그 권리를 상실한다는 규정(제16조 제2항)은 대한민국 국민이 아니면 함유할 수 없는 모든 권리를 상실한다는 일반법인 국적법에 대하여여 특히 외국인의 토지소유에 관한 특별법으로 볼 수 있는 구 외국인토지법 제6조, 같은법 시행령 제7조, 제8조의 위에 설시한 바와같은 규정 취지에 비추어 외국인 토지

소유 관계에 있어 구 국적법 제16조 제2항의 적용이 배제되는 것으로 판단하였음은 정당하며 반대의 견해로 위 두가지법이 일반특별법의 관계가 없었다거나 구 외국인토지법 제6조가 대한민국 수립후의 새로히 재정된 국적법 제16조에 의하여 폐지되었다는 상고논지는 이유없다." (출처: 대법원 판례집 제17권 2집(민사), 190쪽)

[해설] 1948년 이래의 구「국적법」은 한국국적 상실자의 경우 국민만이 향유할 수 있는 권리를 국적 상실일로부터 1년 이내에 대한민국 국민에게 양도해야 하고, 이를 위반한 경우 그 권리를 상실한다고 규정하고 있었다(제16조). 주로 토지와 같은 부동산이 문제되었다. 그런데 법원은 국적 상실과 동시에 문제의 토지 소유권을 자동으로 상실한다고 해석하지 않고, 국가가「외국인토지법」에 따른 경매절차를 통해 처분해야만 소유권이 상실된다고 보았다. 즉 국적 상실자의 권리에 관한한 「외국인토지법」을「국적법」의 특별법으로 해석했다. 그런데 국적 상실을 이유로 그가 보유한 토지에 대해 정부가 경매신청을 한 사례는 찾기 어려웠다. 그런 의미에서 국적 상실자의 권리상실 조항은 사실상 사문화되었다. 현행「국적법」에는 국적 상실자의 자동적 권리상실 조항이 폐지되고, "법령에서 따로 정한 바가 없으면 3년 내에 대한민국의 국민에게 양도하여야 한다"고만 규정하고 있다(제18조 2항).

참고 동일 취지의 판결:
① 대법원 1968. 6. 25. 67다1776·1777 판결(대법원 판례집 제16권 2집(민사), 163쪽).
② 대법원 1970. 12. 22. 70다860·861 판결(대법원 판례집 제18권 3집(민사), 373쪽).
③ 대법원 1979. 7. 10. 78다1985·1986·1987 판결(대법원 판례집 제27권 2집(민사), 618쪽).
④ 대법원 1981. 2. 10. 80다1517 판결(법원공보 제654호(1981. 4. 15.), 13723쪽).
⑤ 대법원 1982. 9. 14. 80누85 판결(법원공보 제692호(1982. 11. 15.), 951쪽).

16-7. 외국 영주권 취득은 국적과 무관
(대법원 1981. 10. 13. 80다2435 판결)

"피고 김의경은 대한민국 국민임이 분명하고 그가 우리 국민이 아니라고 볼 자료를 발견할 수 없을 뿐 아니라, 일본국에서 영주권을 취득하였다 하여 우리 국적을 상실할 사유에 해당된다고도 할 수 없으며(국적법 제12조, 제13조 참조) 영주권을 가진 재일교포를 준 외국인으로 보아 외국인 토지법을 준용하여야 한다는 소론은 독자적인 견해로 채택할 바 못되니 이 점들에 관한 소론은 이유 없다." (출처: 법원공보 제669호(1981. 12. 1.), 14437쪽)

2. 이중국적

[과거 한국은 이중국적에 대해 극단적일 정도로 부정적인 정책으로 일관해 왔으며, 이중국적 발생 방지를 위한 강력한 법제를 갖고 있었다. 국민 여론 역시 이중국적에 대해 매우 부정적이었다. 그러나 인적 국제교류의 활성화에 따라 선천적 이중국적의 발생은 불가피하며, 한국이 이중국적에 대해 엄격한 태도를 취할수록 한국적 포함 이중국적자는 한국사회로부터 이탈할 뿐이었다. 드디어 2010년「국적법」개정을 통해 한국도 좀 더 폭 넓게 복수국적을 수용하고 있다. 이중국적의 문제는 주로 병역의무 이행과 관련해서 제기된 사례가 많다.]

16-8. 해외거주 이중국적자의 병역면제
(대법원 2002. 10. 11. 2002두4624 판결)

[사안: 이 사건 원고는 뉴질랜드에서 한국인 부와 중국인 모 아래 1976년 한국과 뉴질랜드 2중국적자로 출생해서 계속 뉴질랜드에 거주했다. 원고는 2000년 자신과 부모가 모두 뉴질랜드국 시민권자로서 대한민국 외에서 거주하고 있으므로 병역법 제64조 제1항 제2호 소정의 '국외에서 가족과 같이 영주권을 얻은 사람'으로서 병역면제대상에 해당한다며 병무청에 병역면제원을 제출했다. 그러나 병무청측은 원고가 출생에 의한 이중국적자로서 가족과 함께 뉴질랜드국 영주권을 취

득한 것이 아니므로 위 조항 소정의 병역면제처분 대상자가 아니라는 이유로 위 병역면제신청을 거부했다.]

"원심 판단과 같이 이론상으로나 법령상 영주권자와 시민권자는 구별되는 개념이기는 하지만, 첫째, 병역법 제64조 제1항 제2호의 입법 취지는 대한민국 국적을 보유하고 있다 하더라도 외국에서 가족과 같이 체재·거주하면서 영구히 거주할 목적으로 외국 영주권을 취득한 사람에 대하여는 국가의 주권과 관련하여 볼 때 국내에 거주하며 대한민국 국적을 유지하고 있는 사람과는 실질적으로 다른 지위를 가지고 있기 때문에 이들에 대하여 병역의무를 강제하는 것이 부적절하므로 그들의 신청에 따라 병역의무를 면제함으로써 헌법상 보장된 거주이전의 자유 및 국적이탈의 자유를 실질적으로 보장하려는 데 있을 뿐 아니라 영주권 등 무기한 체류자격을 취득한 거주국의 주권을 존중한다는 의미도 내포되어 있는 점, 둘째, 병역법 제64조 제1항 제2호 소정의 '국외에서 가족과 같이 영주권을 얻은 사람'이라 함은 '가족과 같이 국외에 체재·거주하면서 영주권을 얻은 사람'을 의미하므로(대법원 1995. 6. 9. 선고 96누1194 판결, 2001. 11. 9. 선고 2001두7251 판결 등 참조), 여기에서의 영주권은 '국외에 체재·거주'하는 표지의 하나에 불과한 것이어서 '외국에 체재·거주하면서 영주할 수 있는 권리'를 가진 이상 그 명칭이 영주권이 아니라 시민권이라 하여 배제되는 것은 아니라고 보아야 하는 점, 셋째, 출생에 의하여 외국의 시민권을 취득하였으나 대한민국에서 체재·거주하는 경우와 달리 출생에 의하여 외국의 시민권을 취득하고 외국에서 가족과 같이 체재·거주하는 시민권자는 영주권자보다 외국에서의 체재·거주라는 측면이 훨씬 밀접하다고 할 것임에도 불구하고 '국외에서 가족과 같이 영주권을 얻은 사람'에 대하여는 병역의무를 면제할 수 있도록 하면서도 '외국에서 출생하여 외국에서 거주할 수 있는 권리를 포함한 시민권자로서 외국

에 가족과 같이 체재·거주하는 사람'에 대하여는 18세 이후부터 36세가 될 때까지는 사실상 병역의무를 이행하지 아니한 이상 대한민국 국적을 이탈할 수 없는 것으로 해석하게 된다면 이중국적자의 국적이탈의 자유의 본질적인 내용을 침해한다고 볼 여지가 있을 뿐 아니라 형평의 원칙에도 반한다고 볼 여지가 있는 점, 넷째, 출생에 의하여 외국의 시민권을 취득한 후 그 곳에서 가족과 같이 체재·거주하는 시민권자가 병역법 제64조 제1항 제2호에 의하여 병역면제처분을 받아 대한민국의 국적을 이탈한 경우, 그 시민권자는 이미 대한민국 국민이 아니어서 대한민국 국민임을 전제로 한 병역의무를 부과할 수 없다고 하여도 그러한 시민권자에 대하여는 대한민국에의 출입국이나 체류 등은 다른 사유로 제한할 수 있으므로 병역의무대상자 사이에 형평성을 침해한다거나 국익에도 중대한 장애를 초래하게 된다고 단정할 수 없는 점 등을 종합하여 보면, 원고가 출생에 의하여 외국의 시민권을 취득하지 아니하였더라면 원고는 출생시부터 이 사건 병역면제신청 당시까지 약 24년 10개월간 가족과 같이 외국에 체재·거주하여 영주권을 얻을 수 있었던 사람이므로 병역법 제64조 제1항 제2호 소정의 '국외에서 가족과 같이 영주권을 얻은 사람'에 해당한다고 풀이함이 상당하다.

그럼에도 불구하고, 원심은 원고가 외국의 시민권을 보유한 이중국적자라는 이유만으로 병역법 제64조 제1항 제2호 소정의 '국외에서 가족과 같이 영주권을 얻은 사람'에 해당하지 아니한다고 판단하였으니, 거기에는 병역법 제64조 제1항 제2호 소정의 '국외에서 가족과 같이 영주권을 얻은 사람'에 관한 법리를 오해한 위법이 있다고 할 것이다. 이 점을 지적하는 취지의 상고이유의 주장은 그 이유 있다. […]

그러므로 원심판결을 파기하고, 사건을 다시 심리·판단하게 하기 위하여 원심법원에 환송하기로 하여 관여 법관의 일치된 의견으로 주문과

같이 판결한다." (출처: 대법원 판례집 제50권 2집 (특별), 510쪽)

> **[해설]** 이 사건은 서울고등법원으로 환송되어 서울고등법원 2003. 6. 13. 2002누18748 판결로 대법원의 파기환송 취지와 동일하게 병무청의 처분이 위법하다는 결론이 확정되었다.
>
> **평석** 박해식, 병역법 소정의 '국외에서 가족과 같이 영주권을 얻은 사람'의 의미, 대법원판례해설 43호(법원도서관, 2003).

16-9. 이중국적자의 병역의무

(서울고등법원 2004. 9. 1. 2003누22706 판결(확정))

"가. 원고의 주장

원고는 출생 이후 성장과정, 취업 및 현재에 이르기까지 미국 국적을 취득하고 미국시민으로 생활하여 왔으므로 대한민국의 법에 의한 규제를 받지않는다고 할 것이고, 병역법 제64조 제1항 제2호는 '국외에서 가족과 같이 영주권을 얻은 사람'을 병역면제대상자로 규정하고 있고, 위 영주권자에는 출생에 의한 시민권자를 포함한다고 할 것인데, 원고는 1969. 5. 4. 미국에서 출생한 미국시민권자로서 1983. 10.경부터 국외에서 거주·체류하였고, 원고의 모 이○실도 1989년경부터 미국에서 원고와 같이 거주·체류하면서 영주권을 취득하였으므로, 원고는 위 법 조항 소정의 병역면제대상자에 해당함에도 피고가 원고에 대하여 병역의무자임을 전제로 이 사건 처분을 한 것은 위법하다. […]

다. 판단

(1) 병역법 제64조 제1항 제2호의 해석

병역법 제64조 제1항 제2호의 입법취지는 대한민국 국적을 보유하고 있다고 하더라도 외국에서 가족과 같이 체재·거주하면서 영구히 거주할 목적으로 외국 영주권을 취득한 사람에 대하여는 국가의 주권과 관련하여 볼 때 국내에 거주하며 대한민국 국적을 유지하고 있는 사람과는 실질적으로 다른 지위를 가지고 있기 때문에 이들에 대하여 병역의무를 강제하는 것이 부적절하므로 그

들의 신청에 따라 병역의무를 면제함으로써 헌법상 보장된 거주이전의 자유 및 국적이탈의 자유를 실질적으로 보장하려는 데 있고, 영주권 등 무기한 체류자격을 취득한 거주국의 주권을 존중한다는 의미도 내포되어 있으며, 또한 위 법 소정의 '국외에서 가족과 같이 영주권을 얻은 사람'이라고 함은 '가족과 같이 국외에 체재·거주하면서 영주권을 얻은 사람'을 의미하고, 여기에서 영주권은 '국외에서 체재·거주'하는 표지의 하나라고 할 것이고, 출생에 의하여 외국의 시민권을 취득하고 외국에서 가족과 같이 체재·거주하는 시민권자는 영주권자보다 외국에서의 체재·거주라는 측면이 더 밀접할 것이므로 '외국에 체재·거주하면서 영주할 수 있는 권리'를 취득할 수 있었던 지위를 가졌다면 시민권자라고 하여 영주권자와 달리 볼 것은 아니라고 할 것이다(대법원 2002. 10. 11. 선고 2002두4624 판결 참조).

(2) 쟁점

그러므로, 대한민국의 국적과 미국 시민권을 동시에 보유한 원고가 국내에 거주하며 대한민국의 국적을 소지한 사람과 실질적으로 다른 지위를 가졌는지, 즉, 위 법 소정의 '가족과 같이 국외에 체재·거주하면서 영주할 수 있는 권리'를 취득할 수 있었던 지위에 있었는지에 대하여 살펴본다. […]

(4) 판단

(가) 먼저 원고에 대한 병역법의 적용이 가능한가에 대하여 살피건대, 위 인정사실에 의하면, 원고가 미국에서 출생하였으나, 원고의 아버지가 대한민국 국민인 관계로 대한민국의 국적과 미국 시민권을 동시에 취득하여 이중국적자가 되었다고 할 것이고, 국제사법 제3조 제1항에서는 '그 국적 중 하나가 대한민국인 때에는 대한민국 법을 본국법으로 한다.'고 규정하고 있으므로, 원고가 이중국적을 그대로 유지하고 있는 이상 대한민국의 병역법이 적용될 수 있다고 할 것이다.

(나) 다음으로, 원고가 병역법 제64조 제1항 제2

호에 의한 '가족과 같이 국외에 체재·거주하면서 영주할 수 있는 권리'를 취득할 수 있었던 지위에 있었는가에 대하여 살피건대, 위 인정사실에 의하면, 원고는 국내에서 거주하다가 교육을 위하여 1983년경부터 1993. 11.경까지 국외에서 체재·거주하면서 중·고등학교와 대학교를 졸업하고, 외국 기업에서 인턴사원으로 근무하였다고 할 것이나, 1993. 11.경 귀국한 후부터는 국내에서 체재·거주하면서 1995년에는 혼인까지 하여 가족들과 함께 생활하여 왔으며, 다만 1997년경부터 외국 회사에서 근무하고 있었을 뿐이고, 원고의 아버지는 1972년 이래 계속 국내에서 거주하여 왔으며, 원고의 어머니도 원고가 외국에서 교육을 받고 있던 기간 중인 1991. 11. 5.부터 원고가 귀국하기 전까지 원고와 함께 국외에서 체재·거주하였다고 할 것이므로, 원고의 출국 경위와 체류기간, 교육기간 및 대학교 졸업 후의 직업, 원고의 가족 관계와 가족들의 거주지, 외국에서 모와 함께 거주한 기간 등을 종합하여 보면, 비록 원고가 미국에서 교육을 받는 기간 중에 그의 어머니도 일부 기간 동안 미국에서 함께 체재·거주하였고 원고의 귀국 후에 영주권과 시민권을 취득하였다고 하더라도, 그러한 사정만으로 원고가 병역법 제64조 제1항 제2호 소정의 '국외에서 가족과 같이 영주권을 얻은 사람'에 해당한다고 할 수 없고, '가족과 같이 국외에 체재·거주하면서 영주할 수 있는 권리'를 취득할 수 있었던 지위에 있다거나, 병역의무에 관하여 국내에 거주하며 대한민국의 국적을 소지한 사람과 실질적으로 다른 지위를 가졌다고 할 수도 없을 것이다(오히려, 원고가 미국에서 교육을 받으면서 체재·거주한 기간을 제외하면 대부분을 국내에서 거주하였고, 혼인한 후에도 가족과 함께 국내에 계속 거주하여 온 점 등에 비추어 보면, 미국에서의 체재·거주는 가족과의 영주를 위한 것이 아니라 교육을 위한 목적으로 보여지며, 병역법시행령 제128조 제4항, 제134조 제8항에서도 병역법 제54조 제1항 제2호에 해당하여 병역면제의 처분을 받은 사람

도 영주할 목적으로 귀국하거나 1년 이상 국내에서 체재하고 있는 등의 경우에는 병역면제의 처분과 국외여행허가의 취소할 수 있도록 규정하고 있는 취지 등을 고려하면 교육목적으로 부모와 함께 장기간 체재·거주한 것만으로 '가족과 같이 영주할 수 있는 권리를 얻는 것이라고 볼 수는 없다).

㈐ 따라서, 원고가 출생에 의하여 미국의 시민권을 취득하여 이중국적을 가진 사람으로서 대한민국 국적을 보유하고 있고, 병역법에서 정하는 병역면제사유에 해당되지 아니하는 이상 대한민국 국민에게 부과되는 병역의무가 당연히 면제되는 것은 아니라고 할 것이므로, 피고가 원고에 대하여 병역의무자에 해당됨을 전제로 원고의 병역면제원 제출에 대하여 병역면제거부의 취지에서 이 사건 거부처분을 하고, 원고에 대한 징병검사에 기초하여 이 사건 소집처분을 한 것은 적법하다고 할 것이어서, 원고의 주장은 이유 없다(원고는 처와 두 자녀를 부양하고 있는 가장으로서, 자녀들이 초등교육을 마칠 때까지 외국회사의 국내지사에서 파견근무하고 그 이후 미국으로 돌아가 생활할 예정인데, 이 사건 처분으로 인하여 장기간 입영하게 되면 처와 자녀들을 부양할 수 없게 되고 현재의 직장은 그만둘 수밖에 없는 실정이므로 이 사건 처분이 위법하다는 취지로 주장하나, 병역의무는 헌법상 국민의 의무로서, 그 의무의 이행에는 국민의 기본권인 직업선택의 자유나 거주이전의 자유 등에 일정한 제한이 수반될 수밖에 없으므로 위와 같은 사유만으로 이 사건 처분이 위법하다고 할 수 없다). (출처: 판결문 사본 입수)

16-10. 병역의무 이중국적자의 국적이탈 제한 (헌법재판소 2006. 11. 30. 2005헌마739 결정. 국적법 제12조 제1항 등 위헌확인)

[사안: 병역의무 대상자인 이중국적자가 제1국민역에 편입된 이후 3개월 이내에 외국국적 선택을 하지 않으면 병역의무를 마치거나 면제가 확정된 이후에만 한국국적을 이탈할 수 있다는 제한이 국적이탈의 자유를 침해하고 있는가에 관한

문제제기이다.]

"(1) 이중국적자에 대한 병역부과와 병역면탈 차단의 필요성

법 제12조 제1항 단서 및 그에 관한 제14조 제1항 단서는 이중국적자라 하더라도 대한민국 국민인 이상 병역의무를 이행하여야 한다는 것을 원칙적인 전제로 하여, 이중국적자로서 구체적인 병역의무 발생(제1국민역 편입) 시부터 일정기간(3월) 내에 한국 국적을 이탈함으로써 한국의 병역의무를 면하는 것은 허용하되, 위 기간 내에 국적이탈을 하지 않은 이중국적자는 병역문제를 해소하지 않는 한 한국 국적을 이탈하지 못하게 함으로써 국적선택제도를 통하여 병역의무를 면탈하지 못하게 하려는 데에 그 입법취지가 있다.

민주국가에서 병역의무는 납세의무와 더불어 국가라는 정치적 공동체의 존립·유지를 위하여 국가 구성원인 국민에게 그 부담이 돌아갈 수밖에 없는 것으로서, 병역의무의 부과를 통하여 국가방위를 도모하는 것은 국가공동체에 필연적으로 내재하는 헌법적 가치라 할 수 있다. 우리 헌법 제5조 제2항, 제39조는 국방과 병역의무가 지닌 이러한 헌법적 가치성을 분명히 밝히고 있다(헌재 2004. 8. 26. 2002헌바13, 판례집 16−2상, 195, 202). 그러므로 이중국적자라 하더라도 다른 국민과 마찬가지로 그에 대하여 병역의무를 관철하겠다는 원칙적 출발점을 탓할 수는 없다.

선천적 이중국적을 허용하고 국적선택제도를 두고 있는 현행 제도에서 법 제12조 제1항 단서 및 그에 관한 제14조 제1항 단서와 같은 규제가 없다면 이중국적자로서는 국적선택제도를 이용하여 병역을 면탈하는 것이 보다 용이하게 된다. 현행 법제상 한국 국적의 이탈로 인한 불이익·불편이 병역면탈 의도의 국적이탈을 저지할 만큼 심각하지도 않다. 외국인이라 할지라도 성질상 허용되지 않는 것이 아닌 한 한국헌법에서 보장하는 기본권의 주체가 되고, 출입국관리법에 의하여 출입국, 체류, 취업 등의 활동범위에 제약을 받지만,

반면에 기업투자, 유학, 무역경영, 교수, 회화지도, 예술흥행 등의 체류자격을 가지고 국내에서 활동할 수 있으며([…]), 외국인토지법에 의하여 일정하게 토지취득도 할 수 있다. 더욱이 재외동포의출입국과법적지위에관한법률은 외국국적동포에게 '재외동포체류자격'으로 출입국, 체류, 취업 기타 경제활동, 국내토지에 대한 취득·이용·처분, 금융거래 및 외국환거래, 의료보험 적용 등에 있어서 내국인과 별반 다를 바 없는 대우를 하고 있다(동법 제10조 내지 제14조 참조). 따라서 특히 한국 국적을 필요로 하는 생활을 영위하려는 사람이 아니라면 재외동포의 지위로서도 특별한 불편 없이 한국 내에 근거를 두거나 이를 활용하는 사회적·경제적 생활을 영위할 수 있다. 그리하여 법 제12조 제1항 단서 및 그에 관한 제14조 제1항 단서의 규제가 없다면 국적선택제도를 이용하여 병역의무를 면한 후부터는 재외동포로서 한국인에 버금가는 지위로 사는 데 별다른 장애를 받지 않게 되는 것이다.

이런 상태를 방치한다면 다음과 같은 폐해가 발생하거나 발생할 우려가 높다.

첫째, 병역자원의 일정한 손실을 초래한다. 병력자원의 유지는 국방이라는 헌법적 가치를 수호하기 위한 중요한 요소임에 틀림없고, 이중국적자의 수도 적지 않은데 남자인 이중국적자의 상당수는 국적선택제도를 통하여 병역을 회피할 수 있게 된다.

둘째, 국민개병주의를 규정한 헌법 제39조, 평등의 원칙을 규정한 헌법 제11조에서 나오는 병역부담평등의 원칙은 헌법적 요청일 뿐만 아니라, 우리나라에서 그것은 다른 어느 사회와도 비교할 수 없을 정도로 강력하고도 절대적인 사회적 요구이다. 이중국적자가 생활의 근거를 한국에 두면서 한국인으로서 누릴 각종 혜택을 누리다가 정작 국민으로서 의무를 다해야 할 때에는 한국 국적을 버리는 기회주의적 행태가 허용된다면 병역부담평등의 원칙은 심각하게 훼손된다. 특히 이중

국적자들은 사회지도층이나 부유층 인사들의 자녀가 많아서 이들의 기회주의적 병역면탈을 일정하게나마 규제하지 않는다면 병역정의에 대한 일반국민의 불신은 커지고, 병역부담에 관한 국민적 일체감이 저해되어 국방이라는 국민의 총체적 역량에 손상을 미치게 된다(판례집 16-2상, 195, 202).

(2) 국적이탈의 자유에 대한 과잉규제인지 여부

법 제12조 제1항 단서 및 그에 관한 제14조 제1항 단서에 의하더라도 국적선택의 자유가 완전히 박탈되는 것이 아니라 부분적인 제한을 받을 뿐이다. 18세가 되어 제1국민역에 편입된 때부터 3월이 지나기 전이라면 자유롭게 국적을 이탈할 수 있고, 그 이후부터 입영의무 등이 해소되는 시점(36세)까지만 국적이탈이 금지되므로 일정한 시기적인 제약을 받을 뿐이다. 제1국민역에 편입된 때부터 3월이 지났더라도 병역의무를 이행하거나 면제받는 등으로 병역문제를 해소한 때에는 역시 자유롭게 국적을 이탈할 수 있음은 물론이다.

국적이탈에 관한 이 정도의 시기적 제한마저 두지 않는다면 병역의무 이행을 위한 절차가 진행중 어느 때라도, 심지어 군복무중에라도 한국국적을 이탈함으로써 병역의무를 면할 수 있게 된다. 이는 현행 병역법체계와 커다란 부조화를 야기할 뿐만 아니라 성실한 대다수의 병역의무 이행자와의 관계에서도 결코 바람직하지 않다. 그렇다면 이것은 입법자가 국방과 병역형평이라는 헌법적 가치를 한 축으로, 국적이탈이라는 개인의 기본권적 가치를 다른 한 축으로 하여 어느 한 쪽을 일방적으로 희생시키지 아니하고 나름의 조정과 형량을 한 결과라 할 수 있다.

다만, 주된 생활의 근거를 외국에 두고 있는 이중국적자에 대해서는 그 정도의 국적이탈의 제한조차 부당한 것이라는 의문이 제기될 여지가 있다. 그러나 병역법에 의하면 국외에 체재 또는 거주하고 있는 사람은 징병검사나 징집·소집을 연기할 수 있고(병역법 제60조 제1항 제2호), 국외에

서 출생한 사람 또는 해외이주법에 의한 해외이주신고를 하고 국외에 거주하고 있는 사람은 재외공관의 장, 법무부출입국관리소의 장이나 법무부출입국관리소출장소의 장의 사실확인에 의하여 징병검사 또는 입영을 연기할 수 있다(동법시행령 제128조 제2항). 따라서 상주거소를 외국에 두고 있는 이중국적자는 징병검사 또는 징집의 연기를 통하여 36세에 이르러 징병검사 또는 입영의무를 면제받을 수 있고, 이를 통하여 사실상 병역의무를 면할 수 있다. 법 제12조 제1항 단서 및 그에 관한 제14조 제1항 단서에 따라 적극적으로 국적이탈을 함으로써 병역의무를 조기에 해소할 수도 있고, 소극적인 방법으로 병역의 문제를 자연스럽게 해결할 수도 있다. 그렇다면 주된 생활의 근거를 외국에 두고 있는 이중국적자들에 대하여 위 법률조항들의 적용을 명시적으로 배제하는 규정을 두지 않았다 하더라도 그 점만으로 이들의 국적이탈의 자유를 침해하는 것이라 할 수 없다."
(출처: 헌법재판소 판례집 제18권 2집, 528쪽)

참고 동일 취지의 판결: 서울행정법원 2002. 1. 16. 2001구13798 판결 및 동 항소심 서울고등법원 2004. 12. 24. 2002누1948 판결(확정).

16-11. 병역의무 이중국적자의 국적이탈 제한 (헌법재판소 2015. 11. 26. 2013헌마805, 2014헌마788(병합) 결정. 국적법 제12조 제2항 위헌확인 등)

[사안: 이 사건의 사안은 기본적으로 위 16-10 결정과 동일하며, 다수의견 역시 동일한 합헌의견이다. 그간 주로 재미동포사회에서 미국 출생에 의해 선천적 이중국적자가 많이 태어났는데, 상당수는 미국에서 미국인으로만 살고 있기 때문에 굳이 한국국적이탈 신고를 할 필요를 느끼지 못하는 경우가 많았다. 그런데 남성이 미국 사관학교에 입학을 원하거나 특수한 비밀을 취급하는 공직에 취업하려는 경우 이중국적의 보유가 걸림돌이 된다고 한다. 이들이 이러한 사실을 알았을 때는 이미 18세가 넘어 38세까지 한국국적을 이탈할 수 없기 때문에 위와 같은 기회를 가질 수

없으니, 이러한 제한을 완화해 달라는 민원이 종종 제기되었다. 2006년 전원일치로 합헌의견이 내려진 사안에 대해 2015년에는 4인 반대의견이 제시되어 양자를 비교할 필요가 있다.]

"헌법재판소는 2006. 11. 30. 선고한 2005헌마739 결정[위 16-10 결정 - 필자 주]에서 이 사건 법률조항들과 동일한 내용을 규정한 구 국적법 (2005. 5. 24. 법률 제7499호로 개정되고, 2010. 5. 4. 법률 제10275호로 개정되기 전의 것) 제12조 제1항 단서, 제14조 제1항 단서 등이 국적이탈의 자유를 침해하지 않는다고 판단한 바 있는데, 그 이유의 요지는 다음과 같다. […] [이어서 위 16-10 결정문의 주요 내용을 그대로 반복했다. - 필자 주]

이 사건 청구인들은 이 사건 심판청구를 하면서 다음과 같은 주장을 추가로 하고 있으므로 먼저 이를 살펴본다.

2) 이 사건 청구인들은 이 사건 법률조항들은 주된 생활근거를 외국에서 두고 있는 등의 이유로 귀책사유 없이 국적선택기간을 알 수 없었던 경우가 있을 수 있음에도, 이에 관하여 어떠한 예외도 두지 않고 국적선택기간이 경과하면 병역의무를 해소한 후에만 대한민국 국적을 이탈할 수 있도록 하고 있으므로, 청구인들의 국적이탈의 자유를 과도하게 침해한다고 주장한다.

그런데 외국의 일정한 지역에 계속하여 90일 이상 거주하거나 체류할 의사를 가지고 그 지역에 체류하고 있는 대한민국 국민은 재외공관에 이를 등록하여야 하고(재외국민등록법 제2조), 외국에 거주하는 복수국적자는 부모 쌍방 또는 적어도 일방이 대한민국 국적을 가지고 있거나, 그 외국의 한인 사회를 중심으로 생활을 영위하고 있는 경우가 대부분인바, 이와 같은 복수국적자가 대한민국 국민의 병역의무나 국적선택제도에 관하여 아무런 귀책사유 없이 알지 못하는 경우란 상정하기 어렵다.

그리고 아무런 귀책사유 없이 국적선택기간을 알지 못할 정도로 대한민국과 관련이 없는 외국

거주 복수국적자라면, 그의 생활영역에서 그가 외국의 국적과 대한민국 국적을 함께 가지고 있다는 사실은 그의 법적 지위에 별다른 영향을 미치지 않을 것이므로, 이러한 경우에까지 이 사건 법률조항들에 관한 예외조항을 두어야 할 필요성을 인정하기 어렵고, 외국에서 복수국적자가 일정한 공직에 취임할 수 없도록 하는 경우가 있다고 하더라도 이러한 경우는 극히 우연적인 사정에 지나지 않으므로, 입법자에게 이러한 경우까지를 예상하고 배려해야 하는 입법의무가 있다고 보기는 어렵다.

3) 청구인들은 또한, 병역법 제8조는 대한민국 국민인 남성은 18세부터 제1국민역에 편입된다고 규정하고 있을 뿐이고, 병역법 제2조를 보아야 비로소 병역법에서의 '18세부터'가 '18세가 되는 해의 1월 1일부터'를 의미한다는 것을 알 수 있으므로, 청구인들과 같은 복수국적자로서는 이를 알 수 없었다고 주장한다. […]

물론 이 사건 법률조항들은 복수국적자인 남성에게 제1국민역에 편입되는 때인 18세가 되는 해의 3월 31일까지 대한민국 국적을 이탈할 것인지 여부를 결정하도록 하여 미성년자인 복수국적자에게 사실상 국적선택의무를 부여하고 있으나, […] 복수국적자는 이 사건 법률조항들이 정하고 있는 기간의 만료일 무렵에 18세에 달하였거나 18세에 임박하였으므로, 국적과 병역에 관하여 충분히 이해하고 있을 것이라고 기대할 수 있는 점, 대한민국 국민인 남성은 모두 18세가 되는 해의 1월 1일에 제1국민역에 편입되고 이는 복수국적자인 남성도 예외가 될 수 없는바, 구체적인 병역의무를 부담하게 되는 때인 제1국민역에 편입된 때를 기준으로 병역의무를 이행할 것인지 여부를 결정하게 하는 것이 다른 대한민국 국민인 남성과의 형평에 비추어 보아도 불합리하다고 볼 수 없는 점 등에 비추어 볼 때, 이 사건 법률조항들이 민법상 성년에 이르지 못한 복수국적자로 하여금 18세가 되는 해의 3월 31일까지 국적을

선택하도록 하였다고 하더라도, 그것이 현저하게 불합리하다거나, 국적이탈의 자유를 과도하게 제한하고 있다고 보기는 어렵다.

4) 이상과 같은 사정들을 종합하여 보면, 위 2005헌마739 결정의 선고 이후에 그 판단을 변경할 만한 사정변경이 있다고 볼 수 없고, 선례의 판시 이유는 이 사건 심판에서도 그대로 타당하므로 위 선례의 견해를 그대로 유지하기로 한다."

재판관 박한철, 이정미, 김이수, 안창호의 반대의견:

"가. 심판대상조항은 복수국적자라고 하더라도 대한민국 국민인 이상 병역의무를 이행해야 한다는 것을 전제로 하여, 복수국적을 이용한 기회주의적인 병역면탈을 규제하고, 병역의무부담의 형평성을 확보하려는 데에 그 입법취지가 있다. 이 점에 대하여는 법정의견과 견해를 같이 한다.

나. 심판대상조항에 의하여 국적이탈의 자유를 제한받는 사람 중에 특히 문제가 되는 사람은 주된 생활 근거를 외국에 두고 있는 복수국적자인 남성이다. 그런데 주된 생활 근거를 외국에 두고 있고, 대한민국 국민의 권리를 향유한 바도 없으며, 대한민국에 대한 진정한 유대 또는 귀속감이 없이 단지 혈통주의에 따라 대한민국의 국적을 취득하였을 뿐인 복수국적자에 대하여 심판대상조항에 따라 제1국민역에 편입된 때부터 3개월 이내에만 병역의무의 해소 없이 대한민국 국적을 이탈할 수 있도록 하여 자신의 생활 근거가 되는 국가의 국적을 선택하도록 한다면, 복수국적자에게 책임을 돌릴 수 없는 사유 등으로 심판대상조항에서 정한 기간 내에 대한민국 국적을 이탈하지 못한 경우에도 병역의무를 해소하지 않고서는 자신의 주된 생활 근거가 되는 국가의 국적을 선택할 수 없게 된다.

병역자원을 담당하는 병무청은 물론 재외공관도 외국에 거주하는 복수국적자인 남성에 대하여 국적선택절차에 관한 개별적 관리 · 통지를 하고 있지 않은 현실에서 위와 같은 복수국적자는 자신이 대한민국 국민으로 병역의무를 이행하여야 하고, 이를 면하기 위해서는 제한된 기한 내에 대한민국 국적을 이탈하여야 한다는 사실에 관하여 전혀 알지 못할 수 있는바, 심판대상조항이 예외 없이 적용되는 것은 복수국적자에게 심히 부당한 결과를 초래할 수 있다. 예컨대 복수국적자의 주된 생활 근거가 되는 국가에서 주요공직자의 자격요건으로 그 국가의 국적만을 보유하고 있을 것을 요구하고 있다면, 심판대상조항에서 정한 기간 내에 대한민국 국적을 이탈하지 못한 복수국적자로서는 주된 생활근거가 되는 외국의 국적을 선택하기 위하여 대한민국에서의 대한민국 국적을 이탈할 수 없게 되는바, 그러한 주요공직 등에 진출하지 못하게 된다.

다. 심판대상조항에서 정한 기간 내에 대한민국 국적을 이탈하지 못한 복수국적자에 대하여 위 기간 내에 대한민국 국적을 이탈하지 못한 데에 정당한 사유, 또는 위 기간이 경과한 후에 대한민국 국적을 이탈하여야만 하는 불가피한 사유 등을 소명하도록 하여, 그러한 사유가 인정되는 경우에는 예외적으로 대한민국 국적의 이탈을 허용한다고 하더라도 복수국적을 이용한 병역면탈은 충분히 예방할 수 있다.

이에 대하여 국적선택기간의 예외를 인정하게 되면 복수국적을 이용한 병역면탈은 더 용이해지게 되어 심판대상조항의 실효성을 떨어뜨리게 된다는 우려가 있을 수 있으나, 정당한 사유 등에 대하여 엄격한 소명자료를 요구하고, 관할관청에서 병역면탈의 의사가 있는 것은 아닌지 등을 엄격하게 심사한다면 복수국적을 이용한 병역면탈에 대한 우려를 충분히 불식시킬 수 있을 것이다.

또한, 위와 같은 문제점은 대한민국 국적을 이탈한 복수국적자에 대하여 대한민국으로의 입국이나, 대한민국에서의 체류자격 · 취업자격 등을 제한하는 방법으로도 해결할 수 있다. 실제로 출입국관리법 제11조 제1항은 법무부장관이 외국인에 대하여 입국을 금지할 수 있도록 하고 있고, '재외동포의 출입국과 법적 지위에 관한 법률' 제 5조 제2항은 대한민국 안에서 활동하려는 외국국 적동포가 병역을 기피할 목적으로 외국 국적을 선택하거나 대한민국 국적을 이탈한 경우에는 38 세가 될 때까지 재외동포체류자격을 부여하지 않 도록 하고 있으며, 국적법 제9조는 병역면탈을 목 적으로 대한민국 국적을 이탈한 사람에 대하여는 국적회복을 반드시 불허하도록 하고 있는 등 이 미 각종 법률에서 이를 방지할 수 있는 수단들을 마련하고 있다. 이러한 제도를 좀 더 정비하고 실 질적으로 운영한다면, 대한민국을 생활영역으로 하면서도 병역의무는 면탈하는 기회주의적인 복 수국적자들의 발생을 억제할 수 있다.

라. 그렇다면 심판대상조항은 과잉금지원칙을 위반하여 청구인들의 국적이탈의 자유를 침해한 다." (출처: 헌법재판소 판례집 제27권 2집(하), 346쪽)

3. 일제시 신분행위와 광복 후 국적

16-12. 일제시 미국 출생자의 국적
(대법원 1973. 10. 31. 72다2295 판결)

"소외 함호룡은 1868. 6. 5생의 대한민국 국민 으로서 1905. 5경 그의 처 최한나와 같이 미국 하 와이주로 이민하여 부부가 모두 하와이주의 영주 권만을 취득하여 그곳에 거주하다가 1954. 3. 27 사망하였으며 소외 함노마는 1910. 10. 12. 위 함 호룡의 장남으로 출생하여 미국의 국적을 취득하 고 1947. 11에 한국에 와서 1948. 4. 4. 한국인인 유동숙(일명 유안자)과 혼인을 하여 서울주재 미국 영사에게 혼인신고를 하고 1950. 1. 8 위 양인간 에 원고를 출산하여 1950. 1. 23 위 영사에 그 출 생신고를 마쳤으며, 그 후 위 함노마는 한국동란 중인 1950. 9. 3 괴뢰군에 납치되어 생사불명의 상태가 계속되었으므로 주한 미국대사관은 1963. 12. 12 동인에 관한 미국시민의 가정 사망보고서

를 작성하였다. 한편 위 함호룡은 그 생존시인 1950. 2경 한국에 나와 있던 아들 함노마로 하여 금 이 사건에서 문제된 임야를 매수케 하여 같은 해 3. 8 서울민사지방법원 서대문등기소 접수 제 4006호로 함호룡 명의로 그 소유권이전등기를 한 바 있었는데 위와 같이 동인의 사망으로 그 재산 은 위 함노마가 상속하였으며 함노마의 복국법인 하와이주 개정 제정법에 따라 위 가정 사망보고 에 의하여 함노마는 그 작성날자에 사망한 것으 로 간주되고, 이 사망간주는 상속개시의 원인이 된다 하여 원고는 함노마가 위와 같이 상속한 위 임야를 상속한 것이라고 설시하였다.

위 제1심의 확정한 사실에 따르면 위 함호룡 부부는 미국 하와이주의 영주권을 얻었으나 국적 은 한국임이 뚜렷하니, 그렇다면 그 사이의 출생 자인 함노마는 우리 국적법 제2조 제1항 1호에 의하여 대한민국의 국적을 취득한다 할 것이며 그가 출생지법에 따라 미국국적을 취득하고 아니 하고는 이미 취득한 대한민국 국적에는 아무런 소장이 없으며 그가 미국국적을 취득하였다면 이 는 소위 이중국적을 갖었다고 보아야하나 그가 대한민국의 국적을 이탈한 흔적이 없는 이 사건 에선 위 함노마는 분명히 대한민국 국민이라고 할 것이다." (출처: 대법원 판례집 제21권 3집(민사), 133쪽)

[해설] 이 사건의 소외 함노마는 한일합방 직후 출생했으나. 이 판결은 그 같은 정치적 상황은 고 려하지 않고 그가 광복 후 제정된 국적법의 내용 과 같이 한국인의 국외출생자로 대한민국 국적을 취득하여 실종된 6.25 당시까지 한국 국적을 유지 했다고 보고 있다.

16-13. 일제시 외국국적 취득자의 국적 상실
(대법원 1981. 2. 10. 80다2189 판결)

"기록에 의하면 원고는 1925년경 자진하여 미 합중국의 국적을 취득하여 대한민국의 국적을 상 실한 외국인임을 자인하고 있는 한편, 본건 토지 는 당시의 외국인토지법 및 동시행령에 규정된

지정지구내의 토지이며, 그 소유권취득에 관하여 국방부 장관의 허가를 받지 아니한 점도 변론의 취지에 분명하므로, 원고는 적법하게 본건 토지의 소유권을 취득할 수 없다고 할 것이다." (출처: 법원공보 제654호(1981. 4. 15.), 13227쪽)

[해설] 구 한말 조선인은 자유로운 국적이탈이 허용되지 않았으며, 일제 기간중 일제 당국 역시 조선인의 외국 귀화를 통한 일본 국적 이탈을 허용하지 않았다. 이 판결은 일제시 외국국적 취득의 효과를 정면에서 다루고 있지는 않으나, 당시 미국 국적을 취득한 자는 당연히 한국 국적을 상실한 외국인임을 전제로 그에게 외국인토지법을 적용했다. 다만 그 근거는 설명하고 있지 않다.

16-14. 일제시 조선인과 혼인한 일본 여자의 국적

(대법원 1976. 4. 23. 73마1051 결정. 합명회사특별대리인선임기각결정에대한재항고. 재항고인: 서울지방검찰청 검사장. 원결정: 서울고등법원 1973. 12. 14. 고지, 73카392 결정)

"기록에 의하면 이화합명회사의 사원이었던 소외인의 처 김국자가 원래는 일본인이었든바 1940. 5. 4 위 소외인과 혼인하여 동거 중 1945. 9. 6 협의이혼한 사실을 알 수 있으니 당시의 한국의 법제와 당시의 일본의 국적법의 규정 및 당시의 공통법 3조의 규정 등에 의하면 위 김국자는 위 소외인과의 혼인으로 인하여 한국의 국적을 취득하는 동시에 일본의 국적을 상실하였다 할 것이요, 비록 1945. 9. 6 위 소외인과 이혼하였다 하여 그 이혼한 사유만으로 한국 국적을 상실하고 일본 국적을 다시 취득하는 것은 아니고 동녀가 일본국에 다시 복적될 때까지는 여전히 한국의 국적을 그대로 유지한다고 보아야 할 것인바 기록에 의하면 동녀는 1946. 3. 5에 일본에 복적된 사실을 알 수 있으니 위 김국자는 군정법령 제33호에 의거 1945. 8. 9 이후 일본인등의 재산의 소유권이 동년 9. 25부로 당시의 미군정청에 귀속된 시기에 있어서는 한국인이었음이 분명하여 위 김국

자의 이건 지분은 미군정청에 귀속되지 아니하였다 할 것이고 동녀는 동 합명회사의 청산인으로서의 자격이 지속된다 할 것이다." (출처: 법원공보 1976. 6. 15.(제538호), 9147쪽)

[해설] 일제는 식민지배 기간 내내 조선과 일본은 이법(異法)지역으로 구분하고, 이들 간의 관계는 섭외사법격인 공통법(共通法)으로 규율했다. 조선인과 일본인을 각각 조선호적과 내지호적으로 관리하며 법적으로 구별하고, 혼인·인지 등 일정한 사유가 없는 한 자유로운 이동을 허용하지 않았다. 이에 혈통상 일본여자라도 조선남자와 혼인해 조선호적에 입적했다면 법적으로 조선인으로 취급했다. 호적을 통한 조선인과 일본인의 구별은 광복 후 한국 정부에 의해서도 그대로 유지되었다. 미군 진주 후 한반도내 일본인 재산은 몰수되었는데, 그 때 일본인의 판단기준이 1945년 8월 9일자에 일본 호적 입적 여부였다. 이 사건에서도 혈통상 일본인이나 조선인과 혼인해 1945년 8월 9일 조선호적에 입적해 있었다면 법적으로 조선인이고 그의 재산은 몰수대상이 아니었다.

<u>참고</u> 동일 취지의 판결: 서울고등법원 1973. 11. 13. 71나1731 판결(확정)(고등법원 판례집 1973년 민사(2), 372쪽).

16-15. 일제시 일본여자와 입부혼을 한 자의 국적

(대법원 1963. 11. 21. 63누130 판결)

"(1) […] 원판결에 의하면 원심은 그 적시된 증거에 의하여 원고가 한국호적에 기재되어 있는 부분은 오기이고 원고는 1935. 4. 20 일본인 여자 가와사기후지와 입부혼인을 하여 일본호적에 입적되므로서 한국호적을 이탈하였다는 사실과 한국호적은 위와 같이 오기이므로 이중 국적이라 인정할 수 없다는 취지로 인정하였음이 명백한바 위의 증거를 기록에 의하여 검토하여도 위법이 있음을 발견할 수 없으므로 소론과 같은 사실을 원심이 조사하지 아니하였다 하여도 위법이라 할 수 없다. 그러므로 소론은 결국 원심의 적법한 사실 인정을 비난하는데 귀착되며 1935. 4. 20경 한국인 남자가 일본인 여자와 입부혼인을 한 경우

에는 그 당시 적법히 공포 실시된 공통법 제3조 제1항에 의하여 한국인남자는 일본인 여자의 집 (家)에 들어가고 한국에 있는 집을 떠나는 것이 명백하므로 원심이 위와 같이 원고가 입부혼인에 의하여 일본인의 호적에 입적된 사실과 한국의 집을 떠난 사실을 인정한 이상 원심이 일본국적 취득여부를 새삼스럽게 조사하지 아니하였다 하여도 위법이라 할 수 없으며 소론에서 국적이탈의 허가신청이 없다 운운의 논지는 결국 원고가 이중 국적자임을 전제로 하는 논지이나 원심이 적법히 갑 제5호증인 한국의 호적기재는 오기이고 원고가 한국국적을 상실하였다는 사실을 인정하므로서 이중 국적자가 아니라는 사실을 인정한 이상 국적이탈 허가신청이 없다 운운의 논지는 결국 이유 없다(원고가 일본인 여자와 입부혼인을 하여 일본인가에 입적하였음에도 불구하고 형식상 한국인가에서 떠났다는 한국인 호적에 기재가 없다고 가정하더라도 그 당시의 공통법 제3조 제1항에 의하여 한국인가에서는 당연히 떠나게 되므로 원고를 이중 국적자라고도 할 수 없다).

　(2) 상고이유 제3점에 대하여 살피건대 위(1)에서 말한 바와 같이 원고가 한국국적을 상실하여 일본국적을 취득하였음이 명백하고 원고가 그 주장과 같이 본건 귀속부동산을 피고와 임대차계약을 한 것이 명백한 이상 특별한 사정이 없는 한 위와 같은 원고의 임대차계약은 원고가 일본인이 아니고 한국인이라고 피고를 기망하여서 이루어진 것이라 아니할 수 없고 이와 같은 원고를 귀속재산처리법 시행령 제31조에서 말하는 「선량한 외국인」에 해당된다 할 수 없으므로 원고는 「선량한 외국인」이 받을 수 있는 특권은 원고로서는 상실하였다 할 것이므로 원고의 본소 청구는 결국 청구 이익이 없다 할 것이다 그럼으로 원심이 원고의 임대차계약을 당연무효라 판단한 것이 소론과 같이 부당하다 하여도 위와 같이 원고에게 본소청구를 할 이익이 없는 이상 원판결은 결국 정당하므로 논지는 이유 없음에 귀착된다." (출처:

대법원 판례집 제11권 2집(행정), 102쪽)

[해설] 본 판결에 대해서는 재심이 청구되었으나, 대법원 1964. 9. 8. 63무9 재심판결(대법원 판례집 제12권 2집(행정), 7쪽)은 원심과 동일한 이유에서 재심을 기각했다.

참고 일제시 일본여자와 입부혼을 한 자는 일본 국적을 취득하고 한국 국적을 상실했다고 본 다른 판결: 청주지방법원 영동지원 2001. 5. 26. 2001호파1 결정.

"망 신청외 1은 충남 금산군 A를 본적으로 [⋯] 태어나 망 신청외 1의 한국이름으로 입적되어 있다가 일본이름으로 창씨개명한 뒤 1934. 7. 18. 일본국 대판부 대동시 B 호주 신청외 4의 3녀 신청외 5와 입부혼(入夫婚)을 하면서 일본에 귀화하여 일본 국적을 취득하였다. [이후 신청인은 그의 혼인 외 자로 출생했다. – 필자 주] 따라서 신청인들은 망 신청외 1이 한국 국적을 상실하고 일본 국적을 취득한 후에 출생하였고, 그 이후 위 망인이 한국 국적을 취득한 사실도 없으므로 외국인 부(父)인 위 망인의 성을 따르거나 한국인 모(母)의 성과 본을 따를 수 있을 것이며, 설사 위 망인이 과거 한국 국적을 가지고 있었던 적이 있다고 하여도 신청인들이 출생 당시에는 한국 국적을 상실하고 외국 국적을 지니고 있었던 이상 가장 가까운 혈통인 부(父)의 혈통을 명확히 나타낼 수 있도록 신청인들이 출생할 당시의 부(父)의 성을 따를 수 있을 뿐 신청인들의 부(父)의 과거 국적국(國籍國)의 성과 본을 추급하여 그에 따른 성과 본을 따를 수는 없는 것이라 할 것이다."[1]

16-16. 일제시 일본여자와 입부혼하고 광복후 이혼한 자의 국적

(대법원 1962. 1. 31. 4294민상651 판결)

"원판결은 이 부동산은 일정 때에 서원진팔랑(西原眞八郞)과 미전우성(米田祐成)의 공유로서 등기되어 있었는데 서원은 일본사람이고 미전우성은 원래 한국사람 원고 장우성이였으나 일정 때에 일본여자 미전만지(米田滿枝)와 데릴사위 결혼을 하여 한국 호적을 떠났다가 1945. 9. 26 그 여자와 협의 이혼을 함으로써 한국 호적으로 복적한 것인바 남조선 과도정부 법률 제11호 국적에

---

1) 이 판결은 청주지방법원 2001. 12. 28. 2001라197 결정으로 항소기각 확정되었다.

관한 조례 제5조에 의하여 원고는 1945. 8. 9 이전에 한국의 국적을 회복한 것으로 볼 것임으로 이 부동산에 관한 미전우성 즉 장우성의 2분의 1 지분은 귀속 재산이 아니라 하였다. 그러나 미국 군정법령 제191호(법령 제33호의 석명이 있다) 제2조에 의하면 법령 제33호에 의하여 군정청에 이미 귀속된 재산은 전 소유자가 본령 시행기일 이후에 일본 국적을 포기 하고 소급적으로 한국 국적을 회복한 경우에도 계속하여 귀속재산이라고 규정하고 있으니 아무리 원고가 일본 국적을 포기하고 1945. 8. 9 이전에 한국 국적을 회복한 것으로 볼 수 있다 하여도 이 부동산이 법령 제33호에 의하여 군정청에 귀속된 재산이라 하는 성질에는 변화가 없다 할 것임에도 불구하고 원심은 원고가 1945. 8. 9. 이전에 한국 국적을 회복한 것으로 볼 것이니 이 부동산에 관한 2분의 1의 지분은 귀속재산이 아니라고 판단한 것은 법령 제191호 제2조를 적용하지 아니한 위법이 있다 할 것이다." (출처: 대법원 판례집 제10권 1집(민사), 74쪽)

16–17. 일제시 일본인에 입양된 자의 국적
(대법원 1974. 8. 30. 74도1668 판결)

"원심은 피고인은 원래 한국인이었으나 1943. 4 경 일본인 나쓰야 요시사부로(夏谷吉三郎)의 양자로 입적(공판기록에 편철되어 있는 피고인의 호적등본에 의하면, 피고인은 1943. 8. 3자로 위 요시사부로와 그의 처 사모의 양자로 입적되고 있다) 귀화하였다고 설시하므로서 피고인이 외국인인 일본인이라는 사실을 인정하면서도, 피고인이 반국가단체의 지령을 받고 또한 그 지령을 받기 위하여 외국인 싱가폴에서 항공편을 이용하여 1971. 4 초순 11:00경 반국가단체의 지배하에 있는 지역인 북한 평양에 도착한 사실에 관하여 반공법 제6조 제4항의 탈출죄를 적용하고, 이 이외의 다른 죄와 같이 경합범의 처벌례에 따라서 피고인을 다스리고 있음이 명백하다.

그러나 외국인의 국외범에 대하여는 형법 제5조에 열거된 이외의 죄를 적용할 수 없음이 원칙인데 여기에 반공법은 포함되지 아니하였고, 또 반공법 자체나 그밖의 법률에 이와 같은 외국인의 국외범에 대하여 반공법을 적용할 수 있는 근거를 찾아 볼 수 없다.

그렇다면 원심이 외국인인 피고인의 대한민국 영역 외에서의 탈출행위에 대하여 반공법을 적용하여 처벌을 하였음은 외국인의 국외범에 대한 법리를 오해로 인하여 근거 없이 법률을 적용한 위법이 있어 원심판결은 그대로 유지될 수 없는 것이라고 아니할 수 없다." (출처: 대법원 판례집 제22권 2집(형사), 47쪽)

16–18. 일제시 일본인의 서양자된 자의 국적
(대법원 1958. 9. 18. 4291민상170 판결)

"한국인이 해방 전에 일본인 서양자로 입적한 경우에는 한국인의 신분을 상실하는 것이 아니고 일본인의 신분을 겸하여 취득한 것이라 할 것이므로 단기 1945년 8월 9일 현재 동인 소유명의의 재산은 귀속재산으로 볼 수 있는 것이다. 이에 관한 논지는 해방전 일본인의 서양자로 입적한 한국인이 해방후 이혼으로 원적복귀한 경우에도 동인 소유재산이 당연 차 무조건 소급적으로 내국인의 재산으로 되는 것이라고 주장하나 이혼으로써 과법 취득하였던 일본인 신분이 이혼 이전 관계에 있어서 당연히 소멸될 리가 없는 것이다." (출처: 대법원 판례집 제6권(민사), 56쪽)

[해설] 일제시 조선인이 일본 호적에 입적하는 경우 법적으로 조선인 신분을 상실하는 것이 아니라, 일본인 신분을 겸하여 취득한다는 본 판결은 유사한 사례에 대한 우리 법원의 일반적 태도와 상충되는 예외적 판단이다.

4. 북한적자의 한국 국적 인정

16-19. 북한적 중국동포의 주민등록
(서울고등법원 1994. 2. 3. 93구15146 판결. 주민
등록직권말소처분무효확인. 원고: 한○숙. 피고:
서울특별시 영등포구 당산2동장)

[사안: 이 사건 원고는 중국 상해에서 태어나
북한국적자로 등록되어 중국에서 생활하던 자이
다. 1988년 중국내 대우 현지 공장에 취업이 인연
이 되어 1988년 12월 한국으로 입국하게 되었다.
입국 후 부모의 호적을 찾아 자신을 입적했고, 이
를 바탕으로 1989년 7월 19일 주민등록증도 발급
받았다. 이 사건은 북한적자가 국내로 와서 주민
등록증을 발급받고 정착하게 된 사례로 국내에서
화제가 되었다. 중국과의 국교가 개설되기 이전인
당시 정부는 이 사건이 대중국 관계개선에 악영
향을 끼치지 않을까 우려했다. 마침 원고의 주민
등록 신고시 거주용 여권의 무효확인서가 첨부되
지 않고, 여행용 여권의 무효확인서만 첨부된 위
법사실이 있었다. 이를 빌미로 담당동장은 주민등
록법 제17조의 2에 따라 1990년 1월 24일 원고의
주민등록을 직권말소시켰다. 담당 직원은 원고에
게 주민등록증을 반납하라고 요구했으나, 원고는
이를 거부했다. 이러한 사실이 보도되자 원고는
변호사의 조력을 얻어 주민등록 말소처분 무효를
주장하는 본 소송을 제기했다. 이 소송은 형식상
주민등록 말소의 적법성을 다투는 외관을 띠고
있었으나, 실질적 쟁점은 제3국 거주 북한적자의
국적 판단문제였다. 이 점에 관해 재판부는 북한
적자의 국적은 당연히 대한민국 국민을 전제로
내국인에게만 적용되는 주민등록법의 절차문제를
다루고 있다. 최종적으로는 주민등록 말소 처분은
당연무효가 아니라는 원고 패소 판결이 내려졌으
나, 내용적으로 원고가 확인받고 싶었던 사실은
자신의 한국국적이었다는 점에서 실질적으로는
패소가 아닌 셈이었다.]

"원고는 중국에 거주하는 재외국민으로 1988년
경 주식회사 대우의 초청으로 귀국한 후 1989. 7.
14. 관할동장인 피고에게 여행용 여권증명서의
무효확인서를 제출, 주민등록 신고를 하여 주민등
록이 되었다. 주민등록은 주민의 거주관계를 파악
하고 상시로 인구의 동태를 명확히 하여 행정사
무의 적정하고 간이한 처리를 도모하기 위하여
30일 이상 거주할 목적으로 그 관할구역 안에 주
소 또는 거소를 가진 자를 등록하게 하는 것으로
서 원고와 같은 재외국민의 경우 해외에 거주하
면서 일시 귀국하여 국내에 사실상 30일 이상 일
정한 장소에 머무른다 하더라도 그것이 거주의
목적이 아니라 여행 또는 체류의 목적이라면 주
민등록의 대상에서 제외되는 것이라 할 것이며,
피고가 1990. 1. 24. 원고의 주민등록 신고시 거
주용 여권의 무효확인서를 첨부하지 아니하고 여
행용 여권의 무효확인서를 첨부하는 위법이 있었
다고 하여 원고의 주민등록을 말소한 이 사건 처
분의 취지는 그와 같이 거주용 여권 무효확인서
를 제출하지 아니하고 여행용 여권의 무효확인서
만을 제출한 것은 국내거주의 목적이 없었던 것
으로서 주민등록의 대상이 되지 아니하는 것이어
서 위법한 주민등록 신고라는 이유로 그 주민등
록을 말소한 것으로 풀이되는바, 원고의 주민등록
신고가 우법한 것이었고 따라서 피고의 주민등록
말소처분이 적법한 것이었는지의 여부는 원고에
게 국내거주의 목적이 있었는지 여부에 따라 판
가름 나는 것이고 거주용 여권의 무효확인서를
제출하지 아니한 사정은 단지 원고에게 국내거주
의 목적이 있었는지의 여부를 판단함에 있어 하
나의 자료가 되는 데에 불과한 것이어서 원고가
거주용 여권 무효확인서를 제출하지 아니하였다
하더라도 국내거주의 목적이 있었다면 원고의 주
민등록 신고는 적법하고 피고의 말소처분은 위법
한 것이 될 것이기는 하나 그러한 하자는 중대하
고 명백한 것으로는 보이지 아니하므로 이 사건
처분을 당연 무효케 하는 것이라고는 할 수 없

다." (출처 판결문 사본 입수)

16-19-1. 위 상고심
(대법원 1994. 8. 26. 94누3223 판결)

"원심판결 이유에 의하면 원심은, 중국에 거주하는 재외국민인 원고가 1988년경 귀국한 후 1989. 7. 14. 관할동장인 피고에게 여행증명서의 무효확인서를 제출, 주민등록신고를 하여 주민등록이 되었는데, 피고가 1990. 1. 24. 원고의 주민등록 신고시 거주용여권의 무효확인서를 첨부하지 아니하고 여행용여권의 무효확인서를 첨부하는 위법이 있었다고 하여 원고의 주민등록을 말소하는 이 사건 처분을 한 사실을 인정한 다음, 이 사건 처분이 주민등록법 제17조의 2에 규정한 최고, 공고의 절차를 거치지 아니하였다 하더라도 그러한 하자는 중대하고 명백한 것이라고 할 수 없어 처분의 당연무효사유에 해당하는 것이라고는 할 수 없고, 한편 원고의 주민등록신고가 위법한 것이었고, 따라서 피고의 이 사건 처분이 적법한 것이었는지 여부는 원고에게 국내거주의 목적이 있었는지 여부에 따라 판가름 나는 것이고 거주용여권의 무효확인서를 제출하지 아니한 사정은 단지 원고에게 국내거주의 목적이 있었는지의 여부를 판단함에 있어 하나의 자료가 되는 데에 불과한 것이어서 원고가 거주용여권의 무효확인서를 제출하지 아니하였다 하더라도 국내거주의 목적이 있었다면 원고의 주민등록신고는 적법하고 피고의 이 사건 처분은 위법한 것이 될 것이기는 하나 그러한 하자는 중대하고 명백한 것으로는 보여지지 아니하므로 이 사건 처분을 당연무효케 하는 것이라고는 할 수 없다고 판단하였는바, 기록과 관계증거 및 법령의 규정내용을 종합하여 보면 원심의 위 인정판단은 옳고, 거기에 소론과 같은 법리오해의 위법이 있다고 할 수 없다." (출처: 법원공보 제977호(1994. 10. 1.), 2547쪽)

16-20. 북한적 중국동포의 국적
(서울고등법원 1995. 12. 8. 94구16009 판결. 강제퇴거명령처분무효확인등. 원고: 이○순. 피고: 서울외국인보호소장)

[사안: 원고는 1937. 3. 17. 강원도 화천에서 출생하여 북한지역에 거주하던 중 6.25 사변시 부모를 잃었다. 1960년 중국으로 건너가 거주하다가 1977. 8. 25. 중국 주재 북한대사관으로부터 해외공민증을 발급받았고, 중국정부로부터는 외국인거류증을 발급받아 생활했다. 1979년 한국계 중국인과 혼인했다. 1992년 돈을 벌 목적으로 남편과 함께 한국으로 오기로 결심해 1992. 7. 13. 중국정부로부터 중국 여권을 발급받아 1992. 9. 1. 남편과 함께 30일 방문목적 사증을 받아 한국으로 왔다. 1993. 11. 23. 남편이 사고로 한국에서 사망했다. 그 후 고향인 화천에서 숙모와 4촌 형제를 만나자, 한국에서 살기로 결심하여 1994. 4. 9. 남대문경찰서를 찾아가 북한적임을 밝히고 귀순의사를 알렸다. 그러나 경찰은 그녀가 중국여권 소지자이므로 체류기간 위반을 이유로 신병을 서울출입국관리사무소로 인계했다. 이후 강제퇴거명령을 받자, 처분무효소송을 제기했다.]

"3. 처분의 적법 여부

가. 원고는 먼저, 자신은 대한민국 영역 내인 강원 화천군에서 대한민국 국민을 부모로 하여 출생한 대한민국 국민으로서 강제퇴거명령의 대상자인 외국인이 아니므로 이 사건 강제퇴거명령 및 보호명령을 법률의 근거가 없는 처분으로서 당연무효이고, 설사 당연무효가 아니라도 위법한 것으로서 취소되어야 한다고 주장한다.

살피건대, 원고가 체류자격과 체류기간을 위반하였음은 이미 앞에서 본 바와 같고, 출입국관리법 제46조는 강제퇴거명령의 대상자를 외국인으로 한정하고 있고 또한 위 보호명령은 강제처분명령이 적법한 것임을 전제로 하는 것이어서, 만일 원고가 대한민국 국민이라면, 설사 그가 중국여권을 소지하고 입국하였고 체류자격과 체류기간을 위반하였다 하더라고 출입국관리법 제46조에 의한 강제퇴거의 대상자가 될 수 없고 따라서 위 보호명령의 대상자가 될 수도 없는 것이므로, 과연 원고가 외국인인지의 점에 대하여 살피기로 한다.

나. 남조선과도정부 법률 제11호 국적에관한임시조례 제2조 제1호는 조선임을 부친으로 하여 출생한 자는 조선의 국적을 가지는 것으로 규정하고 있고 제헌헌법 현행법령은 이 헌법에 저촉되지 아니하는 한 효력을 가진다고 규정하고 있는바, 그렇다면 원고는 조선인인 위 소외 1을 부친으로 하여 출생함으로써 위 임시조례의 규정에 따라 조선국적을 취득하였다가 1948. 7. 17. 제헌헌법의 공포와 동시에 대한민국의 국적을 취득하였다 할 것이고, 설사 앞에서 본 바와 같이 원고가 북한법의 규정에 따라 북한의 국적을 취득하여 1977. 8. 25. 중국 주재 북한대사관으로부터 북한의 해외공민증을 발급받은 자라 하더라도, 북한지역 역시 대한민국의 영토에 속하는 한반도의 일부를 이루는 것이어서 대한민국의 주권이 미칠 뿐이고 대한민국의 주권과 부딪치는 어떠한 국가단체나 주권을 법리상 인정할 수 없는 점에 비추어 볼 때, 이러한 사정은 원고가 대한민국의 국적을 취득하고 이를 유지함에 있어 아무런 영향을 끼칠 수 없다 할 것이다.

다. 다만, 이처럼 원고가 대한민국 국적을 취득하고 중국정부로부터 외국인거류증의 유효기간을 연장받은 1992. 3. 1.까지 이를 유지하고 있었던 점에 관하여는 의문의 여지가 없으나, 원고가 대한민국에 입국할 때 중국국적을 취득한 자에게만 발급되는 것이 원칙인 중국여권을 소지하고 입국하였음이 이미 앞에서 본 바와 같으므로, 원고가 위 1992. 3. 1. 중국정부로부터 외국인거류증의 연장을 받은 이후 1992. 7. 13. 중국정부로부터 중국여권을 발급받기 이전까지의 기간 동안 중국국적을 취득한 것은 아닌지 하는 의심이 가고 피고 또한 이를 근거로 원고가 중국국적을 가졌다

고 주장하고 있으며, 한편 대한민국의 국적을 상실하는 것으로 규정하고 있으므로, 과연 원고가 소지하고 있던 중국여권이 원고가 위 1992. 3. 1. 이후 중국국적을 취득함으로써 정당하게 발급된 것인지의 점에 대하여 살피기로 한다.

라. [···] 살피건대, 만일 원고가 중국국적을 취득하여 정당하게 중국여권을 발급받은 것이라면, 남편인 위 소외 4가 사망하여 합의금을 수령하려 하였을 당시 위 소외 5가 원고의 국적을 문제로 삼아 자신이 정당한 합의금 수령권자라고 주장할 수가 없었을 것으로 보일 뿐 아니라, 원고로서도 그 아들인 위 소외 7에게 연락을 할 때 중국국적을 취득하였다면 당연히 발급받았을 것으로 보이는 증명서(중국국적법 제16조가 규정하고 있다)를 보내달라고 부탁하지 않고 오히려 중국 주재 북한대사관으로부터 발급받은 해외공민증 및 중국정부로부터 발급받은 외국인거류증을 보내달라고 부탁하였을 리가 없었을 것으로 보이며, 대한민국 주재 중국대사관으로서도 위와 같이 확인하기 쉬운 조회에 대하여 아직까지 회답을 하지 못할 어떠한 이유가 있을 것으로 보이지도 아니한다.

여기에 나아가 원고의 남편인 위 소외 4의 경력으로 보아 기강이 해이해진 중국의 공무원들에게 부탁하여 부정한 방법으로 원고의 중국여권을 발급받기가 어렵지는 아니하였다고 보여지는 점까지 덧붙여 판단하면, 원고가 소지하고 있던 중국여권이 원고가 중국국적을 취득함으로써 정당하게 발급받은 것이라고 인정하기는 어렵고, 오히려 원고가 소지한 중국여권은 위 소외 4가 중국의 관계 공무원들에게 금품을 제공하고 부정하게 발급받은 것이라고 인정함이 상당하다 할 것이므로, 원고가 이처럼 부정하게 발급받은 위 중국여권을 소지하고 있었다는 점 하나만으로써 원고가 중국국적을 취득하였다고 볼 수는 없다 할 것이다.

마. 그렇다면, 원고는 여전히 대한민국 국민으로서 지위를 가진다고 할 것이므로, 원고에 대한 위 강제퇴거명령은 외국인이 아닌 대한민국 국민

에 대하여 행하여진 것으로서 위법하다 할 것이고, 위 강제퇴거명령이 적법함을 전제로 위 강제퇴거시까지 원고를 보호하도록 하는 위 명령 역시 위법하다할 것인 바 […]." (출처: 하급심 판례집 1995년 제2집, 487쪽)

16-20-1. 위 상고심
(대법원 1996. 11. 12. 96누1221 판결)

"원심판결 이유에 의하면 원심은 거시 증거에 의하여 […] 원고는 중국에 거주하던 1977. 8. 25. 중국 주재 북한대사관으로부터 해외공민증을 발급받았고 1987. 3. 1.에는 중국정부로부터 유효기간을 1992. 3. 1.까지로 하는 외국인거류증을 발급받았으며, 1992. 3. 1.에는 외국인거류증의 유효기간을 1997. 3. 1.까지로 연장받은 사실을 인정한 다음, 남조선과도정부법률 제11호 국적에관한임시조례 제2조 제1호는 조선인을 부친으로 하여 출생한 자는 조선의 국적을 가지는 것으로 규정하고 있고, 제헌헌법은 제3조에서 대한민국의 국민되는 요건을 법률로써 정한다고 규정하면서 제100조에서 현행 법령은 이 헌법에 저촉되지 아니하는 한 효력을 가진다고 규정하고 있는바, 원고는 조선인인 위 소외 1을 부친으로 하여 출생함으로써 위 임시조례의 규정에 따라 조선국적을 취득하였다가 1948. 7. 17. 제헌헌법의 공포와 동시에 대한민국 국적을 취득하였다 할 것이고, 설사 원고가 북한법의 규정에 따라 북한국적을 취득하여 1977. 8. 25. 중국 주재 북한대사관으로부터 북한의 해외공민증을 발급받은 자라 하더라도 북한지역 역시 대한민국의 영토에 속하는 한반도의 일부를 이루는 것이어서 대한민국의 주권이 미칠 뿐이고, 대한민국의 주권과 부딪치는 어떠한 국가단체나 주권을 법리상 인정할 수 없는 점에 비추어 볼 때 이러한 사정은 원고가 대한민국 국적을 취득하고, 이를 유지함에 있어 아무런 영향을 끼칠 수 없다고 판단하였다.

기록과 관계 법령의 규정에 비추어 보면 원심

의 위 사실인정 및 판단은 정당하고, 거기에 소론과 같이 국적법에 관한 법리를 오해한 위법이 있다고 할 수 없다. […]

원심판결 이유에 의하면 원심은 원고가 대한민국에 입국할 때 중국국적을 취득한 자에게만 발급되는 것이 원칙인 중국여권을 소지하고 입국하였으므로, 원고가 1992. 3. 1. 중국정부로부터 외국인거류증의 연장을 받은 이후 1992. 7. 13. 중국정부로부터 중국여권을 발급받기 이전까지의 기간 동안 중국국적을 취득한 것은 아닌지 의심이 가고, 피고 또한 이를 근거로 원고가 중국국적을 가졌다고 주장하고 있으며, 국적법 제12조는 대한민국의 국민으로서 자진하여 외국의 국적을 취득한 자는 대한민국의 국적을 상실하는 것으로 규정하고 있으므로, 과연 원고가 소지하고 있던 중국여권이 원고가 1992. 3. 1. 이후 중국국적을 취득함으로써 정당하게 발급된 것인지의 점에 대하여 살피기로 한다고 전제하고 나서, 거시 증거에 의하여 원고는 함께 입국한 한국계 중국인인 남편 소외 4가 1993. 11. 23. 취객에게 맞아 사망하였을 당시 가해자측과의 합의금 수령 문제로 원고가 위 소외 4와의 부부관계인 사실을 입증할 필요가 있어 중국에 거주하는 위 소외 4의 전처의 딸인 소외 5에게 원고가 위 소외 4와 결혼하였음을 증명하는 결혼증명을 보내줄 것을 부탁하였는데, 위 소외 5는 원고가 중국국적을 보유하고 있지 않기 때문에 위 합의금의 정당한 수령권자가 될 수 없고 중국국적을 보유하고 있는 직계비속인 자신이 위 합의금의 정당한 수령권자라고 주장하면서 원고의 부탁을 거절하고 그 남편인 소외 6과 함께 1994. 2. 3. 대한민국에 입국한 사실, 그러자 원고는 다시 중국에 거주하는 친아들 소외 7에게 연락하여 원고가 위 소외 4와 결혼하였음을 증명하는 결혼증명과 함께 중국 주재 북한대사관으로부터 발급받은 해외공민증 및 중국정부로부터 발급받은 외국인거류증을 우편으로 전달받은 후, 위 소외 5와 함께 대한민국 주재 중국

영사관에 찾아가 위 합의금의 정당한 수령권자가 누구인지에 대하여 유권해석을 구하여 상 모 영사로부터 원고가 국적에 불구하고 배우자의 자격에서 합의금을 수령할 수 있다는 유권해석을 받아 가까스로 위 합의금을 수령할 수 있었던 사실, 위 소외 4는 중국에서 공무원으로 33년간 근무하다가 1991. 1. 8. 안도현 재정국 경리부장으로 정년퇴직하였으므로, 여권발급 권한이 있는 공안책임자 등에게 청탁하여 부정한 방법으로 중국여권을 발급받기가 용이하였다고 보이는 사실, 한편 법무부에서는 1994. 4. 15.자로 대한민국 주재 중국대사관에 대하여 원고의 국적을 조회하였고, 같은 달 26.자로 원고가 중국 거주허가를 받았는지의 점에 관하여도 조회를 하였는데, 위 중국대사관에서는 위 조회일로부터 1년 반이 넘은 원심 변론종결시까지도 아무런 회답이 없는 사실을 인정한 다음, 원고가 소지하고 있던 중국여권이 원고가 중국국적을 취득함으로써 정당하게 발급받은 것이라고 인정하기 어렵고, 오히려 위 중국여권은 원고의 남편인 소외 4가 중국의 관계공무원들을 통하여 부정하게 발급받은 것이라고 인정함이 상당하다고 할 것이므로, 원고가 이처럼 부정하게 발급받은 위 중국여권을 소지하고 있었다는 점 하나만으로 원고가 중국국적을 취득하였다고 볼 수는 없고, 따라서 원고는 여전히 대한민국 국민으로서의 지위를 가진다고 판단하였다.

기록과 위에서 본 법리에 비추어 살펴보면 원심의 위 사실인정 및 판단은 정당하고, 거기에 소론과 같이 출입국관리법 제46조 소정의 외국인의 입증책임에 관한 법리를 오해하였다거나 심리를 제대로 하지 아니한 위법이 있다고 할 수 없다. 논지도 이유 없다." (출처: 대법원 판례집 제44권 2집(특별), 703쪽)

[해설] 이 판결은 우리 법원이 북한적자도 대한민국 국민을 확인한 사례로 화제가 되었으나, 재판 과정에서의 핵심쟁점은 중국 여권으로 입국했던 원고가 과연 실제로는 북한적자인가 여부였다. 그가 북한적자임이 확인된다면 출입국 당국도 그를

외국인으로 퇴거강제시킬 수 없다는데 이의가 없었다. 즉 북한적자는 대한민국 국민이라는 사실은 당연의 전제로 재판이 진행되었다.

평석 배병호, 북한국적 주민에 대한 강제퇴거명령의 적법성, 행정판례연구 제4집(박영사, 1999). 장명봉, 영토조항을 근거로 북한주민도 한국국민으로 본 대법원판결(96누1221, 이영순 사건)에 대한 평가, 헌법학연구 제3권(1997).

16-21. 북한적자의 대한민국 국적
(서울행정법원 2010. 11. 26. 2010구합38899 판결)

[사안: 원고의 부(父)는 북한지역 출신으로 일제에 의해 징용되었다가 부상을 당해 귀국했고 1950년대 북한에서 사망했다고 알려져 있다. 6.25 무렵 혼자 월남한 원고는 「대일항쟁기 강제동원 피해조사 및 국외강제동원 희생자 등 지원에 관한 특별법」(강제동원조사법)에 따른 보상금을 청구했다. 이 법은 1938년 4월 1일부터 1945년 8월 15일 사이에 일제에 의하여 군인·군무원 또는 노무자 등으로 국외로 강제동원되어 그 기간 중 또는 국내로 돌아오는 과정에서 사망하거나 행방불명된 사람 또는 대통령령으로 정하는 부상으로 장해를 입은 국외강제동원 희생자 또는 그 유족에게 일정한 위로금 등을 지원하도록 규정하고 있으나(제2조, 제4조), 그 지원 제외대상의 하나로 '대한민국의 국적을 갖고 있지 아니한 사람'(제7조 제4호)을 들고 있다. 원고는 부가 순수한 북한적자라는 이유로 지원이 거부되었다.]

"(가) 특별법 제7조 제4호는 대한민국의 국적을 갖고 있지 아니한 사람에게는 특별법 제4조에 의한 위로금을 지급하지 아니하도록 규정하고 있으므로, 북한지역에 거주하다 사망한 위 망인이 대한민국 국적자인지 여부에 관하여 본다.

헌법 제2조 제1항은 대한민국의 국민이 되는 요건은 법률로 정하도록 하고 있고, 이에 따라 제정된 국적법 제2조에 의하면 출생 당시에 부 또는 모가 대한민국의 국민인 자는 출생에 의하여 대한민국의 국적을 취득하도록 규정하고 있으며, 한

편 헌법 제3조는 대한민국의 영토는 한반도와 그 부속도서로 한다고 규정하고 있다.

또한 제헌헌법은 제3조에서 대한민국의 국민되는 요건을 법률로써 정한다고 규정하면서 제100조에서 현행 법령은 이 헌법에 저촉되지 아니하는 한 효력을 가진다고 규정하고 있었는데, 남조선과도정부법률 제11호 국적에관한임시조례([…]) 제2조 제1호는 조선인을 부친으로 하여 출생한 자는 조선의 국적을 가지는 것으로 규정하고 있다.

(나) 위 대한민국의 국적의 취득에 관한 관계법령을 전제로 위 인정사실에 의하면, 망인은 제헌헌법 당시 조선인을 부모로 하여 출생함으로써 임시조례의 규정에 따라 조선국적을 취득하였다가 1948. 7. 17. 제헌헌법의 공포와 동시에 대한민국 국적을 취득하였다 할 것이고, 현행법령에 의하더라도 망인은 대한민국의 국적자라고 할 것이며, 설사 망인이 북한법의 규정에 따라 북한국적을 취득하였다고 하더라도 북한지역 역시 대한민국의 영토에 속하는 한반도의 일부를 이루는 것이어서 대한민국의 주권이 미칠 뿐이고, 대한민국의 주권과 부딪치는 어떠한 국가단체나 주권을 법리상 인정할 수 없는 점에 비추어 볼 때 이러한 사정은 망인이 대한민국 국적을 취득하고, 이를 유지함에 있어 아무런 영향을 끼칠 수 없다(대법원 1996. 11. 12. 선고 96누1221 판결 참조). 따라서 망인은 국적법상 대한민국 국적자라고 할 것이다. […]

따라서, 망인이 대한민국의 국적을 갖고 있지 아니하다는 이유로 원고의 위로금 신청을 기각한 이 사건 처분은 위법하다." (출처: 미간, 법원도서관 종합법률정보)

16-21-1. 위 상고심[2]
(대법원 2016. 1. 28. 2011두24675 판결)

"1. […] 강제동원조사법은 1965년에 체결된

---

2) 항소심인 서울고등법원 2011. 9. 8. 2010누46182 판결(미간, 법원도서관 종합법률정보)은 1심 판결을 그대로 수용하고 국적에 관해 새로운 설시가 없으므로 수록을 생략한다.

「대한민국과 일본국 간의 재산 및 청구권에 관한 문제의 해결과 경제협력에 관한 협정」과 관련하여 국가가 태평양전쟁 전후 국외강제동원 희생자와 그 유족 등에게 인도적 차원에서 위로금 등을 지원함으로써 이들의 고통을 치유하고 국민화합에 기여함을 목적으로 제정된 것으로서, 이러한 입법 취지와 위 법의 제정 경위, 위로금 등의 구체적인 지원대상 및 그 내용 등과 함께, ① 위 법은 태평양전쟁이라는 특수한 상황에서 일제의 강제동원으로 인한 피해를 입은 사람과 그 유족이 입은 고통을 치유하기 위하여 인도적 차원에서 위로금 등을 지원하려는 것일 뿐 피해자나 유족들이 받은 손해를 보상 또는 배상하는 것이 아니고, 그와 같은 지원의 범위와 대상 등을 정함에 있어서는 입법자에게 제반 사정을 고려한 형성의 자유가 인정되므로(헌법재판소 2015. 12. 23. 선고 2011헌바139 결정 등 참조), 그 위로금의 지급 대상이 반드시 위 협정의 적용대상과 일치하여야 한다고 볼 수 없는 점, ② 우리 헌법이 대한민국의 영토는 한반도와 그 부속도서로 한다는 영토조항을 두고 있는 이상 대한민국 헌법은 북한 지역을 포함한 한반도 전체에 그 효력이 미치는 것이므로 북한 지역도 당연히 대한민국의 영토가 되고, 북한주민 역시 일반적으로 대한민국 국민에 포함된다고 보아야 하는 점, ③ 강제동원조사법은 위로금 지원 제외대상을 '대한민국 국적을 갖지 아니한 사람'으로 정하고 있을 뿐, 북한주민을 그 지원 대상에서 제외하는 명시적인 규정을 두고 있지 않은 점, ④ 일제에 의한 강제동원으로 인한 피해를 입은 사람 등의 고통을 치유하고자 하는 위 법의 입법 목적에 비추어 그 적용 범위를 남북분단과 6·25등으로 그 의사와 무관하게 북한정권의 사실상 지배 아래 놓이게 된 군사분계선 이북 지역의 주민 또는 그의 유족을 배제하는 방향으로 축소 해석할 이유가 있다고 볼 수 없는 점 등을 종합하여 보면, 북한주민은 강제동원조사법상 위로금 지급 제외대상인 '대한민국 국적을 갖

지 아니한 사람'에 해당하지 않는다고 보는 것이
타당하다.

2. 원심은 제1심판결 이유를 인용하여, 망인이
1943. 5. 1. 일제에 의해 일본지역에 노무자로 강
제동원되었다가 1945년 이후 북한 지역으로 돌아
온 후 6·25 당시 북한 지역에 남게 된 사실을 인
정한 다음, 대한민국 헌법 제정 당시 시행 중이던
남조선과도정부법률 제11호 국적에 관한 임시조
례 제2조 제1호, 제2호는 조선인을 부친으로 하여
출생한 자는 조선의 국적을 가지는 것으로 규정
하고 있고, 제헌헌법은 제3조에서 대한민국의 국
민이 되는 요건을 법률로써 정한다고 규정하면서
제100조에서 현행 법령은 이 헌법에 저촉되지 아
니하는 한 효력을 가진다고 규정하고 있으므로,
제헌헌법 공포 당시 조선인을 부모로 하여 출생
하는 등의 요건을 갖추어 위 임시조례의 규정에
따라 조선국적을 취득한 사람은 1948. 7. 17. 제
헌헌법의 공포와 동시에 대한민국 국적을 취득하
였다고 할 것이고, 설령 망인이 북한법의 규정에
따라 북한국적을 취득하였다고 하더라도 북한 지
역 역시 대한민국의 영토에 속하는 한반도의 일
부를 이루는 것이어서 대한민국의 주권이 미치므
로 그러한 사정은 망인이 대한민국 국적을 취득
하고 이를 유지하는 데 영향을 미칠 수 없다는 이
유로, 망인이 이 사건 특별법상 위로금 지급 제외
대상인 '대한민국의 국적을 갖지 아니한 사람'에
해당함을 전제로 한 이 사건 처분이 위법하다고
판단하였다.

앞서 본 법리에 비추어 보면 원심의 이러한 판
단은 정당하고, 거기에 강제동원조사법상의 위로
금 지원 제외대상 등의 해석에 관한 법리를 오해
한 위법이 없다." (출처: 판례공보 제458호(2016. 3.
1.), 358쪽)

5. 중국·일본·사할린 동포의 국적

16-22. 중국적 동포의 한국 국적 보유 여부
**(헌법재판소 2006. 3. 30. 2003헌마806 결정. 입법
부작위 등 위헌확인)**

"가. 사건의 개요

청구인 이○구는 1938. 2. 28. 부산에서 출생한
후 중국으로 이주하여 흑룡강성 연수현에서 생활
하다가 1992년경 대한민국에 입국한 이래 현재까
지 불법체류중인 중국동포로서 2003. 11. 13. 대
한민국 법무부에 국적회복허가신청을 제출한 자
이며 [⋯]

[청구인들의 주장 요지는 다음과 같다 – 필자 주]
청구인은 해방 전에 조선인을 부친으로 하여 출
생한 중국동포로서 1945. 5. 11. 남조선과도정부
법률 제11호로 제정된 국적에관한임시조례 제2조
제1호의 "조선인을 부친으로 하여 출생한 자는
조선의 국적을 가진다."는 규정에 따라 조선국적
을 취득하였다가 1948. 7. 17. 제헌헌법에 따라
대한민국국적을 취득하였다.

또한 1948. 12. 20. 제정된 국적법 제12조는
"자진하여 외국의 국적을 취득한 자"(제4호) 또는
"이중국적자로서 법무부장관의 허가를 얻어 국적
을 이탈한 자"(제5호)에 한하여 국적을 상실하는
것으로 규정하였으며, 현행 국적법 제15조 제1항
도 "대한민국의 국민으로서 자진하여 외국 국적
을 취득한 자는 그 외국 국적을 취득한 때에 대한
민국의 국적을 상실한다."고 규정하고 있다. 따라
서 청구인들은 '자진하여' 중국 국적을 취득한 것
이 아니므로 대한민국 국적을 상실하지 아니하여
중국 국적과 대한민국 국적을 보유한 이중국적자
에 해당한다. [고 주장했다 – 필자 주] [⋯]

(2) 중국동포의 법적 지위

국적의 선택은 그 개념상 이중국적의 가능성을
전제로 한다. 따라서 과연 청구인들과 같은 중국
동포들이 이미 중국국적을 취득했음에도 불구하

고 여전히 대한민국의 국적을 보유하고 있는지 여부를 먼저 살핀다.

㈎ 정부의 입장

1992년 8월 한중수교가 이루어지기 이전인 1988년 노태우 대통령의 이른바 '7·7선언'을 계기로 1980년대 후반 무렵부터 극소수이지만 독립유공자 후손을 비롯한 일부 중국동포들의 한국방문 또는 영주귀국이 이루어지기 시작하였다. 당시는 중국과 정식으로 수교가 이루어지지 않아서 중국 국적을 인정할 수 없었던 관계로 한국으로 입국하는 중국동포들에 대하여는 중국여권이 아닌 우리 정부가 발급한 "여행증명서"로 입국하도록 하였고, 영주를 목적으로 귀국한 독립유공자 후손들에 대하여 한국국적을 부여함에 있어서는 중국국적을 전제로 한 국적변경절차 대신 한국국적을 계속 보유하고 있던 자로서 "국적판정"을 하는 등 당시 시대상황에 따라 예외적 조치를 취하였다. 그러다가 1992년 한중수교에 따라 중국동포를 중국 국적을 보유한 중국공민으로 보게되었다. 이와 같이 정부는 출입국관리사무나 국적사무와 관련하여 중국 국적 동포들을 중국 국적만을 보유한 중국인으로 취급하고 있다.

㈏ 대법원과 헌법재판소의 입장

대법원은 1998. 9. 18. 선고한 98다25825 손해배상 사건에서 중화인민공화국 흑룡강성에서 거주하다가 국내에 입국한 조선족 김 아무개 씨에 대하여 "일시적으로 국내에 체류한 후 장래 출국할 것이 예정되어 있는 외국인"이라고 판시하였고(공1998하, 2521), 헌법재판소도 2001. 11. 29. 선고한 소위 '재외동포법' 헌법소원 사건에서 중국동포들은 중국국적의 "외국인"이라는 점을 전제로 판단하였다(헌재 2001. 11. 29. 99헌마494, 판례집 13-2, 714, 723-724).

㈐ 소결

이상 살펴본 바와 같이 정부와 대법원 및 헌법재판소는 중국동포를 중국 국적만을 보유한 "외국인"으로 보고 있다. 그러나 청구인들은 1997년 전문개정된 국적법 제12조 내지 제14조, 부칙 제5조 등은 출생이라는 사유 또는 자진하여 이중국적자가 된 자들의 일반적 이중국적 해소에 관하여 규율하고 있을 뿐이므로, 중국동포와 같이 특수한 국적상황에 있는 자들의 이중국적 해소 또는 대한민국 국적 선택의 요건과 절차에 관한 입법이라고 볼 수 없다고 주장한다. 그러므로 이하에서는 우리 헌법상 중국동포와 같이 특수한 국적상황에 있는 자들의 이중국적 해소 또는 대한민국 국적 선택의 요건과 절차에 관한 법률의 제정 또는 조약체결의 의무가 인정되는지 여부를 살펴 보기로 한다. […]

청구인들과 같은 중국동포들의 현재의 법적 지위는 일반적으로 중국 국적을 가진 외국인으로 보고 있고, 가사 중국동포들은 어쩔 수 없이 중국 국적을 취득한 것이므로 당시 그들의 중국 국적 취득에도 불구하고 대한민국 국적을 상실한 것이 아니라고 보는 경우에도, 1997년 전문개정된 국적법은 국적선택 및 판정제도를 규정하고 있다. 즉, 이중국적자로서 대한민국의 국적을 선택하고자 하는 자는 만 22세가 되기 전까지 외국 국적을 포기한 후 법무부장관에게 대한민국의 국적을 선택한다는 뜻을 신고하여야 하고 그 때까지 국적을 선택하지 아니하는 경우에는 그 기간이 경과한 때에 대한민국의 국적을 상실한다(동법 제12조, 제13조). 다만, 동법 시행전에 대한민국의 국적과 외국 국적을 함께 가지게 된 자로서 만 20세 이상인 자는 동법의 시행일(1998. 6. 14.)로부터 2년 내에 대한민국 국적 선택의 신고를 하여야 한다(동법 부칙 제5조).

나아가, 법무부장관은 대한민국 국적의 취득 또는 보유 여부가 분명하지 아니한 자에 대하여 이를 심사한 후 판정할 수 있다(동법 제20조). 이와 같은 국적판정제도는 법무부예규인 "국적업무처리지침"에 기하여 중국 및 사할린 동포에 대하여 시행되다가 위와 같이 개정 국적법에서 실정화되어, 이들뿐만 아니라 한반도 및 그 부속도서에서 국외로 이주한 자와 그 비속으로서 출생 이력면에서는 대한민국 혈통으로 추정되면서도 혈통의 연원이나 대한민국 국적 취득경과의 입증이 어려운 사람 모두를 대상으로 한다.

따라서 청구인들의 주장과 같이 중국동포들이 대한민국과 중국의 이중국적을 갖고 있었다면 이들에게도 이러한 국적선택 및 국적판정의 기회가 주어진 것으로 볼 수 있다. 그럼에도 불구하고, 이와는 별도로 헌법 전문의 '대한민국임시정부 법통의 계승' 또는 제2조 제2항의 '재외국민 보호의무' 규정이 중국동포와 같이 특수한 국적상황에 처해 있는 자들의 이중국적 해소 또는 국적선택을 위한 특별법 제정의무를 명시적으로 위임한 것이라고 볼 수 없고, 뿐만 아니라 동 규정 및 그 밖의 헌법규정으로부터 그와 같은 해석을 도출해낼 수도 없다고 할 것이다."

재판관 조대현 일부 반대의견:

"청구인들을 비롯한 재중동포들도 재일동포나 재소련동포 등과 마찬가지로 조선인을 부친으로 하여 출생하는 등 임시조례상의 국적취득의 요건을 충족한다면, 1948. 7. 17. 제헌 헌법 공포와 동시에 대한민국의 국적을 취득하였다고 보아야 한다. 그리고 위와 같이 대한민국 국적을 취득한 재중동포의 자녀들 역시 혈통주의를 취한 우리 국적법에 따라 대한민국의 국적을 취득하였다고 할 것이다. 그리고 재중동포들은 이에 더하여 1949. 10. 1. '56개 민족 대가정'을 표방하는 중화인민공화국의 성립과 더불어 중국 국적도 취득하였다고 할 것이다.

우리 국적법은 자진하여 외국 국적을 취득하면 대한민국 국적을 상실한다고 규정하고 있다. 그러나 재중동포들은 일제의 수탈을 피하여, 또는 일제에 항거하기 위하여, 또는 일제의 만주이주정책에 의하여 조국을 떠나 중국에 정착한 뒤, 중국 공산당 정부에 의하여 일방적으로 중국 국민으로 인정된 것이고, 광복 후 분단과 한국전쟁, 냉전시대를 거치면서 장기간 왕래나 연락이 두절되고

대한민국 정부의 보호도 받지 못한 채 현지 주민으로 생활할 수밖에 없었으므로, 그들이 삶을 영위하기 위한 방편으로 중국 국적을 수용하고 장기간 생활하여 왔다든지, 광복 후에 조국으로 귀국하지 않았다든지, 중국 여권을 소지하고 대한민국을 방문하였다는 등의 사정을 내세워 그들이 자진하여 중국 국적을 취득하였다고 단정하기 어렵다고 할 것이다.

한편 1997. 12. 13. 법률 제5431호로 개정되어 1998. 6. 14.부터 시행된 국적법 제12조는 출생 기타 국적법의 규정에 의하여 만 20세가 되기 전에 대한민국의 국적과 외국 국적을 함께 가지게 된 이중국적자에 대하여는 만 22세가 되기 전까지, 만 20세가 된 후에 이중국적자가 된 사람에 대하여는 그때부터 만 2년 내에 하나의 국적을 선택하도록 국적선택의무를 부과한 후 국적선택의무를 이행하지 아니하면 대한민국 국적을 상실한다고 규정하였고, 국적법시행령 제16조는 위 국적법 제12조에서 말하는 '출생 이외의 사유에 의한 이중국적자'의 범위를 규정하였다.

그런데 1948. 7. 17.부터 1949. 9. 30. 사이에 제헌 헌법과 임시조례, 국적법에 따라 대한민국 국적을 취득한 후 1949. 10. 1. 중화인민공화국의 성립으로 중국 국적을 취득한 재중동포(즉 1949. 9. 30. 이전 출생자, 이하 '재중동포 1세대'라 한다)의 경우는 출생에 의하여 이중국적자가 된 것도 아니고 국적법시행령 제16조에서 정하는 사유로 이중국적자가 된 것도 아니어서 국적법상 국적선택의무가 없다고 할 것이므로, 국적선택을 하지 아니하였다는 이유로 대한민국 국적이 상실되지 않는다. 따라서 재중동포 1세대의 경우는 여전히 대한민국과 중국의 이중국적자이다.

그러나 재중동포 1세대의 자녀들(1949. 10. 1. 이후 출생자, 이하 '재중동포 2세대'라 한다)은 출생에 의하여 대한민국의 국적과 중국의 국적을 아울러 취득한 이중국적자로서 국적법상 국적선택의무가 있으므로, 국적법에서 정한 기간 내에 대

한민국과 중국 중 하나의 국적을 선택하지 아니하였다면 대한민국 국적을 상실하였다고 할 것이다." (출처: 헌법재판소 판례집 제18권 1집(상), 381쪽)

평석 최경옥, 중국동포와 한국국적취득의 문제점: 2003헌마806을 중심으로, 일감법학 제29호(2014).

16-23. 중국적 동포의 한국 국적 보유 여부
(서울행정법원 1998. 12. 23. 98구17882 판결(확정))

"1. 기초사실

[…]

가. 원고는 1941. 10. 24. 만주국 빈강성 주하현 하도촌 제7계에서 일제 치하에 만주로 이주한 조선인 아버지 옥금석, 어머니 이부애 사이에 출생하여 1949. 10. 1. 중화인민공화국의 건국과 함께 그 국적을 취득하였는데, 8 15 광복에 이은 남북분단 이후 국내에 거주한 바 없었으나 위 옥금석의 본적지인 경북 봉화군 소천면 임기리 88의 호적부에는 호주인 옥금석의 자로 등재되어 있었다.

나. 원고는 1994. 7. 7. 중화인민공화국 여권에 의하여 대한민국 법무부장관으로부터 입국사증(Visa C3)을 발급받아 같은 달 21. 인천항을 통하여 국내에 입국한 후 같은 달 29.과 같은 해 8. 25. 거듭 체류기간 연장허가를 얻어 국내에 체류하다가 같은 해 9. 30. 이후부터 허가 없이 국내에 있으면서 자신은 위 본적지 호적부에 등재되어 있어 대한민국 국적을 취득하는 데 문제가 없다고 생각하고 1996년경까지 처와 아들을 국내에 입국시킨 다음 본적지인 위 봉화면사무소를 통하여 국적취득에 필요한 절차를 밟음과 아울러 국적취득을 위하여 1997. 9. 12. 중국 국적을 포기하였다.

다. 그후 원고는 법무부장관으로부터 국적취득허가서를 발급받아야 한다는 위 봉화면사무소 담당자의 말에 따라 법무부에 국적취득허가절차에 관하여 문의하였으나 원고의 경우 중화인민공화국 거주 동포로서 국적취득허가를 할 수 있는 경우에 해당하지 않는다는 답변을 듣고는 국민고충

처리위원회에 자신의 국적취득에 관한 민원을 제기하여, 원고의 민원서류를 이첩받은 법무부장관으로부터 1998. 5. 13. 중화인민공화국 거주 동포의 국적취득에 관하여는 국가유공자와 그 친족 및 대한민국 국민으로 국내에 거주하는 직계존비속과의 결합을 원하는 자 등만을 대상으로 하고 있을 뿐이어서 현재로서는 원고가 국적을 취득할 수 있는 해당 조항이 없다는 취지의 회신을 받았다. […]

3. 본안에 관한 판단

가. 원고의 주장

원고는, 그가 중화인민공화국의 정책에 의하여 강제적으로 그 나라 국적을 취득하였으나 엄연히 과거 대한제국 국민의 후손임이 분명한 이상 미군정법령에 의하여 대한민국의 국민으로서의 지위를 당연히 취득하였다는 취지로 주장하면서 이 사건 소로써 그 확인을 구하고 있다.

나. 판단

그러므로 살피건대, 1948. 5. 11. 조선과도입법의원이 제정한 남조선과도정부법률 제11호 국적에관한임시조례 제2조 제1호는 조선인을 부친으로 하여 출생한 자는 조선의 국적을 가지는 것으로 규정하고 있었고, 제헌헌법 제3조는 대한민국의 국민되는 요건을 법률로써 정한다고 하면서 그 제100조에서 현행 법령은 이 헌법에 저촉되지 아니하는 한 효력을 가진다고 규정하고 있었으므로, 원고는 조선인인 위 옥금석을 부친으로 하여 출생함으로 말미암아 위 임시조례의 규정에 따라 조선국적을 취득하였다가 1948. 7. 17. 제헌헌법의 공포와 동시에 대한민국 국적을 취득하였다 할 것이다(대법원 1996. 11. 12. 선고 96누1221 판결 참조). 그러나 한편, 원고는 중화인민공화국의 건국과 함께 그 나라 국적을 취득함으로써 후천적으로 이중국적을 가지게 되었다고 할 것이고, 제헌헌법에 따라 1948. 12. 20. 법률 제16호로 제정된 국적법은 우리 국민이 자진하여 외국 국적을 취득하게 되면 우리 국적은 당연히 상실하는 것

으로 규정함으로써 국적에 관한 단일국적주의를 천명한 이래 수차례의 국적법 개정에도 불구하고 위 원칙은 그대로 유지되었고, 나아가 1997. 12. 13. 법률 제5431호로 전문 개정된 현행 국적법 제12조는 출생 기타 이 법의 규정에 의하여 만 20세가 되기 전에 대한민국의 국적과 외국 국적을 함께 가지게 된 자는 만 22세가 되기 전까지, 만 20세가 된 후에 이중국적자가 된 자는 그 때부터 2년 내에 하나의 국적을 선택하여야 한다고 규정하여 위 원칙을 더욱 강조하고 있음에 비추어 보면, 원고로서는 중화인민공화국의 국적을 취득함과 동시에 대한민국 국적을 상실하게 된 것이라고 봄이 상당하고 달리 그 이후 원고가 국적법이 정하는 국적회복 등의 절차를 통하여 대한민국의 국적을 회복하지 못한 이상 대한민국 국민으로서의 지위에 있다고 할 수는 없으므로 원고의 주장은 이유 없다.

  3. 결론

  그렇다면 원고는 현재 대한민국 국민이라고 할 수 없으므로 그 확인을 구하는 원고의 청구는 이유 없어 이를 기각하기로 하여 주문과 같이 판결한다."(출처: 서울국제법연구 제10권 2호(2003), 117쪽 이하)

16-24. 조선적 재일동포의 국적
  (서울행정법원 2012. 5. 4. 2012구합3217 판결)

[사안: 1947년부터 시작된 일본 당국의 외국인 등록에 있어서 재일동포의 국적난은 우선 "조선"으로 표기되었다. 여기서의 조선은 특정한 국적이라기 보다 조선반도 출신을 표시한다는 의미였다. 대한민국이 수립되고 한일 국교가 정상화됨으로써 다수의 재일동포는 국적 표기를 한국 또는 대한민국으로 변경하였다. 그러나 조총련계를 포함하여 아직도 재일동포의 일정 수는 일본 외국인 등록상 "조선" 표기를 고수하고 있다. 이 사건의 원고 최○○는 조총련 간부로 활약하며 북한여권을 소지하고 있는 재일교포로 과거 주일 한국 영사관에서 여행증명서를 발급받아 한국을 14회 방문한 사실이 있다. 2011년 12월 한국 방문을 위한 여행증명서를 다시 신청했으나 거부되었다. 이 거부처분 취소소송을 국내법원에 제기했는데, 법원의 판단과정에서 조총련계 교포 최○○의 국적이 무엇인가가 검토되었다.]

  "조선인을 부친으로 하여 출생한 자는 구「국적에 관한 임시조례」(1948. 5. 11. 군정법률 제11호로 제정, 이하 '임시조례'라고 한다) 제2조 제1호에 따라 조선국적을 취득하였다가 제헌헌법의 공포와 동시에 대한민국 국적을 취득하고(대법원 1996. 11. 23. 선고 96누1221 판결 참조), 다만 구 국적법(1997. 12. 13. 법률 제5431호로 개정되기 전의 것) 제12조 제4호가 정하는 바에 따라 '자진하여 외국의 국적을 취득'하는 경우에 국적을 상실하는바, 앞서 인정한 바에 의하면 원고는 광복 이전에 조선인을 부친으로 하여 출생하였고 그 후 외국 국적을 취득한 적도 없으므로 대한민국 국적을 보유하고 있다 할 것이다."(출처: 판결문 사본입수)

  [해설] 재판부는 원고가 한국 국적법상 한국 국민이며, 무국적자가 아니라고 전제했다. 조선적 재일동포에 대한 여행증명서 발급거부 처분의 취소를 구하는 이 판결은 원고 패소로 확정되었다. 이 판결의 상급심인 서울고등법원 2013. 3. 26. 2012누15304 판결과 대법원 2013. 12. 12. 2013두7216 판결에서는 조선적 동포의 국적에 대한 구체적 판단이 표시되지 않았다. 보다 구체적인 내용은 본서 17-9 수록분 참조.

16-25. 조선적 재일동포의 국적
(서울행정법원 2009. 12. 31. 2009구합34891 판결. 여행증명서발급거부처분취소. 원고: 정○환. 피고: 오사카총영사관총영사)

"가. 원고의 주장

  이 사건 처분의 표면적인 이유는 경찰청에서 신원증명이 되지 않았다는 것이나 그 실질적인 이유는 원고가 무국적자로서 대한민국 국적을 취득하기를 거부하였기 때문이다. 피고가 위와 같은 이유로 한 이 사건 처분은 여권법과 무국적자의 지위에 관한 협약을 위반하였고 나아가 불합리한 차별을 금지하는 헌법 제11조 등에 위반한 행위로서 위법할 뿐만 아니라 재량권을 일탈, 남용한 처분이다. […]

○ 판단

여권법 제12조 제1항 제4호는 국외에서 대한민국의 안전보장, 질서유지나 통일, 외교정책에 중대한 침해를 야기할 우려가 있는 일정한 경우에 여권의 발급을 거부, 제한할 수 있음을 규정하고 있고, 남북교류법 제9조의2 제3항은 통일부장관이 남북교류협력을 해칠 명백할 우려가 있거나 국가안전보장, 질서유지 또는 공공복리를 해칠 명백한 우려가 있는 경우에는 남북한 주민 접촉 신고의 수리를 거부할 수 있다고 규정하고 있으며, 앞서 본 무국적자의 지위에 관한 협약 제28조도 국가의 안전과 공공질서의 상당한 이유로 인하여 별도의 조치가 요구되는 경우를 무국적자에 대한 여행증명서 발급사유의 예외로 규정하고 있다.

위와 같은 제반 규정의 법리와 그 각 규정의 취지를 종합하여 보면, 원고와 같은 무국적자인 외국 거주 동포에게 남북교류법 제10조, 여권법 제14조 제1항에 따른 여행증명서를 발급하는 경우에도 국가의 안전보장과 질서유지 또는 공공복리를 해칠 우려가 명백하게 있는 사유가 있으면 피고에게 그 여행증명서 발급을 거부하거나 또는 제한할 수 있는 재량권이 있다고 봄이 상당하다. […]

원고가 이미 이전에도 여행증명서를 발급받아 여러 차례 대한민국을 방문해서 국제심포지엄에 참가하는 등의 학술 활동을 하였고 그 과정에서 국가의 안전보장과 질서유지 또는 공공복리를 해칠 우려가 있는 행위를 하였다는 점을 인정할 아무런 자료가 없는 점 등 이 사건 변론에 나타난 여러 사정을 고려하여 보면, 이 사건 처분 당시 원고에게 그 주장과 같은 국가의 안전보장 등에 대한 명백한 위험사유가 있었다는 피고의 주장은 받아들일 수 없다.

(4) 소결론

피고의 이 사건 처분은 그 처분사유가 존재하지 않거나 합리적인 재량권의 범위를 일탈, 남용한 처분이므로 위법하다." (출처: 미간, 법원도서관 종합법률정보)

16-25-1. 위 항소심

(서울고등법원 2010. 9. 28. 2010누3536 판결)

"㈐ 이와 같이 남북교류법은 무국적의 외국 거주 동포가 남한에 왕래하기 위해서 소지하여야 하는 외국 거주 동포용 여행증명서를 여권법 제14조 제1항에 따른 여행증명서라고 규정함으로써, 위 여권법 규정 및 구 여권법 시행령 제16조에서 정하고 있는 여행증명서 발급대상자 외에 무국적의 외국 거주 동포에 대하여도 위 여행증명서가 발급될 수 있도록 발급대상자의 범위를 확장한 것이지만, 외국 거주 동포용 여행증명서는 무국적의 외국 거주 동포가 남한에 입국할 수 있도록 하기 위한 증명, 즉 입국허가의 의미로 발급되는 것이므로, 외국으로 출국하는 사람에 대한 출국허가의 의미로서 발행되는 다른 여권법상 여행증명서와는 그 실질적인 기능이 다르다고 할 것이다. 즉, 국민에게는 거주이전의 자유가 인정되는 이상 여권법 제12조의 발급 거부·제한 사유에 해당하지 않는 한 여권을 발급해야 하는 것이고, 국민에 대하여 여권에 갈음하는 여행증명서를 발행하는 경우에도 역시 같은 거부·제한 사유에 해당하지 않는 한 발급하여야 한다. 그렇지만, 무국적의 외국 거주 동포에게 발급하는 외국 거주 동포용 여행증명서는 대한민국의 영토 내로의 입국을 허가하는 의미를 갖는 것으로서, 출국의 경우와는 달리 입국의 경우에는 입국자의 국내 활동으로 인한 직접적인 위험 내지는 위해 발생 등의 부담을 안게 되므로 출국의 경우보다 그 허가 여부의 심사에 관하여 더 신중을 기하여야 할 뿐 아니라, 원칙적으로 대한민국 국적을 가지지 아니한 사람의 대한민국에의 입국 허부는 주권국가의 영토고권에 관한 주권행사행위라는 점에 비추어 보면, 외국 거주 동포용 여행증명서의 발급은 여권의 발급과는 본질적으로 그 성격이 다르며 여권 발급의 경우보다 훨씬 더 광범위한 재량권을 행사하여 그 입국에 대한 허가 여부를 심사할 필요가 있다. [⋯]

이에 비추어 보면 피고가 이 사건 여행증명서 발급 여부를 심사하면서 원고가 기존에 친북활동을 하였고 2차 방한 당시 반국가단체 구성원과 만났음을 판단의 근거로 삼은 것이 잘못이라고 보기 어렵고, 또한 위와 같은 원고의 기존 경력이나 활동 내역과 함께 이번의 방한 목적 등을 종합적으로 고려하여 이 사건 여행증명서의 발급을 거절한 것이 불합리한 차별을 금지하는 헌법 제11조 등에 위반하였다거나 피고가 행사할 수 있는 재량권의 한계를 일탈·남용한 것이라고 인정하기에 부족하며, 이는 외국 거주 동포의 방한에 관하여 규정한 남북교류법의 취지를 충분히 참작한다고 하더라도 마찬가지라고 할 것이다.

㈑ 따라서, 피고의 이 사건 거부처분은 남북교류법 및 관련 여권법령에 근거하여 이루어진 것으로서 평등의 원칙에 위배되거나 재량권을 일탈·남용한 위법이 있다 할 수 없으며, 그 위법을 주장하는 원고의 주장들은 모두 이유 없다." (출처: 미간. 법원도서관 종합법률정보)

[해설] 본 사건의 사안은 본서 7-8 판결을 참조. 조선적 재일교포도 대한민국 국민이라고 전제한 위 서울행정법원 2012. 5. 4. 2012구합3217 판결과 달리 이 사건의 제1심 및 제2심 법원은 이들을 무국적자로 전제하고 재판을 진행했다. 법리적으로 전자의 입장이 타당하다고 생각한다. 한편 이 사건의 상고심인 대법원 2013. 12. 12. 2010두22610 판결(판례공보 2014(상), 179쪽)은 조선적 동포의 국적에 대한 구체적 판단은 표시하지 않은채 주오사카 총영사관의 여행증명서 발급거부 처분이 "구 남북교류법 및 관련 구 여권법령에 근거하여 이루어진 것으로서 평등의 원칙에 위배되지 아니할 뿐만 아니라. 이 사건 처분에 재량권을 일탈·남용한 위법이 없다"고 본 원심의 판단이 "정당하

고. 거기에 상고이유 주장과 같은 법리오해 등의 위법은 없다"며 상고를 기각. 원고 패소를 확정했다.

평석 정인섭, 조선적 재일동포에 대한 여행증명서 발급의 법적 문제, 서울국제법연구 제21권 1호 (2014).

16-26. 사할린 한인의 대한민국 국적 확인
(서울행정법원 2014. 6. 19. 2012구합26159 판결 (확정). 국적확인의 소)

[사안: 이 사건의 원고는 일제시 사할린으로 이주했으나, 전후 귀국하지 못하고 억류되어 현지에서는 무국적자 자격으로 거주하던 한인 부부 사이에서 1954년 출생한 자이다. 출생 이후 사할린 현지에서 무국적자 자격으로 거주하여 온 원고는 자신의 대한민국 국민을 확인하여 달라는 소를 제기했다.]

"가. 헌법 전문은 "유구한 역사와 전통에 빛나는 우리 대한민국은 3·1운동으로 건립된 대한민국임시정부의 법통 … 을 계승하고"라고 규정하여 헌법이 대한민국임시정부의 법통을 계승하였음을 천명하고 있다. 헌법 제2조 제2항은 "국가는 법률이 정하는 바에 의하여 재외국민을 보호할 의무를 진다."고 규정하고 있다. 또한 제10조는 "모든 국민은 인간으로서의 존엄과 가치를 가지며, 행복을 추구할 권리를 가진다. 국가는 개인이 가지는 불가침의 기본적 인권을 확인하고 이를 보장할 의무를 진다."고 규정하고 있다.

사할린 거주 무국적 한인들은 일제에 의해 동원되어 사할린으로 강제로 이주하게 되었음에도 조국과 고향으로 돌아갈 날만을 기다리며 현재까지도 아무런 국적을 취득하지 않은 상태에서 무국적자로서의 불이익과 불편함을 감수하고 있다. 이와 같은 상황에서 헌법과 국적법에 따라 대한민국 국민에 해당하는 사할린 거주 무국적 한인들이 대한민국 국민임을 확인하고 이를 통해 대한민국 국민으로서의 지위를 누릴 수 있도록 보장하는 것은 헌법 전문, 제2조 제2항, 제10조에서

규정하고 있는 국가의 재외국민 보호의무 및 기본권 보장의무를 이행하는 것으로서 중요한 의미를 가진다.

나. 이와 같은 관점에서 원고가 대한민국 국민인지에 관하여 본다.

1) 사할린 거주 한인의 이주 경위와 국적 취득 과정 등에 비추어 보면 사할린에 강제 이주된 한인은 대부분 일제 강점기에 일본에 의하여 강제 동원되지 않았더라면 1948. 7. 17. 제정된 헌법(이하 '제헌헌법'이라 한다)의 공포와 동시에 당연히 대한민국의 국적을 취득하였을 것이다.

2) 제헌헌법 제3조는 대한민국의 국민되는 요건은 법률로써 정한다고 규정하여 국적법률주의를 천명하고 있었다. 한편 제헌헌법 제정 당시에는 국적법이 제정되어 있지 않았으나 제헌헌법 제100조는 현행법령은 이 헌법에 저촉되지 아니하는 한 효력을 가진다고 규정하여 1948. 12. 20. 법률 제16호로 국적법이 제정되기 전까지는 남조선과도정부법률 제11호 국적에 관한 임시조례(이하 '임시조례'라 한다)에 의하여 국적관련 법률관계가 규율되었다. 임시조례는 제2조에서 조선의 국적을 가지기 위한 요건을 규정하였는데, 그 중 제1호에서 조선인을 부친으로 하여 출생한 자는 조선의 국적을 가진다고 규정하여 혈통주의를 원칙으로 하였고, 이러한 혈통주의는 1948. 12. 20. 법률 제16호로 제정된 국적법(이하 '제정 국적법'이라 한다)에도 이어져 제정 국적법 제2조 제1호는 출생한 당시에 부(父)가 대한민국의 국민인 자는 대한민국의 국민이라고 규정하고 있었다(이 규정 내용은 1997. 12. 13. 법률 제5431호로 개정된 국적법 제2조 제1항 제1호의 내용이 '출생한 당시에 부 또는 모가 대한민국의 국민인 자'로 개정되기 전까지 계속 유지되었다). 한편 임시조례 제2조 제2호는 조선인을 모친으로 하여 출생한 자로서 그 부친을 알 수 없

거나 또는 그 부친이 아무 국적도 가지지 않은 때, 제3호는 조선 내에서 출생한 자로서 그 부모를 알 수 없거나 또는 그 부모가 아무 국적도 가지지 않은 때, 제4호는 외국인으로서 조선인과 혼인하야 처가 된 자(다만 혼인 해소에 의하여 외국에 복적한 자는 제외한다), 제5호는 외국인으로서 조선에 귀화한 자(다만 귀화의 요건 급(及) 귀화인의 권한은 별로 법률로서 정한다)를 규정하고 있었다.

이와 같은 제헌헌법과 제정 국적법에 따르면 사할린으로 강제 동원된 한인으로서 임시조례 제2조 각 호에 정한 요건에 해당하는 사람은 조선의 국적을 가지고 있다가 제헌헌법의 공포와 동시에 대한민국 국적을 취득한다. 그리고 그 자녀, 특히 조선인을 부친으로 하여 출생한 자는 제헌헌법 공포 전에 출생한 경우 임시조례 제2조 제1호에 의하여 조선의 국적을 취득하였다가 제헌헌법의 공포와 동시에 대한민국의 국적을 취득하고(대법원 1996. 11. 12. 선고 96누1221 판결 등 참조), 제헌헌법 공포 후에 출생한 경우 임시조례 제2조 제1호 또는 제정 국적법 제2조 제1호에 따라 출생과 동시에 대한민국 국적을 취득한다. [⋯]

위와 같은 사정을 종합하여 보면 원고는 1954. 1. 10. 러시아 사할린주에서 사할린으로 강제 이주된 조선인 김말수와 이분열 사이에서 태어나 현재까지 무국적자로서 사할린에 거주하고 있다고 보는 것이 합리적이다. 그렇다면 김말수와 이분열은 제헌헌법 공포와 동시에 대한민국 국적을 취득하고, 그 사이에서 태어난 원고 역시 1954. 1. 10. 출생과 동시에 제정 국적법 제2조 제1호에 따라 대한민국 국적을 취득한다."(출처: 판결문 사본 입수)

평석 윤지영, 무국적 사할린 동포의 대한민국 국적 확인: 대상판결 서울행정법원 2014. 6. 19. 선고 2012구합26159 판결, 민주사회를위한변론 제104호 (2014).

제17장 재외국민의 법적 지위

[재외국민의 국내적 지위는 기본적으로 국내법상의 문제이지, 국제법의 문제는 아니다. 그러나 재외국민이란 개념이 외국 거주를 전제로 한다는 점에서 국제법상의 문제와 관련될 수 있다. 특히 한국은 굴곡진 근대사의 영향으로 여러 가지 특수한 유형의 재외국민(또는 재외동포)을 갖고 있으며, 이들의 국내법상 지위가 커다란 사회적 관심을 불러일으키기도 했다. 본 항목에서는 그 같이 특별한 사회적 관심을 불러일으켰던 사건 판례를 중심으로 정리했다.]

1. 기본 원칙

17-1. 재외동포법 위헌 결정

(헌법재판소 2001. 11. 29. 99헌마494 결정. 재외동포의출입국과법적지위에관한법률 제2조 제2호 위헌확인)

"1. 사건의 개요와 심판의 대상

가. 사건의 개요

정부는 재외동포들의 출입국과 대한민국 내에

서의 법적 지위를 보장하기 위하여 재외동포의출입국과법적지위에관한법률을 제정하였다. 위 법률은 1999. 8. 12. 제206회 임시국회 본회의를 통과하여 1999. 8. 19. 정부에 이송되고 1999. 9. 2. 법률 제6015호로 공포되어 1999. 12. 3. 시행되었다.

청구인들은 현재 중화인민공화국(이하 '중국'이라 한다)에 거주하고 있는 중국국적의 재외동포들인바, 위 법률 제2조 제2호가 청구인들과 같이 1948년 대한민국 정부수립 이전에 해외로 이주한 자 및 그 직계비속을 재외동포의 범주에서 제외함에 따라, 자신들이 위 법률에서 규정하는 혜택을 받지 못하게 되어 인간으로서의 존엄과 가치 및 행복추구권(헌법 제10조), 평등권(헌법 제11조) 등을 침해당하였다고 주장하면서, 1999. 8. 23. 위 법률 제2조 제2호에 대한 위헌확인을 구하는 이 사건 헌법소원심판을 청구하였다.

나. 심판의 대상

(1) 청구인들이 주장하는 심판대상

청구인들이 적시하고 있는 심판의 대상은 재외동포의출입국과법적지위에관한법률(1999. 9. 2. 법률 제6015호로 제정된 것, 이하 '재외동포법'이라고 한다) 제2조 제2호인바, 재외동포법 제2조 및 이와 관련된 동법시행령(1999. 11. 27. 대통령령 제16602호로 제정된 것) 제3조의 내용은 다음과 같다.

재외동포법 제2조(정의)이 법에서 "재외동포"라 함은 다음 각호의 1에 해당하는 자를 말한다.

1. 대한민국의 국민으로서 외국의 영주권을 취득한 자 또는 영주할 목적으로 외국에 거주하고 있는 자(이하 "재외국민"이라 한다).

2. 대한민국의 국적을 보유하였던 자 또는 그 직계비속으로서 외국국적을 취득한 자 중 대통령령이 정하는 자(이하 "외국국적동포"라 한다).

재외동포법시행령 제3조(외국국적동포의 정의) 법 제2조 제2호에서 "대한민국의 국적을 보유하였던 자 또는 그 직계비속으로서 외국국적을 취득한 자 중 대통령령이 정하는 자"라 함은 다음 각호의 1에 해당하는 자를 말한다.

1. 대한민국 정부수립 이후에 국외로 이주한 자 중 대한민국의 국적을 상실한 자와 그 직계비속.

2. 대한민국 정부수립 이전에 국외로 이주한 자 중 외국국적 취득 이전에 대한민국의 국적을 명시적으로 확인받은 자와 그 직계비속.

(2) 심판대상의 확장

재외동포법의 적용을 받는 자는 "재외국민", 즉 대한민국의 국민으로서 외국의 영주권을 취득한 자 또는 영주할 목적으로 외국에 거주하고 있는 자(재외동포법 제2조 제1호) 그리고 "외국국적동포", 즉 대한민국의 국적을 보유하였던 자 또는 그 직계비속으로서 외국국적을 취득한 자 중 대통령령이 정하는 자(재외동포법 제2조 제2호)이다. 그런데 외국국적동포에 대하여는 재외동포법시행령 제3조에서 대한민국 정부수립 이후에 국외로 이주한 자 중 대한민국의 국적을 상실한 자와 그 직계비속(같은 조 제1호) 그리고 대한민국 정부수립 이전에 국외로 이주한 자 중 외국국적 취득 이전에 대한민국의 국적을 명시적으로 확인받은 자와 그 직계비속(같은 조 제2호)으로 구체화하여 구분하고 있다. 그러므로 재외동포법의 적용에서 배제되는 재외동포집단은 외국국적동포 중에서 "대한민국 정부수립 이전에 국외로 이주한 자 중 외국국적 취득 이전에 대한민국의 국적을 명시적으로 확인받지 않은 자와 그 직계비속"(이하 '정부수립이전이주동포'라 한다)이다.

위와 같이 재외동포법시행령 제3조는 재외동포법 제2조 제2호의 규정을 구체화하는 것으로서 양자가 일체를 이루어 동일한 법률관계를 규율대상으로 하고 있고, 시행령규정은 모법규정을 떠나 존재할 수 없으므로 이 사건의 심판대상을 동 시행령규정에까지 확장함이 상당하다. 확장할 심판대상의 범위에 대하여 구체적으로 보면, 정부수립이전이주동포를 적용대상에서 결정적으로 제외하는 재외동포법시행령 제3조 제2호가 포함되어야 함은 물론이고, 이 사건에서 청구인들은 재외동포법이 외국국적동포들에게 혜택을 부여하는 입법

을 하였음에도 자신들에게 혜택을 부여하지 아니
한 부진정입법부작위를 평등원칙에 근거하여 다
투는 것임에 비추어, 재외동포법시행령 제3조 제1
호도 포함하여야 한다. 따라서, 재외동포법 제2조
제2호 및 재외동포법시행령 제3조(이하 '이 사건
심판대상규정'이라고 한다)를 이 사건 심판대상으로
삼기로 한다.

  2. 청구인들의 주장과 법무부장관의 의견
  가. 청구인들의 주장요지
  (1) 국적법이 혈통주의(속인주의)를 채택하고 있
고(국적법 제2조 제1항 제1호, 제2호), 헌법 제2조
제2항에서 재외국민을 보호할 의무를 국가에 부
여하고 있으며, 재외동포는 넓은 의미의 재외국민
의 범주에 속한다 할 것인데, 국가가 재외국민을
보호하는 입법을 하면서 청구인들과 같은 정부수
립이전이주동포를 제외한 것은 청구인들의 헌법
상 기본권인 헌법 제10조의 인간의 존엄과 가치
및 행복추구권을 침해하는 것이다.
  (2) 정부수립이전이주동포나 대한민국 정부수립
이후에 국외로 이주한 자 중 대한민국의 국적을
상실한 자와 그 직계비속(이하 '정부수립이후이주동
포'라 한다)이나 본질적으로 우리 동포라는 점에서
는 동일함에도, 재외동포법이 과거 대한민국국적
보유 여부라는 자의적인 기준을 내세워 정부수립
이후이주동포에게만 혜택을 부여하고 정부수립이
전이주동포에 대하여는 혜택을 배제한 것은 합리
적 근거 없는 차별로서 헌법 제11조 제1항의 평
등권의 본질적 내용을 침해하는 것이다.
  (3) 나아가 이 사건 심판대상규정이 외국국적동
포의 해당기준을 실질적으로 대한민국 정부수립
이후에 이주한 자만으로 한정한 것은 대한민국임
시정부의 정통성을 부정하는 것으로서, 이는 대한
민국이 3·1운동으로 건립된 대한민국임시정부의
법통을 계승한다고 선언한 헌법전문에 어긋나는
것이다.
  나. 법무부장관의 의견요지 […]
  (가) 재외동포법에서 외국국적동포를 정의하면서

'과거국적주의'를 채택한 것은, 만일 '혈통주의'에
따라 외국국적동포를 정의하여 입법을 한다면 이
는 국제법원칙 및 국제관행에 반하고, 외교마찰을
초래할 수 있으며, 그 개념이 불명확하여 대상이
무한정 확대될 우려가 있고, 나아가 인종·민족
등에 근거한 차별을 금지하고 있는 국제법원칙에
위반되는 결과를 낳을 수도 있기 때문이며, 이러
한 이유로 현재 국제관행도 과거국적주의를 채택
하고 있는바, 재외동포법이 과거국적주의를 취하
면서 외국국적동포의 확인방법을 위와 같이 명확
히 규정한 결과 정부수립이전이주동포의 대부분
이라 할 수 있는 중국동포나 구소련동포가 사실
상 그 적용대상에서 제외된 것이지 이들을 불합
리하게 차별하기 위한 것이 아니다.
  (나) 한편, 국내 연고권을 기초로 국내 경제활동
에서의 제한 완화를 주요내용으로 하는 재외동포
법 규정은 이제까지 국내에 별다른 연고가 없는
정부수립이전이주동포에 대해서는 그 적용 필요
성이 미약하고, 정부수립이전이주동포에 대한 재
외동포법의 적용으로 출입국 등에 대한 규제가
완화될 경우 노동능력 있는 중국동포의 대거 유
입으로 인해 엄청난 사회적 문제를 야기할 수 있
으며, 아직 해소되지 않고 있는 남북 대치상황에
서 손쉬운 잠입통로로 악용될 위험이 높아 심각
한 안보문제를 유발할 수도 있고, 또한 정부수립
이전이주동포를 재외동포법의 적용범위에 포함시
킬 경우 소수민족에 대한 간섭을 우려하는 중국
과의 외교적 마찰을 피하기 어렵다. 따라서, 재외
동포법은 입법자가 국내의 사회경제적 안정과 불
의의 위해방지를 위해 출입국 등에 대한 규제를
완화하는 재외동포의 범위를 합목적적으로 결정
한 것이다. […]

  4. 본안에 대한 판단
  가. 재외동포법의 입법목적과 주요내용
  (1) 재외동포법의 입법목적 중 외국국적동포에
해당하는 부분은 다음과 같다(대한민국 관보 1999.
9. 2.자 8-9면). 즉, 지구촌시대 세계경제체제에

부응하여 재외동포에게 모국의 국경문턱을 낮춤으로써 재외동포의 생활권을 광역화·국제화함과 동시에 우리 국민의 의식형태와 활동영역의 국제화·세계화를 촉진하고, 재외동포의 모국에의 출입국 및 체류에 대한 제한과 부동산취득·금융·외국환거래 등에 있어서의 각종 제약을 완화함으로써 모국투자를 촉진하고 경제회생 동참 분위기를 확산시키며, 재외동포들이 요구하는 이중국적을 허용할 경우 나타날 수 있는 병역·납세·외교 관계에서의 문제점과 국민적 일체감 저해 등의 부작용을 제거하면서 이중국적 허용요구에 담긴 애로사항을 선별수용함으로써 모국에 대한 불만을 해소하기 위한 것이다.

(2) 재외동포법의 주요내용을 보면, 재외동포를 재외국민과 외국국적동포로 구분하여(제2조), 재외국민과 재외동포체류자격을 가진 외국국적동포의 출입국과 국내에서의 법적 지위에 관하여 적용하되(제3조), 외국국적동포는 재외동포체류자격으로 2년 동안 체류할 수 있고 그 기간의 연장도 가능하며 재입국허가 없이 자유롭게 출입국할 수 있고(제10조 제1항 내지 제3항), 재외동포체류자격의 활동범위 안에서 자유롭게 취업 기타 경제활동을 할 수 있으며(제10조 제5항), 군사시설보호구역을 제외한 국내 토지의 취득·보유·이용 및 처분이 가능하고(제11조 제1항), 이 법 시행 후 1년 이내에 비실명부동산을 실명으로 전환하거나 매각처분 등을 한 경우 이행강제금과 과태료를 면제하고(제11조 제2항), 외국환거래법 제18조의 규정에 의한 자본거래 제한조치를 제외하고는 국내 금융기관을 이용함에 있어서 거주자인 국민과 동등한 권리를 갖고(제12조), 90일 이상 국내에 체류하는 때에는 의료보험 관계법령이 정하는 바에 의하여 의료보험을 적용받을 수 있도록(제14조) 하는 등 광범위한 혜택을 부여하고 있다.

(3) 한편, 당초 1998. 9. 29. 입법예고된 재외동포법(안)에서는 '외국국적동포'의 정의를 "한민족 혈통을 지닌 자로서 외국국적을 취득한 자 중 대통령령으로 정하는 자"로 규정하고 있었으나(대한민국 관보 1998. 9. 29.자 15-16면), 우리나라 주변 일부국가의 자국내 소수민족(조선족)을 자극할 우려가 있다는 의견을 받아들여 국회통과 과정에서 이 사건 심판대상규정과 같이 수정되었다.

나. 침해되는 기본권

청구인들은, 이 사건 심판대상규정이 헌법 제11조의 평등권 외에 헌법 제10조의 인간의 존엄과 가치 및 행복추구권 내지 대한민국이 3·1운동으로 건립된 대한민국임시정부의 법통을 계승한다고 선언한 헌법전문에 어긋난다고 주장한다.

그러나, 청구인들 주장의 핵심은 이 사건 심판대상규정으로 말미암아 재외동포법이 부여하는 혜택을 받지 못하게 되었다는 것이고, 이 사건 심판대상규정으로 인하여 비로소 청구인들이 종래에 누리던 인간의 존엄과 가치 및 행복추구권이 침해되었다는 것은 아니라고 할 것이므로, 이 사건은 결국 재외동포법의 혜택을 받게 되는 다른 외국국적동포들과의 관계에서 청구인들의 평등권을 침해하는지 여부의 문제로 귀착된다.

다. 이 사건 심판대상규정의 위헌성

(1) 평등원칙의 의의

우리 헌법 제11조 제1항은 "모든 국민은 법 앞에 평등하다. 누구든지 성별·종교 또는 사회적 신분에 의하여 정치적·경제적·사회적·문화적 생활의 모든 영역에 있어서 차별을 받지 아니한다."라고 규정하여 평등원칙을 선언하고 있는 바, 평등의 원칙은 국민의 기본권 보장에 관한 우리 헌법의 최고원리로서 국가가 입법을 하거나 법을 해석 및 집행함에 있어 따라야 할 기준인 동시에, 국가에 대하여 합리적 이유없이 불평등한 대우를 하지 말 것과, 평등한 대우를 요구할 수 있는 모든 국민의 권리로서, 국민의 기본권 중의 기본권인 것이다(헌재 1989. 1. 25. 88헌가7, 판례집 1, 1, 2). 헌법 제11조 제1항의 평등의 원칙은 일체의 차별적 대우를 부정하는 절대적 평등을 의미하는 것이 아니라 입법과 법의 적용에 있어서 합리적 근거 없는 차별을 하여서는 아니된다는 상대적 평등을 뜻하고 따라서 합리적 근거 있는 차별 내지 불평등은 평등의 원칙에 반하는 것이 아니다. 그리고 합리적 근거 있는 차별인가의 여부는 그 차별이 인간의 존엄성 존중이라는 헌법원리에 반하지 아니하면서 정당한 입법목적을 달성하기 위하여 필요하고도 적정한 것인가를 기준으로 판단되어야 한다(헌재 1994. 2. 24. 92헌바43, 판례집 6-1, 72, 75; 헌재 1998. 9. 30. 98헌가7등, 판례집 10-2, 461, 476).

(2) 차별의 기준과 효과

(가) 이 사건 심판대상규정이 나누고 있는 입법구분을 보면, 외국국적동포(재외동포법 제2조 제2호)란 "대한민국 정부수립 이후에 국외로 이주한 자 중 대한민국의 국적을 상실한 자와 그 직계비속(재외동포법시행령 제3조 제1호), 그리고 대한민국 정부수립 이전에 국외로 이주한 자 중 외국국적 취득 이전에 대한민국의 국적을 명시적으로 확인받은 자와 그 직계비속(재외동포법시행령 제3조 제2호)"만을 의미하므로, 대한민국 정부수립 이전에 국외로 이주한 자 중에 외국국적 취득 이전에 대한민국의 국적을 명시적으로 확인받지 않은 자, 즉 대부분의 중국거주동포와 구소련거주동포 등 정부수립이전이주동포는 재외동포법의 위와 같은 혜택을 누리지 못하게 된다. 왜냐하면, 재외동포법시행령 제3조 제2호에서 말하는 "대한민국의 국적을 명시적으로 확인받은 자"라 함은 거주국 소재 대한민국 재외공관 또는 대한민국정부의 위임을 받은 기관·단체에 재외국민등록법(제정 1949. 11. 24. 법률 제70호, 전문개정 1999. 12. 28. 법률 제6057호)에 의한 등록을 한 자를 말하는바(재외동포법시행규칙 제2조 제1항), 예컨대 청구인들과 같은 중국동포의 경우 우리 나라가 중국과 외교관계를 수립한 것은 1992. 8. 24.이고 중국주재 한국대사관이 개설된 것은 같은 달 28.{대한무역진흥공사(KOTRA) 북경대표부는 1991. 1. 30. 개설되었다}이므로, 물리적으로 이 요건을 충족시킬 수

없게 되어 있다. 이와 같은 사정은 구소련지역에 거주하고 있는 동포들의 경우에도 마찬가지이다{국회법제사법위원회의 재외동포법(안)에 대한 「심사보고서」(1999. 8), 8면 참조}.

(나) 이 사건 심판대상규정은 재외국민과 함께 재외동포법의 적용을 받는 외국국적동포에 관한 '정의규정'으로서 외국국적동포에 해당하는 자는 앞에서 본 바와 같은 광범한 혜택을 누릴 수 있게 된다. 즉, 원래 외국국적동포는 '외국인'이므로 원칙적으로 대한민국의 공무원이 될 수 없고(국가공무원법 제35조, 지방공무원법 제33조, 외무공무원법 제9조), 거주·이전의 자유(헌법 제14조, 출입국관리법 제7조, 제17조), 직업선택의 자유(헌법 제15조, 수산업법 제5조, 도선법 제6조), 재산권(헌법 제23조, 외국인토지법 제3조, 특허법 제25조, 항공법 제6조), 선거권 및 피선거권(헌법 제24조, 제25조, 공직선거및선거부정방지법 제15조, 제16조), 국가배상청구권(헌법 제29조 제2항, 국가배상법 제7조), 범죄피해자구조청구권(헌법 제30조, 범죄피해자구조법 제10조), 국민투표권(헌법 제72조, 제130조 제2항, 국민투표법 제7조) 및 사회적 기본권 등을 누릴 수 없거나 제한적으로 밖에 향유하지 못하던 것(헌재 2000. 8. 31. 97헌가12, 판례집 12-2, 167, 183 참조)을 재외동포법의 시행으로 일정한 범위에서 그 제한을 완화한 것으로서, 이 사건 심판대상규정이 나누고 있는 입법구분에 의하여 재외동포법이 부여하는 혜택에서 배제된 청구인들과 같은 정부수립이전이주동포는 이러한 기본권 내지 법적 권리의 행사에 있어 차별을 받게 된 것이다.

(3) 평등권의 침해 여부

(가) 평등의 원칙은 입법자에게 본질적으로 같은 것을 자의적으로 다르게, 본질적으로 다른 것을 자의적으로 같게 취급하는 것을 금하고 있다. 그러므로 비교의 대상을 이루는 두 개의 사실관계 사이에 서로 상이한 취급을 정당화할 수 있을 정도의 차이가 없음에도 불구하고 두 사실관계를 서로 다르게 취급한다면, 입법자는 이로써 평등권

을 침해하게 된다. 그런데 서로 비교될 수 있는 사실관계가 모든 관점에서 완전히 동일한 것이 아니라 단지 일정 요소에 있어서만 동일한 경우에, 비교되는 두 사실관계를 법적으로 동일한 것으로 볼 것인지 아니면 다른 것으로 볼 것인지를 판단하기 위하여는 어떠한 요소가 결정적인 기준이 되는가 문제된다. 두 개의 사실관계가 본질적으로 동일한가의 판단은 일반적으로 당해 법률조항의 의미와 목적에 달려 있다(헌재 1996. 12. 26. 96헌가18, 판례집 8-2, 680, 701).

앞에서 본 바와 같이 이 사건 심판대상규정은 실질적으로 대부분 미주지역이나 유럽 등에 거주하는 정부수립이후이주동포와 대부분 중국과 구소련지역에 거주하는 정부수립이전이주동포를 구분하여 전자에게는 재외동포법의 광범위한 혜택을 부여하고 있고, 후자는 이러한 수혜대상에서 제외하고 있다. 그런데, 정부수립이후이주동포와 정부수립이전이주동포는 이미 대한민국을 떠나 그들이 거주하고 있는 외국의 국적을 취득한 우리의 동포라는 점에서 같고, 다만 대한민국 정부수립 이후에 국외로 이주한 자인가 또는 대한민국 정부수립 이전에 국외로 이주한 자인가 하는 점에서만 다른 것이다. 이와 같은 차이는 정부수립이후이주동포와 정부수립이전이주동포가 법적으로 같게 취급되어야 할 동일성을 훼손할 만한 본질적인 성격이 아니다. 즉, 정부수립이후이주동포인지 아니면 정부수립이전이주동포인지는 결정적인 기준이 될 수 없는 것이다.

(나) 차별을 두는 입법은 그 차별에 의하여 달성하려고 하는 목적과 그 목적을 달성하기 위한 차별을 두기 마련인데, 국민의 기본권에 관한 차별에 있어서 합리적 근거에 의한 차별이라고 하기 위하여서는 우선 그 차별의 목적이 헌법에 합치하는 정당한 목적이어야 하고 다음으로 차별의 기준이 목적의 실현을 위하여 실질적인 관계가 있어야 하며 차별의 정도 또한 적정한 것이어야 한다(헌재 1996. 8. 29. 93헌바57, 판례집 8-2, 46, 56).

재외동포법은 그 적용대상에 포함된 정부수립이후이주동포에 대하여는 위에서 본 바와 같은 광범위한 혜택을 주어 사실상 이중국적을 허용한 것과 같은 지위를 부여하고 있으면서도, 같은 동포 중 이 사건 심판대상규정에 의하여 그 적용범위에서 제외된 정부수립이전이주동포는 기본적으로 다른 일반 외국인과 동일한 취급을 받게 되는 결과가 되었다. 그리하여 정부수립이후이주동포(주로 재미동포, 그 중에서도 시민권을 취득한 재미동포 1세)의 요망사항은 재외동포법에 의하여 거의 완전히 해결된 반면, 정부수립이전이주동포(주로 중국동포 및 구소련동포)는 재외동포법의 적용대상에서 제외됨으로써 그들이 절실히 필요로 하는 출입국기회와 대한민국 내에서의 취업기회를 차단당하였고, 법무부가 이를 완화한다는 취지에서 마련한 보완대책도 정부수립이전이주동포에게 실질적인 도움이 되지 못하고 있다. 재외동포법이 정부 수립이후 이주동포의 요구에 의하여 제정되었다는 연혁적 이유가 그 자체만으로 이와 같은 커다란 차별을 정당화할 정도의 비중을 가진다고 할 수 없을 뿐만 아니라, 정부수립이전이주동포에게도 정부수립이후이주동포에 못지 않거나 더욱 절실한 필요가 있음을 고려하지 않으면 안된다. 사회경제적 또는 안보적 이유로 거론하는 우려도, 당초 재외동포법의 적용범위에 정부수립이전이주동포도 포함시키려 하였다가 제외시킨 입법과정에 비추어 보면 정부수립이전이주동포를 재외동포법의 적용범위에 포함하는 것이 어느 정도의 영향을 가져올 것인지에 대한 엄밀한 검증을 거친 것이라고 볼 수 없다.

정부는 재외동포법에서 외국국적동포를 정의하면서 국제관행에 따라 '과거국적주의'를 채택함으로써 정부수립이전이주동포가 그 적용대상에서 제외되었다고 전제한 다음 그렇지 아니하고 '혈통주의'에 따라 외국국적동포를 정의하여 입법을 한다면, 국제법원칙 및 국제관행에 반하고, 외교마찰을 초래할 수 있으며, 그 개념이 불명확하여 대상이 무한정 확대될 우려가 있다는 점을 강조한다. 그러나, 외국국적을 취득한 자국동포에게 출입국 등에서 특례를 인정하는 나라로 과거국적주의를 채택하였다는 아일랜드, 그리이스, 폴란드 등(국회법제사법위원회의 위「심사보고서」, 8면)의 나라에서의 과거국적의 의미와 이 사건 심판대상규정이 정하고 있는 대한민국 정부수립(1948년)까지 국적의 과거로의 소급은 그 제한의 정도가 현저하게 다르다는 점이 지적될 수 있다. 또한 외교마찰의 우려라는 사정이 있다 하더라도 외국국적동포에 대한 이 사건 심판대상규정이 충분한 정책검토 끝에 나온 필요하고도 적정한 입법이라고 보기는 어렵다. 정부로서는 외국국적동포의 현실적인 애로를 수용하기 위하여 단일특별법을 제정하기보다 제반 상황을 고려한 개별적인 제한 완화로 실질적으로 대처할 수는 없는지 우선 살펴보았어야 할 것이다. 나아가, 혈통주의 입법에 문제가 있다면 당초부터 외국국적동포의 법적 지위보다는 외국인 처우의 전반적 개선이라는 시각에서 출발하되, 재외동포에 대하여는 정착한 현지에서 민족적 정체성을 자각하고 문화적 유대감을 강화시키는 활동을 지원하는 데 초점을 맞추는 것이 바람직할 수도 있다.

(다) 재외동포법의 적용범위에서 정부수립이전이주동포가 제외된 것은 당초부터 과거국적주의를 채택하였기 때문이 아님은 앞에서{4.가.(3)} 본 바와 같고, 사실은 그와 같은 사정 때문에 재외동포법상 외국국적동포에 대한 정의규정에는 일응 중립적인 과거국적주의를 표방하고 시행령으로, 일제시대 독립운동을 위하여 또는 일제의 강제징용이나 수탈을 피하기 위해 조국을 떠날 수밖에 없었던 중국동포나 구소련동포가 대부분인 대한민국 정부수립 이전에 이주한 자들에게 외국국적 취득 이전에 대한민국의 국적을 명시적으로 확인받은 사실을 입증하도록 요구함으로써 이들을 재외동포법의 수혜대상에서 제외한 것으로 볼 수밖에 없다. 암울했던 역사적 상황으로 인하여 어쩔

수 없이 조국을 떠나야 했던 동포들을 돕지는 못할지언정, 오히려 법적으로 차별하는 정책을 취하는 외국의 예를 찾을 수 없다는 점에서, 이 사건에서의 차별은 민족적 입장은 차치하고라도 인도적 견지에서조차 정당성을 인정받기가 심히 어렵다고 할 것이다. 이 사건 차별로써 달성하고자 하는 정부의 이익은 그로 인하여 야기되는 같은 동포 사이의 커다란 상처와 분열을 덮기에는 너무나도 미약하다고 하지 않을 수 없는 것이다.

한편, 재외동포법보다 먼저 제정된 재외동포재단법(1997. 3. 27. 법률 제5313호) 제2조에서는 재외동포의 정의를 "대한민국 국민으로서 외국에 장기체류하거나 영주권을 취득한 자"(제1호) 및 "국적을 불문하고 한민족의 혈통을 지닌 자로서 외국에서 거주·생활하는 자"(제2호)로 규정하고 있다. 여기에서 전자는 재외동포법의 "재외국민"의 정의에, 후자는 "외국국적동포"의 정의에 각 대응하는 개념이라고 할 수 있는바, 비록 이 법과 재외동포법은 그 입법목적이 다르다고 하더라도 한 나라의 법률에서 같은 용어(재외동포)의 개념을 다르게 정의하여 그 규율대상을 달리한다는 것은 입법체계상으로도 문제가 있다고 아니할 수 없다.

(4) 소결론

요컨대, 이 사건 심판대상규정이 청구인들과 같은 정부수립이전이주동포를 재외동포법의 적용대상에서 제외하는 차별취급은 그 차별의 기준이 목적의 실현을 위하여 실질적인 관계가 있다고 할 수 없고, 차별의 정도 또한 적정한 것이라고는 도저히 볼 수 없으므로, 이 사건 심판대상규정은 합리적 이유없이 정부수립이전이주동포를 차별하는 자의적인 입법이어서 헌법 제11조의 평등원칙에 위배되고, 이로 인하여 청구인들의 평등권을 침해하는 것이다." (출처: 헌법재판소 판례집 제13권 2집, 714쪽)

[해설] 재외동포법은 국적을 불문하고 한국계 동포에 대한 여러 혜택을 규정하고 있으나, 중국 등 구 공산권 교포를 실질적으로 배제하고 있었다는 점에서 적지 않은 사회적 논란을 불러 일으켰다.

본 소송은 이에 대한 문제제기였다. 이 헌법불합치 결정으로 인하여 법무부는 재외동포의 출입국과 법적 지위에 관한 법률(재외동포법) 시행령 제3조(외국국적동포의 정의)를 "법 제2조 제2호에서 "대한민국의 국적을 보유하였던 자 또는 그 직계비속으로서 외국국적을 취득한 자중 대통령령이 정하는 자"라 함은 다음 각호의 1에 해당하는 자를 말한다(개정 2003. 11. 20.).
1. 대한민국의 국적을 보유하였던 자로서 외국국적을 취득한 자.
2. 부모의 일방 또는 조부모의 일방이 대한민국의 국적을 보유하였던 자로서 외국국적을 취득한 자"로 개정하고, 아울러 출입국관리법 시행령 별표1 재외동포 체류자격(F4) 부분과 동 시행규칙 별표5도 개정하였다.
그러나 헌법재판소의 헌법불합치 결정 주문이 재외동포법 제2조 2호와 시행령 제3조가 헌법에 합치되지 않는다고 설명하고 있음에도 불구하고, 단지 시행령만을 개정해 이를 만족시킬 수 있는가라는 의문이 제기되었다. 결국 2004년 2월 국회는 재외동포법 제2조(정의) 2호 규정을 다음과 같이 개정하였다.
"2. 대한민국의 국적을 보유하였던 자(대한민국정부 수립 이전에 국외로 이주한 동포를 포함한다) 또는 그 직계비속으로서 외국국적을 취득한 자중 대통령령이 정하는 자(이하 "외국국적동포"라 한다)(개정 2004. 3. 5.)."

평석 정인섭, 재외동포법의 헌법불합치 결정과 정부의 대응검토, 공익과 인권 제1권 제1호(2004).
이철우, 재외동포법을 둘러싼 논쟁의 비판적 검토, 최대권 교수 정년기념논문집 헌법과 사회(철학과 현실사, 2003).
이철우, 재외동포법의 헌법적 평가, 법과 사회 제22호(2002).

17-2. 국가의 재외국민 보호의무의 의미
(헌법재판소 1993. 12. 23. 89헌마189 결정. 1980년해직공무원의보상등에관한특별조치법에 대한 헌법소원)
"헌법 제2조 제2항에는 "국가는 법률이 정하는 바에 의하여 재외국민을 보호할 의무를 진다."고 규정하였다. 그러나 헌법 제2조 제2항에서 규정한 재외국민을 보호할 국가의 의무에 의하여 재

외국민이 거류국에 있는 동안 받는 보호는 조약 기타 일반적으로 승인된 국제법규와 당해 거류국의 법령에 의하여 누릴 수 있는 모든 분야에서의 정당한 대우를 받도록 거류국과의 관계에서 국가가 하는 외교적 보호와 국외거주 국민에 대하여 정치적인 고려에서 특별히 법률로써 정하여 베푸는 법률·문화·교육 기타 제반영역에서의 지원을 뜻하는 것이다. 그러므로 국내에서 공직자로서 근무하다가 자신의 의사에 반하여 해직된 자에 대하여 국가가 사회보장적 목적의 보상을 위하여 제정한 위 특조법과 위 헌법규정의 보호법익은 다른 차원이라고 할 것이다. 따라서 위 특조법 [「1980년 해직공무원의 보상등에 관한 특별조치법」-필자 주]에서 이민 간 이후의 보상을 배제하는 규정을 두었다고 하여도 국가가 헌법 제2조 제2항에 규정한 재외국민을 보호할 의무를 행하지 않은 경우라고 할 수는 없다." (출처: 헌법재판소 판례집 제5권 2집, 622쪽)

> **참고** 재외국민 보호의무의 의미에 대한 동일 취지의 설시:
> ① 헌법재판소 2001. 12. 20. 2001헌바25 결정(헌법재판소 판례집 제13권 2집, 863쪽).
> ② 헌법재판소 2010. 7. 29. 2009헌가13 결정(헌법재판소 판례집 제22권 2집(상), 124쪽).

17-3. 국가의 재외국민 보호의무
(서울중앙지방법원 2015. 1. 15. 2014가합528824 판결)

[사안: 6.25 기간중 납북되어 북한에 살던 국군포로의 남한 내 가족이 그의 생존을 확인하고 탈북시켜 한국으로의 귀환을 시도하였으나, 중국 내에서 공안에 체포되어 다시 북송되고 결국 죽고 말았다. 이 과정에서 국가기관의 적극적인 재외국민 보호의무가 이루어지지 않았음을 이유로 국가에 손해배상을 청구한 사건이다.]
"2. 판단
가. 손해배상책임의 발생
1) 대한민국헌법 제2조 제2항은 "국가는 법률

이 정하는 바에 의하여 재외국민을 보호할 의무를 진다"고 정하고 있고, 외무공무원법 제5조는 "외무공무원은 대외적으로 국가이익을 보호·신장하고, 외국과의 우호·경제·문화관계를 증진하며, 재외국민을 보호·육성함을 그 임무로 한다"고 정하고 있으며, 영사관계에 관한 비엔나협약 제5조는 영사의 기능으로 "(a) 국제법이 인정하는 범위 내에서 파견국의 이익과 개인 및 법인을 포함한 그 국민의 이익을 접수국 내에서 보호하는 것," "(b) 개인과 법인을 포함한 파견국 국민을 도와주며 협조하는 것"이라고 정하고 있고, 같은 협약 제36조 제1의 (c)항은 "영사관원은 구금, 유치, 구속되어 있는 파견국의 국민을 방문하여 또한 동 국민과 면담하고 교신하며 그의 법적대리를 주선하는 권리를 가진다(이하 생략)"고 정하고 있다. 아울러 구 국군포로대우 등에 관한 법률(2006. 3. 24. 법률 제7896호 국군포로의 송환 및 대우 등에 관한 법률 부칙 제2조로 폐지) 제3조는 "① 국가는 포로의 대우 및 지원에 관한 기본정책을 수립·시행하여야 한다. ② 제1항의 규정에 의한 기본정책에는 다음 각 호의 사항이 포함되어야 한다. 1. 포로의 소재 및 현황 파악, 2. 포로의 송환대책(이하 생략)"이라고 정하고 있으며, 국군포로의 송환 및 대우 등에 관한 법률(2006. 3. 24. 법률 제7896호로 제정) 제3조는 국군포로의 송환 등에 관한 국가의 책무로 위 구 국군포로대우 등에 관한 법률 제3조와 동일한 취지를 정하고 있고, 제5조 제1항은 "재외공관 그 밖의 행정기관의 장은 억류지를 벗어난 국군포로가 귀환을 목적으로 보호 및 지원을 요청할 때에는 지체 없이 그 국군포로와 동반가족에 대하여 필요한 보호를 행하고 국내 송환을 위한 조치를 취하여야 한다"고 정하고 있다. […]

3) 이 사건에 관하여 보건대, 비록 앞서 본 대한민국헌법, 외무공무원법, 영사관계에 관한 비엔나협약에 규정된 재외국민의 보호의무에 관련된 규정이 일반적·추상적인 의미의 규정에 지나지 않고, 한○택의 탈북 및 강제 북송 당시 시행되던 구 국군포로대우 등에 관한 법률에서는 억류지를 벗어난 국군포로의 보호 및 지원 요청에 대한 구체적인 규정을 두고 있지 않았으며, 2006. 3. 24. 국군포로의 송환 및 대우 등에 관한 법률이 비로소 시행되면서 억류지를 벗어난 국군포로의 보호 및 지원요청에 대한 구체적인 규정이 마련되기는 하였으나, ① 한○택이 북한 지역을 벗어나 대한민국과 외교관계를 맺고 있는 중국으로 오게 된 상황에서, ② 한○택이 중국 공안원에 의해 체포·구속되어 강제로 북송될 위기에 처하는 등, 한○택의 생명, 신체 등에 대한 절박하고 중대한 위험이 현실적으로 발생하였다는 사정에다가, ③ 국가의 국군포로에 대한 보호의무와 송환에 관한 조치의무는 국가가 부담하는 국가의 당연한 의무로서 이러한 국가의 의무는 국군포로의 송환 및 대우 등에 관한 법률에 의해 비로소 창설되었다고 볼 수 없고, 오히려 위 법률이 국가가 국군포로에 대하여 당연히 부담하는 의무를 확인하였다고 보는 것이 상당하다는 점을 더하여 보면, 피고는 재외국민이자 국군포로인 한○택이 억류지를 벗어날 경우 처하게 될 위험으로부터 한○택을 보호하여 국내로 무사히 송환될 수 있도록 하고, 그 과정에서 생명, 신체에 대한 위험이 발생하였다면 이에 대하여 적절한 조치를 취함으로써 그를 보호할 작위의무를 부담한다고 할 것이다.

4) 나아가 피고 소속 공무원들이 위와 같은 작위의무를 위반하여 원고들에게 손해를 입혔는지에 관하여 보건대, 국가의 국군포로에 대한 보호의무와 송환에 관한 조치의무를 구체화하고 있는 국군포로송환 등에 관한 업무운영규정(국무총리훈령 제448호, 2004. 1. 19. 제정)은, 국방부는 국군포로 관련 민원의 접수 및 처리 업무 등을 담당하고 외교통상부는 송환을 희망하는 의사를 표시한 제3국 체류 국군포로의 이송 업무 등을 담당한다고 정하면서, 이에 따라 국방부장관이 민원과 관련된 대상자에 대하여 국군포로인지의 여부를 확인하

여 국군포로로 확인된 경우에는 지체 없이 외교통상부장관에게 당해 국군포로를 대한민국으로 송환하여 줄 것을 요청하여야 하고, 외교통상부장관은 위 요청을 받은 때에는 지체 없이 그 사실을 국군포로가 체류하고 있는 국가의 재외공관장에게 통보하여야 하며, 이를 통보 받은 재외공관장은 국군포로 송환을 위하여 관련 국가와 협조하고 재외공관의 관계행정기관 공무원 등을 지휘하여 국군포로의 신체안전을 위한 조치를 취하여야 한다고 정하고 있는바, 위 업무운영기준의 내용은 피고 소속 공무원들의 작위의무를 위반 여부를 판단하는 하나의 기준이 될 수 있다고 할 것이다.

그런데 국방부는 2004. 12. 11. 국방부 산하 국군통신사령부 소속 군무원과 원고 측의 유선 상담을 통해 한○택과 관련된 민원을 처음으로 접수하여 같은 달 13.경에는 한○택에 대한 육군 전사망자 자료를 출력하여 한○택의 신분을 확인하였고, 2004. 12. 21.에는 '6·25전쟁 당시 전사처리 되었던 한○택이 포로로 잡혀가 현재 북한에 생존해 있음을 확인하였고, 가까운 시일 내 중국에서 가족과 상봉을 하고자 준비하고 있다. 따라서 한○택과 그 가족이 한국으로의 귀한을 요구할 경우 이를 알리겠으니 안전하고도 빠른 시일 내에 조국과 가족의 품에 돌아올 수 있도록 사전 조치에 만전을 기하여 달라'는 내용을 기재한 원고 한○구 명의의 진정서를 접수한 사실, 국방부 군비통제관실에서 국군포로 관련 업무를 담당하는 조○원 중령은 2004. 12. 22. 원고들과의 전화통화를 통해 한○택의 탈북 및 원고들과의 상봉에 관한 구체적인 일정, 즉 한○택이 2004. 12. 27. 탈북하여, 같은 해 12. 29. 원고들과 상봉할 예정임을 알게 된 사실은 앞서 기초사실에서 인정한 바와 같은바, 그렇다면 국방부 소속 공무원들은 원고들로부터 한○택의 송환에 관련된 민원을 접수하여 한○택이 국군포로 신분임을 확인하고, 나아가 한○택의 구체적인 탈북 및 원고들과의 상봉 일정을 파악한 이상, 한○택이 탈북하여

중국으로 넘어오는 과정에서 외교통상부와 재외공관을 통한 적절한 보호를 받을 수 있도록 지체 없이 외교통상부에 한○택의 국내 송환에 관한 협조를 요청할 의무를 진다고 할 것이다. 그러나 위와 같은 의무에도 불구하고, 국방부는 2004. 12. 29. 원고들로부터 한○택이 중국 공안에 체포되었다는 사실을 통보받은 다음 날인 같은 해 12. 30.에 이르러서야 외교통상부와 국가정보원에 국군포로로 추정되는 한○택이 탈북하여 중국에 체류 중 중국 공안에 체포되었음을 통보하며 한○택이 북송되지 않도록 조치하여 줄 것과 국내 귀환의사를 표시하는 경우 조기 송환이 이루어질 수 있도록 협조를 부탁한다는 내용의 협조요청 공문을 보낸 사실 역시 앞서 기초사실에서 본 바와 같은바, 그렇다면 국방부 소속 공무원들에게는 지체 없이 외교통상부에 한○택의 국내 송환에 관한 협조를 요청하지 아니한 잘못이 있다 할 것이다.

또한, 외교통상부는 2004. 12. 30. 국방부로부터 중국 공안에 체포된 한○택이 북송되지 않도록 조치하여 줄 것과 국내 귀환의사를 표시하는 경우 조기 송환이 이루어질 수 있도록 협조를 요청하는 공문을 받았는데, 그 공문에는 한○택을 구류하고 있는 구체적인 중국 공안기관과 민원을 제기한 원고 한○구의 연락처 등이 기재되어 있었던 사실, 중국 주재 대한민국대사관 소속 외무공무원인 오○근 영사는 2004. 12. 30. 오전경 원고 한○구, 심○옥 및 심○섭과의 전화통화를 통해 한○택의 체포사실과 한○택이 구금된 장소, 담당 공안의 연락처 등을 알게 되었으며, 그 이후로도 위 원고들로부터 한○택의 구출을 위한 노력을 해 줄 것을 요청받는 전화를 여러 차례 받았는데, 그럼에도 불구하고 위 오○근 영사는 한○택을 방문·면담하고 교신하는 등의 조치를 취한 바 없이, 2005. 1. 26. 한○택이 2004. 12. 30. 전에 북송되었다는 통보를 받았다며 그러한 내용을 원고들에게 알렸을 뿐인 사실, 그러나 나중에 밝

혀진 바에 따르면 한○택이 실제로 북송된 시점은 2004. 12. 30. 전이 아닌 2005. 1. 6.경이었고, 한○택의 북송과 관련하여 중국 당국이 당시 우리의 외교통상부에 한○택이 국군포로인 점을 몰랐다거나 중국 외교부와 공안부, 국경 당국 간 연락협조의 차질이 있었음을 밝혔다는 내용의 언론보도가 있었던 사실은 앞서 기초사실에서 인정한 바와 같다. 사정이 이와 같다면, 한○택이 중국 공안 당국에 체포된 이후 그 체포사실과 함께 한○택의 구체적인 구금장소, 중국 측 담당 공안원의 신분 등을 통보받은 외교통상부와 재외공관 소속 공무원들로서는, 중국 외교부 등 현지 관계기관에 한○택이 국군포로라는 점을 알려 한○택이 석방되어 국내로 송환될 수 있도록 협조해 줄 것을 요청하는 것뿐만 아니라, 이미 한○택을 구금하고 있었던 중국 공안 등 관계기관과 적극적으로 접촉하여 한○택의 상태를 확인한 후, 한○택의 석방과 관련한 신속하고 철저한 처리를 요청하고 불법·부당한 조치에 대하여는 엄중하게 항의하며, 구금되어 있는 한○택을 방문하여 면담·교신한 후 그의 법적대리를 주선하는 등의 적극적인 조치를 취할 의무가 있음에도 이러한 조치들을 제대로 이행하지 않은 잘못이 있다 할 것이다. […]

5) 나아가 앞서 살펴 본 사실관계에 의하면, 피고 산하 국방부 및 외교통상부 소속 공무원들의 위와 같은 작위의무 위반은, 한○택이 중국 공안 당국에서 결국 석방되지 못하고 강제로 북송되어 가혹한 고문을 당하고 정치범수용소에 수용되었다가 사망에 이르게 된 것의 한 원인이 되었다고 봄이 상당하고, 이로 인하여 한○택의 탈북과 국내로의 귀환을 계획하고 추진하였던 가족들인 원고들이 심한 정신적 고통을 입었음은 경험칙상 명백하다. 따라서 피고는 특별한 사정이 없는 한, 위와 같은 소속 공무원들의 불법행위로 인하여 원고들이 입은 정신적 손해를 배상할 책임이 있다. […]

다. 손해배상책임의 범위

1) 6·25전쟁이라는 국가적 위난의 시기에 국가의 존립을 지키기 위해 기꺼이 참전하였다가 포로의 신분이 된 국군포로를 송환하는 것은 국가의 기본적 책무이자 도리이며, 인권의 회복이라 할 것이다. 그럼에도 불구하고 피고 소속 공무원들이 국군포로인 한○택의 송환에 있어서 그 책무를 다하지 못한 과실로 50년이 넘는 기간동안 염원하였던 한○택의 귀환 및 가족들과의 상봉이 무산되게 하였고, 어렵게 탈북한 한○택을 북송되게 하여 결국 사망에 이르게 하였는바, 이러한 불법행위의 중대성과 원고들이 한○택의 탈북 및 송환을 위한 과정에서 들인 노력의 정도, 원고들과 한○택의 신분관계, 그 밖에 이 사건 변론을 통하여 나타난 제반 사정 등을 종합적으로 고려하면, 피고가 지급하여야 할 위자료는 원고 한○명에 대하여는 20,000,000원, 원고 한○구에 대하여는 65,000,000원, 원고 심○옥에 대하여는 15,000,000원으로 정함이 상당하다." (출처: 판결문 사본 입수)

[해설] 1심 판결과 달리 항소심인 서울고등법원 2015. 9. 3. 2015나2012046 판결은 실제 사건이 발생한 후 약 8년이 지나 소가 제기되어 이미 소멸시효기간이 도과된 이후였다는 이유에서 원고 패소 판결을 내렸고, 대법원(2015다240478 판결)에서는 심리 불속행 기각되었다.

17-4. 재외국민 영유아의 보육지원 수령자격 (헌법재판소 2018. 1. 25. 2015헌마1047 결정. 보건복지부지침 2015년도 보육사업안내 부록2 위헌확인)

[사안: 5세 미만의 영유아에 대해서는 보육료 양육수당이 지급되나 보건복지부 관리지침은 재외국민으로 등록 관리되는 자는 지원대상에서 제외하고 있다. 이것이 재외국민에 대한 부당한 차별이라고 주장되었다.]

"(1) 이 사건의 쟁점은, 대한민국 국적을 가지고 있는 영유아 중에서도 재외국민인 영유아를 보육료·양육수당의 지원대상에서 제외함으로써, 청구인들과 같이 국내에 거주하면서 재외국민인 영유아를 양육하는 부모를 차별하는 심판대상조항이 청구인들의 평등권을 침해하는지 여부이다.

(2) 일반적으로 평등원칙은 본질적으로 같은 것은 같게, 다른 것은 다르게 취급할 것을 요구하는 것으로서 입법과 법의 적용에 있어서 합리적인 근거가 없는 차별을 배제하는 상대적 평등을 뜻하므로, 합리적 근거가 있는 차별은 평등의 원칙에 반하는 것이 아니다(헌재 2001. 6. 28. 99헌마 516; 헌재 2003. 12. 18. 2001헌바91 참조).

(3) 심판대상조항은 2015년도 보육료·양육수당 지원대상을 대한민국 국적 및 유효한 주민번호를 보유한 만 0−5세 영유아로 정하면서, 주민등록법 제6조 제1항 제3호에 따라 주민등록을 발급받아 재외국민으로 등록·관리되는 자를 제외함으로써 재외국민인 영유아를 차별취급하고 있다.

그런데 이 사건 지침에 따라 '이중국적자'인 영유아가 국내에 거주하면서 주민등록번호를 부여받은 경우 보육료를 지원받고, 국내에서 출생신고를 한 재외국민의 자녀도 보육료·양육수당을 지원받을 수 있어, 심판대상조항은 유독 특별영주권을 가지고 있는 재외국민의 자녀들에 대해서만 보육료·양육수당 지원에서 배제하는 결과가 되는바, 이러한 차별취급에 합리적인 이유가 있는지 살펴본다.

(4) 영유아보육법은 영유아의 심신을 보호하고 건전하게 교육하여 건강한 사회 구성원으로 육성함과 아울러 보호자의 경제적·사회적 활동이 원활하게 이루어지도록 함으로써 영유아 및 가정의 복지 증진에 이바지함을 목적으로 한다(법 제1조). 국가와 지방자치단체는 보호자와 더불어 영유아를 건전하게 보육할 책임을 지며, 이에 필요한 재원을 안정적으로 확보하도록 노력하여야 한다(법 제4조 제2항).

영유아보육법은 보육 이념 중의 하나로, "영유아는 자신이나 보호자의 성, 연령, 종교, 사회적 신분, 재산, 장애, 인종 및 출생지역 등에 따른 어떠한 종류의 차별도 받지 아니하고 보육되어야 한다."고 규정하고 있다(법 제3조 제3항). 보육료는 어린이집을 이용하는 영유아의 출석일수에 따라 해당 어린이집으로 보육료를 입금하는 방식으로 지원되고, 영유아가 출국 후 91일째 되는 날에는 보육료 지원이 정지된다(법 제34조 제1항, 같은 법 시행규칙 제35조의3, 이 사건 지침). 양육수당 역시 2015. 5. 18. 영유아보육법 개정시 영유아가 90일 이상 해외에 장기 체류하는 경우에는 그 기간 동안 양육에 필요한 비용의 지원을 정지하도록 하였다(법 제34조의2 제3항).

위와 같은 영유아보육법 규정을 종합할 때, 보육료·양육수당은 영유아가 국내에 거주하면서 국내에 소재한 어린이집을 이용하거나 가정에서 양육되는 경우에 지원이 되는 것으로 제도가 마련되었다고 볼 수 있다. 즉 영유아보육법상 보육료·양육수당은 대한민국 국민으로서 일정기간 계속 거주를 하는 자이면 그 거주의 목적이 무엇인지, 향후 생활의 근거가 대한민국인지 외국인지 여부 등을 불문하고 지급되어야 하는 것이다. 단지 외국의 영주권을 취득한 재외국민이라는 이유로 일반 국민들과 달리 취급할 아무런 이유가 없다.

단순한 단기체류가 아니라 국내에 거주하는 재외국민, 특히 외국의 영주권을 보유하고 있으나 상당한 기간 국내에서 계속 거주하고 있는 자들은 주민등록법상 재외국민으로 등록·관리될 뿐 소득활동이 있을 경우 납세의무를 부담하며 남자의 경우 병역의무이행의 길도 열려 있는 등 '국민인 주민'이라는 점에서는 다른 일반 국민과 실질적으로 동일하다. 그러므로 국내에 거주하는 대한민국 국민을 대상으로 하는 보육료·양육수당 지원에 있어 양자에 대한 차별을 정당화할 어떠한 사유도 존재하지 않는다.

설령 재외국민에 대하여 해외 거주 국가에서의 보육료 등 지원이 충분히 예상되는 경우 중복 지원을 방지할 필요가 있다고 하더라도, 앞에서 본 바와 같이 영유아가 90일 이상 해외에 체류하는 경우 보육료 및 양육수당 지원이 정지되므로, 주민등록법상 재외국민으로 주민등록을 한 자를 보육료·양육수당 지원 자격이 없는 자로 규정하여 보육료·양육수당 지원을 원천적으로 봉쇄하는 것은 합리적인 이유가 없다.

더구나 '이중국적자'인 영유아가 국내에 거주하며 주민등록번호를 부여받은 경우에는 보육료를 지원받는 데 반해, '재외국민'인 영유아는 국내에 거주하면서 재외국민으로서 주민등록번호를 받아도 보육료를 지원받지 못한다. 예컨대, 재일동포가 일본에서 귀화절차를 밟아 일본 국적을 취득한 후 대한민국 국민과 혼인하여 한국에서 거주하는 경우 그 자녀는 이중국적자로서 보육료가 지원되는 데 반해, 재일동포가 대한민국 국적을 포기하지 아니하고 영주권만을 보유한 상태에서 대한민국 국민과 혼인하여 한국에 거주하는 경우 재외국민인 그 자녀에게는 보육료가 지원되지 않는 불합리한 결과가 발생하는 것이다.

장래에 '국내 영주 의사'가 불분명하다는 점에는 '이중국적자'나 '재외국민'이 다르지 않다 할 것인데, 외국의 '국적'이 아닌 '영주권'을 취득하였다는 사유만으로, 국내에 거주하는 '재외국민'을 보육료 지원 대상에서 일률적으로 제외하는 것은 그 합리성을 인정하기 어렵다.

그렇다면 심판대상조항은 영유아에 대한 보육료·양육수당 지급에 있어 국내거주 재외국민을 대한민국 국적을 보유하고 국내에 주민등록을 두고 있는 국민에 비해 차별하고 있으며, 그와 같은 차별에 아무런 합리적 근거도 인정될 수 없으므로 청구인들의 헌법상 기본권인 평등권을 침해한다. […]

심판대상조항은 헌법에 위반되므로 관여 재판관 전원의 일치된 의견으로 주문과 같이 결정한다." (출처: 헌법재판소 공보 제256호, 334쪽)

2. 재외국민의 참정권

17-5. 재외국민의 선거권

(헌법재판소 2007. 6. 28. 2004헌마644, 2005헌마360(병합) 결정. 공직선거및선거부정방지법 제15조 제2항 등 위헌확인)

"가. 대통령·국회의원선거에 대한 선거권의 경우 […]

(2) 법 제37조 제1항의 위헌 여부

(가) 법 제37조 제1항의 의미

법 제37조 제1항은 선거인명부 작성책임자로 하여금 선거를 실시할 때마다 선거인명부작성기준일로부터 일정기간 내에 그 관할 구역 안에 주민등록이 되어 있는 선거권자를 조사하여 선거인명부를 작성하도록 의무지우고 있다. 이 규정에 의해 국내에 '주민등록이 되어 있지 않은 자'는 법 제15조 제1항이 부여하고 있는 국정선거권을 행사할 수 없게 되므로, 이 규정은 외형상 선거절차에 관한 규율의 형태를 취하고 있지만 실질적으로는 주민등록이 되어 있지 않은 자의 국정선거권행사를 불가능하게 하는 법적 효과를 발휘하고 있다.

이 사건 청구인들 중 외국의 영주권을 취득하고 국내에 거주하고 있지 않은 재외국민은 국내에 주민등록이 되어 있지 않으므로 법 제37조 제1항에 따라 국정선거권을 행사할 수 없게 된다. 한편 청구인들 중 재외국민으로서 국내에 거주하고 있는 자들의 경우에도, 주민등록법 제6조 제3항이 해외이주를 포기한 후가 아니면 주민등록을 할 수 없도록 하고 있으므로 해외이주를 포기하지 않는 한 국외거주 재외국민과 마찬가지로 국정선거권을 행사할 수 없게 된다. 결국 법 제37조 제1항은 해외이주의 포기의사를 밝힘으로써 주민등록이 가능해진 국내거주 재외국민을 제외한 모든 재외국민에 대해 전면적, 획일적으로 국정선거권의 행사를 불가능하게 하고 있는 규정이다.

나아가 법 제37조 제1항은 아직 영주권을 취득하지 않은 상태에 있는 해외이주목적의 해외장기체류자 또는 해외이주목적 없는 해외장기체류자 및 단기해외체류자(예컨대 유학생, 상사주재원, 외교관 등)로서 주민등록이 말소된(주민등록법 제17조의 2, 제10조 참조) 자들에 대해서는, 이들이 국내에 체류하는지 여부와는 무관하게, 국정선거권을 박탈하고 있다.

㈏ 법 제37조 제1항의 위헌 여부(종전 헌법재판소 결정의 재검토)

법 제37조 제1항에 대해서는 다양한 논거가 합헌의 근거로 제시된 바 있고 헌법재판소는 1999. 1. 28. 선고 97헌마253등 결정에서 그러한 논거들에 기초하여 법 제37조 제1항과 동일한 내용을 규정하고 있던 구 '공직선거 및 선거부정방지법' 제37조 제1항(1994. 12. 22. 법률 제4796호로 개정되고, 2002. 3. 7. 법률 제6663호로 개정되기 전의 것)을 합헌으로 판단한 바 있다. 하지만 위 결정에 대해서는, 그간의 정보기술의 발달, 경제규모의 성장과 국제화로 인한 재외국민의 증가, 공직선거의 자유와 공정에 대한 국민의식의 성장, 그리고 법리적 관점의 변경 필요성 등을 고려할 때 다음과 같이 재검토가 필요하다.

첫째, 북한주민이나 조총련계 재일동포가 선거에 영향을 미칠 위험성이 있다는 것이 재외국민의 선거권 행사를 부정하는 근거가 되기는 어렵다.

그 이유는 설사 재외국민에게 선거권 행사를 인정할 경우라도, 남북한의 대치상태가 종식되지 않고 있는 우리의 특수한 상황하에서는, 북한주민이나 조총련계 재일동포의 선거권 행사에 대한 제한은 어느 정도 허용될 수 있을 것으로 보기 때문이다. 한편 북한주민이나 조총련계 재일동포가 신분을 위장하여 선거권을 행사할 위험성도 존재한다고 하지만 현행 재외국민등록법에 의한 재외국민등록제도 및 현행 '재외동포의 출입국과 법적 지위에 관한 법률'에 의한 재외국민 국내거소신고제도를 활용하여 그러한 위험성을 예방하는 것이 선거기술상 불가능한 것은 아니다. 또한 북한주민이나 조총련계 재일동포가 아닌 재외국민의 경우에는 북한주민이나 조총련계 재일동포와는 달리 우리나라 여권을 소지하고 있으므로 양자의 구분이 가능하다. 따라서 북한주민이나 조총련계 재일동포가 선거에 영향을 미칠지도 모른다는 막연하고 추상적인 위험성만으로 재외국민의 선거권 행사를 전면적으로 부정하는 것을 정당화할 수는 없다.

둘째, 재외국민 모두에게 선거권 행사를 인정한다면, 근소한 표 차이로 당락이 결정되는 경우에는 재외국민이 결정권(casting vote)을 행사하게 될 위험성이 있으므로 재외국민의 선거권 행사를 제한해야 한다는 주장도 있는데, 이는 보통선거의 원칙에 반하는 주장이다.

보통선거의 원칙은 선거권자의 능력, 재산, 사회적 지위 등의 실질적인 요소를 배제하고 일정 연령에 도달한 국민이면 누구라도 당연히 선거권을 가진다는 원칙으로, 일정 연령에 도달한 국민인 이상 누구든지 선거의 결과에 영향을 미칠 수 있고, 또 영향을 미칠 수 있어야 한다는 것은 보통선거원칙의 이념적 전제인 동시에 필연적 귀결이다. 따라서 선거의 결과에 영향을 미칠 수 있으므로 선거권을 행사할 수 없도록 해야 한다는 주장은 보통선거원칙에 어긋나는 부적절한 주장이다.

셋째, 외국 영주권자를 포함한 재외국민에게 전면적으로 국정선거권행사를 인정할 경우 선거의 공정성 확보가 어렵다는 점, 예컨대 투표용지의 분실이나 교체가능성, 부정한 선거운동비용의 지출, 2중투표나 대리투표의 가능성, 선거권자의 의사의 왜곡, 금품매수 현상 등 현지에서의 선거과정이 불공정하게 진행될 가능성을 배제할 수 없다는 우려도 재외국민에게 선거권 행사를 전면적으로 배제하는 정당한 논거가 되기 곤란하다.

선거의 공정성을 확보하는 것은 일차적으로 국가의 과제이므로 이를 선거권자의 책임으로 돌리는 것은 타당치 못하며, 선거의 공정성에 대한 우려가 있다는 이유로 민주국가의 기능적 전제인 선거권 행사를 특정 국민들에 대해 부정할 수는 없다. 외국에서의 선거관리가 국내에서와 비교할 때 더 어려우리라는 것은 짐작할 수 있지만, 그렇다고 선거권 행사를 전면 부정해야 할 만큼 선거의 공정성 확보가 불가능할 정도라고 볼 수는 없다. 예상되는 부정선거가능성은 해외에서 이루어지는 선거운동방법의 적절한 제한, 투표자 본인의 신분확인방법의 도입, 선거운동비용 지출에 대한 사전 사후의 관리 등 필요한 조치를 통하여 차단하는 방법이 있으며, 법원의 재판 등을 통한 사후적 통제도 가능하다. 또한 과거에 비하여 오늘날 우리 국민들의 선거문화는 선거의 공정성과 투명성에 대하여 타율적 규제가 줄어도 될 만큼 성숙하였다고 볼 것이다.

넷째, 선거기술상의 어려움, 예컨대 선거운동기간 내에 외국에 있는 모든 국민에게 선거의 실시와 후보자를 홍보하고, 선거운동을 하며, 투표용지를 발송하여 기표된 용지를 회수하는 등 각종 실무상 어려움이 있다는 것도 재외국민의 선거권 행사를 전면 배제할만한 정당한 이유가 될 수 없다.

선거운동기간을 어느 정도 늘이는 방안으로 그러한 어려움을 줄일 수 있고, 후보자홍보의 경우 정보통신기술이 세계적인 규모로 발달하고 있는 오늘날의 상황에서 재외국민에게 후보자 개인에 관한 정보를 적정하게 전달하는 것이 현저히 곤란하다고 할 수 없으며, 재외국민의 입장에서도 인터넷 등을 통해 후보자의 정보에 대한 접근이 용이해지고 있다. 나아가 오늘날의 선거가 인물투표로서의 성격보다 정당투표로서의 성격을 강하게 가지는 경향을 보이고 있다는 점, 선거운동의 경우 재외국민을 상대로 한 선거운동이 선거운동기간의 전 기간에 걸쳐 국내에서와 같은 정도로 이루어지지 못하더라도 이는 선거권자인 재외국민의 입장에서 감수해야 할 사정이라는 점, 투표용지 발송과 기표용지 회수의 경우에도 현지인쇄 등 대안이 없다 할 수 없고 기표용지 회수 및 개

표는 시기적으로 선거 이후 상당한 시간이 지난 후에도 가능한 점 등에 비추어 볼 때, 선거기술상의 어려움 역시 재외국민의 선거권 행사를 전면적으로 박탈하기 위한 합당한 사유라 보기 어렵다.

다섯째, 재외국민의 선거권을 인정할 경우, 우선 우편제도가 발달한 일부 국가에 거주하는 재외국민에 대해서만 선거권 행사를 인정하게 되면 그렇지 못한 국가에 거주하는 재외국민과의 사이에서 또 다른 평등의 문제가 야기될 것으로 볼 수도 있다.

그러나 우편제도를 제대로 못 갖춘 일부 국가에 거주하는 재외국민이 당분간 선거권을 행사할 수 없게 되더라도 이는 애초부터 차별적 목적이 있었던 것이 아닌 사실상의 결과일 뿐이므로 그러한 사유 때문에 재외국민 전부에 대해 선거권 행사를 부정할 수는 없다. 헌법상 평등의 원칙은 국가가 언제 어디에서 어떤 계층을 대상으로 하여 제도의 개선을 시작할 것인지를 선택하는 것을 방해하지 않으며, 국가는 합리적인 기준에 따라 능력이 허용하는 범위 내에서 법적 가치의 상향적 구현을 위한 제도의 단계적 개선을 추진할 수 있으므로(헌재 1991. 2. 11. 90헌가27, 판례집 3, 11, 25 참조), 가능한 지역에서 먼저 재외국민의 투표를 실시한다고 하여 평등원칙에 대한 침해가 문제될 여지는 없다.

여섯째, 선거권이 국가에 대한 납세, 병역의무와 결부되기 때문에 이와 같은 의무이행을 하지 아니하는 재외국민에게 선거권 행사를 허용하기 곤란하다는 주장도 다시 생각해 봐야 한다.

헌법 제1조 제2항은 "대한민국의 주권은 국민에게 있고, 모든 권력은 국민으로부터 나온다."라고 규정할 뿐 주권자인 국민의 지위를 국민의 의무를 전제로 인정하고 있지는 않다. 역사적으로 납세 및 국방의 의무이행을 선거권부여의 조건으로 하고 있었는지의 여부는 별론으로 하고, 현행 헌법의 다른 규정들도 국민의 기본권행사를 납세나 국방의 의무 이행에 대한 반대급부로 예정하

고 있지 않다.

특히 이 사건 재외국민들은 '이중과세 방지협정'에서 정한 바에 따라 납세의무가 면제되는 것일 뿐이므로 재외국민이 국가에 대한 납세의무를 다하지 않고 있다고 볼 수도 없으며, 병역의무의 경우에도 재외국민에게 병역의무 이행의 길이 열려 있는 점, 이 사건 청구인들 중에는 이미 국내에서 병역의무를 필한 사람도 있는 점, 오늘날 넓은 의미의 국방은 재외국민의 애국심과 협력에 의존하는 바도 적지 않다는 점, 현재 병역의무가 남자에게만 부여되고 있다는 점 등을 감안하면 선거권과 병역의무 간에 필연적 견련관계를 인정하기 어렵다.

끝으로, 재외국민도 엄연히 대한민국의 국민으로서 국가기관의 구성에 참여할 헌법적 권리가 인정되어야 한다는 점에서, 뿐만 아니라 나날이 심화되고 있는 국제화, 지구촌화 시대의 국민통합은 재외국민의 의사 역시 대한민국의 의사의 한 부분으로 편입될 것을 요구하고 있다는 점에서 재외국민의 선거권 행사를 전면적으로 박탈하는 법 제37조 제1항은 헌법적 정당성을 발견하기 어렵다.

㈐ 판단

국민이면 누구나 그가 어디에 거주하든지 간에 주권자로서 평등한 선거권을 향유하여야 하고, 국가는 국민의 이러한 평등한 선거권의 실현을 위해 최대한의 노력을 기울여야 할 의무를 진다는 것은 국민주권과 민주주의의 원리에 따른 헌법적 요청이다. 입법자는 국민의 선거권 행사를 제한함에 있어서 주권자로서의 국민이 갖는 선거권의 의의를 최대한 존중하여야만 하고, 선거권 행사를 제한하는 법률이 헌법 제37조 제2항의 과잉금지원칙을 준수하고 있는지 여부를 심사함에 있어서는 특별히 엄격한 심사가 행해져야 한다.

따라서 선거권의 제한은 그 제한을 불가피하게 요청하는 개별적, 구체적 사유가 존재함이 명백할 경우에만 정당화될 수 있으며, 막연하고 추상적

위험이라든지 국가의 노력에 의해 극복될 수 있는 기술상의 어려움이나 장애 등의 사유로는 그 제한이 정당화될 수 없다.

그런데 법 제37조 제1항은 단지 주민등록이 되어 있는지 여부에 따라 선거인명부에 오를 자격을 결정하여 그에 따라 선거권 행사 여부가 결정되도록 함으로써, 엄연히 대한민국의 국민임에도 불구하고 주민등록법상 주민등록을 할 수 없는 재외국민의 선거권 행사를 전면적으로 부정하고 있는바, 그와 같은 재외국민의 선거권 행사에 대한 전면적인 부정에 관해서는 위에서 살펴본 바와 같이 어떠한 정당한 목적도 찾기 어렵다.

그러므로 법 제37조 제1항은 헌법 제37조 제2항에 위반하여 재외국민의 선거권과 평등권을 침해하고 헌법 제41조 제1항 및 제67조 제1항이 규정한 보통선거원칙에도 위반된다.

⑶ 법 제38조 제1항의 위헌 여부

㈎ 법 제37조 제1항과의 관계

법 제38조 제1항은 선거인명부에 오를 자격이 있는 국내거주자에 대해서만 부재자신고를 허용하고 있다. 따라서 법 제37조 제1항이 위헌으로 선언됨으로써 이 사건 청구인들이 선거인명부에 오를 자격을 갖추게 되더라도 법 제38조 제1항으로 인해 이 사건 청구인들 중 국외거주자에 해당하는 경우에는 부재자신고를 할 수 없어 여전히 국정선거권을 행사할 수 없게 된다. 즉 법 제37조 제1항은 주민등록을 할 수 없는 재외국민에 대해 선거인명부에 오를 수 있는 자격 자체를 박탈하고 있는 것임에 비해, 법 제38조 제1항은 선거권 행사를 위한 요건으로서 국내거주 요건을 추가함으로써 실질적으로는 국외거주자의 선거권 행사를 불가능하게 하는 규정이다. 따라서 법 제38조 제1항은 법 제37조 제1항과 결합하여 중첩적으로 국외거주 재외국민의 선거권 행사를 부인하는 규정이다.

한편 재외국민이 아니고 현행법상 주민등록이 되어 있는 국민이더라도, 국외여행자는 물론 재외

공관원, 상사주재원, 유학생 등 단기 해외체류자로서 국내에 주민등록이 말소되지 않고 있는 국민은 법 제38조 제1항으로 인해 선거당일까지 국내에 귀국하지 않으면 선거권을 행사할 수 없게 된다.

⑷ 법 제38조 제1항의 위헌 여부(종전 헌법재판소 결정의 재검토)

헌법재판소는 1999. 3. 25. 선고 97헌마99 결정에서, 법 제38조 제1항과 동일한 내용을 규정하고 있던 구 '공직선거 및 선거부정방지법' 제38조 제1항(2004. 3. 12. 법률 제7189호로 개정되기 전의 것)이 헌법에 위반되지 않는 것으로 판단한 바 있으나, 앞에서 본 법 제37조 제1항에 대한 판단과 마찬가지의 관점에서 위 결정의 내용을 재검토할 필요성이 있다.

첫째, 선거기술상의 이유와 선거의 공정성에 대한 우려는 국외거주 재외국민에게 선거권 행사를 허용할 경우에 동일하게 발생하는 문제로서, 그와 같은 논거들이 타당하지 않음은 앞에서 검토한 바와 같다.

둘째, 선거기간의 연장에 따른 후보자들의 선거비용증가 및 국가적 부담증가를 우려하여 선거권 행사를 제한할 수 있다는 논거 역시 부적절한 측면이 있다.

중앙선거관리위원회가 간행한 '국외부재자투표 도입방안 연구'에서는 국외선거운동비용을 선거비용제한액에 포함시키지 않도록 하는 방안을 제시하고 있으며, 국외부재자에 대한 일부 선거운동(방송광고, 방송연설 중계 및 예비후보자 홍보물 우편발송 등)이 허용되는 경우에 선거비용이 발생할 수는 있으나, 이는 국내에서 그 비용이 발생하는 것이어서 선거비용에 대한 관리가 가능하다고 본다. 그리고 일정한 정도 비용부담의 증가가 예상되더라도 우리 나라의 경제력으로 감당할 수 없을 정도라고 볼 수 없으며, 그러한 선거비용의 부담 우려만으로 민주국가에서 가장 근본적이고도 중요한 국민의 선거권 행사를 제한하는 것은 더

이상 타당성을 인정하기 어렵다.

더욱이 우리 선거법 역사를 뒤돌아보면 1960년대와 1970년대 초에 이미 국회의원 및 대통령 선거에서 해외체류 재외국민의 부재자투표를 허용하였던 경험이 있다. 이러한 경험을 바탕으로 현재 재외국민의 선거권을 인정하고 있는 선진 국가들의 다양한 사례를 참조하면 재외국민의 부재자투표제도를 도입하는 것이 불가능하지는 않다고 판단된다.

셋째, 자발적으로 출국한 자에 대해서는 선거권을 보장해 주지 않는다 해도 부당할 것이 없다는 주장이 있으나 이 또한 타당하지 아니하다.

직업이나 학문 등의 사유로 자진 출국한 자들이 선거권을 행사하려고 하면 반드시 귀국해야 하고 귀국하지 않으면 선거권 행사를 못하도록 하는 것은 헌법이 보장하는 해외체류자의 국외거주·이전의 자유, 직업의 자유, 공무담임권, 학문의 자유 등의 기본권을 희생하도록 강요한다는 점에서 부적절하다. 나아가 오늘날 점점 가속화되고 있는 국제화시대에 해외로 이주하여 살 가능성이 높아지고 있는 상황에서, 그것이 자발적 계기에 의해 이루어졌다는 이유만으로 국민이면 누구나 향유해야 할 가장 기본적인 권리인 선거권의 행사가 부인되는 것은 타당성을 갖기 어렵다.

넷째, 재외공관원이나 상사주재원, 유학생 등과 같이 국내에 이미 주민등록이 되어 있는 단기해외체류자들에 대해서는, 법 제38조 제1항이 단지 선거권 행사에 대한 편의제공 여부에 관한 규정에 불과하고, 선거권의 제한 여부와는 직접 관련이 없는 조항으로 보는 것도 잘못이다.

많은 여행비용을 들이면서 스스로 귀국하여 투표당일에 투표를 하고 다시 출국할 것을 요구하는 것은 사실상 불가능을 강요하는 것으로서 실질적으로는 그들의 선거권을 부정하는 것과 같은 효과를 지니기 때문이다.

⑸ 판단

이상에서 살핀 바와 같이, 선거인명부에 오를

자격이 있는 국내거주자에 대해서만 부재자신고를 허용함으로써 재외국민과 단기해외체류자 등 국외거주자 전부에 대해 국정선거권의 행사 가능성을 부인하고 있는 법 제38조 제1항은 정당한 입법목적을 갖추지 못하여 헌법 제37조 제2항에 위반하여 국외거주자의 선거권과 평등권을 침해하고 보통선거원칙에도 위반된다." (출처: 헌법재판소 판례집 제19권 1집, 859쪽)

[해설] 한국에서 제3공화국 시절에는 재외국민의 부재자 투표제도가 실시되었으나, 제4공화국 이후에는 국내에 주민등록이 되어 있지 않은 해외거주자의 선거참여가 봉쇄되어 있었다. 1990년대 들어 재외국민들로부터 이에 대한 이의제기가 본격화되었다. 과거 헌법재판소는 1999. 1. 28. 97헌마 253·270(병합) 결정(헌법재판소 판례집 제11권 1집, 54쪽)과 1999. 3. 25. 97헌마99 결정(헌법재판소 판례집 제11권 1집, 218쪽)을 통해 해외거주자 등의 선거참여를 봉쇄하고 있는 선거법에 대해 합헌 판정을 내렸었다. 그러나 헌법재판소는 본 결정과 아래 17-6 결정을 통해 종래의 입장을 변경하고 국내에 주민등록이 없는 재외국민이나 해외거주자의 투표권을 부인하고 있는 조항들에 관해 헌법불합치 판정을 내렸다.

평석 방승주, 재외국민 선거권제한의 위헌여부: 2004헌마644 공직선거및선거부정방지법 제15조 제2항 등 위헌확인사건을 중심으로, 헌법학연구 제13권 제2호(2007).
최희수, 공직선거및선거부정방지법 제15조 제2항 등 위헌확인, 헌법재판소 결정해설집 제6집(헌법재판소, 2008).

17-6. 재외국민의 주민투표권
(헌법재판소 2007. 6. 28. 2004헌마643 결정. 주민투표법 제5조 위헌확인)

"(가) 헌법이 요구하는 평등원칙은 입법자에게 본질적으로 같은 것을 자의적으로 다르게, 본질적으로 다른 것을 자의적으로 같게 취급하는 것을 금하고 있다. 그러므로 비교대상을 이루는 두 개의 사실관계 사이에 서로 상이한 취급을 정당화할 수 있을 정도의 차이가 없음에도 불구하고 두 사실관계를 서로 다르게 취급한다면, 입법자는 이

로써 평등권을 침해한 것으로 볼 수 있다(헌재 1996. 12. 26. 96헌가18, 판례집 8-2, 680, 701; 헌재 2003. 1. 30. 2001헌가4, 판례집 15-1, 7, 20).

(나) 이 사건 법률조항 부분은 '당해 지방자치단체의 관할 구역에 주민등록이 되어 있는 자'에 한해 주민투표권을 인정함으로써, 결과적으로 청구인들과 같이 '주민등록을 할 수 없는 재외국민인 주민'을 '주민등록이 되어 있는 국민인 주민' 및 법 제5조 제2항과 당해 지방자치단체의 조례에 따라 '주민투표권이 부여되는 외국인'에 비해 차별취급을 행하고 있다. 따라서 이 사건 법률조항 부분의 위헌 여부는 비교집단 사이에 서로 상이한 취급을 정당화할 수 있을 정도의 본질적 차이가 존재하는지 여부에 달려 있다.

1) 국내거주 재외국민은 주민등록법 제6조 제3항에 따라 해외이주를 포기한 후가 아니면 주민등록을 할 수 없고 '재외동포의 출입국과 법적지위에 관한 법률'(이하 이를 '재외동포법'이라 한다) 제6조 제1항에 의한 국내거소신고만을 할 수 있으므로, 결국 이 사건 법률조항에 의하여 주민투표권을 행사할 수 없게 된다. 그런데 국내거주 재외국민은 소득활동이 있을 경우 납세의무를 부담하며 남자의 경우 병역의무이행의 길도 열려 있다. 나아가 당해 지방자치단체의 구역 내에서 '주민등록이 된 국민인 주민'과 같은 환경하에서 생활하면서 동등한 책임을 부담하고 또 권리를 향유한다. 지방자치단체의 구역 안에 주소를 가진 자는 그 지방자치단체의 주민으로서(지방자치법 제12조) 법령으로 정하는 바에 따라 소속 지방자치단체의 재산과 공공시설을 이용할 권리와 균등하게 행정의 혜택을 받을 권리(같은 법 제13조 제1항)를 가지는 것이다.

2) 주민에게 과도한 부담을 주거나 중대한 영향을 미치는 당해 지방자치단체의 주요결정사항에 대한 주민투표(법 제7조 제1항)의 결과는 주민등록이 가능한 국민인 주민은 물론 이 사건 청구인들과 같이 주민등록을 할 수 없는 국내거주 재

외국민에게도 그 미치는 영향에 있어 다르다고 보기 어렵다.

가령 '서울시주민투표조례'(2004. 7. 20. 제정) 제4조에 따르면, 다수 주민의 이용에 제공하기 위한 주요공공시설의 설치 및 관리에 관한 사항과 다른 법률에 주민의 의견을 듣도록 한 사항, 기타 주민의 복리·안전 등에 중대한 영향을 미치는 주요결정사항을 주민투표의 대상으로 하고 있다. 그렇다면 청구인들과 같은 재외국민에 대하여만 다른 주민등록이 되어 있는 국민인 주민의 경우와는 달리 주민투표권을 부정해야 할 특별한 사정이 있는 것으로 보이지 않는다.

3) 국가정책에 관한 주민투표(법 제8조 제1항)의 경우에도 마찬가지이다. 즉 지방자치단체의 폐치·분합 또는 구역변경은 단순히 행정단위나 행정구역의 개편 차원을 넘어 폐치·분합 또는 구역변경의 대상이 되는 지방자치단체의 주민의 이익과 직접적으로 관련되어 있으며, 국내거주 재외국민의 경우에도 예외는 아니다. 주요시설의 설치와 관련하여 주민투표가 실시되는 경우에도 마찬가지라고 할 것이다.

㈐ 법 제5조 제2항은 출입국관리 관계법령의 규정에 의하여 대한민국에 계속거주할 수 있는 자격을 갖춘 자로서 지방자치단체의 조례가 정하는 '외국인'에게 주민투표권을 부여하고 있고, 현재 각 지방자치단체의 주민투표조례는 20세 이상의 자로서 투표인명부 작성기준일 현재 당해 지방자치단체에 주소를 두고 있고, 영주의 체류자격을 갖춘 외국인에게 주민투표권을 부여하는 것이 일반적 경향이다.

하지만 주민에게 과도한 부담을 주거나 중대한 영향을 미치는 당해 지방자치단체의 주요결정사항에 대한 주민투표(위 '서울시주민투표조례' 제4조 참조)나 지방자치단체의 폐치·분합 또는 구역변경, 주요시설의 설치 등 국가정책의 수립에 관하여 주민의 의견을 듣기 위하여 필요하다고 인정하는 사항에 대한 주민투표의 결과가 그 법적 및

사실적 효과라는 측면에서 국내거주 재외국민과 외국인 간에 본질적으로 달리 나타난다고 보기는 어렵다. 주민투표의 대상이 되는 사항과의 관련성 내지 이해관계의 밀접성이라는 점에서 양자 간에 본질적 차이가 존재하지 아니한다.

㈑ 더욱이 법적으로는 외국인에 해당하지만 재외동포법에 따라 일정한 혜택을 부여받게 되는 외국국적동포와 비교해서도 불합리한 차별적 상황이 존재한다. 재외동포법은 재외동포체류자격으로 입국한 외국국적동포에 대해 외국국적동포 국내거소신고를 할 수 있도록 하고(제6조 제1항), 또한 2년 상한의 체류기간을 초과하여 계속 체류하고자 할 경우 체류기간연장허가를 받아 계속거주할 수 있도록 하고 있다(제10조 제2항). 또한 동법 시행령은 재외동포체류자격외의 자격으로 대한민국에 체류하는 외국국적동포의 경우 법무부장관으로부터 재외동포체류자격으로 변경허가를 받은 때에는 국내거소신고를 할 수 있도록 하고 있다(시행령 제7조 제2항). 그런데 법 제5조 제2항의 문언에 의하면, 외국인으로서 출입국관리 관계법령에 의하여 '대한민국에 계속거주할 수 있는 자격'을 갖춘 자로서 지방자치단체의 조례가 정하는 자에게 주민투표권을 인정하되, 그와 같이 '대한민국에 계속거주할 수 있는 자격'에 '체류자격변경허가 또는 체류기간연장허가를 통해 계속거주할 수 있는 경우'도 포함시키고 있다. 결국 '지방자치단체의 조례가 정하기에 따라서는' 외국국적동포의 경우에도 주민투표권이 인정될 수 있다(물론 현재에는 지방자치단체의 주민투표조례들이 "영주의 체류자격을 갖춘 외국인"에 한해서 주민투표권을 부여하는 것이 일반적 경향이기는 하다). 따라서 이 사건 법률조항이 국민인 국내거주 재외국민에게는 주민투표권을 박탈하면서도 법 제5조 제2항이 외국인인 외국국적동포에게는 주민투표권이 인정될 여지를 허용하고 있는 것은 재외국민과 외국국적동포 사이에 합리적으로 정당화될 수 없는 차별을 초래하고 있다.

㈜ 그렇다면 이 사건 법률조항 부분은 주민등록만을 요건으로 주민투표권의 행사 여부가 결정되도록 함으로써 '주민등록을 할 수 없는 국내거주 재외국민'을 '주민등록이 된 국민인 주민'에 비해 차별하고 있고, 더 나아가 '주민투표권이 인정되는 외국인'과 '주민투표권이 인정될 여지가 있는 외국국적동포'와의 관계에서도 차별을 행하고 있는바, 그와 같은 차별에 아무런 합리적 근거도 인정될 수 없으므로 국내거주 재외국민인 이 사건 청구인들의 헌법상 기본권인 평등권을 침해하는 것으로 위헌이다." (출처: 헌법재판소 판례집 제19권 제1집, 843쪽)

평석 최희수, 주민투표법 제5조 위헌확인", 헌법재판소 결정해설집 제6집(헌법재판소, 2008).

17-7. 재외국민의 국민투표권
(헌법재판소 2014. 7. 24. 2009헌마256, 2010헌마394(병합) 결정. 공직선거법 제218조의4 제1항 등 위헌확인)

"국민투표법 제7조는 19세 이상의 국민에게 원칙적으로 국민투표권을 인정하고 있다. 국민투표법조항은 종전에는 투표인명부 작성의무자로 하여금 국민투표일공고일 현재 그 관할 구역에 주민등록이 된 투표권자만을 투표인명부에 등재하도록 규정하고 있었으나, 이 조항에 대하여 헌법재판소에서 헌재 2007. 6. 28. 2004헌마644등 결정으로 헌법불합치결정이 선고되었다. 이에 따라 국민투표법이 2009. 2. 12. 법률 제9467호로 개정되면서 국민투표법조항은 '재외동포의 출입국과 법적 지위에 관한 법률'에 따른 국내거소신고가 되어 있는 투표권자를 투표인명부에 등재하도록 규정하여 국내거소신고를 한 재외국민은 국민투표권을 행사할 수 있게 되었다. 그러나 나머지 청구인들과 같이 주민등록이 되어 있지 않고 국내거소신고도 하지 않은 재외선거인은 투표인명부에 등재되지 않아 여전히 국민투표권을 전혀 행사할 수 없는바, 재외선거인의 국민투표권제한이

위헌인지 살펴본다.

국민투표권이란 국민이 국가의 특정 사안에 대해 직접 결정권을 행사하는 권리로서, 각종 선거에서의 선거권 및 피선거권과 더불어 국민의 참정권의 한 내용을 이루는 헌법상 기본권이다. 헌법은 외교·국방·통일 기타 국가안위에 관한 중요정책을 결정하는 경우(제72조)와 헌법개정안을 확정하는 경우(제130조 제2항)에 국민투표권을 인정하고 있다. 헌법 제72조에 의한 중요정책에 관한 국민투표는 국가안위에 관계되는 사항에 관하여 대통령이 제시한 구체적인 정책에 대한 주권자인 국민의 승인절차라 할 수 있고, 헌법 제130조 제2항에 의한 헌법개정에 관한 국민투표는 대통령 또는 국회가 제안하고 국회의 의결을 거쳐 확정된 헌법개정안에 대하여 주권자인 국민이 최종적으로 그 승인 여부를 결정하는 절차이다(헌재 2007. 6. 28. 2004헌마644등 참조).

헌법 제72조의 중요정책 국민투표와 헌법 제130조의 헌법개정안 국민투표는 대의기관인 국회와 대통령의 의사결정에 대한 국민의 승인절차에 해당한다. 대의기관의 선출주체가 곧 대의기관의 의사결정에 대한 승인주체가 되는 것은 당연한 논리적 귀결이므로, 국민투표권자의 범위는 대통령선거권자·국회의원선거권자와 일치되어야 한다. 공직선거법 제15조 제1항은 19세 이상의 국민에게 대통령 및 국회의원의 선거권을 인정하고 있는바, 재외선거인에게도 대통령선거권과 국회의원선거권이 인정되고 있다. 따라서 재외선거인은 대의기관을 선출할 권리가 있는 국민으로서 대의기관의 의사결정에 대해 승인할 권리가 있고, 국민투표권자에는 재외선거인이 포함된다고 보아야 한다.

특히 헌법 제130조 제2항에 의하면 헌법개정안 국민투표는 '국회의원선거권자' 과반수의 투표와 투표자의 과반수의 찬성을 얻도록 규정하고 있는바, 헌법은 헌법개정안 국민투표권자로서 국회의원선거권자를 예정하고 있다. 재외선거인은 임기

만료에 따른 비례대표국회의원선거에 참여하고 있으므로, 재외선거인에게 국회의원선거권이 있음은 분명하다. 국민투표법조항이 국회의원선거권자인 재외선거인에게 국민투표권을 인정하지 않은 것은 국회의원선거권자의 헌법개정안 국민투표 참여를 전제하고 있는 헌법 제130조 제2항의 취지에도 부합하지 않는다.

선거권이 국가기관의 형성에 간접적으로 참여할 수 있는 간접적인 참정권이라면, 국민투표권은 국민이 국가의 의사형성에 직접 참여하는 헌법에 의해 보장되는 직접적인 참정권이다(헌재 2001. 6. 28. 2000헌마735 참조). 선거는 대의제를 가능하게 하기 위한 전제조건으로서 국민의 대표자를 선출하는 '인물에 관한 결정'이며, 이에 대하여 국민투표는 직접민주주의를 실현하기 위한 수단으로서 특정한 국가정책이나 법안을 대상으로 하는 '사안에 대한 결정'이다(헌재 2004. 5. 14. 2004헌나1 참조). 즉, 국민투표는 선거와 달리 국민이 직접 국가의 정치에 참여하는 절차이므로, 국민투표권은 대한민국 국민의 자격이 있는 사람에게 반드시 인정되어야 하는 권리이다. 대한민국 국민인 재외선거인의 의사는 국민투표에 반영되어야 하고, 재외선거인의 국민투표권을 배제할 이유가 없다.

재외선거인이 국민투표에 참여하기 위해서는 재외국민투표제도를 도입하여야 하고, 재외투표인 등록신청, 재외투표인명부작성 및 확정, 열람 및 이의신청, 재외투표용지의 송부, 기표 및 회송 등 일련의 필수적인 절차가 진행되어야 하므로 재외국민투표를 실시하는 것이 현실적으로 쉬운 것은 아니다. 그러나 국민투표권의 제한은 그 제한을 불가피하게 요청하는 개별적·구체적 사유가 존재함이 명백한 경우에만 정당화될 수 있으며, 막연하고 추상적인 위험이라든지 국가의 노력에 의해 극복될 수 있는 기술상의 어려움이나 장애 등의 사유로는 그 제한이 정당화될 수 없다. 재외국민투표를 실시하게 될 경우 예상되는 문제점은 막연하고 추상적인 위험에 지나지 않거나

국가의 노력에 의해 충분히 극복가능한 선거기술상의 사유에 불과하다.

예를 들어 헌법개정안 국민투표의 경우, 대통령이 20일 이상의 기간 동안 헌법개정안을 공고하여야 하고, 국회는 헌법개정안이 공고된 날로부터 60일 이내에 의결하여야 하며, 헌법개정안은 국회가 의결한 후 30일 이내에 국민투표를 실시하여야 한다(헌법 제129조, 제130조). 헌법에 규정된 기한 내에 재외국민투표가 실시되기 위해서는 대통령 궐위 등으로 인한 재선거와 같이 재외투표인명부작성에 관한 기간을 단축하거나 일부 절차를 생략하는 방법 또는 국민투표공고일 현재 가장 최근에 실시된 재외선거인명부를 활용하는 방법 등을 강구해 볼 수 있다. 국민투표를 실시하는 경우 국민투표공보와 투표통지표 등을 우편으로 송부하는 등의 절차가 진행되어야 하는데(국민투표법 제24조, 제56조), 이때에도 현행 공직선거법에서 재외선거를 실시할 때 재외선거권자에게 정당·후보자에 대한 정보를 제공하는 방법, 투표용지를 발급하는 방법 등을 고려할 수 있다.

민주주의 국가에서 참정권은 국민주권의 원칙을 실현하기 위한 가장 기본적이고 필수적인 권리로서 다른 기본권에 대하여 우월적인 지위를 갖는다. 이처럼 국민의 본질적 지위에서 도출되는 국민투표권을 위와 같은 추상적 위험 내지 선거기술상의 사유로 배제하는 것은 헌법이 부여한 참정권을 사실상 박탈한 것과 다름없다. 따라서 국민투표법조항은 재외선거인인 나머지 청구인들의 국민투표권을 침해한다. [⋯]

그러므로 국민투표권조항에 대하여 헌법불합치 결정을 선고하되, 다만 입법자의 개선입법이 있을 때까지 계속적용을 명하기로 한다. 입법자는 늦어도 2015. 12. 31.까지 개선입법을 하여야 하며, 그 때까지 개선입법이 이루어지지 않으면 국민투표법조항은 2016. 1. 1.부터 그 효력을 상실한다."
(출처: 헌법재판소 판례집 제26권 2집(상), 173쪽)

[해설] 같은 결정에서 헌법재판소는 재외선거인에

게는 국회의원 재·보궐선거 선거권을 인정하지 않는 조항과 재외선거인의 경우 해외 한국공관에 설치된 투표소에서만 투표할 수 있도록 한 조항에 대해서는 합헌 판정을 내렸다.

평석 원유민, 공직선거법 제218조의4 제1항 등 위헌확인, 헌법재판소 결정해설집 13(헌법재판소, 2015).

3. 재일 조선적 동포의 출입국

17-8. 재일 조선적 동포에 대한 여행증명서 발급

(서울행정법원 2009. 12. 31. 2009구합34891 판결. 여행증명서발급거부처분취소)

[사안: 일본에서 태어난 원고 정○환은 일본의 외국인등록에 이른바 "조선적"으로 등록되어 있다. 그는 조선청년동맹 대표단의 일원으로 북한을 방문한 사실이 있는 등 조총련 산하 청년조직 간부로 활동했다. 그는 과거 2차례 여행증명서를 발급받아 한국을 방문했던 사실이 있었다. 그는 2009년 5월 국내 한 민간단체가 주최하는 학술행사에 참가하기 위해 여행증명서의 발급을 주 오사카 한국 총영사관에 신청했다. 여행증명서 신청 시 사유서 내 국적 표기 변경의사 여부를 묻는 항목에 그는 부정적으로 답하였다. 담당영사가 면접 시 재차 국적표기를 "대한민국"으로 변경할 의사가 있는가를 묻자 그는 그럴 의사가 없다고 답하였다. 결국 여행증명서의 발급은 거부되었고, 원고는 오사카 총영사를 상대로 국내 법원에 여행증명서 발급거부처분 취소 소송을 제출했다. 재판 과정에서 원고는 오사카 총영사가 여행증명서 발급을 거부한 실질적 이유는 원고가 무국적자로서 대한민국 국적 취득을 거부했기 때문이며, 이 같은 이유에 따른 거부처분은 「여권법」과 「무국적자 지위에 관한 협약」 및 「헌법」 제11조 위반한 위법하면서도 재량권을 일탈·남용한 처분이라고 주장했다.]

"(1) 여권법의 적용 여부

여권법은 기본적으로 대한민국 국민에 대하여 여권의 발급, 효력과 그 밖에 여권에 관하여 필요한 사항을 규정함을 목적으로 한다(제1조, 제2조). 따라서 무국적자로서 외국 거주 동포인 원고에게 여권법이 바로 적용된다고 볼 수는 없을 것이다.

그러나 남북교류협력법 제10조가 원고와 같은 외국 거주 동포가 남한을 방문하는 경우 여권법 제14조 제1항에 따른 여행증명서를 발급받아 소지할 것을 규정하고 있는 점에 비추어 보면, 원고와 같은 외국 거주 동포에게 여권법 제14조 제1항에 따른 여행증명서를 발급하는 경우에도 특별한 사정이 없는 한 여권법의 규정이 적용되거나 최소한 그 내용이 준용된다고 봄이 상당하다. 따라서 피고가 원고에 대하여 여행증명서 발급을 거부, 제한하기 위해서는 여권법이 정한 여행증명서 발급 거부 또는 제한 사유에 해당하거나 또는 그에 준하는 정도의 합리적인 사유가 있어야 한다.

(2) 여권법이 정한 여행증명서 발급 거부 또는 제한 사유 해당 여부

피고가 이 사건 여행증명서 발급 신청을 한 원고에 대하여 수차례에 걸쳐 국적 변경 의사를 확인하였고 이에 원고가 국적 변경을 할 예정이 없다는 답변을 하자 결국 경찰청의 신원증명을 이유로 그 여행증명서 발급을 거부하는 이 사건 처분을 한 사실은 앞서 본 바와 같다.

그러나 여권법 제12조 제1항, 제3항은 여권의 발급 등을 거부, 제한하는 사유를 구체적으로 열거하여 규정하고 있고, 여권법 제14조 제3항은 위 조항을 여행증명서에 준용하고 있는데, 피고가 주장하는 경찰청의 신원증명 등의 처분사유는 앞서 본 여권법 제12조 제1항, 제3항이 정한 여권이나 여행증명서의 발급 등을 거부 또는 제한할 수 있는 그 어느 사유에도 해당하지 않음이 명백하다.

(3) 피고의 주장에 대한 판단

○ 피고의 주장

- 원고는 조총련 산하 재일조선대학교 및 조

선고급학교 출신으로 1999. 8. 조총련 산하의 조선청년동맹 대표단으로 방북, 제10차 범민족대회 및 제4차 범청학련 총회에 참가한 적이 있다.

— 원고는 2001. 12. 재일한국유학생연합회－재일조선유학생동맹(조총련 산하단체) 교류모임에 재일조선유학생동맹 대표로 참가하는 등 공식적으로 조총련 산하 청년조직 간부로 활발하게 활동하고 있으며, 강연 및 논문 등을 통해 북한체제를 옹호하고 대한민국의 국체를 인정하지 않는 주장들을 펴고 있다.

— 피고는 이러한 사정에 비추어 원고의 신원 내지 정체성을 확신하기 어려웠고, 따라서 원고가 대한민국에 입국하여 간첩활동 등 국가의 안전보장, 공공질서 등에 위험이 되는 행위를 하지 않으리라는 점을 보장할 수 없어 이 사건 처분을 한 것이므로 이 사건 처분은 피고가 재량권의 범위 내에서 한 정당한 처분이다.

○ 판단

여권법 제12조 제1항 제4호는 국외에서 대한민국의 안전보장, 질서유지나 통일, 외교정책에 중대한 침해를 야기할 우려가 있는 일정한 경우에 여권의 발급을 거부, 제한할 수 있음을 규정하고 있고, 남북교류법 제9조의2 제3항은 통일부장관이 남북교류협력을 해칠 명백할 우려가 있거나 국가안전보장, 질서유지 또는 공공복리를 해칠 명백한 우려가 있는 경우에는 남북한 주민 접촉 신고의 수리를 거부할 수 있다고 규정하고 있으며, 앞서 본 무국적자의 지위에 관한 협약 제28조도 국가의 안전과 공공질서의 상당한 이유로 인하여 별도의 조치가 요구되는 경우를 무국적자에 대한 여행증명서 발급사유의 예외로 규정하고 있다.

위와 같은 제반 규정의 법리와 그 각 규정의 취지를 종합하여 보면, 원고와 같은 무국적자인 외국 거주 동포에게 남북교류법 제10조, 여권법 제14조 제1항에 따른 여행증명서를 발급하는 경우에도 국가의 안전보장과 질서유지 또는 공공복리를 해칠 우려가 명백하게 있는 사유가 있으면

피고에게 그 여행증명서 발급을 거부하거나 또는 제한할 수 있는 재량권이 있다고 봄이 상당하다.

그러나 피고가 주장하는 사정들만으로는 원고에게 여행증명서를 발급하면 국가의 안전보장과 질서유지 또는 공공복리를 해칠 명백한 우려가 있는 경우에 해당한다고 보기 어렵고, 달리 원고에게 피고의 주장과 같은 국가의 안전보장 등에 대한 명백한 위험사유가 있음을 인정할 아무런 증거가 없다.

나아가 원고가 이미 이전에도 여행증명서를 발급받아 여러 차례 대한민국을 방문해서 국제심포지엄에 참가하는 등의 학술 활동을 하였고 그 과정에서 국가의 안전보장과 질서유지 또는 공공복리를 해칠 우려가 있는 행위를 하였다는 점을 인정할 아무런 자료가 없는 점 등 이 사건 변론에 나타난 여러 사정을 고려하여 보면, 이 사건 처분 당시 원고에게 그 주장과 같은 국가의 안전보장 등에 대한 명백한 위험사유가 있었다는 피고의 주장은 받아들일 수 없다.

(4) 소결론

피고의 이 사건 처분은 그 처분사유가 존재하지 않거나 합리적인 재량권의 범위를 일탈, 남용한 처분이므로 위법하다.” (출처: 미간, 법원도서관 종합법률정보)

17-8-1. 위 항소심
(서울고등법원 2010. 9. 28. 2010누3536 판결)

“(1) 무국적의 외국 거주 동포에 대한 여행증명서 발급에 적용되는 법리에 관하여 본다.

(가) 남북교류협력에 관한 법률(이하 ‘남북교류법’이라 한다) 제10조에서는 “외국 국적을 보유하지 아니하고 대한민국의 여권을 소지하지 아니한 외국 거주 동포(이하 ‘무국적의 외국 거주 동포’라 한다)가 남한을 왕래하려면 여권법 제14조 제1항에 따른 여행증명서(이하 ‘외국 거주 동포용 여행증명서’라 한다)를 소지하여야 한다.”고 규정하고 있다.

위 규정은 군사분계선 이남지역과 그 이북지역

간의 상호 교류와 협력을 촉진하기 위하여 필요한 사항을 규정함으로써 한반도의 평화와 통일에 이바지하려는 남북교류법의 목적(제1조)에 의하여, 대통령령이 정하는 바에 따라 통일부장관으로부터 방문승인과 증명서(이하 '방문증명서'라 한다)를 받은 후 출입장소에서 심사를 받은 경우에는 남한의 주민이 북한을 방문하거나 북한의 주민이 남한을 방문하는 것을 허용함에 따라(제9조 제1항, 제11조), 대한민국의 여권을 소지하지 아니한 무국적의 외국 거주 동포에 대하여도 남한에 출입할 수 있는 근거 서류에 관하여 정한 것이지만, 북한의 주민의 경우에는 위와 같이 방문승인, 방문증명서 발급 및 출입장소에서의 심사에 관하여 구체적인 규정을 두고 있는 것과는 달리, 외국 거주 동포용 여행증명서 발급이나 입국심사 등의 절차에 관하여 구체적인 규정을 두고 있지 않다.

(나) 그런데, 여권법은 외국을 여행하는 국민이 소지하여야 하는 대한민국 여권의 발급 등에 관하여 규정한 법률로서(제1, 2조), 대한민국 여권의 발급대상은 대한민국의 국적을 취득한 자로 제한됨이 원칙이고, 무국적의 외국 거주 동포는 여권법의 적용 대상이 아니다. 이에 따라, 일반적으로 여권은 한 국가의 국민임을 확인하고, 사실상 외국의 당국에게 당해 여권의 소지자가 입국하고 자유로이 그리고 안전하게 통과하도록 허용해달라고 요청하며, 여권의 소지자에게 여권발급국의 외교관 및 영사관직원들의 보호와 주선에 대한 권리를 승인하는 문서로서, 그 성격과 목적상 외국의 정부에 대하여 제출되는 문서이며, 외국에 대하여 그 명의인의 국적을 증명하는 신분증명서로서의 역할과 함께 국내적으로는 그 명의인에 대한 출국허가의 성격도 갖고 있다고 설명된다.

한편, 여권법 제14조 제1항 및 제3항에 의하면, 외교통상부장관은 국외 체류 중에 여권을 잃어버린 사람으로서 여권의 발급을 기다릴 시간적 여유가 없는 사람 등 대통령령으로 정하는 사람에게 여행목적지가 기재된 여권을 갈음하는 증명서(이하 '여권법상 여행증명서'라 한다)를 발급할 수 있고, 여권법상 여행증명서의 발급과 효력에 관하여 여권에 관한 규정 중 상당부분(제12조의 여권의 발급 등의 거부·제한 등도 포함된다)이 준용되고 있다. 이에 따라, 구 여권법 시행령(2009. 7. 7. 대통령령 제21614호로 개정되기 전의 것, 이하 같다) 제16조에서는 여권법상 여행증명서의 발급대상자를 ① 출국하는 무국적자(제1호), ② 국외에 체류하거나 거주하고 있는 사람으로서 여권을 잃어버리거나 유효기간이 만료되는 등의 경우에 여권 발급을 기다릴 시간적 여유가 없이 긴급히 귀국하거나 제3국에 여행할 필요가 있는 사람(제2호), ③ 국외에 거주하고 있는 사람으로서 일시 귀국한 후 여권을 잃어버리거나 유효기간이 만료되는 등의 경우에 여권 발급을 기다릴 시간적 여유가 없이 긴급히 거주지국가로 출국하여야 할 필요가 있는 사람(제3호), ④ 해외 입양자(제4호), ⑤ 그 밖에 외교통상부장관이 특히 필요하다고 인정하는 사람(제5호)으로 정하고 있는바, 위 제16조 제1호 및 제5호에 의하여 여권법상 여행증명서의 발급대상자의 범위는 여권 발급대상자인 대한민국 국민보다 확대된다고 할 수 있지만, 여권법상 여행증명서의 실질적인 발급 목적은 모두 외국으로의 출국이나 외국에서의 여행으로서 여권법상 여행증명서는 여권에 갈음하여 신분증명서 및 출국허가의 역할을 한다고 봄이 상당하다(출입국관리법 제6조 제2항에 의하면, 국민이 유효한 여권을 잃어버리거나 기타의 사유로 이를 가지지 아니하고 입국하고자 할 때에는 여권법상 여행증명서를 발급받을 필요 없이 확인절차를 거쳐 입국할 수 있으므로, 여권법상 여행증명서는 입국을 위한 서류라 할 수 없다).

(다) 이와 같이 남북교류법은 무국적의 외국 거주 동포가 남한에 왕래하기 위해서 소지하여야 하는 외국 거주 동포용 여행증명서를 여권법 제14조 제1항에 따른 여행증명서라고 규정함으로써, 위 여권법 규정 및 구 여권법 시행령 제16조에서 정하고 있는 여행증명서 발급대상자 외에

무국적의 외국 거주 동포에 대하여도 위 여행증명서가 발급될 수 있도록 발급대상자의 범위를 확장한 것이지만, 외국 거주 동포용 여행증명서는 무국적의 외국 거주 동포가 남한에 입국할 수 있도록 하기 위한 증명, 즉 입국허가의 의미로 발급되는 것이므로, 외국으로 출국하는 사람에 대한 출국허가의 의미로서 발행되는 다른 여권법상 여행증명서와는 그 실질적인 기능이 다르다고 할 것이다. 즉, 국민에게는 거주이전의 자유가 인정되는 이상 여권법 제12조의 발급 거부·제한 사유에 해당하지 않는 한 여권을 발급해야 하는 것이고, 국민에 대하여 여권에 갈음하는 여행증명서를 발행하는 경우에도 역시 같은 거부·제한 사유에 해당하지 않는 한 발급하여야 한다. 그렇지만, 무국적의 외국 거주 동포에게 발급하는 외국 거주 동포용 여행증명서는 대한민국의 영토 내로의 입국을 허가하는 의미를 갖는 것으로서, 출국의 경우와는 달리 입국의 경우에는 입국자의 국내 활동으로 인한 직접적인 위험 내지는 위해 발생 등의 부담을 안게 되므로 출국의 경우보다 그 허가 여부의 심사에 관하여 더 신중을 기하여야 할 뿐 아니라, 원칙적으로 대한민국 국적을 가지지 아니한 사람의 대한민국에의 입국 허부는 주권국가의 영토고권에 관한 주권행사행위라는 점에 비추어 보면, 외국 거주 동포용 여행증명서의 발급은 여권의 발급과는 본질적으로 그 성격이 다르며 여권 발급의 경우보다 훨씬 더 광범위한 재량권을 행사하여 그 입국에 대한 허가 여부를 심사할 필요가 있다.

또한, 남북교류법에서 허용하고 있는 무국적의 외국 거주 동포에 대한 출입보장은 같은 법에서 정한 상호 교류와 협력을 촉진하기 위한 목적 범위 내에서 정당성을 가지고, 이를 위하여 그들의 대한민국 왕래에 관한 근거 절차를 정식으로 법제화 하였다는 점에서 상당한 의의가 있다고 할 것이지만, 그들에게 내국인과 같은 정도의 출입의 자유를 보장하는 취지까지 포함되어 있다고 보기에는 부족하다. 위에서 본 것처럼, 북한 주민의 경우에는 남북교류법에서 정한 바에 따라 통일부장관으로부터 방문 승인과 방문증명서를 받은 후 출입장소에서 심사를 받아야 하며, 재외 동포라고 하더라도 외국 국적을 취득한 경우에는 출입국관리법에 의하여 외국인으로 취급되어 대한민국에 입국할 때에는 유효한 외국의 여권과 법무부장관이 발급한 사증(visa)을 가지고 있어야 하며, 출입국항에서 입국심사를 받아야 한다. 그런데, 외국 거주 동포용 여행증명서는 그 형식상 여권법상의 여행증명서와 마찬가지로 여권법 시행령에 따라 발부되는 것으로 되어 있고 실질적으로 입국허가에 해당하여, 남북교류법의 취지에 비추어 보면 이를 소지한 외국 거주 동포의 경우에는 별도의 사증 발급 절차를 거치지 아니하고 출입국항에서 입국심사를 받으면 대한민국에 입국할 수 있는 것으로 보이는바, 결국 외국 거주 동포용 여행증명서는 북한 주민의 방문승인·방문증명서 또는 외국 국적을 가진 재외 동포에 관한 사증과 같은 기능을 한다고 할 것이므로, 그 발급에 관하여는 북한 주민에 대한 방문 승인 및 방문증명서의 발급 또는 출입국관리법에 의한 사증에 관한 심사 정도에 해당하는 심사가 필요하다고 봄이 상당하다.

한편, 구 여권법 시행령 제16조에서 정하고 있는 여행증명서 발급 대상자 중 출국하는 무국적자, 국외에서 여권을 잃어버리거나 유효기간이 만료된 사람, 일시 귀국한 후 여권을 잃어버리거나 유효기간이 만료된 국외에 거주하는 사람, 해외입양자의 경우(제1호 내지 제4호)에는 특별한 사정이 없는 한 출국 내지 해외 여행이 보장되어야 하는 사람들임이 명백하여 여권과 달리 여행증명서의 발급을 제한하여야 할 이유가 없는 반면, '그 밖에 외교통상부장관이 특히 필요하다고 인정하는 사람'의 경우(제5호)에는 다른 여행증명서의 발급과는 다른 그 특별한 필요성이 인정되어야 발급요건을 충족한다.

따라서, 위와 같은 여러 사정들을 종합하여 보

면, 무국적의 외국 거주 동포의 대한민국 입국을 위하여 발행되는 외국 거주 동포용 여행증명서에 대하여는, 여권법에서의 여권이나 여행증명서에 관한 발급 내지는 그 발급 거부·제한 등에 관한 규정(제12조, 제14조 제3항)을 그대로 적용하거나 준용하여 그 발급 거부·제한 사유에 해당하지 않는다고 하여 외국 거주 동포용 여행증명서를 발급하여야 한다고 해석할 수 없고, 여권법 시행령 제16조 제5호의 '외교통상부장관이 특히 필요하다고 인정하는 사람'에 대한 여행증명서 발급에 관한 규정을 유추적용하여 그 발급의 필요성을 별도로 심사할 수 있다고 해석함이 상당하다 할 것이다(2009. 12. 30. 대통령령 제21914호로 개정된 현행 여권법 시행령 제16조 제5호에서는 '남북교류법 제10조에 따라 여행증명서를 소지하여야 하는 사람으로서 여행증명서를 발급할 필요가 있다고 외교통상부장관이 인정하는 사람'을 따로 규정하고 있는바, 이는 위의 해석과 같은 취지라고 할 것이다). 그리고, 이 경우에 그 필요성에 관한 심사의 정도는 본질적으로 주권국가가 외국인 또는 무국적자에 대하여 출입국을 허가하는 사증 발급절차에 관하여 광범위한 재량권을 가지는 것에 준하는 상당한 재량을 가진다고 할 것이고, 다만 일반적인 외국인 또는 무국적자에 대한 경우와는 달리 남북교류법에서 군사분계선 이남지역과 그 이북지역 간의 상호 교류와 협력을 촉진하기 위한 목적에서 무국적의 외국 거주 동포에게 대한민국에의 출입을 보장하고 있는 취지를 충분히 고려해야 하는 재량권의 한계는 있다고 할 것이다.

(2) 이러한 법리에 따라 원고의 주장들에 관하여 본다.

(가) 원고의 주장대로 이 사건 여행증명서발급 심사 과정에서 피고의 담당 공무원이 국적변경 여부에 관하여 묻고, 이에 원고가 "현시점에서 국적을 변경할 의사가 없고 특별한 이유도 없다"는 취지로 대답한 것이 사실이라고 하더라도, 원고가 국적을 변경할 의사가 없다고 대답한 것이 이 사건 여행증명서 발급의 발급이 거부된 실질적인 이유가 되었다는 점에 관하여는 이를 인정할 증거가 없으므로, 이를 전제로 이 사건 거부처분이 위법하다는 원고의 주장은 더 나아가 판단할 필요 없이 이유 없다.

(나) 또한, 원고는 피고가 무국적자의 지위에 관한 협약을 위반하였다고 주장하나, 원고가 들고 있는 같은 협약 제28조 소정의 여행증명서는 그 영토 내에 합법적으로 체재하는 무국적자가 영토 외로 여행하려고 할 때 체재국에서 발급하는 것일 뿐, 그 영토 외에 거주하는 무국적자에 대하여 여행목적국에서 발급하는 것이 아님이 문언상 분명하므로, 원고의 이 부분 주장 역시 더 나아가 살필 필요 없이 이유 없다.

(다) 을 제11호증의 기재에 변론 전체의 취지를 종합하면, 피고는 원고에 대하여 신원증명이 되지 않았다는 이유로 이 사건 거부처분을 하였는바, ① 원고가 동경총영사관에서 2차례 여행증명서를 발급받아 2005. 11. 13.부터 11. 23.까지 및 2006. 10. 23.부터 11. 1.까지 두 번에 걸쳐 방한하였는데, 두 번째 방한의 경우에 방한 사유를 단지 '재외동포활동가대회에 참가, 보고하기 위한 목적'으로 기재하여 허가를 받았으나, 위 대회에 참석하여 대법원 판결에서 반국가단체로 판시된 재일한국민주통일연합(이하 '한통련'이라 한다) 부의장 소외인과 회합한 사실이 있고, 이번 행사의 주최측인 민족문제연구소는 그 때 재외동포활동가대회를 주관한 20여개 민간단체 중 하나인 점, ② 원고가 과거에 조총련 산하 재일본조선청년동맹(약칭 '조청(조청)', 이하 '조청'이라 한다) 대표단의 일원으로 대학재학 중 방북하여 친북활동을 한 점을 실질적인 판단 근거로 삼은 것으로 보인다.

앞서 본 법리와 같이 외교통상부장관은 이 사건 여행증명서의 발급과 관련하여 실질적으로 그 입국을 허가할 것인지 여부에 대하여 판단할 재량권을 가지며, 그 재량권을 행사함에 있어서는 마땅히 그 사람의 신분, 경력과 직업, 남북 분단

상황에서 대한민국과 북한에 대한 태도, 평소 생활이나 활동 내용 및 과거에 방한한 적이 있다면 그 당시의 활동내역과 함께 방한의 목적과 기간 등을 종합적으로 검토하여, 다소 상충될 수도 있는 외국인 및 무국적자에 대한 출입국을 심사하는 주권적 행위로서의 측면과 남북교류법에서 무국적의 외국 거주 동포에 대하여 외국 거주 동포용 여행증명서를 발급하여 왕래를 허용하고자 하는 측면을 균형 있게 판단하여야 할 것으로 보이는바, 피고가 위와 같은 원고의 기존 경력이나 활동 내역과 함께 이번의 방한 목적 등을 종합적으로 심사·판단하여 여행증명서의 발급 여부를 결정한 것이 그 자체로 위법하다고 볼 수 없고, 외교 당국인 피고의 이러한 판단은 상당 부분 존중되어야 할 것으로 보이며, 그 재량권을 일탈·남용하였다는 점에 관하여는 이를 주장하는 원고가 증명할 책임을 진다.

그런데, 갑 제8호증, 을 제8호증의 각 기재에 의하면 원고가 2006. 10. 23.부터 11. 1.까지 방한하여 참여한 제3회 재외동포 민간단체(NGO) 대회에 한통련 부의장인 소외인이 한통련의 대표단으로 참여하여 재일동포문제에 관하여 발제자로서 발표 및 토론을 하고 위 대회에 참여한 민간단체(NGO)들의 연대관계 강화를 논의한 사실이 인정되고, 나아가 원고가 대학 시절인 1999. 8. 11.부터 8. 20.까지 사이에 조정의 대표단으로 북한을 방문하여 제10차 범민족대회 및 제4차 범청학련 총회에 참석한 사실을 부인하지 않고 있는바, 한통련이 반국가단체에 해당함은 대법원 판결(1990. 9. 11. 선고 90도1333 판결)에서 판시되었고, 또한 범민족대회에 참여한 행위가 북한의 활동에 동조하였다는 등의 이유로 처벌된 바 있고(대법원 1993. 1. 29. 선고 90도450 판결, 대법원 2003. 9. 23. 선고 2001도4328 판결 등 참조), 범청학련 총회 등은 북한이 우리의 국론분열 및 내부 교란을 유도하고, 통일전선전술 등의 적화통일전략으로 이용하기 위하여 개최한 것으로 인정되어 이에 참여한

행위가 탈출죄로 처벌된 바도 있다(대법원 1999. 12. 28. 선고 99도4027 판결 등 참조). 이에 비추어 보면 피고가 이 사건 여행증명서 발급 여부를 심사하면서 원고가 기존에 친북활동을 하였고 2차 방한 당시 반국가단체 구성원과 만났음을 판단의 근거로 삼은 것이 잘못이라고 보기 어렵고, 또한 위와 같은 원고의 기존 경력이나 활동 내역과 함께 이번의 방한 목적 등을 종합적으로 고려하여 이 사건 여행증명서의 발급을 거절한 것이 불합리한 차별을 금지하는 헌법 제11조 등에 위반하였다거나 피고가 행사할 수 있는 재량권의 한계를 일탈·남용한 것이라고 인정하기에 부족하며, 이는 외국 거주 동포의 방한에 관하여 규정한 남북교류법의 취지를 충분히 참작한다고 하더라도 마찬가지라고 할 것이다.

(라) 따라서, 피고의 이 사건 거부처분은 남북교류법 및 관련 여권법령에 근거하여 이루어진 것으로서 평등의 원칙에 위배되거나 재량권을 일탈·남용한 위법이 있다 할 수 없으며, 그 위법을 주장하는 원고의 주장들은 모두 이유 없다.

4. 결론

이 사건 거부처분의 적법성을 다투는 원고의 청구는 이유 없다고 할 것인바, 이와 결론을 달리한 제1심 판결은 부당하므로 이를 취소하고, 원고의 청구를 기각하기로 하여 주문과 같이 판결한다." (출처: 미간, 법원도서관 종합법률정보)

17-8-2. 위 상고심

(대법원 2013. 12. 12. 2010두22610 판결)

"구 남북교류협력에 관한 법률(2009. 1. 30. 법률 제9357호로 개정되기 전의 것, 이하 '구 남북교류법'이라 한다) 제9조 제1항은 "남한과 북한의 주민이 남한과 북한을 왕래하고자 할 때에는 대통령령이 정하는 바에 의하여 통일부장관이 발급한 증명서를 소지하여야 한다."고 규정하고, 제10조는 "외국 국적을 보유하지 아니하고 대한민국의 여권을 소지하지 아니한 해외거주동포가 남한에 왕래하

고자 할 때에는 여권법에 의한 여행증명서를 소지하여야 한다."고 규정하고 있다. 한편 구 여권법(2009. 10. 19. 법률 제9799호로 개정되기 전의 것) 제14조는 "외교통상부장관은 국외 체류 중에 여권을 잃어버린 사람으로서 여권의 발급을 기다릴 시간적 여유가 없는 사람 등 대통령으로 정하는 사람에게 여행목적지가 기재된 여권을 갈음하는 증명서를 발급할 수 있다(제1항). 여행증명서의 발급과 효력에 관하여는 제7조(지문에 관한 사항을 제외한다), 제8조부터 제10조까지, 제12조, 제13조와 제16조부터 제18조까지의 규정을 준용한다(제3항)."고 규정하며, 그 위임을 받은 구 여권법 시행령(2009. 7. 7. 대통령령 제21614호로 개정되기 전의 것) 제16조는 여행증명서 발급대상자로 "1. 출국하는 무국적자, 2. 국외에 체류하거나 거주하고 있는 사람으로서 여권을 잃어버리거나 유효기간이 만료되는 등의 경우에 여권 발급을 기다릴 시간적 여유가 없이 긴급히 귀국하거나 제3국에 여행할 필요가 있는 사람, 3. 국외에 거주하고 있는 사람으로서 일시 귀국한 후 여권을 잃어버리거나 유효기간이 만료되는 등의 경우에 여권 발급을 기다릴 시간적 여유가 없이 긴급히 거주지국가로 출국하여야 할 필요가 있는 사람, 4. 해외 입양자, 5. 그 밖에 외교통상부장관이 특히 필요하다고 인정하는 사람"을 규정하고 있다.

이러한 규정들의 내용, 형식, 체계 및 입법 취지 등을 종합하면, 일본의 1947년 외국인등록령에 따라 국적 등의 표시를 조선으로 하였다가 그 후 일본 국적을 취득하지도 않고 국적 등의 표시를 대한민국으로 변경하지도 않고 있는 조선적 재일동포는 구 남북교류법상 여행증명서를 소지하여야 대한민국에 왕래할 수 있다고 봄이 타당하다.

원심판결 이유 및 기록에 의하면, 원심은 그 채택 증거를 종합하여, 원고는 조선적 재일동포로서 피고에게 여행증명서 발급을 신청하였으나, 피고는 원고가 과거 조총련 산하 단체의 일원으로 방

북하여 범민족대회 및 범조국통일범민족청년학생연합(약칭 범청학련) 총회에 참석하여 친북활동을 하였고, 2차례 방한 당시 반국가단체인 재일한국민주통일연합 부의장과 회합한 점을 실질적인 판단 근거로 삼아 신원증명이 되지 않았다는 이유로 여행증명서 발급 거부처분(이하 '이 사건 처분'이라 한다)을 한 사실 등을 인정한 다음, 이 사건 처분은 구 남북교류법 및 관련 구 여권법령에 근거하여 이루어진 것으로서 평등의 원칙에 위배되지 아니할 뿐만 아니라, 이 사건 처분에 재량권을 일탈·남용한 위법이 없다고 판단하였다.

위 관련 법령 및 기록에 비추어 보면, 원심의 이러한 판단은 정당하고, 거기에 상고이유 주장과 같은 법리오해 등의 위법은 없다." (출처: 판례공보 2014(상), 179쪽)

17-9. 재일 조선적 동포에 대한 여행증명서 발급

(서울행정법원 2012. 5. 4. 2012구합3217 판결. 여행증명서발급거부처분 취소)

[사안: 원고 최○○는 경북 영천 출신이나 일제시기 일본으로 이주해 현재까지 일본에서 조선적을 유지하며 생활하고 있다. 그는 20년 이상 조총련 간부직책을 맡아 왔으며, 북한에 자기 이름을 딴 공장을 설립·운영하고 있고, 이로 인해 북한 당국으로부터 훈장도 받았다. 그는 북한 여권을 소지하고 있으며, 근래까지도 수시로 북한을 방문한 사실이 있었다. 한편 원고는 2001년 9월부터 2009년 3월 사이 주일 한국 영사관에서 모두 16회의 여행증명서를 발급받아 한국을 14회 방문했다. 그러나 2011년 12월 한국을 방문하기 위한 여행증명서의 신청이 주일본 코베 총영사관에 의해 거부되자 이에 대한 취소소송을 국내법원에 제기했다.]

"(1) 조선인을 부친으로 하여 출생한 자는 구 「국적에 관한 임시조례」(1948. 5. 11. 군정법률 제11호로 제정, 이하 '임시조례'라고 한다) 제2조 제1호에

따라 조선국적을 취득하였다가 제헌헌법의 공포와 동시에 대한민국 국적을 취득하고(대법원 1996. 11. 23. 선고 96누1221 판결 참조), 다만 구 국적법(1997. 12. 13. 법률 제5431호로 개정되기 전의 것) 제12조 제4호가 정하는 바에 따라 "자진하여 외국의 국적을 취득"하는 경우에 국적을 상실하는바, 앞서 인정한 바에 의하면 원고는 광복 이전에 조선인을 부친으로 하여 출생하였고 그 후 외국 국적을 취득한 적도 없으므로 대한민국 국적을 보유하고 있다 할 것이다.

(2) 그러나 조선적 교포가 국적법상 대한민국 국적자라는 것과 그에 대한 남북교류법상 여행증명서의 발급행위의 법적 성격이 기속행위인지 재량행위인지는 전혀 다른 차원의 문제이다. 행정행위 중 기속행위와 재량행위의 구분은 당해 행위의 근거가 된 법규의 체제·형식과 그 문언, 당해 행위가 속하는 행정 분야의 주된 목적과 특성, 당해 행위 자체의 개별적 성질과 유형 등을 모두 고려하여 판단하여야 한다(대법원 2001. 2. 9. 선고 98두17593 판결 참조).

(3) 그러므로 살피건대, 바로 위에서 언급한 법리와 다음의 사정들을 두루 종합하면 남북교류법상 여행증명서의 발급행위는 행정청이 필요성과 합목적성을 심사하여 그 발급 여부를 결정할 수 있는 재량행위라고 할 것이다.

(가) 남북교류법 제10조 자체는 여행증명서의 발급이 재량행위인지 기속행위인지 명확히 하고 있지 않으나, 그에 인용된 여권법 제14조 제1항은 외교통상부장관은 국외 체류 중에 여권을 잃어버린 사람으로서 여권의 발급을 기다릴 시간적 여유가 없는 사람 등 대통령령으로 정하는 사람에게 여행목적지가 기재된 여권을 갈음하는 증명서를 '발급할 수 있다'고 명확히 표현하고 있다.

(나) 일반적으로 여권은 한 국가의 국민임을 확인하고, 사실상 외국의 당국에게 당해 여권의 소지자에게 입국하고 자유로이 그리고 안전하게 통과하도록 허용해달라고 요청하며, 여권의 소지자에게 발급국의 외교관 및 영사관직원들로부터 보호와 주선을 받을 권리를 승인하는 문서이다. 여권은 그 성격과 목적상 외국의 정부에 대하여 제출되는 문서로서, 외국에 대하여 그 명의인의 국적을 증명하는 신분증명서로서의 역할과 함께 국내적으로는 그 명의인에 대한 출국허가의 성격도 갖고 있다(2008. 1. 24. 대법원 2007두10846 판결의 선고로 확정된 서울고등법원 2007. 5. 3. 선고 2006누20268 판결 참조). 반면, 남북교류법상 여행증명서는 그 성격과 목적상 대한민국 정부(출입국관리 당국)에 제시할 문서로서 국내적으로 그 명의인에 대한 입국허가의 성격을 갖고 있어 출입국관리법상 사증과 유사한 측면이 있다.

(다) 통상의 여행증명서와 남북교류법상 여행증명서를 비교하여 보아도, ① 전자가 일반적으로 여권을 발급받아 국외에 체류 또는 거주 중인 대한민국 국민이 국내·외에서 여권을 잃어버리고 여권의 발급을 기다릴 시간적 여유가 없는 경우 또는 대한민국 여권을 발급받을 수 없거나(출국하는 무국적자, 「출입국관리법」 제45조에 따라 대한민국 밖으로 강제퇴거되는 외국인 중 국적국의 여권 또는 여권을 갈음하는 증명서를 발급받을 수 없는 사람) 국적이탈을 전제로 한 출국이어서 대한민국 여권을 발급받을 필요가 없는 경우(해외입양자)인 반면, 후자는 스스로 대한민국 여권을 발급받을 수 있고, 발급받을 필요성도 있으며, 발급을 기다릴 시간적 여유까지 있음에도 정치적·이념적 입장에서 굳이 이를 마다하는 경우이고, ② 전자가 그 실질상 여권의 임시 재발급이나 출국허가에 해당하는 것인 반면, 후자는 재외국민등록 등을 하지 않아 여권을 발급받지 않은 조선적 교포가 대한민국에 '입국'할 수 있도록 발행하는 것이어서 양자는 그 성질과 목적을 완전히 달리하는 것이다(달리 표현하자면 후자는 전자의 '형식'을 빌린 것이지, 전자와 실질을 같이하는 것이 아니다).

(라) 여권법 제12조 제1, 3항의 각 호에서 규정한 여권·여행증명서의 발급 또는 재발급의 거

부·제한 사유는 대부분 현행 시행령 제16조 제5호가 생기기 전부터 있던 것으로서, 그 연혁을 보아도 여권이나 통상의 여행증명서 발급을 염두에 둔 것이지 남북교류법상 여행증명서의 발급을 염두에 두고 만든 규정은 아니다.

㈒ 조선적 교포에게 대한민국 국적이 인정된다면 같은 이유로 북한 주민에게도 당연히 대한민국 국적이 인정되어야 하지만, 남북교류법은 대한민국이 군사분계선을 경계로 북한과 대치하고 있는 현실을 감안하여 북한 주민이 대한민국에 들어오고자 하는 경우에는 통일부장관의 방문승인을 받고 방문증명서를 발급받아 소지하도록 하는 한편 출입장소에서 방문에 대한 심사를 받도록 하여 남북교류법상 여행증명서만 소지하면 입국이 가능한 조선적 교포와 차별적 취급을 하고 있는바, 남북교류법 제30조는 비록 이러한 규제는 면제되어 있으나 조선적 교포 중에서도 북한의 노선에 따라 활동하는 국외단체의 구성원(아래에서 보듯이 원고는 이에 해당한다)은 북한의 주민으로 보고 있다. 또한, 조선적 교포의 경우 일상 생활의 근거지가 외국이고, 거주국에서 대한민국 국적자로 처신하지 아니하려 한다는 점에서는 외국 국적을 취득하거나 무국적인 해외동포와 크게 다를 것이 없는데, 외국 국적을 취득한 해외동포의 경우에는 입국 시 법무부장관이 발급한 사증을 소지하여야 하고, 법무부장관은 사증 발급시 입국자의 국내 활동으로 인한 직접적인 위험 또는 위해 발생 등으로 국가안전이나 질서유지, 공공복리에 미치는 영향이 있는지 심사하여 발급 여부를 결정할 광범위한 재량권을 가지고 있다. 그렇다면, 조선적 교포에 대하여도 남북교류법상 여행증명서의 발급 단계에서 국가안보나 질서유지, 통일이나 안보정책에 관련된 제반 사정들을 고려하여 발급 여부를 결정할 여지가, 북한 주민이나 외국 국적자의 경우보다는 다소 좁은 범위에서라도, 반드시 인정되어야 한다.

㈓ 여권법 제12조 제1항 및 제3항의 사유가 없는 한 반드시 남북교류법상 여행증명서를 발급하여야 하는 것으로 보게 된다면 조선적 교포의 경우에는 입국 후 '국내'에서 대한민국의 안전보장·질서유지나 통일·외교정책에 중대한 침해를 야기할 우려가 있는 경우에도 예외 없이 입국하도록 방치하여야 한다는 극히 부조리한 결론에 이르게 되는바, 이는 우리 헌법이 취하고 있는 방어적 민주주의의 이념에도 맞지 않는 것이다.

㈔ 외교통상부의 "외국 국적을 보유하지 아니하고 대한민국의 여권을 소지하지 아니한 외국 거주 동포에 대한 여행증명서 발급 지침"(여권과－33223, 2009. 9. 11.)은 남북교류법상 여행증명서의 발급거부사유를 열거하고 있으나, 이를 제한적 열거로 보아도 그 내용이 극히 추상적이고 포괄적이어서 그것만으로는 남북교류법상 여행증명서의 발급 여부 결정에 재량의 여지가 없다고 볼 수 없다.

⑷ 위에서 본 바와 같이 남북교류법상 여행증명서 발급행위는 그 법적 성질상 재량행위로서 여권법 제12조 제1항 각 호 및 제3항 각 호에 해당하지 아니하는 경우에도 객관적이고 합리적인 근거가 있는 경우에는 그 발급을 거부 또는 제한할 수 있다 할 것이어서, 발급관청에 그 필요성에 대한 판단여지와 발급 여부를 결정할 재량을 부여한 시행령 제16조 제5호가 법률이 위임한 범위를 일탈하였다고 볼 수 없으므로, 이와 다른 전제에 선 원고의 주장은 모두 이유 없다.

⑸ 나아가 원고의 주장을, 이 사건 처분이 재량권의 범위를 일탈하거나 재량권을 남용하였다는 취지로 선해하여 보아도, 이를 인정할 증거가 없고, 오히려 원고가 20여 년 전부터 국가보안법상 반국가단체인 재일본조선인총연합회(이하 '조총련'이라 한다)의 전임자로 활동하여왔고 현재도 간부직을 맡고 있는 사실, 북한 당국이 발행한 소위 '여권'을 소지하고, 1994년부터 북한에 "애국***피복공장"이라는 자신의 이름을 딴 종업원 4백 명 규모의 봉제공장을 설립하여 운영하는 등 북한을 수시로 드나들면서 노골적 친북 활동을 하

여 왔으며, 이러한 친북 활동의 공적을 북한 당국으로부터 인정받아 1972년 국기훈장 3급, 1999년에는 북한최고인민회의가 수여하는 조국통일상을 받기도 한 사실은 그러한 피고의 주장을 원고가 명백히 다투지 아니하여 자백한 것으로 볼 것인데, 사정이 위와 같은 이상, 원고의 남북교류법상 여행증명서 발급 신청을 거부한 이 사건 처분에 무슨 재량권 행사의 위법이 있었다고 보기 어렵다.” (출처: 판결문 사본 입수)

17-9-1. 위 항소심
(서울고등법원 2013. 3. 26. 2012누15304 판결)
“고쳐 쓰는 부분

(5) 나아가, 원고는 이 사건 처분 이전에 여러 차례 여행증명서를 발급받았고 그 당시와 비교하여 아무런 사정변경이 없음에도 여행증명서의 발급이 거부된 점 등에 비추어 보면, 이 사건 처분은 재량권의 범위를 일탈하거나 재량권을 남용하였다고 주장하므로 살피건대, 당심 법원의 서울출입국관리사무소장 및 외교통상부장관에 대한 각 사실조회결과에 의하면, 원고는 2001. 9. 13.부터 2009. 3. 16.까지 남북교류협력에 관한 법률(이하 ‘남북교류법’이라 한다)에 의한 여행증명서를 16회 발급받아 이를 가지고 14회 대한민국을 방문하였던 사실이 인정되나, 위와 같은 사실만으로 뒤에서 인정되는 사실들에 비추어 이 사건 처분이 재량권의 범위를 일탈하거나 재량권을 남용하였다고 인정하기에 부족하며, 달리 이를 인정할 증거가 없고, 오히려 당사자 사이에 자백간주되거나 을제1 내지 5호증(가지번호 포함)의 각 기재 및 당심 법원의 서울출입국관리사무소장 및 외교통상부장관에 대한 각 사실조회결과에 변론 전체의 취지를 더하여 인정되는 다음과 같은 사실들, 즉 ① 원고는 20여 년 전부터 국가보안법상 반국가단체인 재일본조선인총연합회(이하 ‘조총련’이라 한다)의 전임자로 활동하여 왔고, 2012. 1. 7.경 조총련 니시노미야 지부의 신년회에 참석하는 등

현재까지도 간부직을 맡아 활동하고 있는 사실, ② 원고는 북한 당국이 발행한 소위 ‘여권’을 소지하고 1994년부터 북한에 “애국 *** 공장”이라는 자신의 이름을 딴 종업원 4백 명 규모의 봉제공장을 설립하여 운영하는 등 노골적 친북 활동을 하여 왔으며, 이러한 친북 활동의 공적을 북한 당국으로부터 인정받아 1972년 국기훈장 3급, 1999년에는 북한최고인민회의가 수여하는 조국통일상을 받기도 한 사실, ③ 원고는 2010년부터 2012년까지 6회 북한을 방문하는 등 최근까지 북한을 수시로 드나들고 있고 북한 공작기관인 225국의 지도를 받아 온 사실 및 여기에 남북교류법상의 여행증명서 발급 행위는 주권국가의 통치행위의 일환으로서 행하여지는 대한민국으로의 입국을 허가하는 것이어서 출입국관리법상 외국인에게 발급하는 사증과 유사한 측면이 있는 관계로 발급관청에 그 필요성에 대한 판단여지와 발급여부를 결정할 재량권이 부여되었다고 보이는 점을 더하여 보면, 피고가 원고의 현재 및 과거 친북 활동의 내용 및 정도 등을 종합적으로 고려하여 국가의 안전보장, 질서유지 등의 공익적 견지에서 여행증명서를 발급할 필요성을 심사한 후 원고에 대한 여행증명서의 발급을 거부한 이 사건 처분에 재량권의 한계를 일탈·남용한 위법이 있었다고 보기 어렵고, 이는 원고가 이전에 여러 차례 여행증명서를 발급받은 사정과 이러한 여행증명서에 의한 대한민국 방문 당시 대한민국의 이익에 반하는 원고의 행적이 발견되지 않았던 사정 및 남북교류법의 입법취지를 감안하더라도 마찬가지라고 할 것이다.” (출처: 판결문 사본 입수)

17-9-2. 위 상고심
(대법원 2013. 12. 12. 2013두7216 판결)
“원심은, 그 판시와 같은 이유를 들어 ‘남북교류협력에 관한 법률’(이하 ‘남북교류법’이라고 한다)상 여행증명서 발급행위는 행정청이 필요성과 합목적성을 심사하여 그 발급 여부를 결정할 수 있

는 재량행위로서 여권법 제12조 제1항 각 호와 제3항 각 호에 해당하지 아니하는 경우에도 객관적이고 합리적인 근거가 있는 경우에는 여행증명서의 발급을 거부 또는 제한할 수 있다고 할 것이어서, 발급관청에 그 필요성에 관한 판단 여지와 발급 여부를 결정할 재량을 부여한 여권법 시행령 제16조 제5호가 법률이 위임한 범위를 일탈하였다고 볼 수 없다고 판단한 다음, 원심이 채택한 증거들에 의하여 인정되는 원고의 전력 등에 비추어 원고의 남북교류법상 여행증명서 발급신청을 거부한 이 사건 처분에 재량권의 한계를 일탈·남용한 위법이 있다고 보기는 어렵다고 판단하였다.

남북교류법과 여권법 및 여권법 시행령의 관련 규정과 기록에 비추어 살펴보면, 원심의 위와 같은 조치는 정당한 것으로 수긍이 가고, 거기에 상고이유 주장과 같은 남북교류법상 여행증명서나 그 발급행위의 법적 성질 또는 위임입법의 한계에 관한 법리오해, 재량권의 일탈·남용에 관한 법리오해와 사실오인 등의 위법이 있다고 할 수 없다." (출처: 판결문 사본 입수)

[해설] 이 사건은 적용법률에 있어서 앞서 수록된 정○환 판결과 한 가지 차이가 있다. 정○환의 여행증명서 발급거부처분이 내려진 이후인 2010년 1월부터 「여권법 시행령」 제16조가 개정되었다. 종전에는 조선적 동포에 대한 여행증명서 발급에 관하여는 「남북교류협력법」 제10조 외에 여권법령에는 이에 관한 특별한 조항이 없었다. 그런데 2010년 1월 1일부터 시행된 「여권법 시행령」 제16조는 여행증명서 발급대상을 과거보다 구체화 하여 "「남북교류협력에 관한 법률」 제10조에 따라 여행증명서를 소지하여야 하는 사람으로서 여행증명서를 발급할 필요가 있다고 외교통상부 장관이 인정하는 사람"이라는 항목을 신설했다(제5항). 즉 「남북교류협력법」에 규정된 외국 거주 동포에 대한 여행증명서 발급에 있어서 외교부장관의 재량성을 명문화했다.

정○환 하급심 판결과 달리 이 판결은 조선적 재일동포의 국적을 무국적으로 전제하지 않았다는 점에서 차이가 있다. 이 부분에서는 본 판결이 정확한 판단을 내렸다고 평가된다.

평석 정인섭, 조선적 재일동포에 대한 여행증명서 발급의 법적 문제, 서울국제법연구 제21권 1호(2014).

제18장 외국인의 법적 지위

1. 기본권 주체성

2. 국내법상의 지위

3. 출입국

[1980년대까지 국내에서 외국인의 법적 지위에 관한 사건은 주로 주한 미군 관련자이거나 화교의 경우가 많았다. 그러나 1990년대부터 외국인 노동자의 도입이 본격화되고 이어서 불법체류자도 증가함에 따라 다양한 형태의 문제가 제기되기 시작했다. 외국인이 헌법상의 기본적 향유주체가 될 수 있느냐에 대해 사법부는 인간으로서의 권리에 대해서는 외국인도 기본권 주체성이 인정되나, 국민의 권리에 대해서는 기본권 주체성이 인정되지 않는다는 입장이다. 그러면 과연 무엇인 인간으로서의 권리이고, 무엇이 국민의 권리인지의 구별이 문제될 것이다. 1. 기본권 주체성 항목의 수록분들은 그러한 점을 다루고 있는 판례들이다. 외국인 근로자가 증가하다 보니 노동법상의 각종 문제가 제기되고 있는데, 본서는 그중 대표적인 사건들을 선별 수록했다.]

1. 기본권 주체성

18-1. 기본 원칙
(헌법재판소 2001. 11. 29. 99헌마494 결정. 재외동포의출입국과법적지위에관한법률 제2조 제2호 위헌확인)

"우리 재판소는, 헌법재판소법 제68조 제1항 소정의 헌법소원은 기본권을 침해받은 자만이 청구할 수 있고, 여기서 기본권을 침해받은 자만이 헌법소원을 청구할 수 있다는 것은 곧 기본권의 주체라야만 헌법소원을 청구할 수 있고 기본권의 주체가 아닌 자는 헌법소원을 청구할 수 없다고 한 다음, '국민' 또는 국민과 유사한 지위에 있는 '외국인'은 기본권의 주체가 될 수 있다 판시하여 (헌재 1994. 12. 29. 93헌마120, 판례집 6-2, 477, 480) 원칙적으로 외국인의 기본권 주체성을 인정하였다. 청구인들이 침해되었다고 주장하는 인간의 존엄과 가치, 행복추구권은 대체로 '인간의 권리'로서 외국인도 주체가 될 수 있다고 보아야 하고, 평등권도 인간의 권리로서 참정권 등에 대한 성질상의 제한 및 상호주의에 따른 제한이 있을 수 있을 뿐이다. 이 사건에서 청구인들이 주장하는 바는 대한민국 국민과의 관계가 아닌, 외국국적의 동포들 사이에 재외동포법의 수혜대상에서 차별하는 것이 평등권 침해라는 것으로서 성질상 위와 같은 제한을 받는 것이 아니고 상호주의가 문제되는 것도 아니므로, 청구인들에게 기본권주체성을 인정함에 아무런 문제가 없다." (출처: 헌법재판소 판례집 제13권 2집, 714쪽)

> (참고) 본 결정의 다른 부분은 본서 17-1 수록분 참조.

18-2. 신체의 자유
(대법원 2014. 8. 25. 2014인마5 결정. 인신보호해제결정에대한재항고)

"신체의 자유는 모든 인간에게 그 주체성이 인정되는 기본권이고, 인신보호법은 인신의 자유를 부당하게 제한당하고 있는 개인에 대한 신속한 구제절차를 마련하기 위하여 제정된 법률이므로, 대한민국 입국이 불허된 결과 대한민국 공항에 머무르고 있는 외국인에게도 인신보호법상의 구제청구권은 인정된다. 또한, 대한민국 입국이 불허된 외국인이라 하더라도 외부와의 출입이 통제되는 한정된 공간에 장기간 머무르도록 강제하는 것은 법률상 근거 없이 인신의 자유를 제한하는 것으로서 인신보호법이 구제대상으로 삼고 있는 위법한 수용에 해당한다.

같은 취지에서 재항고인이 2013. 11. 20. 대한민국 입국이 불허된 구제청구자를 법률상 근거 없이 외부와의 출입이 통제되는 이 사건 송환대기실에 강제로 수용한 것은 위법한 수용에 해당한다고 보아 재항고인에게 구제청구자에 대한 수용을 즉시 해제할 것을 명한 원심의 조치는 정당하다." (출처: 판례공보 2014(하), 2293쪽)

> **평석** 이현석, 외국인에게 인신보호법상의 구제청구권이 인정되는지 여부와 공항 내 송환대기실 수용의 적법 여부: 대법원 2014. 8. 25.자 2014인마5 결

정, 이상훈 대법관 재임기념 문집(사법발전재단, 2017).

18-3. 근로의 권리

(헌법재판소 2007. 8. 30. 2004헌마670 결정. 산업기술연수생 도입기준 완화결정 등 위헌확인)

[사안: 일반 근로자는 내·외국인에 관계없이 근로기준법상 모든 보호를 받는데 반하여, 구 외국인 산업연수생들은 과거 노동부 예규 제4조(연수생의 지위), 제8조(연수생의 보호) 제1항, 제17조(지도감독과 제재)에 의해 실질적 근로관계에 있는지 여부에 불문하고, 근로기준법상 ① 폭행 및 강제근로금지(제6조 및 제7조), ② 연수수당의 정기·직접·전액·통화불 지급 및 금품청산(제36조, 제42조), ③ 연수기간, 휴게·휴일, 시간외·야간 및 휴일연수(제49조, 제53조, 제54조, 제55조)에 관한 보호만을 받을 뿐, 그 밖에 퇴직급여(제34조), 임금채권 우선변제(제37조), 연차유급휴가(제59조), 임산부의 보호(제72조) 등 주요사항에 관하여는 보호를 받지 못하였다. 이로 인한 일반 국내·외 근로자(외국인 취업연수생 및 피고용허가자 포함)와 산업연수생 사이에 차별발생에 관해 본 위헌소송이 제기되었다.]

"㈎ 헌법 제32조 제3항은 "근로조건의 기준은 인간의 존엄성을 보장하도록 법률로 정한다."라고 규정하여 국민의 "근로의 권리"를 보호할 것을 천명하였고, 이에 근거하여 근로기준법이 제정되었다. 한편 청구인은 이 사건에서 근로자로서의 평등권과 직장선택자유 등을 침해받았다고 주장하므로, 우선 청구인과 같은 외국인 근로자가 위와 같은 "근로의 권리"의 주체가 될 수 있는지를 살핀다.

㈏ 근로의 권리란 인간이 자신의 의사와 능력에 따라 근로관계를 형성하고, 타인의 방해를 받음이 없이 근로관계를 계속 유지하며, 근로의 기회를 얻지 못한 경우에는 국가에 대하여 근로의 기회를 제공하여 줄 것을 요구할 수 있는 권리를

말하며, 이러한 근로의 권리는 생활의 기본적인 수요를 충족시킬 수 있는 생활수단을 확보해 주고 나아가 인격의 자유로운 발현과 인간의 존엄성을 보장해 주는 것으로서 사회권적 기본권의 성격이 강하므로(헌재 1991. 7. 22. 89헌가106, 판례집 3, 387, 421; 헌재 2002. 11. 28. 2001헌바50, 판례집 14-2, 668, 678 참조) 이에 대한 외국인의 기본권 주체성을 전면적으로 인정하기는 어렵다.

그러나 근로의 권리가 "일할 자리에 관한 권리"만이 아니라 "일할 환경에 관한 권리"도 함께 내포하고 있는바, 후자(後者)는 인간의 존엄성에 대한 침해를 방어하기 위한 자유권적 기본권의 성격도 갖고 있어 건강한 작업환경, 일에 대한 정당한 보수, 합리적인 근로조건의 보장 등을 요구할 수 있는 권리 등을 포함한다고 할 것이므로 외국인 근로자라고 하여 이 부분에까지 기본권 주체성을 부인할 수는 없다. 즉 근로의 권리의 구체적인 내용에 따라, 국가에 대하여 고용증진을 위한 사회적·경제적 정책을 요구할 수 있는 권리(헌재 2002. 11. 28. 2001헌바50, 판례집 14-2, 668, 678)는 사회권적 기본권으로서 국민에 대하여만 인정해야 하지만, 자본주의 경제질서하에서 근로자가 기본적 생활수단을 확보하고 인간의 존엄성을 보장받기 위하여 최소한의 근로조건을 요구할 수 있는 권리는 자유권적 기본권의 성격도 아울러 가지므로 이러한 경우 외국인 근로자에게도 그 기본권 주체성을 인정함이 타당하다. […]

인간의 존엄에 상응하는 근로조건의 기준이 무엇인지를 구체적으로 정하는 것은 일차적으로 입법자의 형성의 자유에 속하고, 이는 근로자보호의 필요성, 사용자의 법 준수능력, 국가의 근로감독 능력 등을 모두 고려하여 입법정책적으로 결정할 문제이지만(헌재 1999. 9. 16. 98헌마310, 판례집 11-2, 373, 380), 그 차별에는 합리적 근거가 있어야 하고, 자의적(恣意的)이어서는 안된다.

살피건대, 위와 같은 차별의 근거로서, ① 근로의 권리와 같은 사회권적 기본권의 영역에서는

차별이 폭넓게 인정될 수 있다는 점, ② 외국인 산업연수생은 그 체류목적이 '연수'로서 일반 외국인 근로자와도 구별된다는 점, ③ 산업연수생은 국내 근로자에 비하여 언어문제 등으로 생산성이 낮다는 점, ④ 국내 고용시장의 안정을 위하여 외국인 근로자에 대한 차별이 불가피하다는 점, ⑤ 외국인 산업연수생에 대한 임금 수준이 생산성에 비하여 높으므로 근로기준법상 일부 조항을 적용하지 않더라도 전체적으로 평등권을 침해하지 않는다는 점, ⑥ 외국인 산업연수생의 취업 전 연수기간인 1년은 한국어와 기술을 습득하기 위하여 필요한 적응기간이라는 점 등이 주장되고 있다.

그러나 위와 같은 목적을 달성하기 위하여, 정부가 사업주로 하여금 산업연수생을 순수하게 '연수' 목적으로만 사용하도록 철저하게 지도감독하거나, 사실상 노무를 제공하게 허용하려면 산업연수생의 임금을 생산성에 맞게 책정하거나, 국내 고용시장의 안정을 위하여 외국인 근로자의 체류기간을 한정하는 것은 별론으로 하고, 산업연수생이 연수라는 명목하에 사업주의 지시·감독을 받으면서 사실상 노무를 제공하고 수당 명목의 금품을 수령하는 등 실질적인 근로관계에 있는 경우에도, 근로기준법이 보장한 근로기준 중 주요사항을 외국인 산업연수생에 대하여만 적용되지 않도록 하는 것은 합리적인 근거를 찾기 어렵다. 특히 연수업체는 이 사건 중소기업청 고시가 정한 요건(중소기업기본법 제2조 해당, 산업연수생에 대한 숙박시설 제공 능력 등)을 갖추어야 하고(제28조), 연수업체의 규모에 상응한 인원만을 배정받을 수 있어(제32조 제2항, 별표 2), 사용자의 법 준수능력이나 국가의 근로감독능력 등 사업자의 근로기준법 준수와 관련된 제반 여건이 갖추어졌다 할 것이므로, 이러한 사업장에서 실질적 근로자인 산업연수생에 대하여 일반 근로자와 달리 근로기준법의 일부 조항의 적용을 배제하는 것은 자의적인 차별이라 아니할 수 없다.

그 밖에 이 사건 노동부 예규에 의하여 적용이

제한되는 근로기준법상 권리들이 실질적 근로자인 외국인 산업연수생에게 적용되지 않아야 한다고 볼 만한 합리적 이유가 없다.

한편 앞에서 본 바와 같이 근로기준법 제5조와 사회권규약 제4조에 따라 '동등한 가치의 노동에 대한 동등한 보수를 포함한 근로조건을 향유할 권리'를 제한하기 위하여는 법률에 의하여만 하는바, 이를 법률이 아닌 행정규칙에서 규정하고 있으므로 위 법률유보의 원칙에도 위배된다." (출처: 헌법재판소 판례집 제19권 2집, 297쪽)

평석 김인숙, 산업기술연수생 도입기준완화결정 등 위헌확인, 헌법재판소 결정해설집 제6집(헌법재판소, 2008).
최경옥, 한국 헌법상 이주근로자의 근로권: 2004헌마670, 2007헌마1083, 2011구합5094(서울행정법원) 판례를 중심으로, 공법학연구 제12권 제4호(2011).

18-4. 직장선택의 자유
(헌법재판소 2011. 9. 29. 2007헌마1083, 2009헌마230·352(병합) 결정. 외국인근로자의 고용 등에 관한 법률 제25조 제4항 등 위헌확인 등)

"직업의 자유는 자신이 원하는 직업 내지 직종을 자유롭게 선택하는 직업선택의 자유와 자신이 선택한 직업을 자기가 결정한 방식으로 자유롭게 수행할 수 있는 직업수행의 자유를 모두 포함하는 것으로 보아야 한다. 이러한 직업의 선택 혹은 수행의 자유는 각자의 생활의 기본적 수요를 충족시키는 방편이 되고 또한 개성신장의 바탕이 된다는 점에서 헌법 제10조의 행복추구권과 밀접한 관련을 갖는다(헌재 1997. 10. 30. 96헌마109, 판례집 9-2, 537, 543; 헌재 1998. 7. 16. 96헌마246, 판례집 10-2, 283, 307-308). […]

직업의 자유 중 이 사건에서 문제되는 직장 선택의 자유는 인간의 존엄과 가치 및 행복추구권과도 밀접한 관련을 가지는 만큼 단순히 국민의 권리가 아닌 인간의 권리로 보아야 할 것이므로 권리의 성질상 참정권, 사회권적 기본권, 입국의 자유 등과 같이 외국인의 기본권주체성을 전면적으로 부정할 수는 없고, 외국인도 제한적으로라도 직장 선택의 자유를 향유할 수 있다고 보아야 한다(헌재 2000. 8. 31. 97헌가12 판례집 12-2, 168, 183 참조).

한편 기본권 주체성의 인정문제와 기본권 제한의 정도는 별개의 문제이므로, 외국인에게 직장 선택의 자유에 대한 기본권주체성을 인정한다는 것이 곧바로 이들에게 우리 국민과 동일한 수준의 직장 선택의 자유가 보장된다는 것을 의미하는 것은 아니라고 할 것이다. […]

이 사건 청구인들은 국내 기업에 취업함을 목적으로 외국인고용법상 고용허가를 받고 적법하게 우리나라에 입국하여, 우리나라에서 일정한 생활관계를 형성, 유지하며 살아오고 있는 자들이다. 이 사건에서 청구인들이 구체적으로 주장하는 것은 외국인고용법상 고용허가를 받아 취업한 직장을 자유로이 변경할 수 있는 직장 선택의 자유가 침해되었다는 것인바, 청구인들이 이미 적법하게 고용허가를 받아 적법하게 우리나라에 입국하여 우리나라에서 일정한 생활관계를 형성, 유지하는 등, 우리 사회에서 정당한 노동인력으로서의 지위를 부여받은 상황임을 전제로 하는 이상, 청구인들이 선택한 직업분야에서 이미 형성된 근로관계를 계속 유지하거나 포기하는 데 있어 국가의 방해를 받지 않고 자유로운 선택·결정을 할 자유는 외국인인 청구인들도 누릴 수 있는 인간의 권리로서의 성질을 지닌다고 볼 것이다.

그렇다면, 위와 같은 직장 선택의 자유라는 권리의 성질에 비추어 보면 이 사건 청구인들에게 직장 선택의 자유에 대한 기본권 주체성을 인정할 수 있다 할 것이다." (출처: 헌법재판소 판례집 제23권 2집(상), 623쪽)

[해설] 헌법재판소는 위 결정문에서와 같이 외국인의 직장선택의 자유에 대해 기본권 주체성을 제한적으로 인정했으나, 문제가 된 외국인근로자의 사업장 이동을 3회로 제한한 구 「외국인근로자의 고용 등에 관한 법률」 제25조 제4항이 외국인의 직장선택의 자유를 침해한다고는 보지 않았다. 한

편 참정권, 사회권적 기본권, 입국의 자유 등에 관해서는 외국인의 기본권주체성을 부인했다.

참고 동일 취지의 결정: 헌법재판소 2011. 9. 29. 2009헌마351 결정(헌법재판소 판례집 제23권 2집(상), 659쪽).

평석 이부하, 외국인근로자의 직장선택의 자유: 헌재 2011. 9. 29, 2007헌마1083·2009헌마230·352 사건을 중심으로, 세계헌법연구 제17권 제3호(2011).

18-5. 직업선택의 자유
(헌법재판소 2014. 8. 28. 2013헌마359 결정. 의료법 제27조 등 위헌확인)

[사안: 면허를 받은 의료인 이외에는 의료행위를 금지하고 처벌하는 의료법 조항이 외국인의 직업의 자유 및 평등권을 침해하는지 여부가 쟁점이다.]

"심판대상조항이 제한하고 있는 직업의 자유는 국가자격제도정책과 국가의 경제상황에 따라 법률에 의하여 제한할 수 있고 인류보편적인 성격을 지니고 있지 아니하므로 국민의 권리에 해당한다. 이와 같이 헌법에서 인정하는 직업의 자유는 원칙적으로 대한민국 국민에게 인정되는 기본권이지, 외국인에게 인정되는 기본권은 아니다. 국가 정책에 따라 정부의 허가를 받은 외국인은 정부가 허가한 범위 내에서 소득활동을 할 수 있는 것이므로, 외국인이 국내에서 누리는 직업의 자유는 법률 이전에 헌법에 의해서 부여된 기본권이라고 할 수는 없고, 법률에 따른 정부의 허가에 의해 비로소 발생하는 권리이다.

헌법재판소의 결정례 중에는 외국인이 대한민국 법률에 따른 허가를 받아 국내에서 일정한 직업을 수행함으로써 근로관계가 형성된 경우, 그 직업은 그 외국인의 생활의 기본적 수요를 충족시키는 방편이 되고 또한 개성신장의 바탕이 된다는 점에서 외국인은 그 근로관계를 계속 유지함에 있어서 국가의 방해를 받지 않고 자유로운 선택과 결정을 할 자유가 있고 그러한 범위에서 제한적으로 직업의 자유에 대한 기본권주체성을

인정할 수 있다고 하였다(헌재 2011. 9. 29. 2007헌마1083등 참조). 하지만 이는 이미 근로관계가 형성되어 있는 예외적인 경우에 제한적으로 인정한 것에 불과하다. 그러한 근로관계가 형성되기 전단계인 특정한 직업을 선택할 수 있는 권리는 국가정책에 따라 법률로써 외국인에게 제한적으로 허용되는 것이지 헌법상 기본권에서 유래되는 것은 아니다.

따라서 외국인인 청구인 신○권에게는 그 기본권주체성이 인정되지 아니한다.

재판관 김이수, 강일원의 반대의견:

법정의견은 위 2007헌마1083등 사건 선례에서 외국인에게 직업의 자유에 대한 기본권 주체성을 인정한 것은, 이미 국내에 들어와 근로관계가 형성되어 있는 외국인에 한하여 예외적·제한적으로 인정한 것이라고 한다. 이러한 의견에 따르면 외국인은 직업의 자유가 없으나 법률에 따라 취업이 허용된 경우 헌법상 인정되지 않던 기본권이 예외적으로 인정될 수 있다는 것인데, 법률에 따라 헌법상의 기본권이 부여된다는 논리는 수긍하기 어렵다.

모든 인간의 기본적 권리를 존중하여야 한다는 유엔헌장의 취지를 반영하여 1948년 유엔총회에서 채택된 세계인권선언은, 모든 사람은 일을 할 수 있는 자유(right to work)가 있고 자유롭게 직업을 선택할 자유(right to free choice of employment)가 있다고 선언하고 있다(제23조). 또 세계인권선언을 바탕으로 마련된 법적 구속력을 가진 국제인권협약 중 시민적·정치적 권리규약(B규약)은 강제노동을 금지하고 있고(제8조), 경제적·사회적·문화적 권리규약(A규약)은 모든 사람에게 자유로이 선택하는 노동에 의하여 생계를 영위할 권리를 포함하는 근로의 권리가 있고 국가는 이를 보호하기 위하여 적절한 조치를 취하여야 한다(제6조)고 규정하고 있다.

세계인권선언과 국제인권협약이 확인하고 있는

것과 같이 사람이면 누구나 자기가 하고 싶은 일을 선택하여 할 수 있는 기본적 권리를 가지고 있다. 물론 이러한 권리는 국가의 안전보장, 질서유지 또는 공공복리를 위하여 필요한 경우 제한될 수 있다. 특히 입국의 자유가 인정되지 않는 외국인의 경우 입국목적 등에 따라 근로의 권리나 직업선택의 자유가 전적으로 제한될 수도 있다. 하지만 근로가 허용된 외국인의 경우 그 허용된 범위 안에서 제한되었던 근로의 권리와 직업선택의 자유가 회복된다.

외국인에게는 직업선택의 자유가 기본권으로 인정되지 않고 법률에 따라 시혜적으로만 직업선택이 허용될 뿐이라는 법정의견은, 근로의 권리가 인간의 존엄성을 구현하기 위한 기본적인 권리임을 확인한 세계인권선언과 국제인권협약의 정신에도 어긋난다. 근로의 권리와 직업선택의 자유는 인간의 존엄성 및 행복추구권과 직접 연결되는 '인간의 권리'라는 종전 선례는 여전히 타당하고 이를 변경하여야 할 이유를 찾아볼 수 없다.

더구나 이 사건에서 청구인 신○권은 외국국적의 재외동포로 경제활동이 허용되는 체류자격을 갖추고 적법하게 입국한 사람이다. 따라서 청구인 신○권이 대한민국 국적을 가지고 있지 않다는 이유만으로 그에게 직업선택의 자유가 없다고 하여서는 안 되고, 심판대상조항이 청구인 신○권의 직업선택의 자유를 침해하는지 여부에 관하여 본안에 나아가 판단하여야 한다." (출처: 헌법재판소 공보 제215호, 1423쪽)

18-6. 불법체류 외국인의 기본권 주체성 (헌법재판소 2012. 8. 23. 2008헌마430 결정. 긴급 보호 및 보호명령 집행행위 등 위헌확인)

"⑴ 헌법재판소법 제68조 제1항 소정의 헌법소원은 기본권의 주체이어야만 청구할 수 있는데, 단순히 '국민의 권리'가 아니라 '인간의 권리'로 볼 수 있는 기본권에 대해서는 외국인도 기본권의 주체가 될 수 있다(헌재 2001. 11. 29. 99헌마494,

판례집 13−2, 714, 724; 헌재 2007. 8. 30. 2004헌마 670, 판례집 19−2, 297, 304; 헌재 2011. 9. 29. 2007 헌마1083, 판례집 23−2상, 623, 638 참조). 나아가 청구인들이 불법체류 중인 외국인들이라 하더라 도, 불법체류라는 것은 관련 법령에 의하여 체류 자격이 인정되지 않는다는 것일 뿐이므로, '인간 의 권리'로서 외국인에게도 주체성이 인정되는 일 정한 기본권에 관하여 불법체류 여부에 따라 그 인정 여부가 달라지는 것은 아니다.

(2) 청구인들이 침해받았다고 주장하고 있는 신 체의 자유, 주거의 자유, 변호인의 조력을 받을 권리, 재판청구권 등은 성질상 인간의 권리에 해 당한다고 볼 수 있으므로, 위 기본권들에 관하여 는 청구인들의 기본권 주체성이 인정된다. 그러나 '국가인권위원회의 공정한 조사를 받을 권리'는 헌법상 인정되는 기본권이라고 하기 어렵고, 이 사건 보호 및 강제퇴거가 청구인들의 노동3권을 직접 제한하거나 침해한 바 없음이 명백하므로, 위 기본권들에 대하여는 본안판단에 나아가지 아 니한다." (출처: 헌법재판소 판례집 제24권 2집(상), 567쪽)

[해설] 헌법재판소는 이 사건 본안에 대한 판단에 서 장기간 불법체류중인 용의자를 출입국관리법 에 근거한 긴급보호를 위해 그의 주거에 진입했다 면 그 긴급보호가 적법한 이상 주거의 자유를 침 해했다고 볼 수 없으며, 이 사건 보호 및 강제퇴 거가 헌법상 보장된 청구인들의 기본권을 침해했 다고 볼 수 없다고 결론내렸다. 본 결정의 다른 부분은 본서 18-20 수록분 참조.

2. 국내법상의 지위

18-7. 외국인의 사립대학 교수 및 총장 취임 자격
(서울지방법원 서부지원 1994. 11. 9. 93가합13278 판결. 총장선임무효확인 등)
[사안: 이 사건의 피고 송○는 미국 유학 후

1976년 8월 10년 기간의 연세대학교 교수로 임용 되었는데, 1977. 3. 11. 미국 국적을 취득해 자동 으로 한국국적을 상실한 바 있다. 그는 1984. 9. 미국 국적을 포기하여 무국적자가 되었다. 1986 년 8월 10년 위 임용기간이 만료되어 다시 10년 간 연세대학교 교수로 재임용되었다. 그는 1992. 7. 14. 연세대학교 총장으로 선임된 후인 1993. 3. 4. 대한민국 국적을 회복했다. 그 기간 동안 송○ 가 대한민국 국적을 갖고 있는가는 문제된 일이 없었다. 이 사건 원고들은 피고가 무국적 상태에 서 교수로 재임명되었고, 그 교수 자격에서 총장 으로 선임되었으므로 그 같은 임용이 무효라고 주장했다. 즉 대한민국 국적이 없는 자가 사립대 학의 교수와 총장이 될 수 있느냐가 이 사건의 쟁 점이었다.]

"가. 총장선임 무효확인 청구

(1) 원고들은 외국인(대한민국 국적을 가지지 아니 한 자, 이하 같다)은 연세대학교의 교수로 임용될 수 없고 그 교수가 아니면 연세대학교의 총장으 로 선임 될 수도 없으므로 피고 법인이 외국인인 피고 송자를 연세대학교의 총장으로 선임한 행위 는 무효라고 주장함에 대하여, 피고 법인은 외국 인의 사립대학교 교수자격을 배제하는 법률의 규 정이 없으므로 위 선임행위는 유효하다고 다툰다.

(가) 외국인 교원에 관한 법률규정

외국인 교원에 관하여 교육공무원법 제31조 제 1항은 본문에서 "대학은 국가기관·연구기관·공 공단체 또는 산업체 등에서 근무하거나 외국에 근무하고 있는 자와 '외국인' 중 교육법 제79조 제3항의 규정에 의한 자격이 있는 자를 초빙교원 으로 임용할 수 있다"고 규정하고 있을 뿐, 그 밖 에는 아무런 규정도 두고 있지 아니하다.

여기에서 외국인이 초빙교수가 아닌 내국인과 동등한 지위에서 국·공립대학과 사립학교의 교 수·부교·조교수 등(이하 초빙교수에 대비하는 의미 에서 일반교수라고 한다)으로 임용될 수 있는가 하 는 문제가 발생하므로 차례로 살펴보기로 한다.

(나) 외국인의 국·공립대학 일반교수 자격 유무

"모든 국민은 법률이 정하는 바에 의하여 공무담임권을 가진다"는 헌법 제25조와 국민주권의 원리에 따라 정치적 기본권 또는 참정권의 일종인 공무담임권은 '국민'의 권리라 할 것이므로 법률이 따로 허용하지 않는 한 외국인은 그 주체가 될 수 없다고 할 것이다.

그런데 교육공무원법은 외국인에 관하여 앞에서 본 초빙교원에 관한 규정만을 두고 있을 뿐이므로 외국인은 공무원인 국·공립대학의 일반교수가 될 자격이 없다고 할 것이다(당원의 교육부장관에 대한 사실조회 회보에 의하더라고 국내 26개 4년제 국·공립대학에 외국인 일반교수는 한 명도 없다).

(다) 외국인의 사립대학 일반교수 자격유무

1) 사립학교법의 규정과 해석

사립학교법 제52조는 "사립학교의 교원의 자격에 관하여는 국·공립학교 교원의 자격에 관한 규정에 의한다"라고 규정하고 있다.

위 조문의 해석에 관하여 사립대학의 교수는 국·공립대학의 교수와 동등한 자격을 요한다는 견해(편의상 제한설이라 한다)와 이와 달리 내·외국인을 불문하고 교육공무원법 제8조(교수 등의 자격) 소정의 교육법 제79조 제3항의 학력, 연구실적 연수, 교육경력 연수만 갖추면 된다는 견해(편의상 무제한설이라 한다)가 있을 수 있으나, 다음에서 보는 바와 같은 이유에서 제한설이 합당하다.

2) 제한설의 근거

첫째, 헌법 제31조 제1항은 국민의 교육을 받을 권리를 선언하고 같은 조 제6항은 "학교교육 및 평생교육을 포함한 교육제도와 그 운영, 교육재정 및 교원의 지위에 관한 기본적인 사항은 법률로 정한다"고 규정하고 있는 점에 비추어 보면 위 사립학교법 제52조는 사립학교 교육의 주체인 교원의 국적을 포함환 자격에 관한 규정이라고 보는 것이 합당하다.

둘째, 사립학교법 제57조는 사립학교 교원이 교육법 제77조 제1호 또는 제2호에 해당된 때에

는 당연 퇴직된다고 규정하고, 교육법 제77조 제1호는 교원결격사유로서 '타 법령의 규정에 의하여 공직에 취임할 수 없는 자'를 들고 있으며, 국가공무원법 제33조는 공무원에 임용될 수 없는 결격사유로서 금치산자 또는 한정치산자 등 8가지를 규정하고 있다. 따라서 위 사립학교법 제57조는 사립학교 교원의 자격에 관하여 공무원으로 취임할 수 있는 '국민'을 전제로 하고 있다고 할 것이다.

셋째, 교육법 제1조는 홍익인간의 이념 아래 모든 국민으로 하여금 인격을 완성하고 자주적인 생활능력과 공민으로서의 자질을 갖추게 하는 것을 교육의 목적으로 삼고, 그 목적달성을 위하여 제2조는 애국애족의 정신을 길러 국가의 자주독립을 유지 발전하게 하고 민족의 고유문화를 계승앙양하게 하는 것을 교육방침의 하나로 내세우고 있는데, 이와 같은 교육목적의 실현을 외국인 교원에게 기대하는 것은 어렵다고 할 것이므로 교원은 원칙적으로 '국민'의 신분을 갖출 것이 요구된다.

넷째, 위와 같은 교육목적 실현의 큰 몫은 사립학교가 담당하고 있는 것이 우리의 교육현실인데 그 교원의 국적을 설립주체가 다르다는 이유만으로 국·공립학교와 달리 이를 방임할 수 없을 뿐 아니라, 특히 사립 초·중·고교에 외국인 교원을 무제한으로 허용할 경우에는 아직 사고의 틀이 잡히지 아니한 청소년들의 정신교육에 미칠 부정적인 영향을 우려하지 않을 수 없다.

다섯째, 우리 헌법이 외국인의 지위에 관하여 상호주의 원칙(제6조 제2항)을 취하고, 국적법·출입국관리법 등에서도 외국인에 대하여 여러 가지 법적 제한을 가하고 있는 점에 비추어 보면, 외국인에게 내국인과 동등한 교원의 자격을 부여하여 교원으로서의 각종 권리, 특히 대학교수의 경우 대학의 주제로서 대학의 인사, 학생관리, 시설물 운영 등에까지 관여할 수 있고 나아가 대학을 대표하는 총·학장이 될 수 있다고 하는 것은

그 균형이 맞지 않는다.

여섯째, 사립대학에 있어서도 외국인 교수의 수요는 교육공무원법이 정한 초빙교원에 의하여 충족시킬 수 있다(다만 위 법 제 31조 제2항은 초빙교원의 임용 등에 관하여 필요한 사항은 대통령령으로 정한다고 되어 있으나 아직 이를 제정하지 아니하여 교육부 훈령 '외국인교수채용규정'으로 대신하고 있는 형편이다).

끝으로 교원은 미래사회를 이끌어나갈 학생들로 하여금 자립하여 생활할 수 있는 능력을 길러주는 공교육제도의 주관자로서 주도적인 지위를 담당하도록 주권자인 국민으로부터 위임받은 사람으로서 그 소속을 묻지 아니하고 국민 전체에 대한 봉사자의 지위에 있으므로(1991. 7. 22. 헌법재판소 89헌가106 결정 참조), 사립학교 교원은 그 지위·신분·복무·자격 등에 있어서 국·공립학교 교원의 경우와 실질적으로 동일하다고 보아야(대법원 1972. 12. 12. 선고, 71다2752 판결 참조) 한다는 점이다.

3) 그렇다면 사립학교법 제52조는 사립학교 교원은 국·공립학교 교원과 동일한 자격을 요한다는 의미로 해석할 것이고, 따라서 위의 항에서 살펴 본 바와 같이 외국인은 사립대학에서도 초빙교수가 될 수는 있을지언정 일반교수가 될 자격은 없다고 할 것이다.

㈐ 그런데 피고 송자가 무국적 상태에 있던 1986. 9. 1. 연세대학교의 일반교수로 임용되고 그에 기초하여 피고 법인에 의하여 1992. 7. 14. 연세대학교 총장으로 선임된 사실은 앞에서 본 바와 같으므로, 위 교수임용계약은 무자격자에 대한 것으로 무효이고 따라서 피고 법인이 그 이사회에서 피고 송자를 연세대학교 총장으로 선임한 위 결의도 무효라고 할 것이다(단 갑제24호 중의 1. 을 제8호 중의 각 기재에 의하면 교육부장관은 사립학교법 등 관계 실정법규정의 해석상 외국인도 사립대학의 일반교수 또는 총장으로 임용될 수 있다는 견해를 표명하고 있고, 당원의 교육부장관에 대한 사실조회

회보에 의하면 현재 우리나라 사립대학에 전임강사 이상의 외국인 일반교수가 404명에 이르고 있는 사실을 알 수 있는바, 이러한 현상은 우리나라의 헌법·교육관계법령이 제정되기 이전부터 내려오던 사학(私學)의 현실을 그대로 수용하여 온 정부의 정책에 기인한 것으로서 이를 시정 또는 보완하는 입법조치가 필요할 것으로 본다)." (출처: 판결문 사본 입수)

평석 정인섭, 외국인의 국내 사립태학교수취임자격, 서울국제법연구 제2권 1호(1995).

18-7-1. 위 항소심
(서울고등법원 1995. 5. 17. 94나41814 판결)

"원고들은 대한민국 사립대학교 및 연세대학교의 교수로 임용되기 위하여는 대한민국 국적을 보유할 것이 요구되는데 피고 송자는 1986. 9. 1. 당시 대한민국 국적을 가지고 있지 아니하였음에도 이를 속이고 연세대학교 교수로 임용되었던 것이므로 피고 송자에 대하여 대한민국 사립대학교 및 연세대학교의 교수자격이 없음의 확인을 구한다고 주장한다. […]

살피건대, 외국인은 사립대학교의 교수나 사립대학교의 총장이 될 수 없다는 명문의 제한은 헌법이나 법령 또는 정관 그 밖에 어느 곳에서도 찾아볼 수 없다(피고 법인 정관 제25조 제1항에서는 이사 및 감사와 이 법인에 소속되는 전임의 교원 및 사무직원은 국내에 거주하는 자라야 하며, 이사 정수의 반수 이상은 대한민국 국민이어야 한다고만 규정하고 있다). 또 그것이 국가의 존립과 관련되는 기본권이거나 국가가 특별히 대한민국 국민에게만 보장해 주는 기본권이어서 헌법상 외국인에게는 허용되지 아니하는 성질의 것이라고 보이지도 아니한다. 뿐만 아니라 사립대학교의 교수나 총장은 공권력의 행사 또는 국가의 의사형성에 참여하는 공무원도 아니다. 따라서 외국인인 피고 송자는 사립대학의 교수나 총장이 될 수 없음을 전제로 한 원고들의 위 청구는 우선 이유 없다." (출처: 하급심판결집 1995년 제1집, 384쪽)

18-7-2. 위 상고심

(대법원 1996. 5. 31. 95다26971 판결)

"외국인은 법령 또는 조약에 의하여 금지된 경우를 제외하고는 우리나라에서 내국인과 마찬가지로 사권을 향유할 수 있고, 한편 사립대학 교원의 임용을 위한 계약의 법적 성질은 국·공립대학의 교원의 임용과는 달리 사법상의 고용계약에 다름 아니므로(당원 1995. 1. 20. 선고 93다55425 판결 및 1994. 8. 26. 선고 94다15479 판결 등 참조), 사립대학이 외국인을 포함하여 누구를 교원으로 임용할 것인지 여부는 원칙적으로 당해 학교법인의 자유의사 내지 판단에 달려 있다 할 것이다.

그런데, 사립대학도 공교육의 일익을 담당하고 있고 그 교원의 직무가 공공성을 가지는 점에서 국가가 법률에 의하여 외국인의 사립대학교수 임용에 제한을 가할 수 있다 할 것이나(물론 이를 제한하는 조약은 존재하지 않는다), 현행 교육법이나 사립학교법 기타 관계법령 어디에도 외국인은 사립대학의 교원이 될 수 없다는 명문의 제한은 존재하지 않고, 나아가 소론이 지적하는 법 규정들이 외국인의 사립대학교수 임용 제한의 근거로 볼 수 있다고 해석되지도 아니한다.

즉, 사립대학 교원의 자격에 관하여 국·공립대학 교원의 자격에 관한 규정에 의하도록 한 사립학교법 제52조는 사립대학 교원은 공무원의 지위에 있지 아니한 점에 비추어 보거나 국·공립대학 교원에게 적용되는 교육공무원법 제6조, 제8조의 규정과 대비하여 볼 때, 사립대학 교원의 자격에 관하여 국적을 포함하여 모든 면에서 공무원인 국·공립대학 교원의 그것과 동일할 것을 요한다는 취지는 아니고 사립대학 교원도 국·공립대학 교원의 자격기준을 정한 교육법 제79조 제3항 및 같은 법 별표 3 소정의 학력, 연구 및 교육경력을 갖출 것을 요한다는 취지로 해석함이 상당하고, 또한 사립학교법 제57조 및 교육법 제77조 제1호의 각 규정도 반드시 내국인이 아니면 사립대학의 교원이 될 수 없음을 전제로 한 것이라고 보이지도 아니하며, 교육공무원법 제31조 제1항에 초빙교원 제도가 마련되어 있다 하여 외국인의 사립대학 교원임용이 허용되지 않는다고 보기도 어렵다 할 것이다.

이와 같이 외국인의 사립대학교수 임용을 제한하는 법령상의 근거가 존재하지 않는 이상, 그 정관에 외국인의 교원임용에 관한 별도의 제한을 두고 있지 않은 사립대학의 학교법인은 교육상의 필요에 따라 교육법 제79조 제3항 및 같은 법 별표 3 소정의 자격을 갖춘 외국인을 교원으로 자유로이 임용할 수 있다 할 것이다.

돌이켜 이 사건을 보건대, 원심이 확정하고 있는 바와 같이 피고 법인이 그 정관에 특별히 외국인은 교수나 총장이 될 수 없다는 제한을 두고 있지 않다면 피고 송○가 대한민국 국적을 갖지 못하였다 하여 연세대학교의 교수나 총장이 될 수 없는 것은 아니라 할 것이다."(출처: 대법원 판례집 제44권 1집(민사), 574쪽)

평석 고영한, 외국인의 사립대학 교수 임용적격 여부, 대법원판례해설 제25호(법원도서관, 1996).

18-8. 불법체류 외국인의 노조결성권

(서울고등법원 2007. 2. 1. 2006누6774 판결. 노동조합설립신고서반려처분취소)

"③ 한편, 헌법 제33조 제1항에 규정된 근로자의 단결권·단체교섭권·단체행동권의 근로3권은 경제적 약자인 근로자가 단결된 힘에 의하여 근로자단체를 결성함으로써 노사관계에 있어서 실질적 평등을 이루어 사용자에 대항하여 근로조건의 형성에 영향을 미칠 수 있는 기회를 부여하기 위한 것으로서, 헌법 제37조 제2항 소정의 국가안전보장·질서유지 또는 공공복리를 위하여 필요한 경우에 법률로써 제한되지 않는 한 근로조건과 경제조건의 유지와 개선을 위하여 누구에게나 보장되어야 할 것이다.

④ 따라서 위와 같은 근로3권의 입법 취지에다가 외국인의 지위를 보장한 헌법 제6조, 국적에

따른 근로조건의 차별대우를 금지한 근로기준법 제5조, 조합원에 대하여 인종 등에 의한 차별대우를 금지한 노노법 제9조의 입법 취지 및 헌법에 의한 근로자의 단결권·단체교섭권 및 단체행동권을 보장하여 근로조건의 유지·개선과 근로자의 경제적·사회적 지위의 향상을 도모한다는 노노법의 목적을 더하여 보면, 불법체류 외국인이라 하더라도 우리나라에서 현실적으로 근로를 제공하면서 임금·급료 기타 이에 준하는 수입에 의하여 생활하는 이상 노동조합을 설립할 수 있는 근로자에 해당한다고 보아야 할 것이다.

⑤ 또한, 출입국관리법 제18조 제1항에서는 외국인이 대한민국에서 취업하고자 할 때에는 일정한 체류자격을 받아야 한다고 규정하고 같은 제3항, 제4항에서는 누구든지 위와 같은 체류자격을 가지지 아니한 외국인을 고용하거나 고용을 알선 또는 권유하여서는 아니된다고 규정하고 있으며 이를 위반한 사용자는 같은 법 제94조 제5의 2호 및 제6호에 의하여 처벌받도록 규정함으로써, 외국인의 취업자격에 관하여 규율하면서 취업자격 없는 외국인의 고용을 금지시키기 위한 입법목적을 아울러 가지고 있다 하더라도, 이는 취업자격 없는 외국인의 고용이라는 사실적 행위 자체를 금지하고자 하는 것에 불과할 뿐이지 취업자격 없는 외국인이 사실상 근로를 제공하고 있는 경우에 취업자격이 없다는 이유로 고용계약이 당연 무효라고 할 수도 없으며 취업자격 없는 외국인 근로자가 사용자와 대등한 관계를 이루어 근로조건을 향상시키기 위한 근로자단체를 결성하는 것까지 금지하려는 규정으로 보기는 어렵다 할 것이다(다만, 사용자는 불법체류취업이 근로기준법 제30조 제1항 소정의 해고할 수 있는 정당한 이유에 해당함을 근거로 해고할 수는 있을 것이다).

㈐ 따라서 불법체류 외국인도 노동조합 결성, 가입이 허용되는 근로자에 해당된다 할 것이므로, 피고로서는 원고 노조의 조합원이 적법한 체류자격이 있는 자인지 여부에 관하여 심사할 권한이

없음에도 불구하고, 이를 심사하기 위하여 아무런 법령상 근거 없이 원고 조합에 대하여 조합원 명부의 제출을 요구하고, 그 보완요구에 대한 거절을 이 사건 처분사유 중 하나로 삼은 것은 위법하다 할 것이다."(출처: 각급법원(제1, 2심) 판결공보 제43호(2007. 3. 10.), 729쪽)

평석 박종희, 이주노동자(불법체류자)들의 노동조합 설립신고서 반려처분에 관한 판례 연구: 서울행법 2006. 2. 7. 선고 2005구합18266 판결; 서울고법 2007. 2. 1. 선고 2006누6774 판결을 대상으로, 노동연구 제20집(2010).
이승욱, 불법체류 외국인 근로자의 노동조합 설립과 활동: 미국에서의 논의를 소재로 하여, 노동법연구 제37호(서울대학교 노동법연구회, 2014).

18-8-1. 위 상고심

(대법원 2015. 6. 25. 2007두4995 판결)

"노동조합법상 근로자라 함은 '직업의 종류를 불문하고 임금·급료 기타 이에 준하는 수입에 의하여 생활하는 사람'을 말하고(제2조 제1호), 그러한 근로자는 자유로이 노동조합을 조직하거나 이에 가입할 수 있으며(제5조), 노동조합의 조합원은 어떠한 경우에도 인종, 성별, 연령, 신체적 조건, 고용형태, 정당 또는 신분에 의하여 차별대우를 받지 아니한다(제9조).

한편 구 출입국관리법(2010. 5. 14. 법률 제10282호로 개정되기 전의 것) 관련 규정에 의하면, 외국인이 대한민국에서 취업하고자 할 때에는 대통령령이 정하는 바에 따라 취업활동을 할 수 있는 체류자격(이하 '취업자격'이라고 한다)을 받아야 하고, 취업자격 없이 취업한 외국인은 강제퇴거 및 처벌의 대상이 된다.

위 각 규정의 내용이나 체계, 그 취지 등을 종합하여 살펴보면, 노동조합법상 근로자란 타인과의 사용종속관계하에서 근로를 제공하고 그 대가로 임금 등을 받아 생활하는 사람을 의미하며, 특정한 사용자에게 고용되어 현실적으로 취업하고 있는 사람뿐만 아니라 일시적으로 실업 상태에

있는 사람이나 구직 중인 사람을 포함하여 노동3권을 보장할 필요성이 있는 사람도 여기에 포함되는 것으로 보아야 한다(대법원 2004. 2. 27. 선고 2001두8568 판결, 대법원 2014. 2. 13. 선고 2011다78804 판결, 대법원 2015. 1. 29. 선고 2012두28247 판결 등 참조). 그리고 출입국관리 법령에서 외국인 고용제한규정을 두고 있는 것은 취업자격 없는 외국인의 고용이라는 사실적 행위 자체를 금지하고자 하는 것뿐이지, 나아가 취업자격 없는 외국인이 사실상 제공한 근로에 따른 권리나 이미 형성된 근로관계에 있어서 근로자로서의 신분에 따른 노동관계법상의 제반 권리 등의 법률효과까지 금지하려는 것으로 보기는 어렵다(대법원 1995. 9. 15. 선고 94누12067 판결 등 참조).

따라서 타인과의 사용종속관계하에서 근로를 제공하고 그 대가로 임금 등을 받아 생활하는 사람은 노동조합법상 근로자에 해당하고, 노동조합법상의 근로자성이 인정되는 한, 그러한 근로자가 외국인인지 여부나 취업자격의 유무에 따라 노동조합법상 근로자의 범위에 포함되지 아니한다고 볼 수는 없다.

취업자격 없는 외국인이 노동조합법상 근로자의 개념에 포함된다고 하여 노동조합의 조합원 지위에 있는 외국인이 출입국관리 법령상 취업자격을 취득하게 된다든가 또는 그 체류가 합법화되는 효과가 발생하는 것은 아니다. 취업자격 없는 외국인근로자들이 조직하려는 단체가 '주로 정치운동을 목적으로 하는 경우'와 같이 노동조합법 제2조 제4호 각 목의 해당 여부가 문제된다고 볼 만한 객관적인 사정이 있는 경우에는 행정관청은 실질적인 심사를 거쳐 노동조합법 제12조 제3항 제1호 규정에 의하여 설립신고서를 반려할 수 있을 뿐만 아니라(대법원 2014. 4. 10. 선고 2011두6998 판결 참조), 설령 노동조합의 설립신고를 마치고 신고증을 교부받았다고 하더라도, 그러한 단체는 적법한 노동조합으로 인정받지 못할 수 있음은 물론이다.

같은 취지에서 원심은 취업자격 없는 외국인도 노동조합 결성 및 가입이 허용되는 근로자에 해당한다고 보고, 피고가 이와 다른 전제에서 단지 외국인근로자의 취업자격 유무만을 확인할 목적으로 조합원 명부의 제출을 요구하고 이에 대하여 원고가 그 보완 요구를 거절하였다는 이유로 원고의 설립신고서를 반려한 이 사건 처분은 위법하다고 판단하였다.

원심의 이러한 판단은 정당하고, 거기에 상고이유 주장과 같이 취업자격 없는 외국인의 노동조합법상 근로자 지위 인정 여부에 관한 법리를 오해하는 등의 잘못이 없다." (출처: 판례공보 2015(하), 1080쪽)

평석 강선희, 미등록 근로자도 노조법상 근로자이며, 상위 법령의 위임 없는 노조법 시행규칙에 따른 노조설립신고 반려처분은 위법하다, 월간노동리뷰 제125호(한국노동연구원, 2015).

18-9. 불법체류 외국인에 대한 산재보험의 적용 (서울고등법원 1993. 11. 26. 93구16774 판결(확정). 요양불승인처분취소청구사건)

"산업재해보상보험법 제9조 제2항, 제1항 제1호, 제4조, 근로기준법 제78조의 각 규정을 종합하여 보면, 산업재해보상보험법상 요양급여는 근로자가 산업재해보상보험법의 적용대상이 되는 사업 또는 사업장에 근로를 제공하다가 업무상 부상 또는 질병에 걸린 경우에 보험급여를 받을 자(이하 "수급권자"라 한다)의 청구에 의하여 지급하도록 규정하고 있는데, 산업재해보상보험법 제3조 제2항에 의하면, 같은 법에서 "근로자"라 함은 근로기준법에 규정된 "근로자"를 말한다고 규정하고 있고, 근로기준법 제14조에 의하면, 같은 법에서 "근로자"라 함은 직업의 종류를 불문하고 사업 또는 사업장에 임금을 목적으로 근로를 제공하는 자를 말한다고 규정하고 있으므로 근로기준법상의 근로자에 해당하는 자가 산업재해보상보험법의 적용대상이 되는 사업 또는 사업장에 근로를 제공하다가 업무상 부상 또는 질병에 걸린 경우에는 요양급여를 지급받을 수 있다 할 것이며, 산업재해보상보험법상 외국인 근로자에게 그 적용을 배제하는 특별한 규정이 없는 이상, 외국인의 지위를 보장한 헌법 제6조, 국적에 따른 근로조건의 차별대우를 금지한 근로기준법 제5조의 각 규정의 입법취지와 산업재해보상보험제도가 산업재해에 관하여 국가가 보험자로서 재해보상책임을 져야 할 각 사업주, 사용자들을 보험가입자로 하고 재해보상청구권자인 피재자를 수급권자로 하여 산업재해발생시 사업주 등이 낸 보험료로 피재근로자에게 신속, 공정하게 재해보상을 실시하는 보험제도의 일종으로서(산업재해보상보험법 제1조, 제4조), 이로써 근로자 보호에 충실을 기함과 동시에 사업주 등이 부담할 배상의 위험을 분산, 경감시키려는 그 제도의 목적에 비추어 피재자가 외국인이라 할지라도 그가 근로기준법상의 근로자에 해당하는 경우에는 내국인과 마찬가지로 산업재해보상보험법상의 요양급여를 지급받을 수 있다 할 것이다.

그런데 구 출입국관리법 제15조는 외국인의 체류에 관하여 규정하면서, 그 제1항에서 "외국인은 허가된 체류자격과 체류기간의 범위 안에서 대한민국에 체류할 수 있다"고, 그 제2항에서 "누구든지 대통령령이 정하는 바에 따라 고용될 수 있는 체류자격을 가지지 아니한 외국인을 고용하여서는 아니된다"고 각 규정하고 있고, 같은 법 제45조 제6호, 제82조 제5호에 의하면, 같은 법 제15조 제1항의 규정에 위반한 외국인은 강제퇴거됨과 동시에 형사처벌을 받으며, 같은 법 제84조 제1호에 의하면, 같은 법 제15조 제2항의 규정에 위반한 내국인 사업주는 형사처벌을 받도록 각 규정하고 있다. 그러나 같은 법은 대한민국에 입국하거나 대한민국에서 출국하는 모든 사람의 출입국관리와 대한민국에 체류하는 외국인의 등록 등에 관한 사항을 규정함을 목적으로 하는 법으로서(같은 법 제1조), 위 같은 법 제15조 제1항, 제2항의 각 규정은 모두 국가가 외국인의 불법체류

를 단속할 목적으로 이를 금지 또는 제한하는 단속법규에 불과하므로 위 각 규정에 위반하여 한 행위에 대하여는 위에서 본 소정의 벌칙이 적용될 뿐 행위 자체의 법률상 효력에는 아무런 영향이 없다 할 것이다.

따라서 위 관련법규에 관한 해석을 종합하여 보면, 고용체류자격을 가지지 아니한 외국인과 국내사업장의 사업주가 구 출입국관리법 제15조 제1항, 제2항의 각 규정에 위반하여 고용계약을 체결하였다 하더라도, 그 외국인이 같은 법 제45조 제6호, 제82조 제5호에 의하여 강제퇴거됨과 동시에 형사처벌을 받고, 그 사업주가 같은 법 제84조 제1호에 의하여 형사처벌을 받는 것은 별론으로 하고 그 근로계약은 유효하므로 그 외국인은 근로기준법상의 근로자에 해당한다고 할 것이며, 따라서 그가 산업재해보상법의 적용대상이 되는 사업 또는 사업장에 근로를 제공하다가 업무상 부상 또는 질병에 걸린 경우에는 산업재해보상보험법상의 요양급여를 지급받을 수 있다 할 것이다.

(2) […] 변론의 전취지를 종합하면, 원고는 필리핀 국적을 가진 외국인으로서, 고용체류자격을 가지지 아니하고 1992. 3. 28. 위 전오식과 고용계약을 체결한 후 그 시경부터 동인이 경영하는 위 에이 아트 공업사에서 프라스틱 사출공으로 종사하여 오던 중 같은 해 10. 2. 02:00경 위 공업사 성형사출부 작업실에서 성형사출기에 프라스틱 원료를 투입하다가 왼손이 딸려 들어가는 바람에 좌 제2 내지 5 수지 좌멸창 골절(분쇄 개방성)상 등의 부상을 입은 사실, 한편 위 에이 아트 공업사는 산업재해보상보험법의 적용대상이 되는 사업장인 사실이 각 인정된다.

(3) 위 인정사실을 위에서 본 관련법규정에 관한 해석에 비추어 보면, 외국인으로서 고용체류자격을 가지지 아니한 원고와 국내사업장의 사업주인 위 전오식이 고용계약을 체결함으로써 구 출입국관리법 제15조 제1항, 제2항의 각 규정에 위반하였다 하더라도, 그 고용계약은 유효하므로 원

고는 근로기준법상의 근로자에 해당한다고 할 것이고, 따라서 원고가 산업재해보상보험법의 적용대상이 되는 사업장인 위 공업사에 근로를 제공하다가 업무상 부상을 입은 이상 산업재해보상보험상의 요양급여를 지급받을 수 있다 할 것임에도, 피고가 이와 달리 보고 한 이 사건 불승인처분은 위법하다 할 것이다." (출처: 하급심 판결집 1993년 제3집, 524쪽)

[해설] 이 사건의 원고는 불법체류중 산재사고를 당한 필리핀인이다. 이 판결이 내려지기 수년전부터 국내 불법체류중인 외국인 근로자의 산업재해에 대하 일체의 공적 보상이 부인되고 있어서 적지 않은 사회문제가 제기된 바 있다. 이 판결 이후 한국정부는 고용체류자격이 없는 외국인 근로자의 산업재해에 대해서도 내국인과 동등한 수준에서 산재보상을 해 주기로 하고, 그 대상도 이전 3년 이내의 산재를 당한 모든 외국인에게 소급적용하기로 했다.

평석 김기섭, 불법체류외국인 근로자의 산업재해보상보험법의 적용: 서울고법 1993. 11. 26 선고 93구16774 판결(제9특별부/요양불승인처분취소), 노동법률 제34호(1994).

18-10. 불법체류 외국인에 대한 산재보험의 적용

(대법원 1995. 9. 15. 94누12067 판결)

"2. 위 구 출입국관리법 제15조 제1항에서 외국인이 대한민국에서 체류하여 행할 수 있는 활동이나 대한민국에 체류할 수 있는 신분 또는 지위에 관한 체류자격과 그 체류기간에 관하여 규율하면서 아울러 같은 조 제2항에서 누구든지 대통령령이 정하는 바에 따라 고용될 수 있는 체류자격 즉 취업활동을 할 수 있는 체류자격(이하 취업자격이라 한다)을 가지지 아니한 외국인을 고용하여서는 아니된다고 외국인 고용제한을 규정하고 있는바, 그 입법취지가 단순히 외국인의 불법체류만을 단속할 목적으로 한 것이라고는 할 수 없고, 위 규정들은 취업자격 없는 외국인의 유입으로 인한 국내 고용시장의 불안정을 해소하고

노동인력의 효율적 관리, 국내 근로자의 근로조건의 유지 등의 목적을 효율적으로 달성하기 위하여 외국인의 취업자격에 관하여 규율하면서 취업자격 없는 외국인의 고용을 금지시키기 위한 입법목적도 아울러 갖고 있다 할 것이다.

다만 외국인고용제한규정이 이와 같은 입법목적을 지닌 것이라고 하더라도 이는 취업자격 없는 외국인의 고용이라는 사실적 행위 자체를 금지하고자 하는 것뿐이지 나아가 취업자격 없는 외국인이 사실상 제공한 근로에 따른 권리나 이미 형성된 근로관계에 있어서의 근로자로서의 신분에 따른 노동관계법상의 제반 권리 등의 법률효과까지 금지하려는 규정으로는 보기 어렵다 할 것이다.

따라서 취업자격 없는 외국인이 위 출입국관리법상의 고용제한 규정을 위반하여 근로계약을 체결하였다 하더라도 그것만으로 그 근로계약이 당연히 무효라고는 할 수 없다 할 것이다.

그러나 취업자격은 외국인이 대한민국 내에서 법률적으로 취업활동을 가능케하는 것이므로 이미 형성된 근로관계가 아닌 한 취업자격 없는 외국인과의 근로관계는 정지된다고 하여야 할 것이고, 당사자는 언제든지 그와 같은 취업자격이 없음을 이유로 근로계약을 해지할 수 있다 할 것이다.

3. 돌이켜 이 사건을 보건대, 원심이 적법하게 인정한 바와 같이 원고는 취업자격이 아닌 산업연수 체류자격으로 입국하여 산업재해보상보험법의 적용대상이 되는 사업장인 소외 회사와 고용계약을 체결하고 근로를 제공하다가 작업도중 그 판시와 같은 부상을 입었다는 것이고, 기록에 의하면 원고는 소외 회사에 입사한 후 위와 같이 부상을 입을 무렵까지 소외 회사의 지휘 감독을 받으면서 근로를 제공하고 그 대가로 매월 갑종근로소득세를 공제한 급여를 지급받아 온 사실이 인정되는바, 비록 원고가 출입국관리법상의 취업자격을 갖고 있지 않았다 하더라도 위 고용계약이 당연히 무효라고 할 수 없는 이상 위 부상당시

원고는 사용종속관계에서 근로를 제공하고 임금을 받아온 자로서 근로기준법 소정의 근로자였다 할 것이므로 산업재해보상보험법상의 요양급여를 받을 수 있는 대상에 해당한다 할 것이다."(출처: 법원공보 제1002호(1995. 10. 15.), 3416쪽)

18-11. 외국인의 국가배상청구권
(대법원 2015. 6. 11. 2013다208388 판결)

"국가배상법 제7조는 우리나라만이 입을 수 있는 불이익을 방지하고 국제관계에서 형평을 도모하기 위하여 외국인의 국가배상청구권의 발생요건으로 '외국인이 피해자인 경우에는 해당 국가와 상호보증이 있을 것'을 요구하고 있는데, 해당 국가에서 외국인에 대한 국가배상청구권의 발생요건이 우리나라의 그것과 동일하거나 오히려 관대할 것을 요구하는 것은 지나치게 외국인의 국가배상청구권을 제한하는 결과가 되어 국제적인 교류가 빈번한 오늘날의 현실에 맞지 아니할 뿐만 아니라 외국에서 우리나라 국민에 대한 보호를 거부하게 하는 불합리한 결과를 가져올 수 있는 점을 고려할 때, 우리나라와 외국 사이에 국가배상청구권의 발생요건이 현저히 균형을 상실하지 아니하고 외국에서 정한 요건이 우리나라에서 정한 그것보다 전체로서 과중하지 아니하여 중요한 점에서 실질적으로 거의 차이가 없는 정도라면 국가배상법 제7조가 정하는 상호보증의 요건을 구비하였다고 봄이 타당하다. 그리고 이와 같은 상호보증은 외국의 법령, 판례 및 관례 등에 의하여 발생요건을 비교하여 인정되면 충분하고 반드시 당사국과의 조약이 체결되어 있을 필요는 없으며, 당해 외국에서 구체적으로 우리나라 국민에게 국가배상청구를 인정한 사례가 없더라도 실제로 인정될 것이라고 기대할 수 있는 상태이면 충분하다(대법원 2004. 10. 28. 2002다74213 판결, 대법원 2013. 2. 15. 선고 2012므66, 73 판결 등 참조).

이러한 법리와 기록에 비추어 살펴보면, 원고는 일본인으로서 피고 소속 공무원의 위법한 직무집행으로 인한 피해에 대하여 국가배상법의 적용을 받으려면 일본에서 우리나라 국가배상법 제7조가 정하는 상호보증이 있어야 하는데, 일본 국가배상법 제1조 제1항은 "국가 또는 공공단체의 공권력을 행사하는 공무원이 그 직무를 행함에 있어서 고의 또는 과실로 위법하게 타인에게 손해를 가한 때에는 국가와 공공단체는 이를 배상할 책임이 있다."고 규정하고, 제6조는 "이 법률은 외국인이 피해자인 경우에는 상호보증이 있을 때에만 이를 적용한다."고 규정함으로써 국가배상청구권의 발생요건 및 상호보증에 관하여 우리나라 국가배상법과 동일한 내용을 규정하고 있으므로, 일본에서의 국가배상청구권의 발생요건이 현저히 균형을 상실하지 아니하고 우리나라 국가배상법이 정한 그것보다 전체로서 과중하지 아니하여 중요한 점에서 실질적으로 거의가 차이가 없다고 할 수 있다. 또한 위 규정에 비추어 보면 우리나라 국민이 일본에서 국가배상청구를 할 경우 그 청구가 인정될 것이 기대될 뿐만 아니라 실제로 일본에서 다수의 재판례를 통하여 우리나라 국민에 대한 국가배상청구가 인정되고 있으므로, 우리나라와 일본 사이에 국가배상법 제7조가 정하는 상호보증이 있는 것으로 봄이 타당하다."(출처: 판례공보 2015(하), 962쪽)

평석 문영화, 국가배상소송과 상호보증: 대법원 2015. 6. 11. 선고 2013다208388 판결과 관련하여, 성균관법학 제28권 제4호(2016).

18-12. 외국인의 국가배상청구권
(서울중앙지방법원 2011. 7. 22. 2010가단263368 판결)

"국가배상법 제7조는 "이 법은 외국인이 피해자인 경우에는 해당 국가와 상호 보증이 있을 때에만 적용한다."라고 규정하고 있으므로, 외국인이 피고를 상대로 국가배상법 제2조에 기한 손해배상을 청구하기 위해서는 그 전제로 국가배상법 제7조에 따라 그 외국인의 본국에서 한국인인 피해자의 국가배상청구권이 인정되는 등 대한민국과 해당 국가 사이에 상호 보증이 있어야 한다. 그런데 이러한 상호 보증은 반드시 양국이 타방 국민인 피해자에게 국가배상청구권을 인정한다는 내용의 명문의 규정을 조약이나 협정으로 체결할 것을 요하지 아니하고, 피해자인 외국인의 본국 법률(성문법인지 판례법인지를 가리지 않는다고 본다)상 대한민국 국민이 우리 국가배상법상의 배상책임 또는 그와 동일하거나 유사한 손해배상책임을 물을 수 있는 청구권을 보장받고 있다면 대한민국 도 그 외국인에게 국가배상청구권을 인정함이 상당하다고 판단된다(상호보증주의를 우리나라, 일본 등 극히 소수의 국가에서만 채택하고 있는 점에 비추어, 상호 보증을 엄격하게 해석하는 경우 우리나라에서도 발효된 '시민적 및 정치적 권리에 관한 국제규약'이나 '모든 형태의 인종차별의 철폐에 관한 국제협약'에 배치되거나 국제적인 인권보장의 관점에서 불합리한 폐해가 발생할 소지가 있다는 점이 고려되어야 한다).

이 사건으로 돌아와 보건대, 원고는 몽골 국적의 외국인이므로 원고가 국가배상법에 기한 손해배상을 청구할 수 있기 위해서는 몽골의 법률상 한국인이 피해자로 된 경우에 몽골국에 대하여 우리나라 국가배상법상의 배상책임 또는 그와 동일하거나 유사한 손해배상책임을 물을 수 있어야 하는데, 이 법원의 외교통상부에 대한 사실조회결과에 의하면 대한민국은 국가배상법 제2조와 관련하여 몽골과 상호보증조약이나 여타 합의서를 체결하지 아니한 사실이 인정되기는 한다. 그러나 원고가 제출한 자료에 의하면, 비록 몽골국에 우리나라 국가배상법과 같은 형식과 내용의 국가배상법은 존재하지 아니하나, 몽골 민법 제498조 제2항에 의하면 공무원이 공무집행상 잘못으로 인하여 타인에게 손해를 입힌 경우 그 손해는 해당 공무원이 근무하고 있는 기관 또는 국가가 배상하여야 하고, 같은 조 제4항에 의하면 불법으로 피의자 신분이 되었거나 체포 또는 구금된 경우 그로 인한 손해를 사건접수자, 수사관, 검사 또는 판사의 과실 여부와 관계없이 국가가 배상하여야

하며, 한편 몽골 형사소송법 제388조에 의하면 외국인도 사건접수자, 수사관, 검사 또는 판사의 불법행위로 인하여 발생한 재산상 손해 및 정신적 손해의 배상을 청구할 수 있고, 같은 법 제389조에 의하면 체포 또는 구금된 사람에 대한 범죄사실이 입증되지 않아 석방되거나 법원에서 무죄판결을 받는 경우, 범죄요건을 충족하지 않거나 범죄의 입증이 되지 않아 공소기각된 경우에는 불법 체포, 감금 등으로 인하여 발생한 손해를 사건접수자, 수사관, 검사 또는 판사의 과실 여부와 관계없이 국가가 배상하여야 하며, 그 배상하여야 할 재산상의 손해로 불법행위로 인하여 사건본인이 받지 못한 평균임금이나 기타 노동소득 등을 규정하고 있고, 그 외 정신적인 손해에 대하여도 민법에 따라 금전적 배상청구를 할 수 있도록 규정하고 있는바(이에 반하여 피고는 몽골 본국의 법률상 외국인에게 국가배상법상의 배상책임 또는 그와 동일하거나 유사한 손해배상책임을 물을 수 있는 청구권이 보장되고 있지 아니하여 상호 보증이 인정될 수 없다는 점에 관한 아무런 주장, 입증을 하지 못하고 있다), 몽골의 법률상 한국인이 피해자로 된 경우에 몽골국에 대하여 우리나라 국가배상법상의 배상책임 또는 그와 동일하거나 유사한 손해배상책임을 물을 수 있다고 봄이 상당하다. 따라서 우리나라도 피해자인 몽골 국적의 외국인에게 국가배상청구권을 인정함이 상당하므로, 원고에게 국가배상청구권이 인정된다." (출처: 판결문 사본 입수)

[해설] 이 사건은 서울중앙지방법원 2012. 2. 17. 2011나38744 판결로 항소기각, 확정되었다. 항소심 판결은 위 발췌부분을 거의 그대로 재인용하였다.

18-13. 입국불허된 외국인의 인신보호 청구권
(인천지방법원 2014. 4. 30. 2014인라4 결정)

[사안: 이 사건 구제청구인은 수단인으로 단기 상용 목적의 비자를 갖고 2013. 11. 20. 인천공항에 도착해, 입국 수속 당시 난민인정신청서를 제출했다. 출입국 담당 공무원은 그가 소지한 비자

와 입국목적이 상이하다는 이유로 입국을 불허하고, 원래 승선했던 비행사에 국외송환 지시를 하였다. 이어 청구인에 대해 난민인정심사 불회부 결정을 하였다. 이에 청구인은 2013. 11. 28. 서울행정법원에 불회부 결정 취소의 소를 제기했다. 청구인은 입국불허처분이 내려진 후 약 5개월간 공항 송환대기실에 머무르다 인신보호 구제 청구를 제출했다.]

"2) 입국 불허된 외국인의 구제청구권 보유 여부

또한 청구인의 경우 입국이 불허되었고, 출입국관리법상으로는 대한민국 영역 내로 입국하지 못한 지위에 있는 것은 사실이나, 다음과 같은 사정에 비추어 이러한 지위에 있는 청구인에게도 신체의 자유에 대한 위법한 침해에 대하여 구제를 구하는 인신보호법상 구제청구권은 당연히 인정된다고 할 것이다.

가) 대한민국 헌법은 원칙적으로 대한민국의 주권이 미치는 대한민국의 영토에 그 효력을 미친다고 할 것이고, 헌법에 기초하여 입법부에 의해 제정된 인신보호법 역시 달리 특별한 제한이 없는 한 그 효력 범위는 동일하다고 할 것인데, 이 사건 송환대기실은 지리적으로 대한민국 영토 내인 인천공항 안에 위치하고 있고, 대한민국의 주권이 전적으로 배제된다고 볼 사정도 없는바, 비록 그 곳이 지리적으로 출입국관리법상 대한민국으로의 입국이 허가되기 이전 구역이라고 하더라도 인신보호법은 여전히 유효하게 적용된다고 할 것이다. 그리고 앞서 본 바와 같이 출입국관리법 제56조는 입국이 불허된 외국인에 대한 공권력 행사로 행정상 즉시강제인 일시보호가 가능하다고 규정하고 있는바, 입국이 불허되어 출입국관리법상 대한민국으로의 입국 전 지역에 있는 외국인에 대하여 출입국관리법 및 공권력의 효력이 미침을 전제하고 있음에도 인신보호법의 적용은 없다고 보는 것은 체계적 법해석의 측면에서도 불합리하다.

나) 또한 청구인이 출입국관리법상 입법 목적에 따라 입국이 불허되었고, 출입국관리사무소가

해당 항공사에 송환을 지시한 경우라고 하더라도, 이러한 불허처분이 있었다는 사정이 헌법상의 기본권에서 유래하는 인신보호법상 구제청구권을 배제·소멸시키는 사유가 될 수 없음은 분명해 보인다.

다) 나아가 인신보호법은 영미법상의 인신보호영장(writ of habeas corpus) 제도를 규범적으로 수용한 것인데, 미국의 경우 연방 헌법 및 법률 등에 의하여 구체화된 인신보호영장제도는 행정상 인신구속에 대한 사법적 구제수단으로서도 실질적 의의를 가지고, 특히 이민법상 외국인체류자에 대한 절차와 관련하여 주로 많이 다루어지고 있으며[외국인의 추방 절차상 구금과 관련하여 미국 연방대법원의 대표적 사건으로 Zadvydas v. Davis(2001), Clark v. Martinez(2005) 등], 미국 연방대법원은 연방인신보호법을 해석함에 있어 미국 내로 입국한 바 없이 쿠바의 주권이 미치는 관타나모 해군기지 내 구금시설에 바로 구금된 외국인 테러용의자의 구제 청구와 관련하여서도 미국 영토 밖이라고 하더라도 미국이 실제적인 관할권을 행사하는 지역인 관타나모 기지에 수감된 외국인에 대해서도 관할권을 행사할 수 있다고 판시한 바도 있다[Raul v. Bush, 124 S.Ct. 2686 (2004)]. 또한 우리의 인신보호법을 제정하면서 참조한 일본의 인신보호법 적용과 관련하여 입국불허된 외국인의 인신보호청구 사건에 대하여 일본 최고재판소(1971. 1. 25. 제1소법정 결정) 및 그 하급심인 동경지방재판소(1970. 12. 26. 민사 제9부 결정) 역시 이러한 지위에 있는 외국인이 구제청구권자임을 전제로 인신보호법상 구속에 해당하는지 여부를 본안 심리한 바 있다.

라) 결국 실제 대한민국의 영역 내로 들어와 영토 내에 있으나 출입국관리법에 따라 국내로 입국이 불허된 외국인에 대하여도 당연히 인신보호법상 구제청구권이 인정된다.

3) 소결론

따라서 출입국관리법에 따라 입국이 거부됨에

따라 입국항 외부의 송환대기실에 대기하고 있는 청구인 역시 인신보호법에 따른 구제청구권이 인정된다." (출처: 각급법원(제1, 2심) 판결공보 2014(상), 498쪽)

[해설] 이 사건 청구인은 본결정 직후인 2014. 5. 4. 송환대기실 수용이 해제되어 같은 달 26일 한국 입국이 허가되었다. 이 사건은 대법원으로 재항고되었는데, 대법원은 2014. 8. 25. 선고 2014인마5 결정에서 다음과 같이 판단했다.

"구제청구자는 같은 달 26일 대한민국 입국이 허가되어 현재 대한민국 내에서 체류하고 있는 사실을 알 수 있고, 달리 이미 대한민국에 입국한 구제청구자가 향후 같은 사유로 이 사건 송환대기실 또는 다른 수용시설에 재수용될 가능성이 있다고 볼 자료가 없는 이상, 이 사건 송환대기실에서의 수용의 해제를 구하는 이 사건 구제청구는 더 이상 구제청구의 이익이 없어 부적법하게 되었다. 따라서 이 사건 구제청구의 이익이 있음을 전제로 한 원심결정은 결과적으로 위법하게 되어 더 이상 유지될 수 없다.

그러므로 원심결정을 파기하되, 이 사건은 대법원이 직접 재판하기에 충분하므로 자판하기로 한다. 제1심이 외국인인 구제청구자에게는 인신보호법이 적용되지 아니한다고 보아 구제청구의 적격이 없다고 판단한 것은 타당하다고 보기 어려우나 이 사건 구제청구를 각하한 결론은 결과적으로 정당하므로, 구제청구자의 항고는 이유 없어 이를 기각하기로 하여 관여 대법관의 일치된 의견으로 주문과 같이 결정한다." (출처: 판례공보 2014(하), 2293쪽)

평석 이현석, 외국인에게 인신보호법상의 구제청구권이 인정되는지 여부와 공항 내 송환대기실 수용의 적법 여부: 대법원 2014. 8. 25.자 2014인마5 결정, 이상훈 대법관 재임기념 문집(사법발전재단, 2017).

3. 출입국 관리

18-14. 입국의 의미
(대법원 2005. 1. 28. 2004도7401 판결)
"1. 출입국관리법상 '입국'이라 함은 대한민국 밖의 지역으로부터 대한민국 안의 지역으로 들어

오는 것을 말하고, 여기서 '대한민국 안의 지역'이라 함은 대한민국의 영해, 영공 안의 지역을 의미하는 것이다.

따라서 출입국관리법 제12조 제1항 또는 제2항의 규정에 의하여 입국심사를 받아야 하는 외국인을 집단으로 불법입국시키거나 이를 알선한 자 등을 처벌하는 출입국관리법 제93조의2 위반죄의 기수시기는 불법입국하는 외국인이 대한민국의 영해 또는 영공 안의 지역에 들어올 때를 기준으로 판단하여야 한다.

2. 원심판결 이유에 의하면, 원심은 피고인들의 이 사건 범행은 단지 불법입국을 위한 선박이 영해에 들어옴으로써 곧바로 기수에 이른다고 볼 것이 아니라 출입국항에서 출입국관리공무원의 입국심사 없이 입국하였을 때 비로소 기수에 이르는 것으로 봄이 상당하다는 이유로, 피고인들의 이 사건 범행이 출입국관리법 제93조의2 제1호 위반의 미수에 해당한다고 판단한 제1심판결을 유지하였다.

그러나 기록에 의하면, 피고인들이 출입국관리법 제93조의2 제1호에 위반하여 집단으로 불법입국시킨 외국인들이 대한민국의 영해 안으로 들어와 검거된 사실을 알 수 있는바, 앞서 본 법리에 따르면 피고인들의 이 사건 범행은 출입국관리법 제93조의2 제1호 위반의 기수에 해당한다고 보아야 할 것이다." (출처: 판례공보 제222호(2005. 3. 15.), 451쪽)

18-15. 외국인 입국허가에 관한 국가의 재량성
(헌법재판소 2005. 3. 31. 2003헌마87 결정. 한중 국제결혼절차 위헌확인)
[사안: 중국인 배우자와 혼인한 후 그를 한국으로 초빙하기 위해서는 그와의 교제과정, 결혼하게 된 경위, 소개인과의 관계, 교제경비내역 등을 당해 한국인이 직접 기재한 서류를 제출할 것이 요구되자, 이는 이 사건 청구인의 행복추구권, 평등권, 혼인과 가족생활에 관한 권리 등을 침해하는

조치라며 헌법소원심판이 청구되었다.]

"출입국관리법은 대한민국에 입국하거나 대한민국으로부터 출국하는 모든 국민 및 외국인의 출입국관리와 대한민국에 체류하는 외국인의 체류관리 및 난민의 인정절차 등에 관한 사항을 규정함을 목적으로 한다(법 제1조). 이러한 출입국관리행정은 내·외국인의 출입국과 외국인의 체류를 적절하게 통제·조정함으로써 국가의 이익과 안전을 도모하는 국가행정이다. 즉, 개개 내·외국인의 출입국과 외국인의 체류를 구체적으로 심사하여 내·외국인의 출입국을 공정하게 규제하고 외국인의 체류기간을 연장하거나 입국 또는 체류를 불허하여 국외로 퇴거시키는 기능을 수행한다. 이와 같은 출입국관리에 관한 사항 중 특히 외국인의 입국에 관한 사항은 주권국가로서의 기능을 수행하는 데 필요한 것으로서 광범위한 정책재량의 영역에 놓여 있는 분야라고 할 수 있을 것이다.

그러므로 이러한 영역의 공권력행사의 위헌 여부를 판단함에 있어서는 완화된 심사기준이 적용되어야 한다. 즉, 국민의 기본권을 제한하는 공권력행사의 목적이 정당하고 수단이 적정해야 하며 목적과 수단 사이에 합리적 비례관계가 유지되고 있는지 여부가 위헌성 판단의 기준이 되어야 할 것이다. […]

이상 살펴본 바와 같이 피청구인의 이 사건 결혼경위 등 기재요구행위는 법령에 근거한 행위로서 법률유보원칙에 어긋나지 아니하고, 과잉금지원칙에도 위배되지 않으며, 그 차별에 합리성을 인정할 수 있어 평등원칙에도 위반되지 않는다. 그러므로 비록 이로 말미암아 청구인이 주장하는 바 기본권이 일부 제한되는 면이 있다 하더라도 이는 헌법상 정당화될 수 있고, 따라서 위헌적으로 청구인의 기본권을 침해한 것이라고 평가할 수는 없다고 할 것이다." (출처: 헌법재판소 판례집 제17권 1집, 437쪽)

18-16. 외국인의 입국권

(서울행정법원 2016. 9. 30. 2015구합77189 판결. 사증발급거부처분취소)

[사안: 인기가수 유○준이 병역이행을 앞두고 돌연 미국적으로 귀화하고 한국국적을 이탈하자 적지 않은 사회적 논란이 벌어졌다. 이후 그는 병역기피 목적으로 국적을 이탈한 외국국적 동포에게도 체류자격이 부여될 수 있는 연령(38세)에 이르자 한국 입국을 위한 사증발급 신청을 했으나 거부되자 이 소송을 제기했다.]

"(나) 판단

구 출입국관리법(2005. 3. 24. 법률 제7406호로 개정되기 전의 것) 제11조 제1항은 대한민국의 이익이나 공공의 안전을 해하는 행동을 할 염려가 있다고 인정할 만한 상당한 이유가 있는 자(제3호), 경제질서 또는 사회질서를 해하거나 선량한 풍속을 해하는 행동을 할 염려가 있다고 인정할 만한 상당한 이유가 있는 자(제4호), 기타 제1호 내지 제7호의1에 준하는 자로서 법무부장관이 그 입국이 부적당하다고 인정하는 자(제8호)에 해당하는 외국인에 대하여 법무부장관이 그 입국을 금지할 수 있다고 규정하고 있다. […]

국가가 자국에 바람직하지 못하다고 판단하는 외국인의 입국을 금지할 수 있는 권리는 국제법상 확립된 권리로서 어떠한 외국인을 바람직하지 않다고 판단하여 입국을 금지할 것인지에 대하여는 국가가 자유로이 결정할 수 있다고 봄이 상당하다. 이에 근거하여 구 출입국관리법 제11조 제1항은 각 호에서 입국금지 대상자를 정하면서 이에 준하는 자로서 법무부장관이 그 입국이 부적당하다고 인정하는 자에 대하여 입국금지를 명할 수 있도록 규정함으로써 법무부장관으로 하여금 공익의 관점에서 입국금지를 명할지 여부에 관하여 판단할 수 있는 재량의 여지를 주고 있다.

한편 출입국관리행정은 내·외국인의 출입국과 외국인의 체류를 적절하게 통제·조정함으로써 국가의 이익과 안전을 도모하고자 하는 국가행정작용으로, 특히 외국인의 입국에 관한 사항은 주권국가로서의 기능을 수행하는 데 필수적인 것으로서 광범위한 정책재량의 영역에 놓여 있는 분야라는 점 등을 고려할 때(헌법재판소 2005. 3. 31. 선고 2003헌마87 전원재판부 결정 참조), 외국인에 대한 입국금지 여부를 결정함에 있어서는 그로 인하여 입게 될 당사자의 불이익보다는 국가의 이익과 안전을 도모하여야 하는 공익적 측면이 더욱 강조되어야 할 것이다. […]

나아가 입국의 자유에 대한 외국인의 기본권주체성이 인정되지 않는 점(헌법재판소 2014. 6. 26. 2011헌마502 전원재판부 결정 참조), 원고는 병역을 기피하기 위하여 미국 시민권을 취득함으로써 대한민국 국적을 상실하게 된 재외동포에 해당하는 점 등을 고려하면, 이 사건 입국금지조치가 비례의 원칙을 위반하였는지 여부는 보다 완화된 기준에 따라 판단되어야 한다.

㈑ 이 사건 입국금지조치를 통하여 달성하고자 하는 공익은 병역의무를 부담하는 국민들의 병역의무 이행의지가 약화되는 것을 방지하여 병역의무 이행을 확보하고, 이를 통하여 영토의 보전 및 대한민국의 국가 안전을 도모하며 탈법적 수단에 의한 병역기피 행위를 방지함으로써 국가의 법질서와 기강을 확립하기 위한 것이고, 위와 같은 공익은 병역기피 목적으로 미국 시민권을 취득한 원고의 입국을 금지함으로써 원고가 고국인 대한민국을 방문할 수 없게 되는 불이익보다 작다고 볼 수 없다." (출처: 각급법원(제1, 2심) 판결공보 2016(하), 668쪽)

[해설] 이 사건 항소심인 서울고등법원 2017. 2. 23. 2016누68825 판결은 위 1심 판결의 취지를 그대로 수용하며, 항소를 기각했다. 이 사건은 현재 대법원에 계류 중이다.

18-17. 외국인의 불법출국

(대법원 1999. 3. 23. 98도4020 판결)

"밀항단속법 제3조에서 처벌대상으로 삼고 있는 '밀항'이라 함은, 같은 법 제1조 및 제2조 제1호의 각 규정에 비추어 볼 때, 대한민국 국민으로서 관계 당국에서 발행한 여권·선원수첩 기타 출국에 필요한 유효한 증명 없이 대한민국 외의 지역으로 도항 또는 월경하는 것을 뜻한다고 해석함이 상당하고, 대한민국 국민이 아닌 외국인이 적법한 절차를 밟지 않고 대한민국 외의 지역으로 도항하는 행위는 이에 포함되지 않는다고 할 것이다.

이 사건 공소사실 중 밀항단속법위반의 점의 요지는, 피고인은 외국인 국내불법체류자인 방글라데시 국적 공소외 엠디 메헤디하산 등 10명을 여수선적 진성호에 은닉하여 일본국에 밀출국시키려다가 중도에 검거됨으로써 그 뜻을 이루지 못하고 미수에 그쳤다는 것인바, 법원이 공판심리의 대상으로 삼을 수 있는 위 피고 사건의 범의 내용은 외국인의 밀출국에 관한 것으로 국한되어 있음이 명백하므로, 앞에서 본 법리에 비추어 볼 때, 그 자체로 범죄가 되지 아니하는 경우에 해당하여 형사소송법 제325조 전단에 의하여 무죄를 선고할 수밖에 없다고 할 것인바, 같은 취지의 원심 판단은 정당하고, 거기에 소론과 같이 피고인의 밀항의 점에 대한 심리미진 또는 법리오해의 위법이 있다고 할 수 없다." (출처: 판례공보 제81호(1999. 5. 1.), 807쪽)

18-18. 외국인 퇴거강제(재량권 남용)

(대법원 1972. 3. 20. 71누202 판결)

"원고가 우리나라에서 오래 거주하고 있던 중국인의 아버지와 한국인 어머니 사이에서 1945년 우리나라에서 출생 성장하여 우리나라여성과 결혼하였고 본건 강제 퇴거결정에 의하여 송환될 당시까지 충주시내에서 노모(63세)를 모시고 중국음식점을 경영하였을 뿐 아니라 그 형수 매형 등이 모두 우리나라사람이며 원고의 평소사상도 반공적이어서 몸에 반공항아라는 문신까지 새기었고 1969. 10. 20경부터는 한국화교 반공구국회 충주지부장직에 피임되었던 사실 등 을 감안하면 그에게 비록 그 판결이 인정한 바와 같은 국시에 위배되는 반공법위반의 범행에 의하여 징역 1년 6월, 3년간 집행유예의 판결까지 선고받은 잘못이 있었다 할지라도 그에 대하여 강제퇴거를 명한 본건 처분은 심히 가혹하고 부당하여 재량의 범위를 일탈한 위법한 처분이었다고 단정한 조치에 재량권의 범위에 관한 법리의 오해나 심리미진 등의 위법이 있었다고는 인정되지 않는 바이니 그 조치를 논난하는 소론의 논지를 이유 없다." (출처: 대법원 판례집 제20권 1집(행정), 44쪽)

18-19. 외국인 퇴거강제(재량권 남용)
(서울행정법원 2008. 4. 16. 2007구합24500 판결)

"(2) 근거법률의 위헌 여부

(가) 1949년에 제정된 세계인권선언 제13조는 외국인을 포함한 모든 사람은 각국의 영역 내에서 거주와 이전의 자유에 관한 권리를 가지며 자국을 포함한 어떤 나라로부터도 출국할 권리를 가지고 자국으로 돌아올 권리를 갖는다고 선언하고 있으나, 또 한편으로 국가가 바람직스럽지 않은 외국인을 추방할 권리를 갖는 것은 주권의 본질적 속성상 당연한 것으로서, 외국인이 일반적으로 내국인과 동일한 거주·이전의 자유를 갖는다고는 볼 수 없다.

(나) 또한, 헌법에 의하여 보장되는 기본권이라 하더라도 헌법 제37조 제2항에 의하여 '국가안전보장·질서유지 또는 공공복리를 위하여 필요한 경우에는 법률로써 제한'할 수 있는바, 국가가 '전염병 환자·마약류 중독자 기타 공중위생상 위해를 미칠 염려가 있다고 인정되는 외국인'들의 입국을 제한하고, 출국 조치를 취할 수 있도록 하는 것은 공공복리를 위하여 반드시 필요한 조치인 것으로 판단되고, 또 법 제11조 제1항 1호, 제46조 제1항, 제68조 제1항 제1호 규정이 그 자체로 처분청에 재량의 여지를 주어 개별 외국인의 특별한 사정을 고려할 수 있도록 하고 있는 점 등에 비추어 볼 때, 원고 주장과 같은 사유를 모두 고

려하더라도 위 법률조항들이 그 자체로 과잉금지의 원칙에 반한다거나, 평등의 원칙에 반한다고는 보기 어렵다.

(다) 한편 원고는, '전염병 환자' 내지 '기타 공중위생상 위해를 미칠 염려가 있다고 인정되는 자'라는 표현이 지나치게 포괄적이고 광범위하여 자의적인 해석이 가능하므로 명확성의 원칙에 반한다고도 주장하나, 위 표현이 다소 포괄적이라 하더라도 위 법의 입법 목적 및 외국인에 대한 출입국관리의 특성 등을 고려하여 볼 때 통상적인 법 감정 및 합리적 상식에 기하여 그 구체적 의미를 충분히 예측하고 해석할 수 있는 정도인 것으로 보이며, 또 관계 법령(전염병 예방법 등) 등을 통하여 그 범위를 한정하여 제한적으로 해석할 수도 있는 점 등에 비추어 볼 때 위 규정이 명확성을 결여하였다고는 볼 수 없다.

(라) 따라서 원고의 이 부분 주장 역시 이유 없다.

(3) 재량 일탈·남용 주장에 대한 판단

(가) 출국명령이 재량처분에 해당함은 위에서 본 바와 같으므로, 나아가 이 사건 처분이 그로 인하여 보호되는 공익에 비하여 원고 개인에게 지나치게 가혹한 것으로서 재량의 범위를 일탈한 것인지 여부에 대하여 살피건대, 위 인정 사실에 나타난 다음과 같은 사정, 즉 ① 후천성면역결핍증의 원인 바이러스인 HIV 바이러스는 특정한 경로로만 전염되는 것으로서 일상적인 접촉으로 전염될 가능성이 거의 없고, ② 원고는 한국 국적자인 생모의 초청으로 적법하게 국내로 입국하였으며, 중국 내에는 달리 원고를 돌볼 만한 가족이 없는 상황인 점, ③ 한국 국적자인 원고의 가족들이 여전히 원고와 함께 생활하기를 희망하고 있고, ④ HIV 확산 방지라는 관점에서 볼 때 사회적으로 더욱 위험한 것은 HIV 감염이 확인된 경우보다 오히려 감염 여부 자체가 확인되지 아니한 경우이고, HIV 감염이 확인되었다는 이유만으로 바로 불리한 처분을 받는다는 인식이 확산될 경우 잠재적 감염인들이 검사를 기피함으로써 사회 전체

적으로 오히려 역효과를 나타낼 가능성이 높은바, 결국 감염인의 인권을 보호함으로써 자발적인 검사 및 치료를 받을 수 있도록 하고, 스스로 감염 사실을 밝히고 전염 방지를 위한 생활수칙을 지키도록 유도하는 것이 HIV 확산 방지에는 오히려 효과적일 수도 있다는 등의 사정들을 모두 고려해 보면, 이 사건 처분으로 보호하고자 하는 전염병 예방이라는 공익의 달성 여부는 확실치 아니한 반면, 이 사건 처분으로 인하여 원고의 거주·이전의 자유, 가족 결합권을 포함한 행복추구권, 치료를 받을 가능성 등은 심각하게 침해될 것임이 분명하므로, 결국 이 사건 처분은 사회통념상 현저하게 타당성을 잃은 것이라 할 것이다.

(나) 결국 이 사건 처분이 재량을 일탈·남용한 것으로서 위법하다는 원고의 주장은 이유 있다."
(출처: 각급법원(제1, 2심) 판결공보 2008(상), 899쪽)

[해설] 이 판결은 서울고등법원 2008. 11. 6. 2008누12612 판결로 항소 기각되었고, 대법원 2009. 1. 22. 2008두21683 판결로 상고 기각되었다(상고이유서 불제출).

18-20. 외국인 퇴거강제와 변호인의 조력을 받을 권리

(헌법재판소 2012. 8. 23. 2008헌마430 결정. 긴급보호 및 보호명령 집행행위 등 위헌확인)

"(1) 청구인들은, 피청구인이 청구인들의 보호 일시, 장소 및 이유를 변호인에게 서면으로 통지하지 않았고, 청구인들의 보호명령 및 강제퇴거명령에 대한 이의신청에 대한 결정이나 강제퇴거의 집행개시도 변호인에게 알리지 않은 채 강제출국시킴으로써 변호인의 조력을 받을 권리를 침해하였다고 주장한다.

(2) 헌법 제12조 제4항 본문은 "누구든지 체포 또는 구속을 당한 때에는 즉시 변호인의 조력을 받을 권리를 가진다."라고 규정하고 있는바, 이와 같은 변호인의 조력을 받을 권리는 형사절차에서 피의자 또는 피고인의 방어권 보장을 위한 것으로서 출입국관리법상 보호 또는 강제퇴거의 절차

에도 적용된다고 보기는 어렵다. 다만, 출입국관리법은 출입국관리공무원이 강제퇴거대상 용의자를 보호한 때에는 국내에 있는 그의 법정대리인·배우자·직계친족·형제자매·가족·변호인 또는 용의자가 지정하는 자에게 3일 이내에 보호의 일시·장소 및 이유를 서면으로 통지하여야 한다고 규정하고 있으므로(법 제54조 본문), 출입국관리공무원에게는 출입국관리법에 의한 '변호인에 대한 통지 의무'가 있다. 그런데 청구인들이 제출한 자료에 의하더라도(강제퇴거명령·보호에 대한 이의신청서), 청구인들이 2008. 5. 2. 긴급보호된 후 바로 그 다음날인 2008. 5. 3. 변호사 장서연과 접견한 사실이 인정되는바, 이에 비추어 볼 때, 피청구인이 출입국관리법에 의한 '변호인에 대한 통지 의무'를 위반하였다고 볼 수 없다.

(3) 한편 출입국관리공무원이 강제퇴거명령서를 집행할 때에는 그 명령을 받은 자에게 강제퇴거명령서를 내보여야 하지만(법 제62조 제3항) 강제퇴거의 집행 사실을 변호인에게 통지할 의무는 없으며, 이의신청에 대한 결정이 내려진 경우 사무소장등이 지체없이 용의자에게 그 뜻을 알려야 하지만(법 제60조 제4항, 제5항) 역시 변호인에게 통지할 의무는 없다. 그러므로 피청구인이 청구인들에 대한 강제퇴거의 집행 사실이나 청구인들의 이의신청에 대한 법무부장관의 기각결정을 변호인에게 통지하지 않은 채 강제퇴거의 집행을 개시하고 완료하였다고 하더라도, 피청구인이 '변호인에 대한 통지 의무'를 위반하였다고 볼 수 없다(오히려 기록에 의하면, 피청구인은 변호인에게 강제퇴거의 집행 사실을 2008. 5. 15. 16:10경에, 이의신청에 대한 기각결정을 같은 날 17:29경에 각 통지한 사실이 인정된다).

(4) 따라서 이 사건 보호 및 강제퇴거가 청구인들의 변호인의 조력을 받을 권리를 침해하였다고 볼 수 없다." (출처: 헌법재판소 판례집 제24권 2집(상), 567쪽)

[참조] 불법체류 외국인의 기본권 주체성에 관해서

는 본서 18-6 수록분 참조. 출입국관리법상 보호
또는 강제퇴거절차에 변호인의 조력을 받을 권리는
적용되지 않는다고 본 판단은 아래 헌법재판소
2018. 5. 31. 2014헌마346 결정(18-22)에 의해 변
경되었다.

평석 공진성, 출입국관리법상 '보호' 및 '강제퇴거'
와 외국인의 기본권 보호: 헌재 2012. 8. 23. 2008헌
마430 결정에 대한 평석, 공법학연구 제14권 제1호
(2013).

18-21. 외국인 보호명령의 법적 성격
(헌법재판소 2018. 2. 22. 2017헌가29 결정. 출입국관리법 제63조 제1항 위헌제청)

[사안: 출입국관리법 제63조 1항은 "지방출입
국·외국인관서의 장은 강제퇴거명령을 받은 사
람을 여권 미소지 또는 교통편 미확보 등의 사유
로 즉시 대한민국 밖으로 송환할 수 없으면 송환
할 수 있을 때까지 그를 보호시설에 보호할 수 있
다"고 규정하고 있다. 즉 출입국관리법상 불법체
류자는 법관의 영장 발부 없이 행정당국의 결정
에 의해서만 외국인보호소에 보호될 수 있으며,
법령상 그 기간의 상한도 없다. 이는 일종의 인신
구금이므로 헌법상의 영장주의가 적용되어야 하
지 않는가라는 의문과 「시민적·정치적 권리에 관
한 국제규약」 위반이 아닌가라는 문제가 제기되
었다. 이 사건의 원심법원은 다음과 같은 이유에
서 위헌제청을 했다. 즉 "이 조항이 강제퇴거대상
자에 대한 보호의 개시나 연장 단계에서 공정하
고 중립적인 기관에 의한 통제절차를 두고 있지
않고, 행정상 인신구속을 하면서 청문의 기회도
보장하고 있지 아니하므로 헌법상 적법절차원칙
에 위배된다. 또한 심판대상조항은 보호기간의 상
한을 설정하지 아니하여 기간의 제한 없는 보호
를 가능하게 하므로, 과잉금지원칙을 위반하여 강
제퇴거대상자의 신체의 자유를 침해한다." 이에
대해 헌법재판소는 합헌 4, 위헌 5로 일단 합헌결
정을 내렸다. 합헌의견과 위헌의견을 발췌·수록
한다.]

[4인 합헌의견]
"(나) 침해의 최소성

1) 심판대상조항에 의한 보호대상은 출입국관
리법에 따라 심사를 거쳐 강제퇴거명령을 받은
사람이다.

강제퇴거명령은 국내에 불법으로 입국하였거나
체류기간을 도과하는 등 체류조건을 위반하여 불
법으로 체류하고 있는 외국인, 외국인등록 의무를
위반하거나 범죄를 저질러 금고 이상의 형을 선
고받은 외국인, 대한민국의 이익·공공의 안전을
침해하거나 경제질서·사회질서·선량한 풍속을
해치는 행동을 할 염려가 있다고 인정할 만한 상
당한 이유가 있는 외국인 등에 대하여 발령된다
(법 제59조 제2항, 제46조 제1항 참조). 이처럼 강제
퇴거대상자는 입국자체가 불법이거나, 체류기간
을 도과하는 등 체류조건을 위반하거나, 체류기간
동안 범법행위를 하는 등 질서유지를 해칠 우려
가 있는 외국인 등이다. 이들에 대해서는 국가의
안전보장, 질서유지 및 공공복리를 위해서 본국으
로 송환될 때까지 그 송환을 위해 보호 및 관리가
필요하다.

따라서 지방출입국·외국인관서의 장이 송환이
가능한 시점까지 강제퇴거대상자를 보호하는 것
은 심판대상조항의 입법목적을 달성하기 위하여
필요한 조치이다.

2) 심판대상조항에 따른 강제퇴거대상자는 그
가 여권 미소지 또는 교통편 미확보 등의 사유로
즉시 대한민국 밖으로 송환할 수 없을 때 송환할
수 있을 때까지 외국인보호시설 등에서 보호될
수 있다.

그런데 강제퇴거대상자는 여권이 없거나 여권
의 유효기간이 도과된 경우에는 주한 자국공관으
로부터 여행증명서를 발급받고 출국항공권을 예
약하는 등 출국요건을 구비하여야 하고, 우리나라
나 송환국의 사정으로 교통편 확보가 지연되는
경우 교통편이 마련될 때까지 기다려야 하는데,
각 나라의 사정이나 절차 진행 상황 등에 따라 그

소요기간이 달라질 수밖에 없으므로 언제 송환이 가능해질 것인지 미리 알 수가 없다. 따라서 심판대상조항이 보호기간의 상한을 두지 않고 '송환할 수 있을 때까지' 보호할 수 있도록 한 것은 입법목적 달성을 위해 불가피한 측면이 있다. […] [실제 보호는 송환이 가능할 때까지 목적달성을 위해 필요한 최소한어의 기간 동안만 가능함을 강조하고 — 필자 주]

실제로 강제퇴거의 집행은 대부분 신속하게 이루어지고 있으며, 최근 통계에 의하면 강제퇴거대상자가 송환 준비를 갖추어 송환되기까지 보호기간의 평균은 11일 정도이다.

3) 강제퇴거대상자는 대한민국에 체류할 수 없을 뿐 본국 또는 제3국으로 임의로 자진출국함으로써 언제든지 보호상태에서 벗어날 수 있다.

강제퇴거대상자 가운데 장기간 자진해서 출국하지 아니하는 사람 중에는 단순히 그가 여권을 소지하지 않았다든지 교통편이 확보되지 아니하여 출국하지 않는 것이 아니라, 경제적인 이유 등 개인적인 목적 때문에 출국을 피하기 위해 출국에 필요한 협조를 거부하고 자진해서 출국하지 아니하는 사람도 있다. 이러한 경우에는 강제퇴거대상자가 자신이 언제 풀려날지 전혀 예측할 수 없어 심각한 정신적 압박감을 가진다고 단정할 일은 아니다.

만일 심판대상조항에 보호기간의 상한이 규정될 경우, 강제퇴거대상자에 대한 송환이 지연되어 그 기간의 상한을 초과하게 되었을 때에는 그에 대한 보호는 원칙적으로 해제되어야 한다. 그런데 강제퇴거대상자들은 대부분 국내에 안정된 거주기반이나 직업이 존재하지 않기 때문에, 그들이 보호해제 된 후 잠적할 경우 소재를 파악하지 못하여 강제퇴거명령의 집행이 불가능하거나 현저히 어려워질 수 있다. 실제로 최근 5년간(2013년부터 2017년까지) 보호가 일시해제되었다가 소재불명 등으로 보호해제가 취소된 사례는 136건이나 되는 점을 감안하면, 위와 같은 우려가 단순한 기우에 불과하다고 할 수 없다. […]

따라서 심판대상조항에 보호기간의 상한을 규정하는 것은 국가안보·질서유지 및 공공복리에 위해가 될 수 있을 뿐만 아니라 강제퇴거대상자의 인권에도 결코 바람직하지 아니한 결과를 초래할 수 있다.

4) 다른 나라의 입법례를 살펴보아도 강제퇴거의 집행을 위한 보호 또는 구금기간의 상한을 설정해 두지 않은 나라가 적지 않다. […] [프랑스, 캐나다, 호주, 일본, 중국 등도 외국인을 수용시설에 보호할 수 있는 상한기간을 명시하고 있지 않음을 지적하고 — 필자 주]

미국은 강제퇴거명령이 확정된 외국인을 90일의 퇴거기간 이내에 퇴거시켜야 하고, 그 기간 동안 해당 외국인을 구금하여야 한다고 규정하고 있다. 그러나 외국인이 출국에 필요한 서류를 기간 내에 마련하지 않은 등의 경우 퇴거기간이 연장되는데, 연장 가능 기간에 대한 제한은 없으며 외국인은 그 연장된 기간 동안 구금될 수 있다. 퇴거기간이 지난 후에도 출국하지 않은 외국인에 대하여는 보호관찰을 하여야 하나, 범죄경력 등으로 입국이 거부되었거나 범죄·테러활동 등으로 강제퇴거 대상이 된 외국인 등은 퇴거기간 이후에도 구금할 수 있으며, 퇴거기간 이후의 구금기간의 상한은 법률에서 규정하고 있지 않다. 미국 연방대법원은 퇴거기간 경과 후 무제한 구금이 허용되는 것이 아니라 그 합리적 기간은 6개월로 추정된다고 하면서도, 이는 퇴거 기간 내에 강제퇴거되지 않은 외국인이 모두 6개월 후 구금에서 해제되어야 한다는 의미는 아니며, 합리적으로 예측 가능한 미래에 강제퇴거가 될 가능성이 현저히 적다고 판단될 때까지 외국인을 구금할 수 있다고 하였다. 위 판결 후 미국 법무부장관은 퇴거기간 후 구금 조항에 대한 연방규칙을 제정하였는데, 안보나 테러상의 이유로 구금된 경우 등 일정한 경우에는 강제퇴거 집행이 불가능하더라도 지속적으로 구금할 수 있다고 규정하고, 구금기간에 특별한 제한을 두지 않았다.

이와 같이 일본과 중국 등 주변국과 미국, 프랑스, 캐나다, 호주 등 주요국가에서 강제퇴거대상자의 구금기간의 상한을 두고 있지 않다는 점을 감안할 때, 우리나라가 보호기간의 상한을 두고 그 기간을 도과한 강제퇴거대상자의 보호를 해제할 경우, 이점을 악용하여 우리나라에 불법으로 체류하는 외국인이 급증할 가능성도 배제할 수 없다.

5) 출입국관리법은 강제퇴거대상자가 보호상태에서 벗어날 수 있는 여러 가지 수단들을 마련하고 있다.

지방출입국 · 외국인관서의 장 등은 강제퇴거대상자 등의 청구를 받으면 그의 정상(情狀), 해제요청사유, 자산, 그 밖의 사항을 고려하여 2천만 원 이하의 보증금을 예치시키고 주거의 제한이나 그 밖에 필요한 조건을 붙여 보호를 일시 해제할 수 있다(법 제65조 제1항, 제2항). 강제퇴거대상자에 대한 보호기간이 3개월을 넘는 경우에는 소장 등은 3개월마다 미리 법무부장관의 승인을 받아야 하고, 승인을 받지 못하면 지체 없이 보호를 해제하여야 한다(법 제63조 제2항, 제3항).

강제퇴거대상자는 강제퇴거명령이나 심판대상조항에 따른 보호를 다툼으로써 보호에서 해제될 수도 있다. 강제퇴거대상자는 법무부장관에게 강제퇴거명령 또는 심판대상조항에 따른 보호에 대한 이의신청을 할 수 있고, 이의신청이 이유 있다고 결정되면 보호에서 해제된다(법 제60조 제1항, 제4항, 제63조 제6항, 제55조 제1항, 제2항). 법무부장관은 강제퇴거명령에 대한 이의신청이 이유 없다고 인정되는 경우라도 대상자가 대한민국에 체류하여야 할 특별한 사정이 있다고 판단되면 체류를 허가할 수 있다(법 제61조 제1항). 나아가 강제퇴거대상자는 강제퇴거명령이나 그에 따른 보호의 취소를 구하는 행정소송을 제기할 수 있고, 그 과정에서 보호에 대한 집행정지신청도 할 수 있다(실제로 당해 사건의 원고 김○선은 제1심 재판

진행 중 집행정지를 신청하고 그 신청이 인용되어 현재 보호명령 집행이 정지되어 있는 상태이다). 법무부 훈령인 '보호일시해제업무 처리규정'은 강제퇴거명령 또는 난민불인정 처분에 대한 취소 소송의 제1심 또는 제2심에서 승소한 경우에는 그 소송이 확정되기 전이라도 원칙적으로 보호를 일시해제하도록 하고 있다(제6조 제2항).

이와 같이 출입국관리법에는 강제퇴거대상자가 심판대상조항에 의한 보호에서 해제될 수 있는 다양한 제도가 마련되어 보호기간의 상한이 없는 점을 보완하고 있다. […]

강제퇴거대상자를 출국 요건이 구비될 때까지 보호하되 보호기간의 상한을 두는 방법도 대안으로 고려할 수 있다. 그러나 앞서본 바와 같이 보호기간의 상한을 초과할 경우 계속 신병을 확보할 수 없어 강제퇴거명령의 신속한 집행이 어려워지고 강제퇴거대상자의 체류를 통제하기 어렵게 되므로, 이 방법 역시 심판대상조항과 동등한 정도로 입법목적을 달성한다고 볼 수 없다.

그 밖에 심판대상조항과 동등하게 입법목적을 달성하면서도 강제퇴거대상자의 기본권을 덜 제한하는 입법대안을 상정하기 어렵다.

7) 이러한 사정을 종합하면, 심판대상조항이 강제퇴거대상자에 대하여 보호기간의 상한을 규정하고 있지 않다고 하더라도 입법목적 달성에 필요한 정도를 벗어난 과도한 제한이라고 할 수 없다. 따라서 심판대상조항은 침해의 최소성 원칙을 충족한다.

㈐ 법익의 균형성

심판대상조항은 국가의 안전보장 · 질서유지 및 공공복리와 직결되는 출입국관리 및 체류관리를 위한 것으로 이러한 공익은 매우 중대하다.

반면 강제퇴거대상자는 그가 여권 미소지 또는 교통편 미확보 등의 사유로 즉시 대한민국 밖으로 송환할 수 없을 때 송환할 수 있을 때까지 일시적 · 잠정적으로 신체의 자유를 제한받는 것에 불과하며, 대한민국에 체류할 수 없을 뿐 본국 또

는 제3국으로 자진출국함으로써 언제든지 보호상태에서 벗어날 수 있다. 즉, 강제퇴거대상자가 출국하는 것을 선택할 경우에는 신체의 자유 제한이 발생하지 않는다.

이처럼 심판대상조항이 보호하고자 하는 공익은 매우 중대하고, 심판대상조항에 의한 보호제도는 그와 같은 공익의 실현을 위하여 반드시 필요한 반면, 강제퇴거대상자는 강제퇴거명령을 집행할 수 있을 때까지 일시적·잠정적으로 신체의 자유를 제한받는 것이고 보호에서 해제될 수 있는 다양한 제도가 마련되어 있으므로, 심판대상조항은 법익의 균형성 요건도 충족한다.

(라) 소결

심판대상조항은 과잉금지원칙에 위배되어 강제퇴거대상자의 신체의 자유를 침해하지 아니한다.

(2) 적법절차원칙 위반 여부

(가) 헌법 제12조 제1항은 "법률과 적법한 절차에 의하지 아니하고는 처벌·보안처분 또는 강제노역을 받지 아니한다"고 규정하여 적법절차원칙을 규정하고 있다. 적법절차원칙은 형사소송절차에 국한하지 않고 모든 국가작용에 대하여 적용된다(헌재 1992. 12. 24. 92헌가8; 헌재 2014. 8. 28. 2012헌바433 등 참조). 그러나 이 원칙이 구체적으로 어떠한 절차를 어느 정도로 요구하는 지는 규율되는 사항의 성질, 관련 당사자의 사익, 절차의 이행으로 제고될 가치, 국가작용의 효율성, 절차에 소요되는 비용, 불복의 기회 등 다양한 요소들을 형량하여 개별적으로 판단할 수밖에 없으므로(헌재 2003. 7. 24. 2001헌가25, 헌재 2007. 10. 4. 2006헌바91 참조), 강제퇴거대상자에 대한 보호는 다음과 같은 점이 고려되어 적법절차원칙 위반 여부가 판단되어야 한다.

앞서본 바와 같이 강제퇴거대상자는 대한민국에 체류할 수 없을 뿐 본국 또는 제3국으로 자진출국함으로써 언제든지 보호상태를 벗어날 수 있는 등, 강제퇴거대상자에 대한 신체의 자유 제한은 그의 의사에 좌우될 수 있다는 특수성이 있다.

또한 강제퇴거대상자는 대한민국에 불법으로 입국하였거나, 체류기간을 도과하는 등 체류조건을 위반하였거나, 범죄를 저질러 일정한 형을 선고받는 등으로 강제퇴거명령을 받아 규범적으로 대한민국에 머무를 수 없는 사람들이다. 출입국관리법상 보호는 국가행정인 출입국관리행정의 일환이며, 주권국가로서의 기능을 수행하는 데 필요한 것이므로 일정부분 입법정책적으로 결정될 수 있다.

(나) 강제퇴거대상자에 대한 보호의 특수성에 비추어볼 때, 출입국관리에 관한 공권력 행사와 관련하여 단속, 조사, 심사, 집행 업무를 동일한 행정기관에서 하게 할 것인지, 또는 서로 다른 행정기관에서 하게 하거나 사법기관을 개입시킬 것인지는 입법정책의 문제이며, 반드시 객관적·중립적 기관에 의한 통제절차가 요구되는 것은 아니다.

오히려 출입국관리와 같은 전문적인 행정분야에서는 동일 행정기관으로 하여금 단속, 조사, 심사, 집행 업무를 동시에 수행하게 하는 것이 행정의 전문성을 살리고, 신속한 대처를 통한 안전한 출입국관리를 가능하게 하며, 외교관계 및 국제정세에 맞춰 적절하고 효율적인 출입국관리를 가능하게 하는 길이라고 볼 수도 있다. 미국이나 일본 등 주요 국가에서도 강제퇴거명령 및 구금에 대한 결정, 그 결정의 집행이 동일한 행정조직 내에서 이루어지고 있으며 사법부가 개입하는 것은 아니다.

한편 앞서본 바와 같이 강제퇴거대상자는 보호의 원인이 되는 강제퇴거명령에 대하여 행정소송을 제기함으로써 그 원인관계를 다툴 수 있고, 보호 자체를 다투는 소송을 제기하거나 그 집행의 정지를 구하는 집행정지신청을 할 수 있다. 이와 같이 행정소송 등을 통해 사법부로부터 보호의 적법 여부를 판단받을 수 있는 이상, 객관적·중립적 기관에 의한 통제절차가 없다고 볼 수 없다.

따라서 출입국관리법상 심판대상조항에 의한 보호의 개시나 연장 단계에서 제3의 독립된 중립적 기관이나 사법부의 판단을 받도록 하는 절차가 규정되어 있지 않다고 하여 곧바로 적법절차 원칙에 위반된다고 볼 수는 없다. […] [출입국관리법상 퇴거강제 대상자는 조사과정에서 자신의 의견을 진술할 기회를 가지며, 이들은 보호에 대한 이의신청을 할 수 있다는 점들을 지적하며 - 필자 주]

㈔ 이러한 점들을 종합할 때, 심판대상조항은 헌법상 적법절차원칙에 위반된다고 볼 수 없다.

⑶ 소결론

심판대상조항은 과잉금지원칙이나 적법절차원칙을 위반하여 강제퇴거대상자의 신체의 자유를 침해한다고 할 수 없다. 다만 심판대상조항이 위헌에 이르렀다고 할 수는 없으나, 강제퇴거 대상에 해당한다고 의심할 만한 사유가 있는 사람에 대한 보호 개시 및 강제퇴거대상자에 대한 보호 및 연장의 경우 그 판단을 사법부 등 제3의 기관이 하도록 하는 입법적 방안을 검토할 필요성은 있다고 보인다. 또한 외국인에 대한 지나친 장기 보호의 문제가 발생하지 않도록 하기 위해서, 구금기간을 명시하고 있는 독일의 법률이나 유럽연합(EU) 불법체류자 송환지침 등을 참고하여, 우리나라의 실정에 맞는 합리적인 보호기간의 상한을 설정할 수 있는지를 신중하게 검토할 수 있다 하겠으며, 출입국 관련 절차가 신속하고 효율적으로 진행될 수 있도록 제도를 정비할 필요성이 있다는 점을 밝혀둔다."

[5인 위헌의견]

"㈔ 침해의 최소성 및 법익의 균형성

1) 심판대상조항에 의한 보호대상은 출입국관리법상 강제퇴거명령을 받은 사람이다. 이들은 이미 국내체류기간 동안 불법체류, 불법취업, 범죄행위 등의 범법행위를 한 외국인으로서(법 제46조 제1항 참조) 도주의 가능성이나 잠재적 위험성이 없다고 볼 수 없으므로, 본국으로 송환될 때까지 그 신병을 확보하기 위한 보호와 관리가 필요하다는 점은 인정된다.

그러나 심판대상조항은 보호기간의 상한을 설

정하고 있지 않아 강제퇴거명령을 받은 자를 대한민국 밖으로 송환할 수 있을 때까지 무기한 보호를 가능하게 한다. 기간의 상한이 정해져 있지 않은 보호는 피보호자로 하여금 자신이 언제 풀려날지 전혀 예측할 수 없게 한다는 점에서, 실제 보호기간의 장단과 관계없이 그 자체로 심각한 정신적 압박감을 가져온다. 따라서 적정한 보호기간의 상한이 어느 정도인지는 별론으로 하더라도, 최소한 그 상한을 법에서 명시함으로써 피보호자로 하여금 자신이 보호될 수 있는 최대기간을 예측할 수 있게 할 필요가 있으며, 단지 강제퇴거명령의 집행을 용이하게 한다는 행정목적 때문에 기간의 제한 없는 보호를 가능하게 하는 것은 행정의 편의성과 획일성만을 강조한 것으로 그 자체로 피보호자의 신체의 자유에 대한 과도한 제한이다(헌재 2016. 4. 28. 2013헌바196 결정 중 재판관 이정미, 재판관 김이수, 재판관 이진성, 재판관 강일원의 반대의견 참조).

국제적 기준과 외국 입법례를 보면, 국제연합(UN)의 '자의적 구금에 관한 실무그룹'(Working Group on Arbitrary Detention)은 구금의 상한이 반드시 법률에 규정되어 있어야 하고 구금이 무기한이어서는 안 된다고 한다. 독일은 강제추방을 위한 구금은 6개월까지 명할 수 있고, 더 긴 기간이 소요될 것으로 예상되는 경우 최대 12개월 연장할 수 있도록 정하고 있으며, 유럽연합(EU) 불법체류자 송환지침(Directive 2008/115/EC of the European Parliament and of the Council of 16 December 2008 on common standards and proce-dures in Member States for returning illegally staying third-country nationals) 역시 이와 동일하게 규정하고 있다. 미국은 강제퇴거대상인 외국인을 구금하되 90일의 퇴거기간 이내에 퇴거를 집행하도록 하고 있고, 미국 연방대법원은 퇴거기간 경과 후 무제한 구금이 허용되는 것이 아니라 그 합리적기간은 6개월로 추정된다고 판시하였다. 이와 같이 국제적 기준이나 다른 입법례에서 최대 구금기간을 정하도록 하고 있는 이유도, 기간이 정해져 있지 않은 구금 상태가 중대한 인권침해를 초래할 가능성이 있기 때문이다. […]

2) 합헌의견은, 각 나라의 사정이나 절차 진행 상황에 따라 송환에 소요되는 기간이 달라져서 피보호자의 송환이 언제 가능해질 것인지 미리 알 수가 없으므로, 보호기간을 한정하지 않고 '송환할 수 있을 때까지' 보호할 수 있도록 한 것은 심판대상조항의 입법목적 달성을 위하여 불가피하다고 한다. 그러나 강제퇴거대상자에 대한 구금기간의 상한을 정하고 있는 국가들이 상당수 있다는 점을 고려할 때, 합리적인 보호기간의 상한을 정하는 것이 불가능하다고 볼 수 없다.

합헌의견은, 심판대상조항에 보호기간의 상한을 규정하면 송환 가능시점이 지연되어 보호기간의 상한을 초과하게 되었을 때 강제퇴거대상자를 석방하여야 하는데, 이 경우 석방된 강제퇴거대상자들이 잠적하거나 범죄를 저지를 수 있다고 한다. 그러나 이는 아직 현실화되지 않은 막연하고 잠재적인 가능성에 불과하고, 이를 뒷받침할만한 실증적 근거도 충분하다고 볼 수 없으므로, 위와 같은 막연한 추정만을 근거로 '기한의 상한이 없는 보호'와 같이 신체의 자유를 중대하게 제한하는 조치가 정당화되기는 어렵다. 대한민국에서 범죄를 범한 외국인이라고 하여 그가 보호해제되면 도주하거나 다시 범죄를 범할 것이라고 단정할 수 없다. 게다가 강제퇴거대상자 중에는 범죄를 범하여 형을 선고받은 외국인뿐만 아니라 입국이나 체류에 관한 행정법규를 단순히 위반한 외국인도 있을 수 있는데, 이들 모두를 잠재적 도주자 내지는 잠재적 범죄자로 보아 기간의 제한 없이 보호하는 것은 과도한 조치이다.

피보호자가 강제퇴거명령에 대한 취소소송을 제기하거나 난민인정신청을 하는 등의 경우에 대하여는, 법원에서 해당 사건을 우선적·집중적으로 심리하고, 난민인정 심사 및 결정을 신속히 진행하는 등 제도적 개선을 통하여 보호기간의 상

한을 초과하는 경우를 최소화할 수 있다. 보호기간의 상한을 초과하여 보호를 해제하더라도, 출국요건이 구비될 때까지 이들의 주거지를 제한하거나 주거지에 대하여 정기적으로 보고하도록 하는 방법, 신원보증인을 지정하거나 적정한 보증금을 내도록 하는 방법, 감독관 등을 통하여 이들을 지속적으로 관찰 및 감독하는 방법 등을 통하여 도주나 추가적인 범법행위를 상당 부분 방지할 수 있을 것으로 보인다. 따라서 심판대상조항의 입법목적 달성을 위하여 기간의 상한 없는 구금과 같이 피보호자의 신체의 자유를 과도하게 제한하는 방식을 반드시 택하여야 하는지 의문이다.

3) 다양한 사정으로 자진 출국하는 것을 선택하지 않았거나 자진 출국하는 것이 불가능했기 때문에 단속되어 보호된 외국인들에게는 사실상 '출국할 수 있는 자유'가 있다고 보기 어려우므로, 강제퇴거대상자들이 언제든지 출국할 자유가 있고 이로써 보호대상자에서 벗어날 수 있다는 이유로 보호기간의 상한을 두지 않음에 따른 기본권 침해가 완화된다고 볼 수 없다(헌재 2016. 4. 28. 2013헌바196 결정 중 재판관 이정미, 재판관 김이수, 재판관 이진성, 재판관 강일원의 반대의견 참조).

피보호자는 지방출입국·외국인관서의 장(이하 '소장 등'이라 한다)에게 보호일시해제를 청구할 수 있으나, 강제퇴거명령 등에 대한 취소 소송에서 승소 판결을 받은 사정이 있지 않는 한 보호일시해제 여부는 소장 등의 전적인 재량사항이므로, 보호일시해제제도는 장기 구금의 문제를 보완할 수 있는 장치로서 실질적으로 기능한다고 보기 어렵다. 그 밖에 강제퇴거명령 및 보호명령에 대한 이의신청 등 사후적 구제수단 역시 뒤에서 보듯이 실효성이 있다고 볼 수 없다.

4) 이와 같이 심판대상조항이 달성하고자 하는 공익이 중대하고 강제퇴거대상자에 대한 보호가 그러한 공익의 달성을 위하여 필요기는 하나, 이를 감안하더라도 기간의 상한이 없는 보호로 인하여 피호보자의 신체의 자유가 제한되는 정도

가 지나치게 크므로, 심판대상조항은 침해의 최소
성 및 법익의 균형성 요건을 충족하지 못한다.

(다) 소결

심판대상조항은 과잉금지원칙에 위배되어 피보
호자의 신체의 자유를 침해한다.

(2) 적법절차원칙 위반 여부

헌법 제12조 제1항은 "법률과 적법한 절차에
의하지 아니하고는 처벌·보안처분 또는 강제노
역을 받지 아니한다"고 규정하여 적법절차원칙을
규정하고 있다. 적법절차원칙은 형사소송절차에
국한하지 않고 모든 국가작용에 대하여 적용되므
로(헌재 1992. 12. 24. 92헌가8; 헌재 2014. 8. 28.
2012헌바433 등 참조), 출입국관리행정의 일환으로
이루어지는 강제퇴거명령 및 보호명령의 집행에
대하여도 적법절차원칙이 준수되어야 한다.

(가) 출입국관리법상의 외국인 보호는 형사절차
상 '체포 또는 구속'에 준하는 것으로서 외국인의
신체의 자유를 박탈하는 것이므로, 검사의 신청,
판사의 발부라는 엄격한 영장주의는 아니더라도,
적어도 출입국관리공무원이 아닌 객관적·중립적
지위에 있는 자가 그 인신구속의 타당성을 심사
할 수 있는 장치가 있어야 한다(헌재 2016. 4. 28.
2013헌바196 결정 중 재판관 이정미, 재판관 김이수,
재판관 이진성, 재판관 강일원의 반대의견 참조). 그
런데 현재 출입국관리법상 보호제도는 보호의 개
시, 연장 단계에서 제3의 독립된 중립적 기관이나
사법기관이 전혀 관여하고 있지 않다는 점에서,
수사단계든 형집행단계든 구금의 개시, 연장을 법
원에서 결정하고 그 종기도 명확하게 규정되어
있는 형사절차상 구금과 대조적이다.

(나) 먼저 보호명령의 발령과 집행에 관하여 보
면, 출입국관리법상 외국인에 대한 강제퇴거절차
는 […] 형식적으로는 조사절차와 심사절차가 분
리되고 보호명령서의 발급주체와 집행기관이 분
리되어 있으나, 실상은 출입국관리사무소 내의 하
급자와 상급자가 용의자 조사, 강제퇴거명령과 보
호명령의 발령 및 집행을 모두 함께 하고 있는 것

이다. 즉 보호결정을 하는 소장 등은 독립된 제3
의 기관이 아니라 출입국관리공무원이 속한 동일
한 집행기관 내부의 상급자에 불과하여 실질적으
로 기관이 분리되어 있다고 볼 수 없고, 그 밖에
사법부 등 외부기관이 관여할 여지가 전혀 없으
므로, 이와 같이 동일 집행기관의 상급자에게 결
정을 받는 정도로는 객관적·중립적 기관에 의한
절차적 통제가 이루어진다고 보기 어렵다(헌재
2016. 4. 28. 2013헌바196 결정중 재판관 이정미, 재판
관 김이수, 재판관 이진성, 재판관 강일원의 반대의견
참조).

비록 심판대상조항은 '보호할 수 있다'는 임의
규정으로 되어 있으나, 실무상 강제퇴거명령이 발
령되면 보호의 필요성이나 도주 우려 등 보호명
령 자체에 대한 특별한 심사 없이 강제퇴거명령
과 동시에 또는 연이어 보호명령을 발령하는 경
우가 대부분이며, 강제퇴거명령을 받았으나 즉시
송환할 수 없는 자에 대하여 보호명령이 발령되
지 않은 사례는 없다. 그러나 강제퇴거명령을 받
은 자라고 하여 항상 도주의 가능성이 있다고 간
주할 수 없으므로 보호의 필요성에 대한 별도의
판단이 필요하고, 공정성과 객관성을 담보할 수
있는 중립적 기관이 개입하지 않는 한 강제퇴거
명령이 있으면 보호명령이 거의 자동적으로 발령
되는 현재의 구조는 변경될 가능성이 희박하다.

참고로 독일의 경우 퇴거 심사를 위한 준비구
금(우리나라의 강제퇴거심사를 위한 보호와 유사)과
퇴거 집행을 위한 확보구금(심판대상조항에 의한 보
호와 유사) 모두에 대하여 법관의 영장을 발부받
을 것을 요건으로 하고 있어, 구금의 개시단계에
서부터 법관에 의한 통제가 이루어진다.

(다) 사후 구제수단 내지 통제절차와 관련하여
보면, 피보호자는 법무부장관에게 보호 또는 강제
퇴거명령에 대한 이의신청을 할 수 있고(법 제55
조 제1항, 제60조 제1항), 소장 등은 보호기간이 3
개월을 초과하는 경우 법무부장관으로부터 사전 승
인을 받아 보호를 연장할 수 있다(법 제63조 제2항).

그러나 법무부장관은 사실상 보호명령을 발령·집행하는 행정청의 관리감독청에 불과하여 외부의 중립적·객관적 기관에 의한 심사제도가 보장되어 있다고 볼 수 없다. 실제로 최근 5년간 (2013년부터 2017년까지) 보호 또는 강제퇴거명령에 대한 이의 신청이 인용된 사례가 단 한 건도 없고, 보호기간 연장에 대한 법무부장관의 사전승인 역시 강제퇴거집행이 지연되는 상태에서 소장 등이 승인신청 서류를 제출하면 거의 예외 없이 승인되는 것이 현실임에 비추어 보더라도, 법무부장관의 심사 및 판단은 보호의 적법성을 담보하기 위한 실질적인 통제절차로서의 의미를 갖는다고 보기 어렵다(헌재 2016. 4. 28. 2013헌바196 결정 중 재판관 이정미, 재판관 김이수, 재판관 이진성, 재판관 강일원의 반대의견 참조).

또한 피보호자는 강제퇴거명령이나 보호명령, 이의신청에 대한 기각결정 등에 대하여 행정소송을 제기할 수 있으나, 행정소송과 같은 일반적·사후적인 사법통제수단만으로는 우리나라의 사법시스템에 익숙하지 않고 한국어에 능통하지 못한 외국인의 신체의 자유를 충분히 보장하기에 미흡하다.

㈑ 적법절차 원칙에서 도출할 수 있는 중요한 절차적 요청 중의 하나로, 당사자에게 의견 및 자료 제출의 기회를 부여할 것을 들 수 있으므로(헌재 2003. 7. 24. 2001헌가25; 헌재 2015. 9. 24. 2012헌바302 참조), 심판대상조항에 의한 보호를 함에 있어 피보호자에게 위와 같은 기회가 보장되어야 한다.

그런데 출입국관리법에는 심판대상조항에 의한 보호명령을 발령하기 전에 당사자에게 의견제출의 기회를 부여하도록 하는 규정이 없다. 행정절차법 제22조 제3항은 행정청이 당사자에게 의무를 부과하거나 권익을 제한하는 처분을 할 때 당사자 등에게 의견제출의 기회를 주어야 한다고 규정하고 있으나, '외국인의 출입국에 관한 처분'은 행정절차법의 적용대상에서 제외되어 있으며

(행정절차법 제3조 제2항 제9호, 같은 법 시행령 제2조 제2호), 형사소송법상 구속 전 피의자심문(영장실질심사)과 같은 제도도 마련되어 있지 않다. 따라서 보호명령을 받는 자는 자신에게 유리한 진술을 하거나 의견을 제출할 수 있는 기회가 전혀 없다. 보호에 대한 이의신청 단계에서도 법무부장관이 필요하면 관계인의 진술을 들을 수 있도록 재량으로 규정하고 있을 뿐이며(법 제63조 제6항, 제55조 제3항), 보호 연장에 대한 법무부장관의 사전승인 역시 피보호자에게 진술이나 의견제출 기회를 부여하지 않은 채 소장 등이 제출한 서류의 심사를 통해서만 이루어지고 있다.

㈒ 이러한 점들을 종합할 때, 심판대상조항은 보호의 개시나 연장 단계에서 공정하고 중립적인 기관에 의한 통제절차가 없고, 행정상 인신구속을 함에 있어 의견제출의 기회도 전혀 보장하고 있지 아니하므로, 헌법상 적법절차원칙에 위반된다.

(3) 소결

심판대상조항은 과잉금지원칙 및 적법절차원칙에 위배되어 피보호자의 신체의 자유를 침해하므로, 헌법에 위반된다."

[해설] 헌법재판소는 헌법재판소 2016. 4. 28. 2013헌바196 결정(헌법재판소 판례집 제28권 제1집 (2016), 583쪽)에서도 동일한 쟁점을 심사할 기회를 가졌다. 그러나 당시는 보호명령을 받은 헌법소원 신청자인 외국인(난민 신청)이 난민불인정처분의 취소를 구하는 소를 제기하였는바, 이 소송 계속 중 먼저 건강상 이유로 보호가 일시해제되었고, 이어서 난민불인정처분 소송에서 승소해 보호가 완전 해제된 상태였다(대법원 2014두41336 판결). 당시 헌법재판소의 다수의견은 보호명령으로 인하여 청구인이 입은 권리와 이익의 침해가 해소되었으므로, 그의 심판청구는 재판의 전제성 요건을 갖추지 못하여 부적법하다고 각하 결정을 했다. 그러나 4인 소수의견은 문제의 법률조항에 대한 심판의 이익이 인정된다고 보아 외국인 보호처분의 법적 성격을 논한 바 있다. 당시 소수의견은 본 결정문상의 반대의견을 상당 부분과 동일하며, "이 사건 법률조항은 보호의 개시나 연장 단계에서 공정하고 중립적인 기관에 의한 통제절차가 없

고, 행정상 인신구속을 함에 있어 청문의 기회도 전혀 보장하고 있지 아니하므로, 헌법상 적법절차 원칙에 위반된다"고 결론내렸다. 과거 4인 위헌의견이 이번 결정에서는 5인 위헌의견으로 바뀐 이유는 재판부 구성의 변화가 원인이었다. 따라서 본 결정을 검토함에 있어서는 헌법재판소 2016. 4. 28. 2013헌바196 결정문을 같이 읽어 볼 필요가 있다.

18-22. 변호인의 조력을 받을 권리 및 공항대기실 외국인 수용의 구속 여부

(헌법재판소 2018. 5. 31. 2014헌마346 결정. 변호인접견불허처분 등 위헌확인)

[사안: 이는 18-13 판결과 동일한 사건이다. 출입국 당국이 청구인에 대해 난민인정심사 불회부 결정을 하자 그는 이의신청을 하며, 변호인 접견신청을 했으나 거부당했다. 청구인은 변호인의 조력을 받을 권리가 침해되었다고 주장하며 접견신청 거부의 취소를 구하는 이 사건 헌법소원심판을 청구했다. 이 사건 청구인은 2014. 5. 4. 송환대기실에서 풀려났고, 같은 달 26. 입국이 허가되어 자유로운 변호인 접견이 가능한 상태가 되었다. 따라서 이 사건 변호인 접견신청 거부를 취소하여야 할 주관적인 심판의 이익은 없다. 그러나 재판부는 유사한 일이 반복될 수 있다고 생각해 본안판단을 내렸다.]

"청구인은 외국인이다. 헌법재판소법 제68조 제1항의 헌법소원은 기본권의 주체만 청구할 수 있는데, 단순히 '국민의 권리'가 아니라 '인간의 권리'로 볼 수 있는 기본권에 대해서는 외국인도 기본권의 주체이다. 청구인이 침해받았다고 주장하는 변호인의 조력을 받을 권리는 성질상 인간의 권리에 해당되므로 외국인도 주체이다(헌재 2012. 8. 23. 2008헌마430 참조). 따라서 청구인의 심판청구는 청구인 적격이 인정된다.

변호인이 의뢰인을 조력하는 행위와 의뢰인이 변호인의 조력을 받는 행위는 하나의 사건을 다른 방향에서 바라본 것이어서 서로 표리관계에

있다. 이러한 이유 때문에 이 사건 변호인 접견신청 거부의 직접적인 상대방은 청구인이 아니라 청구인의 변호인이었지만, 그로 인하여 청구인은 변호인의 도움을 받지 못하게 되었다. 따라서 이 사건 변호인 접견신청 거부는 청구인의 변호인의 조력을 받을 권리를 침해할 가능성이 있다(헌재 2011. 5. 26. 2009헌마341 참조). […]

헌법 제12조 제4항 본문은 "누구든지 체포 또는 구속을 당한 때에는 즉시 변호인의 조력을 받을 권리를 가진다"라고 규정한다. 청구인은 이 사건 변호인 접견신청 거부 당시 인천국제공항 환승구역 내에 설치된 송환대기실에 수용되어 있었으므로, 청구인이 당시에 송환대기실에 수용되어 있던 것이 위 헌법조항에 규정된 "구속을 당한 때"에 해당되는지가 문제이다. […]

(3) 헌법 제12조 제4항 본문에 규정된 "구속"에 행정절차상 구속도 포함되는지 여부

헌법 제12조 제1항은 제1문에서 "모든 국민은 신체의 자유를 가진다."고 규정한다. 신체의 자유를 보장하는 헌법 제12조 제1항 제1문은 문언상 형사절차만을 염두에 둔 것이 아님이 분명하다. 또한 신체의 자유는 그에 대한 제한이 형사절차에서 가해졌든 행정절차에서 가해졌든 간에 보장되어야 하는 자연권적 속성의 기본권이므로, 신체의 자유가 제한된 절차가 형사절차인지 아닌지는 신체의 자유의 보장 범위와 방법을 정함에 있어 부차적인 요소에 불과하다. […]

위와 같은 해석 원칙에 따라, "누구든지 체포 또는 구속을 당한 때에는 즉시 변호인의 조력을 받을 권리를 가진다."라는 내용의 헌법 제12조 제4항 본문이 형사절차에만 적용되는지에 관하여 본다.

먼저, 헌법 제12조 제4항 본문에 규정된 "구속을 당한 때"가 그 문언상 형사절차상 구속만을 의미하는 것이 분명한지 살펴본다. 사전적 의미로 '구속'이란 행동이나 의사의 자유를 제한함을 의미할 뿐 그 주체에는 특별한 제한이 없다. 헌법

제12조 제4항 본문에 규정된 "구속"은 사전적 의미의 구속 중에서도 특히 사람을 강제로 붙잡아 끌고 가는 구인과 사람을 강제로 일정한 장소에 가두는 구금을 가리키는데, 이는 형사절차뿐 아니라 행정절차에서도 가능하다. […]

다음으로, 변호인의 조력을 받을 권리가 그 속성상 형사절차에서 구속된 사람에게만 부여될 수밖에 없는 것인지 살펴본다. 구속된 사람에게 변호인 조력권을 즉시 보장하는 이유는 구속이라는 신체적 자유 제한의 특성상 구속된 사람의 자유와 권리를 보장하려면 변호인의 조력이 필수적이기 때문이다. 즉, 구속을 당한 사람은 자연권적 속성을 가지는 신체의 자유가 심각하게 제한된 상황에 처하고, 구속에 따른 육체적·정신적 제약이 커서 스스로의 힘만으로는 자신의 자유와 권리를 제대로 방어하기 어려울 뿐만 아니라, 구속의 당부를 다투려면 법적 절차를 거쳐야 하므로, 그에게는 법률전문가인 변호인의 조력이 즉시 제공되어야 한다. 이러한 속성들은 형사절차에서 구속된 사람이나 행정절차에서 구속된 사람이나 아무런 차이가 없다. 이와 같이 행정절차에서 구속된 사람에게 부여되어야 하는 변호인의 조력을 받을 권리는 형사절차에서 구속된 사람에게 부여되어야 하는 변호인의 조력을 받을 권리와 그 속성이 동일하다. 따라서 변호인의 조력을 받을 권리는 그 성질상 형사절차에서만 인정될 수 있는 기본권이 아니다.

결국 헌법 제12조 제4항 본문은 형사절차뿐 아니라 행정절차에도 적용된다고 해석하는 것이 헌법 제12조 제4항 본문 자체의 문리해석의 측면에서 타당하고, 변호인 조력권의 속성에도 들어맞으며, 우리 헌법이 제12조 제1항 제1문에 명문으로 신체의 자유에 관한 규정을 두어 신체의 자유를 두텁게 보호하는 취지에도 부합할 뿐 아니라, 헌법 제12조의 체계적 해석 및 목적론적 해석의 관점에서도 정당하다.

종래 이와 견해를 달리하여, 헌법 제12조 제4항 본문에 규정된 변호인의 조력을 받을 권리는 형사절차에서 피의자 또는 피고인의 방어권을 보장하기 위한 것으로서 출입국관리법상 보호 또는 강제퇴거의 절차에도 적용된다고 보기 어렵다고 판시한 우리 재판소 결정(헌재 2012. 8. 23. 2008헌마430)은, 이 결정 취지와 저촉되는 범위 안에서 변경한다.

⑷ 청구인의 송환대기실 수용이 헌법 제12조 제4항 본문에 규정된 "구속"에 해당되는지 여부

헌법 제12조 제4항 본문에 규정된 "구속"이란 강제로 사람을 일정한 범위의 폐쇄된 공간에 가두어 둠으로써, 가두어 둔 공간 밖으로의 신체의 자유로운 이동을 금지하는 행위를 의미한다. 이 사건 변호인 접견신청 거부가 있었던 2014. 4. 25. 청구인이 헌법 제12조 제4항 본문상 "구속"되었다고 인정하려면, 당시 피청구인이 강제로 송환대기실에 갇혀 있었음이 인정되어야 한다.

이 사건에 관하여 보건대, 변호인 접견신청 거부일인 2014. 4. 25. 청구인이 수용되어 있었던 송환대기실은 출입문이 철문으로 되어 있는 폐쇄된 공간이고, 인천국제공항 항공사운영협의회에 의해 출입이 통제되었다. 청구인은 송환대기실 밖 환승구역으로 나갈 수 없었으며, 공중전화 외에는 외부와의 소통 수단이 없었다. 청구인은 이 사건 변호인 접견신청 거부 당시 약 5개월째 송환대기실에 수용되어 있었고, 적어도 난민인정심사불회부 결정 취소소송이 종료될 때까지는 임의로 송환대기실 밖으로 나갈 것을 기대할 수 없었다. 청구인은 이 사건 변호인 접견신청 거부 당시 자신에 대한 송환대기실 수용을 해제해 달라는 취지의 인신보호청구의 소를 제기해 둔 상태였으므로 자신의 의사에 따라 송환대기실에 머무르고 있었다고 볼 수도 없다.

위와 같은 사정을 종합하면, 청구인은 이 사건 변호인 접견신청 거부 당시 자신의 의사에 반하여 강제로 송환대기실에 갇혀 있었다고 인정된다. 따라서 청구인은 이 사건 변호인 접견신청 거부

일인 2014. 4. 25. 헌법 제12조 제4항 본문에 규정된 "구속을 당한" 상태였다.

입국불허결정을 받아 송환대기실에 수용된 외국인은 대한민국에 입국할 수 없을 뿐 외국으로 자진출국하기 위해서는 언제든지 송환대기실 밖으로 나올 자유가 있으므로 강제로 갇혀 있는 상태가 아니라는 반론이 있을 수 있다. 그러나 국적국의 박해를 피해 온 청구인의 구체적·현실적 사정에 비추어 보면, 청구인에게 출국의 자유란 실현불가능한 관념적 가능성에 불과하므로 송환대기실에 "구속"되었는지 여부를 판단함에 있어 고려할 요소가 아니다. 설사 그러한 출국가능성을 고려한다 하더라도 청구인은 오랜 기간 동안 송환대기실을 벗어나 환승구역으로 이동하는 것이 금지되어 있었다는 점에서 폐쇄된 공간인 송환대기실에 구금되어 있었음이 분명하다.

(5) 중간결론

청구인은 이 사건 변호인 접견신청 거부가 있었을 당시 행정기관인 피청구인에 의해 송환대기실에 구속된 상태였으므로, 헌법 제12조 제4항 본문에 따라 변호인의 조력을 받을 권리가 있다. […]

6. 결론

그렇다면 이 사건 변호인 접견신청 거부는 난민인정심사불회부 결정을 받은 후 인천국제공항 송환대기실에 수용중인 청구인의 변호인의 조력을 받을 권리를 침해한 것이므로 헌법에 위반됨을 확인한다." (출처: 헌법재판소 공보 제260호(2018. 6), 871쪽)

[해설] 이 사건 청구인은 난민인정심사불회부결정 취소소송의 제1심 및 항소심에서 승소했고, 피청구인이 상고를 포기해 2015. 2. 12. 승소판결이 확정되었다. 청구인은 2016. 3. 17. 난민인정결정을 받았다. 18–13 판결 참조.

판례색인

● 판례색인 Ⅰ: 선고기관 및 선고일자별 색인 ●

[대법원]

[고등법원]
광주고등법원

대구고등법원

● 판례색인 II : 판례번호별 색인 ●

· 저자약력

서울대학교 법과대학 및 동 대학원 졸업(법학박사)
국가인권위원회 인권위원(2004-2007)
대한국제법학회 회장(2009)
인권법학회 회장(2015. 3-2017. 3)
현: 서울대학교 법학전문대학원 교수

[저서 및 편서]
재일교포의 법적지위(서울대학교출판부, 1996)
국제법의 이해(홍문사, 1996)
한국판례국제법(홍문사, 1998 및 2005 개정판)
국제인권규약과 개인통보제도(사람생각, 2000)
재외동포법(사람생각, 2002)
고교평준화(사람생각, 2002)(공편저)
집회 및 시위의 자유(사람생각, 2003)(공편저)
이중국적(사람생각, 2004)
사회적 차별과 법의 지배(박영사, 2004)
국가인권위원회법 해설집(국가인권위원회, 2005)(공저)
재일변호사 김경득 추모집 — 작은 거인에 대한 추억(경인문화사, 2007)
국제법 판례 100선(박영사, 2008 및 2016 개정 4 판)(공저)
증보 국제인권조약집(경인문화사, 2008)
신국제법강의(박영사, 2010 및 2018 개정 8 판)
에센스 국제조약집(박영사, 2010 및 2017 개정 3 판)
난민의 개념과 인정절차(경인문화사, 2011)(공편)
생활 속의 국제법 읽기(일조각, 2012)
김복진: 기억의 복각(경인문화사, 2014)
신국제법입문(박영사, 2014 및 2017 개정 2 판)
조약법강의(박영사, 2016)
Korean Questions in the United Nations(Seoul National University Press, 2002) 외

[역서]
이승만의 전시중립론 — 미국의 영향을 받은 중립(나남, 2000)

한국법원에서의 국제법 판례

초판발행   2018년 11월 10일

지은이   정인섭
펴낸이   안종만

편 집   김선민
기획/마케팅   조성호
표지디자인   조아라
제 작   우인도·고철민

펴낸곳   (주) **박영시**
                서울특별시 종로구 새문안로3길 36, 1601
                등록 1959. 3. 11. 제300-1959-1호(倫)

전 화   02)733-6771
f a x   02)736-4818
e-mail   pys@pybook.co.kr
homepage   www.pybook.co.kr
ISBN   979-11-303-3281-9   93360

정 가   29,000원